Handbuch Jugend

Yvonne Kaiser
Matthias Spenn
Michael Freitag
Thomas Rauschenbach
Mike Corsa (Hrsg.)

Handbuch Jugend
Evangelische Perspektiven

Eine Veröffentlichung des Comenius-Instituts,
Evangelische Arbeitsstätte für Erziehungs-
wissenschaft e.V. und der Arbeitsgemeinschaft der
Evangelischen Jugend in Deutschland e.V.

Verlag Barbara Budrich
Opladen • Berlin • Toronto 2013

Bibliografische Information der Deutschen Nationalbibliothek
Die Deutsche Nationalbibliothek verzeichnet diese Publikation in der Deutschen
Nationalbibliografie; detaillierte bibliografische Daten sind im Internet über
http://dnb.d-nb.de abrufbar.

Gedruckt auf säurefreiem und alterungsbeständigem Papier.

Alle Rechte vorbehalten.
© 2013 Verlag Barbara Budrich, Opladen, Berlin & Toronto
www.budrich-verlag.de

    ISBN   978-3-8474-0074-5
    eBook   978-3-8474-0333-3

Das Werk einschließlich aller seiner Teile ist urheberrechtlich geschützt. Jede Verwertung
außerhalb der engen Grenzen des Urheberrechtsgesetzes ist ohne Zustimmung des
Verlages unzulässig und strafbar. Das gilt insbesondere für Vervielfältigungen,
Übersetzungen, Mikroverfilmungen und die Einspeicherung und Verarbeitung in
elektronischen Systemen.

Umschlaggestaltung: Bettina Lehfeldt, Kleinmachnow – www.lehfeldtgraphic.de
Satz: R + S, Redaktion + Satz Beate Glaubitz, Leverkusen
Druck: oeding print GmbH, Braunschweig
Printed in Europe

Inhalt

Einleitung 11

A Jugend 15

Grundlagen 17

Werner Helsper
Geschichte der Jugend 17

Jens Pothmann
Jugend und Jugendhilfe im demografischen Wandel 25

Meike Watzlawik
Jugend: entwicklungspsychologisch 31

Albert Scherr
Jugend: soziologisch 37

Cathleen Grunert und *Heinz-Hermann Krüger*
Jugend und Jugendforschung 43

Gesellschaftliche Perspektiven 49

Hannelore Faulstich-Wieland
Jugend und Geschlecht 49

Andreas Lange
Jugend und Familie 55

Fabian Kessl und *Christian Reutlinger*
Jugend und Sozialraum 60

Hans Peter Kuhn und *Daniela Wagner*
Jugend und Peers 66

Karl August Chassé
Jugend und Armut 72

Stephan Sting
Jugend und Gesundheit 78

Uwe Sielert
Jugend und Sexualität 83

Rolf Werning und *Simon Lohse*
Jugend und Behinderung 89

Kirsten Bruhns und *Iris Bednarz-Braun*
Jugend und Migration 95

Harald Riebold
Jugend und Jugendkulturen 100

Helga Theunert
Jugend und Medien 105

Jan Skrobanek und *Birgit Reißig*
Jugend und Arbeit 111

Hans Jürgen Schlösser und *Michael Schuhen*
Jugend und Ökonomie 117

Sabrina Hoops und *Bernd Holthusen*
Jugend und Gewalt 124

Martina Gille und *Ursula Hoffmann-Lange*
Jugend und politische Orientierung 130

Benno Hafeneger und *Reiner Becker*
Jugend und Rechtsextremismus 136

Dietrich Kurz
Jugend und Sport 142

Claus Tully
Jugend und Mobilität 148

Albrecht Schöll
Jugend und Religion 155

Johannes Lähnemann
Jugend und Religionen 161

Doris Klingenhagen und *Peter Schreiner*
Jugend und Europa – Jugend in Europa 167

Jugend und Bildung 176

Wiebken Düx und *Thomas Rauschenbach*
Jugend als Bildungsprojekt 176

Wolfgang Mack
Non-formale Bildungsorte und informelle Lernwelten 181

Martin Nörber
Peer Education 187

Werner Helsper
Jugend und Schule 192

Nora Gaupp und *Tilly Lex*
Jugend und Ausbildung 201

Christian Kerst und *Andrä Wolter*
Jugend und Studium 207

B Arbeit mit Jugendlichen – Geschichte, Recht, Organisation 213

Richard Münchmeier
Geschichte der Arbeit mit Jugendlichen 215

Robert Sauter
Rechtliche Grundlagen der Arbeit mit Jugendlichen 223

Werner Thole
Kinder- und Jugendarbeit 229

Yvonne Kaiser
Jugendsozialarbeit 236

Gerd Engels
Jugendschutz 242

Jens Pothmann und *Eric van Santen*
Erzieherische Hilfen 248

Karin Haubrich
Evaluation, Qualität und Wirkung 255

Robert Sauter
Finanzierung 261

Liane Pluto und *Mike Seckinger*
Trägerstrukturen der Arbeit mit Jugendlichen 267

Jugendarbeit in Deutschland im Überblick 273

C Evangelische Arbeit mit Jugendlichen 277

Begründungszusammenhänge, Handlungsprinzipien, Strukturen 279

Wolfgang Ilg und *Yvonne Kaiser*
Evangelische Jugendarbeit empirisch 279

Michael Domsgen
Begründungsperspektiven Evangelischer Arbeit mit Jugendlichen 285

Thomas Schlag
Jugend und Kirche 290

Stefan Drubel
Kirchliche Strukturen und Unterstützungssysteme der evangelischen Arbeit
mit Jugendlichen 296

Michael Freitag, Jörg Hammer, Kay Moritz und *Andreas Schlüter*
Strukturen und Unterstützungssysteme der Arbeit mit Jugendlichen
in den Freikirchen 301

Mike Cares und *Thomas Schalla*
Evangelische Jugendarbeit als Gemeindejugendarbeit und kirchlich-
gemeindliches Handlungsfeld 307

Wilfried Duckstein
Evangelische Jugendarbeit in der Arbeit von rechtlich eigenständigen
Jugendverbänden 313

Evangelische Jugendverbände – Selbstdarstellungen 319

Friedrich Schweitzer
Jugend und religiöse Bildung 324

Orte und Arbeitsfelder 330

Andreas Thimmel
Außerschulische Jugendbildung – Evangelische Jugendbildungsstätten 330

Marcus Götz-Guerlin
Berufsschularbeit 334

Veit Laser
Entwicklungspolitische Bildung – Globales Lernen 339

Jörg Lohrer
Erlebnispädagogik 343

Michael Freitag
Events und Großveranstaltungen 346

Martin Schulze
Freiwilligendienste 350

Wolfgang Ilg
Freizeiten 355

Reinhold Ostermann und *Martin Weingardt*
Gruppe 359

Rudolf Westerheide
Hauskreise für Jugendliche 364

Gunda Voigts
Inklusion als Gestaltungsprinzip evangelischer Kinder- und Jugendarbeit 368

Dirk Thesenvitz
Internationale Jugendarbeit 372

Martin Weber
Internetplattformen 375

Steffen Kaupp und *Bernd Wildermuth*
Jugendgottesdienst 379

Gisela Würfel
Jugendliche mit besonderem Förderbedarf 383

Gernot Quasebarth
Jugendpolitische Interessenvertretung 387

Rainer Oberländer
Jungenarbeit 391

Sönke von Stemm
Konfirmandenarbeit 395

Michael Freitag
Konfirmandenarbeit und Jugendarbeit 399

Manfred Walter
Landjugendarbeit 405

Nicole Richter
Mädchenarbeit 409

Simone Kalisch-Humme
Migration 413

Michael Kißkalt
Missionarische Jugendarbeit 417

Franziska Herbst und *Renato Liermann*
Musikalisch-Kulturelle Kinder- und Jugendbildung 421

Björn Langert
Offene Jugendarbeit 425

Klaus Waldmann
Politische Jugendbildung 429

Dagmar Hisleiter und *Kerstin Sommer*
Schulbezogene evangelische Jugendarbeit 433

Cornelia Dassler
Seelsorge 437

Uli Geißler
Spielpädagogik 441

Peter Zimmerling
Spirituelle Angebote 445

Henrik Struve
Sportarbeit 449

Torsten Pappert
Stadtjugendarbeit 453

Tobias Petzoldt
Theaterpädagogik 457

Mitarbeiterschaft, Profession, Qualifizierung 461

Florian Dallmann
Ehrenamtliche Mitarbeiterinnen und Mitarbeiter 461

Mike Corsa
Fachkräfte in der evangelischen Arbeit mit Jugendlichen
in historischer Perspektive 467

Matthias Spenn
Berufsprofile und Kompetenzen beruflicher Mitarbeiterinnen und Mitarbeiter
in der evangelischen Arbeit mit Jugendlichen 473

Klaus-Martin Ellerbrock
Jugendarbeit als kirchlicher Beruf 480

Cornelia Coenen-Marx
Zusammenarbeit unterschiedlicher Professionen 485

D Katholische, muslimische und jüdische Arbeit mit Jugendlichen in Deutschland 491

Hans Hobelsberger
Arbeit mit Jugendlichen in der katholischen Kirche 493

Yilmaz Gümüş
Muslimische Jugendarbeit 500

Heike von Bassewitz
Jüdische Jugendarbeit 506

Autorinnen und Autoren 515

Register 523

Einleitung

Die evangelischen Kirchen und ihre Werke, Verbände und Einrichtungen gehören bis heute zu den größten und am weitesten verbreiteten freien Trägern der Kinder- und Jugendhilfe. Zugleich ist die Arbeit mit Jugendlichen nach kirchlichem Selbstverständnis ein wesentliches Aufgaben- und Handlungsfeld der evangelischen Kirchen und insbesondere der evangelischen Jugendverbände. Die Praxis und konzeptionellen Bezüge, Unterstützungssysteme und gesellschaftlichen Vernetzungen evangelischer Arbeit mit Jugendlichen sind dementsprechend vielfältig.

Das vorliegende *Handbuch Jugend – Evangelische Perspektiven* macht erstmalig die Vielfalt und Breite evangelischer Arbeit mit Jugendlichen in einer sozialwissenschaftlichen, gesellschaftlichen und kirchlichen Perspektive sichtbar. Es beschreibt gegenwärtige Erkenntnisse über Jugendliche in Deutschland, ihre vielfältigen Lebenslagen, kulturell-gesellschaftliche Rahmenbedingungen und jugendkulturelle Signaturen. Die Bedingungen des Aufwachsens, von Bildung, Familie, Freizeit, Medien und Arbeitswelt sind permanenten Wandlungen unterworfen. Das Jugendalter selbst ist disparat. Jugendliche können einerseits als Objekte gesellschaftlicher und geschichtlicher Vorgaben verstanden werden; zugleich sind sie selbstbestimmte Subjekte, Akteure, die diese Veränderungsprozesse mitgestalten.

Kirchlich orientierte Arbeit mit Jugendlichen trägt dem gesellschaftlichen Auftrag der Kinder- und Jugendhilfe – unabhängig von weltanschaulichen bzw. religiösen Identifikationen – Rechnung. Evangelische Arbeit mit Jugendlichen versteht sich als Akteur gesamtgesellschaftlicher Arbeit mit Jugendlichen und teilt die wesentlichen Handlungsgrundsätze der Kinder- und Jugendhilfe. Dazu gehören die Orientierung am Individuum, seinen Lebenslagen, Interessen und Bedürfnissen sowie die Unterstützung eigenständiger, selbstorganisierter und partizipativer Bildungsprozesse, selbsttragender Strukturen und zivilgesellschaftlichen und politischen Engagements.

Evangelische Arbeit mit Jugendlichen ist zugleich ein Handlungsfeld der evangelischen Kirchen mit dem Bezug zum biblisch begründeten Glauben an Jesus Christus als Sinnquelle und Orientierungsangebot. Für die Kirchen ist diese Zielgruppe und diese Arbeit ein wichtiges Handlungsfeld. Den Kirchen geht es um die Weitergabe des Glaubenswissens im Generationenzusammenhang sowie um christlich motiviertes soziales Engagement für gerechte Entwicklungsmöglichkeiten junger Menschen. Als Bildungsakteure unterstützen und begleiten die evangelischen Kirchen junge Menschen in ihrer Persönlichkeitsbildung, insbesondere durch religiöse Bildung in formalen und non-formalen Bildungssettings.

Konzeption

Bisher gibt es nur ansatzweise Versuche, aktuelle Bedingungen des Aufwachsens junger Menschen, die konzeptionellen Grundlagen und Handlungsprinzipien evangelischer Arbeit mit Jugendlichen und die vielfältigen Angebote und Akteure im evangelischen Kontext in zusammenhängender Perspektive darzustellen. Diskurse über Themenstellungen in Bezug auf Jugend und Jugendliche und insbesondere über Konzeptionen, Profile und Qualität der Arbeit mit Jugendlichen werden zwar an unterschiedlichen Stellen geführt, aber kaum in einem größeren, erkennbaren Zusammenhang von Sozial- und Erziehungswissenschaften, Religionspädagogik und Theologie dargestellt. Dieser Herausforderung stellt sich das vorliegende *Handbuch Jugend – Evangelische Perspektiven*. Die Themen Jugend, Jugendliche und Arbeit mit Jugendlichen werden in fachwissenschaftlicher, gesellschaftlicher und kirchlicher Perspektive herausgearbeitet. Ihre Bedeutung für die Gesellschaft und Kirchen, die Auswirkungen gesellschaftlicher und kirchlicher Entwicklungen für Jugendliche und Entwicklungsherausforderungen für die Arbeit mit Jugendlichen werden diskutiert und Anregungen und Orientierungen für die Praxis gegeben.

Das Handbuch versucht, die gesamte Bandbreite und Vielfalt der gesellschaftlichen Herausforderungen, der Handlungsfelder und Formen der Arbeit mit Jugendlichen in den evangelischen Kirchen und der evangelischen Jugendverbandsarbeit darzustellen. Es diskutiert die gesellschaftlichen und kirchlichen Bedingungen und zeigt wechselseitige Bezüge und konzeptionelle Zusammenhänge auf.

Thematisiert wird schwerpunktmäßig das *Jugendalter*, d.h. Jugendliche im Alter von ca. zwölf bis zwanzig Jahren. Obwohl die Übergänge zwischen dem Kindes-, Jugend- und jungen Erwachsenenalter fließend und zunehmend entgrenzt und Arbeitsbereiche in der Kinder- und Jugendarbeit in vielfacher Hinsicht eng ineinander verwoben sind, konzentrieren sich die Beiträge auf die Altersspanne vom Einsetzen der Pubertät bis zum Übergang von der Schule in die Berufsausbildung bzw. ins Studium und die Arbeitswelt.

Das Handbuch richtet sich schwerpunktmäßig an berufliche Mitarbeitende (Sozial-, Religions- und Gemeindepädagogen und -pädagoginnen und Pfarrerinnen und Pfarrer) und ehrenamtlich Engagierte in den evangelischen Kirchen und der evangelischen Jugendarbeit, an Multiplikatoren/-innen in den Funktionsebenen und Unterstützungssystemen von Kirche, evangelischer Jugendarbeit, Jugendhilfe und Jugendverbänden, an die Aus-, Fort- und Weiterbildung in unterschiedlichen Bezügen kirchlicher Beruflichkeit, an Lehrende und Studierende an Hochschulen, Fachschulen, Theologisch-Pädagogischen Instituten und anderen Fort- und Weiterbildungseinrichtungen, an Mitarbeitende in Diakonischen Werken und anderen Träger- und Unterstützungssystemen.

Aufbau

Das Handbuch gliedert sich in vier Kapitel. *Kapitel A* thematisiert Jugend in einer grundlegenden einführenden Perspektive, zeigt die aktuellen Herausforderungen des Jugendalters *aus sozialwissenschaftlicher Sicht* auf und spannt gewissermaßen den gesellschaftlichen Rahmen, in den Jugendliche eingebunden sind, mit dem sie konfrontiert sind und dem sich auch die evangelische Arbeit mit Jugendlichen stellen muss.

Das Kapitel ist in drei Abschnitte unterteilt. Im ersten Teil *Grundlagen* erfolgt der Zugang zum Thema Jugend aus unterschiedlichen bezugswissenschaftlichen Perspektiven: Jugend historisch, demografisch, entwicklungspsychologisch, soziologisch, Jugend und Jugendforschung. Die im zweiten Teil *Gesellschaftliche Perspektiven* ausgewählten Stichworte markieren zentrale Herausforderungen des Jugendalters und gesellschaftliche Rahmenbedingungen des Aufwachsens von Jugendlichen. Jugend wird aus Sicht sozialwissenschaftlicher Forschung reflektiert im Kontext von Familie, Sozialraum, Gesundheit, Medien, Ökonomie, Sport – um nur einige Stichworte zu nennen. Ein dritter Teil widmet sich eigens dem Thema *Jugend und Bildung*. Zunächst wird Jugend heute markiert als Bildungsprojekt. Anhand des Lebenslaufs werden dann zentrale Bildungsorte, ihre spezifischen Rahmungen, Chancen, Herausforderungen und Risiken für Jugendliche reflektiert: von non-formalen Bildungsorten und informellen Lernwelten über formale Bildung in Schule und Ausbildung bis hin zum Studium.

Kapitel B thematisiert die Arbeit mit Jugendlichen als *gesellschaftliche Aufgabe* der Kinder- und Jugendhilfe. Einführend stehen die historische Entwicklung und die rechtlichen Grundlagen der Arbeit mit Jugendlichen in Deutschland im Mittelpunkt. Dem Leistungskatalog des Achten Sozialgesetzbuchs (SGB VIII) folgend werden anschließend die zentralen Handlungsfelder der Arbeit mit Jugendlichen vorgestellt: Jugendarbeit, Jugendsozialarbeit, Jugendschutz, Erzieherische Hilfen. Zudem behandelt das Kapitel organisationsbezogene Aspekte wie Qualitätsentwicklung, Finanzierung und die Vielfalt der Trägerstrukturen. Den Abschluss des Kapitels bildet eine Kurzdarstellung der Mitgliedsverbände des Deutschen Bundesjugendrings.

Kapitel C beschreibt aus unterschiedlichen fachlichen Perspektiven die Realitäten und Entwicklungsherausforderungen der *Praxis evangelischer Arbeit mit Jugendlichen*. Evangelische Jugendarbeit stellt sich dabei als spezifische Ausprägung der Arbeit mit Jugendlichen in unserer Gesellschaft und Kultur dar mit bestimmten und benennbaren, immer *auch* religiös motivierten Perspektiven, Inhalten und daraus resultierenden Themen und Praxisfeldern.

Das Kapitel ist in drei Teile gegliedert: Zunächst werden Begründungszusammenhänge, Strukturen und Handlungsprinzipien evangelischer Jugendarbeit in ihren unterschiedlichen Organisationsformen und konfessionellen Zugehörigkeiten thematisiert. Das Kernstück dieses Kapitels bilden Beiträge zu unterschiedlichen Praxisfeldern in einer großen Bandbreite, ohne dabei den Anspruch der Vollständigkeit zu vertreten. Im Blick sind Konzeptionen und Ziele, Realitäten und Fakten sowie Fragestellungen und Herausforderungen für zukünftiges Handeln. Ein eigener Teil ist den ehrenamtlichen und beruflichen Mitarbeiterinnen und Mitarbeitern, ihren Profilen und Kompetenzen sowie den daraus resultierenden Qualifikations- und Unterstützungsnotwendigkeiten gewidmet.

Im abschließenden *Kapitel D* wird die Arbeit mit Jugendlichen in der römisch-katholischen Kirche sowie in islamischen und jüdischen Gemeinden in Deutschland durch Autorinnen und Autoren der jeweiligen Religionsgemeinschaften beschrieben.

Allen Beiträgen des Handbuchs sind verwendete und weiterführende Literaturangaben, im Kapitel C teilweise auch Praxistipps und weiterführende Links angefügt. Am Schluss des Handbuchs befindet sich ein Sachregister, das es ermöglicht, auch Querverbindungen zwischen den Beiträgen und Themenbereichen herzustellen und zu erschließen.

Dank

Das vorliegende *Handbuch Jugend – Evangelische Perspektiven* ist das Ergebnis eines Prozesses, an dem über einen Zeitraum von mehreren Jahren viele Menschen beteiligt waren, denen die Herausgeberin und die Herausgeber an dieser Stelle herzlich danken.

An erster Stelle seien die Autorinnen und Autoren genannt, die bereit waren, sich an diesem Band trotz bestehender beruflicher Auslastung und anderer Verpflichtungen zu beteiligen und sich dem teils zeitintensiven Prozess der redaktionellen Überarbeitung ihrer Beiträge zu stellen.

Des Weiteren ist den Mitarbeitenden am Comenius-Institut im Sekretariat und im Arbeitsbereich Dokumentation – Information – Bibliothek für Literaturrecherchen, Registererstellung und Korrekturen zu danken. Besonders zu nennen sind hier Kerstin Keuter und vor allem Angelika Boekestein, die das Projekt die ganz Zeit hindurch sehr sorgfältig und äußerst zuverlässig betreut haben. Zu danken ist auch dem Verlag Barbara Budrich.

Das *Handbuch Jugend – Evangelische Perspektiven* ist ein Kooperationsprojekt vom Comenius-Institut, Evangelische Arbeitsstätte für Erziehungswissenschaft e.V. (CI) und der Arbeitsgemeinschaft der Evangelischen Jugend in Deutschland e.V. (aej). Es wird herausgegeben von Dr. Yvonne Kaiser und Matthias Spenn (bis 2012 Comenius-Institut), Michael Freitag und Mike Corsa (aej) und Prof. Dr. Thomas Rauschenbach (Deutsches Jugendinstitut). Die Herausgeber haben das Projekt von der Idee bis zur Realisierung gemeinsam begleitet und im Gespräch miteinander sowie mit anderen gestaltet. Die Projektleitung lag bei Yvonne Kaiser und Matthias Spenn.

Münster/Hannover/München im April 2013

Yvonne Kaiser
Matthias Spenn
Michael Freitag
Thomas Rauschenbach
Mike Corsa

A Jugend

Grundlagen

Werner Helsper

Geschichte der Jugend

Von der Initiation zum zweigeteilten Jugendmoratorium

Jugend und Jugendkulturen, wie wir sie heute in den weit modernisierten Gesellschaften kennen, sind historisch jungen Datums. Über lange Zeiträume in Stammeskulturen, vormodernen Gesellschaften bis zum Beginn der Moderne war Jugend als eine eigene, länger gestreckte Lebensspanne kaum ausgebildet (vgl. Gillis 1980). In ‚kalten' Gesellschaften, die in starkem Maße durch Tradierung und Reproduktion gekennzeichnet waren, besaß der Übergang von der Kindheit zur Erwachsenheit den Charakter der Initiation. Die Initiation geht mit Ausnahmezuständen einher: mit Schmerzen, körperlichen Zeichnungen, Beschneidungen, Gefahren, dem Versetzen in Ausnahmezustände. Nur wer diese durchsteht, sich darin bewährt und sich den Älteren unterwirft, wird zum vollwertigen Stammesmitglied.

Im Mittelalter bestanden zwar Altersklassifikationen, Jugend als eine eigene konturierte Phase existierte jedoch nicht. Gillis (1980) spricht von einer „unscharfen Alterstrennung" in der europäischen Vormoderne: Teilweise bereits jünger als zehn Jahre verließen Kinder das Haus, um als Diener, Knechte, Mägde in anderen Häusern in Stellung zu gehen. Damit wurden sie wie kleine Erwachsene behandelt und da es keine Schulzeit mit Altersklassifikationen gab, waren Beginn und Länge dieses Status nicht normiert. In aller Regel hielt dieser Status der ‚Halbabhängigkeit' – sie unterstanden der patriarchalischen Herrschaft des Hausherrn – lange an.

Zugleich gab es Gesellungsformen von ‚Jugendlichen': Brüderschaften der wandernden Gesellen und auch Studenten, mit der Funktion der Unterstützung in der Fremde, der gegenseitigen Kontrolle und auch Ritualen der Rebellion gegen die ‚patriarchalische' Herrschaft.

Im 18. Jahrhundert, dem ‚pädagogischen Jahrhundert' der Konstruktion der ‚modernen Kindheit', finden sich erste universitäre „Jünglingsgruppen", in denen sich „moderne" Jugendkonzepte als Vorläufer einer „Jugend aus eigenem Recht" andeuten (vgl. Roth 1983). So etwa die Leipziger Jünglinge (1746/1747) mit der Herausgabe der Zeitschrift „Der Jüngling" um Gellert und Klopstock. Für sie galt ‚Jugend' als Zeit der Genüsse und Unterhaltung und sie wandten sich gegen Heuchelei, einengende Konventionen und vertraten als Gegenprinzip „Lebenslust". Oder später die Jünglinge des

„Sturm und Drang" (1770–1778), die keine ‚reale' Gruppe bildeten, sondern in Form loser Kontakte und Treffen agierten. Mitglieder waren u.a. Herder, Lenz, Klinger, Goethe – ein literarisch-künstlerischer Zirkel. Diese ‚Jünglinge' waren in der Regel Studenten und umfassten nur einen sehr geringen Anteil der männlichen Altersgleichen. Um 1780 gab es bei rund 20 Millionen Einwohnern in Preußen ca. 3.500 Studenten und davon gehörte nur ein kleiner Teil diesen Jünglingsgruppen an. Sie bewegten sich bevorzugt in Residenzen und Universitätsstädten im Rahmen von Clubs, Kaffeehäusern, Lesegesellschaften und Logen in einem disparaten, bürgerlich geprägten Umfeld von Gelehrten, Publizisten, Dichtern, Beamten, aufgeklärten Adligen sowie Geschäfts- und Handelsbürgern. Sie waren Protagonisten einer sozialen Offenheit ohne ständische Grenzen und begehrten gegen ständische Einengung auf. Ihre soziale ‚Ortlosigkeit' ließ sie zu Individuen mit Freiheitssehnsucht werden, was sich insbesondere in den rebellierenden literarischen Gestalten dokumentierte. Mit der in den letzten Jahrzehnten des 18. Jahrhunderts entstehenden ‚Überfüllungskrise' entstand für viele eine berufliche Wartezeit. Der Status des ‚Noch-nicht', also von ‚Jünglingen' ohne Amt, Stellung, Heirat und Familie dehnte sich bis weit in das dritte Lebensjahrzehnt aus.

In den letzten Jahrzehnten des 18. Jahrhunderts lassen sich erste Formen einer Individualisierung von Jugend erkennen, wie sie sich auch zu Beginn des 19. Jahrhunderts in den europäischen Metropolen im Umkreis intellektuell-künstlerischer Zirkel und Bohèmiens ausformten, besonders deutlich im Paris der 1830er Jahre im Quartier Latin mit Zügen einer frühen jugendlichen Gegenkultur. So schildert eine amerikanische Touristin ihre Eindrücke über die jungen Männer mit ihren

> „langen und struppigen Locken, die in unglaublichem Schmutz schwer herunterhingen. (…) Ihr Hals ist entblößt, jedenfalls frei von Wäsche, deren Platz eine abstoßende Überfülle von Haaren eingenommen hat. (…) Einige rollen ihre Augen und heften ihre finsteren Blicke in angsterfüllter Meditation an den Boden; während es andere gibt, die – mit düsterer Miene gegen eine Statue oder einen Baum gelehnt – gar fürchterliche Bedeutung in ihre Blicke legen" (Gillis 1980: 99).

Das verband sich mit einer Faszination gegenüber dem Fremden, dem Mystizismus, fernöstlichen Religionen, dem Satanischen und dem Aufständischen – „Zeichen eines verlängerten sozialen Moratoriums" (Gillis 1980: 100).

Jugend in ihren ersten modernen Formen ist also dadurch gekennzeichnet, dass über die Ausdehnung von länger andauernden Bildungsprozessen Freisetzungen entstehen konnten. Darin konnte sich Jugend als ein eigener Erfahrungsraum herausbilden. Im Rahmen derartiger jugendlicher Vergemeinschaftungsformen konnten eigene Kulturen mit ersten Stilbildungen hervorgebracht werden.

Zugleich ist aber für das 19. Jahrhundert auch festzuhalten, dass dies anfänglich nur für einen sehr kleinen Teil ausschließlich männlicher Heranwachsender aus diversen bürgerlichen Milieus und aufstrebenden kleinbürgerlichen Schichten galt. Parallel dazu bestanden tradierte Formen der dörflichen ‚Jugend' mit ihren bäuerlich-handwerklichen Einbindungen fort (vgl. Gillis 1980). Und drittens bildete sich im Zuge der Industrialisierung, der Landflucht und der Auflösung handwerklich-ständischer Strukturen eine vor allem städtische Arbeiterklasse heraus. Deren Heranwachsende waren von allen frühen Formen eines Jugendmoratoriums ausgenommen. Sie wurden früh – als Konkurrenz zu den Älteren – in Manufaktur- und Fabrikarbeit einbezogen, womit sie allerdings einen eigenständigen, bedeutsamen Beitrag zur Lebenssicherung der Familien leisteten, ohne auch nur ansatzweise eine eigenständige Jugendzeit mit Moratoriumscharakter zu besitzen.

Im ausgehenden 19. und beginnenden 20. Jahrhundert kam es zur breiteren pädagogischen Erzeugung einer eigenen Jugendphase und zugleich auch zu deren pädagogisch-disziplinierender ‚Inbesitznahme'. Dies vollzog sich in zwei Formen: 1. Einer zunehmenden staatlichen Formierung und Systembildung der höheren Bildung und deren erster deutlicher Expansion für die bürgerlichen und aufstrebenden Milieus und deren Heranwachsende, erstmalig und zunehmend auch für Mädchen. 2. Die Durchsetzung der Schulpflicht im Elementarschulwesen und die Etablierung einer achtjährigen Pflichtschulzeit zum Teil gegen die Interessen der Arbeiterfamilien, Teilen der ländlichen Bevölkerung und deren Kinder. Die Schule und die daran gebundenen pädagogischen Diskurse gewinnen damit eine ambivalente Bedeutung für die Entstehung von ‚Jugend' (vgl. Helsper 2010): Einerseits ermöglicht die Schule ein ‚Bildungsmoratorium', eine ‚Freisetzung' von Lebenszeit für Lernen und Bildung und erzeugt erst dadurch altershomogene Peerbeziehungen. Andererseits wird – analog wie Ariès (1978) dies für die Erfindung der bürgerlichen Kindheit herausgearbeitet hat – Jugend damit auch als pädagogischer Kontroll-, Überwachungs- und Disziplinierungsraum erzeugt.

So wurde auch zu Ende des 19. Jahrhunderts in Deutschland der Begriff ‚Jugend' übergreifend als Bezeichnung einer Altersphase eingeführt, allerdings mit sehr unterschiedlichen Bedeutungen. In den juristischen, den medizinisch-psychologischen und pädagogisch-jugendschützerischen Diskursen wurde – im Sinne eines Altersstatus – Jugend einerseits als gefährdet-gefährliche konstruiert, insbesondere mit Bezug auf die proletarische Jugend (vgl. auch Peukert 1987). ‚Jugend' wurde als Altersgruppe insgesamt mit drohender Kriminalität, Delinquenz und Abweichung verbunden – Gillis spricht von einer „Kriminalisierung der Jugend ‚per definitionem'" (Gillis 1980: 180ff.). Dies legitimierte wiederum eine verstärkte Kontrolle und Überwachung der latent immer schon abweichenden Jugendlichen.

Andererseits konturierte sich in sozialistischen, reformpädagogischen und in jugendbewegten Kontexten ein Jugendkonzept, das Jugend als Heilsträger, Kraft der Erneuerung und Garant einer besseren Zukunft entwarf – ein ‚Mythos Jugend': „Mit uns zieht die neue Zeit." Diese Bedeutung von Jugend zeigt sich in Jugendbünden, neu entstehenden Zeitschriften, pädagogischen Reformbewegungen und der entstehenden Jugendbewegung, z.B. im Wandervogel oder auch in ästhetisch-künstlerischen Zeitschriften, wie „Jugend", die ab 1896 erschien. In diesem Zusammenhang kam es zu jugendlichen Stilbildungen, in deren Formenkreis der Wandervogel mit seinen eigenen kulturellen Formen, Symboliken, Stilattributen und den um das Wandern gerankten Erlebnissen und Freiräumen in der Natur wohl die markanteste jugendkulturelle Form darstellte.

Damit ist festzuhalten: Mit der Durchsetzung der Schulpflicht und einer ersten Expansion der höheren Bildung entstand ein *Bildungsmoratorium* und damit eine Zeit zwischen Kindheit und Erwachsenheit, die vor allem dem Lernen gewidmet war. Zwar oszillierte dieses Bildungsmoratorium zwischen lang andauernden, sich bis weit in das dritte Lebensjahrzehnt erstreckenden und deutlich kürzeren Varianten, die nur wenige Jahre umfassten und vor allem für die ländlichen und Arbeitermilieus galten. Trotzdem war damit die Grundlage für eine eigene Jugendzeit mit eigenen Lern- und Bildungsmöglichkeiten gelegt. Allerdings war dieses Moratorium nicht nur Bildungszeit, sondern zugleich auch eine pädagogisch gestaltete Zeit, in der die Heranwachsenden in Kontroll- und Disziplinarräumen geformt werden und zu staatstragenden und gehorsamen Bürgern erzogen werden sollten. Die pädagogische, jugendschützerische und auch die polizeiliche und juristische Kontrolle richtete sich dabei nicht zuletzt auch gegen die Vergemeinschaftungsformen der Jugendlichen selbst, die auch als Folge der Erzeugung altersnaher Gleichaltrigengruppen durch die Schule hervorgebracht wurden und in denen die Möglichkeiten einer eigensinnigen, von den Regeln der Erwachsenen abweichenden jugendkulturellen Praxis eröffnet wurden. Am schärfsten zeigte sich dies in den „erziehungsstaatlichen" Konzepten des Faschismus oder auch der ehemaligen DDR, in denen staatliche Jugendorganisationen mit der Absicht der Erziehung und Formung der „Volksgenossen" oder der „sozialistischen Persönlichkeit" jede eigenständige jugendkulturelle Form zu verhindern suchten (vgl. Wensierski 1994).

Im Zuge der Durchsetzung eines Bildungsmoratoriums – mit der skizzierten Ambivalenz zwischen Bildungs- und Kontrollraum – erweiterten sich sukzessive im Laufe des 20. Jahrhunderts auch die jugendkulturellen Möglichkeits- und Gestaltungsräume eines eigensinnigen Jugendlebens. Es entstand auch ein *jugendkulturelles Moratorium*, ein eigenes Feld der kulturellen Selbstverortung, der eigensinnigen und widerständigen Jugendkulturen und der jugendkulturellen „Stilbastelei" (vgl. Willis 1991). Seit den 1950er Jahren hat sich ein „zweigeteiltes Jugendmoratorium" (vgl. Zinnecker 1987) und darin Jugend in ihrer modernen Gestalt entfaltet: Es ist gekennzeichnet durch pädagogisch gestaltete Institutionen für Kinder und Jugendliche in der Ambivalenz von Bildungsoptionen und pädagogischer Kontrolle einerseits und andererseits der Entstehung eines „jugendkulturellen Moratoriums", das durch die Kreation eigensinniger, neuer und auch oppositionell-widerständiger jugendkultureller Formen und die Ausdehnung kommerzieller Jugendmode und -kultur gekennzeichnet ist.

Strukturwandel der modernen Jugend: Pluralisierung und Individualisierung

Kennzeichnend für die jüngsten Entwicklungen in weit modernisierten Gesellschaften ist, dass sich Jugend zugleich lebensgeschichtlich vorverlagert wie auch verlängert: Vom Alter der 12- bis 13-Jährigen bis weit in das dritte Lebensjahrzehnt hinein kann sich Jugend erstrecken, wobei es nach wie vor deutliche Milieu- und Bildungsunterschiede gibt. Durch die Verlängerung der Jugend verliert diese den Charakter einer schnellen Statuspassage und wird zu einem zeitlich gestreckten Parcours mit differenzierten Wegen und Optionen, die vielfältige Entscheidungen erfordern. Diese ‚Wege' sind keineswegs eng miteinander verbunden, sondern weisen im Zuge gesellschaftlicher Ausdifferenzierungsprozesse eine bereichsspezifische Ablaufgestalt auf – etwa in Bildungsinstitutionen, in beruflichen Übergängen, in Freundschafts- und Liebesbeziehungen, im familiären Raum, im öffentlich-staatsbürgerlichen Bereich etc. Die soziale Ausdifferenzierung von Lebensbereichen mit eigenen Logiken hat auch die jugendlichen Handlungsfelder erfasst, was als *Entstrukturierung* der Jugendphase bezeichnet wurde (vgl. Olk 1989).

Diese Veränderungen verbinden sich mit gesellschaftlichen Entwicklungen der *Individualisierung* und *Pluralisierung* (vgl. Heitmeyer/Olk 1990). Einerseits beanspruchen Heranwachsende zu immer früheren Zeitpunkten, dass sie auf bedeutsame Entscheidungen Einfluss nehmen und selbstständig über ihre Lebensform, ihre Selbststilisierung, ihre Kleidung, jugendkulturelle Vorlieben etc. bestimmen können. Zum anderen wird von ihnen aber auch zunehmend Selbstständigkeit und Autonomie eingefordert, bzw. müssen sie sich in unübersichtlichen und komplexen Situationen eigenverantwortlich entscheiden. Sie werden somit auch von einem neuen hegemonialen Anspruch des eigenverantwortlich-autonomen Selbst erfasst. Die Anforderung, sich in Entscheidungskrisen zu bewähren, steigt damit an. Zugleich müssen Jugendliche auch die Erfahrung des Versagens oder der Fehlentscheidung im Horizont von Selbstständigkeitsansprüchen selbst verantworten. Die Entscheidungsrisiken erweitern sich nicht nur dadurch, dass die Horizonte, in denen die Entscheidungen getroffen werden müssen, komplexer und unübersichtlicher werden, sondern auch dadurch, dass Bedingungen und Entwicklungen, in deren Rahmen Entscheidungen getroffen werden müssen, dem Zugriff der jugendlichen Akteure oftmals entzogen und damit intransparent sind.

Eigenverantwortliche Entscheidungen treffen und Orientierungen gewinnen zu müssen erfolgt zudem im Horizont einer grundlegenden Pluralisierung und Enttraditionalisierung. Dies betrifft auch die Jugendkulturen und jugendlichen Lebensstile selbst (vgl. Breyvogel/Krüger 1987; Richard/Krüger 2010): Waren es in den 1950er und 1960er Jahren noch wenige, klar konturierte, deutlich milieugebundene Jugendstile – etwa Halbstarke und Existenzialisten (vgl. Krüger 1985), Hippies und Rocker (vgl. etwa Willis 1981) – so kommt es im Verlauf der 1980er und 1990er Jahre zu immer stärkeren Ausdifferenzierungen, zu Retro-, Mix- und Crosscultureformationen, zur gesteigerten Pluralität jugendlicher Stilbildungen und schließlich zur Pluralisierung und Individualisierung in Jugendstilen selbst in Verbindung mit flüchtigen Szene-Einbindungen und „Erlebnis"-Vergemeinschaftungen (vgl. Breyvogel 2005; Richard/Krüger 2010). Die Positionierung zu, der Bezug auf und die Wahl von jugendkulturellen Orientierungen – zwischen den Polen der jugendkulturellen Abstinenz und des identifikatorischen Einbezugs etwa in Form von Fan-Kulturen (vgl. Roose u.a. 2010) – wird zu einer eigenen Orientierungsleistung im jugendlichen Lebensraum.

Seit den 1990er Jahren weiten sich zudem die virtuellen Räume in den globalen Mediennetzen aus. Dadurch entstehen neue Möglichkeiten imaginärer Selbst- und Identitätskonstruktionen bzw. der Bildung virtueller sozialer Netzwerke und ‚Freundschaften' im globalisierten jugendkulturellen Kommunikationsraum.

Bildungserwerb und Jugendkultur

Neben diesen Veränderungen sind Jugendliche mit einer grundlegenden Ambivalenz konfrontiert: Im schulischen Lebensraum sind sie mit Forderungen nach Leistung, Langsicht und Selbstdisziplin konfrontiert, gewissermaßen mit dem leistungszentrierten Habitus des erfolgsorientierten, aktiven Erwerbsmenschen. In unterschiedlichen Varianten jugendkultureller Lebensräume und Stile werden Jugendliche aber gerade mit Versprechen und Ansprüchen auf Ekstase, Überschreitung, hedonistischen Events und emotionalen Erlebnissen konfrontiert. Beiden – mehr oder weniger gegensätzlich konnotierten – Lebensbereichen gerecht zu werden, das Eine nicht auf Kosten des Anderen dominant werden zu lassen, eigene Formen der Balancierung zu finden, dies erfordert weitere Orientierungsleistungen im jugendlichen Lebensraum. Dies geht mit Strukturänderungen im jugendlichen Moratorium einher: Die Ambivalenzen werden stärker und können zu Zerreißproben im jugendlichen Selbst führen (vgl. Helsper 2010).

Dabei verändert sich allerdings nicht nur das jugendkulturelle Moratorium, sondern auch das jugendliche Bildungsmoratorium, was plakativ als *Entwicklung vom Bildungsprivileg zum Bildungszwang* gefasst werden kann. Waren noch bis in die 1960er Jahre hinein schuldistanzierte Haltungen und Hauptschulabschlüsse kein prinzipielles

Problem für die Einmündung in berufliche Laufbahnen, so hat sich dies grundlegend verändert. Hauptschulabschlüsse bzw. fehlende Schulabschlüsse gehen inzwischen mit einem Ausschluss aus beruflichen Laufbahnen einher. Um die beruflichen Positionen der Elterngeneration halten zu können, müssen Jugendliche heute in der Regel den nächst höheren Schulabschluss bzw. einen Studienabschluss aufweisen. Damit steigt der Druck innerhalb des Bildungsmoratoriums nicht unerheblich an und zieht immer mehr – ehemals auch schulferne Jugendliche – in das schulische Spiel hinein. Dies wird durch die Tendenz zur Beschleunigung von Bildungsverläufen verschärft, wie sie sich im Horizont der Diskussion um internationale Wettbewerbsfähigkeit und globale Bildungsstandards im letzten Jahrzehnt abzeichnet. Das Bildungsmoratorium gewinnt damit Züge einer Ernstsituation, mit gravierenden Folgen für die berufliche Zukunft. So müssen Jugendliche heute verstärkt in schulische Abschlüsse investieren, können sich Auszeiten und Schuldistanz nur um den Preis drohender Exklusion leisten und dies zugleich im Angesicht des *„schulischen Bildungsparadoxons"*: Die Anstrengungsbereitschaft muss erhöht werden und doch bleibt – selbst bei gesteigerten Bildungsanstrengungen – die Realisierung beruflicher Optionen und Anschlüsse ungewiss (vgl. auch Buchholz/Blossfeld 2011). Dies zeigt sich insbesondere auch in Gestalt neuer prekärer, instabiler und befristeter Arbeitsverhältnisse – selbst bei bildungsprivilegierten Gruppen, was plakativ als ‚Generation Praktikum' bezeichnet wurde.

Im Ergebnis dieser Strukturwandlungen von Jugend tendieren diese skizzierten Entwicklungen dazu, dass Jugendliche zunehmend mit Orientierungs- und Entscheidungszwängen konfrontiert werden, wobei die Suche nach Orientierungen und nach Entscheidungen im Horizont von pluralisierten und individualisierten Lebensbedingungen voraussetzungsreicher, störanfälliger und schwieriger werden. Optionsvielfalt kann auch in Entscheidungsparalyse und die Vervielfältigung und Individualisierung von Lebensentwürfen kann auch in Orientierungsverlust münden. Die Pluralisierungs- und Individualisierungsprozesse, von denen das zweigeteilte Jugendmoratorium getroffen wird, entbergen damit jenseits der Spielräume und Freiheiten zunehmend auch Belastungen und Risiken des Scheiterns und der Überforderung. Dies ist aber nur die eine Seite der Medaille: Denn nicht nur die Chancen und Risiken der Individualisierungs- und Pluralisierungsprozesse potenzieren sich. Zugleich deuten sich im letzten Jahrzehnt Entwicklungen an, die als *Beschleunigung, Standardisierung und Rationalisierung von Kindheit und Jugend* zu begreifen sind, Prozesse, die der Individualisierung und Pluralisierung zuwiderlaufen, deren Potenziale bedrohen und das Jugendmoratorium zu destruieren drohen (vgl. Heitmeyer u.a. 2011). Im Zuge der internationalen Konkurrenz um die best- und schnellstmögliche Ausbildung ökonomisch verwertbarer Wissensbestände und Kompetenzen, scheint nicht mehr die kreative Suche, das tastende Ausprobieren, die Toleranz gegenüber mäandernder Orientierungssuche im Vordergrund zu stehen. Heranwachsende sollen auf möglichst geradlinigen Pfaden schnellstmöglich zu möglichst exzellenten Ergebnissen kommen und das bezüglich vordefinierter globaler domänenspezifischer Standards. Zeit verlieren, suchen, ausprobieren – all das scheint mit dem Vorzeichen der Vergeudung und des Unbrauchbaren versehen zu werden. Damit aber ergibt sich für Jugendliche heute eine zugespitzt paradoxe Konstellation, die mit einem Bild gefasst werden kann: Eine vielfältige und individualisierte Jugendlandschaft liegt ausgebreitet vor ihnen; die verschiedensten Wege und Kanäle schlängeln sich hindurch; es gibt Vieles zu entdecken, auszuprobieren, zu verweilen; überall laden Stichstraßen und kleine Pfade zur Sondierung ein – und zugleich durchschneidet ein sechsspurig ausgebauter Highway diese Landschaft und am Horizont steht als sphärische Projektion ein angestrahltes Siegerpodest: den Schnellsten und Besten!

Jugend als ‚Bewährungskrise' des Übergangs

Wenn Jugend sich in höchst unterschiedlichen Formen zeigt und gegenwärtig weltweit sehr unterschiedliche Formen von Jugend vorliegen – was ist das Gemeinsame bei all diesen Unterschieden?

Hier soll auf zwei strukturelle Momente verwiesen werden: Strukturell sind alle historisch variierenden Formen von Jugend erstens dadurch gekennzeichnet, dass sie den Übergang in unterschiedliche Formen von Erwachsenheit markieren – Jugend ist damit relational zu fassen, immer mit Bezug auf die historisch und kulturell variierenden Formen von Kindheit, Jugend und Erwachsenheit in den Generationenbeziehungen und -ordnungen (vgl. Helsper u.a. 2009). Damit verbunden ist Jugend zweitens strukturell als Bewährungskrise zu verstehen: Gelingt die Transformation von einem mehr oder weniger marginalen und abhängigen Status in eine vollwertige und umfassend inkludierte Position und eigene Lebenspraxis?

In weit modernisierten Gesellschaften ist die mehr oder weniger langgestreckte Adoleszenz als Such- und Experimentierraum ausgelegt. Die Generationsordnung wird dadurch dynamisiert: Von der Fokussierung auf die Frage, was will die ältere mit der jüngeren Generation, hin zur Frage, was will die jüngere mit der älteren Generation? Damit sind Reproduktion und Tradierung nicht außer Kraft gesetzt. Aber angesichts kultureller Dynamisierung kann die Übernahme von Erwachsenenpositionen nicht mehr als ‚Kopie' der Älteren vollzogen werden, sondern Jugendliche müssen angesichts neuer Herausforderungen neue Formen von Erwachsenheit in der Spannung von Tradierung und Transformation kreieren. Gerade dafür sind die Such- und Experimentierräume des modernen Jugendmoratoriums unersetzlich. In Auseinandersetzung mit dem familiären Erbe, den milieuspezifisch erworbenen Haltungen und den gesellschaftlichen Anforderungen und Herausforderungen bilden sich in gestreckten Bildungsverläufen und in jugendkulturellen Gleichaltrigenkontexten eigene Haltungen heraus, die keine einfache Fortschreibung der Haltungen der Vorgängergenerationen darstellen. Die Erscheinung tendenziell oppositioneller Jugendkulturen ist damit geradezu ein strukturelles Erfordernis weit modernisierter Gesellschaft, weil sie das Potenzial der Generierung des Neuen eröffnen.

Literatur

Ariès, Philippe (1978): Geschichte der Kindheit. München: Dt. Taschenbuch-Verlag.
Breyvogel, Wilfried (2005): Eine Einführung in Jugendkulturen. Veganismus und Tattoos. Wiesbaden: VS-Verlag.
Breyvogel, Wilfried/Krüger, Heinz-Hermann (Hrsg.) (1987): Land der Hoffnung – Land der Krise. Jugendkulturen im Ruhrgebiet 1900–1987. Berlin/Bonn: Dietz
Buchholz, Sandra/Blossfeld, Hans-Peter (2011): Jugend und Arbeit. In: Heitmeyer, W./Mansel, J./Olk, T. (Hrsg.): Individualisierung von Jugend. Zwischen kreativer Innovation, Gerechtigkeitssuche und gesellschaftlichen Reaktionen. Weinheim/München: Juventa, S. 67–85.
Gillis, John R. (1980): Geschichte der Jugend. Tradition und Wandel im Verhältnis der Altersgruppen und Generationen in Europa von der zweiten Hälfte des 18. Jahrhunderts bis zur Gegenwart. Weinheim/Basel: Beltz.

Heitmeyer, Wilhelm/Mansel, Jürgen/Olk, Thomas. (Hrsg.) (2011): Individualisierung von Jugend. Zwischen kreativer Innovation, Gerechtigkeitssuche und gesellschaftlichen Reaktionen. Weinheim: Beltz.
Heitmeyer, Wilhelm/Olk, Thomas (Hrsg.) (1990): Individualisierung von Jugend. Gesellschaftliche Prozesse, subjektive Verarbeitungsformen, jugendpolitische Konsequenzen. Weinheim/München: Beltz.
Helsper, Werner (2010): Schulkulturen und Jugendkulturen – Einblicke in ein Ambivalenzverhältnis. In: Richard, B./Krüger, H.-H. (Hrsg.): inter-cool 3.0. Jugend, Bild, Medien. München: Fink, S. 209-231.
Helsper, Werner/Kramer, Rolf-Torsten/Hummrich, Merle/Busse, Susann (Hrsg.) (2009): Jugend zwischen Familie und Schule. Eine Studie zu pädagogischen Generationsbeziehungen. Wiesbaden: VS-Verlag.
Krüger, Heinz-Hermann (Hrsg.) (1985): „Die Elvistolle, die hatte ich mir unauffällig wachsen lassen." Studien zur Jugendforschung, 3. Opladen: Leske + Budrich.
Olk, Thomas (1989): Jugend an den Grenzen der Moderne. Ein gescheitertes Projekt? In: Breyvogel, W. (Hrsg.): Pädagogische Jugendforschung. Opladen: Leske + Budrich, S. 31–49.
Peukert, Detlef J. K. (1987): Jugend zwischen Krieg und Krise. Lebenswelten von Arbeiterjugendlichen in der Weimarer Republik. Köln: Bund-Verlag.
Richard, Birgit/Krüger, Heinz-Hermann (Hrsg.) (2010): inter-cool 3.0. Jugend, Bild, Medien. München: Fink.
Roose, Jochen/Schäfer, Mike S./Schmidt-Lux, Thomas (Hrsg.) (2010): Fans. Soziologische Perspektiven. Erlebniswelten, 17. Wiesbaden: VS-Verlag.
Roth, Lutz (1983): Die Erfindung des Jugendlichen. München: Juventa.
Wensierski, Hans-Jürgen von (1994): Mit uns zieht die alte Zeit. Biographien und Lebenswelt junger DDR-Bürger im gesellschaftlichen Umbruch. Opladen: Leske + Budrich.
Willis, Paul E. (1981): „Profane Culture". Rocker, Hippies: Subversive Stile der Jugendkultur. Frankfurt/M.: Syndikat.
Willis, Paul E. (1991): Jugend-Stile. Zur Ästhetik der gemeinsamen Kultur. Hamburg: Argument.
Zinnecker, Jürgen (1987): Jugendkultur 1940–1985. Opladen: Leske + Budrich.

Jens Pothmann

Jugend und Jugendhilfe im demografischen Wandel

Der demografische Wandel ist ein wichtiges, aber gleichzeitig auch ein heikles Thema. Die Diskussion hat zunächst nur zögerlich Einzug in die fachpolitischen Debatten gehalten. Die unausweichlichen Veränderungen des Aufbaus der Bevölkerung in Deutschland, die in regelmäßigen Abständen über die vom Statistischen Bundesamt veröffentlichten Bevölkerungsvorausberechnungen dargestellt werden, wurden lange Zeit nur in der Diskussion um die Sicherung der Funktionsfähigkeit der Sozialversicherungen thematisiert. In der Kinder- und Jugendhilfe wurde dieses Thema vor allem in den 1980er und 1990er Jahren allenfalls nur sporadisch in den Fokus gerückt.

Mittlerweile – Anfang der 2010er Jahre – hat sich dies allerdings geändert, und zwar nicht zuletzt auch für die Soziale Arbeit im Allgemeinen sowie für die Arbeits- und Handlungsfelder der Kinder- und Jugendhilfe im Besonderen. Die Debatte um die Konsequenzen aus den demografischen Veränderungen in ihrer mittlerweile erreichten gesellschaftlichen Breite hat jedoch eine mitunter störende Begleitmusik. Nicht selten wird das Thema in Schreckensszenarien emotionalisiert bzw. mit plakativen Formeln unzulässig verkürzt, wie z.B. „Die Deutschen sterben aus"; vom „Krieg der Generationen" ist ebenso die Rede wie vom „Altenüberschuss", vom „Kindermangel" oder auch von dem Automatismus einer „demografischen Rendite".

Diese Klischees werden im Folgenden zur Seite gelegt. In einem ersten Teil werden die Grundlagen der Bevölkerungsvorausberechnungen als die zentrale empirische Grundlage für die Beschreibung des demografischen Wandels erläutert. Ein zweiter Teil stellt Folgen des demografischen Wandels für das Aufwachsen junger Menschen dar. Im dritten Teil werden mögliche Zusammenhänge zwischen demografischen Entwicklungen und der Ausstattung eines Freizeit- und Bildungsangebotes für junge Menschen diskutiert.

Bevölkerungsvorausberechnungen – ein Zahlenspiegel für den demografischen Wandel

Der demografische Wandel beschreibt die Veränderungen der Bevölkerung, und zwar bezogen auf die Gesamtzahl sowie deren Zusammensetzung. Die drei zentralen Dimensionen des demografischen Wandels und damit der Bevölkerungsentwicklung sind die Fertilität – gemessen über die Geburtenentwicklung –, die Mortalität – dargestellt durch die Sterberate – sowie der Faktor Migration, also die Zu- bzw. Abwanderung für eine Region (vgl. z.B. Niephaus 2012). Weitere wichtige Faktoren sind u.a. der Gesundheitszustand (Morbidität) oder auch der Wandel gemeinschaftlicher Lebensformen, insbesondere der Familie.

Beschränkt man sich auf die Faktoren Geburtenhäufigkeit, Lebenserwartung respektive Altersaufbau sowie die Wanderungsbewegungen, die auch seitens des Statistischen Bundesamtes für die so genannten ‚Bevölkerungsvorausberechnungen' verwendet werden, so sind zwei zentrale Entwicklungslinien für die Bundesrepublik zu konstatieren: Erstens die Zunahme der Bevölkerung bis 2003 und der seither zu beobachtende Rückgang der Einwohnerzahlen sowie zweitens der Anstieg des Durchschnittsalters der Bevölkerung. Demnach ist die Bundesrepublik eine ‚schrumpfende' und ‚alternde Gesellschaft'. Diese Trends gehen vor allem zurück auf eine seit den 1960er Jahren deutlich rückläufige Zahl an Geburten, einen stetigen Anstieg der Lebenserwartung sowie eine auf politische Veränderungen mitunter sensibel reagierende Wanderungsbilanz. Da diese in den meisten Jahren positiv ausfiel, stellte sie bislang im Rahmen des demografischen Wandels ein Gegengewicht zu den sinkenden Geburtenzahlen dar und wird auch zukünftig eine entscheidende Bedeutung für den Bevölkerungsaufbau haben.

Das Statistische Bundesamt hat 2009 die 12. koordinierte Bevölkerungsvorausberechnung vorgelegt (vgl. StaBu 2009). Hier werden die Auswirkungen des demografischen Wandels statistisch berechnet. Aufgrund unterschiedlicher Annahmen zu den bereits genannten drei Dimensionen Fertilität, Mortalität und Migration werden mehrere Varianten für die Fortsetzung des demografischen Wandels bis zum Jahr 2060 unterschieden. Gemeinsam ist diesen Szenarien – wenn auch in unterschiedlicher Ausprägung – eine sich weiter fortsetzende Alterung und Abnahme der Bevölkerung.

Geburtenhäufigkeit, Lebenserwartung und Wanderungsbewegungen sind maßgeblich für einen Rückgang und eine Alterung der Bevölkerung. Deutlich werden diese Entwicklungen auch in einer abnehmenden Zahl der jungen Menschen im Alter von unter 20 Jahren (vgl. BMI 2011). Im Basisjahr der Bevölkerungsvorausberechnung 2008 gab es noch 15,6 Millionen unter 20-Jährige, 2020 werden es noch zwischen 13 und 14 sowie 2060 zwischen 10 und 11 Millionen sein. Der Anteil dieser Altersgruppe an der Gesamtbevölkerung – der sogenannte ‚Jugendquotient' – wird sich dabei kontinuierlich auf vorausberechnete 16% verringern. Laut amtlicher Bevölkerungsstatistik lag dieser Wert Ende 2011 noch bei 18%. Konkret bezogen auf die Altersgruppe der 6- bis 21-Jährigen bedeutet dies: Allein zwischen 2010 und 2020 wird sich die Zahl der 6- bis 21-Jährigen um etwa 13% reduzieren – von etwas mehr als 12,9 Millionen auf nicht mehr ganz 11,3 Millionen junge Menschen (vgl. StaBu 2009).

Die Berechnung der zukünftigen Bevölkerungsentwicklung muss allerdings mit Unsicherheitsfaktoren zurechtkommen, so dass prognostizierte und tatsächliche Entwicklungen immer wieder auseinander liegen. Die Aussagekraft einer Bevölkerungsvorausberechnung hängt von den getroffenen Vorannahmen und damit von der Wahrscheinlichkeit ab, mit der Ereignisse eintreten werden. Diese Unsicherheiten verstärken sich insbesondere bei kleinräumigeren regionalen Bevölkerungsvorausberechnungen und entsprechend höher ist hier die Fehleranfälligkeit im Vergleich zu größeren regionalen Einheiten wie z.B. Bundesländern. Gleichwohl sind regional differenzierende Bevölkerungsvorausberechnung auch für die kommunale Jugendhilfeplanung und eine örtliche Kinder- und Jugendhilfeberichterstattung eine notwendige Voraussetzung, um nicht zuletzt auch im politischen Raum die Sozialisationsbedingungen für junge Menschen sowie familienfreundliche Strukturen nachhaltig gestalten zu können.

Demografischer Wandel und das Aufwachsen junger Menschen

Wenn der demografische Wandel bedeutet, dass sich die Zahl der jungen Menschen in den nächsten Jahren reduzieren sowie der Altersaufbau in der Bevölkerung sich deutlich hin zu einer stärkeren Bedeutung älterer Generationen verschieben wird, so sind dies nicht nur ‚Zahlenspiele'. Diese Trends werden auch das Aufwachsen junger Menschen in der bundesdeutschen Gesellschaft verändern. Das heißt beispielsweise (vgl. auch van Santen 2010):

1. Der Stellenwert und die Funktion von Gleichaltrigengruppen beim Aufwachsen junger Menschen werden sich weiter wandeln. Peer-Gruppen haben für das Aufwachsen junger Menschen grundsätzlich eine große Bedeutung. Der in der Bevölkerung absehbare Rückgang der jungen Menschen wird allerdings dazu führen, dass gerade in ländlichen Regionen solche Konstellationen häufiger arrangiert bzw. organisiert werden müssen. Bei der absehbaren Ausdünnung der jüngeren Altersjahrgänge in der Bevölkerung wird es *weniger selbstverständlich sein, sich in Peer-Gruppen im unmittelbaren sozialen Nahraum zu bewegen*. Vielmehr wird eine Herausforderung darin bestehen, im Rahmen offener Angebote erreichbare Räume für Peer-Gruppen zu schaffen. Dies wird höhere Anforderungen an die Mobilität junger Menschen stellen.
2. Nicht nur der absolute Rückgang der jungen Menschen in der Bevölkerung wird sich auf das Aufwachsen auswirken, sondern auch die veränderte Zusammensetzung der Bevölkerung mit Blick auf den geringeren Anteil von Kindern und Jugendlichen sowie einem höheren älterer Menschen. Vor diesem Hintergrund ist zumindest zu befürchten, dass junge Menschen weniger gehört werden und deren Interessen gegenüber denen der älteren Generationen in den Hintergrund treten. Es ist in diesem Zusammenhang zu befürchten, dass es zukünftig *weniger Raum für eine eigenständige Lebensphase Jugend* geben wird und die Jugendgenerationen sehr viel früher und sehr viel stärker in die ‚Erwachsenenwelt' mit einbezogen werden. Möglicherweise müssen die Verkürzung der Schulzeit bis zum Abitur sowie das Absenken der Studienzeiten bereits als Indizien für eine solche Entwicklung gelesen werden.
3. Wandeln wird sich das Aufwachsen auch durch die steigende Mobilität und die wachsenden Mobilitätsanforderungen. Dies hat einerseits Gültigkeit für das, was Demografen als ‚Binnenwanderung' bezeichnen, gilt aber auch mit Blick auf die zuwanderungsbedingten Veränderungen aus anderen Ländern und Kulturkreisen. So wird der Anteil der jungen Menschen mit einem sogenannten ‚Migrationshintergrund' oder sogar eigenen Migrationserfahrungen in der Bevölkerung weiter steigen. Insgesamt ist von einer *Zunahme kultureller Vielfalt* für die bundesdeutsche Gesellschaft auszugehen. Dies stellt erhöhte Anforderungen an gesellschaftliche Integrationskräfte und interkulturelle Kompetenzen auch im Kontext des Aufwachsens junger Menschen.

Demografie und Freizeit- und Bildungsangebote – Beispiel Kinder- und Jugendarbeit

Zu der Frage nach Zusammenhängen zwischen der demografischen Entwicklung auf der einen Seite und einem Freizeit- und Bildungsangebot für junge Menschen auf der anderen Seite wird im Demografiebericht der Bundesregierung Folgendes formuliert:

„Die Kinder- und Jugendhilfe wird zukünftig vor der Aufgabe stehen, ihre Angebote quantitativ an der Bevölkerungsentwicklung zu orientieren und gleichzeitig konzeptionell auf Veränderungen ihrer Zielgruppen zu reagieren. (…) Wenn es weniger Kinder gibt und im Wohnortumfeld Angebotsstrukturen und Verwandtschaftsnetze dünner werden, finden Kinder, Jugendliche und Familien weniger Möglichkeiten der Unterstützung. Die Aufgabenstellungen der institutionellen Angebote wie Kindestageseinrichtungen, Jugendzentren, Beratungsstellen oder Familienbildungsstätten werden sich diesen Entwicklungen anpassen müssen" (BMI 2011: 64).

Einerseits ist also demnach von Wechselwirkungen zwischen den genannten Bereichen auszugehen, andererseits werden diese wiederum auch von weiteren Faktoren wie Bedarfslagen und gesellschaftlichen bzw. sozialpolitischen Aufträgen mit beeinflusst.

Zumindest vage deutet sich bereits hier an, dass das mit der ‚demografischen Rendite' in der Kinder- und Jugendhilfe nicht ganz so einfach ist bzw. dass es sich dabei nicht etwa um eine mathematische Formel handelt, zumal Bedarf und Inanspruchnahme von Leistungen und Strukturen der Kinder- und Jugendhilfe von weiteren, die Demografie relativierenden Faktoren abhängen (vgl. Bürger/Schone 2010).

Dies wird im Folgenden am Beispiel Kinder- und Jugendarbeit als einem der zentralen Arbeitsfelder der Kinder- und Jugendhilfe erörtert: Zunächst kommt man zweifelsohne nicht an der Tatsache vorbei, dass für die nächsten Jahrzehnte bundesweit von einer rückläufigen Zahl junger Menschen sowie einem ‚Älterwerden' der Gesellschaft auszugehen ist. Bei aller Bedeutung der demografischen Veränderungen ist allerdings zu berücksichtigen, dass diese alleine nicht ausreichen, um brauchbare Aussagen für die Zukunft der Freizeit- und Bildungsangebote für junge Menschen, in unserem Beispiel für die Jugendarbeit, machen zu können. Anders formuliert: Von einem Automatismus zwischen einem demografisch bedingten Rückgang junger Menschen in den nächsten Jahrzehnten auf der einen sowie Kürzungen bei einer Infrastruktur für die Kinder- und Jugendarbeit auf der anderen Seite sollte zunächst einmal keine Rede sein. Vielmehr sind die Auswirkungen demografischer Veränderungen immer erst im Zusammenspiel mit politischen, sozialen und wirtschaftlichen Faktoren im Allgemeinen sowie der Kinder- und Jugendarbeit im Kontext sich verändernder Lebenslagen und -stile junger Menschen, aber auch des sich immer wieder neu formulierenden gesellschaftlichen Auftrags sowie den fachlichen Weiterentwicklungen der Kinder- und Jugendarbeit selbst zu bewerten (vgl. Rauschenbach u.a. 2010).

Dass dies bereits in der Vergangenheit der Fall gewesen ist, zeigt auch der Blick auf die Ausgabenentwicklung der Jugendarbeit im Verhältnis zu den demografischen Veränderungen in der letzten Dekade (vgl. Pothmann 2012). Die Ausgaben von Bund, Ländern und vor allem Kommunen sind für die Kinder- und Jugendarbeit nach wie vor eine der tragenden Säulen im Finanzierungsmix für die Handlungsfelder der Kinder- und Jugendarbeit (vgl. Rauschenbach/Pothmann 2010). Folgt man den jährlichen Ergebnissen der amtlichen Kinder- und Jugendhilfestatistik, so belief sich dieses Ausgabenvolumen im Jahre 2010 für die Kinder- und Jugendarbeit auf 1,57 Mrd. EUR. Das sind umgerechnet auf die Altersgruppe der 6- bis 21-Jährigen knapp 121 EUR pro jungem Mensch und Jahr. Das entspricht im Übrigen einem Anteil von 5,5% an den Gesamtaufwendungen für die Kinder- und Jugendhilfe in dem benannten Jahr – niemals in den letzten 20 Jahren ist diese Quote niedriger ausgefallen als für das Jahr 2010.

Bei einem Vergleich der Jahre 2000 und 2010 ist festzustellen, dass die jährlichen finanziellen Aufwendungen Anfang der 2010er Jahre um nicht ganz 11% höher als für den Beginn der 2000er Jahre liegen. Diese Entwicklung vollzieht sich allerdings – im Übrigen vergleichsweise unbeeindruckt von demografischen Veränderungen – in unterschiedlichen Etappen (vgl. Abb. 1). So ist zwischen 2000 und 2004 das Ausgabenvolumen für die Kinder- und Jugendarbeit von 1,41 Mrd. Euro auf 1,35 Mrd. Euro zurückgegangen (-4,4%), um dann bis auf die besagten 1,57 Mrd. Euro im Jahre 2010 zu steigen (+16%). Jenseits dieser Schwankungen bei den Ausgaben der öffentlichen Gebietskörperschaften für die Kinder- und Jugendarbeit ist die Zahl der 6- bis 21-Jährigen in den Jahren 2000 bis 2010 um 11% zurückgegangen (vgl. Abb. 1).

Abbildung 1: Entwicklung der Ausgaben für die Kinder- und Jugendarbeit im Horizont der allgemeinen Preisentwicklung sowie demografischen Veränderungen bei den 6- bis 21-Jährigen (Deutschland; 2000–2010; Indexentwicklung 2000 = 100)

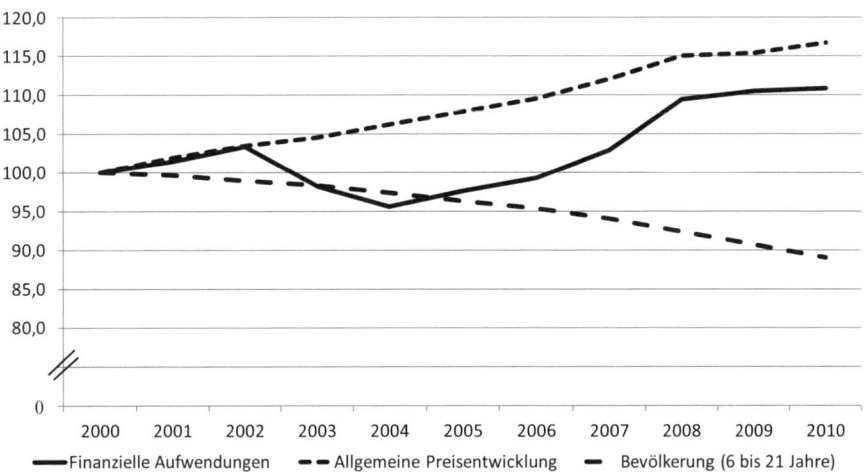

Quelle: Statistisches Bundesamt: Statistiken der Kinder- und Jugendhilfe – Ausgaben und Einnahmen; Bevölkerungsfortschreibung; Verbraucherpreisindizes für Deutschland; verschiedene Jahrgänge

Zusammengefasst wird somit deutlich, dass sich bis etwa Mitte der 2000er Jahre die finanzielle Ressourcenausstattung für die Kinder- und Jugendarbeit verschlechtert hat, während sich in den letzten Jahren diesbezüglich – ohne an dieser Stelle regionale Unterschiede oder auch lokale Besonderheiten berücksichtigen zu können – Verbesserungen eingestellt haben, und zwar parallel zu einem sich beschleunigenden Rückgang bei der Anzahl von jungen Menschen. Das wiederum weist darauf hin, dass die Auswirkungen demografischer Veränderungen immer erst im Zusammenspiel mit erstens politischen, sozialen und wirtschaftlichen Faktoren, zweitens im Kontext sich verändernder Lebenslagen und -stile junger Menschen und drittens vor dem Hintergrund der Veränderungen bei den drei zentralen gesellschaftlichen Sozialisationsagenturen Familie, Jugendhilfe und Schule deutlich werden können.

Literatur

[BMI] Bundesministerium des Innern (Hrsg.) (2011): Demografiebericht. Bericht der Bundesregierung zur demografischen Lage und künftigen Entwicklung des Landes. Berlin: Bundesministerium.
Bürger, Ulrich/Schone, Reinhold (2010): Demografischer Wandel und Jugendhilfeplanung. In: Maykus, S./Schone, R. (Hrsg.): Handbuch Jugendhilfeplanung. Wiesbaden: VS Verlag, S. 245–255.
Niephaus, Yasemin (2012) Bevölkerungssoziologie. Eine Einführung in Gegenstand, Theorien und Methoden. Wiesbaden: VS Verlag.
Pothmann, Jens (2012): Steigender Bedarf an Ausgaben trotz demografischer Entwicklungen. In: Jugendpolitik, 3, S. 11–13.
Rauschenbach, Thomas/Borrmann, Stefan/Düx, Wiebken/Liebig, Reinhard/Pothmann, Jens/Züchner, Ivo (2010): Lage und Zukunft der Kinder- und Jugendarbeit in Baden-Württemberg. Eine Expertise. Dortmund/Frankfurt/M./München. http://www.sm.baden-wuerttemberg.de/fm7/1442/Expertise_Jugendarbeit_2010.pdf [Zugriff: 11.12.2012]
Rauschenbach, Thomas/Pothmann, Jens (2010): Jugendbildung jenseits von Schule und Beruf. In: Barz, H. (Hrsg.): Handbuch Bildungsfinanzierung. Wiesbaden: VS Verlag, S. 261–272.
Santen, Eric van (2010): Weniger Jugendliche, weniger Jugendarbeit? Demografische Veränderung als Herausforderung für die Jugendarbeit. In: deutsche jugend 58, 4, S. 167–177.
[StaBu] Statistisches Bundesamt (Hrsg.) (2009): Bevölkerung Deutschlands bis 2060. 12. koordinierte Bevölkerungsvorausberechnung. Wiesbaden: Statistisches Bundesamt. http://www.destatis.de.

Meike Watzlawik

Jugend: entwicklungspsychologisch

Aus entwicklungspsychologischer Sicht ist die Phase der Jugend noch gar nicht so lange als eigenständiger Entwicklungsabschnitt von Interesse. Erst um die Wende des 19. zum 20. Jahrhundert wird die Jugend als solche in den Mittelpunkt wissenschaftlicher Bemühungen gerückt, um vor allem den „krankheitsschaffenden Faktor Pubertät" näher zu untersuchen und Kriminalität, Selbstmorde und Onanie in den Griff zu bekommen (vgl. Fend 2003). Im 21. Jahrhundert hat sich das Bild der Jugend in der Forschung stark gewandelt. Es geht weniger um das ‚Reparieren', sondern mehr um das *Beschreiben* und *Fördern* von Entwicklungsverläufen und Entwicklungspotenzialen, was u.a. im Bereich der *Positiven Psychologie* besonders hervorgehoben wird. Im Sinne der Positiven Psychologie, die erforscht, was gerade die Menschen auszeichnet, die Herausforderungen kompetent meistern und Erlerntes erfolgreich anwenden, sollen im Folgenden typische Entwicklungsaufgaben des Jugendalters betrachtet werden. Das Jugendalter wird dabei als eine von mehreren Phasen im Lebenslauf eines Menschen verstanden.

Für das Jugendalter haben verschiedene Forscher typische Entwicklungsaufgaben formuliert wie berufliche Orientierung, die Ablösung von zu Hause, die Auseinandersetzung mit dem sich verändernden Körper und die Etablierung intimer Beziehungen. Mit den hier ausgewählten Entwicklungsaufgaben wird ein Teilausschnitt jugendlicher Entwicklung dargestellt. Es fließen nicht nur psychologische Erkenntnisse, sondern auch solche aus anderen Disziplinen im Sinne einer entwicklungs*wissenschaftlichen* Annäherung ein. So lässt sich zum Beispiel das Verhalten und Erleben während der Pubertät nicht ohne die Kenntnis physiologischer Veränderungen erklären, die auch aus der Biologie, Medizin oder den Neurowissenschaften kommen. Um die Befunde gesamtgesellschaftlich einzubetten, ist darüber hinaus ein Einbezug soziologischer Beobachtungen notwendig. Generell ist die Wirkung des kulturellen Umfelds auf die Entwicklungsaufgaben des Jugendalters nicht zu unterschätzen. Die Identitätssuche kann dabei als übergeordnete, zentrale Herausforderung gesehen werden.

Bei der Identitätssuche steht die Frage: „Wer bin ich, wer war ich und wer möchte ich sein?" im Mittelpunkt. Bei der Antwortsuche dürfen Jugendliche in unserer Kultur experimentieren und verschiedene Rollen ausprobieren. Teilweise dehnt sich diese Phase bis in das frühe Erwachsenenalter aus. Generell ist die Identitätsentwicklung nicht auf das Jugendalter beschränkt, sondern zieht sich über die gesamte Lebensspanne, jedoch verleihen bestimmte Veränderungen, die im Folgenden skizziert werden, dem Identitätsthema in dieser Phase eine eigene Brisanz.

Körperliche Veränderungen: Die Pubertät

Die zentralen Entwicklungsaufgaben des Jugendalters sind eng mit den physischen Veränderungen in der Pubertät verwoben. Während die Pubertät bei den Mädchen im Alter von ca. 10,8 Jahren mit dem Wachsen der Brüste beginnt, ist das erste Anzeichen für den Pubertätsbeginn bei den Jungen die Vergrößerung der Hoden im Alter von ca. 11,5 Jahren. Erst wenn der Körper des Mädchens soweit ausgereift ist, dass ein Kind ausgetragen werden könnte, setzt die Menarche ein, was in Deutschland mit ca. 12,8 Jahren der Fall ist. Bei den Jungen kommt es mit ca. 13,5 Jahren zur ersten Spermarche bzw. zum ersten Samenerguss. Das Längenwachstum der Mädchen erreicht im Schnitt mit 14,5 Jahren sein Maximum und damit wesentlich früher als bei den Jungen, die erst mit durchschnittlich 17 Jahren ihre Endgröße erreichen. Zu berücksichtigen ist hier, dass all diese Werte Durchschnittsangaben sind und die interindividuelle Variabilität groß ist (vgl. Berk 2011).

Lange war in Bezug auf die Pubertät von einer *Akzeleration* (Beschleunigung) der Entwicklung über die Zeit die Rede, da unter anderem die Menarche über Jahre immer früher eintrat. So wurde das Durchschnittsalter für die erste Monatsblutung im 19. Jahrhundert noch mit 16-17 Jahren angegeben, also deutlich später als heute. Momentan scheint dieser Trend jedoch innezuhalten. Der durchschnittliche Zeitpunkt bleibt den Angaben zufolge stabil bzw. steigt sogar wieder auf die Durchschnittswerte vergangener Jahre an (vgl. Berk 2011). Es werden verschiedene Ursachen für diese Entwicklungstrends diskutiert, z.B. bessere medizinische Versorgung und Ernährung. Letztendlich ist jedoch nicht genau zu benennen, was die Pubertät auf physiologischer Ebene in Gang setzt. Bekannt sind einzelne Faktoren, die eine wichtige Rolle im Gesamtprozess spielen. So zeigt zum Beispiel die Konzentration des Hormons Leptin an, ob ausreichend Energiereserven für die Fortpflanzung vorhanden sind. Da Leptin in den Fettzellen des Körpers produziert wird, erklärt sich beispielsweise, warum übergewichtige Jugendliche früher in die Pubertät kommen als untergewichtige – bis zu dem Extrem, dass bei magersüchtigen Mädchen die Monatsblutung vollständig ausbleibt bzw. aussetzt (vgl. z.B. Leidenberger u.a. 2009).

Das körperliche Wachstum und die sexuelle Reifung stellen Jugendliche vor die Aufgabe, den sich verändernden Körper zu akzeptieren. Dies gelingt umso leichter, desto besser sich die Jugendlichen auf das, was mit ihnen passiert, vorbereitet fühlen. Eine adäquate Aufklärung scheint also von zentraler Bedeutung zu sein. Gleichaltrige, die Schule, die Medien und in geringerem Maße Beratungsstellen können hier zwar weitere Informationsquellen sein, heben das familiär vermittelte Wertesystem aber nicht aus (vgl. Bundeszentrale für gesundheitliche Aufklärung 2010).

Geschlechtsidentität und die Entdeckung der eigenen sexuellen Orientierung

Durch das veränderte körperliche Erscheinungsbild ist auch ein neues Selbstverständnis in Bezug auf die eigene Geschlechtsidentität zu entwickeln. Unter Geschlechtsidentität oder dem *psychologischen Geschlecht* wird hierbei die Selbst-Identifikation und Selbstdarstellung als Mann oder Frau (oder keines von beidem, wie z.B. im Falle der Intersexualität) verstanden. Jede Gesellschaft stellt in diesem Zusammenhang unterschiedliche

Geschlechterrollenstereotype darüber bereit, wie ein Mann oder eine Frau zu sein oder auszusehen hat. Obwohl die Geschlechtsidentität bereits im Kindesalter entwickelt wird, erfordert das veränderte Erscheinungsbild im Jugendalter noch einmal eine intensivere Auseinandersetzung mit der eigenen Geschlechterrolle. Was für ein Mann oder was für eine Frau bin ich bzw. will ich sein? Will ich überhaupt eines von beiden sein? Wie reagieren andere auf mich? Welche Wirkungen kann ich bei anderen erzielen?

Zusätzlich zu generellen Aussagen, was typisch männlich oder weiblich sein soll, enthalten Geschlechterrollenstereotype auch Erwartungen darüber, von wem man sich emotional und sexuell angezogen fühlen sollte. Von einem Mann wird stereotyp erwartet, eine Beziehung zu einer Frau aufzubauen und umgekehrt. Angestoßen durch die sexuelle Reifung entsprechen ca. 90% der Jugendlichen genau diesen Erwartungen. Die anderen 10% sehen sich mit der Tatsache konfrontiert, ‚anders' zu sein. Homo- und bisexuelle Jugendliche müssen bei der Entwicklung ihrer *sexuellen Identität*, die die Annahme der eigenen sexuellen Orientierung, aber auch Grundsätze für das eigene Sexualverhalten umfasst, einen größeren Aufwand betreiben und mehr ‚Identitätsarbeit' leisten. Wie schwierig dieses sein kann und wie viel Aufklärung trotz einer zu beobachteten Liberalisierung immer noch nötig ist, zeigen u.a. die bis heute erhöhten Selbstmordversuche von homo- und bisexuellen Jugendlichen (vgl. Watzlawik/Heine 2009).

Kognitive Veränderungen: Das Denken wird komplexer

Die Gehirnentwicklung Jugendlicher ist noch nicht voll abgeschlossen. Die Entwicklung des präfrontalen Cortexes – das Hirnareal, das für komplexe, rationale Entscheidungen und die Abschätzung von Konsequenzen des eigenen Handelns zuständig ist – ist zum Teil erst nach dem 20. Lebensjahr vollständig abgeschlossen. Das bedeutet nicht etwa, dass Jugendliche keine kompetenten und rationalen Entscheidungen treffen können. Ihre Fähigkeit hierzu ist lediglich noch nicht voll ausgereift und es kann daher eher zu impulsiven Entscheidungen oder Fehlentscheidungen kommen. Jugendliche unterschätzen die Risiken, die sie eingehen, vor allem wenn sie Teil einer Gleichaltrigengruppe sind. Allein gelingt ihnen die Risikoeinschätzung besser (vgl. Berk 2011).

Eine in diesem Zusammenhang häufig gestellte Frage ist: Werden delinquente Handlungen durch noch ausstehende kognitive Entwicklungsschritte im Jugendalter wahrscheinlicher? Erstaunlicherweise geben tatsächlich zwei Drittel aller Jugendlichen der 9. Klasse an, in den letzten zwölf Monaten mindestens eine delinquente Handlung (Bagatelle wie z.B. Schwarzfahren, Ladendiebstahl, etc.) begangen zu haben (vgl. Heinz 2008). Instabile Gefühlszustände und jugendliche Fehlentscheidungen haben hier sicherlich einen Erklärungswert, sind aber nicht die einzigen Faktoren, die eine Rolle spielen. Wirtschaftliche Benachteiligung und ungünstige Bildungsoptionen sind ebenfalls wichtige, aber nicht einzig entscheidende Einflussgrößen. Zur Einordnung jugendlicher Delinquenz insgesamt ist festzustellen: „Die Delikte junger Menschen sind (...) aufgrund *unprofessioneller, gelegenheitsgesteuerter, wenig planvoller Handlungsweise* leicht zu entdecken und zu überführen" (Spiess 2010: 36f.) und gelten – in dieser Form – deshalb in der Kriminologie und Entwicklungspsychologie als „normales" Phänomen des Jugendalters (vgl. Heinz 2008).

Auch wenn das jugendliche Gehirn also noch nicht so strategisch denken kann wie das von Erwachsenen, arbeitet es trotzdem immer effizient. Die Aufmerksamkeit kann besser auf relevante Informationen fokussiert werden, Denkstrategien werden effektiver. Darüber hinaus wird weiteres Wissen angereichert. Jugendliche können besser hypothetisch denken, was u.a. dazu führt, dass sie sich mehr Gedanken darüber machen, was andere wohl über sie denken. Jugendliche agieren also vor einem *imaginären Publikum* und haben nicht selten das Gefühl, dass die Aufmerksamkeit anderer (nur) auf sie selbst gerichtet ist. Aufgrund dieser erhöhten Sensibilität können Reaktionen auf Kritik etwas heftiger ausfallen. Die Zeit vor dem Spiegel verlängert sich, die persönliche Körperpflege wird wichtiger. Studien belegen die Beobachtungen von Eltern, dass in dieser Phase der Wasserverbrauch im eigenen Haushalt signifikant steigt. Ein weiteres Phänomen ist in diesem Zusammenhang die *persönliche Legende*: „In der Gewissheit, dass andere auf sie achten und über sie nachdenken, entwickeln Teenager eine übertriebene Vorstellung der eigenen Wichtigkeit – ein Gefühl, dass sie außergewöhnlich und einzigartig sind" (Berk 2011: 524). Auf dieser Basis erscheinen ablehnende Reaktionen auf elterliche Ratschläge eventuell weniger überraschend. Grundsätzlich führen die zunehmende Fähigkeit zum abstrakten Denken und pubertäre Hormonschwankungen zu einer erhöhten ‚Streitlust'. Die neu gewonnenen Fähigkeiten sollen schließlich auch angewandt werden. Man möchte sich ausprobieren. In Endlosgesprächen mit Freunden diskutiert man die eigenen Visionen, testet die eigenen Argumente und kritisiert die der älteren Generationen (*Generationenkonflikt*). Die Wahl der eigenen Werte und Normen fällt dadurch leichter. Auch wenn die Fähigkeit zum Planen und Entscheiden langsam besser wird, können Alltagssituationen dennoch eine Überforderung darstellen. Die Lösung kann sein, zu Gewohntem zurückzukehren, impulsiv zu entscheiden oder (vorübergehend) gar keine Entscheidung zu treffen. Deshalb ist es in Bezug auf zentrale Entscheidungen, wie z.B. die Wahl einer geeigneten beruflichen Laufbahn, wichtig, kompetent zu beraten.

Die Ablösung vom Elternhaus

Auch im sozialen Umfeld sind Veränderungen zu beobachten. Jugendliche lösen sich mehr und mehr von der Familie und verbringen zunehmend Zeit mit meist gleichaltrigen Freunden. Gerade kognitive Veränderungen tragen zu dieser Entwicklung bei, da die Eltern ‚entidealisiert' und als Autoritäten häufiger in Frage gestellt werden. Evolutionspsychologisch macht der Schritt der Ablösung zum Zeitpunkt der Geschlechtsreife insofern Sinn, als dass inzestuöse Beziehungen unwahrscheinlicher werden, was den Fortbestand der Art sichert. Autonomer zu werden ist in allen Kulturen ein wichtiger Schritt für Jugendliche. Allerdings wird die Lösung dieser Entwicklungsaufgabe von vielen Faktoren beeinflusst, was zu unterschiedlichen Entwicklungsverläufen führt. Zum einen spielt die bereits in der Kindheit etablierte Eltern-Kind-Beziehung eine große Rolle. Zeigen die Eltern während der Pubertät Interesse an ihrem Kind und stellen mit ihm gemeinsam feste Regeln auf, so dass es von sich aus über vieles mit den Eltern spricht, werden negative Entwicklungsverläufe (Delinquenz, Abfall schulischer Leistungen, etc.) unwahrscheinlicher als bei Jugendlichen, die weniger offen mit ihren Eltern kommunizieren. Zum anderen ist der kulturelle Hintergrund der Eltern ein wichtiger Einflussfaktor. Während die Autonomiebestrebungen Jugendlicher in westlichen Kulturen grundsätzlich als positiv bewertet werden, wird in anderen Kulturen wesentlich mehr Wert auf Gehorsamkeit und familiäre Einbindung gelegt (vgl. Keller 2011).

Eltern aus nicht-westlichen Kulturen werden also rigoroser auf die Autonomiebestrebungen und Regelverletzungen ihrer Kinder reagieren als solche, die Autonomie als oberstes Erziehungsziel angeben. Dies führt gerade dann zu Konflikten, wenn das eigene Kind in einer wesentlich autonomie-orientierteren Gesellschaft als die Eltern aufgewachsen ist und sich eher mit dieser identifiziert als mit dem Herkunftsland seiner Eltern. Den Stress, der durch solche Konstellationen entsteht, nennt man *Akkulturationsstress*. Je höher dieser ist, desto wahrscheinlicher wird delinquentes Verhalten im Jugendalter (vgl. Berk 2011).

Neben der Loslösung von den Eltern findet im Jugendalter auch eine Ablösung von den Geschwistern statt – vorausgesetzt der Altersabstand ist nicht so groß, dass die Geschwister eher nacheinander als miteinander aufgewachsen sind. Zwar bleiben Geschwister im Vergleich zur Kindheit auch im Jugendalter wichtige Ansprechpartner, jedoch wird immer weniger Zeit mit ihnen und immer mehr Zeit mit Freunden außerhalb der Familie verbracht. Positiv wirkt sich dies auf die Streithäufigkeit zwischen Geschwistern aus: Diese sinkt im Jugendalter (vgl. Watzlawik 2008).

Freundschaften eingehen und pflegen

Freundschaften zu Gleichaltrigen erfüllen entwicklungspsychologisch gesehen mehrere Funktionen: Sie ermöglichen dem Jugendlichen mehr über sich selbst zu erfahren und sich in verschiedenen Interaktionen sowie Rollen auszuprobieren. Dabei wird die Identitätsentwicklung sowohl durch Freundschaften zu einzelnen Personen als auch durch die Zugehörigkeit zu Cliquen (Subgruppen) unterstützt. Enge Freundschaftsbeziehungen sind zudem eine gute Vorbereitung für spätere romantische Beziehungen und helfen dabei, die Ablösung vom Elternhaus und andere Entwicklungsaufgaben kompetent zu meistern. Dies wird durch Befunde unterstützt, die zeigen, dass zwar Freunde eine konfliktbehaftete oder distanzierte Geschwisterbeziehung ausgleichen können, aber eine gute Geschwisterbeziehung fehlende Freundschaften nicht ersetzen kann (vgl. Watzlawik 2008).

Während gleichgeschlechtliche Freunde bereits zum Ende des Kindesalters als wichtige Ansprechpartner genannt werden, gewinnen gegengeschlechtliche Freunde gerade in der Zeit vom 13. bis 16. Lebensjahr stark an Bedeutung (vgl. Fend 2003). Man vertraut sich ihnen immer häufiger an. Gegenseitiges Verständnis, Vertrautheit und Loyalität sind dabei für Jugendliche wichtige Kriterien, um festzustellen, ob man mit jemandem – egal ob vom anderen oder gleichen Geschlecht – befreundet ist. Auch wenn Mädchen von einer größeren emotionalen Nähe zueinander berichten als Jungen und Mädchen sich auch häufiger ‚nur zum Reden' verabreden, heißt dies nicht, dass Jungen keine engen Freundschaften eingehen. Sie stellen Nähe allerdings eher über gemeinsame Aktivitäten her (vgl. Berk 2011). In beiden Fällen ist heute das Internet durch Plattformen wie Facebook oder Twitter sowie durch Internetspiele ein wichtiges Medium, das für die Vernetzung von Jugendlichen genutzt wird und das die Art zu kommunizieren stark beeinflusst.

Literatur

Berk, Laura E. (2011): Entwicklungspsychologie. München: Pearson Studium.
Bundeszentrale für gesundheitliche Aufklärung (Hrsg.) (2010): Jugendsexualität 2010. Repräsentative Wiederholungsbefragung von 14- bis 17-Jährigen und ihren Eltern. Aktueller Schwerpunkt Migration. Köln: BZgA.
Fend, Helmut (2003): Entwicklungspsychologie des Jugendalters. Opladen: Leske + Budrich.
Heinz, Wolfgang (2008): „Bei der Gewaltkriminalität junger Menschen helfen nur härtere Strafen!" Fakten und Mythen in der gegenwärtigen Jugendkriminalpolitik. http://www.uni-konstanz.de/rtf/kik/Heinz _Fakten_Mythen_Jugendkriminalpolitik.pdf [Zugriff: 21.12.2012]
Keller, Heidi (Hrsg.) (2011): Handbuch der Kleinkindforschung. Bern: Huber.
Leidenberger, Freimut A./Strowitzki, Thomas/Ortmann, Olaf (Hrsg.) (2009): Klinische Endokrinologie für Frauenärzte. Heidelberg: Springer.
Spiess, Gerhard (2010): Jugendkriminalität in Deutschland – zwischen Fakten und Dramatisierung. Kriminalstatistische und kriminologische Befunde. http://www.uni-konstanz.de/rtf/gs/G.Spiess-Jugendkriminalitaet.htm [Zugriff: 8.12.2012]
Watzlawik, Meike (2008): Sind Zwillinge wirklich anders? Geschwister in der Pubertät. Marburg: Tectum.
Watzlawik, Meike/Heine, Nora (Hrsg.) (2009): Sexuelle Orientierungen. Weg vom Denken in Schubladen. Göttingen: Vandenhoeck & Ruprecht.

Albert Scherr

Jugend: soziologisch

Jugend – ein soziales Phänomen

Wenn von Jugend die Rede ist, dann ruft dies gewöhnlich die Vorstellung einer Phase der Persönlichkeitsentwicklung auf, die durch Veränderungen des Körpers, der Gefühle und des Denkens gekennzeichnet ist. Jugend wird insbesondere als Entwicklungsstadium (Adoleszenz, Pubertät) verstanden, in dem die Sexualität bedeutsam wird, ein emotionaler Ablösungsprozess von den Eltern einsetzt und sich die Frage nach der eigenen Identität stellt. Diese Annahmen des Alltagsdenkens, die in entwicklungspsychologischen Theorien präzisiert und weiterentwickelt worden sind, werden auch in der Soziologie nicht bestritten. Grundlage einer soziologischen Betrachtung von Jugend ist jedoch die Beobachtung, dass Jugend nicht zureichend als eine Phase der psychosexuellen Entwicklung verstanden werden kann. Jugendsoziologie beschreibt Jugend als soziales Phänomen. Was Jugendlichen erlaubt und was ihnen verboten ist, mit welchen Chancen und Zwängen sie in Familien, Schulen, der Arbeit und der Freizeit konfrontiert sind, was als typisch für Jugendliche betrachtet wird, was als normaler und als problematischer Verlauf der Jugendphase gilt, wie Jugendliche ihre Lebenssituation und sich selbst wahrnehmen, diese und andere Dimensionen der Lebenswirklichkeit Jugendlicher sind entscheidend von den jeweiligen gesellschaftlichen Bedingungen und Festlegungen abhängig.

Beispielsweise war noch in den 1960er Jahren Sexualität vor der Eheschließung tabuisiert; dass Mädchen andere Bedürfnisse und Fähigkeiten haben als Jungen, galt als selbstverständlich; über 90% aller jungen Männer absolvierten den Wehrdienst; die Mehrzahl aller Heranwachsenden hatte vor dem 25. Lebensjahr ihre berufliche Ausbildung abgeschlossen, war erwerbstätig und verheiratet.

Die Bedingungen des Aufwachsens von Kindern und Jugendlichen, die Dauer der Lebensphase Jugend und auch das Erleben, Denken und Handeln derjenigen, die als Jugendliche gelten, haben sich umfassend verändert. Noch deutlichere Veränderungen von Jugend kommen in sozialgeschichtlichen Untersuchungen in den Blick, die sich mit Jugend in vorindustriellen Agrargesellschaften und in den Industriegesellschaften des 19. und frühen 20. Jahrhunderts befassen (vgl. z.B. Mitterauer 1986). Aber auch in der Gegenwartsgesellschaft hat Jugend höchst unterschiedliche Ausprägungen: Unter welchen Bedingungen Heranwachsende ihre Jugendphase durchlaufen und wie sie dies tun, unterscheidet nicht zuletzt Jugendliche aus armen und wohlhabenden Familien sowie aus bildungsfernen und bildungsnahen Milieus voneinander. Nach wie vor sind zudem Geschlechterunterschiede, aber auch Unterschiede zwischen städtischer und ländlicher Jugend bedeutsam; nicht ignorierbar sind auch Differenzen, die aus religiösen Orientierungen sowie dem Migrationshintergrund resultieren.

Vor diesem Hintergrund betrachtet Soziologie Jugend als eine gesellschaftlich strukturierte Lebensphase, die in sozial ungleiche und soziokulturell heterogene Jugenden untergliedert ist. Soziologische Jugendforschung richtet ihr Interesse auf den Zusammenhang zwischen den Ausprägungen und dem Verlauf von Jugenden sowie dem Erleben, Denken und Handeln Jugendlicher mit den gesellschaftlichen Bedingungen des Aufwachsens. Die Grundannahme soziologischer Jugendforschung kann pointiert wie folgt zusammengefasst werden: Jeder Versuch zu verstehen und zu erklären, was Jugendliche fühlen, denken und tun, ist darauf angewiesen, von den jeweiligen gesellschaftlichen Bedingungen und ihren Folgen für die Lebenssituation Jugendlicher auszugehen (vgl. Griese 2007; Scherr 2009).

Dabei ist zu berücksichtigen, dass Jugend auch von Jugendlichen selbst mit hervorgebracht und gestaltet wird: Jugendliche sind nicht einfach nur Objekte gesellschaftlicher Einwirkungen, sondern auch Subjekte, die sich mit ihren gesellschaftlichen Lebensbedingungen aktiv auseinandersetzen, in Jugendbewegungen und Jugendkulturen eigene Lebensentwürfe entwickeln und erproben (vgl. Cohen u.a. 1986; Ferchhoff 2007).

Moderne Jugend:
Institutionalisierung und Normierung der Jugendphase

Sozialgeschichtliche Untersuchungen haben aufgezeigt, dass es Jugend im modernen Sinn dieses Wortes – als von Kindheit und Erwachsenenleben deutlich abgrenzbare Lebensphase aller Heranwachsenden einer bestimmten Altersgruppe – keineswegs in allen Gesellschaften gegeben hat. Jugend war historisch zunächst vor allem das Privileg männlicher Heranwachsender des Adels und des Bürgertums, die nicht gezwungen waren, durch Arbeit zum Lebensunterhalt der Familie beizutragen. Die für uns selbstverständliche Vorstellung von Jugend als einer Phase in einem Lebenslauf, der Altersgruppen mit typischen Eigenschaften, Rechten und Pflichten voneinander unterscheidet, setzt sich erst mit der Etablierung moderner Gesellschaften durch. Von zentraler Bedeutung hierfür ist die für moderne Gesellschaften mit industrieller Produktion kennzeichnende Trennung zwischen Familienleben und Erwerbsarbeit in Verbindung mit der Etablierung der allgemeinen Schulpflicht und beruflichen Ausbildungsgängen. Jugend entsteht damit *erstens* als eine Phase des vorbereitenden Lernens in außerfamilialen Zusammenhängen, die über die Kindheit hinausreicht: „Das allgemeinste Merkmal moderner Jugend besteht in der Tatsache ihrer Ausgliederung aus der Produktion zum Zweck des Lernens in eigens dafür eingerichteten Institutionen, den Schulen, und in den dafür charakteristisch werdenden Sozialformen, nämlich der Gruppe der Altersgleichen" (Hornstein 1990: 32). Damit ist eine folgenreiche strukturelle Rahmung gegeben.

Kennzeichnend für die Jugendphase in modernen Gesellschaften ist *zweitens*, dass Jugendlichen – im Unterschied zu Kindern – eine (rechtlich und pädagogisch) eingegrenzte Autonomie der Lebensführung zugetraut und zugemutet wird. Die Institutionalisierung von Jugend umfasst rechtliche Festlegungen und normative Erwartungen, die eine Verselbstständigung gegenüber der Herkunftsfamilie im Rahmen eines Ablösungsprozesses ermöglichen sollen: Jugendlichen werden Zeiten und Räume zugestanden, in denen sie sich mit Gleichaltrigen ohne Beaufsichtigung durch Erwachsene zusammenfinden. Von ihnen wird erwartet, dass sie eigenständige Vorstellungen über ihr künftiges Leben entwickeln.

Die ökonomische Struktur moderner Gesellschaften erzwingt bzw. ermöglicht es, dass Heranwachsende eine nicht durch die Herkunftsfamilie vorgegebene Ausbildungs-

und Berufsbiografie entwickeln. Die Übernahme des elterlichen Betriebs bzw. die Fortführung des väterlichen Berufs wird zum Ausnahmefall. Zudem verlieren traditionelle Praktiken der Eheschließung durch Verheiratung in der modernen Gesellschaft ihre Grundlage. An deren Stelle treten das Recht und die Möglichkeit einer Ehegründung auf der Grundlage einer freien, nicht primär durch ökonomische Zwänge und verwandtschaftliche Verpflichtungen motivierten Partnerwahl. Mit der Institutionalisierung von Jugend reagieren moderne Gesellschaften auf die damit gegebene zweiseitige, berufliche und familiale Individuierungschance bzw. Individuierungszumutung. *Jugend ist eine Lebensphase, in der Heranwachsenden die schrittweise Ablösung von der Herkunftsfamilie und die Entwicklung eines eigenständigen privaten und beruflichen Lebensentwurfs zugemutet und ermöglicht wird.*

Aus diesen Überlegungen lässt sich folgende soziologische Abgrenzung von Jugend zu Kindheit und Erwachsenenleben folgern: Jugend beginnt, wenn von Heranwachsenden die Möglichkeit reklamiert wird, Aspekte ihrer Lebensführung der Beobachtung durch Eltern und pädagogische Institutionen zu entziehen; Jugend endet mit der ökonomischen Ablösung von der Herkunftsfamilie durch die Aufnahme einer eigenständigen Erwerbstätigkeit sowie der emotionalen und sozialen Ablösung durch den Aufbau einer eigenständigen privaten Lebensführung. Wie im Weiteren noch zu zeigen sein wird, ist die Koppelung dieser Ablösungsprozesse an das Lebensalter und darauf bezogene rechtliche Festlegungen inzwischen infrage gestellt.

Zunächst sind aber zwei pädagogisch folgenreiche Aspekte knapp zu verdeutlichen: Jugend kann vor diesem Hintergrund als eine *in sich widersprüchliche und als eine riskante Lebensphase* charakterisiert werden:
- In sich widersprüchlich ist die Lebensphase Jugend, weil Jugendliche einerseits ökonomisch weitgehend von ihrer Herkunftsfamilie abhängig sind und rechtlich der elterlichen Autorität bzw. der Autorität staatlicher Institutionen (Schule, Kinder- und Jugendhilfe) unterliegen; andererseits werden Jugendlichen begrenzte Möglichkeiten zu einer selbstbestimmten Lebensgestaltung jenseits der Kontrolle durch Eltern und pädagogische Institutionen zugestanden. Jugend ist durch eine in sich widersprüchliche Gemengelage von Abhängigkeit und Autonomie, pädagogischer Regulierung und Eigenverantwortlichkeit gekennzeichnet.
- Riskant ist diese Lebensphase, weil eine erfolgreiche Bewältigung der Anforderungen des schulischen und beruflichen Lernens ebenso wenig garantiert ist wie der erfolgreiche Aufbau von privaten Beziehungen sowie von Bildungs- und Berufskarrieren.

Soziale Ungleichheit in der Jugendphase besteht darauf bezogen darin, dass Jugendliche bei der Bewältigung der damit einhergehenden Risiken in unterschiedlichem Ausmaß auf familiale Ressourcen und Unterstützungsleistungen zurückgreifen können. Zudem sind die tatsächlich gegebenen Möglichkeiten, eine eigenverantwortliche Berufsbiografie realisieren zu können, in erheblichem Maße von Bildungskarrieren abhängig, die ihrerseits in hohem Maße durch das Bildungs- und Einkommensniveau der Herkunftsfamilie bedingt sind. Chancen und Risiken sind in Hinblick auf die Bewältigung der beruflichen und privaten Individuierungschancen also sozial ungleich verteilt.

Vor diesem Hintergrund wird verständlich, dass außerschulische Jugendpädagogik eine Reaktion auf die strukturellen Merkmale moderner Jugend ist. An die außerschulische Jugendpädagogik ist die Erwartung gerichtet, die Autonomiebestrebungen Jugendlicher sowohl zu unterstützen, als auch zugleich darauf hinzuwirken, dass diese in einen Lebensentwurf münden, der gesellschaftlich realisierbar und akzeptabel ist. Pädagogik soll Jugendliche befähigen, ihre strukturell verankerten Individuierungschancen so zu nutzen, dass lebenspraktische Autonomie und die Anpassung an gesellschaftliche Bedingungen und Erwartungen in eine Balance gebracht werden. Dieser in sich widersprüchliche Auftrag kommt in der Formulierung des Kinder- und Jugendhilfegesetzes (§1 SGB VIII) „Erziehung zu einer eigenverantwortlichen und gemeinschaftsfähigen Persönlichkeit" zum Ausdruck. Jugendpädagogische Theorien unterscheiden sich nicht zuletzt darin, welche Gewichtung sie in Hinblick auf die beiden Seiten des Spannungsverhältnisses vornehmen.

Strukturwandel und Entgrenzung der Jugendphase

Seit Mitte der 1980er Jahre weisen jugendsoziologische Analysen auf Entwicklungen hin, durch die ein Verständnis von Jugend als klar abgegrenzte Übergangsphase von der Kindheit ins Erwachsenenalter sowie als von den Zwängen der Existenzsicherung weitgehend entlastete Phase der individuellen Entwicklung infrage gestellt ist. In der Diskussion zum Strukturwandel der Jugendphase und den daran anschließenden Debatten wurden vor allem folgende Veränderungen thematisiert:

- Jugend kann in der Gegenwartsgesellschaft nicht mehr als kollektive Statuspassage einer klar konturierten Altersgruppe charakterisiert werden. Denn die Übergänge vom Jugendstatus in den Erwachsenenstatus erfolgen in gesellschaftlichen Teilbereichen zu unterschiedlichen Zeitpunkten. So wird die rechtliche Mündigkeit mit dem 18. Lebensjahr erreicht, also zu einem Zeitpunkt, an dem die schulische und berufliche Ausbildung vielfach noch nicht abgeschlossen ist. An die Stelle eines eindeutigen und einheitlichen Übergangs von der Jugendphase ins Erwachsenenleben tritt ein zeitlich gestreckter Übergangsprozess, der sich für einen zunehmenden Teil der Heranwachsenden aufgrund der Veränderungen des schulischen und beruflichen Bildungssystems verlängert.
- Infolge wirtschaftlicher Krisen, steigender Arbeitslosigkeit und Lehrstellenmangels, aber auch durch das Wissen um die ökologischen Grenzen des Wachstums sind einem Verständnis von Jugend als Schonraum für die Persönlichkeitsentwicklung zentrale Grundlagen entzogen. Die eigene Zukunft als Erwachsener stellt sich als ungewiss dar. Jugend transformiert sich von einer Phase der Persönlichkeitsentwicklung jenseits der Probleme und Sorgen Erwachsener zu einer Phase der Vorbereitung auf eine unsichere individuelle und gesellschaftliche Zukunft. Insofern sind es, so Richard Münchmeier (2008: 18), „am meisten die Probleme der Arbeitswelt, die Jugend beschäftigen und nicht die klassischen Lehrbuchprobleme der Identitätsfindung, Partnerwahl und Verselbstständigung". Faktisch sind Jugendliche – insbesondere in Abhängigkeit von ihren schulischen Bildungsabschlüssen und den regionalen Arbeitsmarktstrukturen – zwar in unterschiedlichem Ausmaß von diesen Übergangsschwierigkeiten betroffen. Sichere und berechenbare Übergänge in die berufliche Erwachsenenexistenz sind aber auch für einen relevanten Teil der Absolventen/-innen akademischer Ausbildungsgänge nicht mehr gegeben.
- Im Hinblick auf die private Lebensführung ist das Modell einer Normalbiografie, in der die Jugendphase als Vorbereitung auf das Leben als heterosexueller Erwachsener in einer Familie mit einer geschlechtsdifferenzierten Rollenverteilung konzipiert ist, infrage gestellt. Tradierte Festlegungen einer beruflichen und familienbe-

zogenen Normalbiografie verlieren an Verbindlichkeit. Damit entstehen für Jugendliche (und Erwachsene) Möglichkeiten und Zwänge, folgenreiche Entscheidungen ohne verbindliche Vorgaben treffen zu können bzw. zu müssen.
- Dadurch, dass Jugendlichen ein Recht auf eigene Sexualität zugestanden wird, ist ein traditionell zentrales Unterscheidungsmerkmal von Jugend und Erwachsenenleben aufgehoben. Jugend ist nicht mehr der defizitäre Status derjenigen, die ihre Sexualität noch nicht leben dürfen und die nicht zuletzt deshalb veranlasst sind, sich gegen Bevormundung und Kontrollen durch Erwachsene aufzulehnen. Ein Verständnis von Jugend als ein durch Erwachsene kontrollierbarer und pädagogisch gestaltbarer Schonraum der Persönlichkeitsentwicklung ist zudem dadurch infrage gestellt, dass Erwachsene in Folge der Etablierung moderner Kommunikationsmedien nicht mehr kontrollieren können, zu welchen Informationen Jugendliche Zugang finden. Es gelingt nicht mehr zu verhindern, dass Jugendliche sich mit Gewaltdarstellungen, Pornografie und anderen Medieninhalten befassen.
- Auch der Erwachsenenstatus hat sich verändert: Von Erwachsenen wird inzwischen die Fähigkeit und Bereitschaft erwartet, sich durch lebenslanges Lernen weiter zu qualifizieren. Stabile familiale und berufliche Verhältnisse sind auch für einen relevanten Teil Erwachsener nicht mehr erreichbar. Aus der Verlängerung der Übergangsprozesse ins Erwachsenenalter und der Verlagerung traditionell jugendtypischer Probleme und Praktiken resultiert eine Entgrenzung der Jugendphase. Soziokulturelle Abgrenzungen zwischen Jugendkultur(en) und Erwachsenenkultur sind brüchig geworden. In Hinblick auf Kleidungsstile, musikalische Präferenzen, Freizeitpraktiken usw. hat sich eine Populärkultur entwickelt, die tendenziell altersgruppenübergreifend ist.

In der in den 1980er Jahren geführten Diskussion zum Strukturwandel der Jugendphase wird angenommen, dass Unterschiede zwischen Teilgruppen Jugendlicher und zwischen Jugendkulturen, die eine Folge der unterschiedlichen Lebensbedingungen und Alltagskulturen von sozialen Klassen, Schichten und Milieus sind, an Bedeutung verlieren. Die Reichweite und der Stellenwert solcher Individualisierungstendenzen waren und sind in der Jugendforschung umstritten (vgl. Heitmeyer/Olk 1990; Scherr 1998). Aufgrund der Zunahme von Armut und sozialer Ungleichheit richtet sich die Aufmerksamkeit der sozialwissenschaftlichen Jugendforschung inzwischen wieder auf die Unterschiede zwischen sozial ungleichen Jugenden. Weitere wichtige Themen der neueren soziologischen Jugendforschung sind die Folgen des Wandels der gesellschaftlichen Geschlechterverhältnisse für männliche und weibliche Jugendliche sowie die Situation von Jugendlichen mit Migrationshintergrund.

Literatur

Bingel, Gabriele/Normann, Anja/Münchmeier, Richard (Hrsg.) (2008): Die Gesellschaft und ihre Jugend. Strukturbedingungen jugendlicher Lebenslagen. Opladen: Budrich.

Cohen, P./Lindner, Rolf (Hrsg.) (1986): Verborgen im Licht. Neues zur Jugendfrage. Frankfurt/M.: Syndikat.

Ferchhoff, Wilfried (2007): Jugend und Jugendkulturen im 21. Jahrhundert. Lebensformen und Lebensstile. Wiesbaden: VS-Verlag.

Ferchhoff, Wilfried/Olk, Thomas (Hrsg.) (1988): Jugend im internationalen Vergleich. Sozialhistorische und sozialkulturelle Perspektiven. Weinheim/München: Juventa.

Griese, Hartmut (2007): Aktuelle Jugendforschung und klassische Jugendtheorien. Ein Modul für erziehungs- und sozialwissenschaftliche Studiengänge. Jugendsoziologie, 7. Berlin: LIT.

Heitmeyer, Wilhelm/Olk, Thomas (Hrsg.) (1990): Individualisierung von Jugend. Gesellschaftliche Prozesse, subjektive Verarbeitungsformen, jugendpolitische Konsequenzen. Weinheim: Juventa.

Hornstein, Walter (1990): Aufwachsen mit Widersprüchen – Jugendsituation und Schule heute. Rahmenbedingungen – Problemkonstellationen – Zukunftsperspektiven. Stuttgart: Klett.

Mitterauer, Michael (1986): Sozialgeschichte der Jugend. Frankfurt: Suhrkamp.

Münchmeier, Richard (2008): Jugend im Spiegel der Jugendforschung. In: Bingel, G./Normann, A./Münchmeier, R. (Hrsg.), S. 13–26.

Olk, Thomas (1985): Jugend und gesellschaftliche Differenzierung – zur Entstrukturierung der Jugendphase. In: Heid, H./Klafki, W. (Hrsg.): Arbeit – Bildung – Arbeitslosigkeit. Weinheim/Basel: Beltz, S. 290–301.

Scherr, Albert (1998): Individualisierung und gesellschaftliche Desintegration. In: Gegenwartskunde 47, 2, S. 155–168.

Scherr, Albert (2009): Jugendsoziologie. Wiesbaden: VS-Verlag.

Cathleen Grunert und *Heinz-Hermann Krüger*

Jugend und Jugendforschung

Historische Entwicklungslinien

Fragt man nach den Anfängen der Jugendforschung, dann wird man zunächst auf das 18. Jahrhundert verwiesen. Hier wurde mit Jean Jacques Rousseaus autobiografischem Erziehungsroman „Emile" zum einen der Grundstein für die Auffassung von Jugend als soziales Moratorium mit spezifischen Bedürfnissen und einer natürlichen Eigenwertigkeit gelegt (vgl. Dudek 2010: 362), zum anderen wurde damit die Aufmerksamkeit der Pädagogik auf den individuellen Lebensverlauf gelenkt. Erste Versuche, eine moderne, empirisch orientierte wissenschaftliche Pädagogik zu begründen, folgten Ende des 18. Jahrhunderts. Diese gingen vornehmlich von Ernst Christian Trapp und August Hermann Niemeyer aus, die die grundlegende Bedeutung der Beobachtung von Heranwachsenden und der Analyse von Autobiografien für die Theorie und Praxis der Erziehung betonten (vgl. Krüger/Grunert 2010). Im 19. Jahrhundert wurden derartige Ansätze jedoch kaum weiterverfolgt. In dieser Zeit lag der Fokus erziehungswissenschaftlicher Theoriebildung auf bildungsphilosophischen und unterrichtswissenschaftlichen Ansätzen (Herder, Humboldt), während das Hauptthema soziologischer Überlegungen in erster Linie der Nachweis der gesellschaftlichen Bestimmtheit des Individuums war.

Erst zu Beginn des 20. Jahrhunderts setzte schließlich eine intensive Diskussion um eine wissenschaftlich begründete Jugendkunde ein. Im Zuge der Herausbildung der Jugendbewegung sowie der sich zunehmend verschlechternden Situation der großstädtischen Arbeiterjugend rückte das Phänomen Jugend verstärkt in das gesellschaftliche Bewusstsein. Forderungen nach einer wissenschaftlichen Erforschung dieser Lebensphase kommen nun vor allem von den Vertretern der experimentellen Psychologie und Pädagogik sowie aus den Reihen der Lehrervereine. Aber auch aus dem Lager der Reformpädagogik kamen, aufgrund ihres starken Interesses an der Eigenwelt der Kinder, wichtige Impulse für die Etablierung einer empirisch orientierten Jugendforschung (vgl. Krüger 2000). In der Folge wurde eine Vielzahl von Forschungsinstituten in Deutschland gegründet. Methodisch stützte man sich dabei nach einer anfänglichen Begeisterung für naturwissenschaftliche quantitative Verfahren insbesondere auf qualitative Methoden und Materialbereiche (z.B. Tagebücher, Autobiografien, Aufsätze). Vorherrschend in den theoretischen Ansätzen zur Jugend war die Betonung der entwicklungspsychologischen Dimension des Jugendalters, auch wenn einzelne Autoren, wie etwa Bernfeld, die kultur- und schichtspezifischen Bedingungen der Jugendentwicklung mit in den Blick nahmen. Entwicklung wurde in erster Linie als naturwüchsiger Prozess begriffen, der nach bestimmten Regelmäßigkeiten verläuft und auf einen organismusimmanenten Endpunkt hinzielt.

War die Jugendforschung in den 1920er Jahren noch eine Domäne der Pädagogik und der Entwicklungspsychologie, so dominierte seit der Nachkriegszeit bis in die 1970er Jahre in diesem Forschungsfeld die Jugendsoziologie. Orientiert am amerikanischen Vorbild der Meinungsforschung wurden in diesem Zeitraum eine Reihe repräsentativer quantitativer Untersuchungen insbesondere zur politischen Integrationsbereitschaft der westdeutschen Jugend durchgeführt. Im Verlauf der 1950er und 1960er Jahre wandelte sich das Forschungsinteresse von Fragen nach Demokratieverständnis, Jugendkriminalität und Nichtsesshaftigkeit hin zu Fragestellungen, die sich mit verschiedenen Teilgruppen der Jugend, wie jungen Arbeiter/-innen oder der Landjugend beschäftigen. Im Mittelpunkt des Interesses stand nun die Jugend im gesellschaftlichen und politischen Zusammenhang, so dass die relevanten jugendsoziologischen Theorieansätze – der generationstypologische Ansatz von Schelsky, die struktur-funktionalistischen Konzepte von Eisenstadt und Tenbruck sowie die marxistischen Ansätze von Lessing/Liebel – den Zusammenhang von Jugend und Gesellschaft vorrangig aus der Perspektive des gesellschaftlichen Systems analysieren (vgl. Krüger/Grunert 2010: 15f.).

Seit den 1980er Jahren hat sich in der Jugendforschung im Anschluss an sozialisationstheoretische Überlegungen zunehmend die Auffassung durchgesetzt, dass eine umfassende Theorie der Jugend das Wechselverhältnis zwischen der Persönlichkeitsentwicklung des Jugendlichen und den ökologischen und gesamtgesellschaftlichen Lebensbedingungen insgesamt in den Blick nehmen muss und dabei auf die Beiträge und Erkenntnisse der verschiedenen an der Jugendforschung beteiligten Disziplinen (Erziehungswissenschaft, Psychologie, Soziologie, Geschichte u.a.) angewiesen ist. Insbesondere in dem sozialökologischen Ansatz von Dieter Baacke (1980) wird die verstärkte Forderung nach einer interdisziplinär ausgerichteten Jugendforschung deutlich. In Anknüpfung an das Konzept der ökologischen Systeme von Bronfenbrenner, entwickelt Baacke sein Konzept der „ökologischen Zonen", die die Lebenswelt der Jugendlichen bestimmen und deren Einfluss sich mit zunehmendem Alter verändert. Damit ist der Übergang von der Kindheit in die Jugendphase in sozialökologischer Perspektive eine Ausweitung des Handlungsfeldes und damit eine Veränderung der Lebenswelt. Diese theoretische Komplexität des Ansatzes sollte tiefgreifender als bisherige Ansätze in der Jugendforschung dazu beitragen, den komplexen Reichtum der Beziehungen zwischen Jugendlichen wahrzunehmen.

Die jugendtheoretische Diskussion ist seit den 1980er Jahren u.a. geprägt von der These des Strukturwandels der Jugendphase. Eine solche Perspektive steht seit Mitte der 1980er Jahre vor allem bei solchen Arbeiten im Vordergrund, die soziale und kulturelle, psychische und gesellschaftliche Aspekte von Jugend, in Anlehnung u.a. an Becks Gesellschaftsdiagnosen (z.B. Beck 1986), mit den Theoremen der Individualisierung und Pluralisierung verknüpfen (z.B. Olk 1985). Im Gegensatz zum bisherigen sozialwissenschaftlichen Verständnis, das Jugend als kollektive Statuspassage fasst, führten die gesellschaftlichen Individualisierungstendenzen auch zu einer Entstrukturierung und Destandardisierung der Lebensphase Jugend, die sich vor allem darin ausdrückt, dass „die einheitliche kollektive Statuspassage Jugend zerfällt und auf diese Weise in eine Vielzahl subsystemspezifischer Übergangsphasen mit je eigenen Erscheinungsformen und Zeitstrukturen zerlegt wird" (Olk 1985: 294). Zinnecker beschreibt diesen Prozess des Strukturwandels der Jugendphase vor allem als einen Wandel der Formen der sozialen Kontrolle des Jugendalters. Dabei ist die Bedeutung der soziokulturellen Nahwelten und Milieus sowie der betrieblichen Arbeitsorganisation rückläufig, während die Relevanz insbesondere von Bildungs- und Ausbildungsinstitutionen, pädagogischen Experten sowie der Freizeit- und Medienindustrie zunimmt (vgl. Zinnecker 1987).

Mit der stärker in den Vordergrund tretenden sozialwissenschaftlich orientierten Jugendforschung veränderte sich auch die methodische Zugangsweise zum Gegenstand Jugend. Neben quantitativen Zugängen setzten sich zunehmend auch qualitative Forschungsmethoden durch, die auf offene, kommunikative Verfahren zurückgreifen und damit den Jugendlichen die Möglichkeit geben, ihre eigenen Wahrnehmungsmodi zu artikulieren.

Zu Beginn der 1990er Jahre dominierten thematisch v.a. Fragen nach den Auswirkungen des gesellschaftlichen Umbruchs in der DDR sowie damit verbunden Untersuchungen zu Gewaltbereitschaft und Rechtsextremismus von Jugendlichen in (Ost-) Deutschland (z.B. Heitmeyer u.a. 1995). Zudem wurden auch Fragestellungen bearbeitet, die der Pluralisierung von Lebenslagen und Lebensstilen Jugendlicher Rechnung tragen. So richtet sich der Blick der Forscher etwa auf bestimmte jugendkulturelle Gruppen (z.B. Eckert u.a. 2000), aber auch auf Jugendliche im ländlichen Raum (z.B. Böhnisch u.a. 1991) oder in Jugendverbänden (z.B. Reichwein/Freund 1992). Zudem wird der Bereich der jugendlichen Mediennutzung zu einem wichtigen Forschungsthema (z.B. Baacke u.a. 1990), während die Risikoforschung nach den negativen Folgen gesellschaftlicher Veränderungen für Jugendliche fragt (z.B. Mansel 1994).

In methodischer Hinsicht ist in der Jugendforschung neben der Weiterführung und -entwicklung der großen nationalen Surveys (v.a. Jugendwerk der Deutschen Shell), ein Trend hin zu einer vermehrten Durchführung von Längsschnittuntersuchungen zu verzeichnen (z.B. Fend 1991). Aber auch in der qualitativen Forschung werden, wenn auch relativ selten, Längsschnittuntersuchungen durchgeführt (z.B. Ecarius/Grunert 1996). Auf dem Gebiet der qualitativ orientierten Jugendforschung findet sich zudem ein breites Spektrum von Erhebungsverfahren, das von offenen oder teilstandardisierten Interviews über Gruppendiskussionen bis hin zu teilnehmender Beobachtung reicht. Intensive Methodendebatten führten hier zu einer Orientierung an elaborierten Verfahren sozialwissenschaftlicher Hermeneutik (vgl. Krüger 2000).

Jugendforschung heute – Bilanzierung und Ausblick

Angesichts des durch die PISA-Debatte ausgelösten Booms an Schul- und Unterrichtsforschung ist der Stellenwert der Jugendforschung im vergangenen Jahrzehnt im Spektrum der Forschungsfelder geringer und in ihren Finanzierungsspielräumen noch stärker von kurzfristigen jugend- und bildungspolitischen Verwertungsinteressen abhängig geworden. Defizite der Jugendforschung sind darüber hinaus ihre geringe institutionelle Verankerung in Fachgesellschaften und Universitäten, die fehlende Kontinuität in der Grundlagenforschung sowie Unsicherheiten und Inkonsistenzen im Hinblick auf die kategorialen und theoretischen Grundlagen. Dennoch lassen sich auch Fortschritte in der Jugendforschung im letzten Jahrzehnt konstatieren. Diese betreffen zum einen die kontinuierliche Herausgabe von Handbüchern (vgl. Krüger/Grunert 2010) und Jahrbüchern (vgl. Merkens/Zinnecker 2001ff.) sowie die Herausgabe einer neuen Zeitschrift zum Thema „Diskurs Kindheits- und Jugendforschung" (2005ff.), zum anderen den weiteren Ausdifferenzierungsprozess der Jugendforschung, an dem neben der Erziehungswissenschaft, der Soziologie und der Psychologie neuerdings auch die Kulturwissenschaften, die Neurobiologie oder die sozialwissenschaftlich orientierte Gesundheitsforschung verstärkt beteiligt sind.

Trotz der Abhängigkeit der Jugendforschung von kurzfristigen jugend- und bildungspolitischen Nachfrage- und Verwertungsinteressen kann man jedoch vor allem drei Forschungslinien erkennen, die in der Jugendforschung auch im vergangenen Jahrzehnt mehr oder weniger kontinuierlich bearbeitet worden sind. Das sind erstens Studien, die *Fragen nach der politischen oder sozialen Integration der Jugend* ins Zentrum ihrer Analysen rücken (z.B. Jugendwerk der Deutschen Shell 2010; Helsper u.a. 2006). Dies sind zweitens Untersuchungen, die sich mit *aktuellen Trends in jugendkulturellen Szenen* (im Überblick Richard/Krüger 2010) oder den *vielfältigen medialen Praxen von Jugendlichen* beschäftigen (z.B. Hugger 2010). Dazu gehören drittens Studien, die *jugendliches Risikoverhalten* in Form von Gewalthandlungen oder gesundheitsriskantes Verhalten (im Überblick Pfaff 2011) in den Blick nehmen. Daneben hat sich im Bereich der Jugendforschung insbesondere im Gefolge der PISA-Debatte ein neuer vierter thematischer Schwerpunkt herausgebildet, bei dem die *Analyse von Bildungskarrieren und -prozessen von Jugendlichen* in Schule, Beruf, Studium und außerschulischen Lernwelten im Mittelpunkt steht (vgl. Grunert 2005). Untersucht wurden dabei Schülerbiografien (z.B. Krüger u.a. 2010), informelle Lernprozesse in Vereinen oder Jugendkulturen (z.B. Neuber 2010) oder Übergänge von der Schule in den Beruf (z.B. Reißig u.a. 2008).

Zukünftig ergeben sich für die Jugendforschung mindestens vier Themenfelder als inhaltliche Herausforderungen: Erstens wird die bildungsbezogene und damit auch die vorrangig *erziehungswissenschaftliche Jugendforschung*, die durch den sich abzeichnenden Umbau des Bildungswesens sowie durch die breite Etablierung von Schulen mit Ganztagscharakter gekennzeichnet ist, auch in den nächsten Jahren weiterhin Konjunktur haben. In diesem Zusammenhang wird sich auch zeigen, inwieweit das gerade begonnene Nationale Bildungspanel neue Erkenntnisse zu den schulischen, nachschulischen und außerschulischen Bildungskarrieren für die Jugendforschung bereitstellen kann (vgl. Blossfeld u.a. 2009).

Zweitens wird das *Thema soziale Ungleichheit* auf der Agenda der Jugendforschung bleiben bzw. sogar noch stärker in den Blick genommen werden müssen. Diese Auswirkungen betreffen nicht nur die ungleichen Bildungs- und Arbeitsmarktchancen von Jugendlichen, sondern stellen die gesellschaftliche und politische Integrationsbereitschaft von Teilen der jungen Generation grundsätzlich infrage.

Die Folgewirkungen einer global entfesselten Weltgesellschaft stellen drittens auch neue Herausforderungen an eine *interkulturell orientierte Jugendforschung* dar. In diesem Zusammenhang sollten nicht nur Risikolagen von Jugendlichen mit Migrationshintergrund in Deutschland oder von Jugendlichen in sozial abgehängten Weltregionen untersucht werden, sondern auch die Chancen, die sich aus dem Leben in mehreren Ländern für transnationale Karrieren ergeben. Insbesondere die internationale vergleichende Jugendforschung ist jedoch auch gegenwärtig in Deutschland nur schwach entwickelt.

Eine vierte Herausforderung ergibt sich für die Jugendforschung aus der für die nächsten Jahrzehnte sich abzeichnenden *demografischen Entwicklung*. Dies hat bereits jetzt und wird zukünftig noch mehr zum Rückbau der Bildungsinstitutionen und zur Abwanderung aus spezifischen Regionen führen, sodass sich die institutionellen und lebensweltlichen Möglichkeiten für Jugendliche gravierend verändern werden. Diese Prozesse müssen durch die Jugendforschung nicht nur empirisch untersucht und moderiert werden. Vielmehr kommt auf sie zukünftig auch die Aufgabe zu, die Interessen ihrer Klientel in einer Gesellschaft mit zu vertreten, in der die junge Generation bei den Wahlberechtigten nur noch eine kleine Minderheit darstellt.

Diese Herausforderung gilt umso mehr auch für die Praktiker in Jugendarbeit und Jugendpolitik, deren politische und pädagogische Tätigkeit vor dem Hintergrund der skizzierten Entwicklungen unter erschwerten Rahmenbedingungen stattfinden wird.

Literatur

Baacke, Dieter (1980): Der sozialökologische Ansatz zur Beschreibung und Erklärung des Verhaltens Jugendlicher. In: deutsche jugend 28, 11, S. 493–505.

Baacke, Dieter/Sander, Uwe (1999): Biographieforschung und pädagogische Jugendforschung. In: Krüger, H.-H./Marotzki, W. (Hrsg.): Handbuch erziehungswissenschaftliche Biographieforschung. Opladen: Leske + Budrich, S. 243–258.

Baacke, Dieter/Sander, Uwe/Vollbrecht, Ralf (1990): Lebensgeschichten sind Mediengeschichten. Medienwelten Jugendlicher, 2. Opladen: Leske + Budrich.

Beck, Ulrich (1986): Risikogesellschaft. Frankfurt/M.: Suhrkamp.

Blossfeld, Hans-Peter u.a. (2009): Projekt Nationaler Bildungspanel (NEPS). http://www.neps-data.de [Zugriff: 3.12.2012]

Böhnisch, Lothar/Funk, Heide/Huber, Josef/Stein, Gebhardt (Hrsg.) (1991): Ländliche Lebenswelten. Fallstudien zur Landjugend. München: DJI Verlag.

Dudek, Peter (2010): Geschichte der Jugend. In: Krüger, H.-H./Grunert, C. (Hrsg.), S. 359–376.

Ecarius, Jutta/Grunert, Cathleen (1996): Verselbständigung als Individualisierungsfalle. In: Mansel, J. (Hrsg.): Glückliche Kindheit – Schwierige Zeit? Über die veränderten Bedingungen des Aufwachsens. Opladen: Leske + Budrich, S. 192–216.

Eckert, Roland/Reis, Christa/Wetzstein, Thomas (2000): „Ich will halt anders sein wie die anderen!" Abgrenzung, Gewalt und Kreativität bei Gruppen Jugendlicher. Opladen: Leske + Budrich.

Fend, Helmut (1991): Identitätsentwicklung in der Adoleszenz. Lebensentwürfe, Selbstfindung und Weltaneignung in beruflichen, familiären und politisch-weltanschaulichen Bereichen. Entwicklungspsychologie der Adoleszenz in der Moderne, 2. Bern: Huber.

Grunert, Cathleen (2005): Kompetenzerwerb von Kindern und Jugendlichen in außerunterrichtlichen Sozialisationsfeldern. In: Sachverständigenkommission Zwölfter Kinder- und Jugendbericht (Hrsg.): Kompetenzerwerb von Kindern und Jugendlichen im Schulalter. Materialien zum Zwölften Kinder- und Jugendbericht, 3. München: DJI Verlag, S. 9–94.

Heitmeyer, Wilhelm/Collmann, Birgit/Conrads, Jutta/Matuschek, Ingo/Kraul, Dietmar/Kühnel, Wolfgang/Möller, Renate/Ulbrich-Herrmann, Matthias (1995): Gewalt. Schattenseiten der Individualisierung bei Jugendlichen aus unterschiedlichen Milieus. Weinheim/München: Juventa.

Helsper, Werner/Krüger, Heinz-Hermann/Fritzsche, Sylke/Sandring, Sabine/Wiezorek, Christine/Böhm-Kasper, Oliver/Pfaff, Nicolle (2006): Unpolitische Jugend? Eine Studie zum Verhältnis von Schule, Anerkennung und Politik. Wiesbaden: VS Verlag.

Hugger, Kai-Uwe (Hrsg.) (2010): Digitale Jugendkulturen. Wiesbaden: VS Verlag.

Jugendwerk der Deutschen Shell (Hrsg.) (2010): Jugend 2010. Eine pragmatische Generation behauptet sich. Frankfurt/M.: Fischer-Taschenbuch-Verlag.

Krüger, Heinz-Hermann (2000): Stichwort: Qualitative Forschung in der Erziehungswissenschaft. In: Zeitschrift für Erziehungswissenschaft 3, 3, S. 323–342.

Krüger, Heinz-Hermann/Grunert, Cathleen (Hrsg.) (2010): Handbuch der Kindheits- und Jugendforschung. Wiesbaden: VS Verlag.

Krüger, Heinz-Hermann/Köhker, Sina/Zschach, Maren (2010): Teenies und ihre Peers. Opladen: Verlag Barbara Budrich.

Mansel, Jürgen (Hrsg.) (1994): Reaktionen Jugendlicher auf gesellschaftliche Bedrohung. Untersuchungen zu ökologischen Krisen, internationalen Konflikten und politischen Umbrüchen als Stressoren. Weinheim/München: Juventa.

Merkens, Hans/Zinnecker, Jürgen (Hrsg.) (2001): Jahrbuch Jugendforschung, 1. Opladen: Leske + Budrich.
Neuber, Nils (Hrsg.) (2010): Informelles Lernen im Sport. Beiträge zur allgemeinen Bildungsdebatte. Wiesbaden: VS Verlag.
Olk, Thomas (1985): Jugend und gesellschaftliche Differenzierung. Zur Entstrukturierung der Jugendphase. In: Zeitschrift für Pädagogik 31, 19. Beiheft, S. 290–301.
Pfaff, Nicolle (2011): Stichwort: Aktuelle Entwicklungen in der Jugendforschung. In: Zeitschrift für Erziehungswissenschaft 14, 4, S. 523–550.
Reichwein, Susanne/Freund, Thomas (1992): Jugend im Verband. Karrieren, Action, Lebenshilfe. Opladen: Leske + Budrich.
Reißig, Birgit/Gaupp, Nora/Lex, Tilly (Hrsg.) (2008): Hauptschüler auf dem Weg von der Schule in die Arbeitswelt. Übergänge in Arbeit, 9. München: DJI Verlag.
Richard, Birgit/Krüger, Heinz-Hermann (Hrsg.) (2010): inter-cool 3.0. Jugend, Bild und Medien. Paderborn: Fink.
Zinnecker, Jürgen (1987): Jugendkultur 1940–1985. Opladen: Leske + Budrich.

Gesellschaftliche Perspektiven

Hannelore Faulstich-Wieland

Jugend und Geschlecht

Die Jugend, insbesondere die Zeit der Adoleszenz ist für das Geschlechterthema besonders relevant, weil während dieser Phase ein (neues) Verhältnis der Geschlechter zueinander entwickelt werden muss. Mädchen wie Jungen erfahren körperliche Veränderungen, die unmittelbar verbunden sind mit der Positionierung zum eigenen und zum anderen Geschlecht. Freundschaften und Liebesbeziehungen können stabilisierend wirken oder aber Verunsicherungen zur Folge haben. Schließlich sind Berufs- und Lebensperspektiven zu entwickeln, die mit einer Loslösung vom Elternhaus einhergehen. Die Positionierung im Kontext der gesellschaftlich vorherrschenden Zweigeschlechtlichkeit geschieht über den Geschlechterhabitus. Bei Jugendlichen zeigt sich dies in geschlechterdifferenten Ausgestaltungen ihres Lebensstils. Dennoch ist die zentrale Frage heute, inwieweit es nicht zu wesentlichen Annäherungen des Lebens von Mädchen und Jungen gekommen ist.

Geschlechterdifferenzen in Bildung und Ausbildung

Schule spielt im Leben von Jugendlichen eine zentrale Rolle. Generell kann man sagen, dass Jugendliche sich mindestens bis zum Alter von 18 Jahren, viele deutlich darüber hinaus, im Bildungssystem befinden. Die verfügbaren Statistiken, an denen Geschlechterdifferenzen ablesbar sind, ändern sich im Laufe der Jahre und sind keineswegs so selbstverständlich verfügbar, wie man erwarten könnte. Der Bildungsbericht 2010 weist die Abschlüsse allgemeinbildender und beruflicher Schulen für 2008 in Prozent der Wohnbevölkerung im jeweils typischen Abschlussalter aus (vgl. Tab. 1). Es zeigt sich sehr klar, dass junge Frauen über bessere Bildungsabschlüsse verfügen, und zwar sowohl bei den Jugendlichen ohne wie mit Migrationshintergrund: Wesentlich weniger junge Frauen verlassen die Schule ohne Abschluss oder nur mit einem Hauptschulabschluss, wesentlich mehr erreichen die allgemeine Hochschulreife. Die Quote der Studienberechtigten beträgt bei den männlichen Jugendlichen 2008 31,7%, bei den weiblichen 35,9% (Autorengruppe Bildungsberichterstattung 2010: 288). Ein weiterer Indikator für ungleiche Bildungserfolge ist der hohe Jungenanteil an Förderschulen (insgesamt fast 63%): Im Förderschwerpunkt Lernen sind 59% Jungen, im Förderschwerpunkt Soziale und emotionale Entwicklung sind sogar nahezu 86% der Jugendlichen männlich (Autorengruppe Bildungsberichterstattung 2010: 253). Gegenüber den 1960er Jahren kann man also sagen, dass die Bildungsbenachteiligung gemessen an diesen Indikatoren von den Mädchen zu den Jungen übergegangen ist.

Tabelle 1: Absolventen/-innen allgemeinbildender und beruflicher Schulen 2008 in % der Wohnbevölkerung im jeweils typischen Abschlussalter (Autorengruppe Bildungsberichterstattung 2010: 270)

	Deutsche		Ausländer	
	Männer	Frauen	Männer	Frauen
Ohne HS-Abschluss	8,1	5,3	18,0	12,4
mit HS-Abschluss	30,4	22,5	48,4	43,0
Mittlerer Abschluss	50,6	52,9	38,2	45,6
FH-Reife	14,1	14,2	7,0	7,4
Allg. Hochschulreife	29,6	38,5	9,8	12,8

Peerbeziehungen und Freundschaften

Der soziale Nahraum ist für Jugendliche sehr wichtig: In der Shell-Jugendstudie 2010 geben 72% der männlichen und 69% der weiblichen Jugendlichen an, in Cliquen organisiert zu sein (Leven u.a. 2010: 83). Allgemein wird vermutet, dass diese Peerbeziehungen überwiegend in geschlechtshomogenen Kontexten stattfinden – tatsächlich gibt es aber durchaus auch gemischte Gruppen. Allerdings haben sie je unterschiedliche Bedeutung (vgl. Bütow 2006: 230): Gemischtgeschlechtliche Cliquen dienen insbesondere der Abgrenzung gegenüber Erwachsenen und damit der Entwicklung von eigenen Präferenzen und Erfahrungsräumen. Geschlechteraspekte treten dabei zeitweilig in den Hintergrund, sie werden überlagert von anderen zu bewältigenden Leistungen, „insbesondere die Behauptung des sozialen Altersstatus als Jugendliche" (Bütow 2006: 223). Bütow bestätigt damit, dass Geschlecht keineswegs omnirelevant sein muss, sondern mehr oder weniger wichtig sein kann. Gemischte Cliquen bieten aber auch Chancen für Paarbildungen, die sich im „Normalitätsrahmen von Heterosexualität" (Bütow 2006: 224) bewegen. Der bestimmt weitgehend auch die geschlechtshomogenen Strukturen: Mädchencliquen ebenso wie Jungencliquen sind Orte, an denen ‚geschlechtsangemessenes' Verhalten verhandelt werden kann.

Mädchencliquen integrieren heterosexuelle Beziehungen ihrer Mitglieder als Gesprächsstoff. Durch den Ausschluss von Jungen kann eine gemeinsame „Bewältigung von Anforderungen im Hinblick auf Weiblichkeit" (Bütow 2006: 196) erfolgen. Mädchen orientieren sich an gesellschaftlichen Bildern von weiblicher Schönheit und attraktiver Körperlichkeit. In den Mädchengruppen werden durchaus unterschiedliche Konzepte von Weiblichkeit verhandelt, ohne dass dies mit Abwertungen von Männlichkeiten einhergeht (vgl. Flaake 2006).

Jungencliquen sind vor allem funktional beim Austausch über Erfahrungen mit Mädchen. Jungen orientieren sich an einem Männlichkeitsideal von Unabhängigkeit und Stärke, von Aktivität und Dominanz. Dieses wird primär durch Inklusion und Exklusion in Jungengruppen hergestellt. Abgrenzungen gegen Weiblichkeit spielen dabei ebenfalls eine wichtige Rolle (vgl. Flaake 2006). Jungencliquen erleben eine Partnerschaft ihrer Mitglieder eher als Konkurrenz für die gemeinsamen Aktivitäten (vgl. Stich 2005: 175). Jungen verfügen insgesamt über geringere Ressourcen für sexuelle Suchbewegungen oder bei Krisen im Liebesleben als Mädchen (vgl. Stich 2005: 179). Neben der weniger unterstützenden Funktion von Jungencliquen erfahren sie auch seltener diesbezüglichen Rückhalt im Elternhaus. Zudem spielt Homophobie im Ringen um Männlichkeit nach wie vor eine zentrale Rolle. In Jungengruppen existiert entsprechend oft ein deutlicher Druck, sich geschlechterstereotyp zu verhalten, d.h. gleiche oder geteilte Aktivitäten, die häufig ‚sprachlos' über körperliche Aktivitäten erfolgen, auszuüben (vgl. Seiffge-Krenke/Seiffge 2005). Allerdings ist es keineswegs so, dass Jugendliche unhinterfragt heterosexuelle Normen übernehmen. Von Bettina Fritzsche und Anja Tervooren gibt es für die Phase der ausgehenden Kindheit Untersuchungen darüber, wie Kinder mit Begehrensdynamiken umgehen. Sie können zeigen, dass Kinder sich „virtuell und handfest mit dem Homosexualitätstabu auseinander(setzen): Während die Mädchen en passent vieldeutige Begehrensszenarien aufführen, bauen die Jungen ihre Identitätsarbeit regelrecht auf diesem Fundament auf. Die Kinder interessieren sich für beide Seiten des Begehrensszenarios; begehrt werden und begehren. Eine Erklärung, die hier nur das konsequente Verwerfen von Homosexualität sieht, greift zu kurz" (Fritzsche/Tervooren 2006: 159). Es gibt jedoch keine Studien, die zeigen, wie verbreitet gleichgeschlechtliche sexuelle Beziehungen sind, da es nach wie vor für Jugendliche schwierig ist, offen zu einem solchen Begehren zu stehen. Freundschaften mit Gleichgeschlechtlichen stellen auf jeden Fall für Jungen wie für Mädchen eine wichtige Ressource dar.

Insgesamt zeigen sich klare Wandlungen im Geschlechterverhältnis: Die in einer Studie des Deutschen Jugendinstituts (DJI) untersuchten Jugendlichen präsentierten sich keineswegs geschlechtsstereotyp: Mädchen zeigten sich selbstbewusst, Jungen einfühlsam und rücksichtsvoll (vgl. Stich 2005: 170). Jutta Stich vermutet, dass insbesondere das veränderte Verhalten von jungen Frauen gepaart mit den Unsicherheiten junger Männer und deren geringere Unterstützungskontexte zu einer fortschreitenden Entgrenzung stereotyper Geschlechtsrollen führen wird (vgl. Stich 2005: 180). Positiv gesehen zeigt sich dies auch in einer deutlichen Familienorientierung bei beiden Geschlechtern, wenngleich diese bei den jungen Frauen noch ausgeprägter ist als bei den jungen Männern: Eine eigene Familie zum Glücklichsein zu brauchen, geben in der Shell-Jugendstudie 81% der weiblichen gegenüber 71% der männlichen Jugendlichen an. Dass dazu auch Kinder gehören, zeigt der Wunsch nach eigenen Kindern bei 65% der männlichen und 73% der weiblichen Jugendlichen (vgl. Leven u.a. 2010: 57ff.).

Loslösung vom Elternhaus

Die Familienorientierung hängt vermutlich auch mit dem deutlich verbesserten Verhältnis heutiger Jugendlicher zu ihren Eltern zusammen – das bei den weiblichen Jugendlichen noch häufiger sehr gut ist als bei den männlichen (vgl. Leven u.a. 2010: 66). Dies bestätigt eine Befragung von 16- bis 18-Jährigen Schüler/-innen, nach der junge Frauen eine geringere Loslösung vom Elternhaus zeigen (vgl. Geimer u.a. 2008). Nach Meinung der Forschungsgruppe gelten für die Geschlechter unterschiedliche Konzepte von „Familie", „Familienzusammenhalt" und „Binnen-" bzw. „Außenorientierung". Diese verlangen von Jungen früher Autonomie als von Mädchen, die sich mehr mit alternativen Lebensentwürfen auseinandersetzen (vgl. Geimer u.a. 2008: 313). Nach der Shell-Studie 2010 wohnen allerdings mehr männliche Jugendliche noch zu Hause bei den Eltern (76% der 12- bis 25-Jährigen) als junge Frauen (69%) (vgl. Leven u.a. 2010: 68), für die finanzielle Hürden den Auszug eher verhindern.

Berufsorientierung

Die längere Verweildauer im Bildungssystem bedeutet auch, dass Berufs- und Studienwahlen wesentlich später relevant werden, als dies früher der Fall war. Dennoch sollen sich vor allem jene Jugendlichen, die kein Gymnasium besuchen, spätestens ab der achten Klasse mit der Berufsorientierung auseinandersetzen. Hintergrund ist u.a. die Tatsache, dass der berufliche Bereich nach wie vor eine starke Geschlechtersegregation aufweist. 2010 konzentrierten sich Dreiviertel aller weiblichen Auszubildenden auf 25 Berufe, während dies bei den männlichen Auszubildenden nur knapp 60% waren (vgl. BMBF 2011: 22). Nimmt man nur die ersten zehn am häufigsten besetzten Berufe, so finden wir weibliche Jugendliche als Verkäuferinnen, Kauffrauen, medizinische oder zahnmedizinische Fachangestellte und Friseurinnen, während männliche Jugendliche Kraftfahrzeugmechatroniker, Kaufmänner, Industriemechaniker, Elektroniker, Köche, Anlagenmechaniker für Sanitär-, Heizungs- und Klimatechnik oder Fachinformatiker werden (vgl. BMBF 2011: 23). Neben Überschneidungen im kaufmännischen Bereich liegen die weiblichen Bereiche eher bei den Dienstleistungen, die männlichen bei den gewerblich-technischen Berufen. Dies spiegelt zweifellos die Geschlechterstereotype wider, die Helfen dem weiblichen Geschlecht und Technik dem männlichen zuordnen. Allerdings kann man die Berufseinmündungen nicht unbedingt als Abbild der Wünsche begreifen, sondern durchaus als rationale Anpassungen an berufliche Möglichkeiten.

Lebensstil

Durch die Verlängerung der Zeit, die Jugendliche im Bildungssystem verbringen, weitet sich zwar das Moratorium der Entpflichtung von gesellschaftlichen Verantwortungen aus. Zugleich wird die Jugendphase aber auch zunehmend zu einem individuell gestalteten Lebensabschnitt. Die Gestaltung der Freizeit ist dabei ein zentrales Moment. Die Shell-Jugendstudie 2010 unterscheidet vier etwa gleich große Gruppen: kreative Freizeitelite (23%), engagierte Jugendliche (23%), gesellige Jugendliche (28%) und Medienfixierte (26%). Die Zugehörigkeit zu diesen Gruppen ist geschlechterdifferent verteilt: Männliche Jugendliche finden sich deutlich häufiger unter den engagierten (32%) und den medienfixierten Jugendlichen (31%), während nur 20% zu den geselligen Jugendlichen und 18% zur kreativen Freizeitelite gehören. Weibliche Jugendliche dagegen gehören zu 36% zu den geselligen, zu 29% zur kreativen Freizeitelite, aber nur zu 21% zu den Medienfreaks und sogar nur zu 14% zu den engagierten Jugendlichen (vgl. Leven u.a. 2010: 96ff.). Statistiken lassen sich aber auch anders lesen: Dann erkennt man, dass viele Mädchen wie Jungen ähnliche Freizeitgestaltungen praktizieren.

Über die Freizeitgestaltung hinaus lassen sich explizit jugendliche Lebensstile erkennen. Jürgen Raithel hat solche in einer empirischen Studie mit Blick auf Risikoverhalten und die Konstruktion von Geschlechtlichkeit untersucht. Der Schwerpunkt seiner Arbeit liegt auf der Frage, inwieweit Risikoverhalten eine Inszenierungsform von Geschlecht ermöglicht. Raithel identifiziert fünf Lebensstile (zurückhaltend-technikinteressiert; risikobereit-bürgerlichkeitsablehnend; risikohaft-hedonistisch; hochkulturellpartizipativ; unterhaltungsbezogen-partizipativ), mit denen sich unterschiedlich viele weibliche bzw. männliche Jugendliche identifizieren (vgl. Raithel 2005: 182f.). Entscheidender als die schlichte Zugehörigkeit von Mädchen bzw. Jungen zu diesen Lebensstilen ist die Frage, ob in ihnen Geschlechterinszenierungen zum Ausdruck kommen. Raithel differenziert hierfür die „Geschlechtsrollenorientierung" als feminin bzw. maskulin. Gemäß den vorherrschenden Geschlechterstereotypen gelten die Eigenschaften „weichherzig, feinfühlig, empfindsam und herzlich" als „feminin", während als „maskulin" gilt, wenn jemand „unerschrocken, respekteinflößend, scharfsinnig" ist oder „seine eigene Meinung verteidigt". Nimmt man diese Klassifikationen, dann deckt sich die „Geschlechtsrollenorientierung" keineswegs völlig mit dem „biologischen" Geschlecht (Raithel 2005: 180): Zwei Drittel der Mädchen bezeichnen sich als „feminin". Unter den Jungen sind dies aber auch mehr als ein Viertel. Als „maskulin" betrachten sich immerhin ein Drittel der Mädchen und etwas mehr als die Hälfte der Jungen.

Schaut man sich die Verteilung auf die Lebensstiltypen hinsichtlich dieser „Geschlechtsrollenzustimmung" an, dann dient „das hochkulturelle Stilisierungsmuster am stärksten der Reproduktion von Feminität" (Raithel 2005: 182). Lebensstile, mit denen Maskulinität ausgedrückt werden, sind vor allem der risikohaft-hedonistische, gefolgt vom technikinteressierten Lebensstil (vgl. Raithel 2005: 196ff.). Auf der Ebene von Wertorientierungen (Familienorientierung, Berufsorientierung, Attraktivität, Autonomie) und Verhaltensmerkmalen (wie Medienkonsum, Kleidungsstil, Freizeitverhalten, Ernährung, Risk-Fashion, Waghalsigkeit und Verkehrsregelverstößen) gibt es neben einer ganzen Reihe von Übereinstimmungen auch deutliche Unterscheidungen zwischen ‚femininen' und ‚maskulinen' Präferenzen: Feminitätsrelevant sind vor allem die Ablehnung von Fast-Food und riskantem Verkehrsverhalten. Maskulinität ist dagegen vor allem mit dem „Actionformat" gekoppelt sowie mit der Ablehnung hochwertiger Ernährung zugunsten von Fast-Food. Das Ernährungsverhalten erweist sich folglich „als eine wesentliche geschlechtsrollendifferenzierende Habitualisierungsgröße" (Raithel 2005: 204f.).

Die Daten der Shell-Jugendstudie 2010 bestätigen einen Teil dieser Differenzen: Es finden sich mehr Raucher als Raucherinnen und männliche Jugendliche lehnen deutlich seltener Alkoholkonsum ab (vgl. Leven u.a. 2010: 93; 95). Die Eintragungen im Verkehrszentralregister in Flensburg zeigen ebenfalls, dass riskantes Verkehrsverhalten weit häufiger bei Männern als bei Frauen (ausgewiesen in der Tabelle für das Alter bis 24 Jahren) zu finden ist.

Perspektiven

Insbesondere Raithels Studie verdeutlicht, dass die Jugendphase hinsichtlich der Bedeutung von Geschlecht eine Orientierung im System der Zweigeschlechtlichkeit erfordert. Da dieses dichotom ausgelegt ist, müssen Weiblichkeit und Männlichkeit immer oppositionell konstruiert werden. Während wir im Bildungssystem die Entstehung neuer Ungleichheiten zuungunsten von Jungen registrieren und Berufswahlen noch immer zu wesentlichen Anteilen geschlechtssegregiert verlaufen, nähern sich Einstellungen zu Familie und Kinder deutlich an und überschneiden sich auch Freizeitaktivitäten ganz erheblich. Es bleibt aber eine wesentliche Koppelung der Inszenierungsformen von Geschlecht an gesellschaftlich wichtige Aspekte, nämlich an solche, die Gesundheit und Wohlbefinden tangieren. Hier führen die vorherrschenden Männlichkeitsbilder zu durchaus problematischen Verhaltensmustern. Zugleich zeigt sich aber, dass die Stilisierungen von Geschlecht keineswegs von allen Jugendlichen betrieben werden, somit Veränderungen möglich und wahrscheinlich werden. Sie bedürfen aber der sensiblen Unterstützung im Kontext von Jugendarbeit.

Literatur

Autorengruppe Bildungsberichterstattung (2010): Bildung in Deutschland 2010. Ein indikatorengestützter Bericht mit einer Analyse zu Perspektiven des Bildungswesens im demografischen Wandel. Bielefeld: Bertelsmann.
[BMBF] Bundesministerium für Bildung und Forschung (2011): Berufsbildungsbericht 2011. Bonn/Berlin: Bundesministerium für Bildung und Forschung.
Bütow, Birgit (2006): Mädchen in Cliquen. Sozialräumliche Konstruktionsprozesse von Geschlecht in der weiblichen Adoleszenz. Weinheim: Juventa.
Flaake, Karin (2001). Körper, Sexualität, Geschlecht. Studien zur Adoleszenz junger Frauen. Gießen: Psychosozial-Verlag.
Flaake, Karin (2006): Geschlechterverhältnisse – Adoleszenz – Schule. In: Zeitschrift für Frauenforschung & Geschlechterstudien 24, 1, S. 3–13.
Fritzsche, Bettina/Tervooren, Anja (2006): Begehrensdynamiken in der Sozialisation. Perspektiven des Performativen. In: Bilden, H./Dausien, B. (Hrsg.): Sozialisation und Geschlecht. Theoretische und methodologische Aspekte. Opladen: Barbara Budrich Verlag, S. 139–161.
Geimer, Alexander/Lepa, Steffen/Ehrenspeck, Yvonne (2008): Zur Bedeutung von Bildungsgang, Bildungshintergrund und Geschlecht für die Beschäftigung mit berufsbiografisch relevanten Entwicklungsaufgaben bei 16- bis 18-jährigen Berliner SchülerInnen. In: Diskurs Kindheits- und Jugendforschung 3, 3, S. 301–319.
Gildemeister, Regine/Robert, Günther (2008): Geschlechterdifferenzierungen in lebenszeitlicher Perspektive. Interaktion – Institution – Biografie. Wiesbaden: VS Verlag.
King, Vera (2009): Adoleszenz/Jugend und Geschlecht. In: Faulstich-Wieland, H. (Hrsg.): Enzyklopädie Erziehungswissenschaft Online. Fachgebiet: Geschlechterforschung. Weinheim: Juventa. http:// www.erzwissonline.de
King, Vera/Flaake, Karin (Hrsg.) (2005): Männliche Adoleszenz. Sozialisation und Bildungsprozesse zwischen Kindheit und Erwachsensein. Frankfurt/M.: Campus-Verlag.
Leven, Ingo/Quenzel, Gudrun/Hurrelmann, Klaus (2010): Familie, Schule, Freizeit: Kontinuitäten im Wandel. In: Albert, M./Hurrelmann, K./Quenzel,G. (Hrsg.): Jugend 2010. Frankfurt/M.: Fischer, S. 53–164.
Raithel, Jürgen (2005): Die Stilisierung des Geschlechts. Weinheim: Juventa.
Seiffge-Krenke, Inge/Seiffge, Jakob Moritz (2005): „Boys play sport …?" Die Bedeutung von Freundschaftsbeziehungen für männliche Jugendliche. In: King, V./Flaake, K. (Hrsg.), S. 267–285.
Stich, Jutta (2005): Annäherungen an sexuelle Beziehungen. Empirische Befunde zu Erfahrungs- und Lernprozessen von Jungen. In: King, V./Flaake, K. (Hrsg.), S. 163–181.

Links

Verkehrsregister:
   http://www.kba.de/cln_033/nn_191656/DE/Statistik/Kraftfahrer/Verkehrsauffaelligkeiten/Bestand VZR/2021__vzr__b__alter__geschlecht.html

Andreas Lange

Jugend und Familie

Die Sicht auf das Verhältnis von Jugend als Lebensphase und Familie als Lebensform ist vor allem in der Soziologie von modernisierungstheoretischen Annahmen geprägt. Stichworte sind dabei Jugend als kulturelles Moratorium, konflikthafte Ablösungsprozesse von Erwachsenen, insbesondere von Eltern und Lehrkräften, Orientierung an Jugendkulturen, Vergemeinschaftung unter Gleichaltrigen, Elternhaus primär als Zwischenstopp auf der Erlebnissuche und zur finanziellen Absicherung der Freizeitbeschäftigung.

Diese gängigen Auffassungen wurzeln nicht zuletzt in kulturkritischen Reflexionen zum Verhältnis von Jugend und Familie in den 1980er Jahren. Im Folgenden wird geprüft, ob dieses Bild den Erkenntnissen interdisziplinär ausgerichteter Sichtweisen standhält.

Der gesellschaftliche und zeitgeschichtliche Rahmen

Das Verhältnis Jugendlicher zu ihren Familien unterliegt immer auch den aktuellen gesellschaftlichen Bedingungen. Die Entwicklung von Familien ist seit den 1960er Jahren geprägt vom Abschied autoritär strukturierter Beziehungen hin zur Verhandlungsfamilie. Dies ist zumindest für die mittleren und oberen Schichten mehrfach belegt (vgl. Bois-Reymond 1998). Neben diesen familienendogenen Veränderungsprozessen ragen auch die Umformung des Bildungs- und Berufswesens und dessen existenzieller Bedeutungszugewinn tief in das zeitgenössische Familienleben Jugendlicher hinein. Fend (1998) hat im Rahmen seiner Längsschnittstudien diesen Aspekt konzeptionell ausgearbeitet und empirisch vielfach nachweisen können:

> „Gerade in der Adoleszenz entscheidet sich der zukünftige berufliche Weg von in unserer Gesellschaft heranwachsenden Kindern und Jugendlichen. Diesen Weg optimal zu gestalten, ihn möglichst hilfreich und effektiv zu begleiten gehört zu den wichtigsten Lebensaufgaben von Eltern, deren Kinder im zweiten Lebensjahrzehnt sind" (Fend 1998: 25).

Das bedeutet, dass erfolgreiche Familien heute durch zwei grundlegende Qualitäten umschrieben werden können: Ihnen gelingt es erstens, in Prozessen der Aus- und Verhandlung die emotionalen Beziehungen zu den Kindern intakt zu halten und deren Lebenslauf optimal vorzubereiten. Zweitens sind Familien mit Jugendlichen heute über weite Strecken Ausbildungsgemeinschaften geworden, in denen das Alltagsleben sich zu einem großen Teil um die Schul- und Ausbildungsleistungen dreht.
Eltern und auch die Jugendlichen selbst orientieren sich mehrheitlich in Richtung anspruchsvoller Bildungs- und Berufsabschlüsse. Zwar haben sich Jungen und Mädchen bezüglich ihrer Karriereorientierung sehr stark angeglichen, aber Mädchen antizipieren immer noch stärker eine familienbedingte Einschränkung dieses gewünschten Erwerbsengagements aufgrund der eigenen Familiengründung (Schwiter 2011: 31ff.).

Festzuhalten bleibt, dass die Orientierung an höheren Bildungsanforderungen für das Einschlagen verlässlicher und zukunftssicherer Berufskarrieren in Kombination mit der Perspektive wirtschaftlicher Unsicherheit als generalisierte gesellschaftliche Umweltbedingung, verstärkt noch durch eindringliche mediale Inszenierungen, seine Spuren in den Familien hinterlässt. Die konkrete Ausformung ist wiederum stark von regionalen und milieuspezifischen Bedingungen abhängig.

Jugendliche und ihre Familien – Basisbefunde

Einen vertiefenden Einblick in die Verhältnisse von Jugendlichen zu ihren Familien erlauben repräsentative Jugendstudien. Im Zeitverlauf betrachtet ergibt sich etwa seit dem Jahr 2000 ein stimmiges Bild von zusehends partnerschaftlichen Beziehungen Jugendlicher zu ihren Eltern. Dieses Einvernehmen als eine Art „pragmatisiertes" Generationenverhältnis steht laut Shell-Studie 2010 (Leven u.a. 2010) dabei keineswegs im Widerspruch zu dem gleichzeitig bestehenden Wunsch nach autonomem Leben. Der Charakter der Ablösung vom Elternhaus ist vielmehr als gemeinsame Suche zu bezeichnen. Ein wichtiger Indikator für das Einvernehmen besteht darin, dass eine große Mehrheit der Jugendlichen in dieser Erhebung dementsprechend die eigenen Kinder „ungefähr so" (58%) oder gar „genauso" (15%) erziehen möchte, wie man selbst erzogen wurde. Gerade mal 19% wollen ihre eigenen Kinder einmal anders erziehen (Leven u.a. 2010).

Über die Erziehungsauffassungen hinaus sind die Vorstellungen interessant, die Jugendliche sich selbst von Familie machen, inklusive ihrer Pläne für eine eigene Familie. Auf der Basis einer Synthese vorliegender Studien von Teichmann und Reinders (2009: 25), ergänzt durch aktuelle Studien beispielsweise zum Vergleich von Ost- und Westdeutschland (Keller/Marten 2010), kann zusammenfassend gesagt werden:
- Die konkrete Ausformung von Familienvorstellungen variiert nach Geschlecht, Alter, Schicht und Generationszugehörigkeit;
- über die Studien hinweg dominiert der Eindruck, dass die Beziehungen zu den Eltern als gut empfunden werden;
- der Herkunftsfamilie wird eine große Bedeutung für Identität und Lebensführung zugeschrieben;
- der Kinderwunsch Jugendlicher ist insbesondere nach 2006 angewachsen und in Ost und West wenig unterschiedlich.
- Die Vorstellungen von einer eigenen Familie in der Zukunft tragen deutliche traditionelle und auch moderne Züge. Insbesondere wird zwar die Erwerbstätigkeit der zukünftigen Partnerin als gewünscht angesehen, aber junge Männer sehen sich immer noch primär in der Rolle des Versorgers. Die Rollenvorstellungen für die zukünftige Aufgabenteilung in der Familie werden laut Daten der Jugend-Surveys des Deutschen Jugendinstituts (Gille 2006) mit zunehmendem Alter progressiver. Allerdings erfährt diese emanzipatorische Haltung wiederum eine Wendung mit dem Eingehen einer festen Partnerschaft. Insbesondere mit der Geburt des ersten Kindes retraditionalisieren sich nicht nur die Einstellungen, sondern auch die Praktiken.

Studien zeigen ferner, dass Merkmale der Eltern wie Persönlichkeit und Temperament Einfluss auf die Ausformung von Familienvorstellungen und eng damit verknüpft auf die Kinderwünsche nehmen.

Zukünftig stärker in der Forschung und Praxis zu berücksichtigen ist ein weiterer Aspekt: Besonders in Familienkonstellationen, die von harmonischen Beziehungen, argumentationsorientierter Konfliktaustragung und „intergenerationellen" Diskursen charakterisiert sind, lassen sich vermehrt „retroaktive Sozialisationsprozesse" (Gerber/Wild 2006) feststellen. Insbesondere Mütter geben an, von ihren Töchtern wichtige Impulse für die Veränderung von Werthaltungen und Einstellungen erhalten zu haben (vgl. Gerber/Wild 2006). Interessant ist, ob und inwiefern diese geschlechterspezifische Übertragung von Jung zu Alt bestehen bleibt, sich auch bei Söhnen und Vätern ähnliche Prozesse abspielen. Hier deutet sich auch an, was Familien als Sozialisationsagenturen in Zeiten raschen sozialen Wandels auszeichnet: Es könnte sein, dass Familien insbesondere in den mittleren und gehobenen Soziallagen auch dazu dienen, die mittlere Generation über ihre jugendlichen Kinder an bestimmten Segmenten des sozialen Wandels teilhaben zu lassen, die den Eltern sonst eher verschlossen bleiben würden.

Die Relevanz des kommunikativen Austausches

Insbesondere entwicklungspsychologische Studien haben dazu beigetragen, aufzuhellen, was in Familien geschieht, wenn Jugendliche ab der Pubertät ihre Autonomieansprüche vehementer einfordern. So hat die Arbeitsgruppe um Hofer (2006) auf Basis der Verknüpfung von psychologischer Individuationstheorie mit der Argumentationstheorie über die empirische Dokumentation von Konfliktgesprächen von Eltern und Kindern im Alter von 13 bis 20 Jahren idealtypische Schritte der Autonomieentwicklung im Wechselspiel von Eltern und Kindern herausprofilieren können. Insgesamt ergibt sich folgendes Entwicklungsbild: Im Längsschnitt konnte nachgewiesen werden, dass Jugendliche aus Familien mit hohem Anteil argumentativer Äußerungen seitens der Eltern und der Jugendlichen selbst hohe Zuwächse an Selbstwert aufwiesen. Ein hoher kommunikativer Fluss in Familien scheint damit entwicklungs- und autonomieförderlich. Ausgehend von einer Stufe, in der Eltern und Kinder mit ihren asymmetrischen Beziehungen noch zufrieden sind, ergibt sich aus dieser Studienreihe folgender Entwicklungsverlauf (Hofer 2006: 25):
1. Beginn des Änderungsprozesses: Die Jugendlichen erweitern ihr Verhaltensrepertoire, indem sie mehr Zeit außer Haus und insbesondere mit Freunden verbringen.
2. Die kognitive Reaktion der Eltern: Die Eltern nehmen Diskrepanzen zwischen diesem neuen Verhalten und ihren Erwartungen wahr und brauchen eine Weile, um diese Diskrepanzen einzuschätzen.
3. Die Verhaltensreaktion der Eltern: Als Ergebnis der Interpretationen akzeptieren Eltern das neue Verhaltensrepertoire in bestimmten Bereichen, in anderen hingegen versuchen sie, zu widersprechen.
4. Unzufriedenheit der Jugendlichen und Anstieg des Autonomieschemas: Die partielle Kritik der Eltern am neuen Verhaltensrepertoire führt dazu, dass sich die Jugendlichen eingeschränkt fühlen, was sich auf die Beziehung zu den Eltern auswirkt.
5. Ausbildung autonomieunterstützender Kognitionen bei Jugendlichen: In dieser Phase entwickeln die Jugendlichen Vorstellungen und Auffassungen, welche ihre Autonomieansprüche unterstützen. Sie formulieren zum Teil auf der Basis der Erfahrungen mit ihren Peers neue Ansprüche an die Beziehung zu ihren Eltern.

6. Konfliktanstieg: Die dargestellten Schritte gipfeln in zunehmender Konflikthäufigkeit, die sich aber auf die Verhaltensdomänen beschränken, in denen nicht deutlich ist, wer jeweils die Verantwortung trägt. Wichtig an dieser Phase ist, in welcher Form diese Konflikte ausgetragen werden. Sie können auch dazu beitragen, die beiderseitigen Vorstellungen von Gleichheit und Verantwortlichkeit weiter auszudifferenzieren.
7. Konstruktive Diskussionen: Der Transformationsprozess der Beziehung wird dann gefördert, wenn Eltern ihre Einstellungen vorbringen und nachvollziehbar begründen, und wenn umgekehrt Jugendliche ihre Autonomieansprüche ebenfalls nicht nur vortragen, sondern argumentativ begründen.
8. Das Ergebnis besteht dann darin, dass die Jugendlichen auch und gerade dieses veränderte, um Verständnis bemühte Beziehungsverhalten ihrer Eltern wahrnehmen und sich ein weniger asymmetrisches Verhältnis schrittweise etablieren kann, ohne dass sich damit ein absolut gleichrangiges Verhältnis etabliert.

Fend (2009) kommt auf der Basis der Life-Studie, die über zwanzig Jahre Entwicklungsverläufe erfasst, zu folgendem Gesamtresümee und unterstreicht nochmals aus einer ganz anderen Forschungsperspektive die Relevanz der Kommunikation für die Sozialisation.

„Die Kontinuität der in der Adoleszenz aufgebauten Grundorientierungen über zwanzig Jahre ist verblüffend groß. Über diese Stabilität hinterlässt das Elternhaus intergenerationale Spuren. Die entscheidenden Moderatorvariablen sind dabei verbale Austauschprozesse zwischen Eltern und Kindern" (Fend 2009: 101).

Das idealtypische Modell von Hofer (2006) sowie die Ergebnisse der Jugendforschung lassen erahnen, dass aufgrund der oben skizzierten gesellschaftlichen Liberalisierungsprozesse in den Generationenbeziehungen generell gute Bedingungen für ein erfolgreiches Durchschreiten dieser Schritte gegeben sind. Allerdings ist an dieser Stelle ebenfalls auf die Befunde beispielsweise der Shell-Studie hinzuweisen, nach denen Jugendliche aus schwächeren sozialen Schichten an dieser positiven Entwicklung wenig partizipieren. Ferner liegt es auf der Hand, dass ökonomischer Stress und die Belastungen aus der Arbeitswelt für die Eltern und der zunehmende Bildungsdruck auf die jugendlichen Kinder eher negative Kontextfaktoren für das Führen argumentativ hochwertiger Streitgespräche sind. Zukünftigen Forschungen bleibt es vorbehalten, die Wechselwirkung der förderlichen und hemmenden Faktoren auf die innerfamilialen, alltäglich ablaufenden Kommunikationsprozesse genauer aufzuschlüsseln. Ebenfalls beforschenswert ist die Frage, inwiefern Bildungsinstitutionen und Vereine ähnliche Muster der Kommunikation zwischen Erwachsenen und Jugendlichen pflegen, oder ob Jugendliche hier starken Diskrepanz- und damit Frustrationserlebnissen ausgesetzt sind, oder ob bestimmte Jugendliche gerade von der Andersartigkeit der Kommunikationsinhalte und -formen profitieren.

Jenseits des Zerrbilds von Sturm-und-Drang

Zusammengefasst bedeuten die aus sehr unterschiedlichen Bereichen der Jugendforschung zusammengetragenen Befunde:

„Die Familie ist der Ort der emotionalen Unterstützung und der persönlichen Beratung. Sie stellt wesentliche Ressourcen bereit und erbringt zentrale Unterstützungsleistungen. Über die familiäre

Interaktion werden aufgrund deren Eingebundenheit in soziale Milieus Jugendliche in ihren Freizeit-, Bildungs- und Peerinteressen maßgeblich beeinflusst, da die Jugendlichen in der Regel mit den Eltern oder einem Elternteil zusammen leben. Familiales Leben ist die typische private jugendliche Lebensform" (Ecarius u.a. 2011: 74).

Familienleben ist also im Alltag und bezogen auf die Biografie für Jugendliche höchst bedeutsam.

Aus soziologischer Sicht ist jedoch abschließend auf die großen Unterschiede hinsichtlich von Schichtzugehörigkeit und die zunehmende Belastung von Familien durch die Imperative einer Marktgesellschaft zu verweisen. Für die praktische Arbeit mit Jugendlichen und ihren Familien bedeutet dies, Konfliktlagen genauer zu analysieren und sie nicht einfach als Automatismus des ‚Sturm-und-Drang'-Phänomens zu deuten.

Literatur

Bois-Reymond, Manuela du (1998): Der Verhandlungshaushalt im Modernisierungsprozess. In: Büchner, P. (Hrsg.): Teenie-Welten. Aufwachsen in drei europäischen Regionen. Opladen: Leske + Budrich, S. 83–113.

Ecarius, Jutta/Eulenbach, Marcel/Fuchs, Thorsten/Walgenbach, Katharina (2011): Jugend und Sozialisation. Lehrbuch. Wiesbaden: VS Verlag.

Fend, Helmut (1998): Eltern und Freunde. Soziale Entwicklung im Jugendalter. Entwicklungspsychologie der Adoleszenz in der Moderne. Bern: Huber.

Fend, Helmut (2009): Was die Eltern ihren Kindern mitgeben. Generationen aus Sicht der Erziehungswissenschaft. In: Künemund, H./Szydlik, M. (Hrsg.): Generationen. Multidisziplinäre Perspektiven. Wiesbaden: VS Verlag, S. 81–103.

Ferchhoff, Wilfried (2007): Jugend und Jugendkulturen im 21. Jahrhundert. Lebensformen und Lebensstile. Wiesbaden: VS Verlag.

Gerber, Judith/Wild, Elke (2006): Bedingungen retroaktiver Sozialisation. In: Ittel, A./Merkens, H. (Hrsg.), S. 29–47.

Gille, Martina (2006): Werte, Geschlechtsrollenorientierung und Lebensentwürfe. In: Gille, M./Sardei-Biermann, S./Gaiser, W./De Rijke, J. (Hrsg.): Jugendliche und junge Erwachsene in Deutschland. Lebensverhältnisse Werte und gesellschaftliche Beteiligung 12-29-Jähriger. Wiesbaden: VS Verlag, S. 131–211.

Hofer, Manfred (2006): Wie Jugendliche und Eltern ihre Beziehung verändern. In: Ittel, A./Merkens, H. (Hrsg.), S. 9–27.

Ittel, Angela/Merkens, Hans (Hrsg.): Interdisziplinäre Jugendforschung. Jugendliche zwischen Familie, Freunden und Feinden. Wiesbaden: VS Verlag.

Keller, Sabine/Marten, Carina (2010): (Wieder-)Vereinigung der Jugend? Lebensbedingungen und Zukunftserwartungen ost- und westdeutscher Jugendlicher nach der Wende. In: Krause, P./Ostner, I. (Hrsg.): Leben in Ost- und Westdeutschland. Eine sozialwissenschaftliche Bilanz der deutschen Einheit 1990-2010. Frankfurt/M.: Campus-Verlag, S. 160–183.

Leven, Ingo/Quenzel, Gudrun/Hurrelmann, Klaus (2010): Familie, Schule, Freizeit: Kontinuitäten im Wandel. In: Shell Deutschland Holding (Hrsg.): Jugend 2010. Eine pragmatische Generation behauptet sich. Shell-Jugendstudie, 16. München: Fischer-Taschenbuch-Verlag, S. 53–128.

Schmidt-Wenzel, Alexandra (2008): Wie Eltern lernen. Eine empirisch-qualitative Studie zur innerfamilialen Lernkultur. Opladen: Verlag Barbara Budrich.

Schwiter, Karin (2011): Lebensentwürfe. Junge Erwachsene im Spannungsfeld zwischen Individualität und Geschlechternormen. Frankfurt/M.: Campus-Verlag.

Teichmann, Franziska/Reinders, Heinz (2009): Familienkonzepte Jugendlicher. Expertise zum Forschungsstand im Auftrag der Hessenstiftung. Schriftenreihe empirische Bildungsforschung, 12. Würzburg: Universität Würzburg.

Fabian Kessl und *Christian Reutlinger*

Jugend und Sozialraum

Raum – Sozialraum

In jüngeren politischen und wissenschaftlichen Diskursen ist der Raum wieder stärker in den Vordergrund gerückt. Die Rede vom Raum meint dabei mehr als nur einen physisch-materiellen Zusammenhang, ein Gebäude, einen Platz oder ein Stadtviertel. Sie weist eher auf das hin, was der französische Soziologe Pierre Bourdieu als „sozialen Raum" fasst: einen gesellschaftlichen Zusammenhang (Bourdieu 2002).

Diese aktuell an vielen Stellen vorfindbare Rede vom Raum und der damit verbundene Kampf um die Neuordnung des Räumlichen verweist also auf nicht weniger als die Auseinandersetzung darum, wie in Zukunft soziale Zusammenhänge gestaltet und reguliert werden sollen. Es handelt sich somit um eine *politische Auseinandersetzung*.

Die jeweils bestehende Ordnung des Räumlichen stellt ein Ergebnis politischer Kämpfe dar. Gerät dieser Sachverhalt aus dem Blick, wird die Ordnung allzu leicht als unveränderliche Bedingung des Handelns missverstanden. Die Gefahr ist dann, dass ein bestimmter und begrenzter Handlungsspielraum als nicht gestaltbar, sondern nur hinnehmbar angenommen wird. Mit einer solchen systematischen Verkürzung verbindet sich für (sozial)pädagogische und erziehungswissenschaftliche Diskussionen ein zusätzliches Problem: Ziel pädagogischer Aktivitäten sollte gerade die Erweiterung bestehender Handlungsspielräume sein, d.h. deren (Mit)Bestimmung (vgl. dazu ausführlicher Kessl/Reutlinger 2013). Sofern räumliche Kontexte lediglich als eine Voraussetzung menschlichen Handelns gesehen werden, bleiben sie und damit auch ihre explizite Reflexion und Gestaltung unberücksichtigt (vgl. Werlen 2010). Sozialräume werden im Folgenden deshalb weder absolut (als ausschließlich geografischer Raum) noch relativ (als reiner Handlungsraum), sondern konstitutiv relational definiert als „ständig (re)produzierte Gewebe sozialer Praktiken" (Kessl/Reutlinger 2010: 21). Sozialräume werden durch soziales Tun produziert und stellen somit das Ergebnis sozialer Prozesse dar. Sie bilden zugleich einen diese sozialen Prozesse prägenden und in diesem Sinne durchaus stabilen Verbund (vgl. Massey 1999). Sie markieren also Bedingungen der Möglichkeit sozialer Praktiken. Sozialräume sind demzufolge weder sozialen Prozessen per se vorgängig noch gehen sie in diesen völlig auf.

Aktuell besonders einflussreich ist die Rede vom (Sozial)Raum in der deutschsprachigen Sozialen Arbeit. Unter der Überschrift ‚Sozialraumorientierung' haben sich in den verschiedenen Arbeitsfeldern der Sozialen Arbeit, vor allem in den Hilfen zur Erziehung, der Gemeinwesenarbeit und der Kinder- und Jugendarbeit, seit den 1990er Jahren raumbezogene Handlungsmaximen etabliert.

Sozialraumorientierung

Sozialraumorientierung meint sowohl handlungskonzeptionelle Reformprogramme als auch kommunaladministrative Strategien der neuen Steuerung in den Feldern Sozialer Arbeit.

Handlungskonzeptionelle Reformprogramme zielen als Forderung nach einer veränderten *Fachlichkeit* auf einen integrierten und flexiblen Unterstützungsansatz (vgl. Deutschendorf u.a. 2006). Damit ist der Anspruch verbunden, das ‚sozialräumliche' Umfeld im Rahmen des sozialpädagogischen Handlungsvollzugs deutlicher wahrzunehmen und gezielter in diesen einzubeziehen. In den Fokus rücken nahräumliche Beziehungsstrukturen, angrenzende Hilfsangebote – in professioneller wie bürgerschaftlicher Form – und sozioökonomische wie auch kulturelle Rahmenbedingungen.

Sozialraumorientierung zielt allerdings nicht nur auf den Einbezug des Umfeldes in die Fallarbeit, sondern auch auf die *Aktivierung* dieser nahräumlichen Ressourcen:

> „In der Haltung der Ressourcenorientierung geht es darum (…) Informationen über das soziale Netz der AdressatInnen zu erhalten und dem Aufbau und der Aktivierung natürlicher Unterstützungssysteme (…) Vorrang vor professionellen Hilfen zu geben" (Hamberger 2006: 110).

Als *kommunal-administrative Strategie der neuen Steuerung* beschreibt Sozialraumorientierung eine an territorialen, geografischen Einheiten ausgerichtete *Dezentralisierung* der kommunalen Sozialen Arbeit und der damit zusammenhängenden Organisationsstrukturen (vgl. Brocke 2005). Im Zuge dessen sind in den vergangenen Jahren Jugendamtsstrukturen umgebaut worden oder zumindest in den Fokus eines entsprechenden Umbaus geraten: Quartierbezogene Interventionsteams wurden aufgebaut, Sozialraumbudgets sollten eingeführt und damit verbunden bezirksbezogene Angebotsstrukturen installiert werden (vgl. Landeshauptstadt München Sozialreferat 2005; Herrmann 2006). Sozialraumorientierte Re-Organisation beschreibt in diesem Fall eine Dezentralisierung entlang spezifischer Territorien als Bezugsgröße für die Konzentration von Personal und anderen Jugendhilfe-Ressourcen. Andere Modelle setzen an Stelle eines starken Territoriums- einen Lebensweltbezug als Ausgangspunkt. In den Fokus geraten dabei die subjektiven Deutungen der jeweiligen Lebenszusammenhänge und die daraus hervorgehenden Bedarfe durch die (beteiligten) Individuen. Ziel ist in beiden Fällen die Realisierung einer „praktische(n) Entwicklungsaufgabe, vor Ort" (Budde/Früchtel 2006: 248).

Auch in der Kinder- und Jugendarbeit fanden in den vergangenen Jahren unter dem Label ‚Sozialraumorientierung' verschiedene Reformbestrebungen und Umbauprozesse statt. Diese treffen auf eine raumorientierte Arbeitstradition, welche unter dem Begriff der sozialräumlichen Jugendarbeit schon seit Mitte der 1980er Jahre aktiv den Raumbezug einforderte. Aktuell wird vor diesem Hintergrund mit der bildungspolitischen Rede von der „kommunalen Bildungslandschaft" ein erweitertes Bildungsverständnis gefordert, welches

> „über die alleinige Verknüpfung von Institutionen hinaus, in Richtung der Einbeziehung informeller Bildungsprozesse an Bildungsorten im öffentlichen Raum, in nonformalen Settings etc." geht (Deinet 2010: 4).

Zentrale Fragestellungen einer sozialräumlichen Jugendarbeit

Aus einer aneignungstheoretischen Perspektive, wie sie vor allem Ulrich Deinet (1990) im Anschluss an die Arbeiten des sowjetischen Tätigkeitspsychologen Leontjews vorschlägt, gerät der „Sozialraum" als „Handlungsraum" (Krisch 2009: 25) der Kinder und Jugendlichen in den Blick:

> „Indem der ‚Raum' der Jugendarbeit anregend wirkt, Kindern und Jugendlichen Gestaltung und Veränderung, Konfrontation und alternative Erfahrungen ermöglicht, wird er selbst zu einem Aneignungs- und Bildungsraum" (Deinet 2009: 159).

Eine sozialräumliche Kinder- und Jugendarbeit habe sich daher an den „lebensweltliche(n) Deutungen, Interpretationen und Handlungen von Heranwachsenden" (Krisch 2009: 7) und damit ihre Settings und Programme an den Aneignungsprozessen der Kinder und Jugendlichen auszurichten (Krisch 2009: 13). Durch die von Deinet und Krisch geforderte Einnahme eines „sozialräumlichen Blicks" der Fachkräfte (Deinet/Krisch 2002) zielt sozialräumliche Kinder- und Jugendarbeit auf die Ermöglichung selbstbestimmter Aneignungsprozesse und dadurch auf die Förderung von Lernprozessen.

Im Blick auf die Realisierung einer sozialräumlichen Kinder- und Jugendarbeit lässt sich die handlungsorientierte Tradition des Modells des sozialräumlichen Blicks, in welchem der Ansatzpunkt pädagogischen Handelns in den informellen und non-formalen Bildungsprozessen gesucht wird, von einer strukturorientierten Argumentationslinie unterscheiden. Diese sucht einen primären Ansatz in der Ausgestaltung spezifischer räumlicher Settings (vgl. Becker u.a. 1984). Becker u.a. (1984) zielen dabei auf die sozialen Verwirklichungsbedingungen von Jugendlichen, die über das konkrete räumliche Tun von Jugendlichen realisiert werden. Die Aneignung des Raumes ist für Becker u.a. (1984) das Resultat, an konkreten Orten oder Gebieten seinen eigenen Lebensraum – als interessengebundenes, situationsbezogenes und gruppen-/kulturspezifisches Ergebnis – hervorbringen zu können.

Die „Pädagogik des Jugendraums" von Böhnisch und Münchmeier (1990) verwebt schließlich die handlungsorientierte Tradition mit der strukturorientierten zu einer Perspektive mit dem Anspruch der konsequenten sozialräumlichen Strukturierung jugendarbeiterischer Angebote (*sozialräumliches Prinzip*). Angesichts aktueller empirischer Befunde zu Aneignungstätigkeiten von Jugendlichen wäre jedoch die dominierende Forderung der „Pädagogik des Jugendraums", nämlich die Umdefinition konkreter Aneignungsräume in Gelegenheitsstrukturen und die in ihnen steckenden Möglichkeiten weiter zu entwickeln: Unter den heutigen arbeitsgesellschaftlichen Bedingungen scheinen die Aneignungstätigkeiten von Jugendlichen ihrer „integrativen Komponente entledigt" zu sein (Reutlinger 2002: 266), d.h. dass sich die Jugendlichen tendenziell zwar das Objekt aneignen können, dass dieses jedoch entkoppelt scheint von den gesellschaftlichen Verhältnissen. Demnach kann die sozialpädagogische Reaktion auf jugendliche Aneignungsformen nicht mehr darin liegen, Räume im Sinne von physisch-materiellen Aneignungswelten zur Verfügung zu stellen, sondern darin, „die unsichtbar gewordenen Formen der Bewältigung" im Aneignungshandeln zu entschlüsseln (Reutlinger 2002: 265). Gleichzeitig ist es für sozialpädagogische Herangehensweisen von grundlegender Bedeutung, sich gegenwärtiger jugendrelevanter Bewältigungsherausforderungen bewusst zu werden.

Spätestens mit den Diskussionen um den Auf- und Ausbau kommunaler Bildungslandschaften sieht sich die Kinder- und Jugendarbeit in einen deutlich veränderten

Kontext gestellt, in dem nun die eigenen Perspektiven einer sozialräumlichen Ausrichtung mit denen aus dem schulischen und kommunal-administrativen Bereich konfrontiert werden. Mit der vorherrschenden sozialraumorientierten Neujustierung der Sozialen Arbeit – und inzwischen auch der weiteren pädagogischen Landschaft insgesamt – stellt sich die generelle Frage, wie Kinder- und Jugendarbeit in Zukunft legitimiert und gestaltet werden soll.

Von besonderer Bedeutung sind dabei folgende Fragen: Wird Kinder- und Jugendarbeit im Verbund einer kommunalen Bildungslandschaft mit anderen pädagogischen Instanzen nur mehr zum Anhängsel der Schulsozialarbeit oder der Schule? Ist damit eine neue Stadt-Land-Differenz aufgerufen? Verkommt Kinder- und Jugendarbeit zu einem rein ‚provinziellen' Angebot, während sie im urbanen Kontext innerhalb der schulisch dominierten Bildungslandschaft aufgeht? Und grundlegender: Was kann Jugend im 21. Jahrhundert bedeuten und welche Konsequenzen sind damit für die Ausgestaltung der Kinder- und Jugendarbeit verbunden?

Vor allem drei Aspekte scheinen hier von zentraler Bedeutung: Erstens muss in konzeptioneller wie methodischer Hinsicht darauf reagiert werden, dass heute schon in der Kindheit und Jugendzeit relevante Bewältigungsanforderungen gelöst werden müssen; zweitens gilt es, den zum Teil radikal veränderten demografischen wie sozial-strukturellen Dimensionen Rechnung zu tragen; und drittens darf die Jugendarbeit sich angesichts einer immer kleinteiliger werdenden Zielgruppen-Differenzierung nicht in einer passgenauen Angebotsstrukturierung verlieren.

Diese Fragen sind allerdings immer situationsabhängig und deshalb für jeden Handlungsvollzug spezifisch zu beantworten. Da es bei jeder sozialräumlichen Praxis um Interessens- und damit um Macht- und Herrschaftskonstellationen geht, gilt es auch, sich in jedem Handlungsvollzug den damit verbundenen Mechanismen und Gefahren bewusst zu werden. Mit dem *Modell einer reflexiven räumlichen Haltung* wird ein entsprechendes Reflexionsangebot skizziert.

Konzeptionelle Perspektiven und Orientierungen

Eine reflexive räumliche Haltung schließt eine systematische und möglichst umfassende Inblicknahme des jeweiligen räumlichen Erbringungszusammenhangs ein. Die Beteiligten machen sich dabei die prägenden Interessens-, Macht- und Herrschaftskonstellationen bewusst, indem sie zum Beispiel fragen: Wer definiert, wie ein öffentlicher Bolzplatz genutzt und gestaltet wird, wer wird an entsprechenden Entscheidungsprozessen beteiligt und zu welchem Zeitpunkt? Diese Vergewisserung über die Art und Weise der (Re)Produktion der jeweiligen räumlichen Zusammenhänge rückt den Beteiligten zugleich die Grenzen der gegenwärtigen Raumordnungen in den Blick (vgl. Kessl/ Reutlinger 2012): Was ist angesichts bestehender politischer Machtkonstellationen oder gegebener kommunal-administrativer Regelungen aktuell umsetzbar und was nicht?

Eine reflexive räumliche Haltung kann den Beteiligten darüber hinaus verdeutlichen, welche räumlichen Zusammenhänge zu einem bestimmten historischen Zeitpunkt gewollt und welche nicht gewollt sind. Entscheidend für eine solche *Sozialraumarbeit* ist dabei gerade nicht nur das Gewollte, sondern auch das Nicht-Gewollte, denn die Bearbeitung der bestehenden Raumordnungen, die Erweiterung der vorherrschenden

Raum(re)produktionsweisen kann Handlungsoptionen für die Nutzer/-innen erst eröffnen oder wieder erweitern (vgl. Kessl/Reutlinger 2008).

Ein zweiter relevanter Punkt für eine reflexive räumliche Haltung ist die (politische) Positionierung. Zum Beispiel reicht nicht der legitimatorische Rückgriff und der konzeptionelle Verweis auf die Grundprinzipien der Kinder- und Jugendarbeit wie Partizipation. Vielmehr gilt es, aus der konkreten Kontextualisierung die vorherrschenden Widersprüche und Konfliktlinien aufzudecken, um auf dieser Basis eine politische Position einnehmen zu können: Für wen muss Partizipation zu welchen Bedingungen ermöglicht werden? Analoges ist auch für andere Grundprinzipien der Kinder- und Jugendarbeit wie z.B. Freiwilligkeit und Parteilichkeit zu denken.

Damit wird ein dritter zentraler Punkt angesprochen: Sozialraumarbeit ist nicht per se gut oder auf der richtigen Seite. Ihre Position hat sie situativ zu legitimieren – kommunalpolitisch, fachlich und, nicht zuletzt, gegenüber den Nutzer/-innen.

Eine reflexive räumliche Haltung ist eine permanente Aufgabe, die nicht durch die Vereinbarung eines organisatorischen oder fachlichen Leitbildes ‚Sozialraumorientierung' fixierbar ist. Sie kann auch nicht durch das Engagement einzelner Fachkräfte allein realisiert werden. Vielmehr erfordert sie entsprechende (kommmunal)politische und organisatorische Ermöglichungsbedingungen für Fachkräfte wie auch für die Nutzer/-innen dieser Angebote. Sozialraumarbeit meint daher keine alternative Sozialraumorientierung. Sie bietet kein fertiges raumbezogenes Handlungskonzept. Sie zielt auf die Einnahme eines Reflexionsrahmens zur (Weiter)Entwicklung konkreter und situationsspezifischer raumbezogener Konzeptionen.

Literatur

Becker, Helmut/Eigenbrodt, Jörg/May, Michael (1984): Pfadfinderheim, Teestube, Straßenleben – Jugendliche Cliquen und ihre Sozialräume. Frankfurt/M.: Extrabuch-Verlag.

Böhnisch, Lothar/Münchmeier, Richard (1990): Pädagogik des Jugendraums. Zur Begründung und Praxis einer sozialräumlichen Jugendpädagogik. Weinheim/München: Juventa.

Bourdieu, Pierre (2002): Ortseffekte. In: Bourdieu, P. u.a.: Das Elend der Welt: Zeugnisse und Diagnosen alltäglichen Leidens an der Gesellschaft. Konstanz: UVK-Verlags-Gesellschaft, S. 159–167.

Brocke, Hartmut (2005): Soziale Arbeit als Koproduktion. In: Projekt „Netzwerke im Stadtteil" (Hrsg.): Grenzen des Sozialraums. Kritik eines Konzepts – Perspektiven für soziale Arbeit. Wiesbaden: VS-Verlag, S. 235–259.

Budde, Wolfgang/Früchtel, Frank (2006): Die Felder der Sozialraumorientierung – ein Überblick. In: Budde, W./Früchtel, F./Hinte, W.: Sozialraumorientierung. Wege zu einer veränderten Praxis. Wiesbaden: VS-Verlag, S. 27–50.

Deinet, Ulrich (1990): Raumaneignung in der sozialwissenschaftlichen Theorie. In: Böhnisch, L./Münchmeier, R. (Hrsg.): Pädagogik des Jugendraums. Weinheim/München, S. 57–70.

Deinet, Ulrich (2009): Sozialräumliche Jugendarbeit. Grundlagen, Methoden und Praxiskonzepte. Wiesbaden: VS-Verlag.

Deinet, Ulrich (2010): Von der schulzentrierten zur sozialräumlichen Bildungslandschaft. http://www.sozialraum.de/von-der-schulzentrierten-zur-sozialraeumlichen-bildungslandschaft.php [Zugriff: 24.4.2012]

Deinet, Ulrich/Krisch, Richard (2002): Der Sozialräumliche Blick der Jugendarbeit. Methoden und Bausteine zur Konzeptentwicklung und Qualifizierung. Opladen: Leske + Budrich.

Deutschendorf, René/Hamberger, Matthias/Koch, Josef/Lenz, Stefan/Peters, Friedhelm (Hrsg.) (2006): Werkstattbuch INTEGRA. Grundlagen, Anregungen und Arbeitsmaterialien für integrierte, flexible und sozialräumlich ausgerichtete Erziehungshilfen. Weinheim/München: Juventa.

Hamberger, Matthias (2006): Der Fall im Feld: Sozial- und ressourcenorientierte Arbeit in den Erziehungshilfen. In: Deutschendorf, R. u.a. (Hrsg.), S. 111–124.

Herrmann, Klaus (Hrsg.) (2006): Leuchtfeuer querab! Wohin steuert die Sozialraumorientierung? Bad Münstereifel: Westkreuz-Verlag.

Kessl, Fabian/Reutlinger, Christian (2008): Schlüsselwerke der Sozialraumforschung. Traditionslinien in Text und Kontexten. Sozialraumforschung und Sozialraumarbeit, 1. Wiesbaden: VS-Verlag.

Kessl, Fabian/Reutlinger, Christian (2013, in Druck): Sozialraum – eine Einführung. Sozialraumforschung und Sozialraumarbeit, 4. Wiesbaden: VS-Verlag.

Kessl, Fabian/Reutlinger, Christian (2011): Sozialraumarbeit. In: Stövesand, S./Stoik, Ch./Troxler, U. (Hrsg.): Handbuch Gemeinwesenarbeit. Traditionen und Positionen, Konzepte und Methoden. Opladen: Verlag Barbara Budrich.

Kessl, Fabian/Reutlinger, Christian (2012): Urbane Spielräume. Bildung und Stadtentwicklung. Sozialraumforschung und Sozialraumarbeit, 8. Wiesbaden: VS Verlag.

Krisch, Richard (2009): Sozialräumliche Methodik der Jugendarbeit. Aktivierende Zugänge und praxisleitende Verfahren. Weinheim/München: Juventa.

Landeshauptstadt München, Sozialreferat, Stadtjugendamt (2005): Tagungsdokumentation Sozialraumorientierung in der Münchner Kinder- und Jugendhilfe: Bilanzierung, Qualitäten, Perspektiven, 18. Februar 2005. München: Landeshauptstadt München, Stadtjugendamt.

Massey, Doreen (1999): Philosophy and politics of spatiality. Some considerations. In: Geographische Zeitschrift 87, 1, S. 1–12.

May, Michael/Alisch, Monika (Hrsg.) (2008): Praxisforschung im Sozialraum. Fallstudien in ländlichen und urbanen sozialen Räumen. Opladen: Verlag Barbara Budrich.

Reutlinger, Christian (2002): Jugend, Stadt und Raum. Sozialgeographische Grundlagen einer Sozialpädagogik des Jugendalters. Stadtforschung aktuell, 93. Opladen: Leske + Budrich.

Werlen, Benno (2010): Geographie. In: Reutlinger, Ch./Fritsche, C./Lingg, E. (Hrsg.): Raumwissenschaftliche Basics. Eine Einführung für die Soziale Arbeit. Sozialraumforschung und Sozialraumarbeit, 7. Wiesbaden: VS Verlag, S. 71–80.

Hans Peter Kuhn und *Daniela Wagner*

Jugend und Peers

Peers und Peergroup

Unter dem Begriff ‚Peers' werden Mitglieder einer sozialen Gruppe gefasst, die sich durch Gleichheit, Gleichrangigkeit und Ebenbürtigkeit auszeichnen. Das bedeutet, dass Peers sich hinsichtlich ihrer Stellung gegenüber Institutionen, wie z.B. der Schule, hinsichtlich ihrer kognitiven und moralischen Entwicklung, ihrer zu bewältigenden Entwicklungsaufgaben, ihrer Teilhabe an Kultur sowie ihrer grundsätzlichen Anerkennung der Ebenbürtigkeit gleichen. Aufgrund der nach Altersjahrgängen strukturierten Bildungsinstitutionen (Kindergarten, Grundschule, weiterführende Schulen), wird der Begriff der Peers häufig synonym für *Gleichaltrige* verwendet. Das liegt auch deshalb nahe, weil die Schule einen zentralen Begegnungsort von Heranwachsenden darstellt, an dem Peerbeziehungen aufgebaut und gepflegt werden (vgl. Kanevski/Salisch 2011).

Zusammenschlüsse von Peers werden als *Peergroups* bezeichnet. Diese variieren zum einen in der Anzahl ihrer Mitglieder und deren engeren oder lockereren Verbundenheit. Es lassen sich strukturell drei Formationen unterscheiden:

1. organisierte Peergroups, deren Zusammenschluss nicht auf freie Mitgliedschaft beruht und die von Erwachsenen geleitet werden (z.B. eine Schulklasse),
2. *organisierte Peergroups* mit *freiwilliger Mitgliedschaft* unter der *Leitung von Erwachsenen oder älteren Jugendlichen*, die meist altersheterogen sind und bei denen das gemeinsame Interesse im Vordergrund steht (z.B. Jugendgruppen in Vereinen, Kirchen und Parteien) und
3. *freiwillige und informelle Zusammenschlüsse* von Peers, die *unabhängig von einer Begleitung oder Aufsicht durch Erwachsene* bestehen (z.B. informelle Peer*freundschaften*, *Cliquen* oder bei delinquenter Tendenz *Banden*).

Jugendliche partizipieren zumeist an allen drei Peerformationen. Aufgrund ihrer verschiedenen Ziele und Funktionen gehen von ihnen unterschiedliche Entwicklungsimpulse aus (vgl. Kanevski/Salisch 2011; Oswald/Uhlendorff 2008).

Entwicklungsimpulse durch Peers

Mit dem Eintritt in das Jugendalter wird eine Phase eingeleitet, in der die Bedeutung von Peers als Orientierungs- und Bezugspunkt in der weiteren Lebensgestaltung – insbesondere in Bezug auf gegenwärtige, altersspezifische Herausforderungen – vermehrt in den Vordergrund rücken. Havighurst (1972) formuliert für die Lebensphase der Adoleszenz und Jugend spezifische Entwicklungsaufgaben. Neben der Erlangung von Unabhängigkeit vom Elternhaus gelten die Entwicklung einer eigenen *Identität*, die Entwicklung eines eigenen *Werte- und Moralsystems*, der *Aufbau reifer Beziehungen zu Gleichaltrigen* beiderlei Geschlechts, die *Integration in eine angemessene soziale Gruppe* sowie der Aufbau von *Liebesbeziehungen* (romantische Beziehungen) als Entwicklungsaufgaben. Dabei ist der Aufbau neuer und reifer Beziehungen zu Gleichaltrigen gleichzeitig eng mit der erfolgreichen Bewältigung der anderen Entwicklungsaufgaben verknüpft: Peers fungieren als Maßstab der Orientierung z.B. hinsichtlich Wertvorstellungen, Freizeitverhalten oder auch Kleidungsstil und geben somit Orientierung und Stabilisierung. Darüber hinaus bieten sie Unterstützung bei der Bewältigung von Belastungen und Problemen. Sie bieten zudem einen sozialen Freiraum für die Erprobung neuer Möglichkeiten im Sozialverhalten. Hierunter fallen insbesondere das Testen und Aushandeln von Grenzen durch Experimentieren mit Alkohol und Drogen sowie anderen riskanten Verhaltensweisen oder auch der Austausch über Sexualität und die eigene Geschlechtsrolle (vgl. Kanevski/Salisch 2011). Nicht zuletzt unterstützen Peers die Identitätsfindung, indem Peerbeziehungen einen Raum für die Darstellung und Bestätigung der eigenen Persönlichkeit geben, auch für die Erarbeitung kultureller Identität.

Die Bedeutung von Peers ist aber nicht allein in der gemeinsamen Bearbeitung von Entwicklungsaufgaben zu sehen. Ein Entwicklungsimpuls geht insbesondere davon aus, dass Heranwachsende eine neue Beziehungs*form* gestalten müssen, die zum einen *freiwillig* und zum anderen *nicht hierarchisch* ist. Während die Eltern-Kind-Beziehung dadurch gekennzeichnet ist, dass die Mitglieder durch ihre biologische und/oder emotionale Verbundenheit weder austauschbar sind, noch die Beziehung gekündigt werden kann, gestaltet sich dies unter Peers anders. In diesen Beziehungen wird von den Jugendlichen gefordert, beim Austausch von unterschiedlichen Sichtweisen und Wertvorstellungen Kompromisse bzw. bei Konflikten Lösungen zu finden, die im Sinne aller Beteiligten sind. Dies fordert ein Einfühlen und die Übernahme der Perspektive des Anderen, wenn die Beziehung nicht abgebrochen, sondern aufrechterhalten (respektive ausgehandelt) und intensiviert werden soll. Bedingt durch die Gleichrangigkeit der Peers vollziehen sich diese Austausch- und Aushandlungsprozesse symmetrisch-reziprok und nicht hierarchisch, d.h. auf Augenhöhe. Damit stellen Peerbeziehungen ein einzigartiges Übungsfeld zur Entwicklung psychosozialer Kompetenzen dar. Es besteht ein wechselseitiger Zusammenhang von Kompetenzerwerb und Peerbeziehung. Auf der einen Seite sind sozial und emotional kompetente Peers attraktive Beziehungspartner, auf der anderen Seite ermöglicht die Partizipation an vielfältigen Peerbeziehungen und verschiedenen Peerformationen den Aufbau und die Ausdifferenzierung von sozialen und emotionalen Kompetenzen. Dabei werden die verschiedenartigen Peerzusammenhänge bedeutsam. In Gruppengefügen werden andere soziale und emotionale Kompetenzen gefordert (und gefördert) als in dyadischen Peerbeziehungen (vgl. Oswald/Uhlendorff 2008). Generell kann unterschieden werden zwischen loseren Peerbeziehungen bzw. Peergroups, in denen Jugendliche nach Geselligkeit und Akzeptanz suchen, Peergroups, die durch ein gemeinsames Interesse an Themen verbunden sind und in denen gesamtgesellschaftliche Moral- wie Wertvorstellungen im Diskurs ausgehandelt werden, sowie engeren Peerbeziehungen bzw. Freundschaften, in denen Vertrauen und emotionale Unterstützung gesucht werden.

Freundschaften

Im Jugendalter verändert sich das Freundschaftskonzept von einem eher instrumentellen Verständnis eines ‚Spielkameraden' bei Kindern (gemeinsame Aktivitäten, räumliche Nähe, Befriedigung von Bedürfnissen) hin zu einem auf gegenseitiges Vertrauen und Unterstützung angelegten Verständnis von Autonomie und Verbundenheit, in dem auch das Bedürfnis des Anderen nach weiteren sozialen Beziehungen respektiert wird. Die Intensität von Beziehungen bzw. Freundschaften unter Peers nimmt gerade durch den Wunsch nach engem und intimem Austausch über die eigenen Gefühle und Unsicherheiten im Umgang mit anderen Peers, potenziellen Liebespartnern oder auch den Eltern erheblich zu. Freundschaften bieten einen geschützten Raum, in welchem die Exploration des Selbst, der Eigenwahrnehmung und der Wahrnehmung durch Andere stattfinden können. Auch können mögliche Differenzen von Eigen- und Fremdwahrnehmung in einem produktiven Austausch zwischen engen Freunden bearbeitet werden, was zu einer besseren Selbsteinschätzung, mehr Selbstsicherheit, einem höheren Selbstwertgefühl wie auch psychischer Sicherheit innerhalb des altersspezifischen Identitätsfindungsprozesses beiträgt. Ein weiterer wichtiger Punkt stellt die gemeinsame Exploration und Ko-Konstruktion der Erwachsenenwelt dar (vgl. Uhlendorff/Kuhn 2007; Oswald 2008).

Freundschaften unter Peers stellen auch eine Ressource in Bezug auf den formalen Bildungsverlauf dar. Studien weisen immer wieder auf Zusammenhänge zwischen Freundschaften und einer positiveren Einstellung zur Schule, besseren Schulleistungen und mehr schulischem Engagement hin (vgl. Kanevski/Salisch 2011).

Bei der Frage, wer eigentlich mit wem eng befreundet ist, lassen sich die folgenden Muster erkennen: Heranwachsende suchen sich Peers als enge Freunde aus, die ihnen selbst im Charakter sehr ähnlich sind, die dieselben Interessen teilen und denselben ethnischen Hintergrund haben. Darüber hinaus wählen Jugendliche meist Freunde desselben Geschlechts. Geschlechtsspezifisch bestehen unterschiedliche Erwartungen und Wünsche an Freundschaften: während Mädchen Zweierfreundschaften (*face-to-face-Freundschaften*) bevorzugen, bewegen sich Jungen häufiger in (mehreren) Cliquen, bei denen das gemeinsame Erleben und gemeinsame Aktivitäten im Vordergrund stehen (*side-by-side-Freundschaften*). Mädchen weisen insgesamt weniger Freundschaften, einhergehend mit einer höheren Intimität als Jungen auf sowie ein geringeres Interesse an großen Gruppen und oberflächlichen Kontakten. Bedingt durch den intimeren Austausch empfinden Mädchen mehr Unterstützung in ihren Freundschaften als Jungen; allerdings sei an dieser Stelle darauf hingewiesen, dass dieser intime Austausch negative Wirkungen entfalten kann, wenn beständig persönliche Probleme und negative Gefühle Gegenstand von Gesprächen sind und zu einer Internalisierung, zu Ängstlichkeit und Depression (*co-rumination*) führen. Der Austausch und die Themen untereinander gestalten sich bei Mädchen eher gemeinschaftsorientiert bzw. prosozial, bei Jungen bestimmender und wettbewerbsorientierter (vgl. Rose/Smith 2011). Bis zum frühen Erwachsenenalter verringert sich die Präferenz nach geschlechtshomogenen Freundschaften deutlich; auch werden enge und lang bestehende Freundschaften unter Jungen in ihren Themenbereichen intimer (vgl. Oswald/Uhlendorff 2008).

Organisierte Freizeitaktivitäten

Besondere Entwicklungsimpulse durch Peerbezüge finden sich in organisierten und strukturierten Freizeitaktivitäten. Dazu zählen Aktivitäten in Sport-, Kultur- und Musikvereinen, in politischen und kirchlichen Gruppen oder auch in außerunterrichtlichen Angeboten im Rahmen von Ganztagsschulen. Strukturierte Freizeitaktivitäten unterscheiden sich von den sogenannten unstrukturierten Freizeitaktivitäten vor allem dadurch, dass sie durch regelmäßige Treffen, gemeinsame und verbindliche Regeln sowie Anleitung, Moderation oder Beratung durch eine erwachsene Bezugsperson einen verlässlichen Rahmen bieten. Im Gegensatz zum Unterricht in der Schule basiert die Teilnahme an strukturierten Freizeitaktivitäten grundsätzlich auf Freiwilligkeit. Der Forschungsansatz des *Positive Youth Development* (vgl. Larson 2000, 2006; Kuhn/Buhl 2006) beschreibt, welche Potenziale für die psychosoziale Entwicklung von Jugendlichen in strukturierten Freizeitaktivitäten liegen. Diese bestehen vor allem darin, dass hier Spaß, Interesse und intrinsische Motivation – welche häufig auch das unstrukturierte Zusammensein mit Gleichaltrigen kennzeichnen – verbunden werden mit den kognitiven Herausforderungen eines gemeinsamen Projekts, der Kooperation und dem initiativen Arbeiten an gemeinsamen Zielen (wie z.B. die Aufführung eines Theaterstücks, die Organisation eines Sportturniers). Jugendliche können lernen, selbstständig komplexe Szenarien zu planen und zu organisieren sowie Verantwortung für bestimmte Aufgabenbereiche zu übernehmen. Die Freiwilligkeit der Teilnahme und die Berücksichtigung der individuellen Interessen kommen dem Bedürfnis der Jugendlichen nach mehr Selbstbestimmung entgegen. Der Ernstcharakter der Handlungssituation mit seinen greifbaren und realen Konsequenzen hat das Potenzial, unmittelbares Kompetenzerleben zu ermöglichen und Selbstbewusstsein und Selbstwirksamkeit zu stärken. Die Peerbezüge zeichnen sich vor allem durch ein hohes Potenzial des Erlebens positiver Interaktionen mit Gleichaltrigen beim gemeinsamen Planen und Handeln aus. Der Spaßcharakter gleichberechtigter Peer-Beziehungen kann sich dadurch entfalten, dass die erwachsenen Bezugspersonen lediglich eine strukturierende und beratende Mentorenfunktion übernehmen. Dennoch sind Autonomie unterstützende erwachsene Bezugspersonen auch in diesem Zusammenhang für die Entwicklung von Motivation und Engagement der Jugendlichen von großer Bedeutung.

Cliquen und abweichendes Verhalten

Der Zusammenschluss von Jugendlichen in informellen Peergroups oder Cliquen wird nicht nur von Eltern, Lehrkräften und Jugendleitungen mit einem besonderen (besorgten) Blick betrachtet. Dies rührt vor allem daher, dass mit Cliquen meist Gruppen von Jugendlichen assoziiert werden, die durch sozial negativ besetztes, abweichendes Verhalten sowie erhöhtes Risikoverhalten auffallen (z.B. Schulverweigerung und/oder Schulversagen, Konsum legaler oder illegaler Drogen, Gewalt gegen Personen, Vandalismus etc.) und der Befürchtung, dass Jugendliche in ihrem Streben nach sozialer Akzeptanz und der Angst vor negativer Bewertung durch Gruppendruck zu deviantem Verhalten angestiftet oder von deviantem Verhalten in einer Gruppe ‚angesteckt' werden (vgl. Uhlendorff/Kuhn 2007).

Zunächst ist festzuhalten, dass die Mehrheit der informellen Peergroups bzw. Cliquen als unproblematisch gelten können. In ihrer Struktur sind Cliquen meist nicht auf Dauer angelegt, weisen eine hohe Fluktuation von Mitgliedern auf und lassen auch bedingt durch doppelte oder mehrfache Mitgliedschaften kein ausgeprägtes Wir-Gefühl erkennen. Ebenso wie bei Zweierfreundschaften zeichnen sich Cliquen durch eine hohe Homogenität hinsichtlich Alter, Geschlecht, sozio-ökonomischer und ethnischer Herkunft sowie der Schulleistung aus. Auch lässt sich meist der Anschluss an einen bestimmen Stil bzw. eine Musikrichtung erkennen (vgl. Oswald 2008).

Inwiefern sich Jugendliche im negativen Sinne hin zu deviantem Verhalten sozialisieren und hierbei von Gruppendruck gesprochen werden kann, bedarf einer differenzierteren Betrachtung. In Längsschnittuntersuchungen von devianten Peergroups konnte gezeigt werden, dass den Ausgangspunkt aggressiven Sozialverhaltens sowie devianter Karrieren nicht der Gruppendruck oder die Ansteckung durch deviante Jugendliche bildet, sondern das Erziehungsverhalten der Eltern: Keine oder nicht konsistente Beantwortung von Bindungsbedürfnissen, ein autoritärer Erziehungsstil verbunden mit körperlichen Strafen oder psychischer Gewalt führen bei Heranwachsenden zu Defiziten in der sozial-emotionalen und sozial-kognitiven Entwicklung. Aufgrund ihres unangemessenen Sozialverhaltens erfahren diese Jugendlichen wenig soziale Akzeptanz respektive Ablehnung durch Peers und schließen sich häufiger devianten Jugendlichen an, die dann dieses Verhalten bekräftigen und verstärken. Empirische Befunde verweisen darauf, dass Jugendliche bereits deviantes Verhalten zeigten, bevor sie sich einer devianten Gruppe anschlossen. Deviante Karrieren sind demnach kein Resultat von Gruppendruck und Ansteckung, sondern von Selektion und Verstärkung (vgl. Dishion u.a. 1999, 1995).

Neben Peerzusammenhängen, die eine deviante Karriere anbahnen, können für Jugendliche mit den oben genannten ungünstigen Startbedingungen im Elternhaus engere Freundschaften zu *nicht devianten Peers* eine resiliente Wirkung entfalten bzw. die Tendenz zu deviantem Verhalten kompensieren (vgl. Uhlendorff 2005).

Literatur

Brown, B. Bradford/Larson, James (2009): Peer relationships in adolescence. In: Lerner, R.M./Steinberg, L. (Hrsg.): Contextual influences on adolescent development. Handbook of adolescent psychology, 2. Hoboken, NJ: Wiley, S. 74–103.
Dishion, Thomas. J./Andrews, David W./Crosby, Lynn (1995): Antisocial boys and their friends in early adolescence: Relationship characteristics, quality, and interactional process. In: Child Development 66, 1, S. 139–155.
Dishion, Thomas J./McCord, Joan/Poulin, Francois (1999): When interventions harm. Peer groups and problem behavior. In: American Psychologist 54, 9, S. 755–764.
Havighurst, Robert J. (1972): Development tasks and education. (3rd ed.). New York: Longmans Green.
Kanevski, Rimma/Salisch, Maria von (2011): Peer-Netzwerke und Freundschaften in Ganztagsschulen Auswirkungen der Ganztagsschule auf die Entwicklung sozialer und emotionaler Kompetenzen von Jugendlichen. Weinheim/Basel: Beltz/Juventa.
Kuhn, Hans Peter/Buhl, Monika (2006): Persönlichkeitsentwicklung durch gesellschaftliches Engagement im Jugendalter. In: kursiv: Journal für politische Bildung, 1, S. 30–38.
Larson, Reed W. (2000): Toward a psychology of positive youth development. In: American Psychologist 55, 1, S. 170–183.
Larson, Reed W. (2006): Positive youth development, willful adolescents, and mentoring. In: Journal of Community Psychology 34, 6, S. 677–689.
Oswald, Hans (2008): Sozialisation in Netzwerken Gleichaltriger. In: Hurrelmann, K./Grundmann, M./Walper, S. (Hrsg.): Handbuch Sozialisationsforschung. Weinheim/Basel: Beltz, S. 321–332.
Oswald, Hans/Uhlendorff, Harald (2008): Die Gleichaltrigen. In: Silbereisen, R.K./Hasselhorn, M. (Hrsg.): Psychologie des Jugendalters. Enzyklopädie der Psychologie, C, 5, 5. Göttingen: Hogrefe, S. 189–228.
Rose, Amanda J./Smith, Rhiannon L. (2011): Sex differences in peer relationships. In: Rubin, K.H./ Bukowski, W.M./Laursen, B. (Hrsg.): Handbook of peer interactions, relationships, and groups. New York/London: The Guilford Press, S. 379–393.

Schuster, Beate H./Kuhn, Hans Peter/Uhlendorff, Harald (2005): Entwicklung in sozialen Beziehungen. Heranwachsende in ihrer Auseinandersetzung mit Familie, Freunden und Gesellschaft. Der Mensch als soziales und personales Wesen, 21. Stuttgart: Lucius & Lucius.

Uhlendorff, Harald (2005): Können enge Freundschaften im frühen Jugendalter die Auswirkungen problematischer Eltern-Kind-Beziehungen auf abweichendes Verhalten auffangen? In: Schuster, B.H./Kuhn, H.P./Uhlendorff, H. (Hrsg.), S. 91–108.

Uhlendorff, Harald/Kuhn, Hans Peter (2007): Kinder unter sich. In: Spenn, M./Beneke, D./Harz, F./Schweitzer, F.: Handbuch Arbeit mit Kindern – Evangelische Perspektiven. Gütersloh: Gütersloher Verlags-Haus, S. 113–120.

Zimmermann, Peter/Becker-Stoll, Fabienne/Mohr, Cornelia (2012): Bindungsrepräsentation im Jugendalter. In: Gloger-Tippelt, G. (Hrsg.): Bindung im Erwachsenenalter. Ein Handbuch für Forschung und Praxis. Bern: Huber, S. 251–268.

Karl August Chassé

Jugend und Armut

Jugend als Lebensphase

Erst moderne Gesellschaften benötigen für ihre Reproduktion eine Jugendphase. Wie Kindheit ist auch Jugend in hoch entwickelten Gesellschaften nur relational zu verstehen als Verhältnis von Erwachsenen und jungen Menschen, als Machtverhältnis, als gesellschaftliche Formierung des realen Lebens junger Menschen. Kindheit wie Jugendalter sind gesellschaftlich strukturiert als generationale Ordnung; dies schließt Vorstellungen von guter und schlechter Jugend ein, die sich sozialhistorisch mit dem Bild des gefährlichen Jugendlichen herausgebildet haben, dessen Armut, Bettelei, Landstreicherei und sexuelle Abweichung durch Disziplinierung und eine Erziehung zur Arbeit angegangen wurden. Die gesellschaftliche Strukturierung durch Entwicklungsaufgaben bedeutet zugleich altersbezogene Vorgaben für die Entwicklung der jungen Menschen und Maßstäbe zu deren Bewertung.

In der Lebensform des ganzen Hauses vormoderner Gesellschaften waren die Sphären von Arbeit, Leben und Wissensvermittlung noch integriert, so dass Kinder mit ihren durch Mittun im sozialen Nahraum erworbenen Erfahrungs- und Wissensfundus direkt ins Erwachsenenalter wechseln konnten. Mit der Auflösung des ganzen Hauses entsteht etwa ab dem 18. Jahrhundert eine Arbeitswelt des aufkommenden Kapitalismus, die nach und nach ihre Kontakte zu den anderen Lebensbereichen verliert. Es bildet sich eine eigene Lebenssphäre für Minderjährige heraus, unterschiedlich nach Klasse und Schicht.

Während Kindheit deutlicher als ein Schonraum für Erziehung, Bildung und Entwicklung konstruiert ist und durch Kleinfamilie, Kindergärten, Schulen und Berufsausbildungsstätten spezifische Lebensräume entstanden, die sich von denen der Erwachsenen erheblich unterschieden, wird das Jugendalter durch Übergänge gekennzeichnet. Gegen Ende des 19. Jahrhunderts bildete sich Jugend als eigene Phase heraus, wo nach dem Ende der Schulzeit der Übergang in das Erwerbsleben durch eine damals kurze Phase der beruflichen Ausbildung anstand. Mit Wandervogel und proletarischer Jugend etablierte sich soziokulturell eine eigenständige Kultur der Jugend als Gruppe im Spannungsfeld zwischen Innovation, Widerstand und Integration. Es entstehen, auch als Gegenentwürfe zur etablierten Erwachsenenkultur, eigenständige Vorstellungen über Aussehen, Lebensziele, Muster der Lebensgestaltung usw., die eine Orientierungsfunktion für Heranwachsende übernehmen.

Insgesamt hat in den letzten Jahrzehnten der Wohlstand und der Reichtum der Gesellschaft auch Jugendlichen nie zuvor gekannte Lebens-, Partizipations- und Bildungschancen (etwa Sprachen, Auslandsaufenthalte) gebracht, zugleich hat sich aber Ungleichheit zwischen Jugendlichen aus wohlsituierten Verhältnissen und Heranwachsenden mit niedrigen ökonomischen Ressourcen erheblich vertieft. *Die* Jugend als einheitliche Gruppe gibt es also nicht – so wenig wie als einheitliche Phase –, sondern Jugend besteht in einer breiten Fülle von sozialen Differenzierungen. Zunehmend beachtet werden vor allem die schichtspezifischen, geschlechtsspezifischen und ethnischen (Migration) sowie die regionalen Unterschiede.

Für die heutige Jugend kennzeichnend ist die Mischung von bereits erlangter Autonomie (etwa hinsichtlich von Konsum und Partnerschaft, Sexualität) und weiter bestehender Abhängigkeit (etwa von der Familie) wegen verlängerter Übergangsphase in die Erwerbsarbeit bis in das junge Erwachsenenalter hinein, wodurch das Ende von Jugend hinausgeschoben wird, bspw. die Gründung eines eigenen Haushalts, einer eigenen Familie und die ökonomische Selbstständigkeit (vgl. Olk 1985; Heitmeyer u.a. 2011).

Die Individualisierung von Lebenslagen und Pluralisierung von Lebensstilen (vgl. Beck 1986) erscheint heute mit dem Weiterbestehen sozialer Ungleichheit und auch Ausgrenzung, wenn nicht sogar mit einer Verschärfung der Polarisierung sozialer Lebenslagen und der Verfestigung einer chancenlosen Bevölkerungsgruppe ohne weiteres vereinbar. Der demografische Wandel und die Migration haben weiter zur Polarisierung der Lebenschancen junger Menschen beigetragen.

Armut

Armut in hoch entwickelten Gesellschaften ist vor allem relative Armut; sie bedeutet Bildungsarmut, Ressourcenarmut, Teilhabearmut, Armut als Mangel an Verwirklichungschancen und soziale Ausgrenzung. Kinder und Jugendliche sind die am stärksten betroffenen Gruppen: Nach dem Messkonzept der Europäischen Union (Unterschreitung von 60% des Median-Einkommens) sind junge Menschen zwischen 18 und 24 Jahren mit 21,1% im höheren Maße betroffen als andere Altersgruppen (Menschen unter 18 Jahren 15%); junge Frauen mit nahezu einem Viertel (24,4%) deutlich stärker als die gleichaltrigen Männer (17,9%) (vgl. Statistisches Bundesamt 2011: 155). Ein ähnliches Bild ergibt sich proportional für den Sozialgeldbezug bzw. Hartz IV- Grundsicherungsleistungen; hier zeigt sich ein deutlicher Schwerpunkt in den Städten gegenüber ländlichen Regionen. Auch Migration ist ein Faktor. Jugendliche mit niedrigem oder keinem Schulabschluss sind in höherem Maße in Armut als jene mit Schulabschluss; bei Jugendlichen mit Migrationshintergrund ist das Risiko fast doppelt so hoch (46,8% ohne Schulabschluss, 26,5% mit Schulabschluss, demgegenüber für Deutsche 39,2 zu 21,3%). Auch nach Erwerbsstatus ist die Betroffenheit 2009 für an- und ungelernte Arbeiter deutlich höher (16,7%) als etwa für ausgebildete Angestellte: 2% (vgl. Statistisches Bundesamt 2011: 155).

(Materielle) Armut hat negative Auswirkungen auf alle jugendlichen Lebensbereiche, denn die materiellen Ressourcen bestimmen über die Möglichkeiten der Lebensgestaltung, die Berufschancen, die Freizeit, das Wohnumfeld, die Ernährung und Gesundheit. Die Benachteiligung im Bildungsbereich, die seit PISA im Mittelpunkt der öffentlichen und auch politischen Debatten steht, geschieht im wesentlichen im Lauf der Kindheit, spitzt sich aber im Jugendalter zu und wirkt sich auf alle Bewältigungsaufgaben aus.

Die ökonomischen Rahmenbedingungen haben sich stark verändert und tragen dazu bei, dass die Übergänge zwischen Armut und Niedrigeinkommen (*working poor*), zwischen prekärer und sicherer Beschäftigung und zwischen Erwerbsarbeit und Kinderbetreuung (vor allem bei jungen Frauen) diffuser werden. Sozialpolitisch haben sich durch die Reformen des SGB II die kontrollierenden Zugriffe und der Sanktionsdruck auf Jugendliche und junge Erwachsene deutlich erhöht. So können jugendlichen Hartz-

IV Empfänger/-innen unter 25 Jahren die kompletten Bezüge gestrichen werden, während bei älteren nur Kürzungen möglich sind. Jugendliche werden doppelt so häufig sanktioniert wie über 25-Jährige (12% vs. 5%). Auch erhalten jugendliche Leistungsempfänger keine Unterstützung für eine eigene Wohnung. Erzwungene Eigenverantwortung überfordert vor allem benachteiligte junge Menschen; der aktivierende Sozialstaat setzt vor allem auf die Selbstintegration; Aspekte der Persönlichkeitsentwicklung und sozialen Integration treten gegenüber dem Ziel in den Hintergrund, erstrangig die Arbeitsfähigkeit der Betroffenen zu fördern.

Arbeit

Im Arbeitsmarkt haben sich einmal generell die Chancen für niedrig Qualifizierte deutlich verschlechtert, zudem hat sich sozialpolitisch der Druck in deregulierte und flexibilisierte Arbeit erhöht. Verlängerte Bildung und späterer Eintritt in den Arbeitsmarkt haben die ökonomische Abhängigkeit – meist von den Eltern – verlängert, hinzu kommen oft Jobs, Ausbildungsvergütungen, BAföG oder Sozialleistungen (vgl. Albert u.a. 2010). Die Regelungen in Hartz IV binden Jugendliche bis 25 Jahre ans Elternhaus. Auch hinsichtlich der geschlechtlichen Identität und der Geschlechterrollen verstärkt diese Situation eher den Normalisierungsdruck auf beide Geschlechter und erschwert das Erproben neuer Rollenmodelle. Partnerschaften haben generell eine große Bedeutung, die Familiengründung wird generell immer weiter hinausgeschoben, was neben der ökonomischen Situation auch gestiegene Ansprüche an Partnerschaft und Familie anzeigt. Die Geburt des ersten Kindes bedeutet häufig eine Wiederherstellung traditioneller Geschlechtsrollen (vgl. Geißler 2010). Jugendkulturen und -szenen haben weniger als Medium der Zugehörigkeit Bedeutung denn als Material für ein Sampling, Zugehörigkeiten zu kombinieren, flüssig zu halten und symbolisch kreativ zu gestalten. Insgesamt halten die sozialpolitischen Regelungen und die Struktur der Institutionen an dem Modell des Normallebenslaufs fest, so dass heutige Jugendliche vor wesentlich komplexeren und zugleich individualisierten Bewältigungsaufgaben stehen, ohne dass ihnen zusätzliche Unterstützung zugestanden wird. Einige Aspekte dieser Entwicklungen sollen im Folgenden exemplarisch angesprochen werden.

Bildung und Arbeitsmarkt

Seit 1970 hat sich im Zuge der Bildungsexpansion die Mehrheit der Kinder und Jugendlichen in die höheren Bildungseinrichtungen verlagert. Dadurch haben sich die Kontextbedingungen für die sozial Schwächeren sowohl in den Haupt- wie in den Förderschulen verändert, was man mit den Schlagworten von der Heterogenität der Schüler/-innen zur sozialen Homogenität nach unten kennzeichnen könnte, mit der v.a. Verringerung des Anspruchsniveaus, der Kompensationsmöglichkeiten durch Mitschüler/-innen und eine gewachsene soziale Distanz zu anderen Schultypen wie Realschule und Gymnasium verbunden sind. Solga (2006) hat dies als „institutionelle Segregation" im deutschen Schulsystem charakterisiert und gezeigt, wie sehr das deutsche Schulsystem in seiner aktuellen Struktur an der Re-Produktion von Benachteiligung beteiligt ist. Sie wird im Übergangssystem (Jugendberufshilfe), aber auch im (beruflichen) Ausbildungssystem selbst (wo die Benachteiligten wiederum homogen gruppiert sind) nochmals zugespitzt.

Einmal erhöht die mehrheitlich höher schulisch qualifizierte Jugend die Nachfrage nach und die Konkurrenz um zukunftsorientierte Ausbildungsplätze (Verdrängungswettbewerb). Auch muss das Überwiegen der Ausbildungen in handwerklichen Berufen als strukturell problematisch angesehen werden, weil viele Handwerksberufe nicht mehr im industriellen oder Dienstleistungskontext ausgeübt werden können. Die Verknappung der Ausbildungsplätze wirkt in zwei Richtungen. Einerseits werden Übergangslösungen, Warteschleifen (Berufvorbereitungsjahr, Berufsgrundschuljahr, berufsvorbereitende Maßnahmen, berufliche Vollzeitschule) vor allem von den benachteiligten Gruppen gesucht. Zum anderen ist mit dieser Struktur meist eine weitere Filterung der Berufsorientierungen verbunden: Probleme bei der Ausbildung der beruflichen Identität, der Selbsteinschätzung und der positiven Lebensperspektiven sowie der Verlagerung der ursprünglich auf Selbstverwirklichung in der Arbeit orientierten Lebenskonzepte auf Freizeit und Familie (vgl. Baethge u.a. 1988). In den am meisten gewählten Ausbildungsberufen (für Jungen: Kfz-Mechaniker, Fleischer, Tischler, für Mädchen: Friseurin, Floristin, Arzthelferin) ist seit 25 Jahren die Übernahme durch den Ausbildungsbetrieb zur Ausnahme geworden, so dass die jungen Menschen zur Annahme nicht ausbildungsadäquater Tätigkeiten oder strukturell erzwungener Teilzeitarbeit genötigt sind. Dabei sind trotz besserer Schulabschlüsse die Mädchen wegen des kleineren Spektrums an Ausbildungsberufen stärker benachteiligt.

Entsprechend sind z.Zt. die Arbeitslosenquoten für die Altersgruppe der 20- bis 24-Jährigen deutlich überdurchschnittlich.

Die hohe schulische und die bisherige Polarisierung im Übergangssystem entspricht einem Arbeitsmarkt, der segmentiert ist in Tätigkeiten mit relativ starker Beschäftigungssicherheit und Bezahlung einerseits und einer wachsenden Anzahl an prekären Beschäftigungsverhältnissen, was auch politisch in der Forcierung des Niedriglohnsektor gewollt ist. Insbesondere für die Jugendlichen mit niedrigen oder ohne Bildungsabschlüssen wird es deswegen schwierig, überhaupt einen nicht prekären Arbeitsplatz zu finden. Insgesamt bleibt einem Teil der Jugendlichen der Arbeitsmarkt verwehrt. Der mittlere Schulabschluss gilt inzwischen als Normalqualifikation, Haupt- und Sonderschulabschlüsse erlauben nur den Zugang zu wenigen statusniedrigen Ausbildungen. Junge Menschen ohne Schulabschluss sind relativ chancenlos. Für die benachteiligten Jugendlichen dürfte die Radikalisierung von Ungleichheit in Schule und im Erwerbsleben zur Dauererfahrung werden.

Aktuelle Studien machen deutlich, dass sowohl die soziale Herkunft den schulischen Lebensweg im bekannten Sinne der sozialen Vererbung bestimmt wie auch die Lebenslage, die Wahrnehmung und das Frustrationspotenzial der jungen Menschen. Dass die Skepsis, berufliche Wünsche auch verwirklichen zu können, bei Jugendlichen aus den unteren Schichten deutlich höher ist, ist nicht wirklich überraschend. Auch lassen sich Unterschiede finden in der Familienstruktur, im elterlichen Erziehungsverhalten, bei den Konfliktlösungen, im Freizeitverhalten, in der Zugehörigkeit zu Cliquen, in der Unzufriedenheit mit der finanziellen Lage (40% der Jugendlichen aus der Unterschicht sind unzufrieden mit ihrer finanziellen Situation, genau 50% glauben sich weniger als ihre Freunde leisten zu können; vgl. Albert u.a. 2010: 85), in der Betroffenheit von chronischen Erkrankungen, in der Zufriedenheit mit dem eigenen Gesundheitszustand, im Gesundheitsverhalten, in der Ernährung usw.

Die Sinus Jugendstudie (Calmbach u.a. 2011) verzeichnet 7% der 14- bis 17-Jährigen in einem Milieu, das als prekär bezeichnet wird. Sie haben sich weitgehend damit abgefunden, von Hartz IV zu leben. Der Mangel an Lebensperspektiven zeigt sich in deutlichen Rückzugs- und Vereinsamungstendenzen.

Entwicklungsperspektiven

Perspektivisch braucht Jugend auch in den hoch entwickelten Ländern Bildung, Beschäftigung auf dem Arbeitsmarkt, finanzielle Grundsicherung und eine stärkere Gleichstellung von Mädchen und Frauen. Auch die politische Bildung der Jugend ist ein wichtiges Arbeitsfeld.

Die Soziale Arbeit muss einerseits im Sinne einer Repolitisierung die jugendliche Benachteiligung analytisch, öffentlich wie auch politisch aufgreifen. Die jugendpolitische Intervention vor allem im Hinblick auf benachteiligte Jugendliche ist unverzichtbarer Bestandteil der Sozialen Arbeit. Dabei geht es um die analytische kritische Durchdringung der ökonomischen, sozialen und sozialpolitischen Rahmenbedingungen, ebenso wie um die Entwicklung lokaler Präventions-, Handlungs- und Aktionspläne. Im Kontext von PISA sind erweiterte Aufgaben der Kinder- und Jugendhilfe im Sinne der ganzheitlichen Bildung in vielgestaltigen Projekten unter neuen Zielsetzungen (frühe Hilfen, Präventionsketten über die Kindheit hinweg bis zur Erwerbsarbeit, Bildungslandschaften, Ganztagsbildung usw.) neu zu erarbeiten. Innerhalb dieses neu formulierten Bildungsauftrags muss sich die Soziale Arbeit verstärkt um benachteiligte Gruppen konzeptuell und fachpraktisch bemühen. Angesichts des starken Finanzdrucks ist Soziale Arbeit zu einer Legitimationssicherung bei all ihren Aktivitäten (Wirkungen Sozialer Arbeit, Evaluation, Forschung zu Bildung usw.) zunehmend herausgefordert. Nicht zuletzt geht es um die Akzeptanz und das Vertrauen in die Demokratie, dass soziale Probleme veränderbar sind. Fragen der sozialen Ungleichheit, Benachteiligung und Armut, der Chancen und Lebensperspektiven für Kinder und Jugendliche müssen stärker berücksichtigt werden. Dabei wird sich Soziale Arbeit sowohl als Raum zum Ausprobieren jugendlicher Lebensentwürfe wie als soziale Ressource der Lebensbewältigung profilieren müssen. Allgemeines Ziel für Sozialarbeit muss sein, auf Ausbildungs- und Beschäftigungsverhältnisse hinzuwirken, die ein selbstverantwortliches eigenständiges Leben ermöglichen, anstelle Armut zu verfestigen. Ein subjektorientiertes, lebenslagebezogenes Vorgehen bedarf einer intensiven kommunalen und sozialräumlichen Vernetzung und der Entwicklung neuer Jugendhilfekonzepte. Eine kommunale Armutsberichterstattung mit kritischer Perspektive könnte solche Entwicklungen begleiten und unterstützen.

Armut ist langfristig nur durch einen Umbau des sozialen Sicherungssystems wirksam zu bekämpfen. Zu bedenken ist hier auch, dass Jugendliche ohne gültigen Aufenthaltsstatus in Deutschland leben, die vom Sicherungssystem nicht erfasst sind. Generell wirkt die derzeitige Sozialinvestitionspolitik verstärkend hinsichtlich der sozialen Spaltungsprozesse, die einen Teil der Jugendlichen in prekäre Beschäftigungen (Niedriglohnsektor) oder dauerhafte Marginalisierung zwingen. Ein Mindestlohn könnte das Problem des Niedriglohnsektors zwar nicht lösen, aber doch prekäre Arbeitsverhältnisse entschärfen.

Die offene Jugendarbeit mit ihren pluralen Programmen und unterschiedlichen Zielgruppen, spricht Jugendliche nach sozialen Lagen, nach Geschlecht, nach Migrationshintergrund unterschiedlich an. Sie kann soziale Erfahrungen von Anerkennung, Zugehörigkeit und Kultur bieten. Freilich spricht die offene Jugendarbeit, zum Teil auch die Jugendverbandsarbeit, jene Jugendlichen nur partiell an, denen die Voraussetzungen sich zu engagieren und eigenständig zu organisieren fehlen. Auch dies bleibt eine Herausforderung.

Literatur

Albert, Mathias/Hurrelmann, Klaus/Quenzel, Gudrun (2010): Jugend 2010. Eine pragmatische Generation behauptet sich. Shell-Jugendstudie, 16. Frankfurt/M.: Fischer-Taschenbuch-Verlag.
Baethge, Martin/Hantsche, Brigitte/Pelull, Wolfgang/Voskamp, Ulrich (1988): Jugend, Arbeit und Identität. Lebensperspektiven und Interessenorientierungen von Jugendlichen. Opladen: Leske + Budrich.
Beck, Ulrich (1986): Risikogesellschaft. Auf dem Weg in eine andere Moderne. Frankfurt/M.: Suhrkamp.
Calmbach, Marc/Thomas, Peter Martin/Borchard, Inga/Flaig, Bodo B. (2011): Wie ticken Jugendliche? 2012. Lebenswelten von Jugendlichen im Alter von 14 bis 17 Jahren in Deutschland. Düsseldorf: Verlag Haus Altenberg.
Geißler, Rainer (2010): Die Sozialstruktur Deutschlands. Zur gesellschaftlichen Entwicklung mit einer Bilanz zur Vereinigung. Wiesbaden: VS Verlag.
Heitmeyer, Wilhelm/Mansel, Jürgen/Olk, Thomas (Hrsg.) (2011): Individualisierung von Jugend. Zwischen kreativer Innovation, Gerechtigkeitssuche und gesellschaftlichen Reaktionen. Weinheim: Beltz Juventa.
Olk, Thomas (1985): Jugend und gesellschaftliche Differenzierung. In: Zeitschrift für Pädagogik 31, Beiheft 19, S. 290–301.
Solga, Heike (2006): Ausbildungslose und die Radikalisierung ihrer sozialen Ausgrenzung. In: Bude, H./Willisch, A. (Hrsg.): Das Problem der Exklusion. Ausgegrenzte, Entbehrliche, Überflüssige. Hamburg: Hamburger Ed., S. 121–146.
Statistisches Bundesamt (Hrsg.) 2011: Datenreport 2011. Ein Sozialbericht für die Bundesrepublik Deutschland. Bonn: Bundeszentrale für politische Bildung.

Stephan Sting

Jugend und Gesundheit

Jugendgesundheit im Wandel des Gesundheitsverständnisses

Sowohl das Verständnis von Jugendgesundheit als auch das von Gesundheit unterliegen gesellschaftlichen Wandlungen. So ist das allgemein verbreitete Bild der ‚gesunden Jugend' brüchig geworden. Wiederkehrende Berichte zu Stress, Essstörungen, Unfällen, psychischen Problemen oder riskanten Formen des Substanzkonsums im Jugendalter zeugen von einer zunehmenden Sorge um die Gesundheit der Heranwachsenden. Hintergrund dieser Besorgnis ist die Tatsache, dass die Jugendphase der einzige Lebensabschnitt ist, in dem in den letzten Jahrzehnten die Mortalitäts- und Morbiditätsraten, d.h. statistisch gesehen die Zahl der Todesfälle und Krankheiten, angestiegen sind. Diese Entwicklung wird als Indikator für generelle Schwierigkeiten und Gefährdungen des Aufwachsens in der heutigen Gesellschaft betrachtet.

Die Auseinandersetzung mit der Gesundheit im Jugendalter bewegt sich also in einem Spannungsfeld zwischen der Jugend als relativ gesunder Lebensphase und der Jugend als besonderer gesundheitlicher Problemgruppe. Dies erfordert zum einen, den Stellenwert der Jugendgesundheit im Kontext gesellschaftlicher Veränderungen des Gesundheitsverständnisses zu klären. Zum anderen müssen relevante Gesundheitsprobleme des Jugendalters auf die Entwicklungs- und Bildungsanforderungen dieser Lebensphase bezogen werden, um ein Verständnis für den jugendtypischen Zugang zu Körper und Gesundheit zu gewinnen.

Hinsichtlich des Gesundheitsverständnisses wird Gesundheit nicht mehr als stabiler Zustand betrachtet, der erst durch Stressoren und störende Einflüsse aus dem Gleichgewicht gerät und zu Krankheiten führt (*pathogenetischer Ansatz*). Vielmehr wird die Vorstellung vertreten, dass Leben immer auch notwendig Stressoren impliziert. Die zentrale Frage ist also nicht mehr, was Menschen krank macht, sondern wie gut sie mit den Stressoren umgehen können bzw. wie es dazu kommt, dass Menschen trotz Stressoren gesund bleiben oder wieder gesund werden (*salutogenetischer Ansatz*) (vgl. Antonovsky 1997). Dieser Perspektivwechsel hat dazu geführt, dass das Subjekt und dessen aktives, bewusstes Handeln zugunsten der eigenen Gesundheit eine neue Bedeutung erlangt haben. Gesundheit ist nicht nur eine Frage des Schicksals, sie ist auch nicht bloße Abwesenheit von Krankheit, sondern sie ist – zumindest auch – Resultat menschlich gestalteter Lebensbedingungen und Lebensweisen und des bewussten, gesundheitsbezogenen Handelns.

Dieses *neue Verständnis von Gesundheit* entspringt einer berechtigten Kritik an überkommenen gesundheitsbezogenen Vorstellungen und Denkweisen. Allerdings wird kritisch angemerkt, dass damit die Durchsetzung einer neuen Form der Sozialdisziplinierung verbunden ist, die dem Einzelnen die Verantwortung für seine eigene Gesundheit zuschreibt. Der Sozialmediziner Labisch erkennt dahinter einen Zivilisierungsschub, der mit der Transformation der Arbeits- und Lebensformen hin zu mehr Flexibilität, Mobilität, Kommunikations- und Leistungsfähigkeit einhergeht. Gesundheit wird dabei zu einer existenziellen Voraussetzung (vgl. Labisch 1992: 321f.).

Mit der wachsenden Bedeutung von Gesundheit ist ein *Wandel der somatischen Kultur* verknüpft. Während bisherige Formen der Körperdisziplinierung auf die Ausklammerung körperlicher Befindlichkeiten aus Sozial- und Arbeitsbeziehungen setzten, lassen sich gegenwärtig eine Auflockerung dieser Zwänge und eine neue Körperaufmerksamkeit beobachten. Dabei werden zugleich neue Zwänge der Fitness, Beweglichkeit und des Gesundheitsaktivismus eingeführt. Körper und Gesundheit werden auf neue Weise zu Manifestationen des Selbst, wobei die körperbezogene Selbstinszenierung mit der Herstellung des ‚richtigen Körpers' verbunden wird, der gesellschaftliche Idealbilder von Glück, Schönheit, Erfolg, Attraktivität, Jugendlichkeit und Gesundheit verkörpert (vgl. Rittner 1999: 114). Der flexible Mensch benötigt einen ‚flexiblen Körper', für dessen Erhalt und Leistungsfähigkeit er selbst verantwortlich erklärt wird und der entsprechend gesellschaftlicher Anforderungen gestaltet und transformiert werden kann – von Diäten über Körperstilisierung bis zur Schönheitschirurgie.

Für Jugendliche sind die Veränderungen im gesellschaftlichen Umgang mit Körper und Gesundheit in besonderer Weise relevant. Körper und Gesundheit sind zentrale Entwicklungsbereiche im Jugendalter. Der Körper ist im Verlauf der Pubertät massiven Veränderungen ausgesetzt. Er erfährt dadurch im Übergang zum Jugendalter generell eine erhöhte Aufmerksamkeit, die mit der neuen flexibilisierten Körperkultivierung zusammentrifft. Der hohe Stellenwert, den körperbezogene Selbststilisierungen und expressive Selbstinszenierungen in Jugendszenen haben, zeugt davon, dass der Körper zu einer bedeutenden Instanz der Selbstvergewisserung und Identitätsbildung aufgestiegen ist. Ebenso verweisen gesundheitliche Risikoverhaltensweisen wie Rauschtrinken und Drogenkonsum oder körperbezogene Grenzerfahrungen wie Risikosport oder selbstverletzendes Verhalten auf die Bedeutung des Körpers in jugendlichen Entwicklungsprozessen.

Im Spannungsverhältnis von biologischer Entwicklung, gesellschaftlich kursierenden Körperbildern und Selbstverfügung über den Körper verliert der Umgang mit dem Körper an Selbstverständlichkeit. Während z.B. nach dem jüngsten Kinder- und Jugendgesundheitssurvey 76,8% aller 14- bis 17-Jährigen Mädchen in Deutschland aus medizinischer Sicht normalgewichtig sind (vgl. Kurth/Schaffrath Rosario 2007: 738), hält sich der überwiegende Teil der Mädchen für ‚zu dick'.

Gesundheitliche Probleme im Jugendalter: Fakten und Fragestellungen

Im Verlauf des 20. Jahrhunderts hat sich in unserem Kulturkreis eine Verschiebung des Krankheitsspektrums vollzogen, nach der nicht mehr akute Infektionskrankheiten und Seuchen, sondern chronische Erkrankungen, psychosomatische Beschwerden und psychische Auffälligkeiten im Zentrum des Krankheitsgeschehens stehen. Die Gesundheit von Jugendlichen ist in besonderer Weise durch diese *neue Morbidität* charakterisiert.

Insgesamt schätzen die Jugendlichen ihre Gesundheit nach wie vor sehr positiv ein. Laut WHO-Studie „Health Behaviour in School-aged Children" (BMG 2011: 20) bewerten 86% der 11- bis 15-Jährigen in Österreich ihre Gesundheit als gut oder ausgezeichnet. Allerdings zeichnet sich im Übergang zur Jugendphase eine deutliche Verschlechterung der Bewertung der subjektiven Gesundheit ab, die bei Mädchen noch stärker ausgeprägt ist als bei Jungen.

Relativ verbreitet sind psychosomatische Beschwerden wie Kopfschmerzen, Schlafstörungen, Gereiztheit, Nervosität, Rücken- oder Kreuzschmerzen. Die häufigste chronische Erkrankung im Jugendalter sind Allergien. Laut einer Studie des Robert Koch-Instituts zur Gesundheit von Kindern und Jugendlichen in Deutschland (KiGGS-Studie) haben 29,7% der 14- bis 17-jährigen Jungen und 27,9% der 14- bis 17-jährigen Mädchen in Deutschland bereits an einer allergischen Erkrankung gelitten (Asthma, Heuschnupfen, Neurodermitis) (vgl. Schlaud u.a. 2007: 704f.). Ebenfalls relativ häufig verbreitet sind Bronchitis und Wirbelsäulenverkrümmung. Schließlich gibt es bei 21,9% der 7- bis 17-Jährigen Hinweise auf eine psychische Auffälligkeit (vgl. Ravens-Siebener u.a. 2007: 874).

Diese Daten weisen auf eine ‚neue Morbidität' im Jugendalter hin. Die Veränderung der gesundheitsbezogenen Selbsteinschätzung im Verlauf der Pubertät macht deutlich, dass die Jugendgesundheit darüber hinaus einen Entwicklungsbezug aufweist. Im 13. Kinder- und Jugendbericht wurde die Jugendgesundheit daher in den Kontext relevanter Entwicklungsthemen gestellt: Für die 12- bis 18-Jährigen handelte es sich um die Themen „den Körper spüren", „Grenzen suchen" und „Identität finden" (vgl. BMFSFJ 2009: 117ff.). Körperbezogene Selbsterprobungen und Grenzerfahrungen sind charakteristisch für das Jugendalter und stehen mit zentralen Entwicklungsanforderungen in Verbindung. Dem *jugendtypischen Risikoverhalten* lässt sich ein großer Teil der Gesundheitsgefährdungen im Jugendalter zurechnen.

Für die Relevanz gesundheitlichen Risikoverhaltens gibt es inzwischen zahlreiche Belege. Dazu zählen z.B. Untersuchungen zu Unfällen im Straßenverkehr, zum Ernährungsverhalten oder zum lauten Musikhören. Am meisten Aufmerksamkeit erlangt in dem Zusammenhang der Substanzkonsum im Jugend- und jungen Erwachsenenalter. Der Einstieg in den Alkohol- und Tabakkonsum erfolgt mit ca. 13 Jahren; bis zum jungen Erwachsenenalter rauchen 43,1% der Heranwachsenden zumindest gelegentlich (vgl. BZgA 2009: 16f.). Während in der Gesamtgesellschaft der Alkoholkonsum in den letzten Jahrzehnten kontinuierlich zurückgegangen ist, lässt sich unter Jugendlichen seit 2001 eine Verlagerung der Trinkmuster weg vom regelmäßigen Konsum und hin zum Rauschtrinken am Wochenende beobachten. Schließlich sind die 1990er Jahre von einer zunehmenden Bereitschaft Heranwachsender zu Drogenexperimenten gekennzeichnet, die zur Etablierung von Cannabis als Alltagsdroge führte.

Jugendliches Risikoverhalten gilt in den Gesundheitswissenschaften als ambivalent. Während es unter gesundheitlichen Gesichtspunkten als problematisch betrachtet wird, erfüllt es unter der Perspektive jugendlicher Entwicklung produktive Funktionen. Es enthält einen engen Bezug zur Identitätsbildung, indem es Selbsterprobungen und Grenzerfahrungen ermöglicht und Wege zur Selbstdarstellung, zum Erwerb von sozialer Anerkennung und zur Markierung von Zugehörigkeiten eröffnet. Am Beispiel des Substanzkonsums lässt sich verdeutlichen, dass Risikopraktiken für Heranwachsende gegenwärtig an Bedeutung gewinnen. Mit dem Substanzkonsum streben Jugendliche nicht nach ‚Sucht', sondern nach ‚Rausch'. Der Rausch stiftet aus dem Alltag herausgehobene Erfahrungen, die gruppenbildende und gemeinschaftsstiftende Funktionen haben. Rauscherfahrungen finden dementsprechend unter Heranwachsenden überwiegend in Gruppenkontexten statt, die mit besonderen Erwartungshaltungen wie Entspannung, Feiern, Spaß und Geselligkeit verknüpft sind.

Darüber hinaus verhilft der Rausch zu alltagstranszendierenden Grenzüberschreitungen von begrenzter Dauer. Er bringt Übergangserfahrungen hervor, die für das Jugendalter charakteristisch sind. Während in unserer Gesellschaft allgemein verbindliche und gesellschaftlich vorgegebene Übergangsrituale weitgehend an Bedeutung verloren haben, müssen Heranwachsende ihre Entwicklungsaufgaben im Rahmen einer selbsttätigen Initiations- und Übergangsarbeit bewältigen. Die Gestaltung von Übergängen und die Selbstinitiation in Gleichaltrigengruppen sind somit zentrale Merkmale jugendlicher Rauschrituale.

Jugendliches Risikoverhalten weist einen *klar erkennbaren Geschlechtsbezug* auf. Im Bereich des Substanzkonsums sind z.b. exzessiver Alkoholkonsum und der Konsum illegaler Substanzen bei Jungen und jungen Männern stärker ausgeprägt als bei Mädchen und jungen Frauen, die stattdessen einen höheren Medikamentenkonsum praktizieren (vgl. BMFSFJ 2009: 125ff.). Verkehrsunfälle und Gewaltdelikte sind bei männlichen Jugendlichen sehr viel häufiger als bei weiblichen (vgl. BMFSFJ 2009: 129). Demgegenüber sind Essstörungen und selbstverletzendes Verhalten unter weiblichen Jugendlichen sehr viel weiter verbreitet als unter männlichen.

Gesundheitsprobleme im Jugendalter sind auch von milieubezogenen Lebenswelten und Lebensstilen abhängig. Ein enger Zusammenhang *zwischen sozialer Ungleichheit und Gesundheit* zeigt sich z.b. bei psychischen Auffälligkeiten, Unfällen, Adipositas und psychosomatischen Beschwerden wie Kopfschmerzen sowie bei der Einschätzung des allgemeinen Gesundheitszustands. In all diesen Fällen sind Heranwachsende mit niedrigem sozioökonomischem Status stärker von gesundheitlichen Belastungen betroffen als Heranwachsende mit hohem sozioökonomischem Status. Die Daten zur gesundheitlichen Ungleichheit belegen die Indikatorfunktion von Gesundheit für soziale Probleme und Belastungen.

Konzeptionelle Orientierungen für die gesundheitsförderliche Jugendarbeit

Gesundheitsförderung bei Jugendlichen und jungen Erwachsenen muss auf deren Lebenslagen und biografisch bedingte Lebenssituationen eingehen. Dies beinhaltet die Berücksichtigung der Heterogenität der Jugendlichen und der Diversität und Ungleichheit der Lebenswelten und milieubezogenen somatischen Kulturen. Generalistische, an alle Jugendliche gleichermaßen gerichtete Maßnahmen der Gesundheitsförderung und Prävention sind im Bereich der Jugendarbeit wenig erfolgversprechend. Die Auseinandersetzung mit Gesundheitsthemen wie z.B. Ernährung müsste stattdessen zielgruppenspezifisch erfolgen. Ernährungsverhalten ist im Kontext von Ungleichheit und Geschlechtstypik zu reflektieren und mit jugendtypischen Aspekten wie Geselligkeit, Selbsttätigkeit und Spaß zu verknüpfen. Die Konstituierung des Essens als geselliges, genussorientiertes Ritual liefert gerade in der Arbeit mit sozial benachteiligten Heranwachsenden Ansatzpunkte für eine konstruktive Auseinandersetzung mit Ernährungsfragen.

Ebenso müsste der Entwicklungsbezug von Risikoverhalten Beachtung finden. Jugendkulturelle Körperpraktiken oder Risikoverhaltensweisen wie Substanzkonsum sind vor allem in Freizeitsettings angesiedelt. Außerschulische Jugendarbeit, Streetwork und Erziehungshilfen sind pädagogische Orte, an denen die Freizeit- und Alltagsgestaltung in gesundheitsförderlicher Perspektive thematisiert werden kann. Dabei geht es zunächst darum, jugendliche Rausch- und Risikoerfahrungen in ihrer Bedeutung als Übergangsrituale und Grenzwahrnehmungen ernst zu nehmen. Die Perspektive kann sich nicht nur auf die gesundheitlichen Risiken bestimmter Praxisformen richten, sondern gesundheitliche Aspekte sollten im Kontext sozialer Positionierungen und jugendlicher Gesellungsformen verortet werden. Gesundheitsförderung wäre dann eher *Risikobegleitung* als die Vermeidung von Risikoverhalten. Es geht um die Herstellung von Wohlbefinden und ‚Kohärenzgefühl' – einer Stimmigkeit mit sich selbst und der umgebenden Welt, in die gesundheitsrelevante Praktiken, soziale Inklusion und Positionierung und biografische Entwicklungsverläufe einfließen.

Jugendarbeit kann demnach mit ihren eigenen Mitteln zur Gesundheitsförderung bei Jugendlichen beitragen. Zu dem Zweck sollten gesundheitsbezogene Zielbestimmungen mit zentralen Anliegen der Sozialen Arbeit wie der Stärkung ihrer Adressaten als soziale Akteure, der Förderung von Entwicklungs- und Bildungsprozessen und der milieubildenden, sozial gestaltenden Perspektive verschränkt werden.

Literatur

Antonovsky, Aaron (1997): Salutogenese. Zur Entmystifizierung der Gesundheit. Forum für Verhaltenstherapie und psychosoziale Praxis, 36. Tübingen: DGVT-Verlag.

[BMFSFJ] Bundesministerium für Familie, Senioren, Frauen und Jugend (2009): 13. Kinder- und Jugendbericht. Bericht über die Lebenssituation junger Menschen und die Leistungen der Kinder- und Jugendhilfe in Deutschland. Berlin: Bundesministerium.

[BMG] Bundesministerium für Gesundheit (2011): Gesundheit und Gesundheitsverhalten von österreichischen Schülern und Schülerinnen. Ergebnisse des WHO-HBSL-Survey 2010. Wien: Bundesministerium.

[BZgA] Bundeszentrale für gesundheitliche Aufklärung (2009): Die Drogenaffinität Jugendlicher in der Bundesrepublik Deutschland 2008. Verbreitung des Tabakkonsums bei Jugendlichen und jungen Erwachsenen. Köln: Bundeszentrale für gesundheitliche Aufklärung.

Dür, Wolfgang/Griebler, Robert/Hojni, Markus (2011): Gesundheit. In: Bundesministerium für Wirtschaft, Familie und Jugend (Hrsg.): 6. Bericht zur Lage der Jugend in Österreich. Wien: Bundesministerium, S. 275–293.

Hölling, Heike/Schlack, Robert (2007): Essstörungen im Kindes- und Jugendalter. Erste Ergebnisse aus dem Kinder- und Jugendgesundheitssurvey (KiGGS). In: Bundesgesundheitsblatt, Gesundheitsforschung, Gesundheitsschutz 50, 5/6, S. 794–799.

Homfeldt, Hans Günther/Sting, Stephan (2006): Soziale Arbeit und Gesundheit. Eine Einführung. München: Reinhardt.

Kurth, Bärbel-Maria/Schaffrath Rosario, Angelika (2007): Die Verteilung von Übergewicht und Adipositas bei Kindern und Jugendlichen in Deutschland. In: Bundesgesundheitsblatt, Gesundheitsforschung, Gesundheitsschutz 50, 5/6, S. 736–743.

Labisch, Alfons (1992): Homo Hygienicus. Gesundheit und Medizin in der Neuzeit. Frankfurt/M./New York: Campus-Verlag.

Raithel, Jürgen (2004): Jugendliches Risikoverhalten. Eine Einführung. Wiesbaden: VS Verlag.

Ravens-Siebener, Ulrike/Wille, Nora/Bettge, Susanne/Erhart, Michael (2007): Psychische Gesundheit von Kindern und Jugendlichen in Deutschland. In: Bundesgesundheitsblatt, Gesundheitforschung, Gesundheitsschutz 50, 5/6, S. 871–878.

Richter, Matthias/Hurrelmann, Klaus (Hrsg.) (2006): Gesundheitliche Ungleichheit. Wiesbaden: VS Verlag.

Rittner, Volker (1999): Körper und Identität. Zum Wandel des individuellen Selbstbeschreibungsvokabulars in der Erlebnisgesellschaft. In: Homfeldt, H.G. (Hrsg.): „Sozialer Brennpunkt" Körper. Baltmannsweiler: Schneider-Verlag Hohengehren, S. 104–116.

Schlaud, Martin/Atzpodien, Karen/Thierfelder, Wulf (2007): Allergische Erkrankungen. Ergebnisse aus dem Kinder- und Jugendgesundheitssurvey (KiGGS). In: Bundesgesundheitsblatt, Gesundheitsforschung, Gesundheitsschutz 50, 5/6, S. 701–710.

Uwe Sielert

Jugend und Sexualität

Schon immer hat es unterschiedliche Einschätzungen zum Thema Jugend und Sexualität gegeben, weil erstens im Sexuellen die ‚Sicht der Dinge' sehr stark von den eigenen Erfahrungen und Sehnsüchten abhängt. Es bleiben zweitens Interpretationsunterschiede, weil Jugendliche nicht so ohne Weiteres Einblick in ihr Intimleben gewähren. Es gibt immer eine beobachtbare Außenperspektive und eine subjektive Innenperspektive. Letztere ist weniger sichtbar, weil sie in Meinungsumfragen nicht mitgeteilt wird. Man entdeckt sie meist erst, wenn die Chance besteht, mit Jugendlichen ein Stück Lebenswelt zu teilen. Manchmal in der Jugendarbeit. Es gibt drittens ohnehin kaum generalisierbare Aussagen, weil Sexualverhalten immer so unterschiedlich ist wie die Lebenswelten, in denen Jugendliche leben. Sexualität kann nicht aus der Person und allen anderen Bedingungen des Lebens herausgeschnitten werden, sondern ist immer eng verbunden mit dem Verständnis von Junge und Mannsein, Mädchen und Frausein, ist verbunden mit dem Kommunikationsstil der Herkunftsfamilie, des sozialen Umfelds, den Bildungschancen, materiellen Möglichkeiten, der Wohnumwelt, kulturellen Stilrichtung und vielen ganz individuellen biografischen Besonderheiten. Sexualität hat eine wichtige Funktion für die Identität, das Selbstgefühl und Selbstbild eines Menschen.

Dennoch haben empirische Untersuchungen und Theoriebildung zur Jugendsexualität einen unschätzbaren Wert: Sie irritieren immerhin gemeinhin gängige Stereotype und entlarven ideologische Vereinnahmungen jugendlichen Sexualverhaltens, soweit es gelingt, eine fragende Haltung einzunehmen und bei den am Thema Interessierten Einsicht und Redlichkeit des Argumentierens zu erreichen.

Jugendsexualität empirisch: Zahlen, Daten, Fakten

Die gesellschaftliche Liberalisierung wie auch die im Zusammenhang der Pubertät zunehmend früher einsetzenden körperlichen Veränderungen führten dazu, dass Jugendliche heute sexuell deutlich früher aktiv sind als noch vor 30 Jahren. Der Langzeitvergleich zeigt, dass das Alter des ersten Geschlechtsverkehrs bei Jugendlichen gesunken ist. Dabei lagen bzw. liegen die Jungen (mit Ausnahme von 1994) stets etwas zurück. Im Verhältnis zu den Mädchen haben sie jedoch seit 1980 aufgeholt. Der Anteil aller Jungen von 14 bis 17 Jahren mit Koituserfahrung hat sich von 1980 (15%) bis 2005 (33%) mehr als verdoppelt (vgl. BZgA 2006: 86). Von den 17-Jährigen hatten 1980 nur 38% der Jungen und 56% der Mädchen, 25 Jahre später, also 2005, jedoch 66% der Jungen und 73% der Mädchen Geschlechtsverkehr gehabt. Seit etwa 10 Jahren nimmt dieser Aufwärtstrend jedoch leicht wieder ab: 2009 waren es 65% der Jungen und 66% der Mädchen (vgl. BZgA 2010a: 113). Diese Zahlen machen vor allem deutlich, dass im Laufe der Zeit eine starke Annäherung zwischen beiden Geschlechtern in ihren sexuellen Aktivitäten stattgefunden hat.

Das ‚erste Mal' ist ein markantes Ereignis und doch nur eins unter vielen. Es gibt mehrere davon: der erste Kuss, der Beginn der ersten ‚großen Liebe', ausgedehnte Pettingerfahrungen. Jugendliche berichteten, dass die Überbewertung des ersten Koitus in der Öffentlichkeit unnötigen Erwartungsdruck erzeugt (vgl. Dannenbeck/Stich 2002: 39). Es gibt auch eine relativ fest umrissene Gruppe von einem Fünftel der Jugendlichen, die mit 17 Jahren noch keinerlei sexuelle Partnerkontakte, also noch nicht einmal geküsst oder Pettingerfahrungen gemacht haben (vgl. BZgA 2010a: 101).

Jugendliche haben heute offenbar kein großes Interesse mehr überholte Tabus zu brechen und tabulosen Sex zu leben. Sie sind Nutznießer der sexuellen Liberalisierung. Intimität im komplizierten Lebensalltag ist ihnen wichtiger als Sex. Darauf weist auch die Tatsache hin, dass 92% der Mädchen und 82 % der Jungen angeben, dass sie mit dem Partner beim ersten Koitus fest befreundet, zumindest gut bekannt waren (vgl. BZgA 2010a: 131). Dennoch haben sie keine Scheu, im gegebenen Augenblick auch mit Ungewöhnlichem zu experimentieren. So erfragt die Bundeszentrale für gesundheitliche Aufklärung (BZgA) in ihren Studien seit 1980 die Häufigkeit verschiedener Formen des Genitalpettings, das auch bei den meisten Mädchen inzwischen sehr beliebt ist. Aber letztlich gilt immer noch, dass am Anfang das meiste schon ungewöhnlich genug ist.

Jedenfalls spielt Sexualität auch bei Jugendlichen trotz aller Liberalisierungsprozesse mehrheitlich im Rahmen fester Partnerschaften eine Rolle (vgl. Wendt 2009: 11). Die Partner haben in den Liebesbeziehungen der Jugendlichen jedoch noch andere Funktionen als bei Erwachsenen. Sie müssen die Funktion als Spender von Sicherheit und Unterstützung noch nicht voll übernehmen, dienen noch als ein zeitlich begrenztes Übungsfeld zum Erwerb von Beziehungskompetenzen und sexuellen Lernens (vgl. Wendt 2009: 13). Die Dauer der Partnerschaften nimmt von 3,9 Monaten im Alter von 13 Jahren auf 21, 3 Monate im Alter von 21 Jahren kontinuierlich zu (vgl. Seiffge-Krenke 2003: 519ff.). Darüber hinaus lässt sich eine Entwicklungssequenz mit steigender Intensität bezüglich Liebe und Partnerschaft im Verlauf des Jugendalters nachweisen, beginnend mit knapp 15 Jahren mit dem ersten Verliebtsein, der ersten festen Partnerschaft und nahezu zeitgleich dazu den ersten intensiven sexuellen Erfahrungen (vgl. Silbereisen/Wiesner 1999: 101ff.). Das typische Beziehungsmuster ist das der sukzessiven Monogamie. Viele der befragten Jugendlichen blicken auf eine Folge von Paarbeziehungen unterschiedlicher Dauer mit zumeist klar markiertem Anfang und Ende zurück.

Bei Jugendlichen mit Migrationshintergrund ergeben sich deutliche Unterschiede in der Einstellung zur Sexualität zwischen Mädchen und Jungen. Mädchen betonen hochprozentig Sicherheit, Verantwortung und Kontinuität, während sich Jungen lockerer, unkonventioneller und lustbetonter zur Sexualität äußern (vgl. BZgA 2010b: 34). Die überwiegende Mehrheit der Jugendlichen (65%) äußert, dass Männer und Frauen in der Partnerschaft gleichberechtigt sein sollen. Von den Mädchen äußern sich 73% und von den Jungen allerdings nur 59% in diese Richtung (vgl. BZgA 2010b: 32).

Die wenigsten Kinder von Migranten/-innen sind den Vorstellungen und Bewertungen von Sexualität und Zusammenleben ihrer Herkunftsfamilie und Herkunftskultur treu geblieben. Eine Minderheit lebt sogar besonders konsequent in Abgrenzung zur Dominanzkultur ihrer Umgebung die religiösen Konventionen, die im Heimatland – zumindest in den Städten – nicht mehr so strikt gelten. Die meisten haben in einem längeren Prozess der innerfamiliären Aushandlung Werte und Normen der deutschen Hauptkultur angenommen und sie mit ihren erlernten Mustern kombiniert. Viele dieser

Jugendlichen gehen einen Mittelweg zwischen den tradierten Auffassungen ihrer Familie und dem postmodernen Selbstverwirklichungskonzept, das viele ihrer Freunde/ -innen leben. Je nach Binnenkultur und Gesprächsbereitschaft der Familie, nach Bildung und Milieu gelingt das durch patchworkartige Identitätsmuster mehr oder weniger gut, manchmal kommt es aber zu heftigen Auseinandersetzungen und Identitätskrisen, bei denen alle Beteiligten pädagogische und beraterische Begleitung brauchen.

Zentrale Fragestellungen

Auf dem Hintergrund der vorhandenen Jugendstudien könnten viele Spezialthemen zur Jugendsexualität vertieft werden. Im Folgenden werden jene Fragen herausgegriffen, die beim – meist besorgten – Erwachsenenblick auf Jugend eine große Rolle spielen: Sind Jugendliche heute genügend aufgeklärt? Wie realistisch ist die Befürchtung einer wachsenden ‚Verrohung' jugendlichen Sexualverhaltens durch gewaltsame Übergriffe und Pornografiekonsum? Welche Hilfestellungen benötigen Jugendliche für eine gelingende sexuelle Entwicklung?

Aufklärungsverhalten Jugendlicher
Jugendliche sind zunehmend verhütungsvernünftiger geworden. Das Verhalten der Jungen, das bisher immer nachlässiger war, hat sich bei jenen mit deutscher Staatsangehörigkeit inzwischen den immer schon besser verhütenden Mädchen angeglichen und der Wert der Nicht-Verhütenden ist auf 8% gesunken. Bei Jugendlichen mit Migrationshintergrund sank der Anteil nicht-verhütender Mädchen von 2005 bis 2010 von 19% auf 12% und bei den Jungen von 24% auf 18% (vgl. BZgA 2010a: 9). Auch der familiäre Lebensraum ist im Durchschnitt für alle sexualfreundlicher geworden: Eltern geben nicht nur ihren Kindern insgesamt, sondern auch deren Sexualität zunehmend mehr Lebensraum und stehen zur Aufklärung zur Verfügung. Eltern aus Migrantenfamilien sind dabei jedoch weniger aktiv. Gleichaltrige Freunde sind zwar Vertrauenspersonen, werden aber weniger bei Wissensfragen genannt. Insgesamt gewinnen externe Erwachsene an Bedeutung für die sexuell relevante Wissensvermittlung. Lehrer/ -innen werden heute von drei Viertel der Jugendlichen als Informationsquelle genannt, die Tendenz ist seit Jahren steigend (vgl. BZgA 2010a: 6f.).

Allerdings gibt es auch eine nicht unerhebliche Gruppe von Jugendlichen, vor allem jene mit wenig materiellen, sozialen und kulturellen Ressourcen, die in verschiedener Hinsicht mit ihrer sexuellen Entwicklung ins Straucheln geraten und mehr pädagogische Begleitung und Aufklärung benötigen. Für etwa ein Fünftel besteht ein nicht ausreichend großes Vertrauensverhältnis im Elternhaus, jedes zehnte Mädchen und jeder fünfte Junge hat keine Vertrauensperson, um über sexuelle Fragen zu sprechen. Jeder fünfte Jugendliche mit deutscher Staatsangehörigkeit hält sich selbst nicht für genügend aufgeklärt, bei jenen mit Migrationshintergrund ist es etwa ein Drittel. Weniger als die Hälfte der Mädchen und ein Drittel der Jungen hadern mit ihrem eigenen Körper (vgl. BZgA 2010a: 6ff.).

Sexuelle Übergriffe und Gewalt unter Jugendlichen
Unfreiwillige Sexualkontakte unter Jugendlichen sind in der Jugendsexualitätsforschung erst spät systematisch erforscht worden, jedoch in einem Ausmaß verbreitet, das

intensive Prävention erforderlich macht. In der repräsentativen BZgA-Studie von 2010 berichten 13% der Mädchen deutscher Staatsangehörigkeit und 19% der Mädchen mit Migrationshintergrund, schon einmal zu sexuellen Aktivitäten gezwungen worden zu sein. Von den Jungen äußerte das nur 1% bzw. 3%. Aus einer speziellen Befragung von 17- bis 20-Jährigen geht hervor, dass 25% der Frauen von unfreiwilligen sexuellen Kontakten berichten, die sich strafrechtlich definierten Tatbeständen des Verstoßes gegen das Recht auf sexuelle Selbstbestimmung zuordnen lassen. Nimmt man gezielte Täuschung und verbalen Druck als Erscheinungsform sexueller Aggression hinzu, so steigt die Prävalenzrate bei den weiblichen Befragten auf beinahe 50% (vgl. Krahé 1999: 114). Als Ursachen für diese unfreiwilligen Sexualkontakte kommen negative Kindheitserfahrungen (Missbrauchserfahrungen und Vermittlung von Minderwertigkeitsgefühlen an Mädchen und Jungen) sowie patriarchale Männlichkeitsnormen aber auch uneindeutige Kommunikation sexueller Absichten in Frage. 59% der weiblichen und der männlichen Jugendlichen sagen öfter nein und meinen ja, und 20% der Jungen hatten umgekehrt das Gefühl, dass sie ja sagen, aber eigentlich nein meinen. Diese kommunikative Verschleierung sexueller Absichten ist immer mit einer höheren Wahrscheinlichkeit sexueller Aggression verbunden (vgl. Krahé 1999: 115).

Jugendliche sind jedoch in der Lage, aus solchen Situationen zu lernen. Eine qualitative Studie der BZgA, die die Verarbeitungsstrategien von Mädchen nach leichten sexuellen Übergriffen analysiert, zeigt, dass diese Erfahrung von den Mädchen auch als Kompetenzzuwachs verbucht wird, die das Selbstbewusstsein stärkt und vor allem die Überzeugung, nicht wieder so etwas erleben zu wollen. Eine solche Bewältigungsstrategie hilft den Mädchen, die Übergriffe so zu verarbeiten, dass diese nicht langfristig ihre sexuellen Erlebnismöglichkeiten beeinträchtigen (vgl. Dannenbeck/Stich 2002: 102). Dennoch ist gerade auch angesichts der inzwischen dokumentierten sexuellen Gewalt von Pädagogen/-innen an Kindern bzw. Jugendlichen außerschulische Jugendarbeit gefordert, gewaltpräventiv zu arbeiten. Sexualpädagogik hat dabei inzwischen zwei Seiten zu beachten: Zum einen alles an Präventionsarbeit zu leisten, was Eingriffe in die sexuelle Selbstbestimmung verhindert und andererseits dafür zu sorgen, dass die Angst vor sexuellen Übergriffen nicht jede, möglicherweise auch unbeholfene Annäherung im Jugendalter verunmöglicht.

Sexuelle Verwahrlosung durch Pornografie?
Neu gegenüber früheren Generationen und für die Erwachsenen immer ein Skandalisierungsanlass ist der Zugang Jugendlicher zur Pornografie. Alle einschlägigen Studien belegen, dass Jugendliche potenziell jederzeit Zugang zur einfachen Pornografie haben: ungestört, unkontrolliert und kostenfrei (vgl. Starke 2010). Allerdings sind die Unterschiede zwischen Jungen und Mädchen in kaum einem Verhaltensbereich so unterschiedlich: Mädchen konsumieren sehr wenig gezielt Pornografie. Sowohl Jungen als auch Mädchen reagieren auf Hardcore-Pornografie übereinstimmend ablehnend. Drei Settings werden benannt, in denen Jungen Pornografie konsumieren: alleine zur Selbstbefriedigung, zur Belustigung zusammen mit Gleichaltrigen und ganz selten zusammen mit der Freundin. Die Jugendlichen wachsen mit einem negativen Pornografie-Begriff auf, übernehmen das vorgegebene Bild aber nicht völlig. Weitaus die meisten bringen aus der Kindheit ein sexuelles Skript bzw. eine „Lovemap" mit (Weller 2010), die eine eigene Haltung beinhaltet. Die meisten sind fähig, sich aktiv und kritisch mit Pornografie auseinanderzusetzen und ihr eigenes Urteil zu bilden. Das ‚Ver-

gehen', die ‚Verwahrlosung' der Jugendlichen in den meisten Fallgeschichten der Sensationspresse liegt darin, dass sie durch Pornografie angeblich zu früh anfangen, zu viele Partner/-innen haben und ‚Sex ohne Liebe machen'. Die bereits referierten Daten haben deutlich gemacht, dass diese Verhaltensweisen keinesfalls seriös auf die Mehrheit der Jugendlichen bezogen werden kann, so dass mit Hilfe der Jugendsexualitätsforschung das ‚Verwahrlosungssyndrom' deutlich zurückgewiesen werden kann.

Andererseits sind Sozialpädagogen/-innen und Therapeuten/-innen in Einrichtungen der Erziehungshilfe, Jugendstrafanstalten und Beratungsstellen bei sexuellem Missbrauch immer auch mit Kindern und Jugendlichen konfrontiert, die erotische Phantasien und sexuelle Verhaltensweisen entwickelt haben, bei denen Schläge, stark abweichende Sexualkontakte und Gewalt Erregung bewirken. Bestimmte Erscheinungsformen extensiven Hardcore-Pornokonsums in einer allgemein deprivierten Sexualkultur gehen meist mit familiären Bindungsproblemen (auch in ‚besser gestellten' Familien) und einer anregungsarmen Umwelt oder sozio-ökonomischen Notlage einher. Nicht der Sex ist dabei das Problem, sondern die soziale Situation. Verweigert werden manchen benachteiligten Jugendlichen heute nicht nur Wissen, sondern auch Anregungen zur Modellierung der Affekte und damit die Chance zum selbst bestimmten sexuellen Handeln. Sexualpädagogik muss dann ergänzt werden durch intensive psychosoziale Trainings und die allgemeine Verbesserung des Sozialisationsmilieus.

Sexuelle Bildung ist gefordert!
Jugendarbeit ist ein von Jugendlichen genutzter Ort intimer Kommunikation mit der Möglichkeit der beratenden, parteilichen, auch schützenden Begleitung durch Erwachsene und durch zu diesem Zweck (auch sexuell) gebildete Jugendliche. Erforderlich ist eine kompetente Praxis der Sexualerziehung: interkulturell, genderorientiert, medienkompetent und gewaltpräventiv. Wo immer es vor Ort möglich ist, sind infrastrukturelle Vernetzungen zu nutzen, mal mit Beratungsstellen, schwul-lesbischen Initiativgruppen und spezifischen Mädchen- und Jungenprojekten. In Bildungslandschaften bietet sich die Kommunikation mit Schulen und Einrichtungen der Erwachsenenbildung an. Das setzt aber sexuell gebildete Erwachsene voraus – und hier ist noch viel Fortbildungsbedarf zu konstatieren. Bei alledem ist zu vermeiden, dass Sexualität im Kontext von Angst und Gefahr thematisiert wird. Sexualpädagogik wirkt präventiv nur als eine Quelle von Lust, positiven Beziehungserfahrungen und Lebensmut.

Literatur

[BZgA] Bundeszentrale für gesundheitliche Aufklärung (2006): Jugendsexualität. Repräsentative Wiederholungsbefragung von 14- bis 17-Jährigen und ihren Eltern – Ergebnisse der Repräsentativbefragung aus 2005. Köln: BZgA.

[BZgA] Bundeszentrale für gesundheitliche Aufklärung (2010a): Jugendsexualität. Repräsentative Wiederholungsbefragung von 14- bis 17-Jährigen und ihren Eltern. Köln: BZgA

[BZgA] Bundeszentrale für gesundheitliche Aufklärung (2010b): Sexualität und Migration: Milieuspezifische Zugangswege für die Sexualaufklärung Jugendlicher. Köln: BZgA

Dannenbeck, Clemens/Stich, Jutta (2002): Sexuelle Erfahrungen im Jugendalter. Aushandlungsprozesse im Geschlechterverhältnis. Eine qualitative Studie. Köln: BZgA.

Krahé, Barbara (1999): Sexuelle Aggression zwischen Jugendlichen. Prävalenz und Prädikatoren. In: Bundeszentrale für gesundheitliche Aufklärung (Hrsg.): Wissenschaftliche Grundlagen. Teil 2 – Jugendliche. Köln: BZgA, S. 93–122.

Schmidt, Renate-Berenike/Sielert, Uwe (Hrsg.) (2008): Handbuch Sexualpädagogik und sexuelle Bildung. Weinheim/München: Juventa.

Seiffge-Krenke, Ilona (2003): Testing theories of romantic development from adolescence to young adulthood. Evidence of a developmental sequence. In: International Journal of Behavioral Development 27, 6, S. 519–531.

Sielert, Uwe (2005): Einführung in die Sexualpädagogik. Weinheim/Basel: Beltz.

Silbereisen, Rainer K./Wiesner, Margit (1999): Erste romantische Beziehungen bei Jugendlichen aus Ost- und Westdeutschland. Ein Vergleich der Prädikatoren von 1991 und 1996. In: Silbereisen, R. K./Zinnecker, J. (Hrsg.): Entwicklung im sozialen Wandel. Weinheim/Basel: Psychologie-Verlag-Union Beltz, S. 101–118.

Starke, Kurt (2010): Pornografie und Jugend – Jugend und Pornografie. Expertise 2010. http://www.mediaculture-online.de/fileadmin/bibliothek/starke_pornografie/starke_pornografie.pdf [Zugriff: 6.10.2012]

Timmermanns, Stefan/Tuider, Elisabeth (2008): Sexualpädagogik der Vielfalt. Praxismethoden zu Identitäten, Beziehungen, Körper und Prävention für Schule und Jugendarbeit. Weinheim/München: Juventa.

Weller, Konrad (2010): Kindheit, Sexualität und die Rolle der Medien. In: tv diskurs. Verantwortung in audiovisuellen Medien 14, 1, S. 54–57.

Wendt, Eva-Verena (2009): Sexualität und Bindung. Qualität und Motivation sexueller Paarbeziehungen im Jugend- und jungen Erwachsenenalter. Weinheim/München: Juventa.

Rolf Werning und *Simon Lohse*

Jugend und Behinderung

Dimensionen von Behinderung

Bis in die Gegenwart wird der Behinderungsbegriff stark problematisiert. Seit den 1970er Jahren wird einem biologisch-individualistischen Defizitmodell, das Behinderung als Eigenschaft von Individuen auffasst und als körperliche oder geistige Schädigung identifiziert, ein *soziales Modell von Behinderung* entgegengesetzt. Behinderung wird nunmehr als gesellschaftliche Barriere gedacht, die Individuen aufgrund von Normabweichungen stigmatisiert und benachteiligt. Behinderung ist damit eine soziale Konstruktion innerhalb konkreter gesellschaftlicher und historischer Bedingungen. Der Behinderungsbegriff erfährt somit eine Politisierung: Man *wird* von der Gesellschaft behindert, was zu kritisieren ist. Körperliche und geistige Schädigungen treten in diesem Modell in den Hintergrund oder werden als letztlich unerheblich für den Prozess der Behinderung betrachtet. In jüngster Zeit hat sich ein *multifaktorielles Modell von Behinderung* entwickelt, das Behinderung als relationales Konstrukt charakterisiert: In der „Internationalen Klassifikation der Funktionsfähigkeit und Behinderung" (ICIDH-2 1999/2000) der Weltgesundheitsorganisation (WHO) wird die dynamische Wechselwirkung zwischen der körperlichen, geistigen und seelischen Verfassung einer Person und den Faktoren der physikalischen und sozialen Umwelt herausgestellt.

Damit verbunden ist eine veränderte Perspektive auf Behinderung: Anstatt auf unveränderliche Defizite zu verweisen, werden die dynamischen Entwicklungspotenziale und der Förderbedarf von benachteiligten Individuen in den Fokus gerückt.

Für den Kontext von Jugendlichen mit Behinderung ist vor allem das deutsche Schulsystem in den Blick zu nehmen, und zwar zum einen als lebensweltlicher Schwerpunkt der Zielgruppe und zum anderen als sehr heterogenes Feld von Bemühungen um sonderpädagogische Förderung. Im deutschen Bildungswesen werden acht Förderschwerpunkte unterschieden: Lernen, Sprache, emotionale und soziale Entwicklung, geistige Entwicklung, körperliche und motorische Entwicklung, Hören, Sehen, chronische Erkrankung. Seit dem Jahr 2000 gibt es zudem pädagogische Empfehlungen bei autistischem Verhalten. Pädagogisch steht, bei allen Unterschieden im Detail, die Förderung des allgemeinen Lernverhaltens im Vordergrund, wobei sich die Curricula stark voneinander unterscheiden.

Daten und Fakten

Im Schuljahr 2009/2010 sind in Deutschland 5,4% (485.418) aller vollzeitschulpflichtigen Kinder und Jugendlichen der allgemeinbildenden Schulen als Schüler/-innen mit sonderpädagogischem Förderbedarf unterrichtet worden (Klassenstufen 1-10). Der weitaus größte Anteil entfällt mit 42,6% (absolut 206.703) auf den Förderschwerpunkt Lernen, gefolgt von geistige Entwicklung (16,2%/78.708), emotionale und soziale

Entwicklung (12,2%/59.200) sowie Sprache (10,7%/52.087). In den Förderschwerpunkten Hören und Sehen befinden sich mit 3,1% (absolut 15.119) und 1,5% (absolut 7.161) dagegen nur sehr geringe Anteile (vgl. KMK 2010a; 2010b).

Insgesamt wurden im Schuljahr 2009/2010 79,9% (387.792) der Schüler/-innen mit Behinderungen in Deutschland in Förderschulen der verschiedenen Förderschwerpunkte unterrichtet (vgl. KMK 2010a; 2010b). Der Blick auf die Entwicklung der Förderschulquoten zwischen den Jahren 1999 und 2008 zeigt unterschiedliche, teilweise gegenläufige Tendenzen (vgl. KMK 2010c). Während die Quoten etwa in Mecklenburg-Vorpommern (von 6,4% auf 9,2%), Sachsen-Anhalt (von 6,7% auf 8,7%) und Sachsen (von 5,3% auf 6,9%) stiegen, fielen sie in Schleswig-Holstein von 4% auf 3,1% und in Hamburg geringfügig von 5% auf 4,9%. Die Zahlen sprechen für die Hypothese, dass in den Bundesländern der Tatbestand ‚sonderpädagogischer Förderbedarf' abweichend interpretiert wird. Scheinbar ist die Wahrscheinlichkeit der Förderbeschulung nicht allein von individuellen Faktoren abhängig, sondern u.a. durch historisch gewachsene Strukturen des jeweiligen Bundeslandes beeinflusst.

Von den im Schuljahr 2009/10 integrativ unterrichteten Schüler/-innen besuchten 56,4% die Grundschule. Im Sekundarstufe I Bereich wurde der größte Anteil mit 16% in der Hauptschule unterrichtet. 7,6% besuchten eine Schulform mit mehreren Bildungsgängen und 5,7% eine integrierte Gesamtschule, 4,1% waren in der Orientierungsstufe. Die wenigsten Integrationsschüler befanden sich mit 1,8% an Realschulen und mit 2,1% an Gymnasien (vgl. KMK 2010a und eigene Berechnungen).

Insgesamt schlossen im Jahr 2008 46.437 Schüler/-innen die Bildungsgänge an Förderschulen ab. Davon verließen 76,3% (35.412) die Schule ohne Hauptschulabschluss. Die überwiegende Zahl (24.957) kam hier aus Förderschulen mit dem Schwerpunkt Lernen. 21,5% (9.978) der Jugendlichen erhielten einen Hauptschulabschluss und 2,1% (971) einen mittleren Abschluss. Lediglich 0,2% (75) der Schüler/-innen erlangte die Hochschulreife (vgl. KMK 2010c).

Generell schränkt ein Förderschulbesuch die späteren Chancen auf selbstständiges Wohnen und Leben, normale soziale Beziehungsgefüge und ein Berufsleben außerhalb von Sonderausbildungs- und -arbeitsbereichen erheblich ein. Das gilt besonders bei kognitiven Beeinträchtigungen und bei schweren Behinderungen (vgl. Beck 2004).

Zentrale Fragestellungen und Problemfelder

Aus der skizzierten Situation folgt einer der zentralen Kritikpunkte der sonderpädagogischen Theorie: Im internationalen Vergleich mit vergleichbar entwickelten Staaten hat Deutschland eine unverhältnismäßig hohe Förderschulbesuchsquote, die mit der mangelhaften Förderung im Regelschulsystem zusammenhängt. Seit den 1970er Jahren hat es durchaus eine zunehmende Diskussion um integrative Förderung und die Legitimation der Sonderschulen gegeben. Gleichwohl hat dies nicht zu einer integrationspädagogischen Systemumstellung geführt.

Hat sich die politische und wissenschaftliche Debatte im sonderpädagogischen Feld bis in die 1990er Jahre vor allem um einen Wechsel von der Separation hin zu Formen der Integration gedreht, so wird gegenwärtig eine Diskussion um den Leitbegriff *Inklusion* geführt. Inklusion umfasst im pädagogischen Feld die Minimierung von Diskriminierung aller Risikogruppen. Im Zentrum steht eine Dekategorisierung und

Entstigmatisierung benachteiligter Menschen zugunsten der Anerkennung von Heterogenität als Normalfall der Gesellschaft. Diese Auffassung schlägt sich auch in der UN-Behindertenrechtskonvention (United Nations 2006) nieder, die bereits von über 90 Staaten, darunter auch Deutschland, ratifiziert worden ist.

Weitere zentrale Fragestellungen hängen mit soziodemografischen Besonderheiten im Kontext sonderpädagogischen Förderbedarfs zusammen. Die Wahrscheinlichkeit, an eine Förderschule für Lernen oder emotionale und soziale Entwicklung überwiesen zu werden, ist für Jungen bspw. deutlich höher als für Mädchen. Die beiden maßgeblichen Einflussfaktoren sind hierbei geschlechtsspezifische Sozialisationsmechanismen und störungsspezifische Stigmatisierungen.

Auch die in der PISA-Studie von 2004 festgestellte extreme soziale Selektivität des deutschen Schulsystems spiegelt sich im Förderschulbereich wider. Besonders Schüler/-innen mit dem Förderschwerpunkt Lernen stammen mehrheitlich aus einem sozialen Umfeld von Armut, Arbeitslosigkeit und nachteiligen Erziehungsbedingungen. Bei Besuch einer Förderschule sind sie damit in zweifacher Hinsicht benachteiligt: Zu der individuellen sozial-bedingten Benachteiligung kommt eine Schulform, die kein Anregungspotenzial von leistungsstärkeren Mitschüler/-innen beinhaltet. Auch sind an Schulen mit dem Förderschwerpunkt Lernen Kinder- und Jugendliche nichtdeutscher Herkunft deutlich überrepräsentiert und haben zusätzlich mit ungünstigeren sozialen Ausgangsbedingungen zu kämpfen als ihre deutschen Mitschüler/-innen (vgl. Werning u.a. 2008).

Die Rückführung an eine allgemeine Schule erfolgt mit Ausnahme des Bereichs Sprache nur selten. Das Verbleiben an einer Förderschule ist häufig mit einem niedrigen oder keinem Schulabschluss verbunden, was wiederum zu schlechteren Chancen am Arbeitsmarkt führt. Ein regulärer *Übergang in Ausbildung oder Arbeit* ist eher die Ausnahme. Meist bedeutet in solchen Fällen das Ende der Schulzeit den Anfang einer Maßnahmenkarriere zur beruflichen Bildung oder beruflichen Integration (vgl. Bojanowski u.a. 2005). Diese Karriere endet häufig in Langzeitarbeitslosigkeit oder aus Mangel an Alternativen zunehmend im Quereinstieg in Werkstätten für behinderte Menschen (WfbM).

Gegenwärtig gibt es in Deutschland ein komplexes und unübersichtliches Institutionennetz der *beruflichen Bildung, Beschäftigung sowie der Rehabilitation und Integration von (jungen) Menschen mit Behinderung*. Beispielsweise gibt es deutschlandweit 52 Berufsbildungswerke (BBW) mit dem Ziel der beruflichen Erstausbildung Jugendlicher, die ähnlich wie die Förderschulen nach unterschiedlichen Förderbedarfen differenziert sind. Auch der Sekundarstufe I Bereich von Förderschulen fokussiert zunehmend berufsqualifizierende Anteile. In den letzten Jahren sind zudem neue Integrationsinstrumente entwickelt worden, die auf eine individualisierte Unterstützung der beruflichen Teilhabe setzen. Besonders Arbeitsassistenz und *Unterstützte Beschäftigung* in Unternehmen sollen die Integration in Regelarbeitsverhältnisse statt in separierende Sonderarbeitsbereiche ermöglichen. Gleichwohl sind die Beschäftigung in Sonderarbeitsbereichen und eine hohe Arbeitslosenquote nach wie vor Realität: In den Jahren 2001 bis 2006 stieg der Anteil der beschäftigten Personen in WfbM sowohl durch Förderschulabgänger/-innen als auch durch Quereinsteiger/-innen um 23%. Besonders im Bereich geistiger Entwicklung herrscht hier ein Automatismus im Übergang von Förderschule und WfbM vor. Die durchschnittliche Übergangsquote aus den Werkstätten in Ausbildung und andere Arbeitsverhältnisse beträgt im gleichen Zeitraum nur 0,16%

(vgl. ISB 2008: 110). Besonders im Fall von schwerer geistiger und Mehrfachbehinderung spielt die Berufsbildung in der Schule eine untergeordnete Rolle. So werden gravierende Hürden für die Integration in Arbeit gesetzt.

Im *alltagsweltlichen Bereich* ist hervorzuheben, dass gerade Menschen mit geistigen und schweren Behinderungen häufig das gesamte Jugend- bis ins hohe Erwachsenenalter im eigenen Elternhaus leben und außerhalb der Schule fast ausschließlich auf die eigenen Eltern als soziale Bezugsgruppe angewiesen sind. Altersangemessene Kontakte zu Peers und die Entwicklung von Freundschafts- oder Liebesbeziehungen erweisen sich in der Regel als große Herausforderung für die eigene Lebensführung. Die von der besonderen Lebenssituation und gesellschaftlicher Diskriminierung stark belasteten und unsicheren Eltern entwickeln häufig ein übersteigertes Verantwortungsgefühl für das Leben ihrer Kinder und reagieren angesichts von Ausgrenzungs- und Stigmatisierungserfahrungen in einer nicht-inklusiven Gesellschaft mit Überbehütungsverhalten. Für Jugendliche in diesen Umständen ist ein alters- und kulturangemessener Entwicklungsprozess kaum gegeben. Die zur Identitätsbildung notwendigen Ablösungsprozesse vom Elternhaus, Intimitätserfahrungen und selbstbestimmte Privatsphäre sind so gut wie nicht möglich. Besonders geistig behinderte Menschen befinden sich so über Jahrzehnte in einer komplizierten Abhängigkeitssituation (vgl. Stamm 2009). Der Umzug in ein segregierendes Wohnheim für behinderte Menschen mit institutionalisierter Vollversorgung ist häufig die einzig denkbare Alternative. Das Problem hierbei ist, dass diejenigen Personen, die in einem Heim wohnen – wie auch im Fall von Förderschule und WfbM – in der Regel in diesem System verbleiben statt in inklusivere Settings zu wechseln (vgl. Beck 2004).

Perspektiven für die Praxis

Verfügbare Studien bleiben den Nachweis des *Nutzens* sonderpädagogischer Separation schuldig. Weder hinsichtlich sozialer Integration noch in Bezug auf Lernentwicklung oder Leistung lassen sich eindeutige, langanhaltende positive Effekte der ‚fördernden Ausgliederung' erkennen. Vielmehr setzen die Förderschulen der Sekundarstufe I die hierarchische Gliederung am unteren Ende des deutschen Schulsystems einschließlich typischer sozialer Benachteiligungseffekte fort. Ebenso kann lebenslanges Wohnen bei den Eltern bzw. in Heimen soziale Teilhabe und Identitätsentwicklung gravierend beeinträchtigen.

Trotz dieser Erkenntnisse herrscht eine gewisse Stagnation der Bildungs- und Sozialpolitik in Deutschland hinsichtlich der ernsthaften Umsetzung inklusiver Pädagogik vor. Aus inklusionspädagogischer Perspektive müsste es zu einer substanziellen Umorientierung des deutschen Schulsystems kommen. Dazu würde bspw. eine inklusionspädagogische Umorientierung der Lehrerbildung und vor allen Dingen eine andere Stellung der Sonderpädagogik im Bildungssystem gehören. Auf konzeptioneller Ebene müsste über Bildungslandschaften in den Regionen diskutiert werden, in denen die allgemeinen Schulen Inklusion als eigene Schulentwicklungsperspektive begreifen und subsidiär durch sonderpädagogische Unterstützungssysteme flankiert werden.

Auch in Hinblick auf die berufliche Integration der benachteiligten jugendlichen Schulabgänger/-innen in den Arbeitsmarkt lassen sich Entwicklungspotenziale feststellen, etwa wenn es um die Professionalisierung der unterstützenden Dienstleistungen oder die Umgestaltung eines stark exkludierenden Arbeitsumfeldes geht, das die Normalität und die Potenziale von Heterogenität im Beruf bislang kaum berücksichtigt.

Im Kontext von Wohnen und sozialer Teilhabe im Alltag hat es in den letzten Jahren vielversprechende Entwicklungen im Sinne eines *supported living* gegeben (vgl. Lindmeier/Lindmeier 2001), das eine Alternative zu Heim und Elternhaus darstellt. Indem Wohnraum und Unterstützungsdienstleistung voneinander getrennt werden, wird die Selbstbestimmtheit des unterstützten Menschen gestärkt. Behinderte Menschen sollen selbst über die benötigten Unterstützungsdienstleitungen entscheiden. Hierzu gehört auch die Entwicklung persönlicher Zukunftsplanungskonzepte, die sowohl Lebenswelt als auch das soziale Netz mit in die persönliche Lebensgestaltung einbeziehen und damit die Einbindung in die Gemeinde fördern. Dadurch sollen die selbstbestimmte Lebensführung in deinstitutionalisierten Kontexten im Sinne der Behindertenrechtskonvention ermöglicht und asymmetrische Abhängigkeitsverhältnisse verringert werden. In Zukunft gilt es, solche Angebote weiterzuentwickeln und vor allen Dingen flächendeckend einzuführen.

Für die Jugendarbeit und Jugendhilfe ergibt sich die Anforderung, sich an der konzeptionellen Weiterentwicklung von deinstitutionalisierenden und personenorientierten Unterstützungssystemen zu beteiligen und auch die Vernetzung mit informellen Allianzen im Sozialraum im Sinne der selbstbestimmten Teilhabe an Gesellschaft zu fördern. Hierzu gehört auch eine rechtzeitige Aufklärungs- und Beratungsarbeit im familiären Umfeld, um neuartige Konzepte bekannt zu machen, die dazu beitragen können, höhere Autonomiegrade und letztlich mehr Lebensqualität für Jugendliche und junge Erwachsene mit Behinderung zu ermöglichen.

Literatur

Beck, Iris (2004): Teilhabe und Lebensqualität von behinderten Kinder und Jugendlichen sichern: Chancen, Probleme und Aufgaben. In: Zeitschrift für Heilpädagogik 55, 2, S. 66–72.
Bojanowski, Arnulf/Ratschinksi, Günther/Straßer, Peter (Hrsg.) (2005): Diesseits vom Abseits – Studien zur beruflichen Benachteiligtenförderung. Berufsbildung, Arbeit und Innovation, 30. Bielefeld: Bertelsmann, S. 330–362.
Ellger-Rüttgardt, Sieglind (2008): Geschichte der Sonderpädagogik. Eine Einführung. München: Reinhardt.
[ISB] ISB – Gesellschaft für Integration, Sozialforschung und Betriebspädagogik (Hrsg.) (2008): Entwicklung der Zugangszahlen zu Werkstätten für behinderte Menschen. Berlin: ISB.
[KMK] Sekretariat der Ständigen Konferenz der Kultusminister der Länder in der Bundesrepublik Deutschland (Hrsg.) (2010a): Sonderpädagogische Förderung in allgemeinen Schulen (ohne Förderschulen) 2009/2010. Bonn: KMK.
[KMK] Sekretariat der Ständigen Konferenz der Kultusminister der Länder in der Bundesrepublik Deutschland (Hrsg.) (2010b): Sonderpädagogische Förderung in Förderschulen (Sonderschulen) 2009/2010. Bonn: KMK.
[KMK] Sekretariat der Ständigen Konferenz der Kultusminister der Länder in der Bundesrepublik Deutschland (Hrsg.) (2010c): Sonderpädagogische Förderung in Schulen 1999 bis 2008. Bonn: KMK.
Lindmeier, Bettina/Lindmeier, Christian (2001): Supported living. Ein neues Konzept des Wohnens und Lebens in der Gemeinde für Menschen mit (geistiger) Behinderung. In: Behinderte in Familie, Schule und Gesellschaft. 24, 3/4, S. 39–50.

Stamm, Christof (2009): Erwachsene Menschen mit geistiger Behinderung im Elternhaus – familiäre Situation und Zukunftsperspektiven aus Sicht der Hauptbetreuungspersonen. Ergebnisse einer empirischen Studie. In: Zeitschrift für Heilpädagogik 60, 7, S. 255–264.

United Nations (2006): Convention on the Rights of Persons with Disabilities. http://www.un.org/disabilities/convention/conventionfull.shtml [Zugriff: 17.10.2012]

Werning, Rolf/Loeser, Jessica M./Urban, Michael (2008): Cultural and social diversity. An analysis of minority groups in German schools. In: The Journal of Special Education 42, 1, S. 47–54.

Werning, Rolf/Lütje-Klose, Birgit (2012): Einführung in die Pädagogik bei Lernbeeinträchtigungen. München/Basel: Reinhardt.

Werning, Rolf/Reiser, Helmut (2008): Sonderpädagogische Förderung. In: Cortina, K. S. u.a. (Hrsg.): Das Bildungswesen in der Bundesrepublik Deutschland. Strukturen und Entwicklungen im Überblick. Reinbek: Rowohlt-Taschenbuch-Verlag.

World Health Organisation (Hrsg.) (1999/2000): ICIDH-2: International Classification of Functioning and Disability. Beta-2 draft, Full Version./ ICIDH-2: Internationale Klassifikation der Funktionsfähigkeit und Behinderung. Entwurf der revidierten Deutschen Fassung. Genf: WHO.

Kirsten Bruhns und *Iris Bednarz-Braun*

Jugend und Migration

Demografische Entwicklung

Knapp ein Fünftel der Menschen in Deutschland hat einen Migrationshintergrund (Statistisches Bundesamt 2010a; vgl. zu den Daten dieses Beitrags Stürzer u.a. 2012). Nach dem Mikrozensus liegt der Ausländeranteil in der Gruppe der 15- bis 20-Jährigen mit Migrationshintergrund bei rund 39% (vgl. Statistisches Bundesamt 2010a).

Der Anteil der Kinder und Jugendlichen mit Migrationshintergrund steigt, je jünger diese sind: Bei den unter Fünfjährigen ist es ca. ein Drittel und von den Jugendlichen im Alter zwischen 15 und unter 20 Jahren hat ein Viertel der gleichaltrigen Bevölkerung einen Migrationshintergrund. In einzelnen Städten, Stadtvierteln und Schulklassen bilden Kinder mit Migrationshintergrund bereits die Mehrheit. Unter einer gesellschaftlichen Perspektive steht es nicht mehr in Zweifel, dass Kinder und Jugendliche mit Migrationshintergrund die gesellschaftliche Zukunft Deutschlands wesentlich mitbestimmen werden und hierauf ebenso wie junge Menschen ohne Migrationshintergrund im Rahmen öffentlicher Bildung und Erziehung vorbereitet werden müssen. Das heißt auch, dass sie einen gleichberechtigten Zugang zu und von Teilhabechancen in bzw. durch Bildung und Ausbildung erhalten. Ein Blick auf die Situation von Jugendlichen in der schulischen und außerschulischen Bildung sowie im Ausbildungsbereich offenbart sowohl Barrieren als auch Chancen für die Einlösung dieser Prämisse.

Vorangestellt werden muss, dass sich mit der Referenz auf die Gruppe der ‚Jugendlichen mit Migrationshintergrund' Unsicherheiten verbinden. Denn hinter diesem Sammelbegriff verbergen sich sehr unterschiedliche Gruppen: weibliche und männliche Jugendliche, selbst zugewanderte Jugendliche, in Deutschland geborene und aufgewachsene Jugendliche, Jugendliche mit einem deutschen oder ausländischen Pass und aus (familiären) Herkunftsländern mit sehr unterschiedlichen ökonomischen, sozialen, religiösen und kulturellen Lebensbedingungen. Diese Aufzählung ließe sich noch hinsichtlich der Aufenthaltsdauer in Deutschland, der hier verbrachten Schulzeit oder nach weiteren sozialisationsrelevanten Faktoren wie die Erfahrung von Diskriminierung, die Einbindung in homogene oder heterogene Freundeskreise, unterschiedliche Erziehungsmilieus etc. erweitern. Insofern ist in Rechnung zu stellen, dass sich die folgenden statistischen Daten auf unterschiedliche Grundgesamtheiten beziehen und oftmals Einschätzungen und Urteile über die Migrantenbevölkerung von den größten Gruppen unter ihnen dominiert werden. Mit der Beschränkung ihrer Analysen auf ausländische Jugendliche erfasst die amtliche Statistik lediglich einen Bruchteil der Gruppe von Jugendlichen mit Migrationshintergrund. Es muss davon ausgegangen werden, dass für die Einschätzung der Bildungssituation von Jugendlichen mit Migrationshintergrund eine beachtliche ‚Dunkelziffer' besteht.

Jugendliche mit Migrationshintergrund in Bildung und Ausbildung: Position, Entwicklungen, Potenziale

Jugendliche in allgemeinbildenden Schulen
Da in der Schulstatistik Schüler/-innen nicht nach Zuwanderung oder Geburtsland, sondern nach Staatsangehörigkeit unterschieden werden, liefern die Daten ausschließlich Angaben zu einem Bruchteil der Jugendlichen mit Migrationshintergrund, nämlich zu *ausländischen* Jugendlichen, also Jugendlichen, die keine deutsche Staatsangehörigkeit haben. Laut Schulstatistik gehören diese ausländischen Jugendlichen zur Gruppe mit den niedrigsten Bildungsgängen und -abschlüssen, vergleicht man ihre Verteilung auf unterschiedliche Schularten mit ihrem Anteil an der Schülerschaft (insgesamt knapp 9%, bei 15- bis 25-Jährigen rund 10%) und mit der Verteilung deutscher Jugendlicher. Ausländische Sonder- und Hauptschüler/-innen (14% bzw. 20%) sind im Schuljahr 2009/2010 überproportional, Gymnasiasten/-innen (4%) unterproportional vertreten (vgl. Statistisches Bundesamt 2010b). Nur in den Realschulen repräsentieren sie in etwa ihren Anteil an den gleichaltrigen Schüler/-innen. Ähnlich liegen die Ergebnisse bei den Schulabschlüssen: Überrepräsentiert sind ausländische Schüler/-innen bei denjenigen, die die Schule ohne Abschluss verlassen (20%) oder einen Hauptschulabschluss (17%) erlangen. Unterrepräsentiert sind sie bei der Abschlussart Allgemeine Hochschulreife (weniger als 4%). Die ausländischen Jugendlichen erreichen bei den Fachhochschulabschlüssen (10%) ihren durchschnittlichen Absolventenanteil und ihr Anteil an den erfolgreichen Abgänger/-innen von Realschulen liegt leicht unter diesem Wert (8%) (vgl. Statistisches Bundesamt 2010b).

Anlass zu einem vorsichtigen Optimismus bietet der zeitliche Verlauf der Jahre 1999 bis 2009. Er weist für ausländische Jugendliche eine leicht positive Tendenz auf, die sich in einer Abnahme der Abgänger/-innen ohne Hauptschulabschluss um rund 6 Prozentpunkte und einer ebenso großen Zunahme der Realschul-Absolventen/-innen äußert. Die Zunahme an Jugendlichen, die Fachhochschulen und Gymnasien mit den entsprechenden Abschlusszertifikaten verlassen, ist hingegen sehr gering. Positiv hervorzuheben ist auch der etwas größere Erfolg der ausländischen jungen Frauen in den höheren Bildungsgängen; die andere Seite der Medaille sind jedoch weniger erfolgreiche junge Männer und männliche Jugendliche (vgl. Statistisches Bundesamt 2010b).

Außerschulische Bildung: Jugendliche mit Migrationshintergrund in der Jugendverbandsarbeit
Die Chance von Jugendlichen mit Migrationshintergrund, von handlungs- und erfahrungsorientierten Lernmöglichkeiten des Bildungsorts Jugendverband zu profitieren, ist geringer als von Jugendlichen ohne Migrationshintergrund. Dies bestätigen für die Altersgruppe der 14- bis 24- bzw. 25-Jährigen Ergebnisse des Freiwilligensurveys 2009 und des Surveys „Aufwachsen in Deutschland: Alltagswelten" (AID:A) des Deutschen Jugendinstituts (DJI) (Picot/Sozialwissenschaftliche Projekte 2011; Stürzer u.a. 2012). Hinweise gibt es auch darauf, dass Jugendliche mit Migrationshintergrund seltener an Angeboten teilnehmen oder aktiv in Jugendverbänden mitarbeiten und ihr Mitgliederanteil relativ niedrig ist. 2009 gibt knapp die Hälfte von 352 befragten Jugendverbänden an, dass von ihren Mitgliedern weniger als 5% einen Migrationshintergrund haben. Fast ein Drittel der Verbände hat keine Migranten/-innen unter den Mitgliedern (vgl. Seckinger u.a. 2009). Auch von den Bildungsmöglichkeiten durch ehrenamtliche Ar-

beit profitieren Kinder und Jugendliche mit Migrationshintergrund kaum: „In nur gut der Hälfte der Verbände, die Mitglieder mit einem Migrationshintergrund haben (52%), sind auch unter den ehrenamtlich Aktiven MigrantInnen" (Seckinger u.a. 2009: 88). In noch deutlich weniger Verbänden bekleiden Jugendliche mit Migrationshintergrund Vorstandsfunktionen. Und auch Verbände, die hauptamtliche Mitarbeiter/-innen mit Migrationshintergrund haben, sind rar. Potenziale für die Beteiligung an Lernprozessen in Jugendverbänden bieten Vereine von Jugendlichen mit Migrationshintergrund (VJM). VJM bieten Jugendlichen mit Migrationshintergrund einen Ort zur Förderung adoleszenzspezifischer und anerkennungsrelevanter Entwicklungsprozesse (vgl. Jagusch 2011). Zudem profitieren diese hier oftmals von sprach-, schul- und ausbildungs- bzw. berufsorientierten Lernangeboten. Im Jahr 2010 hatte ca. ein Drittel der vom DJI befragten Jugendringe mindestens einen Verband, der überwiegend Jugendliche mit Migrationshintergrund organisiert (vgl. Seckinger u.a. 2011).

Jugendliche und junge Erwachsene mit Migrationshintergrund im Ausbildungssystem
Eingeschränkte Zugangschancen von Jugendlichen mit Migrationshintergrund zeigen sich auch im Ausbildungsbereich. Zum einen gehört diese Gruppe verglichen mit ihrem Bevölkerungsanteil an den 15- bis 20-Jährigen häufiger als Jugendliche ohne Migrationshintergrund zu jenen, die nach der Schule in das sogenannte Übergangssystem münden und geringere Chancen haben, eine vollqualifizierende Berufsausbildung zu ergreifen (vgl. Beicht/Granato 2009). Im dualen Ausbildungssystem liegt die Ausbildungsquote der ausländischen Jugendlichen um mehr als die Hälfte niedriger als die deutscher Jugendlicher. Darüber hinaus konzentrieren sich ausländische Auszubildende – junge Frauen stärker noch als junge Männer – in der Mehrheit auf weniger Ausbildungsberufe als deutsche Jugendliche und finden sich überproportional häufig in Ausbildungsgängen, die lediglich zwei Jahre dauern.

Auf Hürden im Zugang von Jugendlichen mit Migrationshintergrund zu einer hochwertigen Ausbildung deuten auch die Daten über ausländische Studierende hin, die in Deutschland ihre Hochschulberechtigung erworben haben (Bildungsinländer/ -innen). Sie erreichen lediglich einen Anteil von 3% an allen Studierenden. Doch auch hier gilt: Aussagen über Ausländer/-innen liefern keine hinlänglichen Erkenntnisse über Menschen mit Migrationshintergrund. Empirische Studien, die Studierende mit Migrationshintergrund erfassen, kommen zu deutlich höheren Zahlen: Ihr Anteil an allen Studierenden wird in der 19. Sozialerhebung des Deutschen Studentenwerks mit 11% (vgl. BMBF 2010) und in einer Sonderauswertung des Mikrozensus 2008 mit 17% berechnet (vgl. Autorengruppe Bildungsberichterstattung 2010: 124).

Als positive Entwicklung im Ausbildungsbereich kann ein in den letzten Jahren wachsender Anteil von jungen Bildungsinländer/-innen an den Studierenden gewertet werden, dies gilt insbesondere für junge Frauen an Universitäten und Fachhochschulen (vgl. DAAD 2010). In der betrieblichen Ausbildung zeichnet sich seit 2004 ein allmählicher Anstieg ab.

Bedeutung des Migrationshintergrunds für die Teilhabe an Bildung und Ausbildung
Die Daten zur Position von Jugendlichen mit Migrationshintergrund in Bildung und Ausbildung weisen auf Barrieren im Zugang zu höherwertigen Abschlüssen in der schulischen Bildung, zur Beteiligung an non-formalen Bildungsgelegenheiten und zum dualen Ausbildungssystem sowie zum Studium hin. Daraus ergeben sich Hindernisse

für eine gleichberechtigte Teilhabe in der Gesellschaft: Die nachrangige Platzierung im Bildungs- und Ausbildungssystem erschwert es, ein existenzsicherndes Erwerbsleben aufzubauen sowie eine eigenständige Lebensplanung und -gestaltung zu begründen. Positive Entwicklungen in Bildung und Ausbildung ebenso wie sichtbar werdende Potenziale erlauben lediglich einen vorsichtigen Optimismus im Hinblick auf eine Verbesserung der Situation der Jugendlichen mit Migrationshintergrund.

Darüber hinaus suggerieren die vorliegenden Daten zu Bildung und Ausbildung von Jugendlichen mit Migrationshintergrund, dass deren Position in Bildung und Ausbildung auf ihre nicht-deutsche Herkunft – wenn differenziertere Daten vorliegen – z.B. auf ihre spezifische nationale Herkunft oder auf ihren Migrationsstatus (z.B. eingebürgert oder ausländisch) zurückzuführen sei. Eine höhere Komplexität beinhalten Befunde, die den sozio-ökonomischen Status berücksichtigen. So wird deutlich, dass Jugendliche mit Migrationshintergrund, die aus einem Milieu mit einem hohen sozio-ökonomischen Status stammen, sich in Bildungsabschlüssen und Studierendenanteil kaum von Jugendlichen ohne Migrationshintergrund aus dem gleichen Milieu unterscheiden (vgl. BMBF 2010; Autorengruppe Bildungsberichterstattung 2010). Gleichzeitig erreichen Schüler/-innen mit Migrationshintergrund aus einem mittleren oder niedrigen sozialen Milieu im Vergleich zu jenen ohne Migrationshintergrund durchgängig niedrigere Schulabschlüsse, weswegen dem Migrationshintergrund neben dem Sozialstatus ein eigenständiger Effekt zugesprochen wird. Unter den Studierenden findet sich ein niedriger Status allerdings zu höheren Anteilen bei jungen Erwachsenen mit als ohne Migrationshintergrund. Für die Jugendverbandsarbeit gibt es bezogen auf den Bildungsstatus ähnliche Hinweise. Auch hier erhalten Jugendliche mit Migrationshintergrund eher Zugang, wenn sie das Gymnasium besuchen, gleichzeitig engagieren sich mehr Hauptschüler/-innen mit als ohne Migrationshintergrund.

Umfassender wurden Lebensbedingungen von Jugendlichen mit Migrationshintergrund auf ihre geringen Chancen in eine betriebliche Ausbildung zu münden, untersucht (vgl. Beicht/Granato 2009). Festgestellt wird ein negativer Einfluss schlechter schulischer Voraussetzungen (Noten und Abschlüsse), einer Herkunft aus Familien mit einem niedrigen Sozialstatus und einer geringen sozialen Einbindung. Auch hier bleibt nach Kontrolle dieser Merkmale ein eigenständiger Einfluss des Merkmals Migrationshintergrund bestehen – und unerklärt.

Erklärungsansätze, die kulturalisierende Zuschreibungen ablehnen, fragen nach den Rahmenbedingungen für Einmündungen – in der Schule sind dies Übergangsempfehlungen und -bedingungen für die Sekundarstufe II, in der betrieblichen Ausbildung sind es Einstellungspraktiken von Betrieben. Zu ersteren gibt es keine eindeutigen Aussagen bzw. es wird darauf hingewiesen, dass frühe Leistungsbewertungen spätere Übergangsentscheidungen kanalisieren. Hinsichtlich der geringen Einmündungschancen in eine betriebliche Ausbildung wird vermutet, dass es auf Seiten der Personaleinsteller möglicherweise Vorbehalte gegenüber ausländischen Jugendlichen gibt (vgl. Ulrich/Krekel 2007).

Anforderungen an Forschung und Praxis

Es ist nicht zu leugnen, dass sich die Datenlage zur Situation von Jugendlichen im Bildungs- und Ausbildungssystem verbessert hat. Gleichwohl ist der Forschungsstand, wie oben ausgeführt, nicht ausreichend, um tiefergehende Erkenntnisse hervorzubringen, die gleichzeitig imstande sind, Kulturalisierungen überzeugend zu hinterfragen und adäquate politische und institutionelle Problemlösungen zu erarbeiten. Anforderungen an die Forschung lauten deswegen, die Kategorien ‚Staatsangehörigkeit' und Migrationshintergrund nicht in den Vordergrund zu stellen, die Wechselwirkung mit anderen Faktoren ausreichend und differenziert zu berücksichtigen und der Pluralität der Lebensformen und Lebensführungsmuster der Bevölkerung in der Bundesrepublik zu genügen. Für die Praxis besteht die große Herausforderung darin, ethnische und kulturelle Heterogenität als Bedingung des Aufwachsens von Jugendlichen anzuerkennen und Konzepte zu entwickeln, die diese Vielfalt als Chance begreifen.

Die große Zustimmung von Jugendverbänden zu Konzepten der ‚Interkulturellen Öffnung', die die Teilhabechancen von Jugendlichen mit Migrationshintergrund stärken wollen, bietet Hoffnung für die Zukunft – auch wenn das Fazit der Datenanalyse der DJI-Jugendverbandsstudie lautet: „Ein Thema, aber keine Realität" (Seckinger u.a. 2009: 29). Im Rahmen der Interkulturellen Öffnung sollen auch die Rahmenbedingungen für die Arbeit und die Mitwirkungsmöglichkeiten von VJM verbessert werden.

Literatur

Autorengruppe Bildungsberichterstattung (Hrsg.) (2010): Bildung in Deutschland 2010. Ein indikatorengestützter Bericht mit einer Analyse zu Perspektiven des Bildungswesens im demografischen Wandel. Bielefeld: Bertelsmann.

Beicht, Ursula/Granato, Mona (2009): Übergänge in eine berufliche Ausbildung. Geringere Chancen und schwierige Wege für junge Menschen mit Migrationshintergrund. Bonn: Friedrich-Ebert-Stiftung.

[BMBF] Bundesministerium für Bildung und Forschung (Hrsg.) (2010): Die wirtschaftliche und soziale Lage der Studierenden in der Bundesrepublik Deutschland 2009. 19. Sozialerhebung des Deutschen Studentenwerks durchgeführt durch HIS Hochschul-Informations-System. Bonn/Berlin: BMBF.

[DAAD] Deutscher Akademischer Austausch Dienst (Hrsg.) (2010): Wissenschaft weltoffen 2010. Daten und Fakten zur Internationalität von Studium und Forschung in Deutschland. Bielefeld: Bertelsmann.

Jagusch, Birgit (2011): Praxen der Anerkennung „Das ist unser Geschenk an die Gesellschaft". Vereine von Jugendlichen mit Migrationshintergrund zwischen Anerkennung und Exklusion. Schwalbach/Ts.: Wochenschau-Verlag.

Picot, Sibylle (2011): Jugend in der Zivilgesellschaft. Freiwilliges Engagement Jugendlicher von 1999 bis 2009. Gütersloh: Bertelsmann.

Seckinger, Mike/Pluto, Liane/Peucker, Christian/Gadow, Tina (2009): DJI-Jugendverbandserhebung. Befunde zu Strukturmerkmalen und Herausforderungen. München: Deutsches Jugendinstitut.

Seckinger, Mike/Pluto, Liane/Peucker, Christian/Gadow, Tina (2012): Jugendringe – Kristallisationskerne der örtlichen Jugendarbeit. München: Deutsches Jugendinstitut.

Statistisches Bundesamt (2010a): Bevölkerung mit Migrationshintergrund – Ergebnisse des Mikrozensus 2009. Fachserie 1, Reihe 2.2. Wiesbaden: Statistisches Bundesamt.

Statistisches Bundesamt (2010b): Allgemeinbildende Schulen, Schuljahr 2009/10. Fachserie 11, Reihe 1, Bildung und Kultur. Wiesbaden: Statistisches Bundesamt.

Stürzer, Monika/Täubig, Vicki/ Uchronski, Mirjam/Bruhns, Kirsten (2012): Schulische und außerschulische Bildungssituation und -chancen von Jugendlichen mit Migrationshintergrund. Ein Daten- und Forschungsüberblick. München: Deutsches Jugendinstitut. http://www.dji.de/bibs/DJI_Jugend-Migrationsreport.pdf [Zugriff: 17.10.2012]

Ulrich, Joachim G./Krekel, Elisabeth M. (2007): Zur Situation der Altbewerber in Deutschland. Ergebnisse der BA/BIBB-Bewerberbefragung 2006. In: BIBB REPORT, 1, S. 1–8. http://www.bibb.de/dokumente/pdf/a12_bibbreport_2007_01.pdf [Zugriff: 21.12.2012]

Harald Riebold

Jugend und Jugendkulturen

Unter Jugendkulturen werden kulturelle Aktivitäten, Selbstorganisation und Lebensstile von Jugendlichen im Rahmen einer gemeinsamen Kulturszene, eines bestimmten Areals oder eines sozialräumlichen Milieus verstanden. Die Entwicklung einer eigenen Subkultur, eines Gegenmilieus, kann Ausdruck dafür sein, dass die etablierte bestehende Kultur der Erwachsenen den Heranwachsenden keine befriedigende Ausdrucksmöglichkeit für ihr als neu empfundenes Lebensgefühl anbietet. In der Jugendsoziologie gibt es unterschiedliche Meinungen darüber, inwiefern Jugendsubkulturen Einfluss auf die Gesamtkultur der Gesellschaft nehmen, welche Jugendkulturen über ihren eigenen Kontext hinaus nachhaltig auf die Erwachsenengesellschaft wirken und welche in die Erwachsenenkultur integriert werden oder in Vergessenheit geraten. Dies hängt mit der Komplexität der Prozesse innerhalb der Jugendbewegungen, Jugendgruppen oder Jugendkulturen zusammen. Dazu kommen Wechselwirkungen mit ökonomischen und politischen Entwicklungen, aber auch ästhetische Veränderungen in der Erwachsenenkultur.

Nach Auskunft des Archivs der Jugendkulturen in Berlin gehören etwa 20% der Jugendlichen in Deutschland Jugendkulturen an. Sie identifizieren sich über Symbole und Rituale, Sprache und Mode, Musik und Körperschmuck, nicht selten über den Konsum spezifischer Rauschmittel oder auch deren strikte Ablehnung mit einer Jugendkultur. Normmuster und Werte spielen dabei eine bedeutende Rolle. Nur eine Minderheit der Jugendlichen identifiziert sich allerdings ausschließlich mit einer bestimmten Szene: Sie sind aktive und engagierte Emos oder Rockabillys, Cosplayer oder Gothics, Punks oder Skinheads, Ultras oder Jesus Freaks usw. Seit den 1990er Jahren entwickelte sich ein Stilprinzip, das auch als Crossover bezeichnet wird. Kennzeichnend dabei ist ein fluktuierender Stilmix, Lust und Freude an der ‚Bricolage', dem Sampling, der Neuschöpfung von Moden mit einem großen Anteil von Selbstironie. Rund 70% der Jugendlichen orientieren sich an unterschiedlichen Jugendkulturen. Sie besuchen am Wochenende entsprechende Szenelokale und Partys, schmücken sich mit speziellen Accessoires und Tattoos oder besuchen Konzerte und Festivals, bei denen die Musik einer bestimmten Szene zu hören ist, ohne sich verbindlich festzulegen.

Die größte Jugendkultur der 1990er Jahre war sicherlich Techno. Diese Musik-Party-Kultur gibt es zwar immer noch, doch heute ist Hip-Hop weltweit die bedeutendste Jugendkultur. Hip-Hop zeichnet sich in besonderer Weise durch ihre Mitmach-Möglichkeiten aus: Kultur ist, was man selber macht. Trotz Kommerzialisierung der Musik und der zunehmenden Reduzierung auf eine spezifische modische Stilrichtung entwickeln sich in der Hip-Hop-Szene immer wieder erstaunliche Self-made-Projekte. Musik, Tanz und Lyrik gehen Fusionen ein, deren Produktionsergebnisse Innovationen im Sektor der Jugendkulturen sind. Alleine die unterschiedlichen Begrüßungsrituale mit ihren zum Teil an eine Choreografie erinnernden Elementen zeigen diese Schöpfungskraft.

Klaus Farin beschreibt die unübersichtliche Vielfalt der Jugendkulturen folgendermaßen:

> „Man kann sich Jugendkulturen bildlich wie Tropfen in einem Meer vorstellen: Es regnet selten neue Jugendkulturen, aber innerhalb des Meeres mischt sich alles unaufhörlich miteinander. Immer wieder erfasst eine große (Medien-)Welle eine Jugendkultur, die dann für eine kurze Zeit alle anderen zu dominieren scheint, wie Techno in den 1990er Jahren und derzeit Hip-Hop. Doch die Küste naht und auch die größte Welle zerschellt. Das Wasser verdampft dabei jedoch nicht, sondern fließt wieder ins offene Meer zurück – zersprengt in viele kleine Jugendkulturen, verwandt und doch verschieden" (Farin 2012: 6).

Jugendkulturen und Sozialräume

Dieter Baacke hat den Versuch unternommen, die Vielfalt der Jugendkulturen und die mangelnde Trennschärfe mit einem sozialökologischen Modell zu beschreiben. Grundlegend für seinen Zugang ist die Annahme, dass Jugendkulturen zwar in den Räumen stattfinden, in denen auch die übrige Gesellschaft lebt. Zugleich aber entfernen sich Jugendliche, die sich an Jugendkulturen orientieren, von Zentren wie Familie, Schule, Nachbarschaft oder verlassen sie. Sie erobern sich an der ‚sozialökologischen Peripherie' der Erwachsenengesellschaft einen eigenen Lebensraum. Baake kommt daher zu der Aussage:

> „Die Jugendkulturen entwickeln sich in bestimmten Arealen und räumlichen Zuordnungen und auch wenn sie frei flottierend und sehr beweglich erscheinen, sind sie doch auf räumliche Gelegenheiten zum Zusammentreffen zur Selbstorganisation angewiesen" (Baacke 2003: 285).

Diese besonderen Sozialräume, in denen Jugendliche ihr eigenes Zentrum ausbilden, ihr Leben organisieren und ihm Sinn geben, teilt er in *vier Typen* ein:

1. Lokal-ursprüngliche und quartiersbezogene Jugendkulturen
In diesem Fall produziert das Quartier selbst die Jugendkultur. Hierzu zählen Straßengangs in Slums und Stadtvierteln mit entsprechender Tradition, wie z.B. das Eastend in London oder die Bronx in New York. Auch wenn Jugendkulturen unter den Bedingungen benachteiligter Klassenlagen viel Chaos ins Quartier bringen, so fühlen sie sich mit ihrem Viertel emotional verbunden. Dies gilt sowohl für Skinheads als auch für Punks. Nicht selten kommt es daher untereinander im Quartier zu Straßenkämpfen oder Angriffen auf andere Minderheiten. Das Viertel erhält dadurch einen besonderen Ruf. Sein Image in der Öffentlichkeit spielt eine ganz wichtige Rolle. Die Medien können dabei das Bild eines Quartiers in der Bevölkerung erheblich beeinflussen. Manchmal genügt dann die Nennung einer bestimmten Adresse, um Jugendliche aus einem bestimmten Wohngebiet zu stigmatisieren oder sogar zu diskriminieren.

Die Problematisierung und Stigmatisierung einer solchen Wohngegend steht dabei oft in Wechselwirkung mit kommunalpolitischen Ordnungsmaßnahmen und dem Agieren von Polizei und anderen Ordnungskräften. Die Medien ihrerseits tragen zur Skandalisierung und Stigmatisierung von Jugend und deren Kulturen bei. Jugendliche wiederum reagieren häufig auf die ihnen zugeschriebene negative Identität, bis dahin, dass bestimmte Formen von Vandalismus für das Quartier selbst gesellschaftsfähig werden.

2. Lokal-adaptierte Jugendkulturen
Mitglieder solcher Jugendkulturen müssen nicht im Quartier oder Viertel geboren sein, aber der ‚Kiez' muss sich für eine offene Untergrundgesellschaft oder Gegenkultur

städtebaulich eignen. Wohnstrukturen für Wohngemeinschaften sind dabei wichtig, Szenekneipen, Parks, Plätze und gegebenenfalls Häuser, die man besetzen kann. Zentren von Metropolen, vorzugsweise Plätze vor Bankgebäuden haben etwa bei der Occupy-Bewegung Konjunktur.

Auch Jugendprotestbewegungen mit anderen politischen Motiven finden in der Offenheit und Fluktuation einer Großstadt einen Entfaltungsraum, in den auch Jugendliche aus der Provinz hinzustoßen. Überwiegend sind dies Studierende, die aus anderen Regionen stammen, in lokale Szenen einströmen, sie verstärken und beleben, z.B. in Antifa-Gruppierungen.

Folgt man der Sinus-Studie von 2012, die mit einem Lebenswelten-Modell operiert, dann sind auch eher nonkonformistisch ausgerichtete Jugendliche im Dickicht der Städte zu finden. Sie strömen von der Peripherie der Metropolen in die Zentren, um ihren spaß- und partyorientierten Nonkonformismus auszuleben.

Diese Jugendlichen übernehmen auch gerne Verantwortung in Jugendverbänden und adaptieren sie somit.

3. Lokal-synthetische Jugendkulturen
Hierbei handelt es sich um eher unauffällige Teenagerkulturen, die sich über den regionalen Markt und weit gestreute Werbung vermitteln, meistens von Medien der Pop-Kultur inspiriert oder doch stark beeinflusst.

Im Gegenteil zur proletarischen ‚street culture' sind diese Gruppen der ‚pop media culture' zuzurechnen. Eher mittelschichtsorientiert haben sie Interesse für spezifische, harmonische Musikstile, für modische Kleidung oder verwenden überregionale Symbole (Buttons). Kommerz- und Konsumangebote bestimmen weitgehend Treffpunkte und Geselligungsmöglichkeiten. Neu eröffnete Diskotheken gehören dazu, Eiscafés, Einkaufszentren, Shoppingmeilen. Diese Kulturen haben keinen eigenen ‚Heimatgrund', sie teilen sich die sozialen Räume problemlos mit Erwachsenen.

Während proletarische und politische Jugendkulturen stark in das lokale Ambiente eingehen und schließlich von ihm kaum noch loszulösen sind, sind beispielsweise Waver, Raver, Diskofreaks und andere ‚Typen' nur über die Freizeit an Regionen oder Lokalitäten gebunden. Die Beziehung zu Jugendkulturen ist oft zufällig und ohne wirkliche Bindung.

4. Überregionale Jugendkulturen
Zu diesen zählen Fanklubs (u.a. Ultras), aber natürlich auch die zahlreichen ‚Völkertreffen', wie Festivals (Wacken, Rock am Ring etc.) und andere Events, die ‚Love-Parade' der Techno-Szene, die katholischen Weltjugendtreffen oder auch der Deutsche Evangelische Kirchentag.

Jugendkulturen als Sozialisationsräume

Jugendstudien lassen darauf schließen, dass die Peergroups für immer mehr Heranwachsende zu einem immer früheren Zeitpunkt in ihrem Lebenslauf sozialisierende Funktionen haben.

Familie, Schule, aber auch außerschulische, pädagogische Einrichtungen wie z.B. Jugendverbände, sind allein nicht in der Lage, Jugendlichen in allen Belangen und Situationen genug Orientierung zu geben und Erfahrung für ihr Leben zu vermitteln. Jugendkulturen sind nicht selten gut funktionierende Beziehungsnetzwerke. Sie sind für

Jugendliche oft eine zweite Heimat und können als Gemeinschaft unter Gleichen und Gleichaltrigen soziale Kompetenzen fördern.

Jugendkulturen bieten Sozialisationsräume, in denen schwierige Übergänge bewältigt werden und Lebensfragen antizipiert werden können, wie die nach dem zukünftigen Beruf, der Partnerwahl oder dem politischen Engagement. Solche allmähliche Anpassung an neue Herausforderungen und Lebensaufgaben wird soziologisch als funktionalistisches Paradigma bezeichnet. Jugendkulturen stellen aber auch eine Art Proberaum dar, in dem auch ‚abweichendes Verhalten‘, die Grenzen gesellschaftlich gerade noch akzeptierter Möglichkeiten, getestet werden können. Sozialpsychologische Forschungsergebnisse verstärken die Annahme, dass Jugendkulturen als Orte der Identitätsfindung immer größere Bedeutung gewinnen.

Um einschätzen zu können, ob Jugendszenen eher zur ‚Einbürgerung‘ oder als Absetzbewegung taugen, bedarf es einer differenzierten Betrachtung. Es gibt durchaus Jugendkulturen, deren Wertorientierungen mit denen der Elterngeneration übereinstimmen. In anderen Fällen, z.B. in den Punk-Bewegungen, driften Normen- und Wertmuster ganz erheblich von den etablierten Vorstellungen der herrschenden Gesellschaft ab.

Beispiel Punk
Bei Punks sind besonders das äußere Erscheinungsbild und die Musik Ausdruck einer provozierenden und nonkonformistischen Grundhaltung und des Lebensstils. Punk entwickelte sich Mitte der 1970er Jahre in New York und London als Ausbruchsbewegung. Er ist primär proletarischen Ursprungs. Punk war zugleich Selbstausbürgerung und Absetzbewegung. ‚Destroy‘ statt ‚Peace‘ hieß die Parole. Aus Ohnmacht sollte Power werden. Weibliche Punks und das Thema der Emanzipation spielten in dieser Bewegung von Anfang an eine nicht unwesentliche Rolle. Punkbands spielten mitten im Publikum, mit ihm auf gleicher Ebene, nicht wie die perfektionierten Rockmusiker auf erhöhten Bühnen, mit großem Abstand zu den Zuhörenden. Stage Diving und Pogo gehören zu jeder Punk-Performance. Die Kleidung der Punks war Ausdruck ihrer Ablehnung des Mainstream wie auch der Hippie-Kultur. Verachtet wurden Ökos, Müslis und Freizeitpunks. Sicherheitsnadeln, Hundehalsbänder, Anstecker, zerrissene T-Shirts, Iro- und Federschnitt-Frisuren, Piercing, Tätowierungen waren dabei nur äußere Erscheinungen einer wirklichen Gegenbewegung, Subkultur und Gegengesellschaft.

Deutlich waren Anfang der 1980er Jahre auch die politischen Aussagen. Punk war Protest gegen soziale Ungerechtigkeiten, wirtschaftliches Elend und Leid, Protest gegen Selbstsucht, Apathie, Anpassungsbereitschaft, die Leistungsnormen in der Gesellschaft. ‚Helden‘ waren nicht gefragt. Boykott war das Instrument des Widerstandes. Der Punk war Musik: Hass- und Wutorgien mit zwei Akkorden. Die Band „Sex Pistols" zum Beispiel propagierte eine Form von modernem Anarchismus. Anarchie und Chaos wurden zu synonymen Begriffen. Punk war damals Kampf gegen die Konsumgesellschaft, gegen Kirche und Staat.

Punk ist aber auch ein gutes Beispiel dafür, wie Jugendkulturen vom Kommerz und der Industrie entdeckt und vereinnahmt werden. Spätestens Anfang der 1990er Jahre war der Punk in Deutschland vom Kommerzsystem internalisiert worden. Trendshops verkauften jetzt die Punk-Accessoires. Die Musik wurde professionell vermarktet. Viele bekannte Gruppen spielten jetzt nicht mehr in Garagen, sondern auf Festivals vor Zehntausenden. Die Gagen der Bands und die Eintrittspreise bei den Events nahmen exorbitante Ausmaße an.

Im Slogan „No future" drückt sich nach wie vor eine radikale Abkehr von wichtigen Elementen der Erwachsenenmentalität aus. Lernen und sparen, damit man später belohnt wird, ist für Kinder- und Jugendliche aus prekären Verhältnissen zur Farce geworden. Sie verneinen diese Bildungsziele und finden in der Negation die Power für ihre Schöpfungen. In der Hip-Hop Jugendkultur haben diese Jugendlichen ästhetisch überzeugende Ausdrucksmittel gefunden, auf ihre heikle Situation und Lebenslage hinzuweisen. Zugleich gibt es auch hier negative Auswüchse, insbesondere rassistische und sexistische Texte und entsprechendes Verhalten.

Jugendkulturen und Sprache

In manchen Jugendkulturen finden wir transitorische Sondersprachen vor, die auch vielfach als Jugendsprachen bezeichnet werden, ohne dass der Begriff ‚Jugendsprache' streng definiert wäre. Typisch für solche ‚Jugendsprachen' scheinen Übertreibungen und Expressivität, Emotionalität, Ironie und Sprachwitz zu sein. In der Kunstform des Poetry Slam finden wir die verschiedenen Sprachformen in Jugendkulturen wieder. Es gibt Denglish, Kanakisch, Hip-Hop Jargon, Kiezsprachen usw. Gemeinsam ist diesen Kontrasprachen ihre regionale Gebundenheit und Kurzlebigkeit.

Jugendkulturen bilden auch lebensstiftende Mythen. Während in gegenkulturell orientierten Jugendkulturen Sinn auch im politischen Engagement gesucht und gefunden wird, vermittelt er sich in eher angepassten Jugendkulturen vorwiegend über Gesten, Trends, wechselnden Moden und immer wieder zu aktualisierender Individualität. Sinn wird zu einer Art Augenblicksempfindung. Sein Ausdruck hängt stark von den finanziellen Ressourcen einer Person ab. Das Eigentliche eines Menschen ist dann nicht in seiner Geschichte und seiner Zukunft, seinen Bedürfnissen und Hoffnungen zu suchen, sondern in seiner Kleidung, seinen Accessoires, seinem sozialen Milieu und seinem gesellschaftlichen Status.

Ein pädagogischer Diskurs darüber, was Sinn ist und macht und darüber, wie Jugend in ihren Kulturen diese Frage zu beantworten sucht, hat gerade erst begonnen.

Literatur

Farin, Klaus (2012): Jugendkulturen heute. In: Hessische Jugend 64, 2, S. 4–7.
Calmbach, Marc/Thomas, Peter Martin/Borchard, Inga/Flaig, Bodo (2012): „Wie ticken Jugendliche?" – Lebenswelten von Jugendlichen im Alter von 14–17 Jahren in Deutschland. Düsseldorf: Haus Altenberg.
Baacke, Dieter (2003): Die 13- bis 18-Jährigen. Einführung in die Probleme des Jugendalters. Weinheim/Basel: Beltz.
Hitzler, Roland/Niederbacher, Arne (2010): Leben in Szenen. Formen juveniler Vergemeinschaftung heute. Wiesbaden: VS Verlag.

Links

Archiv der Jugendkulturen e.V.: www.jugendkulturen.de
Bundesverband Kulturarbeit in der evangelischen Jugend e.V.: www.bka-online.org
Archiv der Bundeszentrale für politische Bildung (bpb), Stichwort: Jugendkultur: www.bpb.de
Jugendszenen – Das Portal für Szenenforschung: www.jugendszenen.com

Helga Theunert

Jugend und Medien

Vor dem Hintergrund der medialen Gegebenheiten und ihrer Funktionen in gesellschaftlichen Prozessen, im sozialen Miteinander und in individuellen Lebensvollzügen ist Medienaneignung in Kindheit und Jugend als Bestandteil mediatisierter Vergemeinschaftungsprozesse zu begreifen, in die die heranwachsende Generation involviert wird, sich selbst – medienaufgeschlossen wie sie ist – involviert und zu deren Gestaltung sie gerade im Jugend- und jungen Erwachsenenalter aktiv beiträgt.

Medienaneignung in der konvergenten Medienwelt

Wer verstehen will, was junge Menschen mit und in den Medien machen und welchen Sinn das für sie im Kontext ihrer Lebensvollzüge hat, dem helfen statistische Nutzungsdaten nur begrenzt weiter. Angesichts konvergenter Medienstrukturen und umfassender Vernetzung birgt schon die Standardfrage nach der einem bestimmten Medium gewidmeten Zeit Unsicherheiten. So impliziert etwa die Zeit, die am Computer verbracht wird, nicht nur computerspezifische Tätigkeiten, die ja schon vielgestaltig sind (Textverarbeitung, kreatives Gestalten, Offline-Spiele u.ä.). Der PC und seine vielen mobilen Variationen, allen voran das Handy, öffnen den Weg ins Internet und damit zu unzähligen multimedialen Inhaltsangeboten, die mit multifunktionalen Aktivitäten verzahnt sind.

Die vielgestaltigen Optionen, die individualisierten Mediengebrauch unterstützen, verleihen der subjektiven Perspektive auf die Medienwelt und ihrer eigentätigen Aneignung zunehmend größeres Gewicht. Das subjekt- und handlungstheoretisch fundierte Konzept der *Medienaneignung* stellt diese subjektive Perspektive im Kontext lebensweltlicher und medialer Bedingungen ins Zentrum (vgl. Schorb/Theunert 2000a). Medienaneignung umfasst die selektiven, mentalen, kommunikativen und eigentätigen Akte der Realisierung der Angebote und Tätigkeitsoptionen der Medienwelt, deren Interpretation vor dem Hintergrund persönlicher und sozialer Lebensbedingungen sowie deren subjektiv variierende und aktiv variierte Integration in die eigenen Lebensvollzüge.

In der *konvergenten Medienwelt* beziehen sich diese Akte nicht mehr nur auf Einzelmedien. Sie integrieren technische und inhaltliche Vernetzungsstrukturen zwischen Einzelmedien sowie zwischen inhaltlichen Angeboten und Kommunikationsflächen, medialen Artikulationswerkzeugen und Veröffentlichungsforen. Gleiche Inhalte werden auf verschiedenen Kanälen zugänglich gemacht (Filme auf DVD), inhaltsähnliche Angebote werden miteinander verbunden (Computerspiel zum Actionfilm) und zusätzlich werden Anschlussmedien offeriert (Internet-Fanseite). Über das Internet werden die medienübergreifenden Zugänge ‚aus einer Hand' organisiert: Rezeption wird vernetzt mit kommunikativen Aktivitäten, die medienbezogen (Chats zu Fernsehserien), interessensspezifisch (Blogs zu politischen Themen) oder lebensweltlich (Hausaufgabenhilfe) ausgerichtet sind, mit kollektiv zu nutzenden Aktionsräumen (Online-Spiele und Social Communitys) und mit Werkzeugen zur medialen Artikulation und Produktion sowie mit Veröffentlichungsflächen zur Präsentation der Äußerungen und Werke, die dann wiederum zur Rezeption verfügbar sind. Vor allem die Mitmachwelt des Social Web reizt Eigenaktivität an, sei es die Ausgestaltung von Community-Profilen, die Kommentierung von Selbstdarstellungen, Meinungen oder Werken, die Organisation von Spaßaktionen oder die Initiierung von zivilgesellschaftlichem Engagement.

Dimensionen der Medienaneignung Jugendlicher

Die konvergente Medienwelt ist das Referenzsystem heute möglichen Medienhandelns. Ab der letzten Phase der Kindheit, wenn die Strukturen des Internets selbständig zugänglich werden (vgl. Feil u.a. 2004), wird sie zunehmend interessant. Jugendliche schöpfen ihre Möglichkeiten in der Breite aus und wenden sich insbesondere den kommunikativen, aber auch den produktiven Angeboten des Social Web zu. Fasst man vorliegende Befunde zusammen (vgl. v.a. Konvergenzstudien des JFF 2001ff. und Medienkonvergenz-Monitoring an der Universität Leipzig 2003ff.), so sind folgenden Dimensionen des Medienhandelns Jugendlicher gut belegt:

1. Ausgehend von ihren favorisierten medialen Angeboten und Tätigkeiten sowie ihren Interessen eignen sich Jugendliche die Medienwelt an, agieren medienübergreifend und vernetzen sich mit anderen Nutzenden. Als Startpunkte fungieren bevorzugte Angebote, vorrangig Spielfilme, Fernsehserien und – bei männlichen Jugendlichen – Off- und Onlinespiele. Zusätzlich leiten Interessen, von Musik bis zu einem breiten Spektrum von Hobbys und Sachgebieten, für die die Medienwelt Mehrwert verspricht, in die konvergente Medienwelt.

2. In den vernetzten multimedialen und multifunktionalen *Unterhaltungsuniversen* (Online-Spiele wie „World of Warcraft") beschränkt sich das Gros der Jugendlichen auf rezeptionsorientierte und spielerische Aktivitäten. Eingefleischte Fans tauchen jedoch tief in die medialen Universen ein: Sie verfolgen ihre Vorlieben ‚weltweit', suchen zugehörige Informationen über die Palette der vernetzten Medien, kommunizieren und interagieren mit anderen Fans. Vereinzelt gehen die Aktivitäten weiter, etwa wenn Fan-Foren moderiert werden oder sie münden in produktives Medienhandeln, wenn Jugendliche selbst kreativ werden und z.B. in der Manga-Szene selbst Geschichten schreiben und illustrieren.

Geschlecht und Bildung sind zentrale Moderationsfaktoren für die inhaltlichen Schwerpunktsetzungen und Tätigkeiten, wobei drei Trends bemerkenswert sind: Je jünger die Jugendlichen sind und je niedriger ihr Bildungshintergrund ist, desto deutlicher ist die Rezeptionsorientierung. Je gewalthaltiger und spielerischer die Vergnügungsflächen akzentuiert sind, desto deutlicher ist die Affinität männlicher Jugendlicher. Je komplexer Spielstrukturen und -anforderungen sind, desto stärker ist die Präsenz bildungsbevorzugter Jugendlicher. Neben Alter und Bildung wird das Aktivitätsniveau zusätzlich von Begeisterung und Involvement beeinflusst.

Das Spektrum von Interessen, für das sich Jugendliche von der Medienwelt Mehrwert erhoffen, ist breit gefächert und über das Internet wird nahezu alles bedient. Insbesondere Musik markiert einen zentralen Startpunkt in die konvergente Medienwelt:

Je weniger mainstreamorientiert der Geschmack ist, desto intensiver werden die medienübergreifenden und globalen Strukturen genutzt und darüber hinaus werden hier auch produktive Aktivitäten angestoßen.

3. Die über das Internet zugänglichen *vernetzten Informationswelten* gehören zum Medienalltag der jungen Generation. Allerdings haben Jugendliche ein sehr breites und teilweise diffuses Informationsverständnis. Dieses integriert Information über gesellschaftlich relevantes Geschehen (politische und soziale Themen), aber auch ein Gemisch aus Lebens- und Alltagshilfe und spezifisch interessenbezogener Information (vgl. Schorb/Theunert 2000b). Das Internet bedient beides: Internetauftritte der Print- und Rundfunkmedien, Internetseiten von offiziellen Institutionen, alternative Nachrichtenportale u.ä. liefern (scheinbar) lücken- und grenzenlose Information über aktuelles Geschehen in Echtzeit. Wissensportale, Special-Interest-Seiten, Lebenshilfe-Angebote unterschiedlichster Herkunft bieten (scheinbar) umfassendes Wissen zu allen Bereichen des menschlichen Innen- und Außenlebens. Darüber hinaus ziehen einige Jugendliche auch eigenwillige Informationsquellen heran, so etwa ‚ihre' Communitys oder Videoportale wie „YouTube". Die hier verbreiteten Inhalte verweisen auf die Besonderheit heutiger Informationswelten: Neben offiziellen und professionellen Akteuren sind private Akteure aktiv, die über Wikis, Blogs und Twitter Informationen verbreiten. Die Informationsfülle des World Wide Web und die Möglichkeiten zu Interaktion und eigentätiger Informationsproduktion, die das Social Web bietet, erweitern die Orientierungshorizonte. Sie können Jugendliche in der Herstellung von Öffentlichkeit für eigene Belange unterstützen und schaffen Potenziale für Partizipation. Gleichzeitig implizieren diese Möglichkeiten Gefahren (von Fehlinformation bis hin zu demokratiefeindlichem und die Menschenwürde verletzendem Gebrauch). Informationsfülle und Eigentätigkeit erhöhen die Anforderungen an einen souveränen Umgang mit und in den vernetzten Informationswelten. Das betrifft erstens die Diskriminierung von Informationsquellen und die Einschätzung von deren Glaubwürdigkeit und zweitens die Übernahme sozialer Verantwortung bei der Verbreitung von Information.

Das Wissen über den Umgang Jugendlicher mit medialer Information und insbesondere mit den vernetzten Informationswelten ist lückenhaft. Neben der Tatsache, dass Jugendliche sich im Internet informieren und dies klassischen Informationsmedien wie Fernsehen und Print vorziehen, verweisen vereinzelte Befunde darauf, dass die für die Nutzung von Fernsehinformation festgestellte Informationskluft (vgl. Schorb/Theunert 2000b) auch in den vernetzten Informationswelten fortbesteht. Hier erfährt sie neue Akzentsetzungen und teilweise Verschärfungen, die bis zur Gefahr der Exklusion von Teilen der Jugendpopulation reichen (vgl. Theunert 2011). Im Kern besagt die Informationskluft, dass bildungsbevorzugte Jugendliche Informationsquellen diskriminieren, Kriterien für Glaubwürdigkeit anlegen und vorwiegend seriöse, professionell fundierte Quellen heranziehen. Wenn es um interaktive und produktive informationsbezogene Eigenaktivitäten geht, scheinen besser gebildete Jugendliche weitgehend unter sich zu sein.

4. Besondere Begeisterung zeigt die heranwachsende Generation für die *sozialen Online-Netzwerke*. Mitgliedschaft in mehreren unterschiedlich ausgerichteten Angeboten ist keine Seltenheit. Bereits ab dem Ende des Grundschulalters streben Kinder in die Communities und im Jugendalter ist die Mitgliedschaft obligatorisch: drei Viertel der 14- bis 19-

Jährigen sind nahezu täglich in ‚ihren' Communitys aktiv. Besser Gebildete und weibliche Jugendliche haben dabei die Nase vorn (vgl. mpfs 2010). Die Social Communitys markieren für Jugendliche soziale Lebensräume, die mit Sozialräumen und Bezugsgruppen in der materiellen Welt verzahnt sind. Weniger parallel als vielmehr im symbiotischen Wechselverhältnis gestalten Jugendliche ihr Leben hier wie dort. Social Communitys sind für Jugendliche kommunikative Begegnungs- und Aktionsräume, in denen Gefühlswelten, Alltagsprobleme, Orientierungen, Lebensentwürfe verbal und präsentativ in Bildern, Tönen und Symbolen thematisiert und verhandelt werden, und in denen Beziehungsleben gepflegt oder initiiert wird. Insbesondere in der über die Profilgestaltung angereizten Kombination von interaktivem und produktivem Medienhandeln werden soziale Einbettung, Anerkennung, Autonomie, Selbstwirksamkeit und kollektives Handeln angestrebt und erfahren, kurz: Es werden zentrale Entwicklungsaufgaben des Jugendalters bearbeitet und Identitätsarbeit geleistet (vgl. Theunert 2009).

Das Gros der Jugendlichen führt in den Communitys seine sozialen Beziehungen aus der materiellen Welt fort oder erweitert sie durch Freunde von Freunden. Die im Jugendalter besonders bedeutsame Peergroup ist hier wie dort präsent. Vor allem Jugendliche mit jugendkulturellen Interessen schöpfen die Möglichkeiten der vernetzten Strukturen aus, um sich in ihrer Peergroup und ihrer Szene zu verorten. So markieren Zusammenschlüsse in virtuellen Spielwelten (Clans) und deren Präsenz in Sozialräumen der materiellen Welt (Lan-Parties) kollektives Medienhandeln, das in neuartige Gesellungsformen münden kann.

Durch die Anreize, sich nicht nur verbal, sondern auch präsentativ zur Geltung zu bringen, wird produktives Medienhandeln zunehmend interessant. Das reicht von der bloßen Selbstinszenierung über die Veröffentlichung eigener Talente bis hin zur Umsetzung und Initiierung partizipativer Aktivitäten. Bildungsbenachteiligte Jugendliche bleiben dabei gern bei den vorgegebenen Vorlagen der jeweiligen Communitys oder richten ihre Selbstdarstellungen an massenmedialen Vorbildern aus. Partizipationsorientierte Aktivitäten zeigen vorrangig besser gebildete Jugendliche, im Vordergrund stehen dabei jugendkulturelle Aktivitäten, seltener die Einmischung in öffentliche Diskurse.

Das skizzierte Medienhandlungsrepertoire haben Jugendliche mehrheitlich in ihren Alltag integriert und nutzen es, um sich in der Welt zu orientieren und zu positionieren. An welchem Horizont sie ihr Medienhandeln ausrichten, welches Aktivitätsniveau sie realisieren und wie intensiv sie die Medienwelt als sozialen Lebensraum erschließen wird von persönlichen und soziokulturellen Faktoren moderiert.

Aufwachsen unter Bedingungen mediatisierter Vergemeinschaftung

Das Referenzsystem des Medienhandelns ist die aktuelle Medienwelt, deren Strukturen gesellschaftlich verwurzelt sind und gleichermaßen öffentliches wie individuelles Leben mitgestalten. In Bezug auf sie und in ihr agiert das Subjekt nach Maßgabe seines Sinnhorizonts, der in den entwicklungsbedingten Verstehens- und Handlungsfähigkeiten, soziokulturellen Lebenskontexten und sozialen Bezugssystemen gründet und angestoßen von inneren und äußeren Anforderungen und Interessenlagen im Prozess des Heranwachsens fortwährend moderiert wird. Die gesellschaftlichen, sozialen und individuellen Bedingungen des Aufwachsens, das Herkunfts- und Bildungsmilieu, die sozialen Bezugsgruppen, v.a. Familie und Peergroup, mit ihren auch geschlechtsdifferenzierten Vorbildern, Anforderungen und Anregungen, aber auch Sozialisationsinstitutionen konturieren entsprechend die Bedingungen der Medienaneignung. Sie schlagen auf die Ressourcen, die dabei realisiert werden können, ebenso durch wie auf daraus ggf. erwachsende Risiken.

Sobald sich die sozialen Bewegungsräume erweitern, spielen diese auch in den Mediengebrauch und in die Lebensgestaltung hinein. Orte, an denen Gleichaltrige zusammenkommen, Schule, Freizeiteinrichtungen und eben auch mediale Räume wie die Communitys, fungieren als Tauschbörsen für Medien und Medienerleben, regen die Entdeckung neuer Segmente der Medienwelt an, motivieren zum Ausprobieren medialer Aktivitäten und bieten Bühnen für mediale (Selbst-)Präsentationen. Mobile interaktionstaugliche Medien unterstützen diese translokalen Medienaneignungsprozesse. Während der Einfluss der Familie im Prozess des Heranwachsens zurückgeht, gewinnt die Peergroup kontinuierlich an Gewicht und wird mit Beginn des Jugendalters zum Dreh- und Angelpunkt für Medienerleben sowie individuelles und kollektives Medienhandeln. Da sie zumeist die Milieubedingungen teilt, verstärkt sie in der Regel den Mediengebrauch des soziokulturellen Milieus bzw. dessen jugendkulturelle Ausrichtung. Die Peergroup wird heute in mediale Interaktionsräume ausgedehnt und dort erweitert. Das birgt auch Potenzial für milieuübergreifende Kontakte und Anregungen.

Seit es Medien gibt, gestalten sie die kommunikativen Strukturen im öffentlichen, sozialen und individuellen Leben mit; im Zuge der Digitalisierung hat sich dieser Zusammenhang intensiviert. Insbesondere die allgemeine Verfügbarkeit medialer Artikulationsmittel und Veröffentlichungsflächen führt dazu, dass medienbasierte Aktivitäten auf immer mehr Ebenen und immer selbstverständlicher ins alltägliche und öffentliche Leben integriert werden. Mediatisierung wird von subjektivem wie gesellschaftlichem Handeln vorangetrieben und beide Seiten greifen auf die gleichen medialen Mittel und Wege zu (vgl. Theunert/Schorb 2010). So bedienen sich Politik, Wirtschaft, Journalismus und Privatpersonen gleichermaßen des Instruments Twitter. Durch Mediatisierungsprozesse verschränken sich Medien, soziale Handlungspraktiken und kulturelle Sinnkonstitution (vgl. Krotz 2012). Medien sind nicht mehr nur ein Gegenstand der sozialen Realität, dem man sich zuwendet oder nicht, sie sind vielfach vernetzt mit sozialen Strukturen und sozialem Handeln in der Gesellschaft. Durch ihre Aktivitäten in den vernetzten Strukturen der Medienwelt realisiert die junge Generation Gestaltungspotenziale für Mediatisierungsprozesse. Diese in sozial verantwortliche Bahnen zu lenken ist eine zentrale pädagogische Aufgabe aller Erziehungs- und Bildungsfelder.

Literatur

Feil, Christine/Decker, Regina/Gieger, Christoph (2004): Wie entdecken Kinder das Internet. Beobachtungen bei 5- bis 12-jährigen Kindern. Wiesbaden: VS Verlag.

JFF – Institut für Medienpädagogik in Forschung und Praxis: Medienkonvergenz-Studien. (2001–). Ein Überblick unter: http://www.jff.de/medienkonvergenz [Zugriff: 4.12.2012]

Krotz, Friedrich (2012): Von der Entdeckung der Zentralperspektive zur Augmented Reality: Wie Mediatisierung funktioniert. In: Krotz, F./Hepp, A. (Hrsg.): Mediatisierte Welten. Forschungsfelder und Beschreibungsansätze. Wiesbaden: VS Verlag, S. 27–55.

[mpfs] Medienpädagogischer Forschungsverbund Südwest (2010): Jugend, Information, (Multi-)Media. Basisuntersuchung zum Medienumgang 12- bis 19-Jähriger in Deutschland. JIM-Studie 2010. Stuttgart: Medienpädagogischer Forschungsverbund Südwest.

Schorb, Bernd/Theunert, Helga (2000a): Kontextuelles Verstehen der Medienaneignung. In: Schorb, B./Paus-Haase, I. (Hrsg.): Qualitative Kinder- und Jugend-Medienforschung. Theorie und Methoden. Ein Arbeitsbuch. München: KoPäd-Verlag, S. 33–57.

Schorb, Bernd/Theunert, Helga (2000b) (Hrsg.): „Ein bisschen wählen dürfen ..." – Jugend – Politik – Fernsehen. Eine Untersuchung zur Rezeption von Fernsehinformation durch 12- bis 17-Jährige. München: KoPäd-Verlag.

Theunert, Helga (2009) (Hrsg.): Jugend – Medien – Identität. Identitätsarbeit Jugendlicher mit und in Medien. München: KoPäd-Verlag.

Theunert, Helga (2011): Jugendliche zwischen medialer Informationsflut und Informationsproduktion. In: Theunert, H./Wagner, U. (Hrsg.): Alles auf dem Schirm? Jugendliche in vernetzten Informationswelten. München: KoPaed-Verlag, S. 69–86.

Theunert, Helga/Schorb, Bernd (2010): Sozialisation, Medienaneignung und Medienkompetenz in der mediatisierten Gesellschaft. In: Hartmann, M./Hepp, A. (Hrsg.): Die Mediatisierung der Alltagswelt. Wiesbaden: VS Verlag, S. 243–254.

Universität Leipzig: Medienkonvergenz-Monitoring (2003–). Ein Überblick unter: http://www.uni-leipzig.de/~mepaed/medienkonvergenz-monitoring [Zugriff: 4.12.2012]

Jan Skrobanek und *Birgit Reißig*

Jugend und Arbeit

Problemstellung

Die Integration in den Ausbildungs- und Arbeitsmarkt und die damit zu entwickelnde ökonomische Selbstständigkeit zählt zu den zentralen Entwicklungsaufgaben Jugendlicher (vgl. Hurrelmann 2010: 37). Entsprechend spielen die Vorbereitungen auf die Arbeitswelt – Bildung und Ausbildung sowie der Eintritt in den Arbeitsmarkt bei der Gestaltung der Jugendphase eine zentrale Rolle. Bis in die 1980er Jahre gestaltete sich diese Abfolge für die große Mehrheit der Jugendlichen relativ geradlinig. In den Folgejahren bzw. Jahrzehnten veränderte sich das Bild. Immer deutlicher konturierte sich ein Wandel von Jugendbiografie, bei dem vormals dominante lineare Übergangsmuster vielfältiger, fragmentierter und labiler wahrgenommen wurden (vgl. stellvertretend Heitmeyer u.a. 2011: 13).

Jugendliche erreichen wegen verlängerter Schul- und Ausbildungszeiten sowie wachsender Probleme hinsichtlich des Berufseinstiegs erst spät den Erwachsenenstatus (vgl. Heitmeyer u.a. 2011; Hurrelmann 2010). Begleitet wird diese Entwicklung von einer *Auflösung der jugendlichen Normalbiografie* als biografisch fixe Abfolge von Schulbesuch, Ausbildung, Berufstätigkeit und Familiengründung (vgl. Hurrelmann 2010: 37ff.). Im Jahre 1962 gingen nahezu 40% der 16 bis 18-Jährigen Jugendlichen in Deutschland bereits einer Erwerbstätigkeit nach und rund 40% befanden sich in einer Berufsausbildung. Heute sind dies nur noch rund 5%. Die große Mehrheit der Jugendlichen befindet sich entweder in Bildungsinstitutionen (rund 70%) oder in Berufsausbildung (25%) (vgl. Münchmeier 2008: 20). Junge Menschen verbringen somit längere Zeit im Bildungswesen, ehe der Eintritt in Ausbildung und Erwerbsarbeit realisiert wird. Dadurch verschiebt sich die ökonomische Selbstständigkeit bzw. die für ein selbstständiges Leben ausreichende Aneignung ökonomischen Kapitals bis durchschnittlich weit ins dritte Lebensjahrzehnt hinein (vgl. Heitmeyer u.a. 2011: 17). Zudem ist eine abgeschlossene Berufsausbildung, die nach wie vor als wichtigste Bedingung für den erfolgreichen Eintritt in qualifizierte Erwerbsarbeit gilt, kein Garant mehr für einen direkten Übergang in stabile Erwerbsarbeit.

Dies bleibt nicht folgenlos für den ökonomischen Status der Jugendlichen. Wie das Deutsche Institut für Wirtschaft 2006 errechnete, waren die *Armutsrisikoquoten* (60%-Grenze, d.h. unterhalb 60% des mittleren Einkommen in Deutschland) für Jugendliche mit knapp 30% im Vergleich zu Erwachsenen mit rund 16% und Rentner/-innen mit 12% am höchsten. Zwischen 2000 und 2006 erhöhten sich für Jugendliche in der Altersgruppe zwischen 16 und 24 Jahren die Armutsrisikoquoten von 16% auf 28%. Vergleicht man die unterschiedlichen Altersgruppen miteinander, waren die Zuwächse in der Altersgruppe der Jugendlichen vergleichsweise am höchsten (vgl. Wirtschaftsforschung 2007: 121).

Jugendliche sind nicht gleichermaßen von den Entwicklungen betroffen. Zwar lassen sich die Trends über alle Jugendfraktionen hinweg beschreiben, sie variieren allerdings deutlich nach Ausmaß der Konsequenzen für die jeweiligen Jugendlichen. So sind Jugendliche mit mittlerer bis hoher Ausstattung an kulturellem, sozialem oder ökonomischem Kapital von den Externalitäten der beschriebenen Entwicklungen weitaus seltener betroffen, als Jugendliche mit geringerer Kapitalienausstattung (vgl. Solga 2005: 102ff.). Entsprechend ungleich verteilt sind Ressourcen und damit die Chancen zur Bewältigung der Herausforderungen bei der Lösung der jugendspezifischen Entwicklungsaufgaben.

Diese Entwicklungen spiegeln sich in den subjektiven Wahrnehmungen der Jugendlichen. In der Shell-Jugendstudie 2006 gaben rund 70% der jungen Frauen und Männer an, am häufigsten Angst vor einer schlechten Wirtschaftslage und Armut sowie Arbeitsplatzverlust bzw. keinen Arbeitsplatz oder Ausbildungsplatz zu haben (vgl. Hurrelmann/ Albert 2006: 74). Im Zeitverlauf betrachtet nahm die *Angst vor Arbeitslosigkeit* von 2002 bis 2006 bei Jugendlichen aller sozialen Schichten zu. Am stärksten ausgeprägt ist sie bei Jugendlichen aus der Unterschicht (rund 80%) (vgl. Hurrelmann/Albert 2006: 76). Aus Sicht der Jugendlichen stellt die Bewältigung des Übergangs von der Schule in den Beruf die entscheidende Hürde auf dem Weg ins Erwachsenenalter dar. Damit wird zugleich der zentrale Stellenwert deutlich, den Erwerbsarbeit in Deutschland (und den westlichen Ländern) für gesellschaftliche Teilhabe einnimmt. Vor diesem Hintergrund wird für Jugendliche die Frage immer drängender, ob bzw. welche Anstrengungen sich denn überhaupt auszahlen, denn „der Nutzeffekt eigener Leistungen und Anstrengungen kann in Frage gestellt werden, da sie keine Garantie mehr für die Realisierbarkeit beruflicher Zielvorstellungen sind" (vgl. Mansel/Kahlert 2007: 13).

Entwicklungslinien

Das Gelingen eines erfolgreichen Eintritts in den Arbeitsmarkt hängt vor allem von der Qualität des Bildungsabschlusses und einer abgeschlossenen Berufsausbildung ab. Gerade vor dem Hintergrund prognostizierter wachsender Anforderungen der Arbeitstätigkeiten (vgl. Bonin u.a. 2007) ist genauer zu beleuchten, welche Konsequenzen daraus für die Jugendlichen resultieren. In einer von Schnur und Zika (2007: 5) erstellten Prognose des Arbeitskräftebedarfs bis 2025 wird deutlich, dass sich die Beschäftigungsanteile im produzierenden Gewerbe von rund 26% im Jahre 2005 nochmals um rund 5% verringern werden. Umgekehrt lässt sich prognostizieren, dass die Bedarfe im Dienstleistungssektor nochmals von rund 71% 2005 auf 77% steigen werden (Schnur/ Ziska 2007: 5). Dies bleibt nicht folgenlos für die Bedarfe von Qualifikationsstufen zur Besetzung von Arbeitsstellen. So wird bis 2020 die Nachfrage nach Jugendlichen bzw. Arbeitskraftanbietern ohne abgeschlossene Berufsausbildung weiter zurückgehen. Demgegenüber steigt die Nachfrage nach höher qualifizierten Berufsabschlüssen wie Meister-/Techniker-/Fachschulabschlüssen, Fachhochschul- und Universitätsabschlüssen stetig an (vgl. Bonin u.a. 2007: 72ff.). Aus diesen Entwicklungen lässt sich ableiten: Diejenigen Jugendlichen werden im Zugang zum Arbeitsmarkt und mit Blick auf einen stabilen Erwerbsverlauf zukünftig die größten Chancen haben, denen es gelingt, im Bildungs- und Ausbildungsprozess höhere Bildungs- und Kompetenzniveaus zu erreichen. Die geringsten Chancen werden diejenigen haben, die auch bisher aufgrund ungleicher Ressourcenausstattung im Wettbewerb benachteiligt waren. Für diese werden aufgrund der wirtschaftlichen Entwicklung der Arbeitsanforderungen zukünftig noch weniger Optionen – sprich z.B. Einfacharbeitsplätze im produzierenden Gewerbe oder im Dienstleistungssektor – verfügbar sein.

Parallel zu der Debatte um die Bildungsvoraussetzungen und Kompetenzen von Jugendlichen mit Blick auf die (zukünftige) Besetzung von Ausbildungs- und Arbeitsplätzen hat sich ein zweites kontroverses Diskussionsfeld um die Auswirkungen der demografischen Entwicklung für den Ausbildungs- und Arbeitsmarkt entwickelt (vgl. Baethge u.a. 2007). Ein Argument lautet, dass sich Probleme hinsichtlich der Integration von Jugendlichen in den Ausbildungs- und Arbeitsmarkt lösen würden (vgl. Skrobaniek 2010: 22), weil aufgrund der geringeren Nachfrage von Seiten der Jugendlichen Unternehmen zunehmend auch mit Jugendlichen vorlieb nehmen müssten, die für sie bisher nicht infrage kamen. Dem widersprechen jedoch bisher vorliegende Daten. Trotz der Verknappung an Nachfragern im Zeitverlauf wurden 2010 immer noch 84.500 erfolglose Ausbildungsplatznachfrager/-innen registriert, während es gleichzeitig für Betriebe schwerer wird, die angebotenen Stellen zu besetzen (vgl. BIBB 2011: 9). Das heißt, dass eine nicht unbedeutende Anzahl von Jugendlichen trotz Verknappung der Nachfrage als nicht in ausreichendem Maße geeignet gesehen wird, vorhandene Stellen zu besetzen (vgl. Skrobanek 2010: 25).

Mit Blick auf die Übergänge in den Arbeitsmarkt nach erfolgreicher Berufsausbildung ergibt sich folgendes Bild. Nach dem Bildungsbericht 2012 haben sich die Übergangsprobleme von Jugendlichen mit Ausbildungsabschluss zwischen 2005/2006 und 2007/2008 verringert (vgl. Autorengruppe Bildungsberichterstattung 2012: 117). Allerdings mündet der Übergang für einen nicht unerheblichen Teil der Ausbildungsabsolventen/-innen in eine Übergangsarbeitslosigkeit. Dies betrifft im Zeitraum 2007/2008 rund 20% der Jugendlichen (vgl. Autorengruppe Bildungsberichterstattung 2012: 118). 2008 lag dieser Wert um mehr als 10 Prozentpunkte höher bei rund 32% der Jugendlichen mit erfolgreich abgeschlossener dualer Ausbildung und erhöhte sich 2009 weiter auf 35% (vgl. BIBB 2011: 263). Andere Berechnungen unterstreichen diese Entwicklungen. Jugendliche gehören zu den Verlierern der jüngeren Transformationen im Arbeitsmarkt. Ihr Anteil an den Arbeitslosen ist seit 2008 „dreimal so stark gestiegen wie in allen anderen Altersgruppen" (Hans-Böckler-Stiftung 2010: 2). Nach der Studie der Hans-Böckler-Stiftung arbeiten von den unter 30-Jährigen – obwohl sie nur rund 22% Anteil an allen Beschäftigten ausmachen – knapp 40% in Leiharbeitsverhältnissen. Im Zeitverlauf betrachtet lässt sich zudem feststellen, dass die atypischen Beschäftigungsverhältnisse (Leiharbeit, befristete Arbeitsverträge und Teilzeit) bei den 15- bis 24-Jährigen zwischen 1997 und 2007 von rund 20% auf knapp 40% am vergleichsweise stärksten zugenommen haben (vgl. Hans-Böckler-Stiftung 2010: 2). Fragt man schließlich danach, welche Jugendlichen die größten Risiken tragen, von den benannten Problemen betroffen zu sein, dann lässt sich klar konstatieren, dass es diejenigen mit geringen bildungsspezifischen Ressourcen sind (vgl. Buchholz/Kurz 2005).

Die strukturellen Entwicklungen im Ausbildungs- und Arbeitsmarkt bleiben nicht ohne Konsequenzen für das allgemeinbildende Schulsystem. Immer stärker und immer früher geht es darum, einerseits Jugendliche für den Arbeitsmarkt ‚fit' zu machen, andererseits Jugendliche für ein spezifisches Stellenangebot zu sensibilisieren bzw. als Ausbildungs- und/oder Arbeitskraft zu akquirieren. Die politische Unterstützung zu erfolgreicher Ausbildungsplatz- und Arbeitsmarktintegration hat seit vielen Jahren zu einem umfangreichen Angebot von Maßnahmen, Trainings und Qualifizierungsbausteinen geführt, die Jugendliche und junge Erwachsene gezielt in den Blick nehmen. Zudem drängen Unternehmen verstärkt in Schulen, um in direkter Kooperation mit der Schule Jugendliche als Ausbildungs- und/oder Arbeitskräfte so früh wie möglich für sich zu gewinnen. Neben den Programmen und Maßnahmen zur Verbesserung der Ausbildungs- und Arbeitsmarktintegration von Jugendlichen tritt der Aspekt der arbeitsmarktbezogenen Verwertbarkeit von Aktivitäten und Initiativen ins Zentrum. Kompetenzentwicklung oder -erwerb stehen deutlicher als früher unter dem Anspruch, für den Zugang zu Ausbildung und Arbeit nützlich bzw. verwertbar zu sein. Ob und unter welchen Bedingungen sich dieser Anspruch dann tatsächlich auch einlöst, wird in der Evaluationsforschung seit längerem kontrovers diskutiert. Dies gilt für ganze Förderprogramme (z.B. Kompetenzagenturen oder Berufseinstiegsbegleitung) ebenso wie für Berufspraktika und Schülerjobs. Erste Befunde zeigen, dass Praktika während der Schulzeit auch für bildungsbenachteiligte Jugendliche den Einstieg in eine Ausbildung erleichtern können (vgl. Gaupp u.a. 2008).

Herausforderungen

Mehr als je zuvor sind Jugendliche gefordert, sich als Baumeister ihrer eigenen Biografien zu begreifen (vgl. z.B. Mansel/Kahlert 2007). Dabei wird von ihnen die Herausbildung eines „unternehmerischen Selbst" (Bröckling 2007: 7) erwartet. Neben dem verstärkten Fokus auf den Ausbildungs- und Arbeitsmarkt und der damit einhergehenden Funktionalisierung von Fähigkeiten und Fertigkeiten hinsichtlich ihrer „Marktgängigkeit" (Hurrelmann/Albert 2006: 28) haben sich die übrigen (normativen) Anforderungen und Entwicklungsaufgaben an Jugendliche und junge Erwachsene jedoch kaum geändert. Aufgrund des immer stärker werdenden Edikts der Verwertbarkeit von Bildung für den Arbeitsmarkt wächst die Gefahr, dass Rahmenbedingungen für die Bewältigung weiterer Entwicklungsaufgaben aus dem Blick geraten. Wege in Ausbildung und Arbeit sind nicht eindimensional und entkontextualisiert jenseits der anderen für eine gelingende Integration notwendigen Entwicklungsaufgaben zu denken (vgl. Heitmeyer u.a. 2011: 20). Entsprechend greift ein mit einer Verwertbarkeitsillusion gekoppeltes einseitig zugespitzes Verwertbarkeitsdogma auf den Brückenangebots-, Ausbildungs- und Arbeitsmarkt als Maß aller Dinge für eine breitere gesellschaftliche Integration eindeutig zu kurz.

Die realen Randbedingungen von Praxis, d.h. die zeitlichen Abfolgen, die Strukturen bei der Umsetzung dieser Entwicklungsaufgaben und die Zugänge zu bewältigungsrelevanten Ressourcen haben sich auffallend in Richtung Ungleichheit verändert. Entsprechend disparat sind die Konsequenzen hinsichtlich der Bewältigung der sozialen, kulturellen und ökonomischen Anforderungen der Umwelt für die Jugendlichen. Die Herkunft entscheidet, neben den Restriktionen des Kontextes, über die Chancen, einen bestimmten Beruf auszuüben, einen stabilen Arbeitsplatz zu erlangen und über die Art des ökonomischen Auskommens (vgl. Heitmeyer u.a. 2011: 15). Die oben prognostizierten Entwicklungen des Arbeitsmarktes machen deutlich, dass der Arbeitsmarkt der Zukunft noch stärker als bisher eine am Arbeitsmarkt ausgerichtete Nutzung individueller Fähigkeiten und Fertigkeiten erfordern wird (vgl. Pongratz/Voß 2001), um darin integriert zu sein. Die Chancen der Aneignung dieser Fähigkeiten und Fertigkeiten sind jedoch herkunftsspezifisch ungleich verteilt. Diese Ungleichheit zu überwinden war, ist und bleibt eine der zentralen Herausforderungen für gelingende Übergänge in Ausbildung und Arbeit.

Die oben beschriebenen Aspekte zeigen, dass das Verhältnis von Jugend und Arbeit von deutlichen Spannungen und Widersprüchlichkeiten geprägt ist. Jugendliche sind am stärksten von den Externalitäten der Sozialstaats-, Ausbildungs- und Arbeitsmarktentwicklungen betroffen. Sie haben bei vergleichsweise geringer Ressourcenausstattung umfassende Vorleistungen zu erbringen, um sozial und beruflich integriert zu sein. Jugendliche finden ihre individuellen Antworten, was sich in zunehmend komplexeren, unübersichtlicheren und zum Teil auch widersprüchlicheren Übergängen von der Jugend ins Erwachsensein manifestiert. Hier treffen gewachsene Optionen, die mit verlängerten Zeithorizonten einhergehen, auf „Verdichtungsprozesse" (Lex u.a. 2011: 3). Die „Erweiterung von Möglichkeitsräumen" (Fend 1988: 295) ist zugleich mit Risiken verbunden. Denn die Nutzung der durch die Wandlungsprozesse neu gewonnenen Chancen setzt eine entsprechende Ressourcenausstattung voraus. Für diejenigen, die nicht auf die entsprechenden Voraussetzungen zurückgreifen können, sei es wegen ihrer sozialen oder ethnischen Herkunft oder ihrer Bildungsbiografie, werden gewonnene Freiheitsgrade schnell zu einer „riskanten Autonomie" (Heinz 2011: 16).

Literatur

Autorengruppe Bildungsberichterstattung (Hrsg.) (2012): Bildung in Deutschland 2012. Ein indikatorengestützter Bericht mit einer Analyse zur kulturellen Bildung im Lebenslauf. Bielefeld: Bertelsmann.
Baethge, Martin/Solga, Heike/Wieck, Markus (2007): Berufsbildung im Umbruch. Signale eines überfälligen Aufbruchs. Berlin: Friedrich-Ebert-Stiftung.
Bonin, Holger/Schneider, Marc/Quinke, Hermann/Arens, Tobias (2007): Zukunft von Bildung und Arbeit. Perspektiven von Arbeitskräftebedarf und -angebot bis 2020. IZA Research Report, 9. Bonn: Forschungsinstitut zur Zukunft der Arbeit.
Bröckling, Ulrich (2007): Das unternehmerische Selbst. Soziologie einer Subjektivierungsform. Frankfurt/M.: Suhrkamp.
Buchholz, Sandra/Kurz, Karin (2005): Increasing employment instability among young people? Labour market entries and early careers in Germany since mid-1980's. Flexcareer Working Paper 3. Bamberg: University of Bamberg.
Bundesinstitut für Berufsbildung (BIBB) (2011): Datenreport zum Berufsbildungsbericht 2011. Bonn: Bundesinstitut für Berufsbildung.
Deutsches Institut für Wirtschaftsforschung (2007): Integrierte Analyse der Einkommens- und Vermögensverteilung. Bonn: Bundesministerium für Arbeit und Soziales.
Fend, Helmut (1988): Sozialgeschichte des Aufwachsens. Bedingungen des Aufwachsens und Jugendgestalten im zwanzigsten Jahrhundert. Frankfurt/M.: Suhrkamp.
Gaupp, Nora/Lex, Tilly/Reißig, Birgit (2008): Ohne Schulabschluss in die Berufsausbildung. Ergebnisse einer Längsschnittuntersuchung. In: Zeitschrift für Erziehungswissenschaft 11, 3, S. 388–405.
Hans-Böckler-Stiftung (2010): Viele Hürden vor dem ersten sicheren Job. In: Böckler Impuls, 12, S. 2.
Heinz, Walter R. (2011): Jugend im gesellschaftlichen Wandel. Soziale Ungleichheiten von Lebenslagen und Lebensperspektiven. In: Krekel, E.M./Lex, T. (Hrsg.): Neue Jugend, neue Ausbildung? Bielefeld: Bertelsmann, S. 15–30.
Heitmeyer, Wilhelm/Mansel, Jürgen/Olk, Thomas (2011): Individualisierung von Jugend. Weinheim/Basel: Juventa.
Hurrelmann, Klaus/Albert, Mathias (2006): Jugend 2006. Eine pragmatische Generation unter Druck. 15. Shell-Jugendstudie. Frankfurt/M.: Fischer-Taschenbuch-Verlag.

Hurrelmann, Klaus (2010): Lebensphase Jugend. Eine Einführung in die sozialwissenschaftliche Jugendforschung. Weinheim: Juventa.

Lex, Tilly/Reißig, Birgit/Zimmermann, Julia (2011): Ein guter Start ins Erwerbsleben für alle? Ausbildungsbiographien junger Menschen im Wandel. Thema 2011/11. München: Deutsches Jugendinstitut. http://www.dji.de/cgi-bin/projekt/output.php?projekt=1114&Jump1=LINKS&Jump2=10 [Zugriff: 19.03.2013]

Mansel, Jürgen/Kahlert, Heike (2007): Arbeit und Identität im Jugendalter. Die Auswirkungen der gesellschaftlichen Strukturkrise auf die Sozialisation. Weinheim/München: Juventa.

Münchmeier, Richard (2008): Jugend im Spiegel der Jugendforschung. In: Bingel, G./Nordmann, A./Münchmeier, R. (Hrsg.): Die Gesellschaft und ihre Jugend. Strukturbedingungen jugendlicher Lebenslagen. Leverkusen: Verlag Barbara Budrich, S. 13–26.

Pongratz, Hans Jürgen/Voß, Günter G. (2001): Erwerbstätige als Arbeitskraftunternehmer. Unternehmer ihrer eigenen Arbeitskraft? In: Sozialwissenschaftliche Informationen 30, 4, S. 42–52.

Schnur, Peter/Zika, Gerd (2007): Arbeitskräftebedarf bis 2025. Die Grenzen der Expansion. In: IAB-Kurzbericht, 26, S. 1–7.

Skrobanek, Jan (2010): Demografie, Ausbildungsmarkt und Ausbildungsreife – Was heißt das für benachteiligte Jugendliche? In: Jugendpolitik 37, 3, S. 22–27.

Solga, Heike (2005): Ohne Abschluss in die Bildungsgesellschaft. Die Erwerbschancen gering qualifizierter Personen aus soziologischer und ökonomischer Perspektive. Opladen: Verlag Barbara Budrich.

Hans Jürgen Schlösser und *Michael Schuhen*

Jugend und Ökonomie

Situationsfelder ökonomischer Bildung

Junge Menschen sind auf vielfältige Weise in ökonomische Strukturen und Prozesse eingebunden. Wirtschaft ist Teil „jugendlicher Lebenswelten" (Corsa/Freitag 2008). Die erste Begegnung mit Wirtschaft erfahren Kinder und Jugendliche meist über Entscheidungen zu Konsum und Sparen. Taschengeld und Geldgeschenke von Familienmitgliedern werden ausgegeben oder für größere Anschaffungen zurückgelegt. Für die meisten Kinder und Jugendlichen ist der *Konsum* daher das zunächst wichtigste und naheliegende Situationsfeld der Ökonomie. Wirtschaften heißt hier ‚Auskommen mit dem Taschengeld'.

Erst sehr viel später kommt die *Arbeitswelt* als zweites Situationsfeld bei Jugendlichen hinzu. Der Ferienjob für das eigene Konsumbudget – aber auch zum Kompetenzerwerb in der Erwachsenenwelt –, die Berufstätigkeit der Eltern, Beobachtungen von öffentlichen Arbeiten, vielleicht auch TV-Beiträge liefern erste Eindrücke von der Arbeitswelt. Wirklich ‚ernst' wird es, wenn die Berufswahl ansteht.

Meist beginnen Jugendliche sich erst später als Mitglied einer größeren Einheit, der Volkswirtschaft, zu begreifen. Das dritte Situationsfeld *Wirtschaftspolitik* sollen sie später, so jedenfalls die Zielsetzung der Sozialen Marktwirtschaft, als demokratische Bürger mitgestalten.

Jugendliche als Marktfaktor

Der wichtigste Bestimmungsgrund des Konsumverhaltens von Jugendlichen ist jenes Konsumverhalten, welches sie als Kinder praktiziert haben. Das Konsumverhalten als Kind prägt das Konsumverhalten als Jugendlicher. Daher wird hier zunächst ein exemplarischer Überblick über das Konsumverhalten von Kindern, hauptsächlich im Alter von sechs bis 13 Jahren geliefert (vgl. zum Folgenden: KidsVerbraucherAnalyse 2011).

Die Warenwelt von Kindern wird zunehmend von Internet, Handy und Multimedia geprägt. 72% der Kinder, deren Eltern ihnen das Internet erlauben, sind bei Internetkäufen ihrer Eltern anwesend. 77% der 10- bis 13-Jährigen besitzen ein eigenes Handy. 89% haben eine Prepaid-Karte, bei 11% läuft der Vertrag über die Eltern.

11% der Kinder zahlen ihre Handykosten selbst, 32% einen Teil und bei 57% der Kinder zahlen die Eltern die gesamten Handykosten. Die Kosten betragen im Durchschnitt pro Jahr 252 Euro.

Multimedia-Geräte spielen eine große Rolle im Kinderzimmer: Im Jahr 2010 verfügten von den 6- bis 13-Jährigen über

Stereoanlage	40%
MP3 Player	35%
Fernsehen	33%
Discman	25%
DVD-Player	23%
Kamera	13%

Von den 10- bis 13-Jährigen haben 76% einen Gameboy o.ä. und 55% eine Konsole.

Kinder sind auch Mitentscheider im Haushalt und verfügen schon früh über große Freiheiten. 86 % der Kinder im Alter von zehn bis 13 Jahren dürfen sich kleiden, wie es ihnen gefällt, 85% das Taschengeld ganz selbstständig ausgeben und 45% dürfen alleine Restaurants wie McDonalds besuchen. Die Kinder werden von den Eltern bei Käufen ernst genommen. Besonders bei Sportschuhen, Rücksäcken, Kleidung, Schulsachen und Handy sind ihnen Marken sehr wichtig. Generell kann davon ausgegangen werden, dass die Bedeutung des Konsums als Ausdrucksmittel stark zugenommen hat. Die Entwicklung eines eigenen Stils ohne Konsum ist für die meisten Kinder schwierig.

Bei welchen Produkten wird der Markenwunsch der Kinder von den Eltern erfüllt?

Sportschuhe	69%
Bekleidung	69%
Schulsachen	69%
Taschen/Ranzen u.ä.	64%

Die Kaufkraft der 6- bis 13-Jährigen beläuft sich im Jahr 2010 auf 6 Mrd. Euro: 2,6 Mrd. Euro Taschengeld und Geldgeschenke, 3,8 Mrd. Euro Sparguthaben. Das Taschengeld der 10- bis 13-Jährigen beträgt durchschnittlich 24,79 Euro pro Monat, die Geldgeschenke belaufen sich auf 197 Euro pro Jahr.

Wofür wird das Taschengeld ausgegeben (Top 10)?

Süßigkeiten	64%
Zeitschriften	50%
Eis	37%
Getränke	32%
Spielzeug	29%
Fastfood	26%
Sticker o.ä.	18%
Kino	18%
Bekleidung	14%
Musik-CDs	13%

81% der Kinder sparen. 14% der Kinder geben ihr letztes Geldgeschenk gleich vollständig aus. 57% sparen zumindest einen Teil und immerhin 22% sogar alles. So bringen es die 10-bis 13-Jährigen immerhin auf eine Sparsumme von 738 Euro pro Jahr.
Zum Konsumverhalten von Jugendlichen

Im Jahr 2009 erhalten 56% der Jugendlichen von 14 bis 17 Jahren bis zu 30 Euro Taschengeld, 25% erhalten 31 bis 50 Euro und 13% erhalten über 50 Euro Taschengeld pro Monat (vgl. Bundesverband Deutscher Banken 2009 passim). Ein geringeres Taschengeld bedeutet nicht immer ein geringeres Monatsbudget: Jugendliche, die z.B. in einer Ausbildung eigenes Geld verdienen, erhalten von den Eltern weniger Taschengeld als Schüler/-innen ohne eigene Einnahmen.

Von den 14- bis 24-Jährigen sparen 53% regelmäßig, 34% ab und zu und 12% selten oder nie. Acht von zehn der 14- bis 17-Jährigen sparen Beträge bis zu 50 Euro im Monat, hauptsächlich für

Größere Anschaffungen	54%
Notfälle	9%
Ausbildung	16%
Vermögensbildung	6%
Das Alter	2%

2% der 14- bis 17-Jährigen und 8% der 18- bis 24-Jährigen gaben an, dass sie sich schon einmal mehr Geld geliehen haben als sie zurückzahlen konnten. Allerdings haben Jugendliche in der Regel nur geringe Möglichkeiten, sich zu verschulden, da sie keinen Bankkredit aufnehmen können. Meist handelt es sich um kleinere Beträge, die bei Eltern, Freunden und Verwandten ausstehen.

Von den befragten Jugendlichen sahen 69% die wirtschaftliche Lage ihrer Eltern als „gut", 26% als „teils-teils" und 3% als „schlecht" an. 54% der 14- bis 24-Jährigen waren der Auffassung, dass die Politik nicht in der Lage ist, die wirtschaftlichen Probleme des Landes zu lösen. Jugendliche vertrauen bei Problemen mehr auf ihre eigenen sozialen Netze als auf die Politik (Bundesverband Deutscher Banken 2012).

Die wichtigsten Lebensziele der 14- bis 24-Jährigen bestehen darin, „im Leben etwas zu leisten" (55%), „nach Sicherheit zu streben" (39%), und „Selbstverwirklichung" zu erreichen (51%). Nur von 21% wird ein hoher Lebensstandard als „sehr wichtig" bezeichnet.

Zum Stand der ökonomischen Bildung von Jugendlichen

Die ökonomische Bildung der Jugendlichen ist lückenhaft (vgl. im Folgenden Bundesverband Deutscher Banken 2012): Vier von zehn Befragten konnten mit dem Begriff Soziale Marktwirtschaft „nichts Bestimmtes" verbinden, drei von zehn Befragten gaben an, „nichts Bestimmtes" mit dem Begriff Globalisierung verbinden zu können. Andere Untersuchungen haben gezeigt, dass viele Jugendlichen den Begriff Nachhaltigkeit nicht erläutern können.

Allerdings konnten 60% der Befragten das Prinzip von Angebot und Nachfrage erklären. Immerhin jeder dritte Jugendliche plant seine Einnahmen und Ausgaben regelmäßig, 27% tun es „selten" oder „nie". Jeder zweite Jugendliche räumt ein, dass er sich in Geld- und Finanzfragen „kaum" oder „gar nicht" auskennt. Dieser Trend setzt sich bei Erwachsenen fort. Es zeigt sich: Was in der Jugend nicht vermittelt worden ist, kann auch später kaum nachgeholt werden.

Ökonomische Grundbildung für Jugendliche als „Empowerment"

In der Jugendbildungsarbeit geht es um die Vermittlung ökonomischer Grundbildung und nicht darum, angehende Volks- oder Betriebswirte/-innen zu erziehen. Es geht darum, dass Jugendliche in ihrem lebensweltlichen Zusammenhang ökonomische Angelegenheiten selbst in die Hand nehmen und an der Gestaltung ihres sozialen Umfeldes mitwirken können.

Ökonomische Grundbildung meint hier ‚Empowerment', als Selbststärkung zu Selbstbestimmung und Emanzipation im sozialen Kontext in wirtschaftlichen Fragen:

> „Ökonomische Grundbildung umfasst die Kompetenzen, welche Individuen und Gruppen benötigen, um aus *eigener Kraft* in ihren *jeweiligen sozialen Kontexten* wirtschaftliche Unsicherheiten zu reduzieren, die Ursachen für Verarmung und Entmündigung sind" (Schlösser/Schuhen 2011: 6).

Der Weg dahin führt über die Entwicklung der eigenen Ressourcen und Potenziale. Ob und wann die jeweiligen ökonomischen Kompetenzen ausreichend sind, kann nur im spezifischen Kontext beurteilt werden. Ökonomische Grundbildung für Jugendliche orientiert sich dabei an den sich immer wieder wandelnden gesellschaftlichen Erfordernissen. Dies erfordert Dynamik und Flexibilität mit Konsequenzen für die didaktischen Methoden. Da es nicht lediglich um die Ansammlung von ökonomischen Fertigkeiten geht, sondern vor allem um das Handeln und Umgehen mit diesen Fertigkeiten, stellen handlungsorientierte Methoden in der ökonomischen Bildung für Jugendliche die erste Wahl dar. Dabei geht es um eine eigenaktive Aneignung von ökonomischen Kompetenzen in sozial situierten Kontexten. Zu den domänenspezifischen handlungsorientierten Methoden der ökonomischen Grundbildung gehören z.B. ökonomische Experimente, Planspiele, Betriebserkundungen, Fallstudien. Handlungsorientierte Methoden erlauben eine Entkoppelung von schulischen Lernkontexten und können deshalb bei negativen Bildungserfahrungen der Zielgruppe ökonomischer Grundbildung zweckmäßig sein.

Leitziele ökonomischer Bildung

May definiert als Leitziel der ökonomischen Bildung den „mündigen Wirtschaftsbürger" (May 2011: 4). Der Mündigkeitsbegriff wird von Albers für die Ökonomie über die Kriterien Tüchtigkeit, Selbstbestimmung und Verantwortung operationalisiert (Albers 1988: 1ff.; Albers 1995: 2). Alle drei Kriterien sind in den drei Situationsfeldern Konsum, Arbeit und Wirtschaftspolitik gefragt.

Ökonomische Tüchtigkeit stellt eine notwendige Voraussetzung für die Bewältigung ökonomisch geprägter Lebenssituationen dar. Es handelt sich dabei um die *Kompetenz zur effizienten Lösung wirtschaftlicher Probleme*. Tüchtigkeit kann auch als Voraussetzung für die wirtschaftspolitische Beurteilung und demokratische Mitgestaltung der ökonomischen Umwelt – im Betrieb, in der Kommune, bei Wahlen – angesehen werden. Ein wesentliches Element ist hier das Verständnis ökonomischer Zusammenhänge. Ohne die Erfüllung dieser kognitiven Voraussetzung ist demokratische Teilhabe an der Gestaltung der Wirtschaftswelt nicht möglich. Wer ökonomische Zusammenhänge nicht versteht, wird auch die Globalisierung oder das Spannungsverhältnis von Ökonomie und Ökologie nicht verstehen.

Tüchtigkeit ermöglicht Selbstbestimmung, also die *freie Gestaltung des eigenen Lebens* und Verantwortung. Wer tüchtig ist, kann Verantwortung übernehmen. Ohne Selbstbestimmung wiederum macht der Begriff Verantwortung wenig Sinn. Zur Verantwortung gehören zahlreiche Dimensionen, z.B. Verantwortung vor sich selbst, soziale Verantwortung oder ökologische Verantwortung.

Matrix der Situationsfelder und Leitziele ökonomischer Bildung für Jugendliche

Situationsfelder \ Leitziele	Tüchtigkeit	Selbstbestimmung	Verantwortung
Konsum und Sparen: Einstieg ins Wirtschaftsleben	z.B.: Überblick über seine monatlichen Ausgaben behalten	z.B.: Beim Konsum nicht unreflektiert jeder Mode folgen (Mitläufereffekte)	z.B.: Ökologische Folgen des eigenen Konsumverhaltens bedenken
Arbeitswelt: Berufswahlentscheidung	z.B.: Informationen zur Berufswahl selbstständig beschaffen	z.B.: Bei der Berufswahl im Rahmen der Möglichkeiten eigenständig entscheiden (Peer-Group-Effekte)	z.B.: Bei der Berufswahl die Bedeutung der Berufe für die Gemeinschaft berücksichtigen
Wirtschaftspolitik: Debattieren, Beurteilen, Mitwirkungskompetenz erwerben	z.B.: Wirtschaftspolitische Positionen von Parteien systematisch vergleichen	z.B.: Seine eigene wirtschaftspolitische Meinung bilden (Manipulation durch Medien)	z.B.: Motive und Konsequenzen wirtschaftspolitischen Handelns bewerten (Verantwortungsethik)

Quelle: Eigene Darstellung der Autoren

Umgang mit Finanzen

Zum ‚guten Leben' im Sinne eines gelungenen und selbstbestimmten Lebens müssen auch finanzielle Entscheidungen getroffen werden. Dafür benötigen Jugendliche Kompetenzen, welche in der Schule in Fächern wie Mathematik, Sprachen, Naturwissenschaften oder Kunst nicht vermittelt werden. Mit finanzieller Bildung sollte möglichst früh begonnen werden, weil finanzielle Fehlentscheidungen lebenslang Konsequenzen nach sich ziehen können: z.B. Verschuldung, Tilgungs- und Zinsverpflichtungen, verlorene Kreditwürdigkeit. Finanzielle Entscheidungen sind notwendig und nützlich, aber sie sind auch gefährlich.

Finanzielle Fehler in der Haushaltsführung sind die wichtigste Ursache für Verarmung bei Arbeitslosigkeit, denn sie führen die Haushalte früher oder später in die Überschuldung (vgl. BMAS 2008). Darüber hinaus ist finanzielle Kompetenz eine Voraussetzung für gesellschaftliche Teilhabe: Ein grundlegendes Verständnis für die volkswirtschaftlichen Funktionen von Geld und Vermögen und die Funktionsweise von Finanzmärkten in einer globalisierten Wirtschaft ist heute Voraussetzung für ein fundiertes Weltverständnis. Hierzu gehört auch das Verständnis der Zusammenhänge von privaten finanziellen Problemen und gesamtwirtschaftlichen Verhältnissen.

In der finanziellen Bildung lassen sich vier Kompetenzen für die Bewältigung des eigenen Lebens identifizieren (vgl. Schlösser u.a. 2011):
- Vermögen bilden,
- mit Verschuldung umgehen,
- sich versichern,
- täglich mit Geld umgehen (Zahlungsverkehr).

Die vier finanziellen Kompetenzen sind miteinander vernetzt. Entscheidungen, die bei der Vermögensbildung getroffen werden müssen, umfassen theoretisch als Planungshorizont die gesamte Lebensspanne. Das ‚gute Leben' bedeutet eine angemessene und selbstbestimmte Bewertung des Lebensstandards in verschiedenen Lebensphasen, z.B. während der ersten Berufstätigkeit, beim Existenzaufbau im mittleren Alter und im Ruhestand. Zur finanziellen Allgemeinbildung gehört, dass zumindest die wichtigsten und gängigsten Finanzprodukte, z.B. Sparbücher, Aktien, Staatsschuldpapiere hinsichtlich ihrer Risiken, Fristen und Erträge verglichen werden können.

Verschuldung bedeutet, zugunsten der Gegenwart auf zukünftigen Konsum zu verzichten. Die Risiken der Verschuldung sind hoch: Kredite müssen fristgemäß zurückgezahlt werden, bei verspäteten Raten fallen Verzugszinsen an, Mahnbescheide werden verschickt, Kredite gekündigt und zur sofortigen Zahlung fällig gestellt. Es folgen Lohnabtretungen, Pfändungen und am Ende die eidesstattliche Versicherung, der ‚Offenbarungseid'. Letzter Ausweg ist dann die Privatinsolvenz, die dem redlichen Schuldner eine Möglichkeit eröffnen soll, sich von seinen Restschulden zu befreien.

Versicherungen betreffen Risiken für den Einzelnen, für seine Familie, für Gruppen und für die Gesellschaft insgesamt. Hierzu gehören Sozialversicherung und Individualversicherung, Versicherungsarten und verantwortliches Verhalten im eigenen Erfahrungsbereich. Es geht darum, die Risiken des täglichen Lebens beschreiben zu können, sie nicht zu bagatellisieren, aber sich auch nicht zur ‚Überversicherung' verleiten zu lassen.

Zum täglichen Umgang mit Geld gehört die Erstellung eines persönlichen Haushaltsbuchs. Unerlässlich ist die Kompetenz zur Verwaltung eines Girokontos: ständige Kontrolle des Kontostandes, Überweisung, Lastschrift, Online-Banking, EC- und Kreditkarten.

Ökonomische Bildung als Verknüpfung von Kompetenzen

Das Hauptziel der ökonomischen Grundbildung ist die Vermeidung von Verarmungsprozessen. Dies ist eine Grundlage erfolgreicher Inklusionskonzepte. Ökonomische Bildung beruht aber zusätzlich auf einer Verknüpfung von Kompetenzen zur Bewältigung privater Problemlagen mit Kompetenzen zur Analyse und Bewertung gesamtwirtschaftlicher Problemlagen und Politikkonzeptionen. Ökonomische Bildung ist deshalb auch wirtschaftspolitische Bildung.

Ökonomie als Bestandteil jugendlicher Lebenswelten beschränkt sich nicht auf Konsum, Finanzen, Berufswahl, sondern beinhaltet auch Themen wie Globalisierung, Nachhaltigkeit, Ökonomie und Ökologie und Wirtschafts- und Finanzkrisen. Jugendliche wachsen in einer stark ökonomisch geprägten Welt auf, eingebettet in internationale Arbeitsteilung, ökonomische Integrationsprozesse (Europäische Union) und weltweite Konkurrenz um knappe Rohstoffe. Staaten, die noch vor wenigen Dekaden kaum in der internationalen Arbeitsteilung präsent waren, betreten mit Wucht die Bühnen der Weltwirtschaft, z.B. China, Indien, Brasilien und bald wahrscheinlich weitere. Diese Prozesse verändern die weltweiten Kräfteverhältnisse, die Wohlstandsverteilung und die Arbeitsteilung.

Dabei handelt es sich nicht um Naturphänomene, sondern um menschengemachte ökonomische Prozesse, die gestaltbar und ethisch zu bewerten sind. Da aber die Sittlichkeit auf der Kenntnis beruht, ist ein Verständnis ökonomischer Zusammenhänge als Voraussetzung für verantwortliches ökonomisches Denken und Handeln eine wesentliche Aufgabe von Jugendbildungsarbeit.

Literatur

Albers, Hans-Jürgen (1988): Ökonomische Bildung und Allgemeinbildung. In: Bundesfachgruppe für ökonomische Bildung (Hrsg.): Ökonomische Bildung – Aufgabe für die Zukunft. Bergisch Gladbach: Hobein, S. 1–15.
Albers, Hans-Jürgen (1995) (Hrsg.): Handlungsorientierung und ökonomische Bildung. Wirtschafts- und berufspädagogische Schriften, 15. Bergisch Gladbach: Hobein.
[BMAS] Bundesministerium für Arbeit und Soziales (2008): Lebenslagen in Deutschland. Der 3. Armuts- und Reichtumsbericht der Bundesregierung. Bonn: Bundesministerium.
Bundesverband Deutscher Banken (2009): Jugendstudie 2009. Wirtschaftsverständnis und Finanzkultur. Ergebnisse repräsentativer Meinungsumfragen. Berlin: Bundesverband.
Bundesverband Deutscher Banken (2012): Jugendstudie 2012. Wirtschaftsverständnis und Finanzkultur. Ergebnisse repräsentativer Meinungsumfragen. Berlin: Bundesverband.
Bundeszentrale für Politische Bildung (2011): Ökonomische Bildung. In: Aus Politik und Zeitgeschichte, 12, S. 3–54.
Corsa, Mike/Freitag, Michael (2008): „Lebensträume – Lebensräume". Bericht der aej über die Lage der jungen Generation und die evangelische Kinder- und Jugendarbeit vorgelegt auf der 7. Tagung der 10. Synode der EKD vom 2. bis 5. November 2008 in Bremen. Hannover: Ed. aej.
Kids-Verbraucher-Analyse (2011). Berlin: Egmont-Ehapa.
Mankiw, N. Gregory/Taylor, Mark P. (2012): Grundzüge der Volkswirtschaftslehre. Stuttgart: Schäffer-Poeschel.
May, Herrmann (Hrsg.) (2008): Handbuch zur ökonomischen Bildung. München: Oldenbourg.
May, Herrmann (2011): Ökonomische Bildung als Allgemeinbildung. In: Aus Politik und Zeitgeschichte, 12, S. 3–9.
Schlösser, Hans Jürgen/Neubauer, Maria/Tzanova, Polia (2011): Finanzielle Bildung. In: Aus Politik und Zeitgeschichte, 12, S. 21–27.
Schlösser, Hans Jürgen/Schuhen, Michael (2011): Ökonomische Grundbildung. Siegener Beiträge zur ökonomischen Bildung, 4. Siegen: Zentrum für ökonomische Bildung in Siegen.

Sabrina Hoops und *Bernd Holthusen*

Jugend und Gewalt

Das öffentliche Bild von Jugendgewalt

Jugend und Gewalt – dies ist ein Begriffspaar, das seit jeher immer wieder neue Brisanz erfährt. Regelmäßig wird Jugendgewalt Gegenstand der aktuellen gesellschaftlichen und gesellschaftspolitischen Debatten. Ungeachtet der Tatsache, dass der überwiegende Teil jugendtypischer Gewalt als entwicklungsbedingtes und damit episodenhaftes Verhalten eingeordnet werden kann, sind die öffentliche Wahrnehmung und der Diskurs oft vordergründig von besonders schwerwiegenden und in der Häufigkeit vermeintlich zunehmenden Fällen von Kinder- und Jugenddelinquenz bestimmt. Empirisch lässt sich dieser Eindruck jedoch nicht belegen. Neuesten prognostischen Schätzungen zufolge wird dies auch weiterhin nicht der Fall sein (Görgen u.a. 2011). Vieles weist darauf hin, dass in jüngerer Vergangenheit eher die Sensibilität für Gewaltphänomene zugenommen hat. Trotzdem kann es keinen Zweifel geben, dass in Bezug auf Jugendgewalt, auch unabhängig von aktuellen Entwicklungen, schon aus Gründen des Opferschutzes deutlicher Handlungsbedarf besteht. Pauschalisierende Aussagen über *die* Jugendgewalt sind dabei wenig hilfreich, vielmehr müssen vor Ort und individuell die zugrunde liegenden Ursachen aufgezeigt werden, um systematisch und gezielt ansetzen zu können.

Zahlen, Daten, Fakten – Jugendgewalt im Spiegel einschlägiger Statistiken und Studien

Bei der Einschätzung der quantitativen, aber auch qualitativen Dimension von Jugendgewalt können verschiedene Quellen herangezogen werden: Neben der jährlich erscheinenden Polizeilichen Kriminalstatistik (PKS) und den Statistiken der Strafverfolgung und Rechtspflege, die alle behördlich bekannten Straftaten, also das ‚Hellfeld' der offiziell registrierten Kriminalität ausweisen, sind dies vor allem regionale Schüler/-innenbefragungen und qualitative Studien. Ihre Befunde ergänzen die offiziellen Statistiken und zeigen, dass neben den polizeilich erfassten Gewalttaten ein erhebliches ‚Dunkelfeld' sowohl im Täter- als auch im Opferbereich besteht.

Entwicklung von Jugendgewalt

Insgesamt zeigen die vorliegenden Befunde zu Gewalt im Jugendalter deutlich, dass Gewalttaten (vor allem schwere Körperverletzung und Raub) nur einen kleinen Teil der gesamten Jugendkriminalität ausmachen. Das Phänomen der Gewaltkriminalität ist – anders als die öffentliche Meinung vermuten ließe – stärker durch Gewalt durch Erwachsene geprägt und kein Charakteristikum oder gar Alleinstellungsmerkmal von Jugend.

Wie sich die Gewaltkriminalität in den einzelnen Altersgruppen darstellt, zeigt ein Blick in die Befunde der aktuellen Polizeilichen Kriminalstatistik:

Abbildung 1: Gewaltkriminalität nach Altersgruppen 2011 (in Prozent und absoluten Zahlen) (Schlüssel 892000)

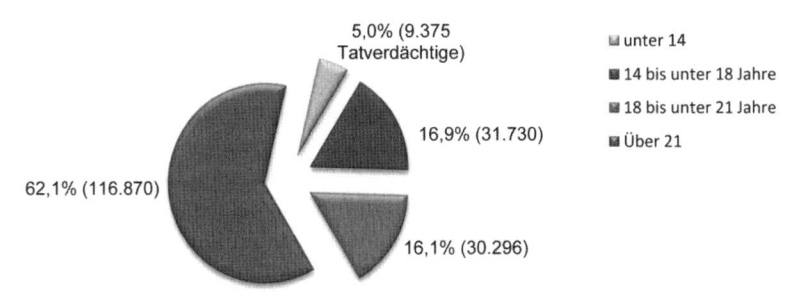

[Kreisdiagramm:
- 5,0% (9.375 Tatverdächtige) – unter 14
- 16,9% (31.730) – 14 bis unter 18 Jahre
- 16,1% (30.296) – 18 bis unter 21 Jahre
- 62,1% (116.870) – Über 21]

Der Summenschlüssel Gewaltkriminalität in der PKS fasst folgende Delikte zusammen: Mord, Totschlag und Tötung auf Verlangen, Vergewaltigung und sexuelle Nötigung, Raub, räuberische Erpressung, räuberischer Angriff auf Kraftfahrer, Körperverletzung mit Todesfolge, gefährliche und schwere Körperverletzung, erpresserischer Menschenraub, Geiselnahme, Angriff auf den Luft- und Seeverkehr. Relevant für das Jugendalter sind die Körperverletzungsdelikte und Raubstraftaten, wobei die leichten Körperverletzungsdelikte nicht unter die Gewalttatendefinition der PKS fallen.
Quelle: Eigene Grafik nach: BKA: PKS Zeitreihen, Tabelle 20 – insgesamt, S. 173.

Betrachtet man die Daten der Polizeilichen Kriminalstatistik einschließlich der sogenannten Tatverdächtigenbelastungszahlen (= deutsche Tatverdächtige ab 8 Jahre der jeweiligen Personengruppe auf je 100.000 Einwohner derselben Altersgruppe) in einer Längsschnittperspektive, so zeigt sich, dass es im Zeitvergleich keine dramatische Zunahme von Gewaltdelikten im Jugendalter gegeben hat. Das Gegenteil ist vielmehr der Fall: Nach dem deutlichen Anstieg in den 1990er Jahren stagnierten die Werte ab 2005 mit leichten Schwankungen, um nun bereits in fortgesetzter Folge wieder abzusinken.

Tabelle 1 zeigt den aktuellen Rückgang der Gewaltkriminalität in den einzelnen Altersgruppen zwischen den Jahren 2010 und 2011:

Tabelle 1: Übersicht über die Tatverdächtigenbelastungszahlen deutscher tatverdächtiger Jugendlicher in den Jahren 2010 und 2011 – Gewaltkriminalität (Schlüssel 892000)

Alter	2010	2011	Veränderungen in %
Unter 14 Jahre	174,0	172,1	-1,1
14 bis unter 18 Jahre	937,4	843,1	-10,1
18 bis unter 21 Jahre	1.021,0	968,9	-5,1
21 bis unter 25 Jahre	687,7	646,1	-6,05

Lesehilfe: Der Wert 1.021,0 in der Tabelle bedeutet, dass rund 1 Prozent der Jugendlichen zwischen 14 und 17 Jahren im Jahr 2010 von der Polizei einer Gewalttat verdächtigt worden ist.
Quelle: BKA: PKS Zeitreihen, Tabelle 40 – insgesamt, S. 219.

Auch die empirischen Dunkelfeldstudien verzeichnen keinen Anstieg der Jugendgewalt in den letzten Jahren (vgl. z.B. Boers/Walburg 2007; Baier u.a. 2009). Sie verweisen vielmehr auf die erhöhte Sensibilität in der Gesellschaft. So hat die Anzeigebereitschaft zugenommen und damit das polizeilich bekannte Hellfeld vergrößert (vgl. Baier u.a. 2009: 11).

Dies legen auch die repräsentativen Daten der Raufunfallstatistik nahe. Diese dokumentiert alle Raufunfälle an Schulen, die versicherungsrelevante Folgen (das bedeutet, einen gewissen Schweregrad) haben. Anhand der Zahlen wird weder ein Anstieg der Jugendgewalt sichtbar noch finden sich Anzeichen für die vielfach in der öffentlichen Diskussion unterstellte Brutalisierung. Vielmehr zeigt sich eine sinkende, an manchen Schultypen zumindest gleichbleibende Anzahl an Raufunfällen. Die Anzahl der erfassten Frakturen bei Raufunfällen an Schulen, die als Indikator für eine besondere Rohheit interpretiert werden kann, befindet sich seit Jahren auf einem relativ gleichbleibenden bis fallenden Niveau (vgl. Deutsche Gesetzliche Unfallversicherung [o.J.]).

Gewalt im Jugendalter – um wen es geht

Sowohl die polizeilichen Daten als auch die vorliegenden Dunkelfelduntersuchungen zeigen, dass männliche Jugendliche deutlich stärker gewaltbelastet sind als weibliche (vgl. Baier u.a. 2010: 178; BKA 2012a).

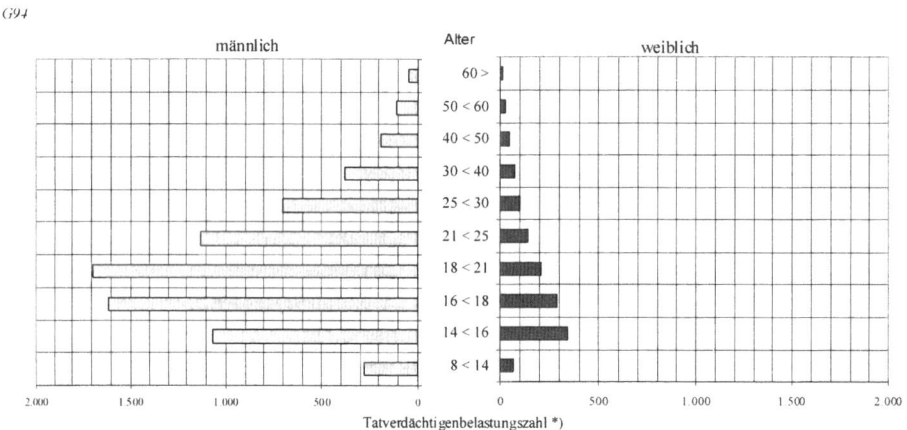

Abbildung 2: Tatverdächtigenbelastung der Deutschen bei Gewaltkriminalität

*) Tatverdächtige pro 100 000 Einwohner der jeweiligen Altersgruppe
(Reelle TVBZ können für nichtdeutsche Tatverdächtige nicht berechnet werden, siehe Seiten 114 und 122).

Quelle: BKA 2012a: 247

Dabei werden die meisten Gewalttaten im Jugendalter aus Gruppenzusammenhängen heraus und im unmittelbaren Sozialraum der Jugendlichen begangen: Vielfach entstehen Gewaltdelikte spontan oder situativ aus eskalierenden Konflikten, eher selten sind sie geplant und sorgfältig vorbereitet. Dies hat zur Folge, dass die Trennlinien zwischen Täter und Opfer nicht immer einfach zu ziehen sind. Vielfach zeigt sich erst im Hergang von gewalttätigen Interaktionen zwischen Jugendlichen, wer später als Täter oder als Opfer wahrgenommen wird. Da sich Jugendgewalt meist unter männlichen Jugendlichen ereignet, trägt diese Gruppe auch das höchste Risiko, Opfer einer Gewalttat zu werden.

Um dieses Viktimisierungsrisiko im Jugendalter näher zu bestimmen, ist ein Blick auf Dunkelfelduntersuchungen hilfreich. Laut einer Schüler/-innenbefragung aus dem Jahr 2007/2008 gab etwa jeder fünfte Jugendliche an, im letzten Jahr Opfer einer Gewalttat geworden zu sein (vgl. Baier u.a. 2009).

Insbesondere bei schweren Gewalttaten wird immer wieder die Gruppe der Jugendlichen mit Migrationshintergrund in den Blickpunkt der Öffentlichkeit gerückt. Dabei bleibt außer Acht, dass sich hinter dem vermeintlich politisch korrekten Begriff des Migrationshintergrunds nicht nur viele verschiedene Nationalitäten, sondern ebenso auch individuell sehr unterschiedliche Migrationsgeschichten und Ethnisierungserfahrungen verbergen.

Ungeachtet medialer Inszenierungen dokumentieren Sonderauswertungen der Polizeilichen Kriminalstatistik sehr deutlich, dass die Belastungszahlen nichtdeutscher Jugendlicher bei Raubdelikten und Körperverletzungen im Vergleich zu den Zahlen deutscher Tatverdächtiger zwei bis vier Mal höher sind (vgl. Naplava 2010: 231). Eine ebenso deutliche Überrepräsentanz gilt für den Jugendstrafvollzug. Die Ursachen einer höheren Delinquenzbelastung von Jugendlichen mit Migrationshintergrund müssen jedoch kritisch hinterfragt werden, um beispielsweise pauschale Ethnisierungseffekte zu vermeiden. Eine differenzierte Sicht auf straffällig gewordene Jugendliche mit Migrationshintergründen zeigt, dass die Lebenssituation dieser Jugendlichen von überaus komplexen Problemstellungen geprägt sein kann. Verschiedene Belastungsfaktoren wie eine schlechte soziale Lage, geringe Bildungschancen, Erfahrungen mit häuslicher Gewalt etc. müssen hinsichtlich der Entstehung von Gewaltverhalten Berücksichtigung finden.

Erklärungszusammenhänge von Gewalt

Die Frage nach den Ursachen schwerwiegenden Gewaltverhaltens verweist auf ein komplexes Geflecht von Zusammenhängen, die sich individuell sehr unterschiedlich auswirken können. Wichtige Faktoren sind u.a. eigene Gewalterfahrung, soziale Not, geringe Bildungs- und Teilhabechancen, mangelnde Perspektiven, Gelegenheitsstrukturen und problematische Peergroupkonstellationen. Monokausale Begründungsversuche, die nur einzelne Faktoren fokussieren und andere ausblenden, haben sich dabei als wenig zielführend erwiesen.

Verschiedene wissenschaftliche Studien stimmen darin überein, dass von einer gravierenden Gewaltproblematik besonders Jugendliche aus Familien betroffen sind, die in mehrfacher Hinsicht mit Belastungen konfrontiert sind. Vor allem der Blick auf die Biografien jugendlicher Gewalttäter mit Migrationshintergründen zeigt, dass den vielfach prekären Lebenslagen und Ausgrenzungserfahrungen eine zentrale Bedeutung zukommt (vgl. Usculan 2009). Auch Befunde aus dem Kontext der Forschungstätigkeiten des Deutschen Jugendinstituts machen auf die sogenannte Opfer-Täter-Kette aufmerksam. Beispielsweise wächst das Risiko, sich später selbst gewalttätig zu verhalten, erheblich, wenn Kinder innerfamiliäre Gewalt erfahren (vgl. Hees/Wahl 2009).

Was tun? Präventionsstrategien im Falle von Jugendgewalt

Regelmäßig mündet das Auftreten gewalttätigen Verhaltens bei Jugendlichen in Forderungen nach härteren Strafen und nach Prävention. Bei den relevanten Akteuren im

Feld der Jugenddelinquenz, den Fachkräften aus Jugendhilfe, Justiz und Polizei besteht weitgehende Einigkeit darüber, dass freiheitsentziehende Maßnahmen wie Jugendarrest oder Jugendstrafe nur eine scheinbare Lösung des Problems darstellen. Sie bergen laut der Erkenntnisse der Rückfallforschung vielmehr das Risiko der Eskalation und machen eine kriminelle Karriere wahrscheinlicher. Gefragt ist weniger die Bestrafung, sondern Erziehung, um weiteres Gewaltverhalten zu vermeiden und nicht zuletzt auch präventive Wirkung zu erzielen.

Gewaltprävention im Jugendalter ist so vor allem eine pädagogische Aufgabe und Herausforderung. Vielerorts hat sich eine Präventionslandschaft etabliert, die nicht nur auf das Handlungsfeld der Kinder- und Jugendhilfe beschränkt ist, sondern auch Maßnahmen und innovative Projekte im Kontext von Schule, Polizei und Justiz umfasst. Neben den zahlreichen, meist zeitlich befristeten, projektförmigen Aktivitäten wie z.B. Mediationstrainings an Schulen ist hier vor allem die Regelpraxis der Kinder- und Jugendhilfe und ihrer Kooperationspartner in der Verantwortung. Der Blick auf die Entwicklung seit 1990 im Handlungsfeld Gewaltprävention zeigt, dass sich die Strategien hier zunehmend ausdifferenziert haben. Zu beobachten ist eine Ausweitung vor allem auch auf jüngere Altersgruppen und auf Zielgruppen mit deutlich geringerem Delinquenzrisiko (vgl. Arbeitsstelle Kinder- und Jugendkriminalitätsprävention 2007). Diese Entwicklung ist auch in anderen europäischen Ländern zu beobachten. Die Schwerpunkte liegen hier eher auf der Vermittlung sozialer Kompetenzen und der konstruktiven Konfliktschlichtung. Mit dieser Vorverlagerung der Aktivitäten zur Bearbeitung von Gewalt gehen jedoch auch eine Ausweitung der sozialen Kontrolle und das Risiko einer Stigmatisierung einher.

Fazit und fachliche Herausforderungen

Die Mehrheit der Jugendlichen heute ist nicht von schwerer Gewalt betroffen. Gleichzeitig hat eine Sensibilisierung der Gesellschaft für Gewaltphänomene stattgefunden, die eine problematische Entwicklung von Jugendgewalt suggeriert. Entgegen dieser Dramatisierung in der öffentlichen Wahrnehmung ist aber kein Anstieg, sondern eher ein Rückgang von Gewalt zu verzeichnen.

Gewaltprävention im Jugendalter hat sich in den letzten zwei Jahrzehnten großflächig etabliert – in projektförmigen Organisationsformen und in Regelpraxen, von Kinder- und Jugendhilfe über die Schule bis zur Polizei und Justiz. Dennoch ist eine Minderheit von Jugendlichen nach wie vor mit Gewalt konfrontiert – als Täter oder/und Opfer. Vor dem Hintergrund der bereits erzielten Erfolge in der Arbeit für und mit Jugendlichen gilt es, den eingeschlagenen Weg des Ausbaus der Präventionsstrategien fortzusetzen und die wichtige Rolle der Kinder- und Jugendhilfe weiterhin zu befördern.

Für die zentralen Akteure stellen sich in Bezug auf Jugend und Gewalt in der Arbeit mit Jugendlichen zukünftig folgende fachliche Herausforderungen: Der Ausbau von geschlechtsspezifischen Ansätzen, die Weiterentwicklung von Präventionsstrategien im Hinblick auf die unterschiedlichen kulturellen Hintergründe der Zielgruppen, in Bezug auf opferbezogene Strategien, in Bezug auf eine stärkere Berücksichtigung des gewaltförderlichen Einflusses von Alkohol sowie die noch immer relativ neuen Bereiche Internet und Neue Medien. Vor dem Hintergrund möglicher negativer Wirkungen in der Gewaltprävention ist jedoch nicht nur ein zielgenaues Vorgehen gefordert, sondern immer auch ein sorgsames Abwägen der erwarteten positiven Effekte und der möglichen Risiken. Nicht zuletzt bedarf es einer (Weiter-)Entwicklung von gegenstandsangemessenen Evaluationsinstrumentarien sowie der notwendigen Ressourcen für Evaluation. Gewaltprävention muss ihr Handeln begründen und auch kritisch reflektieren. Dazu ist es notwendig, die praktischen Erfahrungen und die wissenschaftlichen Erkenntnisse stärker aufeinander zu beziehen.

Literatur

Arbeitsstelle Kinder- und Jugendkriminalitätsprävention (Hrsg.) (2007): Strategien der Gewaltprävention im Kindes- und Jugendalter. Eine Zwischenbilanz in sechs Handlungsfeldern. München: Deutsches Jugendinstitut.

Baier, Dirk/Pfeiffer, Christian/Simonson, Julia/Rabold, Susann (2009): Jugendliche in Deutschland als Opfer und Täter von Gewalt. Erster Forschungsbericht zum gemeinsamen Forschungsprojekt des Bundesministeriums des Innern und des KFN, Hannover. KFN-Forschungsbericht, 107. Hannover: Kriminologisches Forschungsinstitut Niedersachsen.

Baier, Dirk/Pfeiffer, Christian/Rabold, Susann/Simonson, Julia/Kappes, Cathleen (2010): Kinder und Jugendliche in Deutschland: Gewalterfahrungen, Integration, Medienkonsum. Zweiter Bericht zum gemeinsamen Forschungsprojekt des Bundesministeriums des Innern und des KFN. KFN-Forschungsbericht, 109. Hannover: Kriminologisches Forschungsinstitut Niedersachsen.

Bundeskriminalamt (BKA)(Hrsg.) (2012a): Polizeiliche Kriminalstatistik 2011. Wiesbaden: Bundeskriminalamt.

Bundeskriminalamt (BKA)(2012b): PKS-Zeitreihen 1987 bis 2011. http://www.bka.de/nn_193232/ DE/Publikationen/PolizeilicheKriminalstatistik/PksZeitreihen/pksZeitreihen__node.html?__ nnn=true [Zugriff: 12.12.2012]

Boers, Klaus/Walburg, Christian (2007): Verbreitung und Entwicklung delinquenten und abweichenden Verhaltens unter Jugendlichen. In: Boers, K./Reinecke, J. (Hrsg.): Delinquenz im Jugendalter. Erkenntnisse einer Münsteraner Längsschnittstudie. Münster: Waxmann, S. 79–96.

Deutsche Gesetzliche Unfallversicherung (Hrsg.) (o.J.): Statistik – Makrodaten, Schülerunfälle: Statistik – Raufunfälle nach Schulart. http://www.8ung-schule.de/media/pdf/Statistiken_aktuell_ Brosch-re_2012-2.pdf [Zugriff: 12.12.2012]

Görgen, Thomas/Brink, Henning van den/Taefi, Anabel/Kraus, Benjamin (2011): Jugendkriminalität im Wandel? Perspektiven zur Entwicklung bis 2020. Frankfurt/M.: Verlag für Polizeiwissen.

Hees, Katja/Wahl, Klaus (2009): Täter oder Opfer? Jugendgewalt – Ursachen und Prävention. München/Basel: Reinhardt.

Heitmeyer, Wilhelm/Schröttle, Monika (Hrsg.) (2006): Gewalt. Beschreibungen – Analysen – Prävention. Bonn: Bundeszentrale für politische Bildung.

Holthusen, Bernd/Hoops, Sabrina (2011): Kinder- und Jugendkriminalitätsprävention. Handlungsfelder, Chancen und Risiken. In: Deegener, G./Körner, W. (Hrsg.): Aggression und Gewalt im Kindes- und Jugendalter. Ursachen, Formen, Intervention. Weinheim/Basel: Beltz, S. 54–69.

Naplava, Thomas (2010): Jugenddelinquenz im interethnischen Vergleich. In: Dollinger, B./Schmidt-Semisch, H. (Hrsg.): Handbuch Jugendkriminalität. Kriminologie und Sozialpädagogik im Dialog. Wiesbaden: VS Verlag, S. 229–240.

Uslucan, Haci-Halil (2009): Riskante Bedingungen des Aufwachsens. Erhöhte Gewaltanfälligkeit junger Migranten. In: Bundesministerium der Justiz (Hrsg.): Das Jugendkriminalrecht vor neuen Herausforderungen? Jenaer Symposium, 9.–11. September 2008, eine Dokumentation des Bundesministeriums der Justiz. Mönchengladbach: Forum Verlag Godesberg, S. 188–202.

Links

www.dji.de/jugendkriminalitaet

Martina Gille und *Ursula Hoffmann-Lange*

Jugend und politische Orientierung

Demokratie lebt von einer aktiven Bürgerschaft. Interesse wie auch Teilnahme am öffentlichen und politischen Leben müssen von jeder Generation neu erworben werden. Die Ergebnisse sozialwissenschaftlicher Jugendstudien werden daher immer auch unter dem Gesichtspunkt interpretiert, ob sich Anzeichen für grundlegende Veränderungen im Verhältnis von Jugend und Politik erkennen lassen.

Insbesondere wenn junge Menschen durch spektakuläre politische Aktionen Aufmerksamkeit erregen, besteht ein großes öffentliches Interesse an Erklärungen. Dann wird regelmäßig gerätselt, ob es sich bei solchen Ausbrüchen jugendlichen Protests um jugendlichen Überschwang, um eine kurzfristige Reaktion auf ein aktuelles politisches Ereignis oder aber um ein Anzeichen für eine dauerhafte Veränderung im politischen Verhalten der jungen Generation handelt.

Damit ist bereits eine grundlegende Frage angesprochen, die bei Vergleichen verschiedener Altersgruppen berücksichtigt werden muss, nämlich ob es sich bei den gefundenen Unterschieden um Lebenszyklus-, Generationen- oder Periodeneffekte handelt. Im Falle eines *Lebenszykluseffekts* sind die Unterschiede in erster Linie darauf zurückzuführen, dass sich junge Menschen anders verhalten, einfach weil sie jung sind. Beispielsweise befinden sich aufgrund der Bildungsexpansion der letzten Jahrzehnte heute junge Menschen erheblich länger in Ausbildungsinstitutionen. Dies bleibt nicht ohne Auswirkungen auf die politischen Orientierungen in der Jugendphase. Nicht zuletzt bringt es eine erheblich längere Freisetzung von gesellschaftlichen Zwängen mit sich. Die dadurch bedingte längere Beschäftigung mit ideellen Bildungsinhalten begünstigt eine kritischere Einstellung gegenüber überkommenen gesellschaftlichen und politischen Strukturen (vgl. Eckert 1990), die mit dem Eintritt in das Berufsleben und der Familiengründung aber meist einer pragmatischeren Haltung gegenüber der Politik weicht. Die Entwicklung eigenständiger – auch politischer – Jugendkulturen und Aktionsformen sind in diesem Sinne als jugendspezifische und damit lebenszyklische Erscheinungen zu verstehen.

In den vergangenen Jahrzehnten haben sich jedoch auch Entwicklungen in den politischen Orientierungen vollzogen, die sich zwar zunächst in der jungen Generation manifestiert haben, jedoch Teil eines grundlegenden Wandels im Verhältnis der Bürger zur Politik sind (*Generationeneffekt*). Da politische Orientierungen sich über die Jahre verfestigen und im Erwachsenalter kaum mehr verändern, vollzieht sich ein solcher Wandel graduell und wird primär von den nachwachsenden Alterskohorten getragen. Hierzu gehören z.B. der Rückgang in der Wahlbeteiligung, die Abnahme der Mitgliederzahlen von Parteien und (Jugend-)Verbänden sowie die Zunahme der Wechselwahl.

Der *Periodeneffekt* bezieht sich schließlich auf Veränderungen durch gesellschaftliche Entwicklungen oder historische Ereignisse, die sich nicht auf die Angehörigen der jungen Generation beschränken, sondern alle Altergruppen erfassen, wenn auch nicht unbedingt in gleicher Weise. Als Beispiel hierfür kann die deutsche Vereinigung dienen. Während diese sich auf die Lebenssituation der mittleren Generation der ehemaligen DDR-Bewohner/-innen zunächst eher problematisch auswirkte, eröffnete sie der jungen Generation vorher für unvorstellbar gehaltene Entwicklungsmöglichkeiten. Gesellschaftlicher Wandel beeinflusst zwar nicht nur die politischen Orientierungen junger Menschen. Junge Menschen reagieren auf Veränderungen in Gesellschaft und Politik jedoch insofern sensibler, als ihre Haltungen zur Politik und den politischen Akteuren noch nicht so gefestigt sind wie die der Erwachsenen.

Die genannten Beispiele zeigen, dass sich Lebenszyklus-, Generationen- und Periodeneffekte in der Praxis überlagern und die Ursachen für Unterschiede zwischen den Generationen fast immer aus einer Kombination aller drei Effekte resultieren. Erst wiederholte Untersuchungen über längere Zeiträume, die sich zudem nicht auf Jugendliche beschränken, sondern auch Vergleichsdaten für die Erwachsenen umfassen, ermöglichen es, diese Effekte einigermaßen verlässlich zu trennen.

Ronald Ingleharts Analysen haben gezeigt, dass sich seit den 1960er Jahren ein Wertewandel vollzogen hat, der fundamentale Auswirkungen auf die politischen Orientierungen gehabt und sich im Zuge des intergenerationellen Wandels zunehmend weiter verbreitet hat (vgl. u.a. Inglehart 1997). Dieser Wertewandel lässt sich auf die Differenzierung der Berufsstrukturen, die Bildungsexpansion, die Auflösung festgefügter Klassenstrukturen und eine höhere soziale Mobilität zurückführen. Die politischen Orientierungen und das politische Verhalten der jungen Generation werden weniger stark als früher durch die soziale Herkunft geprägt, sondern sind zu einer Angelegenheit individueller Entscheidungen geworden. Dementsprechend lassen sie sich nicht mehr durch Rückgriff auf wenige sozialstrukturelle Merkmale wie Klassenzugehörigkeit und Religion erklären. Auch wenn diese Faktoren für die Älteren ihre Bedeutung behalten haben, sind für die Jüngeren vorrangig persönliche Lebenserfahrungen prägend. Insbesondere die Bildungsexpansion hat bei ihnen den Wunsch nach einer selbstbestimmten Lebensführung und das persönliche Selbstbewusstsein gestärkt (vgl. Gille 2008a), was auch Auswirkungen auf die Einstellungen gegenüber sozialen und politischen Autoritäten hat. Nicht nur hat deren Vorbildrolle gelitten, sondern ihre Entscheidungen werden zunehmend infrage gestellt. Inglehart hat diese Entwicklung auf die griffige Formel gebracht, es sei ein Übergang von der Unterordnung zur Infragestellung von Autoritäten zu beobachten.

Politisches Interesse

Repräsentative Bevölkerungsumfragen in den alten Bundesländern auf der Basis einer bis 1969 zurückreichenden Zeitreihe zeigen, dass das politische Interesse in den Altersgruppen der 18- bis 29-Jährigen sowie der ab 30-Jährigen zwischen 15% und fast zwei Fünfteln schwankt und für die Altersgruppe ab 30 Jahren einen schwach positiven Trend aufweist. Gleichzeitig ist seit Beginn der 1990er Jahre ein zunehmender Alterseffekt erkennbar. Während die Unterschiede zwischen den beiden Altersgruppen zunächst nicht sehr ausgeprägt waren, zeigt der Verlauf der beiden Trendlinien, dass sich zwischen ihnen nach 1990 eine Schere geöffnet hat. In Verbindung mit zahlreichen anderen Ergebnissen, z.B. der überproportionalen Abnahme der Wahlbeteiligung in der jungen Generation, deutet dies auf eine zunehmende Distanz der nachwachsenden Generation zur Politik hin. Dabei sind die kurzfristigen Schwankungen aber so stark, dass die für einzelne Jahre ermittelten Werte nur Momentaufnahmen darstellen.

Abbildung 1: Entwicklung des politischen Interesses der 18- bis 29-Jährigen im Vergleich zu den Älteren in den alten Bundesländern (Anteil der Befragten mit großem politischem Interesse)

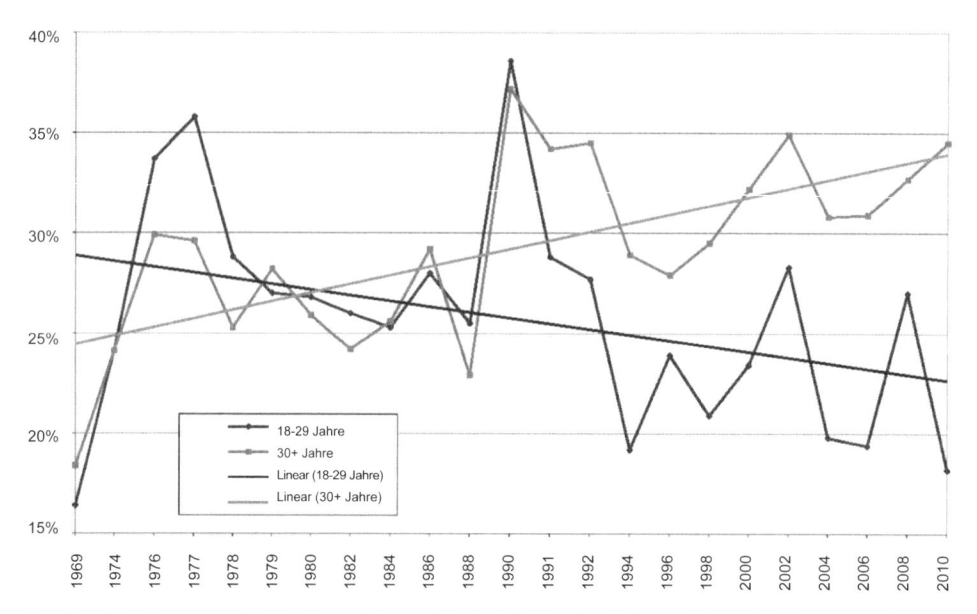

Quelle: Bundestagswahlstudie 1969; Political Action 1974; ZUMA Standarddemographie 1976–1979; ALLBUS 1980–2010 (gewichtet)

Das politische Interesse unterliegt darüber hinaus auch einem beträchtlichen lebenszyklischen Effekt. Die Daten des AID:A-Surveys (AID:A = Aufwachsen in Deutschland: Alltagswelten) des Deutschen Jugendinstituts (DJI) von 2009 zeigen eine Zunahme des Anteils der an Politik Interessierten von der späten Kindheit bis ins Erwachsenenalter: Bei den 13- bis 15-Jährigen beträgt der Anteil 17% und steigt dann kontinuierlich an. Bei den 18- bis 20-Jährigen liegt der Anteilswert bereits bei 31% und erreicht bei den 30- bis 32-Jährigen schließlich 38%. Aber mit dem dritten Lebensjahrzehnt ist die Entwicklung des politischen Interesses noch nicht abgeschlossen. Das höchste politische Interesse zeigt sich in den Altersgruppen der 45- bis 74-Jährigen, wenn man das politische Interesse für die Gesamtbevölkerung ab 18 Jahren anhand des ALLBUS 2010 (ALLBUS=Allgemeine Bevölkerungsumfrage der Sozialwissenschaften) betrachtet. Auch das Geschlecht übt einen nicht unbeträchtlichen Einfluss auf das politische Interesse aus. Trotz Bildungsexpansion, von der die Frauen überproportional profitiert haben, liegt bei gleichem Bildungsniveau das politische Interesse der Mädchen unterhalb dem der Jungen. Dabei ist diese Geschlechterdifferenz mit 23 Prozentpunkten in der obersten Bildungsgruppe (Fachabitur/Abitur) im Vergleich zu den anderen Bildungsgruppen am größten – allerdings auf einem hohen Niveau des politischen Interesses: 50% der Jungen und 27% der Mädchen dieser Bildungsgruppe sind sehr stark oder stark politisch interessiert. Für die unterste Bildungsgruppe (ohne Abschluss oder

Hauptschulabschluss) betragen diese Anteilswerte 19% bzw. 10%. Diese Unterschiede haben sich über die Zeit kaum eingeebnet und sind mit geschlechtsspezifisch unterschiedlichen Interessenprofilen verbunden, die den tradierten Geschlechterrollen entsprechen (vgl. Gille 2008b).

Den stärksten Einfluss auf das politische Interesse hat jedoch das formale Bildungsniveau. Im AID:A-Survey gaben nur 16% der befragten 13- bis 32-Jährigen mit Hauptschulabschluss, aber 38% derjenigen mit (Fach-)Abitur an, sich sehr für Politik zu interessieren. Die Bildungsexpansion hat aber nicht wie erhofft zu einer kräftigen Zunahme des politischen Interesses bei den jüngeren Kohorten geführt. Der früher sehr große Vorsprung der Befragten der höchsten Bildungsgruppe gegenüber den beiden niedrigeren hat sich stattdessen deutlich vermindert (vgl. Hadjar/Becker 2006). Insbesondere weisen jedoch die Jugendlichen mit einem nur grundständigen Bildungsabschluss heute ein deutlich niedrigeres politisches Interesse auf als früher. Allerdings lässt sich nicht ausschließen, dass sich aufgrund der verlängerten Bildungswege auch das politische Interesse im Lebensverlauf langsamer entwickelt als dies früher der Fall war und seinen Höchstwert daher erst mit über 30 Jahren erreicht. Hierauf deutet die positive Trendlinie für die höhere Altersgruppe hin.

Politische Beteiligungsbereitschaften

Die repräsentative Wahlstatistik, für die das Wählerverhalten nach Altersgruppen und Geschlecht ermittelt wird, zeigt bereits seit Mitte der 1980er Jahre einen überproportionalen Rückgang der Wahlbeteiligung in den beiden jüngsten Altersgruppen, die für Bundestagswahlen bei den 18- bis 20-Jährigen um knapp 10% und bei den 21- bis 24-Jährigen um 12% unter der der Gesamtwählerschaft liegt. Bei Landtags-, Kommunal- und Europawahlen sind die Unterschiede teilweise noch ausgeprägter. Es wäre allerdings falsch, daraus zu schließen, dass die Beteiligung an Wahlen von jungen Leuten gering geschätzt wird. Vielmehr liegt in allen DJI-Surveys seit 1992 der Anteil der Befragten im Alter von 16 bis 29 Jahren, die die Teilnahme an Wahlen für eine wichtige Möglichkeit politischer Einflussnahme halten, bei über 90%. Insofern zeigt die rückläufige Wahlbeteiligung in erster Linie, dass die Vorstellung, Wählen sei eine Bürgerpflicht, abgenommen hat.

Tabelle 1: Politische Teilnahme: Bereitschaften und Aktivitäten (in %)

	Kommt in Frage	Bereits gemacht
Sich an Wahlen beteiligen	94	87
Beteiligung an einer Unterschriftensammlung	87	75
Teilnahme an einer genehmigten Demonstration	65	43
Sich in Versammlungen an öffentlichen Diskussionen beteiligen	53	34
Aus politischen, ethischen oder Umweltgründen Waren boykottieren oder kaufen	51	37
Sich an einer Online-Protestaktion beteiligen	50	25
Mitarbeit in einer Bürgerinitiative	39	5
In einer Partei aktiv mitarbeiten	22	4
Teilnahme an einer nicht genehmigten Demonstration	20	7

Quelle: Gaiser/Gille 2011, basierend auf AID:A – DJI-Survey 2009 (gewichtet), 18- bis 29-Jährige, N=6.454

Tabelle 1 weist fast durchweg eine große Diskrepanz zwischen politischen Beteiligungsbereitschaften und tatsächlicher Beteiligung aus. Auf der Basis der in Umfragen gemessenen Beteiligungsbereitschaften kann man aber nicht darauf schließen, es gebe ein großes Potenzial, das bei geeigneten Mobilisierungsbemühungen leicht zu dauerhaftem politischem Engagement zu bewegen sei. Denn die Umsetzung solcher Verhaltensbereitschaften konfligiert mit anderweitigen Verpflichtungen und Freizeitaktivitäten. Insbesondere die Entscheidung für ein dauerhaftes politisches Engagement in politischen Parteien oder anderen Organisationen ist schon immer Sache einer Minderheit gewesen.

Seit den 1960er Jahren hat sich zudem neben den politischen Parteien und den etablierten Großorganisationen wie Kirchen, Gewerkschaften und anderen Verbänden eine Vielzahl neuer, organisatorisch weniger verfestigter Gruppierungen herausgebildet, die den *Neuen Sozialen Bewegungen* zuzurechnen sind. Diese reichen von Stadtteilinitiativen bis hin zu global agierenden Netzwerken wie ATTAC. Solche Gruppierungen sind nichts grundsätzlich Neues, aber ihre Zahl hat sich vervielfacht und bietet vor allem jungen Menschen eine Vielzahl von alternativen (politischen) Beteiligungsmöglichkeiten. Gerade für Jugendliche ist der auf konkrete Ziele und Aktionen orientierte Charakter dieser Gruppierungen attraktiver als die Mitarbeit in formalen Großorganisationen. Der Anteil der in solchen informellen Gruppen Aktiven liegt mit etwa 17% in der Altersgruppe der 13- bis 32-Jährigen ähnlich hoch wie der Anteil derjenigen, die in Vereinen (mit Ausnahme von Sportvereinen) oder bei Freiwilliger Feuerwehr, THW oder DLRG aktiv sind (vgl. Gaiser/Gille 2011). Da die meisten Neuen Sozialen Bewegungen gesellschaftliche und meist auch explizit politische Ziele verfolgen, lässt sich daher konstatieren, dass die heutige junge Generation politisch aktiver ist als frühere Generationen, auch wenn die Mitarbeit in diesen Gruppen sich häufig auf die Teilnahme an einzelnen Aktionen beschränkt. Dabei ist diese Form der Beteiligung innerhalb der untersuchten Altersspanne von 13 bis 32 Jahren für alle Altersgruppen gleichermaßen bedeutsam: 13- bis 15-Jährige sind hier mindestens genauso aktiv wie 30- bis 32-Jährige.

Gegenüber früheren Studien hat vor allem die *politische Protestbereitschaft* zugenommen. Die Political-Action-Studie von 1974 (vgl. Barnes/Kaase u.a. 1979) zeigte erstmals die gegenüber den politisch ruhigen 1950er und 1960er Jahren deutlich gestiegene Bedeutung nicht-verfasster Partizipationsformen in den etablierten Demokratien auf. In der alten Bundesrepublik gaben damals lediglich 11% der befragten 15- bis 17-Jährigen und 18% der 18- bis 29-Jährigen an, bereits an einer genehmigten Demonstration teilgenommen zu haben, bei den Älteren waren es nur 7%. Diese Anteile sind seitdem stark gestiegen. Da im DJI-Jugendsurvey 2003 eine breitere Altersgruppe von 12 bis 29 Jahren befragt wurde, lässt sich für dieses Jahr auch die Entwicklung der Demonstrationsbeteiligung über verschiedene Altersgruppen hinweg verfolgen. Die Daten zeigen dabei ähnlich wie beim politischen Interesse eine lineare Zunahme von 19% bei den 12- bis 15-Jährigen auf 38% bei den 27- bis 29-Jährigen. Bis 2009 nahm der Anteil dann nochmals auf nunmehr 43% bei den 18- bis 29-Jährigen zu. Zwar billigt nur eine kleine Minderheit illegale Aktionen und politische Gewalt, die Bereitschaft zum politischen Protest bis hin zu zivilem Ungehorsam ist aber beträchtlich und wird von der heutigen jungen Generation ohne zu Zögern in Anspruch genommen.

Die gestiegene Protestbereitschaft ist kein rein deutsches Phänomen, sondern lässt sich in allen postindustriellen Demokratien beobachten. Für die politischen Parteien ist es daher schwieriger geworden, die zunehmend fragmentierten Interessen moderner

Gesellschaften zu aggregieren und Unterstützung für ihre politischen Ziele zu mobilisieren (vgl. Rosanvallon 2008). Da Protest keine Einigung auf Alternativen erfordert, ist es demgegenüber leichter, Protestaktionen zu organisieren. Diese Diagnose wird durch die weiter oben genannten Überlegungen Ronald Ingleharts sowie durch Russell Daltons (2006) empirische Analysen gestützt. Solche Protestaktivitäten richten sich allerdings nur selten gegen die demokratische Ordnung als solche, sondern meist gegen konkrete Regierungsentscheidungen, d.h. sie verfolgen eher pragmatische Ziele. Insofern handelt es sich bei der Zunahme des politischen Protestpotenzials in der jungen Generation um eine grundlegende Veränderung der politischen Orientierungen, die sowohl lebenszyklisch bedingt als auch Folge der veränderten Einstellungen gegenüber (politischen) Autoritäten ist und im Zuge des generationellen Wandels in Zukunft eher noch zunehmen dürfte.

Literatur

Barnes, Samuel H./Kaase, Max u.a. (1979): Political action. Mass participation in five western democracies. Beverly Hills: Sage Pub.
Dalton, Russell J. (2006): Citizen politics. Public opinion and political parties in advanced industrial democracies. Washington, D.C.: CQ Press.
Eckert, Roland (1990): Selbsterfahrung und Gesellschaftsveränderung. Die Faszination neuer sozialer Bewegungen. In: Eckert, Roland u.a.: Lebensverhältnisse Jugendlicher. Zur Pluralisierung und Individualisierung der Jugendphase. Weinheim/München: Juventa, S. 1–80.
Gaiser, Wolfgang/Martina Gille (2011): Soziale und politische Partizipation. In: Bien, W./Rauschenbach, Th. (Hrsg.): Aufwachsen in Deutschland. AID:A – der neue DJI-Survey. Weinheim/Basel: Beltz Juventa, S.136–159.
Gille, Martina (2008a): Umkehr des Wertewandels? Veränderungen des individuellen Werteraums bei Jugendlichen und jungen Erwachsenen seit Beginn der 1990er Jahre. In: Gille, M. (Hrsg.): Jugend in Ost und West seit der Wiedervereinigung. Wiesbaden: VS Verlag, S. 119–172.
Gille, Martina (2008b): Wandel des Rollenverständnisses junger Frauen und Männer im Spannungsfeld von Familie und Beruf. In: Gille 2008a, S. 173–210.
Hadjar, Andreas/Becker, Rolf (2006): Bildungsexpansion und Wandel des politischen Interesses in Westdeutschland zwischen 1980 und 2002. In: Politische Vierteljahresschrift 47, 1, S. 12–34.
Inglehart, Ronald (1997): Modernization and postmodernization. Cultural, economic, and political change in 43 societies. Princeton, NY: Princeton Univ. Press.
Rosanvallon, Pierre (2008): Counter-democracy. Politics in an age of distrust. Cambridge: Cambridge Univ. Press.

Benno Hafeneger und *Reiner Becker*

Jugend und Rechtsextremismus

In allen historischen Phasen der Bundesrepublik Deutschland war die ‚rechtsextreme Jugend' mit unterschiedlichen Organisationsformen, Gruppierungen und Aktivitäten Teil des rechtsextremen Lagers. Dieses wurde nie bedeutsam, demokratiegefährdend und zu einem politischen Machtfaktor. Aber die extreme Rechte gehört(e) als ein sich organisatorisch und ideologisch wandelndes Dauerphänomen zur politischen Kultur der Bundesrepublik, in die auch kleinere Teile der jungen Generation eingebunden waren bzw. sind. Im organisierten Zusammenhang waren das in den 1950er und 1960er Jahren vor allem zahlreiche nationalistische, militaristische, bündisch-völkische Kleingruppen; Ende der 1950er Jahre waren achtzehn Gruppen im Kameradschaftsring Nationaler Jugendverbände (KNJ) zusammengeschlossen. Es folgten mit der Gründung der NPD im Jahr 1964 dann ab 1965 die ‚Jugendarbeit' der Jungen Nationaldemokraten (JN) – der Jugendorganisation der NPD. Neonazistische, national-revolutionäre, militante und gewalttätige männliche Kleingruppen bestimmten in den 1970er Jahren die rechtsextreme Jugendszene und in den 1980er Jahren machten vor allem Teile der Skinheads auf sich aufmerksam.

Die organisierte Jugendszene war und ist zahlenmäßig überschaubar und hat sich seit Beginn der 1990er Jahre – mit dem Prozess der deutschen Einheit – zugleich weiter ausdifferenziert. Dazu gehören die JN, neonazistische Kleingruppen und Skinheads, dann vor allem die mehr rebellisch-aktionsorientierten ‚Freien Kräfte', ‚Autonomen Nationalisten' und ‚Kameradschaften'. Mit der Cliquen- und Musikkultur sowie vereinzelten rechts-bündischen Gruppen gibt es weiter eine offen-diffuse Jugendszene und rege Internetkommunikation. Das überschaubare organisierte Lager ist die eine Seite der Medaille; die andere Seite spiegelt sich in offenen Szenen, im Wahlverhalten und in Wahlergebnissen (vor allem bei Landtags- und Kommunalwahlen). Wissenschaftliche Erkenntnisse über Einstellungen und Verhaltensweisen haben in der Geschichte der Bundesrepublik wiederholt gezeigt, wie verbreitet rechtsextreme/-populistische Ideologiefragmente und Orientierungen auch in der jungen Generation sind.

Jugend im rechtsextremen Lager

Rechtsextremismus ist ein wiederholt diskutierter Sammelbegriff für politische und soziale Einstellungsmuster, Orientierungs- und Handlungsweisen, die sich gegen Demokratie, Rechtsstaat, Vielfalt und Toleranz sowie die kritische Auseinandersetzung mit der NS-Zeit richten. Nach Heitmeyer kann man von rechtsextremistischen Orientierungen sprechen, wenn die beiden Grundelemente „strukturell gewaltorientierte Ideologie der Ungleichheit (…) mit der Akzeptanz von Gewalt als Handlungsform" (1987: 16) zusammenfließen. Im Rahmen des Projektes „Gruppenbezogene Menschenfeindlichkeit (GMF)" werden zehn Syndromelemente bzw. gesellschaftliche Gruppen herausgearbeitet, die ‚mit feindseligen Einstellungen' abgewertet werden: Rassismus, Fremdenfeindlichkeit, Antisemitismus, Homophobie, Sexismus, Etabliertenvorrechte, Islamophobie, Abwertung von Obdachlosen, Behinderten und Langzeitarbeitslosen (vgl. Heitmeyer 2009: 37).

Die Entwicklungen des rechtsextremen Lagers – hier unter Jugendlichen und jungen Erwachsenen – müssen differenziert werden. Es ist zunächst die organisierte Szene mit ihren Mitgliedschaften, Aktivitäten, Straf- und Gewalttaten. Nach Angaben der zuständigen Behörden – insbesondere in den jährlich vorgelegten Berichten des Bundesamtes und der Landesämter für Verfassungsschutz – lag die Mitgliederzahl im Jahr 2010 insgesamt bei etwa 26.000; mit einer zunehmenden Bedeutung (gewaltbereiter) Subkulturen und Neonazis. Die Straftaten liegen auf einem konstant hohen Niveau: Von etwa 18.000 Straftaten waren 1.000 politisch rechtsextrem, antisemitisch oder fremdenfeindlich motivierte Gewalttaten, die vor allem von männlichen Jugendlichen und jungen Männern im Alter von 15 bis 24 Jahren ausgehen (vgl. Bundesministerium des Innern 2011). Das rechtsextreme Jugendlager, das sich in den letzten Jahren und Jahrzehnten erneuert und erweitert hat, ist zu einem Dauerphänomen der Republik geworden und überwiegend männlich geprägt. Es gibt regionale und lokale ‚Zentren', die vor allem im ländlich-kleinstädtischen Bereich und in den östlichen Bundesländern zu finden sind. Zu ihrer heterogenen Struktur gehören die JN, zahlreiche neonazistische Gruppen, Teile der Skinheads, der intellektuelle ‚studentisch-akademische Rechtsextremismus', völkische Bünde, dann die ‚Freien Kräfte', ‚Kameradschaften' und ‚Autonomen Nationalisten', ‚Nationale Sozialisten' sowie Teile der ‚Ultras' aus der Fußballfanszene. Dabei wird „die Zahl der Kameradschaften in Deutschland auf 150 geschätzt. Sie geben sich antikapitalistisch, modern und militant" (Beyer 2010: 13). Diese Gruppen sind vor allem aktionistisch orientiert und vernetzt, haben einen festen Kern von jungen männlichen Aktivisten und ein subkulturell geprägtes und gewaltbereites Potenzial. Vor allem von diesen Gruppierungen gehen Straf- und Gewalttaten aus (vgl. Baier 2011).

Analysen zum Wahlverhalten zeigen, dass bei Landtags- und Kommunalwahlen in den letzten Jahren wiederholt vor allem männliche Jung- und Erstwähler mit niedrigen Bildungsabschlüssen und in prekären Lebenslagen überdurchschnittlich rechtsextreme Parteien gewählt haben. Sie erhielten in den östlichen Bundesländern bei Landtags- und Kommunalwahlen zum Teil bis zu 30% der Stimmen von jungen Männern in der Altersgruppe der 18- bis 20-Jährigen (vgl. Rieker 2009: 15).

Das ‚moderne' Erscheinungsbild des Rechtsextremismus unter Jugendlichen hat sich weiter zu einem vielfältigen – wenig organisierten und losen – Cliquenleben und einer freizeit-jugendkulturellen ‚Erlebniswelt' entwickelt, die als „Menschenverachtung mit Unterhaltungswert" (Pfeiffer 2009) beschrieben wurde. Sie bietet mit spezifischen Gruppenerlebnissen und rebellischem Lebensgefühl, mit Musik (u.a. Rechtsrock) als Ansprache und ‚Brückenfunktion', mit Action und Mythen zugleich politische Botschaften an. Zu ihren Aktivitäten gehören u.a.

> „Websites als interaktives Medium zur Ansprache, kostenlose Musik-CDs als Köder, ein breites Bekleidungssortiment als Ausdruck rechtsextremistischen Lifestyles, Konzerte, Demonstrationen und Sonnenwendfeiern als Events mit Unterhaltungswert" (Glaser/Pfeiffer 2009: 11, vgl. auch Hafeneger/Becker 2007).

Rechtsextreme Orientierungen

Zahlreiche empirische Studien zeigen, dass rechtsextreme Einstellungen nicht nur am ‚Rand', sondern auch in der ‚Mitte' der Gesellschaft zu finden sind – das gilt auch für Jugendliche und junge Erwachsene. Abwertungen von sozialen Gruppen (z.B. Langzeitarbeitslose, Obdachlose) und fremdenfeindliche, rassistische, antisemitische, islamophobe, homophobe oder sexistische Orientierungen reichen weit in die Gesellschaft hinein (vgl. Heitmeyer 2002–2012). Rechtsextreme Einstellungen sind „in allen gesellschaftlichen Gruppen, in allen Altersgruppen sowie im Osten wie im Westen zu finden" (Decker u.a. 2010: 24). Gleichzeitig sind folgende Differenzierungen von Bedeutung: Befragte im höheren Lebensalter (über 60-Jährige) stimmen rechtsextremen Aussagen erheblich häufiger zu als jüngere Gruppen (vgl. Decker u.a. 2010: 143). Im ersten Jahrzehnt des 21. Jahrhunderts wird bundesweit „bei 12% der 16- bis 24-Jährigen ein rechtsextremistisches Einstellungspotential festgestellt, während bei den Älteren dieser Prozentsatz bei 14% und 20% liegt" (Rieker 2009: 17). Weiter differieren die Befunde nach dem Schulbildungsniveau: je besser die Bildung desto niedriger sind die Werte. Rechtsextrem orientierte Jugendliche zeigen bei einer Quote von 5,2%, dass davon 8,1% männlich und 2,3% weiblich sind (vgl. Baier 2011:176).

Erklärungsangebote

Im Rahmen des empirischen Langzeitprojektes „Gruppenbezogene Menschenfeindlichkeit" wird ein sozialisationstheoretisches sowie Desintegrationskonzept favorisiert (vgl. Heitmeyer 2002–2012). Danach werden menschenfeindliche und rechtsextreme Orientierungen vor dem Hintergrund von sozialer Kälte und aggressiven gesellschaftlichen Stimmungen vor allem durch sozialstrukturelle, institutionelle und gemeinschaftliche Desintegrationstendenzen gefördert. Ohnmachts-, Vereinzelungs- und Konkurrenzerfahrungen sind – verbunden mit Zukunftsängsten und -ungewissheiten – der Nährboden und Anknüpfungspunkte für Orientierungen, die über Freizeitkontakte, Familie, Medien vermittelt werden und sich radikalisieren können. Soziale Gruppen werden mit Merkmalen (soziale Lage, Herkunft, Hautfarbe, Lebensstil, Denk- und Verhaltensweisen) versehen, abgewertet und als bedrohlich erklärt. Ihnen wird die Schuld an biografischen und gesellschaftlichen Verhältnissen zugewiesen, sie werden instrumentalisiert und zu Sündenböcken erklärt.

Die rechtsextreme Ideologie bietet ein Jugend- und Geschlechterkonzept – und damit Identitätskonzept – an. Es ist das biologistische Bild einer eindeutigen und dichotomen Geschlechterordnung, des ‚harten', kämpfenden und soldatischen Mannes sowie Ernährers; für die Mädchen und jungen Frauen wird in völkischer Denktradition die Mutter- und Hausfrauenrolle und dann auch ‚kämpfende Frau' an der Seite des Mannes propagiert.

Weiterhin wird auf lokale und regionale Entwicklungen für die Entwicklung rechtsextremer Orientierungen hingewiesen, denn der jugendliche Rechtsextremismus ist vor allem ein Phänomen in ländlichen Räumen. Es sind vor allem ‚abwärtsdriftende und abgekoppelte Regionen' sowie Menschen in prekären und abstiegsbedrohten Lebensverhältnissen, die für rechtsextreme Deutungsangebote empfänglich sind (vgl. Heitmeyer 2007; Decker u.a. 2010). Auch die jugendliche Adoleszenzdynamik kann eine Rolle spielen: In den vielschichtigen und langen biografischen Such- und Identitätsbildungsprozessen, in der Bewältigung von Übergängen im (vielfach krisenhaften) Prozess des Erwachsenwerdens und der Integration in die Erwachsenengesellschaft haben jugendliche Vergemeinschaftungsformen (Peers, Gruppen) eine herausragende Bedeutung. Hier sind rechtsextreme Gruppen und Ideologien ein Anbieter ‚auf dem Markt von Deutungen und Bindungen', mit denen versucht wird, Jugendliche und junge Erwachsene zu erreichen.

Nationale Jugendarbeit und Geschlecht

Die extreme Rechte bietet eine so genannte ‚nationale Jugendarbeit' an, mit der sie sich als zivilgesellschaftlicher Akteur zu präsentieren versucht, und mit der sie vor allem in einigen ländlichen Regionen in Konkurrenz zu anderen Trägern und Angeboten der Jugendarbeit tritt. Es gibt Kinder- und Familienfeste, Zeltlager, Sonnenwendfeiern und Freizeiten, mit denen Kinder und Jugendliche angesprochen und geworben werden. Auch wird vereinzelt versucht, im Bereich des Ehrenamtes in der Jugendarbeit ‚Fuß zu fassen'.

Die rechtsextreme Jugendszene ist zwar männlich dominiert, Mädchen und junge Frauen spielen jedoch zunehmend eine Rolle. Jungen Männern werden eine Konstruktion und ein Habitus von Männlichkeit angeboten, der von dominierenden Macht- und Überlegenheitsansprüchen geprägt ist. Propagiert wird eine trainierte, kämpferisch-soldatische, stark gewaltaffine Männlichkeit sowie eine Ideologie des männlichen Körpers und ‚deutschen' Mannes, der kämpft und beschützt, für Familie, Volk und Vaterland da ist (vgl. Claus u.a. 2010). Das Mädchenbild und Geschlechterverhältnis folgt traditionalistisch (biologistisch) vor allem einem Hausfrauen- und Mutterkult im Hintergrund und an der Seite des ‚kämpfenden Mannes'. Vereinzelt gibt es auch Äußerungen, die auf einen ‚nationalen Feminismus' zielen und eine rechte ‚kämpfende Frau' für die ‚deutsche Sache' propagieren. Junge Frauen wirken in der Szene auch – so die zweite Option – ‚radikal und aggressiv' und verstehen sich als „Teil der kämpfenden Front" (Röpke/Speit 2011: 8). Bei Wahlen kommen etwa ein Drittel der Stimmen für rechtsextreme Parteien von Frauen und sie stellen – so Schätzungen – zwischen 25 und 20% der Mitglieder in Parteien und Gruppen der Szene; weiter gehen etwa 10% der rechtsextrem motivierten Straf- und Gewalttaten von Frauen aus. Neben dem ‚Hass auf das System' und dem ‚Leben für die nationale Sache' gehören zu den frauenpolitischen Hassfiguren u.a.: „Emanzipation, Feminismus und Gender Mainstreaming" (Röpke/Speit 2011: 13).

Pädagogische Handlungsfelder und -formen

Die politischen und pädagogischen Strategien in der Auseinandersetzung mit jugendlichem Rechtsextremismus in Schule, Jugendarbeit und Gemeinwesen waren und sind im Feld der Prävention und Intervention verortet. Sie fallen in die Zuständigkeit verschiedener gesellschaftlicher Bereiche (Parlamente und Regierungen, Polizei und Justiz, Medien und Öffentlichkeit, Pädagogik und Beratung) und haben ein je eigenes Profil, spezifische Zugänge und Kompetenzen. Für das Feld der außerschulischen Jugend- und Bildungsarbeit wurden seit den 1990er Jahren mehrere unterschiedlich akzentuierte Förderprogramme des Bundes und der Länder aufgelegt, mit denen vielfältige pädagogische Aktivitäten initiiert und unterstützt wurden. Dazu liegen zahlreiche Evaluationsberichte, Materialien und Arbeitshilfen sowie Best-Practice-Beispiele vor, die zeigen, dass sich die Programme wie auch die wissenschaftliche Forschung auf Jugendliche und junge Erwachsene (als Problemgruppe) konzentriert (vgl. Lynen von Berg u.a. 2007; Palloks/Steil 2008; Rieker 2009; Hafeneger u.a. 2011).

Die Förderprogramme des Bundes zielten und zielen mit den zahlreichen Projekten und Maßnahmen auf eine demokratische und aufklärende, bildende und sensibilisierende Auseinandersetzung mit (jugendlichem) Rechtsextremismus. Mit zeitlich unterschiedlichen Schwerpunkten werden seit 1994 Projekte in Bereichen der sozialpädagogischen Problembearbeitung gefördert: in der Jugend-, Bildungs- und Gemeinwesenarbeit, der Unterstützung von bürgerschaftlichen (ehrenamtlichen) Engagement, der lokalen und regionalen Netzwerkentwicklung sowie zivilgesellschaftlichen Strukturen von lokalen Akteuren bzw. Akteursgruppen, Beratungs- und Ausstiegsprojekte, Projekte zur Beratung und Unterstützung von Opfern rechtsextrem oder fremdenfeindlich motivierter Gewalt und zur Stärkung von Demokratie und Zivilgesellschaft (vgl. Lynen von Berg u.a. 2007; Akademie für Sozialpädagogik und Sozialarbeit 2010; Hafeneger u.a. 2011).

Die Publikationen und Evaluationsberichte bieten zahlreiche Befunde und Erkenntnisse. Mit Blick auf Jugendliche wird zweierlei deutlich: Politisch interessierte Jugendliche werden von Bildungs- und Aufklärungsprojekten erreicht und haben an zahlreichen Aktivitäten und Aktionen teilgenommen. Jugendliche in bzw. im Umfeld der rechten Szene werden kaum erreicht. Sie wollen mit pädagogischen Angeboten nicht belehrt werden, sondern sind nur erreichbar, wenn deren Erfahrungen und Erwartungen in offenen Zugängen im Mittelpunkt stehen. Für die zivilgesellschaftlichen Akteure (Bündnisse) und professionelles Handeln ist nach anlassbezogenem und anlassunabhängigem Engagement zu unterscheiden. Erstere begründen sich aus einer Position der ‚Gegnerschaft' und setzen sich konkret mit lokalen rechtsextremen Phänomenen (Vorfällen, Ereignissen, Aktivitäten, Gewalt) auseinander. Letztere beschränken sich nicht auf den ‚Kampf gegen Rechtsextremismus', sondern zielen als Verantwortungsgemeinschaften „auf eine demokratische und partizipative politische Kultur in den Gemeinwesen" (Palloks/Steil 2008:62).

Nach Riecker (2009) können vielfältige Ansätze und unterschiedliche Ebenen der Prävention und Intervention differenziert werden: Prävention als Gewaltprävention, interkulturelles Lernen, Förderung von Partizipation, geschlechtsspezifische Angebote, (historisch-)politische Bildung und soziales Lernen; Intervention als pädagogische Arbeit mit rechtsextrem orientierten Jugendlichen, als Hilfe und Förderung des Ausstiegs aus rechtsextremen Szenen. Produktive Anregungen für die Weiterentwicklung sieht Riecker u.a. in einer dauerhaften Integration in „Lehrpläne und gesetzlichen Richtlinien" (Riecker 2009: 165), gesicherter Finanzierung, qualifiziertem pädagogischem Personal, interprofessioneller Kooperation und gemeinwesenorientierter Zielgruppenerweiterung.

Literatur

Baier, Dirk (2011): Rechtsextremismus unter deutschen Jugendlichen. In: Bannenberg, B./Jehle, J.-M. (Hrsg.): Gewaltdelinquenz – Lange Freiheitsentziehung – Delinquenzverläufe. Mönchengladbach: Forum-Verlag Godesberg, S. 167–184.

Beyer, Susanne (2010): Gemeinsam handeln: Für Demokratie in unserem Gemeinwesen! Handlungsempfehlungen zum Umgang mit Rechtsextremismus im ländlichen Raum. Halle: Akademie für Sozialpädagogik und Sozialarbeit.

Bundesministerium des Innern (2011): Verfassungsschutzbericht 2010. Berlin: Bundesministerium.

Claus, Robert/Lehnert, Esther/Müller, Yves (Hrsg.) (2010): „Was ein rechter Mann ist…". Männlichkeiten im Rechtsextremismus. Berlin: Dietz.

Decker, Oliver/Weißmann, Marliese/Kiess, Johannes/Brähler, Elmar (2010): Die Mitte in der Krise. Rechtsextreme Einstellungen in Deutschland 2010. Berlin: Friedrich-Ebert-Stiftung.

Glaser, Stefan/Pfeiffer, Thomas (Hrsg.) (2009): Erlebniswelt Rechtsextremismus. Menschenverachtung mit Unterhaltungswert. Hintergründe – Methoden – Praxis der Prävention. Schwalbach/Ts.: Wochenschau-Verlag.

Hafeneger, Benno/Becker, Reiner (2007): Rechte Jugendcliquen. Zwischen Unauffälligkeit und Provokation. Eine empirische Studie. Schwalbach/Ts.: Wochenschau-Verlag.

Hafeneger, Benno/Becker, Reiner/Brandt, Alexander u.a. (2011): „Mit anderen Augen durch die Welt". Jugendfeuerwehr fit für Demokratie. Ein Evaluationsbericht. Schwalbach/Ts.: Wochenschau-Verlag.

Heitmeyer, Wilhelm (1987): Rechtsextremistische Orientierungen bei Jugendlichen. Weinheim/München: Juventa.

Heitmeyer, Wilhelm (Hrsg.) (2002–2012): Deutsche Zustände, Folge 1–10. Frankfurt/M.: Suhrkamp.

Lynen von Berg, Heinz/Palloks, Kerstin/Steil, Armin (2007): Interventionsfeld Gemeinwesen. Evaluation zivilgesellschaftlicher Strategien gegen Rechtsextremismus. Weinheim/München: Juventa.

Palloks, Kerstin/Steil, Armin (2008): Von Blockaden und Bündnissen. Praxismaterialien zur Auseinandersetzung mit Rechtsextremismus im Gemeinwesen. Weinheim/München: Juventa.

Pfeiffer, Thomas (2009): Menschenverachtung und Unterhaltungswert. Musik, Symbolik, Internet – der Rechtsextremismus als Erlebniswelt. In: Glaser, S./Pfeiffer, Th. (Hrsg.), S. 36–52.

Rieker, Peter (2009): Rechtsextremismus: Prävention und Intervention. Ein Überblick über Ansätze, Befunde und Entwicklungsbedarf. Weinheim/München: Juventa.

Röpke, Andrea/Speit, Andreas (2011): Mädelsache! Frauen in der Neonazi-Szene. Berlin: Links.

Dietrich Kurz

Jugend und Sport

Werden Jugendliche in Deutschland nach ihren Freizeitaktivitäten befragt, steht Sport in der Rangliste weit oben. In diesem Beitrag konzentriert sich der Blick auf Sportengagements. Darunter sind hier alle Aktivitätsmuster verstanden, die die Jugendlichen selbst ‚Sport' nennen, insbesondere solche, die ihnen mehr bedeuten als gelegentlicher, beiläufiger Zeitvertreib.

Die besten repräsentativen Daten zum Sportengagement liegen bisher aus Untersuchungen vor, in denen die Stichproben über Schulen gezogen und schriftlich befragt wurden. Empirisch fundierte Aussagen beziehen sich daher vorwiegend auf Schüler/ -innen der Jahrgangsstufen 7 bis 13. Die zuverlässigsten und differenziertesten Daten aus neuerer Zeit stammen überwiegend aus Nordrhein-Westfalen (vgl. Gogoll u.a. 2003) und Brandenburg (vgl. Baur/Burrmann 2003). Dabei konzentriert sich die sportwissenschaftliche Forschung bisher auf den größten und am besten zugänglichen Sektor des Sportengagements der Jugendlichen, den formellen Sport im Verein. In der allgemeinen Jugendberichterstattung wird die hohe Bedeutung des Sports erst allmählich gewürdigt (vgl. BMFSF 2009). Einen Überblick über den jeweils aktuellen Stand des Wissens in der Sportwissenschaft gibt die Sportberichterstattung (vgl. Breuer 2011; Schmidt u.a. 2003).

Verbreitung des Sportengagements im Jugendalter – historisch und aktuell

Der moderne Sport mit seinen markanten Merkmalen Wettkampf, Leistung und Rekord hat sich im England des 19. Jahrhunderts entwickelt und von dort aus über die ganze Welt verbreitet. Seine Entstehung und Verbreitung steht in engem Zusammenhang mit der Industrialisierung und der Ausbildung einer Lebensphase Jugend. Die ersten Sportler waren (männliche) Heranwachsende, die bereits das Privileg eines Moratoriums Jugend genießen konnten, und bis heute bilden Jugendliche weltweit die Massenbasis des Sports. Jugendlichkeit und Sportlichkeit können geradezu als Synonyme bezeichnet werden.

Bei seiner weltweiten Ausbreitung traf der englische Sport in Deutschland auf das Turnen und dessen Organisation in Vereinen, die den Sport hier bis heute prägt (vgl. Grupe/Krüger 2007: 173ff.). Vereine bauen mehr auf die Gemeinschaft der Mitglieder und ihr unbezahltes, ehrenamtliches Engagement als englische Clubs. Wie weit es ihnen gelingt, die nächste Generation möglichst früh zu gewinnen und langfristig zu binden, ist daher für traditionsbewusste Sportvereine eine Schicksalsfrage. In dieser Hinsicht gibt es auch beachtenswerte Parallelen zu den christlichen Kirchen, die in Deutschland auch eigene Sportorganisationen (Deutsche Jugendkraft, Eichenkreuz) begründet haben. Ob die Werte des Sports im Widerspruch zu christlichen Werten stehen oder auch christlich gedeutet werden können, bleibt für den Dialog zwischen Kirche und Sport ein zentrales Thema (vgl. Grupe/Huber 2000).

Surveystudien, in denen Jugendliche nach ihren Interessen befragt wurden (vgl. Gogoll u.a. 2003; Kurz u.a. 1996), belegen die überragende Bedeutung des Sports unter den Freizeitaktivitäten. Es gibt anderes, was viele Jugendliche in ihrer Freizeit häufiger tun oder womit sie mehr Zeit verbringen; aber wenn sie gefragt werden, was ihnen wichtig ist, erhält unter den aktiven Formen der Freizeitbeschäftigung das, was sie 'Sport' nennen, mit Abstand den Spitzenplatz. Dem entspricht der Raum, den Sport in allen seinen Formen in ihrem Zeithaushalt einnimmt. Vier von fünf Jugendlichen im Schulalter geben an, dass sie regelmäßig mindestens einmal pro Woche in ihrer Freizeit Sport treiben, jeder zweite dreimal oder mehr. Dabei erweist sich der Verein nach wie vor für die meisten Jugendlichen als Garant eines regelmäßigen Sportengagements. Um die Jahrtausendwende konnten 80% aller Schüler/-innen in Nordrhein-Westfalen am Ende ihrer Pflichtschulzeit auf durchschnittlich acht Jahre Sportvereins-Mitgliedschaft zurückblicken, in denen sie jede Woche mehr Sport im Verein getrieben hatten als in der Schule (vgl. Kurz/Tietjens 2000).

Differenzierungen, Veränderungen, Ungleichheit

Strukturwandel und Entgrenzung der Jugendphase bilden sich auch im Sport ab. Das Spektrum der Sportarten, die von Jugendlichen betrieben werden, ist breiter geworden. Neben die immer zahlreicheren normierten Sportarten tritt eine bunte Vielfalt von Sportmustern in unterschiedlichen Settings vom kommerziellen Sportbetrieb bis zur selbst organisierten Aktivität in sportlich umgedeuteten Räumen (vgl. Bindel 2008).

Insgesamt scheint sich die sportliche Aktivität im zeithistorischen Trend in jüngere Jahrgänge zu verlagern (vgl. Kurz/Tietjens 2000). Für den organisierten Sport im Verein lässt sich nachweisen, dass der Organisationsgrad seinen Kulminationspunkt inzwischen bereits im zwölften Lebensjahr erreicht und von da an kontinuierlich sinkt. Bei genauerer Betrachtung wird dabei eine Differenzierung erkennbar: Immer mehr Jugendliche treiben immer weniger Sport, während eine immer kleinere Zahl mit dem Alter das Engagement verstärkt. Dies sind vor allem die im Verein organisierten Leistungs- und Wettkampfsportler. Aber auch im 13. Schuljahr sind in den 'alten' Bundesländern noch mehr als ein Drittel aller Schüler/-innen Mitglied in einem Sportverein.

Die Ausdifferenzierung des Sports lässt sich einerseits im Lichte der Individualisierung der Jugendphase interpretieren: Jugendliche suchen und finden ihren Sport als mehr oder weniger bedeutsamen Aspekt ihrer individuellen Lebensführung. Andererseits prägen sich in den vielfältigen Formen des Sports auch Bezüge zu den Kulturen aus, in denen Jugendliche aufwachsen. Traditionelle Rollenmuster überlagern sich mit individualisierten Lebensläufen. Das lässt sich am deutlichsten für die Geschlechtsrollen nachzeichnen. Sie haben sich differenziert und pluralisiert, aber noch immer lassen sich männlicher und weiblicher Sport nach Art, Maß und Sinn als zwei Welten des Sports im Rahmen unterschiedlicher 'somatischer Kulturen' interpretieren (vgl. Hartmann-Tews 2003). Ähnliches gilt für den Sport der Jugendlichen aus spezifischen kulturellen Milieus, z.B. der Migranten (vgl. Boos-Nünning/Karakasoglu 2003).

Solche Unterschiede lassen sich auch als Ausdruck sozialer Ungleichheit betrachten. Auch wenn Sport in seiner Vielfalt einen werthaltigen Bereich der Jugendkultur bildet, ist der Zugang nicht für alle Heranwachsenden in gleicher Weise offen. Am deutlichsten nachgewiesen ist soziale Ungleichheit unter den Gesichtspunkten Geschlecht und Bildungsgang (vgl. Gogoll u.a. 2003; Thiel/Cachay 2003). Während sich im Kindesalter und im höheren Erwachsenenalter die Unterschiede nach Geschlecht weitgehend ausgeglichen haben, sind sie in der Jugendphase immer noch beträchtlich: Männliche Jugendliche treiben mehr und intensiver Sport als weibliche und sind auch mit deutlich höherer Wahrscheinlichkeit aktive Mitglieder in einem Sportverein.

Bemerkenswert ist auch der Zusammenhang des Sportengagements mit dem Bildungsgang (vgl. Kurz u.a. 1996). Alle jüngeren Surveystudien belegen für die Jugend in Deutschland: Die Wahrscheinlichkeit, dass Jugendliche regelmäßig Sport treiben und dies zu einem überdauernden Merkmal ihres Lebensstils wird, steigt mit dem Bildungsniveau und der Höhe des angestrebten Schulabschlusses. So ist der Organisationsgrad im Verein bei Gymnasiasten/-innen etwa doppelt so hoch wie bei gleichaltrigen Haupt- und Gesamtschülern/-innen, und dieser Unterschied ist bei den weiblichen Jugendlichen noch größer. Der Zusammenhang ist jedoch nicht kausal zu interpretieren. Dass Hauptschüler/-innen sich weniger im Sport engagieren als Gymnasiasten/-innen, ist zum wenigsten eine Folge geringerer Förderung in ihrer Schulform. Hier wirken sich vielmehr die unterschiedlichen Bildungsanstrengungen der Herkunftsfamilie aus. Entgegen immer noch verbreiteten Vorurteilen steigt mit dem Interesse an Bildung im Allgemeinen auch das Interesse an sportlicher Aktivität.

Nicht so eindeutig, aber ebenfalls beträchtlich sind regionale Unterschiede im Sportengagement (vgl. Baur/Burrmann 2003; Kurz/Tietjens 2000). Zunächst ist festzustellen: Auch viele Jahre nach der Wiedervereinigung wirkt sich noch aus, dass in der DDR die Infrastruktur für Breiten- und Freizeitsport weniger entwickelt war als in der ‚alten' Bundesrepublik. Im Jahr 2000 war in den ‚neuen' Ländern der Organisationsgrad Jugendlicher in einem Sportverein nur halb so hoch wie im Westen. Während im Westen der Sportverein insbesondere auf dem Lande für viele Jugendliche immer noch eine überragende Stellung als Kulturträger vor Ort besitzt und der Organisationsgrad Jugendlicher mit höherer Siedlungsdichte systematisch abnimmt, war in der DDR der leistungssportlich ausgerichtete Jugendsport in den großen Städten konzentriert. Neuere Untersuchungen zur Frage, wie weit sich solche Unterschiede ausgleichen, stehen aus.

Bildungs- und Gesundheitspotenziale des Sports

Anders als das Turnen, das schon sein Begründer Jahn als pädagogisches und politisches Programm verstand, ist der Sport zunächst als spielerischer Zeitvertreib Jugendlicher und junger Männer entstanden und erst nachträglich im Zuge seiner weltweiten Verbreitung auch als Bildungsgut gedeutet worden (vgl. Krüger 2011). Heute werden dem Sport pädagogisch erwünschte Wirkungen zugesprochen, die insbesondere im Kindes- und Jugendalter die Entwicklung fördern und zu einem guten Leben beitragen können (vgl. Neuber 2011). Daher ist Sport in der Schule ein Pflichtfach mit dem drittgrößten Kontingent in der Stundentafel, und der Staat fördert den Sport Jugendlicher auch im Verein mit erheblichen Mitteln.

Die Erwartungen und Versprechungen, was Sport insbesondere bei Jugendlichen bewirken könne, sind vielfältig: Sport soll Gesundheit, Fitness und Leistungsfähigkeit fördern, soziale Kompetenzen entwickeln, Integration anbahnen, Gewaltbereitschaft zivilisieren, vor Drogenmissbrauch und Sucht bewahren und insgesamt die Entwicklung einer reifen, selbstbewussten und verantwortungsvollen Persönlichkeit unterstützen. Allerdings lässt sich diese Bilanz durch empirische Untersuchungen nicht eindeutig belegen (vgl. Brettschneider/Kleine 2002; Gerlach 2008): Jugendliche, die sich im Sport engagieren, bewältigen die für ihre Lebensphase typischen Probleme im statistischen Durchschnitt etwas besser, aber es lässt sich nicht ausmachen, wie weit das Sozialisationswirkung des Sports oder ein Selektionsphänomen ist. Wie oben beschrieben, finden sich im Sport mit größerer Wahrscheinlichkeit Jugendliche aus bildungsnahen Milieus, die ohnehin bessere Chancen auf eine gelingende Entwicklung haben.

Theoretisch gut begründete Wirkungsannahmen gehen von einer Deutung der sportlichen Aktivität als autotelisches Spiel aus (vgl. Grupe/Krüger 2007: 274 ff.): Im Sport stellt sich der moderne Mensch Aufgaben zunächst nur mit dem Ziel, sich an ihnen zu erproben und mit anderen zu vergleichen. Er setzt damit in gewisser Weise immer auch sich selbst aufs Spiel, erfährt die eigenen Möglichkeiten und Grenzen, kann diese aber auch in Übung und Training erweitern bzw. hinausschieben. Für Jugendliche liegt ein besonderer Reiz des Sports darin, dass sie hier eher als in anderen Lebensbereichen die Leistungen Erwachsener erreichen oder sogar übertreffen können.

Da Situationen des Sports immer auch leistungsthematisch gedeutet werden, können die Erfahrungen im Sport gerade in der Jugendphase auch kritisch werden für das Selbstwertgefühl und die Arbeit an der Identität. Das heißt jedoch gerade nicht, dass Sport in jedem Fall und automatisch alle Facetten des Selbstkonzepts positiv beeinflusst. Sport ist vielmehr, pädagogisch betrachtet, in jeder Hinsicht ambivalent. Er bietet fruchtbare, ich-bedeutsame Bewährungsanlässe, aus denen Jugendliche lernen und ihre Ressourcen für die Zukunft stärken können. Gerade der Leistungscharakter des Sports impliziert jedoch immer auch die Gefahr, aus der Verarbeitung der Erfahrungen mit Gelingen und Scheitern, Sieg und Niederlage geschwächt hervorzugehen. So erklärt sich, dass empirische Wirkungsstudien allenfalls für kurzfristige, gezielte Interventionsprogramme eine eindeutig positive Bilanz ziehen können. Das gilt in ausgeprägter Weise für die erhofften gesundheitlichen Wirkungen des Sports.

Die Ambivalenz des Sports ist unter dem Gesichtspunkt der Gesundheit offensichtlich und wissenschaftlich gut aufgeklärt. Sportliche Aktivitäten sind typischerweise mit nicht-alltäglichen, immer auch körperlichen Beanspruchungen verbunden, die für eine gesunde Entwicklung bis zum Ende des körperlichen Wachstums in besonderer Weise notwendig sind. Es hängt jedoch von Art und Maß der Beanspruchung ab, ob sie den noch wachsenden Körper und seine gesundheitsbedeutsamen Ressourcen stärken oder im Gegenteil verletzen und möglicherweise nachhaltig schädigen. Es ist in Grenzen möglich, mit kontrollierten, fachlich angeleiteten Bewegungsprogrammen bestimmte gesundheitsbedeutsame Parameter zu beeinflussen. Allerdings entspricht das nicht immer der Art, wie Jugendliche selbst Sport regelmäßig treiben wollen.

Breit angelegte empirische Studien (vgl. Gogoll 2004; Sygusch 2005) zeigen, dass Jugendliche, die über ihren verpflichtenden Schulsport hinaus regelmäßig Sport treiben, nach messbaren körperlichen Parametern kaum gesünder sind als andere. Aber sie fühlen sich gesünder, sie wissen mehr über Gesundheit und fragen, was sie selbst tun können, um in und mit ihrem Sport gesund zu bleiben. An diesem Interesse können gesundheitspädagogische Maßnahmen ansetzen, die nicht auf kurzfristige körperliche Wirkungen, sondern auf die Förderung von Gesundheitsbewusstsein und Gesundheitskompetenz setzen.

Eine vergleichbare pragmatische Wendung zeichnet sich auch in neueren Ansätzen zum sozialen Lernen im Sport ab (vgl. Sygusch 2007). Offensichtlich bietet der Sport gerade im Jugendalter ein reiches Potenzial an Lernanlässen für die Ausbildung sozialer Kompetenzen und Einstellungen. Das gelingt meistens nicht ohne kundige Anleitung und überzeugende Beispiele. Pädagogische Maßnahmen in Schule und Verein sind in dieser Hinsicht aussichtsreicher, wenn sie von dem gemeinsamen Interesse an einem guten, fairen Sport ausgehen und nicht als Erziehung durch Sport daherkommen (vgl. Neuber 2011).

Sport bietet, pädagogisch betrachtet, immer wieder Situationen, die Jugendliche als paradigmatisch für wichtige Fragen ihres Lebens und als lehrreich auch über den Sport hinaus auffassen können. Sport kann damit für Jugendliche sowohl ein Faktor gelingender Entwicklung als auch ein Element eines guten, selbstbestimmten Lebens sein. Die Handlungsfähigkeit, die sie dafür brauchen, bildet sich bestenfalls in der Weise aus, dass sich formale Bildung in der Institution Schule und ‚Alltagsbildung' in den vielen Facetten des freiwilligen, auch selbst organisierten Sports ergänzen (vgl. Rauschenbach 2011).

Eine hervorragende Bedeutung für jugendliche Sportengagements haben in Deutschland die Vereine (vgl. BMFSF 2009: 67ff., 209ff.; Breuer 2011). Keine andere Organisation bindet auch nur annähernd so viele Jugendliche so dauerhaft und intensiv ein wie der Sportverein. Diese Einbindung geht oft über die rein sportliche Aktivität hinaus. Sport ist typischerweise soziales Handeln, und das gilt nicht nur für die sportliche Aktivität selbst, sondern auch für ihre Anleitung und Organisation. Im Sport können junge Menschen früher als in anderen Lebensbereichen auch schon in Funktionsrollen und formalen Ämtern Verantwortung übernehmen und bürgerschaftliches Engagement lernen.

Literatur

Baur, Jürgen/Burrmann, Ulrike (2003): Aufwachsen mit Sport in Ostdeutschland. In: Schmidt, W./Hartmann-Tews, I./Brettschneider, W.-D. (Hrsg.), S. 167–188.

Bindel, Tim (2008): Soziale Regulierung in informellen Sportgruppen. Eine Ethnographie. Hamburg: Czwalina.

Boos-Nünning, Barbara/Karakasoglu, Yasemin (2003): Kinder und Jugendliche mit Migrationshintergrund und Sport. In: Schmidt, W./Hartmann-Tews, I./Brettschneider, W. D. (Hrsg.), S. 319–338.

Brettschneider, Wolf-Dietrich/Kleine, Torsten (2002): Jugendarbeit in Sportvereinen. Anspruch und Wirklichkeit. Schorndorf: Hofmann.

[BMFSF] Bundesministerium für Familie, Senioren, Frauen und Jugend (2009): 13. Kinder- und Jugendbericht. Bericht über die Lebenssituation junger Menschen und die Leistungen der Kinder- und Jugendhilfe in Deutschland. Berlin: Bundesministerium.

Breuer, Christoph (Hrsg.) (2011): Sportentwicklungsbericht 2009/2010. Analyse zur Situation der Sportvereine in Deutschland. Köln: Strauß.

Gerlach, Erin (2008): Sportengagement und Persönlichkeitsentwicklung. Eine längsschnittliche Analyse der Bedeutung sozialer Faktoren für das Selbstkonzept von Heranwachsenden. Aachen: Meyer&Meyer.

Gogoll, André (2004): Belasteter Geist – Gefährdeter Körper. Sport, Stress und Gesundheit im Kindes- und Jugendalter. Schorndorf: Hofmann.

Gogoll, André/Kurz, Dietrich/Menze-Sonneck, Andrea (2003): Sportengagements Jugendlicher in Westdeutschland. In: Schmidt, W./Hartmann-Tews, I./Brettschneider, W.- D. (Hrsg.), S. 145–165.

Grupe, Ommo/Huber, Wolfgang (Hrsg.) (2000): Zwischen Kirchturm und Arena. Evangelische Kirche und Sport. Stuttgart: Kreuz.

Grupe, Ommo/Krüger, Michael (2007): Einführung in die Sportpädagogik. 3. Aufl. Schorndorf: Hofmann.
Hartmann-Tews, Ilse (2003): Jugendliche Sportpartizipation und somatische Kulturen aus Geschlechterperspektive. In: Schmidt, W./Hartmann-Tews, I./Brettschneider, W. D. (Hrsg.), S. 297–318.
Krüger, Michael (2011): Sport als Bildungs- und Kulturgut – Stationen der Bildungsgeschichte der Leibeserziehung und des Sports in Deutschland. In: Krüger, M./Neuber, N. (Hrsg.), S. 83–104.
Krüger, Michael/Neuber, Nils (2011) (Hrsg.): Bildung im Sport. Beiträge zu einer zeitgemäßen Bildungsdebatte. Wiesbaden: VS Verlag.
Kurz, Dietrich/Sack, Hans-Gerd/Brinkhoff, Klaus-Peter (1996) (Hrsg.): Kindheit, Jugend und Sport in Nordrhein-Westfalen. Der Sportverein und seine Leistungen. Eine repräsentative Befragung der nordrhein-westfälischen Jugend. Düsseldorf: Ministerium für Stadtentwicklung, Kultur und Sport.
Kurz, Dietrich/Tietjens, Maike (2000): Das Sport- und Vereinsengagement der Jugendlichen. In: Sportwissenschaft 30, S. 384–407.
Neuber, Nils (2011): Bildungspotenziale im Kinder- und Jugendsport. In: Krüger, M./Neuber, N. (Hrsg.), S. 143–161.
Rauschenbach, Thomas (2011): Alltagsbildung – die andere Seite der Bildung. In: Krüger, M./Neuber, N. (Hrsg.), S. 35–52.
Schmidt, Werner/Hartmann-Tews, Ilse/Brettschneider, Wolf-Dietrich (2003) (Hrsg.): Erster Deutscher Kinder- und Jugendsportbericht. Schorndorf: Hofmann.
Sygusch, Ralf (2005): Jugendsport – Jugendgesundheit. Ein Forschungsüberblick. In: Bundesgesundheitsblatt – Gesundheitsforschung – Gesundheitsschutz 48, 8, S. 863–872.
Sygusch, Ralf (2007): Psychosoziale Ressourcen im Sport. Ein sportartenorientiertes Förderkonzept für Schule und Verein. Schorndorf: Hofmann.
Thiel, Ansgar/Cachay, Klaus (2003): Soziale Ungleichheit im Sport. In: Schmidt, W./Hartmann-Tews, I./Brettschneider, W. D. (hrsg.), S. 275–295.

Claus Tully

Jugend und Mobilität

Gesellschaftliche Rahmung von jugendlichen Mobilitätsbedürfnissen

Bis ins 18. Jahrhundert galten Unterwegssein, Reisen und Ortswechsel als schädlich und gefährlich. Das Verständnis von Reisen hat sich ab Mitte des 18. Jahrhunderts, also seit Goethe (1749–1832) und Humboldt (1769–1859) gewandelt. Unterwegssein fällt zusehends mit positivem Zugewinn an Erfahrung zusammen und erhält die Qualität von Bildung und Wissen, ganz so wie bei den fahrenden Gesellen des zünftigen Handwerks. Die Gesellen gingen auf ihre mehrjährige Wanderschaft, um Erfahrungen zu sammeln und die verschiedenen Arbeitsstile der jeweiligen Meister vor Ort zu erlernen. Sie erweiterten fahrend ihre eigenen Fertigkeiten.

Mit der aufkommenden Industrialisierung veränderten sich die Voraussetzungen und Anforderungen an ‚Mobilität'. ‚Mobil sein' blieb für lange Zeit an ‚soziale Voraussetzungen geknüpft', die nur eine Minderheit erfüllte. Ab dem 18. Jahrhundert wird Mobilität mit der Durchsetzung der Industriegesellschaft zum Inbegriff von Freiheit und Selbstbestimmtheit, ebenso wie zur Bedingung anstehender Modernisierung.

Wie Richard Sennett (2000) in seinem Buch „Der flexible Mensch" für die USA zeigt, sind lange Wegezeiten und Umzüge fortschreitend selbstverständlich geworden. ‚Flexibel sein' ist inzwischen unabdingbar. Der zeitgemäße Imperativ ‚mobil zu sein', spiegelt den hintergründig allseits präsenten ‚Zwang zu Mobilität'. Jugendlichen ist diese dynamische Welt vorgegeben. Um an sozialen Aktivitäten teilhaben zu können, die räumlich voneinander entfernt sind, müssen Distanzen überwunden werden. Jugendliche beziehen sich auf diese ihnen vorgegebenen Anforderungen, aber auch auf die verfügbaren Mittel (Kommunikationstechnik, Fahrzeuge). Sie agieren mit zunehmendem Alter in Parallelwelten und changieren zwischen den für sie relevanten Teilwelten wie Schule, Nebenjob, Sport, Ausbildung, Familie und Peers.

Der Aufbau und die Pflege individueller Netzwerke haben sich verändert und werden sich weiter verändern. Michael Mitterauer (1986) diagnostiziert in seiner „Sozialgeschichte der Jugend" eine ‚Entregionalisierung' von Jugend. Er konstatiert, dass diese Entregionalisierung nach den 1950er Jahren zu tiefgreifenden Veränderungen geführt hat:

> „Territorial bezogene Gruppen verlieren an Bedeutung. Überregionale Zusammenhänge treten immer deutlicher in Erscheinung. Es entstehen soziale Beziehungen, die weit über die Jugendgemeinschaft als Primärgruppe hinausführen. Dieses sich zunehmend verdichtende Netzwerk erfasst immer mehr junge Menschen, die gleichzeitig ihre Jugendphase erleben" (Mitterauer 1986: 247).

Mobilität ist ein Bedürfnis, das sich nicht erst in der entfalteten Jugendphase (16 Jahre und älter) bemerkbar macht. Kinder und Jugendliche sind früh mobil. Die Studie „Mobilität in Deutschland 2008" (MiD) zeigt, dass die Zahl der Wege, die durchschnittliche Strecke und die Unterwegszeit pro Tag ab dem Eintritt ins Teenie-Alter zunehmen (vgl. INFAS/DLR 2010: 10f.)

Bildung, Arbeit und Partnerschaft erscheinen von ihrem Ort entbunden. An ihren Eltern können die Heranwachsenden sehen, dass Partnerschaft heute nicht mehr bedeuten muss, in einer fixen Haushaltsgemeinschaft zu leben. Die Zahl der Pendler und die der sogenannten LAPs (Living Apart Together) steigen. Je nach Schätzung wird damit gerechnet, dass gut 10% aller jungen Partnerschaften auf Distanz geführt werden.

Bis in die 1980er Jahre konnten für das Aufwachsen relativ geordnete gesellschaftliche Rahmungen unterstellt werden. Aus soziologischer Sicht werden diese sozialstrukturellen Zuordnungen brüchig. Mobilisierung der Gesellschaft ist mithin nicht mit einem ‚Zuwachs an Verkehrswegen' gleichzusetzen. Vielmehr geht es darum, die Mobilisierung sozialer Verhältnisse durch das Aufgreifen von Mobilitätsoptionen zu bewältigen. Die moderne Gesellschaft wird durch ihre ‚mobile Kultur' beschreibbar (vgl. Tully/Baier 2006). Im Durchschnitt legen alle Bundesbürger am Tag 3,4 Wege zurück, überwinden dabei eine Entfernung von 39 Kilometern und sind 79 Minuten unterwegs. Bei zwei Drittel der Wege kommt der PKW zum Einsatz (vgl. INFAS/DLR 2010: 10). Auffällig korrespondieren dabei ein wachsendes Einkommen und ein gewachsenes Sozialprestige mit größerer Mobilität. Einfacher ausgedrückt: Wer arm ist, ist weniger mobil.

Im Vergleich zu den 1970er Jahren hat sich der Anteil an Fußwegen halbiert, die Wegentfernungen haben sich nahezu verdoppelt. Jugendliche wachsen in einer (auto-)mobilen Kultur auf und unterscheiden sich darin von der Generation ihrer Eltern. Die Welt heute ist insgesamt mobiler. Auch für Reisen werden weiter entfernte Ziele angesteuert. Viel unterwegs zu sein gehört für viele mittlerweile zur Normalität, so wie auch regelmäßig längere Pendelwege zur Arbeit, in die Zentren und Städte kein Ausnahmefall mehr sind. Die Transportindustrie ist zu einer herausgehobenen Größe in der modernen Welt geworden. Weltweit werden 1,6 bis 2 Milliarden Flugreisen jährlich unternommen.

Der mobile und kommunikative Jugendalltag in der Moderne

Jugend ist Aneignung von Welt und Gestaltung von eigenen Bezügen. Ganz so wie es die Sozialisationstheorie vorgibt, eignen sich Menschen mit dem Aufwachsen sukzessive auch ihre räumliche Umwelt als Sozialraum an. Vorliegende Modelle veranschaulichen diesen Prozess (s. Abb. 1).

Das Zonenmodell steht für die allmähliche erweiterte Wahrnehmung von Raum. Zunächst wird das eigene Haus, die Straße, das Viertel, die angrenzenden Siedlungen usw. wahrgenommen und angeeignet. Ganz so wie es das Modell der Sozialisation vorgibt, beschreibt es die Aneignung der unmittelbaren hin zur erweiterten Umwelt. Das Inselmodell steht für das zusammenhanglose Aufsuchen nicht zusammenhängender Räume, z.B. durch die Fahrdienste der Eltern.

Vernetzung – Mehr Kommunikation und unterwegs im Spiel bleiben
In jüngerer Zeit bewegen sich nicht nur jüngere Menschen neben den realen Räumen vermehrt auch in virtuellen Räumen. ‚Social Networks' wie Facebook und andere erleichtern es, über räumliche Distanzen hinweg im Kontakt zu bleiben, sich über Planungen und neue Vorlieben von Freunden zu unterrichten und auf gleichem Wege eigene Vorstellungen zu übermitteln. Für Georg Simmel (1858–1918), einem Klassiker

der Soziologie, wird die Person in der Gesellschaft als Produkt ihrer sozialen Bezüge beschrieben, über ihre Familie, Freunde, Schule usw. Heute müssen zusätzlich die in sozialen Netzwerken etablierten Bezüge einbezogen werden. Der Blick auf vorliegende Statistiken verdeutlicht: Über Handys verfügen rund 98% der Jugendlichen, wobei der Anteil bei jungen Männern etwas geringer ausfällt als bei jungen Frauen. Eine steigende Zahl (2013: etwa 50%) von Jugendlichen besitzt ein Smartphone, mit dem mobil gesurft, gechattet und Informationsaustausch betrieben wird.

Abbildung 1: Zonen- und Inselmodell des Aufwachsens

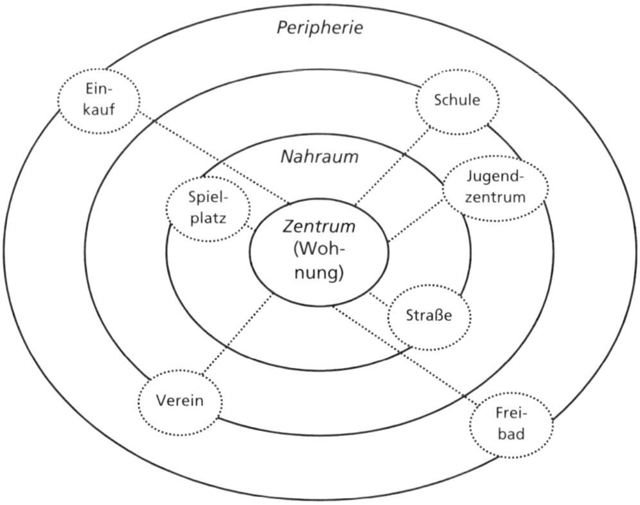

```
                          Peripherie
              Ein-                        Schule
              kauf
                          Nahraum
                                          Jugend-
              Spiel-                      zentrum
              platz     Zentrum
                        (Woh-
                        nung)
                                   Straße
              Verein
                                          Frei-
                                          bad
```

─────────── Zonenmodell nach Baacke (1987)
··················· Inselmodell nach Zeiher (1983)

Quelle: Eigene Darstellung, Tully/Baier 2006:11

Mit der mobilen Kommunikation geht es weniger darum, zurückzulegende Wege zu ersetzen, sondern darum, trotz ständigem ‚Unterwegssein' in Kontakt zu bleiben. Jugendliche leben die vernetzte Gesellschaft. Sie sind unterwegs und zugleich ‚in touch' (in Kontakt). Face-to-face Kommunikation, sich also gegenüber zu sitzen, ist nicht mehr die zentrale Form des Austausches unter Jugendlichen (vgl. Tully 2012). Der Begriff von intimer Nähe verändert sich, da diese durch die Kommunikationstechnik auch über große Distanzen hinweg, z.B. auch in vollen U-Bahnen gelebt werden kann. Die entwickelten Kommunikationsmedien erleichtert das häufige Unterwegssein, denn fast immer und überall ist Kommunikation möglich.

Die Frage, ob moderne Kommunikationstechnik Unterwegssein ersetzt, ist unschwer zu beantworten. Jungsein ist eine Phase der (Aus-)Bildung eigener Identität und des Ausbaus von Beziehungen bis hin zur Etablierung einer eigenen Partnerschaft. All dies basiert heute auf Kommunikation und Mobilität. ‚Dabei sein' ist wichtig und die moderne Kommunikationstechnik erlaubt die Teilhabe auch ohne selbst anwesend zu sein. Dennoch ersetzen Handy, Internet und Co. faktische Begegnungen nicht. ‚Sich treffen' setzt aufgrund gestiegener Mobilität jedoch verstärkt Abstimmungsprozesse voraus. Die Kommunikationstechnik wird genutzt, um im Spiel zu sein, um Treffen vorzubereiten und um die Wegebewältigung zu organisieren (Fahrpläne und Navigation im Internet, Online-Tickets etc.). Viele Jugendliche sind viel unterwegs und deshalb wird das Handy wichtig – nicht zuletzt um ‚abzuchecken', ob es attraktivere Orte gibt, die angesteuert werden können. Wer sich langweilt kann mobil nachfragen, ob anderswo mehr los ist (‚Eventhopping'). Die Suche nach Anschluss geschieht kommunikativ, für den Weg braucht es Fahrzeuge.

Jungsein heißt mobilsein
Beweglichkeit ist Mittel wie Ausdruck jugendlichen Lebensgefühls und steht für Flexibilität und Präsenz. Fast alle Aktivitäten, wie Treffen mit Freunden, Job- und Ausbildungsplatzsuche, Sport, Verein, Schule, und die Bemühungen um Partnerschaft usw. sind mobilitätspflichtig. Der jugendkulturelle Alltag ist facettenreich und multilokal (vgl. Tully 2009) entsprechend sieht das Nebeneinander von Verselbstständigung und Abhängigkeit aus. Eigene Stile und neue Verhaltensweisen werden erprobt. Unterwegssein steht für Freiheit, Unabhängigkeit. Es geht um die Suche nach sich selbst und nach Anderen. Sichtbar wird dies in jugendlichen Fahrstilen, den benutzten und gestylten Vehikeln, der eigenen Musik, der gewählten Kleidung.

In einer Mobilitätsgesellschaft aufzuwachsen heißt, in einer Welt mit Fahrplänen und Straßenverkehr zu leben. Verschiedene Untersuchungen des Autors am Deutschen Jugendinstitut (DJI) zeigen: Jugendliche sind mehr unterwegs als Erwachsene. Schüler/-innen pendeln zwischen Schule und Wohnung, ebenso wie zu Freunden und Freizeitstätten. Der lebensalltägliche Aktionsradius hängt in besonderem Maße vom Wohnsitz der Eltern und von der besuchten Schule ab – dort werden Freundschaften gegründet. Je größer das Einzugsgebiet der Schulen, desto länger sind die Wege zu den Freunden. Auch Jobs sind ein Anlass für Mobilität. Mehr als ein Drittel der Schüler/-innen geht einem Nebenjob nach. Werktäglich bewältigen Jugendliche vier Wege mit einer durchschnittlichen Länge von 22 Minuten, am Samstag sind es drei, da der Schulweg wegfällt. Im Schnitt unternehmen Jugendliche monatlich vier Tagesausflüge und fahren zweimal im Jahr in den Urlaub. Mit zunehmendem Alter verändern sich die Mobilitätsanlässe (s. Abb. 2). Junge Erwachsene machen weniger Tagesausflüge und gehen, wenn die Partnerschaften etabliert sind, auch weniger weg.

Mit dem *Übergang von der Schule in die Ausbildung* kommen neue Mobilitätserfordernisse hinzu. Mit dem Wechsel in die Berufsausbildung wird die Eigenverantwortlichkeit für die Wege zur Ausbildungsstätte zur neuen Herausforderung. Während Schüler/-innen häufig gefahren werden, agieren Auszubildende hier selbstverantwortlich. Mit der Ausbildung werden die Pflichtwege länger und komplizierter. Knapp ein Fünftel der Azubis in München pendelt über lange Distanzen, gleiches gilt für Praktika u.a.m. Viele Jugendliche erleben den Übergang von der Schule in die Ausbildung als Herausforderung. Der ohnehin schon lange Ausbildungstag wird durch die Wegezeiten zusätzlich verlängert. Vor allem für Heranwachsende, die auf dem Land leben und einer beruflichen Ausbildung nachgehen, sind die Anfahrtszeiten beachtlich: immerhin 40% fahren zwischen 20 und 45 Minuten zur Arbeit. Etwa ein Viertel muss Wegezeiten zwischen einer dreiviertel Stunde und zwei Stunden in Kauf nehmen. Für diese Gruppe verlängert sich der Arbeitstag somit um mindestens eineinhalb Stunden täglich. Dies stellt auch finanziell eine Belastung dar. Hinzukommt der Umgang mit der nun geringeren Freizeit.

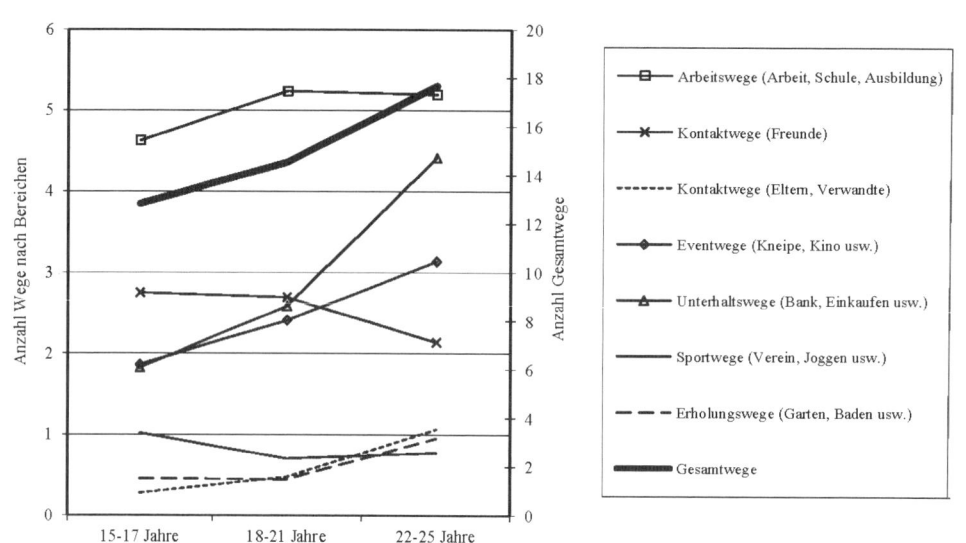

Abbildung 2: Typische Mobilitätsprofile Jugendlicher, älterer Jugendlicher und junger Erwachsener

Quelle: Tully/Baier 2006; eigene Berechnungen

Interessant ist, dass der Mobilitätsbedarf mit zunehmendem Alter ansteigt, wobei Arbeits- und Ausbildungswege abnehmen, Unterhaltungswege (Arzt, Einkauf usw.) jedoch deutlich ansteigen. Kontaktwege gehen zurück ebenso wie die für Vereine. Anders gewendet, wenn es mit der Partnerschaft klappt, kehrt Ruhe ein.

Der lebensalltägliche Möglichkeitsraum von *Jugendlichen auf dem Land* unterscheidet sich von dem in der Stadt. Was sich am Wohnort anstellen lässt oder nicht, hängt von der Infrastruktur ab: Gibt es ein Kino, eine Disko, ein Fast-Food-Restaurant, ein Café, einen Jugendtreff oder einen anderen Ort, der als Treffpunkt geeignet ist, an dem Poolbillard, Fußball, Tennis gespielt werden kann? Je nach Angebot gibt es eine differenzierte Jugendkultur. An Orten, an denen nur wenige Altersgleiche leben, geht Jugendkultur tendenziell im Jugendverein auf. Je nachdem, wo die Jugendlichen leben, unterscheiden sich die Wege (zeitlich und hinsichtlich ihres finanziellen Aufwands) für Ausbildung, Schule, Arbeit etc. Mobilität ist in der Stadt in der Regel ein weniger bedeutsames Problem als auf dem Land.

Jugendliche in der Stadt sind in geringerem Maße auf einen eigenen Pkw angewiesen, da S- und U-Bahnen die Fläche erschließen und Busse die Zubringerdienste absichern. Auf dem Land eröffnen ggf. erst das Moped oder das Auto individuelle Freiräume. Andererseits sind gleiche Weglängen auf dem Land mit dem PKW schneller zu durchkreuzen als in der Stadt. Dies macht die größeren Freiheiten auf dem Land aus. Auffällig ist, dass das Fahrrad bei Jugendlichen vom Land, sobald das 18. Lebensjahr erreicht wird, nur noch ausnahmsweise als Verkehrsmittel angesehen wird. Anders ist es in der Stadt. Hier gewinnt das Rad an Attraktivität und steht nicht zuletzt auch für Fitness. Der Mobilitätsstil Heranwachsender hängt mithin von vielen Faktoren ab: vom Wohnort, von den Distanzen, die regelmäßig und fallweise zu bewältigen sind und vom Verkehrsmittelangebot.

Fazit: Jugendliche Mobilität – Mobilität der Zukunft?

Jugendliche praktizieren den neuen Stil der ‚Mobilisierung des Mobilen'. Sie nutzen Handy oder Smartphone, um ihre Termine und Treffen abzustimmen. Sie nutzen zurückzulegende Wege zur Entspannung mit Musik, Video oder Gesprächen mit Freunden. Sie machen vieles gleichzeitig: Unterwegssein, Arbeiten, Entspannen, Sprechen, Musikhören usw. Auf Geschwindigkeit kommt es dabei weniger an, als darauf, mit wem das Unterwegssein realisiert wird bzw. wie das Unterwegssein angenehm gestaltet werden kann.

Vorliegende Daten zeigen, dass die Unterschiede von Stadt und Land zunehmen. Jugendliche in der Stadt erwerben den Führerschein deutlich später als noch vor zehn Jahren. Das Modell ‚Führerschein mit 17', das nun bundesweit umgesetzt ist, ist bei den Jugendlichen auf dem Land attraktiv, nicht so für Jugendliche aus der Stadt.

Die repräsentative Untersuchung „Mobilität in Deutschland" (vgl. INFAS/DLR 2010) klärt darüber auf, dass 18- bis 24-Jährige im Jahr 2008 das Auto um 12% weniger genutzt haben als noch 2002. Zudem ist der Führerscheinbesitz dieser Altersgruppe in dem genannten Zeitraum (2002–2008) um 3% zurückgegangen. Die tägliche ÖPNV-Nutzung dagegen ist um 5% gestiegen. Seit 1998 nimmt der automobile Individualverkehr leicht ab. Der fußläufige Verkehr nimmt leicht zu, ebenso wie die Nutzung des Fahrrads. Deutet sich hier eine Öko-Wende an? Sichtbar wird ein Trend zur Multimodalität also der Nutzung unterschiedlicher Vehikel.

Einige Trends:
- Im Zeitvergleich 2002 bis 2008 ist der Anteil des automobilen Individualverkehrs bei der Altersgruppe der 10- bis 13-Jährigen unverändert. Bei der Gruppe der 14- bis 17-Jährigen wird ein leichter Rückgang um 1% berichtet. Bei der Gruppe der jungen Erwachsenen, also der Gruppe der 18- bis 24-Jährigen, ist der Rückgang am größten, er liegt bei 8%. Bei der Gruppe der 25- bis 44-Jährigen wird immerhin ein Rückgang des automobilen Individualverkehrs um 6% berichtet. D.h. Jugendliche und junge Erwachsene fahren weniger Auto. Worauf dieser Rückgang zurückzuführen ist, kann an dieser Stelle nicht ausgeführt werden.
- Allein die Altersgruppe der über 60-Jährigen nutzt das Auto vermehrt: 2002 haben 43% der 60- bis 64-Jährigen ihr Auto täglich genutzt, 2008 sind es 49%.
- Zu den neuen Trends gehört, lange Strecken per Zug oder Flugzeug zurückzulegen, mittlere Stecken (bis 150 km) per PKW und Kurzstrecken in den Städten mit dem Öffentlichen Personennahverkehr.
- Es gibt erste Erfahrungen bei der gemeinsamen Nutzung öffentlicher Fahrzeuge, speziell mit dem öffentlichem Fahrrad (‚Call a bike'); andere Modelle mit PKW folgen.
- Elektroautos sind zunächst nur für kürzere Strecken, aber stärker als das klassische Auto auf Vernetzung ausgelegt. Der Eigenbesitz eines PKW erscheint heute nicht zwingend zu sein.

Der Trend geht hin zur Multimodalität, d.h. zur Nutzung unterschiedlicher Verkehrsmittel. Multimodalität bedeutet *keine Abkehr vom Auto, möglicherweise aber vom eigenen Auto*. In den Städten erscheint der eigene PKW teuer, da er nicht immer benutzt wird, aber durchgängig, auch fürs Parken, Geld kostet. Auch für ‚Hochmobile', die täglich größere Strecken bewältigen müssen, ist Autofahren nur bedingt attraktiv, denn es bedeutet Auto fahren – gleichzeitig Spielen, Chatten, Arbeiten, Schlafen geht nicht. Insofern wird die Mobilität künftig grüner, auch wenn der Umweltschutz nicht das zentrale Motiv bei der Gestaltung des eigenen Mobilitätsstils ist.

Literatur

[INFAS/DLR] infas-Institut für angewandte Sozialwissenschaft/Institut für Verkehrsforschung am Deutschen Zentrum für Luft- und Raumfahrt (2010): Mobilität in Deutschland 2008. Kurzbericht. Bonn/Berlin: Bundesministerium für Verkehr, Bau- und Stadtentwicklung. http://www.mobilitaet-in-deutschland.de [Zugriff: 6.12.2012]
Mitterauer, Michael (1986): Sozialgeschichte der Jugend. Frankfurt/M.: Suhrkamp.
Sennett, Richard (2000): Der flexible Mensch. Die Kultur des neuen Kapitalismus. Berlin: Siedler.
Tully, Claus J. (2007): Leben in mobilen Welten. In: Aus Politik und Zeitgeschichte 29/30, S. 33–38.
Tully, Claus J. (2009): Die Gestaltung von Raumbezügen im modernen Jugendalltag. Eine Einleitung. In: Tully, C. (Hrsg.): Multilokalität und Vernetzung. Beiträge zur technikbasierten Gestaltung jugendlicher Sozialräume. Weinheim: Juventa, S. 9–26.
Tully, Claus J. (2011): Mobilisierung des Mobilen. Trends in der Jugendmobilität. Anmerkungen zur Veränderung im Mobilitätsverhalten. In: Der Nahverkehr. Öffentlicher Personenverkehr in Stadt und Region 29, 7/8, S. 12–15.
Tully, Claus J. (2013): Mobil telefonieren. Das Gadget der Ablösung und Kontaktpflege. In: Deinet, U./Sturzenhecker, B. (Hrsg.): Handbuch der offenen Kinder- und Jugendarbeit. Wiesbaden: VS Verlag (im Druck).
Tully, Claus J./Baier, Dirk (2006): Mobiler Alltag. Mobilität zwischen Zwang und Option – vom Zusammenspiel biographischer Motive und sozialer Vorgaben. Wiesbaden: VS Verlag.

Albrecht Schöll

Jugend und Religion

Vom Statuspassagenmodell zum Strukturprinzip der Individualisierung

Die Begriffe Jugend und Religion sind uneindeutig. Religion stellt sich dar als vielseitiges und facettenreiches Gebilde und ist keineswegs allein bezogen auf die christlichen Großkirchen. Jugend ist als Lebensphase nicht eindeutig zu bestimmen, die Bedingungen des Aufwachsens von Kindern und Jugendlichen wandeln sich fortwährend.

Nach dem von Robert J. Havighurst bereits in den 1950er Jahren entwickelten Konzept der Entwicklungsaufgaben beinhaltet Entwicklung eine lebenslange Lösung von Problemen. Verschiedene Entwicklungsaufgaben werden zu unterschiedlichen Zeitpunkten im Lebenslauf eines Individuums relevant. Die Lösung einer Entwicklungsaufgabe ist nach diesem Konzept subjektiv dann gelungen, wenn die gestellten Anforderungen objektiv angemessen und subjektiv identitätskonform bewältigt werden können und wenn die mit der Lösung der Aufgabe entwickelte Kompetenz tragfähig ist für die Lösung nachfolgender Entwicklungsaufgaben (vgl. Schenk 2004: 43f.). Havighurst unterscheidet vier Altersgruppen: frühe Kindheit (1–6 Jahre), mittlere Kindheit (6–12 Jahre), Adoleszenz (12–18 Jahre) und das Erwachsenenalter. Jeder der Altersgruppen werden spezifische Aufgaben zugeordnet, die in bestimmten Zeitfenstern am besten gelöst werden können.

Das Konzept der Entwicklungsaufgaben korrespondiert mit dem zeitgleich entwickelten Identitätskonzept von Erik H. Erikson. Nach Erikson steht jede Gesellschaft vor der Aufgabe, die nachfolgende Generation in anerkannte gesellschaftliche Ordnungsvorstellungen zu integrieren. Die Bewältigung dieser Aufgabe gestaltet sich unter den Bedingungen der Moderne schwieriger als in Gesellschaften mit geringem sozialem Wandel. Denn neben dem Aspekt der Integration in eine tradierte und vorgegebene Ordnung wird nun die Aufrechterhaltung einer gewissen Dynamik von mit der Tradition zunächst unvereinbaren Innovationspotenzialen erwartet.

Die Industriegesellschaften wurden dem Modernisierungszwang dadurch gerecht, dass sie Jugendlichen ein zeitlich befristetes soziales Moratorium zugestanden haben. Die Jugendlichen werden aus dem gesellschaftlichen Leben ausgegliedert, da das Moratorium der Erhöhung ihrer Individuierungschancen, ihres Innovationspotenzials und der Bildung von Probeidentitäten dient. Zugleich bestehen die gesellschaftlichen Erwartungen, dass Jugendliche sich an den gesellschaftlichen Funktionsabläufen beteiligen und dadurch ihren ‚Platz in der Gesellschaft' finden. Der Adoleszenzverlauf verweist auf ein Strukturdilemma des Zwangs zur externen Platzierung einerseits und Integrationszwangs in die Gesellschaft andererseits. Den Prozess des Erwachsenwerdens beschreibt Erikson als eine Stufenfolge von typischen Krisen, eng verzahnt mit altersspezifischen Rollenerwartungen und sozialen Zeitplänen. Die Sicherheit der sozialen Platzierung, die innovative Kompetenz und die Möglichkeit der Antizipation des weiteren Lebenslaufs sowie die darauf basierende Herausbildung einer stabilen Identität spielen in diesem Konzept eine wichtige Rolle (vgl. Erikson 1977). Für den Eintritt in den Erwachsenenstatus wurden bis in die 1970er Jahre zwei Übergänge als zentral betrachtet: Abschluss der Berufsausbildung und Beginn der Berufstätigkeit sowie Eheschließung und Familiengründung.

Sowohl Jugend als auch Religion stehen als kulturelle Phänomene in engem Wechselverhältnis zum jeweiligen Strukturierungs- und Differenzierungsgrad der Gesellschaft.

Bezogen auf das Individuum kristallisiert sich in der sogenannten ‚reflexiven Moderne' (Ulrich Beck) ein Strukturprinzip der Individualisierung heraus. Dieses wird als Handlungsregulativ gesellschaftlich institutionalisiert. An die Stelle industriegesellschaftlicher Lebensformen (Klasse, Schicht, Geschlechterverhältnisse, Normalfamilie, lebenslanger Beruf) treten solche, in denen die Individuen ihre Biografie selbst herstellen und inszenieren müssen. Die ‚Normalbiografie' wird zur ‚Wahlbiografie'. Bildlich gesprochen gibt es für lebenspraktisches Handeln keinen festen Rahmen und keine notwendigen Beziehungsmuster mehr, die das Ganze zusammenhalten. Nach Richard Münchmeier müssen Jugendliche zugleich eine stabile Ich-Identität als auch eine modale Persönlichkeitsstruktur ausbilden, die sich je nach dem Modus der Situationsanforderungen ändern und umstellen kann (vgl. Münchmeier 1998: 40).

Damit ist der Anspruch verbunden, die eigene Biografie selbst zu gestalten und zu verantworten. Der Umgang mit Unsicherheiten kann als eine der wesentlichen Leistungen angesehen werden, die in der Adoleszenz erbracht werden müssen.

„Anstelle von fraglos gültigen Mustern und Modellen gehört die Kompetenz, die eigene Biographie als Lernbiographie konstruieren und rekonstruieren zu können (...) zum bedeutsamsten Teil der Lebensführung des Einzelnen" (Combe 2004: 48).

Dem entspricht das Identitätskonzept des „produktiv-realitätsverarbeitenden Subjekts" (Hurrelmann 1983). Jugendliche haben es sozusagen im Gefühl, dass ihre Zukunft offen bleiben muss und dass sie ihre Jugend selbst bewältigen müssen.

Der Modernisierungsprozess kann als ein ambivalenter sozialgeschichtlicher Vorgang verstanden werden und hat für das Individuum zwei Seiten: Zum einen vollzieht sich eine Befreiung aus schicksalhaft und institutionell vorgegebenen Zwängen, neue Möglichkeiten legitimer, individueller Lebensgestaltung werden eröffnet und die Chancen zu einer reflexiven Verfügbarkeit kultureller Traditionen steigen. Zum anderen kommt es zu massiven Verlusten an identitätssichernden Orientierungen und Bindungen. Aus der sich ermöglichenden individuellen Freiheit droht in diesem Fall eine den Einzelnen überfordernde ‚Modernisierungsfalle' zu werden.

Religion im Lebensentwurf

Im Statuspassagenmodell wurde den religiösen Institutionen ein relativ großes Gewicht bei den sozialisatorischen Integrationsleistungen von Jugendlichen zugemessen. Religion war die zentrale Institution, die ein ‚gutes, gottgefälliges Leben' garantierte, die Frage des Gemeinwohlbezugs und die Form der Hingabe an eine externe Macht regelte und sowohl ein in diesem Bezugssystem als gelungen betrachtetes Leben als auch die Herstellung einer als sinnvoll erachteten Biografie ermöglichte. Religion konnte (noch) eindeutig bestimmt und den Großkirchen zugeordnet werden. Es konnten klare Unterscheidungen getroffen werden zwischen Handlungs- und Lebensformen, die eine Zuschreibung von Zuständigkeiten, Kompetenzen und Verantwortung ermöglichte.

Allgemeine Vorstellungen wie auch quantitativ ausgerichtete Untersuchungen haben sich an den institutionellen Vorgaben der Religion orientiert und zur Messung der Religiosität von Jugendlichen institutionelle und auf Glaubensinhalte bezogene Merkmale wie Konfession, Gottesdienstbesuch, Gebet, Glaube an Gott etc. herangezogen. Insbesondere die Shell-Jugendstudien haben ihr methodisches Instrumentarium zur Analyse religiöser Phänomene seit den 1950er Jahren kaum weiterentwickelt (vgl. Thonak 2003: 290).

> „Kirche steht für eine institutionelle, mit einer ‚offiziellen Eigentheorie' ausgestattete *Wirklichkeit*, die beobachtbar, abmeßbar und somit auch definitorisch faßbar ist" (Matthes 1992: 132).

Es darf nicht verwundern, dass in diesen Untersuchungen die ‚religiös Indifferenten' die größte Gruppe darstellen und sich diese teils dramatisch vergrößert. Die Shell-Jugendstudie 2006 weist in Bezug auf Einstellungen zur Religiosität bei Jugendlichen folgenden Befund aus: 30% glauben an einen persönlichen Gott, 19% an eine überirdische Macht, die andere Hälfte weiß entweder nicht, woran sie glauben soll (23%) oder glaubt explizit nicht an einen Gott oder an eine überirdische Macht (28%) (vgl. Gensicke 2006: 208). Befunde dieser Art wurden lange Zeit als fortschreitender Säkularisierungsprozess in der Moderne gedeutet.

Allerdings wurde in dieser Art von Untersuchungen übersehen, dass die Entstrukturierung der Jugendphase Jugendliche vor neue Aufgaben stellt, die von einem Teil der Jugendlichen über einen neu- bzw. andersartigen Umgang mit Religion gelöst werden. Das bislang gültige Prinzip des Entweder-Oder (z.B. Entscheidung für oder gegen Gott/Religion) wird zunehmend überlagert bzw. abgelöst vom Prinzip des Sowohl-als-auch. Grenzen verflüssigen und vervielfältigen sich und es wird umso notwendiger, sich für eine oder mehrere Grenzziehungen zu entscheiden. Die Grenzziehung erfolgt ohne Rekurs auf bisher gültige Weltbilder, sondern vielmehr nach eigenen „Weltsichten" (Wohlrab-Sahr/Benthaus-Apel 2006) und nach der Maßgabe praktischer Notwendigkeiten. Das heißt nun nicht, dass Entscheidungen nach dem Prinzip des ‚anything goes' getroffen werden, vielmehr orientiert sich die Logik des Handelns an den jeweiligen Bedingungen der Praxis, die sich als fragil, unübersichtlich und diffus darstellt.

Damit ändert sich auch die Funktion von Religion. Sie ist nicht mehr eindeutig bestimmbar, sondern das, was Religion oder ‚religiös' sein soll, muss je nach Lebenslage und Situation jeweils neu bestimmt werden. Bereits in den 1960er Jahren hat Thomas Luckmann (1991) darauf aufmerksam gemacht, dass Säkularisierung nicht mit dem Abschied von kirchlich domestizierter Religion gleichzusetzen ist. In modernen Gesellschaften vollziehen sich weniger Prozesse des Religionsverlustes als vielmehr Prozesse des religiösen Formenwandels, in deren Verlauf an die Stelle des institutionell verfassten Modells von Religion religiöse Symbolisierungen des eigenständig agierenden Individuums treten. Mit Matthes kann man Religion verstehen als einen ‚diskursiven Tatbestand', der sich erst im gesellschaftlichen Diskurs konstituiert. In diesem Kontext steht Religion für eine kulturelle Programmatik, die einen Möglichkeitsraum absteckt, in dem es zu religiös konnotierten Verwirklichungen kommen kann, aber nicht kommen muss (vgl. Matthes 1992; vgl. auch Feige 2012). Erst in einem reflexiven Prozess bildet sich die Vielfalt von (religiösen) Sinnmustern in ihrer ganzen Bandbreite ab und es zeigen sich neben den bekannten kirchlich ausgerichteten Aneignungsmustern weitere Modi der Aneignung von religiös besetzten Sinnmustern (vgl. Fischer/Schöll 1994).

Wenn Menschen in bestimmten Phasen ihres Lebens der Religion Bedeutung zuweisen, dann nicht immer, um die Bedeutung des Religiösen ‚an sich' zu belegen, sondern um damit die Relevanz der bedeutsam erscheinenden biografischen Passagen hervorzuheben. Insbesondere bei Übergängen im Lebenslauf, die Anlass zur Rückschau und Bilanzierung sowie zur Entwicklung von Zukunftsperspektiven sind, setzen jetzt an Stelle von institutionell vorgegebenen Ablaufmustern verstärkt *biografische Reflexionen* ein. Der Religion kommt stärker eine reflexive und weniger eine stabilisierende Funktion zu. Aus der verpflichtenden Vorgabe für eine ethisch bestimmte Lebensführung wird eine zunehmende *Biografisierung des Religiösen* zum Zwecke der selbstbestimmten und eigenverantworteten Gestaltung der Lebenspraxis. Ob Jugendliche in diesen Lebenslagen auf religiöse Semantiken zugreifen, ist allerdings nicht mehr eine Frage der Tradition, sondern der Wahl. Die Option für oder gegen Religion wird entschieden im Kontext von Kommunikationsmilieus und aufgrund lebensgeschichtlich bedeutsamer Ereignisse.

Den Kirchen als traditioneller Ort von Religion kommt unter diesem Aspekt eine veränderte Funktion zu. In Bezug auf das Mitgliedschaftsverhalten wird der Typus des Gemeindemitglieds, das sich in einem lebenslangen Treueverhältnis seiner Gemeinde zugehörig fühlt, eher abgelöst von einem Typus von Jugendlichen und Erwachsenen, die bei Bedarf, für einen bestimmten Zweck und zeitlich befristet die Veranstaltungen und Angebote einer Kirchengemeinde in Anspruch nehmen. Entsprechend geht die Definitionsmacht von institutionalisierter Religion zumindest in moralischen Fragen und Fragen der Lebensführung zurück.

Modi der Aneignung von Religion

Gemeinsam ist allen Menschen, und das gilt insbesondere für die Adoleszenz, dass sie auf Prozesse der (religiösen) Sinnstiftung und Sinnfindung angewiesen sind als Bedingung für die Bewältigung ihrer lebenspraktisch zu lösenden Fragen und Handlungsprobleme. Unter den Bedingungen von Individualisierung kann ein neuartiger Modus der Aneignung von (religiösem) Sinn ausgemacht werden, der sich bei Jugendlichen etwa in der Aussage „Ich glaube nicht, dass ich nicht an Gott glaube" äußert. Indem die Existenz Gottes weder positiv bejaht – insbesondere daraus nicht eine Hierarchie des Lebensvollzugs abgeleitet wird – noch negativ aus der eigenen Lebenspraxis ausgegrenzt wird, bleibt potenziell die Möglichkeit einer die Lebenspraxis transzendierenden Deutung der Wirklichkeit erhalten. Soziales Handeln wird auf diese Weise offen und die letzten Sinndeutungen der Praxis in der Schwebe gehalten. Man kann sagen, dass diese Jugendlichen an einer inhaltlich nicht eindeutig zu bestimmenden Transzendenz partizipieren, vor deren Hintergrund sie lebenspraktische Entscheidungen treffen. An dieser Stelle wird Religion lebenspraktisch bedeutsam, und nicht mehr ausschließlich unter dem Dach und dem Einflussbereich einer institutionell verwalteten Religion.

Vier Merkmale treten in diesem Modus zu Tage:
1. Der Modus kann als ‚okkasionell' bezeichnet werden, weil er zwar latent für lebenspraktische Entscheidungen zur Verfügung steht, jedoch intentional erst bei

Bedarf, nämlich in Krisen, lebenspraktisch zu bewältigenden Aufgaben und Phasen des Übergangs, aktiviert wird.
2. Dadurch, dass kategoriale Grenzen und Unterscheidungen unscharf werden, wird die traditionell in religiösen Überzeugungen vorherrschende Entweder-Oder-Logik zunehmend abgelöst von einer Sowohl-Als auch-Logik. Damit wird eine scheinbar geforderte Stellungnahme verweigert, aber zugleich eine Freiheit eröffnet, die eine Unentschiedenheit voraussetzt, die nur negativ zu bestimmen ist. Adorno hat das so ausgedrückt: „Freiheit wäre, nicht zwischen schwarz und weiß zu wählen, sondern aus solcher vorgeschriebenen Wahl herauszutreten" (Adorno 1951: 172).
3. Die Konstruktion von Lebenssinn ist nicht an Dritte delegierbar, Sinn kann nicht abgeleitet werden aus den Setzungen einer moralischen oder göttlichen Instanz.
4. Vielmehr lässt sich Lebenssinn nur gewinnen in Auseinandersetzung mit lebenspraktischen Bezügen. Unter den Bedingungen von Pluralisierung und Individualisierung ist Lebenssinn jedem Menschen zur Selbstkonstruktion aufgegeben. Dies gilt verschärft für die Jugendphase. Die Entscheidungen, die lebenspraktisch getroffen werden, fließen nicht aus einem beliebigen Referenzrahmen mit prinzipiell unbegrenzten Handlungsmöglichkeiten, sondern der offene Entwurf wird lebenspraktisch begrenzt durch die Entscheidungsmöglichkeiten, die in der je konkreten Situation als angemessen und sozial verbindlich erscheinen (vgl. Fischer/Schöll 1994; Schöll 1996).

Der Modernisierungsschub in westlichen Gesellschaften hat insbesondere bei Jugendlichen und jungen Erwachsenen zu unterschiedlichen Modi der Aneignung von Sinn und der Gestaltung ihrer Lebenspraxis geführt. Gerade im religiösen und weltanschaulichen Bereich ist heute das gesamte Spektrum an Handlungsoptionen vorzufinden, angefangen von der herkömmlich institutionellen Steuerung über individualisierte Formen der Biografiegestaltung bis hin zu regressiven Verläufen fundamentalistischer Orientierungen.

Literatur

Adorno, Theodor (1951): Minima Moralia. Reflexionen aus dem beschädigten Leben. Berlin/Frankfurt/M.: Suhrkamp.
Combe, Arno (2004): Brauchen wir eine Bildungsgangforschung? Grundbegriffliche Klärungen. In: Trautmann, M. (Hrsg.): Entwicklungsaufgaben im Bildungsgang. Wiesbaden: VS Verlag, S. 48–63.
Erikson, Erik H. (1977): Identität und Lebenszyklus. Frankfurt/M.: Suhrkamp.
Feige, Andreas (2012): Die „Religiosität" von Jugendlichen: Was eigentlich ist die Frage? Eine wissenssoziologische Analyse prototypischer empirischer Arbeiten und eine Skizze für ein theoretisch fundiertes Konzept empirischer Forschung. In: Theo Web 11, 1, S. 95–127. http://www.theo-web.de/zeitschrift/ ausgabe-2012-01/ [Zugriff: 6.12.2012]
Fischer, Dietlind/Schöll, Albrecht (1994): Lebenspraxis und Religion. Fallstudien zur subjektiven Religiosität von Jugendlichen. Gütersloh: Gütersloher Verlags-Haus.
Gensicke, Thomas (2006): Jugend und Religiösität. In: Shell Deutschland Holding (Hrsg.): Jugend 2006. Eine pragmatische Generation unter Druck. Shell-Jugendstudie, 15. Frankfurt/M.: Fischer-Taschenbuch-Verlag, S. 203–239.
Hurrelmann, Klaus (1983): Das Modell des produktiv realitätsverarbeitenden Subjekts in der Sozialisationsforschung. In: Zeitschrift für Sozialisationsforschung und Erziehungssoziologie 3, 1, S. 91–103.
Luckmann, Thomas (1991): Die unsichtbare Religion. Frankfurt/M.: Suhrkamp.

Matthes, Joachim (1992): Auf der Suche nach dem „Religiösen". Reflexionen zu Theorie und Empirie religionssoziologischer Forschung. In: Sociologia Internationalis 30, 2, S.129–142.

Münchmeier, Richard (1998): Die Lebenswelt der Konfirmandinnen und Konfirmanden. In: Comenius-Institut (Hrsg.): Handbuch für die Arbeit mit Konfirmandinnen und Konfirmanden, Gütersloh: Gütersloher Verlags-Haus. S. 22–40.

Schenk, Barbara (2004): Bildungsgang. In: Trautmann, M. (Hrsg.): Entwicklungsaufgaben im Bildungsgang. Wiesbaden: VS Verlag, S. 41–47.

Schöll, Albrecht (1996): „Einfach das Leben irgendwie nicht verpennen". Zur Funktion religiöser Deutungsmuster in der Adoleszenz. In: Gabriel, K. (Hrsg.): Religiöse Individualisierung oder Säkularisierung. Biographie und Gruppe als Bezugspunkte moderner Religiosität. Gütersloh: Gütersloher Verlags-Haus, S. 112–129.

Thonak, Sylvia (2003): Religion in der Jugendforschung. Eine kritische Analyse der Shell Jugendstudien in religionspädagogischer Absicht. Münster: LIT.

Wohlrab-Sahr, Monika/Benthaus-Apel, Friederike (2006): Weltsichten. In: Evangelische Kirche in Deutschland (Hrsg.): Kirche in der Vielfalt der Lebensbezüge. Die vierte EKD-Erhebung über Kirchenmitgliedschaft, 1. Gütersloh: Gütersloher Verlags-Haus, S. 279–329.

Johannes Lähnemann

Jugend und Religionen

In diesem Beitrag geht es spezifisch um das Leben Jugendlicher unter den Bedingungen religiöser Pluralität. Hier hat sich in den vergangenen 60 Jahren ein starker Wandel vollzogen. Weist die Statistik für 1950, bezogen auf Westdeutschland, noch 50,6% der Bevölkerung als evangelisch und 45,8% als katholisch aus, was sich bis in die 1970er Jahre nur unwesentlich geändert hat (vgl. FOWID), ist für 2010 von je etwa 30% Protestanten, 30% Katholiken und gut 30% nicht religiös bzw. konfessionell Gebundenen auszugehen (vgl. EKIR 2010). Hinzu kommen 1,8% orthodoxe Christen, 0,4% Anhänger evangelischer Freikirchen. Die Anzahl der Muslime ist auf etwa 5% (ca. 4 Millionen) angewachsen (vgl. DIK 2009). In bestimmten Stadtteilen und Schulformen gibt es 50% und mehr Anteile an Muslim/-innen. Dem Judentum können inzwischen wieder etwa 100.000 bis 200.000 Personen zugerechnet werden. Der buddhistischen Lehre dürften etwa 270.000 zuneigen (vgl. REMID Übersicht Mitgliederzahlen 2012). Dabei gibt es regional große Unterschiede, vor allem zwischen den alten und neuen Bundesländern. Während in Bayern und Rheinland-Pfalz noch mehr als 75% der Einwohner/-innen als Mitglieder der großen christlichen Kirchen geführt werden, sind es in Sachsen-Anhalt nur noch 18,3% (vgl. EKIR 2010). Dass die religiöse Landschaft besonders in den Ballungsräumen nahezu unübersehbar vielfältig geworden ist, zeigt beispielhaft der Blick in die Broschüre „Offene Türen. Religionsgemeinschaften in Nürnberg und Umgebung" (vgl. Lähnemann 2008), in der sich 32 Glaubensgemeinschaften vorstellen: Neben den großen christlichen Konfessionen, den Freikirchen und den muslimischen Gemeinden gehören dazu Aleviten, Mandäer, Baha'i, Buddhisten, Hindus und Sikhs. Zur Vielfalt trägt auch die mediale und touristische Entwicklung bei, die die Begegnung mit der Welt der Religionen nahezu grenzenlos ermöglicht.

Religiöse Einstellungen Jugendlicher: individuell, bunt, institutionsfern

Die Religionsfrage ist im Vergleich zu früheren Generationen für Jugendliche nicht irrelevant, wohl aber vielfältiger und weniger an verfasster Religiosität orientiert. Laut der 15. Shell-Studie (Shell 2006) glauben 30% der befragten Jugendlichen an einen persönlichen Gott, 19% an eine überirdische Macht, 23% wissen nicht, was sie glauben sollen und 28% glauben weder an Gott noch an eine überirdische Macht (vgl. Shell 2006: 208). Interessant ist die Aufteilung nach der Konfessionszugehörigkeit: An einen persönlichen Gott glauben 41% der katholischen, 30% der evangelischen, 64% der islamischen, 69% der Jugendlichen aus anderen christlichen Glaubensgemeinschaften und 6% der konfessionslosen Jugendlichen (vgl. Shell 2006: 210).

Insgesamt relevant ist eine verbreitete Institutionsferne bei Jugendlichen. So finden es zwar 69% der Befragten gut, dass es die Kirche gibt. Fast genauso viele (68%) meinen aber, dass die Kirche sich ändern muss, wenn sie eine Zukunft haben will und dass sie keine Antwort auf die Fragen hat, die Jugendliche wirklich bewegen (65%) (vgl. Shell 2006: 216). Noch deutlicher ist die Institutionsferne auf der muslimischen Seite, nicht nur, weil es im Islam keine den Kirchen vergleichbare Organisationsformen gibt. Es kann davon ausgegangen werden, dass nur etwa 20% der inzwischen 4 Millionen Muslime in Deutschland Mitglieder in einer der muslimischen Dachorganisationen sind (vgl. DIK 2009.).

Nicht erfasst wurde in der Shell-Studie die Einstellung der Jugendlichen zu anderen Religionen, allerdings die Einstellung zu parareligiösen Vorstellungen (wie Geisterglaube und Astrologie), die in der Befragung einen vergleichsweise breiten Raum einnehmen (vgl. Shell 2006: 211ff.).

Die hier angeführten Daten zeigen, dass Jugendliche in einer gesellschaftlich bedingten religiösen Vielfalt aufwachsen, sie ihre religiösen und weltanschaulichen Überzeugungen auch individuell konstruieren, also Ko-Konstrukteure und Akteure der religiösen Vielfalt sind.

Problem- und Aufgabenbereiche für Bildung und Begegnung

Was bedeutet das für das Lernfeld Religionen? Augenscheinlich steht die Tendenz zu individueller, privatisierter Religiosität in einer gewissen Spannung zu der programmatisch hervorgehobenen gesellschaftlichen Bedeutung der Religions- und Weltanschauungsgemeinschaften. Zugleich wird der Anteil, den Religion an den aktuellen, im globalen Kontext sich vollziehenden kulturellen Auseinandersetzungen hat, gesellschaftlich erst langsam realisiert. Einen besonderen Impuls stellen dabei die Prozesse nach dem Anschlag auf das World-Trade-Center in New York am 11. September 2001 dar. Die Multioptionalität der spätmodernen westlichen Welt sowie der enge Zusammenhang von wirtschaftlicher und informationeller Globalisierung mit der weltweiten Frage nach sozialer Gerechtigkeit sind nur zwei Facetten, die Fragen nach Orientierung auch in religiös-weltanschaulicher Hinsicht aufwerfen. Zielstellung kann daher die Förderung von Pluralitätsfähigkeit durch religiöse Bildung sein.

In Korrespondenz zu dieser Erkenntnis wächst offenbar in fast allen europäischen Ländern die Einsicht, dass Religion ein relevanter Gegenstand öffentlicher Erziehung und Bildung sein sollte (vgl. Lähnemann/Schreiner 2008), und zwar
- um die notwendige Kenntnis des religiös-kulturellen Erbes unseres Kontinents zu vermitteln,
- um über die religiösen Wurzeln von Werten und ethischen Grundsätze zu informieren,
- um Lebenssinn und -ziele im Licht der Schriften, Traditionen und geistlichen Praxis der Religionen zu zeigen,
- um Toleranz zu befördern und falschen Vorurteilen vorzubeugen durch authentische Information über und – wenn eben möglich – durch die Direktbegegnung mit authentisch gelebter Religion.

Entwicklung interreligiösen Lernens in schulischen Kontexten

Für Deutschland ist zu konstatieren, dass hier die Aufgabenstellung interreligiösen Lernens in großer Breite erkannt und reflektiert wird (vgl. Schreiner u.a. 2005; Lähnemann 1998), und zwar durch Theologen/-innen und Pädagogen/-innen aus unterschiedlichen Religionen, Erziehungswissenschaftler/-innen und im interkulturellen Feld Engagierte. Dabei werden Fragen nach Fremdheit ebenso wie interreligiöses Lernen in unterschiedlichen Religionstraditionen mit folgenden Zielstellungen thematisiert (vgl. Lähnemann 1998: 381f.):

Auf der *kognitiv-orientierenden Ebene* geht es darum, an ausgewählten Beispielen Selbstverständnis und Erscheinungsformen der Weltreligionen in ihrer je spezifischen Ausprägung und gleichzeitig in ausreichender Komplexität (Ursprungsgestalten, heilige Texte, leitende Heilsziele, Kultformen, ethische Impulse, gesellschaftliche Konzepte, faktische geschichtliche Entwicklung, Gegenwartserscheinungen) kennenzulernen, wahrzunehmen und kritisch zu deuten.

Auf der *existenziell-emotionalen, die Sinn- und Identitätssuche umschließenden Ebene* geht es darum, Angebot und Anspruch der verschiedenen religiösen Traditionen mit der eigenen Existenzerfahrung und der Frage nach der eigenen Lebensgestaltung ins Gespräch zu bringen. Hier werden nicht nur die ‚Lebensideale' der Religionen, sondern auch Formen spirituellen Lebens, in denen sich der jeweilige Glaube symbolisiert, nahe gebracht und reflektiert. Hilfreich ist hier besonders die authentische Begegnung mit Menschen bzw. Gemeinschaften, die ihre Spiritualität leben.

Auf der *sozialen Ebene* geht es um die Aufgaben im Bereich von Gerechtigkeit, Frieden und Bewahrung der Schöpfung – in Verbindung mit der Dimension der Menschenrechte und eines ‚Weltethos' – als Herausforderung zu Verständigung und Kooperation zwischen den Religionen (vgl. Stiftung Weltethos Tübingen).

Diese Aufgabenstellung ist mit der faktischen Situation, den Voraussetzungen und Fragestellungen der Jugendlichen zu vermitteln. Sie setzt nicht eine einheitliche Wissens- und Einstellungsbasis voraus; Pluralität und vermeintliche Unsicherheiten in Lebensorientierungen sind dabei ernst zu nehmen. Ihnen wird man aber nicht mit einer ‚Beliebigkeit' der Orientierungen gerecht, sondern mit einem klärenden, systematisch gestalteten Lernangebot, das die Klärungsprozesse fördert und zu begründeter Standortsuche beiträgt. Es kann als Fortschritt betrachtet werden, dass in Schulbüchern und Unterrichtshilfen nicht nur konsequent Schülererfahrungen und -fragen mit der Inhaltsvermittlung in Korrelation gebracht werden, sondern dass diese zunehmend dialogisch entstehen – besonders im Hamburger „Religionsunterricht für alle" (vgl. Weiße 1999), aber auch im konfessionsbezogenen Religionsunterricht, der an vielen Stellen zu interreligiöser Kooperation einlädt. So sind die Kapitel über Judentum und Islam in neueren evangelischen Religionsbüchern nicht nur von kompetenter jüdischer und muslimischer Seite gegengelesen worden, sondern die Kapitel über Judentum und Christentum in der neuen Schulbuchreihe „Saphir" für islamischen Unterricht ebenso von jüdischer und christlicher Seite aus (vgl. Haussmann u.a. 2001: 67ff.; Kaddor u.a. 2011: 157ff.).

Interreligiöse Bildung und Begegnung in der außerschulischen Jugendarbeit

Wie für die schulische Bildung, so bedeutet die Thematik ‚Jugend und Religionen' eine wichtige Aufgabenstellung für die außerschulische Begegnungs- und Bildungsarbeit – und zwar unabhängig von der weltanschaulich-religiösen Bindung des Trägers. Die

Arbeitsgemeinschaft der evangelischen Jugend in Deutschland (aej) hat bereits 2003 in einem Grundsatzbeschluss formuliert:

> „Der Ausbau des interreligiösen Dialogs ist für die friedliche Gestaltung einer zukunftsfähigen Gesellschaft zwingend notwendig. (...) Im interreligiösen Dialog werden elementare Grundfragen des eigenen Selbstverständnisses in der Frage nach der Wahrheit aufgeworfen. (...) Die Evangelische Jugend muss sich mit den Chancen und Grenzen des interreligiösen Dialoges auseinander setzen. Im Interesse der Integrationsförderung und der Erweiterung des eigenen Horizontes muss nach Möglichkeiten für dessen Ausbau gesucht werden" (aej 2003: Beschluss 5).

Das heißt, dass nicht nur religionspädagogische Motive leitend sind, sondern der Kontext interkultureller Pädagogik und gesellschaftlicher Integration deutlich in den Blick genommen wird.

Dieser grundlegenden Einsicht steht eine eher ernüchternde Realität gegenüber. In der Diskussion zur Interkulturellen Pädagogik spielt die religiöse Dimension noch immer kaum eine Rolle. Auch wenn sich in der Praxis eine Reihe von Ansätzen findet, kann kaum die Rede von systematischen und nachhaltigen Konzepten interreligiösen Lernens sein. Auch gehen Initiativen dazu kaum von Jugendlichen selbst aus (vgl. Mattis 2005: 496ff.).

In der offenen Jugendarbeit spielt dabei die höhere Religiosität muslimischer Jugendlicher eine Rolle. „Insbesondere die muslimischen Jugendlichen bringen religiöse Themen bei der Bearbeitung und Lösung von Konflikten (...) zur Sprache" (Mattis 2005: 501). Wiederkehrende Themen sind der Verzicht auf Schweinefleisch, das Fasten während des Ramadan, religiöse Festtage, der Besuch muslimischer Mädchen in Offenen Einrichtungen und ihre Teilnahme an sportlichen Veranstaltungen, das Tragen des Kopftuchs, religiös begründete Rollenzuweisungen der Geschlechter, Probleme mit den Familien aufgrund verbotener christlich-muslimischer Liebesbeziehungen, das Verbot von Alkohol und Drogenkonsum, etc. (vgl. Mattis 2005). Sensibilisert für diese Fragen sind eher zumeist kirchlich sozialisierte Sozialpädagogen/-innen als etwa gleichaltrige nichtmuslimische Jugendliche.

Projekte interreligiösen Lernens in der Jugendarbeit gibt es – freilich immer noch eher vereinzelt – seit den Terroranschlägen des 11. September 2001, durch die die Notwendigkeit des Dialogs der Kulturen unübersehbar dringlich wurde. Gemeinsam ist ihnen der begegnungstheoretische Ansatz.

Ein Beispiel dafür sind die Aktivitäten der vom Interkulturellen Rat Deutschlands initiierten „Abrahamischen Teams", in denen jüdische, christliche und muslimische Persönlichkeiten in Schulen und Bildungsveranstaltungen authentisch ihre Religion darstellen (vgl. Micksch 2005: 685f.). Ein weiteres Beispiel ist das Projekt „Trialog – Together in Difference", das vom Bundesverband Jüdischer Studenten in Deutschland, dem Bundesverband der Katholischen Jungen Gemeinde und der Muslimischen Jugend Deutschlands entwickelt worden ist, um Jugendliche und junge Erwachsene zu gemeinsamen Veranstaltungen des interreligiösen Dialogs einzuladen. Die drei Verbände sind laut eigener Auskunft einen langen Weg bis zum Projektbeginn gegangen, auf dem Vorurteile abgebaut, Konflikte geklärt und Kompromisse geschlossen wurden (www.together-in-difference.de).

Deutschlandweit hat auch das vom Zentralrat der Juden, von der Arbeitsgemeinschaft christlicher Kirchen (ACK), vom Zentralrat der Muslime und der Türkisch-

Islamischen Anstalt für Religion (DITIB) gemeinsam initiierte und getragene Projekt „Weißt du wer ich bin" viele Jugendliche erreicht (www.weisstduwerichbin.de).

Als lokale Initiativen seien hier noch die Nürnberger Begegnungszentren „Brücke/Köprü" und „Medina" und der „Bremer Stadtplan der Religionen" aufgeführt. Auf der Homepage stellen die Jugendlichen ihr von der Bremer Senatskanzlei organisiertes und gefördertes Projekt vor:

> „Wir sind Bremer Jugendliche aus verschiedenen Religionen, die einen Austausch zwischen den Religionen und ein besseres Verständnis des eigenen Glaubens erreichen wollen. Die Begegnung mit unterschiedlichen Religionen macht Spaß und kann das eigene Weltbild erweitern" (www.stadtplan-der-religionen.de).

Das christlich getragene Begegnungszentrum Brücke/Köprü und die muslimische Begegnungsstube Medina in Nürnberg sprechen gezielt auch Jugendliche an. „Medina" ist von jüngeren muslimischen Familien gegründet worden und bietet Dialoge, Moscheeführungen und Begegnungen, an denen schon tausende Jugendliche teilgenommen haben. Bei den zusammen mit *Religions for Peace Nürnberg* veranstalteten Dialogwochen gibt es regelmäßig Jugendveranstaltungen, die Kulturell-musikalisches und Erlebnismäßiges einschließen (Lähnemann 2008: 66ff.).

Insgesamt gehen die Initiativen eher selten von Jugendlichen selbst aus. Wenn sie sich aber in ein Projekt hineingefunden haben, wird es fast immer als faszinierend, anregend und notwendig erfahren. Für wirkliche Nachhaltigkeit in der interreligiösen Bildungsarbeit braucht es mutige, gut vernetzte Initiator/-innen und eine langfristige, verlässliche Beziehungsarbeit.

Literatur

[aej] Arbeitsgemeinschaft der Evangelischen Jugend in Deutschland (2003): Migration, Integration und die Evangelische Jugend. Beschluss 5.1/2003 der 113. Mitgliederversammlung. In: aej information, 4, S. I–V.

[DIK] Deutsche Islam Konferenz (Hrsg.) (2009): Muslimisches Leben in Deutschland. Nürnberg: Bundesamt für Migration und Flüchtlinge. http://www.bmi.bund.de/cae/servlet/contentblob/566008/publicationFile/31710/vollversion_studie_muslim_leben_deutschland_.pdf [Zugriff: 6.12.2012]

[EKIR] Evangelische Kirche im Rheinland: Statistik zur Synode 2010. Düsseldorf: Landeskirchenamt.

[FOWID] Forschungsgruppe Weltanschauungen in Deutschland: Religionszugehörigkeit, Deutschland Bevölkerung 1950-2008. http://fowid.de/fileadmin/datenarchiv/Religionszugehoerigkeit_Bevoelkerung__1950-2008.pdf [Zugriff: 6.12.2012]

Haussmann, W. u.a. (Red.) (2001): Da Sein. Wege ins Leben. Ein Unterrichtswerk für den evangelischen Religionsunterricht an der Hauptschule (Schuljahr 7). Frankfurt/M.: Diesterweg.

Kaddor, Lamya/Müller, Rabeya/Behr, Harry Harun (Hrsg.) (2011): Saphir 7/8. Religionsbuch für junge Musliminnen und Muslime. München: Kösel.

Lähnemann, Johannes (1998): Evangelische Religionspädagogik in interreligiöser Perspektive. Göttingen: Vandenhoeck & Ruprecht.

Lähnemann, Johannes (Hrsg.) (2008): Offene Türen. Religionsgemeinschaften in Nürnberg und Umgebung. Nürnberg: Weltkonferenz der Religionen für den Frieden.

Lähnemann, Johannes/Schreiner, Peter (Hrsg.) (2008): Interreligious and Values Education in Europe. Map and Handbook. Münster: Comenius-Institut.

Mattis, Jürgen (2005): Jugendarbeit und Jugendsozialarbeit als Orte interreligiösen Lernens. In: Schreiner, P./Sieg, U./Elsenbast, V. (Hrsg.), S. 496–507.

Micksch, Jürgen (2005): Abrahamische Teams. In: Schreiner, P./Sieg, U./Elsenbast, V. (Hrsg.), S. 685–686.

[REMID] Religionswissenschaftlicher Medien- und Informationsdienst: Religionen- und Weltanschauungsgemeinschaften in Deutschland: Mitgliederzahlen. http://www.remid.de/index.php?text=info_zahlen [Zugriff: 6.12.2012]

Schreiner, Peter/Sieg, Ursula/Elsenbast, Volker (Hrsg.) (2005): Handbuch Interreligiöses Lernen. Gütersloh: Gütersloher Verlagshaus.

Shell Deutschland Holding (Hrsg.) (2006): Jugend 2006. Eine pragmatische Generation unter Druck. Shell-Jugendstudie, 15. Frankfurt/M.: Fischer-Taschenbuch-Verlag.

Stiftung Weltethos Tübingen: http://www.weltethos.org [Zugriff: 6.12.2012]

Weiße, Wolfgang (Hrsg.) (1999): Vom Monolog zum Dialog. Ansätze einer dialogischen Religionspädagogik. Münster: Waxmann.

Doris Klingenhagen und *Peter Schreiner*

Jugend und Europa – Jugend in Europa

Europa ist für junge Menschen ein Teil ihrer Lebensrealität und Identität geworden. Sie erleben Freizügigkeit, Frieden und Mobilität; Werte europäischer Integration, die frühere Generationen nicht in diesem Umfang erfahren konnten. Junge Menschen sind es, die von den zukünftigen Entwicklungen und Entscheidungen der EU am meisten betroffen sein werden und sie sind es, die diese Entscheidungen auch umsetzen und verwirklichen müssen. Mit Recht erwarten Jugendliche ein soziales und gerechtes Europa, das ihre Lebenssituation verbessert. Das Verhältnis und die Verbindung der EU zu jungen Menschen hat folglich für die Zukunft Europas eine besondere Bedeutung. Dieser Bedeutungszuwachs wird erkennbar in Bildung und Ausbildung sowie in der Jugendpolitik. In diesen Politikbereichen werden Weichenstellungen für Jugend vorgenommen und Jugendliche kommen in den letzten Jahren zunehmend als handelnde Akteure auf der europäischen Ebene vor.

Jung sein in Europa

Nach dem Ersten Europäischen Jugendbericht 2009 (vgl. AGJ 2010) leben derzeit 96 Millionen junge Menschen zwischen 15 und 29 Jahren in den 27 Mitgliedstaaten der EU. Sie bilden 19,4% der europäischen Gesamtbevölkerung. Projektionen lassen erwarten, dass sich der Anteil im Jahr 2050 auf 15,3% reduziert haben wird. In fast allen Ländern findet eine demografische Alterung statt. Diese Entwicklung kann zu einem Verlust der gesellschaftlichen Bedeutung von jungen Menschen und einer Reduzierung der Angebote für Jugendliche führen.

Als genereller Trend für alle EU-Länder werden Veränderungen familialer Lebensformen festgestellt: Aufschub der Heirat, Zunahme nichtehelicher Lebensgemeinschaften, Zunahme der Geburt von Kindern in nichtehelichen Lebensgemeinschaften, Zunahme der Scheidungsrate.

Bei der Betrachtung der Beschäftigungssituation wird deutlich, dass 57,5% der jungen Menschen in der EU (15 bis 29 Jahre) ökonomisch aktiv sind, also entweder in Arbeit sind oder aktiv nach einem Arbeitsplatz suchen. Als besonderes Problem zeigt sich die hohe Jugendarbeitslosigkeit in Europa u.a. infolge der Finanz- und Wirtschaftskrise.

Die Jugendarbeitslosenquote lag nach Angaben des Statistischen Bundesamtes und von Eurostat im Oktober 2011 in der EU-27 bei 22%. Die niedrigste Quote verzeichneten die Niederlande (8,2%) und die höchste Quote Spanien (48,9%). In Deutschland lag die Quote bei 9,1%, in Frankreich bei 24,2%, in Polen bei 27,2% und in Portugal bei 30,4%. Junge Menschen haben in der Regel heute deutlich mehr Chancen, sie stehen aber auch vor schwierigen Herausforderungen. Jugendarbeitslosigkeit und Jugendarmut sind Realität in vielen Ländern Europas. 26% der arbeitslosen 15- bis 24-Jährigen und 35% der arbeitslosen 25- bis 29-Jährigen sind seit über zwölf Monaten arbeitslos. In vielen Mitgliedstaaten stellt sich das Problem der Zukunft des europäischen Gesellschaftsmodells und des Sozialstaates.

Was junge Menschen von Europa halten – Einstellungen zu Europa

In den Shell-Jugendstudien wird dem politischen Engagement Jugendlicher eine hohe Bedeutung zugemessen. Die Einstellungen zu Europa, Prozessen der europäischen Integration und zu Globalisierungsprozessen waren ein Schwerpunkt bei den Studien 2002 und 2006. Die Ergebnisse der Befragungen zeigen, dass Jugendliche mit Europa nach wie vor vorrangig positive Elemente verbinden. Neben der Freizügigkeit, also der Möglichkeit, europaweit reisen, studieren und arbeiten zu können, sowie der damit verbundenen kulturellen Vielfalt, wird ein vereintes Europa ebenfalls als Garant für Frieden und für mehr Mitsprachemöglichkeiten in der Welt betrachtet. Im Vergleich zur Shell-Jugendstudie von 2002 ist die damalige ‚Europa-Euphorie' inzwischen allerdings einer etwas realistischeren Betrachtungsweise gewichen. Die fernere Perspektive, dass sich die europäischen Länder längerfristig zu einem einheitlichen Nationalstaat zusammenschließen sollen, befürworten nur noch 32% der Jugendlichen, im Vergleich zu 49% im Jahr 2002.

Nach der Shell-Jugendstudie 2010 (Albert u.a. 2011) liegt das Vertrauen gegenüber der Europäischen Union bei Jugendlichen mit 3,1% über dem Durchschnitt. Europa wird offensichtlich als Idee und Perspektive trotz der häufig beklagten bürokratischen Praxis der EU-Kommission von den Jugendlichen weiterhin befürwortet, obgleich die Attraktivität, wie die Ergebnisse der „In"- und „Out"-Abfrage zeigen, inzwischen etwas nachgelassen hat (Europa ist bei Jugendlichen „in": 2002: 62%, 2006: 60%, 2010: 55%) (vgl. Albert u.a. 2011: 139f.). Das Verhältnis zwischen der Europäischen Union und Jugendlichen ist folglich als ambivalent und schwierig anzusehen.

Viele junge Menschen stehen dem komplizierten Gebilde der EU eher unentschlossen und distanziert gegenüber. Während sie allgemein die europäische Einigung befürworten, fühlen sie sich im Einzelnen nur schlecht über den Aufbau und die Funktionsweise der EU informiert (vgl. Europäische Kommission 2007). Vor allem die Auswirkungen der Gemeinschaftspolitik auf ihren Alltag sind ihnen kaum bewusst oder werden falsch eingeschätzt. Darüber hinaus ist ein Teil der Jugendlichen sehr kritisch gegenüber den aus ihrer Sicht wahrgenommenen fehlenden demokratischen Entscheidungsstrukturen auf der Ebene der europäischen Institutionen, der zu starken Ausrichtung auf ökonomische Fragen sowie der Abgrenzung gegenüber Drittstaaten.

Die Forschungsgruppe ‚Jugend und Europa' des Centrums für angewandte Politikforschung (C.A.P.) hat eine Studie zur *Einstellung Jugendlicher zur Europawahl 2009* veröffentlicht (vgl. Tham 2009). Dazu wurden Daten ausgewertet, die aus Umfragen des Eurobarometers stammen, die von der Generaldirektion Kommunikation der EU regelmäßig in allen Mitgliedstaaten der EU durchgeführt werden. Dabei wurde herausgefunden, dass die Distanz der Bevölkerung und insbesondere der jungen Menschen zu den Europawahlen weniger auf eine geringe Wertschätzung des Europäischen Parlamentes zurückzuführen ist als vielmehr auf fehlende Informationen und konkrete Beteiligungsmöglichkeiten. Ebenfalls lässt sich aus den Daten herauslesen, dass die grundlegende Zustimmung zur Mitgliedschaft des eigenen Landes in der Europäischen

Union zwischen 50% und 60% in der Bevölkerung liegt. Dabei sind junge Menschen in ihrer Einstellung optimistischer als ältere Menschen. Im Jahr 2008 stufen 52% der Befragten und 59% der jungen Menschen zwischen 15 und 24 Jahren die Mitgliedschaft ihres Landes in der EU als eine gute Sache ein. Von über 70% der Bürger/-innen wird im Vergleich der EU-Institutionen dem Europäischen Parlament eine hervorgehobene Stellung zugesprochen.

Im Gegensatz zum positiven Bild des Europäischen Parlaments geben jedoch im Frühjahr 2008 nur 46% der EU-Bevölkerung und 42% der 15- bis 24-Jährigen an, sich für die Europawahl zu interessieren. Über die Hälfte der Bevölkerung zeigt ein allgemeines Desinteresse an den Wahlen zum Europäischen Parlament.

Jugend und Europäisierung von Bildung

Im Rahmen einer zunehmenden *Europäisierung von Bildung* wurden von der Europäischen Union Maßnahmen entwickelt, um lebenslanges Lernen zu fördern und durch eine Verbesserung von Qualität und Effizienz der nationalen Bildungs- und Ausbildungssysteme eine fortschrittliche Wissensgesellschaft zu gestalten. Die Maßnahmen zielen auf die Entwicklung einer europäischen Dimension im Bildungswesen: Förderung der Mobilität von Lernenden und Lehrenden, Zusammenarbeit zwischen den Bildungsinstitutionen, Ausbau des Informations- und Erfahrungsaustauschs sowie Förderung des Jugendaustauschs und der Fernlehre.

Es sind insbesondere drei Prozesse, die zu einer Europäisierung von Bildung durch die europäischen Institutionen beitragen:

	Zielsetzung	Ausgangspunkt und Quelle
Lissabon-Prozess	Verbesserte Qualität und Effizienz der Bildungs- und Ausbildungssysteme	Beschluss des Europäischen Rates Lissabon 2000 http://ec.europa.eu/education/lifelong-learning-policy/framework_de.htm
Bologna-Prozess	Schaffung eines einheitlichen Europäischen Hochschulraums durch Einführung einer einheitlichem Bachelor-Master-Promotionsstruktur und der Förderung von Mobilität der Studierenden	Sorbonne-Erklärung (1998, vier europäische Staaten), Bologna-Erklärung (1999, 30 europäische Staaten), www.bologna-berlin2003.de/pdf/sorbonne-declaration.pdf www.bmbf.de/de/3336.php
Kopenhagen-Prozess	Kooperation, Transparenz und Qualitätsentwicklung im Bereich der beruflichen Bildung	Erklärung von Kopenhagen (2002), Weiterführung im Kommuniqué von Brügge für den Zeitraum 2011–2020 (verabschiedet 2010) http://ec.europa.eu/education/lifelong-learning-policy/doc/vocational/bruges_de.pdf

Die Prozesse und Initiativen der Europäischen Union in den Bereichen allgemeine Bildung, Hochschulbildung und berufliche Bildung sollen dazu beitragen, Jugendlichen eine Bildung und Ausbildung zu gewährleisten, die den Anforderungen einer entstehenden Wissensgesellschaft ebenso gerecht wird wie den Herausforderungen zunehmender Globalisierung. Diese Zielsetzung konkretisiert sich aktuell in dem 2009 vom Europäischen Rat verabschiedeten „Strategischen Rahmen für die europäische Zusammenarbeit auf dem Gebiet der allgemeinen und beruflichen Bildung" (ET 2020) und in der Nachfolgestrategie der Lissabon-Strategie von 2000, die unter dem Titel „Europa 2020. Eine Strategie für intelligentes, nachhaltiges und integratives Wachstum" (EU 2020) 2010 verabschiedet wurde.

Bildungsaktivitäten des Europarates

Durch das Direktorat „Demokratische Bürgerschaft und Partizipation", Abt. Bildung (als Teil der Generaldirektion „Demokratie") erfolgt eine Reihe von Bildungsaktivitäten des Europarates. Dazu gehören Projekte in den Bereichen:
- Geschichtsunterricht,
- Interkulturelle Bildung,
- Holocausterziehung,
- Bildung für demokratische Bürgerschaft (Education for Democratic Citizenship) und Menschenrechtserziehung,
- Europäische Hochschulbildung,
- Lehrerfortbildung (Pestalozzi-Programm).

Mit dem Europäischen Wergelandzentrum, das als gemeinsames Projekt mit der norwegischen Regierung 2009 in Oslo etabliert wurde, hat man ein Instrument für Lehrerfortbildung und Vernetzung von Forschung und Politik geschaffen, das zahlreiche Initiativen durchführt (www.theewc.org).

Europäische Jugendpolitik-Initiativen

Europäische Union
Für die Gestaltung einer Europäischen Jugendpolitik gab es eine Reihe von Dokumenten und Initiativen von Seiten der Europäischen Union. Die wichtigsten Stationen bildeten:

Das EU-Weißbuch „Neuer Schwung für die Jugend Europas" (2001). Damit wird erstmals ein inhaltlicher Rahmen für die Zuständigkeit der EU in diesem Bereich abgesteckt. In den Bereichen Partizipation, Information, Freiwilligentätigkeit und Jugendforschung beschlossen die Mitgliedstaaten enger zusammenzuarbeiten. Darüber hinaus beschreibt das Weißbuch ein Verfahren zur Intensivierung von Austausch und Zusammenarbeit. Durch gemeinsam verabschiedete Zielsetzungen sollen die nationalen Jugendpolitiken innerhalb der Europäischen Union koordiniert und damit weiterentwickelt werden.

Die EU-Jugendstrategie „Ein erneuerter Rahmen für die jugendpolitische Zusammenarbeit in Europa 2010–2018" (2009). Mit der Entschließung gewinnt die Europäische Jugendpolitik deutlich an Gestalt. Die Europäische Union setzt damit neue Schwerpunkte in acht Aktionsfeldern: Allgemeine und berufliche Bildung, Beschäftigung und Unternehmergeist, Gesundheit und Wohlbefinden, Teilhabe, Kreativität und Kultur, Freiwilligentätigkeit, soziale Eingliederung, Jugendarbeit europäisch und beschließt erstmals einen umfassenden jugendpolitischen Ansatz, der bereichsübergreifend angelegt ist und eine höhere Verbindlichkeit bei der Partizipationsförderung junger Menschen einfordert.

Erster Europäischer Jugendbericht (2009). Zeitgleich mit der EU-Jugendstrategie wurde der erste Europäische Jugendbericht vorgestellt. Durch die Veröffentlichung regelmäßig erhobener Daten zur Lage und Lebenswelt junger Menschen soll die gemeinsame Jugendpolitik der EU gestützt werden.

Die Belange Jugendlicher bei der europäischen Beschäftigungsstrategie sollen stärker berücksichtigt, den Themen Bildung und Mobilität Jugendlicher mehr Aufmerksamkeit geschenkt und die Vereinbarkeit von Berufs- und Familienleben verbessert werden.

Der *Strukturierte Dialog (2006)* ist ein Beteiligungsinstrument, um die Kluft zwischen Jugend und Politik zu verringern. Er soll sicherstellen, dass bei der Umsetzung der EU-Jugendstrategie (2010–2018) die Meinungen und Anliegen junger Menschen einbezogen werden. Im Fokus stehen dabei die aktuellen Schwerpunktsetzungen der jugendpolitischen Zusammenarbeit in Europa. Für eineinhalb Jahre wird jeweils ein ausgewähltes Schwerpunktthema in den Mittelpunkt gestellt. Zu diesem finden in drei aufeinander aufbauenden Phasen – entsprechend den EU-Ratspräsidentschaften – in allen 27 EU-Mitgliedsländern Befragungs- und Beteiligungsprozesse mit Jugendlichen statt.

Das Instrument des Strukturierten Dialogs hat stark an Bedeutung gewonnen. Seine Umsetzung wird in der Europäischen Union und ihren Mitgliedstaaten vorangetrieben.

Das EU-Förderprogramm für die Jugendarbeit
Für die Förderung der Jugendarbeit in der Europäischen Union steht insbesondere das „EU-Jugendprogramm" zur Verfügung. Das Programm „Jugend in Aktion" (2007–2013) stellt für die Gesamtlaufzeit Fördermittel in Höhe von 886 Millionen Euro für Jugendbegegnungen, Freiwilligendienste, Projekte und Aktionen, Fachkräftetraining, Vernetzungs- und Kooperationsveranstaltungen, Fachveranstaltungen und für den Strukturierten Dialog zur Verfügung. Drei wesentliche Ziele sollen mit dem Programm erreicht werden: Junge Europäer/-innen sollen sich aktiv an der weiteren Gestaltung der EU beteiligen. Auch über Europas Grenzen hinaus sollen Solidarität und Toleranz geweckt und jungen Menschen das Gefühl einer aktiven europäischen Bürgerschaft vermittelt werden. *Jugend in Aktion* fördert Bildungsangebote außerhalb von Schulen und Hochschulen. In fünf Aktionsbereichen können Jugendliche, gemeinnützige Vereine und Einrichtungen der Jugendarbeit Projekte beantragen. Insbesondere benachteiligte junge Menschen sollen über das Programm mehr Chancen für die eigene Zukunft gewinnen, indem sie Kompetenzen für ihre weitere persönliche Entwicklung erlangen. Die Qualifikationen, die alle Teilnehmer/-innen erwerben, werden europaweit mit einem Zertifikat – dem Youthpass – belegt (www.youthpass.eu). Der Youthpass hält Erfahrungen und Lernergebnisse fest und macht sie für andere nachvollziehbar. Die europäischen Fördergelder werden von Nationalagenturen verwaltet – in Deutschland von der Agentur „Jugend für Europa". Sie informiert und berät zu Projektanträgen und ist für einen Großteil der Förderlinien Bewilligungsstelle. Die große Bedeutung der Europa 2020-Strategie führt in vielen Teilen zu einer Neuorganisation und Neuausrichtung der europäischen Förderprogramme. Entscheidende Veränderungen werden erwartet durch den im November 2011 vorgelegten Vorschlag der EU-Kommission, die bisherigen Programme Lebenslangen Lernens (Comenius, Leonardo da Vinci, Erasmus und Grundtvig), Jugend in Aktion sowie andere internationale Kooperationsprogramme zu einem Programm „Erasmus für alle" zusammenzuführen. Damit ist ab 2014 kein eigenständiges Jugendprogramm mehr vorgesehen, sondern ein großes Bildungsprogramm,

das unter den drei Kernzielen Lernmobilität, Kooperationen und Innovationen für Praxisentwicklung und Unterstützung für politische Reformen sowohl die formale als auch nicht-formale Bildung unter einem Dach zusammenführt. Aufgrund vieler Interventionen einzelner Mitgliedstaaten und Akteur/-innen der Jugendarbeit ist es gelungen, für den Jugendarbeitsbereich in dieses Programm noch ein eigenes Kapitel hinein zu verhandeln, das einzelne Programmlinien und -elemente von *Jugend in Aktion* aufnimmt.

Europarat
Im Rahmen des Europarates findet sich eine Reihe von Einrichtungen und Aktivitäten, die Kooperation im Blick auf Jugendfragen fördern und zur Qualifizierung und Finanzierung von Jugendorganisationen und Jugendlichen beitragen wollen. Im Überblick finden sich folgende Einrichtungen und Aktivitäten:

	Struktur und Zielsetzung	Mehr Infos
Europäische Lenkungsgruppe Jugend	Regierungsvertreter/-innen, um die Kooperation in Jugendfragen zu fördern	http://www.coe.int/t/dg4/youth/default_en.asp
Beirat für Jugendfragen (Advisory Council on Youth CCJ)	30 Vertreter/-innen von europäischen Jugendverbänden	http://www.kinderrechte.gv.at/home/international/europarat/jugendprogramm-des-europarates/content.html
Agenda 2020	verabschiedet von den Jugendminister/-innen der Mitgliedstaaten des Europarates (2008). Drei Schwerpunkte: Menschenrechte und Demokratie, das Zusammenleben in ungleichen Gesellschaften und die soziale Integration junger Menschen	http://www.coe.int/t/dg4/youth/Source/Resources/Forum21/Issue_No12/N12_8th_CoE_Ministers_youth_en.pdf
Jugendprogramm des Europarates (2010–2012)	Prioritäten: Menschenrechte und Demokratie, interkultureller Dialog; soziale Eingliederung junger Menschen und politische Maßnahmen und Instrumente für junge Menschen und Kinder	http://www.kinderrechte.gv.at/home/international/europarat/jugendprogramm-des-europarates/content.html
Europäische Jugendzentren in Straßburg und Budapest	Trainingskurse in Zusammenarbeit mit den europäischen Jugendorganisationen. Ziel: Größere Effizienz der internationalen Jugendarbeit	http://de.strasbourg-europe.eu/europaisches-jugendzentrum,41455,de.html
Europäische Jugendwerk (EJW)	Förderung internationaler Aktivitäten, von jungen Menschen für junge Menschen organisiert	http://www.jugendwerk.org/contenido-4.8.15/cms/front_content.php

Jugendverbände in Europa

In die Entwicklungen im Jugendbereich wird auch die Stimme von Jugendorganisationen einbezogen. Das *Europäische Jugendforum* (Youth Forum Jeunesse – YFJ), das 1997 gegründet wurde, vereint rund 100 nationale Jugendringe und internationale Jugendorganisationen (http://www.youthforum.org/). Darin werden über 10 Millionen junge Menschen aus ganz Europa repräsentiert. Das Europäische Jugendforum ist damit die größte Jugendplattform weltweit und versteht sich als Interessensvertretung und Stimme junger Menschen in europäischen Entwicklungen. Die wichtigsten Arbeitsbereiche sind: Bildung, Partizipation und die Förderung von Jugendpolitik und -programmen, die Entwicklung von Jugendarbeit, Menschenrechte, Beschäftigung und Sozialpolitik. Die institutionellen Partner des YFJ sind die Europäische Union, der Europarat und die Vereinten Nationen.

Das Deutsche Nationalkomitee für Internationale Jugendarbeit (DNK) – zusammengesetzt aus der Arbeitsgemeinschaft des Deutschen Bundesjugendrings (DBJR), dem Ring Politischer Jugend (RPJ) und der Deutschen Sportjugend – partizipiert aktiv im Europäischen Jugendforum. Neben der politischen Vertretung bei Satzungstreffen des Forums vertreten Jugendliche aus Deutschland ehrenamtlich die Interessen der Jugendverbände im Vorstand, arbeiten inhaltlich in Arbeitsgruppen mit oder nehmen Ausbildungs- und Vernetzungsmöglichkeiten für verschiedene Themen wahr. Immer wieder sind junge Menschen aus Deutschland auch auf Treffen und Aktivitäten des Jugendforums vertreten.

Über die Mitgliedschaft im Deutschen Bundesjugendring und in der Arbeitsgemeinschaft der Kinder- und Jugendhilfe stehen der Arbeitsgemeinschaft der Evangelischen Jugend in Deutschland (aej) Mitgestaltungs- und Vertretungsmöglichkeiten auf europäischer Ebene zur Verfügung.

Die Evangelische Jugend hat langjährige Erfahrungen in der internationalen, interkulturellen und interreligiösen Bildungs- und Begegnungsarbeit. Sie ist Teil eines europäischen Netzwerkes, das intensiv genutzt werden kann, um Jugendliche, für die Europa oft weit weg ist, mit europäischen Themen zu erreichen.

Für die Evangelische Jugend gilt, sich kontinuierlich Wissen und Kompetenzen zu aktuellen europäischen Entwicklungen anzueignen und Informationen und Vorgänge in der evangelischen Kinder- und Jugendarbeit bekannt zu machen mit dem Ziel, das Bewusstsein über die wachsende Bedeutung Europas in (jugend)politischen Fragen zu stärken und Europa als politischen Gestaltungsort intensiver in den Blick zu nehmen. Es sollen so Beteiligungsmöglichkeiten für junge Menschen an europäischen Entwicklungen gefördert werden, auch über die Nutzung von europäischen Förderprogrammen.

Dazu gehören auch Kontakte zu Akteuren in Brüssel und die Pflege des dortigen evangelischen, ökumenischen und jugendverbandlichen Netzwerks. Dazu gibt es seit 2009 eine gemeinsam mit der EKD in deren Büro in Brüssel angesiedelte Projektstelle der aej. Durch eine Präsenz dort können Entwicklungen im Jugend- und Bildungsbereich besser begleitet und mitgestaltet werden.

Evangelische Perspektiven für Europa

Weil die Europäische Union zunehmend an Bedeutung und Einfluss gewinnt, ist es wichtig, handelnde Akteure in der evangelischen Kinder- und Jugendarbeit – Ehrenamtliche, Hauptberufliche und junge Menschen – und ihre Organisationsstrukturen fit für Europa zu machen, damit sie die entstehende europäische Zivilgesellschaft mitgestalten können und sich nicht von schwierigen Strukturen und oft langen Wegen abschrecken lassen.

Das ist für die Evangelische Jugend naheliegend, weil Europa auch durch das Christentum geprägt ist. Und in einer christlichen Perspektive liegen Potenziale und Visionen, um die Idee eines gemeinsamen, gerechten und offenen Europas weiterzuentwickeln und mit Leben zu füllen. Evangelische Kinder- und Jugendarbeit engagiert sich für ein Europa mit sozialer Gerechtigkeit, Frieden, Achtung der Menschenrechte, versöhnter Vielfalt, globaler Verantwortung und Bewahrung der Schöpfung. Der Beschluss der 110. Mitgliederversammlung der aej von 2001 beschreibt hier eine entscheidende Wegmarke (vgl. aej 2001).

Eine wichtige Rolle in der kirchlichen Zusammenarbeit im Jugendbereich auf der europäischen Ebene spielt auch der *Ökumenische Jugendrat in Europa* (EYCE – Ecumenical Youth Council in Europe), der 1968 gegründet wurde (www.eyce.org). Zunächst nahm er eine wichtige Brückenfunktion zwischen den durch den ‚Eisernen Vorhang' getrennten Ost- und Westkirchen ein. Heute hat der EYCE Mitgliedsorganisationen in 26 Ländern Europas und vertritt die Anliegen der jungen Generation der europäischen Kirchen hauptsächlich gegenüber den kirchlichen Institutionen in Brüssel, Genf und Straßburg. Die Palette der Angebote an Kursen und anderen Aktivitäten, die der EYCE organisiert, reicht von der Suche nach einer ökumenischen Spiritualität in jugendgemäßen Formen über Trainingskurse für Nachwuchskräfte, die im kirchlichen Bereich für die Leitung internationaler Nichtregierungsorganisationen fit gemacht werden bis hin zu Seminaren zu aktuellen Themen auf der europäischen jugendpolitischen Agenda wie Migration und Demokratie.

Literatur

[aej] Arbeitsgemeinschaft der Evangelischen Jugend in Deutschland (2001): Die Evangelische Jugend, Europa und die Europäische Union – Themen, Handlungsbedarf und Aufgaben. Beschluss Nr. 3 (zu Antrag Nr. 2) der 110. Mitgliederversammlung der aej vom 22. bis 25. November 2001 in Schmochtitz/Bautzen. http://www.evangelische-jugend.de/fileadmin/user_upload/aej/Die_aej/ Downloads/Mitgliederversammlung/MV_Beschluesse/2001_110._MV/B_3_Europaeische_ Jugendpolitik.pdf [Zugriff: 6.12.2012]

[aej] Arbeitsgemeinschaft der Evangelischen Jugend in Deutschland (Hrsg.) (2010): Neuer Rückenwind für die Jugend Europas – Fakten und Reaktionen rund um die neue EU-Jugendstrategie. Hannover: aej.

Arbeitsgemeinschaft der Evangelischen Jugend in Deutschland/Centrum für angewandte Politikforschung (2009): Jugendliche wählen Europa! Ideen, Methoden und Anregungen zur Europawahl 2009. Hannover: aej.

[AGJ] Arbeitsgemeinschaft für Kinder- und Jugendhilfe (2010): Der erste EU-Jugendbericht „Jugend – Investieren und Befähigen". In deutscher Fassung vorgelegt von der Arbeitsgemeinschaft für Kinder- und Jugendhilfe – AGJ. Berlin: Arbeitsgemeinschaft für Kinder- und Jugendhilfe. http://www.agj.de/pdf/5/jugendbericht_end.pdf [Zugriff: 6.12.2012]

Albert, Mathias/Hurrelmann, Klaus/Quenzel, Gudrun (2011): Jugend 2010. Eine pragmatische Generation behauptet sich. Shell-Jugendstudie, 16. Frankfurt/M.: Fischer-Taschenbuch-Verlag.

Deutsches Nationalkomitee für Internationale Jugendarbeit (Hrsg.) (2010): Jugend auf internationalem Parkett. Berlin: Deutscher Bundesjugendring.

Europäische Kommission – Generaldirektion Bildung und Kultur (2007): Jenseits der Zahlen. Die wichtigsten Ergebnisse des Eurobarometers 2007 zur Jugend, Luxemburg: Amt für amtliche Veröffentlichungen der Europäischen Gemeinschaften. http://ec.europa.eu/youth/documents/ publications/results-eurobarometer2007_de.pdf [Zugriff: 6.12.2012]

Otten, Hendrik/Lauritzen, Peter (Hrsg.) (2004): Jugendarbeit und Jugendpolitik in Europa. Schriften des Instituts für Angewandte Kommunikationsforschung, 6. Wiesbaden: VS Verlag.

Shell Deutschland Holding (Hrsg.) (2006): Jugend 2006. Eine pragmatische Generation unter Druck. Shell-Jugendstudie, 15. Frankfurt/M.: Fischer-Taschenbuch-Verlag.

Tham, Barbara (2009): Einstellungen Jugendlicher zu den Europawahlen 2009. C.A.P. Working Paper. http://www.cap-lmu.de/publikationen/2009/cap-wp-tham.php [Zugriff: 6.12.2012]

Ausgewählte Internet-Seiten

Bildungsinitiativen der Europäischen Union: http://europa.eu/pol/educ/index_de.htm
Bildungsinitiativen des Europarates: www.coe.int/t/dg4/education/
Youth Partnership EU – Council of Europe: http://youth-partnership-eu.coe.int/youth-partnership/ekcyp/BGKNGE/Education_Training.html?_locale=de
Gemeinsame Internetseite der Nationalen Agenturen im Programm für lebenslanges Lernen in Deutschland: www.lebenslanges-lernen.eu/
Nationalagentur Jugend für Europa: www.jugendpolitikineuropa.de und www.jugendfuereuropa.de
Arbeitsgemeinschaft der Evangelischen Jugend in Deutschland e.V.: www.evangelische-jugend.de/Europa.62.0.html
Kultusministerkonferenz (KMK Internationales): www.kmk.org/internationales/zusammenarbeit-im-rahmen-der-europaeischen-union.html
Centrum für angewandte Politikforschung C.A.P.: www.cap-lmu.de/projekte/fge/index.php

Jugend und Bildung

Wiebken Düx und *Thomas Rauschenbach*

Jugend als Bildungsprojekt

Jugendalter als Bildungszeit

Auch wenn Lern- und Bildungsprozesse über die gesamte Lebenszeit stattfinden, wird traditionell das Jugendalter als biografisch besonders wichtige Lern- und Bildungszeit verstanden.

Jugend ist in der Moderne eng mit der Ausweitung von Schul- und Bildungszeiten verbunden. Seit den 1960er Jahren erfasst Schule die Lebens- und Alltagszeit der Heranwachsenden immer länger und umfassender, so dass auch von einer Verschulung, einer ‚Scholarisierung' der Lebensphase Jugend gesprochen wird. Schule hat wesentlich mit dazu beigetragen, dass das Jugendalter vom Zwang zur Arbeit entlastet wurde, an dessen Stelle jedoch eine Pflicht zur Qualifizierung getreten ist, durchsetzt mit partiellen Freiräumen und tendenziell wachsenden Optionen der Lebensgestaltung. Dieses erweiterte ‚Bildungsmoratorium' bringt durch den Aufschub der Erwerbstätigkeit eine weitgehende Freisetzung der heutigen Jugendlichen von beruflichen und familiären Verpflichtungen mit sich, die vielfach bis ins Erwachsenenalter hinein reicht (vgl. Helsper 2008; Hurrelmann 1994).

Junge Menschen zwischen 15 und 25 Jahren weisen in Deutschland – auch im internationalen Vergleich – eine hohe Bildungsbeteiligung auf. Die Bildungsexpansion hat zu einem Zuwachs an höheren Bildungsabschlüssen, aber auch zu steigenden Bildungsaspirationen der jungen Generation geführt. Dieser Trend gilt insbesondere für junge Frauen. Immer mehr Heranwachsende besuchen das Gymnasium und immer mehr streben einen Hochschulabschluss an, während der Anteil der Personen mit Hauptschulabschluss weiter zurückgeht (vgl. Autorengruppe Bildungsberichterstattung 2012).

Die Zunahme der Beteiligung an öffentlicher Bildung, die Verlängerung der Bildungszeit sowie der Anstieg des formalen Bildungsniveaus wurden lange Zeit als Indikatoren für bessere Bildungschancen und mehr Bildungsgerechtigkeit für alle Heranwachsenden gesehen. Das sozialpolitische Versprechen war dabei, dass eine gute Bildung und Ausbildung junge Menschen zu beruflichem und sozialem Erfolg führt. Dieses „bildungsoptimistische Jugendkonzept" (vgl. Bundesjugendkuratorium 2001: 163) wurde durch die Praxis allerdings nicht eingelöst.

Das Bildungsmoratorium eröffnet Heranwachsenden nicht nur Freiräume und erweiterte Optionen, sondern fordert auch verstärkte Bildungsanstrengungen. Die eingeräumte Bildungszeit und die darin zu erwerbenden Qualifikationen sollen effizient genutzt werden. Diese wachsende ‚Verdichtung' des Jugendalters zeigt sich u.a. in der Verkürzung gymnasialer Bildungsgänge auf acht Schuljahre (G8), der Erhöhung schulischer Leistungsanforderungen, in der zeitlichen Ausweitung der täglichen Schulzeit bis weit in den Nachmittag hinein sowie in verkürzten und intensivierten Studiengängen.

Im Bildungswesen ist heute von einer Inflation an Bildungstiteln die Rede. Niemand weiß mehr genau, was und wie viel für eine einigermaßen sichere berufliche Zukunft geleistet werden muss (vgl. Albert u.a. 2011). Damit wird ein gesellschaftlicher Widerspruch deutlich: Jugendliche müssen immer umfassender in schulische und berufliche Bildungszeiten investieren und versuchen, möglichst viele und hohe Bildungsabschlüsse zu erreichen, ohne dass ihnen damit garantiert wird, die eigenen Aspirationen in anschließenden Bildungs- und Berufskarrieren auch verwirklichen zu können. Selbst hochwertige Bildungsabschlüsse bieten keine Gewähr für einen sicheren Ausbildungsplatz, für eine anschließende qualifizierte Beschäftigung und für ein späteres gutes Einkommen oder zumindest einen sicheren Schutz vor Arbeitslosigkeit (vgl. Helsper 2008).

Die Bildungsanforderungen stehen in engem Wechselverhältnis zu jeweils spezifischen Entwicklungsaufgaben von Jugendlichen im Schulalter, deren Bewältigung mit dem Erwerb entsprechender Kompetenzen einhergeht. Aus entwicklungspsychologischer Sicht stehen Identitätsfindung und -entfaltung im Mittelpunkt der altersspezifischen Bildungs- und Entwicklungsaufgaben Jugendlicher. Das Kernthema der Adoleszenz liegt darin, sich bewusst in ein Verhältnis zu sich und der sozialen, kulturellen und materiell-dinglichen Welt zu setzen: zu Körper und Sexualität, zu Eltern und Peers, zu Leistung und Beruf, zu Umwelt und Kultur, zu Politik und Gesellschaft (vgl. Fend 2003).

Bildung und Kompetenzentwicklung

Auch wenn Bildung und Lernen im öffentlichen Bewusstsein immer noch vorrangig der Schule zugeordnet werden, wächst die Einsicht in die Bildungspotenziale der Orte und Gelegenheiten vor, neben und nach der Schule als „andere Seite der Bildung" (vgl. Otto/Rauschenbach 2004).

Auch der 12. Kinder- und Jugendbericht (vgl. BMFSFJ 2005) weist auf die große Bedeutung informeller Lernprozesse und lebensweltlicher Lernorte für eine umfassende Bildung hin. In Anknüpfung an den klassischen Bildungsbegriff Humboldtscher Prägung wird Bildung dabei als aktiver, selbstbestimmter Prozess der Aneignung von Welt und als Entfaltung der eigenen Persönlichkeit, der eigenen Potenziale und Kräfte in Auseinandersetzung mit inneren und äußeren Anregungen verstanden. Dieses umfassende Konzept von Bildung geht weit über schulische Lehrpläne und die Vermittlung kognitiven Wissens hinaus. Bildung wird als ein Prozess der Individuierung und Kompetenzentwicklung in vier unterschiedlichen Weltbezügen bestimmt: der subjektiven, der stofflichen, der sozialen und der kulturellen Welt. Entsprechend diesen vier Dimensionen der Weltaneignung werden Kompetenzen als personale, instrumentelle, soziale und kulturelle Kompetenzen gefasst.

Zu einer so verstandenen Bildung gehören auch Orientierungen, Haltungen, Werte, Weltanschauungen und Weltdeutungen. Das Ziel ist die Befähigung junger Menschen zu einer eigenständigen, eigenverantwortlichen und solidarischen Lebensführung sowie zu politischer Mündigkeit, sozialer Verantwortung und sozialer, kultureller und politischer Teilhabe (vgl. BMFSFJ 2005)

Bildung ist aber nicht nur entscheidend für die individuellen Zukunftschancen, sondern auch für die Gestaltung einer demokratischen Gesellschaft in einer globalisierten Welt. Von der Bildung der Bürger/-innen hängen wesentlich der Bestand einer demokratischen Kultur, gesellschaftlicher Wohlstand, die Tragfähigkeit des sozialen Zusammenhalts sowie die Akzeptanz zentraler Werte und Orientierungen einer solidarischen Zivilgesellschaft ab (vgl. Autorengruppe Bildungsberichterstattung 2012).

Selektion und Segregation durch Bildung

Aktuelle Studien belegen eindrücklich, dass es der deutschen Schule nicht gelingt, allen Schüler/-innen eine ausreichende basale Grundbildung im Bereich der mathematisch-naturwissenschaftlichen Kompetenzen sowie der Lesekompetenzen zu vermitteln. Die hohe Zahl von rund 20% der 15-Jährigen, die kaum lesen können, weist darauf hin, dass Schule hier an Grenzen stößt (vgl. Prenzel 2007). Kinder aus bildungsfernen und sozial schwachen Familien, aber auch aus Familien mit Migrationshintergrund, sind in dieser Gruppe überproportional häufig vertreten. Mit der sozialen Herkunft zeigt sich somit der starke Einfluss nicht-schulischer Zusammenhänge auf das Leistungsvermögen und die schulische Entwicklung der Kinder und Jugendlichen.

Qualität und Ausmaß des ökonomischen, sozialen und kulturellen Kapitals ihrer Familie und insbesondere das Bildungsniveau der Eltern haben einen großen Einfluss auf entwicklungsförderliche und bildungsrelevante Aneignungsprozesse junger Menschen (vgl. Prenzel 2007). Fehlen bildungsbezogene familiäre Anregungs- und Förderpotenziale und werden sie nicht in außerfamilialen Lern- und Lebenszusammenhängen substituiert, ergeben sich für junge Menschen Nachteile im Hinblick auf ihre schulische Laufbahn, auf ihre kulturelle und soziale Teilhabe sowie auf ihre beruflichen Möglichkeiten (vgl. Rauschenbach u.a. 2004).

Der Schule gelingt es nicht, diese fatale Kausalität zu durchbrechen. Im Gegenteil: Herkunftsbedingte Unterschiede und Benachteiligungen werden vom deutschen Schulsystem nicht verringert, sondern als Bildungsbenachteiligung noch verschärft (vgl. BMFSFJ 2005). Das Bildungssystem wird zunehmend zum Chancenverteilungssystem.

Angesichts der Grenzen schulischer Bildung sowie der Verallgemeinerung und Inflation schulischer Bildungstitel wird der Erwerb von Bildungsressourcen und Kompetenzen in außerschulischen Bereichen wichtiger. Doch nicht nur die schulischen Bildungschancen, auch die Zugänge zu unterschiedlichen außerschulischen Bildungsangeboten und Freizeitmöglichkeiten werden durch die ökonomischen, kulturellen und sozialen Ressourcen der Herkunftsfamilien bestimmt. Insbesondere der Mangel an materiellen Mitteln wirkt sich häufig auf die Teilhabechancen junger Menschen an den zahlreichen Formen der Freizeitgestaltung und den damit verbundenen Bildungsmöglichkeiten aus (vgl. Grunert/Wensierski 2008). Somit sind Kinder und Jugendliche aus Familien mit geringen ökonomischen, kulturellen und sozialen Ressourcen in doppelter

Weise benachteiligt: Sie haben nicht nur die schlechteren Ausgangsbedingungen für Erfolg im formalen Bildungssystem, sondern auch weniger Zugänge zu außerschulischen Lern- und Bildungsgelegenheiten (vgl. BMFSFJ 2005).

Alle empirischen Befunde zeigen, dass außerschulische Bildungsaktivitäten in der Regel die ohnehin bildungsbeflissenen, von Hause aus vielfältig geförderten Kinder und Jugendlichen zusätzlich unterstützen und stabilisieren, auch wenn diese anderen Orte und Aktivitäten oft mit dem Anspruch der Kompensation schulischer Bildungsbenachteiligung auftreten (vgl. Düx u.a. 2008). Damit werden die ungleich verteilten Potenziale des informellen Lernens an unterschiedlichen Lernorten, wird das genutzte oder ungenutzte Potenzial der ‚Alltagsbildung' zu einer entscheidenden Weichenstellung in der Bildungsbiografie junger Menschen (vgl. Rauschenbach 2009).

Ihre Wirkung entfalten diese Formen non-formaler und informeller Lernprozesse insbesondere deshalb, weil sie unbeachtet und unkontrolliert zur Geltung kommen, indem sie den sozial, ökonomisch und kulturell Privilegierten vielfältige Möglichkeiten der Kompetenzerweiterung eröffnen, während junge Menschen aus sozial benachteiligten Lebensverhältnissen zunehmend von den Möglichkeiten der gesellschaftlichen Entwicklung durch Formen der informellen Bildung abgekoppelt werden. Nicht die formale Bildung, sondern überwiegend die bislang nur wenig beachteten informellen Lernprozesse scheinen mithin die Kluft zwischen den Bildungsgewinnern und den Bildungsverlierern zu erzeugen. Das heißt, dass nicht so sehr die formale, schulische Bildung die wachsenden sozialen Unterschiede erklärbar macht, sondern sehr viel stärker die sie umgebenden, ungleich verteilten und ungleich wirkenden, meist verborgen bleibenden Potenziale informeller Lern- und Bildungsprozesse, insbesondere in der Familie, aber auch an anderen außerschulischen Lernorten (vgl. Rauschenbach 2009).

Ausblick

Jeder junge Mensch hat das Recht auf Bildung. Angesichts der ungleichen Teilhabechancen, der herkunftsbedingten Benachteiligung und der sozialen Selektion im herkömmlichen Bildungssystem muss die Frage neu beantwortet werden, wie dieses Recht umgesetzt und eine umfassende Bildung für möglichst *alle* Kinder und Jugendlichen gewährleistet werden kann (vgl. BMFSFJ 2005). Um die Bildungsmöglichkeiten für alle Heranwachsenden entscheidend zu verbessern und den – für eine demokratische, freie und offene Gesellschaft inakzeptablen – engen Zusammenhang von sozialer Herkunft und individueller Zukunft zu durchbrechen, erscheint eine gezielte Weiterentwicklung des Bildungssystems notwendig (vgl. Wensierski/Grunert 2008).

Vor diesem Hintergrund erlangen die Bildungsorte und Bildungssettings jenseits der Schule eine wachsende Bedeutung. Die Realisierung eines umfassenden Bildungskonzepts setzt ein Zusammenspiel von Schule und außerschulischen Bildungsorten und Lernwelten voraus, um alle Kinder und Jugendlichen in ihrer individuellen Entwicklung bestmöglich zu fördern. Bildung wird somit mehr denn je zu einer grundlegenden Gemeinschaftsaufgabe, indem möglichst allen jungen Menschen unabhängig von ihrer sozialen Herkunft Gelegenheiten, Räume und Chancen eröffnet werden müssen, sich die Welt in allen ihren Facetten und Dimensionen anzueignen, ihre Anlagen und Potenziale umfassend zu entfalten und an der Gesellschaft und ihren Entwicklungen teilzuhaben. Nur wenn es gelingt, die Stärken der Schule mit den Stärken der anderen außerschulischen Bildungsakteure zu verbinden, besteht eine ernsthafte Chance, die Zukunftsressource Bildung so zur Geltung zu bringen, wie dies für jeden Einzelnen, für die Gesellschaft und für den sozialen Zusammenhalt notwendig ist.

Literatur

Albert, Mathias/Hurrelmann, Klaus/Quenze, Gudrun (2011): Jugend 2010. Eine pragmatische Generation behauptet sich. Shell-Jugendstudie, 16. Frankfurt/M.: Fischer-Taschenbuch-Verlag.
Autorengruppe Bildungsberichterstattung (Hrsg.) (2012): Bildung in Deutschland 2012. Ein indikatorengestützter Bericht mit einer Analyse zur kulturellen Bildung im Lebenslauf. Bielefeld: Bertelsmann.
Bundesjugendkuratorium (2001): Zukunftsfähigkeit sichern! Für ein neues Verhältnis von Bildung und Jugendhilfe. Eine Streitschrift des Bundesjugendkuratoriums. Berlin: Bundesministerium für Familie, Senioren, Frauen und Jugend.
[BMFSFJ] Bundesministerium für Familie, Senioren, Frauen und Jugend (Hrsg.) (2005): Bericht über die Lebenssituation junger Menschen und die Leistungen der Kinder- und Jugendhilfe in Deutschland. Bildung, Betreuung und Erziehung vor und neben der Schule. Kinder- und Jugendbericht, 12. Berlin: Bundesministerium.
Düx, Wiebken/Prein, Gerald/Sass, Erich/Tully, Claus J. (2008): Kompetenzerwerb im freiwilligen Engagement. Eine empirische Studie zum informellen Lernen im Jugendalter. Wiesbaden: VS Verlag.
Fend, Helmut (2003): Entwicklungspsychologie des Jugendalters. Ein Lehrbuch für pädagogische und psychologische Berufe. Opladen: Leske + Budrich.
Grunert, Cathleen/Wensierski, Hans-Jürgen von (Hrsg.) (2008): Jugend und Bildung. Modernisierungsprozesse und Strukturwandel von Erziehung und Bildung am Beginn des 21. Jahrhunderts. Opladen: Barbara Budrich.
Helsper, Werner (2008): Der Bedeutungswandel der Schule für Jugendleben und Jugendbiografie. In: Grunert, C./Wensierski, H.-J. v. (Hrsg.), S. 135–164.
Hurrelmann, Klaus (1994): Lebensphase Jugend. Eine Einführung in die sozialwissenschaftliche Jugendforschung. Weinheim/München: Juventa.
Otto, Hans-Uwe/Rauschenbach, Thomas (Hrsg.) (2004): Die andere Seite der Bildung. Zum Verhältnis von formellen und informellen Bildungsprozessen. Wiesbaden: VS Verlag.
Prenzel, Manfred (Hrsg.) (2007): PISA 2006. Die Ergebnisse der dritten internationalen Vergleichsstudie. Münster: Waxmann.
Rauschenbach, Thomas (2009): Zukunftschance Bildung. Familie, Jugendhilfe und Schule in neuer Allianz. Weinheim/München: Juventa.
Rauschenbach, Thomas/Leu, Hans Rudolf/Lingenauber, Sabine/Mack, Wolfgang/Schilling, Matthias/ Schneider, Kornelia/Züchner, Ivo (2004): Non-formale und informelle Bildung im Kindes- und Jugendalter. Konzeptionelle Grundlagen für einen Nationalen Bildungsbericht. Berlin: Bundesministerium für Forschung und Bildung.
Wensierski, Hans-Jürgen von/Grunert, Cathleen (2008): Jugendbildung im Modernisierungsprozess. Ganztagsschulen und außerschulische Jugendbildung. In: Grunert, C./Wensierski, H.-J. v. (Hrsg.), S. 115–134.

Wolfgang Mack

Non-formale Bildungsorte und informelle Lernwelten

Bildung im Jugendalter an non-formalen Bildungsorten und in informellen Lernwelten umfasst alle institutionellen und lebensweltlichen Anlässe und Gelegenheiten für Bildungsprozesse von Jugendlichen, sofern sie sich nicht auf Schule und Berufsbildung beziehen.

Hintergrund für diese Kategorisierung ist die Unterscheidung zwischen formaler, non-formaler und informeller Bildung. Der Begriff *formale Bildung* bezieht sich auf geplante und strukturierte Bildungsangebote und Bildungsprozesse in der allgemeinbildenden Schule, in der Berufsbildung und an der Hochschule. Für formale Bildung charakteristisch sind bürokratische Organisation der Institutionen, verpflichtende Teilnahme, Lehrpläne und Curricula als Strukturierung der Bildungsinhalte sowie Prüfung und Zertifizierung. Mit den in den Institutionen der formalen Bildung erwerbbaren Zertifikaten werden Chancen auf Zulassung zu weiteren Bildungsgängen im Bildungssystem und auf berufliche Platzierungen eröffnet oder verschlossen, abhängig von der Art des erworbenen Abschlusses und von der Qualität der zertifizierten Leistungen. Formale Bildung ist damit ein zentraler Faktor der sozialen Positionierung in der Gesellschaft. Da Zugänge zu Institutionen der formalen Bildung und Erfolge in Bezug auf Abschlüsse und Anschlüsse aufgrund der sozialen Herkunftsbedingungen und damit verbundener Ressourcen ungleich verteilt sind, müssen Überlegungen zur Förderung und Verbesserung formaler Bildung auch im Kontext sozialer Ungleichheit diskutiert werden.

In Deutschland ist der Begriff *informelle Bildung* oder *informelles Lernen* lange Zeit kaum zur Kenntnis genommen worden. In der erziehungswissenschaftlichen Fachdiskussion wurde informelles Lernen zuerst durch Forschungen in der entwicklungspolitisch orientierten Erziehungswissenschaft, der Erwachsenbildung und der Berufsbildung als Begriff aufgenommen (vgl. Overwien 2006: 38f.). Eine wichtige Rolle spielt der Begriff vor allem auch im Kontext der Diskussion um lebenslanges Lernen (vgl. Dohmen 2001).

Der Begriff informelles Lernen ist nicht eindeutig definiert. Er bezieht sich auf Lernprozesse außerhalb formaler Bildungsinstitutionen – gleichwohl geschieht informelles Lernen auch in formalen Institutionen. Informelles Lernen folgt nicht Vorgaben von Bildungsinstitutionen. Es erfolgt meist ungeplant, beiläufig und unbeabsichtigt als Lernen im Alltag in- und außerhalb von Bildungsinstitutionen, in den lebensweltlichen Zusammenhängen und der sozialen Welt der Akteure und wird von den Einzelnen je nach ihren Interessen selbst gesteuert (vgl. Dohmen 2001: 18ff.).

In der internationalen Diskussion wird neben formalem und informellem Lernen auch der Terminus *non-formales Lernen* gebraucht. Damit werden Lern- bzw. Bildungsprozesse in Institutionen bezeichnet, die nicht dem formalen Bildungssystem im engeren Sinne zugerechnet werden. Lernprozesse können dabei systematisch geplant und durchgeführt werden, sie werden allerdings in der Regel nicht zertifiziert. Diese Unterscheidung in formales, non-formales und informelles Lernen ist von der EU-Kommission in der Diskussion um Lernen im Lebenslauf aufgenommen worden (vgl. Europäische Kommission 2001).

Das Bundesjugendkuratorium hat in der Streitschrift „Zukunftsfähigkeit sichern!" (vgl. BMFSFJ 2001) den spezifischen Beitrag der Kinder- und Jugendhilfe im komplexen Wechselspiel zwischen informeller, non-formaler und formaler Bildung markiert. Als non-formale Bildung wird „jede Form organisierter Bildung und Erziehung (...), die generell freiwilliger Natur ist und Angebotscharakter hat", verstanden (Bundesjugendkuratorium 2001: 23). Insofern stellt die Kinder- und Jugendhilfe mit ihren auf Freiwilligkeit basierenden Angeboten und Aktivitäten vielfältige Orte non-formaler Bildung bereit. Demgegenüber werden als informelle Bildung „ungeplante und nichtintendierte Bildungsprozesse verstanden, die sich im Alltag von Familie, Nachbarschaft, Arbeit und Freizeit ergeben" (Bundesjugendkuratorium 2001: 23). Informelle Bildung wird als unverzichtbare Voraussetzung, auf der formelle und nicht-formelle Bildungsprozesse aufbauen, hervorgehoben.

Non-formale Bildungsorte

In der Kinder- und Jugendarbeit hat Bildung einen hohen Stellenwert. Ihr Bildungsauftrag ist im Kinder- und Jugendhilfegesetz verankert (vgl. § 11 SGB VIII). Bildungsangebote und -leistungen der Jugendarbeit weisen ein breites Spektrum auf. Sie stellen für Jugendliche Räume zur Verfügung, in denen sie Gleichaltrige und Erwachsene treffen und sich mit ihnen austauschen können, in denen sie für sie wichtige Erfahrungen und Begegnungen auf der Suche nach Identität und Orientierung machen können. Bildungsmöglichkeiten und -gelegenheiten bieten Aktionen und Projekte in der offenen und verbandlichen Jugendarbeit und explizite Bildungsangebote in Kursen und Projekten der Jugendbildungsarbeit. Jugendsozialarbeit (§ 13 SGB VIII) hat den Auftrag, durch ihre Angebote und Leistungen Jugendlichen eine erfolgreiche Teilhabe am formalen System der schulischen und beruflichen Bildung zu sichern. Dies geschieht durch explizite Bildungsangebote in Form von Kursen und Projekten in der Schulsozialarbeit oder der Jugendberufshilfe, aber auch durch Beratungsangebote oder durch das Bereitstellen von Wohnmöglichkeiten für Jugendliche. Auch der Bereich der Hilfen zur Erziehung (§§ 27ff. SGB VIII) bietet in den unterschiedlichen Angeboten und Leistungen vielfältige Bildungsmöglichkeiten: in direkter Weise in Form von konkreten Bildungsangeboten und in indirekter Weise durch die Hilfen bei der Bewältigung von schwierigen Lebenssituationen und beim Aufbau von neuen Selbst- und Weltbildern.

All diese genannten vielfältigen Angebote und Leistungen der Kinder- und Jugendhilfe stellen Gelegenheiten non-formaler Bildung dar, auch wenn sich in den einzelnen Leistungsbereichen die Bildungsansprüche und -gelegenheiten durchaus stark unterscheiden. Durchgängig ist jedoch das Prinzip der Freiwilligkeit der Teilnahme bzw. bei der Inanspruchnahme der Leistungen.

Informelle Lernwelten

Als informeller Bildungsort hat die Familie von der frühen Kindheit bis ins Schulalter eine hervorgehobene und besonders wichtige Funktion. Familie als primäre Sozialisationsinstanz prägt und beeinflusst Verhalten, Einstellungen, Denkmuster und Handlungsweisen ihrer Mitglieder, besonders von Kindern und Jugendlichen. Informelle Bildung in der Familie ereignet sich im familialen Alltag, in der Kommunikation und

Interaktion zwischen Eltern und ihren Kindern und zwischen Geschwistern, im geselligen Zusammenleben der Familie, mit Freunden und Nachbarn, bei den alltäglichen Besorgungen und Geschäften, bei Feiern, Festen, Reisen und beim Besuch von Veranstaltungen und Kultureinrichtungen. Kinder und Jugendliche erschließen sich über die Familie die Welt. Sie lernen Weltsichten, Deutungs- und Kommunikationsmuster kennen, erwerben basale soziale, kulturelle und technisch-instrumentelle Kompetenzen.

Familie beeinflusst somit Bildungsprozesse von Jugendlichen in direkter und indirekter Weise: direkt durch die eigenen informellen Bildungsleistungen, indirekt durch den Einfluss der Familie auf Schulwahl, Schullaufbahn und Schulerfolg von Kindern und Jugendlichen (vgl. Wissenschaftlicher Beirat für Familienfragen 2002).

Gleichaltrigen-Gruppen, Peers und Cliquen stellen einen wichtigen Erfahrungsraum für informelle Bildung im Jugendalter dar. Informelles Lernen erfolgt im Blick auf Ausprobieren, Gestalten und Ausbau von Beziehungen zu Gleichaltrigen. Dabei stehen soziale, kommunikative und interaktive Dimensionen des Lernens im Vordergrund: Durch Überprüfen, Infragestellen, Vergewissern und Neubestimmen von Einstellungen, Wertorientierungen und Haltungen laufen bewusst oder unbewusst auch Reflexionsprozesse ab.

„Dieser Prozess der Entwicklung von persönlichen Werteinstellungen, Vorlieben und einer subjektiven Reflexivität geschieht in den Gruppen oft unbewusst, meist nebenbei und implizit, bewirkt aber ein hohes Maß an gleichzeitiger Verunsicherung und Selbstvergewisserung, an Nachdenken und Überprüfung der eigenen Standpunkte und Vorstellungen" (Rauschenbach u.a. 2004: 32).

Weitere Orte und Gelegenheiten informeller Bildung insbesondere im Jugendalter stellen Medien, Jobs oder (kommerzielle) Freizeitangebote für Jugendliche dar.

Non-formale Bildungsorte und informelle Lernwelten im neuen Bildungsdiskurs

Das Interesse an non-formalen Bildungsorten und informellen Lernwelten ist im Kontext der gegenwärtigen Bedeutung von Bildung zu diskutieren. Mit dem Begriff Bildung werden vielfältige, auch widersprüchliche Ansprüche und Interessen thematisiert. Es geht um die Bildung des Subjekts in einem umfassenden Sinne der Entwicklung und Entfaltung der Persönlichkeit. Bildung wird auch als wichtiges Gut zum Erhalt, zur Förderung des Zusammenhalts und zur Reform der Gesellschaft in sozialer, politischer und wirtschaftlicher Sicht gesehen. Insofern geht es auch um die Interessen der Gesellschaft. In diesem Sinne ist Schule eine wichtige und unverzichtbare Institution für die Bildung im Kindes- und Jugendalter. Sie allein kann aber Bildung in diesem doppelten Sinne nicht hervorbringen. Dazu bedarf es zusätzlich anderer Bildungsorte und Lernwelten.

Diese Argumentationsfigur ist allerdings einseitig. Sie blendet das Charakteristische des Bildungsanspruchs und Bildungsverständnisses aus, das für moderne Gesellschaften zu Beginn des 21. Jahrhunderts von zentraler Bedeutung geworden ist. Es geht nicht darum, was Schule in Bezug auf Bildung kann und was sie nicht kann. Diese Sicht entspricht einer alten Denkweise, in der Bildung gesellschaftlich vorgegeben und institutionell durch Schule durchzusetzen versucht worden ist. Es geht vielmehr darum, Bildung als *eigenständigen Prozess des Subjekts* zu verstehen. In diesem Sinne steht die eigentätige Auseinandersetzung mit der Welt, mit anderen und mit sich selbst am Ausgangspunkt jeden Bildungsprozesses, und es stellt sich die Frage, wie dieser Prozess unterstützt und gefördert werden kann. Damit kommen informelle Bildungsmöglichkeiten und -gelegenheiten und non-formale Bildungsorte in den Blick und erhalten eine neue Bedeutung. Bildung als Bildung des Subjekts erfolgt in einem Ko-Produktionsprozess, in dem das sich bildende Subjekt auf Anregungen, Auseinandersetzungen und Anforderungen in seiner Umwelt – in den lebensweltlichen Bedingungen wie in den institutionellen Settings – angewiesen ist. Und genau darin liegt die Stärke von non-formalen Bildungsorten und informellen Lernwelten: Sie sind nicht an Curricula und Strukturen gebunden, sondern können flexibel auf die Interessen und Bedarfe von Jugendlichen eingehen und an ihre Lebenswelt anschließen.

Non-formale und informelle Bildung vor dem Hintergrund sozialer Ungleichheit

Das neue Interesse an Bildung bringt somit eine neue Aufmerksamkeit auf non-formale Bildungsorte und informelle Lernwelten hervor. Damit verbunden sind jedoch auch nicht intendierte Folgen. Wenn Bildung von Kindern und Jugendlichen sich zu weiten Teilen im Alltag der Familie, der Peers und im sozialen Nahraum vollzieht und in diesen Kontexten als bedeutsam hervorgehoben wird, werden der Alltag in der Familie und das Freizeitverhalten von Jugendlichen zu beobachteten und kontrollierten Angelegenheiten. Das Interesse an non-formaler und informeller Bildung könnte dann dazu führen, Handlungsmuster, Lebenspraktiken und Lebensverhältnisse von sozial benachteiligten Jugendlichen – deren Bildungsprozesse nicht den gewünschten und erwarteten Normen entsprechen – anzuzweifeln und zu diskreditieren. Deshalb ist es dringend erforderlich, Bildung als unverfügbaren und trotz aller gesellschaftlichen Erwartungen nicht kontrollierbaren Prozess zu reklamieren und entgegen aller Verwertungsinteressen als freien und unverfügbaren Raum der Entwicklung der Persönlichkeit zu beanspruchen. Dabei müssen Folgen sozialer Ungleichheit thematisiert werden, die sich auch als unterschiedliche Chancen in Bezug auf Zugänge zu Bildungsgelegenheiten und als sozial ungleich verteilte Möglichkeiten der formalen, non-formalen und informellen Bildung darstellen. Insbesondere der non-formalen Bildung in der Kinder- und Jugendhilfe kommt hierbei die besondere Bedeutung zu, diesem Mechanismus der Benachteiligung durch Bildungsangebote für Kinder und Jugendliche in sozial benachteiligten Lebenslagen etwas entgegenzusetzen.

Informelle Lernwelten dürfen nicht von (bildungs-)politischen Vorgaben und Interessen bestimmt werden. Der Alltag von Jugendlichen und ihren Familien kann nicht nach bildungspolitischen Erwartungen der Gesellschaft ausgerichtet und daran gemessen werden. Hier gilt es, entsprechend der Grundsätze der Kinder- und Jugendhilfe und der gesetzlichen Regelungen, Hilfe und Förderung für Kinder und Jugendliche anzubieten, um Krisen und unbewältigte Probleme im Alltag und Entwicklungsbeeinträchtigungen aufgrund sozialer Problemlagen entgegenzuwirken. Als Ausgleich und Kompensation von Folgen benachteiligter und benachteiligender Lebenslagen können non-formale Bildungsorte dazu beitragen, Jugendlichen förderliche und anregende Bedingungen und Gelegenheiten für Bildung zu eröffnen. Darin liegen Herausforderungen und Chancen für Bildung in der Jugendarbeit, der Jugendsozialarbeit und in den Hilfen zur Erziehung.

Möglichkeiten und Chancen für Bildung im Kindes- und Jugendalter sind sozial ungleich verteilt. Das betrifft Zugänge und Erfolgsaussichten in der formalen Bildung in Schule und Berufsbildung, das betrifft auch Erreichbarkeit und Inanspruchnahme von non-formalen Bildungsorten und das bestimmt auch informelle Lernwelten. Auf besonders drastische Weise bilden sich diese Ungleichheiten in sozial benachteiligten Quartieren und Stadtteilen ab. Prozesse der sozialräumlichen Segregation führen zu höchst ungleich verteilten Bildungschancen für Jugendliche. Diese Prozesse der sozialräumlichen Segregation und ihre jugend-, bildungs- und sozialpolitischen Implikationen können nicht allein bildungspolitisch beantwortet werden. Den Herausforderungen der sozialräumlichen Spaltung in den größeren Städten und Ballungsräumen und der zu beobachtenden Exklusion von Bildungsmöglichkeiten im ländlichen Raum muss mit sozial- und arbeitspolitischen Maßnahmen, mit Wohnungsbaupolitik und Stadtplanung begegnet werden.

Auch wenn bereits mit vielen Initiativen und Projekten diesen Formen der sozialen Spaltung zu begegnen versucht wird, muss nach wie vor von ungleich verteilten Zugängen und sozial selektiv präformierten Bildungsmöglichkeiten für Kinder und Jugendliche ausgegangen werden. Probleme und Folgen sozialer Ungleichheit erfordern deshalb in Bezug auf die Förderung von Bildungschancen benachteiligter Kinder und Jugendlicher eine gezielte Förderung non-formaler Bildungsmöglichkeiten. Da informelle Lernwelten politischen und administrativen Interventionen unzugänglich sind und unzugänglich sein müssen, besteht lediglich durch eine Annäherung non-formaler Bildungsorte an informelle Lernwelten eine Möglichkeit, bessere Bildungsgelegenheiten für Kinder und Jugendliche in benachteiligten Lebensverhältnissen zu bieten.

Bildungspolitische Perspektiven für die Arbeit mit Jugendlichen

Vor dem Hintergrund ungleicher Bildungschancen und Zugängen zu formalen und non-formalen Bildungsangeboten ist es Aufgabe Sozialer Arbeit, einen Ausgleich in den sozial ungleichen Bildungsmöglichkeiten zu suchen und Möglichkeiten der Kompensation und Bearbeitung von primären Benachteiligungen in der familiären und nachbarschaftlichen Sozialisation aufzuzeigen. Insbesondere für Kinder und Jugendliche in benachteiligten Lebenslagen ist es erforderlich, Brücken zwischen der Schule als formalem Bildungsort und informellen Lernwelten zu bauen. Dazu tragen Schulsozialarbeit und Angebote der Kinder- und Jugendhilfe an Ganztagsschulen bei. Non-formale Bildungsorte der Jugendhilfe – in der Jugendarbeit, der Jugendsozialarbeit und den Hilfen zur Erziehung – sind so zu gestalten, dass sie für Kinder und Jugendliche in benachteiligten Lebenslagen bedeutsam sind. Soziale Arbeit bietet mit den Konzepten der Lebensweltorientierung, der Sozialraumorientierung und der Dienstleistung ein differenziertes Repertoire an Arbeitsformen und Handlungsprinzipien für die Arbeit mit Jugendlichen in sozial benachteiligten Lebenslagen. Eine zentrale Herausforderung besteht darin, Möglichkeiten für Bildung zu eröffnen und Unterstützung in der Lebensbewältigung anzubieten. Bildung von Kindern und Jugendlichen in sozial benachteiligten Lebenslagen zu fördern und zu unterstützen durch eine entsprechende Gestaltung non-formaler Bildungsgelegenheiten ist deshalb auch eine Aufgabe für Jugendarbeit.

Literatur

[BMFSFJ] Bundesministerium für Familie, Senioren, Frauen und Jugend (Hrsg.) (2001): Zukunftsfähigkeit sichern! Für ein neues Verhältnis von Bildung und Jugendhilfe. Eine Streitschrift des Bundesjugendkuratoriums. Berlin: Bundesministerium.

Dohmen, Günther (2001): Das informelle Lernen. Die internationale Erschließung einer bisher vernachlässigten Grundform menschlichen Lernens für das lebenslange Lernen aller. Bonn: Bundesministerium für Bildung und Forschung.

Europäische Kommission (2001): Einen europäischen Raum des Lebenslangen Lernens schaffen. Mitteilung der Kommission. Luxemburg: Amt für Amtliche Veröff. der Europ. Gemeinschaften.

Overwien, Bernd (2006): Informelles Lernen – zum Stand der internationalen Diskussion. In: Rauschenbach, Th./Düx, W./Sass, E. (Hrsg.): Informelles Lernen im Jugendalter. Vernachlässigte Dimensionen der Bildungsdebatte. Weinheim/München: Juventa, S. 35–62.

Rauschenbach, Thomas/Leu, Hans Rudolf/Lingenauber, Sabine/Mack, Wolfgang/Schilling, Matthias/Schneider, Kornelia/Züchner, Ivo (2004): Non-formale und informelle Bildung im Kindes- und Jugendalter. Konzeptionelle Grundlagen für einen Nationalen Bildungsbericht. Bildungsreform, 6. Berlin: Bundesministerium für Bildung und Forschung.

Wissenschaftlicher Beirat für Familienfragen (2002): Die bildungspolitische Bedeutung der Familie. Folgerungen aus der PISA-Studie. Stuttgart: Kohlhammer.

Martin Nörber

Peer Education

Die Bedeutung der Peers im Sozialisationsprozess ist in den vergangenen Jahren wieder stärker ins Bewusstsein der pädagogischen Arbeit mit jungen Menschen getreten. Die Aussage einer jungen Frau im Rahmen eines Forschungsprojektes zum Thema „Mädchen in gewaltbereiten Jugendgruppen" macht die Relevanz der Peer-Group exemplarisch gut deutlich:

> „Ja, daß ein Zusammenhalt einfach da ist. Daß man nicht einfach nur sagt, man hat jetzt eine Clique. Wo man das Vertrauen reinstecken kann, daß man wirklich mit Sachen zu jemand hingehen kann, wo man weiß, der behält es für sich. Und das schätze ich an dieser Clique, an unserer ... kleinen Versammlung" (Bruhns/Wittmann 2002: 71).

Die jahrzehntelang doch relativ geringe Auseinandersetzung mit der Frage des ‚pädagogischen Bezugs' von Peers im Prozess der Entwicklung von Persönlichkeit und Identität wie auch der gesellschaftlichen Integration verwundert, besitzt doch jeder Mensch persönliche Erfahrungen zur Bedeutung von Peers und weiß somit um die förderlichen wie auch weniger förderlichen Eigenschaften dieser Bezugsgruppe.

Wenn von Peers gesprochen wird, wird oftmals an die Gruppe der Gleichaltrigen gedacht. Die Bezeichnung ‚Gleichaltrige' greift allerdings zu kurz. Vielmehr bezeichnet ‚Peers' mehr als nur ‚Menschen gleichen Alters'. ‚Peer' als Wort mit altfranzösischem Ursprung meint vielmehr ‚Gleichsein' bzw. ‚von gleichem Rang sein'. Auch wenn die hier vorgenommene Reduktion des Begriffs Peer nach wie vor einige Fragen offen lässt, wird mit Peers der mehr oder weniger organisierte direkte persönliche Kontakt von Personen gleichgesetzt, die sich aufgrund ihres etwa gleichen bzw. ähnlichen Status sowie (annähernd) gleichen Alters ‚nahe stehen' und so gegenseitig beeinflussen. Damit wird deutlich, dass Alter nur *ein* Kriterium neben dem des Status darstellt. Ausgegangen werden kann davon, dass sich der Einfluss von Peers insbesondere auf den Zeitraum des fortgeschrittenen Kindesalters, der Pubertät und das Jugendalter bezieht – Zeitphasen, in denen von einem vergleichsweise starken Einfluss der Personen gleichen Alters und gleichen Status ausgegangen werden kann. Allerdings ist der Blick auf Peers grundsätzlich ohne Alterseinschränkung möglich.

Peers und der pädagogische Bezug

Wird hier auf die Bedeutung von Peers mit Blick auf deren Einfluss in der Entwicklung von Persönlichkeit und Identität verwiesen, so wird nicht über ein in der Pädagogik vieldiskutiertes Verhältnis von Erzieher zu ‚Zögling' gesprochen, wie es etwa Hermann Nohl im Jahr 1935 beschreibt:

> „Die Grundlage der Erziehung ist also das leidenschaftliche Verhältnis eines reifen Menschen zu einem werdenden Menschen, und zwar um seiner selbst willen, dass er zu seinem Leben und seiner Form komme" (Nohl 1963: 134).

Vielmehr ist auch dem informellen und oftmals leidenschaftlichen Verhältnis zwischen Menschen gleichen bzw. ähnlichen Alters und Status in einer Gruppe (Peer-Group) ein pädagogischer Bezug zuzuschreiben.

Vielleicht liegt in dem in der Pädagogik tradierten pädagogischen Erzieher-Zögling-Verhältnis und der damit in den vergangenen 50 Jahren verbundenen Erfolgsstory mit Blick auf die Etablierung eines kontinuierlich expandierenden professionellen Bildungs- und Erziehungswesens, in welchem sich eine kontinuierlich wachsende Zahl sozialer Fachkräfte (Erzieher/-innen) um – zwischenzeitlich immer weniger – junge Menschen (Zöglinge) bemüht, der Grund dafür, dass die Auseinandersetzung mit dem pädagogischen Potenzial der Peers nur eher randständig erfolgt. Welche Fachkraft bzw. welcher ‚Erziehungs-Profi' stellt sich schon gerne selbst infrage bzw. auf eine Ebene mit ‚Amateuren' (Peers)? Vielleicht liegt gerade auch hier ein Grund dafür, dass in den vergangenen Jahrzehnten allein im pädagogisch und gesellschaftlich randständig wahrgenommenen Bereich der Jugendarbeit – hier insbesondere im Feld der verbandlichen Jugendarbeit – das Prinzip der Peer-Group und deren pädagogische Bezug mit Leben erfüllt war und auch heute noch ist. Gerade hier fällt ja die Zahl von ‚Erziehungs-Profis', d.h. beruflichen pädagogischen Fachkräfte, im Verhältnis zu ehrenamtlich und freiwillig engagierten Peers besonders gering aus.

Peer-Group

Im Kinder- und Jugendalter findet die Orientierung an Menschen ähnlichen Alters und Status (Peer-Group) und an in diesem Kontext existierenden Gruppenstandards vielfach stärker als an den eigenen Eltern und außerfamiliären Erzieher/-innen wie Lehrer/-innen statt. Dies hat allerdings in der Pädagogik vergleichsweise wenig Beachtung gefunden. Erst seit Ende der 1980er Jahre wird die Peer-Group wieder entdeckt. So wird festgestellt, dass Peer-Kontakte in Jugendkulturen, Jugendszenen und Cliquen längst für viele Jugendliche zu notwendigen, ja zu überlebenswichtigen Selbsthilfeaktionen (vgl. Baake 1987: 89), zu ihren zentralen Sozialisationsinstanzen (vgl. Ferchhoff 1990: 73), zu einem häufig letzten Ort jugendlicher Identitätsbildung (vgl. Hammer 1990: 108) geworden sind. Weiter wird darauf verwiesen, dass die in Phasen gesellschaftlicher Erosionen und Umbrüche (vgl. Negt 1984) stattfindende immense Ausweitung und Ausdifferenzierung von Jugendkulturen und Jugendszenen als Versuch Jugendlicher zu sehen ist, sich selbst in einer unübersichtlichen Welt zu definieren und zu orientieren.

> „Jugendkulturen, Jugendszenen und jugendliche Cliquenbildungen sind dabei der wohl deutlichste, im Lebensalltag Jugendlicher praktisch werdende Versuch, sich subjektgeleitet gesellschaftliche und soziale Wirklichkeit handelnd anzueignen" (Krafeld 1996: 83f.).

Vor diesem Hintergrund verwundert es nicht, dass dem pädagogischen Bezug der Peer-Group auch im etablierten professionalisierten Bildungs- und Erziehungssystem zunehmend Aufmerksamkeit geschenkt wurde und wird. Dabei steht die Peer-Group als pädagogisches Setting im Mittelpunkt eines Ansatzes, der sich unter dem Begriff *Peer-Education* als Sammelbegriff etabliert hat. Sachlich richtiger, weil umfassender, wäre

an sich ‚Peer-Involvement' (Einbeziehung bzw. Beteiligung Gleichaltriger), denn ‚Education' im Sinne von ‚Erziehung' bezieht sich nur auf einen Teil der Arbeitsansätze mit Gleichaltrigen. In der pädagogischen Praxis können mindestens folgende Formen unterschieden werden:
- Peer-Involvement: Einbeziehung Gleichaltriger
- Peer-Mediation: Vermittlung durch Gleichaltrige
- Peer-Counceling: Beratung durch Gleichaltrige
- Peer-Education: Gleichaltrigenerziehung und -bildung
- Peer-Projekte: Kurzzeiteinsätze Gleichaltriger
- Peer-Tutoring: Anleitung durch Gleichaltrige

(vgl. Kaestner 2003).

Dabei spezifizieren sich Peer-Education-Ansätze gegenüber anderen Bildungs- und Erziehungsangeboten dadurch, dass hier Bildungs- und Erziehungsprozesse von jungen Menschen für junge Menschen initiiert und getragen werden. Insofern sind Angebote im Bereich Peer-Education als intentionaler Bildungs- und Erziehungsprozess zu verstehen, die sich von ‚naturwüchsigen' Lern- und Sozialisationsprozessen in der Peer-Group unterscheiden, in denen sich junge Menschen qua ihrer Mitgliedschaft zur ‚Alterskohorte' bewegen.

Peer-Education baut auf einer Situation auf, in der die Gruppe der Peers im historischen Vergleich eine zentrale Stellung im Leben von Jugendlichen besitzt. Festgestellt wird, dass

„in den neunziger Jahren (...) mit der veränderten (verlängerten) und hochgradig ambivalenten Jugendphase, reflexiver Modernisierung und Individualisierung der Gesellschaft eine zunehmende Bedeutung der Peer-Kontexte im Verbringen der Freizeit diagnostiziert (wird). Freunde, andere Kinder und Jugendliche werden vor dem Hintergrund veränderter häuslicher Lebenswelten (wie geschwisterloses Aufwachsen, Zugewinn an Freiheitsräumen) ein wichtiges Beziehungs- und Kontaktfeld. Sie haben im Kontext einer ausgedehnten und entstrukturierten Jugendphase, in Folge von Prozessen kultureller Freisetzung und verlängerter *Adoleszenzphasen* mit ihren jugendtypischen Entwicklungsaufgaben und sozialen *Bewältigungsproblemen* ihre Bedeutung und ihren Sinn verändert. Kindliche und jugendliche Gesellungsformen sind nicht mehr nur ein vorübergehendes, mit Protest verbundenes Abgrenzungsphänomen gegenüber der Erwachsenengesellschaft und deren Kultur, sondern sie begleiten – mit schnell wechselnden Stilen und Moden in Medien und Technik – die eigenständige Kindheit und Jugendphase in einem langen Prozess des Erwachsenwerdens, der Bewältigung von Entwicklungsaufgaben, von Krisen und Brüchen sowie die Ausbildung von Geschlechtsidentität" (Hafeneger 2002: 202).

Die Peer-Group hat damit in ihrer sozialisatorischen Bedeutung eine Position erlangt, in der sie die Sozialisation durch Erwachsene relativiert. Müller weist darauf hin, dass die Untersuchungen Piagets und hierauf aufbauende Forschungsarbeiten gezeigt haben,

„daß, in vollkommenem Gegensatz zum pädagogischen Alltagsverstand, gerade das, was man als moralische Haltung und Werte von Kindern verstehen kann – über das bloße Gehorchen hinaus –, also Sinn für Gerechtigkeit und Fairneß, Bereitschaft zu teilen, die Fähigkeit, sich in die Lage eines anderen zu versetzen etc., in erster Linie nicht aus dem Umgang mit Erwachsenen, sondern aus dem Umgang mit anderen Kindern und Jugendlichen gelernt wird. (...) Auch für die Fähigkeit, sich zu behaupten und Kränkungen unbeschadet zu verarbeiten, haben Gleichaltrige und Freunde eine weit größere Bedeutung, als die berufenen Erziehungspersonen in ihrer Selbstüberschätzung gewöhnlich annehmen" (Müller 1996: 24).

Peer-Education als pädagogisches Setting in der Jugendarbeit

Betrachtet man die zwischenzeitlich vielfältige Praxis von Peer-Education zeigt sich, dass sich die intentionale Nutzung von Peer-Education unter zwei Gesichtspunkten differenzieren lässt:

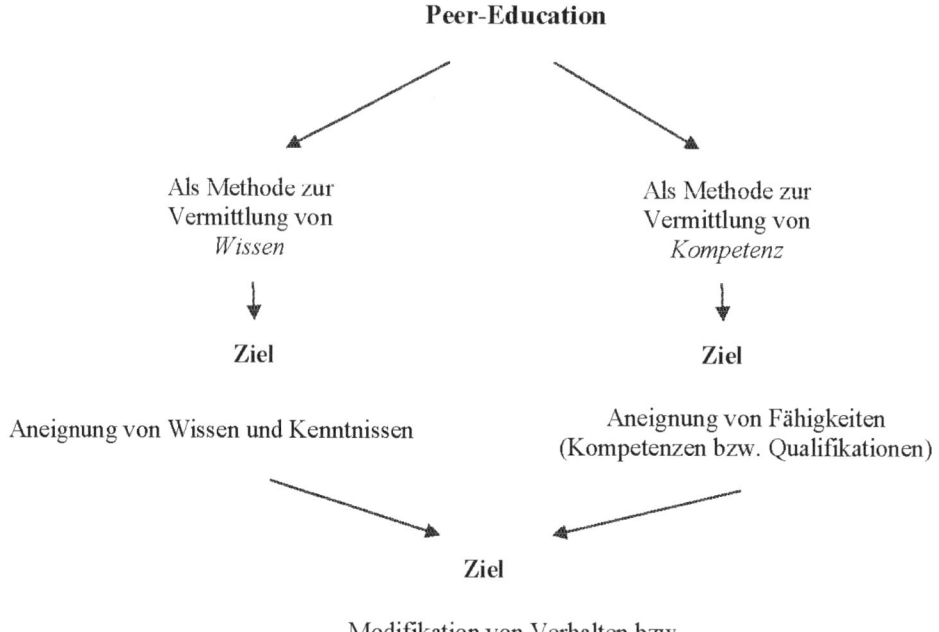

Peer-Education

Als Methode zur Vermittlung von *Wissen*

↓

Ziel

Aneignung von Wissen und Kenntnissen

Als Methode zur Vermittlung von *Kompetenz*

↓

Ziel

Aneignung von Fähigkeiten (Kompetenzen bzw. Qualifikationen)

Ziel

Modifikation von Verhalten bzw. Vermeidung (Prävention) eines nicht gewollten Verhaltens

Diese Differenzierung macht deutlich, dass im Zentrum von Peer-Education die Vermittlung von Wissen und Kompetenz als Grundlage von Verhalten, zur Modifikation von Verhalten bzw. zur Vermeidung eines nicht gewollten Verhaltens steht.

Vorliegende Praxisberichte zeigen (vgl. z.B. Nörber 2003), dass mit dem Erfolg von Peer-Education-Projekten oftmals eine Ausweitung und Umstrukturierung der bisherigen Arbeit einhergeht (vgl. z.B. Kirchler u.a. 1992; Landschaftsverband Westfalen Lippe o.J.; Backes/Schönbach 2001; Drucks u.a. 2010). So hat sich z.B. ein Beratungsprojekt in seinem Angebot ausgeweitet und bietet neue Hilfen für Gleichaltrige an. Aus einem Streitschlichtungsprojekt entwickelte sich zusätzlich ein Beratungsangebot für Peers in einem Stadtteil. Insofern kann Peer-Education auch als ein zukunftsorientiertes Modell zur Weiterentwicklung der Praxis von Kinder- und Jugendarbeit angesehen werden.

Wenn die Förderung der Selbst- und Mitbestimmungsfähigkeit als zum originären Kern verbandlicher Kinder- und Jugendarbeit gehörend bezeichnet werden kann, ist festzustellen, dass bezogen auf die Nutzung von Peer-Education als Methode innerhalb der verbandlichen Kinder- und Jugendarbeit ausgesprochen produktive Rahmenbedingungen zur Verfügung stehen. Die Chance von Peer-Education als selbstorganisiertem und selbstgestaltetem sozialen Bezugssystem zur Förderung und Unterstützung der

Entwicklung stößt hier auf ein existierendes Verständnis davon, dass Kinder und Jugendliche nicht ‚fremdbespaßt' werden, sondern durch eigenes selbstbestimmtes sowie selbstverantwortetes Handeln selbst darüber bestimmen, wie und ob etwas geschieht. Peer-Education-Projekte in der Jugendverbandsarbeit können so konkrete Orte von Bildung und Erziehung von jungen Menschen für junge Menschen sein.

Literatur

Baacke, Dieter (1987): Jugend und Jugendkulturen. Darstellung und Deutung. Weinheim: Juventa.
Backes, Herbert/Schönbach, Karin (2001): Peer Education – ein Handbuch für die Praxis. Köln: Bundeszentrale für Gesundheitliche Aufklärung.
Brenner, Gerd/Hafeneger, Benno (1996) (Hrsg.): Pädagogik mit Jugendlichen. Bildungsansprüche, Wertevermittlung und Individualisierung. Weinheim: Juventa.
Bruhns, Kirsten/Wittmann, Svendy (2002): „Ich glaube, ich würde nie mehr aus der Gruppe rausgehen". Gewaltbereite Jugendgruppen (k)ein Ort für Mädchen. In: Bruhns, K./Wittmann, S.: „Ich meine, mit Gewalt kannst du dir Respekt verschaffen". Mädchen und junge Frauen in gewaltbereiten Jugendgruppen. Opladen: Leske + Budrich, S. 71–108.
Drucks, Stephan/Osipov, Igor/Quenzel, Gudrun (2010): Anerkennungserfahrungen als Motivation zu Lebenslangem Lernen. Einflüsse von Lehrern, Eltern und Peers auf die Lernmotivation Jugendlicher. In: Diskurs Kindheits- und Jugendforschung 5, 4, S. 427–440.
Ferchhoff, Winfried (1990): Jugendkulturen im 20. Jahrhundert. Von den sozialmilieuspezifischen Jugendsubkulturen zu den individualitätsbezogenen Jugendsubkulturen. Frankfurt: Lang.
Hafeneger, Benno (2002): Kinder- und Jugendräume, Peer-group, Straße. In: Schröer, W./Struck, N./Wolff, M. (Hrsg.): Handbuch Kinder- und Jugendhilfe. Weinheim: Juventa, S. 199–211.
Hammer, Wolfgang (1990): Rechtsextreme Tendenzen. Konsequenzen für Jugendarbeit und Jugendpolitik. Sieben Thesen. In: deutsche jugend 38, 3, S. 106–108.
Kaestner, Mandy (2003): Peer-Education – ein sozialpädagogischer Arbeitsansatz. In: Nörber, M. (Hrsg.): Peer Education. Bildung und Erziehung von Gleichaltrigen durch Gleichaltrige. Weinheim/Basel/Berlin: Beltz, S. 50–64.
Kirchler, Erich/Palmonari, Augusto/Pombeni, Maria Luisa (1992): Auf der Suche nach einem Weg ins Erwachsenenalter. Jugendliche im Dickicht ihrer Probleme und Unterstützung seitens Gleichaltriger und der Familienangehörigen. In: Psychologie in Erziehung und Unterricht 39, 4, S. 277–295.
Krafeld, Franz Josef (1996): Cliquen und Pädagogik. In: Brenner, G./Hafeneger, B. (Hrsg.), S. 83–89.
Landschaftsverband Westfalen-Lippe (Hrsg.): euro peer. Ein europäisches Praxisprojekt. http://www.lwl.org/LWL/Jugend/lwl_ks/Praxis-Projekte/Projekt-Archiv/international/euro-peers [Zugriff: 3.12.2012]
Müller, Burkhard (1996): Jugendliche brauchen Erwachsene. In: Brenner, G./Hafeneger, B. (Hrsg.), S. 22–29.
Negt, Oskar (1984): Lebendige Arbeit, enteignete Zeit. Politische und kulturelle Dimensionen des Kampfes um die Arbeitszeit. Frankfurt: Campus-Verlag.
Nohl, Hermann (1963): Die pädagogische Bewegung in Deutschland und ihre Theorie. Frankfurt/M.: Schulte-Bulmke.
Nörber, Martin (Hrsg.) (2003): Peer Education. Bildung und Erziehung von Gleichaltrigen durch Gleichaltrige. Weinheim: Juventa.

Werner Helsper

Jugend und Schule

Das Verhältnis von Jugend und Schule erscheint mitunter so spannungsvoll, dass es zu Vorschlägen gekommen ist, den frühadoleszenten Jugendlichen eine Auszeit von der Schule zu gewähren. Diese starke These übersieht aber, dass Jugend in ihrer modernen Gestalt eng mit der Ausweitung der Bildungszeiten verbunden ist. Schule ermöglicht Jugend als relativ entlasteten Zeitraum im Lebenslauf, zugleich tritt sie Jugendlichen dann als Raum des Zwangs gegenüber. In diesem Beitrag wird die These vertreten, dass sich das Verhältnis von Jugend und Schule in modernisierten Gesellschaften daher als Ambivalenzverhältnis fassen lässt (vgl. Helsper 2010, 2012).

Zur Entwicklung und Veränderung des jugendlichen Bildungsmoratoriums

Seit dem ausgehenden 19. Jahrhundert kam es zur Durchsetzung einer eigenen Jugendphase. Mit der Durchsetzung der Schulpflicht und der Expansion der höheren Bildung entstand ein *Bildungsmoratorium*, d.h. eine Zeit zwischen Kindheit und Erwachsenheit, die dem Lernen gewidmet war. Zwar bewegte sich dieses Bildungsmoratorium zwischen lang dauernden und kürzeren Varianten. Trotzdem war damit die Grundlage für eine eigene Jugendzeit gelegt. Allerdings war dieses Moratorium auch ein Zeitraum, in dem die Heranwachsenden in Kontroll- und Disziplinarräumen geformt und zu staatstragenden Untertanen erzogen werden sollten. Diese disziplinierende Kontrolle richtete sich auch gegen die Vergemeinschaftung der Jugendlichen selbst, die auch als Folge der Erzeugung altersnaher Gleichaltrigengruppen durch die Schule hervorgebracht wurde und in denen die Möglichkeit einer eigensinnigen jugendkulturellen Praxis ruhte. Im Zuge der Durchsetzung des Bildungsmoratoriums erweiterten sich im Laufe des 20. Jahrhunderts auch die jugendkulturellen Gestaltungsräume – es entstand ein *jugendkulturelles Moratorium* als Feld widerständiger jugendkultureller ‚Stilbastelei'. Damit hat sich seit den 1950er Jahren ein „zweigeteiltes Jugendmoratorium" (Zinnecker 1987) und darin Jugend in ihrer modernen Gestalt entfaltet: Es ist gekennzeichnet durch pädagogische Institutionen für Jugendliche in der Ambivalenz von Bildungsoption und pädagogischer Kontrolle einerseits und der Entstehung eines jugendkulturellen Moratoriums mit vielfältigen Jugendkulturen andererseits.

Dadurch befinden sich Jugendliche im Zusammenspiel des Bildungs- und des jugendkulturellen Moratoriums in einer grundlegenden Ambivalenz: Im schulischen Lebensraum sind Leistung und Selbstdisziplin gefordert, ein Habitus des erfolgsorientierten Erwerbsmenschen (vgl. Fend 2006). Im jugendkulturellen Raum werden Jugendliche demgegenüber mit Versprechen auf hedonistische Erlebnisse konfrontiert. Beiden Lebensbereichen gerecht zu werden und Formen der Balancierung zu finden, erfordert hohe Orientierungsleistungen für Jugendliche. So arbeitet die Shell-Jugendstudie (vgl.

Shell Deutschland Holding 2010: 196ff.) heraus, dass Jugendliche sowohl Erlebnis- als auch Leistungsorientierung nebeneinander zeigen und die Vereinbarung von beidem eine Herausforderung darstellt, die auch zu Zerreißproben im jugendlichen Selbst führen kann.

In diesem Zusammenhang verändert sich das jugendliche Bildungsmoratorium, was plakativ als *Entwicklung vom Bildungsprivileg zum Bildungszwang* gefasst werden kann. Waren noch bis in die 1960er Jahre schuldistanzierte Haltungen und Hauptschulabschlüsse kein Problem für die Einmündung in berufliche Laufbahnen, so hat sich dies verändert. Hauptschul- oder fehlende Schulabschlüsse gehen inzwischen mit einem Ausschluss aus beruflichen Laufbahnen einher. Um die Positionen der Elterngeneration halten zu können, müssen Jugendliche heute einen höheren Bildungsabschluss aufweisen. Dadurch werden ehemals schulferne Jugendliche in das schulische Spiel hineingezogen. So müssen Jugendliche heute verstärkt in schulische Abschlüsse investieren und dies angesichts des *schulischen Bildungsparadoxons*: Die Anstrengung muss erhöht werden und die Realisierung beruflicher Optionen bleibt trotzdem ungewiss (vgl. Buchholz/Blossfeld 2011). Dies zeigt sich auch in prekären Arbeitsverhältnissen auch bei bildungsprivilegierten Gruppen, was plakativ als ‚Generation Praktikum' bezeichnet wird.

Als Ergebnis ist festzuhalten: Die skizzierten Entwicklungen tendieren dazu, dass Jugendliche zunehmend mit Orientierungs- und Entscheidungszwängen in ihren schulischen Laufbahnen konfrontiert werden. Dies vollzieht sich in der Ambivalenz von Entscheidungsmöglichkeiten bezüglich schulischer Bildung einerseits und andererseits erhöhter Risiken der Entscheidungsfindung im Horizont pluraler Lebensbedingungen, in denen Bildungsentscheidungen unübersichtlicher werden. An die Seite von Spielräumen treten damit auch Risiken eines individuell zu verantwortenden schulischen Scheiterns. Dies ist aber nur die eine Seite der Medaille: Denn seit Beginn des 21. Jahrhunderts deuten sich Entwicklungen an, die als *Beschleunigung, Standardisierung und Rationalisierung von Jugend* zu begreifen sind, Prozesse, die der Individualisierung und Pluralisierung zuwiderlaufen und die die Spielräume des Jugendmoratoriums bedrohen (vgl. Helsper 2012; Heitmeyer u.a. 2011). Im Zuge der internationalen Konkurrenz um die best- und schnellstmögliche Ausbildung ökonomisch verwertbarer Kompetenzen, scheint nicht mehr die kreative Suche im Vordergrund zu stehen, sondern Heranwachsende sollen schnellstmöglich zu exzellenten schulischen Ergebnissen im Rahmen globaler Bildungsstandards gelangen. Zeit verlieren, suchen, ausprobieren – das scheint mit dem Vorzeichen der Vergeudung versehen. Das Bildungsmoratorium gewinnt damit Züge einer Ernstsituation, mit hohem Druck und gravierenden Folgen für die Zukunft.

Neben diesen Ambivalenzen ist die Schule aber auch dadurch gekennzeichnet, dass sie für Jugendliche kein Raum aus ‚einem Guss' ist. Vielmehr durchkreuzen sich in der Schule verschiedene ‚Logiken': Erstens ist die Schule ein inhaltlich-fachlicher Bildungsraum der Auseinandersetzung mit unterschiedlichen Weltbezügen. Zweitens ist die Schule ein Leistungs- und Statusraum selbst erworbener Leistungsplatzierungen, die zukünftige Lebensoptionen ermöglichen. Drittens stellt die Schule einen sozialen Erziehungs- und Erfahrungsraum dar, in dem Heranwachsende in universalistische Wertorientierungen eingeführt werden sollen. Und viertens muss die Schule als ein eigensinniger sozialer Raum der Peerculture verstanden werden. Im Folgenden wird die Bedeutung dieser unterschiedlichen Raumkonstellationen in den Blick genommen.

Der schulische Bildungsraum – Chancen und Risiken für Jugendliche

Der entscheidende Unterschied für die Bildungsentwicklung Jugendlicher verläuft zwischen Staaten, die eine mindestens acht Jahre umfassende Schulzeit für alle Heranwachsenden aufweisen, und jenen Ländern, die nur wenige Jahre Beschulung gewährleisten können. Demgegenüber sind die Differenzen in der Fähigkeitsentwicklung zwischen Ländern mit einem voll ausgebauten Bildungssystem geringer. Allerdings nicht so gering, dass sie zu vernachlässigen sind, wie wir etwa aus den PISA-Studien wissen (vgl. Klieme u.a. 2010). Je nachdem, in welchem Land Jugendliche unterrichtet werden, wachsen ihnen unterschiedliche Chancen für die Kompetenzentwicklung zu. Für Jugendliche im deutschen Schulsystem bedeutet dies, dass sie im Vergleich etwa zu den finnischen, japanischen oder koreanischen Schüler/-innen – hier spielen unterschiedliche Figurationen der Schulkultur, Choreografien des Unterrichts und der Bedeutung von Bildung eine Rolle (vgl. Fend 2004) – in ihrer Fähigkeitsentwicklung Defizite aufweisen.

Dies gestaltet sich für Jugendliche im deutschen Schulsystem wiederum sehr unterschiedlich. Da Deutschland zu jenen Ländern mit den stärksten sozialen Disparitäten bei der Kompetenzentwicklung gehört, auch wenn sich dies im letzten Jahrzehnt leicht abgeschwächt hat (vgl. Klieme u.a. 2010), sind insbesondere Jugendliche aus sozioökonomisch marginalisierten, bildungsfernen und spezifischen ethnischen Milieus deutlich benachteiligt. Das kann exemplarisch anhand der ‚selektionsbedingten Entwicklungsmilieus' verdeutlicht werden, die durch die frühe Aufteilung auf Schulformen entstehen: Kinder, die am Beginn der Sekundarstufe I in ihrer Kompetenzentwicklung noch gleiche Werte aufweisen, entwickeln sich im Laufe der Sekundarschule in ihren Fähigkeiten auseinander. Dies wird durch die unterschiedlichen Lernbedingungen erklärt, die die Schulformen als selektionsbedingte Bildungsmilieus für Jugendliche bereitstellen – hinsichtlich der curricularen Anforderungen, der Bildungserwartungen, der Lehr-Lern-Arrangements und der Zusammensetzung der Lerngruppen (vgl. Baumert u.a. 2006). So können Solga und Wagner (2004) zeigen, dass insbesondere die Hauptschule dadurch gekennzeichnet ist, dass das soziale, ökonomische und kulturelle Kapital der Hauptschülerschaft ständig sinkt. Die Hauptschule wird zu einem verachteten sozialen Bildungsort (vgl. Wellgraf 2012). Schümer (2004) kann zeigen, dass Schulklassen, in denen sich Jugendliche sammeln, die schulisch besonders häufig versagen, Schuldistanz zeigen, geringe motivationale Ressourcen besitzen, aus sozioökonomisch randständigen Familien stammen und große Sprachprobleme haben, zu über zwei Dritteln in Hauptschulen zu finden sind. Schüler/-innen bleiben in diesen Klassen deutlich unter ihren Möglichkeiten. Damit kann von einer ‚doppelten Benachteiligung' gesprochen werden: Schon kulturell und ökonomisch benachteiligt, wird die Kompetenzentwicklung dieser Schüler/-innen durch die Erzeugung ungünstiger Lernbedingungen in der Schulklasse nochmals erschwert.

Festzuhalten bleibt: Während die Schule einerseits für Jugendliche einen Möglichkeitsraum für Bildungsprozesse darstellt, gibt es andererseits weltweit, in Deutschland besonders ausgeprägt, bedeutsame Gruppen von Jugendlichen – insbesondere aus marginalisierten, schuldistanzierten Milieus, zunehmend in Kombination mit spezifischen Migrationslagen und männlichen Habitusformen – für die sekundäre Formen der Bildungsbenachteiligung durch die Schule entstehen.

Der leistungszentrierte, eigenverantwortliche Habitus – die Schule als Statusraum

Wer von den Jugendlichen zu den Verlierern und Gewinnern im Langzeitrennen um schulische Zertifikate gehört, hängt nicht zuletzt von der Passung zwischen dem primären familiär und milieuspezifisch erworbenen und dem schulisch geforderten sekundären Schülerhabitus ab (vgl. Bourdieu/Passeron 1973), wobei dieser je nach Schulform und Einzelschule in unterschiedlichen Varianten den Heranwachsenden gegenübertritt (vgl. Helsper u.a. 2009). Den Kern dieses schulischen Habitus bildet die Anforderung an die Schüler/-innen, in einer von praktischen Lebensvollzügen getrennten, symbolisch strukturierten, durch Schrift und Buch bestimmten Lernumgebung sich ständig um fachspezifische Leistungen zu bemühen, sich dabei beurteilen und nach Leistungsstand klassifizieren zu lassen und den besseren oder schlechteren Leistungsstatus als einen individuell zu verantwortenden anzuerkennen (vgl. Fend 2000). Bereits bei Zehnjährigen im Übergang zur Sekundarstufe zeigt sich, dass sie sehr unterschiedliche Bildungshabitus aufweisen, die zwischen distinktiver Bildungsexzellenz, verschiedenen Formen des schulischen Leistungsstrebens, Haltungen einer Bildungsnotwendigkeit und diversen Varianten schulischer Bildungsfremdheit schwanken, durch die die Übergänge und die weitere Schullaufbahn entscheidend mit gestaltet werden (vgl. Kramer u.a. 2013). Im Zusammenspiel dieser Schülerhabitus mit den im deutschen Schulsystem früh institutionalisierten Übergängen, Rückstufungen, Aussonderungen und Schulformwechseln bilden sich stark kontrastierende schulische Erfolgs- und Versagenskarrieren heraus.

Welche Bedeutung hat dieser sekundäre schulische Leistungshabitus für Jugendliche? Wird das jugendliche Selbst durch diese ständigen vergleichenden Bewertungspraktiken weitreichend formiert? Zuerst ist festzuhalten, dass die Macht der schulischen Bewertungen im Laufe der Schulzeit zunimmt: Stehen am Anfang der Schulzeit die fachlichen Selbsteinschätzungen von Schüler/-innen noch in keinem engen Verhältnis zu ihren Noten, so passen sich diese während der Grundschulzeit an die Schulnoten an (vgl. Weinert 1998). Dabei beeinflussen im Laufe der Schulzeit diese Selbstkonzepte die Schulleistungen, so dass sich ein Zirkel zwischen negativen schulischen Leistungen und negativen Selbsteinschätzungen andeutet. Allerdings zeigen sich nur schwache Zusammenhänge zwischen der allgemeinen Selbstbewertung und den Schulleistungen. Je weiter sich die Selbstbewertung von schulischen Zusammenhängen entfernt, umso stärker bestehen Filter, die ein Durchschlagen des schulischen Leistungsstatus auf das Selbstwertgefühl abfedern (vgl. Fend 2000). Wenn Noten in der Familie oder die Schulleistungen bei den Peers keine große Bedeutung besitzen bzw. Jugendliche für Schuldistanz bei den Gleichaltrigen auch Anerkennung gewinnen, dann können negative Schulleistungen kompensiert werden. Daraus kann aber eine Verstärkung der Schuldistanz resultieren: Denn wenn die Einmündung in schuloppositionelle Peers bereits Ausdruck geteilter Schuldistanz und der Kompensation schulischer Misserfolge ist, dann kann die umfassende Orientierung an schuldistanzierten Werthorizonten für Jugendliche schulisches Versagen verstärkt antreiben (vgl. Helsper 2010; Krüger u.a. 2010).

Schülerbiografische Studien verdeutlichen, dass sich schulisches Versagen und frühe Stigmatisierung durch Lehrkräfte auch auf die gesamte Schülerbiografie auswirken können (vgl. Nittel 1992). Insbesondere versagende Schüler/-innen können die Schulzeit lebensgeschichtlich nicht wirklich beenden. Als ‚verpasste Chance' überschattet sie auch die Einmündung in nachschulische Ausbildungsprozesse (vgl. Hurrelmann/Wolf 1986). So weisen auch chronisch versagende Jugendliche starke psychosomatische und emotionale Problembelastungen auf. Allerdings zeigen sich auch erwartungswidrige Konstellationen: Jene Schüler/-innen, die trotz guter Schulleistungen nur ein geringes Selbstbewusstsein besitzen, sind dadurch gekennzeichnet, dass sie von ihren Eltern nur wenig Anerkennung erfahren, ihr jugendliches Leben durch ‚Schularbeit' und -konformität dominiert wird und sie im Rahmen der Peers keine Akzeptanz erfahren (vgl. Fend 2000). Dies erinnert an das Phänomen des durch die Peers negativ stigmatisierten ‚Strebers'.

Zusammenfassend ist festzustellen: Es gibt zwar keine lineare Übertragung des schulischen Leistungsstatus in das Selbstwertgefühl der Jugendlichen. Allerdings sind Jugendliche, die chronisch versagen, unter den Ansprüchen der Eltern bleiben und über wenige Kompensationsmöglichkeiten im Rahmen der Peers verfügen, durch schulisches Scheitern belastet und in ihrem Selbstwertgefühl destabilisiert.

Schule als Lebens- und Partizipationsraum für Jugendliche

Wenn die Schule umfassender die Lebenszeit der Jugendlichen erfasst, wird es wichtiger, wie Jugendliche die Schule als sozialen Erfahrungsraum erleben. Hier zeigt sich ein klares Muster für die deutsche Schule: Während in der Grundschulzeit die Schulfreude und der positive Schulbezug der Kinder im Vordergrund stehen (vgl. Alt 2005), findet sich in der siebten Klasse bei den ca. 13-Jährigen ein deutlicher Rückgang der Schulfreude. Die Schule büßt an Attraktivität und Sinn ein (vgl. Fend 2000). Dies kann sowohl mit Ablöseprozessen erklärt werden, in denen gegenüber Erwachsenen und Institutionen eine kritische Haltung bezogen wird, aber auch damit, dass die Schule durch Peers und Jugendkultur Konkurrenz erhält (vgl. Krüger u.a. 2010). Dieser ‚Knick' im Schulbezug stellt aber keine Notwendigkeit dar. In der Schweiz, in der ein positiveres Lehrer-Schüler-Verhältnis vorliegt, finden sich nicht so deutliche Verschlechterungen im Schulbezug der Jugendlichen wie in Deutschland (vgl. Fend 2000). Die Frühadoleszenz stellt also eine sensible Phase in der Passung zwischen Jugendlichen und Schule dar, die eine Neujustierung zwischen Lehrkräften und Jugendlichen erfordert, worauf die deutsche Schule nicht hinreichend vorbereitet ist.

Mit der Ausweitung der Schulzeit wird es für Jugendliche auch bedeutsamer, ob sie an der Gestaltung von Schule und Unterricht mitwirken können. Wenn Partizipationsmöglichkeiten bestehen, können sich die Jugendlichen stärker mit ‚ihrer' Schule identifizieren und machen zugleich die – für politische Bildungsprozesse zentrale – Erfahrung moralischer Anerkennung als tendenziell Gleichberechtigte. In empirischen Studien zeigt sich hier ein klares Muster: Bei peripheren Entscheidungen schätzen Schüler/-innen ihre Partizipationsmöglichkeiten überwiegend positiv ein. Je deutlicher es um zentrale Entscheidungen geht, um so geringer werden die Einflussmöglichkeiten: So sagen 59,4% der nordrhein-westfälischen und sachsen-anhaltinischen Schüler/-innen, dass sie an der Ausgestaltung der Schule mitwirken können, aber nur 13,9% dürfen dies bei der Notengebung und lediglich 24,2% bei der Auswahl von Unterrichtsinhalten (vgl. Helsper u.a. 2006). Demgegenüber nehmen Lehrkräfte aber deutlich größere Partizipationsmöglichkeiten für ihre Schüler/-innen wahr (vgl. Kurth-Buchholz 2011). Zudem werden Schüler/-innen immer wieder in ambivalente Interaktionen im

Zusammenhang mit Partizipationsaufforderungen verstrickt, etwa indem Partizipation simuliert wird, die Aufforderung zur Partizipation heteronom gerahmt bleibt oder Schüler/-innen mit mehr oder weniger deutlichem Druck zum Mitmachen bewegt werden.

Bleibt zu fragen, warum sich die Schule mit der Realisierung der Schülerpartizipation so schwer tut. Dies lässt sich mit der Antinomie von Autonomie und Heteronomie begründen: Die pädagogische Kommunikation ist asymmetrisch strukturiert und doch muss immer wieder die Autonomie der Jugendlichen ermöglicht werden. Dies aber in Rahmungen, die durch organisatorische Zwänge gekennzeichnet sind. Die schulische Aufforderung zur Partizipation ist damit durch Inkonsistenz bedroht und als historische Verschiebung in der Antinomie von Autonomie und Heteronomie zu verstehen: Die Negation der Schülerbeteiligung verschiebt sich zur ambivalenten Aufforderung an die Schüler/-innen, in zwar abgemildert heteronomen, aber gegenüber jugendkulturellen Freiräumen als fremdbestimmt wahrgenommenen Rahmungen aktiv mitzuwirken. Es kommt zu einer Partizipationsaufforderung mit tendenziell paradoxer Struktur: „Beteiligt euch freiwillig!" Und zugleich wird Selbstverantwortung und Selbstgestaltung als fremd gesetzter Anspruch an die Jugendlichen herangetragen – ein Selbstregime des „unternehmerischen Selbst" (Bröckling 2007).

Insgesamt zeigt sich, dass die Schule, obwohl sie historisch einen Freiraum für Jugendliche bildet, von Jugendlichen nicht unproblematisch als ‚ihr' Lebensraum gesehen wird. Es ergeben sich in der frühen Adoleszenz ambivalente Bezüge, die zu Schwierigkeiten führen, die Schule als sinnvoll und nicht als einen fremdbestimmten Lebensraum zu erfahren.

Die Schule als Raum von Peer- und Jugendkultur

Auch als Raum der Peerbeziehungen wird die Schule bedeutsamer. Dabei steht in Studien zur schulischen Gewalt (vgl. Schubarth 2010) vor allem die Gefahr im Vordergrund, die dem schulischen Regelwerk und Wertesystem drohen könne. An die Stelle dieses Gefahrenblicks ist zunehmend eine Perspektive getreten, die das abweichende Handeln aus der Schülerperspektive als problembewältigendes Handeln versteht, wobei die Probleme auch durch die Schule mit erzeugt werden. Dabei ist bedeutsam, dass Jugendliche in der Schule nicht nur mit den Erwartungen der Institution konfrontiert sind, sondern zugleich im Rahmen eines jugendlichen Peerpublikums agieren, das nicht nur Anerkennung an eigenen Maßstäben orientiert, sondern die unterrichtlichen Regeln mit erzeugt und eigene Peerpraktiken generiert (vgl. Breidenstein 2008). So lässt sich zeigen, dass Schüler/-innen den didaktischen Konzepten, die mit Gruppenarbeit, Einzelarbeit oder Partnerarbeit verbunden sind, ihren eigenen Stempel aufdrücken: So zeigen sich etwa in der Gruppenarbeit, die mit hohen pädagogischen Idealen der Kooperation und des sozialen Lernens verbunden ist, pragmatische, an der Aufgabenbewältigung orientierte Arbeitsaufteilungen, in denen häufig ein Schülerpaar den Ton angibt. Pädagogisch verordnetes Helfen muss von den Schüler/-innen ironisiert werden, damit es von den Mitschülern nicht als unerwünscht zurückgewiesen wird. Der Frontalunterricht wird von ständigem Nebenengagement der Jugendlichen begleitet, das zwischen den Polen einer Fokussierung auf das offizielle Unterrichtsgeschehen und einer Orientierung am Austausch mit den Peers schwankt und vielfältige Praktiken des „Hinterbühnenengagements" erzeugt (vgl. Breidenstein 2006). Und selbst in den Praktiken der

Zensurengebung sind die Schüler/-innen aktive Mitgestalter, indem diese im Rahmen des Peerpublikums mit Eigensinn versehen werden.

Im Zuge der Entstehung eines entgrenzten und virtuellen Kommunikationsraums kommt es zudem zu einer umfassenden jugendkulturellen Durchdringung der Schule in neuer Qualität. Der schulische Kampf gegen das Handy ist dafür eine Ausdrucksgestalt: Denn mit dessen Anwesenheit ist nicht nur die Möglichkeit für die Jugendlichen gegeben, die Unterrichtskommunikation ständig durch SMS und Chat zu überlagern. Vielmehr ist damit auch die permanente Partizipation an der virtuellen Jugendkultur möglich, so dass die offizielle Unterrichtskommunikation als eine ständige Störung der jugendkulturell-entgrenzten Kommunikation erscheinen kann.

Jugendliche agieren also im Spannungsfeld der offiziellen Schulordnung und dem Eigensinn der medial entgrenzten jugendlichen Peerkultur, die einen eigenständigen Lern- und Erfahrungsraum darstellt, der mit den pädagogischen Sinnstiftungen nicht in eins fällt. Dabei ergeben sich aus der Auseinandersetzung Jugendlicher mit schulkulturellen Ordnungen und im Rückgriff auf jugendkulturelle Stile auch jeweils spezifische Positionierungen zwischen Schul- und Jugendkultur (vgl. Helsper 2010). Hier lassen sich – ohne Anspruch auf Vollständigkeit – die folgenden Formen unterscheiden:

Erstens die gegenkulturelle, bildungsnahe jugendliche Schulopposition: Diese Jugendlichen vertreten reflexive, auf Begründung drängende Bildungsideale und sind damit an schulische Bildungsziele anschlussfähig. Diese kritische Haltung zeigen die Jugendlichen aber auch gegenüber der Schule, die als Teil des gesellschaftlichen Systems kritisiert wird.

Das gilt *zweitens* auch für jugendliche Ausdrucksgestalten eines Leidens an der rationalisierten Welt: Diese jugendkulturellen Formen weisen in Richtung einer entmodernisierten ‚Wiederverzauberung' der Welt, die an alte oder nicht-westliche Kulturen anknüpft bzw. an Phantasie- und Zwischenwelten, etwa in Form der Gothics, des Cyber-Punk oder der Mangakultur. Diese Jugendlichen stehen häufig nicht in einer direkten Opposition zur Schule, sondern relativieren die schulische Welt im Horizont ihrer jugendkulturellen Traumwelten.

Ein *drittes* Muster ist durch den Einbezug in jugendlich-ekstatische Erlebnis- und Eventkulturen gekennzeichnet: Dabei stehen diese Jugendlichen nicht unbedingt in einer jugendkulturellen Opposition zum Schulischen. Eher können die rauschhaften Verausgabungskulturen Kompensationscharakter haben und – wenn sie die schulischen Orientierungen dieser Jugendlichen dominieren – auch zu prekären schulischen Lagen beitragen.

Eine *vierte* Linie findet sich in subkulturellen Jugendstilen, die im Zusammenhang von Arbeiter-, spezifischen ethnischen und marginalisierten sozialen Milieus entstehen: Dieses Muster besteht darin, dass diese Jugendlichen in ihren kulturellen Praktiken, die um Tun, Körperlichkeit und Action zentriert sind, den schulisch geforderten kulturellen Lernpraktiken diametral entgegenstehen. In der Verarbeitung von vielfältigen Erfahrungen der Zurückweisung und des Versagens in der Schule bilden sich diese jugendlichen Haltungen im Laufe der Schulzeit als eine innerschulische Kultur des Kampfes um Anerkennung gegenüber Schule und Lehrern bzw. als Abkehr vom Schulischen heraus.

Dem diametral entgegengesetzt zeigt sich *fünftens* eine Linie, die dadurch gekennzeichnet ist, dass hier das jugendliche Leben durch eine ‚Lebensform Schüler' gekennzeichnet ist: Die jugendlichen Orientierungen sind in hohem Maße schulhomolog, was mit einer starken Randständigkeit gegenüber jugendkulturell-expressiven Welten und frühen Orientierungen an Erwachsenenhaltungen einher geht.

Ausblick: Die vielfältige biografische Bedeutung der Schule für Jugendliche

Neben der oben skizzierten Ambivalenz der Schule für Jugendliche darf nicht vernachlässigt werden, dass sich die Bedeutung der Schule immer nur im Zusammenspiel verschiedener Lebenssphären herstellt. Erst im Zusammenspiel zwischen familiärem Herkunftsmilieu und der Bedeutung, die der schulischen Bildung darin zukommt, der eigenen Positionierung Jugendlicher zu den familiären Bildungsaufträgen und zu ihrer jeweiligen Schule in Verbindung mit ihren jugendkulturellen Positionierungen entsteht der konkrete biografische Sinn der Schule (vgl. Helsper u.a. 2009). Dieser kann höchst unterschiedliche Formen annehmen: Schule kann für Jugendliche vor allem ein Raum der Suche nach emotionaler Anerkennung und signifikanten Anderen vor dem Hintergrund prekärer familiärer Lebensverhältnisse sein; sie kann im Zentrum einen individuellen Leistungs- und Aufstiegsraum darstellen; sie kann vor allem ein sozialer Raum der Einbettung in Peerkulturen und jugendkultureller Treffpunkt sein; sie kann – Herkunft transzendierend – ein Raum der Entdeckung neuer Horizonte und bildender Weltbezüge werden; sie kann schließlich als umfassender Raum der Missachtung und Zurückweisung für Jugendliche in Erscheinung treten. Aus dieser Vielfalt biografisch-schulischer Sinnbezüge resultiert die Herausforderung, Jugendlichen im für sie ambivalenten Raum der Schule gerecht zu werden.

Literatur

Alt, Christian (Hrsg.) (2005): Kinderleben – Aufwachsen zwischen Familie, Freunden und Institutionen, 2. Aufwachsen zwischen Freunden und Institutionen. Wiesbaden: VS Verlag.
Baumert, Jürgen/Stanat, Petra/Watermann, Rainer (Hrsg.) (2006): Herkunftsbedingte Disparitäten im Bildungswesen: Differenzielle Bildungsprozesse und Probleme der Verteilungsgerechtigkeit. Vertiefende Analysen im Rahmen von PISA 2000. Wiesbaden: VS Verlag.
Bourdieu, Pierre/Passeron, Jean-Claude (1973): Grundlagen einer Theorie der symbolischen Gewalt. Frankfurt/M.: Suhrkamp.
Breidenstein, Georg (2006): Teilnahme am Unterricht. Ethnographische Studien zum Schülerjob. Wiesbaden: VS Verlag.
Breidenstein, Georg (2008): Peer-Interaktion und Peer-Kultur. In: Helsper, W./Böhme, J. (Hrsg.): Handbuch der Schulforschung. Wiesbaden: VS Verlag, S. 945–964.
Bröckling, Ulrich (2007): Das unternehmerische Selbst. Soziologie einer Subjektivierungsform. Frankfurt/M.: Suhrkamp.
Buchholz, Sandra/Blossfeld, Hans-Peter (2011): Jugend und Arbeit. In: Heitmeyer, W./Mansel, J./Olk, T. (Hrsg.), S. 67–84.
Fend, Helmut (2000): Entwicklungspsychologie des Jugendalters. Ein Lehrbuch für pädagogische und psychologische Berufe. Opladen: Leske + Budrich.
Fend, Helmut (2004): Was stimmt mit dem deutschen Bildungssystem nicht? Wege zur Erklärung von Leistungsunterschieden zwischen Bildungssystemen. In: Schümer, G./Tillmann, K. J./Weiß, M. (Hrsg.), S. 15–38.
Fend, Helmut (2006): Neue Theorie der Schule. Einführung in das Verstehen von Bildungssystemen. Wiesbaden: VS Verlag.

Heitmeyer, Wilhelm/Mansel, Jürgen/Olk, Thomas (2011): Individualisierung von Jugend. Zwischen kreativer Innovation, Gerechtigkeitssuche und gesellschaftlichen Reaktionen. Weinheim/München: Juventa.

Helsper, Werner (2010): Schulkulturen und Jugendkulturen – Einblicke in ein Ambivalenzverhältnis. In: Richard, B./Krüger, H. H. (Hrsg.): inter-cool 3.0 – Jugend, Bild, Medien. München: Fink, S. 209–231.

Helsper, Werner (2012): Jugend in Modernisierungsambivalenzen und die „Antwort" von Schulkulturen. In: Ecarius, J./Eulenbach, M. (Hrsg.): Jugend und Differenz. Aktuelle Debatten der Jugendforschung. Wiesbaden: VS Verlag, S.77–106.

Helsper, Werner/Krüger, Heinz-Hermann/Fritzsche, Sylke/Sandring, Sabine/Wiezorek, Christine/Böhm-Kasper, Oliver/Pfaff, Nicole (Hrsg.) (2006): Unpolitische Jugend? Wiesbaden: VS Verlag.

Helsper, Werner/Kramer, Rolf-Torsten/Hummrich, Merle/Busse, Susann (Hrsg.) (2009): Jugend zwischen Familie und Schule. Eine Studie zu pädagogischen Generationsbeziehungen. Wiesbaden: VS Verlag.

Hurrelmann, Klaus/Wolf, Hartmut K. (1986): Schulerfolg und Schulversagen im Jugendalter. Weinheim/München: Juventa.

Klieme, Eckhard/Artelt, Cordula/Hartig, Johannes/Jude, Nina/ Köller, Olaf/Prenzel, Manfred/Schneider, Wolfgang/Stanat, Petra (Hrsg.) (2010): PISA 2009. Bilanz nach einem Jahrzehnt. Münster: Waxmann.

Kramer, Rolf-Torsten/Helsper, Werner/Thiersch, Sven/Ziems, Carolin (2013): Das siebte Schuljahr. Wandlungen des Bildungshabitus in der Schulkarriere? Wiesbaden: VS Verlag.

Krüger, Heinz-Hermann/Köhler, Sina-Mareen/Zschach, Maren (2010): Teenies und ihre Peers. Freundschaftsgruppen, Bildungsverläufe und soziale Ungleichheit. Opladen: Barbara Budrich.

Kurth-Buchholz, Elke (2011): Schülermitbestimmung aus Sicht von Schülern und Lehrern. Eine vergleichende Untersuchung an Gymnasien in Brandenburg und Nordrhein-Westfalen. Münster: Waxmann.

Nittel, Dieter (1992): Gymnasiale Schullaufbahn und Identitätsentwicklung. Eine biographieanalytische Studie. Weinheim: Dt. Studienverlag.

Schubarth, Wilfried (2010): Gewalt und Mobbing an Schulen. Möglichkeiten der Prävention und Intervention. Stuttgart: Kohlhammer.

Schümer, Gundel (2004): Zur doppelten Benachteiligung von Schülern aus unterprivilegierten Gesellschaftsschichten im deutschen Schulwesen. In: Schümer, G./Tillmann, K. J./Weiß, M. (Hrsg.), S.73–117.

Schümer Gundel/Tillmann, Klaus-Jürgen/Weiß, Manfred (Hrsg.) (2004): Die Institution Schule und die Lebenswelt der Schüler. Vertiefende Analysen der PISA-2000-Daten zum Kontext von Schülerleistungen. Wiesbaden: VS Verlag.

Shell Deutschland Holding (Hrsg.) (2010): Jugend 2010. Eine pragmatische Generation behauptet sich. Shell Jugendstudie, 16. Frankfurt/M.: Fischer.

Solga, Heike/Wagner, Sandra J. (2004): Die Bildungsexpansion und ihre Konsequenzen für das soziale Kapital der Hauptschule. In: Engler, S./Krais, B. (Hrsg.): Das kulturelle Kapital und die Macht der Klassenstrukturen. Weinheim/München: Juventa, S. 97–115.

Weinert, Franz Emanuel (1998): Entwicklung im Kindesalter. Weinheim: Beltz.

Wellgraf, Stefan (2012): Hauptschüler. Zur gesellschaftlichen Produktion von Verachtung. Bielefeld: Transcript.

Zinnecker, Jürgen (1987): Jugendkultur 1940–1985. Opladen: Leske + Budrich.

Nora Gaupp und *Tilly Lex*

Jugend und Ausbildung

Übergänge in Ausbildung im Kontext der Jugendphase

Auf dem Weg in die ökonomische Selbstständigkeit und den Erwachsenenstatus haben Jugendliche eine Reihe von Hürden zu meistern. Einen wichtigen Schritt stellt der Übergang an der ersten Schwelle, von der Schule in eine berufliche Ausbildung, dar. Dieser Übergang ist für Jugendliche von großer Bedeutung. Er ist überaus folgenreich für das Gelingen oder auch Misslingen der beruflichen Integration und damit die Chancen, den eigenen Lebensunterhalt durch Erwerbsarbeit zu sichern und am gesellschaftlichen Leben teilzuhaben. Junge Menschen ohne Berufsabschluss haben geringe Aussichten, auf dem Arbeitsmarkt Fuß zu fassen, da der seit längerem zu beobachtende Abbau von Arbeitsplätzen, die von Erwerbspersonen ohne Ausbildung ausgefüllt werden können, sich den Prognosen nach weiter fortsetzen wird. Zudem werden tendenziell die verbleibenden Arbeitsplätze mit geringen Qualifikationsanforderungen von Personen besetzt, die für diese Arbeitsplätze eigentlich überqualifiziert sind. Mit dem Wandel von der Industrie- zur Dienstleistungs- und Wissensgesellschaft sind nicht nur die Qualifikationsanforderungen an die Arbeitskräfte gestiegen, es haben sich auch die Konturen des Jugendalters verschoben. Für die Jugendphase heute sind ein verlängerter Schulbesuch und eine spätere Aufnahme einer Ausbildung oder eines Studiums prägend. So sind Jugendliche bei Ausbildungsbeginn heute durchschnittlich knapp 20 Jahre alt, und damit gut drei Jahre älter als 1970 (vgl. BIBB 2011: 148; Joas 2007: 174). Der Wandel zeigt sich auch darin, dass heute fast die Hälfte der 20- bis 24-Jährigen noch in Bildung oder Ausbildung ist, wohingegen noch vor zehn Jahren dies nur auf gut jede/n Dritte/n zutraf (vgl. Konsortium Bildungsberichterstattung 2006).

Übergangswege werden nicht nur länger, sondern verlieren auch ihren linearen Charakter und werden komplizierter. Auch wenn die Bildungs-, Ausbildungs- und Erwerbsverläufe von Teilen der jungen Generation vielfach nicht mehr dem Muster der sogenannten Normalbiografie, der direkten Abfolge von Schulbesuch, Ausbildung und Beruf, folgen, entwickeln junge Menschen nach wie vor normalbiografische Lebensentwürfe (vgl. Walter/Stauber 2007). Dabei müssen sie lernen, mit Unwägbarkeiten umzugehen und Strategien zu entwickeln, um die wachsenden Anforderungen an die individuelle Lebensführung zu bewältigen. Denn in einer Zeit, in der durch die beschleunigte gesellschaftliche Entwicklung das Erfahrungswissen der Erwachsenen als Hilfe für die eigene Lebensführung nur noch bedingt geeignet ist, müssen sie unter Bedingungen relativer Unsicherheit ihre Rolle im Erwachsenenleben finden. Jugendliche sind heute damit konfrontiert, biografisch folgenreiche Entscheidungen selbsttätig zu treffen und Übergangsprozesse selbstständig zu gestalten (vgl. Hurrelmann 2010).

Daten und Entwicklungen der beruflichen Ausbildung

Etwa zwei Drittel eines Altersjahrgangs durchlaufen in Deutschland eine berufliche Ausbildung unterhalb der Hochschulebene. Der größere Teil davon erlangt den Abschluss einer beruflichen Erstausbildung in der dualen, der kleinere Teil in einer vollzeitschulischen Ausbildung. Die schulische Berufsausbildung ist eine Domäne der jungen Frauen, die duale, traditionell stark handwerkliche und technische Berufsausbildung ist eher männlich geprägt. Während die beruflichen Vollzeitschulen in der Regel den Mittleren Schulabschluss voraussetzen, ist für die duale oder betriebliche Berufsausbildung lediglich der Hauptschulabschluss erforderlich. Da es keine Ausbildungsverpflichtung gibt, wird der Zugang zur betrieblichen Ausbildung über den Ausbildungsmarkt nach den Kriterien von Angebot und Nachfrage geregelt. Dies hat zur Folge, dass die Ausbildungschancen Jugendlicher stark von konjunkturellen und demografischen Entwicklungen beeinflusst werden. Nur 3,5% der Ausbildungsanfänger/-innen haben keinen Schulabschluss, 33,1% verfügen über den Hauptschulabschluss, 43,0% über einen Realschulabschluss und 20,4% sogar über die (Fach-)Hochschulreife (vgl. BIBB 2011: 161). Gerade für Jugendliche mit Hauptschulabschluss hat die betriebliche Ausbildung einen hohen Stellenwert, da ihnen der Zugang zur vollzeitschulischen Ausbildung aufgrund der höheren Bildungsvoraussetzung verwehrt bleibt. In der betrieblichen Ausbildung bilden sie nach den Realschulabsolvent/-innen die zweitstärkste Gruppe, auch wenn ihr Anteil seit den 1970er Jahren stark zurückgegangen ist (vgl. Uhly 2010). Die Bildungs- und Ausbildungswege, die Jugendliche nach Beendigung ihrer Schulzeit einschlagen, sind vielfältiger als dargestellt. Denn der ‚Königsweg' in den Beruf, direkt von der Schule in die Berufsausbildung und anschließend Arbeit im erlernten Beruf, trifft für viele nicht mehr zu. Besonders für Jugendliche mit niedrigen Bildungsabschlüssen ist kennzeichnend, dass sie häufig Umwege und Zwischenschritte in Maßnahmen der Berufsvorbereitung durchlaufen, bevor sie einen Ausbildungsplatz finden (vgl. Reißig u.a. 2008). Hierzu zählen unter anderem das Berufsvorbereitungsjahr (BVJ) und Berufsgrundschuljahr (BGJ) an Berufsschulen sowie die Berufsvorbereitenden Bildungsmaßnahmen (BvB) der Bundesagentur für Arbeit. Auch zeigt sich, dass allgemeinbildende Schulabschlüsse und anerkannte Ausbildungsabschlüsse auf sehr unterschiedlichen Wegen erworben und Einmündungen in Erwerbsarbeit unterschiedlich erfolgen können. So können Allgemeinbildende Schulabschlüsse auch auf berufsbildenden Schulen, Ausbildungsabschlüsse auch in Verbindung mit Schule oder Studium erworben werden.

In der nachfolgenden Abbildung werden die rechnerischen Größenordnungen der Einmündungsquoten des Ausbildungsgeschehens gegenübergestellt, um die relative Bedeutung der verschiedenen Bildungsgänge im Zeitverlauf von 1992 bis 2010 zu beurteilen. Zur vollqualifizierenden Berufsausbildung zählen die Bildungsgänge des dualen Berufsbildungssystems sowie der vollzeitschulischen Berufsausbildung. Ihnen sind die Bildungsgänge des Übergangsbereichs gegenübergestellt, die nur eine teilqualifzierende Ausbildung vermitteln. Die Grafik bildet darüber hinaus die Studienanfängerquote sowie die Arbeitslosenquote der unter 20-jährigen Jugendlichen ab.

Abbildung: Einmündungsquoten in Ausbildung und alternative Bildungsgänge im Zeitvergleich

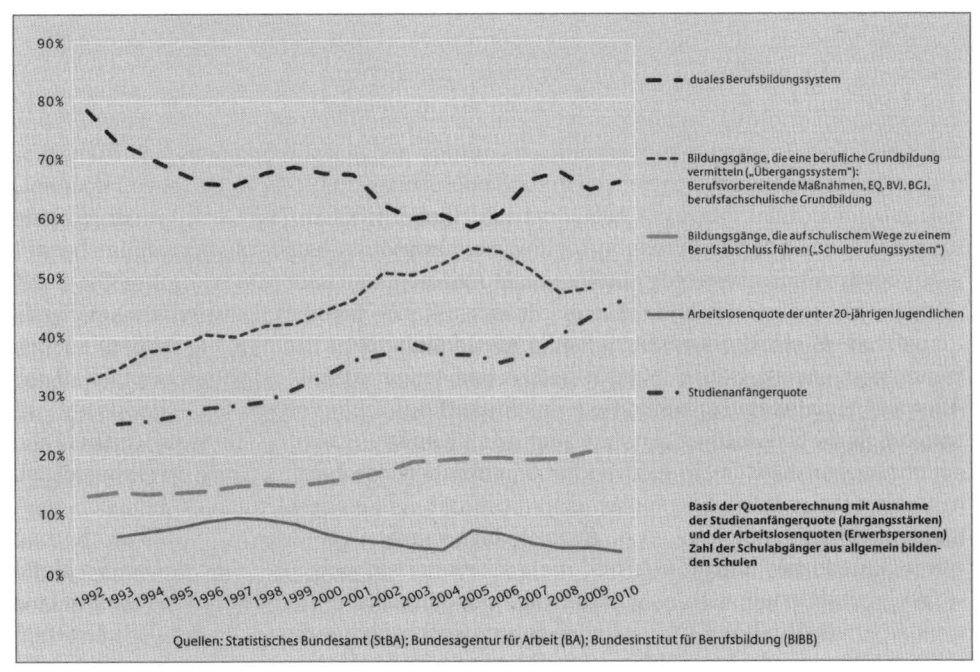

Quelle: BIBB 2011: 32

Von 1992 bis 2005 ist der Anteil Jugendlicher im Übergangsbereich kontinuierlich angestiegen. Dagegen ist die Quote Jugendlicher im dualen System im gleichen Zeitraum rückläufig. Der Anstieg Jugendlicher im Übergangsbereich hat strukturelle, konjunkturelle und demografische Ursachen. Mit der zunehmenden Entspannung auf dem Ausbildungsmarkt ging ab 2005 die Zahl junger Menschen im Übergangsbereich zurück. Die demografische Entwicklung wird voraussichtlich auch weiterhin das Ausbildungsgeschehen beeinflussen. So ist die Zahl der Schulabgänger/-innen von 2005 bis 2010 um 7% gesunken. Diese Entwicklung wird sich fortsetzen, so dass bis 2020 mit 12,4% weniger Schulabgänger/-innen als 2010 gerechnet wird (vgl. KMK 2007: 27). Der Rückgang der dualen Ausbildungsplätze hielt bis 2005 an und erreichte mit 562.817 Plätzen den tiefsten Wert (vgl. BIBB 2011: 79). Seither werden wieder mehr Ausbildungsplätze angeboten.

Die vollzeitschulischen Ausbildungsgänge haben von der negativen Entwicklung auf dem Ausbildungsmarkt profitiert. Sie verzeichnen Zuwächse bis 2004 und stagnieren dann auf dem erreichten Niveau bis 2008. Zu den vollzeitschulischen Ausbildungsgängen zählen insbesondere die Sozial-, Gesundheits- und Assistenzberufe. Im Schuljahr 2009/2010 befanden sich insgesamt 256.095 Jugendliche in einer vollzeitschulischen Ausbildung (vgl. BIBB 2011: 211f.).

Zentrale Fragestellungen und Befunde aus der Übergangsforschung

Die aktuelle Übergangsforschung weist auf eine Reihe von aktuellen, aber auch seit vielen Jahren bestehenden Problemlagen und Entwicklungen hin, die gelingende Übergänge von Jugendlichen in Ausbildung gefährden können.

Schulleistung und Schulbiografie
Jugendliche mit niedriger Schulleistung (schlechte Leistung in Hauptfächern bis hin zu Klassenwiederholungen und Nicht-Erreichen des Schulabschlusses) und schwieriger Schulbiografie (z.B. Schulschwänzen) haben größere Schwierigkeiten beim Übergang in Ausbildung als Jugendliche mit günstigeren schulischen Ausgangsbedingungen. Sie sind in höherem Ausmaß auf teil-qualifizierende Zwischenschritte (wie berufsvorbereitende Angebote) angewiesen, die ihnen den Zugang zu einer Berufsausbildung ermöglichen sollen (vgl. Autorengruppe Bildungsberichterstattung 2008: 158; Gaupp u.a. 2011: 181). Dieser nicht überraschende Befund erhält im Kontext der sich verändernden Rahmenbedingungen des Ausbildungsmarktes eine besondere Brisanz. Seit vielen Jahren ist eine Neuordnung der Ausbildungsberufe und damit ein Ansteigen der Anforderungen in vielen Ausbildungsberufen zu beobachten (vgl. BIBB 2011: 109ff.). So hat z.B. die Elektronik in viele Handwerksberufe Eingang gefunden. Das klassische Beispiel ist die Aufwertung des KFZ-Mechanikers zum KFZ-Mechatroniker. Durch dieses Ansteigen des Anforderungsniveaus sinken die Chancen auf eine Ausbildungsstelle von Jugendlichen mit weniger guten Schulleistungen. Zusätzlich kommt eine wachsende Konkurrenz um Ausbildungsplätze durch Absolventen/-innen höherer Schulformen mit höherwertigen Schulabschlüsse hinzu, da duale Ausbildungsverhältnisse für diese Gruppe zunehmend attraktiv werden. Ob und in welchem Ausmaß der demografische Wandel dieses Phänomen durch sinkende Schulabsolventenzahlen abschwächt, wird kontrovers diskutiert. So könnte es einerseits dazu kommen, dass sich Betriebe angesichts der geringeren Nachfrage nach Ausbildungsplätzen zunehmend auch für schwächere Schüler/-innen öffnen und diese ausbilden. Die alternative Prognose geht davon aus, dass Jugendliche mit problematischer Schulbiografie auch weiterhin nur schwer Zugang zum Ausbildungsmarkt finden, da ihnen die Betriebe eine ausreichende Ausbildungsreife absprechen.

Jugendliche mit Migrationshintergrund
Wie auch im allgemeinbildenden Schulsystem sind Jugendliche aus Zuwandererfamilien im Übergang Schule – Beruf mit Benachteiligungen konfrontiert. Auf einer ersten allgemeinen Differenzierungsebene zeigt sich, dass junge Ausländer/-innen deutliche Nachteile beim Eintritt in duale Ausbildung haben. Unter den Neuzugängen in duale und schulische Ausbildung (28% bzw. 12%), sind sie im Vergleich zur Gesamtgruppe (44% bzw. 17%) deutlich unterrepräsentiert, in Übergangsangeboten mit 60% überrepräsentiert (Gesamtgruppe 40%) (vgl. Autorengruppe Bildungsberichterstattung 2008: 159). Jenseits dieser groben Unterscheidung nach dem Ausländerstatus finden sich bedeutsame Binnenunterschiede nach Zuwanderergeneration, Zuzugsalter, Herkunftsregion, Sprache usw. Das Übergangspanel des Deutschen Jugendinstituts (DJI) zeigt, dass die Jugendlichen, die in der Türkei geboren sind und als Migranten/-innen der ersten Generation nach Deutschland zugezogen sind, eine besondere Risikogruppe darstellen. Im ersten Jahr nach Ende der Pflichtschulzeit konnten nur 7% eine Berufsausbildung beginnen (zum Vergleich: Gesamtgruppe 27%, Jugendliche ohne Migrationshintergrund 35%, Jugendli-

che mit Migrationshintergrund 22%) (vgl. BMBF 2008: 23). In den Folgejahren konnten die Jugendlichen türkischer Herkunft einen Teil dieses Rückstandes aufholen, erreichten aber nie das Niveau der Jugendlichen mit Migrationshintergrund allgemein. Dieser exemplarische Befund betont die Wichtigkeit einer differenzierten Betrachtung der Vielfalt an unterschiedlichen Migrationserfahrungen und -motiven.

Riskante Anschlüsse und Übergänge nach Berufsvorbereitung
Es existieren auch strukturelle Hürden oder Schnittstellen, an denen Übergänge ins Stocken geraten oder gar scheitern können. So müssen viele Jugendliche als Zwischenschritte teilqualifizierende Bildungsangebote besuchen und ihre weiteren Übergangswege weitgehend in Eigenregie planen und gestalten. Insbesondere bei Bildungsgängen mit wenig vorstrukturierten Anschlussoptionen wie den berufsvorbereitenden Jahren entstehen Risiken. So zeigt das DJI-Übergangspanel, dass die Anschlüsse an berufsvorbereitende Bildungsangebote äußerst heterogen sind und keinesfalls für einen Großteil ihrer Absolventen/-innen in Ausbildung führen. Nur rund ein Drittel beginnt nach einer Berufsvorbereitung eine Ausbildung, gut ein Viertel besucht erneut ein berufsvorbereitendes Angebot, etwas mehr als ein Zehntel wechselt zurück in die Schule und ein Siebtel findet keinen Anschluss und bleibt zunächst unversorgt (vgl. BMBF 2008: 35).

Perspektiven für Politik und Praxis

Für Jugendliche im Übergang von der Schule in die Arbeitswelt steht eine Vielzahl von Angeboten und Programmen auf Bundes-, Landes- und kommunaler Ebene (z.B. Kompetenzagenturen oder Berufseinstiegsbegleitung, Paten- und Mentorenprogramme) bereit.

Für viele Jugendliche ist dieses Angebot ausreichend, um sie ‚gut über die erste Schwelle' zu geleiten. Dennoch existiert eine Gruppe von Jugendlichen, denen nach der Schulzeit der Weg in Ausbildung aus eigener Kraft nicht gelingt und die problematische Übergangswege mit Umwegen und Sackgassen gehen. Für diese ‚Risikogruppe' besteht ein klarer Bedarf einer individuellen längerfristigen Übergangsbegleitung. Ziel einer individuellen Übergangsbegleitung muss es sein, problematische Wege zu verhindern und für die Jugendlichen subjektiv wie objektiv sinnvolle Abfolgen von Bildungs- und Ausbildungsstationen sicherzustellen. Da die Merkmale, die Jugendliche zu ‚Risikojugendlichen' werden lassen, bereits die Schulsituation der Jugendlichen betreffen (Schulleistungen, Schulschwänzen, unklare berufliche Pläne), ist eine frühe Identifikation von ‚Risikojugendlichen' noch in der Schule sinnvoll und möglich. Der Beginn der Übergangsbegleitung sollte in der Schulzeit liegen und mittelfristig über mindestens die ersten zwei bis drei Jahre nach Ende der Pflichtschulzeit angelegt sein, idealerweise bis zum Beginn einer Ausbildung. So können auch während der ersten Übergangsjahre neu entstehende problematische Entwicklungen erkannt werden. Um eine kontinuierliche Begleitung der Jugendlichen zu gewährleisten, sollte die Begleitung unabhängig von der ‚Zuständigkeitsfrage' möglichst stabil erfolgen: Auch bei einem Wechsel der Jugendlichen zwischen Institutionen (z.B. allgemein bildenden Schulen, beruflichen Schulen, Berufsvorbereitungen der Arbeitsagentur) und Zuständigkeiten (z.B. Jugendliche mit SGB II-Bezug, Jugendliche in Maßnahmen der beruflichen Rehabilitation) sollte die Stabilität der Betreuungsperson gewährleistet sein.

Wie können diese aus der Perspektive der Jugendlichen formulierten Handlungsanforderungen auf politischer Ebene, d.h. auf Ebene der beteiligten Institutionen aufgenommen werden? Jugendliche mit prekären Übergängen und ohne Ausbildungs- oder Arbeitsplatz werden zunehmend ein Thema für Kommunen. Während Schulpolitik Ländersache ist, Berufsberatung und Arbeitsverwaltung auf Bundesebene organisiert sind, duale Ausbildung auf privaten Arbeitsverhältnissen basiert, müssen die Folgen von Jugendarbeitslosigkeit von den Kommunen z.B. in Form von Sozialhilfe oder Hartz IV getragen werden. Kommunen haben Verantwortung und zugleich Steuerungsmöglichkeit für junge Menschen am Übergang Schule – Beruf. Mit lokalem/regionalem Übergangsmanagement entsteht ein neues Politikfeld. Eine bessere Koordination und Kooperation zwischen den Verantwortlichen (wie allgemein- und berufsbildende Schulen, Kammern, Arbeitsagenturen, Träger der Grundsicherung, zuständigen Referaten der öffentlichen Verwaltung usw.) soll dazu beitragen, Transparenz über vorhandene Angebote zu schaffen, Doppelstrukturen und Konkurrenzen zu vermeiden, Angebotslücken zu schließen. Insgesamt sollen Übergänge in Ausbildung gelingen und Ausbildungslosigkeit vermieden werden (vgl. Braun/Reißig 2011: 5).

Literatur

Autorengruppe Bildungsberichterstattung (Hrsg.) (2008): Bildung in Deutschland. Ein indikatorengestützter Bericht mit einer Analyse zu Übergängen im Anschluss an den Sekundarbereich I. Bielefeld: Bertelsmann.
Autorengruppe Bildungsberichterstattung (Hrsg.) (2010): Bildung in Deutschland. Ein indikatorengestützter Bericht mit einer Analyse zu Perspektiven des Bildungswesens im demografischen Wandel. Bielefeld: Bertelsmann.
[BMBF] Bundesministerium für Bildung und Forschung (2008): Von der Hauptschule in Ausbildung und Erwerbsarbeit: Ergebnisse des DJI-Übergangspanels. Bonn/Berlin. Bundesministerium.
Braun, Frank/Reißig, Birgit (2011): Regionales Übergangsmanagement Schule – Berufsausbildung: Handlungsfelder und Erfolgsfaktoren. München: Deutsches Jugendinstitut.
[BIBB] Bundesinstitut für Berufsbildung (Hrsg.) (2011): Berufsbildungsbericht 2011. Bonn: Bundesinstitut für Berufsbildung.
Gaupp, Nora/Geier, Boris/Lex, Tilly/Reißig, Birgit (2011): Wege in Ausbildungslosigkeit. Determinanten misslingender Übergänge in Ausbildung von Jugendlichen mit Hauptschulbildung. In: Zeitschrift für Pädagogik 57, 2, S. 173–186.
Hurrelmann, Klaus (2010): Lebensphase Jugend. Eine Einführung in die sozialwissenschaftliche Jugendforschung. Weinheim/München: Juventa.
Joas, Hans (Hrsg.) (2007): Lehrbuch der Soziologie. Frankfurt/M.: Campus-Verlag.
[KMK] Kultusministerkonferenz (2007): Vorausberechnung der Schüler- und Absolventenzahlen 2005 bis 2020. Statistische Veröffentlichung der Kultusministerkonferenz, 182. Berlin: Kultusministerkonferenz.
Konsortium Bildungsberichterstattung (Hrsg.) (2006): Bildung in Deutschland. Ein indikatorengestützter Bericht mit einer Analyse zu Bildung und Migration. Bielefeld: Bertelsmann.
Reißig, Birgit/Gaupp, Nora/Lex, Tilly (Hrsg.) (2008): Hauptschüler auf dem Weg von der Schule in die Arbeitswelt. München: Verlag Deutsches Jugendinstitut.
Uhly, Andrea (2010): Jugendliche mit Hauptschulabschluss in der dualen Berufsausbildung. Bildungsvoraussetzungen im Kontext berufsstruktureller Entwicklungen. In: Zeitschrift für Berufs- und Wirtschaftspädagogik (ZBW), Beiheft 24, S.175–203.
Walter, Andreas/Stauber, Barbara (2007): Übergänge in Lebenslauf und Biographie. Vergesellschaftung und Modernisierung aus subjektorientierter Perspektive. In: Stauber, B./Pohl, A./Walter, A. (Hrsg.): Subjektorientierte Übergangsforschung. Rekonstruktion und Unterstützung biografischer Übergänge junger Erwachsener. Weinheim/München: Juventa, S. 19–40.

Christian Kerst und *Andrä Wolter*

Jugend und Studium

Studierinteresse und Bildungsverhalten

Das Bildungsverhalten von Jugendlichen und insbesondere die Bedeutung, die ein Hochschulstudium für Jugendliche hat, unterlagen in den letzten Jahrzehnten einem massiven Wandel. Dieser Prozess hat sich nicht nur in inhaltlichen Veränderungen in den Erwartungen und Motiven, die Jugendliche mit der Wahl ihres Bildungswegs verbinden, niedergeschlagen, sondern mehr noch in den inklusiven Entwicklungstrends und Verteilungsmustern der Bildungsbeteiligung, die in der Regel mit dem Begriff ‚Bildungs- (oder Hochschul-)Expansion' charakterisiert werden (vgl. Reisz/Stock 2007; Teichler 2005).

Jugendliche gehen heute nicht nur länger zur Schule; sie besuchen auch immer häufiger solche Einrichtungen, in denen der Erwerb des Abschlusses eine längere Besuchsdauer in Anspruch nimmt. Allerdings sind mit der steigenden Beteiligung an Hochschulbildung nicht die sozialen Benachteiligungen und Selektivitäten verschwunden – nach wie vor wird der Besuch der Hochschule stark von der sozialen Herkunft beeinflusst (vgl. Autorengruppe Bildungsberichterstattung 2012: 125; Wolter 2011).

Die Expansion in der Bildungsbeteiligung, die im Übrigen keine deutsche Sonderentwicklung, sondern ein nahezu globales Phänomen ist, wenn auch mit deutlichen Unterschieden im Tempo, Niveau und in der Zeitstruktur, lässt sich sowohl in steigenden Übergangsquoten (zum Gymnasium oder zur Hochschule) als auch in einer deutlich längeren Verweildauer im Bildungssystem über Pflichtschulzeiten hinaus feststellen. Vor diesem Hintergrund scheint es gerechtfertigt zu sein, von einer mehr oder weniger vollständigen ‚Verschulung' der Jugendzeit zu sprechen.

Das Wachstum der Bildungsbeteiligung und die damit einhergehenden Umschichtungen von den ‚unteren' zu den ‚höheren' Institutionen und von ‚kürzeren' zu ‚längeren' Bildungswegen lassen sich statistisch an der Entwicklung der Studienberechtigten- und der Studienanfängerquote veranschaulichen. Um 1900 betrug beispielsweise der altersbezogene Studienanfängeranteil in Deutschland etwa 1%, 1950 knapp unter 4%. Danach stieg die Anfängerquote nahezu unaufhaltsam an, von 10% in der Mitte der 1960er Jahre über 20% in der ersten Hälfte der 1980er Jahre auf über 30% um 1990 und schließlich auf etwa 45% im Jahr 2010. In den nächsten Jahren ist ein weiteres, sprunghaftes Wachstum aufgrund der doppelten Abiturientenjahrgänge zu erwarten.

Die Ursachen für den Wandel des jugendlichen Bildungsverhaltens sind vielfältig.
- Erstens schlagen sich hier institutionelle Öffnungseffekte im Bildungssystem nieder – wie z.B. offenere Übergänge zwischen Grundschule und Gymnasium, vermehrte Möglichkeiten des Wechsels in die gymnasiale Oberstufe auch ohne Besuch der gymnasialen Sekundarstufe I, höhere Erfolgsquoten im Gymnasium oder erweiterte Möglichkeiten des Erwerbs einer Studienberechtigung im berufsbildenden Bereich.
- Zweitens folgen die Ausbildungsentscheidungen von Schüler/-innen bzw. Studienberechtigten und ihren Eltern in einem beträchtlichen Umfang einer Optionslogik.

Danach sind die jeweiligen Optionen maßgeblich, die durch die formalen Abschlüsse des Bildungssystems eröffnet werden. Und hier bietet das Abitur ohne Zweifel die höchste Optionsvielfalt.
- Drittens ist die steigende Bildungsbeteiligung der Frauen eine der zentralen Ursachen der Bildungsexpansion. Im allgemeinbildenden Bereich und teilweise auch im Hochschulbereich haben die Frauen ihre männlichen Altersgenossen bereits ‚überholt'.
- Viertens zeigen bildungssoziologische Untersuchungen, dass in Deutschland seit den 1950er Jahren ein tiefgreifender Wandel im Bildungsbewusstsein der Bevölkerung stattgefunden hat, wonach die Bedeutung und Anerkennung von Bildung, Ausbildung und Weiterbildung im gesellschaftlichen Bewusstsein immer weiter zugenommen hat. Ausbildungsstandards, die vor 50 Jahren (vor allem für Frauen) noch als hinreichend galten, werden heute kaum noch als kulturelle Mindestausstattung akzeptiert. Damit geht auch eine inhaltliche Verschiebung in den Bildungsvorstellungen einher. Bildung wird nicht mehr nur mit Persönlichkeit und immateriellen Bildungsgütern assoziiert, sondern immer enger mit Qualifikation, Berufs- und Lebenserfolg und sozialem Status. Die Statusdistributionsfunktion von Bildung hat sich nachhaltig auch im Bildungsbewusstsein niedergeschlagen.
- Fünftens schließlich korrespondiert mit der steigenden Nachfrage nach Hochschulbildung ein erheblicher Ausbau des Hochschulsystems seit den 1960er und 1970er Jahren. Zugleich verbreiterte sich das Studienangebot, das berufliche Qualifizierungsoptionen für immer mehr Tätigkeiten und Berufsfelder umfasst. Dieser Prozess hält auch derzeit an, etwa durch neue Studienangebote in den Gesundheitswissenschaften oder der frühkindlichen Bildung und Erziehung.

Bildungs- und arbeitsmarktpolitische Problemstellungen

Seit den 1980er Jahren deutet sich an, dass das Wachstum in der Beteiligung an Hochschulbildung auch zu veränderten Rekrutierungsprozessen und Nachfragereservoirs in der beruflichen Bildung führt (vgl. Autorengruppe Bildungsberichterstattung 2010: 96 ff.). Der Strukturwandel der Bildungsbeteiligung hat nicht nur Konsequenzen für die interne Entwicklung des Bildungssystems, sondern auch für das Verhältnis von Bildung, Arbeitsmarkt und Beschäftigung. Die Frage kam auf und ist immer noch aktuell, ob die anhaltende Expansion des Hochschulbesuchs nicht zu einer Aushöhlung der Berufsausbildung und, in der Folge, zu einer Bedrohung des deutschen Modells der Fachkräftequalifikation und des deutschen Produktionsmodells überhaupt führt.

Ebenso wurde gefragt, ob das Wachstum des Hochschulsystems dazu führe, Arbeitslosigkeit von Hochschulabsolventen/-innen zu fördern und diese – selbst wenn sie Beschäftigung finden – oft auf prekäre, nicht-äquivalente Beschäftigungsformen ausweichen müssten. Empirisch haben sich diese Bedenken nicht bestätigt (vgl. Wolter/Koepernik 2010). Hochschulabsolventen/-innen weisen nicht nur eine deutlich unterdurchschnittliche qualifikationsspezifische Arbeitslosigkeit auf, sondern auch einen deutlich geringeren Anteil an nicht-adäquater Beschäftigung als andere Qualifikationsgruppen (zur Problematik des Adäquanzbegriffs vgl. Fehse/Kerst 2007).

Die lange Zeit insbesondere in der Wirtschaft vorhandene eher skeptische Bewertung der Hochschulexpansion und ihrer Folgen für den Arbeitsmarkt hat sich tiefgreifend verändert. Inzwischen hat sich hier die These mehr und mehr durchgesetzt, dass sich gerade im Bereich hochqualifizierter Arbeit in den nächsten Jahren eher ein Fachkräftemangel abzeichnet, zum Teil sogar schon vorhanden sein soll, zumindest regional oder in bestimmten Fach- oder Berufssektoren (z.B. in den MINT-Fächern – Mathematik, Informatik, Natur- und Ingenieurwissenschaften).

Dieser steigende Bedarf wird auf zwei Faktoren zurückgeführt: auf den langfristigen Qualifikationsstrukturwandel durch Höherqualifizierung, der sich aus dem wissensgesellschaftlichen Wandel von Beruf, Arbeit und Beschäftigung und der wachsenden Bedeutung der humankapitalintensiven Dienstleistungen ergibt; und den demografischen Wandel, der dazu führt, dass zukünftig deutlich kleinere Altersjahrgänge in das Arbeitsleben eintreten werden als dort ausscheiden.

Perspektiven auf das Studium und Berufsorientierungen

Von der generellen Studienentscheidung zu unterscheiden ist die Wahl des Studienfachs. Insgesamt gesehen gehen studienberechtigte junge Menschen mit einem Bündel unterschiedlicher Perspektiven, Erwartungen und Motiven an ein Studium heran. Neben intrinsischen Motiven wie dem Interesse am Fach oder an einer wissenschaftlichen Tätigkeit oder dem Interesse, eigenen Neigungen und Begabungen nachzugehen, spielt die berufliche Verwertbarkeit des Studiums für die steigende Beteiligung an der Hochschulbildung eine zunehmend wichtige Rolle.

Arbeitsmarktüberlegungen bilden bei der Entscheidung für ein Studienfach inzwischen für mehr als die Hälfte aller Studienanfänger/-innen ein bedeutsames Kriterium (vgl. Willich u.a. 2011). Dabei finden sich typische Unterschiede zwischen den gewählten Fachrichtungen: Kunst, Sprach- und Kulturwissenschaften sowie Mathematik und Naturwissenschaften werden häufiger aus intrinsischen Motiven gewählt. Bei der Entscheidung für Rechts- oder Wirtschaftswissenschaften spielen dagegen extrinsische Gründe wie das Interesse an einer gut bezahlten und sicheren beruflichen Stellung, möglichst in leitender Position, eine deutlich größere Rolle (Abb. 1). Ähnliche Unterschiede lassen sich zwischen Studierenden an Universitäten und Fachhochschulen zeigen.

Abbildung 1: Studienanfänger im Wintersemester 2009/10: Entscheidende Motive der Studienwahl nach Fächergruppen

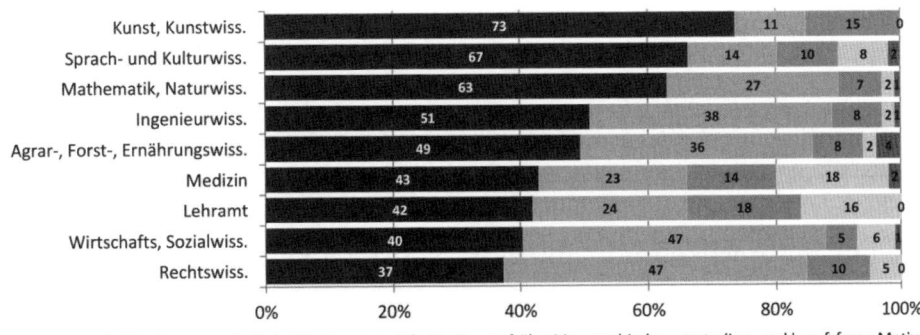

Fächergruppe	intrinsische Motive	extrinsische Motive	soziale Motive	frühzeitig entschieden	studien- und berufsferne Motive
Kunst, Kunstwiss.	73		11	15	0
Sprach- und Kulturwiss.	67		14	10	8
Mathematik, Naturwiss.	63		27	7	2
Ingenieurwiss.	51		38	8	2
Agrar-, Forst-, Ernährungswiss.	49		36	8	2
Medizin	43	23	14	18	2
Lehramt	42	24	18	16	0
Wirtschafts, Sozialwiss.	40	47	5	6	
Rechtswiss.	37	47	10	5	0

Quelle: HIS-Studienanfängerbefragung 2009/10

Das Studium wird als eine Investition in die eigene berufliche Zukunft wahrgenommen, mit der man sich bessere Chancen am Arbeitsmarkt eröffnet. So erwartet ein in den letzten zehn Jahren deutlich gestiegener Anteil, inzwischen fast die Hälfte aller Studierenden, ein gutes Einkommen als ‚Ertrag' des Studiums. Wichtiger noch als die Orientierung auf Studium und Beruf sind für viele Studierende allerdings die Lebensbereiche Partner und Freunde, aber auch die Freizeit.

Fragen nach dem kausalen Zusammenhang von individuellen normativen Orientierungen und Studienentscheidungen lassen sich nicht eindeutig beantworten. Führt eine bestimmte Motivation zu einer entsprechenden Entscheidung (Determinationseffekt)? Ziehen bestimmte Fachrichtungen einen bestimmten Studierendentypus an sich (Selektionseffekt)? Entwickeln Studierende gleichsam nachträglich eine bestimmte normative Rechtfertigung ihrer Studienentscheidung (Sozialisationseffekt) oder bilden sich solche Deutungsmuster schon weit im Vorfeld der Studienentscheidung aus (Antizipationseffekt)? Auch können unterschiedliche Einflüsse miteinander einhergehen und sich wechselseitig verstärken.

Studieren unter den Bedingungen des Bologna-Prozesses

1999 vereinbarten die Bildungsminister aus 29 europäischen Ländern, die Studienstruktur an den europäischen Hochschulen zu vereinheitlichen, um vergleichbare Studienabschlüsse in Europa zu erreichen und die Mobilität der Studierenden zu erhöhen. Dieser Reformprozess wird als Bologna-Prozess bezeichnet (vgl. Wolter 2006). Er hat die deutsche Hochschullandschaft nachhaltig verändert. Zu den wichtigsten Merkmalen gehören die Umstellung auf eine gestufte Studienstruktur mit Bachelor- und Masterstudiengängen und -abschlüssen, die Modularisierung der Studiengänge sowie die Einführung eines europaweit geltenden Systems zur Bewertung und wechselseitigen Anerkennung von Studienleistungen.

Strukturell kann der Bologna-Prozess an den deutschen Hochschulen inzwischen als weitgehend umgesetzt gelten. Von wenigen Ausnahmen abgesehen (Medizin, Rechtswissenschaft, Theologie, teilweise Lehramtsstudiengänge), beginnen inzwischen fast alle Studienanfänger/-innen in Studiengängen, die zu einem Bachelorabschluss führen. Die Bachelorstudiengänge sind durch eine deutlich stärkere Strukturierung, steigende Leistungsanforderungen und eine hohe Prüfungslast gekennzeichnet als bisherige Diplom- oder Magisterstudiengänge. In Befragungen kritisierten Studierende immer wieder eine unzureichende zeitliche und inhaltliche Strukturierung der Studiengänge sowie die Leistungsanforderungen und Prüfungsbelastung (vgl. Bargel u.a. 2009). Verbreitete Skepsis herrscht darüber hinaus auch bei den späteren Arbeitsmarktaussichten, die durch einen Bachelorabschluss eröffnet werden, sowie den Chancen, den gewünschten Masterstudienplatz zu bekommen.

Studium, Beruflichkeit und Beschäftigungsfähigkeit

Die berufsqualifizierende Funktion des Studiums ist in den letzten Jahren zunehmend in den Vordergrund getreten. Nur ein kleiner Teil der Absolventen/-innen verbleibt nach dem Studium langfristig in der Wissenschaft. Bereits während des Studiums zeigt nur eine Minderheit der Studierenden, vor allem aus den Naturwissenschaften, eine starke Orientierung auf die Wissenschaft. Für die meisten anderen steht eine außeruniversitäre berufliche Orientierung im Vordergrund. Dieses hat bei der Studienreform und beim Bologna-Prozess insofern eine zentrale Rolle gespielt, als die traditionelle Selbstdefinition des Ausbildungsauftrages der Universität stark auf die Qualifizierung wissenschaftlichen Nachwuchses und auf den Eigenbedarf des Wissenschaftssystems ausgerichtet war.

Vor diesem Hintergrund erklärt sich die ausgeprägte Fixierung der deutschen Bologna-Debatte auf das Ausbildungsziel der ‚Beschäftigungsfähigkeit' (employability), wonach Hochschulabschlüsse, auch der Bachelor, eine berufsvorbereitende Funktion – in welcher Form auch immer – haben sollen. In der Tat strebt die große Mehrzahl der Studierenden eine außeruniversitäre Berufslaufbahn an, auch wenn unmittelbar nach dem (ersten) Studienabschluss noch ein beträchtlicher Teil zunächst an der Universität verbleibt, um seinen Qualifizierungsprozess (Master, Promotion, Projektarbeit) fortzusetzen. Allerdings wird ‚employability' als Studienziel oft eng definiert und missverstanden (vgl. Teichler 2008; Wolter 2010), zumal die Beschäftigungsfähigkeit von Hochschulabsolventen/-innen in hohem Maße von nicht-akademischen Faktoren (z.B. den Konjunkturen des Arbeitsmarktes) abhängt.

Ein weit verbreitetes Bild des Berufseinstiegs von Hochschulabsolventen/-innen besteht darin, dass diese Phase schwieriger, ‚prekärer' geworden ist. Auch wenn sich die Beschäftigungssituation von Absolventen/-innen gemessen an der qualifikationsspezifischen Arbeitslosigkeit oder am Umfang inadäquater Beschäftigung insgesamt als gut darstellt, so variieren die Berufschancen und -perspektiven erheblich zwischen den einzelnen Fachrichtungen (vgl. Autorengruppe Bildungsberichterstattung 2012: 127f.). Ebenfalls zu berücksichtigen ist, dass sich die Bedingungen des Berufseintritts zwischen einzelnen Absolventenkohorten unterscheiden können – je nach ökonomischer Konjunktur, Absolventenangebot und den besonderen Bedingungen auf den Teilarbeitsmärkten.

Hochschulabsolventen/-innen stellen keineswegs dauerhaft und schon gar nicht als Ganzes eine ausgeschlossene Gruppe dar. Tatsächlich zeigt sich empirisch eher das Gegenteil: eine latent wachsende soziale Polarisierung zwischen Hoch- und Höherqualifizierten auf der einen Seite und den Geringqualifizierten auf der anderen Seite. Mit höherer Qualifikation nimmt die Erwerbstätigkeitsquote deutlich zu, während die Quoten für Erwerbslosigkeit und Nicht-Erwerbstätigkeit abnehmen (vgl. Autorengruppe Bildungsberichterstattung 2012: 200f.). Vor diesem Hintergrund erweist sich das Grundmuster jugendlichen Bildungsverhaltens, auf die höchstmögliche Qualifikation zu setzen, dabei aber die eigenen Interessen und Fähigkeiten nicht außer Acht zu lassen, als eine arbeitsmarktpolitisch durchaus angemessene Strategie.

Zusammenfassung und Schlussfolgerungen

Das Bildungsverhalten von Jugendlichen hat sich massiv verändert in Form einer anhaltenden Umschichtung von ‚unten' nach ‚oben'. Davon hat insbesondere das Studium bzw. die Hochschule profitiert. Die Attraktivität eines Hochschulstudiums unter den Jugendlichen hat deutlich zugenommen. Dieser ‚creaming'-Effekt, wonach die Hochschulen in einem immer größeren Umfang den kognitiv leistungsfähigsten Teil der Jugend ‚abschöpfen', hat Rückwirkungen auf die Nachfrage und Potenziale der nicht-akademischen Berufsausbildung.

Der Wandel im jugendlichen Bildungsverhalten führt zu einem langfristigen Anstieg im Bildungsstand der Bevölkerung, ökonomisch gesprochen: im Humankapitalbestand als Voraussetzung volkswirtschaftlicher Leistungs- und Wettbewerbsfähigkeit.

Die lange Zeit vorhandenen eher skeptischen Beurteilungen der Hochschulexpansion und ihrer Folgen haben sich insgesamt gesehen nicht bestätigt. Die Arbeitsmarkt- und Beschäftigungssituation deutscher Hochschulabsolventen/-innen stellt sich als vergleichsweise günstig dar. Als problematisch erweist sich vor allem ihre ausgeprägte fachspezifische Spreizung. Im Vergleich aller Qualifikationsgruppen bietet ein Studienabschluss in Deutschland die günstigsten Berufs- und Lebenschancen.

Literatur

Autorengruppe Bildungsberichterstattung (2010): Bildung in Deutschland 2010. Ein indikatorengestützter Bericht mit einer Analyse zu Perspektiven des Bildungswesens im demographischen Wandel. Bielefeld: Bertelsmann.
Autorengruppe Bildungsberichterstattung (2012): Bildung in Deutschland 2012. Ein indikatorengestützter Bericht mit einer Analyse zu kultureller Bildung im Lebenslauf. Bielefeld: Bertelsmann.
Bargel, Tino u.a. (2009): Bachelor-Studierende. Erfahrungen in Studium und Lehre. Eine Zwischenbilanz. Bonn: Bundesministerium für Bildung und Forschung.
Fehse, Stefanie/Kerst, Christian (2007): Arbeiten unter Wert? Vertikal und horizontal inadäquate Beschäftigung von Hochschulabsolventen der Abschlussjahrgänge 1997 und 2001. In: Beiträge zur Hochschulforschung 29, 1, S. 72–98.
Reisz, Robert D./Stock, Manfred (2007): Inklusion an Hochschulen. Beteiligung an der Hochschulbildung und gesellschaftliche Entwicklung in Europa und in den USA (1950–2000). Bonn: Lemmens.
Teichler, Ulrich (2005): Hochschulsysteme und Hochschulpolitik. Quantitative und strukturelle Dynamiken, Differenzierungen und der Bologna-Prozess. Münster: Waxmann.
Teichler, Ulrich (2008): Der Jargon der Nützlichkeit. Zur Employability-Diskussion im Bologna-Prozess. In: Das Hochschulwesen 56, 3, S. 68–79.
Willich, Julia u.a. (2011): Studienanfänger im Wintersemester 2009/10. Wege zum Studium, Studien- und Hochschulwahl, Situation bei Studienbeginn. Forum Hochschule, 2011, 6. Hannover: Hochschul-Informations-System.
Wolter, Andrä (2006): Auf dem Wege zu einem Europäischen Hochschulraum? Studienreform und Hochschulpolitik im Zeichen des Bologna-Prozesses. In: Hettlage, R./Müller, H.-P. (Hrsg.): Die europäische Gesellschaft. Konstanz: UVK, S. 299–324.
Wolter, Andrä (2010): Studieren, Arbeitsmarkt und Beruf – Zwischen Generation Praktikum und akademischer Karriere. In: Denk-doch-mal.de-Netzwerk Gesellschaftsethik,1. http://www.denk-doch-mal.de/node/247 [Zugriff: 21.12.2011]
Wolter, Andrä (2011): Hochschulzugang und soziale Ungleichheit in Deutschland. In: Heinrich-Böll-Stiftung (Hrsg.): Öffnung der Hochschule. Chancengerechtigkeit, Diversität, Integration. Berlin: Heinrich-Böll-Stiftung, S. 9–15.
Wolter, Andrä/Koepernik, Claudia (2010): Studium und Beruf. Düsseldorf: Hans-Böckler-Stiftung.

B Arbeit mit Jugendlichen – Geschichte, Recht, Organisation

Richard Münchmeier

Geschichte der Arbeit mit Jugendlichen

Der Ausdruck ‚Arbeit mit Jugendlichen' deutet darauf hin, dass es hier um den Blick der Erwachsenen auf die Jugend geht. Synchron mit der Etablierung der Lebensphase „Jugend" wachsen nämlich die Sorgen der erwachsenen Generation insbesondere im Bürgertum um das Gelingen dieses Lebensabschnitts. Infolgedessen beginnen ab der Mitte des 19. Jahrhunderts erste Aktivitäten und Maßnahmen der Sorge um die jungen Menschen, die auf soziale Kontrolle, Schutz vor schädlichen Einflüssen und Erziehungsprogramme zielen.

Drei historische Entwicklungsstränge sind zu unterscheiden:
- Die Tradition der Jugendfürsorge, der es um Interventionen bei devianten und dissozialen Jugendlichen geht; hier liegen die Ursprünge dessen, was heute „Hilfen zur Erziehung" heißt.
- Die Tradition der Jugendpflege, die sich präventiv aufstellt und Vorsorge treffen will, dass Devianz gar nicht erst entsteht; hier liegt der Ursprung der kommunalen „Offenen Jugendarbeit".
- Die Tradition der deutschen Jugendbewegung, die von den jungen Menschen selbst ausgeht und wertradikal eine Erneuerung von Lebensstilen und sozialem Leben fordert. Hier ist der Ursprung der Jugendverbandsarbeit zu suchen.

Die Entstehung der Jugendfürsorge

Im letzten Drittel des 19. Jahrhunderts bürgert sich der Begriff ‚Jugendfürsorge' als Sammelbegriff für ein buntes Feld von Maßnahmen ein, die auf die Altersgruppe der Minderjährigen ausgerichtet sind.

Grundlage der Maßnahmen ist der von besorgten Erwachsenen behauptete ‚Erziehungsnotstand' der Jugend, der um die Jahrhundertwende die Gemüter bewegt. Schon im Jahr 1878 war in Preußen das sogenannte Zwangserziehungsgesetz in Kraft getreten, das die Fürsorgeerziehung, wo nötig auch durch Einweisung in geschlossene Heime, erstmals außerhalb der Armenfürsorge regelt. Das Bürgerliche Gesetzbuch (BGB) sieht im Jahre 1900 Maßnahmen öffentlicher Erziehung für Minderjährige vor, wenn ein Missbrauch der elterlichen Gewalt (§ 1666) oder ein entsprechendes Versagen eines Vormunds (§ 1838) vorliegt. Das BGB lässt jedoch auch die Möglichkeit offen, Fürsorgeerziehung zu verhängen, wenn sie „zur Abwendung des völligen sittlichen Verderbens" (§ 1666) notwendig scheint.

Neben der damit einsetzenden Diskussion über die Gefährdung der Jugend durch die Folgen von Verstädterung, Industrialisierung und Proletarisierung treten vor allem die junge Wissenschaft der Jugendpsychologie und besonders die Psychopathologie des Jugendalters hervor. Anstöße für die Praxis kommen zudem aus Kreisen des Militärs, der Turn- und Gesundheitsbewegung und aus der Pfadfinderschaft. Politisch steht dabei die Idee einer konservativen Nationalerziehung als Gegengewicht gegen die Einflüsse der Sozialdemokratie im Vordergrund.

Auch die Pfadfinderei wird in Deutschland auf Initiative von Offizieren eingeführt. 1909 erscheint das „Pfadfinderbuch", die deutsche Übersetzung des englischen „Scouting for Boys" von Robert Baden Powell. Bei der Umsetzung dieser Ideen in Deutschland treten allerdings die vormilitärische Körperertüchtigung, Märsche, Ausdauertraining und Kampfspiele viel stärker in den Vordergrund als bei dem englischen Vorbild.

Ganz andere Anstöße erhält die Jugendfürsorge aus der Armenpflege. Diese sucht nach Chancen für eine wirksame Prävention: Aus diesem Motiv heraus entstehen das Pflegekinderwesen, das Vormundschaftswesen, die Säuglingsfürsorge, Schulspeisungen, Schülererholung und Kinderhorte. Die Jugendfürsorge, die durch all diese Aktivitäten ein hohes Maß an Zersplitterung aufweist, soll ab 1907 durch die koordinierende Tätigkeit der Deutschen Zentrale für Jugendfürsorge vereinheitlicht werden.

Die Entstehung der Jugendpflege

Ebenfalls aus dem Kontext präventiv gerichteter Interessen heraus entstehen nach einer Reihe kleinerer Vorläufertexte 1911 und 1913 die beiden großen Preußischen Erlasse zur Jugendpflege, in denen die Ertüchtigung von Körper, Seele und Geist zur „nationalen Aufgabe ersten Ranges" erklärt wird. Die damit ins Leben gerufene außerschulische Jugendarbeit soll sich auf ehrenamtlich tätige ‚lebenserfahrene Bürger' stützen und dem Prinzip der freiwilligen Teilnahme genügen. Als Koordinationsorgane werden auf Orts-, Kreis- und Bezirksebene Jugendpflegeausschüsse eingerichtet. Damit werden Strukturen geschaffen, die heute noch das Grundmuster kommunaler Jugendpflege abgeben: eine staatlich initiierte und subventionierte, freie Träger beteiligende, auf Freiwilligkeit und Ehrenamtlichkeit sich stützende außerschulische kommunale Jugendarbeit als Bereich öffentlicher Erziehung.

Diese zielt allerdings fast ausschließlich auf die proletarische Jugend ab, weil sie aufgrund ihrer Lebensbedingungen weit weniger Chancen hat, ein Jugendleben und lange Bildungszeit zu genießen, und weil sie vor allem davor bewahrt werden soll, kriminellen oder aufrührerischen Einflüssen nachzugeben. In diesem Sinne soll die ‚Kontrolllücke zwischen Schulbank und Kasernentor' durch die Jugendpflege, d.h. den Aufbau einer außer- und nachschulischen Jugendpädagogik, geschlossen werden.

Die Anstöße durch die deutsche Jugendbewegung

Ganz andere Impulse erhält die Arbeit mit Jugendlichen aus der bürgerlichen und – später – der sogenannten Proletarischen Jugendbewegung. Diese speist sich in den Anfangsjahren aus der Sehnsucht nach Naturverbundenheit, nach neuen Liedern, Ritualen und Symbolen, vor allem nach einem Gruppenleben, das auf dem Gefühl tiefer Gemeinschaft beruht und auf Selbsterziehung abzielt. Diese Vorstellungen hatten eine große Bedeutung für die Entwicklung der Jugendkultur in den darauf folgenden Jahrzehnten. Viele Fürsorger/-innen der Weimarer Republik ebenso wie viele der reformpädagogischen Theoretiker sind aus der Jugendbewegung hervorgegangen und haben aus dieser ihre Konzepte der Sozial- und Reformpädagogik geschöpft.

Als Urzelle der Jugendbewegung wird der Wandervogel genannt, eine Gruppe von Steglitzer Gymnasiasten, die sich seit 1896 für Wanderungen im Grunewald begeistern. In rascher Folge entstehen in vielen Großstädten und vor allem den Universitätsstädten ähnliche Gruppen, die sich 1913 zu einer Art Dachverband, dem Wandervogel e.V., Bund für deutsches Jugendwandern zusammenschließen. Beim Fest der Jugend, das im gleichen Jahr auf dem Hohen Meißner, einem Berg im nordhessischen Mittelgebirge, stattfindet, wird zudem die Freideutsche Jugend als Dachverband der gymnasialen und studentischen Gruppen gegründet. Im Gründungsdokument, der sogenannten Meißner-Formel werden Autonomie (eigenständiges Jugendreich) und Selbsterziehungsgemeinschaft (Jugend wird durch Jugend geführt) der Jugendorganisationen betont.

Die Elemente der Jugendhilfe nach 1924

Alle drei Entwicklungsstränge erfahren in der Zeit der Weimarer Republik eine Verstetigung und Festigung sowie rechtliche Grundlagen im Reichsjugendwohlfahrtsgesetz (RJWG) von 1924. Das RJWG tritt unmittelbar nach dem Stopp der Inflation und nach der Überwindung der politischen Krise von 1923 zum 1. April 1924 in Kraft, allerdings unter Streichung oder Einschränkung aller Bestimmungen, die der Öffentlichkeit neue Finanzlasten hätten aufbürden können.

Fürsorgeerziehung
Knapp die Hälfte der Fürsorgezöglinge war in Anstalten untergebracht, die anderen bei Familien oder im Zusammenhang mit Lehr- und Arbeitsstellen. Die Zöglinge kamen in überproportionalem Maße aus den Großstädten. Die männlichen Schulentlassenen von ihnen kamen aus dem Handwerk und aus dem sonstigen Gewerbe (in der Regel Ungelernte). Die weiblichen schulentlassenen Zöglinge kamen aus häuslichen Diensten und aus dem Gewerbe (meist Fabrikarbeiterinnen). Fürsorgeerziehung war also vornehmlich ein Unterschichtenphänomen.

Die Fürsorgeerziehung hatte eine soziale und biografisch stigmatisierende Dimension. Sie demonstrierte in einem als arm und (potenziell) sozial auffällig definierten Unterschichtmilieu eine unübersehbare Präsenz. Sie schuf auch dort, wo das auffällige Verhalten der Eltern wie der Kinder unterhalb der Schwelle der Strafbarkeit blieb, eine gewisse Kontinuität des öffentlichen, behördlichen Eingriffs. Für die biografische Erfahrung der betroffenen Kinder und Jugendlichen prägte sie, einmal angeordnet, mit hoher Wahrscheinlichkeit das gesamte Jugendalter. In diesem Sinne war die Fürsorgeerziehung für die Betroffenen eine totale Institution, dem Gefängnis nur insofern nicht vergleichbar, als die durchschnittliche Verweildauer in der Fürsorgeerziehung höher lag und – verhaltensabhängig – bis zur Volljährigkeit ausgedehnt werden konnte.

Zwar gab es einzelne reformpädagogische Versuche in solchen Anstalten wie Berlin-Lindenhof (Karl Wilker), Frankfurt-Westendheim (August Verleger) oder in der Jugendstrafanstalt Hanöfersand bei Hamburg (Curt Bondy und Walter Herrmann), aber solche Versuche scheiterten bald an mangelnder öffentlicher Unterstützung und/oder an inneren Konflikten.

Jugendpflege
Die 1920er Jahre waren die hohe Zeit der organisierten Jugend. Dem Reichsausschuss der deutschen Jugendverbände gehörten im Jahre 1926 insgesamt 76 Jugendverbände mit 4,35 Millionen Mitgliedern an. Sie repräsentierten damit jeden zweiten männlichen und jeden vierten weiblichen Jugendlichen. Es überwog – in Fortsetzung der Vorkriegstraditionen – die Jugendpflege auf konfessioneller Basis und in den Sportvereinen. Heteronomie statt Autonomie der Jugend, Eingrenzung der als gefährlich und gefährdend begriffenen Freizeit und Freizügigkeit durch Angebote an organisierter Freizeitgestaltung waren nicht nur die Ziele der wilhelminischen Erfinder der Jugendpflege gewesen, sondern blieben auch in der politisch offeneren Weimarer Republik vorherrschende Erziehungspraxis. Die regionalen Jugendpflegeausschüsse, in denen die Jugendorganisationen, solange sie nicht als staatsfeindlich galten, vertreten sein konnten, sorgten in Zusammenhang mit den Jugendämtern und haupt- oder nebenamtlichen Jugendpflegern für die Subventionierung der einzelnen Verbände. Daneben gab es unmittelbare öffentliche Förderungsmaßnahmen für Sportanlagen, Freizeitheime, Bibliotheken usw.

Die Kontinuität jugendpflegerischer Zielvorgaben wie Erziehung zur Respektierung von Autorität, kulturelle Hebung der Unterschichten, Vaterlandsliebe, Volksgesundheit, Immunität gegenüber den ‚Zivilisationsgiften' wurde durch demokratisches Vokabular nur geringfügig drapiert. Das Weiterwirken autoritärer Erziehungsziele und -methoden reichte auch in der Jugendpflege über die politischen Epochenjahre 1918 und 1933 hinweg.

Die Entwicklung im Nationalsozialismus

Die Nationalsozialisten besetzten zwei Schlüsselgebiete der Jugendarbeit mit eigenen Organisationen durch Ausschließung der demokratischen Organisationen und Aneignung von deren Potenzial sowie im Verdrängungswettbewerb gegen die verbliebenen kirchlichen und neutralen Organisationen.

Seit der Ernennung des Hitler-Jugend (HJ)-Führers Baldur von Schirach im Juni 1933 zum ‚Reichsjugendführer' besetzte die HJ sukzessive das Feld der Jugendpflege. Damit wurde die Doppelgleisigkeit zwischen öffentlicher Jugendpflege und den Jugendorganisationen tendenziell überwunden. Mit dem 1936 erlassenen „Gesetz über die Hitlerjugend" wurde die gesamte außerfamiliale Erziehung der Jugend in die Hände der Hitlerjugend gelegt. Es markiert das endgültige Ende der freien Jugendverbände wie der kommunalen Jugendpflege.

Mit der ideologischen Ausrichtung der zunehmend zwangsweise in die HJ inkorporierten Jugendlichen auf den Führerstaat, auf Nationalismus, Militarismus und Rassismus ging die Zurückschneidung der ‚Selbstorganisation' der Jugend einher. Mit den beiden Durchführungsverordnungen zum HJ-Gesetz von 1939 wurde die ‚Jugenddienstpflicht' total und ihre Nichterfüllung strafbar. Das verstärkte den Druck auf nichtintegrierte Jugendliche, besonders die Cliquen der ‚Edelweißpiraten', ‚Meuten' oder ‚Swing-Clubs', führte vor allem auch zur Entwicklung von Polizeifunktionen und Strafritualen in Eigenverantwortung der HJ. Abweichendes Verhalten geringen Grades rief nicht mehr Jugendfürsorge oder Gerichte, sondern den HJ-internen Sanktionsapparat auf den Plan. Statt „Jugend wird durch Jugend geführt" galt nun: Jugend wird durch HJ-Führer gemaßregelt.

Zugleich ist nicht zu übersehen, dass HJ und Bund Deutscher Mädel (BDM) für Millionen Jugendliche das erste und einzige Angebot an Freizeitgestaltung, an Zusammenleben in der Gruppe und an Bewährungs- und Aufstiegsmöglichkeiten in Führerfunktionen darstellte. Sie verwirklichten eine von vielen Sozialpädagogen angestrebte restlose jugendpflegerische Erfassung und ‚vaterländisch'-autoritäre Erziehung der Jugend.

Der Versuch des NS-Staats, die kirchlichen Jugendverbände durch ihre Eingliederung in die HJ (1933 und endgültig 1936) auf den seelsorgerisch-kirchlichen Bereich zurückzudrängen, ging jedoch nicht voll auf. Zwar war die Organisation eines jugendgemäßen Lebens nicht mehr möglich, es organisierten sich jedoch kleine illegale Gruppen (insbesondere auf evangelischer Seite im Zusammenhang mit der Bekennenden Kirche). Damit war die – für die Zeit nach 1945 bedeutungsvolle – Umstellung der kirchlichen Jugendarbeit von einer in Bünden bzw. Verbänden organisierten selbstständigen und jugendbewegten Arbeit hin zu einer auf die Pfarrgemeinde und die innerkirchliche Ebene bezogenen Organisation eingeleitet.

Die Entwicklung nach 1945

Die erste Nachkriegszeit wirft zum einen Fragen nach der Verelendung und wirtschaftlichen Not gerade auch der Jugend (Kriegsheimkehrer, Jugendarbeitslosigkeit) auf, zum anderen die Frage, wie sich die Jugend für die Demokratie gewinnen lasse. Jugendverbände galten bis Anfang der 1950er Jahre wegen ihres Führerprinzips und ihren Formen (Kluft, Lager, Fahrt usw.) als der Hitlerjugend zu nahe und hatten Probleme mit ihrer Wiederzulassung.

Westdeutschland
Unmittelbar nach Ende des Krieges entstanden in der amerikanischen Besatzungszone durch das Angebot der US-Armee zur Umerziehung deutscher Jugendlicher (‚German Youth Activities'-Programm – GYA) ‚Häuser der offenen Tür und ‚Civic-Centres'. Diese hatten in ihrer infrastrukturellen Ausrichtung, ihrem pluralistischen Angebot und ihrer charakteristischen Mischung aus Programmangeboten und ‚offenem Bereich' durchaus Signal- und Vorbildwirkung für die Jugendpflegeaktivitäten der Jugendämter. Jugendhilfe-Vertreter forderten, hauptamtliche Jugendpfleger/-innen in ausreichender Zahl zu bestellen, die in engster Fühlung mit Jugendringen und Verbänden arbeiten sollten. Sie forderten, Räumlichkeiten zur Verfügung zu stellen, damit die Gruppen Mittelpunkte für ihre Arbeit schaffen könnten mit dem Ziel: Schaffung des Jugendheimes als Zweckeinrichtung der Jugendpflege.

Mit der doppelten deutschen Staatsgründung 1949 entwickelten sich Jugendpflege und Jugendhilfe in West- und Ostdeutschland höchst unterschiedlich. Im Westen versuchte man im Rahmen der Jugendhilfe durch Jugendaufbauwerke, Jugenddörfer, Jugendsiedlungen und Auffangheime die sogenannten wandernden Jugendlichen aufzufangen, an Arbeit zu gewöhnen, ihnen Berufsgrundqualifikationen oder sogar Berufsausbildungen zuteilwerden zu lassen und v.a. sie in feste Arbeitsverhältnisse zu vermitteln. Diese Initiativen schlossen sich 1949 zur Bundesarbeitsgemeinschaft Jugendaufbauwerk (Bag JAW) zusammen. Der 1950 beschlossene und seit 1951 finanzierte ‚Bundesjugendplan' hatte in den ersten Jahren seinen Finanzierungsschwerpunkt ganz überwiegend bei den „Kosten in Jugendwohnheimen, Grundausbildungslehrgängen und Jugendgemeinschaftswerken" sowie beim „Bau von Jugendwohnheimen".

Zentrum der Gruppenpädagogik wurde das 1949 eröffnete Haus Schwalbach, von dem aus über Fortbildung und Schulung der Multiplikator/-innen die Verbreitung ihrer Methoden organisiert wurde. Die Philosophie der Gruppenpädagogik ging davon aus, dass sie eine Lebensform vermittle, die als solche einen demokratischen Lebensstil sowie demokratische Lernprozesse transportiere.

Im Bereich von Fürsorgeerziehung gingen im Verlauf der Nachkriegszeit nicht nur die Fallzahlen rapide zurück. Mehr und mehr wurde dieser ganze Bereich auch als Makel für das sozialpädagogische Gewissen der Jugendhilfe verstanden. Seit den Heimkampagnen um das Jahr 1970 wurde deshalb eine Reihe von Alternativen zur Heimerziehung entwickelt und die Rechtfertigung geschlossener Unterbringung innerhalb der Jugendhilfe auf das Heftigste infrage gestellt. Großheime wurden differenziert oder durch Kleinheime und Außenwohngruppen ergänzt, die pädagogische Ausbildung der Heimerzieher/-innen wurde verbessert, teilweise wurden Mitbestimmungsmodelle mit Kindern und Jugendlichen erprobt, die Aufenthaltsdauer nach Möglichkeit verkürzt sowie die Erziehung im Heim durch Eltern- und Stadtteilarbeit ergänzt. Einige dieser Vorstellungen gingen auch in den Regierungsentwurf zu einem neuen Jugendhilferecht (1978) ein.

Mit der Erklärung von St. Martin/Pfalz vollziehen die Jugendverbände in der Bundesrepublik die Abkehr von der Tradition der Jugendbewegung und übernehmen bewusst Aufgaben der Erziehung und gesellschaftlichen Integration junger Menschen. Der Prozess der „Pädagogisierung" und „Vergesellschaftung" der Jugendarbeit bringt sie deshalb in einen „Spagat" (Deutscher Bundesjugendring) zwischen einer (erwachsenenorientierten) Sozialisationsinstanz und einem (jugendorientierten) Anspruch der Selbstorganisation und Selbstvertretung der jungen Generation. Dieses ‚doppelte Mandat' prägt bis heute diesen Bereich der Arbeit mit Jugendlichen.

Der politische Aufstand der Studenten/-innen in den 1970er Jahren zwang zu einer Neupositionierung des Verhältnisses von Erwachsenen und nachwachsender Generation (antiautoritäre Bewegung). In der Folge wurden Maßnahmen der politischen Bildung verstärkt, insbesondere aber Modelle der Mitbestimmung und Partizipation, der Selbstorganisation und Demokratisierung erprobt und verbreitet. Das 1990/91 in Kraft gesetzte Kinder- und Jugendhilfegesetz (KJHG, SGB VIII) weist deshalb einen anderen Geist auf und betont die Mitbestimmungsrechte von Kindern, Jugendlichen und ihren Eltern.

Entwicklungen in der DDR
In der sowjetischen Besatzungszone wird in einer ersten Phase bis 1949 zunächst mit der Überführung der Jugendämter und der jugendpolitischen Zuständigkeiten in den neu aufgebauten Bereich der ‚Volksbildung' begonnen. Der gesamte Bereich der Jugendpflege und große Teile der Jugendfürsorge werden in das – schulisch bestimmte – Volksbildungswesen integriert und kommen dadurch (wie die Schule) unter staatliche Regie.

Diese ‚Verstaatlichung' führt nicht zuletzt zu einem drastischen Rückgang der freien Träger der Jugendhilfe. Das 1949 erlassene erste Jugendgesetz der DDR vollzieht dann konsequent die Auflösung eigenständiger Jugendämter und reduziert den Aufgabenbereich der Jugendhilfe erheblich. Der Bereich Jugendförderung, Jugendfreizeit und Jugendbetreuung wird durch die 1949 gegründete zentrale Jugendorganisation ‚Freie Deutsche Jugend' (FDJ) innerhalb und außerhalb der Schule organisiert; auch der Bereich Kulturförderung spielt mit seinen Angeboten eine Rolle.

Damit löst sich die weitere Entwicklung von den Grundstrukturen der Weimarer Republik, sowohl inhaltlich wie organisatorisch. Sie wird zu einem Randbereich gegenüber Schule und Jugendverband. Die Jugendförderung (also alle Angebote für die Gesamtheit der Jugend, nicht bezogen auf Problemgruppen oder Defizite) wird der FDJ zugeordnet und von dort aus gesteuert. Für die Arbeit der sonstigen Jugendverbände, v.a. für die Evangelische und Katholische Jugend, setzt sich somit strukturell die Situation vor Kriegsende fort: ihre Aktivitäten bleiben offiziell auf innerkirchliche und gemeindliche Funktionen begrenzt. Darüber hinausgehende Initiativen werden von den staatlichen Autoritäten misstrauisch beobachtet und behindert.

Das zweite Jugendgesetz der DDR (1964) und die „Verordnung über die Aufgaben und die Arbeitsweise der Organe der Jugendhilfe" (1965) bauen die Eingliederung der Jugendhilfe in das System der Volksbildung aus.

Ausblick: die Zeit nach der deutschen Einigung

Mit der deutschen Einigung tritt in den östlichen Bundesländern das neue Kinder- und Jugendhilfegesetz (SGB VIII) in Kraft und erzwingt auf der rechtlich institutionellen Ebene den Abbruch der Entwicklungen in der DDR und die Übernahme des westdeutschen Systems. Jugendpolitisch hat der Aufbau entsprechender Jugendhilfestrukturen Priorität. Die westdeutschen Jugendverbände unternehmen Anstrengungen, ihre Erfahrungen in der Bundesrepublik auf die neuen Länder zu übertragen, wobei es offen bleibt, bis zu welchem Grad ostdeutsche Traditionen und Mentalitäten einbezogen werden. Die Mitgliederzahlen halten sich zunächst in vergleichsweise engen Grenzen.

Da Jugendhilfe in der Verantwortung der Kommunen liegt, versucht die Bundesebene den Prozess mit einer Vielzahl von Programmen zu unterstützen, die auf den Strukturaufbau, die Erst- und Nachqualifizierung der Fachkräfte und auf Maßnahmen für Problemgruppen zielen. Damit wird ein Modus politisch-finanzieller Steuerung eingeleitet, der nicht mehr als institutionelle Dauerförderung, sondern als befristete Programmförderung ausgerichtet ist. Insbesondere die Arbeit der freien Träger und der Jugendverbände unterliegt damit stärker einer inhaltlichen ‚Vor-Definition' seitens des Staates.

Dennoch bleibt die offizielle Jugendpolitik in Bund und Ländern bis heute an ein sattsam bekanntes Muster gebunden: Immer dann, wenn Jugendliche lautstark auf sich aufmerksam oder Eruptionen von Gewalt und Kriminalität (oder andere soziale Probleme) junger Menschen Schlagzeilen machen, werden eilig Programme und Maßnahmen zur vermeintlichen Abhilfe geschnürt. Diesem Aktionismus gegenüber hat es die pädagogisch und präventiv ausgerichtete Arbeit mit Jugendlichen bis heute schwer, ihren Bestand zu erhalten und ihre Finanzierung nachhaltig und verlässlich zu sichern.

Literatur

Andresen, Sabine (1997): Mädchen und Frauen in der bürgerlichen Jugendbewegung. Soziale Konstruktion von Mädchenjugend. Neuwied: Luchterhand.
Böhnisch, Lothar/Gängler, Hans/Rauschenbach, Thomas (Hrsg.) (1991): Handbuch der Jugendverbände. Eine Ortsbestimmung der Jugendverbandsarbeit in Analysen und Selbstdarstellungen. Weinheim/München: Juventa.

Brinkmeier, Petra (2006): Weibliche Jugendpflege zwischen Geselligkeit und Sittlichkeit. Zur Geschichte des Verbandes der evangelischen Jungfrauenvereine Deutschlands (1890–1918). http://opus.kobv. de/ubp/volltexte/2006/1022/pdf/brinkmeier_diss.pdf [Zugriff: 6.12.2012]

Czerwinski, Norbert/Grabowski, Sabine u.a (Hrsg.) (1990): Unmöglich, sich zu entziehen? Katholische und Evangelische Jugend im nationalsozialistischen Düsseldorf: Bund der Deutschen Katholischen Jugend.

Dorgerloh, Fritz (1999): Junge Gemeinde in der DDR. Geschichte der evangelischen Jugendarbeit, 1. Hannover: Edition aej.

Giesecke, Hermann (1981): Vom Wandervogel bis zur Hitlerjugend. Jugendarbeit zwischen Politik und Pädagogik. München: Juventa.

Gräser, Marcus (1995): Der blockierte Wohlfahrtsstaat. Unterschichtjugend und Jugendfürsorge in der Weimarer Republik. Göttingen: Vandenhoek & Ruprecht.

Hering, Sabine/Münchmeier, Richard (2007): Geschichte der Sozialen Arbeit. Eine Einführung. Weinheim/München: Juventa.

Klönne, Arno (1982): Jugend im Dritten Reich. Die Hitler-Jugend und ihre Gegner. Düsseldorf: Diederichs.

Münchmeier, Richard (1982): Der historische Fundus. Wie sich die Bilder gleichen. In: Deutsches Jugendinstitut (Hrsg.): Die neue Jugenddebatte. Was gespielt wird und um was es geht: Schauplätze und Hintergründe. München: Juventa, S. 60–80.

Peukert, Detlev, J.K. (1986): Grenzen der Sozialdisziplinierung. Aufstieg und Krise der deutschen Jugendfürsorge von 1878 bis 1932. Köln: Bund-Verlag.

Schwab, Ulrich (Hrsg.) (2003): Vom Wiederaufbau zur Wiedervereinigung. Evangelische Jugend in der Bundesrepublik Deutschland 1945 bis 1995. Geschichte der evangelischen Jugendarbeit, 2. Hannover: Ed. aej.

Zentralrat der Freien Deutschen Jugend (Hrsg.) (1980): Geschichte der Freien Deutschen Jugend. Berlin: Verlag Neues Leben.

Robert Sauter

Rechtliche Grundlagen der Arbeit mit Jugendlichen

Die wesentlichen jugendhilferechtlichen Bestimmungen finden sich im „SGB VIII", dem Achten Buch Sozialgesetzbuch. Es beschreibt die Grundsätze, Leistungen, Aufgaben, Strukturen und Organisationsformen der Kinder- und Jugendhilfe und stellt den Rahmen für die Tätigkeit der öffentlichen Träger wie der freien Träger der Jugendhilfe dar.

Für die Bestimmung der *Altersgrenze* ‚Jugend' oder ‚Jugendliche' gibt es keine einheitlichen rechtlichen Regelungen. Im Sinne des Grundgesetzes (GG) sind alle Minderjährigen bis zur Vollendung des 18. Lebensjahres „Kinder".

Im Sinne des Kinder- und Jugendhilferechts (SGB VIII) ist
- Kind, wer noch nicht 14 Jahre alt ist,
- Jugendlicher, wer 14, aber noch nicht 18 Jahre alt ist,
- junger Volljähriger, wer 18, aber noch nicht 27 Jahre alt ist,
- junger Mensch, wer noch nicht 27 Jahre alt ist (§ 7 Abs. 1 SGB VIII).

Das Jugendgerichtsgesetz kennt ergänzend die „Heranwachsenden", nämlich die Altersgruppe der 18- bis 21-Jährigen (§ 1 JGG).

Kinder- und Jugendhilferecht des Bundes (KJHG/SGB VIII)

Das 1. Kapitel des SGB VIII enthält „allgemeine Vorschriften" im Sinne von grundlegenden Normen der Kinder- und Jugendhilfe. Es spricht in § 1 Abs. 1 SGB VIII jedem jungen Menschen „ein Recht auf Förderung seiner Entwicklung und auf Erziehung zu einer eigenverantwortlichen und gemeinschaftsfähigen Persönlichkeit" zu. Zur Verwirklichung dieses Rechts soll die Kinder- und Jugendhilfe insbesondere

„1. junge Menschen in ihrer individuellen und sozialen Entwicklung fördern und dazu beitragen, Benachteiligungen zu vermeiden oder abzubauen,
2. Eltern und andere Erziehungsberechtigte bei der Erziehung beraten und unterstützen,
3. Kinder und Jugendliche vor Gefahren für ihr Wohl schützen,
4. dazu beitragen, positive Lebensbedingungen für junge Menschen und ihre Familien sowie eine kinder- und familienfreundliche Umwelt zu erhalten oder zu schaffen" (§ 1 Abs. 3 SGB VIII).

Zu den weiteren Grundnormen zählen die Anerkennung der „Vielfalt von Trägern unterschiedlicher Wertorientierungen" und der „Vielfalt von Inhalten, Methoden und Arbeitsformen" (§ 3 Abs. 1 SGB VIII), das Subsidiaritätsprinzip als besondere Form der „Zusammenarbeit der öffentlichen Jugendhilfe mit der freien Jugendhilfe" (§ 4 SGB VIII), das „Wunsch- und Wahlrecht" der Leistungsberechtigten (§ 5 SGB VIII), das Recht von Kindern und Jugendlichen auf Beteiligung „an allen sie betreffenden Entscheidungen der öffentlichen Jugendhilfe" und ihr Recht, „sich in allen Angelegenheiten der Erziehung und Entwicklung an das Jugendamt zu wenden" (§ 8 SGB VIII) und die Wahrnehmung des Schutzauftrags bei Kindeswohlgefährdung (§ 8a SGB VIII). Im

2. Kapitel des SGB VIII werden die Leistungen der Kinder- und Jugendhilfe beschrieben. Sie gliedern sich in die Abschnitte
- Jugendarbeit, Jugendsozialarbeit, erzieherischer Kinder- und Jugendschutz (§§ 11–15 SGB VIII),
- Förderung der Erziehung in der Familie (§§ 16–21 SGB VIII),
- Förderung von Kindern in Tageseinrichtungen und in Kindertagespflege (§§ 22–26 SGB VIII),
- Hilfe zur Erziehung, Eingliederungshilfe für seelisch behinderte Kinder und Jugendliche, Hilfe für junge Volljährige (§§ 27–41 SGB VIII).

Jugendarbeit
Die Angebote der Jugendarbeit sollen „an den Interessen junger Menschen anknüpfen und von ihnen mitbestimmt und mitgestaltet werden, sie zur Selbstbestimmung befähigen und zu gesellschaftlicher Mitverantwortung und zu sozialem Engagement anregen und hinführen" (§ 11 Abs. 1 SGB VIII). Im Blick auf die Jugendverbände heißt es in § 12 Abs. 2, dass die Jugendarbeit von jungen Menschen „selbst organisiert, gemeinschaftlich gestaltet und mitverantwortet" wird und „Anliegen und Interessen junger Menschen zum Ausdruck gebracht und vertreten" werden sollen.

Förderung der Erziehung in der Familie
Die „Förderung der Erziehung in der Familie" umfasst allgemeine Bildungs- und Beratungsangebote zur Unterstützung der Eltern bei ihren Erziehungsaufgaben (§ 16 SGB VIII) sowie bei Trennung und Scheidung und anderen besonderen Lebenslagen (§§ 17–21 SGB VIII).

Kindertagesbetreuung
Die „Förderung von Kindern in Tageseinrichtungen und in Kindertagespflege" hat seit Inkrafttreten des SGB VIII erheblich an Bedeutung gewonnen. Sie umfasst Erziehung, Bildung und Betreuung und bezieht sich auf die soziale, emotionale, körperliche und geistige Entwicklung des Kindes. Sie schließt die Vermittlung orientierender Werte und Regeln ein. Die Förderung soll sich am Alter und Entwicklungsstand, den sprachlichen und sonstigen Fähigkeiten, an der Lebenssituation sowie den Interessen und Bedürfnissen des einzelnen Kindes orientieren und seine ethnische Herkunft berücksichtigen (§ 22 Abs. 3 SGB VIII). Ab dem 1. August 2013 besteht ein individueller Rechtsanspruch auf Förderung im Rahmen der Kindertagesbetreuung („Kita", Kinderkrippe, Kindergarten u.ä., Kindertagespflege).

Hilfen zur Erziehung
Während in den ersten drei Aufgabenbereichen die Förderung von jungen Menschen und ihren Familien im Vordergrund steht, und zwar ohne dass eine besondere Notlage gegeben wäre, kommen die „Hilfen zur Erziehung" (§§ 27ff. SGB VIII) dann zum Tragen, „wenn eine dem Wohl des Kindes oder des Jugendlichen entsprechende Erziehung nicht gewährleistet ist und die Hilfe für seine Entwicklung geeignet und notwendig ist" (§ 27 Abs. 1 SGB VIII). Im Aufgabenfeld der Hilfen zur Erziehung kommt der Charakter des SGB VIII als eines Leistungsgesetzes am deutlichsten zum Ausdruck, da auf diese Hilfen ein individueller und auch einklagbarer Rechtsanspruch seitens der „Leistungsberechtigten" – das sind die Eltern oder andere Personensorgeberechtigte –

besteht. Im Einzelnen, aber nicht abschließend nennt das SGB VIII folgende Hilfen: Erziehungsberatung (§ 28 SGB VIII), Soziale Gruppenarbeit (§ 29 SGB VIII), Erziehungsbeistandschaft, Betreuungshelfer (§ 30 SGB VIII), Sozialpädagogische Familienhilfe (§ 31 SGB VIII), Erziehung in einer Tagesgruppe (§ 32 SGB VIII), Vollzeitpflege, d.h. die längerfristige Unterbringung eines Kindes oder Jugendlichen in einer Pflegefamilie (§ 33 SGB VIII), Heimerziehung bzw. sonstige betreute Wohnform (§ 34 SGB VIII), häufig auch als „stationäre Erziehungshilfe" bezeichnet.

Die Entscheidung über diese Leistungen trifft das Jugendamt, es trägt auch die Kosten. Über die Ausgestaltung dieser Hilfen wird in einem Hilfeplanverfahren entschieden, an dem die Personensorgeberechtigten sowie die betroffenen Kinder oder Jugendlichen zu beteiligen sind (§ 36 SGB VIII). Die Versagung einer Hilfe aus Kostengründen ist rechtlich nicht möglich.

Datenschutz
In allen Handlungsfeldern der Kinder- und Jugendhilfe kommen die hauptberuflichen Fachkräfte, aber auch die ehrenamtlichen Mitarbeiter/-innen mit persönlichen Daten der Betroffenen in Berührung. Vor diesem Hintergrund erhält der Datenschutz eine besondere Bedeutung. Er wird im 4. Kapitel des SGB VIII geregelt (§§ 61–68 SGB VIII). Es gilt der Grundsatz, dass nur solche Daten erhoben werden dürfen, deren „Kenntnis zur Erfüllung der jeweiligen Aufgabe erforderlich ist" (§ 62 Abs. 1 SGB VIII). Ein besonderer Vertrauensschutz gilt den Sozialdaten, „die dem Mitarbeiter eines Trägers der öffentlichen Jugendhilfe zum Zweck persönlicher und erzieherischer Hilfe anvertraut worden sind", sie dürfen von diesem nur „mit der Einwilligung dessen, der die Daten anvertraut hat, weitergegeben werden", es sei denn, dass anders einer Kindeswohlgefährdung nicht begegnet werden könnte (§ 65 SGB VIII).

Strukturen
Strukturen und Organisation der Kinder- und Jugendhilfe werden im 5. Kapitel beschrieben. Zunächst geht es um die Bestimmung des „öffentlichen Trägers der Jugendhilfe". Sie wird von den Ländern vorgenommen. In der Praxis sind dies die Landkreise und kreisfreien Städte, teilweise auch kreisangehörige Gemeinden. Jeder öffentliche Träger hat ein Jugendamt zu errichten, das die Aufgaben der Kinder- und Jugendhilfe wahrnimmt (§ 69 Abs. 3 SGB VIII). Für die Bezeichnung Jugendamt hat sich eine begriffliche Vielfalt entwickelt (Kreisjugendamt, Stadtjugendamt, Amt für Jugend und Familie, Fachbereich Jugend und Familienförderung usw.). Ebenso haben die Länder zu bestimmen, wer überörtlicher öffentlicher Träger der Jugendhilfe ist und damit ein Landesjugendamt errichtet.

Unbeschadet der Tätigkeit freier Träger der Jugendhilfe bleibt der öffentliche Träger immer in der Gewährleistungsverpflichtung dafür, dass die Aufgaben der Kinder- und Jugendhilfe vollständig und qualifiziert durchgeführt werden (§ 79 SGB VIII).

Eine in langer Tradition gewachsene Besonderheit ist die sogenannte Zweigliedrigkeit der Jugendhilfebehörden: „Die Aufgaben des Jugendamts werden durch den Jugendhilfeausschuss und durch die Verwaltung des Jugendamts wahrgenommen" (§ 70 Abs. 1 SGB VIII). Während die Jugendamtsleitung für die laufenden Geschäfte der Verwaltung zuständig ist, befasst sich der Jugendhilfeausschuss grundsätzlich mit allen Angelegenheiten der Jugendhilfe, insbesondere mit aktuellen Problemlagen junger

Menschen, der Jugendhilfeplanung und der Förderung der freien Jugendhilfe (vgl. § 71 Abs. 2 SGB VIII).

Dem Jugendhilfeausschuss gehören mit zwei Fünfteln des Anteils der Stimmen Frauen und Männer an, die auf Vorschlag der anerkannten Träger der freien Jugendhilfe von der Vertretungskörperschaft gewählt werden (vgl. § 71 Abs. 1 SGB VIII). Damit können sich die Jugend- und Wohlfahrtsverbände unmittelbar an der Gestaltung der Jugendhilfe in ihrer kommunalen Gebietskörperschaft beteiligen. Analoge Regelungen gelten für die Landesjugendämter.

Freie Träger
Eine besondere Bedeutung für die Jugendverbände wie für die freien Träger insgesamt haben die Bestimmungen über die öffentliche Anerkennung, die Beteiligung und die Förderung der Träger der freien Jugendhilfe (vgl. § 75 SGB VIII).

Für die Förderung der freien Jugendhilfe werden im SGB VIII selbst die wichtigsten Grundsätze aufgestellt (§ 74 SGB VIII).

Weitere gesetzliche Regelungen

Jugendschutzgesetz
Mittelbar für die Jugendlichen selbst, unmittelbar für die Träger von Einrichtungen und Veranstaltungen sind die Bestimmungen des Jugendschutzgesetzes (JuSchG) von Bedeutung. Es enthält insbesondere Altersbegrenzungen beim Besuch von Gaststätten, Tanzveranstaltungen, Spielhallen und anderen jugendgefährdenden Orten, bei der Abgabe von alkoholischen Getränken und Tabakwaren (Jugendschutz in der Öffentlichkeit). Breiten Raum nimmt daneben der Jugendschutz im Bereich der Medien ein. Hier finden sich insbesondere Bestimmungen über jugendgefährdende Medien und die Alterskennzeichnung von Filmen.

Jugendgerichtsgesetz
Für straffällig gewordene Jugendliche und Heranwachsende finden die Bestimmungen des Jugendgerichtsgesetzes (JGG) Anwendung.

> „Die Anwendung des Jugendstrafrechts soll vor allem erneuten Straftaten eines Jugendlichen oder Heranwachsenden entgegenwirken. Um dieses Ziel zu erreichen, sind die Rechtsfolgen und unter Beachtung des elterlichen Erziehungsrechts auch das Verfahren vorrangig am Erziehungsgedanken auszurichten" (§ 2 Abs. 1 JGG).

In geeigneten Fällen kann von einer Strafverurteilung abgesehen werden, wenn stattdessen mit Weisungen und Auflagen das Ziel eines straffreien Lebens des Jugendlichen oder Heranwachsenden erreicht werden kann. Zur Begleitung der Jugendlichen in Strafverfahren sind in den Jugendämtern eigene Fachkräfte der Jugendgerichtshilfe tätig.

Arbeitsförderungsgesetz
Die Unterstützung arbeitsloser Jugendlicher erfolgt nach den Regelungen des „Zweiten Buches Sozialgesetzbuch (SGB II) – Grundsicherung für Arbeitsuchende", besser bekannt unter „Hartz IV". Vorrangige Bedeutung für die Jugendlichen selbst wie für die Träger der Jugendsozialarbeit hat allerdings das „Dritte Buch Sozialgesetzbuch (SGB III) – Arbeitsförderung". Nach den Vorschriften dieses Gesetzes erfolgt die Berufsbe-

ratung sowie die Durchführung und Finanzierung von berufsvorbereitenden und berufsbegleitenden Maßnahmen, mit denen das Ziel einer dauerhaften Eingliederung in die Arbeitswelt erreicht werden soll.

Übergreifende rechtliche Fragestellungen für die Jugendarbeit

Subsidiarität – Zum Verhältnis zwischen öffentlichen und freien Trägern der Jugendhilfe
Das Prinzip der Subsidiarität ordnet das Verhältnis zwischen den öffentlichen und den freien Trägern der Jugendhilfe. Es beinhaltet den Grundsatz, dass die staatlichen Organe von eigenen Aktivitäten absehen sollen, wenn diese von nicht-staatlichen gesellschaftlichen Organisationen in eigener Verantwortung durchgeführt werden können. In den §§ 3 und 4 SGB VIII werden diese Grundsätze detailliert ausgeführt.

Das Subsidiaritätsprinzip findet heute auch in der Bestimmung des Verhältnisses zwischen den staatlichen Ebenen Anwendung. Hier besagt es, dass die ‚größere Einheit', also Länder oder Bund, nicht regeln müssen, was die ‚kleinere Einheit', also die Kommune, selbst und besser regeln kann.

Jugendhilfeplanung
Der Gestaltungsspielraum der kommunalen Gebietskörperschaften bei der Ausgestaltung der Jugendhilfeaufgaben wirft die Frage nach dessen Regularien auf. Hier kommt dem Jugendhilfeausschuss und hierbei wiederum der Jugendhilfeplanung die entscheidende Bedeutung zu. Mit ihr soll sichergestellt werden, dass die notwendigen Einrichtungen und Maßnahmen rechtzeitig und ausreichend zur Verfügung stehen. Inhalte und Verfahren der Jugendhilfeplanung werden im § 80 SGB VIII genau beschrieben.

Die Jugendhilfeplanung erstreckt sich grundsätzlich auf alle Aufgabenbereiche der Kinder- und Jugendhilfe. In der Praxis werden hierzu meist Teilpläne erstellt, z.B. ein Teilplan Jugendarbeit, ein Teilplan Kindertagesbetreuung usw. Die Beteiligung der anerkannten freien Träger der Jugendhilfe ist zwingend. Die Jugendhilfeausschüsse bilden zur Durchführung der Planung und Beteiligung meist Unterausschüsse, in denen Fachleute aus den verschiedenen Handlungsfeldern hinzugezogen werden. Ein mittelfristiger Planungshorizont umfasst ca. fünf Jahre, danach ist der Jugendhilfeplan fortzuschreiben.

Integration und Inklusion als neue Herausforderungen
Die soziale Integration junger Menschen mit Migrationshintergrund ist seit vielen Jahren eine besondere gesellschaftspolitische Herausforderung, der sich auch die Kinder- und Jugendhilfe stellen muss. § 1 Abs. 1 SGB VIII besagt ausdrücklich, dass jeder junge Mensch „ein Recht auf Förderung seiner Entwicklung und auf Erziehung zu einer eigenverantwortlichen und gemeinschaftsfähigen Persönlichkeit" hat, während das vorangegangene Jugendwohlfahrtsgesetz von 1961 nur für deutsche Kinder galt (§ 1 JWG). Junge Menschen mit Migrationshintergrund partizipieren quer durch alle Handlungsfelder hindurch unterdurchschnittlich an den Leistungen der Kinder- und Jugendhilfe. Die Überwindung kulturbedingter Schranken und Vorbehalte wird indes nur gelingen, wenn in den einzelnen Leistungsbereichen genauer und differenzierter auf einzelne Bevölkerungsgruppen eingegangen wird. Dabei muss auch hier die gesellschaftliche, soziale und sprachliche Integration im Vordergrund stehen (vgl. auch § 45 Abs. 2 SGB VIII).

Das Übereinkommen der Vereinten Nationen „Über die Rechte von Menschen mit Behinderungen" vom Dezember 2006 (Ratifizierung in Deutschland im Februar 2009) sowie der 13. Kinder- und Jugendbericht der Bundesregierung vom April 2009 mit dem Schwerpunkt der gesundheitsbezogenen Prävention und Gesundheitsförderung in der Kinder- und Jugendhilfe haben der Rechtsdiskussion über die Berücksichtigung junger Menschen mit Behinderungen in der Schule und in der Kinder- und Jugendhilfe eine neue Dynamik verliehen. Inhaltlich geht es um die ‚Inklusion' behinderter Menschen. In Erweiterung des Integrationsbegriffs meint Inklusion nicht nur eine einseitige Anpassung von Menschen mit Behinderungen an ihr Umfeld, sondern die umfassende Teilhabe am gesellschaftlichen Leben, wozu alle, Behinderte wie Nichtbehinderte, ihren Beitrag leisten müssen. Jugendhilferechtlich berührt diese Thematik die ältere Streitfrage, ob die nur teilweise Berücksichtigung von Kindern und Jugendlichen mit Behinderung in der Jugendhilfe – nämlich die Eingliederungshilfe für seelisch Behinderte in § 35a SGB VIII – weiterhin angemessen ist.

Insbesondere die Inklusionsdebatte macht deutlich, wie eng das Kinder- und Jugendhilferecht mit anderen gesellschaftlichen und gesellschaftspolitischen Bereichen verwoben ist, gesellschaftliche Realitäten widerspiegelt bzw. gesamtgesellschaftlichen Wandlungen ausgesetzt ist und diese mit gestaltet.

Literatur

[AGJ] Arbeitsgemeinschaft für Kinder- und Jugendhilfe (Hrsg.) (2012): Sozialgesetzbuch VIII auf dem Stand des Bundeskinderschutzgesetzes. Gesamttext und Begründungen. Berlin: Arbeitsgemeinschaft für Kinder- und Jugendhilfe.

Beauftragter der Bundesregierung für die Belange behinderter Menschen (2011): Die UN-Behindertenrechtskonvention. Übereinkommen über die Rechte von Menschen mit Behinderungen. http://www.behindertenbeauftragter.de/SharedDocs/Publikationen/DE/Broschuere_UNKonventi on_KK.html [Zugriff: 6.12.2012]

Deutscher Bundestag (2009): Unterrichtung durch die Bundesregierung. Bericht über die Lebenssituation junger Menschen und die Leistungen der Kinder- und Jugendhilfe in Deutschland – 13. Kinder- und Jugendbericht – und Stellungnahme der Bundesregierung. Drucksache 16/12860. http://dipbt.bundestag. de/dip21/btd/16/128/1612860.pdf [Zugriff: 6.12.2012]

Münder, Johannes/Meysen, Thomas/Trenczek, Thomas (Hrsg.) (2009): Frankfurter Kommentar SGB VIII: Kinder- und Jugendhilfe. München: Juventa.

Übereinkommen über die Rechte des Kindes vom 20. November 1989. UN-Kinderrechtskonvention im Wortlaut mit Materialien. http://www.unicef.de/fileadmin/content_media/Aktionen/Kinderrechte 18/UN-Kinderrechtskonvention.pdf [Zugriff: 6.12.2012]

Wabnitz, Reinhard Joachim (2009): Vom KJHG zum Kinderförderungsgesetz. Die Geschichte des Achten Buches Sozialgesetzbuch von 1991 bis 2008. Berlin: Arbeitsgemeinschaft für Jugendhilfe.

Wiesner, Reinhard (2011): SGB VIII, Kinder- und Jugendhilfe. Kommentar. München: Beck.

Werner Thole

Kinder- und Jugendarbeit

Jugendarbeit als institutionalisiertes und rechtlich kodiertes Sozialisationsfeld

Die Jugendarbeit hat sich in den zurückliegenden gut fünfzig Jahren über die Verschiebung der Generationsphasen und sozialstrukturelle Veränderungen von der ‚Jugendarbeit' zur ‚Kinder- und Jugendarbeit' entwickelt. In diesem Beitrag wird aufgrund dieser Veränderung durchgängig von ‚Kinder- und Jugendarbeit' gesprochen.

Kinder- und Jugendarbeit ist ein sozialpädagogisches Handlungsfeld, das
- bildungs-, nicht unterrichtsbezogene und nicht ausschließlich berufsbildende, freizeit- und erholungsbezogene, soziale, kulturelle und sportliche,
- mehr oder weniger pädagogisch gerahmte,
- und von freien und öffentlichen Trägern, Initiativen und Arbeitsgemeinschaften
- an Kinder und Jugendliche adressierte Angebote der nicht-schulischen Pädagogik umfasst.

In der Kinder- und Jugendarbeit können Kinder und Jugendliche ab dem Schulalter selbstständig, mit Unterstützung oder in Begleitung von ehrenamtlichen und/oder beruflichen Mitarbeiter/-innen individuell oder in Gleichaltrigengruppen zum Zweck der Freizeit, Bildung und Erholung einmalig, sporadisch, über einen turnusmäßigen Zeitraum oder für eine längere, zusammenhängende Dauer zusammenkommen. Damit konstituieren die Arbeitsfelder der Kinder- und Jugendarbeit ein freiwilliges Angebot in einem doppelten Sinne: Weder können Kinder und Jugendliche zu einer Teilnahme verpflichtet werden, noch können sie andererseits ihre Teilnahme durchgängig offensiv einklagen. Auf die zuweilen noch anzutreffende Unterscheidung zwischen ‚Offener Kinder- und Jugendarbeit' und ‚Jugendverbandsarbeit' kann inzwischen weitgehend verzichtet werden. Die Jugendverbandsarbeit präsentiert sich heute als ein offenes, nuancenreiches und frei zugängliches Aktionsfeld und ist zudem auch Träger von Jugendfreizeiteinrichtungen und Jugendhäusern (vgl. u.a. Thole 2000).

Die heute miteinander verzahnten wie gleichfalls spezialisierten Handlungsbereiche der Kinder- und Jugendarbeit sind das Resultat von vier historischen Modernisierungsschüben. Erstens kennzeichnet sie ein Wandel von geschlossenen, festen zu offeneren, flexiblen, aktions- und themenorientierten Angebots- und Organisationsformen. Zweitens ist ein Prozess der Verberuflichung auszumachen. Ehrenamtliches und nebenberufliches Engagement wird in dem zurückliegenden Jahrhundert sukzessive durch hauptamtliche Mitarbeiter/-innen ergänzt und partiell ersetzt. Drittens ist zu erkennen, dass sozialdisziplinierende und normative Absichten im Verlauf der Geschichte zugunsten von autonomie- und partizipationsorientierten Intentionen zurückgedrängt werden. Letztendlich ist viertens hervorzuheben, dass Kinder erst in den zurückliegenden zwanzig Jahren zu einer eigenständig beachteten Zielgruppe der nicht schul- und unterrichtsbezogenen Pädagogik wurden.

Theorien und Konzepte der Kinder- und Jugendarbeit

Die Vielfältigkeit und Differenziertheit der nichtschulischen Kinder- und Jugendarbeit ist sicherlich mit ein Grund dafür, dass bis heute eine allseits akzeptierte, systematisch gegliederte und theoretisch präzise Gesamtübersicht zur Kinder- und Jugendarbeit ebenso wenig vorliegt wie ein alle Handlungsfelder und Arbeitsformen umfassendes, theoretisch ausgerichtetes Hand- oder Wörterbuch. Auch eine alle konzeptuellen Ideen einschließende Theorie der Kinder- und Jugendarbeit liegt bislang nicht vor. Nachfolgend werden die wesentlichen theoretischen Modelle zur Kinder- und Jugendarbeit vorgestellt.

Entwicklung von Theoriemodellen im ausgehenden 20. Jahrhundert
Die ersten, theoretisch angelegten Beiträge zur Jugendarbeit stammen von Helmut Kentler, Carl Wolfgang Müller, Hermann Giesecke und Klaus Mollenhauer, zu Beginn der 1960er Jahre in der Zeitschrift „deutsche jugend" publiziert (Müller u.a. 1964; vgl. rückblickend Lindner 2006). Ihre Vorschläge, die traditionellen und sozialintegrativen Konzeptionen mit emanzipativen Grundlegungen zu konfrontieren, bilden seitdem die kontroverse Basis für Versuche, die Jugendarbeit und später dann die Kinder- und Jugendarbeit theoretisch zu vermessen. Die „Theorie der antikapitalistischen Jugendarbeit" sowie weitere theoretische Modelle der 1970er und der frühen 1980er Jahre, wie die bedürfnisorientierte, die situative, die erfahrungsbezogene und die progressive Jugendarbeit, die sozialräumliche, die lebensweltliche oder die akzeptierende Jugendarbeit, entwickelten sich – mehr oder weniger explizit – wie auch die jüngeren Unternehmen, die Kinder- und Jugendarbeit bildungsorientiert beschreiben, in Auseinandersetzung mit den frühen Konzeptualisierungen (vgl. u.a. Kiesel u.a. 1998; Sturzenhecker/Richter 2012; vgl. auch die Beiträge in Deinet/Sturzenhecker 2013). Seit den 1970er Jahren bis zum Ende des letzten Jahrtausends bestimmten insbesondere fünf Theoriemodelle die Diskussion:

- Den Überlegungen einer sozialintegrativen, *konservativen Jugendarbeit* nach soll die Jugendarbeit als ein erzieherisches Feld konzipiert werden, das Jugendlichen aus unterschiedlichen sozialen Lagen ermöglicht, sich auf ihre gesellschaftlichen Aufgaben übend vorzubereiten (vgl. u.a. Rössner 1967: 153).
- Mit dem Signet ‚*emanzipatorisch*' werden insbesondere die schon erwähnten vier Versuche zu einer Theorie von Jugendarbeit von Müller, Kentler, Mollenhauer und Giesecke versehen (Müller u.a. 1964). Die vier Autoren akzentuieren in ihren Beiträgen jeweils unterschiedliche Aspekte. In seinem Beitrag für den Band idealisiert z.B. Mollenhauer die Jugendarbeit als freien Raum und als einen Ort, in dem die Jugend das Morgen zu antizipieren lernen kann. Giesecke betont insbesondere den emanzipativen Auftrag von Jugendarbeit, indem „den Jugendlichen planmäßig Lernhilfen für eine erfolgreiche Bearbeitung solcher Konflikte im Sinne der Emanzipation" (Giesecke 1971: 152) angeboten werden. Kentler formuliert, dass Jugendarbeit geeignet wäre, „das Wissen vom Besseren wachzuhalten, zu aktivieren und wenigstens teilweise zu verwirklichen" (Kentler 1964: 39), und Müller kritisiert unter anderem die bisherige integrative Bestimmung der Jugendarbeit.
- Die Ideen, die die Autoren der emanzipatorischen Theorie vortragen, wurden von den Vertretern der *antikapitalistischen Jugendarbeit* scharf kritisiert. Den Kritikern gingen die Überlegungen nicht weit genug, weil diese nicht dazu beitrugen, die

Überwindung der kapitalistisch-bürgerlichen Gesellschaft anzuregen. Dem antikapitalistischen Theorieentwurf nach sollte die Jugendarbeit die Jugendlichen positiv zu einer selbstorganisierten, ‚gesellschaftskritischen Praxis motivieren' und die Jugendlichen in ihren Interessen stärken, gesellschaftliche Zwänge und Ausbeutungsbedingungen in Betrieb, Schule und Familie zu bekämpfen (vgl. Lessing/Liebel 1974).

- Zentrale Frage der *bedürfnisorientierten Jugendarbeitstheorie* war, unter welchen Bedingungen eine Jugendarbeitspraxis hergestellt werden kann, die die Bedürfnisse von Jugendlichen ernst nimmt. Dieser Positionierung ging eine Kritik der emanzipatorischen und der antikapitalistischen Theorieentwürfe voraus, denen eine Instrumentalisierung der Jugendlichen vorgehalten wurde. Zwar sollten ebenfalls sowohl die Macht- und Entscheidungsstrukturen der Gesellschaft wie die Aktivitätsformen der Jugendlichen kritisch untersucht werden, aber keinesfalls „alle sporttreibenden Jugendlichen vom Sport abgebracht" und dazu animiert werden,

„sich ausschließlich mit politischen Fragen zu befassen, da dies weder möglich noch nötig ist und unter bestimmten Umständen durchaus beides sinnvoll sein kann. Vielmehr geht es der bedürfnisorientierten Jugendarbeit gerade darum, die übliche Trennung von Freizeitaktivitäten und politischen Aktivitäten, Freizeitbedürfnissen und politischen Bedürfnissen zu überwinden" (Damm 1975: 81).

Bedürfnisorientierte Jugendarbeit wollte an den Bedürfnissen der Jugendlichen nach Anerkennung, Erlebnis, Erkenntnis, Selbstbestimmung und Solidarität ansetzen, den Jugendlichen Spaß bereiten wie sie auf ihre zukünftige Rolle in der Gesellschaft kritisch vorbereiten

- Ein relativ pragmatisch angelegtes Modell von Jugendarbeit verbirgt sich in der Theorie der *progressiven, erfahrungsbezogenen Jugendarbeit*. An den Erfahrungen der Jugendlichen ansetzend sollten diese befähigt werden, sich zu artikulieren und ihren Platz in der Gesellschaft über den Erfahrungsraum Jugendarbeit erobern lernen.

Einhellig plädierten die skizzierten Konzepte für eine politische Demokratisierung und die Liberalisierung der Erziehung, für eine emanzipative Wende und für enthierarchisierte Beziehungen. Sie kritisierten die Ausweitung der auf Massenkonsum basierenden Ökonomie und votierten für eine Veränderung der Arbeitsmärkte und des Bildungssystems, auch mit der Intention, die Chancen des sozialen Aufstiegs durch Bildung zu erhöhen.

Spätestens seit Beginn der 1980er Jahre verlieren diese Theoriemodelle sowohl in den wissenschaftlichen als auch in den praktischen Diskussionen an Bedeutung (vgl. Scherr/Thole 1998). Die Konzeptionen erwiesen sich für die praktischen Probleme und Aufgaben als zu wenig sensibel. Spätestens ab der zweiten Hälfte der 1980er Jahre bestimmten pragmatische Überlegungen die konzeptionellen Muster der Kinder- und Jugendarbeit. Hatte sich die sozialwissenschaftlich-pädagogische Diskussion ab Ende der 1960er bis Mitte der 1980er Jahre auf die Frage konzentriert, welcher klassen- beziehungsweise milieuspezifische Adressatenkreis mit welchen Zielen durch Projekte der Jugendarbeit vornehmlich anzusprechen sei, so diskutieren die theoretischen Anstöße heute vermehrt praktisch-pädagogische Fragen. Die Rolle der neuen Technologien wird ebenso diskutiert wie Formen der Mädchen- und Jungenarbeit, Ansätze der kulturellen, theatralischen und sportlichen Bildung. Neben der Diskussion des Verhältnisses von Schule und Kinder- und Jugendarbeit erleben Fragen der Moral- und Werteerziehung eine Renaissance. Neue Formen der politischen, sozialen, internationalen und multikulturellen Kinder- und Jugendarbeit finden zunehmend Anerkennung. Daneben entwickelten sich neue Ansätze und Modelle der Arbeit mit Fangruppen und Hooligans, mit marginalisierten Kinder- und Jugendszenen, mit Jugendlichen, die erhöhte Gewaltbereitschaft zeigen und diese auch gegenüber Gleichaltrigen und Fremden artikulieren. Die seit Ende der 1980er Jahre vermehrt vorgetragenen Einwände gegen die Praxis der Jugendarbeit aufgreifend und den Strukturwandel der Jugend sensibel nachzeichnend, fragten Lothar Böhnisch und Richard Münchmeier (1990) nach den daraus zu ziehenden Konsequenzen für die Jugendarbeit. Pragmatisch und praxisbezogen schlugen sie vor dem Hintergrund, dass sich Jugendarbeit in der Freizeit von Jugendlichen realisiert, vor, das Bedürfnis Heranwachsender nach sozialen Räumen deutlicher zu berücksichtigen und die Unterschiede zwischen einzelnen jugendkulturellen, alters-, geschlechts- und milieuspezifischen Ungleichheiten in den Konzeptualisierungen von Jugendarbeit stärker zu beachten. Als sozialisationstheoretischer Bezugsrahmen wurde der Begriff der Lebensbewältigung gewählt und theoretisch eingebunden in das Konzept *„Pädagogik des Jugendraums"*. Orientiert an den Grundbegriffen „Bedürftigkeit", „Pädagogischer Bezug" und „Milieubildung" beschreibt dieser Entwurf „Jugendarbeit als Lebensort" (vgl. Böhnisch/Münchmeier 1990; vgl. auch Thole 2011).

Kinder- und Jugendarbeit als Ort der Ermöglichung von Bildung

Schon in den spärlichen Überlegungen zur Jugendarbeit Ende der 1920er Jahre, spätestens jedoch seit Mitte des letzten Jahrhunderts wird die Kinder- und Jugendarbeit als Ort von Bildung bestimmt. Diese Bestimmungsversuche gerieten jedoch eine zeitlang in Vergessenheit und finden erst seit kurzem wieder Beachtung. Seit Beginn des neuen Jahrtausends erlebt die Identifizierung der Kinder- und Jugendarbeit als Bildungsort und damit auch als ein pädagogischer Ort eine Renaissance.

Im Kern stimmen unterschiedliche programmatische Fassungen des Bildungsbegriffs zumindest dahingehend überein, dass Bildung beinhaltet,
- über gelungene Formen der Selbstverortung und der Welterkenntnis und über Reflexivität und Fähigkeiten zu verfügen,
- Traditionen, soziale und kulturelle Überlieferungen befragen und hinsichtlich ihrer gegenwärtigen Relevanz verorten zu können,
- auf Empathie und eine generationale Lokalisierungskompetenz hinweisen zu können,

um sich selbst und insbesondere den oder die jeweils anderen verstehen zu können, und über ein partikulares wie universales Vermögen zu verfügen, das es ermöglicht, ein Leben in sozialer Gemeinschaft zu bewältigen, zu verstehen, zu akzeptieren und letztendlich auch zu gestalten. Nicht affirmative, kritische Theorien der Bildung betonen zudem, dass Modelle von Bildung, die einzig darauf orientieren, die gegebene Gesellschaft und das in dieser vorrätig gehaltene Wissen zu reproduzieren – es also nicht kritisch anfragen und reflexiv durchdringen –, nicht mehr, aber auch nicht weniger intendieren und ermöglichen als „Halbbildung" (vgl. Adorno 1973; Sünker 2012).

Bildung auf den Erwerb von Kompetenzen zu reduzieren entspricht eben so wenig einer modernen Idee von Bildung wie eine auf die schulischen und nachschulischen Qualifikationsinstitutionen fokussierte Konzeption von Bildung. Vor diesem Hintergrund findet die schlichte Erkenntnis, dass sich Aufwachsen, ja das Leben insgesamt in unterschiedlichen sozialen Praxen und Kulturen realisiert und diese wiederum zu unterschiedlichen Formen des Erwerbs von Bildung animieren, zunehmend mehr Beachtung und Zustimmung (vgl. z.B. Lindner u.a. 2003; Otto/Rauschenbach 2008; Rauschenbach 2009).

Weitgehend durchgesetzt hat sich inzwischen die strukturelle Unterscheidung zwischen formalen, non-formalen und informellen Feldern des Erwerbs von Bildung und des Lernens. Das Schulsystem, der Bereich der beruflichen und hochschulischen Qualifizierung und strukturierte, mit anerkannten Zertifikaten abschließende Weiterbildungen können gemäß dieser Differenzierung dem Feld der formalen Bildung zugeordnet werden. Als Bildungs- und Lernfelder der non-formalen Bildung sind die Praxen der Sozialen Arbeit, z.B. in den Kindertageseinrichtungen, in der Kinder- und Jugendarbeit oder in den familien-, kinder- und jugendbezogenen Handlungsfeldern und in der erwachsenenorientierten Fort- und Weiterbildung zu identifizieren. Informelle Bildungsprozesse realisieren sich dieser Unterscheidung nach beispielsweise in familialen Zusammenhängen und jugendlichen Gleichaltrigenkulturen.

Bildungsprozesse in und über informelle und non-formal gerahmte Praxen sind strukturell in den Alltag eingelagert. Sie bieten Lern- und Erfahrungsfelder, die das formal strukturierte Bildungssystem nicht vorhält oder aufgrund seiner selektiven Grundstruktur nicht vorhalten kann. Die Relevanz der hier erworbenen kulturellen und sozialen Ressourcen für die Entwicklung von Lebensbewältigungs- und Lebensgestaltungskompetenzen, die Formierung von Lebensstilpräferenzen und von biografischen Lebenskonzepten sowie deren Nachhaltigkeit wird häufig ebenso unterschätzt wie deren Bedeutung für das erfolgreiche Absolvieren von schulischen Bildungs- und berufsbezogenen Qualifizierungskarrieren. Die potenziellen und strukturell vorgehaltenen Bildungsofferten der Kinder- und Jugendarbeit realisieren sich als kulturelle, soziale und identitätsbezogene Bildung. Die initiierten Bildungsprozesse ermöglichen und stützen die Realisation von

- ‚kultureller Reproduktion', tragen also dazu bei, das kulturelle Erbe einer Gesellschaft generationell zu sichern,
- ‚sozialer Integration' und von Prozessen des gesellschaftlichen Zusammenhalts mittels politischer Bildung und Demokratie-Lernen
- und von Sozialisation als ‚soziales Lernen'; initiieren also Prozesse der Persönlichkeitsentwicklung über subjektives oder selbstreflexives Lernen.

In den non-formalen Bildungskontexten können somit vielfältige Kompetenzen erworben werden, die die Erkenntnis- und Handlungsmodi im Selbst- und Weltbezug grundlegen. In ihren außerschulischen Bildungsangeboten für Kinder und Jugendliche werden dementsprechend Bildungsszenarien bereitet, die Menschen, die in ihren lebensweltlichen Zusammenhängen keine oder keine ausreichende affektive, zuneigende Unterstützung und Anerkennung erfahren, auf die sie z.B. zur Bewältigung von Risiken und Krisen zurückgreifen können, animieren, ihre Lebensbewältigungs- und Lebensgestaltungsformen zurückzugewinnen und neu zu aktivieren. Sie präsentieren zudem Bildungsanlässe, die dazu anregen, die subjektiven Selbstreflexionsfähigkeiten und die Welterkenntnispotenziale zu fundieren und zu qualifizieren. Die Einbindung in non-formale und informelle Handlungsfelder und Praxen bedeutet für die Individuen mehr als nur die Ausschmückung eines ansonsten vielleicht als langweilig und öde erlebten Alltags, sondern nach wie vor die Realisierung eines bedeutsamen Bildungsprojektes sowie die Eroberung von bedeutenden, sozial-kulturellen Distinktions- und Identifikationsfeldern.

Einerseits wird hier die Aneignung von – insbesondere sozialem und kulturellem – Wissen und Können ermöglicht, aber auch die Positionierung zu Formen des Lernens, zu der Idee von Leistung und Karriereplanung, die auch von Erfolg und Misserfolg mitgeprägt ist. So werden grundlegende Qualifikationen ausgebildet, die auch für die Platzierung auf dem Arbeitsmarkt nicht unwesentlich sind (vgl. z.B. Grunert 2006).

Herausforderungen und Perspektiven

Die Kinder- und Jugendarbeit konstituiert somit eine eigenständige ‚sozialpädagogische Arena', die Kindern und Jugendlichen ermöglicht, soziale und kulturelle Kompetenzen zu erwerben, die andernorts in dieser Spezifität nicht ausgebildet werden können (vgl. z.B. Cloos u.a. 2009; Müller u.a. 2005). In den Prozess der alltäglichen Konstituierung der Kinder- und Jugendarbeit als ein pädagogisches Handlungsfeld sind die vielfältigen Bildungsanlässe genuin eingewoben. Beispielsweise werden grundlegende Medienkompetenzen in der Schule vielerorts inzwischen als bekannt vorausgesetzt. Folglich bleiben Heranwachsende aus bildungsfernen sozialen Lebenskontexten häufig vom kompetenten Umgang mit den neuen Wissenssorten abgekoppelt. Hier sind dann die Projekte der Kinder- und Jugendarbeit gefordert. Wird die Kinder- und Jugendarbeit als ein eigenständiges Feld der Initiierung von Bildung verstanden, dann sind auch Kooperationen mit Schulen und schulischen Projekten einfacher realisierbar, als wenn konzeptionelle Ideen favorisiert werden, die der Kinder- und Jugendarbeit diesen Zuschnitt abzusprechen wünschen. Spielen sich in den schulischen Bildungswelten die sozialen Platzierungskämpfe, Rivalitäten und Beziehungsauseinandersetzungen im Rücken des eigentlichen Lehr-Lern-Szenarios ab, so finden sie in den Einrichtungen und Projekten der Kinder- und Jugendarbeit quasi auf der Hauptbühne ihren Platz. Im Schatten dieses Alltagsszenarios und erst über dieses möglich wie darin eingewoben realisieren sich die Beratungs- und Hilfeleistungen sowie die non-formalen Bildungsanlässe – also quasi auf der Hinterbühne – der Kinder- und Jugendarbeit. Gleichwohl geht es gegenwärtig – im Zuge des Ausbaus schulischer Gantagsangebote – auch um eine Stärkung der Verzahnung von schulischen und nicht-schulischen Angeboten. Im Kern wird es zukünftig darum gehen, die Kinder- und Jugendarbeit als Teil der sozialen Kultur einer modernen, zukunftsorientierten und auf Nachhaltigkeit setzenden Pädagogik in den kommunalen Bildungslandschaften zu verorten.

Literatur

Adorno, Theodor W. (1973): Theorie der Halbbildung. In: Horkheimer, M./Adorno, Th. W.: Sociologica II. Frankfurt/M.: Europ. Verlagsanstalt, S. 168–191.
Böhnisch, Lothar/Münchmeier, Richard (1990): Pädagogik des Jugendraums. Zur Begründung und Praxis einer sozialräumlichen Jugendpädagogik. Weinheim/München: Juventa.
Cloos, Peter/Köngeter, Stefan/Müller, Burghard/Thole, Werner (Hrsg.) (2009): Die Pädagogik der Kinder- und Jugendarbeit. Wiesbaden: VS Verlag.
Damm, Diethelm (1975): Politische Jugendarbeit. Grundlagen, Methoden, Projekte. München: Juventa.
Deinet, Ulrich/Sturzenhecker, Benedikt (Hrsg.) (2013): Handbuch Offene Kinder- und Jugendarbeit. Wiesbaden: VS Verlag.
Giesecke, Helmut (1971): Die Jugendarbeit. München: Juventa.

Grunert, Cathleen (2006): Bildung und Lernen – ein Thema der Kindheits- und Jugendforschung? In: Rauschenbach, Th./Düx, W./Sass, E. (Hrsg.): Informelles Lernen im Jugendalter. Vernachlässigte Dimensionen in der Bildungsdebatte. Weinheim/München: Juventa, S. 15–35.

Kentler, Helmut (1964): Versuch 2. In: Müller, C.W./Kentler, H./Mollenhauer, K./Giesecke, H. (1964): Was ist Jugendarbeit. München: Juventa, S. 37–88.

Kiesel, Doron/Scherr, Albert/Thole, Werner (Hrsg.) (1998): Standortbestimmung Jugendarbeit. Theoretische Orientierungen und empirische Befunde. Schwalbach/Ts.: Wochenschau-Verlag.

Lessing, Helmut/Liebel, Manfred (1974): Jugend in der Klassengesellschaft. Marxistische Jugendforschung und antikapitalistische Jugendarbeit. München: Juventa.

Lindner, Werner (Hrsg.) (2006): 1964–2004. Vierzig Jahre Kinder- und Jugendarbeit in Deutschland. Wiesbaden: VS Verlag.

Lindner, Werner/Thole, Werner/Weber, Jochen (Hrsg.) (2003): Kinder- und Jugendarbeit als Bildungsprojekt. Opladen: Leske + Budrich.

Müller, Burkhard/Schmidt, Susanne/Schulz, Marc (2005): Wahrnehmen können. Jugendarbeit und informelle Bildung. Freiburg i.Br.: Lambertus.

Müller, Carl W./Kentler, Helmut/Mollenhauer, Klaus/Giesecke, Hermann (1964): Was ist Jugendarbeit. München: Juventa.

Otto, Hans-Uwe/Rauschenbach, Thomas (Hrsg.) (2008): Die andere Seite der Bildung. Zum Verhältnis von formellen und informellen Bildungsprozessen Wiesbaden: VS Verlag.

Rauschenbach, Thomas (2009): Bildung – eine ambivalente Herausforderung für die Soziale Arbeit? In: Soziale Passagen 2, 2, S. 209–226.

Rössner, Lutz (1967): Offene Jugendbildung. Ein Modell. München: Juventa.

Scherr, Albert/Thole, Werner (1998): Jugendarbeit im Umbruch. Stand, Problemlagen und zukünftige Aufgaben. In: Kiesel, D./Scherr, A./Thole, W. (Hrsg.), S. 9–35.

Sturzenhecker, Benedikt/Richter, Elisabeth (2012): Die Kinder- und Jugendarbeit. In: Thole, W. (Hrsg.): Grundriss Soziale Arbeit. Wiesbaden: VS Verlag, S. 469–475.

Sünker, Heinz (2012): Soziale Arbeit und Bildung. In: Thole, W. (Hrsg.): Grundriss Soziale Arbeit. Wiesbaden: VS Verlag, S. 249–266.

Thole, Werner (2000): Die Kinder- und Jugendarbeit. Eine Einführung. Weinheim/München: Juventa.

Thole, Werner (2011): Bildung – theoretische und konzeptionelle Überlegungen. In: Hafeneger, B. (Hrsg.): Handbuch Außerschulische Bildung. Schwalbach i.Ts.: Wochenschau-Verlag, S. 67–86.

Yvonne Kaiser

Jugendsozialarbeit

Gesetzliche Grundlagen

Jugendsozialarbeit hat laut § 13 des Achten Sozialgesetzbuchs (SGB VIII) den gesetzlichen Auftrag,

> „jungen Menschen, die zum Ausgleich sozialer Benachteiligungen oder zur Überwindung individueller Beeinträchtigungen in erhöhtem Maße auf Unterstützung angewiesen sind, sozialpädagogische Hilfen anzubieten, die ihre schulische und berufliche Ausbildung, Eingliederung in die Arbeitswelt und ihre soziale Integration fördern" (§ 13 Abs. 1). Neben den sozialpädagogischen Hilfen „können geeignete sozialpädagogisch begleitete Ausbildungs- und Beschäftigungsmaßnahmen" (§ 13 Abs. 2) und die „Unterkunft in sozialpädagogisch begleiteten Wohnformen angeboten werden" (§ 13 Abs. 3). „Die Angebote sollen mit den Maßnahmen der Schulverwaltung, der Bundesanstalt für Arbeit, der Träger betrieblicher und außerbetrieblicher Ausbildung sowie der Träger von Beschäftigungsmaßnahmen abgestimmt werden" (§ 13 Abs. 4).

Eine solche örtliche Kooperation ist unverzichtbar, „um vor Ort das Verhältnis zwischen den Leistungsgesetzen im Interesse der jungen Menschen zu gestalten" (Schäfer 2009: 169).

Die gesetzliche Verortung und die Finanzierung der Jugendsozialarbeit (JSA) basiert auf einem breiten Regelungssystem. Neben SGB VIII sind als Rechtsgrundlagen beispielsweise die Schulgesetzgebungen der Länder (im Blick auf Schulsozialarbeit) oder ausländerrechtliche Bestimmungen (Migrationsarbeit) und die Sozialgesetzbücher II (Grundsicherung für Arbeitssuchende) und III (Arbeitsförderung) zu nennen, in denen auch arbeitsmarktpolitische Maßnahmen für Jugendliche vorgesehen sind. JSA geht nicht nur in rechtlicher Hinsicht über den Rahmen der Kinder- und Jugendhilfe hinaus. Sie ist „im Schnittpunkt von Jugend-, Bildungs-, Arbeitsmarkt- und Migrationspolitik" angesiedelt (Rauschenbach u.a. 2004: 282) und an den Schnittstellen verschiedener Akteure und Verantwortungsbereiche tätig (vgl. Hampel 2010).

Träger, Daten, Finanzierung

Bundesweit existiert eine weit ausdifferenzierte Landschaft von Trägern der JSA, dazu gehören freie und öffentliche Träger sowie privat-gewerbliche Träger auf der kommunalen und auf Landes- und Bundesebene. Im *Kooperationsverbund Jugendsozialarbeit* haben sich auf Bundesebene sieben Träger zusammengeschlossen: die Arbeiterwohlfahrt (AWO), die Bundesarbeitsgemeinschaften Evangelische Jugendsozialarbeit (BAG EJSA), Katholische Jugendsozialarbeit (BAG KJS) und örtlich regionale Träger der Jugendsozialarbeit (BAG ÖRT), der Paritätische Wohlfahrtsverband (DER PARITÄTISCHE), das Deutsche Rote Kreuz (DRK) und der Internationale Bund (IB). Ziel des Kooperationsverbundes ist es, durch politische Interessenvertretung und die fachliche Weiterentwicklung für die Lebenslagen benachteiligter Jugendlicher zu sensibilisieren und die gesellschaftliche und politische Teilhabe von benachteiligten Jugendlichen zu verbessern (vgl. www.jugendsozialarbeit.de). Der Kooperationsverbund gibt die Fachzeitschrift „dreizehn – Zeitschrift für Jugendsozialarbeit" heraus (www.jugendsozialarbeit.de/dreizehn).

Aussagekräftige Daten zu Angeboten, Teilnahme, Finanzierung und Personal in der JSA zu erheben ist eine komplexe Angelegenheit. Daten zur JSA werden u.a. in der Kinder- und Jugendhilfestatistik (KJH-Statistik) erhoben. Dort findet man Informationen zu den jährlichen Ausgaben und Einnahmen und alle vier Jahre Angaben zu den Einrichtungen der JSA und den dort tätigen Personen. So waren 2011 laut KJH-Statistik im Bundesgebiet 5.503 Personen (in Vollzeit) im Bereich der JSA beschäftigt (vgl. Fuchs-Rechlin/Rauschenbach 2012: 2).

Die Erfassung der Datenlage bleibt jedoch unvollständig, da nicht alle Einrichtungsarten in der KJH-Statistik erfasst werden und Zuständigkeit und Finanzierung der JSA nicht nur bei der Jugendhilfe angesiedelt sind, sondern auch bei anderen Trägern außerhalb der Jugendhilfe wie z.B. der Bundesagentur für Arbeit. Eine systematische Erfassung und Beobachtung der JSA ist daher vor große Schwierigkeiten gestellt, die Frage nach dem Gesamtangebot ist unter diesen Gesichtspunkten aktuell nicht zu beantworten (vgl. Rauschenbach u.a. 2004: 283ff.).

Zentrale *Finanzierungsquellen der JSA* sind die Mittel aufgrund der gesetzlichen Regelungen in SGB VIII, SGB III und SGB II, ergänzt durch den Kinder- und Jugendplan des Bundes, verschiedene Landesprogramme und Mittel des Europäischen Sozialfonds (EFS). Hauptfinanzierer der JSA sind also die öffentlichen Träger der Jugend- und Sozialhilfe auf Bundes-, Landes- und kommunaler Ebene sowie die Bundesagentur für Arbeit (vgl. Rauschenbach u.a. 2004: 282f.). Die Förderlandschaft ist insgesamt ständig in Bewegung und auch von Experten in ihrer Vielfalt kaum zu überblicken.

Zielgruppen und Handlungsfelder

JSA richtet sich an sozial benachteiligte und individuell beeinträchtigte junge Menschen bis zur Vollendung des 27. Lebensjahres. Da im Gesetz nicht definiert ist, was konkret unter ‚sozialen Benachteiligungen' und ‚individuellen Beeinträchtigungen' zu verstehen und auch nicht, was mit ‚erhöhtem Unterstützungsbedarf' genau gemeint ist, ist die *Zielgruppe der JSA* nicht klar zu bestimmen. Unter soziale Benachteiligung fällt z.B. die ökonomische Situation, der Bildungsstatus, familiäre Rahmenbedingungen, und zu individuellen Beeinträchtigungen zählen z.B. psychische, physische oder sonstige persönliche Beeinträchtigungen individueller Art wie Lern- oder Entwicklungsstörungen, Sucht oder Delinquenz.

Einen grundsätzlich festgelegten Kanon von *Handlungsfeldern der JSA* gibt es nicht. Die Handlungsfelder haben sich entsprechend der jeweiligen Bedingungen und Notwendigkeiten in den letzten Jahren immer wieder verändert, ebenso die Handlungsansätze und Methoden (vgl. Bothmer 2001: 449). In den einschlägigen Handbüchern finden sich folgende Handlungsfelder, von denen im Folgenden einige näher beschrieben werden: Schulsozialarbeit, Berufsvorbereitung, Qualifizierungs- und Beschäftigungsprojekte, Jugendwohnen, mädchen- und jungenspezifische Ansätze, Migrationshilfen für junge Aussiedler/-innen, aufsuchende Jugend(sozial)arbeit und berufsbezogene internationale Austauschmaßnahmen (vgl. z.B. Proksch 2001: 218).

Arbeitsweltbezogene Jugendsozialarbeit/Jugendberufshilfe
JSA wird oft auch als „berufsbezogener Teil der Jugendhilfe" bezeichnet (Fülbier/Schäfer 1999: 500), da sich ein zentrales Arbeitsfeld, die Jugendberufshilfe (JBH), auf die Ausbildung bezieht und berufliche Bildungsprozesse junger Menschen unterstützt und begleitet. Zu den Handlungsfeldern gehören Berufsorientierungsangebote, Berufsausbildungsvorbereitung, Jugendwerkstätten und weitere berufsbezogene Angebote für junge Menschen.

In der praktischen Ausgestaltung sind die Angebote der JSA nicht immer trennscharf von den arbeitsmarktpolitischen Maßnahmen zur beruflichen Eingliederung (§ 16 SGB II; § 45 SGB III; § 51ff. SGB III; u.a.) für Jugendliche abzugrenzen. In der Zielstellung jedoch schon: Der JSA oder JBH geht es nicht (in erster Linie) darum, die Jugendlichen ‚fit' für die Integration in den Arbeitsmarkt zu machen, sondern zunächst darum, dass die Jugendlichen „einen gewissen Grad an Selbstbestimmung und Teilhabe am sozialen Leben erlangen" (Muche u.a. 2010: 47). Das Ziel der Integration in Arbeit liegt aus pädagogisch-fachlicher Sicht oft in weiter Ferne. Integration kann hier die tägliche Teilnahme und das Nichtabbrechen der Maßnahme bedeuten, psychische Stabilisierung oder die Vermittlung positiver Erfahrungen mit Arbeit etc. heißen (vgl. Muche u.a. 2010). Zudem hat die JBH auch immer die Persönlichkeitsbildung zum Ziel und „sie grenzt grundsätzlich niemanden von vornherein wegen tatsächlicher oder antizipierter mangelnder Leistungsbereitschaft bzw. -fähigkeit aus" (Bothmer 2001: 451) – wenngleich die Praxis aufgrund der Förder- und Finanzierungsbedingungen manchmal anders aussieht.

Schulsozialarbeit/Arbeit mit schulmüden Jugendlichen
JSA soll Schüler/-innen in ihrer schulischen Ausbildung fördern. Mögliche Leistungen im Rahmen von Schulsozialarbeit sind Hilfen beim Übergang von der Schule in die Ausbildung, Hilfen zur Persönlichkeitsbildung, Lernhilfen, Stärkung der sozialen Kompetenzen, Hilfen zur Alltagsbewältigung in Form von Einzel- und Gruppenarbeit, Beratung und Begleitung und gezielte Angebote für einzelne Schüler/-innen, soziale Gruppenangebote (arbeitsweltbezogen oder freizeit-/erlebnispädagogisch), aber auch Hausbesuche und Elternarbeit und Erfahrungsaustausch mit Lehrkräften (vgl. Ludewig/Paar 2001: 534).

Für die Zusammenarbeit mit der Schule bedarf es einer Klärung der Aufträge und Kompetenzen und der Verdeutlichung und Kommunikation der Angebote der JSA. Voraussetzung der Zusammenarbeit ist die Bereitschaft zur Kooperation, die möglichst in Form eines Kooperationsvertrags fixiert wird. Zu den Aufgaben der JSA gehören auch Angebote für schulmüde oder schulverweigernde Jugendliche.

Aufsuchende Jugendsozialarbeit
Angebote wie Streetwork, mobile oder aufsuchende Jugendsozialarbeit verstehen sich jeweils als eigene Arbeitsansätze mit unterschiedlichen Schwerpunkten und Ausrichtungen und beziehen sich auf Jugendliche, die von anderen Angeboten der JSA kaum erreicht werden. Zwar können diese Angebote den Kontakt zu besonders benachteiligten jungen Menschen herstellen, sie stehen aber vor dem Problem, dass sie den Jugendlichen kaum Angebote machen können, die den Weg in Regelangebote erleichtern. Angebote der aufsuchenden Arbeit haben *niedrigschwelligen Charakter*. Ziel dieser Angebote ist es, die Jugendlichen ‚dort abzuholen, wo sie stehen', d.h. an ihren Bedürfnissen, Lebenslagen, ihrer biografischen Situation anzuknüpfen und die Schwellen der Zugänge zu weiteren Angeboten möglichst niedrig zu halten (vgl. aus-

führlich hierzu Oehme 2011). Eine Kooperation zu Regelangeboten ist jedoch unabdingbar, um Anschlüsse anzubahnen.

Jugendwohnen
Das Jugendwohnen im Rahmen der JSA richtet sich an junge Menschen im Übergang von der Schule in den Beruf, also an Jugendliche, die in Maßnahmen der JSA, der Berufsausbildung oder am Beginn ihrer Berufstätigkeit stehen und unterscheidet sich von den „in der Regel pädagogisch sehr viel intensiver strukturierten Formen des Jugendwohnens im Rahmen der ‚erzieherischen Hilfen'" (Bothmer 2001: 457). Angebotsformen sind Jugendwohnheime, Wohngemeinschaften, Außenwohngruppe oder Einzelwohnen. Konstitutiv ist, dass diese Wohnformen sozialpädagogisch begleitet werden.

Migrationshilfen
Im Rahmen der JSA werden Hilfen zur Integration von Migranten/-innen und jungen Aussiedler/-innen angeboten. Das Angebot umfasst präventive Maßnahmen im Integrationsprozess, von Beratungen bis hin zu Sprachkursen.

Im Auftrag des Bundesjugendministeriums (BMFSFJ) werden von den Trägern der Jugendsozialarbeit Jugendmigrationsdienste (JMD) angeboten. Bundesweit gibt es zurzeit 424 Jugendmigrationsdienste (Stand 2012). Die JMD-Fachkräfte haben oft selbst einen Migrationshintergrund und sprechen daher auch die Sprache des bzw. der Herkunftsländer, aus denen die meisten der Jugendlichen kommen. Sie erarbeiten mit den Jugendlichen einen individuellen Integrationsplan. Auf der Website (www.jugendmigrationsdienste.de) können Jugendliche schnell und unkompliziert den nächsten Jugendmigrationsdienst in ihrer Nähe finden.

Geschlechtsspezifische Arbeit, also ein bewusster Umgang mit dem Thema Gender und Geschlechterrollen, ist für die gesamte JSA unverzichtbar.

Herausforderungen

Ausgegrenzte Jugendliche erreichen
Trotz aller Bemühungen der JSA, benachteiligte Jugendliche zu unterstützen und zu fördern, fallen laut der Expertise „Zur Situation ausgegrenzter Jugendlicher" bundesweit etwa 80.000 junge Menschen aus allen institutionellen Kontexten heraus (vgl. Tillmann/Gehne 2012). Hier zeigt sich ein erheblicher sozialpolitischer Handlungsbedarf – nicht nur, aber auch für die Träger der JSA. Die der Expertise zugrunde liegende Befragung von Fachkräften aus der freien und öffentlichen Kinder- und Jugendhilfe gibt auch Aufschlüsse über Gefährdungspotenziale und Risikofaktoren der Ausgrenzung junger Menschen. Die befragten Praktiker/-innen betrachten als Risiko, von Ausgrenzung betroffen zu sein, auf der *individuellen Ebene* vor allem fehlende Bildungsabschlüsse, den Aufenthaltsstatus, die soziale Herkunft und psychische Erkrankungen. Zu den *strukturellen Ausgrenzungsrisiken* zählen ihrer Ansicht nach Phasen längerer Arbeitslosigkeit, die Zeit nach Abbruch einer Maßnahme und die derzeitige Sanktionspraxis junger Erwerbsloser im SGB-II-Bereich (vgl. § 31a SGB II), „die ein Dasein unterhalb des Existenzminimums und damit ein Abrutschen in verschärfte Ausgrenzung in Kauf nimmt, indem sie jungen Klientinnen und Klienten eine zugeschlagene Tür zur Solidargemeinschaft signalisiert" (Tillmann/Gehne 2012: 30).

Der Kooperationsverbund Jugendsozialarbeit fordert: *„§ 13 SGB VIII – Jugendsozialarbeit stärken"*, d.h. das Recht von Kindern und Jugendlichen „auf Erziehung zu einer eigenverantwortlichen und gemeinschaftsfähigen Persönlichkeit" (§ 1 SGB VIII) zu stärken und ihnen die Hilfe und Unterstützung zu bewilligen, die sie zu ihrer persönlichen Entwicklung brauchen. Die partiellen Zuständigkeiten, institutionellen Logiken und Grundverständnisse der verschiedenen Rechtskreise (SGB II, III, VIII) erschweren die Re-Integration der Jugendlichen bzw. jungen Erwachsenen (vgl. Tillmann/Gehne 2012: 27). Denn während es im SGB II und III im Kern um Beschäftigungsförderung geht – mit dem Ziel der Eingliederung in den Arbeitsmarkt unter der Maßgabe des Förderns und Forderns und mit dem Mittel der Sanktionierung –, sind im SGB VIII der Erziehungsgedanke und die Erarbeitung eines individuellen Hilfeprozesses zentral mit dem Ziel der Entwicklung hin zu einer eigenverantwortlichen und gemeinschaftsfähigen Persönlichkeit (vgl. Muche u.a. 2010: 15). Hier gilt es, die *Schnittstellenprobleme zwischen den Leistungsgesetzen zu lösen.*

Nach Auffassung der Praktiker/-innen der oben genannten Befragung eignen sich vor allem Angebote aufsuchender Straßensozialarbeit und langfristige Unterstützungsangebote wie individuelle Coachings zur Inklusion schwer erreichbarer Jugendlicher. Die Experten/-innen befürworten darüber hinaus Angebote der Schulsozialarbeit und praxisnahe Lernprojekte. Zudem betonen sie die Bedeutung von Rückkehroptionen nach Ausstiegen aus einer Maßnahme, eine kontinuierliche wertschätzende Beziehungsarbeit, eine zeitnahe Problemlösungsstrategie und die „Akzeptanz skurriler Lebensentwürfe" der Jugendlichen (Tillmann/Gehne 2012: 26f.). Aus ihrer Sicht müssen vor allem die *Ressourcen für die Integrationsarbeit verstärkt* werden. Da viele Projekte zeitlich befristet sind, fehlt es an der notwendigen Kontinuität – für gelingende Beziehungsarbeit mit den Jugendlichen, die ein zentraler Erfolgsfaktor der Praxis ist und für den Aufbau tragbarer Kooperationsbeziehungen zu anderen Akteuren in dem Feld.

Um die berufliche und soziale Integration benachteiligter junger Menschen zukünftig zu sichern, gilt es, die fachliche und finanzielle Zusammenarbeit der unterschiedlichen Leistungs- und Finanzierungsträger und Akteure zu stärken und die Zugänge zu ausgegrenzten Jugendlichen noch weiter zu verbessern.

Literatur

Bothmer, Hendrik von (2001): Handlungsfelder und Zielgruppen. Einleitung zu Kapitel 5. In: Fülbier, P./Münchmeier, R. (Hrsg.): Handbuch Jugendsozialarbeit. Geschichte, Grundlagen, Konzepte, Handlungsfelder, Organisation, 1. Münster: Votum, S. 443–468.

Fülbier, Paul/Münchmeier, Richard (Hrsg.) (2001): Handbuch Jugendsozialarbeit. Geschichte, Grundlagen, Konzepte, Handlungsfelder, Organisation. Münster: Votum.

Fülbier, Paul/Schäfer, Hans-Peter (1999): Die Misere der Jugendsozialarbeit. In: neue praxis 29, 5, S. 500–507.

Fuchs-Rechlin, Kirsten/Rauschenbach, Thomas (2012): Kinder- und Jugendhilfe – ein Wachstumsmotor des Arbeitsmarktes? In: KomDat 15, 1, S. 1–4.

Hampel, Christian (2010): § 13 SBG VIII – die Rechtsgrundlage der Jugendsozialarbeit. In: jugendsozialarbeit aktuell, 23, S. 1–16. http://www.jugendsozialarbeit.info/jsa/lagkjsnrw/lagkjsnrw_web.nsf/d8b9 db68eb323349c1256e22003fb0cd/f525cf1541b7d407c125774b0053447 f/$FILE/jsaaktuell93-10.pdf [Zugriff: 11.12.2012]

Ludewig, Jürgen/Paar, Marion (2001): Schulsozialarbeit. In: Fülbier, P./Münchmeier, R. (Hrsg.), S. 516–533.

Muche, Claudia/Oehme, Andreas/Schröer, Wolfgang (2010): Niedrigschwellige Integrationsförderung. Eine explorative Studie zur Fachlichkeit niedrigschwelliger Angebote in der Jugendsozialarbeit. Berlin: Bundesarbeitsgemeinschaft örtlich regionaler Träger der Jugendsozialarbeit. http://www.bag-oert. de/webfm_send/505 [Zugriff: 11.12.2012]

Oehme, Andreas (2011): Niedrigschwellige Jugendsozialarbeit. Eine Handreichung für die Praxis zur Ausgestaltung niedrigschwelliger Projekte in der Jugendsozialarbeit. Berlin: Bundesarbeitsgemeinschaft örtlich regionaler Träger der Jugendsozialarbeit. http://www.jugendsozialarbeit. de/media/raw/ BAG_OeRT_Handreichung_Niedrigschwelligkeit.pdf [Zugriff: 11.12.2012]

Proksch, Roland (2001): § 13 SGB VIII – Die zentrale rechtliche Grundlage für Jugendsozialarbeit. In: Fülbier, P./Münchmeier, R. (Hrsg.), S. 213–235.

Rauschenbach, Thomas/Leu, Hans Rudolf/Lingenauber, Sabine/Mack, Wolfgang/Schilling, Matthias/Schneider, Kornelia/Züchner, Ivo (2004): Non-formale und informelle Bildung im Kindes- und Jugendalter. Konzeptionelle Grundlagen für einen nationalen Bildungsbericht. Berlin: Bundesministerium für Bildung und Forschung.

Schäfer, Klaus (2009): § 13 Jugendsozialarbeit. In: Münder, J. /Meysen, Th./Trenczek, Th. (Hrsg.): Frankfurter Kommentar zum SGB VIII. Kinder- und Jugendhilfe. Baden-Baden: Nomos-Verlagsgesellschaft, S. 163–171.

Tillmann, Frank/Gehne, Carsten (2012): Situation ausgegrenzter Jugendlicher. Expertise unter Einbeziehung der Praxis. Düsseldorf: Bundesarbeitsgemeinschaft Katholische Sozialarbeit. http:// www. bagkjs.de/media/raw/DJI_Expertise___Situation_ausgegrenzter_Jugendlicher__Tillmann_Gehne_.pdf [Zugriff: 11.12.2012]

Gerd Engels

Jugendschutz

Im allgemeinen Sprachgebrauch versteht man unter Jugendschutz alle Maßnahmen, die ergriffen werden, um Jugendliche vor Gefährdungen ihrer Gesundheit, ihres ‚Wohls' oder der Entwicklung zu einer verantwortungsbewussten und gemeinschaftsfähigen Persönlichkeit in der Kindheit und Jugendphase zu schützen. Hierzu zählen vor allem rechtliche und pädagogische Interventionen. Hintergrund ist die Vorstellung, dass Dinge und Handlungen, die ein Risiko enthalten, von Erwachsenen selbstbestimmt wahrgenommen werden können, Jugendlichen aber in ihrem eigenen Interesse vorenthalten werden müssen in der Annahme, dass sie selbst die Gefährdungen nicht sachgemäß einschätzen oder sich nicht aus eigenen Kräften davor schützen können.

Vorschriften, um Jugendliche zu schützen, gibt es in einer Reihe von Gesetzen. Hierzu zählt zum Beispiel das *Strafgesetzbuch*, das u.a. den Schutz vor sexuellem Missbrauch und sexueller Ausbeutung von Kindern und Jugendlichen gewährleisten soll. Auf diese Gesetze kann an dieser Stelle aber ebenso wenig eingegangen werden wie auf das große Feld des Jugendmedienschutzes. Jugendschutz im engeren Sinne wird verstanden entweder als erzieherische oder ordnungsrechtliche Maßnahme. Dabei wird davon ausgegangen, dass im Rahmen der Familie und im privaten Raum die Eltern dafür sorgen, dass den Kindern nichts passiert und sie bestmöglich gefördert werden. Allerdings ist in manchen Fällen davon auszugehen, dass auch die Eltern nicht immer das Kindeswohl im Auge haben, etwa beim Medienkonsum.

Die gesetzlichen Maßnahmen zum Jugendschutz, wie sie im *Jugendschutzgesetz (JuSchG)* niedergelegt sind, regeln den Jugendschutz in der Öffentlichkeit. Sie sollen die Eltern bei ihrer Erziehungsaufgabe unterstützen, indem sie Gewerbetreibende zwingen, sich mit ihrem Gewinnstreben nicht schrankenlos an Kinder und Jugendliche zu wenden und diese zu Handlungen zu animieren, die nicht im wohlverstandenen Interesse der Kinder und Jugendlichen sind. Die Vorschriften wenden sich nicht in erster Linie an Kinder und Jugendliche; auch wird deren Fehlverhalten nach dem JuSchG nicht sanktioniert. Wenn ein Jugendlicher mit einer Flasche Brandy auffällt, wird nicht er, sondern der Verkäufer zur Verantwortung gezogen.

Insgesamt sind die Maßnahmen des Kinder- und Jugendschutzes drei Säulen zuzuordnen, dem ordnungsrechtlichen Jugendschutz, dem strukturellen Jugendschutz und erzieherischen Kinder- und Jugendschutz, wie er im *Achten Sozialgesetzbuch (SGB VIII/Kinder- und Jugendhilfegesetz)* in § 14 niedergelegt ist. Danach sollen jungen Menschen und Erziehungsberechtigten Angebote des Kinder- und Jugendschutzes gemacht werden.

> „Die Maßnahmen sollen 1. junge Menschen befähigen, sich vor gefährdenden Einflüssen zu schützen und sie zu Kritikfähigkeit, Entscheidungsfähigkeit und Eigenverantwortlichkeit sowie zur Verantwortung gegenüber ihren Mitmenschen führen, 2. Eltern und andere Erziehungsberechtigte besser befähigen, Kinder und Jugendliche vor gefährdenden Einflüssen zu schützen."

Darüber hinaus werden zum Kinder- und Jugendschutz auch all jene strukturellen Maßnahmen gezählt, die z.B. in Form von Wohnumfeldgestaltung oder Verkehrsbeeinflussung die Bedingungen des Aufwachsens junger Menschen verbessern helfen.

Die Jugendhilfe hat nach § 1 Abs. 3 Nr. 3 SGB VIII das Ziel, „Kinder und Jugendliche vor Gefahren für ihr Wohl (zu) schützen". Deshalb beinhalten prinzipiell alle Maßnahmen der Kinder- und Jugendhilfe Jugendschutzaspekte. Jugendschutz ist so eine Querschnittsaufgabe. Daneben gibt es die Fachaufgabe Jugendschutz, deren pädagogische Hauptaufgabe im zitierten §14 SGB VIII näher erläutert wird. Im Spektrum der Aufgaben der Kinder- und Jugendhilfe spielt der erzieherische Jugendschutz eine große Rolle, während die Durchsetzung der gesetzlichen Vorschriften eine vergleichsweise geringe Rolle spielt.

Jugendmedienschutz

In Deutschland hat der Jugendschutz Verfassungsrang. Das Grundrecht auf freie Meinungsäußerung wird zum Zwecke des Jugendschutzes notfalls eingeschränkt. Erste Jugendschutzmaßnahmen des Gesetzgebers gibt es seit dem 19. Jahrhundert. Zunächst wurde die hemmungslose wirtschaftliche Ausbeutung von Kindern durch Kinderarbeit eingeschränkt. Seit dem Beginn des 20. Jahrhunderts gibt es zunehmend auch Maßnahmen zum Schutz von Kindern und Jugendlichen vor dem Einfluss der Medien. Die Frage des Jugendschutzes in den Medien entwickelt sich entlang der Verbesserung der technischen Möglichkeiten kontinuierlich. Erste Maßnahmen erschienen notwendig, nachdem es die ersten öffentlichen Lichtspielhäuser gab und die Inhalte der gezeigten Kinofilme nicht immer den Vorstellungen besorgter Erzieher entsprachen. Dann wurde der Schutz auf die damals neuen Medien Rundfunk und Fernsehen ausgedehnt, später erweitert auf Tonträger und gegenwärtig auf Computer und Internet. Ein aktuelles Thema im Bereich des Jugendschutzes mit Blick auf die Medien ist auch der Schutz von Kindern, die als Akteure im Fernsehen auftreten. Es ist für sie wie oftmals auch für ihre Eltern nicht leicht abzuschätzen, inwiefern sie sich mit ihrem Handeln schaden oder nützen.

Im Zusammenhang mit dem Jugendmedienschutz wird häufig der Vorwurf erhoben, Medienkontrolle sei Zensur. Gemäß den Bestimmungen des Grundgesetzes gibt es in Deutschland keine Zensur; niemand muss irgendeiner Behörde vorlegen, was er veröffentlichen will. Die Maßnahmen des Jugendmedienschutzes sind in Deutschland entweder freiwillig oder sie greifen erst nach der Veröffentlichung. Wenn ein Buch, eine Musikproduktion, ein Computerspiel oder ein Film jugendgefährdende Inhalte enthält, so kann das Medium zwar durch die Bundesprüfstelle für jugendgefährdende Medien indiziert werden, aber erst nach Erscheinen. Und die Aufnahme in die Liste der jugendgefährdenden Medien bedeutet nicht automatisch ein Verbot des Produkts. Es ist lediglich untersagt, dafür öffentlich zu werben und es Kindern und Jugendlichen zugänglich zu machen. Diese Indizierung wirkt daher nur im Bereich von Verkauf und Verleih, der auch überwacht werden kann. Wenn Eltern oder erwachsene Freunde im privaten Raum Kindern und Jugendlichen Medieninhalte zugänglich machen, die für ihr Alter nicht geeignet sind, lässt sich das selbstverständlich nicht verhindern.

Jugendarbeitsschutz

Mit dem Jugendarbeitsschutzgesetz hat der Gesetzgeber Grenzen der Beschäftigung festgelegt. Jugendlichen unter 15 Jahren ist bis auf wenige Ausnahmen generell das Arbeiten in Deutschland verboten. Jugendliche zwischen 15 und 18 Jahren unterliegen strengen Grenzen, was ihre Belastung angeht. Damit soll verhindert werden, dass sie zu früh zu schwer arbeiten und ihre Entwicklung gefährden oder auch ihre schulische Ausbildung vernachlässigen.

Schutz vor Suchtgefahren

Ein bedeutender Bereich des Jugendschutzes ist die Tabak- und Alkoholprävention. Jugendliche unter 16 Jahren dürfen in der Öffentlichkeit keinen Alkohol trinken. Das Rauchen und der Konsum von Spirituosen (branntweinhaltigen Getränken) sind Minderjährigen verboten. Bei dem Versuch, Kinder und Jugendliche vom Rauchen abzuhalten, geht es vor allen Dingen darum, den Beginn des Tabakkonsums hinauszuzögern. Nicht allein um des Jugendschutzes, sondern aufgrund allgemeiner Gesundheitsvorsorge sind in jüngerer Zeit Maßnahmen erwachsen wie das Rauchverbot in Gaststätten oder die Heraufsetzung des Alters für den Verkauf von Tabakwaren auf 18 Jahre. Die Möglichkeit Minderjähriger, an Tabakwaren zu kommen, soll auch dadurch eingeschränkt werden, dass Zigarettenautomaten so eingestellt sind, dass sie nur noch mit einer Karte funktionieren, die in der Regel nur Erwachsene besitzen.

Ausgehen

Im Zusammenhang mit der Suchtprävention enthält das Jugendschutzgesetz auch Bestimmungen, ab wann man sich in Gaststätten und Diskotheken aufhalten darf. Auch hier ist die Altersgrenze bei 16 Jahren. Jugendliche unter 16 Jahren dürfen sich nicht in Diskotheken und Gaststätten aufhalten, wenn sie sich nicht auf Reisen befinden und eine Speise oder ein Getränk einnehmen wollen. Jugendliche zwischen 16 und 18 Jahren dürfen Gaststätten und Diskotheken bis Mitternacht besuchen.

Da sich Jugendliche unterschiedlich entwickeln, erscheinen Altersgrenzen immer etwas willkürlich. Dem Gesetzgeber bleibt aber nichts anderes übrig als sich festzulegen. Forderungen nach Änderungen bei den Grenzen begegnet er regelmäßig mit dem Argument, dass die Grenzen (z.B. 6, 12, 16 und 18 Jahre beim Film) bekannt und bewährt sind.

In vielen Familien ist die Frage des Ausgehens ein ständiger Diskussionspunkt. Wenn Eltern hier Verbote durchsetzen wollen, haben sie die gesetzlichen Vorschriften auf ihrer Seite. Gegenüber Minderjährigen haben die gesetzlichen Vertreter das Aufenthaltsbestimmungsrecht und können so bis zum Alter von 18 Jahren die Entscheidung treffen, ob ihre Kinder sich an bestimmten Orten aufhalten dürfen oder nicht. In der Praxis wird dennoch in fast allen Familien eher ausgehandelt, inwiefern es möglich ist, ebenso wie ‚alle anderen' bestimmte Veranstaltungen, Kneipen oder Diskotheken zu besuchen. Der Gesetzgeber ist den Eltern in ihrer Verantwortung insofern mit der letzten Novelle des Jugendschutzgesetzes entgegen gekommen, als er eine weitere Möglichkeit eröffnet hat, gesetzeskonform Kinder und Jugendliche an Veranstaltungen teilnehmen zu lassen. Wenn die Eltern nicht selbst ihre Kinder begleiten, was ohnehin zur Folge hat, dass die gesetzlichen Zeitgrenzen nicht gelten, können sie ihre Kinder einer ‚erziehungsbeauftragten' Person anvertrauen. Mit dieser dürfen die Jugendlichen Gaststätten und Diskotheken besuchen. Die ‚erziehungsbeauftragte' Person muss volljährig sein und das Vertrauen der Eltern genießen. Die übrigen Vorschriften zum Jugendschutz (Alkohol, Tabak usw.) gelten unbeschadet der Beauftragung einer ‚erziehungsbeauftragten' Person.

Für Veranstaltungen anerkannter Träger der Kinder- und Jugendhilfe gelten allerdings ebenso wie für Veranstaltungen, die der künstlerischen Betätigung oder der Brauchtumspflege dienen, Ausnahmen. Sie dürfen auch von Kindern bis 22 Uhr und von Jugendlichen unter 16 Jahren bis 24 Uhr besucht werden. In aller Regel geht man davon aus, dass Eltern, wenn sie ihre Kinder bei einem Träger der Jugendhilfe entweder zu Maßnahmen oder zu regelmäßigen Gruppenstunden angemeldet haben, sie also in die Obhut der jeweiligen Leiter/-innen gegeben haben, diesen auch einen Erziehungsauftrag im Sinne des Jugendschutzgesetzes seitens der Eltern erteilen. Die volljährigen Leiter/-innen stehen also in der Verantwortung. Man erwartet von ihnen, dass sie mit Umsicht und Sorgfalt ihre Aktivitäten planen und durchführen.

Die bisher beschriebenen gesetzlichen Regelungen beziehen sich ausschließlich auf Veranstaltungen und Veranstaltungsorte. Die häufig gestellte Frage, wie lange Kinder oder Jugendliche sich abends ‚draußen' (im Freien, an der Bushaltestelle oder anderen öffentlichen Plätzen und Verkehrsflächen) aufhalten dürfen, wird vom Jugendschutzgesetz nicht beantwortet. Dies fällt unter die Aufsichtspflicht der Eltern, die im Bürgerlichen Gesetzbuch (BGB) geregelt ist. Solange die Eltern damit einverstanden sind, dass sich Jugendliche im Freien aufhalten oder an Orten, die nicht durch das Jugendschutzgesetz geregelt sind, so hat der Gesetzgeber dem keine Schranken gesetzt. Allein wenn Eltern oder andere Erziehungsbeauftragte nachweislich dem Kindeswohl entgegen handeln, greifen die Behörden ein.

Aufsicht und Haftung

Über den engen Rahmen der Erziehungsbeauftragung im Jugendschutzgesetz hinaus haben natürlich die Mitarbeiter/-innen in den Jugendverbänden, die Jugendleiter/-innen in der Offenen Tür und andere haupt- oder ehrenamtlich Tätige im Rahmen der Aufsichtspflicht weitere Dinge zu beachten. Die Aufsichtspflicht ist eine besondere Ausprägung der Personensorge, die den Eltern oder den ‚Personensorgeberechtigten', soweit sie nicht Eltern sind, vorbehalten ist. Diese Aufsichtspflicht beinhaltet die Pflicht zur Sorge dafür, dass sich weder die Minderjährigen, die dieser Aufsicht unterstehen, selbst schädigen, noch dass sie Dritte schädigen. Grundlage ist der § 832 BGB. Dort heißt es:

> „Wer kraft Gesetzes zur Führung der Aufsicht über eine Person verpflichtet ist, die wegen Minderjährigkeit oder wegen ihres geistigen oder körperlichen Zustandes der Beaufsichtigung bedarf, ist zum Ersatz des Schadens verpflichtet, den diese Person einem Dritten widerrechtlich zufügt. Die Ersatzpflicht tritt nicht ein, wenn er seiner Aufsichtspflicht genügt, oder wenn der Schaden auch bei gehöriger Aufsichtsführung entstanden sein würde. Die gleiche Verantwortlichkeit trifft denjenigen, welcher die Führung der Aufsicht durch Vertrag übernimmt."

Eltern oder andere ‚Personensorgeberechtigte' haben also immer die Aufsicht über ihre minderjährigen Kinder. Sie können diese Aufsicht auch dadurch wahrnehmen, dass sie ihre Kinder der Aufsicht anderer unterstellen, wie es zum Beispiel auf Ferienreisen oder in Gruppenstunden gängige Praxis ist. Auch wenn der Gesetzgeber in der Theorie davon ausgeht, dass zwischen den Eltern und den Aufsichtführenden ein Vertrag existie-

ren muss, so kann dieser auch auf einfachste Art und Weise durch Überlassung zustande kommen. In der verbandlichen Jugendarbeit werden die Kinder und Jugendlichen von den Eltern nicht den einzelnen Gruppenleiter/-innen zur Aufsicht überlassen, sondern sie werden dem Träger der Maßnahme zur Aufsicht anempfohlen. Das bedeutet für den Fall, dass etwas schief geht, dass der Träger zunächst einmal gegenüber den Eltern seine verantwortungsbewusste Aufsicht nachweisen muss. Erst recht tritt diese Trägerhaftung anstelle der unmittelbaren Haftung, wenn die Gruppenleitung noch minderjährig ist. Schilling (2010: 19) nennt für die Weitergabe der Aufsichtspflicht folgende Kriterien. Der Betreffende muss
- der Sache und Situation gewachsen sein,
- die notwendige persönliche, geistige und charakterliche Reife besitzen,
- eingewiesen und genau unterrichtet werden,
- sich gegenüber der Gruppe durchsetzen können,
- wissen, wo der jeweilige Träger oder Leiter zu erreichen ist,
- und schließlich den Anfang, den Umfang und das Ende seiner Tätigkeit kennen.

Durch die Delegation ist der Delegierende nicht von der Haftpflicht entlastet, sondern haftet weiter, wenn er die Aufsicht einer ungeeigneten oder unfähigen Person übertragen hat. Oder wenn er es an einer ordnungsgemäßen Anleitung hat fehlen lassen.

Wann man genau der Aufsichtspflicht genügt hat und was im Einzelnen zur Aufsichtspflicht gehört, hängt von der jeweiligen Situation ab. Auch der Gesetzgeber verlangt nicht, dass zur Aufsicht eine hundertprozentige Überwachung der Kinder und Jugendlichen gehört. Allerdings ist der jeweils Aufsichtspflichtige in der Nachweispflicht, um beweisen zu können, dass er – wie der Gesetzgeber sagt – die Aufsicht hinreichend wahrgenommen hat, oder es auch bei hinreichender Wahrnehmung der Aufsichtspflicht zu dem Schaden zu Lasten Dritter oder der Jugendlichen selbst hätte kommen können. Im Bürgerlichen Gesetzbuch (§ 1626 Abs. 2) werden Eltern im Rahmen ihrer Erziehungsaufgabe aufgefordert, Kindern und Jugendlichen mit zunehmendem Alter auch ein höheres Maß an Selbstbestimmung zu geben. Dies trifft natürlich in einem mindestens ebenso großen Umfang bei den freiwilligen Tätigkeiten im Rahmen der Jugendhilfe zu.

Zur pflichtgemäßen Erfüllung der Aufsicht zählt vor allen Dingen, dass man sich selbst gut über die zu beaufsichtigenden Personen informiert, sie vorsorglich belehrt und warnt, die Anordnungen und Verbote überprüft, sie ständig überwacht und von Fall zu Fall eingreift (vgl. Schilling 2010: 23).

Wer ist zuständig?

Eine Reihe von Behörden und Institutionen ist im Jugendschutz aktiv. Das Jugendschutzgesetz ist ein Bundesgesetz, dessen Ausführung bei den Ländern und Kommunen liegt. Wegen der Kulturhoheit der Länder sind diese auch im Jugendmedienschutz aktiv. Die Landesmedienanstalten sind für den privaten Rundfunk und Fernsehen sowie für das Internet zuständig. Hier gibt es auch freiwillige Selbstkontrollinstanzen. In den Kommunen ist oft für die Kontrolle der Vorschriften des gesetzlichen Jugendschutzes das Ordnungsamt und für den erzieherischen Jugendschutz das Jugendamt verantwortlich. Im Bereich der freien Träger der Jugendhilfe gibt es in fast allen Bundesländern Landesstellen und Landesarbeitsgemeinschaften für Kinder- und Jugendschutz und auf der Bundesebene die Bundesarbeitsgemeinschaft Kinder- und Jugendschutz sowie eine Reihe von Organisationen, die einzelne Jugendschutzaspekte bearbeiten.

Literatur

Bundesarbeitsgemeinschaft Kinder- und Jugendschutz. Kinder- und Jugendschutz in Wissenschaft und Praxis. [Fachzeitschrift]
Nikles, Bruno W./Roll, Sigmar/Spürck, Dieter/Erdemir, Murad/Gutknecht, Sebastian (2011): Jugendschutzrecht. Köln: Luchterhand.
Schilling, Johannes (2010): Rechtsfragen in der Jugendarbeit. Über die rechtliche Absicherung pädagogischer Ziele, 3. Weinheim/München: Juventa.

Links

Bundesarbeitsgemeinschaft und Landesstellen Jugendschutz: www.jugendschutz.de
Bundesarbeitsgemeinschaft Kinder- und Jugendschutz: www.bag-jugendschutz.de
Jugendschutz aktiv: www.jugendschutzaktiv.de

Jens Pothmann und *Eric van Santen*

Erzieherische Hilfen

Die Hilfen zur Erziehung (HzE) sind rechtlich im Achten Sozialgesetzbuch (SGB VIII), in den §§ 27ff. SGB VIII kodifiziert. Wenn eine dem Wohl des Kindes entsprechende Erziehung nicht gewährleistet werden kann, haben Eltern (nicht die Minderjährigen) oder auch – wird § 41 SGB VIII mit einbezogen – junge Volljährige Anspruch auf eine Leistung zu den HzE. Dabei besteht im Bedarfsfall ein Rechtsanspruch auf ein beachtliches Spektrum an unterschiedlichen Leistungen. HzE sind damit auf der einen Seite eine sozialpädagogische Dienstleistung, können aber in Zusammenarbeit mit den Familiengerichten auch gegen den Willen der Eltern durchgeführt werden.

HzE sind nach der Kindertagesbetreuung das zweitgrößte Arbeitsfeld der Kinder- und Jugendhilfe. Laut amtlicher Kinder- und Jugendhilfestatistik (KJH-Statistik) wurden im Jahr 2010 bundesweit über 866.400 Leistungen auf der Grundlage der §§ 27ff. SGB VIII durchgeführt (Hilfen für junge Volljährige einbezogen). Hierüber wurden rund 986.000 junge Menschen erreicht. Das entspricht etwa 6% der jungen Menschen im Alter von unter 21 Jahren. Etwa jeder vierte Euro des Gesamtetats für die Kinder- und Jugendhilfe wird für die HzE aufgewendet. Im Jahre 2009 waren dies ca. 6,56 Mrd. Euro.

Grundlagen und Leistungsspektrum

HzE haben eine gesellschaftliche Funktion: Sie werden

> „dann geleistet, wenn das Aufwachsen in der Familie – und in den regulären Erziehungs- und Bildungsinstitutionen – von den Eltern und/oder dem Kind selbst oder von Außenstehenden (Schule, Nachbarschaft, Polizei etc.) als irgendwie problematisch, abweichend, störend oder krankhaft eingeschätzt wird" (Trede 2009: 24f.).

Allerdings gibt es erhebliche Unterschiede zwischen Hilfearten und Leistungsbereichen. Im Folgenden werden mit der Erziehungsberatung, den familienunterstützenden und -ergänzenden Leistungen sowie den familienersetzenden Formen der HzE einzelne Leistungsbereiche beschrieben.

Erziehungsberatung
Die Erziehungsberatung nach § 28 SGB VIII zielt auf die Bewältigung individueller und familiärer Probleme. Es geht um die Bearbeitung von Erziehungsfragen und -schwierigkeiten. Teams in Erziehungsberatungsstellen sind multidisziplinär zusammengesetzt. Mehrheitlich sind es Psychologen/-innen, Therapeuten/-innen sowie Pädagogen/-innen mit therapeutischer Zusatzqualifikation. Die Erziehungsberatung zeichnet sich vorwiegend durch eine ‚Komm-Struktur' aus. Die Ratsuchenden können sich direkt und aus eigener Initiative ohne Umweg über das Jugendamt an eine Beratungsstelle wenden.

Für das Jahr 2010 weist die KJH-Statistik 453.390 durchgeführte Leistungen der Erziehungsberatung aus. Das entspricht 52% aller HzE. Beim Alter zeigt sich, dass etwa jede vierte Beratung für Kinder zwischen sechs und neun Jahren begonnen wird. Fast ebenso hoch ist der Anteil der Leistungen für die 10- bis 13-Jährigen.

Etwa 37% der hier betrachteten Beratungsleistungen werden vom öffentlichen Träger durchgeführt (vgl. Tab. 1). Etwa jede vierte Leistung wird von einer Einrichtung der Caritas bzw. eines katholischen Trägers geleistet, jede fünfte von der Diakonie oder einem der Träger, die der Evangelischen Kirche in Deutschland (EKD) angeschlossen sind.

Tabelle 1: Hilfen zur Erziehung[1] nach Leistungssegmenten und Art des Trägers (Deutschland; 2010; andauernde und beendete Hilfen; Verteilung in%)

	Erziehungs-beratung (N = 453.390)	Familienunter-stützende und -ergänzende Hilfen (N = 239.976)	Familienersetzende Hilfen (ohne Vollzeitpflege) (N = 99.347)
Öffentlicher Träger	37,1	17,4	14,1
Arbeiterwohlfahrt	4,8	5,0	3,3
Der Paritätische	7,9	9,2	7,0
Deutsches Rotes Kreuz	0,6	1,3	1,1
Diakonie/EKD-Träger	20,0	13,6	15,3
Caritas/kath. Kirche	24,7	9,1	13,6
Sonstige Religionsgemeinsch.	0,3	0,3	0,8
Sonst. anerkannter Träger[2]	4,3	34,0	38,8
Wirtschaftsunternehmen	0,3	10,0	5,8

1 Einschließlich der Hilfen für junge Volljährige.
2 Bei den Angaben zu den aufgeführten Wohlfahrtsverbänden und den sonstigen anerkannten freien Trägern der Kinder- und Jugendhilfe können mitunter Unschärfen bei der Zuordnung zu einzelnen Erhebungskategorien nicht ausgeschlossen werden. Hierauf verweist auch ein Blick auf die Heimerziehung in die Einrichtungs- und Personalstatistik. Es ist zu vermuten, dass die ausfüllenden Mitarbeiter/-innen in den Jugendämtern den mit der Hilfe beauftragten Träger nicht immer eindeutig zuordnen können.

Quelle: Statistisches Bundesamt: Statistiken der Kinder- und Jugendhilfe – Hilfe zur Erziehung, Eingliederungshilfe für seelisch behinderte junge Menschen, Hilfe für junge Volljährige, 2010; eigene Berechnungen

Familienunterstützende und -ergänzende Hilfen
Zu den familienunterstützenden und -ergänzenden Leistungen (im Folgenden: familienunterstützende Hilfen) zählen Hilfen im Rahmen der Sozialen Gruppenarbeit (§ 29 SGB VIII), die Erziehungsbeistandschaften und die Betreuungshilfen (§ 30 SGB VIII), die Sozialpädagogische Familienhilfe (SPFH) (§ 31 SGB VIII), die teilstationären Hilfen der Tagesgruppenerziehung (§ 32 SGB VIII) sowie die Hilfen im Rahmen der Intensiven Sozialpädagogischen Einzelbetreuung (ISE) (§ 35 SGB VIII). Ferner müssen vorrangig ambulante und teilstationäre Settings der HzE gem. § 27 SGB VIII ohne eine Verbindung zu §§ 29–32, 35 SGB VIII hinzugezählt werden.

Zu den familienunterstützenden Leistungen gehören ganz unterschiedliche pädagogische Settings. So konzentrieren sich Erziehungsbeistand und ISE auf die Bearbeitung von Entwicklungsauffälligkeiten und individuellen Schwierigkeiten. Gerade für Kinder zwischen sechs und 13 Jahren mit erheblichen Schulschwierigkeiten und Verhaltensauffälligkeiten in Gruppenkonstellationen kann es zudem sinnvoll sein,

ein teilstationäres Tagesgruppenangebot in Anspruch zu nehmen (vgl. Tab. 2). Einen anderen Schwerpunkt setzen die familienorientierten Hilfen. Hier zu nennen ist insbesondere SPFH, bei denen die Familien bei der Wahrnehmung ihrer Erziehungsaufgaben und der Organisation des häufig aus den Fugen geratenen Alltags unterstützt werden sollen.

Die KJH-Statistik erfasst für das Jahr 2010 knapp 240.000 durchgeführte familienunterstützende HzE. Dabei entfallen 2010 immerhin fast 100.500 Fälle auf die SPFH. Knapp 205.000 junge Menschen, vor allem Minderjährige, werden von diesen Leistungen erreicht (vgl. Pothmann/Wilk 2011: 94f.).

Tabelle 2: Ausgewählte familienunterstützende oder -ergänzende Hilfen zur Erziehung[1] nach Altersgruppen (Deutschland; 2010; andauernde und beendete Hilfen; Verteilung in %)

	§ 27 SGB VIII (ambulant) (N = 38.767)	§ 30 SGB VIII Erziehungsbeistand (N = 38.451)	§ 31 SGB VIII SPFH (N = 204.526)	§ 32 SGB VIII Tagesgruppe (N = 26.331)	§ 35 SGB VIII ISE (N = 6.319)
Unter 6 J.	22,1	3,3	32,9	4,2	0,0
6 bis unter 10 J.	21,3	6,4	24,1	30,6	0,0
10 bis unter 14 J.	26,5	21,4	22,0	50,3	8,7
14 bis unter 18 J.	23,4	49,3	16,0	15,0	45,9
18 J. und älter	6,7	19,7	5,0	0,0	45,4

1 Einschließlich der Hilfen für junge Volljährige.
Quelle: Statistisches Bundesamt: Statistiken der Kinder- und Jugendhilfe – Hilfe zur Erziehung, Eingliederungshilfe für seelisch behinderte junge Menschen, Hilfe für junge Volljährige, 2010; eigene Berechnungen

Die Durchführung der familienunterstützenden Leistungen wird 2010 in 34% der Fälle von einem sonstigen anerkannten Träger der Kinder- und Jugendhilfe geleistet. Rund 17% der Hilfen werden vom öffentlichen Träger selbst durchgeführt, bei knapp 14% ist die Diakonie bzw. einer der EKD angeschlossenen Träger mit der Durchführung beauftragt sowie in jeweils 9% der Paritätische bzw. die Caritas (vgl. Tab. 1).

Familienersetzende Hilfen
Vollzeitpflege sowie Heimerziehung gehören zu den familienersetzenden HzE. Beide Hilfearten beschreiben Unterbringungsmöglichkeiten von Kindern und Jugendlichen außerhalb der Herkunftsfamilie. Familienersetzende Hilfen können somit einen harten Einschnitt in der Biografie eines jungen Menschen bedeuten.

Die Vollzeitpflege (§ 33 SGB VIII) sieht die Unterbringung eines Kindes oder – wenn auch in selteneren Fällen – eines Jugendlichen in einer Pflegefamilie vor. Über die KJH-Statistik werden für 2010 knapp 73.700 Vollzeitpflegehilfen erfasst. Seit dem Jahr 2000 hat sich das jährliche Fallzahlenvolumen um rund 27% erhöht.

Ein Blick auf die im Laufe eines Jahres begonnenen Vollzeitpflegehilfen zeigt, dass bei etwa der Hälfte der jährlichen Neufälle Kinder im Alter von unter fünf Jahren betroffen sind. Betrachtet man alle in Pflegefamilien lebenden jungen Menschen, hatten etwa 26% das sechste Lebensjahr noch nicht vollendet. Die Anteile der anderen Altersgruppen liegen jeweils bei etwas mehr als 20% (vgl. Tab. 3).

Heimerziehung und sonstige betreute Wohnformen (§ 34 SGB VIII) sind stationäre HzE mit vielfältigen Betreuungsarrangements (vgl. Trede 2009: 22ff.). Laut KJH-Statistik 2010 ist von jährlich rund 99.300 durchgeführten Hilfen auszugehen.

Tabelle 3: Familienersetzende Hilfen zur Erziehung[1] nach Altersgruppen (Deutschland; 2010; andauernde und beendete Hilfen; Verteilung in %)

	§ 33 SGB VIII Vollzeitpflege (N = 73.692)	§ 34 SGB VIII Heimerziehung (N = 99.347)[2]
Unter 6 J.	25,7	5,6
6 bis unter 10 J.	21,2	9,7
10 bis unter 14 J.	22,0	20,3
14 bis unter 18 J.	21,9	43,8
18 J. und älter	9,3	20,6

1 Einschließlich der Hilfen für junge Volljährige.
2 Mit berücksichtigt werden hier die stationären Hilfen gem. § 27 SGB VIII ohne eine Zuordnung zum § 34 SGB VIII.

Quelle: Statistisches Bundesamt: Statistiken der Kinder- und Jugendhilfe – Hilfe zur Erziehung, Eingliederungshilfe für seelisch behinderte junge Menschen, Hilfe für junge Volljährige, 2010; eigene Berechnungen

Die in stationären Einrichtungen im Rahmen der HzE lebenden jungen Menschen sind zu gerade einmal 6% unter sechs Jahre alt. Die größte Gruppe sind Jugendliche im Alter von 14 bis 17 Jahren, gefolgt von den jungen Volljährigen und den 10- bis 13-Jährigen (vgl. Tab. 3).

Für die stationären Hilfen zeigt sich ein heterogenes Trägerspektrum. Der Anteil der öffentlichen Träger an allen durchgeführten Hilfen beträgt 14% (vgl. Tab. 1). Knapp 29% der Hilfen werden von den konfessionellen Wohlfahrtsverbänden durchgeführt, dabei ca. 15% von der Caritas und 14% von der Diakonie. Der Anteil der sonstigen anerkannten Träger der Jugendhilfe liegt mit 39% noch einmal deutlich höher als für die einzelnen Wohlfahrtsverbände.

Zwischen Pädagogik und Religion – Hinweise zur Rahmung von Erziehungshilfen

Pädagogische Orientierungsrahmen in stationären Einrichtungen
Die HzE-Erhebung des Deutschen Jugendinstituts (DJI) von 2009 (vgl. z.B. Gragert u.a. 2005) zeigt, dass fast alle Einrichtungen über einen schriftlich fixierten Orientierungsrahmen über Merkmale der pädagogischen Ausrichtung verfügen. Allerdings wird auch deutlich, dass diese Orientierungsrahmen hinsichtlich Umfang und Grad der Konkretisierung stark voneinander abweichen. Eine Konkretisierung der erzieherischen Vorstellungen in Einrichtungen der HzE lässt sich an ihren pädagogischen Zielvorstellungen ablesen. Insgesamt 40 solcher Zielvorstellungen sollten von den befragten Einrichtungen auf einer fünfstufigen Skala hinsichtlich der Bedeutsamkeit für das erzieherische Handeln bewertet werden (vgl. Tab. 4).

Generell zeigen sich relativ geringe Unterschiede in der Bedeutung einzelner Ziele. Die drei mit der wichtigsten Bedeutung sind: Selbstvertrauen, Konfliktfähigkeit und

Selbstakzeptanz. Als relativ unwichtig werden Anpassungsfähigkeit, Gehorsam und Religiosität betrachtet.

Religiosität wird zwar bei den religiös orientierten Einrichtungen eine größere Bedeutung zugemessen als in den Einrichtungen ohne religiöse Orientierung, aber rangiert auch hier noch an letzter Stelle.

Tabelle 4: Mittelwert der Bedeutung erzieherischer Zielvorstellungen

Selbstvertrauen	4,7	Frustrationstoleranz	4,2	Teamgeist	3,9	Durchsetzungsfähigkeit	3,6
Konfliktfähigkeit	4,6	Durchhaltevermögen	4,1	Gesundheitsbewußtsein	3,9	Kreativität	3,4
Selbstakzeptanz	4,5	Respekt gegenüber MitarbeiterInnen	4,1	Lernfähigkeit	3,8	gute Schulleistungen	3,4
Verständnis für Andere	4,4	Toleranz	4,1	Gerechtigkeitssinn	3,8	Ordnungssinn	3,3
Selbständigkeit	4,4	Legalverhalten	4,0	Punktlichkeit	3,8	Ehrgeiz	3,2
Ehrlichkeit	4,4	Hilfsbereitschaft	4,0	gute Umgangsformen	3,8	Familiensinn	3,2
Verantwortungsbewusstsein	4,3	Selbstreflexivität	4,0	Pflichtbewusstsein	3,7	Anpassungsfähigkeit	3,1
Zuverlässigkeit	4,3	Eigeninitiative	4,0	Fleiß	3,7	Gehorsam	2,6
Kritikfähigkeit	4,2	Bindungsfähigkeit	4,0	Achtung vor der Natur	3,7	Religiosität	1,9
Solidarität	4,2	Hygiene	3,9	Respekt gegenüber Eltern	3,7		

* Mittelwert einer Skala mit fünf Abstufungen: 1 = unwichtig, 5 = sehr wichtig
Quelle: DJI-HZE-Einrichtungserhebung 2009

Bedeutung religiöser Orientierungen in der Praxis
In der Einrichtungsbefragung des DJI wird auch nach der religiösen Orientierung einer Einrichtung und deren Relevanz für den Alltag gefragt. In der Untersuchung geben 30% der Einrichtungen an, eine spezifische religiöse Ausrichtung zu haben. Etwa ein Viertel (24%) aller Einrichtungen konfessioneller Träger (z. B. Caritas, Diakonie) sagen von sich, nicht religiös ausgerichtet zu sein.

Gefragt wird darüber hinaus auch nach der religiösen Toleranz in einer Einrichtungskultur (vgl. Tab. 5). Die große Mehrheit der religiös ausgerichteten Einrichtungen (83%) berücksichtigt die religiösen Besonderheiten anderer Religionen. Das weist auf einen toleranten Umgang mit Kindern und Jugendlichen anderer Religionen hin. Eine kleine Minderheit (11%) weist in ihrer pädagogischen Arbeit auf die Unterschiede zwischen den Religionen hin. Die wenigen Einrichtungen, die auf einen sonstigen Umgang mit dieser Konstellation verweisen (5%), betonen ihre tolerante Haltung anderen Religionen gegenüber. Lediglich 1% der Einrichtungen nehmen Kinder und Jugendliche anderer Religionen gar nicht erst auf. Ein nicht unerheblicher Teil der Einrichtungen (36%) gibt zudem an, die unterschiedlichen religiösen Ausrichtungen nicht in der pädagogischen Arbeit zu thematisieren.

Tabelle 5: Umgang religiös und nicht religiös orientierter Einrichtungen mit einer (abweichenden) religiösen Zugehörigkeit der Adressaten (Mehrfachnennungen)

	Religiös	Nicht religiös
Wir berücksichtigen die religiösen Besonderheiten der anderen Religionen	83%	56%
Ist kein Thema der Einrichtung	36%	59%
Wir versuchen, die Unterschiede deutlich zu machen	11%	6%
Andere Reaktionen	5%	1%
Kinder und Jugendliche einer anderen Religion werden nicht aufgenommen	1%	0%

Quelle: DJI-HZE-Einrichtungserhebung 2009

Insgesamt zeigt sich in den Einrichtungen ein offener Umgang mit Kindern und Jugendlichen anderer Religionen. Religion hat auch in den Einrichtungen mit einer spezifischen, religiösen Ausrichtung der Träger möglicherweise keine zentrale Bedeutung für die pädagogische Arbeit. Wobei hier nicht entschieden werden kann, ob Religion und Pädagogik tatsächlich zwei voneinander zu unterscheidende Dimensionen in den Einrichtungen sind, oder ob sie so stark miteinander verknüpft sind, dass sie nicht voneinander differenziert werden (können).

Der Vergleich des Umgangs mit Religion in der Praxis zwischen religiös orientierten Einrichtungen und solchen ohne religiöse Orientierungen offenbart zwei deutliche, statistisch signifikante Unterschiede (vgl. Tab. 5). In Einrichtungen ohne religiöse Orientierung ist erwartungsgemäß das Thema Religion häufiger kein Thema (59%) als in Einrichtungen mit religiöser Orientierung (36%). Dies führt aber auch dazu, dass die Besonderheiten der Religion, die bis in die tägliche Lebensführung der Kinder, Jugendliche und deren Eltern hineinreichen, in den nicht religiösen Einrichtungen seltener Berücksichtigung finden.

Hilfen zur Erziehung und Schule

Die Schule hat eine große und vermutlich in Zukunft eher noch zunehmende Bedeutung für die HzE. So sind allein die von Leistungen der HzE erreichten Kinder und Jugendlichen ab dem sechsten Lebensjahr genauso schulpflichtig wie andere junge Menschen auch. Hier soll auf drei Aspekte exemplarisch eingegangen werden:

Schule als Problem: Laut Ergebnissen der KJH-Statistik 2010 wird immerhin fast jede dritte HzE, bei denen Kinder im schulpflichtigen Alter erreicht werden, zumindest auch aufgrund schulischer Probleme gewährt. Die Schule ist somit ein Symptomträger für Hilfebedarf, ist aber auch Problemverursacher.

Schule als Hilfesetting: Vor dem Hintergrund der Organisation ganztägiger Betreuungs-, Bildungs- und Erziehungsangebote und dem damit einhergehenden Ausbau von Ganztagsschulen kommt die Schule als Ort der Durchführung von HzE stärker in den Blick, ist aber insgesamt nach wie vor randständig. Zusammengenommen liegt der Anteil der Hilfen allerdings für die 6- bis unter 15-Jährigen laut KJH-Statistik 2010 bei nicht mehr als 2%.

Schule als Kooperationspartner: Bei der Einrichtungsbefragung des DJI zeigt sich, dass nur eine Minderheit der Einrichtungen der HzE keine Kooperationsbeziehung zu Schulen unterhält. Schulen sind die häufigsten Kooperationspartner aus dem Bereich der Behörden und Institutionen außerhalb der Kinder- und Jugendhilfe. Die Zusammenarbeit mit Schulen und dem Schulamt findet bei den meisten Einrichtungen im Kontext der Bearbeitung von Schulproblemen einzelner Adressaten/-innen statt. Bei einem Viertel bzw. Fünftel der Einrichtungen ist die Kooperation mit Schulen bzw. dem Schulamt in Form eines Projektes institutionalisiert.

Entwicklungsperspektiven

Entwicklungen der HzE können nicht vorhergesagt werden. Gleichwohl können Faktoren benannt werden, die aller Voraussicht nach für die Zukunft dieses Arbeitsfeldes von Bedeutung sein werden. Angesichts bislang steigender Ausgaben- und Fallzahlen (vgl. Fendrich/Pothmann/Tabel 2012) stellt sich die Fragen, wie sich HzE zwischen Einzelfall- und Sozialraumorientierung positionieren werden und wie sie ihre Wirksamkeit dokumentieren können. Außerdem werden die HzE mit Blick auf Aufgaben im Kinderschutz zwischen sozialpädagogischer Dienstleistung einerseits sowie einem staatlichen Kontroll- und Interventionsauftrag austarieren müssen.

Literatur

Arbeitsstelle Kinder- und Jugendhilfestatistik (akj^{Stat}): Kom^{Dat} Jugendhilfe. Kommentierte Daten der Kinder- und Jugendhilfe. http://www.akjstat.tu-dortmund.de [Zugriff: 15.10.2012]

Fendrich, Sandra/Pothmann, Jens/Tabel, Agathe: Monitor Hilfen zur Erziehung 2012, Dortmund 2012. http.//www.akjstat.tu-dortmund [Zugriff: 10.03.2013]

Gadow, Tina/Peucker, Christian/Pluto, Liane/van Santen, Eric/Seckinger, Mike (2013). Wie geht's der Kinder- und Jugendhilfe? Empirische Befunde und Analysen. Weinheim/Basel: Beltz Juventa.

Gragert, Nicola/Pluto, Liane/van Santen, Eric/Seckinger, Mike (2005): Entwicklungen (teil)stationärer Hilfen zur Erziehung. Ergebnisse und Analysen der Einrichtungsbefragung 2004. München: DJI. http://www.dji.de/bibs/64_4528.pdf [Zugriff: 15.10.2012]

Oelerich, Gertrud (2008): Hilfen zur Erziehung. In: Coelen, Th./Otto, H.-U. (Hrsg.): Grundbegriffe Ganztagsbildung. Das Handbuch. Wiesbaden: VS Verlag, S. 485–494.

Pothmann, Jens/Wilk, Agathe (2011): Jugendhilfe zwischen Dienstleistung und Intervention. Empirische Analysen zu den Hilfen zur Erziehung. In: Rauschenbach, Th./Schilling, M. (Hrsg.): Bilanz der empirischen Wende. Kinder- und Jugendhilfereport, 3. Weinheim/München: Juventa, S. 87–122.

Trede, Wolfgang (2009): Was sind erzieherische Hilfen? In: Krause, H.-U./Peters, F. (Hrsg.): Grundwissen erzieherische Hilfen. Weinheim/München: Juventa, S. 15–34.

Karin Haubrich

Evaluation, Qualität und Wirkung

Evaluationen zwischen Überprüfung, Verbesserung und Erkenntnisgewinn

Längst sind die Fragen danach, was Arbeit mit Kindern und Jugendlichen leisten kann und welche Qualität und Wirkungen sie hat, in der Praxis angekommen und nicht mehr nur ein Thema der wissenschaftlichen Debatten. Damit verbunden sind nicht nur hohe Erwartungen, sondern zugleich auch – nicht immer unberechtigte – Befürchtungen. Die Auftraggeber erwarten sich von Evaluationen ein fundiertes Wissen, um zu entscheiden, wie mit knapper werdenden Finanzmitteln ein möglichst hoher Output (Leistungen) und Outcome (Ergebnisse) zu erzielen sind. Für die Träger und Einrichtungen der Kinder- und Jugendhilfe drängt sich im Umkehrschluss die Hoffnung auf, durch den Nachweis und die Legitimation der eigenen Leistungen und Wirkungen bessere Chancen im Wettbewerb um die erforderlichen Ressourcen zu erlangen. Evaluationen lassen sich allerdings nicht auf die Aspekte der Überprüfung und Legitimation reduzieren. Evaluation ist für die Fachpraxis auch ein wichtiges Instrument zur Verbesserung der Qualität, für die Weiterentwicklung bestehender Angebote oder die Entwicklung neuer Konzepte. Neben den Lern- und Austauschprozessen während einer Evaluation, die einen Prozessnutzen (Patton 1998) mit sich bringen können, sollen Evaluationsergebnisse dem systematischen Lernen aus Erfahrungen dienen. Die Entwicklung und breite Anwendung von Ansätzen der Selbstevaluation und die Verbreitung formativer (gestaltender) Evaluationen sind Zeugnisse davon. Und schließlich kommt der Evaluation – als einer spezifischen Form der Forschung (vgl. Haubrich/Lüders 2004) – eine Erkenntnisfunktion zu. Wie Übersichten über empirische Studien (vgl. z.B. Buschmann 2009; Schmidt 2011) zeigen, tragen Evaluationsstudien mittlerweile einen beachtlichen Teil zur Weiterentwicklung des Forschungsstandes in der Kinder- und Jugendarbeit (im Folgenden: Jugendarbeit) bei.

Evaluationen sind vielseitig einsetzbar und werden in aller Regel in Auftrag gegeben, weil sich jemand einen wie auch immer gearteten *Nutzen* davon verspricht. Im Kontext veränderter Steuerungsverfahren wächst der Bedarf an verlässlichem Wissen zur fachlichen und politischen Steuerung. Dies erhöht den Handlungsdruck und es bedarf nicht allein einer Weiterentwicklung der methodischen und methodologischen Verfahren und Konzepte, die dem Untersuchungsfeld der Jugendarbeit angemessen sind, sondern auch fachlicher und fachpolitischer Positionen. Denn Evaluation ist letztlich mehr als Forschung. Sie soll Ergebnisse produzieren, die nützlich und daher für Praxis, Politik und Gesellschaft folgenreich sind. Allerdings sind für den Nutzen die Interessen der jeweiligen Nutzer/-innen ausschlaggebend. So macht es einen Unterschied, ob es um den ‚instrumentellen Nutzen' für das Einrichtungs- oder Projektmanagement, das kommunale Controlling, ein landes- oder bundespolitisches Steuerungsanliegen geht oder ob die fachliche Weiterentwicklung der Jugendarbeit (Strukturen, Prozesse, Qualifikationen des Personals etc.) – im Sinne eines ‚konzeptionellen Nutzens' – oder gar ein übergreifendes Anliegen, wie das Wohlbefinden der Kinder und Jugendlichen in unserer Gesellschaft, das Ziel ist.

Diejenigen, die Evaluationen in Auftrag geben und an ihnen beteiligt sind, müssen daher die Nutzungsseite, die damit verbundenen Chancen, aber ebenso die Risiken von Anfang an mitdenken. Schließlich kann es auch eine unvorhergesehene – möglicherweise sogar missbräuchliche – Verwendung der Ergebnisse geben.

Evaluation und Qualitätsentwicklung

In Deutschland gibt es in der Jugendarbeit im Unterschied zu anderen gesellschaftlichen Bereichen eine historisch gewachsene enge Verknüpfung des Evaluationsdiskurses mit der Debatte um Qualitätsentwicklung (vgl. Haubrich 2009a).

Qualitätsentwicklung ist sicherlich ohne Evaluation nicht zu denken, denn die Bestimmung von Qualität – etwa in den bekannten Dimensionen Struktur-, Prozess- und Ergebnisqualität, die Maja Heiner ergänzt um die Konzeptqualität – erfordert eine Bewertung von Sachverhalten anhand von Kriterien. Genau das aber ist Evaluation, sofern die Bewertung systematisch, datenbasiert und transparent erfolgt. So gesehen sind evaluative Verfahren immer ein Bestandteil der Qualitätsentwicklung, -sicherung, -kontrolle etc. Mancherorts wird die Durchführung von Evaluationen schon selbst als ein Qualitätsnachweis in der Außendarstellung verwendet („Wir sind evaluiert!" als Gütesiegel).

Qualitätsentwicklung ist aber nur *ein* Bereich, in dem evaluative Verfahren zum Einsatz kommen. Das Anwendungsfeld der Evaluation ist breiter. Evaluationen können neben Organisationen (insgesamt oder bezogen auf Teilprozesse) auch Personen, Politiken oder Programme, Projekte, Maßnahmen etc. in den Blick nehmen. Sie dienen neben einer Verbesserung von Prozessen und Ergebnissen durchaus noch anderen Zwecken: von der Politikberatung, über die konzeptionelle Weiterentwicklung des Arbeitsfeldes bis hin zum Erkenntnisgewinn im Sinne gesellschaftlicher Verbesserungen. Daher kann sich das Verhältnis von Evaluation und Qualitätsentwicklung auch ganz anders gestalten: Evaluationen können eingesetzt werden, um den Nutzen eines Qualitätsentwicklungsverfahrens oder auch die Angemessenheit der gewählten betriebs-, mitarbeiter- oder kundenbezogenen Kriterien zu überprüfen. Beide Verfahren können aber auch nebeneinander in Organisationen zum Einsatz kommen und voneinander profitieren.

Nicht immer lassen sich die Grenzen zwischen Evaluation und Qualitätssicherung klar ziehen, in manchen Fällen – z.B. bei internen Evaluationen oder bei der Evaluation von Organisationen – sind die Übergänge fließend (vgl. Stockmann 2006). Dabei kommen beide Verfahren aus unterschiedlichen Traditionen. Während die Qualitätssicherung dem privaten Sektor, vornehmlich der Betriebswirtschaft entspringt, stehen Evaluationen in der Tradition der Sozialforschung und sind – bis heute – stärker im öffentlichen Sektor verbreitet. Ein wichtiger Unterschied liegt auch darin, dass Qualitätssicherung ein kontinuierlich angelegtes Verfahren ist, während Evaluationen periodisch, auch einmalig stattfinden können und auf Grundlage einer Problembeschreibung mit einem klaren Auftrag und Endpunkt versehen sind.

Von der Qualität der Prozesse und Produkte zu den Wirkungen

In der Jugendarbeit lag der Schwerpunkt von Anfang an auf Qualitäts*entwicklung* als kontinuierlicher Prozess der Verbesserung von Qualität und weniger auf Qualitäts*kon-*

trolle. In diesem Kontext gewann die Selbstevaluation an Bedeutung, die bereits in den 1980er Jahren als Instrument zur Weiterentwicklung sozialpädagogischer Professionalität diskutiert wurde. Im Rahmen der Qs-Initiative des BMFSFJ wurden praktische Hilfestellungen zur Selbstevaluation bereitgestellt und Fortbildungsmodule entwickelt (http://www.qs-kompendium.de/hefte.html). Selbstevaluation fand im Kontext der ‚Neuen Steuerung' Eingang als ein Instrument der Qualitätsentwicklung. Für die Jugendarbeit lag hierin die Möglichkeit, Qualitätskriterien selbst zu bestimmen und nicht von außen vorgeben zu lassen.

Ein wichtiger Motor der Verbreitung von Qualitätsentwicklung und Evaluation war ihre Platzierung in den Sozialgesetzen. Im Jahr 1999 wurden Leistungs-, Entgelt- und Qualitätsentwicklungsvereinbarungen zu einer gesetzlich verankerten Verpflichtung im Bereich der Hilfen zur Erziehung. Auch im Feld der Kindertagesbetreuung wurde das Gesetz zum stufenweisen Ausbau der Kindertagesbetreuung mit der Selbstverpflichtung des Bundes zur regelmäßigen Überprüfung der Umsetzung verknüpft. Für den Bereich der Jugendarbeit war eine Landesinitiative impulsgebend: der Wirksamkeitsdialog Nordrhein-Westfalen. Das Bundesland verpflichtete 1999 alle Träger, die aus Landesmitteln gefördert oder kofinanziert wurden, als Voraussetzung für die weitere Förderung am landesweiten Wirksamkeitsdialog mitzuwirken. Bei dieser Initiative zur Qualitätsentwicklung auf Landesebene lag der Fokus – im Unterschied zu den bekannten Dimensionen der Struktur-, Prozess- und Ergebnisqualität – auf den *Wirkungen*.

Evaluation von Wirkungen

Angebote der Jugendarbeit sollen für Kinder und Jugendliche auf ihrem Entwicklungsweg hilfreich und unterstützend sein. Somit sind sie – bei aller Offenheit der Ziele – auf erwünschte Ergebnisse und damit auch auf Wirkungen hin ausgerichtet. Allerdings können die pädagogischen Handlungskonzepte in den wenigsten Fällen vorab festgelegt und auf klar definierte Ziele hin abgestellt werden. Vergleichbare und immer wiederkehrende Verfahren sind nicht gerade typisch, vielmehr sind etwa in der offenen Arbeit die Freiwilligkeit der Teilnahme an den Angeboten der Jugendarbeit und wechselnde Themen bzw. Aktivitäten charakteristisch. Auch die Verbreitung ehrenamtlicher Tätigkeit in den Verbänden trägt zu einem erhöhten Variantenreichtum und zu Diskontinuitäten im Hinblick auf Handlungsstrategien in der Jugendarbeit bei. Die Kunst liegt darin, dass die Fachkräfte und auch die Ehrenamtlichen das eigene Vorgehen in diesen wenig formalisierten pädagogischen Settings immer wieder an die vorgefundene Situation anpassen, um die Selbsttätigkeit der Jugendlichen zu unterstützen. Handlungskonzepte lassen sich daher kaum vorab im Sinne eines Programms mit klar beschriebenen Handlungsschritten, didaktischen Elementen und ‚smarten' kurz-, mittel- und langfristigen Zielen beschreiben.

Einen Ausweg bietet hier eine nähere Untersuchung gerade dieser Handlungspraxen und ihre rückwirkende Rekonstruktion in der Tradition qualitativer Sozialforschung. Wirkannahmen können ans Licht gehoben und Wirkungszusammenhänge anhand empirischer Beobachtungen rekonstruiert werden. Doch auch dies ist nicht immer einfach, denn fachliches Handeln ist nur zum Teil als (Experten-)Wissen explizit abfragbar und basiert nicht unwesentlich auf implizitem Wissen darüber, ‚wie' etwas zu tun ist (erfahrungsbasiertes Handlungswissen) und ‚wozu' (moralisches Wissen). Diesem Wissen und den Wirkungsannahmen, die dem professionellen Handeln zugrundeliegen, auf die Spur zu kommen, erfordert eine verlässliche Rekonstruktion der Handlungspraxis und ist ein eigenständiger Schritt der Forschung oder Evaluation (vgl. Haubrich 2009b). Fokussiert wird dabei die Frage, ‚wie' Wirkungen hervorgebracht werden. Auch die sich anschließenden Fragen, ‚ob' und ‚inwieweit' Reaktionen und Entwicklungen auf Seiten der Jugendlichen hervorgerufen werden, ob dies angestrebte – sprich: positiv besetzte und erwünschte – Wirkungen oder Nebenwirkungen sind und welcher Anteil daran ursächlich dem pädagogischen Handeln der Fachkraft zugerechnet werden kann, sind nicht minder anspruchsvoll. Das methodische Instrumentarium, das bislang verfügbar ist, um den Mikrozusammenhängen pädagogischer Wirkungen handlungstheoretisch auf die Spur zu kommen, bedarf hier dringend der Weiterentwicklung und Ergänzung.

In öffentlichen Debatten über Wirkungen sind meist lineare Wirkungszusammenhänge als ein ‚Wenn-dann' Zusammenhang im Blick. Im Mittelpunkt des Interesses stehen dabei die Auswirkungen der Angebote der Jugendarbeit auf die erreichten Zielgruppen (im Vergleich zu anderen Kindern und Jugendlichen) im Hinblick auf Ziele, die sich aus den fachlichen Konzeptionen oder gesetzlichen Grundlagen ableiten lassen (Lernprozesse, Kompetenzzuwachs u.ä.) oder auch Auswirkungen auf Sozialräume (z.B. durch Vorher-Nachher-Vergleiche) (vgl. Liebig 2007). Einen Schritt weiter als die Wirkungskontrolle gehen Fragen nach dem Verhältnis zwischen dem Input und dem Outcome, bzw. zwischen aufgewendeten Kosten und erzieltem Nutzen. Die Schwierigkeiten liegen dafür jedoch keineswegs vorrangig in der Anwendung ökonometrischer Modelle, sondern in einer angemessenen und nicht zu stark vereinfachenden Operationalisierung sowohl der Kosten- als auch der Nutzenseite und einer begründeten Wirkungstheorie.

Es liegt mittlerweile eine durchaus beachtliche Fülle an Evaluationen im Feld der Kinder- und Jugendarbeit vor (vgl. Lindner 2008). Diese umfassen Studien zu den Effekten von Ferienfreizeiten oder internationalen Jugendbegegnungen ebenso wie die Qualität Mobiler Jugendarbeit oder Wirkungen politischer Bildung. Die praktische Herausforderung liegt darin, dass für den Einzelfall ein jeweils angemessenes Design entwickelt werden muss.

Wie kommt die Evaluation zu Bewertungen?

Evaluation zeichnet sich durch den Anspruch aus, die Jugendarbeit nicht nur zu beschreiben, sondern die jeweils in den Blick genommenen Aspekte transparent und nachvollziehbar zu bewerten. Konkret geht es um die Frage, ob die vorgefundenen Fakten gemessen an bestimmten Kriterien – zugespitzt formuliert – ‚gut' oder ‚schlecht' sind. Und ebenso wie die Frage nach der Nutzbarkeit von Evaluationsergebnissen immer abhängig von der Betrachterin oder vom ‚Nutzer' zu beantworten ist, können ein und dieselben Fakten oder Untersuchungsergebnisse anhand unterschiedlicher Bewertungskriterien sowohl positiv als auch negativ beurteilt werden. In der Konzipierung von Evaluationen ist daher besondere Sorgfalt auf Bewertungskriterien und Bewertungsverfahren zu legen. Bewertungskriterien können aus einer sozialwissenschaftlichen Theorie, ethischen Grundsätzen (z.B. Verteilungsgerechtigkeit) oder normativen Setzungen (fachliche Standards, Benchmarks, Kosten-Nutzen-Relation) abgeleitet werden. Sie können aber auch – ebenso wie Bewertungen und Bewertungsprozesse – empirisch unter Berücksichtigung unterschiedlicher Perspektiven erhoben und analysiert werden.

Für die Interpretation der Ergebnisse und die Bewertung bieten sich unterschiedliche Verfahren an. Sie können auf der Grundlage nachvollziehbarer Bewertungskriterien von den Evaluierenden vorgenommen werden. Bewertungsverfahren können aber auch weitere Personen in die Evaluierung einbeziehen oder auf ein fachlich qualifiziertes Expertengremium übertragen werden. Alternativ können – wenngleich dies eher selten praktiziert wird – demokratische Entscheidungsprozesse eigens vorbereitet, strukturiert und auf ein Bewertungsergebnis hin moderiert werden. Der weithin bekannteste Weg, Bewertungskriterien aus den Projektzielen abzuleiten und einen Soll-Ist-Vergleich durchzuführen, ist nur eine – und nicht immer die beste – Option.

An den Bewertungsauftrag werden oft höhere Erwartungen geknüpft als von der Evaluation eingelöst werden können. Die Verantwortung für fachliche Entscheidungen und politische Steuerung bleibt eine Aufgabe der Politik und Praxis. Evaluationen können Entscheidungen sachlich fundieren, Spannungsthemen ebenso wie Implizites sichtbar machen, Wirkungen auf die Spur kommen – aber sie können nicht mit oftmals erwarteten einfachen Antworten auf komplexe Fragen von schwierigen Entscheidungen entlasten.

Orientierungshilfen für die Praxis

Im Spannungsfeld zwischen Qualitätskriterien der Forschung, handlungspraktischen Fragen der Nutzung und dem Auftrag der Bewertung als Kerngeschäft der Evaluation geben die Standards der Deutschen Gesellschaft für Evaluation (2008) eine Orientierung (www.degeval.de); speziell an Auftraggeber richtet sich ein Leitfaden des Deutschen Jugendinstituts zur Vergabe und Begleitung externer Evaluationen (Projekt exe 2010; s. auch www.dji.de/evaluation). Ob eine Evaluation eine ‚gute' wird, hängt nicht allein von den Evaluierenden ab, sondern auch von den politischen und sozialen Prozessen, in die sie eingebettet ist, und damit u.a. auch von beteiligten Fachkräften, Ehrenamtlichen, Lobbyisten und Auftraggebenden.

Literatur

Buschmann, Mirja (2009): Das Wissen zur Kinder- und Jugendarbeit. Die empirische Forschung 1998–2008. Ein kommentierter Überblick für die Praxis. Neuss: Landesjugendring NRW, Arbeitskreis G 5.
DeGEval – Gesellschaft für Evaluation (Hrsg.) (2008): Standards für Evaluation, 4. Köln: DeGEval. http://www.alt.degeval.de/calimero/tools/proxy.php?id=19074 [Zugriff: 1.8.2012]
Haubrich, Karin (2009a): Evaluation in der Sozialen Arbeit in Deutschland. Entwicklungslinien und Besonderheiten der Evaluationsdebatte am Beispiel der Kinder-, Jugend- und Familienhilfe. In: Widmer, Th./Beywl, W./Fabian, C. (Hrsg.): Evaluation. Ein systematisches Handbuch. Wiesbaden: VS Verlag, S. 441–449.
Haubrich, Karin (2009b): Sozialpolitische Innovation ermöglichen. Die Entwicklung der rekonstruktiven Programmtheorie-Evaluation am Beispiel der Modellförderung in der Kinder- und Jugendhilfe. Münster: Waxmann.
Haubrich, Karin/Lüders, Christian (2004): Evaluation – mehr als ein Modewort? In: Recht der Jugend und des Bildungswesens 52, 3, S. 316–337.
Liebig, Reihard (2007): Effekte und Auswirkungen der Kinder- und Jugendarbeit. Grundlagen zu einem Forschungsdesign. Dortmund: Forschungsverbund DJI/TU Dortmund.
Lindner, Werner (Hrsg.) (2008): Kinder- und Jugendarbeit wirkt. Aktuelle und ausgewählte Evaluationsergebnisse der Kinder- und Jugendarbeit. Wiesbaden: VS Verlag.

Merchel, Joachim (2010): Evaluation in der sozialen Arbeit. München/Basel: Reinhardt.
Otto, Hans-Uwe (2007): Zum aktuellen Diskurs um Ergebnisse und Wirkungen im Feld der Sozialpädagogik und Sozialarbeit – Literaturvergleich nationaler und internationaler Diskussion. Expertise. Berlin: Arbeitsgemeinschaft für Kinder- und Jugendhilfe.
Patton, Michael Q. (1998): Die Entdeckung des Prozessnutzens. Erwünschtes und unerwünschtes Lernen durch Evaluation. In: Heiner, M. (Hrsg.): Experimentierende Evaluation. Ansätze zur Entwicklung lernender Organisationen. Weinheim/München: Juventa, S. 55–66.
Projekt eXe (Hrsg.) (2006): Wirkungsevaluation in der Kinder- und Jugendhilfe – Einblicke in die Evaluationspraxis. München: Deutsches Jugendinstitut.
Projekt eXe (2010): Vergabe und Begleitung externer Evaluationen in der Kinder- und Jugendhilfe. Ein Leitfaden für Auftraggebende. München: Deutsches Jugendinstitut.
Schmidt, Holger (Hrsg.) (2011): Empirie der Offenen Kinder- und Jugendarbeit. Wiesbaden: VS Verlag.
Stockmann, Reinhardt (2006): Evaluation und Qualitätsentwicklung. Eine Grundlage für wirkungsorientiertes Qualitätsmanagement. Sozialwissenschaftliche Evaluationsforschung. Münster: Waxmann.

Robert Sauter

Finanzierung

Bei der Beschaffung der notwendigen Finanzmittel für die Arbeit mit Jugendlichen sind ganz unterschiedliche Geldquellen in den Blick zu nehmen. Die jungen Menschen tragen selbst durch die Entrichtung von Mitglieds- oder Teilnahmebeiträgen zur Finanzierung bei. Vor Ort sind es meist die Kirchengemeinden, die mit direkten Zuschüssen, vor allem aber durch die Bereitstellung von Räumen und Fachkräften ihre Jugendarbeit unterstützen. Häufig werden Sammel- und Spendenaktionen ('fundraising') durchgeführt, um besondere Projekte finanzieren zu können.

Daneben spielt die öffentliche Förderung der Jugendarbeit eine wichtige Rolle. Ihr liegt ein vielschichtiges Regelwerk zugrunde, das sich in den einzelnen Gemeinden, Landkreisen und Städten ebenso unterschiedlich darstellen kann wie zwischen den Bundesländern. Im Folgenden werden die Grundstrukturen der öffentlichen Förderung erläutert. In der Praxis müssen ergänzend die jeweils geltenden Förderrichtlinien beachtet werden.

Das Achte Sozialgesetzbuch als Leistungsgesetz

Die Begründung von Leistungsansprüchen zählt zu den Kernstücken der Jugendhilferechtsreform von 1990. Zwar haben die öffentlichen Träger in ihrem eigenen Wirkungskreis einen erheblichen Spielraum bei der Ausgestaltung der „Leistungen und anderen Aufgaben" (§ 2 SGB VIII), gleichwohl sind sie verpflichtet, grundsätzlich alle Leistungen vorzuhalten. Eine Unterscheidung in „Pflichtaufgaben" und „freiwillige Aufgaben" kennt das reformierte Jugendhilferecht nicht. Die Jugendarbeit und die Förderung der Jugendverbände zählen zum Leistungskatalog des SGB VIII (§§ 11 und 12), mithin handelt es sich um Pflichtaufgaben der öffentlichen Träger.

Der grundsätzlichen Leistungsverpflichtung des öffentlichen Trägers stehen unterschiedlich konkret ausgestaltete Leistungsansprüche der Betroffenen (Kinder, Jugendliche, junge Volljährige, Eltern bzw. andere Personensorgeberechtigte) oder der Leistung erbringenden Träger gegenüber. Das Gesetz sieht unterschiedliche Anspruchsberechtigungen vor:
- Träger des Anspruchs auf Förderung in einer Tageseinrichtung ist das *Kind* (§ 24 SGB VIII).
- *Kinder* oder *Jugendliche* sind anspruchsberechtigt auf die Gewährung von Eingliederungshilfen bei seelischer Behinderung (§ 35a SGB VIII).
- Hilfen zur Erziehung stehen als Leistungsanspruch den *Eltern* bzw. anderen *Personensorgeberechtigten* zu (§§ 27–35 SGB VIII).
- Bei Hilfen für *junge Volljährige* sind diese selbst antragsberechtigt (§ 41 SGB VIII).
- Diese Rechtsansprüche sind individuell und auf konkrete Leistungen bezogen einklagbar.

- *Freie Träger der Jugendhilfe* haben dem Grunde nach Anspruch auf Förderung oder Finanzierung ihrer Aktivitäten, soweit diese als Leistungen der Kinder- und Jugendhilfe vorgesehen sind. Der Förderanspruch bezieht sich jedoch nur auf eine pflichtgemäße Ermessensentscheidung des öffentlichen Trägers, nicht auf eine konkrete Art oder Höhe der Förderung. Jugendpolitisches Steuerungsinstrument für den Entscheidungsprozess des öffentlichen Trägers ist die örtliche Jugendhilfeplanung nach § 80 SGB VIII, wichtiges Forum der Entscheidungsfindung der örtliche Jugendhilfeausschuss. Er befasst sich unter anderem mit der „Förderung der freien Jugendhilfe" und hat „Beschlussrecht im Rahmen der von der Vertretungskörperschaft bereitgestellten Mittel, der von ihr erlassenen Satzung und der von ihr gefassten Beschlüsse" (§ 71 Abs. 2, 3 SGB VIII).

Finanzierungsformen nach SGB VIII

Das Jugendhilferecht kennt drei Grundformen der Finanzierung von Leistungen, die von freien Trägern der Jugendhilfe erbracht werden: Die *Förderung* von Trägern bzw. Aktivitäten, den Abschluss von *Kostenvereinbarungen* sowie den Abschluss von *Entgeltvereinbarungen*.

Die *Förderung* stellt sich als das vorherrschende Instrument zur Finanzierung der Aktivitäten der Jugendarbeit (§§ 11, 12 SGB VIII), der Projekte in der Jugendsozialarbeit (§ 13 SGB VIII), der verschiedenen Formen der Beratung, Begleitung und Unterstützung von Familien (§§ 17–21 SGB VIII) sowie der institutionellen Kosten von freien Trägern dar.

Die zentrale Bestimmung ist in § 74 (Förderung der freien Jugendhilfe) beschrieben. Danach sollen die Träger der öffentlichen Jugendhilfe die freiwillige Tätigkeit auf dem Gebiet der Jugendhilfe anregen und sie fördern,

> „wenn der jeweilige Träger
> 1. die fachlichen Voraussetzungen für die geplante Maßnahme erfüllt, und die Beachtung der Grundsätze und Maßstäbe der Qualitätsentwicklung und Qualitätssicherung nach § 79a gewährleistet,
> 2. die Gewähr für eine zweckentsprechende und wirtschaftliche Verwendung der Mittel bietet,
> 3. gemeinnützige Ziele verfolgt,
> 4. eine angemessene Eigenleistung erbringt und
> 5. die Gewähr für eine den Zielen des Grundgesetzes förderliche Arbeit bietet" (§ 74 Abs. 1 SGB VIII).

Im Übrigen gilt für die Förderung wie für andere Finanzierungsformen der Grundsatz der partnerschaftlichen Zusammenarbeit. Die öffentliche Jugendhilfe „hat dabei die Selbständigkeit der freien Jugendhilfe in Zielsetzung und Durchführung ihrer Aufgaben sowie in der Gestaltung ihrer Organisationsstruktur zu achten" (§ 4 Abs. 1 SGB VIII). So ist es zwar durchaus rechtmäßig, die Förderung in inhaltlich-fachlicher Hinsicht von bestimmten Erfordernissen abhängig zu machen, ‚politisches Wohlverhalten' eines Jugendverbands zählt nicht dazu. Die Höhe der Förderung erreicht selten 100% der Kosten. In der Regel wird eine „angemessene Eigenleistung" vorausgesetzt, die meist zwischen 20 und 50% der Kosten liegt.

Der Abschluss von *Kostenvereinbarungen* kommt insbesondere bei der Finanzierung ambulanter Hilfen zur Erziehung und beim Betrieb von Einrichtungen außerhalb der Hilfen zur Erziehung zum Tragen.

„Werden Einrichtungen und Dienste der Träger der freien Jugendhilfe in Anspruch genommen, so sind Vereinbarungen über die Höhe der Kosten der Inanspruchnahme zwischen der öffentlichen und der freien Jugendhilfe anzustreben" (§ 77 SGB VIII).

Nach dem Vorbild der Pflegeversicherung (SGB XI) wurden 1998 für die Jugendhilfe neue Regelungen zur *Entgeltfinanzierung* („Vereinbarungen über Leistungsangebote, Entgelte und Qualitätsentwicklung") eingeführt (§§ 78a–78g SGB VIII). Sie finden vorrangig zur Finanzierung teilstationärer und stationärer Hilfen Anwendung. Dem Abschluss einer Entgeltvereinbarung werden die für den Vereinbarungszeitraum voraussichtlich anfallenden Kosten zugrunde gelegt und in einem zwischen öffentlichen und freien Trägern ausgehandelten Verfahren in Tagessätze umgerechnet. Eine Einrichtung der Heimerziehung z.B. erhält dann bei Aufnahme eines jungen Menschen pro Tag ein bestimmtes Leistungsentgelt, mit dem die gesamten Kosten der Unterbringung abgedeckt werden. Die Einführung der Entgeltfinanzierung war mit der gleichzeitigen Aufnahme von Bestimmungen über Qualitätsvereinbarungen verbunden. Die Ausweitung von Ansprüchen bestimmter Qualitätserfordernisse seitens der öffentlichen Träger auf das Finanzierungsinstrument der Förderung (§ 79a SGB VIII) kann in einen Widerspruch zum selbstständigen Betätigungsrecht der Träger der freien Jugendhilfe nach § 4 SGB VIII geraten.

Ebenenfinanzierung
Die Durchführung der Förderaufgaben folgt vom Grundsatz her dem Prinzip der Ebenenfinanzierung: Kommunale Gebietskörperschaft, Länder und der Bund führen die Förderung jeweils für die Aufgaben durch, die auf ihrer Ebene angesiedelt sind.

Gewährleistungsträger für alle Leistungen und Aufgaben der Kinder- und Jugendhilfe sind die öffentlichen Träger, in der Regel die Landkreise und kreisfreien Städte als *kommunale Ebene*. In verschiedenen Bundesländern bestehen leistungsbezogene Abweichungen von dieser Regel. So können z.B. in Nordrhein-Westfalen auch kreisangehörige Gemeinden (Städte) die Aufgaben eines öffentlichen Trägers übernehmen, in Bayern wurden den Gemeinden Zuständigkeiten der Förderung der Jugendarbeit und der Kindertagesbetreuung übertragen.

Die Finanzierung von örtlichen Einrichtungen der Jugendarbeit sowie die Förderung der örtlichen Arbeit von Jugendgruppen und Jugendverbänden fallen demnach in die kommunale Zuständigkeit. Die Förderung erfolgt in der Regel nach Richtlinien. Dabei können zwischen den einzelnen kommunalen Gebietsköperschaften erhebliche Unterschiede bestehen, so dass eine allgemeine Darstellung der Gegenstände der Förderung nicht sinnvoll möglich ist. Häufig bestehen Förderrichtlinien für die Durchführung von Jugendbildungsmaßnahmen, der Ferienbetreuung von Kindern und Jugendlichen, für einzelne soziale Projekte und ähnliches. Mitunter erhalten Jugendgruppen bzw. örtliche Jugendverbände einen jährlichen Pauschalzuschuss zur Bestreitung ihrer Aufwendungen. Eine spezifische Form der kommunalen Förderung der Jugendarbeit ist die Bereitstellung von Gruppenräumen, Abenteuerspielplätzen, Sportanlagen, Freizeiteinrichtungen usw., die einen erheblichen Umfang annehmen kann. Ebenfalls jugendarbeitsspezifisch stellt sich die Förderung der Stadt- und Kreisjugendringe, in Einzelfällen auch die Förderung von Geschäftsstellen großer Jugendverbände dar, mit der die verbandliche Jugendarbeit insgesamt gefördert werden soll.

Die *Länder* haben die Aufgabe, „die Tätigkeit der Träger der öffentlichen und der freien Jugendhilfe und die Weiterentwicklung der Jugendhilfe anzuregen und zu fördern", sie haben „auf einen gleichmäßigen Ausbau der Einrichtungen und Angebote hinzuwirken und die Jugendämter und Landesjugendämter bei der Wahrnehmung ihrer Aufgaben zu unterstützen" (§ 82 SGB VIII). Innerhalb der Länder sind hierfür die obersten Landesjugendbehörden zuständig, dies sind in der Regel die Sozialministerien, für die Kindertagesbetreuung bzw. die Förderung der Jugendarbeit zum Teil auch die Kultusministerien. Die Länder haben nach dem Jugendhilferecht in vielen Bereichen einen eigenen rechtlichen Gestaltungsspielraum (Landesrechtsvorbehalt), machen davon aber in sehr unterschiedlicher Weise Gebrauch. Was die Förderung der Jugendarbeit anbelangt, so existieren teilweise eigene Fördergesetze. Teilweise wird sie in Förderprogrammen und Förderrichtlinien ausgeführt. Grundsätzlich erstreckt sich die Förderung auf überörtliche Aktivitäten und überörtlich wirkende freie Träger. Gegenstände der Förderung können je nach Landesrecht z.B. Jugendbildungsmaßnahmen, die Aus- und Fortbildung von ehrenamtlichen Mitarbeiter/-innen, internationale Jugendbegegnungen, die Durchführung sozialer oder kultureller Projekte wie die schulbezogene oder die arbeitsweltbezogene Jugendsozialarbeit oder Modellvorhaben zur Weiterentwicklung der Kinder- und Jugendhilfe sein. Die Förderung von Jugendverbänden auf Landesebene kann sich auf die Personalkosten, die Finanzierung von Geschäftsstellen oder die Durchführung von Modellvorhaben erstrecken.

Der *Bund* soll ähnlich wie die Länder auf seiner Ebene „die Tätigkeit der Jugendhilfe anregen und fördern, soweit sie von überregionaler Bedeutung ist und ihrer Art nach nicht durch ein Land allein wirksam gefördert werden kann" (§ 83 Abs. 1 SGB VIII). Fördergegenstände und -verfahren werden im Bundesjugendplan bestimmt. Danach bezieht sich die Förderung auf „zentrale Maßnahmen nichtstaatlicher Organisationen" (BMFSFJ 2001) sowie auf zentrale Einrichtungen und enthält ähnliche Schwerpunkte wie die Förderpläne der Länder. Auch spezielle Einrichtungen wie z.B. der Freiwillige Soziale Dienst (FSJ) sind im Bundesjugendplan enthalten.

Der Grundsatz der Ebenenfinanzierung wird häufig durch begrenzte Modellprojektförderungen durchbrochen, mit denen Bund und Länder familien- oder jugendpolitischen Schwerpunktsetzungen auch auf der örtlichen Ebene Geltung verschaffen wollen (z.B. das zeitlich begrenzte Programm des Bundes zur Errichtung von Mehrgenerationenhäusern auf der kommunalen Ebene).

In einzelnen Arbeitsfeldern gewinnt die Förderung von Projekten aus Mitteln des *Europäischen Sozialfonds (ESF),* z.B. für benachteiligte Gruppen junger Menschen, zunehmende Bedeutung. Hiervon profitieren insbesondere die Träger der Jugendsozialarbeit.

Förderarten

Die Förderrichtlinien enthalten in der Regel Hinweise auf die Zuwendungs- und Finanzierungsarten, die ihre Begründung im staatlichen bzw. kommunalen Haushaltsrecht finden. Deren Kenntnis ist für die Praxis deshalb von Bedeutung, weil hiervon vor allem der Eigenmitteleinsatz abhängt.

Zunächst ist zwischen institutioneller Förderung und Projektförderung zu unterscheiden. Die *institutionelle Förderung* kommt für die Finanzierung der Organisationskosten eines freien Trägers in Frage, z.B. für den Unterhalt der Geschäftsstelle (einschließlich Personalkosten) eines Jugendverbands oder eines Jugendrings und ist in der Regel auf längere Dauer angelegt. Der Anteil der öffentlichen Förderung wird auf der Grundlage eines Wirtschaftsplans des Trägers festgelegt.

Die *Projektförderung* erstreckt sich auf einzelne abgrenzbare Vorhaben des Trägers; dies können bestimmte Aktivitäten oder Maßnahmen, einzelne Modellvorhaben oder auch der Einsatz von Fachpersonal für spezielle Aufgaben sein. Die Projektförderung ist die vorherrschende Zuwendungsart auf der örtlichen Ebene, während die institutionelle Förderung eher auf der überörtlichen Ebene zum Tragen kommt.

Insbesondere der Bund hat in den vergangenen Jahren einen Teil der Zuwendungen an zentrale Träger von der institutionellen Förderung auf die Projektförderung umgestellt und damit praktisch die Verlässlichkeit einer dauerhaften Förderung reduziert. Dies erschwert auch die dauerhafte Beschäftigung von qualifiziertem Fachpersonal. Grundsätzlich ist auf jeder Ebene ein Mindestumfang an Regelförderung erforderlich, damit eine Bestand sichernde Infrastruktur der Jugendarbeit gewährleistet werden kann. Dies gilt unter veränderten Vorzeichen im Übrigen auch für die Finanzierung der eigenen Jugendarbeitsstrukturen innerhalb der Kirchen oder gesellschaftlichen Großorganisationen.

Berechnungsgrundlage einer jeden öffentlichen Zuwendung ist die Definition der *anerkannten und zuwendungsfähigen Ausgaben*. So kann z.B. geregelt sein, was zu den förderfähigen Sachkosten eines Projekts zählt oder bis zu welcher tariflichen Eingruppierung die Personalkosten anerkannt werden. Als Maßstab werden in der Regel vergleichbare Aufwendungen in der öffentlichen Verwaltung angelegt.

Das Größenverhältnis zwischen öffentlicher Förderung und Eigenmitteleinsatz des Trägers wird durch die Finanzierungsart bestimmt.

Bei der *Anteilsfinanzierung* errechnet sich die Zuwendung in der Regel als prozentualer Anteil an den förderfähigen Kosten, häufige Richtgröße ist das Verhältnis von 80% Förderung zu 20% Eigenanteil. Allerdings darf ein festgelegter Höchstbetrag nicht überschritten werden. Erzielt der Zuwendungsempfänger Einsparungen oder höhere Einnahmen, als sie dem Förderbescheid zugrunde gelegt wurden, muss die Zuwendung anteilig zurückgezahlt werden, d.h. die vorgesehen Eigenmittel sind immer vorrangig und in voller Höhe einzusetzen.

Zur *Fehlbedarfsfinanzierung* werden im Förderantrag bzw. Förderbescheid die erwarteten Einnahmen (Eigenmittel, Spenden usw.) und Ausgaben fixiert. Deren Differenz stellt den festgesetzten Fehlbedarf dar, der mit der öffentlichen Förderung finanziert wird. Auch hier gilt, dass Einsparungen oder Mehreinnahmen zur entsprechenden Verringerung und zur anteiligen Rückzahlung des Zuschusses führen.

Im Falle der *Festbetragsfinanzierung* erfolgt die Zuwendung in Form eines festen Betrages. Dabei kann es sich um einen Tagessatz (z.B. bei der Förderung von Bildungsmaßnahmen), um einen Pauschalbetrag (z.B. zur Durchführung bestimmter Gruppenprojekte) oder um einen pauschalierten Personalkostenbetrag handeln. Die Erzielung höherer Einnahmen oder Einsparungen berühren den Festbetrag nicht, solange die Aufwendungen des Zuwendungsempfängers nicht geringer sind als der Förderbetrag.

Die Variante der *Vollfinanzierung* hat als Förderart in der Kinder- und Jugendhilfe keine praktische Bedeutung, da vom Zuwendungsempfänger regelmäßig ein gewisser Eigenanteil oder die Erzielung von Einnahmen verlangt wird. Anders verhält es sich bei der oben erläuterten Entgeltfinanzierung, die prospektiv alle notwendigen Aufwendungen einschließt.

Finanzierungsanteile im Gesamtrahmen der Kinder- und Jugendhilfe

Die Ausgaben und Einnahmen der Kinder- und Jugendhilfe werden im Rahmen der Jugendhilfestatistik erhoben und veröffentlicht. Die Statistik über die Kosten verdeutlicht das finanzielle Größenverhältnis zwischen den einzelnen Handlungsfeldern. Im Erhebungsjahr 2009 beliefen sich die öffentlichen Ausgaben für die Kinder- und Jugendhilfe insgesamt auf rund 29,6 Mrd. Euro. Davon entfielen auf die Kindertagesbetreuung rund 16,2 Mrd. Euro, auf die Hilfen zur Erziehung 7,1 Mrd. Euro, auf die Jugendarbeit und die Jugendsozialarbeit 1,95 Mrd. Euro. Überdurchschnittlich Zuwächse ergeben sich für die Kindertagesbetreuung, deren Ausbau mit politischer Priorität verfolgt wird. Deutlich über die Hälfte der Jugendhilfekosten entfallen auf diesen Bereich (vgl. Statistisches Bundesamt 2011).

Literatur

[BMFSFJ] Bundesministerium für Familien, Senioren, Frauen und Jugend (2001): Kinder- und Jugendplan des Bundes (KJP) – Richtlinien des BMFSFJ vom 19.12.2000. In: Gemeinsames Ministerialblatt 52, 2, S.18–34 [in der jeweils fortgeschriebenen Fassung].

Statistisches Bundesamt (2011): Statistik der Kinder- und Jugendhilfe. Ausgaben und Einnahmen. Wiesbaden: Statistisches Bundesamt. https://www.destatis.de/DE/ZahlenFakten/GesellschaftStaat/Soziales/Sozialleistungen/KinderJugendhilfe/KinderJungedhilfe.html [Zugriff: 10.12.2012]

Wabnitz, Reinhard Joachim (2005): Rechtsansprüche gegenüber Trägern der öffentlichen Kinder- und Jugendhilfe nach dem Achten Buch Sozialgesetzbuch (SGB VIII). Berlin: Arbeitsgemeinschaft für Jugendhilfe.

Liane Pluto und *Mike Seckinger*

Trägerstrukturen der Arbeit mit Jugendlichen

So vielfältig die Interessen und Bedürfnisse von Jugendlichen und die Arbeit mit Jugendlichen sind, so vielfältig sind auch die Organisationsstrukturen in der Jugendarbeit. Die Bandbreite der Organisationen reicht von der lose organisierten Gruppe bis zur Untergliederung eines bundesweit tätigen Jugendverbandes. Sie umfasst Angebote, die ausschließlich von Jugendlichen für Jugendliche organisiert werden, ebenso wie Organisationen, in denen hauptamtliche Mitarbeiter/-innen Angebote für Kinder und Jugendliche entwickeln und anbieten. Sie reicht vom gemeinnützigen Verein, zum Teil ohne einen eigenen Jahresetat, bis zu gewerblichen Unternehmen. Als Träger von Angeboten der Jugendarbeit fungieren Jugendverbände und Jugendringe, Wohlfahrtsverbände und ihnen angeschlossene Vereinigungen, Kirchen, öffentliche Träger, nicht den Wohlfahrtsverbänden zugehörige Vereine und Initiativen, Parteien und privat-gewerbliche Träger. Es finden sich bei den Trägern neben Jugendverbänden, Wohlfahrtsverbänden und sozialen Initiativen inzwischen auch zu einem kleinen Teil Migrantenselbstorganisationen und vermehrt Vereine oder andere gemeinnützige Organisationen, die sich lediglich auf ein ganz bestimmtes Segment von Jugendarbeit konzentrieren (z.B. Fahrten, Schule).

Die Vielfalt der Träger zeigt sich auch an der Anzahl der Organisationen, die in der Jugendarbeit tätig sind. So fördert ein Jugendamt im Durchschnitt 32 unterschiedliche Träger im Bereich der Jugendarbeit. Bei einzelnen Jugendämtern in Deutschland steigt diese Zahl auf deutlich über 100 (Gadow u.a. 2013). Aus diesen Zahlen ergibt sich nur eine Annäherung an die Mindestanzahl an Trägern im Bereich der Jugendarbeit, da aus der Jugendverbandsbefragung des Deutschen Jugendinstituts (DJI) (vgl. Seckinger u.a. 2009) bekannt ist, dass beispielsweise 8% der Jugendverbände über keinen eigenen Etat verfügen, also auch keine finanzielle Förderung durch das Jugendamt erhalten. Zudem werden die örtlichen Jugendorganisationen in einigen Bundesländern auch direkt von den kreisangehörigen Gemeinden finanziell gefördert, so dass diese bei den durchschnittlich 32 vom Jugendamt geförderten Trägern nicht mitgezählt werden.

Funktionen von Trägern

Genau zu definieren, was ein Träger ist und welche Funktionen er hat, ist insbesondere im Feld der Jugendarbeit schwierig. Fest steht jedoch, dass ein Träger zumindest folgende Aufgaben zu erfüllen hat: Er

> „stellt das Personal ein, verantwortet die Finanzangelegenheiten, verhandelt mit (…) den öffentlichen Händen (z.B. der Kommune) über Zuwendungen oder Leistungsentgelte und entscheidet letztlich über die Existenz seiner Einrichtungen und Dienste" (Nikles 2008: 29).

Der Träger hat auch sicherzustellen, dass professionelle bzw. qualitative Standards eingehalten werden. Wie der Träger diesen Aufgaben nachkommt, gelingt je nach Professionalisierungsgrad sowie den internen Strukturen und Ressourcen unterschiedlich gut. Beispielsweise ist im kirchlichen Bereich, in dem die Trägerschaft zum Teil bei Kirchengemeinden bzw. Pfarrgemeinden oder Kirchenkreisen/Dekanaten liegt, in dem die Jugendarbeit als Teil der Gemeindearbeit betrieben wird und nicht immer eine entsprechende sozialpädagogische Fachlichkeit gegeben ist, die Sicherstellung und Entwicklung qualitativer Standards nicht immer einfach zu gewährleisten, zumal Jugendarbeit dort nur eine von vielen Aufgaben ist. In Landkreisen und kreisfreien Städten werden Träger teilweise durch Jugendringe bei Öffentlichkeitsarbeit, Fachberatung, Qualifikation von Ehrenamtlichen, Organisations- und Finanzierungsfragen unterstützt. Dieser Aufgabe scheinen Jugendringe zumindest in Teilen gerecht zu werden, wie die DJI-Jugendverbandsbefragung belegt (vgl. Seckinger u.a. 2009).

Auch die Jugendringe selbst beschreiben die Beratung, Unterstützung und Begleitung in Form von Interessenvertretung, Öffentlichkeitsarbeit und Beratung ihrer Mitgliedsorganisationen als einen wichtigen Teil ihrer Aufgabe (vgl. Seckinger u.a. 2012). Insgesamt bestätigen die aktuellen Daten die Bedeutung von verbandsübergreifenden Strukturen auf der örtlichen Ebene.

Kirchliche Jugendorganisationen sind ebenso wie die örtlichen Organisationen anderer Jugendverbände nicht nur auf die Möglichkeiten des eigenen Trägers vor Ort und den Jugendring angewiesen, sondern sie können auch mit der Unterstützung überörtlicher Strukturen rechnen. Die kirchlichen Verbände finden Ansprechpartner auf der Ebene der Landeskirchen/Diözesen oder Kirchenkreisen/Dekanaten. Auch der Zusammenschluss evangelischer Jugendorganisationen in der Arbeitsgemeinschaft der evangelischen Jugend in Deutschland e.V. (aej) bzw. im Bund der Deutschen Katholischen Jugend (BDKJ) stellt eine wichtige Ressource für die örtliche Arbeit dar. Damit steht der örtlichen Jugendarbeit Unterstützung durch Beratung, Weiterbildungsangebote, Vernetzungsangebote und Lobbyarbeit zur Verfügung. Die übergeordneten Strukturen haben einen eigenen Stellenwert innerhalb der verfassten Kirche, um dort die Positionen der Jugendlichen einzubringen. Darüber hinaus sind viele Jugendverbände auf Landesebene im Landesjugendring und auf Bundesebene im Deutschen Bundesjugendring (DBJR) organisiert. Auf der Internetseite des DBJR (www.dbjr.de) findet sich sowohl ein Verzeichnis der Mitgliedsverbände als auch der Landesjugendringe. Hiermit existieren Strukturen, die nach innen, also zu den Jugendverbänden hin wirken, indem sie überregionale Unterstützungsleistungen wie Fort- und Weiterbildung, Fachberatung oder Vernetzung anbieten, und nach außen, also in die Öffentlichkeit und Politik, weil sie als Lobby für die Belange von Jugendlichen und Jugendarbeit auftreten. Die Bedeutung der Landesjugendringe variiert erheblich je nach den historisch bedingten Entwicklungen und den dem Landesjugendring jeweils zur Verfügung stehenden Ressourcen.

Historisch gewachsen

Die vielfältige Trägerstruktur in der Jugendarbeit ist das Ergebnis historischer Entwicklungen und daraus hervorgegangener Prinzipien staatlicher Regelungen zum Wohlfahrtsstaat (Subsidiaritätsprinzip). Die heute existierenden Strukturen der Arbeit mit Jugendlichen haben einen Ursprung in der aus den bürgerlichen Kreisen hervorgegangenen Jugendbewegung zu Beginn des 20. Jahrhunderts (1901 Gründung des „Wandervogel, Ausschuss für Schülerfahrten"), einen zweiten in der parallel dazu in Arbeitermilieus entstandenen Jugendbewegung im Kontext von sozialdemokratischen und sozialistischen Vereinigungen und einen dritten in der schon vorher gegründeten Jugendpflege, die von öffentlicher Hand, konfessionellen Gruppierungen und „berufsbezogenen Standesvereinen mit vorwiegend sozialen Aufgaben" (Gängler 1995: 177) vorangebracht wurde. Insbesondere letztere ist eine Reaktion auf die in Folge der zunehmenden Industrialisierung entstehenden sozialen Probleme in den proletarischen Bevölkerungsschichten. Diese Form der Arbeit mit Jugendlichen ist „eine Präventivmaßnahme Erwachsener für die von ‚Sittenlosigkeit' und ‚Ungehorsam' bedrohte Arbeiterjugend" (Müller 1991: 231). Die ‚Jugend' entwickelt sich ab dieser Zeit zunehmend zu einer eigenständigen Lebensphase und es entsteht zugleich auch eine Lebensspanne, die sich aus der bürgerlichen Perspektive betrachtet der gesellschaftlichen Kontrolle zu entziehen beginnt. Durch die immer verbreitetere lohnabhängige Beschäftigung entstehen für die Gruppe der Jugendlichen neue Gestaltungsmöglichkeiten in der Zeit zwischen der Herauslösung aus der Herkunftsfamilie und der Gründung der eigenen Familie. Auf diese zum damaligen Zeitpunkt neue Entwicklung schaut die Gesellschaft mit Sorge und versucht durch Angebote die Aktivitäten der Jugendlichen unter Kontrolle zu halten (vgl. Peukert/Münchmeier 1990). Bei dieser für die Zukunft der Gesellschaft sehr bedeutsam eingeschätzten Aufgabe engagieren sich unterschiedliche Gruppen, Verbände und Vereinigungen mit unterschiedlichen Interessen. Geprägt vom Subsidiaritätsprinzip und den machtvollen Auseinandersetzungen zwischen Kirchen und Wohlfahrtsverbänden auf der einen Seite und den staatlichen Ebenen auf der anderen hat sich ein als Korporatismus bezeichnetes, also einvernehmlich abgestimmtes Zusammenwirken von Staat und freien Trägern im deutschen Sozialstaat entwickelt. Die besondere Rolle freier Träger findet z.B. im Kinder- und Jugendhilfeausschuss ihren Ausdruck. Schließlich wird hier freien Trägern ein besonderer Einfluss auf die Entscheidungen eines gewählten Gremiums eingeräumt. Im Achten Sozialgesetzbuch, § 3 Abs. 1 SGB VIII, wird ausdrücklich auf die Vielfalt an Wertorientierungen und von Inhalten, Methoden und Arbeitsformen als konstitutives Merkmal der Kinder- und Jugendhilfe hingewiesen. Es stellt auch eine rechtliche Verpflichtung dar, diese Vielfalt zu stärken und zu stützen.

Stetig verändernd

Die Zeit nach dem zweiten Weltkrieg ist durch eine Vergesellschaftung der Arbeit mit Jugendlichen geprägt. Angebote und Aktivitäten werden immer mehr in sozial- und jugendhilferechtliche Regelungen, in Förderstrategien und Planungen integriert (vgl. Münchmeier 1991). Die Kommunen sind heute durch die rechtlichen Grundlagen in den §§ 11 und 12 SGB VIII verpflichtet, Jugendlichen „die zur Förderung ihrer Entwicklung erforderlichen Angebote zur Verfügung zu stellen". Diese sollen „an den Interessen und Bedürfnissen der Jugendlichen anknüpfen" und „von ihnen mitbestimmt und mitgestaltet werden".

Die Rolle freier Träger hat sich spätestens seit Beginn der Debatte um eine stärkere Orientierung der öffentlichen Hand an marktwirtschaftlichen Prinzipien (Stichwort: Neue Steuerung) geändert. Die Übertragung von Aufgaben an freie Träger wird nun weniger unter prinzipiellen staatsphilosophischen Überlegungen (Vorgang freier Träger, Subsidiaritätsprinzip), sondern vielmehr unter effizienzorientierten Preis-Leistungs-Kriterien vorgenommen (vgl. Olk 2011). Dies wird als eine logische Folge der Präzisierung der Leistungsansprüche des Bürgers gegenüber dem Staat gedeutet (vgl. z.B. Münder u.a. 1998). In der Jugendarbeit hat dies dazu geführt, dass in diesem Arbeitsfeld nun auch kommerziell ausgerichtete Träger zu finden sind.

Die Trägerstruktur hat sich in Ost und West sehr unterschiedlich entwickelt. In den westdeutschen Bundesländern wurde an den Entwicklungen vor 1933 angeknüpft und auch durch die Politik und Programme der Alliierten Jugendarbeit gezielt, aber je nach Region unterschiedlich, gefördert (z.B. Gründung von Jugendringen in allen Kreisen und kreisfreien Städten in Bayern als Körperschaften öffentlichen Rechts und mit staatlich delegierten Aufgaben). In den ostdeutschen Bundesländern ist die Entwicklung nach dem zweiten Weltkrieg vor allem durch eine einheitliche, von der Staatspartei gelenkte Jugendorganisation geprägt. Nach der Wiedervereinigung wird in den neuen Bundesländern mit der Einführung des Achten Sozialgesetzbuchs (SGB VIII) der Aufbau einer pluralen Trägerstruktur unterstützt. In den 20 Jahren seit der Wiedervereinigung ist eine andere Vielfalt an Trägern als in den westdeutschen Bundesländern entstanden. Ein deutlicher Unterschied besteht darin, dass in den ostdeutschen Bundesländern neben den Jugendverbänden auch andere Trägerformen Mitglied im Jugendring sind. Jugendverbände stellen Wertegemeinschaften dar, welche die Ausrichtung an gemeinsamen Weltanschauungen und Überzeugungen zur Grundlage ihrer Arbeit machen und somit sich stark über Mitgliedschaften definieren. In den ostdeutschen Bundesländern gibt es unter den Mitgliedern der Jugendringe deutlich mehr Träger, die sich darauf konzentrieren, ein spezifisches Angebot zu schaffen, das Jugendliche nutzen können. Sie unterscheiden sich von (westdeutschen) Verbänden dadurch, dass sie (fast) immer auch Nichtmitglieder durch ihre Aktivitäten erreichen und sehr viel weniger Ehrenamtliche gewinnen können (vgl. Seckinger u.a. 2009). Ehrenamtliche übernehmen in diesen Verbänden zudem signifikant seltener pädagogisch-inhaltliche Aufgaben, was ein weiteres Indiz für eine stärkere Angebotsförmigkeit ist. Diese Verbände sind auch seltener in übergeordnete Verbandsstrukturen eingebunden.

Ehrenamtlichkeit als zentrales Merkmal

Die doch sehr unterschiedlichen Gründungsimpulse für verbandliche Jugendarbeit mit dem Ideal der Selbsterziehung und der Jugendpflege, die sich eher als Präventions- und Kontrollangebot verstand, hat wesentlich das Nebeneinander von Ehren- und Hauptamtlichen geprägt. Selbstorganisation bzw. die Förderung von Eigenaktivität ist noch immer ein Grundprinzip der Jugendarbeit. Dies gilt sowohl für die verbandliche als auch offene Jugendarbeit. Insofern überrascht es nicht, dass viele Träger von Jugendarbeit bis heute keine oder kaum eine professionelle Struktur entwickelt haben. Auf der anderen Seite zeigen Studien zur Jugendarbeit jedoch auch, dass freiwilliges Engagement insbesondere in den Organisationen zu finden ist, die über hauptamtliches Stammpersonal verfügen, das als Kristallisationspunkt für ehrenamtliches Engagement dienen kann (vgl. Seckinger u.a. 2009).

Aktuelle Anforderungen an Träger

Träger der Jugendarbeit stehen vor der Herausforderung, auf eine Reihe von Entwicklungen, die zum Teil durch gesellschaftliche Veränderungsprozesse bedingt sind (z.B. demografische Entwicklungen, Armut, Verdichtung des Alltags) und zum Teil jugendarbeits- bzw. jugendhilfeimmanent sind (z.B. fachliche Anforderungen, Kinderschutz, Professionalisierung und Selbstorganisation) reagieren zu müssen. Träger, die in der Jugendarbeit tätig sind, müssen sich insbesondere mit folgenden Themen befassen:

- Die Träger sind vor dem Hintergrund der Haushaltsprobleme von Kommunen und den damit einhergehenden Kürzungen für den Bereich der Jugendarbeit bzw. der Verlagerung von Finanzmitteln hin zu schulnahen Angeboten aufgefordert, Strategien zur Sicherung der Finanzierung bisheriger und zukünftig notwendiger Angebote zu entwickeln.
- Für die Träger gilt es, eine neue Positionierung im Verhältnis zum Träger der öffentlichen Jugendhilfe (also z.B. dem Jugendamt, dem Land) zu finden. Die Träger sind immer mehr in die Rolle eines Dienstleisters geraten, was dazu führt, dass die Sonderstellung weltanschaulich geprägter Träger eher infrage gestellt wird und eine stärkere gesellschaftliche Indienstnahme von Jugendarbeit spürbar wird, die sich von einem „von und für Jugendliche" zu einem „von Jugendlichen für die Gesellschaft" (van Santen/Seckinger 2009) entwickelt.
- Inklusion muss als Gegenstand fachlicher Weiterentwicklungen aufgegriffen werden. Dies gilt sowohl für den Bereich der Inklusion von Jugendlichen mit Behinderungen als auch von Jugendlichen aus anderen kulturellen Kreisen.
- Die demografische Entwicklung fordert Träger heraus, Antworten darauf zu finden, wie auch zukünftig eine ausreichende Anzahl von Fachkräften und ehrenamtlich Aktiven für die Angebote des Trägers gewonnen werden können und wie auf einen Rückgang der absoluten Anzahl unter 27-Jähriger konzeptionell und hinsichtlich der Anzahl und des Umfangs der eigenen Angebote reagiert werden soll.
- Immer wieder aufs Neue muss der Träger dazu beitragen, dass in den Angeboten der Jugendarbeit eine Balance hergestellt wird zwischen dem Raum für Selbstorganisation und Experimentieren einerseits und der Umsetzung fachlicher Standards und Prinzipien andererseits.
- Es wird darum gehen müssen, das Verhältnis zur Schule neu zu gestalten und konzeptionelle Antworten auf die Ausweitung der Betreuungszeiten an Schulen zu finden, denn diese verändern die Arbeitsfelder, in denen Jugendarbeit aktiv sein kann.
- Die gesellschaftlichen Veränderungen verlangen von den Trägern auch, die entsprechende Unterstützung und Beratung der Angebote und Einrichtungen zu gewährleisten (z.B. Fachberatung).

Literatur

Böhnisch, Lothar/Gängler, Hans/Rauschenbach, Thomas (1991) (Hrsg.): Handbuch Jugendverbände. Weinheim/München: Juventa.

Gadow, Tina/Peucker, Christian/Pluto, Liane/van Santen, Eric/Seckinger, Mike (2013): Wie geht's der Kinder- u. Jugendhilfe? Empirische Befunde und Analysen. Weinheim und Basel: Beltz Juventa.

Gängler, Hans (1995): Staatsauftrag und Jugendreich. Die Entwicklung der Jugendverbände vom Kaiserreich zur Weimarer Republik. In: Rauschenbach, Th./Sachße, Chr./Olk, Th. (Hrsg.): Von der Wertgemeinschaft zum Dienstleistungsunternehmen. Jugend- und Wohlfahrtsverbände im Umbruch. Frankfurt/M.: Suhrkamp, S. 175–200.

Müller, C. Wolfgang (1991): Jugendverbände und Jugendpflege. In: Böhnisch, L./Gängler, H./Rauschenbach, Th. (Hrsg.), S. 231–240.

Münchmeier, Richard (1991): Die Vergesellschaftung der Jugendverbände. Von den fünfziger Jahren bis zur Politisierung. In: Böhnisch, L./Gängler, H./Rauschenbach, Th. (Hrsg.), S. 86–92.

Münder, Johannes/Jordan, Erwin/Kreft, Dieter (Hrsg.) (1998): Frankfurter Lehr- und Praxiskommentar zum KJHG/SGB VIII. Münster: Votum-Verlag.

Nikles, Bruno W. (2008): Institutionen und Organisationen der Sozialen Arbeit. Eine Einführung. München: Reinhardt.

Olk, Thomas (2011): Freie Träger in der sozialen Arbeit. In: Otto, H.-U./Thiersch, H. (Hrsg.): Handbuch soziale Arbeit. Grundlagen der Sozialarbeit und Sozialpädagogik. München/Basel: Reinhardt, S. 415–428.

Peukert, Detlev J. K./Münchmeier, Richard (1990): Historische Entwicklungsstrukturen und Grundprobleme der deutschen Jugendhilfe. In: Sachverständigenkommission 8. Jugendbericht (Hrsg.): Jugendhilfe – Historischer Rückblick und neuere Entwicklungen. Materialien zum 8. Jugendbericht, 1. München: DJI-Verlag.

Santen, Eric van/Seckinger, Mike (2009): Jugend in der Kinder- und Jugendhilfe – Vom Fokus zum Rand? In: Homfeldt, H.G./Schulze-Krüdener, J. (Hrsg.): Jugend. Basiswissen Soziale Arbeit – Lebensalter und Soziale Arbeit, 3. Baltmannsweiler: Schneider-Verlag Hohengehren, S. 186–209.

Seckinger, Mike/Pluto, Liane/Peucker, Christian/Gadow, Tina (2009): DJI-Jugendverbandserhebung. Befunde zu Strukturmerkmalen und Herausforderungen. München: Deutsches Jugendinstitut.

Seckinger, Mike/Pluto, Liane/Peucker, Christian/Gadow, Tina (2012): Jugendringe – Kristallisationskerne der örtlichen Jugendarbeit. München: Deutsches Jugendinstitut.

Jugendarbeit in Deutschland im Überblick

Mitgliedsverbände des Deutschen Bundesjugendrings (DBJR), Stand 2011, Bezug: Handbuch Deutscher Bundesjugendring 2012, Berlin 2011

Name des Verbandes	Kurzbeschreibung	Gründung	Verbreitung in Deutschland	Ansprechpartner (Bundesebene)	Website, Links
Arbeiter-Samariter-Jugend Deutschland (ASJ)	Selbstständiger Kinder- und Jugendverband des Arbeiter-Samariter-Bundes (ASB), Zentrales Thema: Erste Hilfe, Gruppenarbeit und Schulsanitätsdienste	1924	Verbreitung auf Orts-, Landes- und Bundesebene, ca. 35.000 Mitglieder	Geschäftsstelle: Sülzburgstraße 140, 50937 Köln	http://www.asj-deutschland.de; facebook.com/asj.de
Arbeitsgemeinschaft der Evangelischen Jugend in Deutschland e.V. (aej)	Zusammenschluss der Evangelischen Jugend in Deutschland, Mitglieder: 35 bundeszentrale evangelische Jugendverbände und Jugendwerke, Jugendwerke evangelischer Freikirchen und die Jugendarbeit der Mitgliedskirchen der Evangelischen Kirche in Deutschland (EKD)		Arbeit der Mitgliedsverbände auf Orts-, Kreis-, Bundesland- und Bundesebene, vertritt die Interessen von ca. 1,2 Mio. Kindern und Jugendlichen	Geschäftsstelle: Otto-Brenner-Straße 9, 30159 Hannover	http://www.evangelische-jugend.de; www.evangelische-infoportal.de
Bund der Alevitischen Jugendlichen in Deutschland e.V. (BDAJ)	Eigenständige Jugendorganisation der Alevitischen Gemeinde Deutschland e.V. (AABF), Jugendmigrantenselbstorganisation		Zusammenschluss von derzeit 96 Ortsjugenden mit Vollmitgliedschaft sowie weiteren 34 Anschlussjugenden, fünf Regionalverbänden (Nordrhein-Westfalen, Baden-Württemberg, Bayern, Hessen und Norden), 2011 ca. 33.000 Kinder und Jugendliche	Geschäftsstelle: Geschwister-Scholl-Str. 33-37, 44135 Dortmund	http://www.bdaj.de
Bund der Deutschen Katholischen Jugend (BDKJ)	Dachverband von 17 katholischen Kinder- und Jugendverbänden in 26 Deutschen Bistümern (Bischofsbezirken)	1947 in Hardehausen	Organisiert in Kommunen, Kreisen, Bundesländern und auf Bundesebene sowie in kirchlichen Strukturen: Dekanate, Regionen, Bistümer. 2011 ca. 660.000 Mitglieder im Alter von 7-28 Jahren	BDKJ-Bundesvorstand und BDKJ-Bundesstelle: Carl-Mosterts-Platz 1, 40477 Düsseldorf	www.bdkj.de; facebook.com/bdkj; twitter.com/bdkj
Bund der Deutschen Landjugend (BDL)	Dachorganisation von 18 Landesverbänden	1949	Arbeit in Jugendklubs sowie in Orts-, Kreis- und Bezirksgruppen der ländlichen Jugend, ca. 100.000 Mitglieder zwischen 15 und 35 Jahren	Geschäftsstelle: Claire-Waldoff-Str. 7, 10117 Berlin	http://www.landjugend.de
Bund Deutscher PfadfinderInnen e.V. (BDP)	Der Bund deutscher PfadfinderInnen ist ein politischer Jugendverband, der gesellschaftliche Prozesse und Gegebenheiten kritisch hinterfragt und die Interessen und Meinungen von Kindern und Jugendlichen gegenüber den machthabenden Institutionen vertritt	1948	Der Bund Deutscher PfadfinderInnen ist bundesweit aktiv. Der Bundesverband besteht aus den BDP Landesverbänden und freien Gliederungen, die regional aktiv sind	BDP-Bundesverband: Baumweg 10, 60316 Frankfurt/M.	http://www.bdp.org
BUNDjugend	Jugendorganisation des Bundes für Umwelt und Naturschutz Deutschland	1984	43.000 Mitglieder, in 14 Landesverbänden organisiert	Geschäftsstelle: Am Köllnischen Park 1a, 10179 Berlin	http://www.bundjugend.de
Bundesjugendwerk der Arbeiterwohlfahrt e. V. (BuJWAWO)	Eigenständiger Kinder- und Jugendverband der Arbeiterwohlfahrt, Dachorganisation der Landes- und Bezirksjugendwerke	1978	Örtliche Gruppenarbeit mit Kindern und Jugendlichen, Bildungsarbeit, vielfältige Freizeitaktivitäten, Schwerpunkt Kinder und Jugendliche mit gesellschaftlicher Benachteiligung, insbesondere Armut	Bundesgeschäftsstelle: Markgrafenstr. 11, 10969 Berlin	http://www.bundesjugendwerk.de
Deutsche Beamtenbund-Jugend (dbb-jugend)	Organisation für Beamte, Tarifbeschäftigte, Anwärter und Auszubildende zwischen 15 und 27 Jahren im öffentlichen Dienst oder privaten Dienstleistungssektor		Ca. 150.000 Mitglieder, Mitarbeitende in Städten und Gemeinden, Polizei, Landesverwaltungen, Ministerien, Justiz, Zollverwaltung usw.	dbb jugend Bundesgeschäftsstelle: Friedrichstrasse 169/170, 10117 Berlin	http://www.dbbj.de

Name des Verbandes	Kurzbeschreibung	Gründung	Verbreitung in Deutschland	Ansprechpartner (Bundesebene)	Website, Links
Deutsche Bläserjugend (DBJ)	Eigenständige Jugendorganisation der Bundesvereinigung Deutscher Musikverbände e.V. (BDMV), Zusammenschluss von 22 Mitgliedsverbänden	1981	Ca. 350.000 Kinder und Jugendliche in ca. 10.000 Blasorchestern, Spielmanns- und Fanfarenzügen und anderen Ensembles	Geschäftsstelle: Weberstraße 59, 53113 Bonn	http://www.deutsche-blaeserjugend.de
Deutsche Chorjugend e.V. (DCJ)	Interessenvertretung der singenden Jugend in Deutschland, Jugendverband des Deutschen Chorverbandes (DCV)	1995	ca. 100.000 Kinder und Jugendliche in ca. 3.500 Kinder- und Jugendchören	Geschäftsstelle: Eichendorffstraße 18, 10115 Berlin	http://www.deutsche-chorjugend.de
Deutsche Gewerkschaftsbund-Jugend (DGB-Jugend)	Dachverband der jungen Gewerkschaftsmitglieder in den acht DGB-Gewerkschaften, Interessenvertretung junger Arbeitnehmer/-innen		Ca. 500.000 Mitglieder bis 27 Jahre	DGB Bundesvorstand Bereich Jugend: Henriette-Herz-Platz 2, 10178 Berlin	http://www.dgb-jugend.de
Deutsche Jugend in Europa (djo)	Überparteilicher und überkonfessioneller Jugendverband im Bereich der kulturellen und politischen Jugendarbeit, Förderung der kulturellen Betätigung von jungen Zuwanderern, internationale Jugend- und Kulturarbeit, Einsatz für eine weltweite Ächtung von Vertreibungen und Rechte von Flüchtlingen und Vertriebenen		Landesverbände in allen Bundesländern	Bundesgeschäftsstelle: Kuglerstr. 5, 10439 Berlin	http://www.djo.de
Deutsche Jugendfeuerwehr (DJF)	Dachverband der Jugendfeuerwehren im Deutschen Feuerwehrverband e.V.	1964	Ca. 250.000 Mitglieder zwischen 6-18 Jahren in mehr als 17.000 Jugendfeuerwehren deutschlandweit	Geschäftsstelle: Reinhardtstr. 25, 10117 Berlin	http://www.jugendfeuerwehr.de
Deutsche Jugendrotkreuz (JRK)	Eigenständiger Jugendverband des Deutschen Roten Kreuzes	1925	110.000 Kinder und Jugendliche in ca. 5.500 lokalen JRK-Gruppen; das JKR ist auf Orts-, Kreis-, Landes- und Bundesebene organisiert	Geschäftsstelle: Carstennstr. 58 12205 Berlin	http://www.jugendrotkreuz.de
Deutsche Schreberjugend Bundesverband e.V. (DSchrJ)	Jugendorganisation mit Gruppenarbeit mit Kindern und Jugendlichen und offener Kinder- und Jugendarbeit zur Förderung des Natur- und Umweltschutzes, Zusammenarbeit mit dem Bundesverband Deutscher Gartenfreunde (BDG) und anderen Kleingartenorganisationen	1951	Regional vertreten in den meisten Bundesländern, auf Ortsebene auch in Zusammenarbeit mit dem Bundesverband Deutscher Gartenfreunde und anderen Kleingartenorganisationen	Bundesgeschäftsstelle: Kirschenallee 25, 14050 Berlin	http://www.deutsche-schreberjugend.de
Deutsche Trachtenjugend	Bundesverband aller Trachtenleute und Volkstänzer/-innen bis zum 27. Lebensjahr	1996 als bundesweite Organisation	57 Mitgliedsvereine, ca 100.000 Kinder und Jugendliche	Geschäftsstelle: Hohenkirchenstraße 13, 99869 Günthersleben-Wechmar	http://www.deutsche-trachtenjugend.de
Deutsche Wanderjugend (DWJ)	Outdoororientierte Jugendorganisation des Verbandes Deutscher Gebirgs- und Wandervereine e.V.			Geschäftsstelle: Wilhelmshöher Allee 157, 34121 Kassel	http://www.wanderjugend.de
Jugend der Deutschen Lebens-Rettungs-Gesellschaft e.V. (DLRG-Jugend)	Bundesweite eigenständige Organisation aller Jugendgruppen der Deutschen Lebens-Rettungs-Gesellschaft	1962		Geschäftsstelle: Im Niedernfeld 2, 31542 Bad Nenndorf	http://www.dlrg-jugend.de
Jugend des Deutschen Alpenvereins	Zusammenschluss der jugendlichen Mitglieder des Deutschen Alpenvereins		In 354 Alpenvereinssektionen organisiert	Geschäftsstelle: Von-Kahr-Straße 2-4, 80997 München	http://www.jdav.de
BUNDjugend	Jugendorganisation des Bund für Umwelt und Naturschutz Deutschland	1984	43.000 Mitglieder, in 14 Landesverbänden organisiert	Geschäftsstelle: Am Köllnischen Park 1a, 10179 Berlin	http://www.bundjugend.de
Naturfreundejugend Deutschlands (NFJD)	Freizeit- und Reiseverband und eigenständiger Kinder- und Jugendverband der Naturfreunde Deutschlands			Geschäftsstelle: Warschauer Straße 59a 10243 Berlin	http://www.naturfreundejugend.de
Naturschutzjugend im NABU e.V. (NAJU)	Kinder- und Jugendverband für Umweltbildung und praktischen Naturschutz		75.000 Mitglieder, bundesweit 800 Gruppen	Geschäftsstelle: Charitéstraße 3, 10117 Berlin	http://www.naju.de

Name des Verbandes	Kurzbeschreibung	Gründung	Verbreitung in Deutschland	Ansprechpartner (Bundesebene)	Website, Links
Ring deutscher Pfadfinderverbände (RdP)	Zusammenschluss von drei bundesweit arbeitenden Pfadfinder/-innenverbänden: Bund der Pfadfinderinnen und Pfadfinder (BdP), Deutsche Pfadfinderschaft Sankt Georg (DPSG), Verband Christlicher Pfadfinderinnen und Pfadfinder			Geschäftsstelle: Mühlendamm 3, 10178 Berlin	http://www.pfadfinden-in-deutschland.de
Ring Deutscher Pfadfinderinnenverbände (RDP)	Arbeitsgemeinschaft für die Interessen der Frauen und Mädchen der Mitgliedsverbände im RdP			Geschäftsstelle: Mühlendamm 3, 10178 Berlin	http://www.pfadfinden-in-deutschland.de
Solidaritätsjugend Deutschlands (Solijugend)	Jugendorganisation des Rad- und Kraftfahrerbundes Solidarität Deutschland 1896 e.V.	1954	40.000 Mitglieder in 220 angeschlossenen Vereinen und 14 Landesverbänden	Geschäftsstelle: Fritz-Remy-Straße 19, 63071 Offenbach/M.	http://www.solijugend.de
Sozialistische Jugend Deutschlands – Die Falken (SJD – Die Falken)	Kinder- und Jugendverband in der Tradition der Arbeiterbewegung	Die ersten Arbeiterjugendvereine 1904, seit 1922 „Sozialistische Arbeiterjugend"		Geschäftsstelle: Saarstraße 14, 12161 Berlin	http://www.wir-falken.de

Literatur

Deutscher Bundesjugendring (Hrsg.): Handbuch Deutscher Bundesjugendring 2012. Berlin 2011. http://www.dbjr.de [Zugriff: 20.12.2012]

C Evangelische Arbeit mit Jugendlichen

Begründungszusammenhänge, Handlungsprinzipien, Strukturen

Wolfgang Ilg und *Yvonne Kaiser*

Evangelische Jugendarbeit empirisch

Evangelische Kinder- und Jugendarbeit bietet eine nahezu unüberschaubare Vielfalt an Aktivitäten und Formen. Der Versuch ihrer umfassenden Beschreibung auf Grundlage von empirischen Daten gerät demzufolge schnell an Grenzen. Auf zentrale arbeitsfeldspezifische Fragen können bislang nur fragmentarische Antworten gegeben werden. Aussagen zu Maßnahmen und Angeboten, zur Personalsituation (Haupt- und Ehrenamtliche) sowie Aussagen zu Zugängen, zur Reichweite und Teilnahme von Kindern und Jugendlichen in der evangelischen Kinder- und Jugendarbeit sind angesichts der Datenlage insgesamt kaum möglich.

Dennoch deuten in jüngerer Zeit durchgeführte bzw. initiierte Studien und Expertisen darauf hin, dass das Interesse an systematisierter, kontinuierlicher und möglichst unabhängiger Beobachtung der Entwicklungen und möglicher Wirkungen wächst. Zwar zeigt sich immer noch eine weitgehende Empirie-Abstinenz in der Jugendarbeit, zugleich ist die evangelische Jugendarbeit unter den wenigen existierenden empirischen Studien aber relativ gut vertreten (Arbeitskreis G5 2009/2010; Rauschenbach u.a. 2010).

Im Folgenden werden einige zentrale Studien vorgestellt, die sich mit der evangelischen Jugendarbeit befassen. Allgemeine Jugend- und Religionsstudien bleiben dabei unberücksichtigt.

Die vorliegenden Daten lassen sich in zwei Kategorien einteilen: Zunächst werden statistische Erhebungen vorgestellt, die z.T. amtlichen Charakter haben. Für amtliche Daten gibt es klare gesetzliche Rahmenbedingungen, die Befragten unterliegen einer Auskunftspflicht. In einem zweiten Teil werden sozialwissenschaftliche Studien vorgestellt, die sich zumeist spezifischen Fragestellungen widmen.

Evangelische Kinder- und Jugendarbeit in der (amtlichen) Statistik

Kinder- und Jugendhilfestatistik
Die amtliche Kinder- und Jugendhilfestatistik stellt die im Achten Sozialgesetzbuch (SGB VIII) vorgeschriebene Form der statistischen Dauerbeobachtung der Kinder- und Jugendhilfe dar. Sie umfasst in vier Teilen ein Bündel an Erhebungsinstrumenten zu

den Arbeitsfeldern der Kinder- und Jugendhilfe. Zur Kinder- und Jugendarbeit werden dabei jährlich Angaben über die finanziellen Aufwendungen der öffentlichen Gebietskörperschaften sowie alle vier Jahre über die Einrichtungen (z.B. Jugendzentren, Jugendbildungsstätten oder Einrichtungen der Stadtranderholung) und die hier tätigen Personen und in einer weiteren Erhebung alle vier Jahre die öffentlich geförderten Maßnahmen der Jugendarbeit erfasst.

Die Kinder- und Jugendhilfestatistik zu den mit öffentlichen Mitteln geförderten Maßnahmen (sogenannte Maßnahmenstatistik) erfasst vier Bereiche: a) Kinder- und Jugenderholung, b) außerschulische Jugendbildung, c) Internationale Jugendarbeit und d) Mitarbeiterfortbildung. Damit wird allerdings nur ein Teil des gesamten Spektrums der Angebote erfasst. Sie bezieht sich auf Daten aller Träger der Kinder- und Jugendarbeit, enthält also auch die evangelische Jugendarbeit neben vielen weiteren Trägern. Zwar können für die sogenannte Maßnahmenstatistik die Ergebnisse nach Trägergruppen ausgewertet werden (vgl. z.B. Bröring/Pothmann 2010), eine separate Statistik nur für die evangelische Jugendarbeit kann daraus jedoch nicht gewonnen werden.

Allerdings gibt es sowohl in Blick auf das Erhebungsinstrument als auch bezogen auf das Erhebungsverfahren kritische Punkte. In den Teilstatistiken zur Kinder- und Jugendarbeit nicht erfasst sind die Gruppenangebote der Jugendverbände oder freizeitbezogene Aktivitäten von Jugendhäusern und Offenen Türen. Auch gibt es keine Auskunft über die in der Jugendverbandsarbeit ehrenamtlich Engagierten, denn die Statistik erfasst die auf Haupt- und Nebenberuflichkeit basierende Kinder- und Jugendarbeit.

Die Durchführung der Statistik obliegt den Statistischen Landesämtern. Veröffentlicht werden die Daten der Kinder- und Jugdstatistik vom Statistischen Bundesamt (www.destatis.de) und den statistischen Landesämtern. Die Erhebung zu den öffentlich geförderten Maßnahmen findet alle vier Jahre statt, zuletzt 2008. Für das Erhebungsjahr 2012 hat der Deutsche Bundestag beschlossen, die Erhebung auszusetzen, um ein präziseres und praxistauglicheres Instrument zu entwickeln.

Die „Arbeitsstelle Kinder- und Jugendhilfestatistik" (AKJStat) an der Technischen Universität Dortmund (Forschungsverbund TU Dortmund/Deutsches Jugendinstitut München) arbeitet die Daten für die Verwendung in Politik und Praxis auf und informiert hierüber regelmäßig im Rahmen ihrer dreimal jährlich erscheinenden Publikation: „KOMDat Jugendhilfe – Kommentierte Daten der Kinder- und Jugendhilfe" (www.akjstat.tu-dortmund.de). Über die Arbeitsstelle ist auch eine länderbezogene und trägerspezifische Datenauswertung möglich (vgl. zuletzt Bröring/Pothmann 2010).

EKD-Statistik
Die Evangelische Kirche in Deutschland (EKD) erhebt im Rahmen ihrer jährlich durchgeführten Statistik „Äußerungen des kirchlichen Lebens in den Gliedkirchen der EKD" bzw. „Zahlen und Fakten zum kirchlichen Leben" neben den Zahlen zu Amtshandlungen oder Gottesdiensten auch Zahlen zur evangelischen Kinder- und Jugendarbeit in den einzelnen Landeskirchen der EKD. Diese statistische Erhebung unterscheidet für den Bereich Kinder- und Jugendarbeit fünf grobe Rubriken: Kindergruppen, Jugendgruppen, Eltern-Kind-Gruppen, Kinderbibelwochen/-kirchentage und weitere Veranstaltungen der Kinder- und Jugendarbeit.

Abbildung 1: Kinder- und Jugendarbeit im Jahr 2010 (EKD 2012: 18)

	Veranstaltungen insgesamt	Teilnehmer/-innen insgesamt
Kindergruppen	22.355	220.660
Jugendgruppen	13.090	132.089
Eltern-Kind-Gruppen	12.613	136.871
Kinderbibelwochen	8.600	336.040
Weitere Veranstaltungen zur Kinder- und Jugendarbeit	26.465	671.345

Darüber hinaus wird unter der Rubrik Kirchenmusik auch die Zahl der Teilnehmenden an Kinder- und Jugendchören und -instrumentalkreisen benannt. Allerdings wird zwischen diesen nicht weiter differenziert. So fanden 2009 insgesamt 7.967 Kreise mit insgesamt 98.556 Teilnehmenden statt. Unter den Zahlen zu Mitarbeiterkreisen findet sich die Rubrik „Vorbereitungskreise für die Kinder- und Jugendarbeit", an denen im Jahr 2009 50.601 Personen in 7.596 Kreisen teilgenommen haben.

Aufgrund der umfassenden Erhebung kirchlicher Aktivitäten findet für die einzelnen Arbeitsbereiche keine differenziertere Abfrage statt. Ein weiteres Problem besteht darin, dass von den Pfarrämtern, über die die Zahlen zumeist abgefragt werden, vermutlich im Bereich der Kinder- und Jugendarbeit zu geringe Zahlen benannt werden, da einzelne Bereiche oft nicht im Blick sind sowie übergemeindliche Angebote zumeist durch das Erhebungsraster fallen. Das wird z.B. durch den Vergleich mit den Daten der Statistik des Evangelischen Jugendwerks in Württemberg (ejw) deutlich (vgl. Frieß/Ilg 2008: 63). Hier zeigt sich, dass die offenen Angebote, Sport-, Musik- und sonstige Gruppen von der kirchlichen Statistik nicht erfasst werden, diese aber laut ejw-Statistik mehr als die Hälfte aller existierenden Jugendgruppen ausmachen.

Statistik des Evangelischen Jugendwerks in Württemberg
Als einer der ersten Jugendverbände erstellte das Evangelische Jugendwerk in Württemberg im Jahr 2007 eine wissenschaftlich fundierte Erfassung aller Aktivitäten auf Gemeinde-, Bezirks- und Landesebene (Frieß/Ilg 2008). Die Statistik beruht auf hochgerechneten Rückmeldungen von 62% aller Kirchengemeinden der Evangelischen Landeskirche in Württemberg. Da jede Gruppe im Blick auf ihre Zusammensetzung einzeln erfasst wurde, ergeben sich neben den Gesamtzahlen (42.500 Ehrenamtliche, 22% aller 6- bis 20-Jährigen haben regelmäßig Kontakt zu Gruppen der evangelischen Kinder- und Jugendarbeit) auch Einblicke in interessante Strukturmerkmale, beispielsweise die Mitarbeiter-Teilnehmer-Relation, die bei vielen Aktivitäten im Bereich von 1:4 bzw. 1:5 liegt. Für 2013 ist eine erneute Statistik geplant, dann für alle Aktivitäten der Arbeit mit Kindern und Jugendlichen im Bereich der evangelischen Landeskirchen Baden und Württemberg.

Statistik zur JULEICA: Daten zu ehrenamtlichen Mitarbeitenden
Die Jugendleiter/-in-Card (Juleica) ist der bundesweit einheitliche Ausweis für ehrenamtliche Mitarbeiter/-innen in der Jugendarbeit. Bei der Online-Beantragung der Juleica werden zugleich Daten über die Antragssteller erfragt, insbesondere Alter und Geschlecht, Wohnort sowie der Träger, bei dem der/die Ehrenamtliche regelmäßig tätig ist.

Die Erhebung zeigt: „80% aller Antragsteller/-innen kommen aus dem jugendverbandlichen Spektrum (inkl. Jugendringe), davon etwa die Hälfte aus dem kirchlichen Umfeld einschließlich der konfessionellen Jugendverbände. Nur etwa 7% der hier erfassten Jugendleiter/-innen sind öffentlichen Trägern zuzuordnen" (Pothmann/Sass 2011: 22). Zudem zeigt sich, dass in der religiösen/kirchlichen Jugendarbeit vor allem junge Mitarbeitende tätig sind, und dass Frauen gegenüber Männern hier stärker repräsentiert sind.

Der Deutsche Bundesjugendring hat die Ergebnisse der an das Antragsverfahren zur Juleica gekoppelten Erhebung im so genannten „Juleica Report" veröffentlicht (vgl. Pothmann/Sass 2011a).

Sozialwissenschaftliche Forschung zur (verbandlichen) Kinder- und Jugendarbeit

Wie die non-formale Bildungsarbeit insgesamt stand die Kinder- und Jugendarbeit bislang nur selten im Zentrum von Forschungsbemühungen. „Jugendarbeit ist ein Stiefkind der Forschung und der Forschungsförderung. Das ist bedauerlich und hat problematische Folgen, denn dieser Umstand macht Jugendarbeit angreifbar" (Münchmeier 2003: 182). Seit Anfang des 21. Jahrhunderts brachten jedoch einige sozialwissenschaftliche Forschungsvorhaben Licht ins empirische Dunkel der evangelischen Jugendarbeit.

aej-Studie „Realität und Reichweite von Jugendverbandsarbeit"
Die Arbeitsgemeinschaft der Evangelischen Jugend in Deutschland (aej) führte von Ende 2002 bis Juli 2006 eine umfangreiche Untersuchung zur „Realität und Reichweite der Jugendverbandsarbeit am Beispiel der Evangelischen Jugend" durch. Die Studie nutzte einen komplexen Methodenmix aus qualitativen und quantitativen Zugängen. Die Hauptstudie erfolgte in Form einer Fragebogenerhebung mit 2.289 Jugendlichen. Darüber hinaus wurde eine Dokumentenanalyse vorgenommen, es wurden zahlreiche Experteninterviews und biografische Interviews mit Jugendlichen durchgeführt.

Die Untersuchung kommt zu dem Ergebnis, dass in Deutschland 10% der jungen Menschen zwischen 10 und 20 Jahren mit Angeboten und Einrichtungen der Evangelischen Jugend in Kontakt kommen (vgl. Fauser u.a. 2006: 16). Der überwiegende Teil der Teilnehmer/-innen gehört der evangelischen Kirche an. Fauser u.a. (2006) haben für Westdeutschland erhoben, dass sich 81% der Teilnehmenden an der evangelischen Jugend als evangelisch bezeichnen.

Aus welchen Kontexten sowohl die Mitarbeitenden als auch die Teilnehmenden stammen, welcher Nationalität sie angehören oder welche Schulbildung sie haben, bleibt jedoch unbeantwortet. Auch eine „einigermaßen realistische Benennung der Zahl engagierter Ehrenamtlicher ist bundesweit für die Evangelische Jugend nicht wirklich aussagekräftig zu erhalten" (Corsa 2008: 119).

Die Studie gibt auch Einblicke in Motivlagen und Bildungspotenziale evangelischer Jugendarbeit:

> „Die Evangelische Jugend ist für die befragten Jugendlichen zunächst und vor allem ein Ort der Gemeinschaft. Die Kommunikation mit Gleichaltrigen, aber auch mit Jüngeren und Älteren ist zentral wichtig, man trifft dort Freunde, mit denen man Einstellungen und Interessen teilt. (...) Das Engagement in der Evangelischen Jugend bietet Möglichkeit, Verantwortung in ‚Ernstsituationen' zu übernehmen, Anerkennung für eigene oder gemeinsame Leistung zu finden. Die Evangelische Jugend kann auch ein Ort sein, an dem man Werte- und Glaubensorientierung findet" (Fauser u.a. 2006: 28).

Forschungsaktivitäten zu einzelnen Arbeitsbereichen

In dem Forschungsprojekt des Deutschen Jugendinstituts „Das Wissen zur Kinder- und Jugendarbeit" wurden vorhandene Studien erstmals zusammengeführt (Arbeitskreis G5 2009/2010). Die in diesem Projekt aufgeführten Untersuchungen aus dem kirchlichen Bereich befassen sich u.a. mit Arbeitsformen wie Freizeiten, TEN SING, Trainee-Programm (Mitarbeitendenschulung) sowie den Kompetenzprofilen und Ausbildungswegen von Hauptamtlichen. Weitere regionale Studien sind in den letzten Jahren hinzugekommen, bleiben aber in ihrer Aussagekraft aufgrund regionaler und/oder methodischer Beschränkungen zumeist von untergeordneter Bedeutung (vgl. z.B. empirica 2012).

In einer Fülle allgemeiner Jugend- und Engagementstudien bildet sich die kirchliche Kinder- und Jugendarbeit als ein wichtiges Handlungsfeld non-formaler Bildung ab. So verdeutlicht der Freiwilligensurvey, dass im Bereich des kirchlichen Engagements entgegen des allgemeinen Trends wachsende Zahlen von Engagierten zu finden sind (BMFSFJ 2010: 70ff.), die umfangreiche Erhebung zu „Lage und Zukunft der Kinder- und Jugendarbeit in Baden-Württemberg" (Rauschenbach u.a. 2010) zeigt, wie bedeutsam die kirchlichen Träger dort sind. In Studien, die sich mit anderen Feldern kirchlicher Arbeit befassen, kommt die Kinder- und Jugendarbeit am Rande bzw. als Bezugspunkt vor (z.B. Kirchenmitgliedschaftsuntersuchungen, zuletzt Huber u.a. 2006; Studien zur Konfirmandenarbeit, insb. Ilg u.a. 2009).

Ausblick

Für die öffentliche Wahrnehmung der Kinder- und Jugendarbeit wäre eine Intensivierung und stärkere Systematisierung solcher Forschung wichtig. Eine umfassende Darstellung kann helfen, die Bedeutung des Arbeitsfeldes zum Ausdruck zu bringen und empirische Grundlagen für fachliche und politische Entscheidungen und Planungsfragen zur Verfügung zu stellen. Informationen über das Feld dienen nicht nur zur öffentlichen Darstellung der Arbeit, sie sind beispielsweise auch unerlässlich für die Einwerbung von Fördermitteln. Ob eine umfassende Darstellung überhaupt gelingen kann, ist aktuell nicht abschätzbar.

Literatur

Arbeitskreis G5 (Hrsg.) (2009): Das Wissen zur Kinder- und Jugendarbeit. Die empirische Forschung 1998-2008. Ein kommentierter Überblick für die Praxis. Neuss: Landesjugendring Nordrhein-Westfalen. http://www.forschungsverbund.tu-dortmund.de/index.php?id=100 [Zugriff: 30.11.2012]

Arbeitskreis G5 (Hrsg.) (2010): Kapuzenpulli meets Nadelstreifen. Die Kinder- und Jugendarbeit im Fokus von Wissenschaft und Wirtschaft. Neuss: Landesjugendring Nordrhein-Westfalen. http://www.forschungsverbund.tu-dortmund.de/index.php?id=100 [Zugriff: 30.11.2012]

Bröring, Manfred/Pothmann, Jens (2010): Kinder- und Jugendarbeit 2008 im Bundesländervergleich. Öffentlich geförderte Maßnahmen im Spiegel der amtlichen Statistik. Dortmund: Technische Universität. www.ljrberlin.de/fileadmin/user_upload/Dokumente/Newsletter/64/Expertise_Jugendarbeit_Laendervergleich_2010.pdf [Zugriff: 15.11.2012]

Corsa, Mike (2008): Mehr wissen, um besser verstehen und wirkungsvoller handeln zu können. In: Frieß, B./Ilg, W. (2008): Evangelische Jugendarbeit in Zahlen. Die Statistik 2007 des Evangelischen Jugendwerks in Württemberg. Stuttgart: Buch und Musik, S. 118–121.

empirica Forschungsinstitut für Jugendkultur & Religion (2012): Spiritualität von Jugendlichen. Pilotstudie. Zusammenfassung der Ergebnisse. Im Auftrag des Amtes für Jugendarbeit der Evangelischen Kirche von Westfalen. Marburg: Institut empirica.

[EKD] Evangelische Kirche in Deutschland (2011): Statistik über die Äußerungen des kirchlichen Lebens in den Gliedkirchen der EKD im Jahr 2010. Hannover: EKD.

[EKD] Evangelische Kirche in Deutschland (2012): Zahlen und Fakten zum kirchlichen Leben. Hannover: Kirchenamt der EKD. http://www.ekd.de/download/broschuere_2012.pdf [Zugriff: 9.12.2012]

Fauser, Katrin/Fischer, Arthur/Münchmeier, Richard (2006): Jugendliche als Akteure im Verband. Ergebnisse einer empirischen Untersuchung der Evangelischen Jugend. Jugend im Verband, 1. Opladen/Farmington Hills: Barbara Budrich.

Frieß, Berthold/Ilg, Wolfgang (2008): Evangelische Jugendarbeit in Zahlen. Die Statistik 2007 des Evangelischen Jugendwerks in Württemberg. Stuttgart: Buch und Musik.

Gensicke, Thomas/Geiss, Sabine (2010): Hauptbericht des Freiwilligensurveys 2009. Ergebnisse der repräsentativen Trenderhebung zu Ehrenamt, Freiwilligenarbeit und Bürgerschaftlichem Engagement. Berlin: Bundesministerium für Familie, Senioren, Frauen und Jugend.

Huber, Wolfgang/Friedrich, Johannes/Steinacker, Peter (Hrsg.) (2006): Kirche in der Vielfalt der Lebensbezüge. Die vierte EKD-Erhebung über Kirchenmitgliedschaft. Gütersloh: Gütersloher Verlagshaus.

Ilg, Wolfgang/Schweitzer, Friedrich/Elsenbast, Volker/Otte, Matthias (2009): Konfirmandenarbeit in Deutschland. Empirische Einblicke – Herausforderungen – Perspektiven. Konfirmandenarbeit erforschen und gestalten, 3. Gütersloh: Gütersloher Verlagshaus.

Münchmeier, Richard (2003): Jugendarbeitsforschung: Inspiration-Irritation-Legitimation? In: Rauschenbach, Th./Düx, W./Sass, E. (Hrsg.): Kinder- und Jugendarbeit – Wege in die Zukunft. Gesellschaftliche Entwicklungen und fachliche Herausforderungen. Weinheim/München: Juventa, S. 181–193.

Münchmeier, Richard (2011): Jugend im Spiegel der Jugendforschung. In: Hafeneger, B. (Hrsg.): Handbuch außerschulische Jugendbildung. Grundlagen – Handlungsfelder – Akteure. Schwalbach am Taunus: Wochenschau-Verlag, S. 15–28.

Pothmann, Jens/Sass, Erich (2011): Jugendleiter/-innen werden sichtbar – erste Ergebnisse der Statistik zur Juleica. In: KomDat 14, 1/2, S. 21–23.

Pothmann, Jens/Sass, Erich (2011a): Lebenslagen und Engagement von Jugendleiterinnen und Jugendleitern. Juleica Report 2011. Berlin Deutscher Bundesjugendring. (www.dbjr.de)

Rauschenbach, Thomas/Borrmann, Stefan/Düx, Wiebken/Liebig, Reinhard/Pothmann, Jens/Züchner, Ivo (2010): Lage und Zukunft der Kinder- und Jugendarbeit in Baden-Württemberg. Eine Expertise. Dortmund/Frankfurt/M./München. http://www.sm.baden-wuerttemberg.de/fm7/1442/Expertise_Jugendarbeit_2010.pdf [Zugriff: 21.12.2012]

Michael Domsgen

Begründungsperspektiven Evangelischer Arbeit mit Jugendlichen

Evangelische Arbeit mit Jugendlichen hat in doppelter Weise Vergewisserungsbedarf. Als *evangelische* Jugendarbeit steht sie vor der Herausforderung, ihre Aktivitäten, ihr Profil und ihre Entscheidungen theologisch zu begründen. Dabei stellt sich in besonderer Weise die Frage, wie eine solche Arbeit als kirchlich verstanden und profiliert werden kann. Als evangelische *Jugendarbeit* richtet sie ihren Blick auf die Jugendlichen und orientiert sich an ihren Lebenslagen und Bedürfnissen.

Beide Perspektiven bedingen nach evangelischem Verständnis einander und greifen ineinander. Eine Unterscheidung beider Perspektiven kann jedoch helfen, die Herausforderungen deutlicher zu beschreiben. Dabei ist zu beachten, dass Evangelische Arbeit mit Jugendlichen in einem Rahmen gesetzlicher Vorgaben steht (Sozialgesetzbuch VIII Kinder- und Jugendhilfegesetz). Sie umfasst sowohl den Bereich der Jugendarbeit wie der Jugendsozialarbeit und agiert in unterschiedlichen organisatorischen Zusammenhängen. Sie ist innerhalb der kirchlichen Gemeindearbeit angesiedelt (z.B. in Jugendgruppen), arbeitet einrichtungsbezogen (z.B. Häuser der Offenen Tür, Jugendzentren, Jugendkirchen, Jugendbildungsstätten) und ist verbandlich organisiert. Dabei ist noch einmal zu unterscheiden zwischen der kirchlich-gemeindlichen Jugendarbeit, die innerhalb der kirchlichen Strukturen mehr oder weniger stark ausgeprägte Selbstvertretungsstrukturen nach verbandlichem Muster hat und den rechtlich eigenständigen Jugendverbänden eigener Prägung wie z.B. dem Christlichen Verein Junger Menschen (CVJM) u.a. Evangelische Arbeit mit Jugendlichen ist also schon in ihrer organisationalen Verfasstheit äußerst vielfältig und umfasst Angebote, die nicht ohne weiteres auf einen einzigen Begründungszusammenhang gebracht werden können. In diesem Beitrag geht es vor allem um theologische Begründungen für evangelische Arbeit mit Jugendlichen.

Theologische Begründungsperspektiven: Warum evangelische Jugendarbeit?

Historische Bezüge
Bereits in den Anfängen evangelischer Arbeit mit Jugendlichen im 19. Jahrhundert zeigt sich ein breites Spektrum von Motivationen, das bis in die Gegenwart hineinreicht. Dabei waren es neben bzw. mit der Erziehungsidee (Jugendarbeit als Erziehungsbewegung) vor allem erweckliche und soziale Gesichtspunkte, die einzelne Christen zu einem Engagement für Jugendliche motivierten. Auch Anregungen aus der allgemeinen Jugendbewegung kamen hinzu. Die Prozesse verliefen dabei lange neben und unabhängig von der Amtskirche, vielfach sogar gegen ihren Widerstand. Zumindest wurden die Aktivitäten eher skeptisch betrachtet. Die Kirchen haben erst seit den 1920er Jahren begonnen die Jugendarbeit als ihr Feld zu entdecken. Beleg dafür ist die Einrichtung von ersten Ju-

gendpfarrerstellen in dieser Zeit. Zu einer kirchengemeindlichen bzw. kirchlichen Aufgabe im engeren Sinn wurde Jugendarbeit erst zur Zeit des Nationalsozialismus ab 1933 mit der Gleichschaltung der Jugendverbände und der Entstehung der Bekennenden Kirche. Jugendarbeit war offiziell nur noch in den Organisationsformen des nationalsozialistischen Regimes möglich. Diejenigen, die in den Verbänden und Kirchen die Gleichschaltung verweigerten, waren gezwungen, „Jugendarbeit im Rahmen der Gemeinde und beschränkt auf Verkündigung und Gottesdienst zu organisieren" (Affolderbach 1987: 364). Dies führte zu einer eindeutigen organisationalen und inhaltlichen Verkirchlichung der Jugendarbeit. Jugendliche gerieten vor allem als evangelisch Getaufte bzw. Gemeindeglieder in den Blick. „Jugendarbeit wird damit zur Gemeindearbeit an jungen Gemeindegliedern" (Schwab 1999: 323). Dieses Konzept war später analog – unter den Bedingungen der SED-Diktatur – auch in der DDR leitend. Zwar gab es insbesondere seit Ende der 1970er und in den 1980er Jahren unterschiedliche Tendenzen zur Öffnung ‚für alle', besonders auch für die Jugendlichen, die sich politisch gegen den SED-Staat oder die Schul- und Umweltpolitik und andere gesellschaftliche Missstände auflehnten (durch Projekte der sogenannten sozialdiakonischen bzw. offenen Arbeit). Institutionell jedoch blieb sie der Kirche verbunden, weil andere institutionelle Formen als die staatlich gelenkte und die kirchliche Kinder- und Jugendarbeit aus politischen Gründen nicht möglich waren. In den alten Bundesländern wurde evangelische Jugendarbeit – mehr oder weniger stark ausgeprägt – in einer Doppelstruktur von Gemeinde- und Verbandsjugendarbeit organisiert. Vielfältige Ideen, Projekte und Aktivitäten entwickelten sich „quasi als Spiegelbild der pluralen Gesellschaft (…). Die alles verbindende Einheit entpuppt[e] sich als Illusion" (Schwab 1999: 324).

Insgesamt zeigt der kurze Rückblick auf die Geschichte, dass es nie nur einen Begründungszusammenhang gegeben hat. Vielmehr finden sich „zu unterschiedlichen Zeiten unterschiedliche Ansätze (…), die nicht einfach aus purer Beliebigkeit entstanden sind (…), sondern jeweils streng auf die Zeitumstände bezogen waren" (Schwab 1999: 324).

Theologische und kirchliche Bezüge
Innerhalb des weiten Spektrums einzelner theologischer Begründungen lassen sich folgende Grundlinien markieren. Zum einen werden Jugendliche als von Gott in ihrer jeweiligen Einzigartigkeit und Gottebenbildlichkeit als geschaffene Menschen (schöpfungstheologischer Bezug) und durch Jesus Christus erlöste bzw. das Heil Jesu Christi erlangende Menschen (soteriologischer Bezug) in den Blick genommen. Zum anderen ist es für Aufgaben und Profil von Kirche und Gemeinde wesentlich, mit jungen Menschen, die zu ihr gehören, zu arbeiten bzw. sie selbstverständlich mit im Blick zu haben und in das kirchliche Leben einzubeziehen (ekklesiologischer Bezug). Dabei ist zu beachten, dass je nach Perspektive und Interessenslage der Argumentation unterschiedliche Schwerpunktsetzungen erfolgen und Reibungsflächen entstehen. So können bei der Konzentration auf den einzelnen Jugendlichen ekklesiologische Überlegungen, d.h. beispielsweise mitgliedschaftsbezogene Belange der Kirche, gänzlich oder teilweise in den Hintergrund treten. Umgekehrt besteht die Gefahr, dass Jugendliche unter dem institutionellen Vergemeinschaftungsaspekt in ihrer Individualität weniger wahrgenommen und reflektiert werden. Letztlich handelt es sich hier allerdings weniger um trennende als um unterscheidende und sich wechselseitig ergänzende Kategorien. Vom Grundsatz her gehört beides zusammen und muss immer in doppelter Perspektive bedacht werden.

Dies betont auch Ulrich Schwab, wenn er sagt: „Jugendarbeit ist notwendig für die Kirche, weil es Jugendliche gibt" (Schwab 1999: 324). Diese These führt er in zweifacher Richtung aus. Zum einen argumentiert er ekklesiologisch. Dabei setzt er bei den Grundfunktionen von Kirche ein (Zeugnis, Gemeinsinn, Dienst), die er als Sendungsauftrag beschreibt. Dieser Auftrag gelte allen Menschen „innerhalb und außerhalb der Kirche" (Schwab 1999: 324). Damit wird deutlich, dass nicht nur Getaufte im Blick sind. Zum anderen nimmt Schwab schöpfungstheologische Argumente auf. Die Notwendigkeit eines speziellen kirchlichen Engagements in Form der Jugendarbeit ergibt sich seiner Meinung dadurch, dass es den Menschen nicht an sich, also im Abstrakten gibt, sondern nur im Konkreten, als Mann und Frau, Kind und Jugendlicher, Erwachsener und Alter usw. Auf diese Weise kann Schwab Jugendarbeit als Gemeindearbeit beschreiben, und zwar eine Gemeindearbeit, die sich „auf die Ausdifferenzierung der Lebenswelten" (Schwab 1999: 325) einlässt. Schwab versteht evangelische Jugendarbeit als den Ort, „an dem die Kirche ihren auf die Welt bezogenen Sendungsauftrag gegenüber den Jugendlichen zu erfüllen versucht" (Schwab 1999: 324). Auf diese Weise nimmt er eine vermittelnde Position ein und kann beide Grundlinien, die auf die Jugendlichen wie die auf die Kirche bezogenen, festhalten und zusammenführen. In diesem Sinn versteht er Evangelische Jugendarbeit dezidiert als kirchlich.

Innerhalb der Geschichte der Jugendarbeit finden sich auch Konzepte, die darüber hinausgehen und zwar in beide Richtungen, also sowohl hinsichtlich einer angestrebten Beheimatung innerhalb der Kirche (Stichwort: Mission) wie auch einer weitgehend von kirchlichen Bezügen unabhängigen Jugendarbeit (Stichwort: Emanzipation). Nach Schwab lassen sich diese Intentionen beispielsweise gut verbinden in konkreter themenbezogener Jugendarbeit wie der Umwelt- und Friedensarbeit, die den Blick auf die Bedrohungen des Lebens legt, beim Konzept des Ökumenischen Lernens, das die weltweite Dimension des Christentums betont und Fragen der Gerechtigkeit auf die Tagesordnung bringt oder auch bei einem Thema wie „Spurensicherung", das die Geschichte des Holocausts vor Ort fassbar machen möchte und nach Spuren jüdischen Lebens sucht (vgl. Schwab 2008: 293f.). Seit der Wiedervereinigung Deutschland stellt sich die Armutsfrage in ganz neuer Weise und fordert Evangelische Jugendarbeit heraus.

Eine große Rolle bei der Profilierung von Evangelischer Jugendarbeit spielt das jeweilige Kirchen- bzw. Gemeindeverständnis. Bereits im Neuen Testament ist hier eine Mehrdeutigkeit angelegt. Hilfreich kann dabei Christian Möllers Unterscheidung zwischen einem engeren und weiteren Begriff von Gemeinde sein: „Im Begriff ‚Kirche' kommt die rechtliche, institutionelle, geschichtliche und räumliche Gestalt (…) der christlichen Gemeinde zur Sprache; im Begriff ‚Gemeinde' kommt die personale, als Versammlung und Gemeinschaft im Evangelium sich ereignende, lokal begrenzte Gestalt von ‚Kirche' zur Sprache" (Möller 1984: 317). Wenn Evangelische Jugendarbeit mit ihren theologischen Begründungen nicht lediglich eine „nachträgliche Rechtfertigung pädagogischer Handlungsmuster bzw. des Sozialisationsmodus im ganzen" (Mollenhauer u.a. 1969: 238) liefern möchte, wird sie sich an dieser Stelle besonders sorgfältig vergewissern müssen.

Eng mit der ekklesiologischen Begründung hängen intergenerationelle Überlegungen zusammen. Bereits in der Bibel wird auf die Verpflichtungen zwischen den Generationen hingewiesen. Diese gilt in beiden Richtungen: Die jüngere Generation hat sie der älteren gegenüber an den Tag zu legen. Aber auch umgekehrt gilt, dass die ältere Generation der jüngeren gegenüber Verantwortung trägt. Zur Sorge um die nachwachsende Generation gehört dabei auch die Weitergabe der überlieferten Traditionen. Dies geschieht auf vielfältige Art und Weise, durch „Begegnung, Miterleben, Einbindung in die Erzähltradition, Beteiligung und Vorbilder" (EKD 2010: 32). Das „mitgängige Lernen über Religion und die Einübung in rituelle Formen der Religionsausübung" (EKD 2010: 32) ist heute sehr erschwert. Christliche Religion wird von Jugendlichen kaum noch selbstverständlich gelernt, da in den Familien eine explizit christliche Sozialisation deutlich zurückgegangen ist. Bereits die Elterngeneration zeigt eine nicht zu übersehende Distanz gegenüber der Kirche. Auch deshalb geht die Tradierungskraft christlicher Religiosität im Generationenverhältnis zurück. Dies stellt an eine evangelische Arbeit mit Jugendlichen besondere Herausforderungen. Insgesamt steigt damit die Verantwortung der Kirche, Jugendliche mit der christlichen Überlieferung bekannt und vertraut zu machen. Gleichberechtigt daneben steht die Aufgabe, junge Menschen in ihrer Persönlichkeitsentwicklung zu unterstützen. Zukünftig wird es neben der unterrichtlichen Dimension, die innerhalb des Protestantismus starke Verbreitung gefunden hat, immer stärker auch darum gehen müssen, jungen Menschen „Erfahrungs- und Selbstgestaltungsräume" (EKD 2010: 32) zur Verfügung zu stellen, damit sie sich mit der christlichen Tradition auseinandersetzen und selbsttätig ihre Position dazu herausbilden können.

Bildung als Leitbegriff für Evangelische Jugendarbeit

Der in der jüngeren Diskussion stärker an Bedeutung gewonnene Bildungsaspekt stellt einen auch in theologischer und kirchlicher Perspektive anschlussfähigen Begründungshintergrund für evangelische Arbeit mit Jugendlichen dar. Mit Bildung als Grundkategorie rückt der Einzelne in seiner Selbsttätigkeit und Selbstreflexivität in den Mittelpunkt, und das nicht nur im Blick auf sein Wissen. Bildung ist auf die Menschwerdung des Menschen gerichtet, zielt also auf den ganzen Menschen. Sie umfasst den lebenslangen, prinzipiell offenen Prozess der Subjektwerdung des Menschen. Dazu gehören Individualität, Sozialität und Mitgeschöpflichkeit (vgl. Biehl/Nipkow 2005). Nach christlichem Verständnis ist der Mensch erst dann hinreichend als Mensch erfasst, wenn er in seinem Gottesbezug wahrgenommen wird. Grundlegend ist hier die biblische Lehre von der Geschöpflichkeit des Menschen und dabei besonders seiner Gottesebenbildlichkeit. Bildung wird sowohl als individuelles Geschehen, als Vorgang zwischen Menschen (Sozialität) und auch zwischen Mensch und Gott verstanden.

Aus evangelischer Sicht wird der Mensch als Ebenbild Gottes nicht durch bestimmte Eigenschaften definiert, die er besitzt oder erwerben soll, sondern durch die Art der Beziehungen, zu denen er bestimmt ist, also durch Beziehungen zu Gott, zu den Mitmenschen und Mitkreaturen, sowie zu sich selbst. Bildung aus evangelischer Perspektive sieht den Einzelnen als Individuum, das sich entwickeln und entfalten soll, dies jedoch immer auch in der Gemeinschaft.

Damit kommen auch die Kategorien Freiheit und Verantwortung ins Spiel. Die Rede vom Ebenbild Gottes impliziert, dass der Mensch frei ist, Gottes Zuwendung zu erwidern. Er ist nicht von vornherein auf ein bestimmtes Bild festzulegen, so wie auch Gott nicht auf ein bestimmtes Bild zu reduzieren ist. Deshalb ist kein Bildungsprozess ohne Freiheit denkbar. Die Rede vom Menschen als Geschöpf und Ebenbild Gottes erinnert eindringlich daran, dass menschliche Existenz sich nicht selbst verdankt und letztlich unverfügbar bleibt. Die Achtung vor der „Unverfügbarkeit des Ebenbilds Gottes setzt dessen Freiheit voraus und es strebt als Ziel von Bildung und Erziehung allererst die Befähigung zur Freiheit an" (Dressler 2003: 267).

Hilfreich ist auch hier die Differenzierung zwischen formaler und non-formaler Bildung und informellem Lernen. Bildung ist auf diesem Hintergrund vielfältig und umfassend zu verstehen. Evangelische Arbeit mit Jugendlichen bedeutet für die Teilnehmenden eine Vielfalt informeller Lerngelegenheiten, zugleich veranlasst sie aber auch, dies zu reflektieren, weil informelles Lernen „ohne die Fähigkeit zur Reflexion und zum Lernen (…) auf längere Sicht nur bedingt gewinnbringend" (Tully/Wahler 2008: 222) ist. „Lernen ist ein kumulativer Prozess, der viele Lernorte umfasst" (Tully/Wahler 2008: 220). Für evangelische Arbeit mit Jugendlichen ist die Vielzahl unterschiedlicher Lernarrangements wichtig. Insofern sind Orte, an denen Jugendliche Gemeinschaft erfahren, feiern und sich in Mitarbeit und Verantwortung einüben können, unverzichtbar. Gleichzeitig bedarf es der Möglichkeit zur Reflexion und Vertiefung.

Literatur

Affolderbach, Martin (1987): Kirchliche Jugendarbeit. In: Adam, G./Lachmann, R. (Hrsg.): Gemeindepädagogisches Kompendium. Göttingen: Vandenhoeck & Ruprecht, S. 355–378.

Biehl, Peter/Nipkow, Karl Ernst (2005): Bildung und Bildungspolitik in theologischer Perspektive. Münster: LIT.

[BMFSFJ] Bundesministerium für Familie, Senioren, Frauen und Jugend (2001): Zukunftsfähigkeit sichern! Für ein neues Verhältnis von Bildung und Jugendhilfe; eine Streitschrift des Bundesjugendkuratoriums. Berlin: Bundesministerium.

Dressler, Bernhard (2003): Menschen bilden? Theologische Einsprüche gegen pädagogische Menschenbilder. In: Evangelische Theologie 63, 4, S. 261–271.

Giesecke, Hermann (1971): Die Jugendarbeit. München: Juventa.

[EKD] Kirchenamt der Evangelischen Kirche in Deutschland (Hrsg.) (2010): Kirche und Jugend. Lebenslagen, Begegnungsfelder, Perspektiven; eine Handreichung des Rates der Evangelischen Kirche in Deutschland (EKD). Gütersloh: Gütersloher Verlagshaus.

Evangelische Kirche in Deutschland (Hrsg.) (2009): Kirche und Bildung. Herausforderungen, Grundsätze und Perspektiven evangelischer Bildungsverantwortung und kirchlichen Bildungshandelns; eine Orientierungshilfe des Rates der Evangelischen Kirche in Deutschland. Gütersloh: Gütersloher Verlagshaus.

Mollenhauer, Klaus u.a. (1969): Evangelische Jugendarbeit in Deutschland. Materialien und Analysen. München: Juventa.

Möller, Christian (1984): Gemeinde I. Christliche Gemeinde. In: Theologische Realenzyklopädie Bd. 12. Berlin: de Gruyter, S. 316–335.

Müller, Carl Wolfgang u.a. (1964): Was ist Jugendarbeit? Vier Versuche zu einer Theorie. München: Juventa.

Nipkow, Karl Ernst (1990): Bildung als Lebensbegleitung und Erneuerung. Kirchliche Bildungsverantwortung in Gemeinde, Schule und Gesellschaft. Gütersloh: Gütersloher Verlagshaus.

Schwab, Ulrich (1999): Evangelische Jugendarbeit als Teil der Kirche heute. Begründungen und Perspektiven. In: Deutsche Jugend 47, 7/8, S. 322–329.

Schwab, Ulrich (2008): Kirchliche Jugendarbeit in Deutlichkeit und Offenheit. In: Adam, G./ Lachmann, R. (Hrsg.): Neues Gemeindepädagogisches Kompendium. Göttingen: V&R Unipress, S. 283–303.

Tully, Claus J./Wahler, Peter (2008): Ergebnislinien zum außerschulischen Lernen. In: Wahler, P./Tully, C. J./Preiß, C.: Jugendliche in neuen Lernwelten. Selbstorganisierte Bildung jenseits institutioneller Qualifizierung. Wiesbaden: VS, S. 201–223.

Thomas Schlag

Jugend und Kirche

Ausgangspunkte

Das Verhältnis von Jugend und Kirche ist wesentlich als ein Verhältnis von Jugendlichen zur ‚Institution Kirche' und mithin, aus der Perspektive von Jugendlichen, zur ‚Erwachsenenkirche' gekennzeichnet. Mit dieser Verhältnisbestimmung verbindet sich eine doppelte Perspektive: einerseits die nach der Alltagspraxis Jugendlicher in und mit den kirchlichen Gestaltungsformen und Handlungsvollzügen, andererseits die nach der Praxis der Kirche in und mit den Lebensformen und kulturellen Praktiken von Jugendlichen. Diese doppelte Perspektive zeigt eine grundlegende Spannung an. Von der Seite der allermeisten Jugendlichen her wird der Kirche kaum wesentliche Bedeutung für die eigene Lebensführung beigemessen, von kirchlicher Seite aus gelten die Jugendlichen andererseits als Zukunftsgaranten der Kirche – mindestens dem institutionellen Anspruch nach (vgl. Kirchenamt der EKD 2010): Jugendliche erwarten sich, wie Studien zeigen, von der Kirche keine wesentlichen Antworten auf ihre lebensbedeutsamen Fragen und empfinden deren klassisches Veranstaltungsangebot in der Regel als wenig attraktiv und verheissungsvoll (vgl. Ilg u.a. 2009). Die konkrete Identifikations- und Bindungsbereitschaft Jugendlicher mit der Institution Kirche und gar mit ihrem dogmatischen Regelwerk ist gering oder zeigt sich bestenfalls sehr zögerlich und selektiv (vgl. Gennerich 2010). Ganz offensichtlich kann sich ‚die Jugend' gut ohne Kirche denken und entwerfen. Man könnte nun angesichts der aufgezeigten Tendenzen in einseitiger Weise von einer Kirchenverdrossenheit Jugendlicher ausgehen, stünde dem oft nicht ebenso deutlich das Phänomen einer Jugendverschlossenheit seitens der Kirche oder doch mindestens ihr oftmals scheiternder Versuch der Kontakt- und Dialogaufnahme entgegen.

Historisch gesehen war das Verhältnis von Kirche und Jugend durch die Zeiten hindurch von erheblichen Asymmetrien gekennzeichnet. Jugendliche wurden im Wesentlichen als katechetisch zu belehrende und moralisch zu erziehende Objekte angesehen, die es auf ihre Pflichten als Erwachsene in Kirche, Staat, Gesellschaft und Arbeitswelt vorzubereiten galt. Erst durch die Fortschritte eines aufgeklärt-bürgerlichen Selbstverständnisses und schließlich als stille, politisch durchaus auch bedrohliche Reserve von Gesellschaftsveränderungen rückten Jugendliche mehr und mehr in das Zentrum kirchlicher Aufmerksamkeit. Erst von dort her wurde ihnen langsam ein Eigenrecht selbstständiger religiöser Willensäußerung zugesprochen und überhaupt die Anerkennung einer individuellen Lebensführung zugestanden. Zugleich sind allerdings auch im 19. und bis weit in das 20. Jahrhundert hinein die kirchlichen Bestrebungen glaubenskonformistischer Erziehung und Prägung unverkennbar. Insofern ist das Verhältnis der Kirche zur jeweiligen Jugend nicht selten durch erhebliche Funktionalisierungen, Aversionen und wechselseitige Ignoranz gekennzeichnet.

Bis in die Gegenwart wird – trotz aller guten kirchlichen Zukunftsabsichten im Blick auf die kommende Generation – der Anspruch auf die Integration und Partizipation Jugendlicher an den kirchlichen Handlungs- und Gestaltungsformen keineswegs konsequent eingelöst. Die innerkirchlichen Sprach- und Kommunikationskulturen, Entscheidungsmechanismen und Symbolhaushalte liegen in aller Regel immer noch und vielleicht mehr denn je in weiter Ferne zu den jugendlichen Alltagserfahrungen. Jugendlichen selbst wird zwar in einzelnen Kirchengemeinden das Refugium eines eigenen Biotops zugestanden, aber die Offenheit der Gemeinden, sich von ihnen für die eigene Praxis inspirieren oder gar korrigieren zu lassen, ist nach wie vor gering.

Mit den auch in der Kirche zu konstatierenden demografischen Verschiebungen und einer damit verbundenen zunehmenden Aufmerksamkeit auf das höhere Alter drohen Jugendliche sowohl im Blick auf finanzielle Ressourcen als auch auf kirchliche Angebots- und Entscheidungsstrukturen zudem zukünftig noch stärker aus dem Blick zu geraten. Diese Prognose erhält gegenwärtig dadurch noch schärfere Konturen, dass verschiedene religionssoziologisch ausgemalte Szenarien das Schreckensbild einer „kleiner, ärmer und älter" (vgl. Stolz/Ballif 2010) werdenden evangelischen Kirche an die Wand malen. Ein massenhafter innerer oder äusserer Exodus Jugendlicher wäre allerdings tatsächlich von existentieller Gefährdung für die Kirche, nicht zuletzt im Blick auf die regional teilweise immer noch erhalten gebliebenen kirchlichen Teilhabe- und Engagementstrukturen.

Zugleich steht die Kirche aber Jugendlichen gegenüber nicht nur hinsichtlich ihres eigenen institutionellen Fortbestandes in der Pflicht, sondern auch aufgrund grundlegender gesellschaftlicher Phänomene, die die Jugendgeneration massiv betreffen. Genannt seien exemplarisch das tiefe Bewusstsein Jugendlicher über die Gefährdungen der eigenen Zukunft in ökonomischer und ökologischer Hinsicht oder der als hoch empfundene Leistungs-, Konformitäts- und Zeitdruck in Schule und Arbeitswelt. Hinzu kommt die weitgreifende Digitalisierung des Alltags Jugendlicher im Blick auf die Informationsbeschaffung, aber auch die Informations- und Reizüberflutung bis hin zu Phänomenen einer Informationsglobalisierung, in der mit einer Vielzahl neuer kultur- und religionsprägender Bezugsgrößen umzugehen ist.

So sind beim Blick auf das spannungsvolle Verhältnis von Jugend und Kirche zum einen erhebliche unterschiedliche Erwartungen, zum anderen massive Enttäuschungs- und Fremdheitserfahrungen zu konstatieren. Offensichtlich prallen gerade an den konkreten Schnittpunkten der Angebote und Vollzüge kirchlicher Praxis sehr unterschiedliche Sprach-, Vorstellungs- und Lebenswelten Jugendlicher und Erwachsener aufeinander.

Die Kirche steht vor diesem Hintergrund in der Verantwortung, die Phänomene des Jugendalters möglichst genau und sensibel wahrzunehmen und zugleich nach Möglichkeiten zu suchen, dies gemeinsam mit den Jugendlichen in produktive Zukunftsstrategien umzusetzen. Dass ein solches kirchliches Eintreten für die Bedürfnisse Jugendlicher allerdings diesen zukünftig sehr viel stärker plausibel gemacht werden muss, stellt dabei eine der zentralen Herausforderungen dar.

Berührungspunkte von Jugend und Kirche

Nach wie vor weist die kirchliche Realität ein hohes Potenzial für ein konstruktives und zukunftsträchtiges Verhältnis von Jugendlichen zur Kirche auf:

In der Bundesrepublik Deutschland gehören immer noch knapp 60% der Bevölkerung einer der beiden großen Volkskirchen an. Auch wenn in der breiteren Öffentlichkeit gerne der Eindruck eines massenhaften Verlusts an Kirchenmitgliedern erweckt wird, ist nach wie vor von einer nicht zu unterschätzenden breiten volkskirchlichen Basis auszugehen. So werden jedes Jahr im Bereich der Evangelischen Kirche immer noch rund 30% eines kompletten Altersjahrgangs – also nahezu alle evangelisch getauften Jugendlichen – konfirmiert, im Jahr 2009 rund 230.000 Jugendliche. Bei einer Zahl von gegenwärtig etwa 180.000 Taufen pro Jahr ist durchaus damit zu rechnen, dass hier wiederum eine zahlenmäßig bedeutsame Generation für den Bereich der Evangelischen Kirche heranwächst. Allerdings ist zugleich darauf hinzuweisen, dass insbesondere in urbanen Kontexten die Zahl von Taufen in den vergangenen Jahrzehnten dramatisch gesunken ist und damit die konfessionelle Zugehörigkeit von Kindern und Jugendlichen je nach örtlichen Gegebenheiten auf ein kaum noch relevantes Minimum absinken wird. Eindrucksvoll ist, dass im Jahr 2009 knapp 750.000 Jugendliche durch die evangelische Kinder- und Jugendarbeit erreicht wurden (vgl. Fauser u.a. 2006). Hinzuweisen ist auch auf den nach wie vor nahezu flächendeckenden schulischen Religionsunterricht und den anhaltenden Boom an bundesweit inzwischen deutlich über 1.000 Evangelischen Schulen mit insgesamt mehr als 150.000 Schüler/-innen. Wichtige Kontaktflächen sind die Aktivitäten der Diakonie im Rahmen institutionalisierter Jugendhilfe mit fast 2.000 Tages- und stationären Einrichtungen und insgesamt rund 40.000 Plätzen (vgl. Kirchenamt der EKD 2011).

Hinzu kommen Angebote gesellschaftspolitischer Jugendbildung durch die Evangelischen Akademien (http://evangelische–akademien.de) und der Arbeitsgemeinschaft der Evangelischen Jugend in Deutschland e. V. (http://evangelische-jugend.de), an denen jährlich etwa 15.000 Jugendliche teilnehmen.

Die Potenziale für eine stärkere Partizipation und Integration Jugendlicher sind aber auch auf deren Seite selbst unverkennbar. Die eigenständige Auseinandersetzung Jugendlicher mit Kirche als Institution und auch ihren Repräsentanten/-innen ist eine wichtige kirchliche Gestaltungsressource, ebenso wie die oben angedeuteten Nöte und Zukunftsängste Jugendlicher ein wichtiges konstruktives und kreatives Potenzial für die kirchliche Arbeit darstellen.

Zentrale Fragestellungen

Vor dem Hintergrund der genannten Phänomene und Erkenntnisse ist zu fragen, wie sich die Erwartungshaltung der protestantischen Volkskirche mit ihrer spezifischen Wort-Kultur und ihren regelgeleiteten Gemeinschaftsansprüchen mit den spontanen und hochgradig flexiblen Erlebniskulturen Jugendlicher in ein produktives Verhältnis zueinander setzen lässt. Die grundlegende Herausforderung besteht in der Bearbeitung des Problems, wie mit dem Paradox eines institutionellen kirchlichen Orientierungsangebots bei gleichzeitigem Freiheitsversprechen an Jugendliche sachgemäß umgegangen werden kann.

Grundsätzlich gilt, dass sich die Jugend aufgrund ihrer sozialisations- und kulturbedingten Pluralität, ihrer inneren Orientierungsdynamik mitsamt permanent möglichen Neujustierungen einer solchen eindeutigen Bestimmung entzieht, die für kirchliches Handeln eine ein für alle Mal eindeutige ‚Beweislage' und Arbeitsgrundlage darbieten könnte. Insofern besteht eine Kernaufgabe kirchlichen Handelns darin, diese Dynamik und Prozesshaftigkeit jugendlichen Selbst- und Welterlebens bzw. jugendlicher Selbst- und Welterschließung selbst erst einmal möglichst vorurteilsfrei wahrzunehmen und dann in aller Offenheit zu begleiten. Zu vermeiden ist in jedem Fall jegliche kirchliche Funktionalisierungsabsicht im Sinne des Selbsterhalts der eigenen Organisation. Umgekehrt ist aber auch eine kirchliche Profillosigkeit kontraproduktiv, da eine solche Unklarheit bei Jugendlichen bestenfalls Irritationen auslöst.

Dem spannungsvollen Verhältnis zwischen Kirche und Jugend ist folglich nur mit einer erheblichen Sensibilität im Sinn einer jugendsensiblen Kirche sinnvoll und sachgemäß zu begegnen. Bindung und Nähe und gar Identifizierung Jugendlicher mit Kirche kann nicht hergestellt, sondern allenfalls ermöglicht und eröffnet werden. Der Ausgangspunkt kirchlicher Arbeit liegt folglich im erkennbaren Vertrauen auf die Potenziale Jugendlicher selbst. Insofern bedarf es hier einer Ressourcen- und gerade nicht einer Defizitorientierung.

Konzeptionelle Perspektiven und Orientierungen

Ausgangspunkt des kirchlichen Handelns mit Jugendlichen muss deren unbedingte Anerkennung als Subjekte der gemeinsamen Gestaltungsprozesse sein. Zugleich bedarf es erfahrbarer, gelingender Formen des Kennenlernens von Kirche in ihren kommunikativen und rituellen Vollzügen. Anders gesagt: Kirchliche Gemeinschaft muss erlebbar sein und individuelle Verantwortungsmöglichkeiten müssen für Jugendliche sichtbar und im wahrsten Sinn des Wortes mitvollziehbar sein.

Kirchliche Praxis steht vor der Herausforderung, sich auch als gesellschaftlich relevante, intermediäre Institution mit lebensdienlichem Potenzial zu zeigen. Sie wird von Jugendlichen nur dann als glaubwürdig und gerechtigkeitsorientiert und damit bedeutsam erlebt, wenn sie sich für deren individuelle Bedürfnisse und die Gesellschaft als Ganzes sichtbar einsetzt. Dies schließt eine personale Dimension notwendigerweise mit ein: Im Sinn einer nachhaltig bedeutsamen Vertrauens- und Beziehungsbildung kann die Institution Kirche letztlich nur durch ihre Repräsentanten/-innen eine plausible und glaubwürdige Gestalt gewinnen.

Schliesslich und an erster Stelle steht kirchliches Handeln vor der jugendtheologischen Aufgabe, ihre eigene Praxis immer wieder von der Orientierungskraft des Evangeliums her einsichtig zu machen (vgl. Schlag/Schweitzer 2011, 2012).

Konkretionen

Angesichts der immer weniger gegebenen religiösen Sozialisation in Elternhaus und Familie gilt, dass die kirchliche Angebotslandschaft, will sie für Jugendliche attraktiv sein, in möglichst frühem Kindesalter erkennbar werden muss. Insofern sind solche Angebote zu begrüßen, die einen biografienahen, kontinuierlichen und lebensbegleitenden Charakter tragen.

Die evangelische Jugendarbeit – gerade auch in ihrer notwendigen Vernetzung mit der Konfirmandenarbeit – in den Gemeinden, regionalen Kirchenverbünden und Landeskirchen ist unbedingt weiter zu fördern und auszubauen, selbst wenn die demografischen Gegebenheiten größere Investitionen in das höhere Alter nahe zu legen scheinen.

Die Schaffung spezifischer Gottesdienstangebote für und vor allem mit Jugendlichen bis hin zur Etablierung von möglichst eigenständig verantworteten Jugendkirchen ist ebenso weiter voranzutreiben wie die Etablierung von spezifischen Glaubenskursen für Jugendliche – vorausgesetzt, dass diese Angebote tatsächlich den Charakter konzeptioneller Offenheit tragen. Zugleich sind Möglichkeiten des Experimentierens und Einübens in gottesdienstliche und spirituelle Vollzüge zu eröffnen. Im Blick auf aktuelle Entwicklungen im Bereich der Kirchen- und Gemeindeentwicklung sind Jugendliche mit ihren Interessen und Ideen deutlich stärker in diese Prozesse einzubeziehen als dies bisher der Fall ist.

Eine kirchliche Mitverantwortung für das gelingende Aufwachsen Jugendlicher besteht nicht nur im Blick auf die eigene konfessionelle Klientel, sondern hinsichtlich der Jugendgeneration überhaupt. Fragen der Teilhabe- und Bildungsgerechtigkeit machen nicht vor den kirchlichen Mauern Halt. Dies bringt für kirchliche Handlungsstrategien die Notwendigkeit einer erheblichen Sensibilität für Milieus und Lebenslagen mit sich.

Schließlich liegt eine besondere Herausforderung für eine jugendsensible Kirche in einer sach- und jugendgemäßen theologischen Kommunikations- und Deutungskultur. Die Überzeugungskraft kirchlicher Praxis und ihrer Akteure wird davon abhängen, ob Jugendliche als unverzichtbarer Bestandteil der ‚Gemeinschaft der Heiligen' anerkannt und die Arbeit mit ihnen tatsächlich als „starkes Stück Protestantismus" (aej 2011) erlebt werden kann. Letztlich hängt ein konstruktives Verhältnis zwischen Kirche und Jugend maßgeblich davon ab, ob es gelingt, Jugendlichen eigene Einsichten in denjenigen Glaubensgrund kirchlichen Handelns zu ermöglichen, der sich wesentlich in den Überlieferungen und Interpretationen der evangelischen Botschaft selbst manifestiert.

Literatur

[aej] Arbeitsgemeinschaft der Evangelischen Jugend in Deutschland e.V. (Hrsg.) (2011): Ein starkes Stück Protestantismus – Zeitansagen zur Evangelischen Jugend und zur evangelischen Kinder- und Jugendarbeit. www.evangelische-jugend.de/fileadmin/user_upload/aej/Die_aej/Download Mitgliederversammlung/MV_2010/B2_2010_Ein_starkes_Stueck_Protestantismus.pdf. [Zugriff: 7.7.2011]

Gennerich, Carsten (2010): Empirische Dogmatik des Jugendalters. Werte und Einstellungen Heranwachsender als Bezugsgrößen für religionsdidaktische Reflexionen. Stuttgart: Kohlhammer.

Fauser, Katrin/Fischer, Arthur/Münchmeier, Richard (Hrsg.) (2006): Jugendliche als Akteure im Verband. Ergebnisse einer empirischen Untersuchung der Evangelischen Jugend. Jugend im Verband, 1. Opladen: Budrich.

Gennerich, Carsten/Streib, Heinz (2011): Jugend und Religion. Bestandsaufnahmen, Analysen und Fallstudien zur Religiosität Jugendlicher. Weinheim: Juventa.

Ilg, Wolfgang/Schweitzer, Friedrich/Elsenbast, Volker in Zusammenarbeit mit Matthias Otte (2009): Konfirmandenarbeit in Deutschland. Empirische Einblicke – Herausforderungen – Perspektiven; mit Beiträgen aus den Landeskirchen. Konfirmandenarbeit erforschen und gestalten, 2. Gütersloh: Gütersloher Verlagshaus.

Kirchenamt der Evangelischen Kirche in Deutschland (Hrsg.) (2009): Kirche und Bildung. Herausforderungen, Grundsätze und Perspektiven evangelischer Bildungsverantwortung und kirchlichen Bildungshandelns. Eine Orientierungshilfe des Rates der Evangelischen Kirche in Deutschland (EKD). Gütersloh: Gütersloher Verlagshaus.

Kirchenamt der Evangelischen Kirche in Deutschland (Hrsg.) (2010): Kirche und Jugend. Lebenslagen – Begegnungsfelder – Perspektiven. Eine Handreichung des Rates der Evangelischen Kirche in Deutschland (EKD). Gütersloh: Gütersloher Verlagshaus.

Kirchenamt der Evangelischen Kirche in Deutschland (Hrsg.) (2011): Evangelische Kirche in Deutschland 2011. Zahlen und Fakten zum kirchlichen Leben. www.ekd.de/download/broschuere_2011_mit_Links.pdf [Zugriff: 7.7.2011].

Schlag, Thomas/Neuberth, Rudi/Kunz, Ralph (Hrsg.) (2009): Konfirmandenarbeit in der pluralistischen Gesellschaft. Orientierungen – Deutungen – Perspektiven. Zürich: Theol. Verlag.

Schlag, Thomas (2010): Horizonte demokratischer Bildung. Evangelische Religionspädagogik in politischer Perspektive. Freiburg/Basel/Wien: Herder.

Schlag, Thomas/Schweitzer, Friedrich (2011): Brauchen Jugendliche Theologie? Jugendtheologie als Herausforderung und didaktische Perspektive. Neukirchen-Vluyn: Neukirchener Theol.

Schlag, Thomas/Schweitzer, Friedrich (2012): Jugendtheologie. Grundlagen – Beispiele – kritische Diskussion. Neukirchen-Vluyn: Neukirchener Theol.

Stolz, Jörg/Ballif, Edmée (2010): Die Zukunft der Reformierten. Gesellschaftliche Megatrends – Kirchliche Reaktionen. Zürich: Theol. Verlag.

Wippermann, Carsten/Calmbach, Marc (2007): Wie ticken Jugendliche? Sinus-Milieustudie U27. Düsseldorf: Verlagshaus Altenberg.

Stefan Drubel

Kirchliche Strukturen und Unterstützungssysteme der evangelischen Arbeit mit Jugendlichen

Evangelische Arbeit mit Jugendlichen in freier Trägerschaft und Jugendverbandsarbeit ist nach staatlicher Sozialgesetzgebung (SGB VIII § 75 bzw. § 12) Teil der Jugendhilfe. Zugleich ist evangelische Arbeit mit Jugendlichen auch ein Handlungsfeld der evangelischen Kirche. Die Evangelische Kirche sieht ihr Engagement für Jugendliche und ihre Arbeit mit Jugendlichen als ureigene Wesensäußerung, weil Menschen im Jugendalter der Kirche angehören und nach evangelischem Verständnis das Engagement für tragfähige Lebensperspektiven und gerechte Bildungschancen ein Auftrag der Kirche ist. Dementsprechend halten die evangelischen Landeskirchen und ihre Untergliederungen auch Unterstützungsstrukturen vor und beteiligen sich an der Finanzierung der Arbeit. Insbesondere sind die Kirchen Anstellungsträger für berufliche Mitarbeiter/-innen und Engagementfeld für Freiwillige in der Jugendarbeit.

Der Rahmen für die Arbeit mit Jugendlichen und der Beitrag der Kirchen für diese Arbeit sind durch kirchliche Gesetze und andere rechtliche Regelungsinstrumentarien vorgegeben. Dabei ist zu berücksichtigen, dass die Evangelische Kirche in Deutschland (EKD) föderal aufgebaut ist und 2012 aus 22 Landeskirchen besteht, bei denen im Wesentlichen auch die Hoheit für die Rechtssysteme und für die Gestaltung von Unterstützungsstrukturen liegt. Aufgrund der Tatsache, dass in fast keinem Fall eine geografische Übereinstimmung der Territorien von Bundesländern und Landeskirchen besteht, haben die Kirchen es mit einer doppelten föderalen Struktur (staatlich/kirchlich) zu tun.

Evangelische Jugendarbeit in den Kirchenordnungen und -verfassungen

Eine Kirchenordnung oder -verfassung ist vergleichbar der Verfassung oder dem Grundgesetz eines Staates. Sie enthält die Bekenntnisgrundlagen der Kirche, die Regelung der Zuständigkeiten und die Ordnungen für die Ausgestaltung des kirchlichen Lebens. Das Verhältnis der evangelischen Landeskirchen zu ihrer Jugendarbeit und die Struktur für die Gestaltung der kirchlichen bzw. verbandlichen Jugendarbeit werden grundlegend in den jeweiligen Verfassungen oder Kirchenordnungen beschrieben. Exemplarisch an zwei Landeskirchen wird die kirchengesetzliche Verortung der Jugendarbeit dargestellt, die sich unterschiedlich auswirken kann.

Evangelische Landeskirche in Württemberg
In der Verfassung der Evangelischen Landeskirche in Württemberg von 1920, zuletzt geändert 2006, wird Jugendarbeit nicht explizit erwähnt. In der Rechtsquellensammlung (www.kirchenrecht-wuerttemberg.de), in der alle relevanten Rechtstexte der Kirche zu finden sind, ist die „Ordnung der Evangelischen Jugendarbeit in Württemberg" aus dem Jahr 1998 abgedruckt. Bestandteile dieser Ordnung der Jugendarbeit sind Regelungen für das Evangelische Landesjugendpfarramt, die Arbeitsgemeinschaft Lan-

deskirchliche Jugendarbeit, das Evangelische Jugendwerk in Württemberg mit der Rahmenordnung für Bezirksjugendwerke und die Arbeitsgemeinschaft der Evangelischen Jugend in Württemberg. In der Ordnung heißt es in § 2:

> „Das Besondere der evangelischen Jugendarbeit besteht in ihrem Verkündigungsauftrag. Dieser hat seinen Grund und seinen Inhalt im Werk und Leben des geschichtlichen Jesus von Nazareth und in seiner Auferweckung durch Gott. Dadurch ist für das Evangelische Jugendwerk in Württemberg die dauernde Verpflichtung gegeben, jungen Menschen zum persönlichen Glauben an Jesus Christus und zur Bewährung dieses Glaubens in den vielfältigen Aufgaben unserer Welt zu helfen" (EJW 1998).

Als Wesensmerkmale werden „Freiwilligkeit, Partizipation und Selbstorganisation auf allen Ebenen der Kirche, der Werke und Verbände" genannt. Kennzeichnend für die evangelische Jugendarbeit in Württemberg ist, dass sie die Verantwortung für die Jugendarbeit auf das Evangelische Jugendwerk in Württemberg übertragen hat, das selbstständig im Auftrag der Landeskirche arbeitet. Zum Evangelischen Jugendwerk in Württemberg gehören alle Gruppen, Kreise und Vereine, die im Bereich der Evangelischen Landeskirche in Württemberg Jugendarbeit betreiben, sofern sie nicht unmittelbar von der Landeskirche beauftragt sind oder Verbänden im Bereich der Landeskirche angehören.

Evangelische Kirche im Rheinland
Anders stellt sich das in der Evangelischen Kirche im Rheinland (EKiR) dar. Jugendarbeit wird in der Kirchenordnung (KO) folgendermaßen geregelt: „Die Gemeinde nimmt ihre Verantwortung durch die Arbeit in Tageseinrichtungen für Kinder, im Kindergottesdienst, durch Kinder-, Konfirmanden- und Jugendarbeit wahr (Art. 81)" (EKiR 2011). Das heißt: Jugendarbeit ist ein Handlungsfeld der Kirchengemeinde und fällt in ihre Verantwortung. Im Lebensordnungsgesetz heißt es (§ 19):

> „Das Presbyterium sucht das regelmäßige Gespräch mit Kindern und Jugendlichen der Kirchengemeinde sowie den beruflich und ehrenamtlich Mitarbeitenden in der Kinder- und Jugendarbeit und trägt Sorge für eine angemessene Beteiligung am Gemeindeleben". In der Rechtsquellensammlung findet sich auch die „Ordnung der Evangelischen Jugendarbeit" (ebd.).

Die Presbyterien (von den Gemeindemitgliedern gewählte Leitungsgremien der Kirchengemeinden) werden in ihrer Funktion als Gemeindeleitung durch die KO aufgefordert, auch einen Fachausschuss für die Arbeit mit Kindern und Jugendlichen zu bilden. Da außer den Mitgliedern des Presbyteriums sachkundige Mitglieder der Kirchengemeinde den Fachausschüssen angehören können, ist es möglich, engagierte Jugendliche in den Jugendausschuss zu berufen. Das aktive Wahlrecht haben Gemeindeglieder, die am Wahltag konfirmiert oder 16 Jahre alt sind; wählbar ist, wer am Wahltag mindestens 18 Jahre alt und konfirmiert ist.

Zwischen den Landessynoden arbeiten ‚Ständige Synodalausschüsse', die Jugendarbeit wird im ‚Ausschuss für Erziehung und Bildung' verhandelt. Die Landessynode errichtet zur Durchführung ihrer Aufgaben landeskirchliche Ämter, eines ist das Amt für Jugendarbeit.

Strukturelle Förderung und Unterstützung

Ämter für Jugendarbeit
Die Landeskirchen unterhalten zur Unterstützung und Begleitung der Jugendarbeit in den Kirchengemeinden und Kirchenkreisen/Dekanaten zentrale Ämter für Jugendarbeit bzw. Landesjugendpfarrämter. Sie sind die Geschäftsstellen der Jugendarbeit in den Landeskirchen. Schwerpunktmäßig haben sie in der Regel folgende Aufgaben: Beratung haupt-, neben- und ehrenamtlicher Mitarbeitender in Gemeinden, Kirchenbezirken bzw. -kreisen/Dekanaten und Werken in allen Fragen der Jugendarbeit; Angebote für Schulung und Fortbildung von Mitarbeitenden; Erstellung und Vermittlung von Arbeitshilfen; Förderung ökumenischer und internationaler Begegnungen; Führung der laufenden Geschäfte der jeweiligen Evangelischen Jugend. Außerdem ist eine zentrale Aufgabe der Ämter die kinder- und jugendpolitische Vertretung der Evangelischen Jugend auf der Ebene des Bundeslandes und der Landeskirche sowie die Gewinnung und Abrechnung von staatlichen und kirchlichen Fördermitteln.

In den meisten Ämtern für Jugendarbeit sind pädagogische Referenten/-innen beschäftigt, die einzelne Fachgebiete übernommen haben: Jugendpolitik, Arbeit mit Kindern, schulbezogenen Arbeit, Ökumene, Ehrenamt oder Jugendforschung. In den letzten Jahren haben Medienpädagogik und die Präsenz im Internet an Bedeutung gewonnen.

In den Kirchenbezirken, -kreisen oder Dekanaten gibt es ebenfalls evangelische Jugendämter oder -referate mit beruflich Mitarbeitenden, um die Jugendarbeit auf dieser mittleren Ebene zu gestalten und zu koordinieren.

Jugendpfarrerinnen und Jugendpfarrer
Die meisten Ämter/Arbeitsstellen für Jugendarbeit in den Landeskirchen werden durch Landesjugendpfarrer/-innen geleitet. Zu ihren Aufgaben zählen: theologische und seelsorgerische Verantwortung für die Gesamtkonzeption der kirchlich getragenen und verantworteten Arbeit mit, von und für Kinder und Jugendliche; die Vertretung der (Kinder- und) Jugendarbeit innerhalb der Kirche und in der Arbeitsgemeinschaft der Evangelischen Jugend in Deutschland e.V. (aej), die Außenvertretung gegenüber dem Bundesland und die Förderung der Zusammenarbeit innerhalb der Jugendstrukturen.

In den Gremien und Strukturen ihrer Landeskirchen sind die Landesjugendpfarrer/ -innen unterschiedlich verankert. Einige sind berufene oder beratende Mitglieder der Landessynoden und üben für ihren Bereich eine kirchenleitende Funktion aus, ohne selbst Mitglied der Kirchenleitung zu sein.

Auf der Ebene der Arbeitsgemeinschaft der evangelischen Jugend in Deutschland e.V. (aej) sind die Landesjugendpfarrer/-innen in der Arbeitsgemeinschaft der Landesjugendpfarrerinnen und Landesjugendpfarrer (AGLJP) vernetzt.

In einigen Landeskirchen gibt es auf landeskirchlicher Ebene noch weitere Arbeitsstellen wie die Schülerinnen- und Schülerarbeit sowie Jugendbildungsstätten der evangelischen Jugend.

Auf der Ebene der Kirchenkreise oder -bezirke gibt es ebenfalls Pfarrer/-innen, die entweder ausschließlich oder mit einem Teil ihres Dienstes für die Jugendarbeit verantwortlich sind. In wenigen großen Städten arbeiten Stadtjugendpfarrer/-innen.

Landeskirchenämter
Auf der Ebene der Leitung und Verwaltung der Landeskirchen wird die Jugendarbeit in den Landeskirchenämtern unterstützt. Sie nehmen unter anderem die Dienst- bzw. Fachaufsicht gegenüber den Landesjugendpfarrer/-innen und den Ämtern oder Geschäftsstellen für Jugendarbeit wahr. In der Regel ist die Jugendarbeit in den Bildungsabteilungen verortet.

Finanzielle Förderung

Die Landeskirchen finanzieren die Stellen der Landesjugendpfarrer/-innen und alle weiteren Kosten der Jugendwerke bzw. Ämter oder Geschäftsstellen für Jugendarbeit. Ausgenommen davon sind die Kosten, die durch die staatlich geförderte Jugendarbeit und Jugendverbandsarbeit refinanziert werden. Eine Reihe der Landeskirchen unterhalten eigene „Kirchliche Förderpläne" für die Jugendarbeit. Aus diesen Geldern erhalten die Verbände und Vereine in der Jugendarbeit kirchliche Mittel, um Personal und Maßnahmen zu finanzieren. Aus diesen Mitteln werden auch die Verbände eigener Prägung wie „Christlicher Verein Junger Menschen" (CVJM), oder der „Verband Christlicher Pfadfinderinnen und Pfadfinder" (VCP) unterstützt.

Mit einigen der Vereine bestehen Verträge, für die Landeskirche einen bestimmten Aufgabenbereich in der Jugendarbeit wahrzunehmen. So hat die EKiR mit der Evangelischen Schülerinnen- und Schülerarbeit (ESR) einen Vertrag über die schulbezogene Arbeit.

Für landesweite Einzelmaßnahmen bringen einige Landeskirchen zusätzliche, projektbezogene Mittel auf (z.B. „Jugendcamp" der Evangelischen Jugend im Rheinland oder Kampagne „Lasst uns nicht hängen" gegen Kinderarmut in der Evangelischen Kirche von Westfalen).

Aus-, Fort- und Weiterbildung

Eine wichtige Funktion der kirchlichen Unterstützung von Jugendarbeit besteht in der Fort- und Weiterbildung beruflicher Mitarbeiter/-innen. Dafür gibt es teilweise spezielle Jugendakademien bzw. Studienzentren.

In manchen Landeskirchen wird von den Mitarbeitenden mit staatlichem Abschluss eine Doppelqualifikation erwartet. Zur Erlangung religionspädagogischer Kompetenzen können sie ein Zusatzstudium an Evangelischen Fachhochschulen aufnehmen, für das sie teilweise freigestellt werden bzw. ihr Anstellungsträger einen finanziellen Ausgleich durch die Landeskirche für die Zeit des Studiums erhält, um eine Vertretungskraft zu finanzieren.

Ein anderer Schwerpunkt liegt in der Gewinnung, Begleitung und Qualifizierung ehrenamtlich Engagierter in der Jugendarbeit, besonders von Jugendlichen. In vielen Landeskirchen gibt es dazu evangelische Jugendbildungsstätten. Dies geschieht durch unterschiedliche Bildungsangebote, vor allem durch Seminare und Workshops an Wochenenden und in Ferien. Ein Schwerpunkt ist die Erlangung der Jugendleitercard (JuLeiCa), die zur Gruppenleitung qualifiziert. Außerdem werden Seminare zur Persönlichkeitsbildung, zu religionspädagogischen Themen oder zum Erwerb bestimmter Methoden für die Praxis der Jugendarbeit (Erlebnis- oder Theaterpädagogik) oder zur Bewältigung konkreter Situationen (Teambildung oder Konfliktlösung) von den dort tätigen Bildungsreferenten angeboten. Jugendbildungsstätten bieten auch die Möglichkeit für außerschulische Bildungsangebote mit Schulklassen wie ‚Tage der Orientierung'. Die von den jeweiligen Bundesländern anerkannten Jugendbildungsstätten werden aus den Landesjugendplänen gefördert.

Der Stellenwert der Arbeit mit Jugendlichen in Landeskirchen, ihre inhaltliche Profilierung, personelle, finanzielle und strukturelle Unterstützung unterliegen immer wieder politischen Aushandlungsprozessen in und zwischen den Leitungsgremien von Kirche und evangelischer Jugendarbeit. Alle Landeskirchen unterstützen die Arbeit mit Jugendlichen finanziell, strukturell und personell und leisten damit auch einen wichtigen gesellschaftlichen Beitrag. In einigen Landeskirchen nehmen die Synoden (das ‚Parlament' der Landeskirche, das sich aus von den Gemeinden bzw. Kirchenkreis- bzw. Dekanatssynoden gewählten Vertreter/-innen zusammensetzt) regelmäßig (Kinder- und) Jugendberichte entgegen, um sich über die Leistungen und die Situation der Arbeit mit Jugendlichen zu informieren und sachkundig zu sein für grundlegende Entscheidungen. Insgesamt unterscheiden sich die Strukturen, die Regelungssysteme, aber auch die konzeptionellen Zielsetzungen und institutionellen Unterstützungen der Arbeit mit Jugendlichen zwischen den Landeskirchen erheblich, was zwar ein Bild in zusammenhängender und vergleichender Perspektive nahezu unmöglich macht, zugleich und vor allem aber die Vielfalt und Breite der Handlungsspielräume evangelischer Arbeit mit Jugendlichen widerspiegelt.

Literatur

[EJW] Evangelisches Jugendwerk in Württemberg (1998): Ordnung des Evangelischen Jugendwerks in Württemberg. Bekanntmachung des Oberkirchenrats vom 15. September 1998 www.ejwue.de/upload/ordnung-ejw-1998.pdf [Zugriff: 31.10.2012]

[EKiR] Evangelische Kirche im Rheinland (2011): Kirchenordnung der Evangelischen Kirche im Rheinland vom 10. Januar 2003, geänderte Fassung vom 14.01.2011. www.ekir.de/www/downloads/_KO_Sonderdruck-_2011.pdf [Zugriff: 31.10.2012]

Links

Evangelische Kirche in Württemberg: Kirchenrecht Online-Nachschlagewerk: www.kirchenrecht-elkwue.de

Evangelische Kirche im Rheinland: Kirchenrecht Online-Nachschlagewerk: www.kirchenrecht-ekir.de

Evangelisches Infoportal der Arbeitsgemeinschaft der evangelischen Jugend in Deutschland: http://www.evangelische-jugend.de/

Evangelisches Jugendwerk in Württemberg: http://www.ejwue.de

Amt für Jugendarbeit der Evangelischen Kirche im Rheinland: http://www.jugend.ekir.de

Evangelische Jugend im Rheinland: http://www.ejir.de

Michael Freitag, Jörg Hammer, Kay Moritz und
Andreas Schlüter

Strukturen und Unterstützungssysteme der Arbeit mit Jugendlichen in den Freikirchen

In Deutschland existiert innerhalb des Protestantismus eine Vielzahl von einzelnen Gemeinden, Gruppierungen, Gemeindebünden und Kirchen, die sich als freikirchlich und evangelisch verstehen und oft auch so benennen. Bei aller Unterschiedlichkeit im Detail sind sie ein besonderer Typ evangelischen Kirchentums. Viele dieser freikirchlichen Gemeinschaften bzw. Gemeinden sind regional oder lokal begrenzt, zahlenmäßig marginal und Gemeindegründungen neueren Datums.

Der folgende Artikel nimmt Bezug auf die drei in Deutschland größten evangelischen Freikirchen, die aufgrund ihrer verhältnismäßig langen Tradition und ihrer weltweiten Verbreitung oft als ‚klassische' Freikirchen bezeichnet werden und deren Jugendwerke Mitglied der Arbeitsgemeinschaft der Evangelischen Jugend in Deutschland e.V. (aej) sind:

- *Der Bund Evangelisch-Freikirchlicher Gemeinden (BEFG)*, ein 1942 vollzogener Zusammenschluss der *Baptisten* (in Deutschland gegründet 1849) und dem *Bund freikirchlicher Christen (BfC)*, hat ca. 85.000 Mitglieder in 830 Ortsgemeinden in Deutschland (Stand 2012). Weltweit sind es über 50 Mio. Mitglieder, die sich zu Baptistengemeinden zählen.
- Der *Bund Freier evangelischer Gemeinden (BFeG)*, gegründet 1874 (erste Gemeinde 1854) hat derzeit ca. 40.000 Mitglieder in 465 Gemeinden in Deutschland.
- Die *Evangelisch-methodistische Kirche (EmK)*, eine in England durch eine Erweckungsbewegung des 18. Jahrhunderts aus der anglikanischen Kirche erwachsene weltweite Kirche hat im Jahr 2012 ca. 55.000 Mitglieder in 504 Ortsgemeinden (252 Bezirke) in Deutschland. Weltweit sind es über 70 Mio. Menschen, die zur methodistischen Kirchen gehören.

Freikirchen

Auch wenn es „keine allgemein gültige Definition von Freikirche (gibt)" (Geldbach 1999: 209), lassen sich bei aller spezifischen Eigenakzentuierung und bei aller unterschiedlichen historischen Entwicklung der jeweilgen Freikirchen doch allgemeine Kennzeichen und ein gemeinsames Grundprofil beschreiben (zum Folgenden vgl. Geldbach 1999: 209ff.):

- Die genannten Freikirchen verstehen sich als evangelisch. Dies bedeutet inhaltlich zunächst, dass ihr Fundament das Evangelium von Jesus Christus ist und sie dieses Evangelium der Liebe Gottes in Wort und Tat weitergeben wollen. Gleichzeitig kennzeichnet diese Selbstbezeichnung, dass sie sich als Teil der protestantischen Kirchenfamilie und als (Mit-)Erben der Reformation verstehen. Sie haben allerdings „Forderungen der Reformation besser" (Geldbach 1999: 213) bzw. radikaler

verwirklicht als die Reformationskirchen selbst. Die reformatorischen Prinzipien ‚allein die Schrift', ‚allein Christus', ‚allein der Glaube' sowie das ‚Priestertum aller Gläubigen' prägen ihre Praxis und damit ihre Gemeindewirklichkeit sehr nachhaltig.
- Freikirchlichkeit bedeutete in ihren Ursprüngen, vom Staat und von staatlicher Bevormundung unabhängig zu sein, im Gegensatz zum Konzept einer Staatskirche. Auch wenn diese Unabhängigkeit inzwischen in Deutschland für alle Kirchen gilt, zeigt sich die strikte Trennung von Kirche und Staat im freikirchlichen Selbstverständnis bis heute darin, dass Freikirchen sich aus freiwilligen Spenden und freiwilligen Mitgliedsbeiträgen finanzieren und eine Finanzierung durch einen staatlichen Kirchensteuereinzug ablehnen.
- Freikirchen verstehen sich dezidiert als ‚Freiwilligkeitskirchen'. Mitgliedschaft wird konstituiert durch eine persönliche freiwillige, aktive und bewusste Entscheidung für den christlichen Glauben (Bekehrung) – oft als persönliches Glaubens- und Lebensverhältnis zu Jesus Christus beschrieben – und damit auch durch eine freiwillige Entscheidung für die jeweilige Kirchenzugehörigkeit. Diese Entscheidung kann erst in einem religionsmündigen bzw. entscheidungsfähigen Alter geschehen. Freikirchen praktizieren darum zumeist die Erwachsenen- bzw. Mündigentaufe. Auch in Freikirchen, die die Säuglingstaufe praktizieren (wie z.B. die Evangelisch-methodistische Kirche), wird das spätere „persönliche Glaubensbekenntnis als unabdingbar für die Mitgliedschaft angesehen" (Geldbach 1999: 211). Die (volkskirchliche) Taufe von Säuglingen wird allerdings inzwischen von den Freikirchen in Deutschland weit überwiegend auch als gültige christliche Taufe anerkannt, wenn auch unter dem Vorbehalt subjektiver Glaubensübernahme der Betreffenden.
- Das prägende Moment der Freiwilligkeit hat dazu geführt, dass Freikirchen sich traditionell entschieden für Glaubens- und Gewissensfreiheit, mithin für Religionsfreiheit eingesetzt haben.
- Freikirchen stehen historisch in der Tradition innerkirchlicher Erneuerungsbewegungen (‚Erweckungsbewegung') bzw. des Pietismus. Damit sind sie „Ausdruck einer personal verpflichtenden Erfahrungsreligion" (Geldbach 1999: 210): Glaube resultiert aus einer persönlichen, subjektiven Christus- bzw. Gotteserfahrung, gestaltet sich als intensives persönliches Glaubensleben (‚praxis pietatis') und einer entsprechenden sozialen, gemeinschaftlichen und gesellschaftlichen Glaubenspraxis (‚Heiligung'). Glaube ist zwar persönlich, aber nie privat.
- Christliche Existenz vollzieht sich nach freikirchlichem Verständnis wesentlich auch im Rahmen einer intensiven Glaubensgemeinschaft. Freikirchen betonen darum die Wichtigkeit aktiver und lebensprägender Zugehörigkeit zu einer örtlichen Gemeinde.
- Weil Menschen in die Nachfolge Jesu Christi gerufen sind, sind sie auch berufen zur aktiven Weltgestaltung. Dies äußert sich einerseits in aktivem missionarischem Engagement sowohl zur Gewinnung des eigenen Nachwuchses als auch zur Gewinnung von bisher dem Evangelium Fernstehenden. Andererseits äußert es sich in vielfachem diakonischem, sozialem, gesellschaftspolitischem und entwicklungspolitischem Engagement.

Die genannten Freikirchen sind unterschiedlich verfasst: Der BEFG und die FeG haben eine kongregationalistische Struktur. Der Kongregationalismus betont die rechtliche

Selbstständigkeit und die Unabhängigkeit (‚Autonomie') der Ortsgemeinden. Beide Freikirchen verstehen und benennen sich demzufolge jeweils als Bund von Ortsgemeinden, in dem die jeweiligen Gemeinden dem Bund gegenüber eigenständig agieren können und sich selbst finanzieren und verwalten. Die EmK ist demgegenüber bischöflich- bzw. presbyterial-synodal, also eher ‚hierarchisch' als Kirche und damit auch als bundesweite Verwaltungs- und Finanzorganisation strukturiert. In beiden Verfassungsformen legen die Freikirchen allerdings großen Wert auf ein demokratisches System und auf den hohen Stellenwert der Ortsgemeinden.

Ortsgemeinden

Als zentrale Arbeitsform der Jugendarbeit in den genannten Freikirchen gilt darum die Arbeit in den Gruppen der Ortsgemeinden, und hier finden sich wesentliche Unterstützungsstrukturen.

Die Arbeit mit Kindern und Jugendlichen genießt in den Freikirchen dabei einen hohen Stellenwert. Dies lässt sich zunächst ganz schlicht an Zahlen verdeutlichen:

Die Jugendarbeit des BEFG z.B. umfasst – bei einer Gesamtzahl von ca. 85.000 Gemeindemitgliedern in Deutschland – mehr als 30.000 Kinder und Jugendliche in etwa 2.100 örtlichen Gruppen mit mehr als 5.000 ehrenamtlichen Mitarbeiter/-innen (vgl.www.gjw.de/ueber-uns/).

Die Jugendarbeit der EmK umfasst bei einer Gesamtzahl von 55.000 Mitgliedern in Deutschland ca. 16.000 Kinder und Jugendliche in mehr als 600 örtlichen Gruppen mit mehr als 15.000 ehrenamtlichen Mitarbeiter/-innen.

Im BFeG sind es ca. 20.000 Kinder und Jugendliche mit mehr als 6.500 Mitarbeitenden bei einer Mitgliederzahl von ca. 40.000 in 465 Gemeinden (Statistik von 2010).

Der hohe Stellenwert der Jugendarbeit ist durch mehrere Faktoren begründet:

Durch den deutlichen Charakter einer Freiwilligkeitskirche sind freikirchliche Gemeindemitglieder zumeist hochidentische Christen/-innen und mit ihrer Gemeinde sehr verbunden. Die überwiegende Zahl der Gemeindemitglieder – auch der Jugendlichen – ist in die soziale Gemeinschaft der Ortsgemeinde integriert und beteiligt sich aktiv am Gemeindeleben mit seinen unterschiedlichen geistlich-religiösen, organisatorischen, kommunikativen und diakonisch-sozialen Aufgaben. Auch wenn freikirchliche Gemeinden oft relativ klein sind (Ortsgemeinden haben in der Regel zwischen 50 und einigen 100 Mitgliedern), sind infolgedessen die Beteiligungszahlen hoch: Zumeist entsprechen die Zahlen der Gottesdienstbesucher/-innen 50 bis 100% der Zahl der örtlichen Gemeindemitglieder. Gerade weil freikirchliche Gemeinden relativ klein sind, haben sie familiale Strukturen entwickelt: Freikirchliche Gemeinden verstehen sich als ‚Gemeindefamilie' und integrieren reale Familien mit ihren unterschiedlichen Generationen in ihre unterschiedlichen Veranstaltungsformen.

Das theologische Konzept der persönlichen Entscheidung und Bekehrung einerseits und die soziologische Notwendigkeit, auch den eigenen Nachwuchs zu gewinnen, zu integrieren und zu aktivieren andererseits führen zu ausgeprägten Formen von religiöser Sozialisation – sowohl in den Familien als auch in den Gemeinden. Freikirchliche Gemeinden bieten demzufolge zumeist ein lückenloses biografiebegleitendes Angebot mit dem Ziel altersgemäßer religiöser Erfahrung, Bildung und Selbstbildung sowie der Unterstützung von Kindern und Jugendlichen in ihrer Persönlichkeitsentwicklung.

Kinder und Jugendliche werden auf diese Weise organisch in das Gemeindeleben integriert; sie sollen in ihren Ortsgemeinden ganzheitlich beheimatet werden und gleichberechtigt am Gemeindeleben teilnehmen.

Das Konzept einer Freiwilligkeitskirche, verbunden mit einem missionarischen Auftrag zur Verbreitung des Evangeliums, erfordert zudem attraktive Veranstaltungsformen und Gruppen mit einem regen Gemeinschaftsleben. Dies gilt aus biografiebezogenen Gründen gerade auch für die Arbeit mit Kindern und Jugendlichen, sofern davon ausgegangen werden kann, dass Kinder und Jugendliche eher noch in Phasen einer ‚fluiden', also flüssigen Identität sind und sich leichter auf neue Gruppen, aber auch auf neue Lebenskonzepte wie z.B. den Glauben einlassen.

Beteiligungsformen
Jugendliche beteiligen sich intensiv am Gemeindeleben und haben in der Regel auch die Möglichkeiten dazu. Ziel in allen Freikirchen ist die gleichberechtigte Teilhabe von Kindern und Jugendlichen am Leben der Gemeinde. In den meisten Gemeinden wird dies inzwischen auch umgesetzt.

Die *Gottesdienste* sind im Regelfall ausgeprägte Mehrgenerationengottesdienste: Jugendliche bilden einen ihrer Anzahl an den Gemeindemitgliedern entsprechenden Anteil der Gottesdienstbesucher. Jugendgottesdienste bzw. jugendlich geprägte Gottesdienste finden zumindest in größeren Gemeinden auch im Rahmen des sonntäglichen Hauptgottesdienstes mit einer gewissen Regelmäßigkeit (ein- oder mehrmals im Jahr) statt. Vor allem aber werden Jugendliche sehr häufig am gottesdienstlichen Ablauf (musikalische Gestaltung, inhaltliche Bausteine wie Anspiele und kleine Theaterstücke, Moderationen, liturgische Elemente) beteiligt.

Jugendliche sind in vielen Bereichen einer Ortsgemeinde *ehrenamtlich tätig* – vornehmlich in der Arbeit mit Kindern und Jugendlichen, aber längst nicht ausschließlich. Die Arbeit mit Kindern und Jugendlichen versteht sich als partizipatorische und gemeinsame Arbeit von Kindern, Jugendlichen und Erwachsenen. Daher sollen Kinder und Jugendliche in angemessener Weise bei allen sie betreffenden Angelegenheiten an den Entscheidungsprozessen beteiligt werden. In der EmK realisiert sich dies derzeit z.B. dadurch, dass in den Gemeinden die Einrichtung von ‚Kinder- und Jugendbeiräten' gefördert wird.

In vielen freikirchlichen Gemeinden wird die Arbeit mit Kindern und Jugendlichen durch oft ehrenamtliche Vertreter/-innen im Gemeindevorstand (Presbyterium) repräsentiert.

Finanziell wird den einzelnen Kinder- und Jugendgruppen häufig ein eigenes Budget zur Selbstverwaltung zur Verfügung gestellt.

Hauptberufliche: Die Arbeit mit Kindern und Jugendlichen in den Freikirchen ist überwiegend ehrenamtlich strukturiert. Nur wenige Gemeinden sind finanziell in der Lage, hauptberufliche Diakone/-innen bzw. Gemeindereferenten/-innen anzustellen; diese haben dann allerdings einen gewichtigen Schwerpunkt in der Kinder- und Jugendarbeit. Allerdings gehört es häufig zu den ganz normalen Aufgaben von Gemeindepastoren/ -innen – besonders wenn sie jüngeren Alters sind – einen deutlichen Schwerpunkt auf die Jugendarbeit zu setzen, sei es durch die Leitung oder Begleitung von Jugendgruppen und/oder durch die Ausbildung und Begleitung bzw. das Coaching von Ehrenamtlichen. In den wenigen Fällen, in denen eine größere Gemeinde eine oder mehrere Pastorate finanzieren kann, ist in der Regel eines für Jugendarbeit ausgewiesen.

Soweit es den Gemeinden zahlenmäßig, personell und finanziell möglich ist, werden die ehrenamtlich Mitarbeitenden in der Jugendarbeit bereits auf örtlicher Gemeindeebene für ihre Aufgaben *ausgebildet*. Dies kann durch lokale Schulungen für Mitarbeitende geschehen, in der Praxis auch oft durch gezieltes Mentoring und Coaching und durch Praxisanleitung von erfahreneren Mitarbeitenden.

Regionale und bundesweite Strukturen und Unterstützungssysteme

In allen drei Freikirchen ist die Arbeit mit Kindern und Jugendlichen analog zu den jeweiligen Strukturen der betreffenden Freikirchen auf der Basis der Ortsgemeinden auch regional und bundesweit mit entsprechenden Unterstützungssystemen organisiert. Dabei gilt jedoch das Prinzip der Subsidiarität: Aufgaben, die in der Ortsgemeinde abgedeckt werden können, sollen zunächst von dieser wahrgenommen werden. Überörtliche Organisationsformen verstehen sich als Dienst an der Ortsgemeinde in der Form, dass Vernetzungen hergestellt werden und dass Aufgaben übernommen werden, die für die einzelnen Gemeinden zu umfangreich und von den Ressourcen her nicht zu leisten sind.

Die Strukturen der drei Freikirchen sind vergleichbar:
In der *EmK* sind die Ortsgemeinden in Bezirken und darauf aufbauend zunächst in Distrikten und dann in drei ‚Jährlichen Konferenzen' zusammengeschlossen. In Deutschland gibt es insgesamt drei solcher Konferenzen: Die Norddeutsche, die Ostdeutsche und die Süddeutsche Konferenz. Auf der Ebene dieser Konferenzen unterhält die EmK jeweils eigene Kinder- und Jugendwerke mit einer Anzahl von Hauptamtlichen. Auf Bundesebene bestehen ein Kinderwerk und ein Jugendwerk mit einer Bundesgeschäftsstelle in Stuttgart.

Die *Gemeinden des BFeG* sind in Deutschland 23 Bundeskreisen zugeordnet, die ihrerseits bundesweit zusammengeschlossen sind. In jedem Kreis gibt es eine/-n Verantwortliche/-n für den Bereich ‚Jugend', der berufen wird oder durch die Jugendvertreter/-innen aus den einzelnen Gemeinden gewählt werden. Diese Kreisjugendleiter/-innen bilden die ‚Arbeitsgemeinschaft Jugend' im Bund der FeG, die über die jugendrelevanten Themen des Bundes beraten und entscheiden. Die gleichen Strukturen finden sich auch für die Arbeitsbereiche Kindergottesdienst, Pfadfinder und Jungschar.

Auf Bundesebene besteht in Witten eine Geschäftsstelle mit mehreren hauptberuflichen Referenten/-innen für Kinder-, Teenager- und Jugendarbeit.

Die *Jugendarbeit des BEFG* ist in den Gemeindejugendwerken der 13 Landesverbände dieser Freikirche organisiert – in der Regel mit eigenen Geschäftsstellen und mehreren Hauptberuflichen, darunter jeweils ein/-e Landesjugendpastor/-in. Auf Bundesebene bilden die regional gewählten Vertreter/-innen der Abteilungen Kinder, Jugend, Jungschar und Pfadfinder die Bundeskonferenz, die die bundesweite Arbeit entscheidet und steuert. Das Gemeindejugendwerk unterhält eine Bundesgeschäftsstelle und, zur Steuerung der Fortbildung der ehren- und hauptamtlich Mitarbeitenden, ein Jugendseminar in Elstal bei Berlin mit mehreren Hauptberuflichen.

Die Jugendarbeit der drei Freikirchen versteht sich einerseits als Gemeindejugendarbeit und andererseits als jugendverbandliche Arbeit. Die jeweiligen Grundordnungen betonen darum die jugendverbandlichen Prinzipien der Freiwilligkeit, der Partizipation und der Selbstorganisation von Jugendlichen. Auf allen genannten Ebenen existieren darum von der Basis der Jugendgruppen gewählte (unterschiedlich bezeichnete) eigene Jugendparlamente bzw. Delegiertenkonferenzen, die als maßgebliche Gremien über die inhaltliche und strategische Ausrichtung der Jugendwerke entscheiden und oft auch die operativen Aufgaben gestalten.

Die Aufgaben, die von den überregionalen und bundesweiten Strukturen der jeweiligen freikirchlichen Jugendwerke wahrgenommen werden, konzentrieren sich auf folgende Bereiche, sofern diese nicht auf Ortsebene durchgeführt werden:
- Durchführung von überregionalen bzw. bundesweiten Jugendwochen, Jugendkongressen, Jugendfestivals, Jugendtreffen und Jugendgottesdiensten;
- Ausbildung von ehrenamtlichen Mitarbeiter/-innen sowie Fortbildung und Begleitung von Hauptberuflichen;
- Organisation und Durchführung von Ferienfreizeitmaßnahmen;
- Entwicklung von zeitgemäßen Konzeptionen für die Jugendarbeit;
- Beratung von Gemeinden in Fragen der Jugendarbeit;
- Herausgabe unterschiedlicher Materialien für die Jugendarbeit;
- Vertretungen in überregionalen, bundesweiten und internationalen Gremien und Netzwerken. Dazu gehören auch überkonfessionelle Gremien und Zusammenschlüsse in Deutschland sowie die Mitarbeit in Landesjugendringen etc.;
- Dienstleistungsfunktionen wie die Trägerschaft für das Freiwillige Soziale Jahr bzw. den Bundesfreiwilligendienst und die pädagogische Begleitung der Freiwilligen.

Die drei Freikirchen fördern die Durchführung dieser Aufgaben auf allen Ebenen mit erheblichen finanziellen Mitteln.

Literatur

Geldbach, Erich (1999): Freikirchen. In: Frieling, R./Geldbach, E./Thöle, R.: Konfessionskunde. Orientierung im Zeichen der Ökumene. Stuttgart: Kohlhammer Verlag, S. 209–221.

Links

Baptisten: www.baptisten.de
Gemeindejugendwerk des Bundes Evangelisch-Freikirchlicher Gemeinden (GJW): www.gjw.de
Jugend- und Teenagerarbeit im Bund Freier evangelischer Gemeinden: www.jugend.feg.de
Jugendwerk der Evangelisch-methodistischen Kirche: www.emk-jugend.de

Mike Cares und *Thomas Schalla*

Evangelische Jugendarbeit als Gemeindejugendarbeit und kirchlich-gemeindliches Handlungsfeld

Evangelische Jugendarbeit zwischen Gemeinde und Kirche

Evangelische Jugendarbeit ist einerseits jugendverbandlich organisiert und damit selbstbestimmt, eigenständig und in ihren Arbeitsformen selbstständig. Als Jugendverband ist sie kirchlich orientiertes Angebot an alle Jugendlichen, auch unabhängig von ihrer Beziehung zur Ortsgemeinde. Andererseits versteht sie sich in Landeskirchen und evangelischen Freikirchen als die Jugendarbeit kirchlicher Gemeinden und damit als Teil der Gemeinde.

Die Spannung zwischen Gemeindenähe, kirchlichem Angebot an junge Menschen und der Lebenswelt Jugendlicher gehört konstitutiv zum Wesen evangelischer Jugendarbeit und beschreibt ihr charakteristisches Potenzial.

Ihr elementares Betätigungsfeld ist die Ortsgemeinde. Jugendarbeit ist ihrem Selbstverständnis nach aber nicht auf die Ortsgemeinde beschränkt. Ihre Zielgruppe sind zugleich alle jungen Menschen im Lebensumfeld der Gemeinde. Ihre Formen und Inhalte entstehen und verändern sich mit den Jugendkulturen, in denen die Jugendlichen leben, ihre Sozialformen sind nicht auf die gemeindlich gelebten beschränkt.

Sie ist Begegnung zwischen dem christlichen Glauben und der Lebenswelt junger Menschen. Sie ist missionarische und sozialdiakonische Arbeit zugleich – wenn die Jugendlichen das selbst so wollen.

Evangelische Gemeindejugend in Zahlen

Waren in früheren Jahrzehnten Gemeindejugendgruppen die dominierende Form evangelischer Jugendarbeit, so hat sich dies inzwischen deutlich gewandelt. Übergemeindliche Arbeitsformen, Projekte und Kooperationen machen die Angebotspalette breiter und bunter. Dennoch bleibt die Gruppe die zentrale Gesellungsform evangelischer Jugendarbeit (Fauser u.a. 2006: 17f.). Bundesweit verlässliche Zahlen liegen zwar zur Reichweite evangelischer Jugendarbeit insgesamt vor, nicht aber speziell zur gemeindlichen Jugendarbeit. Dennoch lassen sich grobe Trends erkennen: So gibt die Evangelische Kirche in Deutschland (EKD) in ihrer jährlich veröffentlichten Statistik 54.630 Eltern-Kind-, Kinder- und Jugendgruppen mit 573.974 Teilnehmenden an. Gleichzeitig nennt sie 26.465 weitere Veranstaltungen zur Kinder- und Jugendarbeit mit 671.345 Teilnehmenden (vgl. EKD 2011). Diese Angaben zur Gemeindeebene werden zum einen in den Landeskirchen in sehr unterschiedlicher Form und Tiefe erhoben, zum anderen werden offene Angebote, Sport-, Musik- und sonstige Gruppen in den Gemeinden nur allgemein und nicht jugendarbeitsspezifisch erfasst, so dass die Gesamtzahlen allenfalls eine grobe Orientierung erlauben. In der Realität dürfte die Zahl der von unterschiedlichen Formen gemeindlicher Jugendarbeit erreichten Kinder und Jugendlichen deutlich höher sein als die von der EKD genannten Zahlen. Zu diesem Ergebnis kommt auch eine Studie aus dem Jahr 2007 zur Situation der Kinder- und Jugendarbeit in der württembergischen Landeskirche (Frieß/Ilg 2008) im Vergleich der eigenen Zahlen mit der EKD-Statistik. Nach dieser Studie gibt es in 86% der Gemeinden Jungschargruppen und in 58% Jugendgruppen. Im Kinderbereich gibt es somit fast ein flächendeckendes Angebot und auch im Jugendbereich gibt es in der Mehrzahl der Gemeinden Angebote. Während die Reichweite der gemeindlichen Angebote in Württemberg bei den evangelischen Kindern und Jugendlichen bei den 9- bis 12-Jährigen in der Stadt bei 20-25% und auf dem Land über 35%, bei den 13- bis 16-Jährigen in der Stadt bei 15% und auf dem Land bei 25-30% liegt, sinkt sie dann auf 8% bzw. 12% bei den 17- bis 20-Jährigen. Die Reichweite ist im ländlichen Raum jeweils deutlich höher als in städtischen Ballungsräumen.

Diese Zahlen lassen sich nicht einfach auf andere Landeskirchen übertragen. Zu unterschiedlich sind die Bedingungen und vorhandenen personellen und finanziellen Rahmenbedingungen in den Kirchengemeinden. Schon die Württemberg benachbarte badische Landeskirche zeigt eine geringere Zahl gemeindlicher Angebote der Kinder- und Jugendarbeit. Statt 14% in Württemberg geben etwa 30% der badischen Gemeinden an, keine Kinder- und Jugendarbeit zu haben; gleichzeitig wächst die Bedeutung übergemeindlicher Angebote.

Für die weiteren Entwicklungen gemeindebezogener Kinder- und Jugendarbeit ist von besonderer Bedeutung, wie sich die Lebenswelten junger Menschen qualitativ verändern. Quantitativ wird der demografische Wandel die Zahl junger Menschen in den Gemeinden zwar regional unterschiedlich, aber insgesamt bis 2030 um 20% verringern. In manchen Gemeinden wird die Zahl in den Jahrgangsgruppen so klein, dass keine eigenen Gemeindeangebote mehr möglich sind.

Zentrale Fragestellungen

Gemeinde und übergemeindliche Dienste
Die Entwicklung und das Selbstverständnis der evangelischen Jugendarbeit sind eng mit dem theologischen Verständnis von christlicher Gemeinde verbunden. Im Neben- und Miteinander von Evangelischer Jugend und Gemeinde spiegelt sich auch die grundsätzliche Auseinandersetzung um das Verhältnis von Ortsgemeinde und übergemeindlichen kirchlichen Sozialformen.

In der unmittelbaren Nachkriegszeit sah Evangelische Gemeindejugend ihren Platz vornehmlich in der Ortsgemeinde und wusste sich ihr „zugehörig und verantwortlich" (Affolderbach 1982: 191).

Es ist mittlerweile unbestritten, dass Evangelische Jugend ein Teil der Gemeinde ist und von daher auch theologisch verstanden werden muss.

Die christliche Gemeinde als nachbarschaftlicher ‚Ernstfall' christlicher Gemeinschaft birgt die Chance auch für die Jugendarbeit, unterschiedliche Menschen und unterschiedliche Kulturen solidarisch miteinander zu verbinden. Auf der Grundlage des gemeinsamen Glaubens erfahren und lernen Menschen, wie sie als Glieder am Leib Jesu Christi einander annehmen, Unterschiede wertschätzen und miteinander leben können. Der Dialog junger Menschen mit anderen Generationen ist ebenso wie die Begegnung mit anderen Milieus, Kulturen, Überzeugungen und Glaubenserfahrungen ein wichtiges Moment religiöser Bildung.

Die Gemeinde ist indes nur eine Sozialgestalt und Organisationsform der Kirche. Sie geht in der Ortsgemeinde nicht auf. Evangelische Gemeindejugend muss um der Jugendlichen willen zugleich als funktionaler Dienst der Kirche neben der Gemeinde verstanden werden.

Missionarisches oder sozialdiakonisch-politisches Profil
Evangelische Jugendarbeit als Handlungsfeld steht in der Spannung zwischen unterschiedlichen theologischen Überzeugungen. Missionarische und sozialdiakonischpolitische Konzepte der Jugendarbeit sind in den vergangenen Jahrzehnten oft als Gegensätze verstanden worden und waren immer wieder Ausgangspunkt erheblicher Konflikte auch innerhalb der Evangelischen Gemeindejugend. Auf der einen Seite wird Jugendarbeit als christliche Lebensäußerung der Kirche verstanden, die Anteil am Verkündigungsauftrag der Kirche hat und darin auch ihre wichtigste Aufgabe sieht. Demgegenüber steht die sozialdiakonische Ausrichtung von Gemeinde und Jugendarbeit, die den gesellschaftspolitischen Auftrag der Kirche stärker betont. Die Grundpositionen haben sich bis heute nicht geändert, werden aber nicht mehr alternativ sondern einander ergänzend verstanden.

Nachwuchsorganisation der Kirche oder eigenständiges Arbeitsfeld
Evangelische Jugendarbeit steht immer wieder vor der Frage, wie das notwendige Maß an Selbstständigkeit ihrer Arbeit in Kirche und Gemeinde bestimmt werden kann. Jugendarbeit wird in der Ortsgemeinde nicht selten vor allem unter dem Aspekt der Integration wahrgenommen. Jugendliche sind in dieser Perspektive an das Leben der Gemeinde heranzuführen und mit ihren zentralen Orten, Themen und Handlungen vertraut zu machen. Der sonntägliche Gottesdienstbesuch gehört ebenso dazu wie das Leben im Kirchenjahr in der Gemeinde, die Mitarbeit beim Gemeindefest ebenso wie das ehrenamtliche Engagement in den Gruppen der Gemeinde. Diese Logik entspricht der Ortsgemeinde als Organisation. Junge Menschen erscheinen hier als ‚Nachwuchs' für die Gemeindearbeit und die Evangelische Jugend als Nachwuchsorganisation der Kirche.

Evangelische Jugendarbeit beschreibt die Grundlagen ihrer Arbeit dagegen mit den Leitbildern Partizipation, Freiwilligkeit und Selbstbestimmung der Jugendlichen und grenzt sich damit von der Organisationsperspektive der Gemeinde ab. Dahinter steht die Einsicht und Erfahrung, dass junge Menschen um ihrer selbst willen begleitet werden sollen und in Kirche und Gemeinde experimentelle Freiräume für die Entwicklung persönlicher Glaubens- und Lebensperspektiven brauchen, die unabhängig von Erwartungen der Organisation eröffnet werden müssen. Evangelische Jugendarbeit ist so verstanden ein Angebot für alle junge Menschen, die eigenen Lebensfragen im Kontext des christlichen Glaubens zu stellen und sich gemeinsam auf die Antworten des christlichen Glaubens einzulassen. Sie wird dabei die Jugendlichen als Subjekte ihrer Glaubenspraxis respektieren (vgl. Fauser u.a. 2006: 14ff.). Evangelische Jugendarbeit ist demnach zwar gemeindenah, aber nicht gemeindezentriert und versteht sich nicht primär als Nachwuchsorganisation für Kirche und Gemeinde.

Jugendliche als Akteure der Jugendarbeit
Neben der Gemeinde sind die Jugendlichen selbst, ihre Lebenswelten und Milieus für die evangelische Jugendarbeit die wichtigste Bezugsgröße. Es gehört zu ihren wesentlichen Einsichten, dass die Jugendlichen selbst nicht nur Ziel sondern ebenso Akteure

der Jugendarbeit sind. Das hat Folgen für die Angebote der Evangelischen Gemeindejugend. Neben der schon immer konstitutiven Methodenvielfalt sind sie deshalb in ihren Inhalten auf Mitgestaltung hin angelegt, in ihren Vergemeinschaftsformen abhängig auch von der Entwicklung der Jugendmilieus und -kulturen und insbesondere durch die Entwicklung neuer Medien und sozialer Netzwerke beeinflusst. Die theologische Weite der Formen und Inhalte ihrer Arbeit ist die Bedingung dafür, dass die unterschiedlichen Frömmigkeitsstile und Kulturen junger Menschen Platz haben. Für die Evangelische Gemeindejugend ist das die eigentliche konzeptionelle Stärke. Konflikte mit Gemeindeleitungen sind damit aber zugleich nicht immer zu vermeiden. Sie entstehen immer dann, wenn die nötigen Freiräume für Jugendarbeit nicht zur Kultur der Gemeinde(-leitung) passen. Die Erfahrung zeigt, dass dies in vielen Gemeinden ein wesentliches Hindernis für die Entwicklung der Jugendarbeit darstellt.

Evangelische Jugendarbeit repräsentiert auch den politischen Anspruch an Kirche und Gemeinde, Jugendlichen einen angemessenen und selbstbestimmten Raum in Kirche und Gemeinde zu geben. In der Geschichte der Evangelischen Gemeindejugend hat sich sukzessive die Einsicht durchgesetzt, dass dem auch die Entscheidungsstrukturen in Bund, Landeskirchen und Gemeinden entsprechen müssen (vgl. Foitzik 2003: 100f. und 131f.). Auf allen Ebenen ist deshalb die Evangelische Gemeindejugend so verfasst, dass Partizipationsmöglichkeiten für Jugendliche sichergestellt sind. Die Realität gemeindlicher Arbeit entspricht dem nicht immer.

Jugendwerk oder Junge Gemeinde
Die Entwicklungen der Evangelischen Jugendarbeit verliefen in der Geschichte der beiden deutschen Staaten unterschiedlich. In Westdeutschland war die Jugendarbeit in der Regel auch mit eigenständigen Jugendwerken verbunden, die die Evangelische Jugend auch neben der Ortsgemeinde als ein von Gemeinde unabhängiges Handlungsfeld etablieren half. Die östlichen Bundesländer blicken hier auf eine andere Tradition zurück. Evangelische Gemeindejugend verstand sich als ‚Junge Gemeinde' und damit stärker als Teil der gemeindlichen Arbeit. Damit verbunden war zugleich die Überzeugung, dass „evangelische Jugendarbeit dann ihre spezifischen Stärken entfaltet, wenn die Botschaft des Evangeliums Zentrum der Arbeit und stets gelebter und neu interpretierter Ausgangspunkt allen Engagements ist" (Dogerloh 1999: 10). Sie war damit eher christliche Bekenntnisgemeinschaft und konnte auf diese Weise in der ehemaligen DDR auch politisch relevant werden (vgl. Dogerloh 1999: 279ff.). Nach dem Fall der Mauer entstanden auch in den östlichen Bundesländern schnell unabhängige Jugendwerke.

Evangelische Jugendarbeit vor neuen Herausforderungen

Die Herausforderungen für Kirche und Gemeinde steigen in den kommenden Jahren vermutlich deutlich an. Wenn Jugendliche nicht mehr selbstverständlich den Weg in die Jugendgruppe der Gemeinde finden, dann muss sich die Evangelische Jugendarbeit selbst stärker auf den Weg machen und neue Formen und Modelle der Jugendarbeit zwischen Gemeinde und Kirche entwickeln.

Kooperationsfelder weiter entwickeln
Evangelische Jugendarbeit muss die Schnittflächen und Kooperationsmöglichkeiten mit der Schule ausloten. Sie kann dazu anknüpfen an die jahrzehntelange Erfahrung in der Evangelischen Schüler/-innenarbeit der Kirche und sie trifft dabei auf ein Schulsystem, das in den Bundesländern in starker Veränderung begriffen ist.

Evangelische Jugendarbeit wird in Zukunft noch stärker darüber nachdenken müssen, wie die Verbindung von Konfirmandenarbeit und Jugendarbeit der Gemeinde ausgebaut werden kann. In dem Maß, in dem in der Konfirmandenarbeit die Konfirmanden/-innen als Subjekte ihrer Glaubenspraxis ernst genommen werden, entstehen neue Kooperationschancen mit der Jugendarbeit. Evangelische Gemeindejugend wird sich dabei nicht auf Maßnahmen der Freizeitgestaltung beschränken, sondern mit den Verantwortlichen in der Konfirmandenarbeit nach Konzepten suchen, wie die unterschiedlichen Bildungsansätze im gemeindlichen Kontext möglichst gut miteinander verbunden werden können.

Flächendeckend, exemplarisch oder in Kooperation?
Evangelische Jugendarbeit muss sich darauf einstellen, dass Jugendliche in Gemeinde und Kirche immer weniger selbstverständlich werden. Noch gibt es kirchliche Gemeinden flächendeckend in ganz Deutschland, wenn auch mit großen quantitativen Unterschieden zwischen den alten und den neuen Bundesländern. Evangelische Jugendarbeit wird neben den altbewährten Modellen neue und mobile Formen erproben müssen, um auch neue Milieus und Zielgruppen zu erreichen. Es ist ungewiss, ob die bisherigen Orte für Evangelische Gemeindejugend auch die sind, an denen zukünftig Gemeinde gebaut wird. Zugleich ist offenkundig, dass die Pflege von persönlichen Beziehungen, Gemeinschaft und Freundschaft in der Evangelischen Jugend nicht anders als durch Nähe zu den Jugendlichen gewährleistet werden kann. Mit knapper werdenden Ressourcen wird deshalb die Frage drängender, ob Evangelische Jugendarbeit den Anspruch aufgeben muss, in der Fläche für junge Menschen präsent zu sein und sich stärker auf exemplarisches Arbeiten konzentrieren muss.

Gemeindliche Jugendarbeit im Sozialraum entwickeln
Evangelische Jugendarbeit ist immer auch ein Angebot an Jugendliche im nachbarschaftlichen Nahbereich. Neben der Gemeinde gibt es in der Regel im unmittelbaren Umfeld Schulen, Bürgereinrichtungen, Kindertagesstätten, diakonische Einrichtungen, Jugendzentren oder andere Orte, die Jugendliche ‚erobert' haben. Gerade aus der Perspektive gemeindebezogener Jugendarbeit werden zukünftig die Kooperationen mit den Akteuren im Sozialraum und die Nähe zu den informellen Treffpunkten verstärkt gesucht und ausgebaut werden müssen, um gemeinsam mit Jugendlichen Lebensräume im Nahbereich zu entwickeln.

Projekte auf Zeit oder regelmäßige Angebote
Die zeitlichen Belastungen Jugendlicher nehmen durch die Ausdehnung der Schule und die Belastungen im Beruf immer weiter zu. Ehrenamtliches Engagement und das Mitmachen in der Evangelischen Gemeindejugend wird damit immer mehr in Frage gestellt. Aus der Jugendforschung ist bekannt, dass Projektarbeit in besonderer Weise in die gesellschaftliche Zeitstruktur passt und auch für Jugendliche attraktiv ist. Die Ergebnisse der aej-Studie (Fauser u.a. 2006) zeigen indes deutlich, dass Gruppenarbeit

noch immer das zentrale Merkmal evangelischer Gemeindejugend ist. Es ist offen, ob sich die Modelle evangelischer Jugendarbeit zukünftig eher an den regelmäßigen Angeboten oder an zeitlich begrenzten Projekten orientieren werden.

Mit anderen gemeinsam oder allein
Evangelische Jugendarbeit hat sich bisher insbesondere im gemeindlichen Kontext als konfessionelles Handlungsfeld verstanden. Jugendliche sind aller Erfahrung nach an konfessionellen Grenzen nicht interessiert. Zugleich wird Deutschland immer spürbarer eine Migrationsgesellschaft. Die Anzahl unterschiedlicher Kulturen und Frömmigkeitstraditionen nimmt auch in Kirche und Gemeinde zu. Es ist zu klären, ob die unterschiedlichen kulturellen und konfessionellen Besonderheiten zukünftig in ein offenes Konzept christlicher Jugendarbeit integriert werden können.

Literatur

Affolderbach, Martin (Hrsg.) (1982): Grundsatztexte zur evangelischen Jugendarbeit. Materialien zur Diskussion in Praxis, Lehre und Forschung. Gelnhausen: Burckhardthaus-Laetare-Verlag.
Dogerloh, Fritz (1999): Junge Gemeinde in der DDR. Geschichte der Evangelischen Jugendarbeit, 1. Hannover: Ed. aej.
[EKD] Evangelische Kirche in Deutschland (2011): Statistik über die Äußerungen des kirchlichen Lebens in den Gliedkirchen der EKD im Jahr 2010. Hannover: EKD.
Fauser, Katrin/Fischer, Arthur/Münchmeier, Richard (2006): Jugendliche als Akteure im Verband. Ergebnisse einer empirischen Untersuchung der Evangelischen Jugend. Jugend im Verband, 1. Opladen: Barbara Budrich.
Frieß, Berthold/Ilg, Wolfgang (2008): Evangelische Jugendarbeit in Zahlen. Die Statistik 2007 des Evangelischen Jugendwerks in Württemberg. Stuttgart: Buch und Musik.
Foitzik, Karl (2003): Evangelische Jugendarbeit in den 60er Jahren – zwischen Bibel und Gesellschaft. In: Schwab, U. (Hrsg.): Vom Wiederaufbau bis zur Wiedervereinigung. Evangelische Jugend in der Bundesrepublik Deutschland 1945 bis 1995. Geschichte der evangelischen Jugendarbeit, 2. Hannover: Ed. aej.
Großer, Achim/Schlenker-Gutbrod, Karin (2006): Verknüpfen. Jugend- und Konfirmandenarbeit, Freizeit- und Gruppenarbeit, Aktivgruppen gründen. Stuttgart: Buch und Musik.

Wilfried Duckstein

Evangelische Jugendarbeit in der Arbeit von rechtlich eigenständigen Jugendverbänden

Evangelische Jugendarbeit in Deutschland geschieht in unterschiedlichen Organisationsformen und institutionellen Zuordnungen. Die beiden wichtigsten Formen sind die kirchlich-gemeindliche Arbeit mit Jugendlichen als altersspezifisches Handlungsfeld der Institution Kirche auf gemeindlicher und landeskirchlicher Ebene sowie die vereinsmäßig rechtlich eigenständig organisierte Jugendarbeit der Verbände eigener Prägung. Als größte und bekannteste Verbände sind hier zu nennen der Christliche Verein Junger Menschen (CVJM), die beiden Pfadfinderverbände Verband Christlicher Pfadfinderinnen und Pfadfinder (VCP), Christliche Pfadfinderschaft Deutschlands (CPD) und der Deutsche Jugendverband Entschieden für Christus (EC).

Historische Entwicklung

Die Wurzeln für die vereinsmäßig organisierte Form evangelischer Jugendarbeit sind mit der Entstehung der Jugendphase und eines eigenen Freizeitbereichs für Jugendliche im Zusammenhang von Industrialisierung, Urbanisierung und der Emanzipation des Bürgertums in der ersten Hälfte des 19. Jahrhunderts sowie mit dem Aufkommen des Vereinswesens zu sehen. Ausgehend von konkreten Notlagen der in die Städte gezogenen Jugendlichen bildeten sich Vereine für Jünglings- und Jungfrauenarbeit (Sonntagssäle, Dienstbotenarbeit, Lehrlingsarbeit). Der CVJM (ursprünglich Christlicher Verein Junger *Männer*) bezieht sich auf eine erste Gründung in Wuppertal-Barmen im Jahre 1821. Im Jahr 1848 kam es zu ersten Zusammenschlüssen auf Landesebenen, 1855 verabschiedete der internationale CVJM die noch heute gültige Pariser Erklärung, die den personalen Bezug zu Jesus Christus festschrieb. Die im Jahr 1881 in Nordamerika im pietistischen Kontext der Erweckungsbewegung gegründete EC-Arbeit kam 1894 nach Deutschland und wuchs bis 1920 auf ca. 40.000 Mitglieder an. Beeinflusst durch den englischen Scoutismus des ehemaligen Burenkriegsgenerals Robert Baden-Powell (seit 1907) bilden sich in Deutschland ab 1911 im Reichsverband der Jungmännerbünde Pfadfinderabteilungen, die sich im Rahmen der Wehrertüchtigung strenge militärische Zucht und Ordnung gaben. Nach 1921 kam es zu einer schrittweisen Emanzipation vom Reichsverband, in Neudietendorf (Thüringen) bildete sich die Christliche Pfadfinderschaft Deutschlands (CPD) als eigene Organisation.

Etwa 1921 gründete sich auch der Evangelische Mädchen Pfadfinderbund (EMP), der bis zum Zweiten Weltkrieg Teil des Jungmädchenwerkes blieb.

Evangelische Jugendvereine und insbesondere die CPD nahmen in den politischen Auseinandersetzungen der Weimarer Republik eine völkisch reaktionäre Position mit Affinitäten zum Gedankengut des Nationalsozialismus ein. Die CPD vertrat in ihren maßgeblichen Veröffentlichungen antidemokratische, antiparlamentarische, antiliberalistische, antihumanistische und antisozialistische Positionen. Die Vision ging in Richtung eines korporierten Ständestaates mit einem starken Führer. Der Männer- und Jungenbund sollte dieses Reich vorwegnehmen. Der totale Staat war politisch gewollt, sollte aber nicht selbst zum religiös verbrämten Götzen werden und deshalb durch Kirche eine Begrenzung erfahren.

Der EC näherte sich ebenfalls nach 1933 zunächst den nationalsozialistisch ausgerichteten ‚Deutschen Christen' an.

Auf den Vertrag über die obligatorische Doppelmitgliedschaft in evangelischen Jugendverbänden und nationalsozialistischer Hitler-Jugend (HJ) zum Jahreswechsel 1933/34 reagierten die Verbände unterschiedlich. Die Verhaltensweisen lagen zwischen Selbstauflösung, dem Versuch, die HJ volksmissionarisch zu ‚unterwandern' und dem bereitwilligen Eintritt einzelner Ortsgruppen in die HJ. In dieser Phase beginnt nach den starken Einschränkungen für die vereinsmäßige evangelische Jugendarbeit die Gemeindejugendarbeit im Kontext der ‚Bekennenden Kirche'.

Nach dem Zweiten Weltkrieg nahmen die Verbände in der Regel die Traditionen der Jugendbewegung wieder dort auf, wo die Arbeit seit 1933/34 unterbrochen worden war. Im Mai 1962 beschließt die CPD neue Grundsätze, in denen sie sich als einer der ersten Verbände von der jugendbewegten Linie löst und die demokratische Ordnung in Staat und Gesellschaft bejaht.

Die mit der Studentenbewegung und dem Bildungsaufbruch in den 1960er Jahren verbundenen Herausforderungen nehmen mehrere evangelisch ausgerichtete Pfadfinder/-innenverbände 1972/1973 in der Fusion zum koedukativen VCP auf. Dieser gibt sich ein emanzipatorisches Grundsatzprogramm. In der sogenannten Polarisierungsdebatte 1970–1974 (vgl. Schwab 2003: 119) trifft dieses u.a. auf die missionarischen Programme von EC und CVJM.

Sowohl die Studentenbewegung und die Bildungsreformen der 1960er Jahre als auch die sozialen Bewegungen der 1970er Jahre (Friedensengagement, Eine-Welt-Arbeit usw.) wirkten sich auf die Arbeit der Jugendverbände aus. Themen, Organisations- und Arbeitsformen entwickelten sich in Auseinandersetzung damit weiter.

In der DDR existierte der CVJM als ‚Jungmännerwerk' bzw. ‚Mädchenwerk'. Beide waren rechtlich unselbstständige Werke der evangelischen Kirche. Der EC gehörte als Jugendorganisation institutionell zum pietistisch geprägten Gnadauer Gemeinschaftsverband. Pfadfinderarbeit gab es faktisch nicht. Nach dem Ende der DDR mit dem Beitritt der neuen Bundesländer zum Gebiet des Grundgesetzes der Bundesrepublik Deutschland standen alle Verbände vor der schwierigen Aufgabe der Gründung bzw. Neugründung sowie der Integration neuer Gruppen und der Aufnahme neuer Landesverbände in die bundesrepublikanischen Strukturen.

Merkmale der Jugendverbandsarbeit mit eigenem Rechtsstatus

Freiwilligkeit und Mitgliedschaft
Komplementär zum Begriff der *Freiwilligkeit* ist in den evangelischen Jugendverbänden der Begriff Mitgliedschaft zu sehen. Dieser hat sich in den letzten Jahren erheblich verändert, weil die Arbeit weit mehr und andere Adressaten/-innen erreicht als die formalen Mitglieder. So geht etwa der CVJM von 160.000 Mitgliedern und 330.000 erreichten Mitgliedern in Deutschland aus. Der VCP gibt 47.000 und der EC 40.000 Mitglieder an.

Die Gruppen werden beim CVJM von 61.000, beim VCP von 5.000 Ehrenamtlichen geleitet bzw. unterstützt (zum Mitgliedschaftsbegriff vgl. Seckinger u.a. 2009).

Die Verbände CVJM und VCP haben erst relativ spät zur Koedukation gefunden. Der VCP entstand im Jahre 1972/73 aus der Fusion des weiblichen Evangelischen Mädchenpfadfinderbundes (EMP) mit der männlichen Christlichen Pfadfinderschaft Deutschland (CPD), der CVJM bekannte sich im Jahre 1985 durch Satzungsänderung als Verband für junge Männer und Frauen.

Alle Verbände geben an, für alle Kinder und Jugendliche unabhängig von Religion, sozialer Herkunft, ethnischer Herkunft offen zu sein. Es ist anzunehmen, dass eher Kinder und Jugendliche der bildungsorientierten Mittelschicht erreicht werden. Einzelne Projekte mit dem Anspruch, neue Zielgruppen unter dem Aspekt sozialer bzw. Bildungsgerechtigkeit zu erreichen oder sozialdiakonisch-missionarisch zu arbeiten, gehen bewusst andere Wege, sind aber eher Ausnahmen.

Ehrenamtlichkeit
Den 61.000 Ehrenamtlichen beim CVJM stehen ca. 850 berufliche Mitarbeiter/-innen auf allen Ebenen der Arbeit gegenüber, beim VCP ist das Verhältnis 5.000 zu 30. Alle Vorstände sind ehrenamtlich besetzt. Der VCP gibt für die Bundesebene (zentrale Arbeitskreise, Gremien) einen Stamm von ca. 300 Ehrenamtlichen im Alter bis 35 Jahren an. Die im Jahre 1977 von eher konservativ eingestellten Pfadfindern wieder gegründete CPD beschäftigt aus grundsätzlichen Überlegungen keine beruflichen Mitarbeitenden. Eine besondere Bedeutung hat das Ehrenamt auf der Ortsebene, wo in der Regel alle Aufgaben und Angebote selbst organisiert werden. Vornehmlich auf Landes- und Bundesebene arbeiten berufliche Mitarbeiter/-innen hauptsächlich zur infrastrukturellen Unterstützung in organisatorischen, koordinierenden, rechtlich-relevanten Fragen sowie als Bildungsreferenten/-innen.

Eine nicht unerhebliche Zahl der Mitglieder evangelischer Jugendverbände sind Erwachsene. Das Merkmal der Altershomogenität erfährt eine Ergänzung durch die pädagogisch-politischen Möglichkeiten der Intergenerationalität.

Angebote und Aktivitäten
Aus der Wechselbeziehung zwischen den *Interessen und Bedürfnissen* der Teilnehmer/-innen und dem Wertesystem des Verbandes ergeben sich Angebote, Aktivitäten und Maßnahmen im Kontext non-formaler und informeller Bildung. Die gesellschaftliche Funktion der Verbände lässt sich dabei zwischen den Polen „Ermöglichung von Gemeinschaftserfahrung" und „werteorientierte Dienstleistungsfunktion" (DBJR 1994: 25) beschreiben. Jugendverbände bieten auf verschiedenen Ebenen und in verschiedenen Arbeitszusammenhängen einen Erprobungs- und Erfahrungsraum für Partizipation und Beteiligung. Die Bedeutung der Jugendverbandsarbeit für Teilnehmer/-innen realisiert sich über die Gruppenerfahrung. Die wöchentlichen Gruppenstunden, die regelmäßigen Fahrten und Zeltlager spielen eine wichtige Rolle für Selbstorganisation und Milieubildung. Großlager wie die Bundeslager oder weltweiten Jamborees der Pfadfinder/-innen des VCP haben neben den pädagogischen Aktivitäten auch als Event des Treffens und Feierns eine hohe Bedeutung. Auch der Deutsche Evangelische Kirchentag (DEKT) hat eine große Attraktivität als Großveranstaltung.

Altersstufen
Das pädagogische System aller evangelischen Verbände ist nach Altersstufen gegliedert. Für die Altersstufen werden spezifische Didaktiken mit entsprechenden Materialien entwickelt, die sich in den Methoden an den altersspezifischen Bedürfnissen orientieren. Bestimmte Impulse werden durch die Entwicklung von Arbeits- oder Jahresschwerpunkten, z.B. in der Friedens- oder Ökopädagogik, gesetzt. Die besondere Attraktivität der Pfadfinderarbeit ergibt sich dabei aus den Erlebnis- und Erfahrungsmöglichkeiten im Kontext von Natur-, Erlebnis- und Abenteuerpädagogik. Hier bieten sich Möglichkeiten der Konsumkritik und alternativer Rollenerfahrung auch unter Gender-Aspekten.

Die Verbände sind damit eine mitunter auch gegen allgemeine gesellschaftliche Trends der Anpassung und des Konsums gerichtete Sozialisationsinstanz.

Werteorientierung
Werteorientierung konstituiert sich zwischen Subjekt und Institution. Sie realisiert sich damit im Schnittfeld zwischen von Jugendlichen geäußerten Interessen und den in der Verbandstradition gewachsenen Leitbildern, Grundsätzen oder Visionen. Diese bewegen sich je nach verbandlicher Wirklichkeit zwischen normativer Verpflichtung und dialogischem Angebot an Interne und Externe.

Leitbilder formulieren die Begründung und die Wurzeln für das Handeln des Verbandes und lassen dadurch Aussagen über das Menschen- und Gesellschaftsbild zu.

Der *VCP* legt seine Bundesrahmenordnung „Aufgabe und Ziel" dialogisch an und betont dabei die Abschaffung ungerechtfertigter Abhängigkeiten als ein Leitziel. Das Evangelium von Jesus Christus ist Orientierungshilfe für den Einzelnen und den Verband. Die Praxis des Verbandes wird in der „ständigen Auseinandersetzung mit der christlichen Botschaft" stets neu befragt. Im Hinblick auf die gesellschaftliche Situation möchte der Verband einen Beitrag zur Umsetzung von sozialer Gerechtigkeit leisten (vgl. VCP-Bundesrahmenordnung Teil II, www.vcp.de).

Der *EC* beschreibt das persönliche Bekenntnis zu Jesus Christus, das offene Bekenntnis und die christusgemäße Lebensgestaltung als Grundsatz der Arbeit. Im täglichen Leben wird der missionarische, diakonische und soziale Dienst für Christus geleistet, die lebendige Gemeinschaft unter allen, die an Jesus Christus glauben, soll gefördert werden (vgl. www.ec-jugend.de).

Die *CVJM*-Arbeit richtet sich an alle, die Jesus Christus als Gott und Heiland anerkennen. Er versteht seine Arbeit ganzheitlich als Einheit in Bezug auf Geist, Seele und Leib. Er sieht sich als demokratischer Jugendverband und unterstützt junge Menschen in der Übernahme gesellschaftlicher Verantwortung (vgl. www.cvjm.de).

Es wird deutlich, dass EC und CVJM eher in der Tradition einer missionarischen Jugendarbeit stehen, der VCP versteht sich stärker einem emanzipatorisch-kritischen Ansatz verbunden.

Vereinsmäßige Strukturierung
Kinder und Jugendliche werden mit ihrem Eintritt in einen Verband in der Regel Mitglied einer konkreten lokalen Gruppe bzw. durch ihren Beitritt in den Ortsverein bzw. den örtlichen Stamm treten sie dem Verband als Ganzes bei. Dieses Mitgliedsprinzip ist auch ein nach außen sichtbarer Unterschied der evangelischen Jugendverbände eigener Prägung zur kirchlich-gemeindlichen evangelischen Jugendarbeit, in der man

über die formale Kirchenmitgliedschaft hinaus nicht noch eine zusätzliche Mitgliedschaft hat. Mit der vereinsmäßigen Strukturierung sind auch die entsprechenden Partizipationsstrukturen auf den regionalen und überregionalen Ebenen gegeben.

Auf den jeweiligen Ebenen sind die Verbände auch auf unterschiedliche Weise innerhalb der evangelischen Jugend und in der Jugendpolitik (Jugendringe usw.) vernetzt. Auf Bundesebene sind sie als Mitglieder der Arbeitsgemeinschaft der Evangelischen Jugend in Deutschland e.V. (aej) im Deutschen Bundesjugendring (DBJR) vertreten.

Bei allen Verbänden fällt die Intensität der internationalen Vernetzung in ihren weltweiten Zusammenschlüssen auf. Der VCP ist über die Ringe der deutschen Pfadfinder/-innenverbände in den Weltverbänden international eingebunden.

Herausforderungen und Entwicklungsperspektiven

Auch die evangelischen Jugendverbände stehen in der Grundspannung zwischen sozialer Integration und Emanzipation. Die Unterstellung, affirmativ im Sinne des Erhalts einer bürgerlich-statischen Gesellschaft zu sein, begründete ihren vermeintlichen oder unterstellten Bedeutungsverlust in den 1950er/1960er Jahren und die Kritik aus Richtung einer sich entwickelnden ‚offenen Jugendarbeit'. Auf der einen Seite ist genau dies die Erwartung der Erwachsenengesellschaft, auf die bis in die aktuelle Zeit mit dem Argument des institutionellen Lernens und dem Erlernen von Schlüsselqualifikationen reagiert wird. Zum anderen bedeutet gerade das emanzipatorische Selbstverständnis, Jugendliche und ihre Interessen auch im deutlichen Konflikt mit der Erwachsenengesellschaft wahrzunehmen (vgl. Bäumler 1977: 95f.; DBJR 1994: 101).

Eine weitere strukturelle Spannung besteht zwischen einerseits der Orientierung an den Bedürfnissen von Kindern und Jugendlichen (Subjektorientierung) und andererseits einer Herleitung der eigenen Aktivitäten vom jeweiligen Wertesystem des Verbandes. Zusätzliche Spannungen können hier über sozialräumliche Diagnosen und Jugendhilfeplanungen entstehen. Hier zeichnet sich die Notwendigkeit zur Bereitschaft zu dynamischen Veränderungen im Denken und Handeln ab. Gleiches gilt für Leitbegriffe für das jugendverbandliche Handeln wie Zielgruppe, Werte, Inhalte, Methoden und Formen.

Der demografische Wandel wird die altersmäßige und ethnische Zusammensetzung der Bevölkerung verändern (vgl. Rauschenbach u.a. 2010: 37ff.; Seckinger u.a. 2009: 12).

Wenn interkulturelle Öffnung ernst gemeint werden soll und dies bedingt, die Teilnehmenden als Subjekte zu sehen, erfordert dies bei den evangelischen Verbänden eine weltoffene interreligiöse Toleranz. Dies steht in einer gewissen Spannung zu einer „monoethischen Milieuorientierung" (Seckinger u.a. 2009: 12) auf der einen und einem Missionsanspruch auf der anderen Seite.

In Zeiten der wachsenden Verbreitung der Ganztagsschule stehen die evangelischen Verbände vor der Notwendigkeit, ihr Verhältnis zum formalen Bildungs- und Sozialisationssystem Schule zu klären. Einem befürchteten Profilverlust durch eine Zusammenarbeit mit der Schule steht die Möglichkeit gegenüber, andere und neue Adressaten/-innen – auch unter dem Aspekt sozialer Gerechtigkeit – zu erreichen.

Auch die evangelischen Jugendverbände haben sich mit der Verdichtung der Jugendphase und einer inhaltlichen und formalen Veränderung der Lern- und Lebenswelten auseinanderzusetzen (vgl. Rauschenbach u.a. 2010: 37f). Durch diese verringern und verändern sich die zeitlichen Möglichkeiten für ehrenamtliches Engagement.

Literatur

Affolderbach, Martin (1982): Grundsatztexte evangelischer Jugendarbeit. Stuttgart: Ed. aej.
Bäumler, Christoph (1977): Unterwegs zu einer Praxistheorie. Gesammelte Aufsätze zur kirchlichen Jugendarbeit; 1963–1977. München: Kaiser.
Böhnisch, Lothar (1991): Jugendverbandsarbeit im kirchlichen Raum. In: Böhnisch, L./Gängler, H./Rauschenbach, T (Hrsg.): Handbuch Jugendverbände. Weinheim/München: Juventa, S. 366–372.
[DBJR] Deutscher Bundesjugendring (1994): Jugendverbände im Spagat. Zwischen Erlebnis und Partizipation. Münster: Votum-Verlag.
Rauschenbach, Thomas/Borrmann, Stefan/Düx, Wiebken/Liebig, Reinhard/Pothmann, Jens/Züchner, Ivo (2010): Lage und Zukunft der Kinder- und Jugendarbeit in Baden-Württemberg. Eine Expertise. http://www.sm.baden-wuerttemberg.de/fm7/1442/Expertise_Jugendarbeit_2010.pdf [Zugriff: 18.12.2012]
Seckinger, Mike/Pluto, Liane/Peucker, Christian/Gadow, Tina (2009): DJI – Jugendverbandserhebung. Befunde zu Strukturmerkmalen und Herausforderungen. München: Deutsches Jugendinstitut.
Schwab, Ulrich (Hrsg.) (2003): Vom Wiederaufbau zur Wiedervereinigung. Evangelische Jugend in der Bundesrepublik Deutschland 1945–1995. Geschichte der evangelischen Jugendarbeit, 2. Hannover: Ed. aej.

Links

Arbeitsgemeinschaft der Evangelischen Jugend in Deutschland e.V. (aej): www.evangelische-jugend.de
Christliche Pfadfinderschaft Deutschlands e.V. (CPD): www.c-p-d.info
Christlicher Verein Junger Menschen Gesamtverband in Deutschland e.V. (CVJM): www.cvjm.de
Deutscher Bundesjugendring (DBJR): www.dbjr.de
Deutsche Jugendverband Entschieden für Christus (EC): www.ec-jugend.de
Verband Christlicher Pfadfinderinnen und Pfadfinder (VCP): www.vcp.de

Evangelische Jugendverbände – Selbstdarstellungen

AES

Name des Verbandes	Arbeitsgemeinschaft Evangelische Schülerinnen- und Schülerarbeit (aes)
Gründung	Die aes ist im Jahr 1972 aus dem 1883 gegründeten Bibelkränzchen (BK) entstanden.
Zielsetzung	Die aes setzt sich ein für eine solidarische Gesellschaft mit Räumen für selbstbestimmtes Lernen und Handeln. Sie fördert religiös-ethisches Denken und Tun aus evangelisch-befreiender Perspektive. Die aes und ihre Mitglieder stehen parteilich auf Seiten der Schüler/-innen; sie nehmen Jugendliche als Schüler/-innen wahr und beziehen sie in Entscheidungsprozesse ein.
Arbeitsformen	Die aes und ihre Mitglieder arbeiten in zwei großen Bereichen: der außerschulischen und der schulbezogenen Arbeit mit Kindern und Jugendlichen. In der Kooperation mit Schule bietet die aes z.B. Cafés für Schüler/-innen an, führt Konfliktlösungsseminare durch oder organisiert Schulseelsorge. In Kooperation mit Schule nutzt sie andere Lernmethoden, etwa auf Klassentagungen zu Themen, die sich die Schulklasse aussucht oder bei Gedenkstättenfahrten. Außerschulisch bietet die aes Freizeiten, Workcamps oder Seminare für Schülervertretungen oder die Ausbildung an, um selbst Veranstaltungen zu ‚teamen'. Partizipation bei allen Entscheidungen bietet ein ideales Lernfeld für das spätere Leben.
Verbreitung und Mitglieder	Die Arbeitsgemeinschaft Evangelische Schülerinnen- und Schülerarbeit (aes) ist der bundesweite Zusammenschluss von Einrichtungen und Arbeitsstellen innerhalb der Evangelischen Landeskirchen, die sich mit den Themen von Schüler/-innen befassen. Die aes hat 14 Mitgliedsorganisationen aus 12 Landeskirchen.
Organisationsstruktur	Die aes hat eine Verbandsordnung, die die Organisationsstruktur festlegt. Die Delegiertenkonferenz der aes setzt sich zusammen aus den Delegierten der Mitglieder, sie wählen den Vorstand. Dort werden Inhalte und Vorhaben der Evangelischen Schüler/-innenarbeit gemeinsam mit den Hauptberuflichen und Ehrenamtlichen besprochen und abgestimmt. Des Weiteren werden in der Hauptamtlichen- und der Ehrenamtlichenkonferenz die Belange der Evangelischen Schüler/-innenarbeit je aus Sicht der Betroffenen bearbeitet und verhandelt.
Kontakt	Arbeitsgemeinschaft Evangelische Schülerinnen- und Schülerarbeit (aes) Otto-Brenner-Str. 9 30159 Hannover 0511-1215140 info@aes-verband.de
Link	www.aes-verband.de
Internationale Vernetzung	ICJA Freiwilligenaustausch weltweit e.V. Stralauer Allee 20E 10245 Berlin 030 – 21238252 www.icja.de/

CPD

Name des Verbandes	Christliche Pfadfinderschaft Deutschlands e.V. (CPD)
Gründung	Nach ersten Anfängen 1909 im CVJM gründete sich die CPD 1921. 1973 schloss sich die Christliche Pfadfinderschaft Deutschlands (CPD) mit dem Evangelischen Mädchenpfadfinderbund (EMP) und dem Bund Christlicher Pfadfinderinnen (BCP) zum Verband Christlicher Pfadfinderinnen und Pfadfinder (VCP) zusammen. Nachdem es Unstimmigkeiten innerhalb des VCP gab, gründeten 1976 einige Gruppen und Gruppierungen einen neuen Bund.
Zielsetzung	Junge Menschen zu verantwortungsbewussten, demokratisch denkenden und handelnden Christen erziehen. Jungen Menschen eine naturverbundene Lebensweise näherbringen. Junge Menschen musisch und kulturell bilden.

Arbeitsformen	Learning by doing Jugend führt Jugend Erlebnispädagogik Leben in der kleinen Gruppe
Verbreitung und Mitglieder	4.000 Mitglieder ab 7 Jahren überwiegend in Nord- und Westdeutschland sowie Württemberg.
Organisationsstruktur	Die Arbeit vor Ort geschieht in ‚Sippen' und ‚Meuten'. Diese schließen sich in ‚Stämmen' zusammen. Mehrere Stämme, die regional relativ dicht zueinander liegen, schließen sich in einem ‚Gau' zusammen. Mehrere Gaue bilden eine ‚Landesmark', der Struktur direkt unter der Bundesebene.
Kontakt	CPD e.V. Bundeshof Birkenfelde Mitteldorf 114 37318 Birkenfelde bf@c-p-d.info
Zentrale Einrichtungen auf Bundesebene	Bundeshof, Adresse siehe oben
Link	www.c-p-d.info
Internationale Vernetzung	Keine internationale Anerkennung, da die CPD kein Mitglied mehr im Ring deutscher Pfadfinderverbände (RdP) ist. Der Verband Christlicher Pfadfinderinnen und Pfadfinder (VCP) trat 1973 die Rechtsnachfolge der alten CPD an.

CVJM

Name des Verbandes	**Christlicher Verein Junger Menschen** **CVJM-Gesamtverband in Deutschland e. V.**
Gründung	Gegründet 1882 beim ersten deutschlandweiten ‚Jünglingsfest' am Hermannsdenkmal bei Detmold. Hier wurde der Gesamtvorstand für die schon in den 1840er Jahren entstandenen deutschen Jünglingsbünde gebildet, aus denen der CVJM-Gesamtverband hervorging.
Zielsetzung	Die CVJM sind als eine Vereinigung junger Männer entstanden. Heute steht die Mitgliedschaft allen offen. Männer und Frauen, Jungen und Mädchen aus allen Völkern, Konfessionen und sozialen Schichten bilden die weltweite Gemeinschaft im CVJM. „Die Christlichen Vereine Junger Menschen haben den Zweck, solche jungen Menschen miteinander zu verbinden, welche Jesus Christus nach der Heiligen Schrift als ihren Gott und Heiland anerkennen, in ihrem Glauben und Leben seine Jünger/-innen sein und gemeinsam danach trachten wollen, das Reich ihres Meisters unter jungen Menschen auszubreiten. Keine an sich noch so wichtigen Meinungsverschiedenheiten über Angelegenheiten, die diesem Zweck fremd sind, sollten die Eintracht geschwisterlicher Beziehungen unter den nationalen Mitgliedsverbänden des Weltbundes stören." (Paris, 1855) Die Pariser Basis gilt heute im CVJM-Gesamtverband in Deutschland e.V. für die Arbeit mit allen jungen Menschen. Sie wurde 1998 durch den 14. Weltrat in Frechen mit dem Grundsatzpapier „Challenge 21" bekräftigt und fand 2002 in den „Leitlinien des CVJM" Konkretion. Challenge 21 (www.cvjm.de/vereine-und-struktur/cvjm-ist/grundsatzpapiere/challenge-21/) Leitlinien des CVJM (www.cvjm.de/vereine-und-struktur/cvjm-ist/grundsatzpapiere/leitlinien/)
Arbeitsformen	Die Jugendarbeit des CVJM ist facettenreich und ganzheitlich. Sie verbindet Körper, Geist und Seele. Drei Beispiele der Arbeitsweise: Freizeiten – Die regelmäßige lokale Kinder-, Jugend- und Junge-Erwachsenenarbeit wird verstärkt durch CVJM-Freizeiten. TEN SING – Junge Menschen zwischen 13 und 25 Jahren stellen binnen eines Jahres eine Bühnenshow auf die Beine, u. a. bestehend aus Chor, Band, Tanz und Theater. Dabei entdecken sie ihre Gaben, Gott sowie Freundschaften und lernen, Verantwortung zu übernehmen. Sport – CVJM bieten Freizeit-, Breiten-, Leistungs- und Erlebnissport an. In der jährlichen Aktionswoche „CVJM bewegt" integrieren lokale Vereine Sport in ihre Gruppenangebote oder veranstalten gemeinsame sportliche Aktionen.
Verbreitung und Mitglieder	Unter dem Dach des CVJM-Gesamtverbandes in Deutschland sind 13 selbstständige Mitgliedsverbände zusammengeschlossen. Der Schwerpunkt des CVJM liegt in der örtlichen Jugendarbeit in den 2.200 Vereinen, Jugendwerken und Jugenddörfern. Der CVJM hat 330.000 Mitglieder und regelmäßige Teilnehmer/-innen deutschlandweit.

Evangelische Jugendverbände 321

	Darüber hinaus erreicht er mit seinen Programmen, Aktionen und Freizeiten jedes Jahr fast eine Million junge Menschen.
Organisationsstruktur	Die Mitgliedsverbände des CVJM-Gesamtverbandes: http://www.cvjm.de/
Kontakt	Geschäftsstelle des CVJM-Gesamtverbandes in Kassel Im Druseltal 8 34131 Kassel 05 61/30 87-0 info@cvjm.de
Zentrale Einrichtungen auf Bundesebene	CVJM-Bildungswerk gGmbH mit seinen Bildungseinrichtungen, CVJM-Hochschule (Kassel) CVJM-Kolleg (Kassel), cvjm-kolleg.de und CVJM-Missio-Center (Berlin)
Links	www.cvjm.de www.cvjm.de/vereine-und-struktur/cvjm-gesamtverband/
Internationale Vernetzung	Der CVJM ist weltweit vernetzt durch internationale Begegnungen, Partnerschaften, Projektförderungen durch das CVJM-Spendenwerk „Aktion Hoffnungszeichen" und entwicklungsbezogene Bildung. Der CVJM-Gesamtverband ist Mitglied im CVJM-Weltbund, zu dem 130 YMCA/CVJM-Nationalverbände mit 14.000 Vereinen und rund 45 Millionen Mitgliedern gehören.

EC

Name des Verbandes	Deutscher Jugendverband „Entschieden für Christus" (EC) e.V.
Gründung	Entstehung der EC-Bewegung im Jahr 1881 auf Initiative von Gemeindepastor Dr. Francis E. Clark in Portland (Maine), USA. 1903 Gründung des Deutschen EC-Verbandes
Zielsetzung	Der EC hat vier grundsätzliche Leitlinien: *1. Entschieden für Jesus Christus* Persönliche Hingabe, offenes Bekenntnis und christusgemäße Lebensgestaltung *2. Verbindliche Zugehörigkeit zur örtlichen Gemeinde* Aktive Beteiligung am Leben und Dienst der EC-Jugendarbeit und der Gemeinschaft bzw. Gemeinde *3. Sendung in die Welt* Missionarischer, diakonischer und sozialer Dienst für Christus im täglichen Leben *4. Verbundenheit mit allen Gliedern der Gemeinde Jesu Christi* Förderung lebendiger Gemeinschaft unter allen, die an Jesus Christus glauben.
Arbeitsformen	Altersspezifische Kreise: Kinder, Teenager, junge Erwachsene Offene Angebote, teilweise Sportkreise, Freizeiten
Verbreitung und Mitglieder	An ca. 700 Orten gibt es EC-Jugendarbeiten (i.d.R. mit mehreren Kreisen). Die Altersspanne reicht von Kindern über Jugendliche bis hin zu jungen Erwachsenen. Es werden sowohl weibliche als auch männliche Teilnehmer/-innen zu gleichen Teilen erreicht, was sich in der Leitungsebene vor Ort entsprechend spiegelt.
Organisationsstruktur	EC-Landesverbände: www.ec-jugend.de
Kontakt	Deutscher Jugendverband "Entschieden für Christus" (EC) e.V. Leuschnerstraße 74 D-34134 Kassel Telefon: 05 61/40 95-0 kontakt@ec-jugend.de
Zentrale Einrichtungen auf Bundesebene	EC Begegnungs- und Bildungszentrum Schleusenstraße 50 15569 Woltersdorf bei Berlin http://www.ec-bub.de/ EC -Freizeithaus für Selbstversorger Woltersdorf Brunnenstraße 5 15569 Woltersdorf bei Berlin EC Seelsorge- und Lebensberatung Töpfenhofweg 30 34134 Kassel www.ec-seelsorge.de
Links	www.ec-jugend.de Jugendbewegung "Entschieden für Christus" (EC) www.facebook.com/ecjugend team_ec https://www.facebook.com/team.ec EC Seelsorge und Lebensberatung https://www.facebook.com/ec.seelsorge ich glaub's https://www.facebook.com/pages/ich-glaubs/164271309956

Internationale Vernetzung	Der EC ist eine überkonfessionelle und internationale Jugendbewegung. In ca. 60 Ländern gibt es EC-Arbeiten mit Kinder-, Jugend- und Erwachsenengruppen. Die Kontakte zwischen den Nationalverbänden werden koordiniert durch den EC-Weltverband (World Christian Endeavor Union). Die Geschäftsstelle des EC-Weltverbandes befindet sich seit Mai 2009 in Kassel. http://www.ceeurope.eu/

JUH

Name des Verbandes	Johanniter-Jugend in der Johanniter-Unfall-Hilfe e. V.
Gründung	1979 beschließt das Präsidium der JUH die erste Jugendordnung und gründet damit die Johanniter-Jugend als Arbeitsgemeinschaft in der JUH.
Zielsetzung	Menschen helfen und Dienst am Nächsten (Befähigung von Kindern und Jugendlichen zur Ersten Hilfe) Partizipation und Gemeinschaft Spaß haben und Engagement fördern
Arbeitsformen	Arbeitsgruppen Gremienarbeit: Gruppenstunden und Projektarbeit Jede Gruppe hat andere Aktivitäten, allen gemeinsam ist: Wir wollen anderen Menschen helfen, wir haben Spaß daran, gemeinsam etwas zu unternehmen, wir unterstützen uns gegenseitig, wir legen Wert darauf, gemeinsam zu entscheiden.
Verbreitung und Mitglieder	Die Johanniter-Jugend ist deutschlandweit verbreitet und hat ca. 12.000 Mitglieder ab 6 Jahren.
Organisationsstruktur	Bundes-, Landes, Regional- und Ortsebene (analog JUH)
Kontakt	Johanniter-Jugend in der Johanniter-Unfall-Hilfe e. V. Bundesgeschäftsstelle Lützowstraße 94 10785 Berlin Telefon +49 30 26997 168 Mobil: +49 174 1604216 www.johanniter-jugend.de
Links	http://www.johanniter-jugend.de Speziell Ordnungen/Satzungen: http://www.johanniter.de/die-johanniter/johanniter-unfall-hilfe/ueber-uns/startseite/service/download/materialien/
Internationale Vernetzung	Johanniter-International (Organisation aller Johanniter-Verbände Europaweit) http://www.johanniter.org/

VCP

Name des Verbandes	Verband Christlicher Pfadfinderinnen und Pfadfinder (VCP)
Gründung	Gegründet 1973 durch die Fusion der Christlichen Pfadfinderschaft Deutschlands (CPD), Evangelischer Mädchenpfadfinderbund (EMP) und Bund Christlicher Pfadfinderinnen (BCP) zum koedukativ arbeitenden Verband Christlicher Pfadfinderinnen und Pfadfinder (VCP).
Zielsetzung	Pfadfinden ist eine Jugend- und Erziehungsbewegung. Kindern und Jugendlichen sollen Werte vermittelt werden: Toleranz und Demokratiefähigkeit, christliche Werte und Liebe zur Natur. Sie sollen ihre Persönlichkeit entwickeln und ihre Potenziale entfalten können. Die Internationalität von Pfadfinden führt dazu, dass sie schon früh Andere(s) als Bereicherung erfahren.
Arbeitsformen	Kleine Gruppe Arbeit in Altersstufen (Stufenkonzeption) Learning by doing (ganzheitliches Lernen durch Ausprobieren)
Verbreitung und Mitglieder	Der VCP erreicht rund 47.000 Mitglieder im ganzen Bundesgebiet. In Süd- und Südwestdeutschland (Rheinland-Pfalz/Saar, Württemberg und Bayern) und Niedersachsen gibt es besonders viele VCP-Gruppen. 40% der Mitglieder sind weiblich, 60% der Mitglieder sind männlich.

Evangelische Jugendverbände 323

	In den ostdeutschen Bundesländern wachsen die Mitgliederzahlen und die Zahl der Gruppen langsam an. Der VCP ist in allen ostdeutschen Bundesländern und Landeskirchen aktiv.
Organisationsstruktur	Der VCP ist ein Bundesverband (Zentralverband), d.h. die Mitgliedschaft erfolgt über die Bundesebene des VCP.
	Der VCP ist untergliedert in 14 VCP-Länder, die wiederum in Regionen (Bezirke, Gaue) und diese wiederum in Orte/Stämme untergliedert sind.
	Die Grenzen der Untergliederungen des VCP orientieren sich teilweise an den Grenzen der Landeskirchen (u.a. Bayern, Westfalen, Baden, Württemberg), aber auch an den Bundesländern (u.a. Schleswig-Holstein, Hamburg, Niedersachsen, Mecklenburg-Vorpommern).
Kontakt	Bundeszentrale des VCP Wichernweg 3 34121 Kassel 0561 784370 info@vcp.de www.vcp.de
Zentrale Einrichtungen auf Bundesebene	VCP-Bundeszentrale Kassel, s. oben Bildungs- und Erholungswerk Rieneck, Schlossberg 1, 97794 Rieneck Bundeszeltplatz Großzerlang, Birkenweg 13, 16831 Großzerlang http://www.vcp-bundeszeltplatz.de/ Weitere Einrichtungen des VCP werden durch die Untergliederungen des VCP betrieben und verantwortet. Eine Übersicht gibt es auf www.vcp.de
Links	www.vcp.de
Internationale Vernetzung	Der VCP ist Mitglied im Weltbund der Pfadfinderinnen (WAGGGS) und in der Weltorganisation der Pfadfinderbewegung (WOSM), im Ring deutscher Pfadfinderverbände (RdP) und im Ring Deutscher Pfadfinderinnenverbände (RDP) sowie im Deutschen Bundesjugendring (DBJR) und in der Arbeitsgemeinschaft der Evangelischen Jugend in Deutschland e.V. (aej).

Friedrich Schweitzer

Jugend und religiöse Bildung

Dimensionen religiöser Bildung im Jugendalter

Zur Erschließung der Dimensionen religiöser Bildung im Jugendalter bietet sich zunächst die Unterscheidung zwischen formalen, non-formalen und informellen Formen der Bildung an. Dabei darf die biographisch-subjektbezogene Perspektive, die sich nicht nach solchen Formen aufteilen lässt, allerdings nicht aus dem Blick geraten (vgl. Schweitzer 2006).

Bei der *formalen* religiösen Bildung ist in erster Linie an den schulischen *Religionsunterricht* zu denken. Seine hervorgehobene Bedeutung ergibt sich aus seinem kontinuierlichen Charakter: In der Regel wird er von allen christlichen Jugendlichen während der gesamten Schulzeit besucht und bietet damit die Möglichkeit einer langjährigen Begleitung. Als „ordentliches Lehrfach" (Art. 7,3 GG) hat er verpflichtenden Charakter, wobei sich die Jugendlichen von diesem Unterricht befreien lassen können bzw., in den östlichen Bundesländern, zwischen Religions- und Ethikunterricht wählen können. In seiner Ausgestaltung bezieht sich der Religionsunterricht heute bewusst auf die Lernbedürfnisse von Jugendlichen, bemüht sich ausdrücklich um Lebens- und Erfahrungsbezug und wird methodisch kreativ und vielfältig gestaltet.

Im *non-formalen* Bereich erreicht die *Konfirmandenarbeit* mehr als 90% der evangelischen Jugendlichen, allerdings nur für die Zeit von ein bis zwei Jahren. Längere Teilnahmezeiten, manchmal aber auch nur punktuelle Kontakte sind für die *kirchliche Jugendarbeit* bezeichnend, wobei hier die erfahrene Intensität besonders hoch ausfallen kann, insgesamt aber nur etwa 10% der evangelischen Jugendlichen erreicht werden. Zunehmend bewusst wird die Bedeutung des *ehrenamtlichen Engagements* Jugendlicher im kirchlichen Bereich, etwa bei der Konfirmanden- und Jugendarbeit. Gedacht werden kann auch an die *evangelische Erwachsenenbildung*. Mit Ausnahme spezieller Angebote etwa Evangelischer Akademien scheinen die Schwerpunkte hier jedoch eher im mittleren und höheren Alter zu liegen.

Noch immer zu wenig Aufmerksamkeit erfährt der Bereich der *informellen* religiösen Bildung im Jugendalter. Dazu gehören ebenso die religiöse Mediensozialisation wie die Gleichaltrigengruppe sowie Jugendkulturen und Alltagskontexte, aber auch die Familienreligiosität, die im Jugendalter ihre Bedeutung nicht einfach verliert.

Religiöse Bildung im Jugendalter im Spiegel empirischer Befunde

Die verschieden Formen der religiösen Bildung im Jugendalter sind in unterschiedlichem Maße empirisch untersucht worden. Am besten erforscht sind der Religionsunterricht sowie die Konfirmanden- und Jugendarbeit, während zum religiösen Einfluss von Medien und Jugendkulturen nur einzelne, oft spezielle Studien vorliegen. Die Bedeutung ehrenamtlichen Engagements ist empirisch noch nicht genügend im Blick, und zur religiösen Bedeutung der Familie im Jugendalter liegen derzeit in Deutschland keine speziellen Untersuchungsergebnisse vor.

Die Forschungslage lässt auch noch keine weiterreichende Einschätzung der Wirksamkeit der verschiedenen Bereiche zu. Deutlich ist allerdings, dass von ineinandergreifenden Effekten auszugehen ist: Die verschiedenen Formen der religiösen Bildung verstärken oder schwächen einander wechselseitig.

Religionsunterricht
Die vor allem auf den katholischen Religionsunterricht bezogene Studie von Anton Bucher (2000) zeigt das Grundmuster einer hohen Akzeptanz im Grundschulalter und einer kritischeren, aber auch hier noch positiven Einschätzung des Religionsunterrichts in der Sekundarstufe I sowie einer zustimmenderen Wahrnehmung in der Sekundarstufe II. Ein solches Muster findet auch in persönlichen Berichten Bestätigung. Neuere Befunde aus Ostdeutschland (zuletzt Domsgen/Lütze 2010) zeigen für das Jugendalter eine gemischte, aber durchaus zustimmende Haltung zum Religionsunterricht, wobei der Religionsunterricht in Ostdeutschland aufgrund der geringeren Kirchenzugehörigkeit dort von weniger Jugendlichen besucht wird, aber auch nicht zur Kirche gehörige Jugendliche erreicht werden.

Die Wirksamkeit von Religionsunterricht als Gesamtangebot ist bislang erst selten genauer untersucht worden. Die von Georg Ritzer (2010) vorgelegte Studie (mit zwei Untersuchungszeitpunkten) verweist auf Zunahmen besonders im Bereich des auf Religion bezogenen Wissens.

Mit besonderem Akzent auf Fragen eines interreligiösen Lernens wurde der Religionsunterricht in Hamburg und Nordrhein-Westfalen vergleichend untersucht (vgl. Jozsa u.a. 2009), wobei sich in der Sicht der meisten Jugendlichen positive Effekte einstellen. Eine methodisch verlässlichere Interventionsstudie macht allerdings deutlich, dass sich entsprechende Effekte über die Selbsteinschätzung der Jugendlichen hinaus nicht ohne Weiteres nachweisen lassen (vgl. Ziebertz 2010).

Konfirmandenarbeit
Zur Konfirmandenarbeit liegt nun erstmals eine empirische Untersuchung vor, bei der bundesweit sowohl die Jugendlichen als auch die Haupt- und Ehrenamtlichen einbezogen waren (Ilg u.a. 2009). Bereits hingewiesen wurde auf die stabil hohe Beteiligung, wobei auch hier die unterschiedlichen Verhältnisse in West- und Ost zu berücksichtigen sind (geringere Beteiligung in Ostdeutschland).

Insgesamt stellen die Jugendlichen der inzwischen methodisch vielfältigen Konfirmandenarbeit ein positives Zeugnis aus (Zufriedenheitswerte insgesamt 67%, Ilg u.a. 2009: 70). Besonders hohe Zustimmung erfahren die Aspekte Gemeinschaft (71%), Freizeiten (73%), Spaß haben (72%). Genauere Untersuchungen zeigen, dass die bearbeiteten Themen eine wichtige Rolle spielen.

Untersuchungen zu Langzeiteffekten der Konfirmandenarbeit liegen in Deutschland bislang nicht vor. Befunde aus Finnland zeigen jedoch, dass die Konfirmandenarbeit durchaus solche Effekte haben kann.

Im Vergleich zum schulischen Religionsunterricht liegt das besondere Profil der Konfirmandenarbeit in der Sicht der Jugendlichen vor allem in der Gemeinschaftserfahrung in der Gruppe, aber auch in einer weiteren Klärung von Glaubensfragen über den Religionsunterricht hinaus.

Kirchliche Jugendarbeit
Zur kirchlichen Jugendarbeit liegen ebenfalls neuere empirische Befunde vor (vgl. Fauser u.a. 2006). Den allerdings sehr offenen, weil subjektorientiert angelegten Befunden zufolge erreicht die evangelische Jugendarbeit etwa 10% aller, also nicht nur der evangelischen Jugendlichen (vgl. Fauser u.a. 2006: 16). Genaue statistische Angaben sind aber nicht verfügbar. Einzelanalysen ergeben jedoch ein ähnliches Bild, bei starken Schwankungen je nach Region (vgl. Frieß/Ilg 2008: 48).

Im Blick auf die Teilnahmemotivation und die Erfahrungen scheint noch immer die „klassische herkömmliche Jugendarbeitsgruppe vorzuherrschen: regelmäßige, zumeist wöchentliche Treffen, Kleingruppen, feste Zeiten, zumeist die gleichen Leute" (Fauser u.a. 2006: 17). Dem entspricht es, dass auch hier die Erfahrung von Gemeinschaft eine besonders wichtige Rolle spielt. Daneben wird auch auf das Interesse an religiösen Fragen verwiesen.

Im Vergleich zum Religionsunterricht und zur Konfirmandenarbeit lässt sich konstatieren: Jugendarbeit kann nicht alles für alle bedeuten, für einige aber sehr viel. Besondere Chancen liegen im Prinzip der Selbstorganisation, das die Übernahme von Verantwortung einschließt.

Ehrenamtliches Engagement
Insgesamt gilt das Jugendalter als eine Zeit besonders ausgeprägten ehrenamtlichen Engagements, bei allerdings leicht rückläufiger Tendenz. Im Bereich der Kirche ist besonders im Zusammenhang der Konfirmandenarbeit eine starke Zunahme zu verzeichnen. Jedes Jahr engagieren sich ca. 60.000 Ehrenamtliche in diesem Bereich, vor allem im Jugendalter (vgl. Ilg u.a. 2009: 91ff.).

Ein weiteres Feld stellt die kirchliche Jugendarbeit dar. Die Reichweite des ehrenamtlichen Engagements konnte bislang allerdings noch nicht genauer empirisch erfasst werden (vgl. Fauser u.a. 2006: 27). Regionalanalysen ergeben ein eindrückliches Bild der erheblichen Beteiligungsraten (vgl. Frieß/Ilg 2008: 41ff.).

Auch wenn genauere Untersuchungen zur religiösen Bildung in diesem Arbeitsfeld noch ausstehen, kann erwartet werden, dass hier besonders wichtige Möglichkeiten auch für religiöse Bildung liegen. Denn hier verbinden sich auf Religion bezogene Bildungsprozesse mit der Übernahme von Verantwortung und persönlichem Engagement.

Medien und Jugendkulturen
Die Bedeutung von Medien und der Gruppe der Gleichaltrigen ist aus der Jugendforschung bekannt. Ebenso steht aufgrund zahlreicher Einzeluntersuchungen fest, dass die von Jugendlichen als attraktiv empfundene Kultur (Musik, Spielfilme usw.) häufig religiös sehr gehaltvoll ist. Die entsprechenden Untersuchungen beziehen sich in der Regel aber eher auf die Objektseite (etwa religiöse Aussagen in Song-Texten), während die Subjektseite (Rezeption und Wirkungen bei Jugendlichen) nur selten genauer untersucht worden ist. Insofern fällt es schwer, hier empirisch fundierte Aussagen im Blick auf religiöse Bildung zu treffen.

Zumindest als plausibel bezeichnet werden kann die These, dass insbesondere den Medien eine religiöse Funktion zukommt, wie sie prototypisch für das Fernsehen herausgearbeitet worden ist. Weiterhin korrespondiert die berichtete Hervorhebung von Gemeinschaftserfahrungen durch Jugendliche gut mit der allgemein konstatierten Bedeutung der Gruppe der Gleichaltrigen.

Zentrale Fragestellungen

Zentrale Fragestellungen ergeben sich im Blick auf das Verhältnis zwischen Jugend und religiöser Bildung aus verschiedenen Perspektiven, die im Folgenden aufgenommen werden sollen.

Individuelle Bildungsbedürfnisse
Aus der Perspektive einzelner Jugendlicher, deren grundlegende Bedeutung in der Religionspädagogik mit Stichworten wie Biografie- oder Subjektorientierung hervorgehoben wird, stellt sich als erstes die Frage, ob die den Jugendlichen zugänglichen religiösen Bildungsangebote mit ihren Erwartungen, Fragen und Bedürfnissen übereinstimmen. Bieten sie den Jugendlichen die Möglichkeit zur individuellen Entfaltung? Erweisen sie sich als Grundlage dafür, Orientierung zu gewinnen? Können Jugendliche darin eine Ressource für die eigene Lebensbewältigung erkennen?

Die berichteten empirischen Befunde führen zu der kritischen Frage, ob religiöse Bildungsangebote für die Jugendlichen genügend zugänglich sind. Beispielsweise gibt ein nicht unerheblicher Anteil der Jugendlichen an, dass Fragen, die ihnen selbst wichtig sind, in der Konfirmandenarbeit, aber auch im Religionsunterricht nicht wirklich vorkommen. Auch im Blick auf die für Jugendliche untrennbar mit religiöser Bildung verbundenen Bedürfnisse im Blick auf Gemeinschaft finden keineswegs in allen Fällen ihre Erfüllung.

Religionspädagogisch lassen sich individuelle Bildungsbedürfnisse auch unter dem Aspekt der religiösen Entwicklung rekonstruieren. Mit den Übergängen zwischen Kindheit und Erwachsenenalter verbinden sich unterschiedliche Fragen und Klärungsprozesse, sei es hinsichtlich des Kinderglaubens („nicht mehr an den alten Mann mit Bart glauben können") oder übergreifender theologischer Herausforderungen („Schöpfung oder Evolution?"). Besonders den theologischen Fragen Jugendlicher ist bislang zu wenig Aufmerksamkeit geschenkt worden – auch Jugendliche sind Theologen (vgl. Schlag/Schweitzer 2011).

Erfordernisse der Kirche
Institutionen wie die Kirche sind auf erfolgreiche Tradierungsprozesse angewiesen. Ihr Fortbestand hängt in sozialer Hinsicht davon ab, dass Kinder und Jugendliche in die Traditionen des christlichen Glaubens eingeführt werden und sich entsprechende Überzeugungen aneignen. Nur so können Bindungen entstehen, die für den Fortbestand von Institutionen erforderlich sind.

Die beschriebenen Befunde weisen darauf hin, dass die Kirche heute dabei nur begrenzt erfolgreich ist. Viele Jugendliche trauen der Kirche – gerade auch *nach* der Konfirmandenzeit – keine Antworten auf die ihnen wichtigen Fragen zu. Die Deutungskompetenz von Kirche wird ihnen nicht plausibel. Noch mehr steht die Bindungskraft infrage: Obwohl Jugendliche die Kirche positiv wahrnehmen, sprechen sie ihr für sich selbst nur wenig Bedeutung zu (vgl. Ilg u.a. 2009).

Gesellschaftliche Anforderungen
Gesellschaftlich wird religiöse Bildung vor allem als Möglichkeit der Wertebildung wahrgenommen. Dabei muss nicht an die konservativen Vorstellungen einer ‚Wertevermittlung' gedacht werden. Unabhängig von der politischen Ausrichtung besteht ein grundlegender Zusammenhang zwischen religiösen Überzeugungen und Wertorientierungen.

Ganz allgemein ist auch in gesellschaftlicher Hinsicht zu wünschen, dass die Menschen Teilhabemöglichkeiten im Blick auf gesellschaftliche Institutionen finden. Ein Zusammenhalt der Gesellschaft allein auf der Grundlage individueller Lebensentwürfe erscheint kaum denkbar. Insofern bezieht sich auch religiöse Bildung auf ein gesellschaftliches Erfordernis.

Zu den herkömmlichen gesellschaftlichen Anforderungen tritt in der Gegenwart zugleich mehr und mehr der Bedarf einer Bildung hinzu, der sich auf das Zusammenleben in einer multireligiösen Gesellschaft bezieht. Religiöse Bildung soll in dieser Sicht dazu beitragen, dass Toleranz und Respekt, wechselseitige Anerkennung und Wertschätzung entstehen können.

Bildungstheoretische Kriterien
Während in der Religionspädagogik auch bildungstheoretische Kriterien für religiöse Bildung entwickelt und diskutiert werden (Hinweise bei Schweitzer 2006), sind erziehungswissenschaftliche Darstellungen zu diesem Bereich selten. Übereinstimmung besteht im Blick auf grundlegende Kriterien wie religiöse Mündigkeit im Sinne eigener Urteilsfähigkeit, Bereitschaft zur Übernahme von Verantwortung sowie Teilhabefähigkeit. In einer zunehmend kulturell und religiös pluralen Gesellschaft finden bildungstheoretische Bestimmungen ihre Zuspitzung im Bildungsziel der Pluralitätsfähigkeit, in der Abgrenzung gegen Relativismus und Fundamentalismus.

Konzeptionelle Perspektiven und Orientierungen für die Zukunft

Exemplarisch sollen vier Perspektiven für Theorie und Praxis der religiösen Bildung hervorgehoben werden.
- Religiöse Bildungsprozesse müssen *empirisch* noch weit genauer untersucht werden, als dies bislang geleistet wird. Dabei sollte auch die *informelle* religiöse Bildung verstärkt mit einbezogen werden.
- Trotz aller theoretischen Forderungen und praktischen Reformbemühungen scheint es noch immer nicht in genügendem Maße zu gelingen, religiöse Bildungsangebote konsequent *lebensbezogen und subjektorientiert* zu gestalten. Zumindest in der Wahrnehmung der Jugendlichen bleiben die religiösen Bildungsangebote hinter solchen Anforderungen zurück.
- Besondere Probleme treten in institutioneller bzw. kirchlicher Hinsicht hervor. *Kirche* erscheint Jugendlichen als eine Institution, die ihnen ähnlich wie andere gesellschaftliche Institutionen unabhängig von ihnen selbst gegenübertritt. Die *aktive Teilhabe Jugendlicher* an dieser Institution, einschließlich der Mitgestaltung, bleibt vielfach ein bloßes Desiderat.
- Gerade im Blick auf die aktive Teilhabe an der Kirche, aber auch im Blick auf religiöse Bildung insgesamt könnte der *non-formale Bereich* in Zukunft eine größere Rolle spielen. Voraussetzung dafür dürfte eine noch konsequentere didaktische Neugestaltung in diesem Bereich einerseits und die gezielte Aufwertung ehrenamtlicher Mitarbeit Jugendlicher andererseits darstellen.

Literatur

Bucher, Anton A. (2000): Religionsunterricht zwischen Lernfach und Lebenshilfe. Eine empirische Untersuchung zum katholischen Religionsunterricht in der Bundesrepublik Deutschland. Stuttgart: Kohlhammer.

Domsgen, Michael/Lütze, Frank M. (2010): Schülerperspektiven zum Religionsunterricht. Eine empirische Untersuchung in Sachsen-Anhalt. Leipzig: Evang. Verl.-Anst.

Fauser, Katrin/Fischer, Arthur/Münchmeier, Richard (2006): Jugendliche als Akteure im Verband. Ergebnisse einer empirischen Untersuchung der Evangelischen Jugend. Jugend im Verband, 1. Opladen/Farmingtion Hills: Verl. Barbara Budrich.

Frieß, Berthold/Ilg, Wolfgang (2008): Evangelische Jugendarbeit in Zahlen. Die Statistik 2007 des Evangelischen Jugendwerks in Württemberg. Stuttgart: Buch+Musik.

Ilg, Wolfgang/Schweitzer, Friedrich/Elsenbast, Volker (2009): Konfirmandenarbeit in Deutschland. Empirische Einblicke, Herausforderungen, Perspektiven; mit Beiträgen aus den Landeskirchen. Gütersloh: Gütersloher Verlagshaus.

Jozsa, Dan-Paul/Knauth, Thorsten/Weiße, Wolfram (Hrsg.) (2009): Religionsunterricht, Dialog und Konflikt. Analysen im Kontext Europas. Münster: Waxmann.

Niemelä, Kati (2008): Does confirmation training really matter? A longitudinal study of the quality and effectiveness of confirmation training in Finland. Tampere: Church Research Institute.

Nipkow, Karl Ernst (1998): Bildung in einer pluralen Welt. Gütersloh: Kaiser/Gütersloher Verlagshaus.

Ritzer, Georg (2010): Interesse – Wissen – Toleranz – Sinn. Ausgewählte Kompetenzbereiche und deren Vermittlung im Religionsunterricht; eine Längsschnittstudie. Wien: LIT.

Schlag, Thomas/Schweitzer, Friedrich (2011): Brauchen Jugendliche Theologie? Jugendtheologie als Herausforderung und didaktische Perspektive. Neukirchen-Vluyn: Neukirchener Theologie.

Schweitzer, Friedrich (2006): Religionspädagogik. Lehrbuch Praktische Theologie, 1. Gütersloh: Gütersloher Verlagshaus.

Schweitzer, Friedrich/Ilg, Wolfgang/Simojoki, Henrik (Hrsg.)(2010): Confirmation work in Europe. Empirical results, experiences and challenges. A comparative study in seven countries. Gütersloh: Gütersloher Verlagshaus.

Smith, Christian (2005): Soul searching. The religious and spiritual lives of American teenagers. Oxford: Oxford Univ. Press.

Ziebertz, Hans-Georg (Hrsg.) (2010): Gender in Islam und Christentum. Theoretische und empirische Studien. Berlin: LIT.

Orte und Arbeitsfelder

Andreas Thimmel

Außerschulische Jugendbildung – Evangelische Jugendbildungsstätten

Evangelische Jugendbildungsstätten bilden eine wichtige Säule evangelischer Bildungs- und Jugendarbeit. In Abhängigkeit von Organisationstrukturen und -kulturen in den jeweiligen Landeskirchen wird die Bildungsarbeit mit Jugendlichen und für Jugendliche durchgeführt bzw. koordiniert vom Amt für Jugendarbeit, der Jugendarbeit in den Kirchenkreisen, Jugendverbänden und Jugendbildungsstätten. Die evangelischen Jugendbildungsstätten sind einerseits von Unterkünften, Freizeitstätten und Tagungshäusern ohne eigene pädagogische Programmanteile (vgl. Überblick: evangelische-haeuser.de) und andererseits von evangelischen Akademien sowie der Evangelischen Trägergruppe für gesellschaftspolitische Jugendbildung zu unterscheiden. Eine weitergehende intensive wissenschaftliche Durchdringung evangelischer Jugendbildungsstätten bedarf in der Zukunft verstärkt empirischer Befunde durch Forschung und theoretisch-konzeptionelle Beiträge.

Jugendbildungsstätten als Akteure im non-formalen Bildungsbereich

Evangelische Jugendbildungsstätten sind zusammen mit Bildungsstätten anderer zivilgesellschaftlicher Träger wichtige Akteure im non-formalen Bildungsbereich. Sie leisten einen Beitrag zur Persönlichkeitsbildung sowie zur religiösen, politischen und sozialen Bildung von Jugendlichen und sind ein wichtiger Baustein der Demokratie in der Bundesrepublik Deutschland (vgl. Hafeneger 2012).

Zugleich sind evangelische Jugendbildungsstätten Bildungsorte, die in spezifischer Weise die „Eröffnung von Perspektiven für ein Leben in Mündigkeit und Verantwortung" (EKD 2009: 11) ermöglichen und für Jugendliche erlebbar machen.

Geschichte

Die Geschichte evangelischer Jugendbildungsstätten beginnt mit der Jugend- und Reformbewegung der 1920er Jahre während der Weimarer Republik, zu der auch die

Gründung von Jugendverbänden und die Entstehung von Bildungsstätten gehören. Diese Entwicklungen finden oft außerhalb der verfassten Kirche statt. Nach dem Zweiten Weltkrieg werden in Westdeutschland Ende der 1940er Jahre/Anfang der 1950er Jahre Jugendbildungsstätten neu bzw. wiedergegründet. Evangelische Jugendbildungsstätten sollen Orte der Begegnung und des Dialogs sein. In der DDR gibt es derartige Jugendbildungsstätten nicht, da Jugendarbeit allein im Auftrag der Staatspartei SED durch die Freie Deutsche Jugend (FDJ) und andere staatliche Organisationen durchgeführt wird. Einzig die Kirchen unterhalten sogenannte Rüstzeitheime für die durch den Staat lediglich geduldete biblisch orientierte Jugendarbeit, die allerdings immer auch gesellschaftskritische Implikationen hat.

In der Bundesrepublik werden in den 1960er und 1970er Jahren Jugendbildungsstätten eine zentrale Säule in der Bildungslandschaft. Die Finanzierung der Bildungsreferenten/-innen über Landesjugendpläne bzw. den Bundesjugendplan führt zur verstärkten Professionalisierung und Akademisierung. Die 1980er und 1990er Jahre bringen inhaltliche und methodisch-didaktische Weiterentwicklungen und die Beschäftigung mit einer Vielzahl von Themen wie Ökologie, Arbeitswelt, Frieden, Völkerverständigung durch internationale Jugendbegegnungen, Nachhaltigkeit, Antirassismus, Gender, Weltweite Gerechtigkeit, Ökumene, Interreligiöser Dialog, Interreligiöse Begegnung, Jugendmusik-, Jugendkultur- und Medienarbeit. Der ökonomische Druck auf Jugendbildungsstätten in allen Trägerbereichen verschärft sich in den 1990er Jahren und führt zur Aufgabe von Häusern (vgl. Peter 2005: 159). Seither versuchen die Akteure mit großem Engagement und persönlichem Einsatz das Profil der Bildungsstätten zu präzisieren und ihre Leistungen im bildungs- und jugendpolitischen sowie kirchlichen Diskurs zu positionieren.

Eigenständige Bildungs- und Lernorte

Evangelische Jugendbildungsstätten sind Bildungshäuser bzw. Tagungshäuser mit einem eigenen pädagogischen und theologischen Programm. Die Trägerlandschaft ist heterogen: Träger sind Landeskirchen, Kirchenkreise oder gemeinnützige Vereine, sowie evangelische Jugendverbände. Jugendbildungsstätten beanspruchen die Eigenständigkeit eines eigenen Diskurses und eigener Fachlichkeit. Berufliche Mitarbeiter/-innen, d.h. pädagogisch und/oder theologisch ausgebildete Bildungsreferenten/-innen, Honorarmitarbeiter/-innen und ehrenamtlich Tätige organisieren, initiieren und gestalten Bildungsprozesse. Lernort ist die Jugendbildungsstätte bzw. auch die direkte Umgebung des Hauses. Die Ästhetik der Räume, Unterbringung und Ernährung, die Gestaltung der Lernumgebung, Freizeitmöglichkeiten sowie das systematische Zur-Verfügung-Stellen von Räumen und Zeiten für ‚Nebenbei-Gespräche' führen in Verbindung mit der methodisch-didaktischen Kompetenz der Bildungsreferenten/-innen und den Teams dazu, dass Jugendbildungsstätten als „entschleunigte Orte und Zeiten (…) zum differenzierten Wissens- und Reflexionserwerb, zur selbsttätigen Aneignung von Welt" (Hafeneger 2012: 185) für Jugendliche und Ehrenamtliche fungieren. Diese Komplementärfunktion gegenüber schulischen Lernprozessen erhält aktuell auch auf dem Hintergrund des beschleunigten und ökonomisierten Schul- und Hochschulsystems sowie der Arbeitswelt größere Bedeutung.

Jugendbildungsstätten bearbeiten unterschiedliche Themen und Schwerpunkte, z.B.: religiöse und spirituelle Angebote, Tage der Orientierung, Umweltbildung, fairer

Handel und Konsum, politische und historische Bildung, Konfliktbewältigung, Kommunikationstrainings, Theaterpädagogik, globales Lernen, kreative Angebote, Themen wie Liebe und Sexualität, Sterben, interkulturelles Lernen, Berufsorientierung, Medien, erlebnispädagogische Angebote, internationale und interreligiöse Jugendbegegnungen, Ferienfreizeiten und Juleica-Schulungen. Die Kooperation mit Schulen hat eine lange Tradition (vgl. Rotthauwe 2004) und erfährt im Kontext der Ganztagschulentwicklung neue Aktualität.

Die Bildungsprozesse sind u.a. gekennzeichnet durch Partizipation, Subjektorientierung und soziales Lernen. Relevante Themen werden durch die Teilnehmenden erarbeitet, die dabei unterstützt werden durch Bildungsreferenten/-innen. Die Verbindung von Alltag, Biografie, Religion und lebensweltlich relevanten Themen, Methodenvielfalt, Handlungs- und Erfahrungsorientierung, das spezifische Zeitregime in der Bildungsstätte sowie die Interaktion zwischen Peers und Mitarbeitenden und Teilnehmenden sind konstitutiv. Die (Selbst-)Bildungsprozesse sind verschränkt mit der Spezifik des Lernortes und seiner Organisations- und Lernkultur, mit der Bildungserfahrung in der Gruppe, der gemeinsamen Reflexion und religiösen Praxis.

Die Mehrzahl der Häuser wendet sich mit ihren Angeboten an die Jugendlichen und jungen Erwachsenen selbst bzw. an Kooperationspartner, die Zugang zu Jugendlichen haben. Die Einrichtungen bieten mehrtägige Seminare während der Woche oder am Wochenende an. Hinzu kommen längerfristige Projekte, die sich an Jugendliche im regionalen Umfeld oder an eine spezielle Zielgruppe wenden. Dabei stehen auch ‚bildungsferne' bzw. ‚nicht privilegierte' Jugendliche im Fokus. Einige Bildungshäuser haben sich auf die Schulung und Fortbildung der ehren- und hauptamtlich Mitarbeitenden spezialisiert (z.B. Hackhauser Hof). Eine thematische Profilierung kann auch bedeuten, in bundes- oder landesweiten Fachgremien aktiv zu sein und wichtige Beiträge für den Gesamtdiskurs der non-formalen Bildungsarbeit zu leisten. Die personelle Ausstattung der Häuser ist sehr unterschiedlich. Sie reicht von einer einzelnen pädagogischen Stelle bis zu einem sechsköpfigen interdisziplinären Team. Oft existieren ehrenamtliche oder freiberufliche Teamerkreise, in denen z.B. Studierende in die Bildungsarbeit eingeführt werden und dann ‚mitteamen'. Allerdings wird es u.a. aufgrund der veränderten Zeitstrukturen im Studium immer schwieriger, Studierende für ein Engagement als Honorarkräfte zu gewinnen. Hier müssen neue Konzepte entwickelt werden, um Jugendbildungsstätten als Lern- und Erprobungsfeld für Studierende wieder verstärkt attraktiv und möglich zu machen.

Aktuelle Herausforderungen

Jugendbildungsstätten in evangelischer Trägerschaft sind aktuell mit Fragen der Existenzsicherung bei Beibehaltung und Weiterentwicklung ihres besonderen pädagogisch-theologischen Profils konfrontiert.

Die Finanzierung einer Jugendbildungsstätte beruht auf einer Mischkalkulation. Kosten fallen u.a. an für Personalkosten im pädagogischen Bereich, in der Verwaltung sowie für Gebäude und Ausstattung. Der Finanzierungsmix besteht aus (landes-)kirchlichen Zuschüssen, staatlichen Geldern über Landes- und Bundesjugendpläne, Teilnehmerbeiträgen, Projektmitteln sowie Mitteln durch Fremdgruppenbelegungen. Die Akteure bewältigen den Spagat zwischen Konzeption, Pädagogik und Ökonomie auf einem hohen Niveau, können ihren Auftrag aber nur dann erfüllen, wenn eine kontinuierliche und verlässliche Finanzierung durch Kirche und Politik gegeben ist.

Aktuell zeigt sich der Trend zu Formaten von nur wenigen Tagen und einer zeitlichen Verkürzung der Gruppenaufenthalte in den Bildungsstätten. Dies macht es organisatorisch aufwendiger, die Häuser durchgängig zu belegen und erfordert eine Mischung aus Eigen- und Fremdbelegung sowie die Entwicklung neuer Formate, Kooperationsformen und die Ansprache neuer Zielgruppen.

Jugendbildungsstätten engagieren sich verstärkt im Rahmen lokaler oder regionaler Bildungslandschaften und gelangen so u.a. auch an neue Zielgruppen, die bisher wenig Zugang zur ‚klassischen' Jugendbildungsarbeit hatten. Die Trägerschaft von offenen Kinder- und Jugendzentren wurde z.b. übernommen und Projekte in der interkulturellen Bildungsarbeit sowie der lokalen Kultur- und Medienarbeit durchgeführt.

Einige Jugendbildungsstätten profilieren sich landes- und bundesweit in einem bestimmten Themenfeld und bringen ihre spezifische Expertise in trägerübergreifende Projekte ein, z.b. im Bereich des Inklusiven Kinder- und Jugendreisens (Evangelische Jugendbildungsstätte Nordwalde) oder der Gender bzw. Mädchen- und Jungenarbeit sowie der Internationalen und interkulturellen Begegnungsarbeit (Jugendbildungsstätte Berchum). Ein Beispiel ist das Projekt „Europareise", bei dem Jugendliche in vier Städten in NRW einen interkulturellen Stadtrundgang entwickeln und Europa in ihren Stadtteilen entdecken.

Evangelische Jugendbildungsstätten bieten als „Begegnungsfeld zwischen Jugendlichen und evangelischer Kirche" (EKD 2010: 74) besondere Chancen für das „Einüben in die Gestaltung von Gesellschaft" (EKD 2010: 82). Sie ermöglichen durch ihr spezifisches Bildungsarrangement und die damit korrespondierende pädagogische Haltung Räume der kommunikativ hergestellten Selbstreflexion und Selbstdeutung, die zu verantwortlichem Handeln befähigen.

Literatur

[EKD] Kirchenamt der EKD (Hrsg.) (2009): Kirche und Bildung. Herausforderungen, Grundsätze und Perspektiven evangelischer Bildungsverantwortung und kirchlichen Bildungshandelns. Gütersloh: Gütersloher Verlagshaus.
[EKD] Kirchenamt der EKD (Hrsg.) (2010): Kirche und Jugend. Lebenslagen – Begegnungsfelder – Perspektiven. Eine Handreichung des Rates der Evangelischen Kirche in Deutschland. Gütersloh: Gütersloher Verlagshaus.
Hafeneger, Benno (2012): Bildungsstätten – unverzichtbare, ungewöhnliche und originelle Bildungs-, Lern- und Erfahrungsorte. In: Außerschulische Bildung, hrsg. v. AdB, 2/3, S. 180–187.
Hafeneger, Benno (Hrsg.) (2011): Handbuch außerschulische Jugendbildung. Grundlagen – Handlungsfelder – Akteure. Schwalbach/Ts: Wochenschau-Verlag.
Pistohl, Ingeborg (2012): Dem Lernort Bildungsstätte neue Impulse geben! Das Ergebnis einer Umfrage bei Bildungsstätten. In: Außerschulische Bildung, hrsg. v. AdB, 2/3, S. 194–207.
Peter, Hilmar (2005): Wozu Jugendbildungsstätten gut sind. In: Außerschulische Bildung hrsg. v. AdB, 2, S. 159–165.
Rotthauwe, Volker (2004): Der Kooperation Raum und Profil verschaffen – die evangelischen Jugendbildungsstätten. In: Momente extra. Magazin der Evangelischen Jugend von Westfalen. Nr. 6.

Marcus Götz-Guerlin

Berufsschularbeit

Berufsbildende Schulen

Die berufsbildenden Schulen (BBS) in der Bundesrepublik Deutschland vereinen eine Vielzahl unterschiedlicher Bildungsgänge: Berufsvorbereitende Bildungsgänge im sogenannten ‚Übergangssystem' bereiten junge Menschen ohne Ausbildungsplatz auf eine Berufsausbildung vor bzw. ermöglichen den Erwerb eines Schulabschlusses. Berufsfachschulen bieten vollzeitschulische Ausbildungen in unterschiedlichen Berufen an. Fachoberschule, Berufsoberschule und berufliches Gymnasium ermöglichen den Erwerb der fachgebundenen oder allgemeinen Hochschulreife mit fachlicher Schwerpunktsetzung. Fachschulen, sind vor allem im Bereich Gesundheit und Sozialwesen prägend, aber auch in Berufsfeldern wie Gestaltung, Technik, Wirtschaft zu finden. Die ‚klassische' Berufsschule im dualen Ausbildungssystem ist also nur ein Teil der BBS.

Ein relativ einheitliches Bild gibt es nur für die Bildungsgänge der dualen Berufsausbildung, da hier die Rahmengesetzgebung beim Bund liegt. Alle anderen Bildungsgänge sind in die föderale Struktur des Bildungssystems eingebunden und partizipieren dementsprechend begrifflich wie strukturell an dessen Vielfalt.

Insgesamt gab es an den BBS im Schuljahr 2010/11 ca. 2,7 Mio. Schüler/-innen, davon ca. 1,6 Mio. im Bereich der dualen Ausbildung, 80.000 in berufsvorbereitenden Bildungsgängen und 750.000 in Formen der vollschulischen Berufsausbildung. Etwa 300.000 strebten eine Fachhochschulreife oder Hochschulreife an (vgl. Statistisches Bundesamt 2012).

Kirchliche Arbeit mit Auszubildenden und an BBS

Kirche und Diakonie als ‚Ausbilder'
Für Jugendliche in der Phase ihrer beruflichen Ausbildung können Kirche und Diakonie auf sehr unterschiedliche Weise präsent werden. Zum einen stellen kirchliche und diakonische Einrichtungen selber Ausbildungsplätze zur Verfügung und agieren als Arbeitgeber im Rahmen der dualen Berufsausbildung.

Im Sektor der sozialen und medizinischen Berufe, in denen die Berufsausbildung traditionell in Fachschulen angesiedelt ist, gibt es eine große Zahl von beruflichen Schulen in diakonischer, seltener kirchlicher Trägerschaft. Diakonie und Kirche sind Träger berufsvorbereitender Bildungsgänge und Förderlehrgänge für Jugendliche mit Benachteiligungen und im Bereich der Jugendberufshilfe. Menschen mit Behinderungen können in diakonischen Einrichtungen eine Berufsausbildung absolvieren.

Im Jahr 2007 gab es an den nahezu 600 evangelischen Schulen mit beruflicher Ausrichtung ca. 53.000 Schüler/-innen (vgl. WAES 2007). Dies sind vor allem Schulen im Bereich des Gesundheitswesens und erzieherisch-sozialpädagogischer Berufsfelder sowie im Sektor Hauswirtschaft.

Religionsunterricht und Schulseelsorge
Der zahlenmäßig bedeutsamste Sektor kirchlicher Aktivitäten mit Auszubildenden und Berufsschüler/-innen ist der evangelische Religionsunterricht an beruflichen Schulen (BRU). Eigene Befragungen bei den Bildungsabteilungen der Evangelischen Landeskirchen sowie Trägern außerschulischer Bildungsangebote ergeben folgendes Bild: Bundesweit nehmen mehr als 580.000 Schüler/-innen und Auszubildende am BRU teil. Das sind ca. 20% der Schüler/-innen an BBS. Die regionalen Unterschiede sind allerdings erheblich: Sehr viele Schüler/-innen an BBS erreicht der BRU in Rheinland-Pfalz (73%) und Niedersachsen (46%). In Bayern, Baden-Württemberg, Hessen, dem Saarland und Nordrhein-Westfalen nehmen zwischen 15 und 20% der Schüler/-innen an BBS daran teil. In Ostdeutschland hingegen (ohne Berlin) bewegt sich diese Quote im niedrigen einstelligen Bereich (vgl. Biewald 2011). In Brandenburg gibt es, ebenso wie in Bremen, gar keinen BRU, für Schleswig-Holstein fehlen die Zahlen.

In Hamburg und Berlin sind eigene Modelle entwickelt worden: Die „Religionsgespräche" in Hamburg und die projektförmige Arbeit in der Jugendbildungsstätte Haus Kreisau in Berlin. Hier werden etwa 10–15% der Berufsschüler/-innen erreicht, allerdings in geringerem zeitlichen Umfang als in einem ‚planmäßigen' Unterricht.

Über den tatsächlichen Umfang des erteilten BRU ist damit aber noch nichts gesagt. Ob er ein- oder zweistündig angeboten, durchgehend oder epochal unterrichtet wird, ob er zugunsten anderer Fächer häufiger oder ganz ausfällt – dazu gibt es bisher keine verlässlichen Daten. Schätzungen gehen im Mittel von ca. 20% Unterrichtsausfall aus – mit breiter regionaler und schulformbezogener Varianz (EKD 2010: 63). Eigene Befragungen lassen darauf schließen, dass von erheblichen Unterschieden im Blick auf die unterschiedlichen Bildungsgänge in den BBS auszugehen ist und der BRU an Fachoberschulen und beruflichen Gymnasien häufiger stattfindet als an Berufsschulen. Bemerkenswert ist, dass die tatsächliche Situation des BRU relativ unabhängig vom rechtlichen Status des Faches in den jeweiligen Bundesländern ist. An der Situation in Ostdeutschland wird dies deutlich: Hier ist BRU in der Regel als „ordentliches Lehrfach" eine marginale Erscheinung.

Für die BBS in kirchlicher und diakonischer Trägerschaft stellt sich die Lage anders dar. In der Regel ist BRU hier ein fester Bestandteil des Stundenplans, wenn auch organisatorische Schwierigkeiten vor Ort dazu führen können, dass er nicht oder nur teilweise erteilt wird.

Von besonderer Bedeutung ist die Schulseelsorge, die in den letzten Jahren neue Aufmerksamkeit und Wertschätzung innerhalb der evangelischen Kirchen erfährt und auch an BBS eingerichtet wird (vgl. Koerrenz/Wermke 2008). In der Regel ist die Schulseelsorge den Pfarrern/-innen oder Religionslehrkräften übertragen, die an den jeweiligen Schulen Religionsunterricht erteilen. Noch mehr als beim BRU selber ist das Angebot hier aber von einer ‚Flächendeckung' weit entfernt.

Außerschulische Jugendbildung
Hierbei handelt es sich um Projekttage und mehrtägige Seminarangebote der außerschulischen Jugendbildung zu gesellschaftspolitischen Themen und Fragen der individuellen Lebensgestaltung, die in Kooperation mit BBS, vereinzelt auch in Zusammenarbeit mit ausbildenden Unternehmen organisiert werden.

Als Akteure treten hier vor allem der Kirchliche Dienst in der Arbeitswelt (KDA), Landesjugendpfarrämter/landeskirchliche Ämter für Kinder- und Jugendarbeit, Jugendbildungswerke- und -einrichtungen oder Evangelische Akademien auf. Der Abbau von Strukturen im Bereich des KDA während der letzten 20 Jahre hat deutliche Spuren hinterlassen. In den Evangelischen Akademien und Landesjugendpfarrämtern lässt sich für das letzte Jahrzehnt eine Konzentration auf Schüler/-innen an allgemeinbildenden Schulen (vor allem Gymnasien) und damit weg von den BBS verzeichnen, wie eigene Recherchen ergeben haben. Eine Ausnahme bilden die „Tage ethischer Orientierung" (TEO) in Mecklenburg-Vorpommern, wo neue Module speziell für BBS entwickelt wurden (www.teoinmv.de).

Solche Angebote erreichen derzeit bundesweit ca. 4.000 Jugendliche pro Jahr in unterschiedlicher zeitlicher Intensität – von einmaligen Projekttagen bis zu mehrtägigen Seminaren und Exkursionen/Fahrten. Dabei sind die Evangelische Jugendsozialarbeit in Hof (Evangelisch Lutherische Landeskirche in Bayern) und die Evangelische Berufsschularbeit Berlin (www.hauskreisau.de) mit jeweils fast 1.000 Jugendlichen die größten Akteure in diesem Feld.

Das Themenspektrum reicht von aktuellen politischen und gesellschaftlichen Fragen über sozial- und berufsethische Themen bis hin zu praktischer (Lebens-)Orientierung in der Phase der Berufsausbildung.

Weitere Arbeitsfelder und Angebote
Lokal gibt es vereinzelt weitere Aktivitäten. In der Lübecker St. Petri Kirche findet in jedem Jahr die „Orientierungsschau Berufe", eine Kontakt- und Informationsbörse rund um Ausbildung und Beruf statt, die von ca. 6.000 Schüler/-innen besucht wird. In Bayern gibt es Gottesdienste zum Ausbildungsbeginn, die zusammen von evangelischer und katholischer Jugend und der Handwerkskammer verantwortet werden. Der Kirchliche Dienst im Gastgewerbe der Bayerischen Landeskirche bietet Kurse zur Prüfungsvorbereitung für Auszubildende an. Der Kirchliche Dienst in der Arbeitswelt (KDA) in Hannover hat ein Modellprojekt zum diakonischen Lernen für Auszubildende gestartet.

Zwar sind Jugendliche während ihrer Berufsausbildung auch Mitglied in Gemeinden oder im Jugendverband, verlässliche Zahlen liegen dazu aber nicht vor. Die unterschiedlich ausgeprägte Affinität jugendlicher Milieus zu den Kirchen lässt aber vermuten, dass Schüler/-innen aus BBS hier unterrepräsentiert sind (vgl. BDKJ 2008).

Konzeptionelle Überlegungen

Der BRU unterscheidet sich strukturell und thematisch vom Religionsunterricht an allgemeinbildenden Schulen. In struktureller Hinsicht wird BRU überwiegend im Klassenverband, d.h. mit allen Schüler/-innen unabhängig ihrer Bindung an Religionsgemeinschaften und – entsprechend der BBS-Struktur – in diskontinuierlicher Zeitstruktur unterrichtet.

Inhaltlich sind hier Themen der Orientierung in der Lebensphase Berufsausbildung bzw. Berufsfindung, des ‚Erwachsenwerdens' und der Verantwortungsübernahme stark präsent. „Der [B]RU zielt auf ein kritisches, ethisches und religiöses Bewusstsein von Verantwortung im Spannungsfeld von Wirtschaft und Gesellschaft, Kirche, Theologie und Pädagogik" (GfR/dkv 2005: 135f.).

Traditionell sieht sich der BRU in besonderer Verantwortung für die Entwicklung sozialer und personaler Kompetenzen bei jungen Menschen. Der BRU stellt sich damit bewusst den allgemeinbildenden Aufgaben in den BBS, die ohne Anbindung an bestimmte Unterrichtsfächer sind.

Die Angebote der außerschulischen Bildung für Schüler/-innen an BBS sind thematisch ähnlich, haben aber einen deutlicheren Ankerpunkt in der politischen Bildung. Sozialethische Fragen, aktuelle gesellschaftspolitische Themen und die Befähigung zur erfolgreichen Teilhabe an gesellschaftlichen Prozessen – den Erwerbsprozess eingeschlossen – bilden das Themenspektrum. Die Orientierung an den Interessen und Fragen der Teilnehmenden ist programmatisch. Sehr groß ist der Unterschied zum BRU aber auch hier nicht. Auch Religionslehrkräfte in BBS orientieren sich sehr stark an den Interessen und Fragen der Schüler/-innen. Ein Faktor, der dem BRU einen guten Teil seiner Attraktivität verleiht.

Die aufgeführten Aktivitäten sind für viele junge Menschen der erste, der einzige oder einer der ganz wenigen Kontakte zur Kirche. Kaum vertreten sind hier Interessierte an (kern-)gemeindlichen Aktivitäten. Der BRU und andere Aktivitäten an BBS sind einer der wenigen Orte und Gelegenheiten für die Kirche, um auf breiterer Basis und kontinuierlich mit jungen Menschen mit niedrigerem oder mittlerem Bildungsniveau in Kontakt zu treten; eine Gruppe, die in den evangelischen Kirchen tendenziell unterrepräsentiert ist.

Um diesem Arbeitsfeld innerhalb der evangelischen Kirchen zu mehr Aufmerksamkeit und einem höheren Stellenwert zu verhelfen, wurde 2010 auf Ebene der Evangelischen Kirche in Deutschland (EKD) ein „Arbeitskreis BRU" gebildet. Er soll dazu beitragen deutlich zu machen, dass der spezifische Beitrag kirchlicher Bildungsarbeit an BBS ein unverzichtbarer Bestandteil des Bildungsauftrags der evangelischen Kirchen bleibt.

Literatur

Biewald, Roland (2011): BRU in den neuen Bundesländern. In: BRU Magazin, 54, S. 40–47.
[BDKJ] Bund der Deutschen Katholischen Jugend/Bischöfliches Hilfswerk Misereor (Hrsg.) (2008): Wie ticken Jugendliche? Sinus-Milieustudie U27. Düsseldorf: Verlagshaus Altenberg.
[BMBF] Bundesministerium für Bildung und Forschung (Hrsg.) (2011): Berufsbildungsbericht 2011. Bonn: Bundesministerium. http://www.bmbf.de/pub/bbb_2011.pdf [Zugriff: 20.5.2012]
[EKD] Evangelische Kirche in Deutschland (Hrsg.) (2010): Kirche und Jugend. Lebenslagen, Begegnungsfelder, Perspektiven. Eine Handreichung des Rates der Evangelischen Kirche in Deutschland. Gütersloh: Gütersloher Verlagshaus.
[GfR/dkv] Gesellschaft für Religionspädagogik/Deutscher Katechetenverein (Hrsg.) (2005): Neues Handbuch Religionsunterricht an berufsbildenden Schulen (BRU-Handbuch). Neukirchen-Vluyn: Neukirchener Verlag.
Goebel, Helmut/Obermann, Andreas (Hrsg.) (2006): Unterwegs in Sachen Religion. Zum Religionsunterricht an berufsbildenden Schulen. Münster: LIT.
Klie, Thomas (2000): Religionsunterricht in der Berufsschule: Verheißung vergegenwärtigen. Eine didaktisch-theologische Grundlegung. Leipzig: Evangelische Verlagsanstalt.
Koerrenz, Ralf/Wermke, Michael (Hrsg.) (2008): Schulseelsorge. Ein Handbuch. Göttingen: Vandenhoeck & Ruprecht.
Statistisches Bundesamt (Hrsg.) (2012): Allgemeinbildende und berufliche Schulen: Schüler/-innen nach Schularten. https://www.destatis.de/DE/ZahlenFakten/GesellschaftStaat/BildungForschung Kultur/Schulen/Tabellen/AllgemeinBildendeBeruflicheSchulenSchulartenSchueler.html; jsessionid=00F63A1EAE6AB791D8DD5F4EED4E81D5.cae2?nn=50756 [Zugriff: 8.5.2012]

[WAES] Arbeitskreis Evangelische Schule/Wissenschaftliche Arbeitsstelle Evangelische Schule (Hrsg.) (2007): Evangelische Schulen in Deutschland: nach Bundesländern mit Schülerzahlen. http://schulen.evangelischer-bildungsserver.de/images/stories/Berechnung-Bundeslaender-2007.pdf [Zugriff: 8.5.2012]

Links

BRU-Portal: www.bru-portal.de

Veit Laser

Entwicklungspolitische Bildung – Globales Lernen

Lernen als pädagogische Antwort auf wachsende Komplexität

Entwicklungspolitische Bildung, globales Lernen, Bildung für nachhaltige Entwicklung – die Begriffe haben sich in den letzten Jahren verändert und werden zum Teil synonym oder zur Abgrenzung verwendet. Die Kontroverse darüber sei an dieser Stelle erwähnt, ohne sie im Einzelnen auszuführen. Im Folgenden ist von globalem Lernen die Rede, weil sich der Begriff in der Praxis evangelischer Kinder- und Jugendarbeit zunehmend durchsetzt und von Experten/-innen als Konzeption entwicklungspolitischer Bildung verstanden wird (vgl. Scheunpflug/Schröck 2002; Bourn 2003).

Globales Lernen ist der Versuch einer pädagogischen Antwort auf die Herausforderungen des Zusammenlebens der Menschen unter den Bedingungen der Globalisierung. Die damit verbundenen Probleme sind nicht neu. Neu ist die gewachsene Komplexität, die eine Neuorientierung in der schulischen wie außerschulischen Bildungsarbeit erfordert. Um diese Komplexitätssteigerung zu bewältigen, wurden Didaktik und Methodik globalen Lernens aus der Theorie und Praxis entwicklungspolitischer Bildungsansätze entwickelt.

Die *Komplexitätssteigerung* lässt sich in drei Punkten zusammenfassen:
a) Die globalen Risiken und Gefährdungen zeigen, dass das Überleben der Menschheit als Ganzes auf dem Spiel steht.
b) Fremde und vertraute Lebenswelten stoßen unter globalen Bedingungen unvermittelt aufeinander. In der Einheitskultur globaler Großstädte begegnen uns viele Kilometer von unserem Zuhause entfernt vertraute Aspekte unserer Lebenswelt, während das Fremde unmittelbar vor der eigenen Haustür zu finden ist.
c) Die rasante Geschwindigkeit der Veränderungen auf der Erde führt dazu, dass unser Wissen immer schneller an Aktualität verliert und das individuelle Nichtwissen schneller wächst als das Wissen. Lehrende wie Lernende müssen gemeinsam lernen, mit der Unsicherheit umzugehen, nicht alles wissen zu können und dennoch vernünftige Entscheidungen zu treffen. (vgl. Scheunpflug/Schröck 2002: 6ff.)

Ziele, Inhalte und Methoden globalen Lernens

Globales Lernen will dazu befähigen, sich dieser Komplexität zu stellen und die Wechselwirkung zwischen lokaler Lebenswelt und globalen Zusammenhängen zu erkennen und zu verstehen. Ziel ist die Entwicklung von Kompetenzen für eine kritische Mitgestaltung der Welt. Angesichts der Entgrenzung gesellschaftlicher Verhältnisse und des Zusammenwachsens zur Risikogemeinschaft geht es um die Befähigung zum Denken und Handeln im Welthorizont. In der entwicklungspädagogischen Debatte setzt sich zunehmend der Begriff ‚global citizenship' als Lernziel durch, das sich am Leitbild einer nachhaltigen Entwicklung orientiert (vgl. Bourn 2003). Dieses von der UN-Konferenz für Umwelt und Entwicklung 1992 in Rio de Janeiro anerkannte Leitbild umfasst gleichberechtigt die Dimensionen sozialer Gerechtigkeit, wirtschaftlicher Leistungsfähigkeit, demokratischer Politikgestaltung und des ökologischen Gleichgewichts (vgl. VENRO 2012). Ziele, Inhalte, und Methoden globalen Lernens sind daran ausgerichtet.

Globales Lernen motiviert und befähigt Menschen, Globalisierung an sich und ihr eigenes Leben in Bezug auf das vielschichtige Geflecht der Globalisierung wahrzunehmen und zu verstehen. Es werden Kompetenzen angeeignet, um einen nachhaltigen Lebensstil zu entwickeln und sich an der Gestaltung einer humanen und zukunftsfähigen Gesellschaft zu beteiligen. Die Notwendigkeit, sich in der Einen Welt zu orientieren, wird mit der Befähigung zu Visionen für eine gerechtere Welt verbunden. Globales Lernen weckt Empowerment, das Potenzial kritischer Mitgestaltung.

Der rasante soziale Wandel und die globalen Gefährdungen verstärken das Sicherheitsbedürfnis. Globales Lernen will ethische Orientierung ermöglichen und ermutigt, die Augen vor den Risiken und Gefährdungen nicht zu verschließen, sondern Ursachen zu erkennen, um zu verstehen und zukunftsfähige Entscheidungen treffen zu können.

Aus diesem Grund ist die entscheidende Frage nicht *was*, sondern *wie* gelernt wird. Globales Lernen ist in erster Linie ein reformpädagogischer Lernansatz, ein Prinzip, das die Inhalte auf ein grundsätzliches, an Entwicklung orientiertes Bildungsverständnis bezieht. Deshalb geht es nicht allein um die Vermittlung von Wissen und Kenntnissen. Globales Lernen bezieht alle Beteiligten ein in einen ganzheitlichen Lernprozess für die zukunftsfähige Veränderung der Gesellschaft und ist in diesem Sinne ein alternatives Lernkonzept, das auf „gesellschaftliche und pädagogische Erneuerung zielt" (Bourn 2003: 31f.).

Für die konkrete *inhaltliche Arbeit* im Alltag und bei der Orientierung in einem nahezu unüberschaubaren Lernfeld ist das Arbeitsbuch „Leben in Einer Welt" von Susan Fountain hilfreich. Sie macht globales Lernen anschaulich anhand der folgenden vom UN-Kinderhilfswerk UNESCO bestimmten fünf Lernfelder: soziale Gerechtigkeit, wechselseitige Abhängigkeit, Weltbilder und Vorurteile, Konflikte und Konfliktlösungen, Zukunftsperspektiven (vgl. Fountain 1996: 7f.).

Als ganzheitlicher Bildungsansatz nutzt globales Lernen *handlungsorientierte und erfahrungsbezogene Methoden*. Weil der Zusammenhang von eigenem Lebensstil und weltweiter Ungerechtigkeit so komplex und abstrakt erscheint, ist es wichtig, methodisch einen persönlichen Zugang zu ermöglichen. Deshalb ist globales Lernen eine im Alltag zu verortende Lernpraxis, die darauf abzielt, Kenntnisse und Fähigkeiten zu fördern und Einstellungen zu verändern.

Herausforderungen für die außerschulische Bildung

Um in der außerschulischen Kinder- und Jugendarbeit im beschriebenen Sinne global zu lernen, ist die Auseinandersetzung mit folgenden Hindernissen nötig:
a) Globales Lernen stößt bei Jugendlichen und bei Mutiplikator/-innen aus verschiedenen Gründen auf Widerstand. Die Komplexität führt zur Sorge vor zusätzlicher Arbeit. Das Thema löst Abwehr aus, weil nachhaltige Entwicklung die Auseinandersetzung mit der eigenen Verstrickung in Schuldzusammenhänge und die globale Verantwortung einschließt. Die weltweiten Krisen, in Deutschland vor allem die Finanz- und Bankenkrise, werden bewusst oder unbewusst als Bedrohung empfun-

den, die die Bereitschaft mindert, sich auf einen Lernprozess einzulassen, der weltoffen (,global citizenship') ist und gesellschaftliche Veränderung zum Ziel hat.

b) Es droht Verwässerung. Bourn und andere warnen davor, globales Lernen einem ökonomielastigen Bildungsverständnis zu opfern, das sich ausschließlich an den Gegebenheiten des Arbeitsmarktes ausrichtet. Globales Lernen als gesellschaftskritisches Lernprinzip bleibt dabei auf der Strecke und wird reduziert auf ein ‚Fit-Machen' für und die Anpassung an Globalisierungsprozesse (vgl. Bourn 2003: 30; Hallitzky/Mohrs 2005: IXff.).

c) Gerade in der außerschulischen Bildungsarbeit bleibt globales Lernen immer wieder in der Sackgasse oberflächlicher Anknüpfung stecken. Globales Lernen gerät zum Vehikel für den Transfer entwicklungspolitischer Fragestellungen von Nichtregierungsorganisationen.

Ein Beispiel dafür sind globalisierungskritische Stadtführungen. Ihr Konzept ist inzwischen in vielen Materialsammlungen globalen Lernens zu finden und folgt in etwa folgendem Muster: Vor dem Eingang eines Fastfood-Restaurants steht eine Gruppe Jugendlicher. Während drinnen Burger, Pommes und Co. konsumiert werden, lauscht die Gruppe draußen vor der Tür den kenntnisreichen Ausführungen eines jungen Mannes über industrielle Nahrungsmittelproduktion, Systemgastronomie, Ernährungskrise, Treibhauseffekt und Regenwald. Wie auch immer die Jugendlichen die Informationsflut aufnehmen, eins steht fest: Das Restaurant werden sie an diesem Tag und – so die Hoffnung ihres Begleiters – auch in Zukunft nicht betreten.

Hier wird zwar bei der Lebenswelt junger Menschen angeknüpft. Aber ihre Erfahrungen und Sichtweisen sind nicht gefragt, denn die Intention ist klar und wird von Jugendlichen auch sofort durchschaut: Ich sage euch, warum Fastfood nicht empfehlenswert ist und ihr beherzigt dies bei euren künftigen Entscheidungen. Hier besteht nicht allein die Gefahr der Instrumentalisierung junger Menschen. Es findet kein Lernprozess statt. Entwicklungspolitische Bildung nach dem Prinzip input-output widerspricht dem befreiungspädagogischen Ansatz von Paulo Freire (2002), der sich an den Fragen und Bedürfnissen der Lernenden (,generative Themen') orientiert und den Lernprozess von ihren Erfahrungen her inszeniert.

Wie globales Lernen im Sinne kritischer Weltaneignung auf die ‚McDonaldisierung' der Welt antworten kann, zeigt ein Bildungsbaustein von Dietmar Larcher. Er schickt die Jugendlichen ins Restaurant, und zwar mit folgendem Auftrag: Sie sollen sich vorstellen, sie seien Bewohner eines anderen Planeten, und zum ersten Mal in ihrem Leben in einem Fastfood-Restaurant. Dort sollen sie ihre Beobachtungen aufschreiben: Was sehen, riechen, hören sie? Bei der Rückkehr tauschen sie sich über ihre „Entdeckung eines eigenartigen Ortes mit einer seltsamen Kultur" aus, diskutieren über dessen Vor- und Nachteile und tragen weitere Informationen zusammen (vgl. Larcher 2005: 342ff.). Das Ergebnis ist offen. Sicher aber ist: Dieser Zugang ermöglicht eine kritische Auseinandersetzung, weil er den Jugendlichen die persönliche Erfahrung des Lerngegenstandes nicht wie bei der Stadtführung untersagt.

Globales Lernen auf diese Weise praktiziert, erweist sich nicht nur als attraktives Handlungsfeld, es ermöglicht den Perspektivwechsel, ohne den gesellschaftliche Veränderung undenkbar ist. Perspektivwechsel bedeutet, die Welt nicht als unveränderliche Gegebenheit hinzunehmen, sondern sie mit anderen Augen zu sehen und zu erkennen: Eine andere Welt ist möglich!

Literatur

Bourn, Douglas (2003): Entwicklungspolitische Bildung im Umbruch. Zum Stand der Entwicklungspädagogik aus britischer Sicht. In: epd-Entwicklungspolitik, 20, S. 28–33.
Fountain, Susan (1996): Leben in Einer Welt. Anregungen zum globalen Lernen. Braunschweig: Westermann.
Freire, Paulo (2002): Pädagogik der Unterdrückten. Bildung als Praxis der Freiheit. Reinbek bei Hamburg: Rowohlt.
Hallitzky, Maria/Mohrs, Thomas (Hrsg.) (2005). Globales Lernen. Schulpädagogik für WeltbürgerInnen. Grundlagen der Schulpädagogik, 52. Baltmannsweiler: Schneider-Verlag Hohengehren.
Larcher, Dietmar (2005): FAST FOOD. Vor- und Nachteile McDonaldisierter Lern- und Lebnswelten. In: Hallitzky, M./Mohrs, Th. (Hrsg.), S. 341–360.
Scheunpflug, Annette (1995): Die Geschichte der entwicklungsbezogenen Bildungsarbeit bei aej und BDKJ. Schriftenreihe/Jugendhaus Düsseldorf, 54. Düsseldorf: Jugendhaus Düsseldorf.
Scheunpflug, Annette/Schröck, Nikolaus (2002): Globales Lernen. Einführung in cine pädagogische Konzeption zur entwicklungsbezogenen Bildung. Stuttgart: Aktion Brot für die Welt.
Scheunpflug, Annette/Feldbaum, Karl-Heinz (1998): Globales Lernen mit Kindern. Rahmenkonzept für die entwicklungsbezogene Bildungsarbeit mit Kindern in evangelischen und katholischen Jugendverbänden. Düsseldorf: Entwicklungspolitischer Arbeitskreis der aej und des BDKJ.
[VENRO] Verband Entwicklungspolitik deutscher Nichtregierungsorganisationen e.V. (2000): Globales Lernen als Aufgabe und Handlungsfeld entwicklungspolitischer Nichtregierungsorganisationen. Grundsätze, Probleme und Perspektiven der Bildungsarbeit des VENRO und seiner Mitgliedsorganisationen. http://www.venro.org/fileadmin/Publikationen/arbeitspapiere/arbeitspapier_10.pdf [Zugriff: 26.6.2012]

Links

Evangelisches Jugendportal: www.evangelische-jugend.de
Footprints: www.footprint.at
Globales Lernen: www.globales-lernen.de
Welthaus Bielefeld e.V.: www.welthaus.de

Jörg Lohrer

Erlebnispädagogik

Ziele und Arbeitsformen

Erlebnispädagogik arbeitet mit einem pädagogischen Konzept zielorientiert und bevorzugt in der Natur oder dem naturnahen Raum vorrangig an der Förderung von Selbst- und Sozialkompetenzen. Dabei grenzt sich Erlebnispädagogik bewusst von ‚Nervenkitzel-Aktionismus' und der eskalierenden Suche nach dem Kick nach immer mehr und phantastischeren Erlebnissen ab. Die Förderung von Zutrauen in die eigenen Fähigkeiten, der Umgang mit Ängsten, das Erfahren und Überwinden von Grenzen, die Vermittlung von sozialen Kompetenzen können Zielsetzungen für erlebnispädagogische Maßnahmen in der evangelischen Jugendbildung sein. Dabei geht es auch immer um eine Erweiterung der eigenen Handlungskompetenzen zur Lebensbewältigung durch ein angstfreies Lernen in der Gruppe.

Erlebnispädagogik arbeitet mit Wahrnehmungs- und Vertrauensübungen, Kooperations- und Problemlösungsaufgaben, abenteuerlichen Aktionen, persönlichen Herausforderungen und Grenzerfahrungen. Angebote und Maßnahmen mit erlebnispädagogischem Charakter sind zum Beispiel Kanu- und Fahrradtouren, Kletteraktionen, kooperative Abenteuerspiele, Natursensibilisierung, Trekkingtouren, Nieder- und Hochseilparcours oder Geocaching.

Erlebnispädagogische Maßnahmen finden u.a. Anwendung im Bereich der Kooperation von Jugendverbandsarbeit und Schule, bei Klassenfahrten, der Präventionsarbeit, bei gruppendynamischen Prozessen, Mitarbeiterschulungen, der Entwicklung von Teamarbeit und in etlichen weiteren Praxisfeldern evangelischer Jugendbildung.

Mit den Arbeitsprinzipien Respekt, Selbstbestimmung, Vertrauen, Kooperation, Verantwortung und Ganzheitlichkeit korrespondiert die Erlebnispädagogik mit dem Profil der evangelischen Jugendarbeit. Ebenso liegen Chancen in einer Verknüpfung von erlebnispädagogischen Aktionen mit einer erfahrungsbezogenen Verkündigung. Erlebnispädagogische Maßnahmen werden als Jugendbildungsveranstaltungen gefördert, wenn sozial-ökologische Inhalte und/oder politisch-kulturelle Schwerpunktthemen mit gesellschaftlichem Bezug im Mittelpunkt der Maßnahme stehen.

Entstehung, Prinzipien, Methoden

Der Bundesverband Individual- und Erlebnispädagogik e.V. (BE) nennt weit in die Vergangenheit zurück reichende Wurzeln der Erlebnispädagogik. Als wichtige Autoren, auf die das Konzept vom handlungsorientierten Lernen zurückgeführt wird, werden Platon (427–347 v.Chr.), Rousseau (1712–1778), Pestalozzi (1746–1827) und schließlich Kurt Hahn (1886–1974) als ‚Urvater' der Erlebnispädagogik genannt. Ihre heutige Vielfalt und weite Verbreitung hat die Erlebnispädagogik allerdings erst im 20. Jahrhundert und schließlich in den letzten Jahrzehnten entwickelt. Erlebnispädagogik wird nicht nur im Bereich der Erziehung von Kindern und Jugendlichen angewandt, sondern findet inzwischen auch vielfältige Beachtung in der Arbeit mit nahezu allen Altersgruppen zu unterschiedlichen Problem- und Zielstellungen in der präventiven Kurzzeitpädagogik, der intensiven sozialpädagogischen Einzelbetreuung, im Rahmen der beruflichen Fort- und Weiterbildung oder in Führungskräftetrainings (vgl. www.bundesverband-erlebnispaedagogik.de).

Als *Grundprinzipien* können unter anderem benannt werden: Handlungsorientierung, Ganzheitlichkeit, Eigenverantwortung, Freiwilligkeit, Sicherheit und Nachhaltigkeit. Dabei sind die pädagogischen, kompetenz- und ressourcenorientierten Angebote der Erlebnispädagogik stets eingebettet in die aktuelle Rechtsgrundlage und (Bildungs-) Politik.

Methodische Aspekte sind z.B.: der hohe Stellenwert des Erlebnisses und das Arbeiten mit erlebnispädagogischen Lernszenarien, nicht-alltäglichen Herausforderungen und Wagnissen, Einsatz verschiedener Medien und der Natur als bevorzugtem Lern- und Erfahrungsraum.

Neben einer zunehmende Gruppenselbststeuerung baut die Erlebnispädagogik auf Lern- und Wirkungsmodelle wie das Komfortzonenmodell, das metaphorische Modell, Aktions- und Reflexionswelle oder das FlowModell.

Erlebnispädagogik hat als Lernszenariotechnik zwar eine eigene Strukturlogik, dient jedoch ebenso als Methode im nicht genuin erlebnispädagogischen Kontext und entwickelt somit Reichweite, Relevanz und pädagogische Innovationskraft in Konfirmandenarbeit, Religionsunterricht und Gemeindepädagogik.

Aktuelle Fragestellungen und Entwicklungsperspektiven: Qualität und Wirkung

Als partizipatorisches Angebot setzt die Erlebnispädagogik auf das Prinzip der Freiwilligkeit und der selbstbestimmten Teilnahme. Unter dem Motto ‚challenge by choice' hat eine subjektorientierte Erlebnispädagogik stets zu gewährleisten, dass die Teilnehmenden den Grad ihrer Beteiligung und Verantwortungsübernahme selbst bestimmen können. Reiserechtliche Bestimmungen, Versicherung und Haftung sind daher aktuell handlungsleitend bei der Erstellung von erlebnispädagogischen Angeboten und Konzeptionen. Hier gab es in den letzten Jahren zahlreiche Entwicklungen, die eine Qualitätssicherung der Mitarbeitendenbildung in Pädagogik und Sicherheitstechnik hinsichtlich geltender Kriterien voraussetzen und notwendig machen. Entsprechende Zusatzqualifikationen sollten daher immer mindestens durch die jeweiligen Fachsportverbände zertifizierbar sein. Mit dem Gütesiegel „Qualität erlebnispädagogischer Programme und Angebote – Mit Sicherheit pädagogisch!" (beQ) hat der Bundesverband Individual- und Erlebnispädagogik e.V. (BE) ein Zertifizierungsverfahren entwickelt, das ein bundeseinheitliches Qualitätsmanagement fördern will (vgl. www.bundesverband- erlebnispaedagogik.dc).

Die Wirkungsforschung erlebnispädagogischer Lernarrangements untersucht deren Substanz, Akzeptanz und Nachhaltigkeit hinsichtlich ihrer Qualität von Konzept, Struktur, Prozess und Ergebnis. Studien konnten bislang Indizien für Impulse zur Kompetenzentwicklung nachweisen, die wissenschaftliche Evaluation gestaltet sich jedoch genauso komplex wie das Spektrum der erlebnispädagogischen Handlungsfelder, und so fehlt es bislang an validen Studien, die das Wirkungspotenzial eindeutig beschreiben können.

Im Kontext evangelischer Jugendbildung stellt sich bei der Verwendung erlebnispädagogischer Methoden immer auch die Frage nach einer Verknüpfung von christlichen Inhalten mit der handlungsorientierten Pädagogik. Die Assoziation von Natur und Schöpfung ist beispielsweise ebenso naheliegend wie die Reflexion von religiösen Erfahrungen in erlebnispädagogischen Lernsettings. Inwiefern sich dabei Unverfügbares inszenieren lässt, bleibt dabei ebenso eine Herausforderung, wie bei der oben beschriebenen Wirkungsforschung. In den vergangenen Jahren haben sich einige Konzepte zur Erprobung erlebnispädagogischer Methoden im christlichen Kontext entwickelt, die zunehmend auch theologisch und religionsdidaktisch reflektiert werden. Eine überregionale Organisation dieser Einzelinitiativen auf Bundesebene wäre der nächste Schritt hin zu einem evangelischen Profil erlebnispädagogischer Jugendbildungsarbeit.

Literatur

Großer, Achim/Oberländer, Rainer/Lohrer, Jörg/Wiedmayer, Jörg (2005/2011): Sinn gesucht – Gott erfahren. Erlebnispädagogik im christlichen Kontext (Band 1 (2005)/Band 2 (2011)). Stuttgart: Buch und Musik.
Heckmair, Bernd/Michl, Werner (2008): Erleben und Lernen. Einführung in die Erlebnispädagogik. München: Reinhardt.
Reiners, Annette (2007): Praktische Erlebnispädagogik. Augsburg: ZIEL.
Pum, Viktoria/Pirner, Manfred L./Lohrer, Jörg (Hrsg.) (2011): Erlebnispädagogik im christlichen Kontext. Dokumentation einer Tagung der Evangelischen Akademie Bad Boll, 2. bis 4. März 2009. Bad Boll: Evangelische Akademie.

Links

Bundesverband Individual- und Erlebnispädagogik e.V. (BE): www.bundesverband-erlebnispaedagogik.de
Fachportal für Erlebnispädagogik im christlichen Kontext des Evangelischen Jugendwerks in Württemberg: www.ep-macht-sinn.de
Informationsdienst Erlebnispädagogik mit Literaturliste: http://erlebnispaedagogik.de/
Bundesweite Klassenfahrten, Aus- und Weiterbildungsangebote der Gesellschaft zur Förderung der Erlebnispädagogik (GFE): http://www.erlebnistage.de/

Michael Freitag

Events und Großveranstaltungen

Events (engl. *event:* „Ereignis") lassen sich soziologisch beschreiben als die Organisation und die Inszenierung des Außergewöhnlichen (vgl. Gebhardt u.a. 2000) mit einem hohen Erlebnisgrad.

Unter einem Event im Rahmen evangelischer Jugendarbeit wird hier ein Veranstaltungstyp verstanden, der ein besonderes Ereignis im Rhythmus des Normalen darstellt. Events durchbrechen als erlebnisreicher, oft festlicher Höhepunkt punktuell die Kontinuitäten alltäglicher und ‚normaler' Jugendarbeit. Um den angestrebten Erlebnisgrad zu erreichen, bedürfen sie allerdings einer entsprechenden ästhetischen und (jugend-)kulturellen Inszenierung.

Formen

Der Eventcharakter einer Veranstaltung ist unabhängig von der Anzahl der Teilnehmenden oder der geografischen Reichweite: Ein außergewöhnlicher Jugendgottesdienst in einer Jugendkirche, ein ‚Happening' in einem Wohnviertel bzw. einem Sozialraum, ein Straßenfest einer Kirchengemeinde, eine Party im Jugendclub können in ihrem jeweiligen Bezugsrahmen ebenso Events sein wie große, mehrtägige internationale Festivals oder ein zentrales Jugendtreffen.

Großveranstaltungen sind ihrerseits immer als Event konzipiert. Sie zählen derzeit zu den wichtigen Formaten und Angebotsformen evangelischer Jugendarbeit: In nahezu jeder Landeskirche werden z.B. in meist zweijährigem Rhythmus *Landesjugendcamps, Landesjugendtage* oder *Jugendkirchentage* durchgeführt; die freikirchlichen Jugendwerke gestalten in vergleichbarem Abstand ihre *Bundesjugendtreffen,* Pfadfinderverbände wie der Verband Christlicher Pfadfinderinnen und Pfadfinder (VCP) veranstalten *Bundeslager* oder internationale *Jamborees*. Auch in geografisch begrenzterem Rahmen wie z.B. Kirchenkreisen/Dekanaten werden Großveranstaltungen durchgeführt.

Hinzu kommt eine wachsende Zahl überkonfessioneller bundesweiter Veranstaltungen, die von Zusammenschlüssen im Bereich der evangelischen Jugendarbeit organisiert werden, wie z.B. der in ca. fünfjährigem Abstand durchgeführte Jugendkongress *Christival* (www.christival.de). Stark von jugendlichen Teilnehmenden geprägt sind inzwischen die *Deutschen Evangelischen Kirchentage* (DEKT). Seit langem werden zudem von freien Trägern bzw. Bewegungen im Kontext evangelischer Jugendarbeit Events gestaltet, die oft einen deutlich missionarischen Akzent tragen wie z.B. das von der Bewegung der ‚Jesus-Freaks' organisierte jährliche Festival ‚Freakstock'.

Hinsichtlich der inhaltlichen Gestaltung lassen sich zwei Grundformen bestimmen: Eine Reihe dieser Events sind primär als Musikfestivals mit eingestreuten inhaltlichen Elementen wie Performancemodulen, jugendgemäßen Ansprachen bzw. Predigten und partizipativen Aktionsformen konzipiert.

Die meisten Großveranstaltungen bieten ein umfassendes Programm. Dazu gehören zentrale Veranstaltungen wie Gottesdienste und liturgische Nächte, dezentrale Angebote mit Bildungscharakter (Seminare und Workshops zu religiösen und gesellschaftlichen Themen), Spielformen, Mitmach- und Kreativangebote sowie sportliche Aktionen.

Neben der Angebotsseite durch die Veranstalter sind für teilnehmende Jugendliche das Feiern, die informellen Kommunikationen und selbstorganisierte Aktionen besonders wichtig. Erfahrungsgemäß sind Großveranstaltungen und Events für Jugendliche in ihren Rollen als Konsumenten und vielleicht sogar noch mehr als mitgestaltende Akteure hoch attraktiv.

Funktionen

Events haben, besonders in ihrer Form als Großveranstaltungen, einen hohen Stellenwert für Jugendliche und deren Lebenslauf und für die evangelische Jugendarbeit insgesamt:

- Sie bilden eine zeitlich und lokal begrenzte Sonderwelt der *Dominanz der eigenen (Jugend-)Kultur*, in der Ausdrucksformen jugendlicher Milieus und Lebenswelten sowie jugendästhetische Elemente vorherrschen und die Dominanz der Erwachsenenkultur auf Zeit durchbrochen wird.
- Events haben die Funktion einer *Unterbrechung und Transzendierung des Alltags*. In der Praxis evangelischer Jugendarbeit sind solche Events ein positiv besetzter Höhepunkt (,Highlight'), auf den oft in Vorbereitungsphasen im Rahmen der örtlichen Jugendgruppe oder in regionalen Vorveranstaltungen hingearbeitet wird.
- Durch ihr besonderes Setting, die Programmelemente, aber auch durch selbstorganisierte Aktionen und ungeplante Kommunikationen bilden Großveranstaltungen einen Ort der *Verdichtung von sozialer und religiöser Erfahrung.*
- Sie vermitteln die *Erfahrung von Zugehörigkeit* und Geborgenheit in einer großen Gemeinschaft.
- Wie die Feedbacks Jugendlicher nach Großveranstaltungen zeigen, *stabilisieren diese Lebenskonzepte* wie z.B. den persönlichen Glauben oder das Handeln aus Glauben heraus.
- Kommunikationen in diesem Kontext ermöglichen es, von den Erfahrungen und Meinungen anderer und damit *gegenseitig zu lernen.*
- Gleichzeitig ermöglicht die Zugehörigkeit zu einer Großgruppe mit gemeinsamem Thema das *Selbstbewusstsein, etwas Besonderes zu sein*. Sich mit dieser besonderen Gruppenzugehörigkeit und den dazugehörenden Inhalten zu exponieren und identifizieren zu lassen, wird in diesem Großgruppenkontext – entgegen der häufigen Alltagserfahrung in einer signifikanten Minderheitenposition – als Auszeichnung erlebt und darum mit einem gewissen Stolz zur Schau getragen. Sichtbar wird dies durch Accessoires mit hohem symbolischem Wert wie Halstücher, Anhänger, Ausweise und andere oder demonstrative Handlungen wie spontanes Singen in der Fußgängerzone.
- In der Darstellung nach außen haben Großveranstaltungen eine meist positive *öffentliche Wirkung,* weil sie das Signal aussenden „Es gibt uns und wir sind viele", und weil sie durch verschiedene öffentliche Präsentationen und Aktionen ihre Relevanz für Gesellschaft und Kultur darstellen können.

Events und Wirklichkeitszugänge

Man kann anthropologisch vier Wirklichkeitszugänge bzw. Modi (vgl. Hobelsberger 2003; Freitag 2008) unterscheiden, in denen „sich Menschen mit Welt und Existenz auseinandersetzen, Kontingenzen bearbeiten und Sinn suchen" (Hobelsberger 2003: 18): Der theoretisch-systematische Modus, der praktische Modus, der kommunitäre Modus und der ästhetische Modus. In diesen vier Modi gewinnen Menschen selbstverständlich auch Zugänge zu Glauben und Religion. Die Bedeutsamkeit von Events liegt gerade in der hohen Verdichtung dieser Wirklichkeitszugänge.

Im *theoretisch-systematischen Modus* werden die Welt und die eigene Existenz begrifflich erfasst, beschrieben und reflektiert und wenn möglich in eine plausible Theorie gefasst. Es gehört zur Programmatik von Events im Bereich der evangelischen Jugend, Glaubenswissen zu vermitteln und kritisches Reflektieren und Verstehen zu ermöglichen. Das reichhaltige Angebot von inhaltlichen Seminaren, Foren und Workshops, von Bibelarbeiten, thematischen Vorträgen und Predigten spiegelt dies wider. Die hohe Beteiligung von jungen Menschen an diesen Angebotsformaten signalisiert, wie wichtig es ihnen ist, ihren Glauben in seinen Facetten kennenzulernen und zu verstehen und sich auch kritisch mit Glaubensinhalten auseinanderzusetzen. In ihrer Lebensphase ist dies ein wesentliches Teil von subjektiver Aneignung des Glaubens und von religiösen (Selbst-)Bildungsprozessen.

Der *praktische Modus* bezieht sich auf das Handeln: Die Welt soll gestaltet und sinnvoll verändert werden. Im Kontext evangelischer Jugendarbeit bedeutet dies, die globale Welt genauso wie das unmittelbare Lebensumfeld im Horizont des christlichen Glaubens in individualethischer und sozialethischer Verantwortungsperspektive zu gestalten.

Diese Dimension ist im Regelfall auf Großveranstaltungsformaten der Evangelischen Jugend konzeptionell vorgesehen. Handlungsorientierung geschieht kognitiv durch Wissensvermittlung, emotional durch das Erzeugen von Empathie und Betroffenheit, auf der motivationalen Ebene durch ‚best practice'-Beispiele, aber auch durch Aktionsformen – vom symbolischen ‚Friedenshalstuch' auf Kirchentagen und politisch ambitionierten Demos über Fair-Handels-Gruppen bis hin zu praktischen missionarisch-evangelistischen oder sozialdiakonischen Aktionen in der Veranstaltungsstadt.

Der *kommunitäre, gemeinschaftliche Modus* erfasst, dass Menschen immer soziale Wesen sind, die in gesellschaftlichen, ethnischen, biografischen, historischen und auch religiösen Zugehörigkeiten und Abhängigkeiten leben und sich an bestimmten anderen Menschen als Vorbildern und an Gemeinschaftsformen orientieren.

Christlicher Glaube realisiert sich immer auch in solch kommunitären Bezügen. Je intensiver solch eine kommunitäre Lebensweise praktiziert wird, desto stärker können die religiöse Dichte und die gelebte Glaubensintensität sein. Jugendliche erleben Events als Großform solcher Vergemeinschaftung. Zugleich erleben sie intensive Gemeinschaftsformen in Kleingruppen innerhalb des Großevents: organisierte ‚Familien-' bzw. Wohngruppen, spontane Kleingruppen, ihre Clique, Arbeits- und Projektgruppen.

Im *ästhetischen Modus* geht es um sinnliche, kreative und symbolische Wirklichkeitszugänge. Gerade Jugendliche sind auf solche Zugangsweisen zur Realität geprägt und damit auf entsprechende Realitätskonstruktionen.

Die Dimensionen von Ästhetik, Fühlen und Erleben mit allen Sinnen haben im Rahmen von Events einen hohen Stellenwert: Jugendliches Lebensgefühl wird multimedial inszeniert – und auch Glaube wird inszeniert und ästhetisierend in Szene gesetzt. Umgekehrt haben Jugendliche in Event-Zusammenhängen eine Vielzahl von Möglichkeiten, sich selbst und ihren Glauben zu inszenieren und mit allen Sinnen auszudrücken.

Glaube gewinnt in vielen Angebotsformen wie liturgischen Nächten, im Singen und körperbetonten Veranstaltungsformaten eine expressive Gestalt; er wird nicht nur kognitiv vermittelt (Information), sondern erlebt (Performation).

Herausforderungen

Events und Alltag: Jugendliche erleben die unterschiedlichen Angebotsformate von Events und dem alltäglichen Angebot in ihrer Jugendgruppe oft als Gefälle. Angesichts des hohen Erlebniswertes von Events, ihrer vielfältigen und meist sehr professionell durchgeführten Angebotsmodule auf hohem technischen, methodischen und inhaltlichen Niveau und der genannten Verdichtung von Wirklichkeitszugängen erscheint der Alltag evangelischer Jugendarbeit unattraktiv und langweilig. Wenn Events von Jugendlichen als Standard rezipiert und ihre Möglichkeiten zur internalisierten Norm evangelischer Jugendarbeit werden, kann das zu einer Entwertung der kontinuierlichen Jugendarbeit führen.

Evangelische Jugendarbeit hat darum die bleibende Aufgabe, die Attraktivität und Qualität ihrer kontinuierlichen Angebote zu sichern. Den Wert alltäglicher Jugendarbeit muss sie für Jugendliche plausibel machen können. Dazu zählen beziehungsorientierte Arbeit in kontinuierlichen Gruppen und die personale Verlässlichkeit, die Möglichkeiten gemeinsamen Handelns (Projekte) und die individuelle lebensthematische Passung und der Bezug zu Alltagsrealitäten Jugendlicher.

Inhalt und Verpackung: Wenn der vordergründige Erlebnis- und Ereignischarakter eines Events zum zentralen Punkt und Ästhetik mit ihren Inszenierungen zum Selbstwert werden und primäres Ziel das ‚Verkaufen' von angenehm zu konsumierenden Erlebnissen ist, wird der Inhalt beliebig und austauschbar. Evangelische Jugendarbeit hat darauf zu achten, dass die Akzeptanz ihrer Angebote, auch der religiösen, nicht allein „von deren Erlebniswert abhängt" (Hobelsberger 2003: 21) und auf religiöse Unterhaltung zielt; dies gilt gerade auch für Events. Evangelische Jugendarbeit zielt auf kritische, verantwortlich glaubende und handelnde jugendliche Subjekte.

Literatur

Freitag, Michael (2008): Festivalisierung des Glaubens? Eventkultur und Ästhetisierung. http://www.evangelische-jugend.de/themen/jugendarbeit/grundformen/events-und-festivals [Zugriff: 15.12.2012]
Gebhardt, Winfried/Hitzler, Ronald/Pfadenhauer, Michaela (Hrsg.) (2000): Events. Soziologie des Außergewöhnlichen. Opladen: Leske + Budrich.
Hobelsberger, Hans (2003): Experiment Jugendkirche – pädagogische und jugendpastorale Ansätze. In: Hobelsberger, H./Stams, E./Heck, O./Wolharn, B. (Hrsg.) (2003): Experiment Jugendkirche. Event und Spiritualität. Kevelaer: Butzon & Bercker, S. 17–52.

Martin Schulze

Freiwilligendienste

Die Entwicklung der Freiwilligendienste in Deutschland wurde entscheidend von kirchlichen Trägern initiiert. 1954 rief der damalige Direktor der Diakonissenanstalt Neuendettelsau, Herrmann Dietzfelbinger, erstmals ein „Diakonisches Jahr" (DJ) aus unter dem Motto: „Wagt ein Jahr Eures Lebens für die Diakonie!". Das Programm wurde schnell als Freiwilliges Soziales Jahr (FSJ) von anderen Landeskirchen und Diakonischen Werken, von der katholischen Kirche und nichtkirchlichen Wohlfahrtsverbänden aufgegriffen. Seit 1964 ist das Freiwillige Soziale Jahr (FSJ) gesetzlich verankert. Seit 1993 ist auch die Ableistung eines Freiwilligen Ökologischen Jahres (FÖJ) möglich. Die Tätigkeitsfelder im Freiwilligen Sozialen Jahr haben sich mittlerweile weiter ausdifferenziert. So ist ein Engagement auch in den Bereichen Sport, Kultur, Politik und Denkmalpflege möglich. Heute machen in jedem Jahr weit über 45.000 junge Menschen in Deutschland ein FSJ oder ein FÖJ. Dabei liegen die Anteile des FÖJ und der Sonderformen im FSJ bei jeweils ca. 5% der angebotenen Plätze. Zusammen mit dem neuen Bundesfreiwilligendienst, der in den gleichen Tätigkeitsfeldern stattfindet und auch für Menschen in anderen Lebensphasen offen ist, engagieren sich derzeit über 80.000 Menschen in Freiwilligendiensten im Inland.

Die Friedens- und Versöhnungsdienste (wie z.B. Aktion Sühnezeichen) waren in Deutschland die Wegbereiter für Freiwilligendienste im Ausland, die insbesondere in den letzten Jahren stark gewachsen sind und mittlerweile weltweit Einsätze in einer Vielzahl verschiedener Bereiche anbieten. Im Jahr 2009 waren ca. 6.400 junge Menschen im Rahmen eines Auslandsfreiwilligendienstes im Einsatz (vgl. Arbeitskreis „Lernen und Helfen in Übersee" 2010).

Was sind Freiwilligendienste

Die gesetzlich verankerten und anerkannten Freiwilligendienste haben in der Regel eine Dauer zwischen 6 und 18 Monaten und werden als Vollzeittätigkeit in gemeinwohlorientierten Bereichen abgeleistet. Der Schwerpunkt der Angebote richtet sich an junge Menschen unter 27 Jahren, es gibt aber auch Möglichkeiten für andere Altersgruppen, sich in einem Freiwilligendienst zu engagieren.

Freiwilligendienste sind Orientierungs- und Bildungszeiten. Der Bildungsaspekt hat dabei an Bedeutung gewonnen, was auch seinen Niederschlag im Gesetz zur Förderung von Jugendfreiwilligendiensten (JFDG) findet. Dies bedeutet, dass neben der direkten Arbeit in Einrichtungen und Projekten begleitende Seminare und eine individuelle pädagogische Begleitung durch die Träger und die Einsatzstellen eine zentrale Rolle spielen. Ziel ist es „soziale, kulturelle und interkulturelle Kompetenzen zu vermitteln und das Verantwortungsgefühl für das Gemeinwohl zu stärken" (JFDG § 3 Abs. 2). Die Seminare werden meistens durch die Träger der Freiwilligendienste durchgeführt, die auch die Gesamtkoordination der Dienste übernehmen und für die individuelle Begleitung der Freiwilligen und als Ansprechpartner für die Einsatzstellen zur Verfügung stehen.

Einsatzbereiche

Die Einsatzfelder von Freiwilligen bei evangelischen Trägern sind sehr vielfältig. Im Inland dominieren die Einsatzfelder *Arbeit mit Menschen mit Behinderungen* (ca. 30%), die *Arbeit mit Alten Menschen* und die *Arbeit mit kranken Menschen*. Tendenziell ist aber bei allen drei Einsatzbereichen derzeit eine abnehmende Tendenz zu verzeichnen. Ein Wachstumsbereich ist die *Arbeit mit Kindern und Jugendlichen*. Hier dominieren Einsatzplätze in Kindergärten und Schulen, aber auch in Kirchengemeinden ist ein Großteil der Arbeit die Kinder- und Jugendarbeit. Zusammen genommen erreicht dieses Feld einen Anteil von knapp 30%.

Tabelle 1: Verteilung der Einsatzbereiche im FSJ Inland bei evangelischen Trägern 2009, eigene Berechnungen

	Prozent
Arbeit mit Menschen m. Behinderungen	29,1 %
Kinder- u. Jugendbereich	21,6 %
Stationäre Altenpflege	15,4 %
Krankenhaus	9,0 %
Schulen	7,3 %
Kirchengemeinden	4,7 %
Sozialstationen	1,6 %
Sonstige Einrichtungen	11,3 %
Gesamt	100,00 %

Zielgruppen und Motivation

Die Zielgruppen haben sich in den letzten Jahrzehnten immer weiter ausdifferenziert. War beispielsweise das FSJ früher vor allem ein Orientierungsjahr für junge Frauen überwiegend mit Abitur, so sind der Anteil junger Menschen mit anderen Bildungsabschlüssen (vgl. Tab. 2) und der Anteil junger Männer mittlerweile deutlich gestiegen. Bei den Auslandsdiensten stehen aufgrund der besonderen Anforderungen weiterhin junge Menschen mit Abitur im Vordergrund.

Tabelle 2: Bildungsabschlüsse im FSJ Inland der evangelischen Träger, eigene Berechnungen

	96/97	01/02	04/05	06/07	09/10
Abitur	63,50 %	44,90 %	42,80 %	49,25 %	55,45 %
	1.904	1.509	2.173	2.849	3.772
Realschule	26,80 %	35,40 %	38,80 %	35,33 %	30,61 %
	804	1.190	1.972	2.044	2.082
Hauptschule/	7,20 %	19,70 %	16,30 %	13,85 %	12,06 %
ohne Abschluss	215	662	830	801	820

Die Motivation der Freiwilligen ist sehr vielfältig (s. Abb. 1). Sie lässt sich am besten mit dem Slogan „Für mich und für andere" beschreiben. Neben dem Einsatz für andere Menschen haben die Freiwilligen die Möglichkeit, sich auszuprobieren und ihre sozialen und persönlichen Kompetenzen kennen zu lernen und zu erweitern. Viele Freiwillige möchten sich in den Freiwilligendiensten auch beruflich orientieren und herausfinden, ob ihnen die entsprechenden Arbeitsfelder liegen.

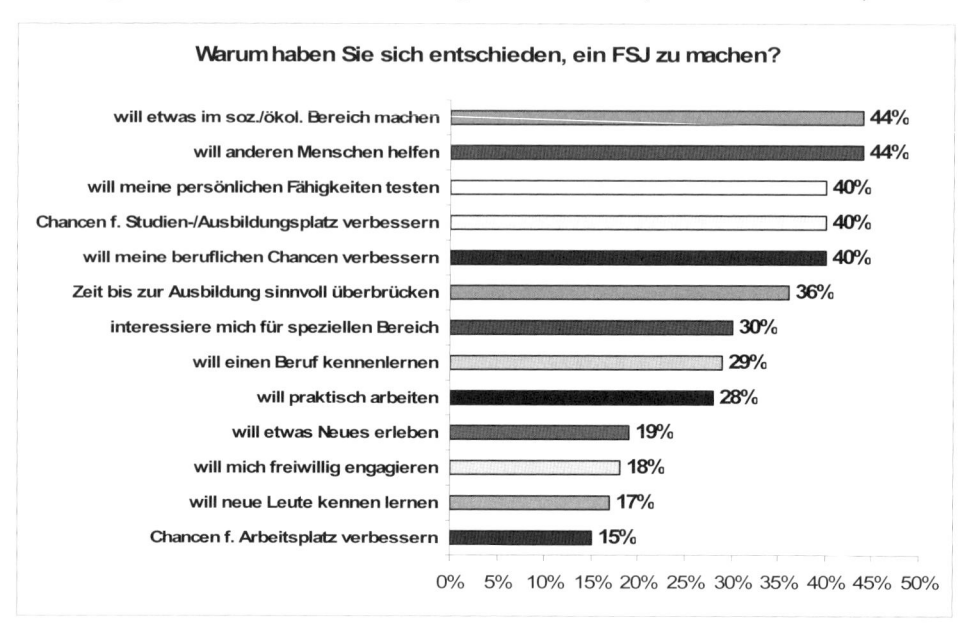

Abbildung 1: Motive für die Ableistung eines FSJ/FÖJ (BMFSFJ 2006: 148)

Warum haben Sie sich entschieden, ein FSJ zu machen?

Motiv	%
will etwas im soz./ökol. Bereich machen	44%
will anderen Menschen helfen	44%
will meine persönlichen Fähigkeiten testen	40%
Chancen f. Studien-/Ausbildungsplatz verbessern	40%
will meine beruflichen Chancen verbessern	40%
Zeit bis zur Ausbildung sinnvoll überbrücken	36%
interessiere mich für speziellen Bereich	30%
will einen Beruf kennenlernen	29%
will praktisch arbeiten	28%
will etwas Neues erleben	19%
will mich freiwillig engagieren	18%
will neue Leute kennen lernen	17%
Chancen f. Arbeitsplatz verbessern	15%

Für die Einsatzstellen gibt es eine Vielfalt positiver Effekte durch den Einsatz der Freiwilligen. Sie können ihre Angebote erweitern, da die Freiwilligen Zeit für Angebote und Tätigkeiten haben, die ansonsten nicht leistbar wären. Mit ihren unterschiedlichen Fähigkeiten bringen die Freiwilligen neue Impulse, sie stellen zugleich aber auch eine Herausforderung für die Einrichtung dar, weil sie immer wieder Arbeitsweisen und Strukturen mit ihrem Blick von außen (kritisch) hinterfragen. Und natürlich sehen die Einsatzstellen und Träger die Freiwilligendienste auch als eine gute Möglichkeit an, junge Menschen für soziale, ökologische oder kirchliche Berufsfelder zu interessieren und sie somit als potenzielle zukünftige haupt- oder ehrenamtliche Mitarbeitende zu gewinnen (vgl. Diakonie 2010). Mit Blick auf die demographische Entwicklung gewinnt der Aspekt der Berufsorientierung, aber auch der Personalgewinnung durch Freiwilligendienste zunehmend an Bedeutung. Wichtig ist dabei, dass die Träger die Freiwilligen tatsächlich zusätzlich zu dem in der Einrichtung notwendigen Personal einsetzen und nicht lediglich Personalmangel ausgleichen.

Freiwilligendienste – ein wichtiges kirchliches Handlungsfeld

Freiwilligendienste bieten jungen Menschen einen Zugang zu unterschiedlichen kirchlichen Arbeits- und Handlungsfeldern zu einem Zeitpunkt ihres Lebens, an dem kirchliche Bezüge sonst häufig aus dem Blick geraten. Für viele junge Menschen ist es der erste Zugang zu Kirche und kirchlichen Arbeitsfeldern.

Als Bildungsprogramme sind Freiwilligendienste ein wichtiger Bestandteil evangelischer Jugendarbeit. Sie hat über die Dienste zugleich einen spezifischen Zugang zu Jugendlichen.

Anbieter von Freiwilligendiensten in der evangelischen Kirche sind im wesentlichen organisiert in den Dachverbänden *Evangelische Freiwilligendienste gGmbH*, getragen durch die Arbeitsgemeinschaft der Evangelischen Jugend in Deutschland (aej) und die Diakonie Deutschland, *Aktionsgemeinschaft Dienst für den Frieden* (AGDF) sowie die *Missionswerke*. Daneben gibt es im entwicklungspolitischen Freiwilligendienst einige Träger, die keinem der Dachverbände angeschlossen sind.

Tabelle 3: Anzahl Freiwillige der Evangelischen Dachverbände 2011, eigene Zusammenstellung nach Auskunft der jeweiligen Verbände

Anbieter	Freiwillige im Inland	Freiwillige im Ausland
Aktionsgemeinschaft Dienste für den Frieden	95	875
Evangelische Freiwilligendienste für junge Menschen	12.000	600
Missionswerke		180

Aktuelle Entwicklungen

Freiwilligendienste sind in Deutschland traditionell zivilgesellschaftlich organisiert und verantwortet. Dem Staat kommt eine unterstützende und fördernde Rolle zu. Neben der finanziellen Förderung geht es insbesondere um die Gestaltung förderlicher Rahmenbedingungen.

In den letzten Jahren hat sich dieses bewährte Rollenverhältnis verändert: Im *Europäischen Freiwilligendienst* (www.jugend-in-aktion.de) gibt es immer mehr inhaltliche Vorgaben, die von den Trägern zu erfüllen sind. Mit *weltwärts* (www.weltwaerts.de) hat das Bundesministerium für Entwicklung und wirtschaftliche Zusammenarbeit ein eigenes Freiwilligendienstprogramm im Ausland aufgelegt und das Auswärtige Amt zog mit *Kulturweit* (www.kulturweit.de) nach. Ziel der Ministerien scheint es dabei zu sein, mit Hilfe des erfolgreichen Formats ‚Freiwilligendienste' junge Menschen für das eigene Themenfeld zu interessieren und als Multiplikator/-innen zu gewinnen. Dies ist grundsätzlich nicht problematisch, in der Umsetzung werden die zivilgesellschaftlichen Akteure aber vom Staat mehr und mehr in die Rolle von Ausführungsorganen staatlichen Handelns gedrängt. Eigene inhaltliche Schwerpunkte und Profile der Träger laufen dabei Gefahr, in den Hintergrund zu rücken.

Mit der Aussetzung der Wehrpflicht und der damit verbundenen Abschaffung des Zivildienstes gibt es auch in den Freiwilligendiensten im Inland eine ähnliche Tendenz. Die Bundesregierung hat neben die Jugendfreiwilligendienste FSJ und FÖJ mit dem Bundesfreiwilligendienst (BFD) ein neues Dienstformat gesetzt, das im Gegensatz zu FSJ und FÖJ auf einem öffentlich-rechtlichen Dienstverhältnis mit dem Bund als Dienstgeber beruht. In der Ausgestaltung konnte ein Höchstmaß an inhaltlicher Übereinstimmung mit den Rahmenbedingungen im FSJ/FÖJ erreicht werden. Auch die ausführenden Akteure sind weitestgehend die gleichen, allerdings in einer neuen – dem Staat nachgeordneten – Rolle. Der Erhalt möglichst vieler Mittel aus dem Bereich des früheren Zivildienstes für das gesellschaftliche Engagement junger Menschen und der damit verbundene starke Ausbau geförderter Plätze in den Diensten sind allerdings sehr zu begrüßen.

Um auch zukünftig (junge) Menschen für ein freiwilliges Engagement in Freiwilligendiensten zu gewinnen, braucht es eine gute inhaltliche und auch finanziell attraktive Ausgestaltung der Freiwilligendienste, eine qualitativ hochwertige pädagogische Begleitung und Partizipationsmöglichkeiten für die Freiwilligen. Zudem müssen Kirche, Diakonie und Evangelische Jugend neue Wege der Öffentlichkeitsarbeit gehen und diese auf allen Ebenen intensivieren.

Eine weitere Herausforderung besteht darin zu überlegen, wie bisher tendenziell unterrepräsentierte Gruppen, wie beispielsweise Jugendliche mit Migrationshintergrund, angesprochen werden können. Mit der Verkürzung von Schulzeiten (G8) werden die Freiwilligen in Zukunft tendenziell jünger. Zugleich werden sich die Bildungsabschlüsse der Teilnehmenden an Freiwilligendiensten zunehmend ausdifferenzieren. Der aus jugendpolitischen Gründen begrüßenswerte Ansatz, verstärkt auch Jugendliche mit niedrigeren Bildungsabschlüssen für Freiwilligendienste zu gewinnen, stellt nochmals erhöhte Anforderungen an die pädagogische Begleitung der Freiwilligen durch die Träger und Einsatzstellen.

Literatur

Arbeitskreis „Lernen und Helfen in Übersee" e.V. (2010): Freiwillige in internationalen Freiwilligendiensten. Statistische Übersicht zu Personalvermittlungen 2009. Bonn: Arbeitskreis „Lernen und Helfen in Übersee" e.V.
[BMFSFJ] Bundesministerium für Familie, Frauen, Senioren und Jugend (2006): Ergebnisse der Evaluation des FSJ und FÖJ. Berlin: Bundesministerium.
[Diakonie] Diakonisches Werk der EKD (2010): Das Freiwillige Soziale Jahr (FSJ) und sein Beitrag zur Personalgewinnung. Diakonie-Texte, 2010, 4. Stuttgart: Diakonisches Werk der Evangelischen Kirche in Deutschland.
Hub, Rainer/Schulze, Martin (2011): Freiwilligendienste – aus Erfahrung gut. Die Erfolgsgeschichte Freiwilliges Soziales Jahr (FSJ) und der Bundesfreiwilligendienst (BFD). In: Diakonisches Werk der Evangelischen Kirche in Deutschland (Hrsg.): Freiwillig engagiert. Da sein, nah sein, Mensch sein. Stuttgart: Diakonisches Werk der EKD, S. 28–29.
Schmidle, Marianne/Slüter, Uwe (Hrsg.) (2010): Das Freiwillige Soziale Jahr zeigt Wirkung. Freiwilligenbefragungen im Kontext der Qualitätsentwicklung im FSJ. Düsseldorf: Verlagshaus Altenberg.

Links

Aktionsgemeinschaft Dienst für den Frieden: www.friedensdienst.de
Evangelische Freiwilligendienste: www.ev-freiwilligendienste.de
Evangelisches Missionswerk in Deutschland: www.emw-d.de

Wolfgang Ilg

Freizeiten

Entstehung und Gestaltungsformen

Unter einer Freizeit wird hier eine mit Gruppen durchgeführte, freiwillige, nicht am Heimatort stattfindende Aktivität verstanden, die mehr als zwei Tage dauert und deren Zielsetzung über die bloße Organisation eines gemeinsamen Urlaubs hinaus pädagogisch begründet und von Erwachsenen bzw. von älteren Jugendlichen begleitet wird (Ilg 2008).

Als Arbeitsform im 19. Jahrhundert entstanden, etablierten sich gemeinsame Ferienfahrten im Laufe des 20. Jahrhunderts in den unterschiedlichsten Formen. Zumeist spiegeln sich in ihrer Gestaltung gesellschaftliche Entwicklungen direkt wider. So waren die ersten Jahrzehnte des 20. Jahrhunderts von der romantischen Naturliebe des Wandervogels und reformpädagogischen Idealen geprägt. Im Nationalsozialismus wurden die Fahrten zu paramilitärischen Zwecken instrumentalisiert. Nach 1945 knüpften die Jugendverbände an frühere Traditionen an und entwickelten die Idee der Freizeiten mit immer neuen Formen weiter. Bei einer typischen Freizeit fährt eine Gruppe von 20 bis 40 Jugendlichen für ein bis zwei Wochen oft in das europäische Ausland, aber auch ins Inland. Als Unterkunft dienen häufig Jugendgästehäuser, mit abnehmender Bedeutung auch Zelt-Camps. Eine Reihe von Freizeiten hat einen sportlichen Fokus wie z.B. Kanufreizeiten oder Radtouren. Freizeiten der Evangelischen Jugend bieten in der Regel ein abwechslungsreiches und qualifiziertes Programm, u.a. mit thematischen Einheiten zu Glaubens- und Lebensthemen, mit Sport, Kreativität und Entspannung.

Schätzungen zufolge bieten heutzutage über 1000 verschiedene Anbieter in Deutschland Kinder- und Jugendfreizeiten an, die Datenlage ist jedoch unübersichtlich (vgl. Gleu/Kosmale 2009).

Für die Teilnehmenden sind Freizeiten oft ein Höhepunkt im Jahreslauf der Kinder- und Jugendarbeit, stellen sie doch, oft bereits schon im Kindesalter, eine erste Form des Urlaubs ohne die eigenen Eltern dar. Begleitet von haupt- und/oder ehrenamtlichen Mitarbeitenden ermöglichen sie intensive Gruppenprozesse. Die Kinder- und Jugenderholung (so die offizielle Bezeichnung in § 11 SGB VIII) macht aktuellen Studien zufolge den größten Anteil der öffentlich geförderten Maßnahmen der Jugendarbeit aus; 83% aller Jugendverbände führen Freizeiten durch (vgl. Buschmann 2010: 74; Seckinger u.a. 2009: 23). Für manche Verbände bedeuten Freizeiten den wichtigsten Kristallisationspunkt ihrer Arbeit, insbesondere wenn es sich um kleine Verbände handelt, deren Mitglieder regional weit verstreut sind und sich nur selten treffen können. Lieder, Sprüche oder Beziehungskonstellationen, die bei Freizeiten entstehen, prägen oftmals das Miteinander in Jugendgruppen über viele Monate hinweg bis zur nächsten Freizeit. Freizeiten sind eine zentrale jugendverbandliche Arbeitsform, in der sich pädagogische Anliegen, aber auch aktuelle Herausforderungen der Jugendarbeit bündeln.

Pädagogische Chancen der Freizeitenarbeit

Das ursprüngliche Ziel von Jugendgruppenfahrten, dass junge Menschen eine unbeschwerte gemeinsame Zeit in der Gruppe erleben, typischerweise intensiv mit der umgebenden Natur verbunden, hat sich bis heute nicht verändert. Hinzugekommen sind jedoch weitere Motive, die sich bei Freizeiten gut verwirklichen lassen. Aus pädagogischer Sicht ist insbesondere das Gemeinschaftpotenzial von Freizeiten hervorzuheben: In der Gruppe werden Regeln partizipativ ausgehandelt. Jugendliche berichten oftmals über das befreiende Erlebnis, Teil einer Gemeinschaft zu sein, in der sie sich nicht durch Leistung hervorheben müssen. In jüngerer Zeit erkennen Gesundheitsförderprogramme den Wert von Freizeiten, weil gesundheitsförderliche Aspekte wie Bewegung, Entspannung und gesunde Ernährung sich dort systematisch in den Tagesablauf integrieren lassen. Zudem bieten Freizeiten eine hervorragende Möglichkeit für inklusive Bildung, weil Jugendliche aus verschiedenen Milieus sowie mit oder ohne Behinderung den Alltag teilen können und sich dabei ganz selbstverständlich in ihrer Verschiedenheit schätzen lernen. Allerdings werden solche Möglichkeiten bislang noch zu selten genutzt. Überblicksstudien zu Freizeiten zeigen, dass Gymnasiasten/-innen bei Freizeiten deutlich über-, Migranten/-innen eher unterrepräsentiert sind (vgl. Arbeitskreis G5 2010: 56f.).

Von zentraler Bedeutung für das Gelingen von Freizeiten in pädagogischer Hinsicht ist das personale Angebot. Typischerweise werden Jugendfreizeiten vor allem von ehrenamtlichen Mitarbeitenden zwischen 18 und 29 Jahren begleitet, in einigen Fällen liegt auch die Teamleitung bei einer hauptamtlichen Kraft. Während kommerzielle Jugendreiseanbieter häufig mit einem Betreuungsschlüssel von einer Honorarkraft für ca. 15 Jugendliche arbeiten, realisieren Jugendverbände dank des ehrenamtlichen Engagements ihrer Mitarbeitenden zumeist einen Betreuungsschlüssel zwischen 1:4 und 1:8. Dies ist eine wichtige Voraussetzung dafür, dass bei Freizeiten die Jugendlichen nicht nur mit Programm ‚bespaßt' werden, sondern in den Mitarbeitenden Vertrauenspersonen finden. Konkreten Ausdruck findet die hohe persönliche Zuwendung bei vielen Freizeiten beispielsweise darin, dass Bedürfnisse und Problemlagen jedes Jugendlichen im Team bedacht (und ggf. im Gebet vor Gott gebracht) werden können. Mit der zunehmend schwieriger werdenden Gewinnung und der umfangreichen Qualifizierung von Ehrenamtlichen steht und fällt also die Arbeitsform Freizeit.

An verschiedenen Stellen wurden in den letzten Jahren Qualitätszertifikate eingeführt, die vor allem den Eltern (die bei Minderjährigen stets Vertragspartner im Sinne des Reiserechts bleiben) Sicherheit vermitteln sollen. Die evangelische Jugendarbeit gehört seit vielen Jahren zu den Vorreitern in der Qualitätsdebatte. Dabei geht es um ein Qualitätsverständnis, das weit über technisch-organisatorische Rahmenbedingungen hinausgeht (vgl. schon BEJ 2005; DBJR 2008; für Kinderfreizeiten zuletzt Peters u.a. 2011). Besonderes Augenmerk gilt in den letzten Jahren der Prävention vor sexuellem Missbrauch bei Freizeiten (vgl. aej 2011).

Evangelische Freizeiten als ‚Gemeinde auf Zeit'

Aktuell gewinnen Freizeiten als Arbeitsform der Konfirmandenarbeit an Bedeutung. Konfirmandenfreizeiten bzw. -camps gehören mittlerweile zum Standardrepertoire von über 90% aller Kirchengemeinden. Während die Jugendverbandsarbeit stets nur einen Bruchteil der Jugendlichen erreicht (vgl. Fauser u.a. 2006), kann daher davon ausgegangen werden, dass fast jeder evangelische 14-Jährige bereits eine Freizeit besucht hat – zumeist mit positiven Erfahrungen (vgl. Ilg u.a. 2009: 169ff.). Entsprechend liegen in der Arbeitsform Freizeit enorme Potenziale nicht nur für die Verbindung zwischen Konfirmanden- und Jugendarbeit, sondern auch für die Einladung neuer Jugendlicher in gemeindliche Jugendangebote (vgl. Großer/Schlenker-Gutbrod 2006).

In theologischer Hinsicht stellt die Freizeitgruppe eine ‚Gemeinde auf Zeit' dar und bietet vielfältige Möglichkeiten, ein evangelisches Profil in jugendgemäßer Weise zu entwickeln. Gemeinsam gestaltete Gottesdienste am Strand, erlebnispädagogische Elemente zu Glaubenserfahrungen oder diakonisch geprägte Aktionen am Freizeitort sind nur einige Beispiele, wie das spezifisch Christliche einer Freizeit zum Tragen kommen kann. Durch das intensive Zusammenleben brechen Fragen und Sorgen von Jugendlichen eher auf als in der Alltagswelt. Somit spielt Jugendseelsorge auf Freizeiten eine wichtige Rolle.

Perspektiven

Nicht nur der demografische Wandel, sondern auch die zunehmende Konkurrenz verschiedener gemeinnütziger und kommerzieller Anbieter auf dem Jugendreisemarkt sorgen dafür, dass Freizeiten keine Selbstläufer bleiben. Zunehmend entscheiden nichtpädagogische Faktoren wie ein offensives Marketing und Dumping-Preise über den Erfolg der Freizeitenarbeit. Für evangelische Anbieter wird es darauf ankommen, dass sie sich trotz der Marktsituation nicht von der zumeist hohen pädagogischen Qualität ihrer Arbeit abbringen lassen. Beispiele von kommerziell organisierten Abi-Fahrten mit zubuchbarer Alkohol-Flatrate zeigen, zu welchen Auswüchsen es bei einer reinen Fokussierung auf die Marktnachfrage kommen kann. Freizeiten kirchlicher Träger genießen dagegen nach wie vor aufgrund ihres pädagogischen und inhaltlichen Profils einen guten Ruf.

Gute Freizeiten erfordern ein hohes Maß an pädagogischer Kompetenz durch erfahrene hauptberuflich Mitarbeitende sowie qualifizierte und gut vorbereitete Ehrenamtliche. Pädagogische Qualität im Bereich der Jugendgruppenfahrten ist mit deutlichen zeitlichen und personellen Ressourcen verbunden und bedarf daher der Unterstützung der zuständigen Gremien, angemessener Strukturen für ehrenamtliches Engagement sowie öffentlicher Förderung. Da Freizeiten, anders als andere Jugendarbeitsaktivitäten unter der Woche, weitgehend unbeeinflusst von der zeitlichen Ausdehnung der Schule bleiben, dürften sie zukünftig noch stärker als bislang zu einem identitätsstiftenden Ort für die Arbeit von Jugendverbänden und zu wichtigen Knoten im Angebotsnetz kirchlicher Arbeit werden.

Literatur

[aej] Arbeitsgemeinschaft der Evangelischen Jugend in Deutschland (Hg.) (2011): Sex. Sex! Sex? – Umgang mit Sexualität und sexueller Gewalt bei Internationalen Begegnungen, Kinder- und Jugendreisen. Hannover: aej.
Auf und davon. Freizeiten und Reisen: In: das baugerüst 63 (2011), S. 6-97.

[BEJ] Bundesarbeitsgemeinschaft Evangelischer Jugendferiendienste (Hrsg.) (2005): Qualität bei Kinder- und Jugendfreizeiten. Eine Aufsatzsammlung. Hannover: BEJ.

Buschmann, Mirja (2010): Kapuzenpulli meets Nadelstreifen. Die Kinder- und Jugendarbeit im Fokus von Wissenschaft und Wirtschaft. Neuss: Arbeitskreis G 5, c/o Landesjugendring NRW. www.forschungsverbund.tu-dortmund.de/index.php?id=100 [Zugriff: 21.12.2012]

[DBJR] Deutscher Bundesjugendring (2008): Beschluss: QMJ-Zertifizierungen des BundesForum Kinder- und Jugendreisen e.V. haben für den Bereich Jugendverbände keine ausreichende Basis! Berlin: Deutscher Bundesjugendring.

Fauser, Katrin/Fischer, Arthur/Münchmeier, Richard (2006): Jugendliche als Akteure im Verband. Ergebnisse einer empirischen Untersuchung der Evangelischen Jugend. Jugend im Verband, 1. Opladen/Farmington Hills: Barbara Budrich.

Gleu, Ritva K./Kosmale, Jens D. (Hrsg.) (2009): Deutsche Kinder- und Jugendreisen 2008. Aktuelle Daten zu Struktur und Volumen, Vorschläge für eine künftige kontinuierliche Datenerhebung, Schritte zu einem Referenzrahmen. Berlin: Bundesforum Kinder- und Jugendreisen.

Großer, Achim/Schlenker-Gutbrod, Karin (2006): Verknüpfen. Jugend- und Konfirmandenarbeit, Freizeit- und Gruppenarbeit, Aktivgruppen gründen. Stuttgart: Buch und Musik.

Ilg, Wolfgang (2008): Evaluation von Freizeiten und Jugendreisen. Einführung und Ergebnisse zum bundesweiten Standard-Verfahren. aej-Studien, 7. Hannover: aej.

Ilg, Wolfgang/Schweitzer, Friedrich/Elsenbast, Volker/Otte, Matthias (2009): Konfirmandenarbeit in Deutschland. Empirische Einblicke – Herausforderungen – Perspektiven. Gütersloh: Gütersloher Verlagshaus.

Internationale Jugendarbeit und Freizeiten: In: deutsche jugend 56 (2008), 3, S. 101–127.

Peters, Heike/Otto, Stephanie/Ilg, Wolfgang/Kistner, Günter (2011): Evaluation von Kinderfreizeiten. Wissenschaftliche Grundlagen, Ergebnisse und Anleitung zur eigenen Durchführung. aej-Studien, 9. Hannover: aej.

Seckinger, Mike/Pluto, Liane/Peucker, Christian/Gadow, Tina (2009): DJI – Jugendverbandserhebung. Befunde zu Strukturmerkmalen und Herausforderungen. München: Deutsches Jugendinstitut.

Hinweise und Links

BundesForum Kinder- und Jugendreisen: www.bundesforum.de
Fachverein transfer e.V.: www.transfer-ev.de.
Fachliteratur zum Thema: www.facharchiv.de
Informationen und Materialien für eine selbständige Auswertung und die Qualitätsentwicklung von Kinder- und Jugendfreizeiten: www.freizeitenevaluation.de
Evangelische Freizeitheime im Bundesgebiet: www.evangelische-haeuser.de
Freizeiten der Evangelischen Jugendarbeit: www.evangelische-jugend.de/freizeiten

Reinhold Ostermann und *Martin Weingardt*

Gruppe

Eine zentrale Form evangelischer Jugendarbeit ist die Arbeit in und mit Gruppen. Gruppen bieten Raum für vieldimensionale Erfahrungen: gemeinsame Freizeitgestaltung, Selbstbildung und Lernen, Gestalten und Handeln, Erarbeiten und Umsetzen von Vorhaben, Beziehungsgestaltung und Gemeinschaftsbildung. Im Konzept evangelischer Jugendarbeit ist die Gruppe als organisatorisches Medium sowie als zentrale soziale Struktur zu verstehen.

Historische Entwicklung und Funktionalität der Gruppenarbeit

Die Arbeit mit Gruppen ist durch unterschiedliche Ansätze geprägt, die aus historischen Kontexten und gesellschaftlichen Veränderungen resultieren. Diese Entwicklungen können als Transformationen betrachtet werden, die der Jugendarbeit die Anschlussfähigkeit an die jeweiligen Lebenswelten junger Menschen ermöglichen. Zugleich sind durchgängige Funktionen identifizierbar. Exemplarisch sollen vier Entwicklungsphasen skizziert werden:

Gruppenarbeit als Teil eines lebensweltlichen Zusammenschlusses Gleichaltriger
Die Gleichaltrigengruppe, entstanden aus dem Impuls der bürgerlichen Jugendbewegung und Bündischen Jugendarbeit seit dem Ausgang des 19. Jahrhunderts, versteht sich als Ort der Selbsterziehung und Raum für Erlebnisse. Typisch sind gestaltete Heimabende und Fahrten als eigene Gruppenkultur. Erwachsene als ‚Führer' trugen die Verantwortung und sorgten dafür, dass eine inhaltliche Programmatik prägende Kraft entfaltete.

Bibelorientierung der Jugendgruppen während der Zeit des Nationalsozialismus
Durch das Verbot der Jugendverbände seit 1934 wurde Jugendarbeit ein kirchliches Handlungsfeld. In Gruppen blieb nur noch die Arbeit mit der Bibel, biblischen Bildern, Texten und Theaterspielen. Spiel, Sport, Fahrt, Lager und ähnliche Aktivitäten waren außerhalb der Hitler-Jugend verboten. Die Gruppen der evangelischen Gemeindejugend (‚Junge Gemeinde') entstanden.

Wiederaufnahme in neuen gesellschaftlichen Zusammenhängen
Nach dem Zweiten Weltkrieg wird in Westdeutschland die verbandliche Jugendarbeit wieder aufgenommen. Zugleich entdeckte die Pfarrerschaft die Jugendarbeit als kirchengemeindliche Aufgabe, neu entstehende Gruppen wurden weithin als Gemeindejugend organisiert. In der DDR musste die evangelische Jugendarbeit nahezu ausschließlich als kirchliches Handlungsfeld in Form der ‚Jungen Gemeinde' weitergeführt werden.

Gruppenpädagogik und Demokratisierung
Die durch die Leitung von Erwachsenen getragene Gruppenarbeit erlebt seit den 1960er Jahren einen Erneuerungsschub: Tradierte inhaltliche Programmatik und Führungsmethoden genügten nicht mehr, um junge Menschen zu erreichen. Die Jugendarbeit bedurfte einer erweiterten Kompetenz zu Gruppen und ihrer Leitung. Mitarbeitende wurden in ‚sozialer Gruppenarbeit' pädagogisch ausgebildet: Demokratischer Leitungsstil, Gruppenphasen, Rolle, Gruppendynamik, Spielpädagogik und Methoden der inhaltlichen Arbeit.

Die Gruppenarbeit ist nun vom Paradigma der ‚Freiheit und Emanzipation' geprägt. Jugendliche erleben in Jugendgruppen größere Frei- und Gestaltungsspielräume als in Familie und Schule. Selbst in Gruppen mitzubestimmen bei demokratischer Leitung auf dialogischer Basis bedeutet, Freiheit und Verantwortung einzuüben und eigene Lebensoptionen zu gewinnen. Diese Gestaltungsidee prägt die verbandliche Gruppenarbeit bis heute.

Zugleich sind deutlich Abbrüche konstatierbar. Jugendgruppen nach der Konfirmation existieren in Kirchengemeinden meist nur noch, wo beruflich Mitarbeitende bzw. ein beauftragter Jugendverband aktiv sind. Überdies machen sich gesellschaftliche Veränderungen wie Individualisierung bei Vervielfältigung der auch kommerziellen Angebote im Freizeitsektor, Technisierung der Beziehungen durch neue Kommunikationsmittel oder die Ausweitung der Ganztagsschule in der Gruppenarbeit erschwerend bemerkbar.

Typen der Gruppenarbeit

Die aej-Jugendverbandsstudie „Realität und Reichweite" (Fauser u.a. 2006) verdeutlichte, dass Kinder und Jugendliche, gleich an welcher Aktivität bzw. Form der Jugendarbeit sie teilnehmen, Jugendarbeit weithin als Gruppenaktivität bzw. als Gruppe erleben. Aktivitäten der Jugendarbeit sind demnach im Kern nach wie vor als Gruppengeschehen zu beschreiben, das sich folgendermaßen typisieren lässt.

- *Programmorientierte Gruppenarbeit*
  Bei dieser klassischen Form der Gruppenarbeit bereitet ein Leiter oder Team ein attraktives Programm mit unterschiedlichen Elementen wie Spiel und Singen, Gesprächsthemen und biblischen Andachten, Sport und anderen Aktivitäten vor.
- *Beziehungs- bzw. gemeinschaftsorientierte Gruppenarbeit*
  Jugendliche treffen sich, um zusammen zu sein, Zeit miteinander zu verbringen, zu kommunizieren und etwas zu unternehmen.
- *Aufgabenbezogenen Gruppenarbeit*
  In Bands, Chören, Theater- und Sportgruppen treffen sich Kinder und Jugendliche, um zielgerichtet unter Anleitung eine Aufgabe zu bewältigen und etwas zu gestalten.
- *Seminaristisch-kursartige Gruppenarbeit*
  Die Lerngruppe steht im Vordergrund, um sich bestimmtes Wissen und Können, Fertigkeiten und Kompetenzen im Sinne eines vorgegebenen Bildungsprogramms anzueignen.
- *Aktivgruppen bzw. projektorientierte Gruppenarbeit*
  In diesen Gruppen steht praktisches Tun im Vordergrund. Sie ist eine Synthese aus Projektarbeit und Jugendgruppenarbeit, die in unterschiedlicher Kombination von den drei Elementen Gemeinschaft, Projekt bzw. praktischem Tun und Spiritualität lebt.

Konkrete Gruppen verbinden oft zeitgleich mehrere dieser Merkmale oder auch in verschiedenen Phasen eine mehrjährigen Entwicklung. Sich klar zu machen, dass man einen Typus hinter sich lassen und einen neuen gemeinsam entwickeln sollte, kann für den Fortbestand einer Gruppe entscheidend sein.

Motive für Gruppenarbeit

Teilnehmermotive von Jugendlichen in der evangelischen Gruppenarbeit lassen sich zu Motivbündeln zusammenführen (vgl. Fauser u.a. 2006: 123ff.):

'Gemeinsames Tun'
Das Motiv, etwas für sich und andere zu tun ist wesentlich, und zwar in Gemeinschaft. Das Programm ist dabei immer weniger maßgeblich, immer stärker hingegen die Gruppenzusammensetzung und die Möglichkeit zum konkreten Handeln und zur Verantwortungsübernahme in der Gruppe.

'Dabei sein wollen'
Jugendliche entscheiden sich immer wieder situativ und spontan zur Teilnahme, weil sie soziale Zugehörigkeit und Anerkennung suchen oder aus Sorge, etwas zu verpassen.

'Glauben leben in Gemeinschaft'
Wenn religiöse Themen behandelt werden, sind sie gruppenbezogen zu gestalten. Spiritualität und Glaubensvermittlung gelingen am ehesten, wenn sie stark auf ein gemeinschaftliches Gruppengeschehen und eine gemeinsam bejahte Gruppenpraxis bezogen sind.

Diese Motivbündel weisen insbesondere den Weg zu einer handlungsorientierten Gruppenarbeit. Die Grundelemente Gemeinschaft, praktisches Tun und Spiritualität stehen dabei in Wechselwirkung mit den genannten Motivbündeln. Das Freiheitsparadigma der pädagogischen Gruppenarbeit weicht heute einem Handlungsparadigma. Ein solches handlungsorientiertes Gruppenkonzept kann unterschiedlichen Ansätzen Raum geben:
- Es nimmt die pädagogischen Impulse der sozialen Gruppenarbeit auf und entwickelt sie weiter.
- Es gibt einer Kultur von Gleichaltrigen einen Handlungs- und Gestaltungsrahmen, der im demokratischen Miteinander Partizipation ermöglicht.
- Es nimmt die Trägerinteressen in Richtung einer jugendgerechten Verkündigungs- und Spiritualitätskultur ernst.

Eine solche Gruppenarbeit variiert non-formales Bildungsgeschehen und informelles Lernen und fördert Handlungs-, Aushandlungs- und Gestaltungsprozesse. Dabei ist sie in der Lage, auf die Differenzierungen in den Lebenswelten von Jugendlichen so einzugehen, dass unterschiedliche Bedürfnisse und Formen kulturellen Ausdrucks sowie Werthaltungen jeweils Raum finden können. Gleichzeitig werden Jugendliche im Rahmen ihrer Peergroup in die Lage versetzt, Gleichheit von Beziehungen und wechselseitige Unterstützung zu leben. Solche Gruppen eröffnen dem Einzelnen deutliche Chancen bei der Bewältigung der typischen Entwicklungsaufgaben im Jugendalter.

Perspektiven: die Bedeutung der Gruppenarbeit für Kirche, Jugendarbeit und Gesellschaft

1. Aus der Perspektive der ‚Mutterorganisation Kirche' galt in der Vergangenheit die Bildung von festen Jugendgruppen als Mittel zur Gewinnung von Nachwuchs. Diese *milieubildende und dauerhaft sozial bindende Funktion* hat Gruppenarbeit heute nur noch selten. Die Lebensläufe der meisten Jugendlichen sind heute dafür zu variabel. Allerdings legen frühe positive Gemeinschaftserfahrungen *oft die Basis für eine Wiederannäherung an die Kirche in späteren Lebensphasen*.
2. Aus der Perspektive der Jugendarbeitspraxis ist Gruppenarbeit auch künftig eine wichtige *Methode* in der konkreten Arbeit mit Jugendlichen. Sie ist neben Freizeiten und offen-projektartigen Angeboten das dritte große Format und tragende Säule der verbandlichen Jugendarbeit. Sie hat derzeit zunehmend einen Schwerpunkt in der Arbeit mit Kindern, sollte aber in der Arbeit mit Jugendlichen wieder verstärkt werden. Zugleich ist sie eine pädagogisch wichtige methodische Form, mit der z.B. innerhalb von Ferienfreizeitmaßnahmen oder Projekten mit Jugendlichen intensiv gearbeitet werden kann.
3. Aus der Perspektive der Jugendlichen stellen Gruppen eine wichtige ‚peer' sowie eine Möglichkeit dar, eigene Bedürfnisse der *Erfahrungs-, Handlungs-, Zugehörigkeits- und Identitätsbildung* umzusetzen. Charakteristische Entwicklungsaufgaben des Jugendalters wie die Entfaltung von Kommunikations- und Kooperationskompetenz, Empathie und Solidarität, Überzeugungs- und Wertebildung, Verantwortungsübernahme für andere und das eigene Leben bedürfen, auch stets aus Sicht der Jugendlichen, der Gruppenbildung als Aggregat. Entweder schaffen sie sich in Form von Peers diese Gleichaltrigengruppen selbst oder sie akzeptieren (oft zusätzlich) die von der Jugendarbeit ermöglichten Gruppenformate. Es geht um das Angebot eines organisatorischen und personalen Rahmens, der Aneignungs-, Partizipations- und Ausgestaltungsräume offen lässt. Jugendmitarbeiter/-innen haben dabei eher eine Moderatorenrolle.
4. Auch aus gesellschaftlicher Perspektive bedarf es der Gruppen und Gemeinschaften für junge Menschen nicht nur als Sozialisations- und Enkulturationsinstanz: Die nachwachsende Generation hat vielmehr soziologisch gesehen auch die *Aufgabe, zu überprüfen, ob die Strukturen und Institutionen, die die Vorgängergenerationen geschaffen haben, noch taugen als Antwort auf die neuen Fragen und gewandelten Rahmenbedingungen der Zukunft*. Um der Jugend die produktive Entfaltung ihres kritischen Potenzials zu ermöglichen, bedarf es neben der Sensibilisierung auch der Räume zur gemeinschaftlichen Auseinandersetzung mit Problemen, Lösungs- und Handlungsansätzen. Teilweise bieten die internetbasierten sozialen Medien solche Möglichkeiten. Jugendliche benötigen und suchen allerdings auch immer die soziale Einbettung für zukünftige Lebens- und Gesellschaftsentwürfe. Was unsere Gesellschaft dringend braucht, sind Biotope für *kritische Gemeinschaften junger Menschen*. Anregungen und Räume hierfür können Kirchen und ihre Jugendarbeit eröffnen, auch weil es ihrem Grundverständnis entspricht, nicht nur Eigeninteressen zu folgen, sondern ‚Salz der Erde' bzw. Ferment der Gesellschaft zu sein.

Literatur

Amt für Jugendarbeit der Evang.-Luth. Kirche in Bayern (2009): Handbuch für Ehrenamtliche in der Jugendarbeit. Nürnberg: Amt für Jugendarbeit der Evang.-Luth. Kirche in Bayern.
Edding, Cornelia/Schattenhofer, Karl (Hrsg.) (2009): Handbuch Alles über Gruppen. Theorie, Anwendung, Praxis. Weinheim: Beltz.
Fauser, Katrin/Fischer, Arthur/Münchmeier, Richard (Hrsg.) (2006): Jugendliche als Akteure im Verband. Ergebnisse einer empirischen Untersuchung der Evangelischen Jugend. Jugend im Verband, 1. Opladen: Budrich.
Krebs, Reinhold/Schemm, Burkhard von (2006): Aktivgruppen. Jugendliche entfalten Talente und entdecken den Glauben. Neukirchen-Vluyn: Aussaat.
Ilg, Wolfgang/ Krebs, Reinhold/ Weingardt, Martin (2007): Jugendgruppenarbeit Auslaufmodell oder Zukunft der außerschulischen Jugendbildung? Ergebnisse empirischer Studien. In: deutsche jugend 55, 4, S. 155–161.
Weingardt, Martin (2010): Kritische Gemeinschaften als Bildungsziel. In: Evangelisches Jugendwerk in Württemberg (Hrsg.), Unter Uns, 4, S. 10–11.

Rudolf Westerheide

Hauskreise für Jugendliche

Hauskreis war zu früheren Zeiten immer eine abendliche Veranstaltung für Ältere, die pünktlich anfing und früh endete. Teens und Twens überließen diese Art von Treffen gerne ihren Eltern. Interessant, dass Jugendliche seit etwa zehn Jahren vermehrt gerade nach dieser Form greifen, die traditionell der Elterngeneration vorbehalten und obendrein aus einer erwecklich-pietistischen Tradition erwachsen ist.

Bewusst ist gleich eingangs von einer *Form* die Rede, um deutlich zu machen, dass es hier nicht um spezielle Inhalte geht. Es gibt keine Theologie des Hauskreises und keine christlichen Wahrheiten, die exklusiv für den Hauskreis gelten würden. Interessant ist das Thema aus soziologischer und ekklesiologischer Perspektive. Aus soziologischer Sicht geht es um die Zusammensetzung von und die Interaktion in Hauskreisgruppen. Die Ekklesiologie (Lehre von der Kirche) fragt, welche Bedeutung ein Hauskreis für eine Gemeinde oder ein anderes Netzwerk von Christen/-innen hat und wie er sich zu den anderen Gruppierungen darin verhält.

Fakten, Daten, Zahlen

So weit dem Autor bekannt, gibt es bisher keine wissenschaftliche Untersuchung, mit der das Thema *Jugendhauskreis* quantitativ und qualitativ analysiert wäre. Beobachtungen aus der Praxis zeigen, dass seit etwa zehn Jahren ein nicht massiver aber deutlich wahrnehmbarer Auszug Jugendlicher aus den Gemeinderäumen in ein privates Umfeld stattfindet. Form und Inhalt ändern sich dabei längerfristig meistens nur dergestalt, dass im Hauskreis Elemente der Gemeinschaft breiteren Raum einnehmen und eine Verregelmäßigung erfahren. Statt jedes Quartal einmal miteinander ‚Pizza zu backen', beginnt bei vielen Hauskreisen jeder oder zumindest jeder vierte Abend mit einem gemeinsamen Essen. Zugleich wird in der privaten Atmosphäre der inhaltliche Austausch oft intensiver und persönlicher.

Eine deutlichere Veränderung gibt es dann, wenn Jugendhauskreise nicht aus der Jugend heraus entstehen, sondern wenn etwas ältere Christen/-innen dazu einladen. Dabei handelt es sich zumeist um junge Erwachsene, die altersmäßig noch nah an den Jugendlichen dran sind, aber schon aus der Position einer erwachsenen Lebensphase heraus ein gewisses Gegenüber sein können und nicht zuletzt auch in eine eigene Wohnung einzuladen vermögen. Das verbindet sich immer wieder auch mit einer Mentorenschaft oder einer seelsorgerlich geprägten Begleitung einzelner oder mehrerer Gruppenmitglieder.

Konzeptionelle Ansätze

Mit dem Begriff ‚Hauskreis' verbinden sich unterschiedliche Konzepte und Vorstellungen. Die hier genannten drei Modelle sind als Grundtypen zu verstehen, zwischen denen es unzählige weitere Abstufungen gibt.

- *Hauskreis als Hauskirche*: Ihre Verfechter sehen in der Hausgemeinde die historisch ursprüngliche und gleichzeitig angemessene Form der Gemeinde. Diese ist entweder gänzlich unabhängig oder lebt in lockerer Anbindung an ein größeres Netzwerk. Hier gilt es zu beachten, was eine Hauskirche leisten muss, um tatsächlich als Kirche gelten zu können. Es reichen dazu nicht die üblichen Elemente wie Bibelstudium, Gemeinschaft, Gebet und vielleicht noch Anbetung, sondern es müssen dann auch Verkündigung, Seelsorge, Verwaltung der Sakramente, Diakonie, Beteiligung an der Mission u.a. gegeben sein. Tatsächlich gibt es funktionierende Modelle solcher Hauskirchen, z.B. in Südkorea, wo Gemeinden so groß geworden sind, dass sich die Gesamtgemeinde von oft mehr als 100.000 Mitgliedern nur einmal im Monat in einem Sportstadion versammeln kann, während das eigentliche Gemeindeleben in die Hauskirchen verlagert ist. Aber auch in Deutschland wird mit diesem Modell vermehrt experimentiert, und zwar vor allem im Kontext milieuorientierter missionarischer Bewegungen. Je weiter eine Szene vom Umfeld institutioneller Kirche entfernt ist, desto passender kann es sein, sich zunächst ganz in das Milieu hineinzubegeben und dort Kirche von Null auf in einem kleinen Personenkreis wachsen zu lassen.
- *Hauskreis als ‚Quasikirche'*: Hier ist der Hauskreis das Zentrum des gemeinsamen Lebens, allerdings in einer engen und geordneten Anbindung an die Großgemeinde. Die Hauskreise kommen regelmäßig zu Gesamtversammlungen zusammen, erfahren dort Lehre, empfangen die Sakramente, erleben Gemeinschaft, lassen sich in diakonische und missionarische Projekte einbinden usw. Fast alles das kann aber alternativ oder ergänzend auch im Hauskreis angebunden sein bzw. dort entstehen.
- *Hauskreis als Teil der Kirche*: Hier deckt der Hauskreis nur einen oder wenige Aspekte des Gemeindelebens ab, wobei die besondere Chance des Hauskreises darin besteht, hier sehr genau auf die Bedürfnisse der Mitglieder einzugehen und sich mit ihnen weiterzuentwickeln. Solche Hauskreise können auch gemeindeübergreifend sein, wobei alle Mitglieder den gesetzten Schwerpunkt in Ergänzung zu ihrer jeweiligen Heimatgemeinde erleben. Mögliche Schwerpunkte sind: Lehre als Vertiefung der gemeindlichen Verkündigung oder Gemeinschaftspflege in einer Intensität, die nur im überschaubaren und vertrauten Rahmen möglich ist. Letzteres kann stufenweise übergehen in den Schwerpunkt der Seelsorge, wenn Hauskreismitglieder ihr Leben voreinander verantworten, Korrektur erfahren und einander Vergebung zusprechen. Schließlich kann der die Gemeinde ergänzende Hauskreis missionarisch ausgerichtet sein. Er ist dann bewusst darauf angelegt, dass gemeindeferne Menschen wenig Schwellen überwinden müssen und einen Kreis unkomplizierter, offener Freunde vorfinden.

Auf die Frage nach der Gemeindeeinbindung begegnet immer wieder die ausgesprochene oder einfach nur gelebte Meinung: „Mein Hauskreis ist meine Gemeinde." Auf Nachfrage zeigt sich dann in der Regel, dass der Angesprochene einem Hauskreis des Typs drei zugehört und den dort erfahrenen kleinen Ausschnitt gemeinsam gelebter

Frömmigkeit in Unkenntnis dessen, was vollgültige Gemeinde konstituiert, fälschlich bereits für Gemeinde hält. Deswegen ist es so wichtig, zu vermitteln, was Gemeinde wirklich ist und dass ein Hauskreis, um Gemeinde zu sein, einer der ersten Kategorien sein müsste. Da Hauskreise im Bereich der Evangelischen Jugend und der ihr verbundenen Kirchen und Verbände aber in aller Regel der dritten Kategorie angehören, muss deutlich gemacht werden, dass der Kreis dementsprechend eine Einbindung in eine Gemeinde braucht und dass diese auch gelebt werden muss.

Die hier dargestellte Herausforderung gilt für alle Hauskreise in gleicher Weise. Vielleicht ist die Gefahr der Isolierung und vermeintlichen Kirchwerdung bei Jugendhauskreisen aber insofern besonders groß, als die meisten Jugendlichen noch weniger als Erwachsene von der Notwendigkeit einer Kirchenzugehörigkeit ausgehen und keine emotionale Kirchenbindung mitbringen.

Hauskreis gestalten

Sofern es sich nicht um ein begrenztes Projekt mit klarer Zielsetzung handelt, liegt der Schwerpunkt bei Jugendhauskreisen zumeist auf Elementen der Gemeinschaft. Immer gibt es Zeiten des persönlichen Austausches, und in aller Regel wird Gemeinschaft auch im gemeinsamen Singen erlebt. Gehören Gebäck und Getränke zur Grundausstattung, wird in anderen Hauskreisen ausführlich miteinander gegessen, oder es wird sogar miteinander gekocht. Auf Dauer lebt der Hauskreis davon, dass es nicht zwingend, immer aber regelmäßig einen geistlichen Input und den offenen Austausch darüber gibt. Teils werden miteinander Bibeltexte gelesen, oft aber auch in Hauskreisen mehr als in anderen Gruppen, Bücher ganz oder in Auszügen. Andere verabreden sich zum Nachhören aufgenommener Predigten oder sie tragen zusammen, was sie an geistlichen Fragen und Erlebnissen mitbringen. Alle Formen münden in einen Austausch, der damit wiederum zu einem Element der Gemeinschaft wird.

So sehr das Zusammensein im Hauskreis von der Gemeinschaft aller und vom Freiraum für ungeplante Begegnungen lebt, braucht er doch auch eine Leitung, die dem Ganzen einen Rahmen gibt, der eben diese Gemeinschaft auf längere Sicht möglich macht. Anfang und Ende müssen eingeleitet werden und jemand muss dafür Sorge tragen, dass im Zentrum der Treffen Elemente stehen, die einen Unterschied zum bloßen gemeinsamen ‚Chillen' machen.

Aktuelle Fragestellungen und Entwicklungsperspektiven

Damit ein Hauskreis zu einem ‚Gefäß' für gelingendes Miteinander werden kann, muss man sich darüber klar werden, dass er zunächst eine ‚Zweckgemeinschaft' ist. Er wird in dem Maße gelingen, wie der Zweck des Miteinanders definiert und dieser den Mitgliedern bekannt ist sowie von ihnen bejaht wird. Ist nicht klar, was der Hauskreis leisten soll und kann, wird er meistens mit unbestimmten und damit prinzipiell unerfüllbaren Erwartungen überfrachtet, was wiederum in Enttäuschungen enden muss.

Sicherlich kann der Hauskreis auch mehr als einen Zweck verfolgen. Aber es muss Klarheit über die Wünsche und Ansprüche bestehen, und man darf ihn mit solchen nicht überfrachten. Man kann nicht die Seelsorge in den Mittelpunkt stellen und zugleich Kirchendistanzierte bzw. Glaubensfremde an das Evangelium heranführen wollen. Die Anliegen von zeitvergessener Versenkung im Lobpreis und missionarisch-diakonische Ausrichtung lassen sich in aller Regel nicht dauerhaft verbinden.

Dem Zweck des Miteinanders muss die Gestaltung entsprechen, und es müssen Absprachen über den Ablauf getroffen werden. Steht die Seelsorge aneinander im Mittelpunkt, braucht es breiten Raum für Berichte aus dem persönlichen und geistlichen Leben der Einzelnen. Es müssen gemeinsame Formen für Ermutigung und Zuspruch, für Ermahnung und Segnung gefunden und gemeinsam erschlossen werden. Steht im Mittelpunkt des Interesses die christliche Lehre, bedarf es Zeiten einer vorbereiteten Einführung in Texte und Inhalte sowie Zeiten und Disziplin zum Gespräch. Ist die Pflege der Gemeinschaft zentral, müssen Formen gefunden werden, wie alle in diese Gemeinschaft eingebunden werden können und auch Hinzukommenden der Zugang ermöglicht wird.

Wie eingangs geschildert, ist ein Hauskreis keine geistliche, spirituelle Größe an sich, sondern eine ekklesiologische Erscheinung, die mehr nach soziologischen Gesetzen funktioniert, als dass sie auf Grundlage theologischer Erwägungen entwickelt worden wäre. Insofern kann der Hauskreis als Gefäß für Gemeinschaft und geistliches Wachstum angenommen und gepflegt werden. Zugleich ist darauf zu achten, dass er nicht theologisch überhöht wird – weder im Positiven noch in einer wie auch immer begründeten Ablehnung. Künftig wird es spannend zu beobachten sein, ob Jugendkreise weiter weitgehend den ‚Gesetzen' von Hauskreisen folgen, oder ob sich eine Eigendynamik entwickeln wird, die zu eigenen Formen führt. Diese wären dann durch Verantwortliche aus Kirchen, Gemeinden und Verbänden behutsam zu begleiten und gegebenenfalls auch gelassen hinzunehmen.

Literatur

Arbeitsgemeinschaft Missionarische Dienste (Hrsg.) (2004): Hauskreisarbeit leiten – aber wie? Fortbildung für ein gutes Miteinander im Hauskreis. Reader 1. Berlin: Arbeitsgemeinschaft Missionarische Dienste.
Arbeitsgemeinschaft Missionarische Dienste (Hrsg.) (2004): Hauskreisarbeit entwickeln – aber wie? Konzeptionelle Klärungen in Hauskreis und Gemeinde. Reader, 2. Berlin: Arbeitsgemeinschaft Missionarische Dienste.
Arbeitsgemeinschaft Missionarische Dienste (Hrsg.) (2006): Hauskreisarbeit mit der Bibel: überraschend – fantasievoll – kreativ. Reader, 3. Berlin: Arbeitsgemeinschaft Missionarische Dienste.
Institut Empirica (Hrsg.) (2009): „dranStudie 19plus". Die Forschungsergebnisse. dran special. Witten: SCM Bundes-Verlag.

Gunda Voigts

Inklusion als Gestaltungsprinzip evangelischer Kinder- und Jugendarbeit

Inklusion als Prinzip

Das Recht von Menschen mit Behinderungen auf die volle und gleichberechtigte gesellschaftliche Teilhabe wurde mit Inkrafttreten der UN-Konvention über die Rechte von Menschen mit Behinderungen (UN-BRK) im März 2009 in Deutschland erneut festgehalten. Inklusion wird darin zum zentralen gesellschaftlichen Gestaltungsprinzip erhoben (United Nations 2006). Der entscheidende Perspektivenwechsel liegt darin, dass Behinderung als eine soziale Konstruktion definiert wird, die ihren Ausgangspunkt in gesellschaftlichen Rahmenbedingungen und nicht im Individuum selbst findet. Wenig später erschien der 13. Kinder- und Jugendbericht mit dem Schwerpunkt der Gesundheit von Kindern und Jugendlichen (BMFSFJ 2009). Er bezieht erstmalig die Anliegen von Kindern und Jugendlichen mit Behinderungen durchgängig und querschnittsorientiert ein und folgt so einem inklusiven Schema. Im Zuge dieser Entwicklungen ist die Inklusionsdebatte stärker und systematischer ins Blickfeld der Kinder- und Jugendhilfe gelangt. Dort beherrscht vor allem die ‚Große Lösung SGB VIII' – eine Zusammenführung der Leistungen für alle Kinder und Jugendliche in ein Gesetzeswerk – den aktuellen Diskurs.

Eine besondere aktuelle Herausforderung ist die Etablierung eines inklusiven Bildungssystems. Die Schulpolitik steht vor der Aufgabe, die ‚Eine Schule für Alle' zu ermöglichen. Auch für die evangelische Kinder- und Jugendarbeit kann dieser Wandel nicht ohne Folgen bleiben.

Inklusion in der evangelischen Kinder- und Jugendarbeit

Die Diskussionen um Ausgrenzung und Beteiligung, Desintegration und Integration, Exklusion und Inklusion werden in der evangelischen Kinder- und Jugendarbeit seit langem intensiv geführt. Analog zur gesamtgesellschaftlichen Debatte haben sie sich in unterschiedlichen Kontexten vollzogen: der Diskurs um Kinder und Jugendliche in Armutslagen, oft gekoppelt mit der Frage nach Bildungschancen; die Ansätze der stärkeren Öffnung der Angebote für junge Menschen mit Migrationshintergrund, gefördert durch Projekte sowie punktuell die Auseinandersetzung mit der besonderen Situation von Kindern und Jugendlichen mit Behinderungen. Dies spiegelt sich in zahlreichen Positionierungen, Veranstaltungen und Kampagnen ebenso wie in Arbeitshilfen oder in konkreten Projekten vor Ort. Beispielhaft zu nennen sind das Projekt „TANDEM – Bildungsförderung von Kindern und Jugendlichen mit Migrationshintergrund" und die Kampagne „Kinderrechte gegen Kinderarmut" der Arbeitsgemeinschaft der Evangelischen Jugend in Deutschland e.V. (aej), die Aktion gegen Armut bei Kindern und Jugendliche „Ene Mene Muh und wo bleibst du?" der Evangelischen Jugend Oldenburg (ejo), die Kampagne „Gerecht – Aufbruch für Gerechtigkeit!" der Evangelischen Jugend in Bayern (ejb) oder der Kindergipfel gegen Kinderarmut „Lasst uns nicht hängen!" der Evangelischen Jugend von Westfalen.

Die aktuelle Debatte um Inklusion als ein zentrales gesellschaftliches Gestaltungsprinzip erfordert es, diese Diskurse neu zu verbinden (vgl. Mogge-Grotjahn 2011). Entscheidend ist dabei, dass Inklusion nicht einfach eine neue, umfassendere Form der Integration meint. Integration geht von einer scheinbar homogenen Mehrheitsgruppe aus, in die sich von dieser abweichende kleinere Gruppen anpassen sollen. Inklusion als Prinzip will etwas anderes: Sie verlangt nach grundsätzlicher Offenheit für alle Menschen. Sie geht davon aus, dass die gesellschaftliche Struktur und das sie prägende Denken für Alle umfängliche Teilhabe ermöglichen. Inklusion ist ein Gesamtkonzept menschlichen Zusammenlebens, in dem gleichberechtigtes Zusammenleben als Selbstverständlichkeit gesetzt ist. Dabei sind ausdrücklich nicht nur die Lebenschancen von Menschen mit Behinderungen gemeint.

In der evangelischen Kinder- und Jugendarbeit sind verschiedene erste inklusive Ansätze zu erkennen. Bereits 2003 hat die Mitgliederversammlung der aej eine Positionierung mit dem Titel „Auf dem Weg zu unbehinderter Gemeinsamkeit" verabschiedet (aej 2003). Darin wird betont, dass die „Partizipation von jungen Menschen mit und ohne Behinderung an Angeboten der Evangelischen Jugend (sich) für alle als Lernprozess und Erfahrungsfeld (lohnt)". Auch werden Voraussetzungen für eine inklusive Kinder- und Jugendarbeit formuliert, z.B. die Überprüfung der Barrierefreiheit von Maßnahmen, von Räumlichkeiten und Ausschreibungen, die Ergänzung des Fortbildungsangebotes oder die Neuausrichtung methodisch-didaktischer Gestaltungen (aej 2003: 4). Innerhalb der aej findet sich auch das „Forum inklusiver Evangelischer Jugendarbeit in Deutschland". Diese offene Fachgruppe hat eine Arbeitshilfe herausgegeben, in der sich zahlreiche (Best-Practice-)Beispiele für die Arbeit mit Kindern und Jugendlichen mit Behinderungen vor Ort finden (aej 2007).

Die Evangelische Jugend im Rheinland (EJiR) hat sich 2009 mit Beschluss ihrer Delegiertenkonferenz „Thesen und Forderungen zur Förderung der inklusiven evangelischen Jugendarbeit" zu Eigen gemacht. Sie verpflichtet sich, ihre Aktivitäten in Gemeinden, Kirchenkreisen und Verbänden inklusiv zu konzipieren. Dazu werden elf konkrete Handlungsmaximen ausgegeben, z.B. „Inklusionsorientierte Ausschreibungen", „Barrierefreiheit" bei der Buchung von Häusern, eine angepasste Kalkulation von Veranstaltungen oder die „Partizipation junger Menschen mit Behinderungen". Weiterhin wird festgehalten, dass Mitarbeitende für die „Anforderungen inklusiver Kinder- und Jugendarbeit geschult werden sollen", ein „Pool von BeraterInnen und UnterstützerInnen inklusiver Arbeit" entstehen und gute Beispiele ausgezeichnet werden sollen (EJiR 2009). Eine Arbeitshilfe für die Ausbildung Ehrenamtlicher „Juleica inklusiv" ist erstellt worden (www.ejir.de).

Eine Zusammenstellung weiterer Beispiele und eine Gesamtdiskussion über die evangelische Kinder- und Jugendarbeit auf dem Weg zu einem inklusiven Gestaltungsprinzip werden 2013 in einem Projekt auf Bundesebene unter Förderung von Aktion Mensch erfolgen.

Entwicklungsperspektiven auf dem Weg zu einer inklusiven Kinder- und Jugendarbeit

1. Zentraler Dreh- und Angelpunkt für eine inklusive Kinder- und Jugendarbeit ist die Einführung eines inklusiven Bildungssystems. Die Konvention sieht darin die Gewährleistung des gleichberechtigten Rechts auf Bildung. Die bisher im Schulsystem vollzogene Segmentierung zeigt Folgen in der Kinder- und Jugendarbeit: Kinder und Jugendliche, die Förderschulen besuchen, sind in der Regel aus ihrem Sozialraum herausgezogen. Für sie ist es schwer, Peer-Beziehungen in ihrem direkten Wohnumfeld zu pflegen. Die aej-Studie „Jugendliche als Akteure im Verband" arbeitet aber detailliert heraus, dass Freundschaften bzw. die Peers ein zentraler Zugang zur Mitwirkung in der Kinder- und Jugendarbeit sind (Fauser u.a. 2006: 86ff.). Die persönlichen Beziehungen zu Gleichaltrigen im Alltag knüpfen Kinder und Jugendliche an erster Stelle in der Schule (vgl. Krüger u.a. 2010). Auch deshalb muss das Ringen um eine inklusive Kinder- und Jugendarbeit bei der Forderung nach ‚Eine Schule für alle' ansetzen. Weiter ist dafür zu werben, die Zusammenarbeit mit Schulen zu stärken. Der auf der Grundlage der UN-BRK perspektivisch zu erwartende Wandel hin zur inklusiven Ganztagsschule bietet neue Chancen und Erfordernisse.
2. Der entscheidende Schritt zu einer inklusiven Kinder- und Jugendarbeit ist die Entwicklung einer inklusiven Haltung bei allen Beteiligten. Das Forum inklusiver Evangelischer Jugendarbeit in Deutschland formuliert, was das bedeutet:

„Eine inklusive Jugendarbeit erfordert einen Perspektivenwechsel von der Integration hin zur Inklusion. Diese bedeutet eine neue Praxis in der Arbeit mit jungen Menschen mit und ohne Behinderung. (…) dies impliziert, dass diese Menschen bei sämtlichen inhaltlichen und organisatorischen Planungen selbstverständlich mit berücksichtigt werden" (www.forum-inklusiv.de).

3. In anderen Arbeitsfeldern haben sich Inklusionsindizes bewährt, die kleinschrittig die nötigen Prozesse wie konkreten Fragestellungen beschreiben. Den Maßstab hierfür haben Booth, Ainscow und Kingston mit ihrem „Index for Inclusion" gesetzt. Sie setzen bei drei Entwicklungsaufgaben an: (1) Inklusive Kulturen entfalten (2) Inklusive Leitlinien etablieren (3) Inklusive Praxis entwickeln. Diese sind Grundlage für Reflexion und Veränderung. Der Index für Inklusion verdeutlicht, dass der Weg zu einer inklusiven Kinder- und Jugendarbeit keine Methode und kein schnelles Umgestalten von Angeboten sein kann. Er ist ein Prozess, der gewollt und mit Zeit und Energie umgesetzt werden muss. Es geht darum, Barrieren im eigenen System ausfindig zu machen sowie vorhandene Ressourcen wiederzuentdecken und einzusetzen (vgl. Booth u.a. 2006).
4. Der Perspektivenwechsel besteht auch darin, dass junge Menschen als Kinder und Jugendliche im Mittelpunkt stehen und nicht eine gesellschaftlich konstruierte Behinderung. Eine subjektorientierte Studie der INTEG-jugend (vgl. INTEG-Jugend 2008) zeigt auf, dass Jugendliche mit Behinderungen genau die Themen beschäftigen, die typisch für das Jugendalter sind: „Freundschaften, Streben nach Unabhängigkeit, Schul- und Ausbildungsprobleme, Freizeitaktivitäten wie Sport und Musik". Genau hier kann Evangelische Kinder- und Jugendarbeit an ihren Ressourcen ansetzen (vgl. Voigts 2012a).

Realistisch kann es Kinder- und Jugendarbeit in einer Gesellschaft, die systemimmanente Ausgrenzungsmechanismen schafft und toleriert, kaum gelingen, inklusiv zu arbeiten (vgl. Voigts 2012b): Kinder- und Jugendarbeit kann nicht Armut überwinden und nicht Teilhabe an Bildung und Erwerbsarbeit sichern. Aber sie kann Verschiedenheit als bereichernde Normalität für alle anerkennen. Ziel evangelischer Kinder- und Jugendarbeit sollte es sein, mit vereinten Kräften diesen Weg zu gehen.

Literatur

[aej] Arbeitsgemeinschaft Evangelische Jugend in der Bundesrepublik Deutschland (2003): Auf dem Weg zu unbehinderter Gemeinsamkeit – Menschen mit Behinderung in der Evangelischen Jugend. Beschluss 1/2003. Hannover: Arbeitsgemeinschaft Evangelische Jugend in der Bundesrepublik Deutschland.

[aej] Arbeitsgemeinschaft Evangelische Jugend in Deutschland (Hrsg.) (2007): All inclusive – Praxis der integrativen Jugendarbeit. Hannover. Arbeitsgemeinschaft Evangelische Jugend in Deutschland.

[BMFSFJ] Bundesministerium für Familie, Senioren, Frauen und Jugend (2009): 13. Kinder- und Jugendbericht. Bericht über die Lebenssituation junger Menschen und die Leistungen der Kinder und Jugendhilfe in Deutschland. Berlin: Bundesministerium.

Booth, Tony/Ainscow, Mel/Kingston, Denise (2006): Index für Inklusion (Tageseinrichtungen für Kinder). Lernen, Partizipation und Spiel in inklusiven Kindertageseinrichtungen entwickeln. (Deutschsprachige Ausgabe). Frankfurt/M.: Gewerkschaft Erziehung und Wissenschaft.

[EJiR] Evangelische Jugend im Rheinland (2009): Thesen und Forderungen zur Förderung der inklusiven evangelischen Jugendarbeit. Beschluss der Delegiertenkonferenz März 2009. Düsseldorf: Evangelische Jugend im Rheinland.

Fauser, Kathrin/Fischer, Arthur/Münchmeier, Richard (2006): Jugendliche als Akteure im Verband. Ergebnisse einer empirischen Untersuchung der Evangelischen Jugend. Jugend im Verband, 1. Opladen: Budrich.

Integ-jugend im Sozialverband Deutschland (Hrsg.) (2008): Jugend und Behinderung. Interner Bericht. Berlin: INTEG-Jugend im Sozialverband Deutschland.

Krüger, Heinz-Hermann/Köhler, Sina-Mareen/Zschach, Maren (2010): Teenies und ihre Peers. Freundschaftsgruppen, Bildungsverläufe und soziale Ungleichheit. Opladen: Budrich.

Mogge-Grotjahn, Hildegard (2011): Inklusion als gesellschaftliches Gestaltungsprinzip. Unveröffentlichter Beitrag zur Anhörung der AG „Inklusion" des Bundesjugendkuratoriums am 27. Oktober 2011 in Berlin.

United Nations (2006): Convention of the Rights of Persons with Disabilities. http://www.un.org/disabilities/documents/convention/convoptprot-e.pdf. [Zugriff: 21.12.2012].

Voigts, Gunda (2012a): Kurswechsel: Inklusive Gesellschaft in Sicht! Potentiale und Herausforderungen in der Jugendverbandsarbeit. In: punktum – Zeitschrift für die verbandliche Jugendarbeit in Hamburg, 3, S. 4–7.

Voigts, Gunda (2012b): Diversität und soziale Ungleichheit als wichtige Dimensionen auf dem Weg zu einem inklusiven Gestaltungsprinzip in der Kinder- und Jugendarbeit. In: Effinger, H. u.a. (Hrsg.): Diversität und soziale Ungleichheit. Theorie, Forschung und Praxis der sozialen Arbeit, 6. Leverkusen: Barbara Budrich, S. 215–227.

Dirk Thesenvitz

Internationale Jugendarbeit

Die Evangelische Jugend ist ein Teil der weltweit Einen Kirche, wie sie im Glaubensbekenntnis bekräftigt wird. Die weltweite Verbundenheit der Evangelischen Jugendarbeit in Deutschland drückt sich in den vielfältigen internationalen Beziehungen aus, die sie zu kirchlichen und weltlichen oder anderen religiösen Partner/-innen in allen Kontinenten pflegt.

Internationale Jugendarbeit nimmt innerhalb der Evangelischen Jugend aus mehreren Gründen einen besonderen Platz ein. Sie ist einerseits ein politisches und pädagogisches Querschnittsphänomen, eine hochmoderne Lebensäußerung für alle Beteiligten in einer globalisierten Gesellschaft, die gleichzeitig dem ureigenen Wesen der Kirche als Grenzen und Kulturen überschreitende religiöse Organisationsform entspricht. Andererseits ist sie eine zuweilen als außergewöhnlich bis exotisch betrachtete, mit besonderem finanziellem und organisatorischem Aufwand verbundene Form der pädagogischen Arbeit, die ihre Macher/-innen gelegentlich unter Luxusverdacht und Rechtfertigungsdruck geraten lässt. Unbestreitbar und inzwischen mehrfach wissenschaftlich belegt ist dagegen der große und nachhaltige Nutzen, den gerade junge Menschen selbst aus kurzfristigen Angeboten des Jugendaustauschs ziehen (vgl. Thomas u.a. 2006). Die besonderen Möglichkeiten der internationalen Jugendarbeit werden in allen Formen, Traditionen und Zielgruppen der evangelischen Kinder- und Jugendhilfe genutzt. Die unterschiedlichen Formate und die umfangreiche fachliche und finanzielle Förderung erlauben es auch Berufsanfänger/-innen und ehrenamtlich Tätigen zu Akteuren der internationalen Jugendarbeit zu werden.

Entstehung und Fakten

Neben der theologischen Grundlegung aus der apostolischen Missionsgeschichte des Neuen Testaments, in dem von intensiver Reise- und Besuchstätigkeit unter Anteilnahme an den inneren Angelegenheiten der Partnergemeinden berichtet wird, liegen die Wurzeln des internationalen Engagements der Evangelischen Jugend in der eigenen geschichtlichen Erfahrung des 20. Jahrhunderts. Aus ihr erwächst ein historisch-politischer Bildungsauftrag, der über die Grenzen Deutschlands hinausweist und insbesondere die Beziehungen zu den ehemaligen und aktuellen Nachbarländern Deutschlands in Blick nimmt. Eine besondere Rolle spielt außerdem die Verbindung in das Heilige Land, die von der Evangelischen Jugend in ihren Partnerschaften zu Israel und Palästina gepflegt wird.

Die Gesamtzahl der Austauschbegegnungen im internationalen Jugendaustausch durch Träger und einzelne Gruppen aus dem Spektrum der Evangelischen Jugend ist aufgrund der föderal gegliederten Verantwortung für die Kinder- und Jugendarbeit und für deren statistische Erhebung nicht mit letzter Präzision zu ermitteln. Dennoch kann die Zahl der aus Mitteln des Bundes über die Evangelische Jugend in Deutschland geförderten internationalen Jugendbegegnungen einen gesicherten minimalen Anhalt für das Gesamtaufkommen geben. Dabei ist zu berücksichtigen, dass die Förderung auf Bundesebene die Ausnahme hinsichtlich der Aufteilung der Förderverantwortlichkeit darstellt. Pro Jahr werden über die Geschäftsstelle der Arbeitsgemeinschaft der Evangelischen Jugend in Deutschland e.V. (aej) etwa 480 internationale Begegnungsprojekte mit Partnern aus mehr als 65 Ländern auf fünf Kontinenten unterstützt. Neben Polen, Frankreich, Israel und Palästina zählen Russland, Italien, Ungarn, Finnland und die USA regelmäßig zu den Partnerländern mit dem höchsten Aufkommen an geförderten Austauschprogrammen. Im Bereich der Länder des Südens nehmen Indien, Indonesien, Tansania und Brasilien die vorderen Plätze ein. Neu hinzugetreten ist auf Grund politischer Entwicklungen die Anbahnung von Kontakten zu Partnern in China.

Angebote, Programme und Methoden

Die Zielgruppen und Formate dieser Jugendbegegnungen, Seminare und Fachkräftemaßnahmen reichen von Fahrten einzelner Jugendgruppen im Rahmen von Gemeindepartnerschaften über internationale Pfadfindertreffen, Veranstaltungen der Ten-Sing-Bewegung, Jugendbegegnungen mit sportlichen Schwerpunkten, bilaterale Kurse mit Theaterpädagogen und -pädagoginnen bis zum Austausch von Kinderzirkusgruppen, Sprachförderangeboten und vielfältigen Maßnahmen der pädagogischen Fortbildung für hauptberuflich und ehrenamtlich tätiges Personal. Einen besonderen Stellenwert haben innerhalb der Evangelischen Jugend solche Projekte, die das historisch-politische Lernen im internationalen Kontext in den Mittelpunkt stellen. Dazu zählen Gedenkstättenfahrten zur Geschichte des Nationalsozialismus ebenso wie Programme, die Begegnungen mit den noch lebenden Zeitzeugen und Zeitzeuginnen einbeziehen. Gemeinsam mit der Evangelischen StudentInnengemeinde in der Bundesrepublik Deutschland (ESG) arbeitet die aej auf diesem Feld an der Entwicklung neuer methodischer Zugänge für die Zeit nach der Zeitzeugengeneration. Neben die klassischen Programme der Versöhnungsarbeit treten zunehmend inhaltliche Orientierungen in Maßnahmen, die sich mit der neuen Rolle Deutschlands in der Mitte Europas und als in der Weltpolitik engagierte wirtschaftliche Größe befassen.

Ziele

Die Zusammenhänge der wirtschaftlichen, kulturellen und politischen Globalisierung erfahren junge Menschen aus erster Hand, wenn sie an den zahlreichen jugendpolitischen Programmen der Evangelischen Jugend mit Partnern in Entwicklungsländern teilnehmen. Dabei kommt dem Grundsatz der Gegenseitigkeit des Austauschs ein besonderer Stellenwert zu, da jungen Menschen aus solchen Partnerländern regelmäßig die Einreise nach Deutschland erschwert oder verweigert wird. Diese Hürden im Einzelfall und in der politischen Vertretungsarbeit überwinden zu helfen, ist eine weitere wichtige Aufgabe der aej. Ein internes Ziel besteht in diesem Bereich im gelingenden Übergang der lokalen Partnerschaftsarbeit mit Partnerkirchen des Südens aus dem Erbe der Missionswerke auf die Jugendlichen und jungen Erwachsenen. Hier gilt es oft, eine ganze Generation zu überspringen und ‚die Enkel' der seit den 1970er Jahren Engagierten zu gewinnen.

Zu den eigenen Zielen, die sich die Evangelische Jugend für ihre internationale Arbeit setzt, gesellen sich häufig politische und ökonomische Anforderungen von außen. Da die Durchführung internationaler Maßnahmen vergleichsweise kostenintensiv ist, ergibt sich daraus oft eine höhere Empfindlichkeit gegenüber den Steuerungsabsichten von Zuschussgebern und anderen Förderern der Arbeit. Besondere Vorsicht ist bei der Einflussnahme von bildungspolitisch ambitionierten Industriestiftungen geboten, deren philanthropisches Engagement nicht immer in einem ethischen Einklang mit den gesellschaftlichen Auswirkungen ihres Produktionssektors steht, der die von ihnen vergebenen Mittel generiert.

In Deutschland und in ihren Partnerländern fördert die Evangelische Jugend seit langer Zeit Maßnahmen des Jugendaustauschs, die den besonderen Voraussetzungen benachteiligter Gruppen und Einzelteilnehmende, gerecht werden. Dazu zählen die spezielle Förderung für integrative Maßnahmen, Hilfestellung bei der Beratung über Mobilitätsaspekte ebenso wie die Anbahnung von passenden Partnergruppen im Ausland z.B. für Schulabbrecher/-innen in Berufsbildungseinrichtungen. Die aktuellen Anforderungen an die internationale Jugendarbeit, dass sie nach Möglichkeit Menschen mit Behinderungen und mit Migrationshintergrund einbezieht, demokratisches Bewusstsein und Medienkompetenz stärkt, sich positiv auf die soziale und berufliche Integration auswirkt, die Partizipation junger Menschen fördert und dabei die unterschiedlichen Sichtweisen und Bedürfnisse von Jungen und Mädchen bzw. jungen Männern und jungen Frauen berücksichtigt, führt dazu, dass dieses Handlungsfeld auf die wichtige Zukunftsaufgabe der Inklusion schon jetzt bestens vorbereitet ist. Für jede/-n Jugendliche/-n und für jede Gruppe gibt es die passende internationale Erfahrung innerhalb der Evangelischen Jugend und ihrer Partnerstrukturen. Sie zu ermöglichen ist Auftrag der hauptberuflich und ehrenamtlich Mitwirkenden in der evangelischen Kinder- und Jugendarbeit.

Literatur

Thomas, Alexander/Chang, Celine/Abt, Heike (2006): Erlebnisse, die verändern. Langzeitwirkungen der Teilnahme an internationalen Jugendbegegnungen. Göttingen: Vandenhoeck & Ruprecht.

Links

Evangelisches Infoportal: www.evangelische-jugend.de/themen/oekumene-und-internationales/ internationale-kinder-und-jugendarbeit/internationale-jugendarbeit

Martin Weber

Internetplattformen

Über 1 Milliarde potenzielle Freunde/-innen – das klingt gigantisch. So viele Menschen nutzen Facebook, die größte Online-Community weltweit, und die sind somit nur einen Mausklick vom eigenen Computer entfernt. Allein in Deutschland gibt es über 25 Millionen Mitglieder. Wäre Facebook ein Land, wäre es das drittgrößte der Erde. Und selbst die 300 ‚Freunde', die durchschnittliche Facebook-Nutzer/-innen auf ihren Profilen versammeln, sind eine schon fast unüberschaubare Menge.

Die Statistik spricht eine klare Sprache. Das Internet ist vor allem für junge Menschen zu einem täglichen Begleiter für alle möglichen Fragen und Themen geworden. Zwei Drittel der 14- bis 19-Jährigen behaupten sogar, das Internet gehöre schon aus Gewohnheit zu ihrem Leben dazu. Bei älteren Internetnutzer/-innen nimmt dieses Gefühl erwartungsgemäß rapide ab.

E-Mails checken, mit Freunden/-innen chatten, Videos gucken und Musik runterladen, vielleicht auch selbst aktiv werden und im eigenen Blog schreiben oder auf den neuesten Forenbeitrag antworten – Auswüchse einer oberflächlichen Spaßgesellschaft für die Einen, das ganz normale Ritual von aufgeweckten und interessierten Jugendlichen für die Anderen.

Spaß, Infos und Freunde

Computer und Internet haben sich in den vergangenen Jahren zum Mittelpunkt jugendlicher Medienwelten entwickelt. Sie werden immer umfänglicher zur Rezeption alltäglicher Musik- und audiovisueller Medien genutzt und verdrängen kontinuierlich den Fernseher von seinem lang behaupteten Platz als jugendliches Leitmedium. Daneben sind sie als Kommunikationsmedien nicht mehr aus dem Alltag von Jugendlichen wegzudenken.

Der von Jugendlichen beliebteste und meist genutzte Dienst im Internet ist das ‚Instant Messaging'. ICQ, Skype oder der MSN Messenger stehen für Spaß und synchrone Online-Kommunikation in Echtzeit. Nebenbei bieten diese Dienste auch Möglichkeiten zum Datenaustausch oder zum Voice- und Video-Chat an. Instant Messaging-Systeme können auch per Mobiltelefon benutzt werden und sind so neben der SMS-Kommunikation auch mobil immer verfügbar.

Online Communitys wie Facebook, SchülerVZ, StudiVZ, Knuddels, Wer-Kennt-Wen oder Lokalisten bedienen wiederum ganz andere Bedürfnisse. Jugendliche wollen in ihrer Entwicklung wahrgenommen und beachtet werden, sie suchen Anerkennung und Sympathie. Soziale Netzwerke bedienen diese Bedürfnisse geradezu passgenau. Sie bieten umfangreiche Möglichkeit zur Selbstdarstellung, liefern Feedback und Zahlen (Anzahl der Freunde, der Gruppen, der Nachrichten, der Kontakte etc.), aus denen sich – sehr subjektiv – ablesen lässt, wie beliebt jemand ist.

Jugendliche nutzen solche sozialen Netzwerke vor allem zur Individualkommunikation mit Freunden/-innen und direkten sozialen Bezugsgruppen. Die wenigsten erwarten dabei, dass sie in Communitys neue Freunde/-innen kennenlernen. Die Online-Kommunikation wird vielmehr als interessante Erweiterung der alltäglichen face-to-face-Kommunikation genutzt. Jugendliche finden aber, im Gegensatz zu anderen Altersgruppen, dass man sich genauso gut online wie offline unterhalten kann, wenn auch vielleicht nicht ganz so intensiv. Persönliche Gespräche sind für Jugendliche keine herausgehobene Form des Austauschs. Um Menschen näher zu kommen, halten aber auch Jugendliche das Internet für ungeeignet.

Jugendarbeit Zwonull oder: „Wer lernt hier von wem?"

Auf der einen Seite wird und muss sich Evangelische Jugendarbeit auch in Zeiten von Internet-Communities, virtueller Identitäten und veränderter Mediennutzung ihrer Zielgruppe selbst treu bleiben. Nach wie vor hat Evangelische Jugendarbeit das Ziel, jungen Menschen Werte zu vermitteln und ihre Fähigkeiten zu fördern. Sie nimmt auch in Zukunft Jugendliche ernst und legt Wert auf eine Kultur der Partizipation und Mitbestimmung in allen Gestaltungsprozessen in Kirche und Gesellschaft.

Auf der anderen Seite aber kann Evangelische Jugendarbeit nicht die Augen vor neuen Netzwerktechnologien und interaktiven Kommunikationsformen im Internet verschließen, die in zunehmendem Maße das soziale, kulturelle und politische Handeln ihrer momentanen und zukünftigen jugendlichen Klientel bestimmt.

Medienpädagogische Beratung und Begleitung von Mitarbeiter/-innen müssen deshalb den gleichen Stellenwert erhalten, wie alle Arbeitsfelder in der (Evangelischen) Jugendarbeit. Daneben werfen neue Medien neue Fragen zum Jugendschutz, Datenschutz, Urheberrecht und Persönlichkeitsrecht auf, die neue Antworten brauchen.

Bei vielen Nutzungsformen im Internet werden Jugendarbeit und Jugendmedienarbeit eine hohe Verantwortung tragen müssen. Jugendliche sind in ihrem Identitätsmanagement und der Sorge um Anerkennung in und durch Soziale Netzwerke belastet. Sie brauchen kompetente Begleitung, die ihnen genügend Raum zur Entfaltung ihrer eigenen Identität bietet. Auch im Internet drohen Jugendlichen Gefahren, die sie vielleicht nicht auf den ersten Blick erkennen, um die aber geschulte Pädagogen/-innen wissen sollten, um im Fall des Falles die Hilfe anzubieten, die gebraucht wird.

Jugendarbeit und Jugendmedienarbeit müssen Jugendlichen die entsprechende Medienkompetenz vermitteln, damit diese gegenüber potenziellen Gefahren gewappnet sind. Das kann aber nur gelingen, wenn auch Jugendarbeiter/-innen entsprechende Kenntnisse haben. Das wird aber nur in einem Prozess gegenseitigen Lernens funktionieren. Es gilt, Regeln zu erarbeiten, die das Zusammenleben in realen und virtuellen Gemeinschaften gelingen lassen. Und es muss das Ziel sein, gemeinsam mit den Jugendlichen einvernehmlich Werte zu benennen und sich mit ihnen nicht nur in der Jugendgruppe, sondern auch im Chatraum auseinanderzusetzen.

Allerdings zeigt die Entwicklung auch, dass sich Jugendliche der Gefahren im Internet durchaus immer bewusster werden und dass sie mittlerweile auch mit diesen potenziellen Gefahren angemessen umzugehen wissen. Während in der öffentlichen Diskussion und Wahrnehmung sexuelle Anmache und ‚Grooming' als beherrschende Themen ausgemacht werden können, sind aus der Sicht von Jugendlichen viel eher

Abzocke, Datenmissbrauch oder Computerviren Gefahren, denen es aus dem Weg zu gehen heißt.

Evangelische Jugend im Internet

Die Evangelische Jugend ist im Internet auf ebenso vielfältige Weise vertreten wie im ‚richtigen Leben' auch. Sie stellt sich und ihre Arbeit auf allen Ebenen vor und betreibt dabei Informations- und Projektseiten, Seiten zu Freizeiten und Camps oder Seiten mit Arbeitshilfen und Materialien. Sie ist vernetzt mit den Jugendservern der Jugendringe und nutzt die großen Internet-Communitys für sich und ihre Bedürfnisse.

Der Aufbau großer christlicher Communitys hat sich in der Vergangenheit allerdings als eher schwierig erwiesen. Die Arbeitsgemeinschaft der Evangelischen Jugend in Deutschland e.V. (aej) hat von 2007 bis 2011 mit youngspiriX den Versuch unternommen, eine Evangelische Jugend-Community im Internet aufzubauen und musste das Projekt dann aus verschiedenen Gründen einstellen. Viele Faktoren haben letztlich dazu beigetragen, dass der gewünschte Erfolg nicht wie erhofft eintrat. Erfolgreiche Internet-Communitys sind meist Projekte, die von ‚unten' entstehen. Sie sind themen- und/oder interessenbezogen gestartet, werden mit viel Engagement begleitet und betreut, authentisch kommuniziert und bieten einem erkennbaren Mehrwert für die Mitglieder. Am Engagement und der Authentizität hat es auch bei youngspiriX nicht gefehlt, als Projekt von ‚oben' waren die Startvoraussetzungen allerdings, aus heutiger Sicht, nicht ganz optimal. Jugendliche treffen sich gerne mit ihren Freunden/-innen, auch im Internet. Da liegt es also nahe, dass sie die Freunde dort suchen, wo viel los ist. Die großen kommerziellen Angebote, wie Facebook oder die VZ-Netzwerke sind sehr schnell gewachsen und haben damit eine ungeheure Anziehungskraft auf all die entwickelt, die sich nun nach und nach in diesen Netzwerken anmelden und die sich dann keinen weiteren Account in einer kleinen Community zulegen. Sie haben mit ihren technischen und kommunikativen Angeboten, der rasanten Weiterentwicklung und den finanziellen Ressourcen in kurzer Zeit Standards etabliert, die kleinere Projekte, wie z.B. youngspiriX, in diesem Umfang nicht anbieten können. Die kommerziellen Netzwerke orientieren sich, bei all den Fallstricken, die dort hinsichtlich Datenschutz und Datensicherheit immer noch lauern, kompromisslos an den Nutzer/-innen. In der evangelischen Internetwelt haben lange Abstimmungs- und Entwicklungszeiten, auch mit Kooperationspartnern, leider zur Folge, dass das Konzept einer eigenständigen evangelischen Jugend-Community wohl weitgehend überholt ist. Auch die Community zur Basisbibel konnte diese Hürden letztlich nicht überwinden.

Es gibt aber auch in der evangelischen Welt Internet-Communitys, die im Vergleich mit Facebook und Co. zwar klein sind, aber dennoch funktionieren. Diese Angebote sind in der Regel an andere inhaltsstarke Angebote gekoppelt, wie z.B. beim christlichen Radiosender (www.crosschannel.de), sie haben einen ausgeprägten regionalen Bezug, wie z.B. die Community der Evangelischen Jugend im Kirchenbezirk Pirna (www.jugendfest.de) oder sie sind keine reine Jugend-Community, wie z.B. www.jesus.de.

Die Evangelische Jugend lebt auch im Internet ihren Glauben so, wie sie es im ‚richtigen Leben' tut: In der Gemeinschaft mit ihren Freunden/-innen, ihren Peergroups und Interessensgemeinschaften, und die finden sie in den großen kommerziellen Communitys. Evangelische Jugend ist in großer Zahl bei Facebook und in den VZ-Netzwerken vertreten, wobei auch hier der Trend zu Facebook ungebrochen ist. Damit wird es zukünftig immer wichtiger werden, inhaltliche und kommunikative Konzepte zu entwickeln, die die dort gebotenen Möglichkeiten optimal nutzen. Auch für die Arbeit in und mit diesen Sozialen Netzwerken werden personelle und finanzielle Ressourcen bereitgestellt werden müssen und es wird wichtig sein, haupt- und ehrenamtliche Mitarbeiter/-innen in der evangelischen Kinder-, Jugend- und Studierendenarbeit entsprechend zu schulen. So kann sich die evangelische Kinder- und Jugendarbeit auf ihre eigentliche Aufgabe konzentrieren und muss nicht auch noch auf der technischen und infrastrukturellen Seite das Rad ständig neu erfinden.

Literatur

Bernet, Marcel (2010): Social Media in der Medienarbeit. Online-PR im Zeitalter von Google, Facebook und Co. Wiesbaden: VS Verlag.

Breer, Rüdiger (2007): Offen und deutlich. Zum Profil evangelischer Jugendarbeit. In: das baugerüst 59, 1, S. 52–55.

Eimeren, Birgit van/Frees, Beate: Fast 50 Millionen Deutsche online – Multimedia für alle? Ergebnisse der ARD/ZDF-Onlinestudie 2010. In: Media-Perspektiven, 7/8, S. 334–349. http://www.media-perspektiven.de/uploads/tx_mppublications/07-08-2010_Eimeren.pdf [Zugriff: 18.12.2012]

Ertelt, Jürgen/Röll, Franz-Josef (Hrsg.) (2010): Web 2.0: Jugend online als pädagogische Herausforderung. Navigation durch die digitale Jugendkultur. München: kopaed.

Lauffer, Jürgen/ Röllecke Renate (Hrsg.) (2008): Berühmt im Netz? Neue Wege in der Jugendhilfe mit Web 2.0. Bielefeld: Gesellschaft für Medienpädagogik und Kommunikationskultur in der Bundesrepublik Deutschland.

Medienpädagogischer Forschungsverbund Südwest (Hrsg.) (2010): Jugend, Information, (Multi-)Media. Basisstudie zum Medienumgang 12- bis 19-Jähriger in Deutschland. JIM Studie 2010. Stuttgart: Medienpädagogischer Forschungsverbund Südwest.

Schmidt, Jan-Hinrik/Paus-Hasebrink, Ingrid/Hasebrink, Uwe (Hrsg.) (2009): Heranwachsen mit dem Social Web. Zur Rolle von Web 2.0-Angeboten im Alltag von Jugendlichen und jungen Erwachsenen; Kurzfassung des Endberichts. Hamburg: Hans-Bredow-Institut für Medienforschung. http://www.hans-bredow-institut.de/webfm_send/367. [Zugriff: 18.12.2012]

Schwindt, Annette (2010): Das Facebook-Buch. Köln: O'Reilly.

Steffen Kaupp und *Bernd Wildermuth*

Jugendgottesdienst

Geschichte und Fakten

Das Entstehen von Jugendgottesdiensten in der zweiten Hälfte des 20. Jahrhunderts ist mit dem Aufkommen spezifischer Jugendkulturen wie z.B. der Beat- und Popkultur und der Verlängerung der Jugendphase auf das Engste verbunden. Jugendkulturelle Stile und Ausdrucksformen, insbesondere die Musik junger Menschen, wurden seitdem zu wesentlichen Gestaltungselementen von Jugendgottesdiensten. Inhalte und Sprache der Gottesdienste knüpfen an die Lebenswelten und Themen Jugendlicher an. Mit großer Kreativität wurden bis heute zeitgemäße Jugendgottesdienstformen entwickelt. Ihr experimenteller und oft modellhafter Charakter hat dabei das gesamte kirchliche Leben und die Gottesdienstgestaltungen inspiriert.

Heute sind Jugendgottesdienste ein fester und profilbildender Bestandteil evangelischer Jugendarbeit. Verlässliche Zahlen liegen deutschlandweit derzeit nicht vor. Regionale Untersuchungen zeigen immerhin Tendenzen: Laut der Statistik des Evangelischen Jugendwerks in Württemberg (ejw) wurden im Jahr 2000 737 Jugendgottesdienste mit insgesamt 31.859 Teilnehmer/-innen gefeiert, sechs Jahre später (2006) waren es 1.608 Gottesdienste mit 102.494 Besuchern (vgl. Frieß/Ilg 2007: 108). Diese Tendenz wird durch Erfahrungsberichte aus anderen Landeskirchen und Jugendwerken bestätigt.

Jugendgottesdienste können zum Einen biografisch verortet und begründet werden. In Anknüpfung an den Kindergottesdienst, der sich an Kinder bis zwölf Jahren richtet, bezieht sich der Jugendgottesdienst auf Jugendliche ab 13 Jahren mit dem Eintritt in das Konfirmandenalter.

Zum anderen begründen sich Jugendgottesdienste als Ausdruck christlicher Jugendkultur und werden auch als solche von Seiten der Verantwortlichen verstanden. „Was in den sechziger Jahren noch durchaus akzeptabel war, ist heute völlig undenkbar: Die neueren Jugendgottesdienste sind in der Regel hoch partizipativ: Von der Raumdekoration bis hin zur Predigt sind Jugendliche die Aktiven" (Ulmer 2004: 24). So lässt sich hinsichtlich der Beteiligung und Gestaltung eine Entwicklung vom *für* über *mit* hin zu *von* Jugendliche(n) feststellen.

Strukturen und Inhalte

In konzeptioneller Hinsicht sind folgende Elemente charakteristisch:

Freiwilligkeit im Team
Das Engagement Jugendlicher im Jugendgottesdienst erfolgt auf Basis der Freiwilligkeit und im Team bzw. in einem Teamensemble, in dem die unterschiedlichen Aufgabenstellungen von selbstständig agierenden Kleingruppen verfolgt und durch ein Koordinationsteam abgestimmt werden. Der konkrete Einsatz geschieht ehrenamtlich und erfährt nur in Ausnahmen eine gewisse Vergütung, z. B. für Gast-Musiker/-innen oder

-Referenten/-innen. Allerdings erfordert dieses ehrenamtlich und selbstbestimmte Engagement eine professionelle Unterstützung durch hauptamtliche Kräfte wie Jugendreferenten/-innen, Diakone/-innen, Pfarrer/-innen.

Lokal agierend, regional vernetzt
Wo Jugendgottesdienste als einmalige Aktionen gelegentlich gefeiert werden, ist in der Regel die Kirchengemeinde der Bezugsrahmen. Werden sie aber regelmäßig durch Teams verantwortet und gefeiert, bildet sich schnell ein vitales Netzwerk der Akteure, das intensiv miteinander verbunden ist analog zu den Prozessen in sogenannten Jugendgemeinden (vgl. Büchle u.a. 2009). In diesem Fall lockert sich Bindung und Verzahnung mit der örtlichen Kirchengemeinde.

Zielsetzungen und Adressaten
Hinsichtlich der Zielsetzungen und Adressaten/-innen sind folgende Motive leitend: Zunächst geben Jugendgottesdienste denjenigen Jugendlichen, die sich der Kirche verbunden fühlen und in die Jugendarbeit vor Ort bereits integriert sind, Möglichkeiten zur Feier eines ihnen und ihrer Lebenskultur gemäßen Gottesdienstes. Desweiteren sollen kirchendistanzierte Jugendliche einen an ihrer Lebenswelt orientierten Zugang zu Glauben und Kirche bekommen (*missionarisches Anliegen*). Darüber hinaus soll Konfirmanden über Teilhabe und jugendgemäße Formen ein positives Gottesdiensterleben ermöglicht werden, auch um sie in der Kirche als Institution zu beheimaten (*integratives Anliegen*).

Erst Thema, dann Text
Während die traditionellen Sonntagsgottesdienste nach einer festen bzw. verbindlich vorgegebenen Ordnung in Bezug auf die Themen und biblischen Texte („Perikopenordnung') gestaltet werden, wird in Jugendgottesdiensten der umgekehrte Weg beschritten: Das Vorbereitungsteam spürt Themen auf, die junge Menschen bewegen und sucht dazu passende biblische Texte und andere themenbezogene Anregungen aus der christlichen Tradition. Diese Vorgaben werden dann auch der Predigerin/dem Prediger, mitunter auch der Referentin/dem Referenten genannt, übermittelt. Die Auswahl der Predigerin/des Predigers erfolgt in der Regel aufgrund von Kontakten bzw. Empfehlungen des Netzwerks. Alternativ kann auch ein Teammitglied predigen.

Orte und Zeiten
Jugendgottesdienste finden in der Regel am Wochenende statt. Präferenzen zeigen sich für den Samstag- und vor allem Sonntagabend. Die Mehrzahl dürfte in Kirchen oder Gemeindehäusern, selten in Jugendzentren oder anderen Orten, an denen sich Jugendliche treffen und aufhalten, stattfinden.

Gemeinschaft
Das Miteinander wird beim Jugendgottesdienst groß geschrieben. Das wird schon durch die teamorientierte Verantwortungsstruktur abgebildet. Aber auch interaktive Elemente während des Gottesdienstes oder ein Catering im Anschluss an die Feier schaffen eine beheimatende, auch familiäre Gemeinschaft. Diese Gemeinschaft im und um den Jugendgottesdienst herum leistet einen Beitrag zur Zugehörigkeit und Identitätsbildung innerhalb der evangelischen Jugendarbeit.

Musik
In den Jugendgottesdiensten ist meist popularmusikalischer Mainstream zuhause. Bands in unterschiedlichen Zusammensetzungen begleiten die Gottesdienste. Das Liedgut speist sich aus unterschiedlichen Quellen. Neben Songs aus der deutschen christlichen Popu-

larmusikszene sind es zunehmend Lieder aus dem angloamerikanischen Bereich, so genannte Lobpreislieder. Mit zum Teil ‚intim' anmutenden Formulierungen oder direkten biblischen Zitaten bringen diese das besondere Verhältnis der Betenden/Singenden zu Gott zum Ausdruck.

In der Regel weisen die Lieder eine einfache, leicht mitzusingende Melodie auf. Der Text wird für alle an eine Leinwand projiziert, es wird auf Notenschrift verzichtet und die melodische Einführung erfolgt durch eine Band.

Ablauf und Elemente
Eine Umfrage des Landesjugendpfarramtes der Evangelischen Landeskirche in Württemberg unter 1.000 Jugendlichen an Schulen im Jahre 2000 ermittelte die Sicht von Jugendlichen auf einen ‚jugendgemäßen Gottesdienst': Das Hauptaugenmerk von Jugendlichen richtet sich der Studie nach auf Popularmusik mit Band, Gebet und Segen. Weiter gewünscht sind Videoclips, Interaktionen sowie eine ansprechende Raumästhetik (farbiges Licht, Dekoration, etc.). Als idealer Ort wird eine Kirche mit flexiblen Sitzgelegenheiten von den befragten Jugendlichen benannt. Die Umfrage gipfelt in der Zusammenfassung: „Jugendliche wollen einen begeisternden ganzheitlichen Gottesdienst feiern, der Begegnungs- und Gemeinschaftserfahrungen ermöglicht" (Ulmer 2004: 49).

Im Ablauf halten sich Jugendgottesdienste ähnlich wie nahezu alle christlichen Gottesdienste an einen Dreischritt mit den Elementen: Eröffnung – Verkündigung und Bekenntnis – Sendung. Dieser Schrittfolge lassen sich wiederkehrende Elemente zuordnen.
- Eröffnung: Begrüßung und das Votum, das liturgische Anrufungswort „Im Namen Gottes...". Eine Singzeit zum Lobe Gottes mit mehreren Liedern, die hintereinander gesungen werden, kann sich anschließen (Lobpreis).
- Verkündigung: Auch im Jugendgottesdienst steht die Predigt im Mittelpunkt. Sie kann aber begleitet werden durch kreative Elemente wie ein kurzes Theaterspiel, eine Interaktion der Feiernden oder eine Symbolhandlung (z.B. Gebetsstationen).
- Sendung: In der Schlussphase des Gottesdienstes geht es um Fürbittengebet, Segen und Ausklang. Informationen werden weitergegeben wie z.B., dass im Anschluss noch ein Catering angeboten wird.

Aktuelle Entwicklungen und Herausforderungen

Verschiedene Entwicklungen lassen sich beobachten und benennen:
- Verknüpfung zwischen Konfirmandenarbeit und Jugendarbeit: Welchen Beitrag können Jugendgottesdienste leisten, um den Übergang von der Konfirmandenarbeit in die Jugendarbeit zu ermöglichen? Verschiedene gelungene Modelle gemeinsam von Konfirmanden/-innen und Jugendlichen gestalteter Gottesdienste zeigen das darin liegende Potenzial.
- Vom Jugendgottesdienst zur Jugendkirche: In Württemberg hat sich gezeigt, dass die regelmäßige und kontinuierliche Feier eines Jugendgottesdienstes Bewegungen hin zu einer Jugendkirche befördern. Mittlerweile haben sich bundesweit an mehreren Orten Jugendkirchen entwickelt, deren Ursprung und inhaltliches Zentrum gemeinsam gestaltete Jugendgottesdienste und die daraus gewachsene Gemeinschaft sind.
- Distanzierung zur traditionellen Kirchengemeindearbeit: Die Distanz zum traditionellen Sonntagmorgen-Gottesdienst ist selbst bei der Jugendarbeit Nahestehenden eklatant. Insofern intensiviert die Ermöglichung einer eigenständigen und selbstbe-

stimmten Jugendgottesdienst-Kultur das Auseinandergehen der traditionell orientierten kirchlichen Erwachsenen- und der Jugendarbeit. Dies stellt die Verantwortlichen in Kirchengemeinden und Jugendarbeit vor die Aufgabe, diesen Prozess wahrzunehmen und ggf. steuernd einzugreifen, um die unterschiedlichen Kulturen aufeinander zu beziehen und das wechselseitige Lernen verschiedener Generationen und Milieus weiterhin zu ermöglichen.
- Damit geht die Ressourcenfrage einher: Wird eine Kirchengemeinde in Zukunft noch ausreichende Mittel, Räumlichkeiten und qualifiziertes Personal bereitstellen, wenn die Distanz zwischen einer Kirchengemeinde und der örtlichen Jugendarbeit bzw. der Jugendgottesdienstgemeinde wächst und eine Kirchengemeinde befürchten muss, durch ihre Jugendarbeit keinen Nachwuchs mehr zu bekommen? Die steigende schulische Belastung (G8) sowie die Fluktuation bei ehrenamtlich Mitarbeitenden aufgrund beruflicher Neuorientierung oder Ausbildungsaufnahme nach Schulabschluss bzw. Abitur stellen die ehrenamtlich arbeitenden Jugendgottesdienst-Teams ebenfalls immer wieder vor die Frage ausreichender Ressourcen.
- Übergänge im Anschluss an die Jugendgottesdienstzeit: Jugendliche haben in der Jugendgottesdienstarbeit eine Form von Gottesdiensten kennengelernt, die sich in traditionellen Gemeinden so nicht findet. Zu bearbeiten ist das Problem des Übergangs in analoge Gemeinde- und Gottesdienstmodelle beim Älterwerden und Hinauswachsen aus dem Jugendalter. Auf Kirchengemeinden kommen damit völlig neue Fragestellungen zu, wenn sie verhindern wollen, dass Menschen anschließend gottesdienstlich heimatlos werden.

Literatur

Amt für Jugendarbeit der Evangelischen Kirche von Westfalen (Hrsg.) (2003): Fantasie für Gott – Gedanken und Projekte zu Gottesdiensten von, mit und für Jugendliche. Villigst.
Büchle, Kristina/Krebs, Reinhold/Nagel, Marc (Hrsg.) (2009): Junge Gemeinden. Experiment oder Zukunftsmodell. Stuttgart: Verlag Buch und Musik.
Frieß, Berhold/Ilg, Wolfgang (Hrsg.) (2007): Evangelische Jugendarbeit in Zahlen. Stuttgart: Verlag Buch und Musik.
Grethlein, Christian (1999): Gottesdienst ohne Jugendliche? Empirische Befunde und biblisch-theologische Perspektiven zu einem Dilemma. Texte aus der VELKD Nr. 92. Hannover: Eigenverlag.
Kirste, Reinhard (2003): Jugend- und Schulgottesdienste. In: Schmidt-Lauber, H.-Ch./Meyer-Blank, M./Bieritz, K.-H. (Hrsg): Handbuch der Liturgik, 3. Göttingen: Vandenhoeck & Ruprecht, S. 832–845.
„Jugendliche brauchen Gottesdienst!". Erste Fachtagung „Jugendgottesdienst" am 17./18. Mai im münsterländischen Nordwalde. Epd-Dokumentation 2004, Nr. 31. Frankfurt/M.
Ulmer, Rolf (Hrsg.) (2004): One of us. Praxisbuch Jugendgottesdienst und Jugendkirche. Stuttgart: Verlag Buch und Musik
Rieg, Timo/Urban, Christoph (2008): Jugendgottesdienst 3.0. Düsseldorf: Patmos.

Kontakte und Links

Jugonet: www.jugonet.de (dort unter „Jugend Links" zahlreiche weitere Verweise)
Powerday: www.powerday.de
Jugendkirchen: www.jugendkirchen.org
NetworkXXL: www.ejwue.de/networkxxl

Gisela Würfel

Jugendliche mit besonderem Förderbedarf

Theologische Grundlagen und gesellschaftliche Orientierung

Die Aufgabe, sich um Jugendliche in schwierigen Lebenssituationen zu kümmern, ist eine gesamtgesellschaftliche. Explizit ist es aber Auftrag der Jugendsozialarbeit Angebote bereitzustellen, mit denen der besondere Förderbedarf dieser jungen Menschen abgedeckt werden kann und mit denen diese zu einem eigenständigen Leben befähigt werden.

> „Jede(r) Jugendliche hat ein Recht auf Selbstbestimmung, das sich aus der Unverfügbarkeit jedes einzelnen Menschen ableitet und das untrennbar mit der Pflicht zur Selbstverantwortung verbunden ist. Ebenso ist grundsätzlich vom Recht und der Fähigkeit zur Mitbestimmung der Jugendlichen auszugehen, allerdings auch von der individuellen Pflicht zur Mitverantwortung" (König u.a. 2006: 10).

Die Würde des einzelnen Menschen ist somit der Ausgangspunkt und Maßstab für das Handeln in der Evangelischen Jugendsozialarbeit. Sie würdigt Herkunft, Religion, Nationalität und Geschlecht und tritt für eine Teilhabe insbesondere solcher junger Menschen an der Gesellschaft ein, die aufgrund ihrer Lebensgeschichte, ihrer Sozialisation und ihrer Voraussetzungen benachteiligt sind und einer besonderen Förderung bedürfen.

Als Anwältin für die Lebenschancen junger Menschen vertritt die Evangelische Jugendsozialarbeit deren Belange in sozialpolitischer Hinsicht und leistet damit einen Beitrag für die Gesellschaft auf der Suche nach sozialem Frieden. Als eigenständiger Teil der Jugendhilfe leistet sie für den Sozialstaat unverzichtbare Beiträge durch professionelle sozialpädagogische Hilfen zur Förderung der schulischen und beruflichen Ausbildung, zur Eingliederung in die Arbeitswelt und zur sozialen Integration benachteiligter Jugendlicher.

Jugendliche in schwierigen Lebenssituationen

300.000 bis 400.000 junge Menschen in Deutschland im Alter zwischen 14 und 27 Jahren befinden sich aufgrund von sozialer Benachteiligung oder individueller Beeinträchtigung in schwierigen Lebenssituationen und sind auf ihrem Weg in ein eigenständiges Leben auf eine gezielte Unterstützung angewiesen. Genaue Zahlen, wie viele junge Menschen von den Angeboten der Evangelischen Jugendsozialarbeit erreicht werden, gibt es leider kaum. In der Jugendberufshilfe sind es schätzungsweise 25.000 Jugendliche, in den Jugendmigrationsdiensten waren es im Jahr 2010 genau 24.781.

Sozial benachteiligte Jugendliche haben aufgrund ihres familiären und sozialen Umfeldes, ihrer ethnischen oder kulturellen Herkunft oder ihrer ökonomischen Situation Benachteiligungen erfahren, die ihnen die Integration in die Gesellschaft und den Übergang von der Schule in den Beruf erschweren.

Individuell beeinträchtigt sind hingegen Jugendliche, die beispielsweise an Lernstörungen oder Lernbeeinträchtigungen leiden, die psychische oder physische Beeinträchtigungen haben, die drogenabhängig geworden sind oder bereits eine kriminelle Karriere hinter sich haben.

Handlungsfelder und Handlungsansätze

Die Evangelische Jugendsozialarbeit bietet jungen Menschen in schwierigen Lebenssituationen gezielte Hilfen und unterstützt sie bei Problemen im Übergang von Schule in berufliche Qualifizierung und bei der Vorbereitung auf Ausbildung und Beruf. Wesentliche Handlungsfelder sind dabei: schulbezogene Jugendsozialarbeit, Jugendberufshilfe, Arbeit mit jungen Migranten/-innen, Hilfen für junge Wohnungslose, geschlechtsspezifische Ansätze, Jugendsozialarbeit in Europa (transnationale Projekte und internationaler Jugendaustausch), Freiwilligenarbeit und Elternbildung.

Wesentlich bei der Arbeit in diesen Handlungsfeldern ist die Orientierung an den Ressourcen und Kompetenzen der jungen Menschen (Würfel 2001: 33ff.). Notwendig ist dazu eine entsprechend entwickelte Haltung und Fähigkeit der Fachkräfte, Kompetenzen der Jugendlichen unabhängig von konkreten Lern- und Ausbildungszielen und unabhängig von negativ sanktioniertem Verhalten wahrnehmen zu können.

An den individuellen Voraussetzungen, Kompetenzen und Zielen der jungen Menschen anzusetzen bedeutet, die gesamte Lebenswelt und die Persönlichkeit in den Mittelpunkt der Beratung und Begleitung zu stellen. Insbesondere bei der Gestaltung von Lernprozessen wird ein ganzheitlicher Ansatz verfolgt. Lernen mit Kopf, Herz und Hand ist die Devise.

Partizipation ist ein weiterer wesentlicher Handlungsansatz. Die Konzepte zur Förderung der Beteiligung und Teilhabe von jungen Menschen reichen in der Jugendsozialarbeit von Möglichkeiten zur Mitgestaltung von Projekten, Mitwirkung bei der Planung von Vorhaben im Stadtteil, bei der Gestaltung von Lernprozessen bis hin zur Beteiligung an politischen Entscheidungsprozessen.

Blick in die Praxis – zwei Beispiele

Die Evangelische Gesellschaft in Stuttgart (www.eva-stuttgart.de) hat vor über 30 Jahren in enger Zusammenarbeit mit dem Sozialamt und dem Jugendamt damit begonnen, ein differenziertes Angebot zu entwickeln, das sich speziell an junge Wohnungslose richtet. Die Notwendigkeit, jugendspezifische Angebote zu schaffen, ergab sich daraus, dass immer mehr junge Menschen die Einrichtungen der Wohnungslosenhilfe aufsuchten, diese jedoch bis dahin auf die Arbeit mit Erwachsenen ausgerichtet waren. Die Angebotspalette für junge Wohnungslose umfasst inzwischen eine zentrale Beratungsstelle, ein Aufnahmehaus, Notübernachtung, ambulant betreutes Wohnen, den „Schlupfwinkel" für Minderjährige, eine stationäre Einrichtung und Beschäftigungsangebote. Grundlage der Hilfsangebote ist die Sicherung der Existenz. Nachdem die Grundbedürfnisse nach Essen, Schlafen, Kleidung, Hygiene und ärztlicher Versorgung befriedigt sind, werden die jungen Menschen darin unterstützt, ihre eigenen Lösungsstrategien zu entwickeln. Das kann eine weiterführende Hilfe sein, die Rückkehr ins Elternhaus oder der Bezug einer eigenen Wohnung. Dann werden auch Kräfte frei für die Aufnahme einer Ausbildung oder Arbeit.

Das „Handlungskonzept Schule und Arbeitswelt", das von Bildungsträgern und Trägern der Jugendsozialarbeit in Schleswig-Holstein im Auftrag der Landesregierung umgesetzt wird, zielt darauf ab, die Ausbildungsreife und Beschäftigungsfähigkeit von jungen Menschen zu verbessern und so Jugendarbeitslosigkeit zu reduzieren. Der in evangelischer Trägerschaft befindliche Ausbildungsverbund Neumünster (www.av-nms.de) ist daran beteiligt. Pro Schuljahr nutzen 340 Schüler/-innen ab der 8. Klasse auf dem Weg zum Hauptschulabschluss verschiedene Bildungsangebote. Sie nehmen an stärkenorientierten Assessments zur Kompetenzfeststellung teil, können sich in verschiedenen Berufsfeldern erproben und Qualifikationen in anerkannten Qualifizierungsbausteinen erlangen. Von Coaching-Fachkräften werden sie auf ihrem Weg in das Berufsleben begleitet.

Die spezifischen Zugänge nutzen: Jugendverbandsarbeit, Gemeindearbeit und Jugendsozialarbeit

Damit junge Menschen das bekommen, was sie brauchen, müssen alle Akteure vor Ort – die Einrichtungen der Jugendsozialarbeit, die Hilfen zur Erziehung, die kirchliche Jugendarbeit, die Schulen und die Betriebe – eng zusammenarbeiten. Nur so können individuell passende und nachhaltige Förderangebote umgesetzt werden, nur so kann mit vereinter Kraft gegenüber politischen Entscheidungsträgern und Geldgebern deutlich gemacht werden, was sinnvoll ist und gebraucht wird. Häufig fehlt es an guter Vernetzung und aufeinander abgestimmtem Handeln. Es gibt aber auch gute Beispiele, wo dies bereits gelingt (siehe z.B. die stadtteilzentrierte Arbeit des Christlichen Vereins Junger Menschen (CVJM) Oberbarmen, www.cvjm-oberbarmen.de).

Es gilt, vor Ort miteinander ins Gespräch zu kommen und auszuloten, wo gemeinsame Anknüpfungspunkte und Handlungsansätze bestehen oder geschaffen werden können. Wesentliche Aspekte auf dem Weg dorthin sind das Überwinden von Ressortdenken, die Öffnung von Einrichtungen und Verbänden in das Gemeinwesen, die gemeinsame Suche nach neuen Wegen bei knapper werdenden Geldern und eine Sozialraumkompetenzentwicklung.

Bezogen auf die evangelischen Verbände, Organisationen und Einrichtungen ist von Bedeutung, dass gemeinsam Ideen für die Stärkung der kirchlichen Jugendarbeit im ‚kleinen' Sozialraum (Gemeinwesenarbeit) entwickelt werden und bereits bestehende Angebote für junge Menschen sichtbarer gemacht und vernetzt werden.

Entwicklungen, neue Herausforderungen und Perspektiven

Die Situation für die Jugendsozialarbeit vor Ort ist jeweils abhängig von den Strukturen, den zuständigen Personen und von der Finanzlage der jeweiligen Kommune. Gute Ansätze und Aktivitäten sind dort zu finden, wo engagierte Menschen sich dafür einsetzen. Seit der Einführung des Zweiten Sozialgesetzbuchs (SGB II) gibt es allerdings massive Probleme an den Schnittstellen zwischen Jugendhilfe und den Maßnahmen der Agentur für Arbeit. Zuständigkeiten sind oft nicht geklärt und hilfebedürftige Jugendliche haben mehrere Ansprechpartner, die nicht selten die Zuständigkeit an andere Stellen weitergeben. Dabei wären Hilfen aus einer Hand sinnvoll. Zudem ist es schwer geworden, die originäre Aufgabe der Jugendsozialarbeit mit ihrem klaren Profil zu erhalten, da die Kommunen die notwendigen Mittel nicht ausreichend zur Verfügung stellen (können). So fällt Bewährtes weg und die Jugendlichen landen auf der Straße, wo sie vielleicht später mit einem kostspieligen Aktionsprogramm wieder aufgesucht werden.

Die Politik ist gefordert, diese Entwicklung aufzuhalten. Einen Beitrag dazu kann die vom Bundesministerium für Familie, Senioren und Jugend aufgelegte Initiative „JUGEND STÄRKEN" leisten, in der verschiedene Förderinstrumente durch das Programm „Aktiv in der Region" vernetzt werden sollen. Ziel ist, auf kommunaler Ebene Hilfen aus einer Hand für bedürftige Jugendliche zu gestalten, die eine nachhaltige Wirkung haben.

Verbände und Organisationen geben hilfreiche Hinweise zur Weiterentwicklung der Förderinstrumente in der Jugendsozialarbeit und zu dem, was in der Bildungspolitik getan werden muss, um Benachteiligung von jungen Menschen zu vermeiden. So hat 2003 die Evangelische Kirche in Deutschland deutlich gemacht, dass sie als Ursache für die Lage dieser Jugendlichen hauptsächlich den mangelnden Zugang zu Bildung sieht (EKD 2003). Als Konsequenz fordert sie unter anderem, die Möglichkeiten der individuellen Förderung in der Schule zu verbessern, Ganztagsangebote zu verstärken, Ausbildungsgänge zu flexibilisieren und zu modularisieren und die Angebote der beruflichen Integrationsförderung besser in die Berufsbildung zu integrieren. Das Diakonische Werk der EKD wendet sich gegen die besonders harten Sanktionsregeln für Jugendliche im Hartz IV-Bezug. Die Bundesarbeitsgemeinschaft Evangelische Jugendsozialarbeit (www.bagejsa.de) hat 2009 mit der Kampagne „Jetzt schlägt's 13! § 13 SGB VIII – Jugendsozialarbeit stärken" auf die Probleme bei der Finanzierung und an den Schnittstellen aufmerksam gemacht. Mit dem Papier „Vision einer guten Schule" hat sie sich in die bildungspolitische Debatte eingemischt. Gemeinsam mit anderen Verbänden erarbeitet sie darüber hinaus zu wichtigen und aktuellen Themen und Fragestellungen in der Jugendsozialarbeit immer wieder Positionierungen und Vorschläge, die über den Kooperationsverbund Jugendsozialarbeit veröffentlicht und an Entscheidungsträger herangetragen werden (www.jugendsozialarbeit.de).

Literatur

Bundesarbeitsgemeinschaft Evangelische Jugendsozialarbeit (Hrsg.) (2009): Jetzt schlägt's 13! § 13 SGB VIII: Jugendsozialarbeit stärken. Stuttgart: Bundesarbeitsgemeinschaft Evangelische Jugendsozialarbeit.
[EKD] Evangelische Kirche in Deutschland (2003): Perspektiven für Jugendliche mit schlechteren Startchancen. Eine Stellungnahme der Kammer der EKD für Bildung und Erziehung, Kinder und Jugend. http://www.ekd.de/EKD-Texte/jugend_startchancen_2003.html [Zugriff: 20.12.2012]
Fülbier, Paul/Münchmeier, Richard (Hrsg.) (2001): Handbuch Jugendsozialarbeit. Münster: Votum.
König, Joachim/Brandt, Rainer/Braml, Kurt F. (2006): Subjekte bilden! Sozialwissenschaftliche, pädagogische und theologische Ansatzpunkte einer theoretischen Position Evangelischer Jugendsozialarbeit. Materialheft/Bundesarbeitsgemeinschaft Evangelische Jugendsozialarbeit e.V., 2006, 2. Stuttgart: Bundesarbeitsgemeinschaft Evangelische Jugendsozialarbeit.
Kooperationsverbund Jugendsozialarbeit (Hrsg.): DREIZEHN – Zeitschrift für Jugendsozialarbeit. Berlin: Kooperationsverbund Jugendsozialarbeit.
Würfel, Gisela (2001): Der Kompetenzansatz in der Benachteiligtenförderung. In: Bundesarbeitsgemeinschaft Evangelische Jugendsozialarbeit (Hrsg.): Beiträge zur Pädagogik in der Benachteiligtenförderung. Bonn: Bundesarbeitsgemeinschaft Evangelische Jugendsozialarbeit, S. 33–38.

Gernot Quasebarth

Jugendpolitische Interessenvertretung

Jugendpolitische Interessenvertretung ist eine Dimension und zugleich ein Handlungsfeld evangelischer Arbeit mit Jugendlichen. Die Wurzeln dafür liegen in den 1930er Jahren. Im Nationalsozialismus waren die eigenständigen Jugendverbände aufgelöst bzw. der nationalsozialistischen Hitler-Jugend gleichgeschaltet worden. Einige Gruppen gingen in den Untergrund, eine eigenständige evangelische Jugendarbeit war nur unter eingeschränkten Bedingungen innerhalb der Kirche als Gemeindejugend bzw. ‚Junge Gemeinde' möglich und in jedem Fall politisch brisant, auch wenn sie sich selbst nicht als ‚politisch' verstand. Seit dieser Zeit ist die Auseinandersetzung mit Fragen nach Christsein im jeweiligen gesellschaftlichen Kontext fest in der evangelischen Jugendarbeit verankert. Nach dem Ende des ‚Dritten Reiches' beschäftigten sich kirchliche Jugendgruppen auf je spezifische Weise sowohl in den beiden deutschen Staaten als auch seit 1990 im vereinigten Deutschland mit aktuellen politischen und gesellschaftlichen Themen, insbesondere mit Fragen von Frieden und Versöhnung, Wehrpflicht und (Auf-)Rüstung, Erhalt der Umwelt, Menschenrechten, Migration, Armut sowie der demokratischen Mitgestaltung von Gesellschaft und Kirche.

Die Themen, Formen und Strukturen der jugendpolitischen Interessenvertretung sind vielfältig. Sie sind immer auch ein Spiegel der Entwicklungen in Kirche und Gesellschaft.

Grundsätzlich lassen sich zwei Handlungsrichtungen bzw. Schwerpunktsetzungen unterscheiden:
- Institutionelle Interessenvertretung: *Vertretung der Interessen Jugendlicher* und der Arbeit mit Jugendlichen in der Institution Kirche sowie in Gesellschaft und Politik.
- Themenbezogene Interessenvertretung: Thematisierung und *Bearbeitung gesellschaftspolitischer und politisch brisanter kirchlich-theologischer Themen* in der (Bildungs-)Arbeit mit Jugendlichen einschließlich des politischen und zivilgesellschaftlichen Engagements in Projekten und Aktionen.

Institutionelle Interessenvertretung

Möglichkeiten der Beteiligung und Interessenvertretung durch engagierte Jugendliche bestehen sowohl in den jugendverbandlichen Strukturen kirchlich-gemeindlicher Jugendarbeit in Trägerschaft von Kirchengemeinden und in Landeskirchen als auch in den evangelischen Jugendverbänden eigener Prägung (Christlicher Verein Junger Menschen (CVJM), Verband Christlicher Pfadfinderinnen und Pfadfinder (VCP), Deutscher Jugendverband „Entschieden für Christus" (EC)). Folgerichtig ist die Arbeitsgemeinschaft der Evangelischen Jugend in Deutschland e.V. (aej) als Dachverband partizipativ strukturiert.

Für Jugendliche, die auch Mitglieder der evangelischen Kirche sind, finden sich zugleich Vertretungs- und Beteiligungsmöglichkeiten in den institutionellen Bezügen der evangelischen Landeskirchen und ihrer Untergliederungen. So besteht in den meisten Landeskirchen für die Leitungsgremien aktives Wahlrecht für alle Mitglieder bereits ab der Konfirmation, passives Wahlrecht ab vollendetem 18. Lebensjahr. Es ist formal möglich, dass Jugendliche in den ehrenamtlichen Leitungsgremien der evangelischen Kirche auf allen Ebenen mitarbeiten. Allerdings gelingt das in der Praxis nur zu einem gewissen Teil. Die Partizipationsmöglichkeiten innerhalb der Institution Kirche sind oft nur eingeschränkt jugendgemäß. Hinderungsgründe liegen beispielsweise in den unterschiedlichen Strukturen des Jugend- und Erwachsenenalters: Allein eine fünf- oder sechsjährige Wahlperiode kirchlicher Gremien ist für Jugendliche kaum realisierbar. Jugendliche können und wollen sich nicht solange binden, weil sie in Ausbildungs- und Berufsphasen flexibel sein müssen. Ebenso stellen die Altersbeschränkungen (Mindestalter) für Kirchenvorstände/Gemeindekirchenräte und andere Gremien Hürden für eine Mitarbeit Jugendlicher dar, da deren Engagement in immer jüngerem Alter beginnt. Hinzu kommen die überwiegend nicht jugendrelevanten Themen und von Erwachsenen geprägten Arbeitskulturen in Entscheidungsfindungsprozessen, die nur begrenzt jugendlichen Lebenswelten und Sichtweisen entsprechen.

Trotzdem engagieren sich Jugendliche in Leitungsgremien von Kirchengemeinden und Kirchenkreisen/Dekanaten sowie in ‚Kirchenparlamenten' (Synoden) auf Kirchenkreis-/Dekanatsebene und auf der Ebene von Landeskirchen und der Evangelischen Kirche in Deutschland (EKD). Dies zeigt, dass sie durchaus bereit sind, sich in Gestaltungs- und Veränderungsprozesse einzubringen und Verantwortung zu übernehmen. Die Praxis zeigt aber auch deutlich, dass die Möglichkeit, sich in diesen Strukturen zu bewegen und zu engagieren, nur einen eher geringen Teil der Jugendlichen der evangelischen Jugendarbeit anspricht.

Außerhalb kirchlicher Strukturen existieren jugendpolitische Vertretungsstrukturen der Jugendverbände im Rahmen der Kinder- und Jugendhilfe. Diese gibt es auf Bundes-, Landes- und kommunaler Ebene. Ein Teil der Einflussmöglichkeiten ist über die Gesetzgebung abgesichert. Insbesondere betrifft dies die Jugendhilfeausschüsse (§ 71 SGB VIII) und die Anerkennung freier Träger (§ 75 SGB VIII).

In den Jugendhilfeausschüssen (Kommunen/Landkreise, Bundesland) werden Entscheidungen gemeinsam von der Verwaltung, den Mitgliedern der Vertretungskörperschaft der öffentlichen Träger und der freien Trägern getroffen bzw. vorbereitet. Sie sind die wichtigsten Instrumente der Interessenvertretung von Kindern und Jugendlichen in der Kommunal- und Landespolitik. Hier stellt sich die Situation jedoch ähnlich wie in den kirchlichen Strukturen dar: Die zu beratenden und zu beschließenden Themen haben oft eine hohe Komplexität, verlangen ein (haushalts-)rechtliches und politisches Grundlagenwissen und haben nicht selten eine längere Entscheidungsfindungsphase. Die Beteiligungsmöglichkeiten werden deshalb zunehmend professionellen (also hauptamtlichen) Mitarbeitenden der Jugendverbände überlassen. Eine besondere Rolle spielen die (Kinder- und) Jugendringe als Vernetzungsorganisationen der freien Träger der Kinder- und Jugendhilfe (Jugendverbände). Sie sind auf allen Ebenen organisiert (siehe www.dbjr.de), die evangelischen Jugendverbände arbeiten überall aktiv mit. Die Interessenvertretung in den Gremien ist oft gekoppelt mit einem partizipativen Meinungsbildungsprozess in den Vertretungsstrukturen der evangelischen Jugendverbände.

Themenbezogene Interessenvertretung

In der evangelischen Jugendarbeit geschieht neben der institutionellen Interessenvertretung auch eine vielfältige inhaltliche Auseinandersetzung mit gesellschaftspolitischen Themen. Die Impulse dafür kommen in der Regel von den Jugendlichen selbst und resultieren aus ihren unmittelbaren Lebensbedingungen und -zusammenhängen. In der evangelischen Jugendarbeit erhalten sie die Möglichkeit zur Bearbeitung der Themen oder sie werden durch die thematische Arbeit in der Jugendgruppe auf Themen aufmerksam. So engagieren sich Jugendliche z.B. in ihrem Wohnort gegen den Aufmarsch einer rechtsgerichteten Gruppierung, organisieren eine Gegenveranstaltung oder führen andere öffentliche Aktionen durch. Jugendgruppen beschäftigen sich mit Fragen der weltweiten Gerechtigkeit, führen eine Bildungsaktion zum fairen Handel durch, entwickeln ein Partnerschaftsprojekt und engagieren sich dafür, dass Einrichtungen fair gehandelte Produkte einsetzen. An anderer Stelle setzt die evangelische Jugend sich gemeinsam mit anderen Verbänden im Stadtjugendring für die Einrichtung von Praktikumsmöglichkeiten in örtlichen Handwerksbetrieben für Jugendliche mit schlechtem Schulabschluss ein, um deren Ausbildungschancen zu verbessern. Die Formen sind vielfältig: (Wochenend-)Seminare, Gruppenabende, Freizeiten und Jugendbildungsangebote, Jugendgottesdienste, Aktionen im Gemeindeumfeld oder Podiumsdiskussionen sind nur einige der vielen Möglichkeiten. Die Angebote müssen dabei nicht vordergründig jugendpolitisch (motiviert) sein – diese Dimension entfaltet sich oft erst in der Umsetzung und Beschäftigung mit einem Themenfeld.

Entwicklungsperspektiven

Die Evangelische Jugend ist ein wichtiger Akteur in der jugendpolitischen Interessenvertretung in Kommunen, Landkreisen, Bundesländern, dem Bund und mittlerweile auch auf europäischer Ebene. Dennoch ist dieses Handlungsfeld kein Selbstläufer. Jugendpolitisches Engagement und politische Vertretungsarbeit konkurrieren mit anderen (attraktiven) Angeboten und Arbeitsfeldern und werden z.B. aufgrund von veränderten Schwerpunktsetzungen in der Jugendarbeit, persönlichen Neigungen und geringer werdenden finanziellen Mitteln für die Kinder- und Jugendarbeit immer wieder infrage gestellt.

Wie stark sich die evangelische Jugendarbeit bei konkreter Problem- und Fragestellung in die jeweiligen Ebenen einbringt, hängt von vielen Faktoren ab. Neben der Frage der Akzeptanz durch andere Jugendverbände, durch die Kirche, Kooperationspartner, Politik und Verwaltung sind beispielsweise folgende Überlegungen entscheidend:
- Wie jugendgemäß bzw. beteiligungsfreundlich sind die Strukturen, in denen Beteiligung vorgesehen ist (Gemeindekirchenrat/Synoden/Jugendringe/...)?
- Wie ernst meinen es Erwachsene und Institutionen mit ihren Partizipationsangeboten?
- Wie überschaubar bzw. transparent sind Entscheidungsprozesse? Was wird vorausgesetzt, um Beteiligung zu ermöglichen? (Zeit, Wissen, Erfahrung, Akzeptanz,...)
- Wie gelingt es, ein Verantwortungsbewusstsein zu entwickeln, welches sich nicht nur auf die eigene Jugendgruppe/den eigenen Jugendverband bezieht?

Die evangelische Kirche und die Evangelische Jugend stellen so etwas wie eine zivilgesellschaftliche Ressource für Jugendliche zum Erlernen und Erproben politischen

Engagements dar. Damit stehen die Kirche und die Jugendarbeit gleichermaßen vor der Herausforderung, ihre Attraktivität für junge Menschen immer wieder zu erweisen. Sie müssen die Voraussetzungen schaffen und erhalten, dass Jugendliche sich aktiv in politische Prozesse einbringen können und wollen und dies als relevant erleben. Mögliche zielführende Fragestellungen sind:
- Wie können mehr Freiräume für Beteiligungsmöglichkeiten in Kirche und Jugendarbeit geschaffen werden?
- Wie können die hauptamtlich Mitarbeitenden ihre unterstützende und begleitende Rolle wahrnehmen, ohne die Realitäten der Jugendlichen zu vernachlässigen?
- Wie können Jugendliche motiviert werden, sich für ihre Interessen einzusetzen?
- Wie kann es trotz demografischen Wandels und Abwanderungsprozessen im ländlichen Raum gelingen, die evangelische Jugendarbeit weiter als eine eigenständige Größe zu etablieren?

Aktuell geht es darum, die Potenziale der veränderten Kommunikationsmöglichkeiten und -gewohnheiten mit den elektronischen Medien und internetbasierten sozialen Netzwerken zu nutzen und sie für das Zustandekommen von Entscheidungen und das Organisieren von Aktionen zu nutzen. Insbesondere die sozialen Netzwerke und andere Plattformen stellen als direkte Formen der Meinungsäußerung manche überkommene Form politischer Interessensvertretung infrage oder dynamisieren diese. Indem die evangelische Jugendarbeit hier die neuen Möglichkeiten ergreift und erprobt, kann sie wiederum einen wichtigen Beitrag jugendpolitischer Interessensvertretung leisten, der für Kirche und Gesellschaft gleichermaßen wichtig ist.

Literatur

Fauser, Katrin/Fischer, Arthur/Münchmeier, Richard (Hrsg.) (2006): Jugendliche als Akteure im Verband. Ergebnisse einer empirischen Untersuchung der Evangelischen Jugend. Opladen/Farmington Hills: Budrich.
Bemm, Gerhard/Schmucker, Klaus (Hrsg.) (1999): Aus Glauben verantwortlich leben. Wirkungen evangelischer Jugendarbeit in Kirche und Gesellschaft. Hannover: Ed. aej.
Lindner, Werner (2010): Status quo vadis? 20 Jahre Kinder- und Jugendpolitik und Kinder- und Jugendarbeit in den ostdeutschen Bundesländern. In: deutsche jugend 58, 1, S. 11–19.
Brenner, Gerd (2008): Jugend und Politik. In: deutsche jugend 56, 7/8, S. 339–351.
Deutscher Bundesjugendring (2011): Eigenständige Jugendpolitik. Einschätzung des DBJR. http://www.dbjr.de/nationale-jugendpolitik/eigenstaendige-jugendpolitik [Zugriff: 20.12.2012]

Rainer Oberländer

Jungenarbeit

Seit ihrem Entstehen richtete sich Jugendarbeit in vielen Bereichen schwerpunktmäßig an Jungen, während zugleich auch vielfältige Formen der Arbeit mit Mädchen entstanden. Das war auch und besonders in der christlich geprägten Jugendarbeit der Fall. Seit Mitte des 20. Jahrhunderts wurde nicht nur in der Schule, sondern auch in der Jugendarbeit verstärkt die Koedukation eingeführt. Damit geriet in vielen Bereichen konzeptionell die spezifische Arbeit mit Jungen stärker aus dem Blick. Erst als Reaktion auf die Etablierung emanzipatorischer, teilweise feministisch ausgerichteter Mädchenarbeit seit den 1970er Jahren gewann auch die Jungenarbeit wieder mehr Beachtung. In der öffentlichen Diskussion wurden Männer und Mann-Sein allerdings zunehmend als ein Problem dargestellt und wahrgenommen, Männlichkeit als in der Krise befindlich deklamiert. Die Jugendarbeiter und die Jugendarbeit kamen dadurch nicht selten unter Druck, sich Geschlechterfragen zu stellen und diese auch pädagogisch reflektiert zu bearbeiten. Verstärkt hat sich der defizitäre Blick auf Jungen im ersten Jahrzehnt des 21. Jahrhunderts aufgrund der Ergebnisse von Schulleistungs- und Bildungsvergleichsstudien. In der Diskussion werden danach Jungen oft als Bildungsverlierer dargestellt. Auch dies erhöht die Erwartung an eine schulische und außerschulische Arbeit mit Jungen.

Zielsetzung evangelischer Jungenarbeit

Konzeptionell geht die Jungenarbeit davon aus, dass Jungen Experten für ihre Lebenslagen sind. Als konzeptionellen Leitbegriff für die Arbeit mit Jungen hat Uwe Sielert (1993) den Begriff „Reflektierte Jungenarbeit" geprägt. Jungenarbeit hat zum Ziel, Jungen zu einer ausgewogenen Persönlichkeit zu verhelfen. Wichtig ist dabei, an den Fähigkeiten und Gaben der Jungen anzuknüpfen und nicht defizitorientiert heranzugehen.

> „Jungenarbeit ist keine Methode, sondern eine Haltung und Sichtweise, die in geschlechtshomogenen wie geschlechtsgemischten Praxisfeldern wirksam wird. Jungenarbeit begleitet Jungen bei der Entwicklung ihrer Identität und fördert ihre Selbstbestimmung, Eigenverantwortung und Beteiligung. Es geht ihr darum, Jungen zu unterstützen und sie zu befähigen, ihr Eigenes (Gefühle, Interessen, Ressourcen, Kompetenzen usw.) wahrzunehmen, zu verhandeln, hierfür verantwortlich einzustehen und sich bei Verunsicherung oder Irritation Begleitung, Rat und Hilfe Unterstützung zu holen. Jungen werden hierbei von pädagogisch geschlechtsbezogen tätigen Erwachsenen in ihrer Individualität wahrgenommen und anerkannt und als entwicklungsfähige Persönlichkeiten wertgeschätzt und sollen weitgehend durch aktive Partizipation in pädagogische und soziale Prozesse einbezogen werden" (LAG Jungenarbeit NRW 2011).

Evangelische Jungenarbeit will Jungen mit ihren speziellen Bedürfnissen, ihren Potenzialen und Kompetenzen, ihren Ressourcen im Blick haben und blendet deren Schwächen nicht aus. Es geht darum, Jungen in ihrer Persönlichkeitsentwicklung zu begleiten, zu stärken und zu fördern. Jungenarbeit reagiert auf gesellschaftliche Veränderungen und reflektiert die Rolle von Jungen. Sie versucht Herausforderungen zu antizipieren und Voraussetzungen für ein partnerschaftliches Miteinander von Mädchen und Jungen, Frauen und Männern zu schaffen. Jungenarbeit zielt auf die Erweiterung von Verhaltensmöglichkeiten von Jungen und bricht an dieser Stelle traditionelle Verhaltensmuster auf, um Jungen eine ganzheitliche Entwicklung ihrer Persönlichkeit zu ermöglichen. Sie gibt auch dem Entstehen von Freundschaften Raum und fördert derartige Prozesse. Jungenarbeit im evangelischen Kontext bietet durch die Auseinandersetzung mit biblischen Inhalten und das Beziehen derselben auf die Lebenssituation von Jungen entscheidende Hilfen zur Orientierung und Lebensbewältigung an.

Praxis evangelischer Arbeit mit Jungen

In der evangelischen Arbeit mit Jungen als spezifischer Form der Jugendarbeit gibt es unterschiedliche Ansätze und Formen.

Traditionell geprägte Gruppenformen
Am Beispiel der Arbeit in Württemberg, Westfalen und des Christlichen Vereins Junger Menschen im CVJM-Westbund lässt sich die lange Tradition der evangelischen Jungenarbeit gut zeigen. Gleich nach dem zweiten Weltkrieg entstand hier die Jungenschaftsarbeit. In der Regel treffen sich die Gruppen einmal in der Woche an einem Abend für 1,5 bis 2,5 Stunden und unternehmen auch über den Gruppenabend hinaus gemeinsame Aktivitäten. Vom Altersbereich her liegt der Fokus auf den 13- bis 17-Jährigen. Nicht selten knüpft Jungenschaftsarbeit an die Konfirmandenarbeit an und versucht ganze Jahrgänge von Jungen in die Gruppenarbeit zu integrieren. In einer Reihe von Gruppen werden auch traditionelle, eher bündische Elemente gepflegt wie das Tragen eines Fahrtenhemdes.

Diese Arbeit hat an vielen Orten dazu beigetragen, dass sich eine stabile Jugendarbeit etablierte und auch Bestand hat. Die Gruppen mit ihren Mitarbeiter/-innen sind ein Stabilitätsfaktor für Kirchengemeinden. Dabei spielen auch immer wieder aktuelle pädagogische Herausforderungen in Bezug auf Jugendkulturen, Medien und die Schule eine wichtige Rolle.

Freizeiten
In der Freizeitarbeit sind unterschiedliche Entwicklungen hinsichtlich einer geschlechtsbezogenen Arbeit mit Jungen zu erkennen. Während in einigen Bereichen Jungencamps einen hohen Stellenwert haben und starke Teilnehmerzahlen verzeichnen, sind an anderer Stelle Abbrüche sichtbar. Beispielsweise in Württemberg und im CVJM-Westbund wurden stattdessen neue Konzepte für Freizeitformen entwickelt: Abenteuerfreizeiten im In- und Ausland, Snowboardfreizeiten, Freizeitaktionen mit einer Mischung aus Urlaub und spielerischem Wettkampf. Letzteres haben der CVJM-Gesamtverband in Deutschland und das Evangelische Jugendwerk in Württemberg (ejw) mit den „GERMAN-GAMES" eindrucksvoll umgesetzt. In den ostdeutschen Bundesländern wird ganz neu angesetzt. Im Umfeld der Jungen- und Männernetzwerke entstehen Jungenfreizeiten, aber auch Aktionen für Väter und Söhne.

Teenagerarbeit
Geschlechtsbewusste Ansätze haben auch andere Arbeitsfelder der evangelischen Jugendarbeit erreicht. In der klassischen Teenagerarbeit gehören geschlechtshomogene Programmangebote zum Repertoire vieler Leitungsteams. Themen wie Freundschaft, Sexualität, aber auch Gewalterfahrung werden aufgegriffen, um sie in geschlechtshomogenen Gruppen von Mädchen und Jungen zu bearbeiten. Auf Freizeiten werden Mädchen- und Jungentage angeboten, wo beide Geschlechter Raum für ihre Interessen und Themen bekommen. In der Arbeit mit Konfirmanden gibt es ähnliche Konzepte. Nicht zuletzt die Buchveröffentlichungen „KU, weil ich ein Mädchen bin" (Ahrens/Pithan 1999) und „KU, weil ich ein Junge bin" (Knauth u.a. 2002) haben den Blick für eine geschlechtergerechte Konfirmandenarbeit geöffnet. Entsprechende Praxismodelle und Ansätze sind entstanden. Wo diese Konzepte greifen, werden Mädchen und Jungen je eigene Zugänge zu Glaubens- und Lebensthemen zugestanden.

Neue Netzwerke entstehen
In vielen Bundesländern stellt sich die Jungenarbeit ganz neu auf. Netzwerke sind vielfach im Umfeld evangelischer Einrichtungen und Vereinigungen entstanden, so zum Beispiel das Netzwerk Jungen- und Männerarbeit Leipzig LEMANN e.V. (www.lemann-netzwerk.de), die Fachgruppe Jungenarbeit in Thüringen und Sachsen-Anhalt, das Netzwerk Jungenarbeit in Chemnitz, die Landesarbeitsgemeinschaft Jungen- und Männerarbeit Sachsen e.V. Evangelische Akademien, Jugendbildungsstätten, Jugendpfarrämter und CVJMs haben dazu beigetragen, dass diese Netzwerke entstanden sind. Doch auch anderswo lassen sich Aufbrüche beobachten. Im Evangelischen Jugendpfarramt in Hanau hat sich ein Jungenforum Süd gegründet, das gendersensible Jungenarbeit praktiziert. In der Evangelischen Kirche von Kurhessen-Waldeck ist eine Broschüre entstanden „100% Jungs – Jungenförderung im Aufbruch". Dies sind nur Ausschnitte, die belegen, dass die Jungenarbeit in Bewegung ist und sich in Richtung der gesetzlich geforderten Querschnittsaufgabe entwickelt.

Jungenarbeit als Querschnittsaufgabe

Ziel einer geschlechtsbezogenen Jungenarbeit ist es, Arbeit mit Jungen als Querschnittsaufgabe zu entwickeln. Dabei geht es um eine inklusive bzw. multisektionale, teilhabende Pädagogik. Niemand soll ausgeschlossen bleiben oder gar werden, und jeder gehört dazu. Es gibt kein drinnen und draußen. Allerdings sind oft strukturelle Grenzen unüberwindbar, etwa zwischen den Schularten. Haupt- und Sonderschüler werden weniger erreicht, ebenso finden Jungen mit Behinderungen und Assistenzbedarf selten Zugang zu den Angeboten. Hierin besteht eine besondere Herausforderung.

Erste Ansätze dazu werden beispielsweise im Evangelischen Jugendwerk in Württemberg entwickelt, Jungen den Erwerb von Schlüsselkompetenzen mit erlebnispädagogischen und erfahrungsorientierten Methoden zu ermöglichen und ihnen dadurch eine berufliche Zukunft zu ermöglichen. Der CVJM-Gesamtverband verhilft jungen Menschen mit seiner Initiative „pack's" zu einer beruflichen Perspektive. Es gilt, sich mit diesen Themen verstärkt auseinanderzusetzen und zu fragen, was die evangelische Jugendarbeit mit ihren Kompetenzen und ihrem Wissen in der geschlechtsbezogenen Arbeit für die Zielgruppe Jungen beitragen kann.

Literatur

Ahrens, Sabine/Pithan, Annebelle (Hrsg.) (1999): KU – weil ich ein Mädchen bin. Gütersloh: Gütersloher Verlagshaus.
Biddulph, Steve (2003): Jungen! Wie sie glücklich heranwachsen. Warum sie anders sind und wie sie zu ausgeglichenen, liebevollen und fähigen Männern werden. München: Beust.
Evangelische Kirche von Kurhessen-Waldeck (Hrsg.) (2008): „100% Jungs – Jungenförderung im Aufbruch". Kassel: Evangelische Kirche von Kurhessen-Waldeck.
Facharbeitskreis Jungenarbeit der kommunalen Jugendbildungswerke in Hessen (2000): Leitlinien zur Jungenarbeit. Empfehlungen zur Förderung geschlechtsbewusster Jungenarbeit. http://www.medium-ev.de/JANTZ/PDF/EFH/leitlinien_jungenarbeit_2000.doc [Zugriff: 20.12.2012]
Knauth, Thorsten/Bräsen, Frie/Langbein, Ekkehard/Schroeder, Joachim (Hrsg.) (2002): KU – weil ich ein Junge bin. Ideen – Konzeptionen – Modelle für einen jungengerechten KU. Gütersloh: Gütersloher Verlagshaus.
LAG Jungenarbeit NRW (2011): Grundlagen Jungenarbeit. http://www.lagjungenarbeit.de/grundlagen.php [Zugriff: 21.12.2012]
Oberländer, Rainer/Röcker, Markus/Ruckaberle, Timm (Hrsg.) (2004): Mit Jungs unterwegs. Auf dem Weg zu einer starken Persönlichkeit. Praxisbuch für die Arbeit mit Jungen. Stuttgart: Buch und Musik.
Sielert, Uwe (1993): Jungenarbeit. Praxishandbuch für die Jugendarbeit, 2. Weinheim: Juventa.
Steinberg, Volker (2001): Jungenarbeit. Eine Beschreibung. In: das baugerüst 53, 3, S. 54–56.
Winter, Reinhard/Neubauer, Gunter (2001): So geht Jungenarbeit. Geschlechtsbezogene Entwicklung von Jugendhilfe. Berlin: Stiftung SPI.
Winter, Reinhard/Neubauer, Gunter (2001): Dies und das! Das Variablenmodell „balanciertes Junge- und Mannsein" als Grundlage für die pädagogische Arbeit mit Jungen und Männern. Tübingen: Neuling.

Links

Bundesarbeitsgemeinschaft Jungenarbeit e.V.: www.bag-jungenarbeit.de
Jungenarbeit im Evangelischen Jugendwerk in Württemberg: www.ejwue.de/jungen
Evangelische Schülerinnen- und Schülerarbeit in Westfalen (BK) e.V.: www.esw-berchum.de
Jungenarbeit im CVJM-Westbund: www.cvjm-westbund.de/jungenschaft
Landesarbeitsgemeinschaft Jungen- und Männerarbeit Sachsen e.V.: www.jungenarbeit-sachsen.de
Fachgruppe Jungenarbeit in Thüringen: jungenarbeit-thueringen.de
Netzwerk Jungen- und Männerarbeit Leipzig: www.lemann-netzwerk.de
Fachstelle für Jungen- und Männerarbeit Dresden: www.maennernetzwerk-dresden.de
Fachgruppe Jungenarbeit in Sachsen-Anhalt: http://villajuehling.de/page/fachgruppe-fuer-die-arbeit-mit-jungen
Netzwerk Jungen- und Männerarbeit Leipzig: www.lemann-netzwerk.de

Sönke von Stemm

Konfirmandenarbeit

Konfirmandenarbeit und Jugendarbeit stehen derzeit vor vergleichbaren Herausforderungen: Beziehung, Spiritualität und Bildung (vgl. Brinkmann/Stemm 2010: 162ff.). Aus Sicht der Jugendlichen zeigt sich, dass Taufe und Konfirmation für fast alle evangelischen Jugendlichen ein Kennzeichen ihres Evangelisch-Seins sind. Rund 250.000 Jugendliche lassen sich jedes Jahr in Deutschland konfirmieren, etwa 30% aller Jugendlichen. Zudem lassen sich etwa 15.000 Jugendliche pro Jahr (6% der Konfirmierten) im Zuge einer Konfirmationsvorbereitung taufen (vgl. Ilg u.a. 2009: 38ff.). Zugleich leistet die Konfirmandenarbeit im Blick auf unsere Gesellschaft einen Beitrag zur Wertebildung, indem Themen wie Gerechtigkeit, Umgang mit Problemsituationen, Verantwortung, Toleranz bearbeitet werden. In der Konfirmandenarbeit engagieren sich zudem jedes Jahr etwa 60.000 überwiegend jugendliche Ehrenamtliche (vgl. Schweitzer 2010: 19).

Im Jahr 2007/2008 wurden in einer Studie im Bereich der Evangelischen Kirche in Deutschland (EKD) mehr als 11.000 Konfirmanden/-innen nach ihren Erwartungen an die Konfirmandenzeit gefragt und sechs Monate später, kurz vor der Konfirmation, nach ihren Erfahrungen (vgl. Ilg u.a. 2009). Dabei sind wichtige Merkmale herausgearbeitet worden:

Freiwilligkeit: Die Jugendlichen bestimmen freiwillig ihre Mitwirkung an der Konfirmandenarbeit. 41% der Befragten räumen ein, gerne auch ohne Vorbereitungszeit konfirmiert werden zu wollen; allein 25% sind dabei, weil Eltern bzw. 10%, weil die Großeltern es wollten. Nur eine Minderheit von 10% fühlt sich zur Teilnahme verpflichtet (vgl. Ilg u.a. 2009: 38ff.).

Motivation: Für die Mehrheit der Jugendlichen ist das Fest der Konfirmation das Wichtigste an der Konfirmandenarbeit. So sind neben der Familienfeier (54%) vor allem Geschenke (53%) und Segen (50%) die am häufigsten genannten Motive für die Teilnahme (vgl. Ilg u.a. 2009: 56ff.). Das eigene Erleben der Konfirmandenzeit übertrifft in manchen Bereichen die oft divergierenden Erwartungen der Jugendlichen. So geben immerhin 70% an, mehr über Gott und Glauben erfahren zu haben (nur 46% erwarten dies sechs Monate zuvor). Auch die Gemeinschaft in der Gruppe (73% statt 47%) und die Entscheidungsfähigkeit in Glaubensfragen (60% statt 48%) bzw. die „Stärkung im Glauben an Gott" (55% statt 42%) spielen rückblickend auf die Konfirmandenzeit für viele Jugendliche eine Rolle. Im Blick auf einzelne Themen geben immerhin 45% an, etwas über das Leben nach dem Tod und 33%, etwas über andere Religionen erfahren zu haben.

Zufriedenheit: Die Jugendlichen schätzen an der Konfirmandenarbeit die Bildungsmöglichkeiten und die Mitbestimmung der Themen. Nahezu gleichauf werden die sozialen Kontakte zu Gleichaltrigen sowie die Beziehungen zu den Hauptamtlichen als positiv genannt (vgl. Ilg u.a. 2009: 71f.). Insgesamt sind mehr als zwei Drittel aller Befragten mit der Konfirmandenarbeit vor Ort zufrieden.

Aus Sicht der Jugendlichen liegt der Wert der Konfirmandenarbeit vor allem im Gruppenerlebnis mit Gleichaltrigen, das 72% der Befragten „Spaß" gemacht hat.

Konzeptionen von Konfirmandenarbeit

Jede Kirchengemeinde verantwortet im Rahmen landeskirchlicher Ordnungen die Konfirmandenarbeit selbst. Der daraus entstehenden konzeptionellen und strukturellen Vielfalt steht ein gewisser Konsens in der religionspädagogischen Reflexion gegenüber: Alle neueren Entwürfe haben die Alternativen zwischen Traditions- und Problemorientierung bzw. zwischen institutionell-kirchlichen und familiär-volkskirchlichen Erwartungen an die Konfirmandenarbeit überwunden und die sogenannte „jugend- und gemeindepädagogische Wende des Konfirmandenunterrichts" (Domsgen/Lück 2008: 1284) mit vollzogen. Demnach sollte die Konfirmationsvorbereitung nicht allein Wissensvermittlung und Reflexion bieten, sondern auch Erfahrungen und praktische Ausdrucksmöglichkeiten des Glaubens. Innerhalb dieses gemeinsamen Rahmens setzen die vorliegenden Konzeptionen theologisch-didaktische Schwerpunkte (vgl. Domsgen/Lück 2008: 1287ff.) und heben in unterschiedlichem Maße die klassischen Motive hervor: Sakramentseinführung und Katechese, seelsorgerliche Begleitung und gesellschaftliche Verantwortung sowie Gemeindeaufbau und Leben in einer jungen Gemeinde auf Zeit.

Methoden der Jugendarbeit wie Freizeiten, Konfi-Tage, Konfi-Camps etc. haben vielerorts der Konfirmationsvorbereitung ein neues Gesicht verliehen – weg vom Unterricht hin zur Konfirmandenarbeit. Dies galt (vgl. EKD 1998: 23) und gilt allerdings weiterhin als zentrale Reformaufgabe. Die bundesweite Studie zur Konfirmandenarbeit fordert daher eine konsequentere Subjektorientierung und eine aktivierende Beteiligung der Jugendlichen. Zudem müsse die Konfirmationsvorbereitung breiter in die gesamte Gemeindearbeit eingebettet sein (vgl. Pohl-Patalong/Schweitzer 2010: 21ff.). Als signifikant wird dabei die Sicht der Jugendlichen angeführt, dass – bei aller Wertschätzung der Konfirmandenarbeit – mehr als die Hälfte aller befragten Jugendlichen die Auffassung vertritt, Kirche habe keine Antworten auf die lebensrelevanten Fragen und damit wenig Bedeutung für ihr Leben (vgl. Pohl-Patalong/Schweitzer 2010; Ilg u.a. 2009: 104ff.).

Herausforderungen

Aneignung: Die Konfirmandenarbeit ermöglicht (Kindern und) Jugendlichen in den Kirchengemeinden, sich in einer professionell begleiteten Gruppe von Gleichaltrigen auf das Bekenntnis zur eigenen Taufe und den Segen der Konfirmation vorzubereiten. Die Jugendlichen setzen sich dabei mit den Inhalten und Ausdrucksformen des christlichen Glaubens auseinander, beziehen Positionen zu zentralen Fragen der Glaubens- und Lebensgestaltung und probieren eigene Vollzüge innerhalb der Gemeinde aus bzw. üben sie ein. Damit verbunden ist die Herausforderung, die falsche Alternative ‚von Inhalt und Stoff her zu denken' oder ‚von den Jugendlichen her zu denken', zu überwinden. Methoden und Strukturen sind weniger entscheidend; vielmehr geht es um einen *Aneignungsprozess*, der es den Jugendlichen ermöglicht, sich Tradition und Lebenswelt bzw. Wissen und Erfahrungen gleichermaßen zu eigen zu machen (vgl. Pohl-Patalong/Schweitzer 2010). Der Fokus darf nicht allein auf die Arbeitsinhalte gelegt werden. Entscheidend bleibt, *wie* Jugendliche die Inhalte, Arbeitsweisen und Ziele der Konfirmandenarbeit zu ihren eigenen machen.

Beziehung: Konfirmandenarbeit braucht Menschen, die mit Jugendlichen auf einer persönlich authentischen Ebene Beziehungen eingehen, um Lern- und Erfahrungsprozesse zu initiieren und zu begleiten. Jugendliche schätzen darin die Kontaktmöglichkeiten zu Kirche. Viele Landeskirchen bzw. Kirchenkreise oder Dekanate haben durch nachbarschaftliche Zusammenarbeit und Schwerpunktsetzungen für die Aufgaben der Hauptberuflichen oder auch durch Förderung von Ausbildungskursen für Ehrenamtliche die personellen Ressourcen der Konfirmandenarbeit gestärkt. Teilweise werden aber auch Kräfte aus der Jugendarbeit für die Konfirmandenarbeit abgezogen. Das ist eine bedenkliche Entwicklung (vgl. Freitag 2008: 63).

Bildung: Die Umfrage unter den Jugendlichen bestätigt die zentrale Bedeutung der Inhalte. Nicht nur die Mitarbeitenden, sondern die Jugendlichen selbst spüren die Auswirkungen der sogenannten religionslosen Biografien. Es kommt dabei darauf an, die Jugendlichen zur Auseinandersetzung mit dem christlichen Glauben und dem Leben der Ortsgemeinde zu aktivieren. Die Jugendlichen sollen und wollen Wissen über Kirche und Glauben erarbeiten, dieses reflektieren und für das eigene Erleben aneignen. Lebensrelevanz (die Fragen der Jugendlichen) und Tradition (Antworten vom Glauben her) müssen in diesem Prozess gleichermaßen im Blick sein. Die Frage nach realistischen Anwendungs-Situationen im Lernprozess spielt eine ebenso große Rolle wie die authentische Verankerung der Inhalte im Leben von Menschen, die sich mit den Jugendlichen gemeinsam auf den Weg machen.

Spiritualität: Bildung umfasst immer auch ein Wachsen der eigenen Person. Daher müssen die Jugendlichen sich mit ihrer (christlichen) Identität auseinandersetzen können und im Kontakt mit anderen reifen. Zentral ist dabei ein übendes Gestalten von Ausdrucksmöglichkeiten des Glaubens. Es geht darum, gemeinsam mit den Jugendlichen eine ihnen gemäße Spiritualität zu entwickeln und Räume bzw. Gelegenheiten zu schaffen, diese zu gestalten und deren Auswirkungen auf den Alltag zu leben. Der Bezug auf das gottesdienstliche Leben in der Gemeinde und im kirchlichen Umfeld ist damit ebenso in den Blick genommen wie Diakonie oder Kultur- und Gemeinwohlarbeit (vgl. Großer/Schlenker-Gutbrod 2006). Dies geschieht organisch in einer Verknüpfung von Jugendarbeit und Konfirmandenarbeit (vgl. Ilg u.a. 2010; Klein 2010) und einer Einbeziehung von ‚Frisch-Konfirmierten' als Mitarbeitende in der Konfirmandenarbeit.

Literatur

Böhme-Lischewski, Thomas/Elsenbast, Volker/Haeske, Carsten/Ilg, Wolfgang/Schweitzer, Friedrich (Hrsg.) (2010): Konfirmandenarbeit gestalten. Perspektiven und Impulse für die Praxis aus der bundesweiten Studie zur Konfirmandenarbeit in Deutschland. Gütersloh: Gütersloher Verlagshaus.
Böhme_Lischewski, Thomas/Stemm, Sönke von/Elsenbast, Volker (Hrsg.) (2010): Konfirmandenarbeit für das 21. Jahrhundert. Münster: Comenius-Institut.
Brinkmann, Gerd/Stemm, Sönke von (2010): Konfirmandenarbeit als Bildungsarbeit. In: Loccumer Pelikan, 4, S. 162–165.
Domsgen, Michael/Lück, Christhard (2008): Konfirmandenunterricht zu Beginn des 21. Jahrhunderts. In: Theologische Literaturzeitung 133, 12, S. 1283–1306.

Elsenbast, Volker (2009): Konfirmandenarbeit und Konfirmation in den deutschen Landeskirchen. Ziele – Inhalte – Formen. In: Adam, G. (Hrsg.): Zukunftswerkstatt Konfirmandenarbeit. Perspektiven aus fünf europäischen Ländern. Münster: Comenius-Institut, S. 39–47.

Freitag, Michael (2008): Konfi-Arbeit durch den Jugendverband? In: das baugerüst 60, 2, S. 60–63.

Großer, Achim/Schlenker-Gutbrod, Karin (2006): Verknüpfen. Jugend- und Konfirmandenarbeit; Freizeit- und Gruppenarbeit; Aktivgruppen gründen. Stuttgart: Buch und Musik.

Ilg, Wolfgang/Schweitzer, Friedrich/Elsenbast, Volker/Otte, Matthias (2009): Konfirmandenarbeit in Deutschland. Empirische Einblicke – Herausforderungen – Perspektiven. Gütersloh: Gütersloher Verlagshaus.

Ilg, Wolfgang/Klein, Axel/Langbein, Ekkehard (2010): Konfirmandenarbeit und Jugendarbeit. In: Böhme-Lischewski, Th./Elsenbast, V./Haeske, C./Ilg, W./Schweitzer, F. (Hrsg.), S. 70–79.

Klein, Axel (2010): Konfirmandenarbeit und Jugendarbeit. In: Böhme-Lischewski, Th./Stemm, S. von/Elsenbast, V. (Hrsg.), S. 51–53.

Kirchenamt der Evangelische Kirche in Deutschland (Hrsg.) (1998): Glauben entdecken Konfirmandenarbeit und Konfirmation im Wandel. Eine Orientierungshilfe des Rates der Evangelischen Kirche in Deutschland. Gütersloh: Gütersloher Verlagshaus. http://www.ekd.de/EKD-Texte/44603.html [Zugriff: 21.12.2012]

Kirchenamt der Evangelischen Kirche in Deutschland (Hrsg.) (2010): Kirche und Jugend. Lebenslagen Begegnungsfelder Perspektiven. Eine Handreichung des Rates der Evangelischen Kirche in Deutschland (EKD). Gütersloh: Gütersloher Verlagshaus. http://www.ekd.de/EKD-Texte/kirche_und_jugend.html [Zugriff: 18.12.2012]

Pohl-Patalong, Uta/Schweitzer, Friedrich (2010): Konfirmandinnen und Konfirmanden. In: Böhme-Lischewski, Th./Elsenbast, V./Haeske, C./Ilg, W./Schweitzer, F., S. 20–31.

Schweitzer, Friedrich (2010): Konfirmandenarbeit im Umbruch: Bleibende Aufgaben – neue Herausforderungen. In: Böhme-Lischewski, Th./Stemm, S. von/Elsenbast, V., S. 14–22.

Michael Freitag

Konfirmandenarbeit und Jugendarbeit

Im Fokus des Folgenden stehen das konzeptionelle Verhältnis von Kinder- und Jugendarbeit und der Konfirmandenarbeit (KA) sowie Strukturen und Formen von Verknüpfungen und Übergängen.

Konzeptionelle Gemeinsamkeiten

Konfirmandenarbeit und evangelische Kinder- und Jugendarbeit sind jeweils Arbeitsfelder kirchlichen Handelns an Jugendlichen, mit Jugendlichen und durch Jugendliche (vgl. EKD 2010: 52).

Beide Arbeitsfelder bieten jungen Menschen Lebensraum im ‚Raum' der Kirche: Sie haben jeweils den Anspruch, junge Menschen in biografisch-persönlichen Suchbewegungen zu begleiten und Orientierungshilfen zu geben. Sie bieten damit Möglichkeiten zur Selbstentfaltung und zur Gestaltung ihres Lebens.

Dies gilt insbesondere für *religiöse Lebensräume*: Beide Arbeitsfelder eröffnen Zugänge zum christlichen Glauben und seiner Lebenspraxis. Sie sind beide Orte der Begegnung mit dem ‚Heiligen', mit Gott. Sie bieten Räume zur religiösen Bildung und Selbstbildung, zum Lernen und Erforschen von christlichem Glauben, für Fragen, für Erfahrungen und zum Experimentieren mit eigener Religion und eigener Spiritualität.

Konzeptionelle Unterschiede

Konfirmandenarbeit ist tendenziell ein *kirchendominierter Raum*. Ihr Subjekt ist die Kirche. Organisiert und durchgeführt wird die KA traditionell von der Amtskirche und deren Repräsentanten, nämlich Pfarrerinnen und Pfarrern.

Sie ist ein non-formales Bildungsangebot der Kirche mit dem Ziel der Integration junger Menschen in die Kirche. Als Vorbereitung auf die Konfirmation kann sie als biografisch nachgeholter Taufunterricht begründet werden oder, wenn Taufe und Konfirmation zusammenfallen, als Hinführung zur Taufe.

Die Konfirmandenarbeit als Unterrichtung bezweckt die Einführung in christliches Leben, also in die Inhalte des in der Kirche geglaubten Glaubens und seiner Tradition sowie in die Praxis des in der Kirche gelebten Glaubens. Dazu gehören die Auseinandersetzung mit der Tradition und die fachkundige Begleitung bei der eigenen und eigenständigen Übernahme oder vielleicht auch bei der Ablehnung des Glaubens.

Die KA ist damit auch eine Funktion der Sozialisationsinteressen von Kirche und von kirchlicher Nachwuchspflege.

Evangelische Kinder- und Jugendarbeit ist ihrem Selbstverständnis nach demgegenüber ein *jugenddominierter Raum*. Sie ist jugendverbandlich organisiert. Selbst dann, wenn bei Jugendlichen kein jugendverbandliches Bewusstsein vorhanden ist, sind die klassischen Merkmale jugendverbandlicher Arbeitsform zumeist verinnerlicht und prägen die Gesellungsformen, Strukturen und Inhalte evangelischer Jugendarbeit.

Dazu gehören Freiwilligkeit und Selbstorganisation, Mitbestimmung und Partizipation, Freiraum ohne Leistungsdruck und Subjektorientierung: Evangelische Jugendarbeit ist ihrem Selbstverständnis nach vor allem an ihren jugendlichen Subjekten, an deren Interessen und Lebenslagen orientiert – was eine kräftige ‚Orientierung an Christus' keineswegs ausschließt.

Evangelische Jugendarbeit und Konfirmandenarbeit haben somit ihr jeweils spezifisches Profil:
- Die KA akzentuiert die *Einführung* in die Wissensbestände und Handlungsformen bzw. Rituale des christlichen Glaubens. Jugendarbeit akzentuiert demgegenüber die *Begleitung* in den jugendlichen Experimentier-, Aneignungs- und Erprobungsphasen.
- Die KA akzentuiert die Orientierungsleistung und die *Integration* bzw. Sozialisation in Glauben und Kirche. Die Jugendarbeit akzentuiert die Reflexionsleistung und die *Eigenorientierung* Jugendlicher.
- Die KA wird von der Organisation ‚Kirche' gemanagt und verantwortet. Jugendarbeit basiert auf dem freien Teilnahmewillen Jugendlicher, auf der *Selbstorganisation und dem Selbstmanagement* junger Menschen und ihrer Selbstverantwortung.

Auch wenn die KA sich in den letzten Dekaden methodisch, didaktisch und inhaltlich weiterentwickelt und in vielem an die Formen und Ansätze evangelischer Jugendarbeit angenähert hat (vgl. Freitag 2008), haben die unterschiedlichen Perspektiven und die daraus resultierende konzeptionelle Differenzierung nach wie vor ihren Sinn.

Gleichwohl mehren sich in den letzten Jahren Vernetzungen und Kooperationsformen zwischen KA und Evangelischer Jugendarbeit (vgl. Ilg u.a. 2009: 154ff.; Böhme-Lischewski u.a. 2010: 70ff.).

Kooperationen und Verknüpfungen

Jugendliche, die Angebote der evangelischen Jugendarbeit wahrnehmen, verstehen sich der Studie ‚Jugend im Verband' zufolge mit 81% überwiegend als evangelisch (Fauser u.a. 2006: 215); zu vermuten ist, dass dieses Selbstverständnis zumeist aus ihrer Taufe und Konfirmation resultiert. Evangelische Jugendarbeit setzt daher in den meisten ihrer Arbeitsformen voraus, dass Übergänge von der KA in die Jugendarbeit gelingen. Diese Übergänge bleiben allerdings „in den meisten Gemeinden auf wenige Jugendliche begrenzt" (Böhme-Lischewski u.a. 2010: 70), auch wenn es Beispiele für gelingende Übergänge gibt.

Ziel eines integrativen Konzeptes kirchengemeindlicher Arbeit genauso wie evangelischer Jugendarbeit ist es darum, Konzepte und eine entsprechende Praxis zu entwickeln, die für Jugendliche den Übergang von der KA in Formate evangelischer Jugendarbeit attraktiv machen.

Attraktive Anschlussangebote
Die erste Voraussetzung ist selbstverständlich, dass überhaupt ein Anschlussangebot existiert. Ohne vorhandene Jugend- bzw. Teenagergruppen oder andere Formate ist die Frage nach gelingenden Übergängen in die evangelische Jugend obsolet.

Attraktiv sind Angebote für Jugendliche, wenn sie sich davon für ihr Leben Gewinn versprechen. Jugendliche entwickeln oft nur dann Interesse an einer kirchlichen Jugendgruppe, wenn sie während ihrer KA-Zeit gute Erfahrungen gemacht haben und sich von einem Angebot der evangelischen Jugendarbeit ähnlich gute Erfahrungen versprechen (vgl. Böhme-Lischewski u.a. 2010: 73). Eine Leitfrage für gelingende Übergänge ist demzufolge: Was hat die Konfirmanden während des KA inhaltlich und methodisch angesprochen? Wovon waren sie fasziniert und was hat ihnen Spaß gemacht?

Freizeiten, Fahrten oder die sogenannten ‚Konfi-Camps' haben derzeit 92% aller Konfirmanden erlebt „und (zumeist) schätzen gelernt" (Böhme-Lischewski u.a. 2010: 71). Ein interessantes Ferienfreizeitangebot ist darum als Anschlussangebot vielversprechend.

Wenn Konfirmanden im KA gute Beziehungsmuster, eine funktionierende Gruppe und intensivere Formen der Gemeinschaft untereinander während des KA erlebt haben, ist eine Gruppe, die vergleichbare Gemeinschafts- und Beziehungserfahrungen verspricht, attraktiv.

Jugendliche, die während des KA gute Erfahrungen mit Formen spiritueller Praxis (praxis pietatis) gemacht haben, werden durch geistliche Formate vom Schüler/ -innengebetskreis bis zur Taizé-Andacht auch in der Jugendarbeit ansprechbar sein.

Vielleicht haben sie die Auseinandersetzung mit Glaubensaspekten ja so spannend und für ihr Leben ertragreich erlebt, dass sie neue Räume für diese Auseinandersetzung brauchen und in Angeboten der evangelischen Jugendarbeit suchen.

Voraussetzung ist, dass Konfirmanden zumindest einzelne Segmente ihrer Erfahrungen mit dem KA als so attraktiv und lebensrelevant für sich erlebt haben und entsprechend positiv bewerten, dass sie sie an anderem Ort gerne fortsetzen wollen. Umgekehrt allerdings besetzen negative Erfahrungen mit dem KA auch die Kirche und kirchliche Jugendarbeit insgesamt negativ. Gelingende Übergänge hängen damit eben nicht nur von der tatsächlichen Attraktion der Angebote der Jugendarbeit ab, sondern auch von der vorherigen Attraktivität der KA.

Information
Übergänge von der KA in die evangelische Jugendarbeit setzen Informationen über die entsprechenden Angebote voraus. Printmedien wie der ‚Gemeindebrief' oder Flyer können immer noch als Informationskanäle fungieren. Effektiver ist die kreative Nutzung neuer Medien und internetbasierter Kommunikationsformen.

Eindrücklich ist der Erfahrung nach aber viel mehr noch die persönliche, *faszinierende Einladung*: z.B. besuchen einige von ihrer Gruppe oder ihrem Musikprojekt begeisterte ‚Teenis' oder auch Mitarbeitende den KA, erzählen von ihren Erfahrungen und laden die Konfirmanden dazu ein. Nach meiner Erfahrung fühlen sich die ‚Konfis' durch diese Form der persönlichen Einladung meist als Person wertgeschätzt und beschließen, ‚auf jeden Fall mal reinzuschauen'. Erfolgversprechend sind auch eine *gemeinsame Party* als Abschlussfete der Konfirmanden und gleichzeitig als Willkommensparty durch die Jugendgruppe oder eine gemeinsame Wochenendfreizeitfahrt des Konfirmanden-Jahrganges und der potenziellen Anschlussgruppe.

Die Konfirmandengruppe wird zur Jugendgruppe
Dieses Modell wird noch selten ausprobiert, ist aber unter bestimmten Bedingungen erfolgversprechend: Die Konfirmandengruppe will zusammenbleiben und wird nach der Konfirmation zu einer Jugendgruppe innerhalb der Kirchengemeinde.

Dies beinhaltet eine Reihe von Voraussetzungen: Der betreffende Jahrgang von Konfirmanden muss selbst schon zu einer ‚Gruppe' geworden sein: Aus der ‚Zwangsgemeinschaft', deren Zusammentreffen vornehmlich durch Außendruck und das Lernen hergestellt wurde, muss eine soziale Gruppe mit einer spürbaren Gruppenkohäsion, einem inneren Zusammenhalt, geworden sein. Kriterien dieser Gruppenkohäsion sind unter anderem: Ein deutliches ‚Wir-Gefühl' als Gruppe, persönliche Beziehungen und Gemeinschaftserfahrungen der Gruppenmitglieder untereinander und gemeinsame Lebensthemen und Interessen.

Eine Voraussetzung dieses Modells ist es auch, dass genügend sogenannte ‚signifikante Personen' dabeibleiben; dazu gehören die Meinungsmacher und Wortführer, die ‚Alpha-Typen' und die in vielerlei Hinsicht attraktiven Gruppenmitglieder, aber auch die hauptberuflichen und ehrenamtlichen Mitarbeitenden, die die KA gestaltet bzw. geleitet haben.

Personale Verbindungen
Bis in die 1990er Jahre galt weit überwiegend die klare Aufteilung: Pfarrer/-innen sind für den damals noch so bezeichneten Konfirmandenunterricht zuständig, Jugend- bzw. Gemeindereferenten/-innen oder Diakone sind verantwortlich für die Jugendarbeit. Ganz hintergründig verband sich damit offenbar das Denkmuster, dass für die Einführung ins kirchliche Leben und Denken in erster Linie theologische Kompetenz und vielleicht auch die Würde des geistlichen Amtes erforderlich seien und für die Jugendarbeit als Praxis eher pädagogische und methodische Fertigkeiten und Spezialwissen in Sachen Jugend und Jugendarbeit. Diese strikte Aufteilung der Zuständigkeiten beginnt langsam sich aufzulösen: Zunehmend werden Jugend- bzw. Gemeindereferenten/ -innen am KA beteiligt oder sind sogar hauptverantwortlich dafür.

Allerdings hat die Studie ‚Konfirmandenarbeit in Deutschland' (Ilg u.a. 2009: 121) ergeben, dass derzeit ca. 75% der Gemeinden die Jugendreferenten/-innen noch nicht einmal punktuell an der KA beteiligen. Das Arbeitsfeld also, in dem die meisten Jugendlichen vorhanden bzw. beteiligt sind, „findet (...) zumeist ohne Kontakt zu denjenigen Personen statt, die von der Ausbildung her die eigentlichen Spezialisten für Jugendarbeit sind" (Ilg/Schweitzer 2010: 373). Wünschenswert ist gerade aus der Perspektive Jugendlicher eine stärkere personelle Verknüpfung beider Arbeitsfelder.

Aus der Perspektive evangelischer Jugendarbeit ist damit allerdings eine Problematik verbunden, die sich Berichten aus verschiedenen Landeskirchen zufolge zunehmend verschärft: Übernehmen Jugendreferenten/-innen die KA teilweise oder ganz, bedeutet dies im Regelfall bei insgesamt ständig verringerten Personalkapazitäten einen spürbaren Abzug von personellen Ressourcen aus dem Kerngeschäft der Kinder- und Jugendarbeit. Aber „Jugendarbeit darf nicht zugunsten des ‚Konfi' Brachland werden" (Freitag 2008: 63).Wenn es im Rahmen eines parochialen oder regionalen Gesamtkonzeptes von Gemeindearbeit Sinn macht, Jugendarbeit und KA auch personell auf diesem Wege stärker zu verzahnen, bedarf es unbedingt einer entsprechenden Aufstockung der Fachkräfte für Jugendarbeit und eines Ressourcenausgleichs.

Realistischer Weise wird man allerdings sagen müssen, dass zukünftig vermehrt in einer Gemeinde/Region die KA die einzig vorhandene und aktuell mögliche Form von Jugendarbeit ist. Dann macht es in der Tat Sinn, Kräfte und Ressourcen hier zu bündeln – allerdings eben mit dem Ziel, aus der KA heraus eine neue Jugendarbeit aufzubauen.

Jugendliche als Teamer
Ein vielfach gelungenes Modell der Verknüpfung von Jugendarbeit und KA besteht darin, dass Jugendliche selbst zu ehrenamtlichen KA-Teamern werden. Für Jugendliche kann dies einen hohen Reiz besitzen, gerade weil Jugendliche mitgestalten wollen und oft eine hohe Bereitschaft mitbringen, Verantwortung zu übernehmen. Außerdem erfahren sie durch das Vertrauen, dass ihnen entgegengebracht wird, eine hohe Wertschätzung, die ein Motiv ihres längerfristigen Engagements in der evangelischen Jugend sein kann (vgl. Corsa/Freitag 2006: 26f.).

Bekannt sind aus der Praxis zwei Modelle: Ehemalige Konfirmanden werden direkt nach ihrer Konfirmation in ein Mitarbeitendenteam für den nachfolgenden KA-Kurs integriert. Sie leiten den Kurs nicht, sondern beteiligen sich je nach ihren individuellen Möglichkeiten.

Nicht ungewöhnlich ist es, dass diese Teamer selbst zu einer Gruppe werden. In manchen Kirchengemeinden gibt es dann keine eigene Jugendgruppe mehr, die sich und ihre eigenen Themen als Referenzrahmen hätte, sondern die Jugendgruppe ist identisch mit dem KA-Team und versteht sich als Aktivgruppe mit einer fest umrissenen Aufgabe.

Parallele Teilnahme an Angeboten der Jugendarbeit
Aus einer Reihe von Gemeinden unterschiedlicher Landeskirchen berichten Hauptberufliche von einer Verzahnung zwischen KA und Jugendarbeit bereits während der KA-Zeit.

Der Charme dieser Form der Verknüpfung ist es, dass die KA einerseits und die Jugendarbeit andererseits ihre spezifischen Profile beibehalten. Die KA versteht sich dann nicht als die Form der Kinder- und Jugendarbeit, die für das biografische Segment der ca. 12- bis 14-Jährigen allein zuständig ist, sondern sie ist ein paralleles Bildungsangebot mit spezifischem Charakter.

Teilnehmende eines KA-Kurses werden bspw. zur Teilnahme an jugendkulturellen oder musikalischen Projekten, zur Teilnahme an Jugendgottesdiensten, zu Events der evangelischen Jugend oder auch in altersmäßig passende Formen der Gruppenarbeit eingeladen.

Besonders vielversprechend sind Angebote für gemeinsame Projekte wie die gemeinsame Vorbereitung eines Gemeindegottesdienstes oder gemeinsame liturgische Nächte und Taizé-Andachten, handlungsorientierte Aktionen wie der gemeinsam konzipierte ‚Eine-Welt-Laden' oder die gemeinsame Fahrt zur Anti-AKW-Demo. Die Identifikation mit der Evangelischen Jugend wird damit gerade in einer kritischen und fluiden Lebensphase befördert.

Selbstverständlich müssen diese Angebote lebensgeschichtlich passend sein und sie erfordern ein Klima der Aufnahmebereitschaften und Akzeptanz seitens der Mitarbeitenden und der Mitglieder in den Gruppierungen der Evangelischen Jugend.

Auch eine mögliche „Zielgruppenüberfrachtung" (Holzapfel 1998: 348) ist zu berücksichtigen. Allerdings sind diese Angebote freiwillig. Und Jugendlichen ist die hinreichende Kompetenz zur eigenen Wahl zuzutrauen.

Integratives Gemeindekonzept
KA und Kinder- und Jugendarbeit laufen derzeit strukturell, personell, konzeptionell und thematisch oft zusammenhangslos nebeneinander her. Sinnvolle Verknüpfungen

und Kooperationen beider Handlungsfelder erfordern demgegenüber ein plausibles, aufeinander abgestimmtes und integratives Gesamtkonzept der jeweiligen Gemeinde bzw. Region für ihre Jugendarbeit, das die jeweiligen Handlungsfelder auch aus Gemeindeperspektive schlüssig aufeinander bezieht. Dies gilt nicht nur für den Zusammenhang von KA und Jugendarbeit, sondern auch von KA und den vorlaufenden Formen der Arbeit mit Kindern.

Integrative Arbeitsformen können – besonders in kirchlich strukturschwachen Gebieten – auch auf Kirchenkreisebene installiert werden.

Literatur

Böhme-Lischewski, Thomas/Elsenbast, Volker/Haeske, Carsten/Ilg, Wolfgang/Schweitzer, Friedrich (Hrsg.) (2010): Konfirmandenarbeit gestalten. Perspektiven und Impulse für die Praxis aus der Bundesweiten Studie zur Konfirmandenarbeit in Deutschland. Konfirmandenarbeit erforschen und gestalten, 5. Gütersloh: Gütersloher Verlagshaus.

Corsa, Mike/Freitag, Michael (2006): „Jugendliche als Akteure im Verband". Hinweise und Einschätzungen aus Sicht der Evangelischen Jugend zu den Ergebnissen der Studie. Hannover: Ed. aej.

[EKD] Kirchenamt der Evangelischen Kirche in Deutschland (Hrsg.) (2010): Kirche und Jugend. Lebenslagen – Begegnungsfelder –Perspektiven. Eine Handreichung des Rates der Evangelischen Kirche in Deutschland. Gütersloh: Gütersloher Verlagshaus.

Fauser, Katrin/Fischer, Arthur/Münchmeier, Richard (2006): Jugendliche als Akteure im Verband. Ergebnisse einer empirischen Untersuchung der Evangelischen Jugend. Jugend im Verband, 1. Opladen/Farmington Hills: Barbara Budrich.

Freitag, Michael (2008): Konfi-Arbeit durch den Jugendverband? In: das baugerüst 60, 2, S. 60–63.

Freitag, Michael (2011): „Die Tore stehen offen...". Konfirmandenarbeit und Jugendarbeit – Chancen für Verknüpfungen und Kooperationen. http://www.evangelische-jugend.de/fileadmin/user_upload/aej/ Glaube _und_Leben/Downloads/11_04_07_Konfirmandenarbeit_und_Jugendarbeit.pdf [Zugriff: 18.12.2012]

Holzapfel, Ingo (1998): Konfirmandenarbeit und Jugendarbeit. In: Comenius-Institut (Hrsg.): Handbuch für die Arbeit mit Konfirmandinnen und Konfirmanden. Gütersloh: Gütersloher Verlagshaus, S. 342–354.

Ilg, Wolfgang/Schweitzer, Friedrich/Elsenbast, Volker/Otte, Matthias (2009): Konfirmandenarbeit in Deutschland. Empirische Einblicke – Herausforderungen – Perspektiven. Mit Beiträgen aus den Landeskirchen. Konfirmandenarbeit erforschen und gestalten, 3. Gütersloh: Gütersloher Verlagshaus.

Ilg, Wolfgang/Schweitzer, Friedrich (2010): Konfirmandenarbeit und Jugendarbeit. Chancen und Grenzen der Kooperation auf der Grundlage von Ergebnissen einer bundesweiten Studie zur Konfirmandenarbeit. In: deutsche jugend 58, 9, S. 369–376.

Manfred Walter

Landjugendarbeit

‚Landjugendarbeit' und ‚Jugendarbeit in ländlichen Räumen' sind begrifflich zu unterscheiden. Während ‚Jugendarbeit in ländlichen Räumen' sämtliche Angebote vom Sportverein bis zu missionarischen Jugendgruppen umfasst, versteht man unter ‚Landjugendarbeit' diejenige Jugendarbeit, die – meist in Gruppen – das ländliche Lebensumfeld von Jugendlichen thematisiert und zu seiner emotionalen und handlungsorientierten Aneignung führt. In erster Linie nehmen Landjugendgruppen, die einer der drei Landjugendorganisationen „Evangelische Jugend in ländlichen Räumen" (ejl – www.evangelische-landjugend.de), „Katholische Landjugendbewegung" (KLJB – www.kljb.de) oder „Bund der Deutschen Landjugend" (BDL – http://bdl.landjugend.info) angehören, diese Funktion wahr, gelegentlich auch sozialraumorientierte Jugendgruppen, Dorfclubs oder Dorftreffs.

Landjugendarbeit ist eine Gelegenheitsstruktur, die von Jugendlichen selbst verantwortet wird und die als solche ihren festen Platz in der ländlichen Gesellschaftsordnung hat. Sowohl die jugendkulturelle als auch die jugendpolitische Funktion der Landjugendarbeit nehmen stets Bezug auf die lokale Lebenswelt Jugendlicher im Dorf (vgl. Böhnisch/Winter 1990: 52ff.). Das Dorf ist Ort und Bezugspunkt von Landjugendarbeit, in übergeordneten Verbandsstrukturen (z.B. Kreisverband) auch die Region. Der lokale Bezug hat für die Jugendgruppen, aber auch für die einzelnen Jugendlichen, identitätsstiftende Funktion, wobei die örtliche Verortung stärker ist als die der Region (vgl. Faulde 2007: 28).

Evangelische Jugendarbeit in ländlichen Räumen

Jugendarbeit in ländlichen Räumen als Arbeitsfeld evangelischer Jugendarbeit ist höchst heterogen. Während die KLJB und der nichtkonfessionelle BDL bundesweite Jugendverbände mit einheitlicher Struktur hinsichtlich der Ortsgruppen und der Vernetzungsebenen auf Diözesan- bzw. Bezirks- und Landesebene bilden, ist die Landjugendarbeit der evangelischen Kirche ebenso vielfältig wie die Strukturen der evangelischen Landeskirchen: Die Landeskirche Bayerns hat mit der *Evangelischen Landjugend* (ELJ) einen eigenen Jugendverband. In den Landeskirchen Badens und Württembergs sind diejenigen Kirchenbezirke, die laut staatlichem Raumordnungsplan in ländlichen Räumen liegen, als *Evangelische Jugend auf dem Lande* vernetzt. Die Evangelische Landeskirche Anhalts und die Evangelische Kirche im Rheinland unterstützen die Jugendarbeit auf dem Lande durch Projektstellen im Landesjugendpfarramt oder in der Landjugendakademie Altenkirchen. Historisch gab es dieses Modell auch noch in anderen Landeskirchen (z.B. Hannover).

Doch auch wenn eigene Strukturen nicht vorhanden sind, gibt es ein breites Angebot Evangelischer Jugendarbeit in ländlichen Räumen, das über die Strukturen der Evangelischen Jugendarbeit in den Landeskirchen, Werken und Verbänden organisiert ist.

Die Bundesebene evangelischer Jugendarbeit in ländlichen Räumen ist seit dem Jahr 2011 als Fachkreis „ejl" der Arbeitsgemeinschaft der Evangelischen Jugend in Deutschland e.V. (aej) organisiert (www.evangelische-landjugend.de). Die ejl ist damit das evangelische Pendant zur KLJB und zum nichtkonfessionellen BDL. Sie koordiniert die ländliche Jugendarbeit der aej-Mitglieder und fungiert als Fachorganisation für landsoziologische und agrarpolitische Fragestellungen. Die Fachstelle ejl hat ihren Sitz in der Evangelischen Landjugendakademie Altenkirchen im Westerwald.

Aktuelle Fragestellungen und Entwicklungsperspektiven

Der ländliche Raum ist die Lebenswelt Jugendlicher
Ländliche Räume sind „hochkomplexe Gebilde" (Faulde u.a. 2006: 11), für deren Beschreibung weder die gemeinhin übliche Vorstellung von ‚Stadt' und ‚Land' noch raumplanerische Begriffe wie landwirtschaftliche Fläche, Entfernung zu Zentren oder die Einwohnerdichte allein ausreichen. Prosperierende oder defizitäre Entwicklungen ländlicher Räume geschehen zuweilen in kleinräumigem Nebeneinander. Die Realität der Dörfer erweist sich

> „als ein Mix aus Innovation und Tradition, Entdörflichung und Wieder-Verdörflichung, als ein widersprüchliches Nebeneinander verschiedener Entwicklungsstränge" (Herrenknecht 2000: 48).

Aus der Sicht von Jugendlichen führt der ländliche Raum zu besonderen Herausforderungen, bietet jedoch auch spezifische Ressourcen. Jungsein auf dem Land ist dabei auch immer eine „Suche nach einem spezifischen Jugendstatus" (Böhnisch/Winter 1990: 20), der bei aller Teilhabe an der modernen Gesellschaft eine ländliche Identität behält. Jugendliche sind dabei einem doppelten Strukturwandel unterworfen: Zu den Umbrüchen der Jugendphase kommen die stetigen Veränderungsprozesse, die in allen ländlichen Räumen in mehr oder weniger starkem Maße stattfinden.

Der Lebensalltag Jugendlicher findet in der Region statt
Dörfern, Städten und anderen, z.B. landschaftlichen Plätzen kommt die Rolle von Inseln (vgl. Faulde 2007: 25) zu, die als Orte im Lebensalltag Jugendlicher jeweils eine bestimmte Rolle spielen. Wohnen, Schule, Ausbildung, Freunde, Jugendarbeit, Freizeit, Einkaufen – der ländliche Raum hält dafür unterschiedliche Orte bereit und fordert Mobilität, die aufgrund des dünnen Angebots an öffentlichen Verkehrsmitteln vorwiegend privat bewerkstelligt werden muss.

Ob das Dorf dabei als Standort oder gar identitätsstiftende Heimat eine Rolle spielt, hängt von den Ressourcen ab, die es Jugendlichen zur Verfügung stellen kann. Generell führen sowohl die Umbrüche in der Jugendphase als auch die ländliche Binnenmodernisierung erst einmal zu einer Entfremdung Jugendlicher gegenüber dem Dorfleben (vgl. Herrenknecht 2009: 369), die sich in Traditionsabbrüchen und Orientierungslosigkeit hinsichtlich dörflicher Räume und Strukturen äußert.

Die Einrichtung der Ganztagsschule verstärkt diesen Trend noch (vgl. Herrenknecht 2011: 319ff.). Schüler/-innen, die keine Möglichkeit haben, die Nachmittagsstunden selbstbestimmt im Dorf zu verbringen, werden erhebliche Aneignungsmöglichkeiten und damit die Gelegenheit zur Beheimatung (vgl. Helmle 2011: 17) im Dorf genommen. Auch für die ländliche Bürgergesellschaft ist dies problematisch. Die Dörfer verlieren an Leben und an jungen Menschen, die sich dafür einsetzen.

Auch die Jugendarbeit ist betroffen. Häufig steht sie vor der Wahl, ihre Angebote in die Abendstunden oder aufs Wochenende zu verlegen oder sich auf die zentralen, (klein-)städtischen Schulorte zu konzentrieren. Eine Kooperation mit der Ganztagsschule kommt für dörfliche Jugendarbeit kaum in Frage.

Demgegenüber tut sich in der Beteiligung von Jugendarbeit an der Regionalentwicklung eine neue Perspektive auf. In nicht wenigen Kommunen ist das Engagement für die Jugend ein wichtiges Anliegen. Der Bezirksjugendring Oberfranken spricht z.b. vom „Standortfaktor Jugendarbeit" (Bezirksjugendring Oberfranken 2010: 17): „Für (...) Familien sind die ‚weichen' Standortfaktoren wie Jugendarbeit von entscheidender Bedeutung. Pendeln zum Arbeitsplatz wird eher in Kauf genommen als das Fehlen von Angeboten für Kinder und Jugendliche."

Jugendverbände können dabei eine wichtige Schnittstelle zu den Akteuren der Regionalentwicklung wie z.B. Landräten, Regionalmanagern, Kommunalpolitikern, Mitarbeiter/-innen in Beratungsbüros für ländliche Entwicklung etc. bilden (vgl. Busch 2006: 60). Damit ist die gemeinwesenorientierte Aufgabe beruflicher Mitarbeitender der ländlichen Jugendarbeit betont. Als „Regionalmanager" (Faulde 2007: 31) motivieren und qualifizieren sie Landjugendliche nicht nur für die Verkündigung des Evangeliums und in ihrem pädagogischen Handeln, sondern auch im Engagement für ihre Heimat.

Von großer Bedeutung ist die Standortfrage
Was in der Landjugendliteratur häufig auf die Pole „Abhauen oder Bleiben" (z.B. Faulde 2007: 26) zugespitzt wird, ist bei näherer Betrachtung eine vielschichtige Standortfrage, die sich jedem Jugendlichen, aber auch der Jugendarbeit und der gesamten Institution Kirche stellt.

Jugendliche auf dem Land sehen sich genauso wie Jugendliche in urbanen Räumen mit den Herausforderungen und Möglichkeiten der Multioptionsgesellschaft konfrontiert. Auch sie müssen individuell das Projekt ihres eigenen Lebens zum Erfolg führen. Die Wahl des Wohnortes ist dabei selbstverständlicher Teil dieser Lebensplanung. Für Landjugendliche ist diese Entscheidung jedoch komplexer als für ihre Altersgenossen in der Stadt. Jugendliche, die auf dem Land aufwachsen, haben tendenziell eine höhere Bindung an ihren Wohnort als Jugendliche, die in der Stadt groß wurden. Für viele Jugendliche bietet das Landleben „einen hohen emotionalen Halt in überschaubaren sozialen Beziehungen" (Faulde 2007: 26). Bildungsstand, Geschlecht und die sozialräumliche Herkunftslage spielen eine entscheidende Rolle. Mädchen mit hoher formaler Bildung zeigen dabei die größte Bereitschaft zur Mobilität. Ihr Wunsch zur Rückkehr bei entsprechendem Arbeitsplatzangebot unterstreicht die These der emotionalen Bindung zum Herkunftsort.

Der ländliche Sozialraum ist derjenige Faktor der Bleibeorientierung, der dem stärksten Wandel ausgesetzt ist. Die oben beschriebene Binnenmodernisierung trägt einerseits zur Erosion ländlicher Lebensräume bei, andererseits entstehen nicht nur in Regionen mit positiver Wanderungsbilanz neue Formen ländlicher (Jugend-)Kultur, für die lokales Brauchtum eine wesentliche Quelle darstellt.

Ob die Evangelische Jugendarbeit Akteur lokaler Jugendkultur bleiben oder sie gar neu beleben kann, hängt auch von der eigenen Standortentscheidung ab. Dem Wunsch, „dem Menschen nahe zu bleiben" (Gundlach 2011: 7), steht häufig die Erkenntnis entgegen, nicht über die dafür nötigen Mittel zu verfügen. Evangelische Jugendarbeit tut hier gut daran, die ‚Selber-machen-Mentalität' (vgl. Walter 2001) der ländlichen Bevölkerung zu nutzen und neue Modelle der Selbstorganisation und Begleitung von Jugendarbeit in ländlichen Räumen zu entwickeln.

Literatur

Bezirksjugendring Oberfranken (2010): Jung sein in Oberfranken. Oberfränkisches Kinder- und Jugendprogramm, Fortschreibung 2009. Bayreuth: Bezirksjugendring Oberfranken.
Böhnisch, Lothar/Winter, Reinhard (1990): Pädagogische Landnahme. Einführung in die Jugendarbeit des ländlichen Raums. Weinheim: Juventa.
Busch, Claudia (2006): Jugendliche als unverzichtbare Ressource für die ländliche Entwicklung. In: Faulde, J./Hoyer, B./Schäfer, E. (Hrsg.), S. 53–62.
Faulde, Joachim/Hoyer, Birgit/Schäfer, Elmar (Hrsg.) (2006): Jugendarbeit in ländlichen Regionen. Weinheim/München: Juventa.
Faulde, Joachim/Hoyer, Birgit/Schäfer, Elmar (2006): neu-LAND in Deutschland. Jugendarbeit in ländlichen Räumen. In: Faulde, J./Hoyer, B./Schäfer, E. (Hrsg.), S. 9–16.
Faulde, Joachim (2007): Aktuelle Entwicklungen in den Lebenswelten von Kindern und Jugendlichen in ländlichen Regionen. In: Bund der Deutschen Landjugend/Bundesarbeitsgemeinschaft Evangelische Jugend im Ländlichen Raum/Katholische Landjugendbewegung Deutschlands (Hrsg.): Landjugend(t)räume. Berlin: Bund der Deutschen Landjugend, S. 10–33.
Gundlach, Thies (2011): Nicht auf Pump leben. Kirche in der Fläche als Herausforderung des Evangeliums. In: epd-dokumentation, 37, S. 6–9.
Helmle, Simone (2011): Wie es sich weiter entwickelt – Prozesse von Ausdünnung und Beheimatung. In: epd-dokumentation, 37, S. 16–19.
Herrenknecht, Albert (2000): Jugend im regionalen Dorf. In: Deinet, U./Sturzenhecker, B. (Hrsg.): Jugendarbeit auf dem Land. Opladen: Leske + Budrich, S. 47–65.
Herrenknecht, Albert (2009): Dörfliches Kinder- und Jugendleben zwischen Sozialraumschwund und Regionalisierungssog: brauchen wir eine neue sozialräumliche Jugendarbeit im ländlichen Raum? In: deutsche Jugend 57, 9, S. 369–379.
Herrenknecht, Albert (2011): Die ländliche Ganztagsschule aus dem Blickwinkel des dörflichen Sozialraums. In: deutsche Jugend 59, 7/8, S. 318–323.
Walter, Manfred (2001): Offene Jugendarbeit auf dem Land – eine neue (alte?) Herausforderung für verbandliche Jugendarbeit. In: Überland – Evangelische Perspektiven zu Land und Ökologie, 1, S. 14–15.

Links

Arbeitsgemeinschaft der Evangelischen Jugend in Deutschland (aej), Referat Evangelische Jugend in ländlichen Räumen: www.evangelische-landjugend.de
Evangelische Landjugend in Bayern: www.elj.de

Nicole Richter

Mädchenarbeit

„Besser, schneller, erfolgreicher als die Männer", so beschrieb 2008 der Spiegel die neue Frauen- und Mädchengeneration, die „drei Jahrzehnte nach der Frauenbewegung der siebziger Jahre [...] ehrgeizig und selbstbewusst durch die Institutionen" (Supp u.a. 2008: 19) marschiert und viele Jungen hinter sich zurücklässt. Mädchen sind die scheinbaren Bildungsgewinnerinnen. Aktuelle Studien zeigen: Mädchen bekommen in der Schule die besseren Noten, machen durchschnittlich häufiger Abitur als Jungen und bilden auch unter den Studierenden weit mehr als die Hälfte. Während bei der Shell-Studie 2002 53% der befragten Mädchen und jungen Frauen angaben, das Abitur zu machen, waren es 2010 schon 60% der befragten Mädchen. Mädchen und junge Frauen sind hoch qualifiziert, leistungsfähig und motivierter als ihre männlichen Geschlechtsgenossen, so das Resümee der Shell-Studie 2010 (vgl. www.shell.de).

Eine solche zugespitzte Gegenüberstellung der Geschlechter in der Bildungsdiskussion stellt jedoch eine sehr starke Vereinfachung und verkürzte Wiedergabe der wissenschaftlichen Analysen dar, „da die Kategorie Geschlecht in der Beschäftigung mit Bildungsungleichheiten zu einseitig fokussiert wird und hieraus direkte politische Konsequenzen gezogen werden" (BJK 2009: 24).

Eine ‚vermeintliche Eindeutigkeit' der Benachteiligung von Jungen wird bei genauerer Betrachtung brüchig, denn in den verschiedenen Phasen der Entwicklung von Jungen und Mädchen gibt es Unterschiede. So haben

> „Mädchen gegenüber Jungen im Grundschulalter einen Vorsprung in der Lesekompetenz (...), zugleich allerdings lässt sich belegen, dass sich dieser Leistungsvorsprung der Mädchen zwischen 2001 und 2006 nahezu halbiert hat. (...) Für höhere Altersgruppen lässt sich zudem nachweisen, dass Schüler beispielsweise ausgeprägtere mathematische Kompetenzen haben als Schülerinnen" (BJK 2009: 11).

Die Entwicklungsdifferenzen müssen also sowohl genauer erforscht als auch differenzierter zur Kenntnis genommen werden, anstatt eine mediale Debatte um die vermeintlichen Vorteile für Mädchen und eine ‚Feminisierung des Bildungssystems' zu führen. Darüber hinaus gibt es Belege dafür, dass Mädchen „ihre Bildungserfolge im Übergang zum Arbeitsmarkt kaum in entsprechende Statuspositionen, Absicherung und Einkommen umsetzen" (King 2011, Seite 100ff.). Sie stoßen an die ‚gläserne Decke' und bemerken meist erst während ihrer beruflichen Laufbahn, dass sie mit mehreren Doppelbelastungen konfrontiert sind.

Ein differenziertes Bild über die Situation und die spezifischen Problemlagen von Mädchen geben auch Beobachtungen aus der praktischen Arbeit:

> „Es gibt bildungsbürgerliche Mädchen, die die besten Voraussetzungen haben und schulisch sehr gute Leistungen erbringen, aber dafür haben sie andere gravierende Probleme, wie z.B. Essstörungen oder Gewalterfahrungen. Und es gibt die Mädchen aus ärmeren Familien, die absolut

keine Bildungsgewinnerinnen sind, da ihnen die Zugänge zu Angeboten verwehrt bleiben." (Interview mit Claudia Berg Ahrendt, Mädchen-Bildungsreferentin, esw Hagen-Berchum, April 2012).

Grundsätze parteilicher Mädchenarbeit

Projekte für Mädchen sind heute nicht mehr explizit feministisch ausgerichtet. Dennoch verfolgen Praktikerinnen Grundsätze parteilicher Mädchenarbeit. Zu den Prinzipien von Mädchenarbeit gehören Ganzheitlichkeit, Partizipation, die Einrichtung geschlechtshomogener Räume und der Einbezug von Mädchenpolitik. Das heißt z.B. die weibliche Identitätsfindung zu stärken und Selbstbewusstsein zu fördern, aber auch geschlechtsspezifische Benachteiligungen von Mädchen in allen Gesellschaftsbereichen abzubauen; geschlechtshomogene Frei- und Schutzräume für Mädchen zu schaffen, in denen sie gesellschaftliche Rollenzuweisungen reflektieren und frei von Zuschreibungen ihre Qualitäten und Kompetenzen entdecken und eigene Definitionen und Inszenierungen von Weiblichkeit entwickeln können (vgl. LAG 2004).

Gerade im Zeitalter von Gender Mainstreaming sind diese weiterhin hochaktuell. Deshalb werden zum Beispiel von der Evangelischen Schülerinnen und Schülerarbeit in Westfalen e.V. (eSw) Seminare, Projekte und Sommerfreizeiten nur für Mädchen angeboten, bei denen sie bei Aktionspielen, Reiten oder Selbstbehauptungstrainings ihre eigenen Grenzen und Kompetenzen erfahren können. Aber auch überregionale Vernetzungen, mit denen neue Projekte wie Mädchengesundheitstage angestoßen werden, spielen eine wichtige Rolle. Fehlende finanzielle Mittel und zunehmender Rechtfertigungsdruck des Schwerpunktes gegenüber dem Träger führen jedoch zunehmend zu einer Einschränkung der Angebote in der Mädchenarbeit und der Kontinuität der Zusammenarbeit.

Rechtliche Grundsätze

Bereits im Jahr 1948 hat die Bundesrepublik Deutschland die Basis für geschlechtersensible Arbeit rechtlich verankert. In Artikel 3 Abs. 2 des Grundgesetzes (GG) wird die Gleichberechtigung der Geschlechter als hohes gesellschaftliches Ziel definiert: „Männer und Frauen sind gleichberechtigt".

Das Kinder- und Jugendhilfegesetz hat diesen Grundsatz Anfang der 1990er Jahre für die Jugendhilfe aufgenommen. Seit 2001 ist das Prinzip Gender Mainstreaming in den Richtlinien des Kinder- und Jugendplans (KJP) verankert, darin heißt es:

> „Mädchen- und Jungenarbeit als geschlechterspezifische Angebote der Kinder- und Jugendhilfe sollen entsprechend dem gesetzlichen Auftrag in § 9 Nummer 3 SGB VIII dazu beitragen, die unterschiedlichen Lebenslagen von Mädchen und Jungen zu berücksichtigen, Benachteiligungen abzubauen und die Gleichstellung von Mädchen und Jungen zu fördern" (BMFSFJ 2012: 146).

Mädchenarbeit hat – trotz der gesetzlichen Verankerung und des Leitziels Geschlechtergerechtigkeit als Querschnittsaufgabe – weiterhin den Status des Besonderen und hängt in vielen Fällen von dem Engagement der einzelnen Pädagogin ab. Strukturelle Absicherungen gibt es selten. In Zeiten finanzieller Engpässe wird dieser Schwerpunkt häufig durch andere Themen ersetzt und Stellen in Ämtern oder Mädchenprojekten nicht wiederbesetzt. Dennoch finden sich in der Praxis der Evangelischen Jugendarbeit immer wieder vielfältige Angebote wie Mädchengruppen, Mädchentreffs, (inklusive)

Mädchenfreizeiten, Mädchenaktionstage, Medienarbeit für Mädchen, Mädchenkulturtage und -bildungsseminare. Teilweise sind die Angebote bereits über viele Jahre ein wichtiger Bestandteil der Evangelischen Jugendarbeit. Ein Beispiel dafür ist das Villigster Mädchen- und Frauentreffen der Evangelischen Kirche von Westfalen (EKvW) (www.ev-jugend-westfalen.de). Seit mittlerweile 24 Jahren veranstaltet das Amt für Jugendarbeit der EKvW mit unterschiedlichen Kooperationspartnerinnen aus den Kirchenkreisen und anderen Institutionen ein landesweites Event für Mädchen und Frauen. Zwei Tage lang widmen sich Mädchen und Frauen einem gemeinsamen Thema, entdecken sich selbst in ungewöhnlichen Workshops, feiern zusammen ein Frauenkulturfest, tauschen sich über Feminismus und Frauenpolitik aus und leben gemeinsam ihren Glauben. Dieses Konzept ist immer noch einzigartig und lebt von den Teilnehmerinnen und ihren unterschiedlichen Lebenserfahrungen.

Neben der Parteilichkeit für Mädchen und den immer noch notwendigen Angeboten in geschlechtsgetrennten Gruppen muss der pädagogische Blick in Zeiten des Gender Mainstreaming aber auch geweitet werden, hin zu einer geschlechtergerechten Jugendarbeit für Mädchen und Jungen. Dafür bedarf es zunächst der Qualifizierung der pädagogisch Mitarbeitenden, um Genderfachwissen zu erwerben und für ein reflektiertes Rollenverständnis sensibel zu werden. Geschlechtergerechte Pädagogik sollte in der Ausbildung und im Studium zur Pflicht werden und bei der Einstellung ein nachgefragtes Qualitätsmerkmal sein.

Bei der Ausbildung von Ehrenamtlichen hat die Evangelische Jugend Dortmund diesen Standard bereits gesetzt: Innerhalb der JugendleiterInnenschulung (Juleica) findet in Dortmund ein ganzer Tag zum Thema Geschlechtergerechtigkeit und Rollenvielfalt statt. Dazu gehört z.B. der spirituelle Einstieg in das Thema, der noch einmal das Grundverständnis schärft, dass Geschlechtergerechtigkeit auch ein kirchlich relevantes Thema ist. In der Andacht wird zum Beispiel bewusst mit Texten aus der Übersetzung der ‚Bibel in gerechter Sprache' gearbeitet, die die Grenzen von männlichen Gottesbildern offenlegen und andere Vorstellungen von Gott daneben stellen. Nach dem spirituellen Einstieg werden die Jugendlichen in geschlechtsgetrennte Gruppen aufgeteilt. Was bedeutet feministische Mädchenarbeit? Wie kann ich als Jugendleiterin Vorbild für Mädchen sein? Wie können Mädchen gestärkt werden? Diese Fragen stehen an dem Gendertag in der Mädchengruppe im Raum und werden diskutiert. In der Jungengruppe arbeiten die männlichen Pädagogen parallel und stellen Fragen zu ihrem männlichen Rollenverständnis.

Zum Abschluss des Gendertages werden die geschlechtsgetrennten Gruppen wieder vereint, um gemeinsam die ‚Reise durch das Genderland' anzutreten. Dabei handelt es sich um eine methodenreiche Spielekette zum Thema Geschlechtergerechtigkeit, in der sich interaktive Gruppenaktionen, knifflige Test- und Quizelemente mit spannenden Diskussionsphasen abwechseln. Eine Reflektion rundet den Tag ab. Der Baustein „Geschlechtergerechtigkeit" innerhalb der Juleica-Ausbildung hat sich nach Ansicht der Dortmunder Pädagogen/-innen bewährt (s. hierzu www.ej-do.de).

Herausforderungen

Der Ansatz der Mädchenarbeit in der Evangelischen Jugend ist nach wie vor aktuell. Trotz vieler Erfolge, die die Mädchenarbeit in der Vergangenheit erreicht hat, ist und bleibt es wichtig, an dem Grundverständnis der parteilichen Mädchenarbeit festzuhalten. Mädchenarbeit muss weiterhin die aktuellen Entwicklungen, Wünsche und Bedarfe der Mädchen im Blick haben und an diese zeitgemäß angepasst werden.

Mädchen brauchen Räume und Angebote, in denen sie auf qualifizierte, geschlechtersensible Pädagoginnen treffen und ihre eigene Vielfalt entdecken können. Das setzt voraus, dass die Ausbildungsstätten Angebote zu Geschlechtergerechtigkeit in der Pädagogik anbieten, dass bei der Einstellung und Fortbildung auf diese Qualifikation der Pädagogin geachtet wird und dass die Mädchenarbeit strukturell und finanziell abgesichert ist. Das Modell Gender Mainstreaming kann und darf Mädchenarbeit nur unterstützen, nicht ersetzen. Zudem muss der Ansatz um das Konzept Managing Diversity erweitert werden und auch andere Kategorien wie Behinderung, Ethnie, sexuelle Orientierung und Alter mit einbeziehen. Dafür bedarf es breit angelegter Diskussionen und thematischer Auseinandersetzungen auf allen kirchlichen Ebenen.

Literatur

Bitzan, Maria/Daigler, Claudia (2004): Eigensinn und Einmischung. Einführung in Grundlagen und Perspektiven parteilicher Mädchenarbeit. Weinheim: Juventa.

[BJK] Bundesjugendkuratorium (2009): Schlaue Mädchen – dumme Jungen? Gegen Verkürzungen im aktuellen Geschlechterdiskurs. Stellungnahme des Bundesjugendkuratoriums. http://www.bundesjugendkuratorium.de/pdf/2007-2009/bjk_2009_4_stellungnahme_gender.pdf [Zugriff: 9.11.2012]

[BMFSFJ] Bundesministerium für Familie, Senioren, Frauen und Jugend (2012): Richtlinien über die Gewährung von Zuschüssen und Leistungen zur Förderung der Kinder- und Jugendhilfe durch den Kinder- und Jugendplan des Bundes (KJP). In: Gemeinsames Ministerialblatt 63, 9, S. 142–155.

Heiliger, Anita (2002): Mädchenarbeit im Gendermainstream. Ein Beitrag zu aktuellen Diskussionen: München: Frauenoffensive.

King, Vera (2011): Adoleszenz junger Frauen. Theorien und Befunde zu sozialen Wandlungen der Jugendphase. In: Betrifft Mädchen 24, 3, S. 100–107.

Klees, Renate/Marburger, Helga/Schumacher, Michaela (2010): Mädchenarbeit. Praxishandbuch für die Jugendarbeit, 2. Weinheim: Juventa.

Matzner, Michael/Wyrobnik, Irit (Hrsg.) (2010): Handbuch Mädchen-Pädagogik. Weinheim: Beltz.

Supp, Barbara/Bonstein, Julia/Dürr, Anke/Krahe, Dialika/Theile, Merlind/Voigt, Claudia/Werner, Kathrin (2008): Die Alpha-Mädchen. In: Spiegel-Special, 1, S. 18–29.

[LAG] Landesarbeitsgemeinschaft (LAG) nach § 78 SGB VIII „Geschlechterdifferenzierte Arbeit mit Mädchen und Jungen in der Jugendhilfe" (Hrsg.) (2004): Leitlinien zur Verankerung der geschlechterbewussten Ansätze in der pädagogischen Arbeit mit Mädchen und Jungen in der Jugendhilfe. Berliner Leitlinien. http://www.berlin.de/imperia/md/content/basteglitzzehlendorf/abteilungen/jug2/berliner_leitlinien.pdf?start&ts=1264756792&file=berliner_leitlinien.pdf [Zugriff: 9.11.2012]

Links

Arbeitsgemeinschaft Evangelische Schülerinnen- und Schülerarbeit: www.aes-verband.de
Referat für Chancengerechtigkeit der Evangelischen Kirche in Deutschland: http://www.ekd.de/chancengerechtigkeit/referat_fuer_chancengerechtigkeit.html
Mädchenarbeit, Literatur: www.maedchenarbeit.de/literatur.html
Institut für Kirche und Gesellschaft, Frauenreferat: www.kircheundgesellschaft.de/frauenreferat
Amt für Jugendarbeit der EKVW: www.ev-jugend-westfalen.de

Simone Kalisch-Humme

Migration

Deutschland ist eine Migrationsgesellschaft und ist damit gekennzeichnet durch eine große Vielfalt an Menschen, ihren Migrationserfahrungen und -motiven. Sie besteht aus verschiedenen Zuwanderer-, Binnenwanderer- und Auswanderergruppen, die von unterschiedlicher Dauer und mit verschiedenen Aufenthaltstiteln in Deutschland leben, aus Deutschland fortgehen und auch zurückkehren. Um Menschen aus Einwandererfamilien als soziale Gruppe zu kategorisieren, entwickelten sich in den letzten Jahrzehnten unterschiedliche Begriffe: von Ausländer/-innen, Migranten/-innen bis schließlich hin zu Menschen mit Migrationshintergrund oder Menschen mit Zuwanderungsgeschichte. Ein Migrationshintergrund wird laut Statistischem Bundesamt Menschen zugeschrieben, die seit 1950 nach Deutschland eingewandert sind sowie ihren Nachkommen. Diese Personen müssen also keine eigene Migrationserfahrung haben und leben in einem Drittel der Fälle seit ihrer Geburt in Deutschland. Etwa jede/r fünfte Bundesbürger/-in hat einen sogenannten Migrationshintergrund, insgesamt mehr als 16 Millionen Menschen in Deutschland. In der Gruppe der 15- bis unter 25-Jährigen haben knapp ein Viertel der Jugendlichen einen Migrationshintergrund (vgl. Statistisches Bundesamt 2011). Die nationale Herkunft der Eingewanderten verteilt sich größtenteils auf die Türkei, die Nachfolgestaaten der Sowjetunion und Jugoslawiens.

Auch wenn die Lebenswelten junger Menschen aus Zuwandererfamilien so unterschiedlich sind wie die der Menschen ohne Migrationshintergrund, gilt es, bestimmte gesellschaftliche Exklusionsmechanismen wahrzunehmen: Jugendliche mit Migrationshintergrund partizipieren im Vergleich weniger am deutschen Bildungssystem als Jugendliche ohne Migrationshintergrund (vgl. Autorengruppe Bildungsberichterstattung 2010). Besonders kritisch stellt sich der Übergang der jungen Migranten/-innen von der Schule in die Ausbildung und von der Ausbildung in die Erwerbsarbeit dar. Die Praxis zeigt, dass Jugendliche mit Migrationshintergrund im Durchschnitt deutlich bessere schulische Vorleistungen erbringen müssen, um einen Ausbildungsplatz zu erhalten. Sie sind besonders häufig von Diskriminierungen im Alltag sowie von materieller Armut betroffen (vgl. Autorengruppe Bildungsberichterstattung 2010; Corsa/Freitag 2008).

Jugendliche mit Migrationshintergrund in der evangelischen Kinder- und Jugendarbeit

Obwohl Kinder- und Jugendarbeit nach ihrem Selbstverständnis für alle Jugendlichen offen ist, sind Jugendliche mit Migrationshintergrund deutlich unterrepräsentiert. Gleichzeitig finden ihre spezifischen Lebenswelten unzureichende Berücksichtigung in den Angeboten der Kinder- und Jugendarbeit (vgl. Peuckert 2010; Nick 2005). Diese Aussagen treffen ebenso auf die Evangelische Jugend zu. Weder über ihre Beteiligung noch zu den Inhalten von Aktivitäten junger Migranten/-innen in der evangelischen

Kinder- und Jugendarbeit liegen genaue Angaben vor. Angebote der evangelischen Kinder- und Jugendarbeit erreichen hauptsächlich evangelische junge Menschen (vgl. Fauser u.a. 2006: 215). Bemerkenswert ist, dass die konfessionelle Orientierung des Verbands jedoch keine Begründung für die geringe Vertretung junger Migranten/ -innen zu sein scheint, denn ca. 64% der Migranten/-innen in Deutschland verfügen über eine christliche und ca. 27% davon über eine evangelische Religionszugehörigkeit (vgl. Forschungsgruppe Weltanschauungen in Deutschland 2007). Im evangelisch-ökumenischen Feld gibt es zahlreiche Migrationsgemeinden, zu denen beispielsweise die Vietnamesische Tin Lahn Gemeinde in Deutschland, die Evangelische Gemeinde eritreischer Christen, die koptisch-orthodoxe Kirche in Deutschland sowie Kirchen und Gemeinden iranischer, russischer, indonesischer und unterschiedlicher afrikanischer Herkunft zählen. In diesen Gemeinden organisieren sich zahlreiche Christen/-innen mit Zuwanderungsgeschichte, wobei die Jugendlichen teilweise eigenständige, von den Erwachsenenkirchen unabhängige Organisationen gründen, sogenannte Vereine junger Migranten/-innen (VJM) oder Migranten/-innenjugendselbstorganisationen (MJSO). Der Jugendverband der Evangelisch-Vietnamesischen Tin-Lanh Gemeinde in Deutschland oder die Koptische Jugend in Deutschland sind Beispiele hierfür.

Handlungsansätze in der evangelischen Kinder- und Jugendarbeit

In der Kinder- und Jugendarbeit existieren seit den 1960er Jahren unterschiedliche Konzepte, um die Migrationsrealität in Deutschland aufzugreifen. Der Begriff der interkulturellen Kinder- und Jugendarbeit wird aktuell meist von dem Begriff der migrationspädagogischen Kinder- und Jugendarbeit abgelöst, um den Blick von kulturalisierenden Zuschreibungen sowie von defizitären Wahrnehmungen auf junge Menschen aus Zuwandererfamilien zu lösen und stärker gesellschaftliche Strukturen, Mechanismen der Exklusion sowie die Mehrdimensionalität der Lebenslage junger Menschen (z.B. Gender, soziale Schicht, Religion, Migrationshintergrund) in einen gesamtgesellschaftlichen Blick zu nehmen. Jugendverbände als Selbstorganisationen Jugendlicher verfügen in ihrem Spannungsfeld von Milieubezogenheit und Offenheit über ein hohes Integrationspotenzial. Sie wollen die Partizipation junger Menschen fördern, sie zur demokratischen Mitbestimmung befähigen und ihnen Lern- und Erfahrungsräume bieten. Um jungen Menschen unabhängig ihrer Herkunft die Teilhabe in Jugendverbänden zu ermöglichen, sind Mitbestimmungs- und Organisationsstrukturen, Handlungsansätze sowie Haltungen der Mitarbeitenden zu reflektieren und zu verändern. Konkret bedeutet dies beispielsweise den Anteil von Menschen mit Zuwanderungsgeschichte in ehrenamtlichen und hauptberuflichen Funktionen zu erfassen und Maßnahmen zur Steigerung des Anteils einzuleiten. Eine solche Form der ‚Interkulturellen Öffnung' ist bisher in Jugendverbänden zwar „Thema jedoch keine Realität" (vgl. Peuckert 2010).

Seit Jahren laufen in der evangelischen Kinder- und Jugendarbeit vereinzelt Aktivitäten mit Kindern und Jugendlichen verschiedener kultureller, nationaler und konfessioneller Zugehörigkeit. Besonders im Bereich offener Angebote, bei Ferienaktionen und schulbezogenen Angeboten konnten diese Aktivitäten an Orten hoher Zuwanderungsrate ausgebaut werden. Schwieriger gestaltet sich die Öffnung von Ferienfreizeiten und festen Gruppenangeboten für junge Menschen aus Zuwandererfamilien. Fehlender Kontakt zu den Familien, Vorurteile und unzureichende Kenntnisse über die Lebenswelten der Kinder und Jugendlichen seitens der ehrenamtlichen und hauptberuflichen Mitarbeitenden sowie fehlende Kontakte zu Mitarbeitenden und Teilnehmenden der Kinder- und Jugendarbeit seitens der Kinder und Jugendlichen stellen Zugangsbarrieren dar. Kooperationen zwischen der evangelischen Kinder- und Jugendarbeit und Schulen, formellen und informellen Jugendtreffpunkten und Migrantenorganisationen tragen dazu bei, diese Barrieren abzubauen. Ein wichtiger Handlungsansatz ist auch die Beziehungsarbeit der Mitarbeitenden zu den Eltern, die gegenseitiges Vertrauen fördert. Zusätzlich spielen rassismuskritische und vielfaltsbewusste Weiterbildungen für Mitarbeitende eine bedeutende Rolle: Sie fördern die anerkennende Haltung der Mitarbeitenden und die Berücksichtigung von heterogenen Zugehörigkeiten der Kinder und Jugendlichen, um gemeinsam mit ihnen Räume der Anerkennung und Partizipation gestalten zu können.

Mit bundesweiten Projekten verstärkt die Arbeitsgemeinschaft der Evangelischen Jugend in Deutschland e.V. (aej) seit 2008 ihre Aktivitäten in den Bereichen Migration und Integration und zielt dabei sowohl auf die Öffnung bestehender Formen der Angebote für Kinder und Jugendliche mit Migrationshintergrund als auch auf die strukturelle Öffnung der Evangelischen Jugend für Organisationen und Vereine Jugendlicher mit Migrationshintergrund.

Beispiel: Das Projekt TANDEM

Das aej-Projekt TANDEM in Kooperation mit der Bundesarbeitsgemeinschaft Evangelische Jugendsozialarbeit (BAG EJSA) eröffnet jungen Menschen verschiedener Herkunft an unterschiedlichen Projektstandorten Räume, in denen sie Anerkennung, Teilhabe und Mitbestimmung erfahren können. Ein Bündel von Freizeitaktivitäten, musisch-kulturellen Angeboten und sozialen Begegnungsmöglichkeiten fördern Mitgestaltung und ehrenamtliches Engagement. Vielfaltsbewusstsein und intensive Beziehungsarbeit der Mitarbeitenden zu den Kindern und Jugendlichen, aber auch zu den Eltern sind von großer Bedeutung. (www.evangelische-jugend.de/TANDEM.150.0.html)

Jugendverband unterstützt Jugendverband: Kooperationen mit Vereinen Jugendlicher mit Migrationshintergrund

Über die ‚etablierten' Jugendverbände hinaus haben sich Kinder und Jugendliche aus Zuwandererfamilien in den letzten Jahren zu neuen Organisationen (VJM) zusammengeschlossen. Sie bieten jungen Menschen mit Zuwanderungsgeschichte einen Rahmen für Selbstorganisation, Gestaltung von Freiräumen und Artikulation ihrer Interessen. Kooperationen zwischen Trägern evangelischer Kinder- und Jugendarbeit und VJM unterstützen die Strukturentwicklung dieser Jugendorganisationen, die Qualifizierung der Ehrenamtlichen sowie die eigene interkulturelle Öffnung. In dieser Kooperation, die intensive Beratung und Beziehungsarbeit voraussetzt, können den VJM im Sinne des Empowerment-Ansatzes jugendpolitische Beteiligungsmöglichkeiten und Zugänge zu finanziellen Mitteln erschlossen werden. (www.evangelische-jugend.de/migration-integration)

Herausforderungen für Akteure der evangelischen Kinder- und Jugendarbeit

Die Evangelische Jugend als ‚etablierter' Jugendverband ist in den Kooperationen zu VJM gefragt, ihre Strukturen zu öffnen und Möglichkeiten der Zusammenarbeit neu zu erschließen. Um die Zusammenarbeit zu verstetigen, ist es hilfreich, in beiden Organisationen feste Ansprechpersonen zu benennen, regelmäßige Austauschforen zu organisieren und Inhalte der gemeinsamen Arbeit zu vereinbaren. Gemeinsame Interessen, Ergebnisoffenheit und eine gemeinsame persönliche Ebene sind Voraussetzung für die Fortführung des Prozesses.

Die Fachkräfte der Kinder- und Jugendarbeit benötigen zur Bewältigung dieses Spannungsfelds eine hohe Reflexionsfähigkeit und migrationspädagogische Kompetenz. Bisher werden diese jedoch unzureichend in der Aus- und Weiterbildung vermittelt. Hier gilt es, die Curricula der Aus- und Fortbildung zu ergänzen und Formen der kontinuierlichen professionellen Praxisberatung in den Trägerstrukturen zu etablieren.

Die evangelische Kinder- und Jugendarbeit ist langfristig gefordert – über einzelne Projekte hinaus – zu klären, mit welcher Haltung, Kompetenz und Aktivität sie Kindern und Jugendlichen in der Migrationsgesellschaft begegnet, und welche Rolle sie für Kinder und Jugendliche, für die Pluralität längst schon Normalität ist, in Zukunft spielen möchte.

Literatur

Autorengruppe Bildungsberichterstattung (2010): Bildung in Deutschland 2010. Ein indikatorengestützter Bericht mit einer Analyse zu Perspektiven des Bildungswesens im demografischen Wandel. Bielefeld: Bertelsmann.

Corsa, Mike/Freitag, Michael (2008): Lebensträume – Lebensräume. Bericht der aej über die Lage der jungen Generation und die evangelische Kinder- und Jugendarbeit. Hannover: Ed. aej.

Peuckert, Christian (2010): Mut zur interkulturellen Öffnung!? Ergebnisse einer bundesweiten Erhebung bei Jugendverbänden. In: deutsche jugend 58, 12, S. 531–539.

Fauser, Katrin/Fischer, Arthur/Münchmeier, Richard (2006): Jugendliche als Akteure im Verband. Ergebnisse einer empirischen Untersuchung der Evangelischen Jugend. Jugend im Verband, 1. Opladen: Barbara Budrich.

Nick, Peter (2005): Kinder und Jugendliche mit nichtdeutscher Staatsangehörigkeit und/oder familiärem Migrationshintergrund in der Jugendverbandsarbeit in Deutschland – Überblick über den Forschungs- und Diskussionsstand. Expertise. München: Deutsches Jugendinstitut.

Forschungsgruppe Weltanschauungen in Deutschland (2007): Migranten, Herkunftsland, Religionszugehörigkeit, 2006. http://fowid.de/fileadmin/datenarchiv/Migranten-Herkunftsland-Religionszugehoerigkeit_2006.pdf [Zugriff: 12.12.2012]

Statistisches Bundesamt (2011): Bevölkerung mit Migrationshintergrund – Ergebnisse des Mikrozensus 2009. Wiesbaden: Statistisches Bundesamt.

Michael Kißkalt

Missionarische Jugendarbeit

Der Begriff „Mission" (lat. missio) bedeutet Auftrag oder Sendung. Nach christlichem Verständnis hat Jesus Christus allen Christen den Auftrag gegeben, anderen Menschen ihren Glauben zu bezeugen, das Evangelium zu verkündigen und für die Verbreitung des Glaubens zu sorgen. Dies geschieht nicht allein durch die Vermittlung von Glaubenswissen, sondern auch durch Handeln aus Glauben heraus. Mission bedeutet nach heutigem Verständnis, dass Christen/-innen sich den Menschen in einer Gesellschaft und Kultur in umfassender Weise mit der Liebe Gottes zuwenden.

Missionarische Jugendarbeit wird demzufolge auf das Ziel hin gestaltet, dass Jugendliche zum christlichen Glauben eingeladen und zu einer existenziellen Glaubensentscheidung ermutigt werden. Diese Zielsetzung findet sich in der Jugendarbeit aller Kirchen, wenn auch in unterschiedlicher Ausformung. Ein explizit missionarisches Anliegen und ein Verständnis von Mission, das auf eine individuelle Entscheidung für den christlichen Glauben besonderen Wert legt, findet sich im Bereich der Evangelischen Jugend vor allem in ausdrücklich missionarisch orientierten Jugendgruppen der evangelischen Landeskirchen, in den evangelischen Freikirchen, in missionarischen Bewegungen (viele davon sind zusammengeschlossen im netzwerk-m, www.netzwerk-m.de) sowie in Verbänden wie dem CVJM (Christlicher Verein Junger Menschen, www.cvjm.de) und dem EC (Deutscher Jugendverband „Entschieden für Christus", www.ec-jugend.de).

Formen

In den vergangenen Jahren zeigte sich missionarische Jugendarbeit in der Öffentlichkeit vor allem durch Großveranstaltungen:

Das groß angelegte missionarische Jugendevent *JesusHouse* (http://jesushouse.prochrist.org) für Jugendliche von 16 bis 25 Jahren wird jeweils zentral in einer deutschen Stadt durchgeführt und über Satellit an andere Orte übertragen. In einer vielfältigen, professionell moderierten Programmshow mit Musik, Tanz, Interviews und jugendgemäßen Ansprachen werden Jugendliche zum Glauben eingeladen. In den verschiedenen Übertragungsorten gibt es die Möglichkeit, vor oder nach der übertragenen Show die Veranstaltung durch kreative und partizipative Elemente zu ergänzen und durch eigene Programmteile mit Lokalkolorit zu versehen. *JesusHouse* findet seit 1998 in 3- bis 4-jährigem Rhythmus statt. Im Jahr 2011 wurde *JesusHouse* insgesamt an gut 670 Orten durchgeführt, mit ca. 1.700 beteiligten christlichen Gemeinden und 241.000 Besuchern.

Im Jahr 1976 fand unter der Bezeichnung *Christival* (www.christival.de) zum ersten Mal ein christlicher Jugendkongress statt, der seitdem regelmäßig in mehrjährigem Abstand in Deutschland durchgeführt wird, zuletzt 2008 in Bremen unter dem Motto „Jesus bewegt" mit 16.380 Dauerteilnehmenden. In Predigten, Bibelarbeiten und Seminaren wurden die Teilnehmer/-innen zum Glauben eingeladen und ermutigt. In speziellen missionarischen Aktionen in der Stadt berichteten sie in der Öffentlichkeit über ihre Glaubenserfahrungen. Das nächste *Christival* ist für 2016 geplant.

Eine ähnliche, seit 1993 jährlich stattfindende Großveranstaltung ist *TeenStreet* (www.teenstreet.de), ein christlicher internationaler Teenager-Kongress für Jugendliche von 13 bis 17 Jahren. Ältere Jugendliche können als ehrenamtliche Mitarbeiter/-innen mitwirken. Bei *TeenStreet* treffen sich mittlerweile bis zu 3.900 Personen aus der ganzen Welt. Der Kongress findet auf Messegeländen in großen Städten statt. *Teenstreet* will christliche Teenager motivieren, eine tiefe Beziehung mit Jesus zu leben, und sie unterstützen, diese in ihrer Umgebung auszuleben.

Ähnliche Jugendkonferenzen mit bis zu 5.000 Teilnehmenden wurden seit 1999 von *Willow Creek Deutschland*, dem deutschen Zweig von *Willow Creek International*, veranstaltet. Zielgruppe dieser Konferenzen sind Mitarbeitende in christlichen Jugendgruppen, um sie für ihre Leitungs- und für ihre missionarischen Aufgaben zu schulen.

Neben den meist überkonfessionell getragenen missionarischen Großveranstaltungen auf Ortsebene geschieht missionarische Arbeit in vielfältiger, auf lokale und sozialräumliche Gegebenheiten abgestimmter Form. Erfahrungen zeigen, dass vor allem persönliche Beziehungen und das Gemeinschaftsgefüge einer Gruppe sowie die Lebensweltbezogenheit und die biografische Relevanz der Glaubensinhalte bedeutsam im Sinne des missionarischen Anliegens sind.

Konzeptionelle Ansätze, Inhalte und Methoden

Die grundlegende Frage in den Jugendarbeiten der genannten Verbände, Werke und Organisationen lautet, wie man Jugendliche für den christlichen Glauben gewinnt, sie im christlichen Glauben fördert und sie dabei unterstützt, ihren Glauben in Wort und Tat in ihrem Umfeld zu leben. Das Grundverständnis von Mission und die entsprechenden Methoden können dabei recht unterschiedlich sein. Der Begriff des „Missionarischen" stand bis in die 1970er und 1980er Jahre für einen bestimmten Glaubens- und Sprachstil, der Menschen in manchmal bedrängender Weise mit dem Evangelium konfrontierte und sie zu einer Entscheidung herausforderte. Inzwischen haben sich die Konzeptionen und Methoden missionarischer Jugendarbeit verändert. Unabhängig davon, ob christliche Jugendarbeit in Form von Gruppenarbeit, Jugendkirchen, Hauskreisen oder Projektgruppen betrieben wird: Den besonderen Drive des Missionarischen bekommt Jugendarbeit dann, wenn sie zugleich an Jugendlichen mit ihren Lebensthemen und in ihren Lebenslagen und am Evangelium von Jesus Christus orientiert ist und beides aufeinander bezieht. Kritisch zu sehen ist missionarische Jugendarbeit, wenn sie einseitig an bestimmten religiösen Idealen orientiert ist, die dann konfrontativ und autoritär vermittelt werden.

Dimensionen missionarischer Jugendarbeit

Biblisch-missionarische auf der einen und andererseits emanzipatorisch bzw. gesellschaftspolitisch-sozial orientierte Konzeptionen evangelischer Jugendarbeit galten bis in die 1980er Jahre als einander ausschließende Gegenpole (vgl. Affolderbach/Scheunpflug 2003). Missionstheologisch werden die beiden Dimensionen der *Evangelisation* und der *Diakonie* bzw. des *gesellschaftspolitischen Handelns* inzwischen längst zusammengedacht. Beide Aspekte entspringen der einen ‚Mission Gottes', die sich in den ‚Missionen der Kirche' in Wort und Tat realisiert. Mission bedeutet dann, dass Gottes Liebe und Gerechtigkeit umfassend bei den Menschen ankommt.

Auch bei den Jugendverbänden, die das evangelistische Anliegen explizit thematisieren, gehören soziale Aktivitäten und gesellschaftspolitisches Engagement inzwischen selbstverständlich zur Praxis des christlichen Glaubens.

Missionarische Jugendarbeit vermittelt *Informationen zum christlichen Glauben*. Das geschieht durch besondere thematische Einheiten während einer Gruppenstunde, in speziellen Jugendglaubenskursen oder auch dadurch, dass Jugendliche zusammen die Bibel lesen. Auch über spezifische Internetseiten wird Jugendlichen der christliche Glaube nahe gebracht (z.B. www.jesus-experiment.de). Über betreute Blogs haben Jugendliche die Möglichkeit, die Informationen zu diskutieren. Ziel der Informationsvermittlung ist die Entscheidung der Jugendlichen, sich auf das Evangelium von Jesus Christus und auf den Weg des Glaubens einzulassen.

Damit die Informationen zum christlichen Glauben angemessen ankommen, braucht es Raum für *Fragen und Diskussion*. Die Inhalte des christlichen Glaubens werden durch Menschen vermittelt, deren Sprache und Aussagen durch eigene Lebens- und Glaubenserfahrungen geprägt sind. Auf der anderen Seite werden die Glaubensinformationen von Jugendlichen auf dem Hintergrund ihrer jeweiligen Lebensgeschichte unterschiedlich aufgenommen. Dadurch bekommt christliche Mission eine besondere Dynamik: In der Kommunikation über den christlichen Glauben ereignen sich Prozesse des gegenseitigen Verstehens und möglicherweise der Veränderung. Wie offen Jugendarbeit für diese wechselseitige Dynamik ist, hängt von der Persönlichkeit derer ab, die die jeweilige Jugendarbeit prägen bzw. mitgestalten.

Charakteristisch für missionarische Jugendarbeit ist gegenwärtig das *Gemeinschaftserlebnis* bei Großveranstaltungen und Events. Jugendliche werden in eine große Gemeinschaft mit hineingenommen und sind davon fasziniert. Das Kennenlernen des christlichen Glaubens geschieht nicht nur durch Information, sondern vor allem im gemeinsamen Erleben von Glaubenspraxis wie z.B. im Gebet und im diakonischen Handeln. In der großen Gemeinschaft können sie sich mitreißen lassen, aber auch ihre Fragen und Zweifel zum Ausdruck bringen. Sie erleben, dass andere ähnliche Fragen haben, und können in einer offenen, entspannten, dynamischen Atmosphäre voneinander lernen.

Entwicklungsperspektiven

- Missionarische Jugendarbeit hat sich in ihren Formen und Methoden auf die Jugendlichen von heute eingestellt. Demgegenüber wird der Inhalt des Glaubens oft noch in veralteten und dogmatisierten Formulierungen weitergegeben, die wenig Bezug zu den Lebenswelten Jugendlicher aufweisen. Es ist zu klären, wie christlicher Glaube ohne Substanzverlust in gegenwärtigen jugendkulturellen Kontexten formuliert und akzentuiert werden kann. Die Grenzen dieser Veränderungen muss die Gemeinschaft der Glaubenden in den Kirchen zusammen mit den Jugendlichen immer wieder neu diskutieren.
- Im Rahmen von Events, Jugendkonferenzen und Freizeiten lassen sich Jugendliche mit großer Begeisterung von anderen im Glauben mitreißen. Bewähren muss sich

der Glaube dann in ihrem Alltag, in dem jede und jeder mit seinem Glauben mehr oder weniger alleine steht. Christlicher Glaube realisiert sich nicht nur in besonderen Ereignissen mit hohem Erlebnisgrad, sondern in alltäglicher Praxis, zum Beispiel in einer persönlichen Spiritualität und in Beziehungen mit anderen. Von daher muss missionarische Jugendarbeit Brücken schlagen von den besonderen Events hin zum ‚normalen' Leben.
- Christliche Glaubenspraxis findet sich in unterschiedlichen konfessionellen Ausprägungen. Jugendliche interessieren sich allerdings immer weniger für traditionelle konfessionell geprägte Formen, sondern für einen authentischen, ursprünglichen christlichen Glauben. Sie konstruieren dabei das Ensemble ihrer Glaubensvorstellungen zunehmend selbst. Von daher werden konfessionelle Eingrenzungen in der christlichen Jugendszene relativiert. Diese Dynamik ist für die Kirchen eine große Chance, alte Mauern einzureißen.
- Es gehört längst zur Alltagserfahrung Jugendlicher, dass sie in einer auch in religiöser Hinsicht pluralen Gesellschaft leben. Angehörige anderer Religionen, insbesondere Muslime, sind Teil der gemeinsamen Lebenskultur. Die Spannung zwischen gemeinsamem Alltagsleben, interreligiöser Dialogbemühung und missionarischen Zielen ist in der gesamten evangelischen Jugendarbeit noch theologisch und konzeptionell zu lösen.
- Junge Menschen, die Erfahrungen mit ihrem Glauben gemacht, eigene Antworten in ihrem Glauben gefunden haben und eine eigenständige Auseinandersetzung über ihren Glauben kennen, sind auch aller Erfahrung nach eher sprachfähig und auskunftsfähig und können somit in ihrem alltäglichen Lebenskontext ‚missionarisch' sein.

Die Bildung zu dieser Sprachfähigkeit ist eine der wesentlichen Aufgaben evangelischer Jugendarbeit im gegenwärtigen gesellschaftlich-kulturellen Kontext.

Literatur

Affolderbach, Martin/Scheunpflug, Annette (2003): Die 70er Jahre. In: Schwab, U. (Hrsg.): Vom Wiederaufbau zur Wiedervereinigung. Geschichte der evangelischen Jugendarbeit, 2. Hannover: Ed. aej, S. 119–125.
Fields, Doug (2000): Jugendarbeit mit Vision. 9 Schritte zu einer lebendigen Jugendarbeit. Asslar: Projektion J.
Göttler, Klaus (2009): Für Jesus begeistern. Handbuch Jugendevangelisation. Holzgerlingen: Hänssler.
Petersen, Jim (2006): Evangelisation. Ein Lebensstil. Marburg: Francke.
Stettner, Maria (1999): Missionarische Schülerarbeit. München: Utz.

Franziska Herbst und *Renato Liermann*

Musikalisch-Kulturelle Kinder- und Jugendbildung

Positionen

Evangelische kulturelle Kinder- und Jugendbildung versteht sich als Teil einer umfassenden Jugendbildung, die religiöse Bildung mit teils verkündenden Zielsetzungen verbindet. Sie versteht sich zugleich als Teil der kirchlichen Arbeit mit Kindern und Jugendlichen. Die kulturelle Kinder- und Jugendbildung umfasst sowohl die Bildung *zur* Kultur als auch die Bildung *durch* Kultur und deren Genres und weist eine lebendige teilnehmende und teilhabende Praxis in allen kulturellen und medialen Arbeitsfeldern auf.

Mit ihren alters- und spartenspezifischen, thematischen, konzeptionellen und methodischen Ansätzen stellt sie einen weit verbreiteten Schwerpunkt dar, basierend auf Musik, Theater, Spiel und Medienarbeit. Genreübergreifende methodische Überschneidungen sind ebenso häufig wie zielgruppenbedingt gewünscht, so dass inzwischen allgemein von Kultureller Bildung gesprochen wird. In diese Konzeption wurden die musisch-kulturelle oder die ästhetische Bildung seit den 1980/90er Jahren vor allem in der außerschulischen Jugendbildungsarbeit integriert. Die musikalische Bildung ist demzufolge ein Teil eines umfassenderen Konzeptes zur kulturellen Bildung von Kindern und Jugendlichen.

Entwicklungslinien Musikalisch-Kultureller Jugendbildung in der evangelischen Jugend

Traditionell war kulturelle gemeindepädagogische Praxis vor allem durch Chor- und Krippenspielarbeit geprägt. Inzwischen ist dies einer Praxis gewichen, die verschiedene Sparten integriert. Auch die Gottesdienstgestaltung greift seit den 1990er Jahren auf unterschiedliche Genres kulturpädagogischer Bildung zurück. Sowohl im Bereich der Verkündigung als auch im Bereich der Jugendarbeit werden kulturpädagogische Modelle zudem häufig von Jugendlichen selbstorganisiert und partizipativ realisiert. Aktuelle Entwicklungen sind bestimmt durch die Einbeziehung neuer Medien und die Eventisierung und Medialisierung (z.B. Großevents, Internetauftritte, Social Networking), popmusikalische Entwicklungen, die Verknüpfung von kulturellem mit sozialem Engagement, aber auch durch Tendenzen der Festschreibung von Qualitätsstandards und der Zertifizierung von Fachkräften und jugendlichen Teilnehmenden wie den ‚Kompetenznachweis Kultur' (www.kompetenznachweiskultur.de).

Vor diesem Hintergrund hat auch die Spannbreite *musikalisch* basierter Bildungsarbeit in der evangelischen Jugend in den vergangenen Jahrzehnten an Vielfalt gewonnen. Sie reicht von der musikalischen Arbeit mit lokal verankerten Kinder- und Jugendchören für gottesdienstliche und andere gemeindliche Zwecke über bundesweit organisierte Qualifizierungsangebote für Multiplikator/-innen, z.B. des Christlichen Sängerbundes und des Bundes christlicher Posaunenchöre zur Vokal- und Instrumentalchorleitung über die methodische Verwendung text- und beatbasierter Hip Hop-Elemente in der sozialpädagogischen Gruppenstunde im Jugendzentrum bis hin zum großen thematischen Musicalprojekt mit Auftritt in der Stadthalle. Ein weiterer Bereich, der im Rahmen evangelischer Musikarbeit stark gefördert wird, liegt im Bandcoaching, das z.B. als überregionaler Bandwettbewerb wie beim Projekt *Musik baut Brücken* in Thüringen, dem Ökumenischen Bandtreffen in Hirschluch/Brandenburg, dem bayrischen Band-Award und Songcontest *respect 09* (www.respect-award.de) oder in Form des seit Jahren erfolgreich umgesetzten Coachingprogramms *Band at Work* in Württemberg stattfindet. Auch das 2005 in Teilträgerschaft der Evangelischen Schülerinnen- und Schülerarbeit in Westfalen verwirklichte Angebot *popUP NRW* (www.esw-berchum.de; www.popup-nrw.de) zielte in diese Richtung und ist gleichzeitig ein Beispiel musikalischer Jugendbildungsarbeit, die deutlich über den innerkirchlichen Bereich mit allen Musikförderinstitutionen und Veranstaltern in NRW und darüber hinaus mit Medien und der Musikwirtschaft vernetzt ist. So bietet evangelische Musikförderung gerade im Bereich der Bandarbeit innovative Modelle an, die multidimensional musikalische Qualifizierung, berufsorientierende Aspekte bis hin zum Artist Development integrieren. Das bundesweite Vernetzungsprojekt *heartBeats* des Bundesverbands Kulturarbeit in der evangelischen Jugend e.V. (bka) auf dem Evangelischen Kirchentag 2011 in Dresden präsentierte mit acht Bands und Projekten erstmals einer breiten Öffentlichkeit diese Bandbreite evangelischer Musikförderarbeit.

Strukturen

Für die Entwicklung und den Erhalt dieser Vielfalt zeichnet u.a. der Bundesverband Kulturarbeit in der evangelischen Jugend e.V. (bka) mit seinen 31 Mitgliedsorganisationen verantwortlich. Der bka lädt zu Fachaustausch und zur qualitativen Weiterentwicklung der kulturellen Kinder- und Jugendbildung im evangelischen Raum ein, berät und initiiert zentrale Angebote. Gleichzeitig befindet sich der bka als *der* überregional wirkende Fachverband zur kulturellen Kinder- und Jugendbildung im evangelischen Bereich im fachlichen Diskurs mit der Arbeitsgemeinschaft der Evangelischen Jugend in Deutschland e.V. (aej) sowie über den kirchlichen Rahmen hinaus mit der Bundesvereinigung Kulturelle Kinder- und Jugendbildung e.V. (BKJ). Die Zusammenarbeit mit Netzwerken, die sich u.a. auf die musikalische Jugendbildungsarbeit konzentrieren, wie dem Jugendmediennetzwerk ‚Crossover' in Sachsen oder dem ‚Archiv der Jugendkulturen' in Berlin sowie mit lokalen Einrichtungen wie dem ‚Music Office Hagen' kommen hinzu.

Ziel ist u.a. die Förderung eines breiten Projektangebots vor allem in den Bereichen Musik, Spiel, Theater und Medienarbeit. Hier unterstützt der bka länderübergreifende Veranstaltungen, die bundesweite Theater- und Bandarbeit im evangelischen Bereich und Bundesverbände der kirchlichen Jugendkulturarbeit. Gleichzeitig entwickelt der Verband genre- und altersübergreifende Qualifizierungen von ehren- und hauptamtlichen Mitarbeitenden der evangelischen Kinder- und Jugendbildungsarbeit.

Herausforderungen und Perspektiven

Partizipation und Selbstorganisation gehören zu den Besonderheiten der meistens verbandlich oder kirchengemeindlich organisierten evangelischen kulturellen Kinder- und Jugendbildung. Sozialintegrative, interkulturelle, interreligiöse und Genderaspekte stellen in der Praxis zumindest punktuell realisierte Querschnittsaufgaben dar. Insgesamt treffen kulturell interessierte Kinder und Jugendliche bundesweit auf theater-, medien- oder musikpädagogisch ausgebildete ehren- und hauptamtliche Fachkräfte, geeignete Ressourcen und Räumlichkeiten bis hin zu Ausstellungsräumen und Spielorten in evangelischer Trägerschaft. Evangelische Kirchen werden mittlerweile von den verschiedensten Bevölkerungsgruppen auch außerhalb der Gottesdienste als Veranstaltungsorte und Ausstellungsräume genutzt. Als einer der größten deutschlandweit aktiven Träger der Kinder- und Jugendarbeit verfügt die evangelische Jugend (noch) über eine bundesweit ausdifferenzierte zielgruppennahe musikalische, kulturelle und kulturpädagogische Angebotsstruktur. Doch auch hier reduzieren seit Jahren immer wieder vorgenommene Mittelkürzungen erreichte Standards, Strukturen und inhaltliche Vielfalt.

Das für die Evangelische Kinder-und Jugendkulturarbeit insgesamt typische Spannungsfeld zwischen evangelischer Verkündigung und lebensweltlichen Anforderungen bietet auch in Zukunft Diskussions- und Arbeitspotenzial. Dabei werden systemexterne Faktoren zunehmend zu Entwicklungen und Innovationen in der Evangelischen Kinder- und Jugendkulturarbeit führen.

Hierzu zählen Veränderungen in den administrativen und (jugend-)politischen Rahmenbedingungen (z.B. Kinder- und Jugendförderpläne) bis hin zu thematischen Vorgaben und der Favorisierung von Projektarbeit, die insgesamt stark die Finanzierung und Kontinuität dieser Arbeit betreffen.

Aufgaben, die aus den aktuellen interkulturellen, inklusiven, sozialintegrativen oder Genderdiskursen entstehen, stellen weitere teils gesetzlich festgelegte Anforderungen an die Jugendkultur- und damit auch an die Musikarbeit in der evangelischen Jugend dar.

Für den Umgang mit jungen Menschen im pädagogischen Alltag werden zudem inklusive, interkulturelle und interreligiöse Modelle evangelischer Kinder- und Jugendkulturarbeit entwickelt, um den prognostizierten demografischen Entwicklungen gerecht zu werden und um Teilnehmende zu gewinnen und einzubinden. Gerade die musikbasierte sozialpädagogische Arbeit zum Beispiel mit Hip Hop-Crews hat hier Modellcharakter für andere Bereiche evangelischer Kinder- und Jugendarbeit. Gleichzeitig stellen diese Entwicklungen wie auch die zunehmende Kooperation mit Schulen eine strukturelle und systemische Herausforderung dar.

Noch nicht abzusehen ist der Einfluss der Medien und mediale Entwicklungen auf dieses Arbeitsfeld. Allein die sich fortentwickelnden technischen Möglichkeiten und deren alltägliche Gegenwart verändern jede Gruppensituation. Eine einzige App auf dem Mobiltelefon reicht mittlerweile aus, um elektronische Musik zu produzieren. Global und permanent entstehen popmusikalische und jugendszenespezifische Neuentwicklungen, die ebenso auf Kinder und Jugendliche einwirken wie punktuell von ihnen mitproduziert werden. Veränderungen der (Jugend-)Sprache, Hörgewohnheiten, neue Jugendthemen, die digitalisierte Kreativität von Jugendlichen beeinflussen somit die kulturelle bzw. medienpädagogische Praxis. Hierdurch entstehen ebenso neue kultur- und medienkritische Aufgaben wie auch zusätzliche Handlungsoptionen im Bereich der Musikpädagogik. Es bedarf neuer Partizipations- und Kooperationsformen, differenzierterer Ressourcen und qualifizierter Fortbildungen, um diese Perspektiven zeitnah und kinder- und jugendgerecht in die evangelische Kulturarbeit integrieren zu können.

Den Anforderungen an die kulturpädagogische Praxis entsprechen immer weniger die hierfür von der Kirche zur Verfügung gestellten Ressourcen. Auch das kulturpädagogische Fachpersonal wird zunehmend reduziert. Die innerkirchliche Wertschätzung der geleisteten kulturellen Arbeit steht teilweise in Diskrepanz zur öffentlichen und medialen Wahrnehmung und Wertschätzung vor allem für die musikalische Kinder- und Jugendkulturprojektarbeit.

Der multidimensionale Charakter evangelischer kultureller Kinder- und Jugendbildung erfordert eigenständige und eigensinnig auszubauende, verlässliche, kirchliche und staatliche Förderinstrumente ebenso wie eine differenzierte Profilbildung.

Literatur

Bamford, Anne (2010): Der Wow-Faktor. Eine weltweite Analyse der Qualität künstlerischer Bildung. Münster: Waxmann.

Fuchs, Max/Schulz, Gabriele/Zimmermann, Olaf (2005): Kulturelle Bildung in der Bildungsreformdiskussion. Konzeption Kulturelle Bildung, 3. Berlin: Deutscher Kulturrat. www.kulturrat.de/dokumente/studien/konzeption-kb3.pdf [Zugriff: 31.10.2012]

Josties, Elke (2005): Zum aktuellen Diskurs um Bildung und Musikförderung im Schnittfeld von Schule und Jugendkulturarbeit – Ergebnisse einer Expert/innenbefragung in Berlin. In: Landesvereinigung Populäre Musik/Kultur Berlin (Hrsg.): Nicht bloß Zukunftsmusik. Perspektiven der Kooperation zwischen Schulen und musikorientierter Jugendarbeit. Dokumentation eines Fachforums für Lehrer/innen, Sozialpädagogen/innen und Multiplikator/innen der kulturellen Jugendbildung am 24.9.2004 an der Alice-Salomon-Fachhochschule Berlin. Berlin: Landesvereinigung Populäre Musik/Kultur Berlin, S. 18–32.

Josties, Elke (2011): Jugend musiziert – mit Eigensinn. Musikförderung in der Jugendkulturarbeit. In: Musikforum. Musikleben im Diskurs, 3, S. 58–59.

Links

Bundesverband Kulturarbeit in der evangelischen Jugend: www.bka-online.org
Evangelisches Infoportal Kindheit – Jugend – Bildung: www.evangelische-jugend.de
Bundesvereinigung Kulturelle Kinder- und Jugendbildung e.V.: www.bkj.de
Archiv der Jugendkulturen e.V.: www.jugendkulturen.de
CrossOver-Netzwerk für Jugendkultur: www.crossover-agm.de
Konferenz für Popularmusik in der Kirche: www.popausbildung.de

Björn Langert

Offene Jugendarbeit

Offene Arbeit mit Jugendlichen ist eine Angebotsform der Jugendarbeit und kann als wichtiges Sozialisationsfeld neben Elternhaus, Schule und Ausbildung markiert werden. Die Offene Jugendarbeit will durch die Gestaltung von Räumen und offenen Settings Jugendliche ansprechen und Erlebnismöglichkeiten gemeinsam mit ihnen entwickeln. Schwerpunkte sind Freizeit- und Bildungsangebote, die in der Regel einrichtungsbezogen organisiert, sozialräumlich orientiert und professionell begleitet werden.

Die Angebote der Offenen Arbeit sind Bestandteil der Leistungen der Jugendhilfe gemäß § 11 des Achten Sozialgesetzbuchs (SGB VIII). Die Angebote sollen an den Interessen junger Menschen anknüpfen und von ihnen mitbestimmt und mitgestaltet werden. Sie sollen Jugendliche zur Selbstbestimmung befähigen, zu gesellschaftlicher Mitverantwortung und sozialem Engagement anregen und hinführen (vgl. § 11 SGB VIII).

Offene Jugendarbeit in evangelischer Trägerschaft ist kein isolierter (kirchlicher) Bereich, sondern integrierter und integrierender Bestandteil von Gesellschaft, Kirchengemeinde, Stadtteil etc. Konzeptionell bewegt sich die Offene Jugendarbeit in dem Spannungsfeld der Interessen und Bedarfe der Kinder und Jugendlichen, der Interessen und Bedarfe der (freien) Träger (z.B. Evangelische Kirche, Evangelische Jugendarbeit oder Diakonie) und der Interessen der öffentlichen Jugendhilfe.

Um die Größenordnung der Offenen Arbeit in evangelischer Trägerschaft zu verdeutlichen, werden am Beispiel Nordrhein-Westfalen (NRW) einige Daten vorgestellt: In den 450 Offenen Einrichtungen der Evangelischen Kirchen in NRW arbeiten ca. 720 hauptberufliche Mitarbeiter/-innen, davon sind knapp 300 vollzeitbeschäftigt. Die Arbeit wird zusätzlich von ca. 3.100 ehrenamtlich Mitarbeitenden, ca. 600 Honorarkräften und weiteren 600 Mitarbeitenden wie Freiwilligen Soziale Helfer/-innen oder Hausmeistern mitgestaltet (ELAGOT 2010).

Ziele, Methoden und Strukturmerkmale

Offene Jugendarbeit macht mit ihren Häusern, Spielmobilen, Abenteuerspielplätzen, Jugendfarmen usw. verlässlich qualifizierte Angebote, die sowohl kurz- als auch längerfristige Zielstellungen verfolgen. Dabei zielt sie auf
- die Stabilisierung der Persönlichkeit (Ich-Stärkung),
- die Einbindung in soziale Gruppen (Identität und Integration),
- die Entwicklung persönlicher, sozialer und wirtschaftlicher Perspektive (Sinn und Orientierung),
- die sinnhafte Gestaltung von Freizeit und freier Zeit,
- die Beendigung von Ausgrenzungs- und Verelendungsprozessen und die gesellschaftliche Partizipation von Kindern und Jugendlichen,
- Realitätskonfrontation und Horizonterweiterung.

Grundsätzlich geht es darum, jungen Menschen Lebens-, Lern-, Entwicklungs- und Spielräume zu bieten, in denen sie sich wohl fühlen können. Die Offene Arbeit bedient sich bekannter Methodenrepertoires wie z.B. Gruppenarbeit, Bildungsarbeit, projektorientiertes Arbeiten, Theater- und Kulturarbeit, Freizeiten, Ferienspiele, Wochenendveranstaltungen, Exkursionen, aufsuchende (akzeptierende) Arbeit, Streetwork usw. (vgl. www.ev-jugend-westfalen.de/handlungsfelder/offene-arbeit/).

Signifikante Strukturmerkmale der Offenen Arbeit sind:

- *Freiwilligkeit der Teilnahme und Niedrigschwelligkeit der Angebote*: In der Offenen Kinder- und Jugendarbeit mit all ihren unterschiedlichen Angebotsformen wird durch die Mitarbeitenden jungen Menschen ein möglichst voraussetzungsfreier Zugang gewährleistet, unabhängig von den personalen, sozialen und finanziellen Ressourcen der Jugendlichen. Lage, Räume, Ausstattung, Atmosphäre, Programm und Angebote müssen einladend und barrierefrei gestaltet sein, auch für jene, die sich andernorts ausgegrenzt fühlen.
- *Mitbestimmung, Selbstorganisation:* Offene Kinder- und Jugendarbeit gestaltet Erlebnisräume, in denen Kinder und Jugendliche selbst ihre Themen entfalten können, die Lust machen zu entdecken und die einladen auszuprobieren. Diese territoriale Freiheit beinhaltet die freie Wahl, mit wem die jungen Menschen wie ihre Zeit verbringen möchten. Erst die unterschiedlichen Interessen und Bezüge zu bestimmten Szenen und Gruppen bieten Möglichkeiten für individuelle und gemeinschaftliche Entfaltungs-, Erprobungs- und Lernprozesse. Dabei werden auch Gegensätze, Konflikte und Probleme deutlich, die ernst genommen und ausgehandelt werden müssen.
- Offene Kinder- und Jugendarbeit bietet jungen Menschen *Räume für Engagement und Partizipation*. Sie ermutigt ausdrücklich zu selbstständigem Urteilen und Handeln. Sie bietet – auf der Grundlage freiwilligen Handelns – vielfältige Chancen, Meinungen und Auffassungen zu artikulieren und zu diskutieren, Einfluss zu nehmen, mit zu entscheiden und Verantwortung sowie Leitung zu übernehmen.
- Die Offene Kinder- und Jugendarbeit setzt sich für benachteiligte junge Menschen ein: Durch die offenen Angebote werden sie nicht in eine defizitäre Rolle gedrängt und isoliert von anderen spezifisch behandelt, sondern sie erleben mit allen Besucher/-innen gemeinsam ihre personalen Stärken, ihre Mitwirkungspotenziale und das Angenommen-Sein in sozialer Gemeinschaft. In diesem Sinne ist Offene Kinder- und Jugendarbeit grundsätzlich *inklusives Arbeiten*.

Christliches Profil der Offenen Arbeit

Indem Offene Kinder- und Jugendarbeit konkrete Unterstützungs- und Hilfsangebote bereitstellt, eröffnet sie jungen Menschen (neue) Lebensperspektiven. In ihrer Programmgestaltung, durch das Zusammenwirken des engeren Mitarbeitendenkreises und durch die transparenten Spielregeln alltäglichen Zusammenlebens zeigen die Einrichtungen ihre spezifischen christlichen Werte und bieten sie als sinnstiftende Handlungsorientierung an. Nach außen zeigt sich dies durch einen ungezwungenen Umgang mit spirituellen Fragen, die den Sinn und die Inhalte des religiösen Lebens selbstverständlich zum Gegenstand machen. So kann der Ramadan ebenso Anlass zu einem Fest in der Freizeitstätte sein wie das Weihnachtsfest. Zeugnis vom christlichen Glauben ablegen bedeutet in der Freizeitstätte vor allem: überzeugendes Verhalten und Handeln der pädagogischen Mitarbeiter/-innen. Jugendliche überprüfen vor allem bei den Mitarbeitenden die Echtheit und Realisierung der eigenen Ansprüche im Alltag. Ihre existenziellen Lebensfragen in vielfältiger Art mit den Antworten des Evangeliums von Jesus Christus in Verbindung zu bringen ist wesentlicher Bestandteil des evangelischen Profils der Offenen Arbeit.

Gegenwärtig sieht sich die Konzeptionsentwicklung in vielen Gemeinden herausgefordert von der Tatsache, dass die Besucher/-innen die multireligiöse und multiweltanschauliche Ausdifferenzierung unserer Gesellschaft abbilden. Zudem wird Religion und Weltanschauung gesellschaftlich zumeist in die alleinige Zuständigkeit des Individuums verwiesen.

Zwar gilt: Religiöse Sprache und Symbole des Glaubens haben ihren Sinn im Alltag und im Leben weitgehend verloren und sind in der Wahrnehmung der Jugendlichen oft zu Worthülsen geworden. Aber es gilt eben auch: In der Evangelischen Offenen Arbeit kann die Kooperation mit Kindern und Jugendlichen aus unterschiedlichen Kulturen als ‚gemeinsam gelingendes Leben' erprobt und erfahren werden. Hierbei kann deutlich werden, dass das Leben nicht im Vorhandenen aufgeht.

In der Wahrnehmung der spirituellen Bedürfnisse der Jugendlichen bietet die Offene Arbeit einen Ort für spirituelle Experimente und daraus wachsende Glaubenserfahrungen, die geprägt sind von liebevoller Annahme und persönlicher Wertschätzung. Dies gelingt aber nur, wenn hauptamtlich Mitarbeitende als Christen/-innen ihren eigenen Glauben nicht verstecken. Das Reden von Gott und Jesus Christus sollte dabei allerdings geprägt sein von persönlichen Glaubenserfahrungen, da nur authentische Zeugnisse ernst genommen und verstanden werden.

Im *HOT-Juengerbistro* in Herne z.B. können Jugendliche im Alter ab zehn Jahren sowohl in den Mensapausen der umliegenden Schulen als auch im Bereich der Freizeit nach der Schule ihre Zeit aktiv gestalten. Neben dem persönlichen Umgang der Mitarbeitenden mit ihrer Klientel, der durch den Lebensstil und die christliche Grundhaltung der Mitarbeiter/-innen geprägt ist, gibt es auch eine Vielzahl unterschiedlicher Möglichkeiten, niedrigschwellige christliche Impulse zu platzieren.

Im Eingangsbereich des Juengerbistros ist seit einiger Zeit die ‚Tankstelle für die Seele' aufgestellt. In ungezwungener Aufmachung stehen den Besuchern wechselnde, inhaltliche Impulse zur Verfügung. Auf der Basis dreier umgebauter alter Ölfässer gibt es dort zum Beispiel eine ‚Hörbar', mit unterschiedlichen christlichen Liedern und den passenden Texten zumeist bekannter Chartsongs, die Anknüpfungspunkte an christliche Inhalte zulassen. Zu den Modulen gehört aber auch die ‚Chill-Atmosphäre', bei der sich die Jugendlichen auf einen Tee eine Auszeit nehmen können oder sich für eine Woche in eine Handykette eintragen können, wo sie jeden Tag einen neuen Input in 160 Zeichen gesendet bekommen.

Netzwerkarbeit

Wichtig für die Offene Jugendarbeit ist das sozialräumliche Umfeld der Einrichtung. Transparentes Arbeiten, offene Kommunikation und die Gelegenheit zum Austausch mit anderen Einrichtungen wie Schulen, anderen Bildungsorten etc. sind Teil einer Gemeinwesenorientierung, die die Arbeit der Einrichtung, ihre Themen und ihre Anliegen in der näheren und weiteren Nachbarschaft öffentlich macht.

In der Offenen Kinder- und Jugendarbeit lernen die Mitarbeiter/-innen viel über die Formen der Lebensbewältigung und aktuellen Lebensgestaltung ihrer Besucher/-innen. Sie erfahren deren Vorlieben, Wünsche, Interessen, Perspektiven, aber auch ihre Ängste und Nöte. Jugendkultur entwickelt stets neue Ausdrucks- und Sprachformen, die – bei Kommunikationen im Sozialraum – oft eine/n ‚Dolmetscher/-in' verlangen. Als Begleiter/-innen der jugendkulturellen Entwicklungsprozesse sind die Mitarbeitenden der Offenen Kinder- und Jugendarbeit kompetente Ansprechpartner/-innen für die Belange junger Menschen im Wohnumfeld, insbesondere für jugendhilfeplanerische Vorgänge.

Um das Spektrum ihrer Freizeit-, Bildungs- und Hilfsangebote zu erweitern, kooperiert Offene Kinder- und Jugendarbeit mit benachbarten und fachbezogenen Einrichtungen. Durch kollegialen Austausch in örtlichen Qualitätszirkeln, durch Evaluation, Dokumentation und Präsentation in der Öffentlichkeit entwickelt sie ihren spezifischen Auftrag als Bildungsakteurin im Sozialraum. Offene Kinder- und Jugendarbeit ist Mitgestalterin von kommunalen Bildungslandschaften und bietet sich als kompetente Partnerin mit eigenen Bildungspotenzialen im Konzert der Bildungsakteure an.

Literatur

Arbeitsgemeinschaft „Haus der offenen Tür" NRW (2011) (Hrsg.): Offene Kinder- und Jugendarbeit. Programm und Positionen der AGOT-NRW. Düsseldorf: AGOT-NRW. http://www.agot-nrw.de/upload/ AGOT_Programm_2011_mail1.pdf [Zugriff: 21.12.2012]

Evangelische Kirche von Westfalen/Amt für Jugendarbeit (2012): Glaube, leben, lernen. Das Profil evangelischer Kinder- und Jugendarbeit in der Evangelischen Kirche von Westfalen. Ein Bericht der Jugendkammer der EKvW an die Verantwortlichen in der Evangelischen Kirche von Westfalen. Schwerte: Amt für Jugendarbeit der EKvW.

[ELAGOT] Evangelische Landesarbeitsgemeinschaft Offene Türen NRW (2010): Auswertung ELAGOT-Datenerhebung Stand November 2009. Bestandsdatenerhebung der Ev. Kinder-und Jugendfreizeiteinrichtungen in NRW. http://www.aba-fachverband.org/fileadmin/user_upload/ 2011_ user_upload/statistik/10-04-13-elagot_Auswertung-kurz.PDF [Zugriff: 21.12.2012]

Deinet, Ulrich/Sturzenhecker, Benedikt (Hrsg.) (2005): Handbuch Offene Jugendarbeit. Münster: Votum-Verlag.

Evangelische Jugend Stuttgart (Hrsg.) (2010): Selbstverständlich solidarisch. Jugendarbeit diakonisch betrachtet. Stuttgart: Evangelische Jugend Stuttgart.

Lechner, Martin/Gabriel, Angela (Hrsg.) (2010): Offene Jugend(sozial)arbeit weiterdenken. Impulse aus dem Innovationspaket „Aufwind". München: Don Bosco.

Links

Evangelische Landesarbeitsgemeinschaft Offener Türen NRW (ELAGOT): www.elagot-nrw.de/
Arbeitsgemeinschaft der Offenen Türen NRW (AGOT): www.agot-nrw.de

Klaus Waldmann

Politische Jugendbildung

Die politische Jugendbildung ist ein zentrales Handlungsfeld der Kinder- und Jugendarbeit. Sie ist ein eigenständiger Arbeitsbereich und ist rechtlich in § 11 Abs. 3 SGB VIII/KJHG geregelt. Träger der Bildungsveranstaltungen, Projekte und Aktionen sind eine Vielzahl von Organisationen, Einrichtungen, Initiativen, auch die Jugendverbände. Im evangelischen Bereich bieten die in der Evangelischen Trägergruppe für gesellschaftspolitische Jugendbildung zusammenwirkenden Einrichtungen jährlich ca. 400 Veranstaltungen der politischen Jugendbildung an, bei denen etwa 11.000 Jugendliche im Alter zwischen 10 und 26 Jahren erreicht werden. Wichtige Akteure sind die Evangelischen Akademien, die evangelischen Jugendverbände und verschiedene Jugendbildungsstätten im Bereich der Evangelischen Landeskirchen.

Ziele

Politische Jugendbildung ist ein auf demokratischen Werten und den Menschenrechten gründendes Bildungsangebot. Ziele sind insbesondere:
- das eigenständige Denken und Handeln junger Menschen zu stärken;
- ihr politisches Urteilsvermögen und ihre gesellschaftliche Deutungskompetenz zu erweitern und zu schärfen;
- ihre Kompetenzen zur Analyse gesellschaftlicher Verhältnisse auszubauen;
- ihnen Kenntnisse über gesellschaftliche, ökonomische, ökologische und politische Zusammenhänge zu vermitteln;
- ihnen Räume zur Reflexion eigener politischer Positionen, zur Artikulation eigener Anliegen und Interessen zu eröffnen sowie Bedingungen zu schaffen, unterschiedliche Interessen auszuhandeln und gemeinsame Ziele zu erreichen;
- sie zu selbstverantwortlichem Handeln, zivilgesellschaftlichem und politischen Engagement sowie zu politischer Partizipation und Mitgestaltung zu ermutigen.

In diesem Sinn begleitet politische Jugendbildung junge Menschen in ihrer politischen Sozialisation, unterstützt sie dabei, die Kompetenzen zu erwerben, sich auf unterschiedlichen Ebenen des demokratischen Gemeinwesens zu engagieren und fördert ihren Beitrag zur Weiterentwicklung der demokratischen, politischen Kultur. In einer Zeit gesellschaftlicher Umbrüche, der Pluralisierung von Lebensformen, des technologischen und ökonomischen Wandels und der Globalisierung ökonomischer, ökologischer und kultureller Prozesse ermöglicht die politische Bildung Jugendlichen persönliche und soziale Orientierung. Sie unterstützt junge Menschen dabei, die Welt zu begreifen, aktuelle Vorgänge sowie gesellschaftliche und politische Verhältnisse kritisch zu reflektieren und ihre Kompetenzen zu stärken, das öffentliche Leben und politische Entscheidungen mitzugestalten.

Für politische Jugendbildung ist die Überzeugung leitend, dass jede Generation sich die Werte einer demokratischen Gesellschaft neu aneignen muss. „Demokratie ist die einzige politisch verfasste Gesellschaftsordnung, die gelernt werden muss (Negt 2010: 13). Im Kontext der außerschulischen politischen Jugendbildung wird – in Anlehnung an Überlegungen des amerikanischen Pädagogen John Dewey – Demokratie als Lebens-, Gesellschafts- und Herrschaftsform verstanden (vgl. hierzu u.a. Himmelmann 2004). Mit diesem Begriff der Demokratie verbindet sich das Bild der Gesellschaft als einer Assoziation selbstbestimmter, mündiger Bürger/-innen, die ihre alle betreffenden Entscheidungen gemeinschaftlich lösen. Demokratie wird als unabgeschlossenes, soziales Projekt verstanden, für das die Werte von Gleichheit, Freiheit, Gerechtigkeit, Solidarität, Anerkennung, Vielfalt und Pluralität grundlegend sind. In diesem Zusammenhang können alle gesellschaftlich virulenten Themen und Fragen zu politischen werden bzw. politische Relevanz erlangen, auch wenn sie auf den ersten Blick nicht als solche erscheinen.

Allerdings ist sich die Praxis politischer Jugendbildung der Differenz zwischen dem Politischen und der Politik bewusst. Das Politische kann beispielsweise in den Inszenierungen jugendkultureller Aktivitäten, in unterschiedlichen Aneignungsformen öffentlicher Räume, in öffentlichen Diskursen, Skandalisierungen, Aktionen oder gesellschaftlichen Konflikten als öffentlich wahrnehmbare Positionen, Ansprüche und Wünsche, als Dissens oder Zustimmung zum Ausdruck kommen. Politik und politisches Handeln beziehen sich demgegenüber auf das Herstellen allgemein verbindlicher Entscheidungen über die Gestaltung des Zusammenlebens auf lokaler, nationaler und globaler Ebene im Kontext unterschiedlicher Vorstellungen und Entwürfe für ein besseres Leben sowie auf die öffentliche Austragung von Interessenkonflikten.

Spätestens die Analysen von Beck (1993) belegen den Prozess einer Entgrenzung von Politik, d.h. das Politische hat längst die Grenzen des politischen Systems überschritten. Für die politische Jugendbildung hat das u.a. zur Konsequenz, dass sie sich immer wieder neu über ihren Gegenstand verständigen muss, da es schwieriger geworden ist, zwischen dem Politischen und dem Nicht-Politischen zu unterscheiden. Für die Praxis ist in diesem Zusammenhang hilfreich, sich an den in der anglo-amerikanischen Debatte herausgearbeiteten drei Aspekten von Politik zu orientieren: polity als institutionelle Dimension, politics als prozessuale und policy als normativ-inhaltliche Dimension von Politik.

Angebote und Arbeitsweise

Die politische Jugendbildung zeichnet sich durch vielfältige, adressatenbezogene Angebote, eine große Vielfalt an Methoden und ein breites Spektrum an Themen aus. Sie ist dem Bereich der non-formalen Bildung zugeordnet und verfügt nicht über einen verbindlichen Katalog an Themen oder standardisierten Arbeitsformen. Mehrtägige Veranstaltungen z.B. in Evangelischen Akademien oder Jugendbildungsstätten sind ebenso charakteristisch für die politische Jugendbildung wie das Engagement Jugendlicher in längerfristigen Projekten. Exkursionen zu Orten historischer Ereignisse und Gespräche mit Zeitzeugen sind typische Formen der Beschäftigung mit historischen Themen. In Planspielen werden politische Entscheidungen auf globaler oder auch auf kommunaler Ebene simuliert. Im geschützten Raum von Bildungsveranstaltungen erproben Jugendliche kommunikative, rhetorische und soziale Kompetenzen für ihr ehrenamtliches und politisches Engagement und politische Partizipation. In Kampagnen spitzen sie ihre politischen Vorstellungen und Forderungen zu, veröffentlichen diese und bringen sie in Gespräche mit politisch Verantwortlichen ein. Jugendliche werden bei ihrem Engagement in Gremien (Jugendparlament) beraten und begleitet. Internationale Begegnungen ermöglichen einen Austausch über Grenzen hinweg. Der Einsatz unterschiedlicher Medien spielt eine herausragende Rolle. Erkenntnisse und Resultate der Beschäftigung mit verschiedenen Fragestellungen werden häufig in medialen Produkten (Videoclips, Fotodokumentationen, Podcasts, Rollenspielen, Wandzeitungen usw.) aufbereitet. Zunehmend werden die Möglichkeiten und Netzwerke des Web 2.0 (barcamp, social community, Blogs) genutzt, um Jugendliche in Prozesse politischer Bildung einzubeziehen.

Inhaltlich reicht das Spektrum der Themen von der Beschäftigung mit den Grundlagen einer demokratischen Gesellschaft, Möglichkeiten von Partizipation und Teilhabe, ethischen Orientierungen in einer pluralistischen Gesellschaft, den Herausforderungen einer Einwanderungsgesellschaft, der Frage nach Chancengleichheit und Inklusion, geschlechterbezogenen Aspekten, den Chancen und Gefahren einer Medien- und Informationsgesellschaft, ökologischen und ökonomischen Aspekten bis hin zur Auseinandersetzung mit historischen Entwicklungen der deutschen oder europäischen Geschichte. Die Planung und Durchführung der Bildungsangebote orientiert sich an folgenden Gestaltungsprinzipien: Subjektorientierung, Lebenswelt- und Sozialraumorientierung, Partizipation, Handlungsorientierung, umfassender Ansatz des Lernens, Anerkennung und Respekt.

Trägerstruktur und Finanzierung

Die Angebote politischer Jugendbildung werden aus Mitteln des Bundes, der Länder oder von Kommunen bezuschusst. Ebenfalls stellen die Kirchen eigene Gelder für diese Arbeit zur Verfügung. Auf der Ebene des Bundes ist der Kinder- und Jugendplan des Bundes (KJP) mit dem Programm „Politische Bildung" ein wichtiges Förderinstrument. Auch die Bundeszentrale für politische Bildung unterstützt Angebote der politischen Jugendbildung für Jugendliche ab 16 Jahren finanziell. In den vergangenen Jahren sind verschiedene Bundesprogramme zur Auseinandersetzung mit Rechtsextremismus und den Gefährdungen der Demokratie wichtige Instrumente auch der Förderung politischer Jugendbildung geworden wie z.B. „Toleranz fördern – Kompetenz stärken" (www.toleranz-foerdern-kompetenz-staerken.de). Auf Landesebene sind einzelne Landeszentralen für politische Bildung im Bereich der Förderung von Bildungsveranstaltungen aktiv. Weiterhin werden im Rahmen von Programmen der Länder zur Förderung von Jugendarbeit und Jugendbildung Aktivitäten zur politischen Jugendbildung finanziell unterstützt.

Ausblick – Herausforderungen

Aktuell steht politische Jugendbildung vor unterschiedlichen Herausforderungen. Gerade bei Jugendlichen herrscht oft eine große Skepsis gegenüber dem traditionellen politischen Handeln und den politisch Verantwortlichen selbst. Zudem bestehen Zweifel, ob die Demokratie in der Lage ist, aktuelle gesellschaftliche und globale Probleme zu bewältigen, manche sprechen gar von einer Gefährdung der Demokratie. Andererseits ist der Eindruck nicht unbegründet, dass das Begehren von Jugendlichen, sich zu beteiligen und an politischen Prozessen teilzuhaben, schon lange nicht mehr so groß war. Dem Verdruss an der Politik und den traditionellen Parteien stehen Ansätze einer Vitalisierung der Demokratie gegenüber. Doch die These der „Postdemokratie" (Crouch 2008) macht auch darauf aufmerksam, dass hinter der Fassade scheinbar funktionierender demokratischer Prinzipien längst professionelle PR-Menschen politische Debatten kontrollieren und demokratisch nicht legitimierte Gruppen politische Entscheidungen weitgehend bestimmen.

Weitere Herausforderungen sind mit der Frage nach den Chancen von Kindern und Jugendlichen in einer Einwanderungsgesellschaft, die zudem von einem tiefgreifenden demografischen Wandel geprägt sein wird, verbunden. Ein Nebenaspekt dieser Thematik ist, dass die politische Jugendbildung sich fragen muss, welche Jugendlichen von ihren Angeboten erreicht bzw. ob sozial benachteiligte Jugendliche hinreichend angesprochen werden. Eine andere drängende Fragestellung ist die nach der Zukunftsfähigkeit der Gesellschaft, des industriellen Wachstumsmodells und den Möglichkeiten einer global gerechten und nachhaltigen Entwicklung.

Darüber hinaus bringt die Ausweitung virtueller Welten und die sich eröffnenden Möglichkeiten des Web 2.0 neue Formen der Kommunikation, der Bildung sozialer Netze, des Zugangs zu Informationen, der Wahrnehmung von Welt aber auch der Partizipation und Vernetzung mit sich, auf die sich politische Jugendbildung einstellen muss.

Literatur

Beck, Ulrich (1993): Die Erfindung des Politischen. Frankfurt/M.: Suhrkamp.
Crouch, Colin (2008): Postdemokratie. Frankfurt/M.: Suhrkamp.
Hafeneger, Benno (Hrsg.) (2011): Handbuch Außerschulische Jugendbildung. Grundlagen – Handlungsfelder – Akteure. Schwalbach/Ts.: Wochenschau Verlag.
Himmelmann, Gerhard (2004): Demokratie Lernen. Ein Lehr- und Arbeitsbuch. Schwalbach: Wochenschau-Verlag.
Lösch, Bettina/Thimmel, Andreas (Hrsg.) (2010): Kritische politische Bildung. Ein Handbuch. Schwalbach/Ts.: Wochenschau Verlag.
Negt, Oskar (2010): Der politische Mensch. Demokratie als Lebensform. Göttingen: Steidl Verlag.

Dagmar Hisleiter und *Kerstin Sommer*

Schulbezogene evangelische Jugendarbeit

Seit der ersten PISA-Studie (2000) wird die Frage nach der Bedeutung von Bildung und den damit verbundenen Inhalten und Erwartungen wieder stärker und über den Kontext schulischer Bildung hinaus diskutiert. Welche Bildungsleistungen kann Schule vermitteln und wo und wie erwerben Kinder und Jugendliche notwendige Lebenskompetenzen?

Dass die Schule diese Aufgabe nicht allein bewältigen kann und will, wurde in der Nach-PISA-Bildungsdebatte schnell deutlich. Eine der grundlegenden Änderungen im deutschen Schulsystem war die flächendeckende Einführung von Ganztagsschulen. Im Rahmen dieser Entwicklung wurden außerschulische Kooperationspartner gesucht, die ihren Beitrag zu einer gelingenden Lebensbildung leisten wollen und können. Mit verschiedenen Angeboten und Konzepten gelangten zwei Bildungsorte und -akteure wechselseitig in den Blick, die zuvor mehr nebeneinander als miteinander gearbeitet hatten: Schule und Jugendarbeit.

Mit dem Angebot der schulbezogenen Jugendarbeit ist die evangelische Kinder- und Jugendarbeit an dem für Kinder und Jugendliche wichtigen Lebensraum Schule präsent. Die Grundidee aller schulbezogenen Angebote ist die (Mit)Gestaltung schulischen Lebens und Lernens mit den Prinzipien der außerschulischen Jugendbildung.

Durch die Entwicklung der Ganztagsschule und durch die Schulzeitverkürzung in der gymnasialen Mittelstufe von zehn auf neun Jahre, verbringen Kinder und Jugendliche mehr Zeit an und für Schule. Die ‚Frei-Räume' für außerschulische Bildung und freiwillige Engagements außerhalb von Schule werden damit enger, für die, die sie wahrnehmen und gestalten wollen. So können Angebote der evangelischen Kinder- und Jugendarbeit in und an Schule Freiräume im Rahmen von Schule gestalten oder auch eine Brücke zum außerschulischen Engagement bilden.

Voraussetzungen der Kooperation

Die außerschulischen Formate und Angebote der evangelischen Kinder- und Jugendarbeit lassen sich nicht eins zu eins an den Ort Schule übertragen. Durch unterschiedliche gesetzliche und didaktisch-methodische Grundlagen schulischer und außerschulischer Bildung müssen passende Formate und Inhalte für die Kooperation entwickelt werden. Dazu müssen beide Kooperationspartner kommunikationsbereit und konsensfähig sein. Als Ausgangspunkt für eine Kooperation zwischen evangelischer Kinder- und Jugendarbeit und Schule ist die jeweilige Situation vor Ort zu analysieren und zu berücksichtigen. Ein schriftlicher Kooperationsvertrag sollte in jedem Fall die abgesprochenen Grundlagen absichern. Mittlerweile gibt es in fast jedem Bundesland eine Rahmen(kooperations)vereinbarung zur Zusammenarbeit der Schulen mit freien Trägern, an denen man sich sehr gut orientieren kann.

Zu den grundlegenden Voraussetzungen der Kooperation aus Sicht der Jugendarbeit gehören:
- die Beibehaltung der elementaren Prinzipien der evangelischen Kinder- und Jugendarbeit, wie Freiwilligkeit, Ehrenamtlichkeit, Partizipation und Selbstorganisation, so dass das Angebot als Angebot der evangelischen Kinder- und Jugendarbeit erkennbar bleibt,
- in den Angeboten findet keine Bewertung von Leistungen statt,
- es müssen in den Vereinbarungen Regelungen getroffen werden, die ein ehrenamtliches Engagement ermöglichen und fördern,
- die außerschulischen Partner müssen in die schulischen Strukturen eingebunden sein und an den Gremien beteiligt werden,
- die nötigen Arbeitsmittel und Räume in der Schule müssen vorhanden sein, sowie andererseits Möglichkeiten zur Nutzung geeigneter außerschulischer Räume (z.B. Gemeindehäuser).

Angebotsvielfalt

Die Bezeichnungen für das Arbeitsfeld ‚Jugendarbeit und Schule' sind vielfältig. Da wird von schulnaher oder schulbezogener Jugendarbeit, von Schüler(innen)arbeit, Jugendarbeit in der Schule und schulbezogenen Kooperationen gesprochen. Allerdings verbinden sich mit den Begrifflichkeiten nicht unbedingt auch unterschiedliche Ansätze.

Die Formen und Angebote, die sich in den letzten Jahren herausgebildet und bewährt haben, sind sehr unterschiedlich und vielfältig. Einige dieser Angebote finden ihren regelmäßigen Platz im Schulalltag, sie beziehen sich auf Schüler/-innen einer Schule und finden regelmäßig inner- oder außerhalb von Schulräumen statt. Zu den regelmäßigen Angeboten gehören zum Beispiel Arbeitsgemeinschaften oder Projekte im Rahmen des betreuten Nachmittags, Schüler/-innencafés, Hausaufgabenhilfe, Schülerbibelkreise (SBK), Räume der Stille und das Angebot der Schulseelsorge.

Im Rahmen der nachmittäglichen Betreuung werden Kurse, Projekte oder Arbeitsgemeinschaften angeboten, die von unterschiedlichen Personen oder Trägern verantwortet werden. Die Steuerung der Betreuung und des Angebotes liegt bei der Schule, die Inhalte werden von den Trägern verantwortet und mit der Schule abgestimmt. Hier geht es im Rahmen der evangelischen Kinder- und Jugendarbeit in der Regel um Themen, die aktuell die Lebenswelt der Kinder und Jugendlichen betreffen. Mit den Methoden und Ansätzen der Jugendarbeit wird ein Teil der ‚schulischen' Nachmittagszeit gestaltet. Die Frage der Freiwilligkeit stellt sich (in der Regel) dann, wenn die Teilnahme etwa für eine sich verbindlich über ein Schulhalbjahr erstreckende Arbeitsgemeinschaft verpflichtend ist, da sie im Rahmen der Schulzeit stattfindet. Das ist eine der Bedingungen von Schule im Rahmen einer solchen Kooperation, auf die sich die Kinder- und Jugendarbeit einlassen muss. Andere Angebote haben mehr einen offenen und freiwilligen Charakter, da sie ein ‚zusätzliches' Angebot zum Schulalltag sind und nicht einer verpflichtenden Betreuungszeit unterliegen.

Weitere, projekthafte und zeitlich begrenzte Angebote, sind zum Beispiel Tage der Orientierung (oder auch Orientierungs- und/oder Reflexionstage), Einkehr- und Besinnungstage, Tage Ethischer Orientierung (TEO), Religionsphilosophische Projektwochen, Seminare für Schüler/-innen einer Schülervertretung, Angebote im Rahmen einer

Projektwoche der Schule, Schülermentorenprogramme und die Begleitung von Sozialpraktika.

Den Tagen der Orientierung bis hin zu den Besinnungstagen liegt die Idee zugrunde, mit einer Schulklasse oder einem Kurs für zwei bis drei Tage an einen sogenannten dritten Ort zu fahren und an einem Thema gemeinsam zu arbeiten. Zu den Themen gehören zum Beispiel „Klassengemeinschaft", „Berufsorientierung und Lebensplanung", „Mein Lebensweg", „Konfliktbewältigung", „Sterben, Tod und Auferstehung" oder „Meine Zeit steht in deinen Händen". Bei den Tagen Ethischer Orientierung (TEO) geht es um vergleichbare Themen. Allerdings kommen die Teilnehmenden aus unterschiedlichen Schularten und Schulformen. Bei TEO kommen in der Regel über hundert Jugendliche zusammen, die von einem Team bei der Bearbeitung der Aufgaben und Fragen begleitet werden. Die Religionsphilosophischen Schulwochen finden innerhalb einer Schule für einen Jahrgang statt. Hier geht es um das Kennenlernen unterschiedlicher Religionen bzw. Konfessionen und die Auseinandersetzung mit der eigenen Religion und Lebensphilosophie.

Die hier genannten Kooperationsangebote sind nur ein kleiner Ausschnitt der vorhandenen Formen und Möglichkeiten (für weitere Informationen siehe www.aes-verband.de). Die überwiegende Zahl der Angebote im Rahmen von Schule wird von Hauptberuflichen oder Honorarkräften durchgeführt oder zumindest begleitet. Ein rein ehrenamtliches Engagement ist nur begrenzt oder gar nicht möglich. Das hängt zum einen mit der Struktur und Arbeitsweise von Schule zusammen, zum anderen bedingen dies die zeitlichen Ressourcen, die zu einer Kooperationsvereinbarung und Durchführung nötig sind.

Herausforderungen für die Jugendarbeit

Mehr als zehn Jahre nach dem ‚PISA-Schock' und der damit wieder neu aufgekommenen Diskussion über Bildungsorte und Kompetenzerwerb lässt sich sagen, dass die Schule und das damit verbundene Arbeitsfeld der schulbezogenen Jugendarbeit aus der Jugendarbeit nicht mehr wegzudenken ist. Die Einführung der Ganztagsschule hat mittlerweile zu einer fast flächendeckenden Versorgung geführt und damit bleibt die Aufgabe der Kooperation zwischen Schule und Jugend(verbands)arbeit weiterhin bestehen. Eine Expertise zur Zukunft der Lage der Kinder- und Jugendarbeit in Baden-Württemberg stellt exemplarisch dar, vor welchen Herausforderungen auch die evangelische Kinder- und Jugendarbeit in den kommenden Jahren steht:

> „Wenn die ehrenamtlich organisierten Felder der Kinder- und Jugendarbeit ihre Eigenständigkeit bewahren wollen und sich nicht am gesellschaftlichen Großprojekt Bildung in verbindlicher Form, etwa in der Kooperation mit Schule im Rahmen der *Ganztagsschule* beteiligen, droht ihnen auf Dauer ein gesellschaftlicher Bedeutungsverlust und eine Abdrängung in eine Nischenexistenz, verbunden mit der Gefahr, auf kleinräumiger Ebene sich selbst aufzulösen. Um die Kinder- und Jugendarbeit auf die zukünftigen gesellschaftlichen Anforderungen vorzubereiten, sie also im Gefüge der anderen gesellschaftlichen Akteure, Sozialisationsfelder und Bildungsinstitutionen neu zu positionieren, erscheint eine konzeptionelle Neuausrichtung und eine veränderte Strategie der Kooperation, insbesondere beim Ausbau der Ganztagsschule, notwendig" (Rauschenbach u.a. 2010: XIV).

Die Kinder- und Jugendarbeit muss sich über ihren Beitrag zum gelingenden Aufwachsen von Kindern und Jugendlichen verständigen und eine klare Position beziehen, gerade im Verhältnis zur Ganztagsschule, die sich einer konzeptionellen Erweiterung und Annäherung an Elemente der Kinder- und Jugendarbeit bedient (vgl. Rauschenbach u.a. 2010: 294).

Neben einer Mitverantwortung und Gestaltung eines formalen Bildungsraums muss die Jugendarbeit aber auch weiterhin eigene Arbeitsweisen und Angebotsformen vorhalten, in denen Jugendliche selbstbestimmt und unabhängig agieren können. Das ‚Spannungsverhältnis' zwischen der Mitgestaltung eines stark formalisierten Bildungsortes und der Bereitstellung ganz eigener Räume für Kinder und Jugendliche gilt es zu klären und zu gestalten. Dabei wird sich sicherlich in den nächsten Jahren auch noch die Diskussion um die Gestaltung von Schule weiterentwickeln. Die Kooperation der formalen Bildungsinstitution Schule mit dem non-formalen und informellen Bildungsakteur Jugendarbeit braucht neue Denkmuster und integrative Konzepte zur gemeinsamen Vermittlung von Lebenskompetenzen.

„In diesem erweiterten Konzept läge die zentrale Zuständigkeit der Kinder- und Jugendarbeit in den Bildungsaufgaben im außerunterrichtlichen Bereich, also schwerpunktmäßig vor allem in der Ermöglichung und Förderung einer lebensweltorientierten *Alltagsbildung*. Mit dieser Verortung könnte die Kinder- und Jugendarbeit ihren Beitrag zur Verwirklichung von mehr Chancengerechtigkeit leisten. Diese zukunftsfähigen Erweiterungen und Veränderungen des Arbeitsfeldes, der Aufgaben und Angebote, der Inhalte und Konzepte, der Zielgruppen und Kooperationspartner der Kinder- und Jugendarbeit werden allerdings zum Nulltarif nicht umzusetzen sein" (Rauschenbach u.a. 2010: XV).

Literatur

Rauschenbach, Thomas/Borrmann, Stefan/Düx, Wiebken/Liebig, Reinhard/Pothmann, Jens/Züchner, Ivo (2010): Lage und Zukunft der Kinder- und Jugendarbeit in Baden-Württemberg. Eine Expertise. Dortmund/Frankfurt/München. http://www.sm.baden-wuerttemberg.de/fm7/1442/Expertise_Jugendarbeit_2010.pdf [Zugriff: 13.12.2012]

Cornelia Dassler

Seelsorge

Seelsorge soll Lebenshilfe und Glaubenshilfe leisten. Sie ist eine spezifische Form der Kommunikation des christlichen Glaubens. Oft handelt es sich um ein gezieltes persönliches Gespräch zu zweit; es gibt allerdings ebenso Formen von Seelsorge in alltäglichen informellen Zusammenhängen, die ‚Seelsorge bei Gelegenheit'.

Die Ziele der kirchlichen Seelsorge werden unterschiedlich akzentuiert: Bis in die Mitte des 20. Jahrhunderts beherrschten verkündigende Ansätze die Seelsorgepraxis. Seelsorge bedeutete vor allem, den Glauben von Menschen zu stärken, sie in ihren religiösen Ängsten und Ungewissheiten zu trösten, ihnen Vergebung zuzusprechen und bei der Bewältigung religiöser Fragen und Krisen zu helfen oder auch Glauben zu wecken. Im Mittelpunkt seelsorgerlicher Bemühungen stand hier die Beziehung zu Gott.

Mit der sogenannten ‚therapeutischen Seelsorge' trat in den 1960er Jahren ein Paradigmenwechsel ein. Ein wesentliches Ziel der Seelsorge war die Hilfe zu gelingendem Leben eines Menschen in seinen lebensgeschichtlichen und gesellschaftlichen Bezügen, mit deren Konflikten und Problemkonstellationen. Psychologische, systemische und soziologische Erkenntnisse sowie therapeutische Methoden der Gesprächsführung bildeten die Grundlage seelsorgerlicher Konzeptionen.

Heute ist ein Verständnis vorherrschend, welches die scheinbaren Gegensätze verbindet: Evangelische Seelsorge ist Hilfe zu gelingendem Leben in seinen unterschiedlichen Dimensionen und damit immer Lebenshilfe und Glaubenshilfe zugleich. Ihr Angebot basiert auf einem Verständnis des Evangeliums als befreiender Botschaft für das Leben und deshalb wird sie dieses Verständnis zum Ausdruck bringen. Gleichzeitig nimmt sie den Menschen als Gott gegenüber mündiges Subjekt seines Lebens ernst. Seelsorge ist darum bemüht, dass die Liebe Gottes in konkreten Hilfen für das eigene Leben erfahrbar wird. Darum greift professionelle Evangelische Seelsorge auch auf humanwissenschaftliches Wissen und Methoden aus Beratung und Therapie zurück. Allerdings sind die Unterstützungsangebote von Seelsorge, Beratung und Therapie trotz fließender Übergänge voneinander zu unterscheiden. Während für Angebote von Beratung und Therapie die entsprechenden fachlichen Ausbildungen erforderlich sind und diese unbedingt professionell erfolgen, geschieht Seelsorge oft in Alltagssituationen und damit auf der Basis vorhandener Lebenskompetenzen der Beteiligten.

Seelsorge und Jugendliche

Auf Jugendliche bezogene Seelsorge gibt es in vielfältigen Formen: In mehreren Landeskirchen gibt es eine eigene Schulseelsorge. Seit den 1990er Jahren wächst die Chatseelsorge. Seelsorge-Cafés werden von Jugendlichen für Jugendliche oder von Seelsorge- und Beratungsstellen in unterschiedlichen Kontexten angeboten wie z.B. in Jugendkirchen und bei Jugendcamps oder Großevents wie Kirchentagen. Im Rahmen von Jugendgottesdiensten wird zu individuellen Gesprächen mit Gebet und Segnung eingeladen. Mit der Notfallseelsorge, der Telefonseelsorge, der Chatseelsorge sowie in sehr speziellen Fragen wie beim ‚Netzwerk Mirjam' für Schwangere in Not (www.notruf-mirjam.de) gibt es Unterstützungsangebote. Hier und in Gefängnissen, in Krankenhäusern und Hospizen für Jugendliche sowie in kirchlichen Beratungsstellen werden seelsorgerliche Erfahrungen mit Jugendlichen gemacht. In Jugendgruppen und auf Freizeiten stehen Mitarbeitende für Gespräche mit Jugendlichen zur Verfügung – nicht nur im Kirchenraum, sondern viel mehr noch an informellen Orten wie Kneipen oder dem Lagerfeuer. Häufig leisten Jugendliche in ihren Alltagsbezügen aneinander praktische Seelsorge.

Von wesentlicher Bedeutung ist es, mit welcher *Haltung* Jugendlichen in seelsorgerlichen Situationen begegnet wird. Zu Recht gehen neuere Ansätze im Blick auf die Verhältnisbestimmung von Seelsorge und Jugend davon aus, dass es sich immer um Seelsorge bzw. Theologie *mit* Jugendlichen und nicht *für* Jugendliche handeln muss. Jugendliche dürfen nicht zum Gegenstand einer Seelsorge ‚an' ihnen oder ‚für' sie werden, sondern müssen als Subjekte in der seelsorgerlichen Beziehung verstanden werden.

Seelsorge als ein Angebot, die befreiende Botschaft des Evangeliums für das eigene Leben zu erfahren, unterscheidet sich schon im Ansatz von dem häufig defizitorientierten und damit paternalistischen Blick auf Fragen der Lebensbewältigung von Jugendlichen. Die Lebenspraxis junger Menschen grundsätzlich als defizitär und deshalb als der Seelsorge bedürftig anzufragen und nicht von ihren eigenen Fragen auszugehen, ist weder therapeutisch nützlich noch der Botschaft Jesu im Evangelium angemessen. Aus Sicht der systemischen Beratung kann nur immer so viel zu den Problemstellungen von Menschen für ihre Lebensbewältigung geklärt werden, als sie dazu selbst bereit sind.

Seelsorge als Glaubenshilfe

Selbst Jugendliche mit christlich-konfessionellem Hintergrund sind zunehmend weniger religiös sprachfähig im Sinne einer grundlegenden christlich-biblischen Bildung. Gleichzeitig kann man von einer religiösen Suche Jugendlicher sprechen. Seelsorge kann Jugendlichen für ihre Suche nach Religiosität situationsbezogen Angebote machen, die ihnen eine Sprache bzw. Ausdrucksform für ihre Religiosität geben und ist insofern Glaubenshilfe.

Vertrauenspersonen

Eine empirische Untersuchung der Evangelischen Jugend (vgl. Fauser u.a. 2006) belegt, wie Jugendliche ihren Alltag bewältigen und ihre Probleme lösen. Fast alle Jugendlichen geben an, dass sie jemanden haben, mit dem sie sprechen können. Für die Bewältigung von Problemen im Alltag ist es für Jugendliche wesentlich, dass ihnen Menschen als Vertrauenspersonen zur Verfügung stehen, „mit deren Hilfe sie Handlungsmöglichkeiten entwickeln und Lösungsansätze finden können" (Fauser u.a. 2006: 183). Neben Räumen, Programmen und Inhalten sind deshalb die in der Jugendarbeit vorhandenen Personen selbst ein Teil des Angebots für die Jugendlichen und gerade für die Seelsorge unverzichtbar. Als Vertrauenspersonen nennen sie an erster Stelle die eigenen Eltern und dann ihre Freunde/-innen, auch in der Jugendgruppe. Deutlich vor den Lehrer/-innen werden die Leiter/-innen von Jugendgruppen genannt. Die Studie folgert:

"Hilfe zur Lebensbewältigung erfolgt – wenn nötig – ohne besonderes Arrangement im informellen Bereich der Gruppe und der Gemeinschaft. Gerade das macht die Stärke von Jugendarbeit aus, eine in den Alltag und in die Gemeinschaft eingelagerte Unterstützungskultur zu sein, die man in gleicher Weise außerhalb der Jugendarbeit wohl nur selten finden kann" (Fauser u.a. 2006: 193).

Alltagsbewältigung und Lebensbewältigung

Auch wenn Seelsorge sich darin nicht erschöpft, sind die eigene soziale Vernetzung und die Alltagsbewältigung in der kirchlichen Jugendarbeit für Jugendliche unverzichtbare Aspekte von Seelsorge. Insofern Jugendarbeit hierzu Angebote macht, hat sie eine seelsorgerliche Dimension, die allerdings für Jugendliche nur als solche erfahrbar wird, wenn das christliche Grundverständnis dabei angemessen zum Ausdruck kommt.

Aufgrund von vielfältigen gesamtgesellschaftlichen Veränderungen wird in der neueren Jugendforschung nicht mehr von Lebenslagen, sondern von Bewältigungslagen Jugendlicher gesprochen. Die Shell-Studie spricht von einer ‚pragmatischen Generation unter Druck'. Der Verlust des Bildungsmoratoriums, welches früher für die Übergangsphase Jugend gelten konnte, steht den großen Freiheiten und Entwicklungsmöglichkeiten gegenüber, die sich jungen Menschen im 21. Jahrhundert bieten. Ihnen werden dabei große Anpassungsleistungen abverlangt und zugleich sind sie harten, sich zunehmend verfestigenden Ausgrenzungsprozessen ausgesetzt, die stark von den Kategorien Geschlecht, soziale Schicht und Migrationshintergrund bestimmt werden und zu einer Spaltung der Generation in Modernisierungsverlierer und -gewinner führen. Demgegenüber erscheint es notwendig, die Bewältigungsstrategien junger Menschen und ihre Entwicklung als „eigenständigen Konstruktionsprozess" (Gille 2012: 4ff.) wahrzunehmen und zu bewerten. Dementsprechend muss es Ziel einer Seelsorge mit Jugendlichen sein, mit jungen Menschen ressourcen- und lösungsorientiert neu zu beschreiben, wie ihr Weg aussehen kann.

Jugendliche möchten sich als selbstwirksam erfahren. Dabei besteht für sie die Schwierigkeit, sich in einer Gesellschaft zu verorten, in der als Folge der Individualisierung kaum mehr tragfähige traditionelle Muster gelten und die eigene Biografie nicht planbar ist, während sie von eben dieser Gesellschaft als Konsumenten, Arbeitskräfte oder Zukunftspotenzial umworben und unter Druck gesetzt werden. Seelsorge ist hilfreich, wenn sie nicht versucht, die sich auflösenden Muster gegenüber den Erfahrungen der Jugendlichen aufrechtzuerhalten, sondern wenn sie mit den Jugendlichen die skizzierten gesellschaftlichen Entwicklungen kritisch hinterfragt und sie bei der Konstruktion ihres Lebenswegs unterstützt. Seelsorge kann dazu beitragen, mit Jugendlichen heute den Aspekt der ‚Freiheit eines Christenmenschen' und der ‚Rechtfertigung aus Gnade' neu und im Rahmen der skizzierten Situation Jugendlicher angemessen zu verstehen. Hilfreich können dabei biblische Texte werden: Wenn individuelle Erfahrungen Jugendlicher auf dem ungewohnten Hintergrund der Bibel gesehen und neu interpretiert werden, eröffnet dies Möglichkeiten, die eigene Lebenssituation unter einem völlig neuen Blickwinkel zu sehen (‚Reframing').

Seelsorge von Jugendlichen für Jugendliche

Seelsorge mit Jugendlichen findet in der Jugendarbeit wesentlich durch Jugendliche selbst statt. Insofern sind ein Verständnis von Seelsorge und ihren Methoden notwendig, welches keine besondere Professionalität erfordert, sondern die Seelsorge unter Jugendlichen in den Blick nimmt. Erwachsene haben ihre Aufgabe primär darin, solche Prozesse aufmerksam wahrzunehmen und sie zu begleiten. Im gesamten Spektrum der Aktionsformen in der Jugendarbeit können Gelegenheiten für Seelsorge entstehen.

Auch wenn Jugendliche als Bewältigungsstrategie für ihre Probleme in den genannten Forschungsergebnissen das Gespräch an erster Stelle nennen: Seelsorge mit Jugendlichen lässt sich nicht auf die *Form des Gesprächs* reduzieren, schon allein deshalb, weil das geplant geführte Gespräch für einen Teil von ihnen nicht die Kommunikationsform darstellt, in welcher sie sich adäquat ausdrücken. Jugendgemäße Ausdrucksformen für die seelsorgerliche Begegnung zu suchen und zu unterstützen, ist deshalb eine wichtige Aufgabe.

Für die *Reflexion seelsorgerlicher Situationen* unter Jugendlichen bietet sich die einfache und wenig zeitaufwändige *Methode der kollegialen Beratung* an: Ein Gespräch, in welchem nach klaren Regeln ein ‚Fall' dargestellt, reflektiert und auf einen wesentlichen Aspekt konzentriert wird. In der Laborsituation der kollegialen Beratung können Aspekte der für eine gelingende seelsorgerliche Begleitung notwendigen Haltung eingeübt werden: Offenheit, Empathie, Neutralität, reflektierter Umgang mit eigenen Emotionen, Wertschätzung der ratsuchenden Person als Experte/Expertin für die Lösung des eigenen Problems, zurückhaltender Umgang mit eigenen Ideen und Wertungen zugunsten der Unterstützung einer Lösungsfindung durch die ratsuchende Person, Fragen stellen statt Ratschläge geben, Lösungsorientierung unterstützen.

Literatur

Albert, Mathias/Hurrelmann, Klaus/Quenze, Gudrun (2011): Jugend 2010. Eine pragmatische Generation behauptet sich. Shell-Jugendstudie, 16. Frankfurt/M.: Fischer-Taschenbuch-Verlag.
Dam, Harmjan (2006): Welche Kompetenzen werden für Schulseelsorge gebraucht? http://www.rpi-ekhn.de/cms/fileadmin/rpz/download/seelsorge/kompetenzen_schulseelsorge.pdf [Zugriff: 4.11.2012]
Fauser, Katrin/Fischer, Arthur/Münchmeier, Richard (2006): Jugendliche als Akteure im Verband. Ergebnisse einer empirischen Untersuchung der Evangelischen Jugend. Jugend im Verband, 1. Opladen: Barbara Budrich.
Gille, Martina (2012): Vom Wandel der Jugend. In: Impulse. Das Bulletin des Deutschen Jugendinstituts, 99, S. 4–8.
Günther, Matthias (2009): Schulseelsorge im Horizont des Jugendalters. In: Loccumer Pelikan, 4, S. 157–163. http://www.rpi-loccum.de/theo_guenther.html#Download [Zugriff: 4.11.2012]

Uli Geißler

Spielpädagogik

Spielen ist ein Ausdruck der Kultur wie Lesen und Schreiben. Spielen ist in seinem Grundwesen intrinsisch, also selbstbestätigend und zweckfrei. Spiel*pädagogik* verbindet mit dem Spiel allerdings immer Bildungsziele und erzieherische Absichten. „Die spontane, phantasievolle und selbstkontrollierte Tätigkeit des Spiels erfordert spezifische Reaktionen seitens der Erwachsenen, die sich insgesamt durch die spielpädagogische Prinzipien Multidimensionalität, Akzeptanz und Situationsgestaltung auszeichnen" (Heimlich 1993: 87).

Die Spielpädagogik gebraucht das Spiel geplant, um definierte Ziele für und mit Menschen gemeinsam zu erreichen. Dabei wird die im Prinzip zweckfreie und die Beteiligten selbst bestärkende, emotionale, kognitive und körperliche Wirkung des Spiels bewusst genutzt.

Die Lust am Experimentieren und Improvisieren wird aufgegriffen und zielgerichtet durch vereinbarte Regeln mehr oder weniger gesteuert. Spielpädagogik ermöglicht den Spielenden einen Raum und die Gelegenheit, sich vielseitig zu betätigen, neue Verhaltensweisen auszuprobieren und neue Erfahrungen miteinander und für sich zu machen.

Typische Praxis der Spielpädagogik

Spiel ist zentraler Bestandteil der Jugendarbeit und gehört seit jeher zum Angebot und Miteinander Evangelischer Jugend. Gleich, in welcher religiösen, politischen oder kulturellen Ausrichtung und Orientierung sich eine Gruppe zusammenfindet – gespielt wird immer, sei es, um bestimmte Inhalte leichter zu verstehen und kennen zu lernen, bestimmte gruppendynamische oder pädagogische Ziele leichter zu erreichen oder einfach um miteinander Spaß zu erleben. Allerdings wandeln sich die Formen je nach aktuellen gesellschaftlichen Situationen, Lebenslagen, Interessen und Bedürfnissen der Teilnehmenden sowie pädagogischen Schwerpunktsetzungen der Akteure in der Jugendarbeit: Waren es nach 1945 hauptsächlich Spielstücke, die zur Aufführung gelangten, entwickelten sich in der Folge vielfältige Ausdrucks- und Spielformen. Politische und später gruppendynamische (z.B. ‚Belagerte Stadt') und psychologische Spiele, „Bibliodrama" als Verbindung von Spiel, Theater und Theologie (Rohrer 1989), Spiele ohne Sieger, New Games, Spielketten und Spielaktionen, kooperative Spiele oder Playing Arts (www.playing-arts.de) sind Kennzeichen einer sich ständig an den gesellschaftlichen Veränderungen orientierenden und aktualisierenden Spielpädagogik.

Im evangelischen Kontext ist für Spielpädagogik der Zusammenhang zwischen gesellschaftlicher Verantwortung, spirituellem Wirken als kreative Form christlicher Nachfolge und integrierendem Handeln leitend. Im Spiel ist es möglich, anders zu sein und unterschiedliche Rollen, Verhaltensweisen und Perspektiven auch im religiösen

Horizont miteinander zu erproben und zu reflektieren. Schwellen der Distanz lassen sich im Spiel probehalber herstellen wie auch überwinden und soziales Miteinander und Verantwortung spielerisch entwickeln (vgl. Hechenberger u.a. 2001).

Im Kontext einer stärkeren Erlebnisorientierung haben ‚Kooperative Abenteuerspiele' aktuell in der Spielpädagogik einen hohen Stellenwert. ‚Geocaching' oder das Suchspiel ‚Mister X' als Handy-Applikation werden u.a. als neue Form bewährter Aufgaben- und Stationenspiele mit technischem Gerät umgesetzt.

Die zunehmende Globalisierung in allen Bereichen, die Internationalisierung der Kindheit und Jugendzeit, aber auch die politischen, religiösen, ökonomischen und ökologischen Herausforderungen unserer Tage fordern Spielentwickler/-innen und -autor/-innen heraus, sich den Themen der Zeit zu stellen. Es entstehen Präventionsspiele, Partizipationsspiele und auch ‚Global Games', die dazu dienen können, komplexe Zusammenhänge zu verstehen oder erste Handlungsmöglichkeiten für eine gerechte Welt auszutesten. Bildung und Nachhaltigkeit sind weitere Themen, die spielerisch vermittelt werden (vgl. Geißler 2006).

Kennzeichen

Der niedrigschwellige Zugang durch Spiel zu einem (sozialen) Lern- und Bildungsvorgang hat einen hohen Reiz und ist ausschlaggebend für den Erfolg der Spielpädagogik.

> „Die Spielenden sind aus interaktionistischer Sicht gezwungen, sich über die Bedeutung von Personen, Gegenständen und Handlungen zu verständigen, um miteinander spielen zu können" (Heimlich 1993: 28).

Insofern ist Spiel eine konkrete Form sozialer Interaktion und ein Medium sozialer Lernprozesse. Diese kann Spiel unterstützen. „Es geht also nicht um Sozialerziehung mit spielerischen Mitteln, sondern um die Unterstützung von sozialen Tendenzen in spontanen Spielaktivitäten" (Heimlich 1993: 57). Ulrich Baer beschreibt die Spielpädagogik als

> „1. Die Erziehung zum Spielen – also die Motivation dazu und die pädagogische Beeinflussung der Spieltätigkeit von Kindern, Jugendlichen und Erwachsenen; 2. Die Erziehung mit und durch Spiel – also die Anwendung der Methode Spiel in organisierten Lernprozessen in Schule, Jugendarbeit, Familienerziehung, Weiterbildung" (Baer 1995: 9).

Die in der evangelischen Jugendarbeit wie auch in der Kulturarbeit geltenden Grundprinzipien Freiwilligkeit und Partizipation sind auch für die spielpädagogische Arbeit wesentlich:

> „Spielen verträgt keinen äußeren Zwang. Wenn Spielen verordnet wird, verändert es sein Wesen. Spielen will selbstbestimmt erfolgen. (…) Das freie Spiel fördert das Aufgehen in Spielgedanken und aktiviert schöpferische Kräfte. (…) Unter dem Aspekt der Sinngebung spielt der Mensch, weil er im Spielen eine innere Beglückung und Bereicherung erfährt" (Warwitz u.a. 2004: 18f.).

Spiel ermöglicht Kommunikation, selbstbestimmtes Lernen, Stärkung des Selbstwertgefühl, Wahrnehmungsvielfalt, Ausdrucksfähigkeit, Vertrauen, Phantasie und Kreativität, soziales Verhalten, Kooperationsbereitschaft, Förderung der (Senso-)Motorik und v.a.m. Die emotionale und persönlichkeitsstärkende Wirkung des Spielens auf die Spielenden lässt erkennen: Spielen ist ein Katalysator der Seele.

In der spielpädagogischen Praxis sollten und müssen daher vor jedem Spielen das Ziel, die Gruppensituation, die Rahmenbedingungen, der Spannungsbogen und die Vorbereitung der Spielaktion durchdacht werden. Kennzeichen von Spielpädagogik als Methode in der Evangelischen Jugendarbeit sind daher Kinder, Jugendliche und Erwachsene zu beteiligen, ihre Lebenswirklichkeit einzubeziehen und die Rahmenbedingungen für die Beteiligten so zu gestalten, dass sie Mitwirkung möglich machen.

Vernetzung, Unterstützung, Qualifizierung

Es gibt eine Vielfalt von Vernetzungs- und Unterstützungsangeboten: Als Austauschforum und Bildungsangebot für Spielpädagogik entwickelte Ulrich Baer im Jahr 1980 an der Akademie Remscheid den Spielmarkt (www.spielmarkt.de). Seit 1990 gibt es außerdem unter kirchlicher Verantwortung den Spielmarkt in Potsdam, der inzwischen „Bildungsforum Internationaler Spielmarkt Potsdam" heißt (www.spielmarkt-potsdam.de). Die ganz eigene Spiel-Spezies der Brett- und Gesellschaftsspiele, ein Phänomen der besonderen Art des Miteinander-Spielens, wird unterstützt von der großen Publikumsspielemesse in Essen (www.internationalespieltage.de), dem Spielefest in Wien (www.spielefest.at) und seit 1983 durch die Veranstaltung der Evangelischen Jugend im Dekanatsbezirk Neuulm „Komm, spiel mit" (www.komm-spiel-mit.info).

Ohne pädagogische Grundausbildung und Grundhaltung gibt es aber keine Spielpädagogik. Nach Ende des Zweiten Weltkriegs gründete sich eine „Arbeitsgemeinschaft für Evangelisches Laienspiel" in Oberbayern auf dem Weizacker Hof 1947 (Schriever 1994). Ab etwa 1960 gehörte die Fortbildung zum Programm des inzwischen in „Arbeitsgemeinschaft Spiel (AGS)" umbenannten Zusammenschlusses für die Kinder- und Jugendkulturarbeit in der evangelischen Jugend. 1980 kam es mit der Ausarbeitung des Aus- und Fortbildungskonzeptes Spiel- und Theaterpädagogik zu einer neuen Phase in der Arbeit der AGS, die zusätzlich und wesentlich bereichert wurde durch die Zusammenarbeit mit dem ehemals in Gelnhausen (Hessen) befindlichen „Burckhardthaus – Evangelisches Institut für Jugend-, Kultur- und Sozialarbeit e.V.", heute Teil der Bundesakademie für Kirche und Diakonie (BAKD) in Berlin.

Ab 1979 wurden in Langzeitprogrammen etwa 420-450 Menschen zu Spiel- und Theaterpädagogen/-innen (AGS), ab 2000 erstmals auch zu „Playing Artists" qualifiziert. Parallel zur Playing Arts-Ausbildung entwickelte sich nach Gründung des „Bundesverband Kulturarbeit in der evangelischen Jugend e.V. (bka)" (www.bka-online.org) das Konzept der Modularen Kompaktausbildung „Kulturelle Kompetenz und kreative Gestaltung" (www.kulturellekompetenz.de). Hier erlangten bisher etwa 100 Multiplikator/-innen die Abschlüsse „Spiel- und Theatertrainer/in (bka)" oder „Spiel- und Theaterpädagoge/-in (bka)".

Entwicklungsperspektiven

Das Spiel und die vermittelnde Spielpädagogik gehören auch zukünftig zum Wesensinhalt und -ausdruck Evangelischer Jugend. Als kulturelles Moment, politische Wirkungsform und Lebensausdruck junger Menschen erfüllt Spiel einerseits eine starke persönlichkeitsbildende Funktion und ist gleichzeitig im Hinblick sowohl auf kirchliche als auch auf gesellschaftliche Beteiligungs- und Entwicklungsprozesse eine ideale Symbiose aus kritischer Reflexion der Gegenwart und phantasievoll gestaltender Perspektive.

Allerdings erzeugen aktuell die elektronischen Medien und multimedialen Entwicklungen eine sich ändernde Einstellung zu Spiel und Spielen. „Die virtuellen Spielwelten sind nicht nur Ausdruck und Spiegel unserer Lebenswelt, sondern auch kreatives Potential für den immer währenden Prozess der Entwicklung von Menschheit und Gesellschaft" (Fritz 2004: 256).

Seit etwa 1990 sind immer mehr Teilnehmende etwa beim so genannten „Life-Action-Role-Play" (LARP), also Echtzeit-Rollenspielen zu verzeichnen, bei denen die Mitspielenden sich passend zu bestimmten Rollen verkleiden und Szenarien in Echtzeit durchspielen und -leben (www.weltdeslarp.de).

Diese Veränderungen stellen auch an die spielpädagogischen Arbeitsformen der evangelischen Jugend immer wieder neue Anforderungen. Deshalb ist auch zukünftig eine spielpädagogische Qualifizierung wie durch die Modulare Kompaktausbildung „Kulturelle Kompetenz und kreative Gestaltung" des bka e.V. – und ergänzend „Playing Arts" – unabdingbar.

Das Potenzial sozialer, bildender und auch spiritueller Kultur für die haupt-, neben- und ehrenamtlich tätigen Multiplikator/-innen gilt es auch in und für die Zukunft aufrecht zu erhalten und zu fördern. Ohne Spiel kann der Mensch nicht werden und nicht sein.

Literatur

Baer, Ulrich (1995): Spielpraxis. Eine Einführung in die Spielpädagogik. Seelze-Velber: Kallmeyer.
Fritz, Jürgen (2004): Das Spiel verstehen. Eine Einführung in Theorie und Bedeutung. Weinheim/München: Juventa.
Geißler, Uli (2006): Sinnvolle Kultur des Zwecklosen. Von der Bedeutung und Entwicklung der Spielmärkte und Spielveranstaltungen. In: das baugerüst 58, 2, S. 90–93.
Hechenberger, Alois/ Michaelis, Bill/ O'Connell, John M. (2001): Bewegte Spiele. Neue Spiele für Alt und Jung, für drinnen und draußen, für kleine und große Gruppen – für alle Gelegenheiten. Münster: Ökotopia Verlag.
Heimlich, Ulrich (1993): Einführung in die Spielpädagogik. Eine Orientierungshilfe für sozial-, schul- und heilpädagogische Arbeitsfelder. Bad Heilbrunn: Klinkhardt.
Rohrer, Fritz (1989). Religion und Kultur. In: Studientexte/Arbeitsgemeinschaft der Evangelischen Jugend in der Bundesrepublik Deutschland und Berlin/West, 3, S. 37–39.
Schriever, Erich (1994). Die AGS und ihre Geschichte. In: Notation – Zeitschrift für Populärmusik 12, 7, S. 6–7.
Warwitz, Siegbert/Rudolf, Anita (2004): Vom Sinn des Spielens. Reflexionen und Spielideen. Baltmannsweiler: Schneider Verlag Hohengehren.

Links

Bundesverband Kulturarbeit in der evangelischen Jugend e.V. (bka): www.bka-online.org
Netzwerk Spiel + Kultur: www.netzwerk-spielundkultur.de
Playing Arts e.V.: www.playing-arts.de

Peter Zimmerling

Spirituelle Angebote

Spiritualität stellt eine wesentliche Dimension religiöser Praxis von Jugendlichen dar. Unter Spiritualität wird hier der gelebte Glaube verstanden, der äußere Gestalt gewinnt. Er umfasst drei Aspekte: den rechtfertigenden Glauben, die Frömmigkeitsübung und die Lebensgestaltung. Evangelische Spiritualität wird durch den Rechtfertigungsglauben sowohl motiviert als auch begrenzt: Einerseits befreit die Erfahrung der voraussetzungslosen Gnade Gottes dazu, den Glauben in immer neuen Formen einzuüben und in der alltäglichen Lebensgestaltung zu bewähren, andererseits bewahrt der Rechtfertigungsglaube davor, das eigene spirituelle und ethische Streben zu überschätzen. Eine so verstandene Spiritualität vermag den heutigen Reichtum an spirituellen Möglichkeiten positiv aufzunehmen.

In den vergangenen Jahrzehnten hat die Zahl der spirituellen Angebote für Jugendliche deutlich zugenommen, so dass zu den traditionellen immer wieder neue Formen hinzukommen. Im Folgenden werden sowohl traditionelle und neuere als auch individuelle und gemeinschaftliche spirituelle Angebote für Jugendliche vorgestellt und zuletzt zukünftige Herausforderungen umrissen.

Vielfältige Formen spiritueller Angebote

Die verschiedenen Gruppenangebote für Jugendliche in *Kirchengemeinden* bilden das spirituelle Basisangebot kirchlicher Jugendarbeit. Sie werden entweder von der Kirchengemeinde selbst oder von den evangelischen Jugendverbänden eigener Prägung wie CVJM, VCP oder EC durchgeführt. Jugendliche erhalten hier u.a. die Möglichkeit, spirituelle Erfahrungen zu sammeln und im Hinblick auf Identitäts- und Glaubensfragen sprachfähig zu werden. Gruppenleiter/-innen haben die Aufgabe, sich als Begleiter auf der jugendlichen Suche nach Leben und Glauben zur Verfügung zu stellen. Der *Deutsche Evangelische Kirchentag* (DEKT) stellt ein wichtiges spirituelles Angebot für Jugendliche dar. Seine Spiritualität ist durch die Einübung, Orientierung und Demonstration des Glaubens geprägt. Die Erlebnisorientierung der Kirchentagsspiritualität beruht neben der Betonung der emotionalen und sinnlichen Aspekte auf einer dichten Gemeinschaftserfahrung. Der Feier- und Festcharakter wird u.a. durch die herausragende Stellung der Musik hergestellt. Insbesondere Elemente der populären Kultur erhöhen die Attraktivität auch für solche Jugendliche, die der Kirche fern stehen. Sowohl die zeitliche Begrenztheit als auch die Offenheit des Kirchentags für unterschiedliche Formen der Spiritualität entsprechen jugendlichen Interessen und Gewohnheiten.

Ein für Protestanten besonderes spirituelles Angebot stellt der Besuch von *Kommunitäten* dar. Es handelt sich dabei um geistliche Gemeinschaften im Raum der evangelischen Kirche, die nach klösterlichem Ideal zusammenleben. Ein herausragendes Beispiel ist die Kommunität von Taizé im französischen Burgund. In täglichen Bibelgruppen soll Jugendlichen ein Zugang zu biblischen Texten eröffnet werden (vgl. Nientiedt 2006: 155f.). Die Kommunität ist ökumenisch und international ausgerichtet. Durch ihre besonderen meditativen Lieder und Andachten hat die Kommunität die spirituelle Jugendkultur in ganz Europa geprägt. Allgemein können Jugendliche in Kommunitäten Spiritualität entdecken und einüben, wobei das gelebte Vorbild der Kommunitätsmitglieder dafür zentral ist.

Unter den gemeinsam geübten Spiritualitätsformen ragen bei Jugendlichen das *Singen* und die *Gebetsgemeinschaft* hervor, während gemeinschaftliche Meditation und spiritueller Tanz nur ansatzweise verbreitet sind. Dass das Singen nach wie vor eine herausragende Rolle in der Spiritualität Jugendlicher spielt, zeigt die große Zahl neuer geistlicher Lieder. Zwar wurden inzwischen einige charismatische Lobpreislieder in das Liedgut traditioneller Kirchengemeinden aufgenommen, im Rahmen der Spiritualität von Jugendlichen spielen sie jedoch eine ungleich größere Rolle. Die Gebetsgemeinschaft wird vor allem unter evangelikal bzw. pietistisch geprägten Jugendlichen praktiziert.

Die sogenannte *Stille Zeit* ist eine ursprünglich vom amerikanischen CVJM entwickelte Form individueller Spiritualität. Im Zentrum stehen das Lesen der Bibel und das Gebet. Der Bibellese liegt die Überzeugung zugrunde, dass Gott durch die Worte der Bibel zum Menschen reden will. Sie kann in unterschiedlicher Form erfolgen: als kontinuierliches Studium nach einem Bibelleseplan, als Lektüre der ‚Herrnhuter Losungen' (www.losungen.de) oder als Meditation eines Bibeltextes, der für einen längeren Zeitraum gleich bleibt.

In jüngerer Vergangenheit hat sich *Pilgern* als eine Form evangelischer Spiritualität durchgesetzt und wird von Jugendlichen zunehmend entdeckt. Es kann sowohl gemeinschaftlich als auch individuell praktiziert werden und bezieht den Leib in die Spiritualität ein. Mit dem Pilgern sind gewöhnlich regelmäßige Gebets- und Meditationszeiten verbunden.

Bei vielen Jugendlichen lässt sich – häufig im Zusammenhang mit dem Pilgern – eine wachsende Sehnsucht nach *sakralen Orten* beobachten. Um in der „Risikogesellschaft" (Beck 2001) emotional überleben zu können, braucht es Orte der Verlässlichkeit. Von ihnen – bisweilen eher als vom Gottesdienst – erhoffen sich Jugendliche symbolische und rituelle Vergewisserung ihres Lebens und Glaubens. Das Angebot individuell zu vollziehender, niedrigschwelliger spiritueller Rituale in einer zunehmenden Anzahl geöffneter evangelischer Kirchen trägt dem inzwischen Rechnung: Dazu gehören Lichterbäume, Gästebücher, Karten mit vorformulierten Gebeten, Zettel zum Aufschreiben persönlicher Fürbitten und Angebote zu Beichte und Segnung.

Es soll in diesem Zusammenhang wenigstens erwähnt werden, dass das soziale Engagement für die Spiritualität vieler Jugendlicher eine wichtige Bedeutung besitzt. Das zeigt sich etwa an der Bereitschaft, in unterschiedlichen kirchlichen und nichtkirchlichen Organisationen ein Freiwilliges Soziales Jahr zu absolvieren.

Herausforderungen

Die Weitergabe von traditionellen Formen evangelischer Spiritualität an die nächste Generation ist für den Erhalt der Identität des Protestantismus unerlässlich. Evangelische Spiritualität ist von Haus aus Lied- bzw. Gesangbuchspiritualität. In den Liedern sind die spirituellen Erkenntnisse und Erfahrungen von Generationen evangelischer

Christen wie in einem Schatzhaus aufbewahrt. Es geht darum, Jugendlichen eine Brücke zu den evangelischen Chorälen zu bauen, damit deren Relevanz für die Lebenssituation von Jugendlichen erkennbar wird. Vor allem Jugendchor- bzw. Jugendbandleiter/-innen haben hier eine wichtige gemeindekulturpädagogische Aufgabe (vgl. Bubmann 2004: 32ff.).

Aufgrund der fortschreitenden Ausdifferenzierung der ästhetischen Milieus in der Gesellschaft lassen sich Jugendliche jedoch nicht mehr auf einige wenige traditionelle Angebote und Formen der Spiritualität – wie Jugendkreis und Jugendgottesdienst, Stille Zeit und Choral – festlegen. Vielmehr ist es notwendig, die spirituelle Angebots- und Formenvielfalt zu erweitern sowie ökumenisches und interreligiöses Lernen zu integrieren.

Für die Gestalt spiritueller Angebote für Jugendliche ergibt sich die Herausforderung, auf die stark ausgeprägte Erlebnisorientierung angemessen zu reagieren, ohne dass es dadurch zur bloßen Anpassung an den modernen Erlebniskult kommt. Jugendliche wollen den Glauben nicht nur denken, sondern mit Leib und Seele erfahren. Dabei sollten Jugendkulturen berücksichtigt werden, ohne sie unkritisch zu übernehmen.

Kontinuierliche spirituelle Angebote und Eventarbeit sind in der Jugendarbeit keine Gegensätze. Beide Formen haben ihre Berechtigung. Beispielsweise ermöglicht der regelmäßige Jugendkreis spirituelle Beheimatung. Kirchentag oder Kommunitäten hingegen stellen moderne ‚evangelische Gnadenorte' dar. Sie bieten Freiräume auf Zeit, um sich in Gemeinschaft mit anderen Jugendlichen intensiver als im normalen Alltag mit Sinn- und Glaubensfragen auseinanderzusetzen. Gleiches gilt für das Gegenüber von verbindlichen und offenen spirituellen Angeboten. Sie sind in ihrem Verweischarakter aufeinander zu erkennen.

Zwei bisher zu wenig bedachte Herausforderungen für die Spiritualität Jugendlicher stellen die zunehmende Medialisierung und Globalisierung dar, die besonders im Raum der charismatisch-pfingstlichen Bewegungen bereits weit fortgeschritten sind.

Literatur

Beck, Ulrich (2001): Risikogesellschaft. Auf dem Weg in eine andere Moderne. Frankfurt/M.: Suhrkamp.
Bieritz, Karl-Heinrich (1996): Erlebnis Gottesdienst. Zwischen ‚Verbiederung' und Gegenspiel: Liturgisches Handeln im Erlebnishorizont. In: Wege zum Menschen 48, 8, S. 488–501.
Bubmann, Peter (1999): Der Deutsche Evangelische Kirchentag – ein Modell für das Gemeindeleben? In: Deutsches Pfarrerblatt 99, 5, S. 267–270.
Bubmann, Peter (2004): Kriterien und Perspektiven für gottesdienstliche Musik in einer sich verändernden Gesellschaft. In: Mildenberger, I./Ratzmann, W. (Hrsg.): Klage, Lob, Verkündigung. Gottesdienstliche Musik in einer pluralen Kultur. Leipzig: Ev. Verlagsanstalt, S. 11–35.
Evangelische Kirche in Deutschland/Kirchenamt (Hrsg.) (2007): Verbindlich leben. Kommunitäten und geistliche Gemeinschaften in der Evangelischen Kirche in Deutschland. Ein Votum des Rates der EKD zur Stärkung evangelischer Spiritualität. Hannover: EKD.
Evangelische Kirche in Deutschland/Kirchenkanzlei (Hrsg.) (1980): Evangelische Spiritualität. Überlegungen und Anstöße zu einer Neuorientierung. Gütersloh: Gütersloher Verlagshaus.
Lienau, Detlef (2009): Sich fremd gehen. Warum Menschen pilgern. Ostfildern: Grünewald.
Nientiedt, Klaus (Hrsg.) (2006): Taizé. Weltdorf für innere Abenteuer. Freiburg i. Br.: Herder.
Schulze, Gerhard (1992): Die Erlebnis-Gesellschaft. Kultursoziologie der Gegenwart. Frankfurt/M./New York: Campus.
Zimmerling, Peter (2010): Evangelische Spiritualität. Wurzeln und Zugänge. Göttingen: Vandenhoeck & Ruprecht.

Links

Materialien für Stille Zeit und Bibellese bei: www.bibellesebund.de.
Informationen über die Communauté de Taizé: www.taize.fr
Verzeichnis evangelischer Kommunitäten in Deutschland: www.ekd.de/glauben/geistliches_leben/kloster.html.
Deutscher Evangelischer Kirchentag: www.kirchentag.de
Festival des Jesus Freaks International e.V.: www.freakstock.de
Pfingstjugendtreffen des Diakonissenmutterhauses Aidlingen: www.jugendtreffen-aidlingen.de
CVJM-Pfingsttagung in Bobengrün: www.pfingsttagung-bobengruen.de
Zeltstadt der evangelischen Familienkommunität Siloah in Neufrankenroda: www.siloah-hof.de.
Verzeichnis europäischer Pilgerwege mit dem Schwerpunkt Deutschland: www.pilger-weg.de
Jakobswege in Europa, Informationen zum Pilgern, Pilgerstatistiken zum Jakobsweg bei: www.jakobus-info.de.

Henrik Struve

Sportarbeit

Sportarbeit in der evangelischen Jugend ist für viele ein unbekanntes Feld. Es ist jedoch kein Wagnis, Sport als ein Handlungsfeld in die Jugendarbeit zu integrieren, selbst wenn sich schon andere gesellschaftliche Akteure dafür zuständig zeigen. Im Gegenteil: In der Nische zwischen Sportvereinen, Schulsport und kommerziellen Sportangeboten kann sich eine eigene, alternative Sportkultur entwickeln. Die Sportarbeit kann wertvolle Erfahrungsräume für Heranwachsende, herausfordernde Vernetzungsperspektiven in die Gesellschaft und innovative Gestaltungsmöglichkeiten für die Kirchengemeinde bieten. Schon heute wird so an vielen Orten Sport als herausragender gesellschaftlicher Begegnungsraum ernst genommen. Überall dort, wo das Handlungsfeld Sport initiiert wird, kann kirchliches Leben von Jugendlichen aus einer außergewöhnlichen Perspektive kennengelernt werden.

Aktuelle Situation evangelischer Sportarbeit

Sportarbeit in Gruppen
Die Sportarbeit findet vor allem in Gruppen statt. Das Angebot reicht vom klassischen Mannschaftssport über den Breitensport, Trend- und Fun-Sportarten bis hin zum Individual- bzw. Erlebnissport. Die Sportarbeit nutzt meist kommunale Einrichtungen, Vereinssportzentren, eigene Sportplätze oder den öffentlichen Raum. Einige der Gruppen nehmen an Wettkämpfen in eigenen Spielrunden (z.B. Kirchenliga Berlin-Brandenburg, EichenkreuzLiga Württemberg) oder am Ligabetrieb der Sportfachverbände teil. Über den Christlichen Verein Junger Menschen (CVJM) haben Jugendliche Zugang zu nationalen bzw. internationalen Meisterschaften. Gerade dort wo der CVJM Partner der kirchlichen Jugendarbeit ist, gibt es oft Sportgruppen. Der CVJM bietet auch – als Sportverband mit besonderer Aufgabenstellung im Deutschen Olympischen Sportbund (DOSB) – die einzige aussagekräftige deutschlandweite Statistik zur Sportarbeit. 2011 besuchten insgesamt rund 44.000 Menschen (davon ca. 20.000 Jugendliche) in über 1.000 Orten regelmäßig eine CVJM-Sportgruppe.

Sportprojekte
Die Initiierung von Sportprojekten ist ein weiterer wichtiger Pfeiler. Dabei reicht die Spanne von Sportfreizeiten über offene Sportevents bis hin zum Fußball-KonfiCup der EKD (www.konficup.de). Ein weiteres Beispiel ist die Initiative „CVJM bewegt" (www.cvjm-bewegt.de). 2011 beteiligten sich 300 Orte an der ersten gleichnamigen bundesweiten Aktionswoche. Zahlreiche Projekte wurden entwickelt und durchgeführt, z.B. „Die größte Sportstunde der Welt", Vielseitigkeitswettbewerbe und Sportgottesdienste. Auf dieser Plattform wurden über 25.000 Menschen erreicht, darunter viele Jugendliche. Das Projekt wird fortgesetzt.

Unterstützung für Ehrenamtliche
Wer Sport zum Thema macht, wird unterstützt. Ein kleines Netzwerk von hauptberuflichen Sportreferenten/-innen in Landeskirchen bzw. Landesverbänden und z.T. von der Kirche beauftragte Sportpfarrer/-innen beraten und begleiten Projekte vor Ort und bieten bzw. vermitteln Schulungsangebote für Sportgruppen und Sportinitiativen in den Regionen.

Die Ansätze der evangelischen Sportarbeit

Evangelische Sportarbeit setzt eigene Schwerpunkte. Zwar gibt es auch Wettkämpfe, Leistungsvergleiche und die Förderung der individuellen sportlichen Fähigkeiten, allerdings erschöpfen sich die Angebote nicht primär in reiner körperlicher Bewegung, in Leistungsfähigkeit bzw. -steigerung oder sportlicher Erfolgsorientierung. Das zentrale Bestreben der Sportarbeit liegt in der Teilhabe aller Jugendlichen, in der Freude am Sport und in den ganzheitlichen Wirkungsweisen des Sports. Dieser Anspruch ist für die Praxis herausfordernd. Gerade Jugendliche, die im Rahmen der oft als leistungsbezogen erlebten Sportvereinsangebote ‚untergehen' oder im Schulsport ins Abseits geraten und sich vom Sport abwenden, können neue Räume gemeinsamer Bewegung entdecken. Die Gestaltung der evangelischen Sportarbeit orientiert sich am christlichen Verständnis vom Menschen. Die Jugendlichen stehen als ganze Person im Mittelpunkt – in verbundener Einheit von Körper, Geist und Seele. Diese Dimensionen bedeuten für die Umsetzung in der Praxis u.a., dass Verantwortliche dafür eintreten, dass christlich-ethische Werte höher geachtet werden als sportliche Erfolge und Jugendliche durch die Verkündigung des Evangeliums ermuntert werden sollen, das Angebot Jesu Christi zur Lebensgestaltung in seiner Nachfolge anzunehmen und am Leben in der Gemeinde teilzunehmen.

Entwicklungsperspektiven evangelischer Sportarbeit

Gruppen und Sportprojekte müssen sich zukünftig noch intensiver um ein klares Konzept bemühen und zeigen, für welche Art Sport sie stehen. Allein ‚einfach auch Sport anzubieten' führt nicht automatisch zum Ziel. Evangelische Sportarbeit muss drei Zielrichtungen verfolgen: eine Brücke zu den Jugendlichen schlagen, den Zugang zur christlichen Gemeinde ermöglichen und die Verbindung in die Gesellschaft gestalten.

Sportarbeit – eine besondere Brücke zu den Jugendlichen
Im Blick auf die Zielgruppe lautet eine entscheidende Frage: *Wie erreichen wir die Jugendlichen und welche Möglichkeiten bietet dabei der Sport?*

Sport steht bei Jugendlichen hoch im Kurs. Für viele Heranwachsende gehören sportliche Aktivitäten zur Freizeitgestaltung. Evangelische Jugendarbeit sollte sich mit den eigenen Stärken an den Sport wagen und dabei die große Gestaltungsfreiheit hinsichtlich der Angebote und der Arrangements sowie eine offene Organisationstruktur nutzen.

Sport ermöglicht einfache Begegnungen. Im Spiel entsteht schnell Gemeinschaft. Der gemeinsame Spaß ist dabei ein ausschlaggebender Faktor. Die Wertschätzung des Einzelnen im Sport sollte oberste Priorität haben. Sowohl Sportbegeisterte als auch Jugendliche mit negativen Sporterfahrungen sollten diese alternativen Sportangebote wahrnehmen können. Dabei steht nicht unbedingt das individuelle Leistungsvermögen im Vordergrund.

Sport besitzt ein besonderes integratives Potenzial. Das 1975 in der europäischen Sport-Charta festgelegte Kernziel „Sport für alle" sollte das Credo für die Sportarbeit werden. Die konsequente Umsetzung müsste grundlegendes Anliegen sein. Ernstgenommen könnte dieser Denkansatz die Wahrnehmung des Sports insgesamt verändern und die Frage beantworten,

> „was guten und gelingenden Sport eigentlich ausmacht. Bewertungskategorien wie Leistung, Schönheit oder Erfolg könnten eine Umdeutung erfahren. Möglicherweise müssten sogar neue Sportarten entwickelt werden, die von allen Beteiligten ungeachtet physischer, psychischer oder sozialer Kriterien positiv wahrgenommen werden" (Küchenmeister/Schneider 2011: 7f.).

Sportarbeit – ein wertvoller Zugang in die Kirchengemeinde
Über Sport lernen Jugendliche Kirche kennen. Oft finden Angebote außerhalb der kirchlichen Einrichtungen statt. Das ist eine gute und zugleich anspruchsvolle Ausgangslage. Jugendliche können Kirche und Glauben aus einer neuen, überraschenden Perspektive kennenlernen. Wichtig ist, dass der Sport Erfahrungen gelingenden Miteinanders, der individuellen Wertschätzung und das Bewusstsein von der Ebenbildlichkeit Gottes in jedem Menschen ermöglicht.

Über Sport öffnet sich Kirche jugendlichen Lebenswelten. Das sportliche Interesse junger Menschen ermöglicht Begegnungen. Die Sportarbeit kann zur ‚offenen Arbeit' werden. Aber es gibt keinen Automatismus, dass Jugendliche anderer Milieus, Migranten/-innen oder Heranwachsende ohne christliche Sozialisation zu den Sportangeboten finden. Im Gegenteil. Die Herausforderungen muss man sich bewusst machen. Dafür sind Schulungsangebote für Verantwortliche zwingend. Durch milieusensible Jugendarbeit, eine Gehstruktur und über konsequente Beziehungsarbeit steigen die Erfolgsaussichten, dass sich die jungen Menschen über den Sport mit den Themen evangelischer Jugendarbeit auseinandersetzen und es zu weiteren Berührungspunkten mit der Gemeinde kommt.

Im Sport liegt ein missionarisches Handlungsfeld für die Kirche. Ein zentrales Anliegen der evangelischen Sportarbeit ist die Verkündigung. Die Thematisierung und Kommunikation der christlichen Botschaft ist im Sport eine besondere Herausforderung. Der Sport bietet viele Anknüpfungspunkte und Gestaltungsmöglichkeiten für die Entdeckung von christlichen Werten und Glaubensinhalten. Bei allem sollte „Mission als Begegnung mit dem Anderen" (VELKD 2011: 1) verstanden und wertschätzend gelebt werden.

Sportarbeit als Verbindung zur Gesellschaft
Über den Sport Partner werden. Kirchliche Aktivitäten im Sport ermöglichen Kooperationen; sowohl im Blick auf die Ganztagschule als auch im Bezug zu den Sportvereinen (z.B. „Bündnis für mehr Bewegung im Alltag"). Dafür ist eine Klärung der Rahmenbedingungen, der Ziele und der Konzepte notwendig. Durch Partnerschaften wirkt die evangelische Sportarbeit über das kirchliche Milieu hinaus und kann von den Möglichkeiten des organisierten Sports profitieren.

Über den Sport hinaus denken und wirken. Im ganzheitlichen Verständnis von Jugendarbeit liegen Potenziale, die über den Sport hinausgehen. Wenn die evangelische

Sportarbeit neben Sport, Spiel und Bewegung auch Themen wie Gesundheit oder Ernährung in ihre Konzepte integriert, kann sie umfassendere Angebote im ganzheitlichen Umgang mit Körper, Geist und Seele machen. Darin liegt auch ein wichtiger Beitrag evangelischer Jugendarbeit zur Bildung und Prävention.

Literatur

Deutscher Olympischer Sportbund (2011): DOSB Bestandserhebung 2011. http://www.dosb.de/fileadmin/sharepoint/Materialien%20%7B82A97D74-2687-4A29-9C16-4232BAC7DC73%7D/Bestandserhebung_2011.pdf [Zugriff: 31.1.2012]

Grupe, Ommo/Huber, Wolfgang (Hrsg.) (2000): Zwischen Kirchturm und Arena. Evangelische Kirche und Sport. Stuttgart: Kreuz.

Küchenmeister, Daniel/Schneider, Thomas (2011): Sport ist Teilhabe! In: APuZ aus Politik und Zeitgeschichte, 16–19, S. 3–8.

Müller, Rolf (2002): Zwischen Eigenständigkeit und Fremdbestimmung. Die Geschichte des Sports im CVJM Deutschland von den Wurzeln bis zum Ende des 20. Jahrhunderts. Kassel: CVJM-Gesamtverband in Deutschland.

Schwendemann, Wilhelm (Hrsg.) (2005): Kirchliche Jugendarbeit und Sport. Sport und Soziale Arbeit, 2. Münster: LIT.

Sternberg, Torsten (1993): Sport mit Leib und Seele. Bestandsaufnahme und Perspektiven evangelischer Sportarbeit. Stuttgart: Burg.

Struve, Henrik (2004): Durch den Sport zum Glauben kommen? Diplomarbeit. Freiburg: Ev. Hochschule.

Ulrichs, Hans-Georg/Engelhardt, Thilo/Treutlein, Gerhard (Hrsg.) (2003): Körper, Sport und Religion – interdisziplinäre Beiträge. Idstein: Schulz-Kirchner.

[VELKD] Nordstokke, Kjell (2011): Die Begegnung mit dem Anderen – Das Wagnis der Mission. Vortrag zum Thema der Generalsynode der VELKD. http://www.velkd.de/downloads/Hauptvortrag_Nordstokke.pdf [Zugriff: 31.1.2012]

Links

Evangelisches Jugendwerk in Württemberg/Eichenkreuz-Sport: www.ejw-sport.de
Sport im CVJM Gesamtverband in Deutschland e.V.: www.cvjm-sport.de
„Kirche und Sport" der EKD: www.kirche-und-sport.de

Torsten Pappert

Stadtjugendarbeit

Entwicklung und Begriffsklärung

Stadtjugendarbeit ist ein unscharfer Begriff. Jugendkulturelle Voraussetzungen und Inhalte evangelischer Jugendarbeit unterscheiden sich zwischen Stadt und Land kaum noch. Allerdings konfrontiert das Leben in der Stadt härter mit den Veränderungsprozessen moderner Gesellschaft wie z.B. Mobilität, Diversifizierung von Lebens- und Orientierungsformen, Verlängerung der Jugendphase als Orientierungs- und Erprobungsraum, Subkulturalität, Säkularisierung, Verlust von Bindungs- und Verhaltensnormen.

Evangelische Stadtjugendarbeit ist eher en passant entstanden ohne einheitliche oder ausgeprägte konzeptionelle Rahmung. Ähnlich der Entwicklung in sozialpädagogischen Arbeitsfeldern wurde Jugendarbeit religionspädagogisch professionalisiert und dann später in der Zeit zunehmender Einrichtung sogenannter ‚Sonderpfarrämter' – vor allem in den Städten und größeren Ballungszentren – als eigenständiges und spezialisiertes pastorales Arbeitsfeld entdeckt. Eigene Jugendpfarrämter wurden eingerichtet, teils als ‚Stadtjugendpfarrämter', teils als ‚Stadtjugenddienste' oder ‚Stadtjugendreferate'. Bis heute sind Größe, personelle, räumliche und finanzielle Ausstattung sowie kirchenrechtliche Befugnisse regional sehr unterschiedlich geregelt. Hier spiegelt sich eine gewisse Zufälligkeit in der Entstehung der Jugendpfarrämter wider (in der hessisch-nassauischen Kirche bestehen bspw. fünf Stadtjugendpfarrämter, während in der hannoverschen lediglich ein einziges zu finden ist).

Initiativ wird in der Bundesarbeitsgemeinschaft Evangelische Stadtjugendarbeit e.V. (BES; vormals: Stadtjugendpfarrerkonferenz) versucht, über die Grenzen der Landeskirchen hinweg Themen und Entwicklungen innerhalb der Stadtjugendarbeit zu identifizieren und zu bearbeiten sowie gemeinsame Impulse zu formulieren.

Evangelische Stadtjugendarbeit ist zunächst vor allem als Jugendarbeit unter den besonderen Bedingungen der Stadt und ihrer Entwicklungen im Gefüge kirchlicher Organisation und Arbeit zu verstehen. In letzterer Hinsicht herrscht ein Nebeneinander kirchengemeindlicher und übergemeindlicher oder jugendverbandlicher Strukturen vor, die dann funktional aufeinander bezogen werden: Kirchengemeinden verstehen sich als struktureller Kern von Kirche und sorgen im nahen Sozialraum für Beheimatung und stabile Beziehung; (Stadt-)Jugendarbeit soll Jugendliche an die örtliche Kirchengemeinde rückbinden und für Aus- und Fortbildung von ehrenamtlichen Mitarbeiter/-innen und deren Motivation und Verfügbarkeit im Rahmen der Ortsgemeinde sorgen. Daneben sollen über die jugendverbandlich agierende Geschäftsführung Mittel zur Förderung der Arbeit mit Kindern und Jugendlichen zugänglich gemacht werden.

Inzwischen bewegen sich auf struktureller Ebene die verschiedenen Arbeitsbereiche aufeinander zu, weil – unter dem Eindruck sinkender Personalbestände – zunehmend regionalisierte Mitarbeiter/-innen-Pools im Bereich der Arbeit mit Kindern und Jugendlichen gebildet werden, was aufgrund der räumlichen Nähe in Städten gut realisierbar ist.

Jugendarbeit unter den Bedingungen der Stadt bedeutet konzeptionell, eine Arbeit zu entwickeln, die weit früher, wesentlich unvermittelter und intensiver mit gesellschaftlichen Veränderungsprozessen konfrontiert wird. Die Bedürfnislagen und Erfahrungswelten städtischer Jugendlicher sind insgesamt gesehen stärker differenziert und anders strukturiert als die der gleichen Kohorte in ländlich-geprägten Gebieten.

Funktionen der Evangelischen Stadtjugendarbeit

Evangelische Stadtjugendarbeit übernimmt in großstädtischen Strukturen verschiedene Funktionen, die zum einen regional sehr unterschiedlich ausgeprägt sind und sich zum anderen überlagern.

Jugendverbandsarbeit: Innerhalb der Stadtjugendarbeit ist das allgemeinste Merkmal die Wahrnehmung der Jugendverbandsarbeit in einem differenzierten Netzwerk. Kirchengemeindliche oder regionale Jugendkonvente sind zu vernetzen, Vertretungen gegenüber den öffentlichen Jugendhilfeträgern zu organisieren und die eigene Geschäftsführung wahrzunehmen. Die Ausbildung und Begleitung von Ehrenamtlichen sowie ein übergemeindliches Ehrenamtsmanagement fallen in diesen vernetzenden Bereich.

Zentrumsarbeit: Bisweilen repräsentiert sich evangelische Stadtjugendarbeit in der Realisation eines Zentrums, das zum einen verschiedene hauptberufliche und ehrenamtliche Arbeitsbereiche zusammenführt, andererseits öffentlicher Ausdruck der Präsenz evangelischer Jugendarbeit ist.

Offene Arbeit: Zum Teil aus der ‚Offenen Tür' in Kirchengemeinden erwachsen, ist auch die Offene Jugendarbeit in Jugendzentren eine Funktion der Stadtjugendarbeit. In freier Trägerschaft werden in kommunalem Auftrag quartiers- oder cliquenbezogene offene Einrichtungen geführt, die bisweilen vernetzend mit der örtlichen Jugendarbeit kooperieren.

(Jugend-)Kulturarbeit: Ein wesentlicher Zweig der Stadtjugendarbeit ist traditionell die Jugendkulturarbeit, v.a. im Bereich Musik, Bands und Theaterpädagogik, teilweise auch in bildender Kunst. Neuerlich werden auch Zusammenhänge mit gegenwärtigen Jugendkulturbewegungen gesucht und vertieft. Kulturelle Arbeit zeigt sich in der Stadtjugendarbeit durch die Bereitstellung von Räumen, Probe- und Auftrittsmöglichkeiten, zum anderen auch durch gezielte eigene Projektarbeit.

Schulnahe, schulbezogene Arbeit: Zunehmend wird die Zusammenarbeit mit der Schule eine Funktion der Stadtjugendarbeit. Durch mehr Ganztagsschulen vermehren sich die Angebote städtischer, evangelischer Jugendarbeit in und an Schulen. Teilweise werden Angebote der Jugendverbandsarbeit in den Zusammenhang Schule verlegt, teilweise neue Projektfelder geschaffen. In einzelnen Regionen sind die Jugenddienste/-referate auch Träger der Ganztagsbetreuung geworden.

Jugendkirchen: Innerhalb der evangelischen Stadtjugendarbeit findet sich in der Konzeptionierung, Erprobung und Verstetigung von Jugendkirchen und Jugendgemeinden ein aktueller Schwerpunkt.

In jüngster Zeit werden Jugendkirchen gerade in großstädtischen Zusammenhang zu einem ‚Markenzeichen' evangelischer Stadtjugendarbeit.

Als geistliches Zentrum für Jugendarbeit bieten sie häufig die Möglichkeit, Grenzflächen und Anknüpfungspunkte zwischen Kirche und Jugendkultur zu sein und Begegnung durch gemeinsame Projekte zu bieten. Rund um eine Jugendkirche entwickelt sich zumeist auch eine spezifische jugendspirituelle Praxis.

Damit steht allerdings – noch weitgehend ungeklärt – die Frage nach dem Gemeindeverständnis im Raum: Inwieweit legen die gesellschaftlichen Veränderungen nahe, das überbrachte, parochial geprägte (auf Kirchengemeindegebiete begrenzte) Gemeindeverständnis zu ergänzen durch ein zielgruppen- und altersgruppenbezogenes Verständnis einer eigenständigen ‚Gemeinde auf Zeit'?

Medienarbeit/neue Medien: In diesem Bereich gibt es sehr unterschiedliche Projekte und Angebote. Gerade der Jugendkulturbereich bringt immer wieder Impulse für diesen Bereich, aber auch eigenständige Angebote wie eigenständige Internetcommunities sind zu finden.

Dialogarbeit: Die (groß-)städtische Situation ist je nach Region deutlich geprägt durch Migration. In diesem Kontext sind in der Stadtjugendarbeit immer wieder interreligiöse und inter- und transkulturelle Projekte zu finden.

Aktuelle Herausforderungen und Perspektiven

Augenblicklich ist die Stadtjugendarbeit als eigenständiges Arbeitsgebiet innerkirchlich auf dem Rückzug: Stellenreduzierungen und die Rücknahme von Ressourcen geschehen verstärkt in den übergemeindlichen Arbeitszweigen.

Besonders herausgefordert ist die Stadtjugendarbeit durch die *Veränderungen der Jugendphase* selber und die gesellschaftlichen Verschiebungen, die vor allem die Städte treffen: Galt Kirche in den Zeiten ihrer uneingeschränkten Anerkennung als akzeptierte Institution ‚im Dorf' respektive in einem Stadtviertel, sind Jugendliche in zunehmendem Maße mobil und im „Netz urbaner Räume" (Wüstenrot 2009: 156ff.) unterwegs. Neben der kleiner werdenden Gruppe der in ihrem sozialräumlichen ‚Revier' Verhafteten – die dann allerdings eher jüngeren Alters sind oder prekären Schichten zugehören – nutzen Jugendliche recht flexibel den Raum der Stadt interessen- oder beziehungsgeleitet (vgl. Wüstenrot 2009: 126f.). Entgegen einem eher ortsgebundenen „raumstrukturierten Heranwachsen" (May 2010: 7) ist daher gegenwärtig von einem „zeitstrukturierten Heranwachsen" (May 2010: 10) zu sprechen, in dem – verkürzt gesagt – jeweils bestimmte Räume zu bestimmten Zwecken aufgesucht werden. Allerdings geht dies oft einher mit der „Auflösung kollektiver Strukturen" (May 2010: 11) und der Kommerzialisierung der jugendlichen Raumaneignung.

Verstärkt wird dies durch die in Städten deutlich wahrnehmbare soziale Segregation und Phänomene wie der Gentrifizierung, also der Austausch einer statusniedrigeren durch eine statushöhere Bevölkerung mit der Folge der Auflösung vorhandener Bevölkerungsstrukturen. Durch *demografische Veränderungen* (‚Überaltern' von Stadtvierteln, hohe Dichte an Ein-Personen-Haushalten) erhöht sich der Zwang zur Mobilität gerade für Jugendliche noch einmal.

Jugend wird darin zum deutlichen Wirtschaftsfaktor: Die ‚Raumangebote' sind gerade im städtischen Kontext zunehmend kommerzieller Art. Pädagogisierte Räume verlieren ihren Reiz für die Organisation des eigenen Alltags (vgl. May 2010: 13). Jugendkultur, ursprünglich Ausdruck der Differenz zum Umfeld, wird in immer schnelleren Zyklen eventisiert und verwirtschaftlicht.

Schließlich hat sich Jugend selber verändert. Sie ist als Lebensphase des Suchens von Lebensorientierungen und Treffen von Lebensentscheidungen lebenszeitlich länger geworden und hat dabei ihren Charakter in Richtung Unsicherheit und Ungesichertheit verändert; somit wird sie vor allem eine Phase der „Bewältigung" (Böhnisch 1997: 130).

Evangelische Stadtjugendarbeit findet sich damit in einer schwierigen Position: einerseits eingeklemmt zwischen innerkirchlicher Erwartung, Jugendliche in eine vorgegebene Struktur einzupassen, und der jugendlichen Flexibilität, die eher strukturkritisch oder anti-institutionell ist; andererseits konfrontiert mit einem unüberschaubaren, bisweilen überfordernden Markt der Angebote, die in Anknüpfung an jugendkulturelle Haltungen das Interesse von Jugendlichen prägen und anziehen.

Evangelische Stadtjugendarbeit wird in dieser Situation zwei Züge ihrer Arbeit sinnvollerweise betonen und ausbauen müssen: Sie sollte Räume anbieten, die von Jugendlichen selbst und eigenständig gestaltet werden können (auf Kosten fester, eher strukturbestimmter Angebote) und – damit einhergehend – auf eine *stärkere Ehrenamtsorientierung* setzen, wissend, dass die Jugendphase bisweilen weit ins dritte Lebensjahrzehnt hineinreicht. Jugendliche und junge Erwachsene müssen innerhalb der Stadtjugendarbeit in ihrem Umfeld Menschen antreffen und Räume erleben, die anregen, Zugänge zur eigenen Lebenssituation, zum eigenen Glauben und zur eigenen Lebensbewältigung zu finden. Gerade die Arbeit mit und in Jugendkulturen bietet dazu vielfältige Ansätze.

Nicht zuletzt sieht sich Stadtjugendarbeit einer missionarischen Situation gegenüber: Je weiter der Abstand zwischen der Alltagserfahrung und -bewältigung der Jugendlichen und Kirche als Institution wird, desto nötiger wird eine *missionarische Haltung*, die christlichen Glauben und Spiritualität innerhalb des – auch städtisch geprägten – Lebensgefühls und den Ausdrucksformen gegenwärtiger Jugendkulturen kommuniziert und praktiziert. Zugleich sind parochiale kirchengemeindliche Strukturen angefragt, weil diese immer weniger den Lebensstil der Stadt abbilden und erreichen können.

Literatur

Böhnisch, Lothar (1997): Sozialpädagogik der Lebensalter. Eine Einführung. Weinheim/München: Juventa.

May, Michael (2010): Jugendarbeit in der Stadt. In: Enzyklopädie Erziehungswissenschaft Online (EEO) Weinheim: Juventa. http://www.erzwissonline.de/fachgebiete/jugend_und_jugendarbeit/beitraege/13100089.htm [Zugriff: 18.12.2012]

Wüstenrot Stiftung (Hrsg.) (2009): Stadtsurfer, Quartierfans & Co. Stadtkonstruktionen Jugendlicher und das Netz urbaner öffentlicher Räume. Berlin: Jovis-Verlag.

Tobias Petzoldt

Theaterpädagogik

Theaterpädagogik will mithilfe von darstellendem Spiel kognitives, affektives und soziales Lernen fördern. Durch das gemeinsame, zielgeleitete Erarbeiten, Inszenieren und Aufführen von Theaterstücken können zum einen wichtige gruppendynamische Prozesse, zum anderen Prozesse der individuellen Selbstfindung und Persönlichkeitsentwicklung angestoßen werden.

Für Theaterpädagogik als Handlungsfeld der evangelischen Jugendarbeit ist grundsätzlich die Orientierung an den Bedürfnissen, dem Können und den Interessen der Teilnehmenden leitend. Von der Auswahl der Stücke oder – noch besser – dem eigenen Verfassen von Theaterstücken über intensive Probenprozesse bis zur Aufführung einer fertigen Inszenierung bestimmen Subjektorientierung, Partizipation, Profilierung und Ganzheitlichkeit das theaterpädagogische Handeln. Und weil in diesem Arbeitsbereich in aller Regel das Medium mit dem Inhalt korreliert, ist die Theaterarbeit auch nahezu ideal für Religionspädagogik geeignet.

Theaterpädagogik kann mit ganz unterschiedlichen gesellschaftlichen Gruppen realisiert werden. So werden einerseits generationenspezifische Projekte für Kinder, Jugendliche oder Senioren angeboten, andererseits gibt es auch theaterpädagogische Angebote für spezifische Adressaten wie Obdachlose oder Häftlinge und selbst Unternehmen greifen für Teambildungsmaßnahmen auf theaterpädagogische Handlungsmuster zurück. Dabei kommt es je nach Zielgruppe und Projektziel zu unterschiedlichen Gewichtungen der pädagogischen, gruppendynamischen, ästhetischen und inhaltlichen Anteile.

Theaterpädagogisches Arbeiten soll in der Jugendarbeit aber nicht nur für bestimmte inhaltliche Ziele verzweckt werden. Das gemeinsame Spielen, die Freude an der Verkleidung und an der Übernahme anderer Rollen, das Ausleben von Gefühlen und der Spaß an der Selbstinszenierung sind wichtige Gründe für junge Menschen, sich mit ihrer ganzen Person einzubringen.

Grundlagen und Formen theaterpädagogischen Handelns in Kirchengemeinde und evangelischer Jugendarbeit

Eine der *Grundaufgaben von religionspädagogischer Arbeit* ist die Kommunikation des Evangeliums in zeitgemäße Lebensbezüge spezifischer Zielgruppen hinein. Es gilt, biblische Geschichten, Bilder und Symbole mit der Erfahrungswelt von Menschen in Beziehung zu bringen. Dabei ist gerade für junge Menschen ein ganzheitlicher, viele Sinne ansprechender Zugang wirkungsvoller als ein ausschließlich kognitiver. „Wir haben (….) erfahren, dass mit den Ansätzen des Bibeltheaters eine Vermittlung ermöglicht wird, die den biblischen Texten und der Erfahrungswelt der Jugendlichen gleichermaßen gerecht werden kann" (Hübner/Langbein 1997: 13). Darum muss es in der

Beschäftigung mit biblischen Aussagen darum gehen, dass sich die Jugendlichen prozessorientiert mit den Inhalten auseinandersetzen und sich in die handelnden biblischen Personen hineindenken. Interdisziplinäre Ansätze, wie sie beispielsweise im Bibliodrama zusammen kommen, bieten sich dabei an. „Denn in den Ansätzen des Bibeltheaters geht es grundsätzlich darum, die Bilder einer Geschichte in einen Dialog zu bringen, mit den Bildern, die sie in den Menschen hervorruft" (Hübner/Langbein 1997: 13).

In der *gemeindepädagogischen Praxis* haben darum theaterpädagogische Anteile in der Arbeit mit Kindern und Jugendlichen in den letzten Jahren zugenommen. Schon in der Kinderkirche werden häufig im Spiel biblischer Geschichten elementare Erfahrungen nachvollzogen. Besonders im Konfirmandenunterricht bieten sich Annährungen an existenzielle menschliche Grundwahrheiten über das angeleitete spielerische Umsetzen biblischer Geschichten an. Bibliodramatische und bibliologische Methoden können dafür eine gute Grundlage bieten. Nicht zuletzt eignen sich kurze Theaterspiele als Auflockerung für Bildungsveranstaltungen oder Sitzungen.

Im Rahmen vieler evangelischer Jugend- oder Gemeindegottesdienste, von Jugendtagen, Gemeindefesten wie auch von offenen Gottesdiensten für Kirchendistanzierte ist das sogenannte *Anspiel,* ein kurzes darstellendes Spiel mit Verkündigungscharakter, wichtiger Bestandteil der inhaltlichen Hinführung. Die Möglichkeiten dieses Kurztheaters haben sich durch die Nutzung neuer Medien (z.B. Einbindung eines selbstgedrehten Videoclips, Inszenierung eines Livechats in Echtzeit, vorher aufgezeichnete Interviews mit Passanten) in den letzten Jahren vervielfältigt und verändert, das darstellende Spiel jedoch nicht entbehrlich gemacht.

Manche Kirchengemeinden oder christliche Jugendverbände bieten kontinuierliche oder projektorientiert agierende *Theatergruppen* an: Junge Menschen entwickeln dort in umfangreichen fachlichen, persönlichen und sozialen Prozessen ein vorhandenes oder neu von ihnen geschriebenes Stück. Dies ist in der Umsetzung meist orientiert an der Lebenswelt der Akteure, nimmt altersspezifische Fragestellungen auf und wird als eigenständiges Programm inszeniert.

Mitunter ist es sogar möglich, dass ein *Verkündigungsspiel* einer gemeindlichen Theatergruppe einen klassischen Gottesdienst ergänzt oder ersetzt. In vielen Gemeinden wird z.B. der Heiligabend-Gottesdienst durch ein Weihnachtsspiel (Krippenspiel) der Kinder, Konfirmanden oder Jugendlichen (mit-)gestaltet.

Ein weiteres wichtiges Arbeitsfeld im christlichen Jugendbereich, das sich theaterpädagogischer Grundlagen bedient, ist die seit den 1990er Jahren in Deutschland etablierte *Ten-Sing-Arbeit* („Teenager singen"), eine ursprünglich aus Norwegen stammende Form musikalisch-kultureller, christlicher Jugendarbeit. In umfangreichen gemeinsamen Prozessen entsteht dort ein inhaltliches Programm mit unterschiedlichen Ausdrucksformen wie Musik (Chor, Solo, Band), Tanz und Theater. Im Rahmen der Beschäftigung mit dem Thema und den künstlerischen Ausdrucksformen verständigen sich die beteiligten Jugendlichen niedrigschwellig über Sinn, Lebensziele, ethische Sichtweisen, Glaubensthemen sowie die eigene Spiritualität und ihre Praxisformen. Durch die Ten-Sing-Arbeit werden oftmals milieuübergreifend Zielgruppen angesprochen, die mit höherschwelligen theater- oder musikpädagogischen Angeboten nicht erreicht werden können und auf andere inhaltlich-spirituelle Angebote weniger reagieren.

In jeder dieser genannten Praxisformen besteht für die verantwortlichen theaterpädagogischen Begleiter- und Impulsgeber/-innen die Herausforderung, einerseits die Teilnehmenden in ihrer Ausdrucks- und Spielfreude zu bestärken und ihre Ideen und

Möglichkeiten aufzunehmen, andererseits qualitativ und inhaltlich weiterführende Aspekte einzubringen, um die dramaturgischen und inhaltlichen Ergebnisse für die Akteure und für das Gesamtprojektziel zu erhöhen.

Aktuelle Entwicklungen und Perspektiven

Mitgestaltung und Selbstwirksamkeit
Dass Theaterarbeit ein aktuell angesagtes Arbeitsfeld ist, zeigt eine Beobachtung im Bereich der konfessionellen Jugendarbeit in Sachsen: Veranstaltungen, die eine Verknüpfung christlicher Inhalte mit jugendlichen Ausdrucksformen zum Ziel haben (z.B. Musik- und Theaterprojekte), werden von Neueinsteiger/-innen oft intensiver nachgefragt als allein themenzentrierte Treffs oder Gesprächskreise. Dies spiegelt das hohe Bedürfnis junger Menschen nach Möglichkeiten eigener Gestaltung ebenso wider wie ihre Sehnsucht nach Selbstwirksamkeit.

Zeitlose Themen
In Jugendtheatergruppen wird das gemeinsame Spiel gern mit einem anspruchsvollen Thema verknüpft, welches in aller Regel Sinn- und Identitätsfragen junger Menschen aufnimmt.

Bei der Stückauswahl für am Kirchenjahr orientierte Themen fällt dagegen auf, dass gerade von jungen Menschen oft traditionellere Inhalte und Texte nachgefragt werden. So wird bei Stücken mit biblischen Grundlagen gegenwärtig oftmals Abstand genommen von der vordergründigen Aktualisierung und Verfremdung biblischer Texte zugunsten der ursprünglichen Textgestalt.

Diese Beobachtung korrespondiert mit dem insbesondere im säkularisierten Ostdeutschland festzustellenden Phänomen, dass biblisches Grundwissen in weiten Teilen der Bevölkerung oftmals kaum vorhanden ist. Somit scheint es bedeutsam, dass beispielsweise zum Weihnachtsgottesdienst, den auch zahlreiche kirchenferne Menschen besuchen, im Verkündigungsspiel die eigentliche Weihnachtsbotschaft durch klassische Figuren wie Engel und Hirten, die Weisen aus dem Morgenland und der Wirt in Bethlehem, Maria und Josef und das Kind im Stall sichtbar wird.

Eine Möglichkeit, eine darüber hinausgehende Aktualität, Identifikation und jugendgemäße Frische in das mitunter recht konservative Geschehen zu bringen, besteht dann beispielsweise in der Wahl interessanter, heutigem Leben entnommener Charaktere, die man den ‚alten' Figuren zugesteht.

Theater predigt
Oft werden für gottesdienstliche Veranstaltungen kurze Anspiele zur Themenhinführung genutzt. Auch im Blick auf rückläufige Besucherzahlen bei traditionellen Gottesdiensten stellt sich von Fall zu Fall die Frage, ob ein Theaterstück als Ergebnis einer theaterpädagogischen Textbeschäftigung nur als Hinführung zur Predigt fungiert oder ob es nicht selbst hinreichend ‚Predigt' ist. Manches Theaterstück bietet schon für sich genommen genügend christliche Verkündigung.

Vielleicht ist es künftig stärker möglich, auf die verkündigende Kraft eines Theaterstückes zu vertrauen und diesem im Gottesdienstgeschehen einen breiteren Raum einzuräumen. Die Auslegung des Gesehenen liegt dann bei den Betrachter/-innen. Wer einmal der Aufführung einer größeren Passionsspielinszenierung beigewohnt hat, weiß um die beeindruckende Botschaftskraft des darstellenden Spiels.

Zielgruppen- und Milieudurchmischung
Theaterpädagogisch orientierte Projekte bieten die Möglichkeit, andere Zielgruppen als in herkömmlichen gemeindepädagogischen Arbeitsfeldern zu erreichen. So lässt sich beispielsweise im Bereich der Evangelisch-Lutherischen Landeskirche Sachsens in vielen Jungen Gemeinden jährlich erleben, dass junge Menschen, die sich vom kontinuierlichen Jugendgruppenstundenangebot nicht ansprechen lassen, umso bewusster im Spätherbst erscheinen, um beim Weihnachtsspiel und dem vorherigen Probeprozess mitzuwirken.

In der theaterpädagogischen Arbeit kann zudem etwas geschehen, was in vielen anderen jugendverbandlichen Bereichen wünschenswert ist: Eine Vermischung von jungen Menschen unterschiedlicher Szenen und Milieus, die ansonsten wenig Schnittmengen miteinander teilen. Durch fachlich angeleitetes theaterpädagogisches Arbeiten lassen sich Prozesse initiieren, die Milieus und Bildungsschichten übergreifen und Kommunikationen, sozialen Austausch und gemeinsames Erleben ermöglichen.

Darüber hinaus bietet Theaterarbeit nicht nur die Möglichkeit zur Durchmischung einer altershomogenen Gruppe – sie bietet bei einer Öffnung für unterschiedliche Altersgruppen auch die Chance für einen intergenerativen Austausch.

Literatur

Fauser, Katrin/Fischer, Arthur/Münchmeier, Richard (2006): Jugendliche als Akteure im Verband. Ergebnisse einer empirischen Untersuchung der Evangelischen Jugend. Jugend im Verband, 1. Opladen: Budrich.
Fauser, Katrin/Fischer; Artur/Münchmeier, Richard (2006): „Man muss es selbst erlebt haben ...". Biografische Porträts Jugendlicher aus der Evangelischen Jugend. Jugend im Verband, 2. Opladen: Budrich.
Fischer-Lichte, Erika (1993): Kurze Geschichte des deutschen Theaters. Tübingen/Basel: Francke.
Gruhl, Boris Michael (Hrsg.) (2005): Krippenspiel. Zwölf neue Weihnachtsspiele aus der Praxis. Leipzig: Evang. Verlagsanstalt.
Hübner, Reinhard/Langbein, Ekkehard (1997): Biblische Geschichten in der Konfirmandenarbeit. Leibhaft glauben lernen. Modelle mit Ansätzen des Bibliodramas und des Bibeltheaters. Hamburg: EB-Verlag.
Koch, Gerd/Streisand, Marianne (Hrsg.) (2003): Wörterbuch der Theaterpädagogik. Berlin: Schibri-Verlag.
Michalzik, Peter (2009): Die sind ja nackt! Keine Angst, die wollen nur spielen. Gebrauchsanweisung fürs Theater. Köln: DuMont.

Mitarbeiterschaft, Profession, Qualifizierung

Florian Dallmann

Ehrenamtliche Mitarbeiterinnen und Mitarbeiter

Ehrenamtlichkeit ist eines der zentralen Strukturmerkmale von Jugendverbandsarbeit. Der Begriff des Ehrenamtes beinhaltet dabei drei Grundprinzipien:
- *Aktivität* bzw. *Betätigung*, die Ausdruck der aktiven Gestaltung und Selbsttätigkeit ist,
- *Freiwilligkeit*, in der diese Betätigung ohne Zwang, ohne monetäre Gratifikation aus intrinsischen Motiven erfolgt und schließlich
- *Verbindlichkeit und Verantwortlichkeit*, in der die Betätigung in den Strukturen verankert ist, wobei die Verbindlichkeit von losen Absprachen in Gruppen und Netzwerken bis hin zu formaler Verantwortungsübernahme durch ein Wahlamt etwa im Vorstand eines Verbands oder Vereins reichen kann.

Das Ehrenamt in der Evangelischen Jugend ist vielfältig. Zu den Haupteinsatzfeldern Ehrenamtlicher gehören Leitung von Gruppen, Freizeitmaßnahmen und Ferienfahrten (vgl. Juleica-Report 2011), Mitwirkung in Gremien der Jugendarbeit und in Leitungsaufgaben, technische und organisatorische Dienste, Schulung bzw. Qualifizierung, Öffentlichkeitsarbeit, Kultur- und Sportarbeit oder die Tätigkeit als Übungsleiter/-in, Chorleiter/-in, Ausbilder/-in.

Das Ehrenamt ist einem grundlegenden Wandel unterworfen (vgl. Beher u.a. 2000). Das zeigt sich nicht zuletzt an den Motiven für das Engagement: Altruistische Motive verlieren an Bedeutung, immer wichtiger ist der doppelte Gewinn, der gleichermaßen bzw. wechselseitig für das Engagementfeld (die Organisation) wie für die Engagierten selbst daraus erwächst. Ziel- und zeitbezogene Formen nehmen zu, der Kompetenzerwerb wird wichtiger (vgl. Picot 2005). Das Ehrenamt wird insgesamt flexibler und variabler und der Bedarf an Begleitung und Unterstützung stärker situationsbezogen. Diese Entwicklungen stellen auch die Evangelische Jugend vor neue Herausforderungen.

Kontinuität und Wandel: Ehrenamt in Zahlen

Verlässliche Daten zum Ehrenamt in der evangelischen Kinder- und Jugendarbeit gibt es kaum. Dieser Umstand wurde und wird immer wieder zu Recht beklagt (vgl. BMFSFJ 2005; BMFSFJ 2009). Dies betrifft sowohl Daten zu Teilnehmenden an den Angeboten als auch zu Ehrenamtlichen, die diese verantworten. Hinzu kommt das Problem, genau zu identifizieren bzw. zu definieren, wer Ehrenamtliche/-r ist. Die Übergänge von aktiver Teilnahme zu ehrenamtlichem Engagement sind fließend. Aktive Teilnahme und freiwilliges Engagement sind dabei nicht immer so eindeutig auseinanderzuhalten wie beim Sport: „Wer im Sportverein aktiv ist, spielt dort Fußball, wer sich freiwillig engagiert, übernimmt die Mannschaftsbetreuung der E-Jugend" (Picot 2005: 10). Unscharf wird diese Zuordnung in allen Bereichen, in denen Aktivität und Engagement praktisch identisch sind: Ein Jugendfeuerwehrmann ist auf der einen Seite ein ‚aktives' Mitglied einer Jugendfeuerwehrgruppe. Indem er aber als Jugendfeuerwehrmann aktiv ist und z.B. im Ordnungs- und Rettungsdienst mitwirkt, ist er auch – ohne das Merkmal ‚Leitung' – verbindlich engagiert. Ähnlich stellt sich dies z.B. in der Jugendgruppenarbeit dar, und zwar in den Bereichen, wo sich Gruppen ohne klare Rollenzuschreibungen (von Leitung) und im hohen Maße informell treffen – wie beispielsweise bei der Ranger-Rover-Gruppe der Pfadfinder oder den klassischen ‚Junge-Erwachsene-Kreisen' in der evangelischen Jugendarbeit.

Eine wichtige Datenquelle zum freiwilligen Engagement ist der Freiwilligensurvey. Beim Freiwilligensurvey ist die Definition von ‚aktiv' oder ‚engagiert' von außen vorgegeben. Danach engagieren sich ca. 35% der Jugendlichen ehrenamtlich (vgl. TNS Infratest 2010). Der Anteil bleibt über einen Zeitraum von zehn Jahren nahezu stabil. Auswirkungen auf das freiwillige Engagement von Schüler/-innen haben die Veränderungen der Schule. Die Einführung des achtjährigen Gymnasiums führt aufgrund des verdichteten Stundenkontingents zu längerer täglicher Verweildauer von Gymnasiasten/-innen in der Schule; die Einführung ganztägiger Schulkonzepte führt ebenfalls zu veränderten Zeitstrukturen bei Jugendlichen, die sich auch auf die Zeitkontingente für das Engagement auswirken.

> „Während 52% der G9-Schüler eine freiwillige Tätigkeit ausüben, ist dies nur bei 43% der G8-Schüler der Fall, was nicht dadurch erklärt werden kann, dass sich G8-Schüler überproportional auf Ganztagsschulen verteilen (…). Dieser niedrige Wert gilt auch für G8-Halbtagsschüler. Zugleich ist auch die Engagementquote von Ganztagsschülern 2009 mit 29% um 10 Prozentpunkte niedriger als bei den Halbtagsschülern mit 39% (…). Dieser Unterschied bleibt vor allem für die überdurchschnittlich engagierte Altersgruppe der 16- bis 19-Jährigen signifikant. Es konnte bislang kein Hinweis dafür gefunden werden, dass sich das Engagement von Ganztagsschülern aufgrund längerer Anwesenheitszeiten in der Schule in den schulischen Bereich verlagert. Dies deutet darauf hin, dass bei den Jugendlichen die Abnahme disponibler Zeiten sowie Prozesse schulischer Verdichtung zulasten der Beteiligung an Bildungsgelegenheiten im freiwilligen Engagement gehen könnten" (Autorengruppe Bildungsberichterstattung 2010: 81).

Nach dem dritten Freiwilligensurvey ist Kirche/Religion im Jahr 2009 mit 9% der drittgrößte Engagementbereich junger Menschen nach Schule und Sport. Im Zeitvergleich zeigt sich hier ein ansteigender Trend: 1995 waren es 5% und 2004 6 % (vgl. Picot 2005; TNS Infratest 2010). Diesen Trend bestätigt die Studie „DJI – Jugendverbandserhebung" (vgl. Seckinger u.a. 2008). Auch diese zeigt, dass die Zahlen der Aktiven in den Jugendverbänden stabil geblieben sind.

Allerdings ist das Engagement in den gesellschaftlichen Gruppen junger Menschen ungleich verteilt: Der Dritte Freiwilligensurvey belegt, dass bestimmte Gruppen junger Menschen hinsichtlich der Möglichkeiten und Voraussetzungen sich zu engagieren, deutlich benachteiligt sind. Besonders engagiert sind junge Menschen, die gesellschaftlich gut eingebunden sind und einen positiven Bildungshintergrund haben. So sind die Gymnasiasten/-innen die am stärksten engagierte Gruppe junger Menschen. Junge Menschen mit sozialen und/oder ökonomischen Benachteiligungen engagieren sich demgegenüber seltener: Migrationshintergrund ist eine der am stärksten wirkenden Benachteiligungen. In der Gruppe der unter 25-Jährigen verfügen 28% in Deutschland über einen Migrationshintergrund. Jugendliche mit Migrationshintergrund partizipieren im Vergleich weniger am deutschen Bildungssystem als Jugendliche ohne Migrationshintergrund. Sie sind besonders häufig von Diskriminierungen im Alltag sowie von materieller Armut betroffen (vgl. PISA-Studien 2006, 2009). Besonders kritisch stellt sich der Übergang junger Migranten/-innen von der Schule in die Ausbildung und von der Ausbildung in die Erwerbsarbeit dar. Die Praxis zeigt, dass Jugendliche mit Migrationshintergrund im Durchschnitt deutlich bessere schulische Vorleistungen erbringen müssen, um einen Ausbildungsplatz zu erhalten (vgl. BMBF 2010; Schröer u.a. 2002: 737 ff.). Jugendliche mit Migrationshintergrund verfügen relativ häufig über einen niedrigen Bildungsabschluss und sind seltener als Jugendliche ohne Migrationshintergrund in institutionalisierten Formen engagiert, auch wenn sie über eine hohe Bereitschaft verfügen, sich zu engagieren. Damit sind sie weniger in zivilgesellschaftliche Zusammenhänge, in denen Engagement passiert, eingebunden (vgl. Picot 2011).

Trotz der Stabilität des Engagements junger Menschen werden auch die Herausforderungen deutlich: Wenn weniger junge Menschen sich engagieren können, weil die zeitlichen oder sozioökonomischen Möglichkeiten zum Engagement sich verändern, dann wächst die Notwendigkeit, im Gegenzug die Rahmenbedingungen zu verbessern sowie Hürden und Beschränkungen abzubauen. Dabei ist mit einer verschärften Konkurrenz um Ehrenamtliche zu rechnen sowohl, weil es generell weniger junge Menschen gibt, als auch, weil die innerhalb dieser kleiner werdenden Gruppe der bildungsnahen Jugendlichen als potenzielle Engagierte seit jeher primär angesprochen werden. Jugendlichen aus anderen gesellschaftlichen Schichten Engagementmöglichkeiten zu eröffnen, gelingt aber bislang offensichtlich kaum (vgl. DBJR 2010).

Herausforderungen

Ehrenamt oder Bürgerschaftliches Engagement?
Das Ehrenamtliche Engagement hat in den letzten Jahren eine gesellschaftliche Neubewertung erfahren. Diese ist einerseits verbunden mit der politischen Vorstellung einer direkteren und aktiveren Teilhabe von Bürger/-innen an den demokratischen Strukturen und andererseits mit veränderten sozialpolitischen Leitbildern, die den Einzelnen stärker in die Verantwortung für sich und Andere nehmen. Symptomatisch drückt sich dies in Begriffs- und Bedeutungsverschiebungen aus. Ehrenamt wird immer stärker zum strukturbildenden oder funktionalen Wahlamt im engeren Sinne. Andere Betätigungen, bis hin zur bloßen Aktivität, werden vermehrt mit Begriffen wie bürgerschaftliches oder zivilgesellschaftliches Engagement gefasst. Für die evangelische Jugendarbeit ergibt sich hieraus die konzeptionelle Aufgabe, je nach Interesse, Bedarf und Auf-

gabe unterschiedliche Engagementformen zu profilieren und entsprechende Begleitungs- und Unterstützungsangebote zu entwickeln.

Engagement beginnt in der Kindheit
Die Studie des Deutschen Jugendinstituts zum „Kompetenzerwerb im freiwilligen Engagement" (Düx u.a. 2009) hat Erwachsene nach ihren Erfahrungen als Engagierte im Jugendalter befragt. 36% der Befragten gab an, mit dem freiwilligen Engagement bereits zwischen 11 bis 14 Jahren begonnen zu haben, 13% sogar im Alter unter 11 Jahren. Fast 80% derjenigen, die als Erwachsene engagiert sind, waren das bereits auch schon im Alter von 16 Jahren. „Die entscheidenden Weichen für die Übernahme eines Engagements werden früh gestellt", lautet ein Ergebnis der Studie. Engagierte nehmen schon früh an Angeboten der Organisation teil, „weil sie als Kinder von ihren Eltern, Geschwistern, Freunden oder Bekannten mitgenommen wurden und dadurch dann quasi selbstverständlich in die Verantwortungsübernahme hinein sozialisiert werden" (Düx u.a. 2009: 38). Für die Jugendverbände ergibt sich daraus – auch unter dem Aspekt der Gewinnung von Ehrenamtlichen – die Aufgabe, jüngere Altersgruppen und Familien stärker in den Blick zu nehmen und Engagementfelder für 11- bis 15-Jährige sowie Qualifizierungsangebote für sie zu entwickeln. Bei einer Reihe regionaler Träger gibt es dafür auch bereits entsprechende Angebote.

Engagement als Bildungsgelegenheit
Engagement dient nicht nur und in erster Linie der Ausführung von Aufgaben, die sich eine Organisation gestellt hat. In individueller Perspektive ist es auch eine wichtige Lerngelegenheit. Von Lernerfahrungen unter ‚Real-Bedingungen' profitieren Kinder und Jugendliche in ihrem gesamten Lebenslauf.

> „Während Erkenntnissen der Jugendforschung zufolge schulische Lerninhalte und -prozesse in der Adoleszenz für viele Jugendliche an subjektiver Relevanz verlieren, wachsen Ausmaß und Bedeutung der Lernprozesse im außerschulischen Bereich (…). Wie die Befragten schildern, eignen sie sich im Engagement Kenntnisse an, wenn und weil diese für sie persönlich und für die konkrete Arbeit und Praxis in der Organisation Sinn und Relevanz besitzen" (Düx u.a. 2009: 47).

Jobs und ehrenamtliches Engagement sind aus individueller Perspektive ein wesentliches Lernfeld zur Entwicklung von Selbstständigkeit, sozialer Kompetenzen, instrumenteller Fähigkeiten und zur Wissensaneignung. Für Träger wie die Evangelische Jugend, die auf freiwilliges Engagement angewiesen sind und darauf aufbauen, ist es von zentraler Bedeutung, diese Bildungsdimensionen als Messlatte für die Qualität der Engagementgelegenheiten anzulegen.

Strukturelles Ehrenamt im Dilemma
Fortlaufend geklärt werden muss, mit welchen konzeptionellen Leitbildern Evangelische Jugend das ehrenamtliche Engagement in ihren Angeboten anlegen, fördern und unterstützen kann und soll. Die Lebenswirklichkeit junger Menschen erfordert mehr zeitliche und persönliche Flexibilität, was eine Auflösung der vorherrschenden Standardisierungen und Normierungen notwendig macht. Umgekehrt sind sowohl Verbindlichkeit und eine gewisse Verweildauer als auch pädagogische Ziele mit Blick auf die wachsenden Anforderungen und damit einhergehenden Qualifizierungsbedarfe erforderlich. In diesen Kontext fällt der Trend, immer früher in die Gewinnung und Qualifizierung ehrenamtlich Mitarbeitender einzusteigen.

Die stärkere Orientierung des ‚neuen Ehrenamts' auf ziel- und zeitbezogene Formen des Engagements stellt die Jugendverbände vor die Schwierigkeit, genügend Engagierte für das strukturelle Ehrenamt in den jugendverbandlichen Gremien zu gewinnen. Das strukturelle Ehrenamt ist auf längerfristige, verbindliche Mitarbeit angewiesen, die jugendverbandlichen Strukturen bauen genuin darauf auf. Für die Jugendverbände besteht hier die Aufgabe, ihre verbandlichen Strukturen und Arbeitsweisen weiterzuentwickeln, zugleich aber auch langfristiges Engagement in verbandlichen Strukturen immer wieder attraktiv zu machen.

Ehrenamtliche und Hauptberufliche
Das Verhältnis zwischen Hauptberuflichen und Ehrenamtlichen in der Evangelischen Jugend wird sich in den kommenden Jahren genauer bestimmen müssen. Hauptberufliche Mitarbeitende sind sowohl durch die Wandlungen in der Bevölkerungsentwicklung als auch im freiwilligem Engagement vor neue Herausforderungen bei der Gewinnung und Begleitung Ehrenamtlicher in der evangelischen Jugendarbeit gestellt. Es geht dabei nicht mehr vorrangig um die Sicherung von Rahmenbedingungen für die Arbeit Ehrenamtlicher und deren qualifizierende Begleitung, sondern um die Gewinnung immer wieder neuer Personengruppen und die Arbeit an Schnittstellen zu anderen Engagementfeldern und Akteuren in Politik und Gesellschaft.

Qualifizierung
Teilnehmende haben zu Recht Anspruch auf eine hohe Qualität der Angebote, die sie besuchen. Das stellt auch die ehrenamtlich Engagierten vor die Erwartung einer qualitätsorientierten ehrenamtlichen Arbeit in Gruppenstunden, auf Freizeiten oder bei anderen Aktivitäten. Insbesondere ist die Juleica deutschlandweit und trägerübergreifend eingeführt worden, um die Qualität in der Jugendarbeit verlässlich zu sichern. Sie basiert auf Empfehlungen der Landesjugendämter und hat damit hohe Verbindlichkeit. So sind pädagogische, psychologische und rechtliche Ausbildungsinhalte vorgesehen. Um die Ausbildung zu erleichtern, werden oft standardisierte Bausteine angeboten. Eine entsprechende Datenbank, Informationen zu den Ausbildungsstandards und den Zugang zum Online-Antragsverfahren findet man unter: www.juleica.de.

Literatur

Arbeitsgemeinschaft der evangelischen Jugend in Deutschland (2008): Grundsätze zum Umgang mit Nachweisen und Zertifizierungen in der Evangelischen Jugend. Hannover: aej.
Autorengruppe Bildungsberichterstattung (2010): Bildung in Deutschland. Ein indikatorengestützter Bericht mit einer Analyse zu Perspektiven des Bildungswesens im demografischen Wandel. Bielefeld: Bertelsmann.
[BMFSFJ] Bundesministerium für Familie, Senioren, Frauen und Jugend (2005): 12. Kinder- und Jugendbericht. Bericht über die Lebenssituation junger Menschen und die Leistungen der Kinder- und Jugendhilfe in Deutschland. Berlin: Bundesministerium.
[BMFSFJ] Bundesministerium für Familie, Senioren, Frauen und Jugend (2009): 13. Kinder- und Jugendbericht. Bericht über die Lebenssituation junger Menschen und die Leistungen der Kinder- und Jugendhilfe in Deutschland. Berlin: Bundesministerium.
Bundesnetzwerk Bürgerschaftliches Engagement (2007): Zukunftstrends der Bürgergesellschaft. Berlin: BBE.

Beher, Karin/Liebig, Reinhard/Rauschenbach, Thomas (2000): Strukturwandel des Ehrenamtes. Gemeinwohlorientierung im Modernisierungsprozess. Weinheim: Juventa.

Düx, Wiebken/Prein, Gerald/Sass, Erich/Tully, Claus J. (2009): Kompetenzerwerb im freiwilligen Engagement. Eine empirische Studie zum informellen Lernen im Jugendalter. Wiesbaden: VS Verlag.

TNS Infratest Sozialforschung (2010): Hauptbericht des Freiwilligensurvey 2009. Ergebnisse der repräsentativen Trenderhebung zu Ehrenamt, Freiwilligenarbeit und Bürgerschaftlichem Engagement. Berlin: Bundesministerium für Familie, Senioren, Frauen und Jugend.

Deutscher Bundestag, Enquete-Kommission „Zukunft des Bürgerschaftlichen Engagements" (2002): Bericht Bürgerschaftliches Engagement. Auf dem Weg in eine zukunftsfähige Bürgergesellschaft. Opladen: Leske + Budrich.

[DBJR] Deutscher Bundesjugendring (2010): Ehrenamtliches Engagement junger Menschen – für sich selbst und andere. Beschluss. Berlin: Deutscher Bundesjugendring.

Müller, Burkhard (1991): Abschied vom Ehrenamt. In: Böhnisch, L./Gängler, H./Rauschenbach, Th. (Hrsg.): Handbuch Jugendverbände. Weinheim: Juventa.

Picot, Sibylle (2005): Freiwilliges Engagement Jugendlicher im Zeitvergleich, 1999–2004. In: Gensicke, Th./Picot. S./Geiss, S: Freiwilliges Engagement in Deutschland, 1999–2004. Ergebnisse der repräsentativen Trenderhebung zu Ehrenamt, Freiwilligenarbeit und bürgerschaftlichem Engagement. München: TNS Infratest Sozialforschung.

Picot, Sybille (2011): Jugend in der Zivilgesellschaft. Freiwilliges Engagement Jugendlicher von 1999–2009. Gütersloh: Bertelsmann Stiftung.

Pothmann, Jens/Sass Erich: Juleica-Report 2011. Lebenslagen und Engagement von Jugendleiterinnen und Jugendleitern. Schriftenreihe/Deutscher Bundesjugendring, 51. www.dbjr.de/uploads/tx_ttproducts/datasheet/DBJR_SR51_Juleicareport_CC-by-nc-sa_01.pdf [Zugriff: 10.11.2012]

Schröer, Wolfgang/Struck, Norbert/Wolff, Mechthild (Hrsg.) (2002): Handbuch der Kinder- und Jugendhilfe. Weinheim: Juventa.

Seckinger, Mike/Pluto, Liane/Peucker, Christian/Gadow, Tina (2008): DJI-Jugendverbandserhebung. Befunde zu Strukturmerkmalen und Herausforderungen. München: Deutsches Jugendinstitut.

Mike Corsa

Fachkräfte in der evangelischen Arbeit mit Jugendlichen in historischer Perspektive

Die evangelische Arbeit mit Jugendlichen ist auf fachlich qualifizierte berufliche Mitarbeitende und unterstützende Strukturen angewiesen, auch da, wo sie auf Selbsttätigkeit der Teilnehmenden und auf selbsttragende Strukturen und Selbstorganisation zielt (Kinder- und Jugendarbeit). Die Beruflichkeit in diesem Feld ist gegenwärtig allerdings geprägt durch eine Vielzahl von Ausbildungs- und Studien- sowie Berufsprofilen. Auch die institutionellen Bedingungen für die Berufsausübung sind vielfältig und mitunter unüberschaubar. Das hängt nicht nur mit aktuellen gesellschaftlichen Entwicklungen zusammen, sondern ist wesentlich begründet in den historischen Entstehungszusammenhängen.

Berufliche Tätigkeit in der Arbeit mit Jugendlichen im 19. Jahrhundert

Die gesellschaftlichen Veränderungen im 19. Jahrhundert im Zusammenhang von Industrialisierung und Urbanisierung und der damit einhergehenden Herausbildung einer eigenständigen Jugendphase führt auch zu erheblichen sozialen Problemen für junge Menschen, vorranging in den industriellen Zentren. Angesichts dieser Situation engagieren sich insbesondere Lehrer und Geistliche beider Konfessionen unabhängig von Staat und Kirchen, um die Lebenssituation der jungen Menschen zu verbessern. So entstehen in der zweiten Hälfte des 19. Jahrhunderts neue, eigenständige Gesellungsformen wie Jünglings- und Jungfrauen-/Mädchenvereine (vgl. Buttler 1990; Thole 2000; Rauschenbach/Züchner 2001). Die Arbeit dieser Vereine wird überwiegend ehrenamtlich getragen.

Damit zusammenhängend entwickeln sich auch Ansätze für eine Ausbildung von beruflichen Fachkräften. Beispielsweise schafft Johann Hinrich Wichern 1837 mit der Gründung des „Gehilfeninstituts" im Rauhen Haus (Hamburg) die Grundlage für eine christlich orientierte Berufsausbildung zum Erziehungsgehilfen (Diakon), orientiert an Notlagen Jugendlicher mit dem Schwerpunkt Heimerziehung. Um katechetische Kurse ergänzt, werden später auch Gemeindehelfer für kirchengemeindliche Arbeit ausgebildet. Ende des 19. Jahrhunderts organisieren Frauen eigenständig erste Kurse für ‚höhere Töchter' aus dem Bürgertum zur Qualifizierung der Armenfürsorge. Aus dieser Initiative gehen konfessionelle und überkonfessionelle soziale Frauenschulen hervor, die zur Qualifikation Fürsorgerin (1917) und ab 1920 zur Wohlfahrtspflegerin führen. Mit katechetischen Zusatzkursen erreichen die Absolventinnen später auch die Qualifikation Gemeindehelferin.

Ab den 1830er Jahren werden in speziellen Kleinkinderpflegeschulen Kindergärtnerinnen ausgebildet (bspw. in der Kaiserswerther Mutterhausdiakonie).

Entwicklung bis 1933/1945

Zu Beginn des 20. Jahrhundert erkennen auch der Staat und die Kirchen die Notwendigkeit und die Bedeutung der eigenständigen Begleitung, Hilfe und Förderung von Jugendlichen außerhalb von Familie, Schule und Beruf (vgl. Rauschenbach 1991; Thole 2000). Mit den Preußischen Erlassen zur Jugendpflege 1911 und 1913 sowie dem folgenden Reichsjugendwohlfahrtsgesetz von 1922/1924 wird die rechtliche Basis für eine sich ausdifferenzierende Jugendfürsorge und Jugendpflege geschaffen. Der rechtliche Rahmen steckt die sich schon abzeichnenden organisatorisch getrennten Wege zwischen einer an der Linderung der Not orientierten Jugendfürsorge (überwiegend als Heimerziehung) und einer Jugendpflege ab, die junge Menschen außerhalb Elternhaus, Schule und Beruf in ihrer freien Betätigung (Sport, Spiel, Bildung und geistliche Erneuerung) fördern will. Die staatsrechtliche Normierung fördert maßgeblich die weitere Fachkräfteentwicklung. Für die vorwiegend ehrenamtlich getragene Jugendpflege werden ein- bis zweiwöchige Jugendpflegekurse angeboten. Ehrenamtlich tätige Lehrer/-innen, Pfarrer und Staatsbeamte erwerben Wissen und Fertigkeiten, um die Anforderungen der wachsenden Arbeit in Vereinen und Verbänden bewältigen zu können. In den Jahren 1919 bis 1929 nehmen 472.435 Personen an den Lehrgängen teil (vgl. Rauschenbach 1991: 618).

Ausgebildete Kindergärtnerinnen haben die Möglichkeit, nach einer Berufsphase, einen einjährigen Aufbaukurs zur staatlich geprüften Jugendleiterin zu absolvieren.

Im evangelischen Kontext gründen reichsweite, aus den Jünglings- und Mädchenvereinen hervorgegangene Jugendverbände in den 1920er Jahren eigene Ausbildungsstätten für Fachkräfte in der Jugend(pflege)arbeit: die Bibel- und Jugendführerschule des Deutschen Bundes der Mädchenbibelkreise (MBK), das Burckhardthaus (Zentrale des Evangelischen Verbandes für die weibliche Jugend Deutschlands/Mädchenwerk), die Jugendführerschule (später Sekretärschule) des Reichsverbandes der evangelischen Jungmännerbündnisse (Jungmännerwerk/CVJM). Diese Ausbildungsstätten bilden auch für den wachsenden Bedarf an Gemeindehelfer/-innen zur Entlastung des Pfarramts als Katcheten/-innen und Jugendseelsorger/-innen aus (vgl. Jürgensen 1980).

Insgesamt bleibt der Ausbau von Stellen für berufliche Fachkräfte in der Jugendpflege während der Weimarer Republik aber vergleichsweise gering. Die Jugendfürsorge hat sich dagegen viel stärker verberuflicht. Die konfessionellen Verbände beginnen zur Entlastung der ehrenamtlich Engagierten Jugendpfleger bzw. Jugendsekretäre anzustellen. Auch in den evangelischen Kirchen ist die Einsicht gewachsen, dass die Begleitung und Förderung von Jugendlichen zum Aufgabenspektrum von Kirche und Gemeinde gehört. Nach dem 1. Weltkrieg schaffen die evangelischen Kirchen Bedingungen, dass Gemeindehelfer/-innen angestellt werden können, die sich auch der Arbeit mit Jugendlichen widmen. Auf übergemeindlicher Ebene richten die evangelischen Landeskirchen bis Ende der 1920er Jahre Landesjugendpfarrämter ein (vgl. Jürgensen 1980: 35f.).

Der Nationalsozialismus bereitet der Professionalisierung ein jähes Ende. Die Jugendpflege wird neu strukturiert als staatliche Jugenderziehung; Jugendarbeit geschieht in den nationalsozialistischen Massenorganisationen Hitlerjugend (HJ), Bund Deutscher Mädchen (BDM) und den Vereinen zur Leibeserziehung – im Wesentlichen durch berufliche Aktivisten des Nationalsozialismus. Weltanschauliche, parteidoktrinäre Parameter dominieren nun das Handeln von beruflichen Kräften in der Jugendpflege und bewirken eine weitgehende sozialpädagogische Entfachlichung. Die eigenständigen Vereine der Jugendbewegung und Jugendverbände lösen sich entweder auf, werden in die HJ eingegliedert oder verboten. Evangelische Jugendgruppen werden teilweise als Gemeindejugend fortgeführt. Das Jungmännerwerk und das Mädchenwerk bestehen innerhalb der Kirche weiter und begleiten mit ihren Fachkräften die Gemeindejugendarbeit. Dies führt dazu, dass erstmals pädagogische Berufsgruppen in die kirchlichen Strukturen und Ordnungen integriert werden (vgl. Buttler 1990: 203). Als Katecheten/-innen und Gemeindehelfer/-innen nehmen sie zunehmend den Verkündigungs- und Seelsorgedienst an der Jugend wahr.

Aufbau und Ausbau nach 1945

In der sowjetischen Besatzungszone und späteren DDR hat die Jugendförderung hohe Priorität. Die staatsparteilich ausgerichteten Kinder- und Jugendorganisationen (Pioniere, Freie Deutsche Jugend, Gesellschaft für Sport und Technik u.a.) sind eng mit der Schule verbunden. Die Gruppen werden von Lehrer/-innen geleitet, die seit 1950 nach ihrem Staatsexamen eine zusätzliche Qualifikation erwerben oder an einem der lehrerbildenden Institute ausgebildet werden (vgl. Thole 2000). Die evangelische Arbeit mit Jugendlichen bleibt unter dem Dach der Kirche. Als Junge Gemeinde erreicht sie hauptsächlich Jugendliche, die sich zum Glauben und zur evangelischen Kirche bekennen. Einige der vor 1933 eigenständigen Verbände bilden sich als freie Werke der evangelischen Kirchen ab. Sie haben eigene, DDR-weite und landeskirchenbezogene Dienststellen in Trägerschaft der evangelischen Kirche. Ihre Fachkräfte bieten übergemeindliche Aktivitäten, Rüstzeiten, Gottesdienstfeiern und Schulungen für Mitarbeitende an. Die Gruppen der Jungen Gemeinde werden überwiegend von Gemeindepfarrer/-innen, Katcheten/-innen und Gemeindepädagogen/-innen geleitet (vgl. BMFSFJ 1994: 433). Die pädagogischen Berufe sind in kirchlichen Einrichtungen ausgebildet, ihr Abschluss wird i.d.R. nur von den Kirchen anerkannt.

Offene (sozialdiakonische) Jugendarbeit entwickelt sich vor allem ab den 1970er Jahren für Jugendliche, die sich weder in die staatlichen noch in die kirchlichen Organisationsformen integrieren lassen wollen (vgl. Töpfer 1999: 221ff.; Dorgerloh 1999: 173f.). Sie wird von Pfarrern und Sozialdiakonen geleitet.

In den westlichen Bundesländern setzt die Reorganisation der Jugendarbeit an Traditionen der Weimarer Republik an mit prägendem Einfluss der Westalliierten. Die Bestimmungen des Reichsjugendwohlfahrtgesetzes bilden die Grundlage für den Wiederaufbau der Hilfen und Angebote für Jugendliche und werden erst 1990 nach mehreren Reformanläufen durch ein neues Kinder- und Jugendhilfegesetz abgelöst. In der Jugendpflege leben die eigenständigen Jugendverbände wieder auf, geführt von den aus dem Weltkrieg zurückgekehrten ehemaligen Leiter/-innen, die die Arbeit überwiegend ehrenamtlich leisten. Auch die evangelischen Verbandsstrukturen werden wieder eigenständig. Zugleich sieht sich die evangelische Kirche in Verantwortung für die Arbeit mit Kindern und Jugendlichen und führt die gemeindliche Kinder- und Jugendarbeit neben den eigenständigen Verbänden fort. Die Ausbildung für den wachsenden Bedarf an Fachkräften leisten die bestehenden Fachschulen, u.a. die Sekretärschule des CVJM/Jungmännerwerk, das Burckhardthaus sowie neugegründete Gemeindehelferinnenseminare.

Die Not unter Jugendlichen infolge des 2. Weltkriegs führt zum Aufbau eigenständiger Hilfestrukturen der Sozialen Arbeit. Neben die Jugendfürsorge mit dem Schwerpunkt Heimerziehung treten unterschiedliche Formen von Jugendsozialarbeit. Im evangelischen Spektrum gründet Arnold Dannemann das Christliche Jugenddorfwerk (CJD) in Anbindung an den CVJM/Jungmännerwerk. 1952 entsteht die bundesweite Arbeitsgemeinschaft Evangelischer Jugendaufbaudienst (BAG EJAD) als Plattform für die unterschiedlichen Hilfeformen wie Jugendwohnen, Eingliederungshilfen und Jugendberufshilfebereichen (vgl. Meyer 1999).

In der verbandlichen Kinder- und Jugendarbeit der 1950er und 1960er Jahre bleibt die Beruflichkeit hinter den fachlichen Anforderungen zurück. Hingegen expandiert die Offene Kinder- und Jugendarbeit, die in der Hauptsache von Fachkräften getragen wird. Sie erhalten ihre Ausbildung in unterschiedlichen Fachschulen. Die verbandliche Arbeit mit Jugendlichen deckt dem gegenüber ihren Fachkräftebedarf aus Berufsgruppen ohne fachspezifische Ausbildung und mit Absolventen/-innen der Jugendleiterausbildung sowie mit Absolventen/-innen eigener Ausbildungsstätten. Ein konsistentes und vergleichbares Ausbildungs- und Berufsprofil der unterschiedlichen Felder der Arbeit mit Jugendlichen bildet sich nicht heraus. Gleichzeitig wächst der allgemeine Druck auf die Ausbildung und auf die unterschiedlichen Handlungsfelder der Sozialen Arbeit, professioneller zu arbeiten.

Expansion seit den 1970er Jahren

Mit den gesellschaftlichen Wandlungen in den 1970er Jahren geht die Expansion sozialer Berufe einher. Fortschreitende Demokratisierung und ein gruppenübergreifender sozialpolitischer Konsens bringen gesellschaftliche Teilhabe und Wohlstand mit sich, damit einher geht eine Ausdifferenzierung von Lebenswelten und Lebenslagen. Auch das Spektrum an fördernden, begleitenden und helfenden Angeboten für junge Menschen weitet sich aus. Jugendverbände erkennen ihre gesellschaftliche Verantwortung und öffnen sich mit einem neuen Selbstverständnis den Aufgaben einer ergänzenden Erziehungsinstanz (vgl. Jürgensen 1980: 126). Neben das konstituierende selbstbestimmte Tätigwerden der jungen Menschen treten als ergänzendes strukturbildendes Merkmal jugendverbandlicher Arbeit berufliche Fachkräfte, die junge Menschen unterstützen, ihnen Impulse geben und mit ihnen jugendphasenbedingte Konflikte bearbeiten. Damit setzt eine Öffnung jugendverbandlicher Arbeit aus bündischer Selbstbeschränkung hin zu neuen kulturellen und pädagogischen Formen der Arbeit und Zielgruppen ein. Die Neuordnung der Ausbildung sozialer Berufe seit den 1960er Jahren geht einher mit der Erhöhung der Attraktivität der Ausbildung. Der steigende Fachkräftebedarf und nicht zuletzt die Einführung von Fachhochschulen beschleunigen die Entwicklung der sozialen Berufe in den sozialpädagogischen Handlungsfeldern. Aus den kirchlichen, auch von evangelischen Jugendverbänden getragenen Fachschulen werden zum einen missionarisch orientierte Ausbildungsstätten (Bibelschulen) für nichtpastorale Gemeindedienste, mehrheitlich aber höhere Fachschulen für Sozialpädagogik und Sozialarbeit und evangelische Fachhochschulen. Die Diakon/-innenausbildung verbindet eine sozialpädagogische mit einer theologisch-diakonischen Qualifikation (vgl. Buttler 1990: 190ff.).

Für die evangelische Arbeit mit Jugendlichen gilt: Insbesondere in der verbandlichen und gemeindlichen Kinder- und Jugendarbeit verfügen die Fachkräfte – Diakon/-in,

Jugendreferent/-in, Gemeindepädagoge/-in – überwiegend über eine solche Doppelqualifikation, manche mit Fachhochschulabschluss. In den kirchlichen Einrichtungen der Offenen Kinder- und Jugendarbeit und in der kirchlich-diakonischen (Jugend-) Sozialarbeit überwiegen die Fachhochschulabschlüsse für Sozialarbeit/Sozialpädagogik. Universitäre erziehungswissenschaftliche Abschlüsse spielen keine nennenswerte Rolle in der evangelischen Arbeit mit Jugendlichen.

Nach der friedlichen Revolution in der ehemaligen DDR 1989/1990 müssen die ostdeutschen Bundesländer in kurzer Zeit die Kinder- und Jugendhilfe strukturell und fachlich anpassen. Nahezu als einzige Organisation kann die evangelische Kirche ihre Arbeit mit Jugendlichen fortführen und bedarfsorientiert ausbauen. Insgesamt ist die Fachkräftesituation im Vergleich zum Westen krisenanfälliger aufgrund befristeter Projektfinanzierung und prekärer Arbeitsverhältnisse (vgl. Thole/Pothmann 2005).

Seit den Beschlüssen der Europäischen Union 1999 in Bologna zur europaweiten Reform und Angleichung des Hochschulwesens hat ein weiterer Wandel eingesetzt: Modularisierung der Ausbildungs- und Studiengänge und die Einführung eines Europäischen Qualifikationsrahmens für lebenslanges Lernen mit Bachelor und Masterabschlüssen anstelle bisheriger Hochschulabschlüsse verstärken die Vielfalt von Ausbildungsgängen in sozialen und pädagogischen Berufen. Ungeklärt bleibt, welche Qualifikation zum beruflichen Einstieg in Handlungsfelder der Sozialen Arbeit und außerschulischen Bildung befähigen und berechtigen, zumal die Tendenzen zur Professionalisierung und die Erwartungen an die Professionalität beruflich Tätiger in allen Handlungsfeldern stetig zunehmen, die Rahmenbedingungen aber instabiler werden. Stichworte sind u.a. Schutz von Kindern und Jugendlichen sowie individuelle Bildungsförderung außerhalb von Schule bzw. in Kooperation mit Schule sowie die Entwicklung von Bildungslandschaften mit Vernetzung, Kooperation und Bildungsmanagement. Auch evangelische Ausbildungsstätten stellen auf modularisierte Bachelor- und Masterstudiengänge um, Träger von Fachschulen gründen Hochschulen. Exemplarisch hierfür ist der Übergang der CVJM-Sekretärschule zur CVJM-Hochschule.

Die Entwicklung der Fachkräfte in Zahlen

Die Fachkräftedynamik in der Kinder- und Jugendhilfe seit den 1970er Jahren ist fast ungebremst. Einzig das Handlungsfeld Kinder- und Jugendarbeit verzeichnet Rückgänge, insbesondere zwischen 1998 und 2006. Gründe für den Stellenabbau liegen neben finanziellen Einsparungen vor allem auch in der demografischen Entwicklung. Zugleich besteht aber auch in der evangelischen Kinder- und Jugendarbeit ein Fachkräftebedarf, der zum Teil nicht befriedigt werden kann. Allerdings ist die Datenlage zur evangelischen Arbeit mit Jugendlichen und zur Fachkräfteentwicklung defizitär. Weder im Handlungsfeld ‚erzieherische Hilfen', noch in der Jugendsozialarbeit und schon gar nicht in der evangelischen Kinder- und Jugendarbeit werden systematisch und detailliert Daten erhoben.

Literatur

Bundesarbeitsgemeinschaft Evangelische Jugendsozialarbeit (Hrsg.) (1999): Evangelische Jugendsozialarbeit im Wandel der Zeit. Münster: Votum.
[BMFSFJ] Bundesministerium für Familie, Senioren, Frauen und Jugend (Hrsg.) (1994): Neunter Jugendbericht. Bericht über die Situation der Kinder und Jugendlichen und die Entwicklung der Jugendhilfe in den neuen Bundesländern. Berlin: Bundesministerium.
Buttler, Gottfried (1990): Kirchliche Berufe. In: Müller, G.: Theologische Realenzyklopädie. Berlin: de Gruyter.
Dorgerloh, Fritz (1999): Junge Gemeinde in der DDR. Geschichte der Evangelischen Jugendarbeit, 1. Hannover: Ed. aej.
Jürgensen, Johannes (1980): Vom Jünglingsverein zur Aktionsgruppe. Kleine Geschichte der evangelischen Jugendarbeit. Gütersloh: Gütersloher Verlagshaus.
Meyer, York-Herwarth (1999): Diakonische Sozialarbeit mit Kindern und Jugendlichen. Eine geschichtliche Spurensuche. In: Bundesarbeitsgemeinschaft Evangelische Jugendsozialarbeit (Hrsg.), S. 62–70.
Rauschenbach, Thomas (1991): Jugendarbeit in Ausbildung und Beruf. In: Böhnisch, L./Gängler, H./Rauschenbach, T.: Handbuch Jugendverbände. Weinheim/München: Juventa, S. 615–630.
Rauschenbach, Thomas/Züchner, Ivo (2001): Soziale Berufe. In: Otto, H.-U./Thiersch, H.: Handbuch Sozialarbeit – Sozialpädagogik. Neuwied: Luchterhand, S. 1649–1667.
Thole, Werner (2000): Kinder- und Jugendarbeit. Eine Einführung. Weinheim/München: Juventa.
Thole, Werner/Pothmann, Jens (2005): Gute Jugendarbeit ist nicht umsonst zu haben. In: Rauschenbach, T./ Schilling, M. (Hrsg.): Kinder- und Jugendhilfereport 2. Analysen, Befunde und Perspektiven. Weinheim/München; Juventa, S. 65–84.
Töpfer, Ulrich (1999): „Offene Arbeit" in der DDR. Eine Herausforderung für Kirche und Staat. In: Bundesarbeitsgemeinschaft Evangelische Jugendsozialarbeit (Hrsg.), S. 221–228.

Matthias Spenn

Berufsprofile und Kompetenzen beruflicher Mitarbeiterinnen und Mitarbeiter in der evangelischen Arbeit mit Jugendlichen

Diversität und Vielfalt in der Praxis

Die Praxis der evangelischen Arbeit mit Jugendlichen ist in personeller Hinsicht gekennzeichnet von einer Vielzahl und Vielfalt beruflicher Mitarbeitender in der evangelischen Kirche und bei anderen freien evangelischen und diakonischen Trägern. Grundsätzlich kann unterschieden werden zwischen denen, die unmittelbar und nahezu ausschließlich mit Jugendlichen arbeiten bzw. in evangelischer Jugendarbeit tätig sind und denen, die *auch* mit Jugendlichen arbeiten bzw. *auch* in evangelischer Arbeit mit Jugendlichen tätig sind.

Zur zweiten Gruppe gehören etwa die Pfarrer/-innen, zu deren Tätigkeitsfeld als Teil des pastoralen Dienstes klassisch die Arbeit mit Konfirmanden/-innen als spezifischer Form von Jugendarbeit gehört, die aber teilweise darüber hinaus selbst eine Jugendgruppe in ihrer Kirchengemeinde leiten, begleiten oder mit Teilauftrag spezifische Jugendpfarrstellen innehaben. Aber auch die seit den 1970er Jahren existierende Berufsgruppe der Gemeindepädagogen/-innen bzw. Gemeindediakone/-innen, zu deren Auftrag die kirchlich-gemeindliche Bildungsarbeit mit allen Generationen gehört, arbeiten je nach konkretem Arbeitsauftrag neben der kirchlichen Netzwerkarbeit, der Arbeit mit Kindern, Familien und Senioren etc. *auch* mit Jugendlichen.

Zur Gruppe derer, die (nahezu) ausschließlich mit Jugendlichen bzw. in der Arbeit mit Jugendlichen arbeiten gehören Jugendreferenten/-innen, Jugendwarte/-innen oder Jugenddiakone/-innen, Sozialarbeiter und Sozial-, Gemeinde- oder Religionspädagogen/-innen in der evangelischen Jugendverbands-, Jugendbildungs- oder Jugendsozialarbeit auf kirchengemeindlicher, Kirchenkreis- bzw. Dekanats- oder landeskirchlicher Ebene.

Ob Mitarbeitende als Jugendmitarbeiter/-innen gelten, hängt primär vom *Tätigkeitsfeld* ab. Entscheidend sind weder der Beruf oder eine bestimmte Qualifikation. Denn *den* definierten und institutionell abgesicherten Beruf ‚Jugendmitarbeiter/-in' gibt es nicht. Die in der Praxis anzutreffenden beruflichen Qualifikationen sind wie die beruflichen Aufgabenfelder und Tätigkeiten uneinheitlich und nahezu unüberschaubar vielfältig. Dennoch bzw. gerade deshalb ist es von zentraler Bedeutung, nach typischen Merkmalen beruflicher Mitarbeiter/-innen in der evangelischen Arbeit mit Jugendlichen zu fragen und diese zu identifizieren. Im Folgenden wird dazu an allgemeine Überlegungen zu Grundformen pägagogischen Handelns angeknüpft sowie der aktuelle Diskurs zu Kompetenzen beruflichen Handelns aufgenommen.

Grundformen pädagogischen Handelns

Die Frage nach der Erfass- und Beschreibbarkeit typischer Merkmale pädagogisch Tätiger ist nicht neu. Bereits seit der Professionalisierungswelle im Zusammenhang der Bildungsreformen in Westdeutschland in den 1970er Jahren gibt es Bemühungen um Systematiken zur Darstellung typischer Merkmale und Arbeitsweisen beruflich Tätiger in pädagogischen (und sozialen) Berufen. Für Hermann Giesecke zeichnet sich pädagogische Professionalität aus durch geplantes und gezieltes pädagogisches Handeln, das örtlich, zeitlich und institutionell eingrenzbar ist. Pädagogen/-innen bezeichnet er als „Lernhelfer", „die *planmäßig* und *zielorientiert* vorgehen, und die dies an bestimmten, öffentlich bekannten Orten tun (Institutionen)" (Giesecke 1987: 76).

Er unterscheidet fünf Grundformen pädagogischen Handelns: Unterrichten, Informieren, Beraten, Arrangieren und Animieren (vgl. zum Gesamtzusammenhang Giesecke 1987: 76ff.).

Kompetenzen

In jüngerer Zeit spielt der Kompetenzbegriff bei der Frage nach der Beruflichkeit eine zentrale Rolle. Mit ‚Kompetenzen' sind ganz allgemein die *Fähigkeiten und Fertigkeiten* gemeint, über die berufliche Mitarbeitende (Absolventen/-innen) verfügen müssen, um die an sie gestellten Anforderungen im Beruf bewältigen zu können (vgl. Gnahs 2007). Dahinter steht ein grundsätzlicher Paradigmenwechsel. Im Unterschied zu früheren inhaltsorientierten Konzepten (Input) wird in der aktuellen Diskussion eher nach der erworbenen bzw. zu erwerbenden Qualifikation gefragt, um den (beruflichen) *Aufgaben gerecht werden* zu können (Output bzw. Outcome). Dabei spielt u.a. die Dynamisierung der Berufe und der Arbeitswelt eine Rolle, insbesondere auch der Prozess der Europäisierung von Bildung im Zusammenhang mit dem Bologna-Prozess und die Einführung eines Europäischen Qualifikationsrahmens für lebenslanges Lernen (EQR).

Eine wichtige Zielstellung der Einführung der Kompetenzkategorie und der Entwicklung von Qualifikationsrahmen ist die transparente, empirisch valide Erfassung individueller Lernergebnisse und die Entwicklung von Kategorien zur Vergleichbarkeit von Anforderungs- und Qualifikationsniveaus. Allerdings befindet sich die Klärung der kognitionspsychologischen und fachdidaktischen Grundlagen und die Entwicklung von Modellen und konkreten Technologien zur Messung von Kompetenzen noch relativ am Anfang (vgl. BMBF 2008).

Die Kompetenzkonzepte unterscheiden sich in der Praxis erheblich. Aufgrund der umgangssprachlichen Bedeutungsvielfalt des Kompetenzbegriffs, aber auch des unterschiedlichen Gebrauchs in wissenschaftlichen und politischen Kontexten wird es voraussichtlich keine einheitliche Begriffsdefinition geben. Insofern kommt es immer auf die Verständigung auf Arbeitsdefinitionen an, die für den konkreten Verwendungszusammenhang entwickelt werden.

So sind viele Kompetenzkonzeptionen in ihrer Systematik unmittelbar an den spezifischen Inhalten einer konkreten Beruflichkeit (Domänen) ausgerichtet und nur für sie anwendbar.

Eine Alternative zu den domänenspezifischen Kompetenzmodellen stellen funktional-strukturelle Kompetenzmodelle dar, wie sie etwa im EQR und im Deutschen Qualifikationsrahmen für lebenslanges Lernen (DQR) verwendet werden. Dabei werden funktionale bzw. strukturelle Kompetenzkategorien zunächst ohne inhaltlichen Bezug zu einer bestimmten fachlichen Domäne formuliert.

Der DQR unterscheidet zwei Kompetenzkategorien: „Fachkompetenz", unterteilt in „Wissen" und „Fertigkeiten" und „personale Kompetenzen", unterteilt in „Sozialkompetenz und Selbständigkeit". „Kompetenzen" meint hier

> „die Fähigkeit und Bereitschaft des Einzelnen, Kenntnisse und Fertigkeiten sowie persönliche, soziale und methodische Fähigkeiten zu nutzen und sich durchdacht sowie individuell und sozial verantwortlich zu verhalten. Kompetenz wird in diesem Sinne als umfassende Handlungskompetenz verstanden" (DQR 2011: 4).

Abbildung:

Niveauindikator			
Anforderungsstruktur			
Fachkompetenz		Personale Kompetenz	
Wissen	Fertigkeiten	Sozialkompetenz	Selbständigkeit
Tiefe und Breite	Instrumentelle und systematische Fertigkeiten, Beurteilungsfähigkeit	Team- /Führungsfähigkeit, Mitgestaltung und Kommunikation	Selbstständigkeit/ Verantwortung, Reflexivität und Lernkompetenz

Quelle: DQR 2011: 5

Diese funktionalen Kompetenzkategorien ermöglichen es grundsätzlich, berufliche Tätigkeiten wie auch Ausbildungsinhalte differenziert nach Fachkompetenz und personaler Kompetenz darzustellen. Der funktionale Ansatz ermöglicht eine horizontale Vergleichsmöglichkeit in der Darstellung in benachbarten Berufsfeldern bzw. Ausbildungsrichtungen. So lassen sich zu jedem Ausbildungsinhalt sowie zu jeder beruflichen Aufgabe Kriterien dafür benennen, welches Wissen und welche Fertigkeiten vermittelt bzw. erfordert werden, sowie für die Handlungsfähigkeit im sozialen Umfeld des Teams und der Organisation und im Blick auf Selbständigkeit, Reflexivität und eigene Lernfähigkeit.

Hinzu kommt die vertikale Differenzierung nach Niveaustufen. Dafür werden Niveauindikatoren für die Kompetenzkategorien beschrieben, die einer Anforderungsstruktur zugeordnet sind.

> „Die Anforderungsstruktur eines Lern- oder Arbeitsbereichs beinhaltet die entscheidenden Hinweise auf die Niveauzuordnung einer Qualifikation. Sie wird durch die Merkmale Komplexität, Dynamik, erforderliche Selbständigkeit und Innovationsfähigkeit beschrieben" (DQR 2011: 8).

Die Kompetenzkategorien bilden eine einheitliche Struktur für acht Niveaustufen. Das bedeutet: Je komplexer die Zusammenhänge im Aufgaben- bzw. Lernbereich sind, je stärker sie vorhersehbaren oder nicht vorhersehbaren Veränderungen unterliegen, Innovation und Selbstständigkeit erfordern, umso höher ist das Anforderungs- und Qualifikationsniveau und umgekehrt.

Insbesondere die Kategorie „Anforderungsstrukturen" kann hilfreich sein zur Erfassung und Beschreibung von Berufsbildern, die in ihrer Grundanlage nicht von einem eindeutigen Professionsbild ausgehen und in der beruflichen Praxis auf Vielschichtigkeit im Bedingungsgefüge und auf Vielfalt bei den Aufgaben angelegt sind, also insbesondere für Mitarbeiter/-innen in der evangelischen Arbeit mit Jugendlichen.

Berufliche Handlungskompetenzen in der evangelischen Jugendarbeit

Zur Verständigung über allgemein gültige Standards für die berufliche Tätigkeit in der evangelischen Arbeit mit Jugendlichen hat die aej im Jahr 2009 einen Diskussionsvorschlag unter der Überschrift „Kompetenzprofil für zukünftiges professionelles Handeln von Fachkräften in der evangelischen Kinder- und Jugendarbeit und zukünftige Anforderungen an die Aus- und Fortbildung" vorgestellt. Als Kompetenzbereiche werden hier genannt:

- *Verkündigung und Seelsorge:* Kompetenz in Theologie, Verkündigung, Seelsorge und Beratung ist die Fähigkeit, junge Menschen zum Glauben einzuladen, sie bei der Entwicklung einer glaubensbezogenen Lebenspraxis zu begleiten und eine kinder- und jugendbezogene Spiritualität zu fördern.
- *Rezeption und Anwendung von wissenschaftlichen Erkenntnissen:* Das beinhaltet fachliches Wissen aus den Human- und Sozialwissenschaften insbesondere bezogen auf den aktuellen Stand der Kinder- und Jugendforschung, der Kinder- und Jugendarbeit, der Pädagogik, der Sozialen Arbeit und der Theologie.
- *Persönlichkeit als Teil der Profession:* Personale Kompetenz beinhaltet die Fähigkeit zur Kommunikation mit unterschiedlichen Alters- und Zielgruppen. Dies verlangt Selbstbewusstsein und Selbstreflexivität, um mit unterschiedlichen, auch widersprüchlichen Rollenanforderungen und Konfliktkonstellationen umgehen und diese kontinuierlich und konstruktiv bearbeiten zu können.
- *Steuerung von Organisations- und Kommunikationsprozessen:* Managementkompetenz erfordert das Wissen über Steuerungsmechanismen und Strukturen in Organisationen. Sie erfordert die Organisation von Prozessen und Rahmenbedingungen, die gleichzeitig und korrelierend verlaufen. Weiter umfasst sie die Analyse, Organisation und Bearbeitung von komplexen Zusammenhängen und Anforderungen (vgl. aej 2010).

Diese vier übergreifenden Kompetenzen beschreiben wesentliche Inhaltsbereiche für das berufliche Handeln in evangelischer Jugendarbeit, die EKD-weit gelten sollen. Für die Weiterarbeit ergeben sich allerdings noch einige weiter zu bearbeitende Fragen: erstens nach dem theoretischen und konzeptionellen Hintergrund sowie der empirischen Basis für die Auswahl genau dieser Inhalte; zweitens nach Schnittmengen und Anschlussmöglichkeiten an verwandte Disziplinen bzw. berufliche Tätigkeitsfeldern in anderen sozialen, pädagogischen, kirchlichen Berufen; drittens nach Aussagen über Qualifikationsniveaus und Kriterien dafür und viertens nach der empirisch validen und transparenten Erfassbarkeit und Messbarkeit der genannten Kompetenzen.

Handlungsweisen und -ebenen

Zu einer empirisch validen Beschreibung typischer Profilmerkmale der beruflichen evangelischen Arbeit mit Jugendlichen bedürfte es einer entsprechenden Professionsforschung (vgl. Nittel 2011). Allerdings lassen sich – auch in Aufnahme des Diskussionsvorschlags der aej – über die Kompetenzmerkmale hinaus zentrale Handlungsweisen und Handlungsebenen benennen, die typisch sind:

Adressaten bzw. Teilnehmende: Die berufliche Arbeit von Jugendmitarbeiter/-innen richtet sich direkt oder indirekt an Menschen im Jugendalter, und zwar geht es dabei schwerpunktmäßig um pädagogisch intendierte Arbeit in und mit *Gruppen*; in Anleitungs-, Beratungs- oder Seelsorgesituationen auch mit *Einzelnen*. Zugleich geht es aber immer auch um die Arbeit mit Jugendlichen und Erwachsenen, die sich als Multiplikatoren/-innen in den Strukturen der Arbeit mit Jugendlichen für diese Arbeit beruflich oder ehrenamtlich engagieren.

Handlungsweisen: In der pädagogischen Arbeit mit Jugendlichen spielen im wesentlichen die Grundformen, die Hermann Giesecke bereits in den 1980er Jahren für das pädagogische Handeln beschrieben hat, eine wesentliche Rolle. So geht es immer mehr oder weniger um
- die Organisation und Durchführung von Lehr-/Lernsituationen (,Unterricht') als geplante „pädagogische Handlungsform, die nicht unmittelbar dem Alltagsleben verhaftet bleibt, sondern gerade in Distanz zu den Alltagsproblemen abläuft" (Giesecke 1987: 79),
- Klärung von Wissen und Verständnis von Zusammenhängen einschließlich der konkreten pädagogischen Prozesse (,Informieren'),
- ,Beratung' in Bezug auf unmittelbare Lebenszusammenhänge, wobei entscheidend ist, dass „es dem Ratsuchenden freisteht, den Rat anzunehmen oder zu verwerfen" und ihm/ihr „mehrere Möglichkeiten des Handelns" eröffnet werden (vgl. Giesecke 1987: 91),
- das Herstellen von Lernsituationen (,Arrangieren'), „wobei die Lernziele relativ präzise oder allgemein sein können" (Giesecke 1987: 95) und
- das Anregen und Motivieren (,Animieren') anderer, „in einer *gegebenen* Situation mögliche Lernchancen auch zu nutzen" (Giesecke 1987: 102).

Eine besondere Herausforderung der verbandlichen wie auch kirchlichen Jugendarbeit besteht im ,Animieren' und ,Arrangieren'. Denn Herstellen von Lernsituationen bedeutet in dieser Arbeit tatsächlich auch immer zugleich Gewinnen von Teilnehmenden, Aufbauen von Gruppen, das Entwickeln von Arbeitsformen und pädagogisch anregenden Settings. Offene Gruppenarbeit wie auch Projektarbeit kann vielfach nicht auf eine bereits vorhandene, dauerhaft existierende Form zurückgreifen und diese lediglich füllen, sondern arrangiert sie mit der Arbeit neu. Die konkreten Arrangements sind kaum institutionell gesetzt, dafür umso stärker von den handelnden Personen her bestimmt und in gleicher Weise auch wieder auflösbar.

Institutionelle Handlungsebenen: Berufliche Jugendmitarbeiter/-innen arbeiten auf
- der örtlichen Ebene in Ortsgruppen, Kirchengemeinden und Regionalgemeinden, bei Verbänden, Werken und Einrichtungen in konkreten Praxisfeldern,
- der mittleren funktionalen Ebene als Multiplikatoren/-innen, Fachberater/-innen, Fortbildner/-innen und Leitungsverantwortliche in Bildungseinrichtungen, Geschäfts- oder Arbeitsstellen von Dekanaten, Kirchenkreisen, Landkreisen oder Bezirken sowie in überörtlichen themen- bzw. aufgabenspezifischen Arbeitsstellen und Bildungseinrichtungen,
- Landeskirchen- oder Bundesland- sowie auf Bundes-Ebene in Geschäftsstellen der Kinder- und Jugendarbeit, von Werken und Verbänden sowie in Jugendbildungsstätten und Fort- und Weiterbildungseinrichtungen.

Kooperation und Vernetzung: Die berufliche Tätigkeit in evangelischer Jugendarbeit ist immer auch Querschnittsarbeit. Dazu gehört in personaler Hinsicht die *Zusammen-*

arbeit und Vernetzung mit Ehrenamtlichen und dem kollegialen Umfeld beruflicher Jugendmitarbeiter/-innen sowie anderen beruflichen Mitarbeitenden in Kirche, Jugendarbeit und Diakonie, mit Pfarrer/-innen, Gemeinde-, Sozial- und Religionspädagogen/-innen und weiteren beruflichen und ehrenamtlichen Mitarbeitenden im Zusammenhang von Bildung einschließlich Musik- und Kulturarbeit, Kinder- und Jugendhilfe, Jugendpolitik, Verkündigung und Diakonie.

In institutioneller Hinsicht gehört dazu *Netzwerkarbeit* in jugendverbandlichen und -politischen sowie kirchlichen Bezügen, im Sozialraum mit Schule und anderen formalen Bildungseinrichtungen, mit kirchlichen und nichtkirchlichen Bildungsakteuren in freier oder privater Trägerschaft sowie anderen Akteuren im Gemeinwesen, insbesondere in Kultur, Sozialer Arbeit, Religion, Wirtschaft und Politik.

Herausforderungen und Perspektiven

Ausbildungswege, Berufsstrukturen und Anstellungsträger
Im deutschlandweiten Vergleich gibt es keine einheitlichen bzw. vergleichbaren Ausbildungswege und Berufsstrukturen für die evangelische Arbeit mit Jugendlichen; auch die Qualifikationsniveaus variieren. Jugendmitarbeiter/-innen können Diakone/-innen oder Erzieher/-innen, Sozialpädagogen/-innen, Religionspädagogen/-innen oder Gemeindediakone/-innen sowie Sozial- und Religionspädagogen/-innen mit Doppelqualifizierung, CVJM-Sekretäre/-innen oder Kulturwissenschaftler/-innen mit pädagogischer oder/und kirchlicher Zusatzqualifikation u.v.m. sein. Jugendmitarbeiter/-innen können von Kirchengemeinden, Kirchenkreisen/Dekanaten, Landeskirchen, Bildungseinrichtungen, Vereinen, Verbänden und Werken angestellt werden. Die fachlichen Unterstützungs- und Steuerungsstrukturen sind ebenfalls unterschiedlich entwickelt.

Zukünftig wird die Vielfalt eher noch zunehmen. Aber um fachliche Qualität zu sichern und Fachkräfte zu gewinnen, ist eine Verständigung über fachliche Standards ebenso erforderlich wie die Entwicklung einer landeskirchenübergreifenden bzw. gesamtkirchlichen Systematik zur vergleichenden Darstellung beruflicher Tätigkeitsfelder und Ausbildungswege bzw. Qualifikationen für berufliche Arbeit mit Jugendlichen.

Gerade auf dem Hintergrund der für Jugendarbeit typischen wechselseitigen inhaltlichen und konzeptionellen Verschränkungen, von beruflichen Schnittmengen und Spezialisierungen pädagogischer Berufe im Bildungskontext, in Kirche, Diakonie und Sozialer Arbeit ist es unerlässlich, nach einer übergreifenden kompetenztheoretischen Systematik zu suchen. Dazu müssen die einzelnen kontextspezifischen Arbeitsdefinitionen in zusammenhängender Perspektive in den Blick genommen werden. Als Leit- bzw. Bezugsdisziplinen für berufliche Mitarbeitende in der evangelischen Arbeit mit Jugendlichen können etwa gelten: *Erziehungs- und Sozialwissenschaften (Sozialpädagogik und Soziale Arbeit), Bildungs-, Organisations- und Professionstheorie sowie Theologie und Religionspädagogik.* Die Aufzählung der Bezugsdisziplinen und relevanten Theorien macht die Vielzahl von Schnittmengen mit anderen Berufsprofilen deutlich. In der konkreten Praxis gibt es dabei durchaus weitere unterschiedliche Schwerpunktsetzungen und Kombinationen.

Für die Beschreibung der Berufsprofile und Kompetenzen beruflicher Mitarbeiter/-innen in der evangelischen Arbeit mit Jugendlichen könnte das Modell des DQR einen interessanten Rahmen darstellen. Allerdings steht der Prozess der Klärung und Darstellung von Berufsprofilen und Kompetenzen in zusammenhängender Perspektive noch ganz am Anfang. Im Sinne der Fachkräfteentwicklung mit einer Vielzahl horizontaler Berührungspunkte zu benachbarten Aus- und Weiterbildungen und beruflichen Tätigkeitsfeldern sowie einer sicherzustellenden Laufbahnentwicklung für Fachkräfte scheint dies allerdings nicht nur geraten und gewinnbringend, sondern dringend erforderlich. Denn zukünftig muss auch die evangelische Jugendarbeit immer besser plausibilisieren können, inwiefern eine berufliche Tätigkeit bei einem evangelischen Träger sinnvoll erscheint und welche Entwicklungsmöglichkeiten es gibt. Zugleich müssen Mitarbeitende wahrnehmen, beurteilen und ggf. auch transparent darstellen können, welche Qualifikationen und personalen Eigenschaften sie in die Lage versetzen, die an sie gestellten beruflichen Aufgaben zu bewältigen, und zwar auch in wechselseitigem Bezug zur Dimension des christlichen Glaubens.

Literatur

[aej] Arbeitsgemeinschaft der Evangelischen Jugend in Deutschland (2010): Kompetenzprofil für zukünftiges professionelles Handeln von Fachkräften in der evangelischen Kinder- und Jugendarbeit und zukünftige Anforderungen an die Aus- und Fortbildung. http://www.evangelische-jugend.de/fileadmin/ user_upload/aej/Mitarbeit/Downloads/100420_Kompetenzprofil.pdf [Zugriff: 21.12.2012]

[DQR] Arbeitskreis Deutscher Qualifikationsrahmen (2011): Deutscher Qualifikationsrahmen für lebenslanges Lernen verabschiedet vom Arbeitskreis Deutscher Qualifikationsrahmen (AK DQR) am 22. März 2011. http://www.deutscherqualifikationsrahmen.de [Zugriff: 21.12.2012]

[BMBF] Bundesministerium für Bildung und Forschung (2008): Kompetenzerfassung in pädagogischen Handlungsfeldern. Theorien, Konzepte, Methoden. Bildungsforschung, 26. Berlin: Bundesministerium.

Combe, Arno/Helsper, Werner (Hrsg.) (1997): Pädagogische Professionalität. Untersuchungen zum Typus pädagogischen Handelns. Frankfurt/M.: Suhrkamp.

Giesecke, Hermann (1987): Pädagogik als Beruf. Grundformen pädagogischen Handelns. Weinheim/München: Juventa.

Gnahs, Dieter (2007): Kompetenzen – Erwerb, Erfassung, Instrumente. Studientexte für Erwachsenenbildung. Bielefeld: Bertelsmann.

Nittel, Dieter (2011): Von der Profession zur sozialen Welt pädagogisch Tätiger? Vorarbeiten zu einer komparativ angelegten Empirie pädagogischer Arbeit. In: Zeitschrift für Pädagogik 57, Beiheft 57, S. 40–59.

Otto, Hans-Uwe/Rauschenbach, Thomas/Vogel, Peter (Hrsg.) (2002): Erziehungswissenschaft: Professionalität und Kompetenz. Erziehungswissenschaft in Studium und Beruf, 3. Opladen: Leske + Budrich.

Piroth, Nicole/Spenn, Matthias (2012): Gemeindepädagogische Professionalität: berufliche Kompetenzen und Aufgaben. In: Bubmann, P. u.a. (Hrsg.): Gemeindepägagogik. Berlin/Boston: De Gruyter, S. 297–323.

Klaus-Martin Ellerbrock

Jugendarbeit als kirchlicher Beruf

Jugendarbeit als Berufsfeld

Begrifflich leitet sich das Wort ‚Beruf' ursprünglich von der Vorstellung einer Berufung durch Gott ab, also einem ‚Gerufen sein' bzw. ‚Berufen sein' zu einer das Leben ausfüllenden regelmäßigen Tätigkeit, durchaus in religiösem Sinn. Diese ‚fromme' Auffassung des Berufs als göttliche Berufung wandelte sich im Laufe der Zeit zu einem säkularen Verständnis. Weltliche Herrscher beriefen Handwerker, Künstler und Gelehrte an ihre Höfe, Soldaten wurden und werden auch heute noch zur Armee sowie Professoren an Universitäten (ein)berufen.

Eine umfassende Definition von Beruf lautet:

> „Eine freie, möglichst kontinuierlich ausgeübte, vorwiegend auf Eignung und Neigung gegründete und spezialisierte sowie entgeltliche Dienstleistung, die als Funktion einer arbeitsteilig organisierten Wirtschaft der Befriedigung materieller oder geistiger Bedürfnisse dient" (Scharmann 1955: 37)

Wichtig ist darüber hinaus, dass heutige Berufe sich erwerbsorientiert in der Spannung zwischen Arbeitsplatzanbietenden und Arbeitsplatzsuchenden behaupten, auflösen oder neu entstehen. Die traditionelle Ausrichtung auf einen stabilen Lebensberuf mit geordneter Ausbildung, standardisierter Arbeitsteilung und regelmäßigem Entgelt gerät dabei zunehmend ins Abseits. Ein Arbeitsmarkt, der zunehmend eine Existenzsicherung durch ‚Jobs' anbietet, bevorzugt biografische Offenheit, örtliche und zeitliche Flexibilität und – mit jeder neuen Anstellung – eine umfassende Motivation für die jeweilige Aufgabe.

Ob dieser Wandel dazu führt, dass bestehende Arbeitsfelder generell nicht mehr funktions- und berufsorientiert, sondern ausschließlich prozessorientiert organisiert werden, ist offen. Dafür spricht die zunehmende Geldwertorientierung kapitalistischer Gesellschaften, dagegen die Nachhaltigkeitsperspektive sozialer Zivilgesellschaften.

Für pädagogische Berufe ist zudem wichtig, dass sie, wenn auch in jüngerer Zeit zunehmend, nur in Ausnahmen einer privatwirtschaftlichen Gewerbeorientierung unterliegen. Der Eintritt in, die Bedeutung von und die bestehende Hierarchisierung in pädagogischen Berufen insgesamt unterliegen weitreichenden gesetzlichen Regelungen und institutionellen Bestimmungen. Dabei ist besonders auch im kirchlichen Bereich die Abgrenzung zwischen Angestelltenverhältnis und Beamtentum wichtig. Das Maß der Institutionalisierung, Verrechtlichung und Formalisierung ist in der Schule und öffentlichen Sozialverwaltung viel stärker ausgeprägt als im ohnehin offenen Feld der verbandlichen Jugendarbeit. Dies gilt insbesondere für kirchliche Träger, da diese sich an eigenständiger Ehrenamtlichkeit als Leitungsprinzip orientieren.

Vergleicht man die derzeitige Situation an der Schule tätiger Lehrer/-innen mit beim Jugendamt einer Stadt oder in der offenen Arbeit einer Kirchengemeinde angestellten Diplom-Sozialpädagogen/-innen, so wird deutlich, dass es den Anstellungsträgern bislang nicht gelungen ist, die erneuernden und positiven Potenziale der Jugendarbeit in spezifische und dauerhafte Strukturen sowie ausgewogene berufliche Arbeitsvorgaben – eben in ein durchgängiges allgemeines Profil beruflich jugendpädagogischer Arbeit – umzusetzen.

Einen Berufsverband oder eine Berufsordnung ‚Jugendarbeiter/-innen in der Kirche' gibt es nicht. Deshalb ist es auch eher angebracht, von Beruflichkeit in der Jugendarbeit bzw. beruflichem pädagogischem Handeln in der evangelischen Arbeit mit Kindern und Jugendlichen zu sprechen.

Jugendarbeit

Jugendarbeit sollte entsprechend den heutigen gesellschaftlichen Rahmenbedingungen im Wesentlichen Sache von Jugendlichen selbst sein. Dahinter steht die Erkenntnis, dass in differenzierten Gesellschaften nahtlose Übergänge zwischen den einzelnen Phasen im Lebenslauf nicht möglich sind. Modernes Leben ist komplex und variabel, es kann sich nicht mehr an vorgegebene Strukturen anlehnen oder in diese einpassen, weil es diese gesellschaftlich strukturierten Normen nicht mehr gibt. In der modernen Gesellschaft ist die jeweils nachfolgende Generation auf individuelle Begleitung und Unterstützung angewiesen. Organisierte Jugendarbeit zielt damit in erster Linie auf informelle Peer-to-Peer-Prozesse in und außerhalb schulischen Lebens ab.

Diese Zielvorstellung von der unabdingbaren Begleitung jugendlicher Entwicklung wurde bereits in den 1920er Jahren gesetzlich normiert und schrittweise durch private und öffentliche Organisationen weiter entwickelt. Das heutige Arbeitsfeld der Jugendhilfe geht in seinem Teilbereich der außerschulischen Jugendarbeit und Jugendbildung von einer freiwilligen Teilnahme und selbstbestimmten Organisation der ihr angehörenden Kinder und Jugendlichen aus. Grundlegendes Ziel ist dabei das Einfinden der Jugend in die Bedingungen des Erwachsenseins einer demokratischen Zivilgesellschaft. Ein wichtiges Prinzip ist dabei die Förderung der Partizipation in individuellen und gesellschaftlichen Belangen.

Im Zuge einer weitergehenden Institutionalisierung und Expansion außerschulischer Jugendarbeit als Teil der Jugendhilfe begann auch die Debatte über die persönliche Eignung, notwendige Ausbildung und Fachlichkeit der in ihr tätigen beruflich pädagogisch Mitarbeitenden (vgl. Müller u.a. 1965). Die Konzepte sind dabei sehr unterschiedlich, je nach Träger, der gesellschaftlichen Situation und den aktuellen Interessen und Bedürfnissen der Jugendlichen.

Neben sozialpolitischen und demokratietheoretischen Ausrichtungen ist für evangelische Jugendarbeit die Begleitung einer glaubensbezogenen christlichen Lebenspraxis und Förderung von jugendlicher Spiritualität wichtig. „Die von Gott geschenkte, *gleiche* Würde für *alle* Menschen ist dabei Ausgangs- und Zielpunkt ihres Wirkens" (aej 2010: 1). Eine besondere Bedingung evangelischer Jugendarbeit ist, dass sie zugleich selbstorganisiert-verbandlich als auch kirchlich verfasst und verortet ist. Das hat Konsequenzen für das Profil, die Bedingungen und Inhalte beruflicher pädagogischer Arbeit.

Profile beruflich pädagogischer Jugendarbeit

Von einer eindeutigen kirchlichen Identität beruflicher pädagogischer Jugendarbeit im engeren Sinne kann nicht gesprochen werden. Zu unterschiedlich sind die mit der jeweiligen kirchlichen und/oder jugendverbandlichen Ausrichtung verbundenen Anstellungsbedingungen und Zielsetzungen.

So kann zum Beispiel die Tätigkeit eines gemeindlichen Jugendreferenten sowohl die Leitung eines öffentlich geförderten Jugendhauses als auch die Begleitung kirchlicher Jugendgruppenarbeit beinhalten. Oder – je nach Tradition – gehören zur kirchlichen Jugendarbeit diakonisches Engagement für den die Gemeinde umgebenden Sozialraum oder vorrangig missionarische Angebote.

Nach ihrem Beruf gefragt würden wohl die in diesem Bereich pädagogisch Tätigen in der Regel antworten, dass sie Erzieher/-in, Diplom-Sozialpädagogen/-in oder Diplom-Sozialarbeiter/-in, Diakon/-in, Gemeindepädagoge/-in, Diplom-Pädagoge/-in, Diplom-Religionspädagog-e/-in, Lehrer/-in, Verbandssekretär/-in oder Pfarrer/-in seien. Kirchliche Jugendarbeit wird in erster Linie als Berufsrolle eines weltlichen Berufs ausgeübt oder ist Bestandteil eines anderen kirchlichen Berufs.

Neben der *Vielfalt der professionellen Qualifikationen* verhindert die gesellschaftliche Orientierung an Selbstorganisation und Freiwilligkeit der Jugendarbeit eine in diesem Sinne vorschnelle Institutionalisierung und Festschreibung beruflicher Arbeit. Leitendes Motiv evangelischer Jugendarbeit ist eben eine grundlegende Orientierung an den Potenzialen des freiwilligen Engagements. Jugendarbeit soll Experiment, Versuch und Auseinandersetzung sein, nicht in erster Linie ein durch Erwachsene bestimmter professionell ausgestalteter Schutz- bzw. Entwicklungsraum.

Deshalb gibt es auch keine charakteristischen allgemein verbindlichen Profile des notwendigen Wissens und Könnens für die jeweiligen Anteile beruflicher Tätigkeit in evangelischer Jugendarbeit. Was es allerdings gibt, sind Vorstellungen zum Arbeitsfeld allgemein und dem damit verbunden professionellem Handeln von Fachkräften im Besonderen (vgl. aej 2010).

So zeigt und festigt sich die Fachlichkeit beruflichen Handelns in der Jugendarbeit auf drei Ebenen:
- pädagogisch in erster Linie mit den teilnehmenden Kindern und Jugendlichen,
- inhaltlich in Bezug auf das Wertesystem des Anstellungsträgers,
- formal im Einklang mit den Bedingungen des (zumeist öffentlichen) Fördermittelgebers bzw. im Rahmen des Kinder- und Jugendhilfegesetzes (SGB VIII).

Ein Ausweis für die pädagogische Fachlichkeit evangelischer Jugendarbeit ist z.B. die Ausrichtung am Konzept subjektorientierter Jugendarbeit. Diese hat zum Ziel, „Jugendliche mit dem Wissen und den Fähigkeiten auszustatten, die sie für eine Bewältigung der alterstypischen Entwicklungsaufgaben benötigen" (Scherr 2003: 144) und zielt darauf ab, „Selbstachtung, Selbstwertgefühl und Selbstbewusstsein zu stärken sowie zur Entwicklung selbstbestimmter Handlungs- und Reflexionsfähigkeit beizutragen" (Scherr 2003: 147f.).

Aus Perspektive evangelischer Praxis kann der folgende Gedanke als leitend gelten: „Wir sprechen von Kommunikation des Evangeliums und nicht von ‚Verkündigung' oder ‚Predigt', weil der Begriff das prinzipielle Dialogische des gemeinten Vorgangs akzentuiert" (Lange 1964). Gleichberechtigte Kommunikation ist das Medium, in dem Christus seine Herrschaft ausübt (vgl. Lange 1964).

Die *formalen Kriterien* beruflicher Jugendarbeit richten sich in erster Linie nach den höchst unterschiedlichen Anstellungsbedingungen, nach vorhandenen finanziellen Ressourcen und der Tradition des Trägers. So kann als Ausbildung eine längere ehrenamtliche Erfahrung gekoppelt mit einer Jugendleiterschulung ausreichend sein, während bei einem anderen Träger für die Anstellung ein doppelter Hochschulabschluss nebst absolvierter Fortbildung in den ersten Berufsjahren nicht hinreichend erscheinen. Für die Dauer der Anstellung reicht die Spannbreite von Beschäftigung auf Honorarbasis, Teilbeschäftigung und Befristung von einem Jahr bis hin zu unbefristeter Beschäftigung mit langer Verweildauer im selben Tätigkeitsfeld. Auch beim Entgelt reichen die Verhältnisse von prekär, weil nicht existenzsichernd, bis angemessen. Allerdings gibt es keine zuverlässigen landeskirchlichen oder gar EKD-weiten Daten zur beruflichen Jugendarbeit.

Sehen und gesehen werden

Das dynamische Dreiecksverhältnis beruflicher Jugendarbeit zwischen Autonomiestreben Heranwachsender, gesellschaftlichem Eingliederungsanspruch und kirchlicher Wertorientierung findet seinen konkreten Ausdruck in den bestehenden Handlungsspielräumen zwischen Stellensuchenden und Stellenanbietenden.

Die beruflichen pädagogischen Mitarbeitenden sind dabei auf das vorhandenen Stellenangebot und die damit verbundenen Anforderungen angewiesen. Nur wenn sie die mit den Aufgabenstellungen verbunden Fähigkeiten, Kenntnisse und persönlichen Anforderungen kennen, haben sie Aussicht auf eine gelingende Berufstätigkeit.

Die Träger sind dabei auf eine gute Darstellung ihrer Handlungs- und Arbeitsfelder angewiesen, wenn sie die zu ihnen wirklich passenden Mitarbeitenden finden wollen. Berufliche pädagogische Arbeit gelingt nicht allein aufgrund eines formalen Beschäftigungsverhältnisses, sondern erfordert ein reales Maß an Zielübereinstimmung von Träger und Fachkraft.

Beruflichkeit in der evangelischen Jugendarbeit kann in diesem Sinne durch die vorhandenen Fort- und Weiterbildungseinrichtungen dadurch unterstützt und begleitet werden, dass in den ersten Berufsjahren
- Unterstützung beim Einstieg in die aktive Berufstätigkeit durch beratende, informierende und reflektierende Angebote erfolgt,
- die Vermittlung der besonderen Voraussetzungen, Rahmenbedingungen und Anforderungen kirchlicher Arbeit sicher gestellt ist,
- Hilfestellung zur beruflichen Identität, Rollenfindung und Teamfähigkeit geleistet wird,
- die Erarbeitung tragfähiger Konzepte für die Arbeit angestoßen wird.

Zur Ausübung von Beruflichkeit
- eine Spezialisierung der allgemeinen pädagogischen Grundqualifikation auf das jeweilige Arbeitsfeld vorgenommen wird,
- eine stetige Erweiterung der Fach-, Methoden- und Sozialkompetenz unterstützt wird,
- die kritische Reflexion der eigenen Praxis begleitet wird,
- Teilnahme am aktuellen (wissenschaftlichen) Fachdiskurs möglich ist,
- durch Angebote der Regeneration dem Druck des Arbeitsalltags standgehalten werden kann.

Über die Jugendarbeit hinaus
- die Anschlussmöglichkeit an gemeindepädagogische oder diakonische Professionen aufrechterhalten wird,
- Umstiegsmöglichkeiten in anderer pädagogische Arbeitsfelder offen gehalten werden. (vgl. EKIR 1998, 62f.).

Die weiterführende Diskussion zur beruflichen Fachlichkeit der in der Kinder- und Jugendhilfe Tätigen geht allerdings über den konkreten Arbeitsplatzbezug hinaus, sie betrifft die Zukunft des gesamten Bildungswesens unserer Gesellschaft. In dieser Debatte stehen die Fragen nach den *Auswirkungen des demografischen Wandels* und der damit verbundenen längeren Lebensarbeitszeit, dem eher biografisch als institutionell verankertem ‚Lebenslangen Lernen' und der Europäisierung bestehender Ausbildungen (modular und mit gestuften Abschlüssen) im Vordergrund.

Evangelische Jugendarbeit hat in den *ehrenamtlich engagierten Mitarbeitenden* ein großes Potenzial für die Gewinnung zukünftiger beruflicher Fachkräfte (vgl. AKJStat 2010: 22f.). Angesichts der schärfer werdenden Konkurrenz im Ausbildungs- und Stellenmarkt könnte die evangelische Jugendarbeit jedoch aufgrund des Fehlens attraktiver Bedingungen für junge Fachkräfte auch leer ausgehen.

Literatur

[aej] Arbeitsgemeinschaft der Evangelischen Jugend in Deutschland (2010): Kompetenzprofil für zukünftiges professionelles Handeln von Fachkräften in der evangelischen Kinder- und Jugendarbeit und zukünftige Anforderungen an die Aus- und Fortbildung. Hannover: Arbeitsgemeinschaft der Evangelischen Jugend in Deutschland. http://www.evangelische-jugend.de/fileadmin/user_upload/aej/Mitarbeit/Downloads/100420_Kompetenzprofil.pdf [Zugriff: 18.12.2012].

[AGJ] Arbeitsgemeinschaft für Kinder- und Jugendhilfe (2007): Die Fachlichkeit der Kinder- und Jugendhilfe sichern – Fort- und Weiterbildung qualifizieren. Empfehlung. Berlin: Arbeitsgemeinschaft für Kinder- und Jugendhilfe.http://www.agj.de/fileadmin/files/positionen/2007/Fachlichkeit %20_Kinder _und_Jugendhilfe.pdf [Zugriff: 18.12.2012].

[AKJStat] Arbeitsstelle Kinder- und Jugendhilfestatistik (2011): Kommentierte Daten der Kinder- und Jugendhilfe, Informationsdienst der Arbeitsstelle Kinder- und Jugendhilfestatistik, Heft 1 und 2.

[EKiR] Evangelische Kirche im Rheinland (1998): Kirchliches Amtsblatt der Evangelischen Kirche im Rheinland 3, S. 62–65. http://www.kirchenrecht-ekir.de/kabl/9401.pdf [Zugriff: 21.12.2012]

Lange, Ernst (1964): Bilanz – Rechenschaftsbericht über die Praxis der „Ladenkirche" in der Gemeinde Berlin-Spandau, Brunsbüttlerdamm. In: Theologische Realenzyklopädie 1990, Band 19. Berlin, S. 388.

Müller, Carl Wolfgang/Kentler, Helmut/Mollenhauer, Klaus/Giesecke, Hermann (1965): Was ist Jugendarbeit? – Vier Versuche zur Jugendarbeit. München: Juventa.

Scharmann, Theodor (1955): Arbeit und Beruf. Eine soziologische und psychologische Untersuchung über die heutige Berufssituation. Tübingen: Mohr.

Scherr, Albert (2003): Subjektorientierung – eine Antwort auf die Identitätsdiffusion der Jugendarbeit. In: Rauschenbach, T./Düx, W./Saas, E (Hrsg.): Kinder- und Jugendarbeit – Wege in die Zukunft. Weinheim/München: Juventa, S. 139–152.

Cornelia Coenen-Marx

Zusammenarbeit unterschiedlicher Professionen

Die evangelische Arbeit mit Jugendlichen ist auf die Zusammenarbeit unterschiedlicher Professionen angewiesen. Der Erhalt der professionellen Vielfalt und die Stärkung professioneller Kooperation bedürfen der Planung im Blick auf Bildungsprozesse wie Anstellungsverhältnisse. Die Tragkraft einer geschwisterlichen Kirche kann in der unmittelbaren Zusammenarbeit erfahren und eingeübt werden.

Unterschiedliche Beschäftigungsverhältnisse

Im Jahr 1987 erschien im Handbuch der Praktischen Theologie ein Beitrag über die Katecheten- und Gemeindepädagogen-Ausbildung in der damaligen DDR (vgl. Vogler 1987: 274). Der Autor stellt seine Überlegungen in den gesamtkirchlichen Kontext einer schrumpfenden Kirche in einem säkularisierten gesellschaftlichen System. Die Frage nach Relevanz und Identität der Kirche besonders bei jungen Menschen müsse immer neu praktisch und damit gesellschaftspolitisch durchgestanden werden. Gerade für den „katechetischen Mitarbeiter" stelle sich die derzeitige Situation durchaus herausfordernd dar, sein Selbstverständnis sei angefragt.

> „Da er im Gegensatz zum Pfarrer Angestellter auf Gemeinde- bzw. Kirchenkreisebene ist, die Geldnot der Kirche aber gerade hier immer wieder am ehesten zu Stellenstreichungen führt, wird seine soziale Stellung – im Vergleich zum gleichen Einsatz beim Pfarrer – als zu unterschiedlich, ungerecht und ungesichert empfunden" (Vogler 1987: 275).

In Aufnahme und Abwandlung der bestehenden Berufszweige hat Vogler damals eine umfassende Neuordnung vorgeschlagen. Für die Zukunft war an „vier Grundtypen kirchlicher Mitarbeiter" gedacht: Gemeindetheologen, Gemeindepädagogen, Gemeindefürsorger und Gemeindemusiker. Alle vier Grundtypen sollten sowohl eine pastorale Grundfunktion als auch eine Spezialfunktion vor Ort und in der Region wahrnehmen. So sollte sich in den Regionen ein Netz von Bezugspunkten kirchlich Mitarbeitender mit unterschiedlichen Professionen entwickeln, die die Kirche in der Diasporasituation als Ansprechpartner/-innen repräsentieren, Ehrenamtliche unterstützen und darüber hinaus auf ihrem je eigenen Fachgebiet zu Bildung, Diakonie und Kirchenmusik beitragen.

> „Für die Ausbildung bedeutet dies, dass der neue Mitarbeiter in den vier Richtungen neben seiner Spezialausbildung eine pastorale Grundausbildung benötigt. Er muss zur Kommunikations-, Hör-, Gesprächs- und Kooperationsfähigkeit ausgebildet werden" (Vogler 1987: 278).

Auch wenn ähnliche Modelle in den Gliedkirchen der Evangelischen Kirche in Deutschland (EKD) in der Bundesrepublik unter dem Stichwort ‚Geteiltes Amt' ebenfalls diskutiert wurden, haben sie sich über einzelne Experimente hinaus nicht durchsetzen können und nach der friedlichen Revolution weiter an Boden verloren. 25 Jahre später stehen im Mittelpunkt der Reformdiskussionen Überlegungen zum Pfarramt der

Zukunft wie zur wachsenden Bedeutung ehrenamtlicher Mitarbeit (vgl. Karle 2010). Nach wie vor ist die Situation anderer, hauptamtlicher Berufsgruppen in der Kirche im Vergleich zum Pfarramt ungesichert.

Angesichts des demografischen Wandels sind Mitarbeiter/-innen in der Jugendarbeit besonders von Veränderungsprozessen betroffen: teils auf Gemeinde-, teils auf Kirchenkreisebene oder bei Vereinen und Verbänden angestellt, mit unterschiedlichen Anstellungsvoraussetzungen je nach Landeskirche, erleben sie zum einen eine Verdichtung ihrer Arbeit im Kontext der Bündelung unterschiedlicher Arbeitsfelder, zum anderen wachsende Erwartungen im Blick auf Kompetenzen und Kooperationen, während zugleich die Anzahl der Teilzeitbeschäftigungen oder Zeitverträge wächst. Diese Ausgangslage erschwert die Möglichkeit, eine produktive interprofessionelle Zusammenarbeit und das dafür notwendige Vertrauen aufzubauen.

Während allerdings die Zahl der Mitarbeiterstellen in der verfassten Kirche sinkt, steigt sie in der Diakonie. Sozialpädagogen/-innen und Sozialarbeiter/-innen, Erzieher/-innen und Diakon/-innen finden in der Kinder-, Jugend- und Familienhilfe der diakonischen Einrichtungen und Dienste nach wie vor attraktive Stellen. Nicht nur die Zusammenarbeit von Kirche und Diakonie, sondern auch das Aufrechterhalten einer beruflichen Qualifikation, die Mitarbeitenden auf beiden Märkten und Arbeitsfeldern Chancen eröffnet, ist deshalb ein Zukunftsthema für Ausbildungsstätten in Kirche und Diakonie und die Gremien, die über Anstellungskriterien entscheiden. Dabei ist eine Doppelqualifikation, die neben der fachlichen die theologisch-kirchliche Perspektive stärkt, auch in diakonischen Arbeitsfeldern wünschenswert. Sie wird jedoch, auch vor dem Hintergrund der Finanzierung aus kommunalen oder Sozialversicherungsquellen, tariflich nicht wertgeschätzt.

Differenzierte Professionalität

Die Frage nach Identität und Relevanz der Kirche entscheidet sich zum einen an ihrer Auftragsgewissheit und geistlichen Tiefenschärfe, zum anderen aber an der Differenziertheit, mit der sie gesellschaftliche Veränderungsprozesse wahrnimmt und angemessene, zielgruppenspezifische Antworten darauf entwickelt – in Seelsorge und Gottesdienst wie in Bildungsarbeit und Diakonie. Es ist deshalb problematisch, wenn Veränderungs- und Einsparprozesse wesentlich auf Kosten beruflicher Mitarbeiter/-innen und ihrer Stellen gehen. Um angemessene Antworten auf den demografischen Wandel, die wachsende soziale und kulturelle Pluralität, Migration oder Religionswandel und andere Transformationsprozesse zu finden, braucht die Kirche sozialwissenschaftliche wie (religions-)pädagogische, aber auch pflegerische Professionalität.

Dabei wird nicht erst im Kontext der Studienreform nach Bologna deutlich, dass die Berufsgruppen und Berufswege horizontal wie vertikal durchlässiger werden und werden müssen. Das gilt innerhalb der Berufsgruppen wie z.B. bei Erzieher/-innen und Sozialpädagogen/-innen in aufeinander aufbauenden Stufen von der Ausbildung bis zum Studienabschluss, aber auch zwischen den Berufsgruppen, wenn man etwa auf das Verhältnis von Grundqualifikationen und Spezialisierung schaut. So reagieren bereits einige Kirchen auf die Entwicklung von Tageseinrichtungen für Kinder zu Familienzentren, indem sie Jugendmitarbeiter/-innen für die Arbeit mit Familien weiterqualifizieren. Ähnlich wie in der Pflege könnte auch in der Bildungsarbeit einer gemeinsamen (sozial)pädagogischen

Grundqualifikation mit unterschiedlichen Aufbaustudiengängen für die Arbeit mit Kindern und Jugendlichen, Familien oder Älteren die Zukunft gehören.

Angesichts der starken gesellschaftlichen wie kirchlichen Veränderungsdynamik, aber auch auf dem Hintergrund der Umbrüche in der Bildungslandschaft, nimmt derzeit die Vielfalt der Bildungsgänge in Sozialpädagogik und Sozialarbeit, Religions- und Gemeindepädagogik rasant zu. Neue Studiengänge entstehen insbesondere in der Kombination von Human-, Sozial- und Wirtschaftswissenschaften wie auch in besonderen Handlungsfeldern wie Quartiersarbeit und Gemeinwesendiakonie. Zugleich ist zu erkennen, dass trotz aller Unterschiede in den verschiedenen Handlungsfeldern ähnliche Kompetenzen erforderlich sind: Projekt- und Qualitätsmanagement, strategisches Denken und wirtschaftliche Methoden, aber auch die Zusammenarbeit mit Angehörigen oder Freiwilligen sind in allen Ausbildungsgängen und Arbeitsfeldern zunehmend gefragt. Auf diesem Hintergrund hat die EKD 2011 eine Ad-hoc-Kommission für diakonische und gemeindepädagogische Berufsprofile eingesetzt, um einen gemeinsamen Rahmen für die EKD-weit anschlussfähige und vergleichbare Darstellung und Entwicklung von Ausbildungs- und Studiengängen sowie Berufsprofilen in Diakonie und Gemeindepädagogik zu entwickeln.

Vernetzung und Kooperationsfähigkeit

Gerade die Veränderung der Lebenssituation von Kindern und Jugendlichen verlangt neue, arbeitsfeld- und berufsgruppenüberschreitende Vernetzungen. Angesichts der Entwicklung des gegliederten Schulwesens in Deutschland hin zu Ganztagsschulen mit integrativen bzw. inklusiven Bildungsgängen wird eine neue Zusammenarbeit von formalen und non-formalen Bildungsbereichen notwendig: schulische Arbeitsgemeinschaften am Nachmittag oder Einkehr- und Studientage zur ethischen bzw. religiösen Orientierung können durchaus in Zusammenarbeit mit der kirchlichen Jugendarbeit stattfinden. Zwischen Schule und Ausbildung wird Berufscoaching gemeinsam mit der Kinder- und Jugendhilfe diakonischer Träger angeboten. Tageseinrichtungen für Kinder vernetzen sich mit Familienbildungsstätten und Beratungsstellen zu Familienzentren. Evangelische Kinder- und Jugendarbeit baut Brücken zu Einrichtungen der Altenhilfe. Und Netze ‚Früher Hilfen' werden zwischen Einrichtungen der Kinder- und Jugendhilfe, Hebammen und Hausärzten geknüpft. In dem Maße, in dem die Versäulung unseres Sozial- und Bildungssystems aufgebrochen wird, ist bereichs- und berufsgruppenübergreifende Kooperationsfähigkeit gefragt.

Wenn die Kirche die Chancen, die in dieser Entwicklung liegen, nutzen und gestalten wollen, wird eine gute Zusammenarbeit zwischen Kirchengemeinden und Diakonischen Einrichtungen und anderen sozialen Diensten immer wichtiger. Die zunehmende Ambulantisierung der Jugend-, Alten- und Behindertenhilfe bringt die Spezialdienste in die Gemeinden zurück, die Entwicklung von Tageseinrichtungen zu Familienzentren oder die Organisation von Mehrgenerationenhäusern kann nur gelingen, wenn unterschiedliche Träger in diesem Bereich kooperieren – ganz ähnlich wie die Quartiersarbeit in benachteiligten Stadtteilen. In einigen dieser Felder sind Kirche und Diakonie bislang unterrepräsentiert. Das hängt auch damit zusammen, dass spezifische Kompetenzen notwendig sind, um Prozesse der Sozialplanung zu gestalten. Professionelle Sozialarbeiter/-innen, Sozial- und Gemeindepädagogen/-innen bringen diese Kompetenzen mit und können damit Brücken bauen zwischen Gemeinden und anderen Trägern. Wenn Gemeinden oder Kirchenkreise gerade hier einsparen, geht damit zugleich gesellschaftliches Wissen verloren.

Kirchengemeinden stehen vor der Herausforderung, gesellschaftliche Prozesse qualifiziert wahrzunehmen, so dass die Anschlussfähigkeit der Gemeinde an den sozialen Wandel erhalten bleibt, zugleich aber die eigenen Quellen und den biblischen Auftrag so zu verstehen, dass deren Relevanz für das gesellschaftliche Handeln deutlich wird. Eine grundständig erworbene doppelte Qualifikation, wie sie in der Regel zur Ausbildung von Diakon/-innen gehört, ist deshalb besonders hilfreich – aber auch Angebote der Aus-, Fort- und Weiterbildung können die entsprechenden Kompetenzen vermitteln. Ebenso wichtig ist aber die sozial- und gesellschaftspolitische Kompetenz von Pfarrer/-innen und anderen Mitarbeitenden in Kirchengemeinden und Kirchenkreisen. Die zu Beginn zitierte Konzeption des DDR-Kirchenbundes hatte beides im Blick, wenn sie betonte, dass alle Mitarbeitenden gemeinsame und je spezifische Kompetenzen brauchen.

Professionen im Berufsfeld und Ämter in der Kirche

Mit dem Begriff ‚Profession' werden traditionell Berufsgruppen bezeichnet, die – nicht ohne Gegenleistungen – mit einem besonderen gesellschaftlichen Status verbunden sind. Neben Ärzten gehören Rechtsanwälte und auch Pfarrer zu den ‚klassischen Professionen'. Für die Zusage verlässlicher und auch am Gemeinwohl orientierter Dienste genießen sie die Vorteile einer vergleichsweise hohen Autonomie und Selbstregulierung, z.B. in der Aus-, Weiter-, Fortbildung ihrer Mitglieder oder eigene Berufsgerichte. Die Mitglieder der Professionen haben eine soziale Rolle, die über die ökonomischen Interessen weit hinausgehen (vgl. zum Gesamtzusammenhang Nittel 2011). In diesem Sinn sind im vorigen oder vorletzten Jahrhundert entstandene Berufsgruppen wie Sozialarbeiter/-innen oder Pflegekräfte keine 'klassischen' Professionen, auch wenn sie diesen Status seit den 1970er Jahren für sich anstreben. Die Kriterien Autonomie und Selbstregulierung, die unabhängige Festlegung fachlicher Standards, Sanktionsmöglichkeiten innerhalb der Berufsgruppe und gesellschaftliche Anerkennung gelten etwa für Sozialarbeit und Sozialpädagogik nur eingeschränkt, auch wenn ihre beruflichen Aufgaben hohe Professionalität erfordern. Für sie bedarf es weiterhin einer Klärung des gemeinsamen beruflichen Selbstverständnisses in unterschiedlichen Anstellungsverhältnissen sowie einer stärkeren Verknüpfung von Wissenschaft und Praxis und in jedem Fall wissenschaftlicher Abschlüsse.

Im Kontext der Kirche wird die Unterschiedlichkeit des professionellen Status durch Hierarchien im Amtsverständnis verstärkt. Dabei wird der professionelle Status der Pfarrer/-innen durch die besondere Bedeutung der Ordination gegenüber der Einsegnung von Diakon/-innen und der bloßen – gelegentlich sogar fehlenden – Einführung von anderen Mitarbeitenden unterstrichen. Hinzu kommt die Unterschiedlichkeit zwischen öffentlich-rechtlichen und privatrechtlichen Anstellungsverhältnissen und den damit verbundenen Perspektiven. Dass Pfarrer/-innen häufig Führungs- und Leitungsaufgaben übernehmen und damit auch formal in der übergeordneten Position sind, entspricht dem vergleichsweise hohen Ausbildungsstandard, der gesicherten Position und dem institutionellen Amtsverständnis. Auch multiprofessionelle Teams in der Kirche arbeiten häufig unter Leitung von Pfarrer/-innen. Die damit verbundenen Hierarchieerfahrungen können eine Zusammenarbeit auf Augenhöhe erschweren. Dazu braucht es die Bereitschaft, die Fachlichkeit der Kooperationspartner anzuerkennen, ihre spezifische Perspektive und Weltsicht wahrzunehmen, Unterschiede zu respektieren und die Professionalität anderer zu fördern.

Das jedenfalls ist gemeint mit der „Gemeinde von Schwestern und Brüdern", von der die Barmer Theologische Erklärung in den Thesen III und IV bekennt, sie kenne keine Herrschaft der einen über die anderen, sondern lediglich den gemeinsamen, der ganzen Gemeinde anvertrauten Dienst (vgl. Burgsmüller 1984). Die Zielvorstellung von Dienstgemeinschaft, die die Barmer Erklärung prägt und weit darüber hinaus bis ins Tarifrecht gewirkt hat, impliziert die Anerkennung der Vielfalt unterschiedlicher Gaben, Kompetenzen und Erfahrungen über die Grenzen von Berufs- und Altersgruppen, Herkunft und Geschlechtern hinaus.

Neben Neugier und Offenheit braucht es dazu gemeinsame Ziele und Interessen, aber auch die Bereitschaft, auf die Kenntnis und Perspektiven anderer zu hören. Dabei ist es entscheidend, ob die Partner – über die beruflichen Unterschiede hinweg – eine gemeinsame Basis entwickeln.

Anforderungen an eine wachsende professionelle Zusammenarbeit

Wie lassen sich nun die gemeinsame Basis und das Verständnis für die unterschiedliche Fachlichkeit und Perspektive der Anderen strukturell fördern? Gemeinsame Kurse und Module in der Fort- und Weiterbildung, Kooperationen in der Aus-, Fort- und Weiterbildung von Pfarrer/-innen mit Mitarbeitenden in der Jugend- und Bildungsarbeit können entscheidend dazu beitragen. Das gilt sowohl für die Bearbeitung aktueller Herausforderungen im Handlungsfeld wie z.B. in der Arbeit mit Familien oder bei der Zusammenarbeit zwischen Kulturen und Religionen, es gilt aber auch für entscheidende Phasen der beruflichen Situation wie Vikariat und Anerkennungsjahr oder die Fortbildung in den ersten Amtsjahren. Die organisationelle Zusammenarbeit von Predigerseminaren und Pastoralkollegs mit den Fort- und Weiterbildungsprogrammen für Mitarbeitende in der Jugendarbeit, aber auch mit Fachhochschulen muss deshalb weiter entwickelt werden. Aber auch bei Masterstudiengängen an Evangelischen Hochschulen ist eine stärkere Verzahnung mit Theologischen Fakultäten und kirchlichen Hochschulen wünschenswert. Das gilt insbesondere im Blick auf die Diakoniewissenschaften. Angesichts der demografischen und finanziellen Situation, aber besonders auch aus inhaltlichen Gründen werden Projekte von und mit Freiwilligen an Bedeutung zunehmen. Dazu sind Weiterbildungskurse im professionellen Ehrenamtsmanagement erforderlich. Dabei zeigen sich die Chancen gemeinsamen Lernens der unterschiedlichen Berufsgruppen sehr deutlich. Es müssen durchaus nicht die Pfarrer/-innen sein, die in Zukunft das ‚Ehrenamtsmanagement' von Gemeinden und Kirchenkreisen übernehmen. Gerade die Professionalität von Sozialpädagogen/-innen und Diakon/-innen entspricht den neuen Herausforderungen.

Was in solchen Kursen erfahrbar ist, sollte aber auch den Arbeitsalltag prägen: gemeinsame strategische Planung und Evaluation von Projekten, gemeinsamer Austausch mit Projektpartner/-innen und Wissenschaftler/-innen, die Reflexion der gemeinsam erfahrenen Situation in Kirche und Gemeinde aus unterschiedlichen professionellen Perspektiven, aber auch die Freude, zu einem Team zu gehören und darin Ansporn wie

Entlastung zu finden und dabei eine Teamkultur zu entwickeln, die etwas von der Geschwisterlichkeit ahnen lässt, von der die Barmer Theologische Erklärung spricht. Wenn das gelingen soll, muss in den Kirchenleitungen baldmöglichst geklärt werden, von welchen Berufsprofilen und Abschlusszertifikaten in Zukunft ausgegangen werden soll und wie dabei die Zusammenarbeit von Pfarrer/-innen mit anderen Mitarbeitendengruppen und mit freiwillig Engagierten aussehen soll.

Literatur

Burgsmüller, Alfred (Hrsg.) (1984): „Kirche als Gemeinde von Brüdern". (Barmen III). Gütersloh: Gütersloher Verlagshaus.
Karle, Isolde (2010): Kirche im Reformstress. Gütersloh: Gütersloher Verlagshaus.
Nittel, Dieter (2011): Von der Profession zur sozialen Welt pädagogisch Tätiger? Vorarbeiten zu einer komparativ angelegten Empirie pädagogischer Arbeit. In: Zeitschrift für Pädagogik, Beiheft 57, S. 40–59.
Vogler, Hans-Udo (1987): Katecheten- und Gemeindepädagogen-Ausbildung in der DDR. In: Bloth, P.C. (Hrsg.): Praxisfeld: Gesellschaft und Öffentlichkeit. Handbuch der Praktischen Theologie, 4. Gütersloh: Gütersloher Verlagshaus.

D Katholische, muslimische und jüdische Arbeit mit Jugendlichen in Deutschland

Hans Hobelsberger

Arbeit mit Jugendlichen in der katholischen Kirche

Felder und Träger katholischer Jugendarbeit

Die Arbeit von, mit und für junge Menschen in der katholischen Kirche ist ein hoch differenziertes Feld. Kirche ist zunächst in allen Feldern tätig, die das Achte Sozialgesetzbuch (SGB VIII) ausweist (u.a. Jugend(verbands)arbeit, Jugendsozialarbeit, Erzieherischer Kinder- und Jugendschutz, Förderung der Erziehung in der Familie, Hilfe für junge Volljährige). Im Bereich der Jugendarbeit finden sich verbandliche Jugendarbeit, pfarrgemeindliche Jugendarbeit in Gruppen, Offene Arbeit in Freizeitstätten, mobile Jugendarbeit, Ferien- und Freizeitmaßnahmen oder Jugendbildungsstätten. Es gibt Angebote von Verbänden, so genannten ‚geistlichen Bewegungen', Klöstern, Initiativen und eine gemeindebasierte Arbeit mit Messdiener/-innen, Firmkatechese, Chören und jugendliturgischen Angeboten. Darüber hinaus haben sich Jugendkirchen als feste Orte oder als zeitlich begrenzte Projekte etabliert; zunehmend finden auch Angebote an Schulen im Zusammenhang mit der in den letzten Jahren stark geförderten Schulpastoral statt. Ebenso lässt sich hier die Arbeit mit jungen Menschen in den unterschiedlichen Freiwilligendiensten, die Arbeit mit Studierenden oder mit jungen Wehrdienstleistenden nennen.

Entsprechend differenziert ist die Trägerlandschaft. Die katholische Kirche macht die grundlegende Unterscheidung zwischen dem „amtlichen Dienst an der Jugend" (DBK 1991: 18), den die Bischöfe in den Diözesen wie auf Bundesebene wahrnehmen und den freien (bischöflich anerkannten) kirchlichen Vereinigungen, für die paradigmatisch die Jugendverbände stehen, auch wenn es in diesem Bereich eine hoch differenzierte und plurale Trägerlandschaft gibt. Auf Bundesebene nehmen die Bischöfe ihre Verantwortung für das Gesamte der kirchlichen Jugendarbeit durch die Arbeitsstelle für Jugendseelsorge der Deutschen Bischofskonferenz (afj) wahr und in den (Erz-)Bistümern durch die diözesanen Jugendämter mit ihren entsprechenden regionalen Strukturen. Die freien Vereinigungen, sprich die katholischen Jugendverbände und die anderen Träger (z.B. Orden, Vereine, geistliche Gemeinschaften) leisten „entsprechend ihrer jeweiligen Zielsetzung und pädagogischen Konzeption (…) (einen) eigenständigen Beitrag" (DBK 1991: 17) zum seelsorglichen Auftrag der Kirche von und mit Jugendlichen und für sie (Jugendpastoral). Dabei kommt jedoch dem Ortsbischof kraft seines Leitungsamtes zu, „den unterschiedlichen Trägern kirchlicher Jugendarbeit verbindliche pastorale Richtlinien" zu geben und „sie in ihrem jeweiligen spezifischen Beitrag zur Gesamtaufgabe kirchlicher Jugendpastoral" zu bestätigen und zu fördern (DBK 1991: 19).

Jugendverbände
Auch wenn sich die Landschaft der freien katholischen Träger von Jugendarbeit in den letzten Jahrzehnten immens differenziert und pluralisiert hat, ist die Jugendverbandsarbeit nach wie vor organisatorisch wie auch hinsichtlich der Zahl der Jugendlichen, die Mitglieder sind, die bedeutendste Form kirchlicher Jugendarbeit: nach offiziellen Angaben sind in den 17 Mitgliedsverbänden des *Bundes der Deutschen Katholischen Jugend*

(BDKJ) ca. 660.000 Kinder und Jugendliche von sieben bis 28 Jahren organisiert (vgl. DBK 2011: 30). Jugendverbände verstehen sich als „selbständige, katholische Träger verbandlicher Kinder- und Jugendarbeit" (BDKJ 2010b: Abs. 1) nach § 12 des Achten Sozialgesetzbuch (SGB VIII). Sie sehen ihre Aufgabe in der auf christliche Werte bezogenen Persönlichkeitsbildung, der sozialen und politischen Bildung, der Vergemeinschaftung (Gruppenarbeit, Freizeitaktivitäten, Beteiligung an kirchlich-gemeindlichen Aktivitäten, Exerzitien, Schulungen, Lager, Fahrten, etc.) und der Vergesellschaftung durch demokratische Strukturierung, Interessensvertretung und politischen Aktionen. Grundlegende Prinzipien sind: Freiwilligkeit, Selbstorganisation, Ehrenamtlichkeit, Demokratie. Die historisch-lebensweltlichen Gründungszusammenhänge unterschiedlicher Verbände (z.B. der Betrieb, Arbeitsmigration in die Stadt, Schule, Universität, ländliche Lebenswelt, Gemeinde) spielen unter den heutigen Bedingungen zur Weiterentwicklung und Profilierung der Verbände teilweise wieder eine wichtige Rolle. Die Grenze der Jugendverbandsarbeit zu anderen Formen und Bereichen der kirchlichen Jugendarbeit (z.B. Messdienerarbeit, Mitträgerschaft offener Einrichtungen, Jugendbildungsstätten, Sakramentenkatechese, Jugendsozialarbeit, Freiwilligendienste) ist fließend.

Der BDKJ mit Sitz in Düsseldorf „ist der Dachverband seiner Mitgliedsverbände und ihrer regionalen Zusammenschlüsse" (damit sind die sogenannten Diözesanverbände des BDKJ gemeint) (BDKJ 2010b: Abs. 1). Der Bereich der Mitgliedsverbände auf Bundesebene umfasst einerseits die klassischen katholischen Jugendverbände wie z.B. *Deutsche Pfadfinderschaft St. Georg* (DPSG), die *Katholische Landjugendbewegung* (KLJB) oder die *Katholische Junge Gemeinde* (KJG) und andererseits sogenannte Jugendorganisationen; aktuell sind das auf Bundesebene zwei: der *Bauorden* und die *Arbeitsgemeinschaft katholischer Studentenverbände* (AGV). Der BDKJ hat 2008 durch die Änderung der Bundesordnung auf die Differenzierung der Jugendarbeitslandschaft reagiert und bietet seither Jugendorganisationen die Mitgliedschaft an, wenn sie bestimmten inhaltlichen (demokratisch, freiwillig, Beschlussfassung in eigener Verantwortung, Anerkennung von Grundsatzprogramm und Ordnung des BDKJ) wie formalen Kriterien (eigene Satzung, Entrichtung eines pauschalen Beitrages) entsprechen (BDKJ 2010a: § 5 und § 6 (3)).

Offene Arbeit
Die Offene Arbeit ist nach § 11 SGB VIII ein Angebot der Jugendarbeit. Im katholischen Kontext richtet sie sich an alle Kinder und Jugendlichen unabhängig ihrer Stellung zur Kirche. Sie verwirklicht, was die nach wie vor gültige Grundlage kirchlicher Jugendarbeit, der Synodenbeschluss „Ziele und Aufgaben kirchlicher Jugendarbeit" von 1975, beschreibt, nämlich dass kirchliche Jugendarbeit „Dienst der Kirche an der Jugend überhaupt" (Gemeinsame Synode 1976: 290) ist. In der Offenen Arbeit kann die Kirche ihre biblische Option für die Anderen, die kirchlich und gesellschaftlich weniger Integrierten, die Fremden und die Ärmeren unter den Jugendlichen treffen und einlösen (vgl. Schulte 1997). Offene Arbeit ist von daher keine Arbeit im ‚Vorfeld' oder im ‚Abseits' von Kirche, sondern gehört ins Zentrum kirchlich-gemeindlicher Pastoral. Gesicherte Angaben über die Anzahl und Art der Offenen Einrichtungen in katholischer Trägerschaft in Deutschland liegen nicht vor. Schätzungen zu Folge gibt es knapp 1.000 Einrichtungen von Häusern der Offenen Tür bis hin zu Jugendclubs und Jugendtreffs. Träger sind zum Großteil Pfarreien, daneben auch katholische Jugendämter, Jugendverbände, katholische Wohlfahrtsverbände, Orden und eingetragene Verei-

ne. Schwerpunkt der Offenen Arbeit in Häusern der Offenen Tür ist Nordrhein-Westfalen. Dort existiert eine *Landesarbeitsgemeinschaft Offene Kinder- und Jugendarbeit* (LAG Kath. OKJA NRW), die ein eigenständiger Verband ist, in der sich offene Einrichtungen organisieren und die die politische, pädagogische und pastorale Arbeit der Mitgliedseinrichtungen koordiniert und ihre Interessen vertritt.

Jugendbildungsstätten
Diözesen, Verbände oder Orden unterhalten Jugendbildungsstätten als Orte des Gemeinschaftserlebnisses, der Begegnung und der Bildung. Vielfach sind sie Orte einer historischen Identität der Jugendarbeit eines Verbandes oder einer Diözese. Grundsätzlich lassen sich zwei Arten unterscheiden: Reine Verpflegungs- und Übernachtungshäuser, die die Infrastruktur für Kurse und Tagungen zur Verfügung stellen und Häuser, die zusätzlich ein eigenes Bildungsangebot machen. Die Einrichtungen, die ein Angebot der außerschulischen politischen und sozialen Bildung machen, sind organisiert in der *Arbeitsgemeinschaft katholisch-sozialer Bildungswerke in der Bundesrepublik Deutschland* (AKSB). Die AKSB repräsentiert rund 60 katholische Akademien, Bildungseinrichtungen, Vereine und Verbände. In der Konvention von 1998 verorten die Mitgliedeinrichtungen ihre „katholisch-sozial orientierte politische Bildung (…) strukturell in der außerschulischen Jugend- und Erwachsenenbildung" und verstehen sie als „Bestandteil der Jugendhilfe auf der Grundlage des Kinder- und Jugendhilfegesetzes" (AKSB 2010: Abschnitt 16).

Gemeindenahe Jugendarbeit
Ein wesentlicher Bereich der katholischen Arbeit von und mit Jugendlichen und für sie findet im Rahmen und auf der Ebene der Gemeinde statt. Hier kommt es auch zur Vernetzung und Kooperation der Anbieter und Träger.

Die quantitativ bedeutsamste Arbeit mit Kindern und Jugendlichen auf Gemeindeebene ist die Arbeit von und mit Messdiener/-innen. Einer Zählung aus den Jahren 2008/09 zufolge engagieren sich 436.228 Messdiener/-innen (vgl. Katholische Kirche in Deutschland 2011: 30) in den Gottesdiensten. Die Arbeit von und mit diesen Kindern und Jugendlichen verbindet liturgische Bildung und allgemeine Jugendarbeit. Sie findet statt in klassischen Gruppenstunden, lokalen und überregionalen so genannten Ministrantentagen, großen Wallfahrten (Wallfahrt der deutschen Diözesen nach Rom oder der NRW-Diözesen nach Vallendar) oder Freizeitveranstaltungen (z.B. überregionale Fußballturniere).

Ein weiterer gemeindlicher Begegnungsanlass mit jungen Menschen ist die Vorbereitung auf das Sakrament der Firmung. 2010 empfingen 185.086 junge Menschen das Sakrament der Firmung (vgl. Katholische Kirche in Deutschland 2011: 15). Firmkatechese setzt im Wesentlichen anthropologisch an und integriert die biographische, psychische und soziale Lage der jungen Menschen in die Vorbereitung auf den Empfang des Sakramentes.

Darüber hinaus sind ca. 92.000 Kinder und Jugendliche in Chören engagiert (vgl. Hahnen 2012: 30). Chorarbeit versteht sich als Kulturarbeit, die Persönlichkeitsbildung, soziale Bildung und religiöse Bildung integriert.

Jugendkirchen und Jugendpastorale Zentren
Mit Jugendkirchen oder sogenannten Jugendpastoralen Zentren hat sich eine neue Sozialform katholischer Jugendarbeit etabliert (vgl. Hobelsberger 2012). Jugendkirche

will eine neue Brücke zwischen Jugendkulturen und Evangelium bzw. Kirche schlagen. Die Arbeit orientiert sich an Lebenswelten und nicht an Pfarrgrenzen und verfolgt die missionarische Absicht, über die Reichweite bisheriger kirchlicher Jugendarbeit hinaus zu wirken. In der katholischen Variante von Jugendkirche ist der sakrale Raum konzeptioneller Bestandteil. Dabei gibt es Jugendkirchen, die einen Kirchenraum als dauerhaften und stabilen Ort haben, der entweder ganz Jugendkirche ist oder mit einer Gemeinde geteilt wird oder Jugendkirchen, die einen stabilen Ort haben, die diese Kirche aber nur zeitlich begrenzt (Projektzeitraum) als Jugendkirche gestalten. Und schließlich existieren Jugendkirchenprojekte, die Kirchen örtlich und zeitlich flexibel für die Arbeit mit jungen Menschen nutzen.

Jugendpastorale Zentren (z.B. ‚Die Botschaft' in Düsseldorf oder ‚Areopag' in Recklinghausen) sind der Versuch, in immer größer werdenden pastoralen Räumen Stützpunkte für die Jugendarbeit zu schaffen, die kulturelle, jugendliturgische, eventorientierte und offene Angebote miteinander verbinden und das bestehende Angebot der Gemeinden und Verbände um punktuelle und ereignisorientierte Formen ergänzt und erweitert.

Jugendarbeit von geistlichen Gemeinschaften oder Bewegungen
‚Geistliche Gemeinschaften und Bewegungen' ist ein Sammelbegriff für eine Sozialform religiöser Arbeit, die sich nicht über demokratisch legitimierte Vorstände, formale Mitgliedschaft und Interessensvertretung von jungen Menschen in Kirche und Gesellschaft definiert, sondern die persönliche Glaubensvertiefung, die Beheimatung in einer Glaubensgemeinschaft und die Erneuerung von Kirche verfolgt. Dabei sind die einzelnen Gemeinschaften oder Bewegungen sehr unterschiedlich in Umfang, Ansatz oder Struktur. Es gibt es z.B. Gemeinschaften mit eher verbandsähnlichen Strukturen (z.B. ‚Jugend 2000' oder die ‚Schönstatt-Jugend') oder ein Projekt wie ‚Night fever', bei dem (junge) Menschen zu bestimmten Anlässen nachts zentral liegende Kirchen öffnen, sie mit festen Elementen gestalten (Gebet, Anzünden einer Kerze, Austeilen eines Bibelspruches, Gesang und Musik, Gespräch, Möglichkeit zur Beichte und Segen) und auf (junge) Passanten/-innen zugehen und sie in die Kirche einladen, oder eine Initiative wie die ‚Generation Benedikt', die sich um die bessere mediale Darstellung der katholischen Kirche in der Öffentlichkeit bemüht.

Jugendarbeit durch Aktionen und Events
Katholische Jugendarbeit hat immer auch versucht, mit größeren Aktionen, die von der Bundesebene ausgehen und vorbereitet werden, die Jugendarbeit vor Ort zu animieren und zu inspirieren. Die Klassiker sind der ‚Ökumenische Kreuzweg der Jugend', getragen von der *Arbeitsgemeinschaft der Evangelischen Jugend in Deutschland e.V.* (aej), dem *BDKJ* und der *ajf*, und die ‚Aktion Dreikönigssingen', getragen vom BDKJ und dem *Kindermissionswerk/Die Sternsinger*, die die weltweit größte Solidaritätsaktion von Kindern und Jugendlichen für Kinder und Jugendliche ist und an die sich entwicklungspolitische wie religiöse Bildung anlagert.

Der postmoderne Prototyp eines Events in der katholischen Jugendarbeit sind die Weltjugendtage. Sie sind eine Initiative des päpstlichen Laienrates in Rom und finden seit Mitte der 1980er Jahre im Rhythmus von zwei bis drei Jahren auf Weltebene statt, organisiert vom Laienrat und der katholischen Kirche des jeweiligen Gastgeberlandes, und dazwischen auf diözesaner Ebene (an Pfingsten). Weltjugendtage bestehen aus den Elementen Gottesdienste, Katechesen, sogenannten Jugendfestivals (Konzerte), Kreuzweg, Möglichkeit zu Anbetung und Beichte und einem messeähnlichen Begegnungsort. Vorgeschaltet sind dezentrale Tage der Begegnung, bei denen die Teilnehmenden das Alltagleben des jeweiligen Landes kennenlernen können und Kontakte knüpfen bzw. intensivieren. Nach Aussagen von Teilnehmenden gehören diese vorgeschalteten Tage zu den herausgehobenen Erfahrungsorten der Weltjugendtage. 2005 war die katholische Kirche in Deutschland mit Schwerpunkt Köln Gastgeberin. Weltjugendtage erzielen bisher eine hohe mediale Aufmerksamkeit und bieten den Teilnehmenden (die Zielgruppe sind junge Erwachsene von 16 bis 30 Jahren) die Erfahrung von Weltkirche und das Gefühl von Zugehörigkeit zu einer großen Gemeinschaft – eine Erfahrung, die im Alltag zunehmend vermisst wird. Weltjugendtage sind auch eine Gelegenheit, bei der die unterschiedlichen ‚Anbieter' und Träger der katholischen Jugendpastoral in Deutschland miteinander in Kontakt treten.

Eine Aktion, bei der das gesellschaftliche und soziale Engagement aus Glauben im Vordergrund steht, ist die ‚72-Stunden-Aktion' der katholischen Jugendverbände, die im BDKJ organisiert sind. Die Gruppen von Jugendlichen, die bei der Aktion mitmachen, können unter zwei Varianten wählen: Bei der ‚Do-it-yourself-Variante' wählt sich die Aktionsgruppe selbst ein Projekt und versucht es in 72 Stunden zu realisieren. Bei der ‚Überraschungsvariante' bekommt die Aktionsgruppe ein Projekt, das sie vorher nicht kennt. Ziel ist es, Spaß und sinnvolles Tun mit einem Schuss Abenteuer gewürzt miteinander zu verbinden, Engagement und sozialräumliche Vernetzung zu fördern und öffentlich auf die Potenziale verbandlicher Jugendarbeit aufmerksam zu machen.

Allgemeine theologische und pädagogische Grundlagen

Referenzgröße der Konzeptentwicklung der katholischen Jugendarbeit und Jugendpastoral ist nach wie vor der Beschluss der Gemeinsamen Synode der Bistümer in der Bundesrepublik Deutschland von 1975 „Ziele und Aufgaben kirchlicher Jugendarbeit". Dieser Text verortet katholische Jugendarbeit „diakonisch" (Hobelsberger 2006: 168ff.). Mit diesem Begriff will der Synodentext deutlich machen, dass es in der kirchlichen Jugendarbeit wesentlich um die Person- und Subjektwerdung von jungen Menschen geht und nicht um die Reproduktion von Kirche:

> „Maßstab für christliches Handeln ist die selbstlose Hinwendung Jesu zu den Menschen, in der die Hinwendung Gottes zum Menschen endgültig sichtbar geworden ist. Darum muss Jugendarbeit der Christen selbstloser Dienst an den jungen Menschen und an der Gestaltung einer Gesellschaft sein, die von Heranwachsenden als sinnvoll und menschenwürdig erfahren werden kann. Ihr Ziel ist nicht Rekrutierung, sondern Motivation und Befähigung, das Leben am Weg Jesu zu orientieren" (Gemeinsame Synode 1976: 293f.).

Und an anderer Stelle: „Wo die Kirche selbstlos der Welt und den Menschen dient, dient sie zugleich Gott" (Gemeinsame Synode 1976: 297). Diakonisch meint in diesem Zusammenhang ein Doppeltes: Jugendpastoral geschieht um der jungen Menschen willen auf dem Hintergrund der Überzeugung, dass der christliche Glaube den Weg zu einem gelingenden Leben zeigen kann. Kirche ist Zeichen und Werkzeug dafür. Des Weiteren beinhaltet dieses Um-der-Menschen-willen: Wo Leben am stärksten bedroht ist, sind Christen/-innen am meisten gefordert. In diesem Sinne beinhaltet der diakonische Ansatz eine Option für die jeweils ärmeren Jugendlichen (vgl. Bopp 1996), die die jeweils ‚Reicheren' und ‚Stärkeren' nicht ausschließt, sondern sie zur Solidarität und

Unterstützung anhält. Die weiteren Prinzipien katholischer Jugendarbeit sind Ausformulierungen dieses Ansatzes.

Subjekt- und Sozialraumorientierung: In der diakonischen Jugendpastoral rückt der Mensch in den Mittelpunkt, so wie Jesus den Mann mit der verdorrten Hand am Sabbat in die Mitte der Synagoge rief, wohin während des Gottesdienstes das Heiligtum, der Toraschrein, gerückt wird (Markus 3: 1–6). Das bedeutet einmal, dass Jugendpastoral bei den Jugendlichen, ihren Bedürfnissen und Lebensfragen anzusetzen hat „Was soll ich dir tun?", fragt Jesus den Blinden von Jericho, der daraufhin um seine Heilung bittet (Markus 10: 46–52). Zum anderen ist Subjektsein eine der zentralen Herausforderungen des Lebens junger Menschen, der sie sich in Zeiten der Individualisierung nicht entziehen können, die aber gleichzeitig durch Übersteigerung, Überforderung und neuen Abhängigkeiten bedroht ist. Theologisch ist Gott ein Ermöglichungsgrund der Subjektivität. Vor Gott besitzen alle Menschen eine unveräußerliche Würde. So ist aus christlicher Sicht das Subjekt nur denkbar als ein auf Gott und die Menschen bezogenes, im Bewusstsein, dass es echte Subjektivität, Freiheit und Selbstverwirklichung nicht isoliert für Einzelne, sondern nur im Einsatz für die, deren Subjektivität und Freiheit bedroht ist, geben kann. Katholische Jugendpastoral zielt darauf, dass junge Menschen an den gesellschaftlichen und kirchlichen Orten und in den Räumen, in denen sie sich aufhalten (müssen), Wirksamkeit entfalten können und sich diese aneignen können.

Personales Angebot ist das religionspädagogische Konzept der Glaubenskommunikation, das dem diakonischen wie dem subjektorientierten Ansatz entspricht. Es setzt bei der Glaubensverkündigung und bei der Motivation zur Mitarbeit in der Kirche auf glaubwürdig gelebtes und vorgelebtes Christentum durch Personen und Gemeinden (Gemeinsame Synode 1976: 298). Das ist ein hoher Anspruch, der auch an die hauptberuflichen Mitarbeiter/-innen aller Couleur gerichtet ist und von ihnen eine Arbeit an einer kirchlichen Identität (nicht gleichbedeutend mit Identifikation!) erfordert.

Partizipation ist ebenso dem theologischen Grunddatum der Subjektivität bzw. Personalität geschuldet. Das Heilsgeschehen zwischen Gott und den Menschen ist ein dialogisches. Die Selbstmitteilung Gottes braucht die menschliche Annahme im Glauben, denn „ohne Glaube hört Offenbarung auf zu sein, was sie sein soll und will: Offenbarung für den Menschen" (Fries 1985: 17). Partizipation in praktisch-theologischer Sicht formuliert die wesentliche Teilhabe aller Gläubigen an der Gestaltung und Bewerkstelligung der gemeinschaftlichen (kirchlichen) Nachfolge Jesu je nach Fähigkeit und Zuständigkeit als Recht und Pflicht. Deshalb sind die Jugendlichen selbst die Subjekte der Jugendpastoral: Jugendpastoral ist zunächst das Handeln von Jugendlichen und mit Jugendlichen zusammen und nur in Ausnahmefällen für sie.

Engagement ist der theologische Lackmustest, denn in der Jugendpastoral erweist das Zeugnis von Gott seine Richtigkeit in der Aufrichtigkeit der Beziehung zum Anderen, im Einsatz für eine bessere Welt und in der Solidarität mit den jeweils ärmeren Menschen. Jugendpastoral ist der Ort, wo politischer und sozialer Einsatz gelernt und durchgeführt wird. Sie zeichnet sich gerade dadurch aus, dass nicht bei Analyse und Beurteilung Halt gemacht wird, sondern dass angemessene Möglichkeiten, Einfluss zu nehmen und etwas zu verändern entwickelt werden. Der Ort der Arbeit an der ‚Reich-Gottes-Vision', von der das christlich-kirchliche Handeln seine inhaltliche Stoßrichtung bekommt, ist die Welt. An dieser Vision arbeiten viele Menschen und Gruppierungen mit, auch wenn sie ihren Einsatz nicht explizit christlich fundieren.

Literatur

[AKSB] Arbeitsgemeinschaft katholisch-sozialer Bildungswerke in der Bundesrepublik Deutschland (2010): Am Puls der Zeit. Konvention über katholisch-sozial orientierte politische Jugend- und Erwachsenenbildung in der AKSB und aktualisierende Ergänzungen. Bonn: Arbeitsgemeinschaft katholisch-sozialer Bildungswerke in der Bundesrepublik Deutschland.

Bopp, Karl (1996): Die Option für die ärmere Jugend. Eine Weichenstellung für Selbstverständnis und pastorale Praxis der Kirche. In: Münchener theologische Zeitschrift 47, 2, S. 145–154.

[DBK] Deutsche Bischofskonferenz (Hrsg.) (1991): Leitlinien zur Jugendpastoral. 20. September 1991. Bonn: Sekretariat der Deutschen Bischofskonferenz.

[DBK] Deutsche Bischofskonferenz (Hrsg.) (2010): Katholische Kirche in Deutschland. Zahlen und Fakten 2010/11. Bonn: Deutsche Bischofskonferenz. http://www.dbk.de/fileadmin/redaktion/Zahlen%20und%20Fakten/Kirchliche%20Statistik/Allgemein_-_Zahlen_und_Fakten/Zahlen-Fakten10-11-de.pdf [Zugriff: 16.12.2012]

[BDKJ] Bund der Deutschen Katholischen Jugend (2010a): Bundesordnung des Bundes der Deutschen Katholischen Jugend (BDKJ) in der von der BDKJ-Hauptversammlung am 27. April 2008 geänderten Fassung. In: Bundesvorstand des Bundes der Deutschen Katholischen Jugend (Hrsg.): Bundesordnung Bund der Deutschen Katholischen Jugend. Grundsatzprogramm Bundesordnung Geschäftsordnung. Düsseldorf: BDKJ, S. 11–40.

[BDKJ] Bund der Deutschen Katholischen Jugend (2010b): Grundsatzprogramm des Bundes der Deutschen Katholischen Jugend (BDKJ) in der von der BDKJ-Hauptversammlung am 16. Mai 1998 beschlossenen Fassung. In: Bundesvorstand des Bundes der Deutschen Katholischen Jugend (Hrsg.): Bundesordnung Bund der Deutschen Katholischen Jugend. Grundsatzprogramm – Bundesordnung – Geschäftsordnung. Düsseldorf: BDKJ, S. 5–10.

Fries, Heinrich (1985): Fundamentaltheologie. Graz/Wien/Köln: Verlag Styria.

Gemeinsame Synode der Bistümer in der Bundesrepublik Deutschland (1976): Beschluß: Jugendarbeit. In: Gemeinsame Synode der Bistümer in der Bundesrepublik Deutschland: Beschlüsse der Vollversammlung. Offizielle Gesamtausgabe I. Freiburg/Basel/Wien: Herder, S. 288–311.

Hahnen, Peter (2012): „Singt freudig euch empor!" Chancen der Chorarbeit für die religiöse Entwicklung junger Christen. In: Anzeiger für die Seelsorge 121, 11, S. 29–33.

Hobelsberger, Hans (2006): Jugendpastoral des Engagements. Eine praktisch-theologische Reflexion und Konzeption des sozialen Handelns Jugendlicher. Würzburg: Echter.

Hobelsberger, Hans (2012): Fokus Kirchenraum: „Räume aneignen". In: Freitag, M./Hamachers-Zuba, U./Hobelsberger, H. (Hrsg.): Lebensraum Jugendkirche. Institution und Praxis. Hannover: Luth. Verlagshaus, S. 100–107.

Schulte, Franz B. (1997): Die Offene Tür – eine Option für die Anderen. Lern- und Lebensort für eine Kultur des Miteinander. In: Mette, N./Steinkamp, H. (Hrsg.): Anstiftung zur Solidarität. Praktische Beispiele der Sozialpastoral. Mainz: Matthias-Grünewald-Verlag, S. 145–158.

Links

Arbeitsgemeinschaft katholischer Studentenverbände (AGV): www.agvnet.de
Bund der Deutschen Katholischen Jugend: www.bdkj.de
Deutsche Pfadfinderschaft St. Georg (DPSG): www.dpsg.de
Landesarbeitsgemeinschaft Offene Kinder- und Jugendarbeit: www.lag-kath-okja-nrw.de
Katholische Landjugendbewegung (KLJB): www.kljb.org
Katholische Junge Gemeinde (KJG): www.kjg.de
Weltjugendtage: www.weltjugendtag.de

Yilmaz Gümüş

Muslimische Jugendarbeit

Muslime in Deutschland sind kein neues Phänomen. Muslime leben seit einigen Jahrhunderten auf deutschem Boden. Relativ neu ist allerdings, dass sie tagtäglich in der Gesellschaft wahrgenommen werden. Dabei handelt es sich nicht mehr allein um die Muslime, die ab den 1960er Jahren über das Anwerbeabkommen als Gastarbeiter nach Deutschland kamen und ursprünglich nach einigen Jahren wieder zurückkehren wollten und sollten. Das Bild der Muslime in Deutschland prägen immer mehr die jungen Muslime, die hauptsächlich die Kinder und Enkelkinder der Gastarbeiter sind; ein Bild, womit vor 50 Jahren bei der Einreise der ersten Arbeiter niemand gerechnet hatte.

Diese junge Generation von Muslimen wurde zwar seit Längerem in den Schulen in erster Linie aufgrund dessen, dass sie zu einem erheblichen Anteil einen Migrationshintergrund haben, als ein Problem erkannt. Diese Wahrnehmung hat bislang auch nicht an Aktualität verloren. Doch mittlerweile ist ein Wandel bzw. eine Erweiterung dieses Bildes von jungen Muslimen in der Gesellschaft zu verzeichnen. Ihr Bildungsniveau steigt, sie sind aktiv in der islamischen Gemeinde, sie tragen selbstbewusst ihren Glauben nach außen, bedienen sich zeitgemäßen und vielfältigen Möglichkeiten der Repräsentanz, bemühen sich vermehrt um Anerkennung und Respekt durch die Gesellschaft und Politik und nehmen mittlerweile in vielen Bereichen der Gesellschaft durch ihre berufliche Tätigkeit und ihr ehrenamtliches Engagement teil. Allerdings wird diese bedeutsame Entwicklung, die sich auf die Gesamtgesellschaft prägnant auswirkt, noch immer nicht hinreichend wahrgenommen und erforscht.

Zahlen, Daten, Fakten

Der im Auftrag der Deutschen Islam Konferenz erstellten Studie „Muslimisches Leben in Deutschland" (Haug u.a. 2009) zufolge leben derzeit etwa 4 Millionen (3,8–4,3 Mio.) Muslime in Deutschland. Muslime stellen somit nach den Angehörigen der Evangelischen und Katholischen Kirchen die drittgrößte Glaubensgruppe in Deutschland dar. Etwa 42% sind unter 25 Jahren, sodass Muslime in Deutschland im Vergleich zur gesamtgesellschaftlichen demografischen Struktur ein verhältnismäßig junges Profil aufweisen. Während etwa 26% der Muslime bis 15 Jahre und etwa 17% zwischen 16 und 24 Jahre alt ist, liegen die Anteile in der Gesamtbevölkerung bei rund 15 bzw. 11%. Mehr als drei Viertel der muslimischen Schüler (etwa 77%) sind in Deutschland geboren. Dies verdeutlicht, dass diese Kinder bzw. Jugendlichen ihre soziale Entwicklung in diesem Land erfahren haben. Zwar ist Islam immer noch ein ‚Phänomen', das auf Migration zurückzuführen ist, da ein erheblich großer Teil der Muslime einen Migrationshintergrund hat. Doch vor allem in Zusammenhang mit der neuen Generation Muslime lässt sich feststellen, dass die muslimische Sozialisation in Deutschland immer mehr ihre eigene Prägung erfährt. Nicht zuletzt haben knapp 45% der Muslime die deutsche Staatsbürgerschaft. Es liegen keine fundierten Daten über die Zahl der deutschen Muslime ohne Migrationshintergrund vor.

Der Migrationshintergrund ist trotz Rückgang weiterhin ein identitätsprägender Faktor bei jungen Muslimen, da die Identifikation mit dem Herkunftsland immer noch einen bestimmenden Charakter hat. Denn neben bzw. mit der Religion spielt die ethnische Identität der muslimischen Jugendlichen eine entscheidende Rolle hinsichtlich der Ausgestaltung ihres Privatlebens. Die Wahl der Freunde und der besuchten islamischen Lokalitäten richten sich weitestgehend hiernach.

Das muslimische Bild Deutschlands ist keineswegs homogen. Eine Vielzahl an verschiedenen Glaubensrichtungen und Herkunftsländern sind zu verzeichnen. Muslime in Deutschland kommen aus mehr als 50 Ländern und sind über das gesamte Bundesgebiet verteilt. In Nordrhein-Westfalen wohnen mehr als 30% der Muslime. Trotz der heterogenen Konstellation der muslimischen Bevölkerungsstruktur sind zwei Faktoren hervorzuheben, die aufgrund ihres zahlenmäßigen Übergewichts das muslimische Bild in Deutschland bestimmen. Fast zwei Drittel der Muslime haben einen türkischen Migrationshintergrund und knapp drei Viertel der Muslime sind der sunnitischen Glaubensrichtung zuzuordnen, wobei die Sunniten untereinander in unterschiedliche Rechtsschulen unterteilt sind. Neben den Sunniten leben Aleviten, Schiiten, Anhänger der Ahmadiya, Sufis und Ibaditen in Deutschland. Eine nicht geringe Anzahl Muslime fühlt sich nicht einer bestimmten Glaubensrichtung zugehörig und lehnt jegliche Unterteilungen ab.

Religiosität

Ganz gleich, ob sie in einer religiösen Gemeinschaft ausgelebt wird oder nicht, spielt die Religion für junge Muslime eine bedeutende Rolle. Doch die Feststellung der Religiosität durch aktuelle Studien obliegt nicht Beobachtungen von markanten Kennzeichen und Verhaltensmustern. Maßgeblich sind die subjektive Einschätzung und die geäußerte Identifikation der Jugendlichen. Gerade der hohe Grad der Identifikation mit dem Islam bei jungen Muslimen wird darauf zurückgeführt, dass die Entwicklung des muslimischen Selbstverständnisses durch die Konfrontation mit der nicht-muslimischen Gesamtgesellschaft motiviert ist.

Während sich 2007 etwa 87% der jungen Muslime als gläubig einschätzen, so liegt die Quote derer, die ihre Religion praktizieren, deutlich darunter. Der Anteil der jungen Muslime, die nie oder nur wenige Mal im Jahr beten, liegt bei etwa 36%, während der Anteil derer, die nie oder nur einige wenige Mal im Jahr die Moschee besuchen, bei knapp 47% liegt. Ähnlich sieht es auch mit dem Tragen des Kopftuchs aus. Etwa 22% der jungen Musliminnen tragen ihren Glauben mit dem Kopftuch nach außen. Eine Umfrage aus dem Jahr 2005 mit Jugendlichen (18- bis 25-Jährige) mit türkischem Migrationshintergrund besagt, dass etwa 60% sich dafür aussprechen, dass muslimische Frauen in der Öffentlichkeit ein Kopftuch tragen sollten. Etwa 30% der Befragten einer Umfrage aus dem Jahr 2009 lehnten gemischtgeschlechtliche Klassenfahrten ab. In beiden Fällen ist zu verzeichnen, dass innerhalb von fünf bzw. neun Jahren sich eine deutliche Tendenz hinsichtlich des Bekenntnisses zur Praxis des Islams verzeichnen lässt. (Kopftuch: 22 → 60%; Klassenfahrt: 14 → 30%)

Beachtenswert ist, dass junge Muslime sich vom Glaubensverständnis der Elterngeneration unterscheiden und ihren eigenen Weg zum Islam einschlagen. Das Glaubensverständnis der Elterngeneration wird bei diesen Jugendlichen als eine herkunftsland- und kulturbezogene Prägung des Islams bewertet. Ihre Bekanntschaft mit verschiedenen Prägungen des Islams in ihrer Umgebung und im Freundeskreis führt zunächst zu Verwirrungen und zu einem Drang zur Hinwendung an einen Islam, der nicht auf eine bestimmte Art des Glaubensverständnisses und der Praxis eines bestimmten Kulturkreises zu reduzieren ist. Dies hat zur Folge, dass entweder eine andere Richtung als die der Eltern, in der die ‚wahre' Auslegung des Islams gesehen wird, oder ein individueller Weg eingeschlagen werden.

Ob und inwiefern die Konfrontation mit der deutschen Gesellschaft zur Abkehr vom Glaubensverständnis der Elterngeneration beiträgt und zur Hinwendung zu einem neuen führt, sind Fragen, die durch gezielte Studien noch zu beantworten sind. Herkunfts- bzw. religionsbezogene Diskriminierung bzw. die Wahrnehmung von Diskriminierung in Form von Ausgrenzung und Abwertung liegt bei jungen Muslimen mit 80% deutlich höher als bei nicht-muslimischen Jugendlichen. Muslimische Jugendliche vertreten zu einem erheblichen Teil die Einschätzung, dass sie von der Mehrheitsgesellschaft nicht erwünscht sind.

Aktive junge Muslime und ihre Aktivitäten und Angebote

Die Praxis des Islams bzw. die öffentlichen islamischen Aktivitäten öffnen vor allem jungen Musliminnen Möglichkeiten zur aktiven Teilnahme am öffentlichen Leben. Das öffentliche Bekenntnis zum Islam in Form von Tragen des Kopftuchs, die Organisation und Teilnahme an islamischen Angeboten, aber auch das Streben nach Bildung und Beruf sind Kennzeichen der Öffnung und Vergesellschaftung junger muslimischer Migrantinnen. Die gelebte Bindung zum Glauben durch die Einhaltung der islamischen Bedeckungsvorschriften ist demnach ein Schlüssel zur Teilnahme am gesellschaftlichen Leben, da ihr eine Art Sicherheit gewährende Funktion zugesprochen wird. Islamische Aktivitäten wie Seminare, Vorträge, Ausflüge usw. stellen des Weiteren sichere Rahmenbedingungen dar, unter denen die jungen Musliminnen weniger problematisch aktiv werden und sich im Rahmen der islamischen Möglichkeiten entfalten können. Die Bedeutung der Bildung im Islam und unter den Muslimen ist ein weiterer Aspekt, der den jungen praktizierenden Musliminnen weite Felder der Gesellschaft öffnet.

Ehrenamtliches Engagement unter muslimischen Jugendlichen im Hinblick auf islamisch motivierte Aktivitäten nimmt zu. Es ist wohl auf die oben genannten Gründe zurückzuführen, dass die Zahl der jungen Musliminnen sowohl als Teilnehmer als auch als Veranstalter höher ist als die der Muslime. Dazu ist auch der Einsatz für islamische Hilfsorganisationen, die entweder weltweit oder aber auch lokal helfen, zu zählen. Gestiegen ist unter jungen Muslimen auch das Interesse an Umweltschutz und der Gesellschaftspolitik, so dass sie sich nicht nur mit Themen beschäftigen, die ihren Glauben unmittelbar betreffen. Als Beispiel kann hier der Verein für Umweltschutz HiMA e.V. (www.hima-umwelt-schutz.de) genannt werden. Den Ausgangspunkt dieser Interessen stellt zwar der Glaube dar, doch handelt es sich hierbei um Themen, die das Wohl der Gesamtgesellschaft bzw. der gesamten Welt betreffen. Bei diesen Aktivitäten handelt es sich um neue Formen der muslimischen Jugendarbeit und neue Tendenzen innerhalb der muslimischen Community, die im kleinen Rahmen organisiert sind, so dass sie zahlenmäßig keinen repräsentativen Charakter haben.

Die Mehrheit der Jugendlichen mit Vereinsbindung nimmt weiterhin an den Aktivitäten der großen islamischen Verbände wie die Türkisch-Islamische Union der Anstalt für Religion e.V. (DITIB, www.ditib.de), die Islamische Gemeinschaft Milli Görüs e.V. (IGMG, www.igmg. de) und dem Verband der Islamischen Kulturzentren e.V. (VIKZ, www.vikz.de) teil. Bei der jungen Generation der Muslime finden diese Verbände jedoch immer weniger Interesse. Als Grund wird die traditionelle Ausrichtung dieser Verbände angesehen, die mit ihren Aktivitäten immer weniger Jugendliche ansprechen. Augenscheinlich schaffen es diese Verbände nicht, die Jugendlichen dafür zu interessieren und zu gewinnen. Andererseits haben sie sich bislang auch noch nicht ausreichend genug an den Interessen der neuen Generation von Muslimen ausrichten können. Stattdessen greifen neuere muslimische Jugendorganisationen gerade die Interessen Jugendlicher auf und richten ihre Aktivitäten danach aus. Es handelt sich dabei um Bewegungen von jungen Muslimen, die ihre Interessen in den großen Verbänden nicht vertreten sehen. So bieten muslimische Jugendliche Gleichgesinnten im Rahmen der gemeinsamen Interessenfelder Möglichkeiten an, ihren Neigungen in Verbindung mit ihrer Religion nachzukommen, wie z.B. das Verlegen einer islamischen Jugendzeitschrift und das Drehen von Kurzfilmen. Auf diesem Wege ist es zu ersten bundesweit bekannten Personen und Labels gekommen, die sich in der islamischen Jugend-Community etabliert haben.

Islamische Bildung, Tradierung des Glaubens und Identitätswahrung

Vor allem die großen islamischen Verbände und teilweise auch die neuen muslimischen Jugendbewegungen zielen in ihrer Jugendarbeit wesentlich auf die Tradierung der Religion und die Identitätsbildung bzw. -wahrung ihrer Adressaten/-innen. Hierzu werden sowohl auf lokaler Ebene als auch auf bundesweiter bzw. europäischer Ebene Kurse und Seminare angeboten, bei denen die Vermittlung von Basis- und erweitertem Wissen über die Religion, ihre Entstehung, Inhalte und Entwicklung bezweckt wird. Die Bildungsarbeit in den Gemeinden wird je nach Verband oder aber auch lokaler Gemeinde entweder nach einem bestimmten Lehrplan und im Klassenverband umgesetzt, oder aber auch wie traditionell nach dem Ermessen des Gemeinde-Imams, der sich an seinen eigenen Erfahrungen orientiert und sich nach dem von ihm ausgesuchten Lehrbuch richtet. Die großen Verbände können in diesem Zusammenhang auf Erfahrungen zurückgreifen, die sie über die Jahrzehnte hinweg gesammelt haben. Bei diesen zeigt sich neuerdings die Tendenz, dass vermehrt die traditionelle Form von der organisierten curricular aufgebauten Bildungsarbeit abgelöst wird.

Islamische Bildung und Erziehung organisiert durch einen islamischen Verband richtet sich an Kinder und Jugendliche ab dem Grundschul- bzw. schon ab dem Kindergartenalter. Der Besuch ist freiwillig und erfolgt durch Anmeldung des Kindes durch die Eltern in einer Gemeinde ihrer Wahl. In seltenen Fällen handelt es sich hierbei um Internate. In den meisten Fällen finden die Angebote an Wochenenden statt. Der Unterricht in den Gemeinden zielt in der Regel auf Kinder und Jugendliche. Vermehrt werden auch Kurse angeboten, die das bisherige Wissen vertiefen sollen. Darüber hinaus werden regelmäßig Vorträge für Jugendliche angeboten. Die Jugendarbeit so wie die Bildungsarbeit der großen Verbände sind gebunden an die Glaubensausrichtung der Verbände und ihrer Mitglieder.

Neue Jugendgruppen bilden in diesem Zusammenhang keine islamisch einheitliche Konstellation. Die Bildungsarbeit ist selten organisiert und an einem bestimmten Lehrplan orientiert. Statt eines geregelten Unterrichts werden regelmäßig Vorträge angeboten. Inhaltlich werden Themen behandelt, die bei Jugendlichen mit unterschiedlichen Glaubensorientierungen Interesse finden; es sei denn, es handelt sich um eine Jugendgruppe, die sich durch ihr Bekenntnis zu einer Rechtsschule oder ein bestimmtes Islamverständnis bestimmt ist. Jugendliche, die sich in den neuen Jugendgruppen organisieren, bereichern ihr Wissen über ihre Religion zumeist durch entsprechende Literatur oder den Besuch von Kursen, die ihnen durch ihren Freundeskreis empfohlen werden. Der Einfluss des Freundeskreises und des Internets in dieser Hinsicht im Vergleich zu der Glaubensorientierung der Eltern ist nicht selten der bestimmende Faktor.

Islamische Grundlagenbildung besteht vor allem in der Rezitation des Korans in arabischer Sprache. Für Muslime ist alleine das Rezitieren des Korans, ohne den Inhalt des Gelesenen verstehen zu müssen, eine ‚Wohltat, die zum Segen und Heil' beiträgt. Jugendliche, die in ihrer Kindheit nicht die Moschee besucht oder ihre Lesefähigkeit verlernt haben, sind darum bemüht, diese Fähigkeit (wieder) zu erlangen. Darüber hinaus werden weitere Fächer angeboten, die einerseits nötiges Wissen über den Glauben verabreichen und andererseits die Praxis des Glaubens lehren. Besonders hervorzuheben sind dabei folgende Fächer bzw. Inhalte:

- In „fiqh" (*islamisches Recht*) erhalten die Schüler Wissen darüber, wie vor allem die alltagsrelevanten Regeln der Religion umzusetzen sind. Die Gebote und Verbote und die Praxis der Gebete stehen im Mittelpunkt des Fachs. Der Islam ist eine Religion, die stark an Regeln gebunden ausgelebt wird. Regeln und Ausnahmeregeln werden durch den Koran und die „Sunnah" (Auslegung und Praxis) des Propheten festgestellt. In Fällen, die nicht durch diese beiden Quellen Berücksichtigung finden, wenden sich die sunnitischen Muslime an die Praxis der Gefolgsleute des Propheten, die Ausübung der Religion durch die Massen seit dem Tod des Propheten und Analogieschlüsse der Gelehrten. Die Praxis des Glaubens und somit den Inhalt des fiqh füllen diese Aspekte aus.
- Im Fach „sira" (*Lebensgeschichte des Propheten*) wird das Leben des Propheten Muhammad behandelt. Neben seiner Aufgabe, seinen Gefolgsleuten die Offenbarung mitzuteilen, hatte er den Gläubigen den Glauben nach dem Wohlwollen Gottes vorzuleben. Somit ist er für die Praxis der Religion von unumgänglicher Bedeutung für die Muslime. Seine Lebensgeschichte ist eine Art lehrhafte Erzählung für die Muslime, in der sie richtungsweisendes Wissen für ihr Leben als Muslime erlangen können.
- Im Fach „achlaq" wird den Schülern die *Ethik des Islams* vermittelt. Die Beziehung der Schöpfung zum Schöpfer ist der zentrale Ausgangspunkt dieses Fachs. Von diesem Punkt aus wird die Beziehung der Menschen untereinander und des Menschen zu anderen Geschöpfen Gottes in all ihren Unterschieden behandelt. Das Ziel dieses Fachs ist es, den verantwortungsbewussten und tugendhaften Menschen zu formen.
- Im Fach „tafsir" (*Koranexegese*) geht es um die Auslegung der Koranverse. In der Regel werden die Verse, die bei der Koranrezitation gelesen werden, den Schüler/-innen durch den Imam übersetzt und erläutert. Der Imam, der in der Regel das Arabische beherrscht, muss hierbei in erster Linie auf historisches und linguisti-

sches Hintergrundwissen zugreifen können, um den Sachverhalt im Vers weitestgehend umfassend erläutern zu können. Ebenso spielen die „Hadithe" (Aussagen und Taten des Propheten) bei der Auslegung des Korans eine wesentliche Rolle.

Darüber hinaus werden im erweiterten Bereich bzw. in Kursen für Fortgeschrittene weitergreifende Fächer angeboten. Die Intensität des Unterrichts und der Umfang der Inhalte sind in der Regel durch einen Lehrplan der Verbandszentrale vorgegeben bzw. durch den Kursanbieter bestimmt. Die Gemeinden und Kurse fühlen sich in erster Linie der Aufgabe verpflichtet, Wissen und Fähigkeiten zu vermitteln. Der Unterricht erfolgt zumeist in Form eines Vortrags durch die Lehrkraft und das Zuhören, Abschreiben, Rezitieren und Memorieren der Schüler. Diskursiver Austausch findet kaum statt.

Die islamischen Gemeinden bieten vermehrt Fächer an, durch die den Jugendlichen der Erwerb weiterer Kompetenzen ermöglicht werden und die über das Verstehen und die Praxis der Religion hinaus zur besseren Bewältigung von alltäglichen und schulischen Situationen verhelfen. Hierzu sind zu erwähnen Rhetorik, Zeitmanagement, Handarbeit usw. Neben der islamischen Bildung sind auch die schulischen Erfolge der Jugendlichen im Interesse der organisierten Jugendarbeit, so dass die Zahl der Gemeinden, die Nachhilfeangebote und Studienberatung durchführen, zugenommen hat.

Literatur

Die im Beitrag verwendeten empirischen Daten sind vor allem folgenden Quellen entnommen:
Bertelsmann-Stiftung [2008]: Religionsmonitor 2008 – Muslimische Religiosität in Deutschland. Überblick zu religiösen Einstellungen und Praktiken. Gütersloh: Bertelsamann-Stiftung. http://www.bertelsmann-stiftung.de/bst/de/media/xcms_bst_dms_25864_25865_2.pdf [Zugriff: 2.1.2013]
Haug, Sonja/Müssig, Stephanie/ Stichs, Anja (2009): Muslimisches Leben in Deutschland. Im Auftrag der Deutschen Islam Konferenz. Nürnberg: Bundesamt für Migration und Flüchtlinge. http://www.bmi.bund.de/cae/servlet/contentblob/566008/publicationFile/31710/vollversion_studie_muslim_leben_deutschland_.pdf [Zugriff: 2.1.2013]

Als weiterführende Literatur ist darüber hinaus interessant:
El-Mafaalani, Aladin/Toprak, Ahmet (2011): Muslimische Kinder und Jugendliche in Deutschland. Lebenswelten – Denkmuster – Herausforderungen. Sankt Augustin/Berlin: Konrad Adenauer Stiftung.

Heike von Bassewitz

Jüdische Jugendarbeit

Jüdische Jugendarbeit in Deutschland wird u.a. organisiert und unterstützt von der Zentralwohlfahrtsstelle der Juden in Deutschland e.V. (ZWST). Sie ist Mitglied in der Bundesarbeitsgemeinschaft der Freien Wohlfahrtsverbände (BAGFW) und vertritt auf dem Gebiet der sozialen Wohlfahrt die jüdischen Landesverbände, die jüdischen Gemeinden und den jüdischen Frauenbund. Die ZWST bildet den Zusammenschluss der jüdischen Wohlfahrtspflege in Deutschland und ist ihre Spitzenorganisation.

Das *verbandsspezifische Leitbild* der ZWST ergibt sich aus dem hebräischen Begriff der „Zedaka" (hebr. ursprünglich: Gerechtigkeit, heute: Wohltätigkeit), dem sozial-religiösen Verständnis der Wohltätigkeit im Judentum. Die Aufgabe, Hilfeleistungen zu erbringen im Sinne einer ausgleichenden sozialen Gerechtigkeit, ist im Judentum eine „Mizwa" (hebr. religiöses Gebot, verdienstvolle Handlung), eine der wichtigsten religiösen Pflichten. Die organisierte jüdische Sozialarbeit steht auf der Basis einer religionsgesetzlich verankerten Wohltätigkeit.

Die ZWST vertritt heute auf dem Gebiet der jüdischen Wohlfahrtspflege über 100 Gemeinden, wobei sich die Struktur der jüdischen Gemeindelandschaft in Deutschland unterschiedlich darstellt. Es gibt wenige große Gemeinden mit einem differenzierten Angebot für ihre Mitglieder und viele kleine und mittlere Gemeinden, deren finanzielle und personelle Ausstattung mit den angestiegenen Mitgliederzahlen nicht Schritt halten kann. Auch die Mitgliederstruktur der jüdischen Gemeinschaft in Deutschland hat durch die Zuwanderung aus der ehemaligen Sowjetunion (SU) seit 1990 tiefgreifende Veränderungen erfahren: Die mittlerweile absolute Mehrheit bilden jüdische Migranten/-innen aus Russland, Ukraine, Weißrussland und anderen Ländern der ehemaligen SU. Die langfristige Integration aller Zuwanderergenerationen und die Stärkung der Ressourcen in den jüdischen Gemeinden sind auf lange Sicht untrennbar miteinander verknüpft und richtungsweisend für die Zukunft der jüdischen Gemeinschaft in Deutschland.

Die Zuwanderung bedeutet eine immense Bereicherung für die jüdische Gemeinschaft in Deutschland und den deutschen Staat, stellt aber auch hohe Anforderungen an die soziale Infrastruktur der jüdischen Gemeinden. Die Ressourcen der jüdischen Gemeinden können den wachsenden Ansprüchen einer integrativen und interkulturellen Sozial- und Jugendarbeit, auch resultierend aus dem raschen Wandel sozialer Strukturen in der deutschen Gesellschaft, nicht immer genügen. Daher ist es eine zentrale Aufgabe der ZWST, vor allem die kleineren jüdischen Gemeinden beim Aufbau einer stabilen Infrastruktur für alle Generationen zu unterstützen. Die stetige *Erweiterung und Professionalisierung des sozialen Beratungs-, Betreuungs- und Fortbildungsangebotes* ist ein zentrales Anliegen der ZWST.

Die Zielgruppe

Vor dem Hintergrund des starken Rückgangs der jüdischen Neuzuwanderer gehören mittlerweile schon länger im Land lebende, ältere Gemeindemitglieder sowie die zweite ‚nachwachsende' Zuwanderergeneration (hier geboren oder als Kinder/Jugendliche nach Deutschland gekommen) zu den Hauptzielgruppen der ZWST. Wie in der allgemeinen demografischen Entwicklung in der deutschen Gesellschaft verdeutlicht auch die Altersgliederung in den jüdischen Gemeinden, dass die junge Generation nicht Schritt hält mit dem hohen Anteil der älteren Generation; so beträgt der Anteil der jungen Generation in den jüdischen Gemeinden nach Alter: 8 bis 11 Jahre 2%, 12 bis 18 Jahre 4%, 19 bis 21 Jahre 3%, 22 bis 30 Jahre 9% (vgl. Mitgliederstatistik der ZWST).

Vor diesem Hintergrund bekommt eine aktive und *integrative Jugendarbeit* ein besonderes Gewicht, da vor allem die junge Generation eine große Chance für die Stabilisierung und den innovativen Strukturwandel in einer stark gewachsenen jüdischen Gemeinschaft bietet. Außerdem ergibt sich aus dieser Generation der Nachwuchs für das in den Gemeinden dringend benötigte Personal (Jugendleiter, Sozialarbeiter, Erzieher, Rabbiner, Geschäftsführer, Vorstände etc.).

Aktivitäten und Angebote für Jugendliche

Die ZWST organisiert vielfältige Aktivitäten für unterschiedliche Zielgruppen innerhalb der jungen Generation in ihrer Freizeit- und Bildungsstätte „Max-Willner-Heim" in Bad Sobernheim (Rheinland-Pfalz): Ferien- und Bildungsfreizeiten, Aus- und Fortbildungen für Jugendbetreuer/-innen, Jugendzentrumsleiter/-innen u.a., Bildungsprojekte, Förderung der Vernetzung (Organisation von regionalen Treffen und überregionalen Tagungen für junge Erwachsene etc.).

Ferienfreizeiten in jüdischen Zusammenhängen
Seit langem bilden die umfangreichen und beliebten Ferienfreizeiten einen Schwerpunkt der jüdischen Jugendarbeit der ZWST. Die „Machanot" (Plural von hebr. Machane: Ferienfreizeit) richten sich an jüdische Kinder und Jugendliche im Alter von acht bis 19 Jahren. Sie werden regelmäßig in den Ferienzeiten im Sommer und Winter in Bad Sobernheim, Israel und Europa durchgeführt. Ein vielfältiges Freizeitangebot wird erfolgreich mit der Vermittlung jüdischer Traditionen kombiniert und so die jüdische Identität der jungen Generation gestärkt. Der ZWST ist es ein wichtiges Anliegen, ein ziel- und altersgerechtes, auf die Befindlichkeiten und Hintergründe der jeweiligen Generation abgestimmtes Freizeitprogramm zu gestalten. In einem Mix aus Erholung, spannenden Erlebnissen und Projekten werden die Ferienfreizeiten jeweils unter einem bestimmten Motto organisiert. Engagierte, von der ZWST ausgebildete Jugendleiter/-innen begeistern unter professioneller Anleitung die jungen Teilnehmenden mit einer Programmvielfalt, die dem Standard internationaler Ferienfreizeiten entspricht.

Die Sommermachanot 2011 wurden rund um das breitgefächerte Motto „Kommunikation" organisiert, welches in den verschiedenen Freizeiten altersgerecht umgesetzt wurde. Das Ziel war es, der jungen Generation in einer zunehmend medienorientierten Gesellschaft die Werkzeuge mitzugeben, mit denen sie ihre Interessen in allen Lebenssituationen vertreten können.

Im Rahmen der Machanot entstehen unter Kindern und Jugendlichen aus ganz Deutschland Freundschaften und Kontakte, die dank der heutigen Kommunikationsmöglichkeiten und weiterer Veranstaltungen der ZWST oft dauerhaft und stabil sind. Hinzu kommt, dass die Bindung der jungen Teilnehmenden zu ihrer Gemeinde gefördert wird, indem das Erlebte in den Jugendzentren weitergegeben oder durch eigene Aktivitäten umgesetzt wird. Viele Jugendliche werden durch die Machanot motiviert, sich in ihren Gemeinden stark zu machen für eine aktive jüdische Jugendarbeit. Viele der heutigen jüngeren Führungskräfte in den Gemeinden (Jugendzentrumsleitende, Geschäftsführende u.a.) oder anderen jüdischen Organisationen waren ehemals begeisterte „Chanichim" (hebr. Teilnehmer) und haben über die Machanot einen Zugang zur jüdischen Gemeinschaft gefunden. Daher haben die Ferienfreizeiten der ZWST eine wichtige multiplikatorische Funktion und fördern die Vernetzung.

Die von der ZWST organisierten *Israelreisen* für die junge Generation, von Teilnehmenden schon mal als das ‚Top-Machane' bezeichnet, geben den jungen Leuten die Möglichkeit, das Land aus einer ganz besonderen Perspektive kennenzulernen. Im Rahmen der jährlich organisierten Rundreisen für Teilnehmende von 15 bis 19 Jahren, geführt von kompetenten „Roshim" (hebr. Leiter), kommen die Jugendlichen mit Orten, Landschaften und Menschen in Berührung, die sie sonst nicht kennenlernen würden. Ein besonderer Höhepunkt sind die ‚Ulpan-Reisen' für 11- bis 14-Jährige, die auf spannende Weise Lernen und Freizeitprogramm verbinden. Vormittags wird im „Ulpan" (hebr. Sprachschule) die hebräische Sprache gelernt, in der zweiten Tageshälfte sorgt ein Freizeit- und Ausflugsprogramm für den erforderlichen Ausgleich. Auf den Bar- und Bat-Mitzwa-Reisen (Ritual zur Aufnahme in die jüdische Gemeinde mit allen Rechten und Pflichten, für Jungen mit 13, für Mädchen mit 12 Jahren möglich), können die Jugendlichen im Alter von 11 bis 14 ihre Zugehörigkeit zum Judentum emotional nachvollziehen.

Im Sommer 2011 hat die ZWST erstmalig ihre *Ferienfreizeiten für junge Teilnehmende mit geistig/psychischer Behinderung* geöffnet. Von der ZWST speziell geschulte „Madrichim" (hebr. Jugendbetreuer) und andere Mitarbeiter des Behindertenprojektes betreuen die Kinder mit einer Behinderung während der Freizeiten im Verhältnis 1:1; sie können an allen Aktivitäten teilnehmen. Dieses neue Angebot wird von den Kindern und Jugendlichen mit Behinderung, ihren Familien, aber auch den restlichen Teilnehmer/-innen gut angenommen und als eine Bereicherung für alle empfunden.

Jugendarbeit: Fortbildung, Förderung und Vernetzung
Die Aus- und Fortbildungsreihen der ZWST zielen darauf ab, die Gemeinden beim Aufbau ihrer Jugendarbeit zu unterstützen, d.h. neue Jugendliche anzusprechen und auszubilden, aber auch die aktiven Madrichim und Jugendleiter/-innen weiterzubilden. Ein wichtiger Bestandteil aller Seminare und Treffen ist die altersgerechte Vermittlung jüdischer Traditionen, indem man z.B. im Rahmen der Wochenendseminare den Schabbat gemeinsam begeht.

Das Ziel der *Fortbildungsreihe für Anfänger in der Jugendarbeit I-V* (kurz: Praktikantenseminare) ist die Ausbildung von Madrichim für die jüdischen Gemeinden und die Machanot der ZWST. Zu den Inhalten der Seminare gehören Theorie und Praxis der jüdischen Jugendarbeit. Das Jugendreferat der ZWST passt die Inhalte der mittlerweile klassischen Fortbildungsreihe laufend den aktuellen Anforderungen an. In den letzten Jahren wurde u.a. die Praxisbezogenheit der Seminare wesentlich gestärkt, z.B.

Übungen in Form von selbst gestalteten Programmen, Projekten und „Schiurim" (hebr. Kurzreferat, Lektion, auch: Kommentar zur Thoralesung). Leitfragen, die bearbeitet werden, sind u.a. „Warum möchte ich mich in der Jugendarbeit engagieren? Darf ich als Madrich die Kinder erziehen? Wie bereite ich ein Programm für mein Jugendzentrum vor?" Die Teilnehmer/-innen aus jüdischen Gemeinden werden so darauf vorbereitet, als Madrichim im Jugendzentrum oder auf den Sommer- und Wintermachanot der ZWST Verantwortung zu übernehmen.

Zu den Themenschwerpunkten der Grundausbildung gehören jüdisches Wissen, Grundlagen der Erziehung, Gruppendynamik, Konfliktmanagement, Entwicklungspsychologie und Spieldidaktik. Höhepunkt ist ein zweiwöchiges Seminar, in dem die Teilnehmenden die Möglichkeit erhalten, die erlernten Fertigkeiten in praktischen Simulationen zu üben und zu vertiefen. Nach Abschluss der Seminarreihe erhält jeder Jugendliche ein anerkanntes Zertifikat der ZWST.

Aufbauend auf der Grundausbildung führt die ZWST *Fortbildungsreihen für aktive Madrichim* der Jugendzentren durch. Sie unterstützen die Madrichim darin, dieses ehrenamtliche Engagement verantwortungsvoll und professionell auszuüben. Sie geben kreative Anregungen und inhaltliche Informationen für die Organisation von Programmen, die Durchführung von innovativen „Peuloth" (hebr. Aktivitäten) oder neuen Projekten in den Jugendzentren. Die Bedeutung dieser weiterführenden Seminare ist nicht zu unterschätzen, weil viele Jugendleiter/-innen und Madrichim heute vor der Herausforderung stehen, mehr Kinder und Jugendliche in die Jugendzentren zu holen. Viele Gemeinden stellen sich die Frage, wie sie ihre Angebote für die junge Generation noch attraktiver gestalten können.

Für die kreative Ideenfindung, die Motivation von Jugendlichen sowie eine stärkere Vernetzung sind die regelmäßig organisierten *Treffen der Jugendzentrumsleiter/-innen* unerlässlich. Sie helfen ihnen, ihrer verantwortungsvollen Aufgabe gerecht zu werden.

Neben der Aus- und Weiterbildung bieten die Seminare den Teilnehmenden ein überregionales Forum für Information, Kontakt und Austausch. Entsprechend einer sehr differenzierten Gemeindelandschaft in Deutschland unterscheidet sich auch die Angebotsstruktur für junge Menschen. Vor allem für kleinere Gemeinden, für die der Aufbau eigener Jugendzentren schwierig ist, sind regionale und überregionale Netzwerke daher sehr hilfreich und können eine funktionierende Jugendarbeit unterstützen. Man kann sich über Aktivitäten und Abläufe in anderen Jugendzentren informieren, sich gegenseitig Tipps geben und sich mit anderen Gemeinden des eigenen Landesverbandes zusammentun. Ein Beispiel aus jüngster Zeit ist der „Madrichim-Tausch", hier tauschen die Jugendzentren z.B. für einen Sonntag das gesamte Betreuer-Team. Das jeweilige Team wird durch neue Erfahrungen gestärkt und die Vorteile einer engeren Zusammenarbeit werden deutlich. Ein weiteres Beispiel ist die „Jewrovision", der jährlich durchgeführte Gesangs- und Tanzwettbewerb der jüdischen Jugendzentren. Dieses Projekt hatte ursprünglich die ZWST initiiert, seit vielen Jahren führen es Jugendzentren selbstständig durch, ausgerichtet vom jeweiligen Gewinner.

Neben den Leitertreffen organisiert die ZWST weitere *Jugendtreffen*, um vor allem der jungen Generation aus Gemeinden ohne ein kontinuierliches Angebot die Möglichkeit zu geben, sich auch außerhalb der Ferienfreizeiten zu treffen. Dies können ganz unterschiedliche Veranstaltungen sein: ein festliches Schabbat-Wochenende, ein gemeinsames Wochenende anlässlich eines jüdischen Feiertages oder auch kreative Seminare, wie z.B. das Jugendtreffen ‚Supertalent' im Jahr 2011. Im Rahmen dieser Veranstaltung zur Talentförderung im Bereich Tanz, Musik und Theater trafen sich rund 60 Gemeindemitglieder von 13 bis 25 Jahren, um das professionelle Angebot in den Gemeinden in diesem Bereich zu stärken.

Ein ‚Klassiker' im Bereich der jüdischen Jugendarbeit ist der *Jugendkongress*, der jährlich vom Zentralrat der Juden gemeinsam mit der ZWST durchgeführt wird. Der meist viertägige Jugendkongress ist seit vielen Jahren eine feste Institution und richtet sich an junge Menschen im Alter von 20 bis 35 Jahren. Rund 300 Teilnehmer/-innen aus ganz Deutschland treffen sich, um Kontakte zu knüpfen, sich auszutauschen und zu diskutieren. Auch haben sie die Möglichkeit, sich über Vorträge und Workshops zu verschiedenen religiösen, sozialen und politischen Fragen des Judentums weiterzubilden und ihr Judentum zu ‚leben'. Parallel organisierte Schabbat-Feiern mit unterschiedlicher religiöser Ausrichtung gehören seit einigen Jahren zum Programm. Höhepunkte bildeten im Jahr 2008 der siebentägige Jugendkongress in Israel unter dem Motto „60 Jahre Israel" oder auch der Jugendkongress 2011 in Weimar unter dem Motto „Jews we can – Gemeinsam für eine neue Zukunft". Eine neue Offenheit und ein intensiver Dialog ‚auf Augenhöhe' mit Führungspersönlichkeiten, wie z.B. mit dem Zentralratspräsidenten, kennzeichneten diesen Kongress.

Eine intensivierte *Vernetzung* unter den jüdischen Gemeinden, eine effektivere Kommunikation und Möglichkeiten für einen regelmäßigen Kontakt und Austausch gewinnen im Bereich der Jugendarbeit immer mehr an Gewicht. Kleinere Nachbargemeinden können sich zusammentun und ein gemeinsames Programm für ihre Jugendlichen auf die Beine stellen. Auch innerhalb der jüdischen Landesverbände gewinnt eine Arbeitsteilung und gemeinsame Aufgabenwahrnehmung immer mehr an Bedeutung. Hier kann die junge Generation eine Art Vorreiterrolle übernehmen, sie ist am ehesten in der Lage, ‚eingerostete' Strukturen und Hierarchien zu überwinden. Die oben beschriebenen Aktivitäten und Angebote der ZWST fördern und unterstützen diese Vorreiterrolle.

Unterstützungsinstrumente für die Jüdische Jugendarbeit

Das *Pädagogische Zentrum* (PZ) der ZWST bietet eine Vielfalt an Informationen und Materialien im Bereich der jüdischen Jugendarbeit:

Projekt „Mibereshit"
Wie kann jüdisches Wissen erlebnisreich an die junge Generation vermittelt werden? Eine Antwort liefert das israelische Projekt „Mibereshit" mit seinen Heften „Daf Paraschat Haschawua" zum wöchentlichen Thora-Abschnitt. Das vom Erziehungsministerium in Israel geförderte Projekt wird von der ZWST in Deutschland betreut. Die Hefte beinhalten kindgerechtes Lehr- und Erlebnismaterial für Kinder unterschiedlicher Altersgruppen. Das Projekt ist so konzipiert, dass Eltern und Kinder gemeinsam damit arbeiten, ebenso wird es erfolgreich in jüdischen Schulen, Religionsschulen, in Jugendzentren und Kindergärten eingesetzt. Viele Rückmeldungen zeigen, wie groß der Bedarf nach jüdischem Bildungsmaterial ist, welches der jungen Generation gleichzeitig Spaß beim Lernen bereitet. Die Hefte enthalten viele interessante und lehrreiche Rubriken: Neben einer Schabbatgeschichte ‚auf den Spuren des Wochenab-

schnitts' und der Parascha als Comic lernen die Kinder aus den Sprüchen der Väter, basteln, erraten jüdisches Wissen und erfahren etwas über die Moral einer chassidischen Geschichte (www.zwst-mibereshit.de).

Informationsportal „Hadracha"
Das 2005 eingerichtete und seitdem stetig wachsende Internetportal (www.zwst-hadracha.de) stellt umfangreiche Erziehungsmaterialien zur Verfügung, die bequem und kostenlos heruntergeladen werden können. „Hadracha" richtet sich an alle, die jüdische Erziehungsarbeit leisten und auf der Suche nach Materialien in deutscher Sprache sind. Auf Hadracha findet man eine Themenvielfalt, beginnend mit den jüdischen Feiertagen, Israel und den Zionismus, über Juden in Deutschland, die Shoa bis hin zu Spielvorschlägen zu jüdischen Themen, Peulot, Projekten, Gebeten, Gedichten, Theaterstücken, Zeremonien, Liedertexten und Noten, Abendprogrammen und sogar jüdischen Witzen. Die Seite wird ständig aktualisiert und erweitert. Mehrmals im Jahr informiert ein spezieller Newsletter über neues Material im Portal.

Publikationen des Pädagogischen Zentrums
- *Newsletter für alle Aktiven in der Jugendarbeit „Paraschat Haschawua Online"*: wöchentlicher Newsletter für alle Jugendzentrumsleiter, Madrichim, Praktikanten und Referenten
- *„Kits": Materialsammlungen zu den jeweiligen Themen der Machanot*: Hintergrundwissen, Presseartikel, Geschichten aus der Thora, Vorschläge für Aktivitäten, Buch- und Filmrezensionen, Liedertexte und Links für zusätzliche Infos
- *Materialsammlungen* zu den jüdischen Feiertagen mit Musik-CDs
- *Schabbat-Gebetbücher*, die es ermöglichen, den Gottesdienst am Freitagabend und Samstagmorgen mitzuverfolgen, da die Gebete in Lautschrift übertragen und ins Deutsche übersetzt wurden (auch in russischer Sprache)
- *Schironim* (Liederhefte): Die bekanntesten israelischen Lieder sowie Feiertagslieder sind in Lautschrift übertragen und übersetzt
- *Tanzanleitungen* zum israelischen Volkstanz mit entsprechenden Audio-CDs und DVDs

Film- und Dokumentationsmaterial auf DVD
Das PZ bietet eine Sammlung von Dokumentarfilmen, Reportagen und Spielfilmen zu folgenden Themen an: Holocaust, Israel, Judentum, jüdische Feiertage, Juden in Deutschland, Israelische Musik und Tänze, Filme in russischer Sprache zu o.g. Themen. Ein Katalog dazu befindet sich auf www.zwst-hadracha.de.

Ein weiteres Unterstützungsinstrument der ZWST ist die Einrichtung von Arbeitsstationen in den Gemeinden im Rahmen ihres *E-Learning-Projektes*. Vor dem Hintergrund ihrer Aktivitäten im Bereich der multimedialen Kommunikation organisiert die ZWST das „Jewish Network", um dem wachsenden Bedarf an fachlicher Kompetenz und sozialen Dienstleistungen entgegenzukommen. Das Projekt sieht bei Bedarf die kostenlose Einrichtung und Vernetzung von multimedialen Arbeitsstationen in den beteiligten Gemeinden vor. Die Arbeitsstationen (moderner PC, Ausrüstung für Konferenzschaltung, Beamer) sollen u.a. die Jugendarbeit in den jüdischen Gemeinden unterstützen, z.B. in Form einer intensiveren überregionalen Zusammenarbeit der Jugendzentren über Videokonferenzsysteme (www.ZWST4you.de).

Projekte für junge Erwachsene

Die ZWST organisiert spezifische Projekte, um gezielt die Altersgruppe der jungen Erwachsenen anzusprechen. Dazu gehört das Bildungsprogramm „Brückenschlag", was die ZWST mit Unterstützung der Stiftung „Erinnerung, Verantwortung und Zukunft" (EVZ) und der Jewish Agency for Israel (www.jafi.org.il) durchgeführt hat. Dieses von 2004 bis 2010 durchgeführte Programm hat rund 300 Absolventen/-innen von 18 bis 35 die Möglichkeit gegeben, sich im Rahmen von Seminaren, Exkursionen und Studienreisen mit Aspekten ihres jüdischen Lebens auseinanderzusetzen. Erfolgreiche und ausgewählte Teilnehmende dieses Programms konnten darüber hinaus an einer Leadership-Ausbildung für junge Führungskräfte in jüdischen Organisationen teilnehmen.

Fortbildung von Multiplikator/-innen in der Jugendarbeit

Die Förderung und Unterstützung professioneller Gemeindearbeit gehört zum zentralen Aufgabenbereich der ZWST. Es ist ein Grundanliegen der ZWST, auf gesellschaftliche Veränderungen und aktuelle soziale Problemlagen rechtzeitig reagieren zu können, indem neue Fortbildungsangebote geschaffen werden. Die angespannte Arbeitsmarktlage erschwert die berufliche und soziale Integration der Gemeindemitglieder mit Migrationshintergrund. Zunehmend brüchiger werdende soziale Zusammenhänge in den Familien sowie tiefgreifende Veränderungen von familiären Strukturen haben ihre Auswirkungen auf alle Generationen. Ein mehr in die Tiefe gehendes Fortbildungsangebot gewinnt auch vor dem Hintergrund der dringend erforderlichen *Nachwuchsförderung in den Gemeinden* sowie der Professionalisierung von zugewanderten Führungskräften und anderen Gemeindemitarbeiter/-innen mit Migrationshintergrund stärker an Bedeutung.

Ein Beispiel ist das von 2010 bis 2012 laufende Projekt „Professionalität und Innovation", gefördert vom Europäischen Sozialfonds (ESF), dem Bundesministerium für Arbeit und Soziales, durchgeführt in Kooperation mit der Fachhochschule Erfurt und der Hochschule für Jüdische Studien in Heidelberg. Hier wird u.a. der Zertifikatskurs „Erziehung und Bildung in jüdischen Einrichtungen" (mit Zusatzqualifikation Leitung jüdischer Erziehungs- und Bildungseinrichtungen) angeboten.

Das Modellprojekt „Perspektivwechsel – Bildungsinitiativen gegen Antisemitismus und Fremdenfeindlichkeit" unterstützt seit 2007 Lehrkräfte, Sozialarbeiter/-innen, Jugendreferenten/-innen und andere Multiplikator/-innen der Jugend und Erwachsenenbildung sowie Mitarbeiter/-innen der öffentlichen Verwaltung in ihrem Handeln gegen Vorurteile und Diskriminierung (www.zwst-perspektivwechsel.de).

Entwicklungsperspektiven und zukünftige Herausforderungen

Vor dem Hintergrund der eingangs skizzierten demografischen Veränderungen bekommt die Nachwuchsförderung ein zunehmendes Gewicht. Die junge Generation stellt die zukünftigen Fach- und Führungskräfte, die in den Gemeinden dringend benötigt werden – und die dort jetzt auch schon aktiv sind.

Eine der wichtigsten Herausforderungen in der Jugendarbeit ist es, die jungen Leute in die Gemeinden zu holen, sie für ein ehrenamtliches Engagement zu begeistern und mit ihnen gemeinsam ein Angebot zu organisieren, welches weiteren jüdischen Kindern und Jugendlichen ein zweites ‚jüdisches Zuhause' bietet. Motivation und das Interesse der jungen Menschen sind nicht zu unterschätzen, man muss ihnen nur die Möglichkeiten und Chancen aufzeigen.

In diesem Zusammenhang ist es das Ziel der ZWST, die Vernetzung und die Kooperation mit anderen jüdischen Organisationen zu intensivieren. Das betrifft in erster Linie die Zusammenarbeit mit ihren Mitgliedern, den jüdischen Gemeinden und Landesverbänden und dem Zentralrat der Juden in Deutschland. Darüber hinaus spielt die Vernetzung mit anderen jüdischen Organisationen, wie z.B. dem jüdischen Studentenverband, den jeweiligen regionalen Vertretungen, mit dem jüdischen Sportverband „Makkabi" für eine professionelle Jugendarbeit eine wichtige Rolle.

Vor dem Hintergrund unterschiedlicher Strömungen in der jüdischen Gemeinschaft ist es der ZWST ein wichtiges Anliegen, weniger das Trennende zu sehen, sondern sich darauf zu konzentrieren, was allen gemeinsam ist: der Wunsch, dass die in den letzten zwei Jahrzehnten erstarkte jüdische Gemeinschaft in ihrer Vielfalt erhalten bleibt.

Literatur

Ben-Rafael, Eliezer/Sternberg, Yitzhak/Glöckner, Olaf (2010): Juden und jüdische Bildung im heutigen Deutschland. Eine empirische Studie im Auftrag des L.A. Pincus Fund for Jewish Education in the Diaspora. http://www.zwst.org/de/service/literatur/ [Zugriff: 13.12.2012]

Bertram, Jürgen (2008): Wer baut, der bleibt. Neues jüdisches Leben in Deutschland. Frankfurt/M.: Fischer-Taschenbuch-Verlag.

Haug, Sonja (2005): Jüdische Zuwanderer in Deutschland. Ein Überblick über den Stand der Forschung. Nürnberg: Bundesamt für Migration und Flüchtlinge.

Hess, Rainer/Kranz, Jarden. (1999): Jüdische Existenz in Deutschland heute. Probleme des Wandels der Jüdischen Gemeinden in der Bundesrepublik Deutschland infolge der Zuwanderung russischer Juden nach 1989. Berlin: Logos-Verlag.

Krohn, Helga (2011): „Es war richtig wieder anzufangen". Juden in Frankfurt am Main seit 1945. Frankfurt/M.: Brandes & Apsel.

Lernen aus der Geschichte e.V./Institut für Gesellschaftswissenschaften und historisch-politische Bildung (Hrsg.): Jüdisches Leben in Deutschland nach 1945. Didaktisches Online-Modul. http://lernen-aus-der-geschichte.de/Online-Lernen/Online-Modul/9129 [Zugriff: 13.12.2012]

Schoeps, Julius H./Jasper, Willi/Vogt, Bernhard (Hrsg.) (1999): Ein neues Judentum in Deutschland? Fremd- und Eigenbilder der russisch-jüdischen Einwanderer. Potsdam: Verlag für Berlin-Brandenburg.

Publikationen der Zentralwohlfahrtsstelle der Juden in Deutschland e.V. (ZWST):

Zentralwohlfahrtsstelle der Juden in Deutschland (Hrsg.): Tätigkeitsbericht. Frankfurt/M.: ZWST.

Zentralwohlfahrtsstelle der Juden in Deutschland (Hrsg.): Mitgliederstatistik der einzelnen jüdischen Gemeinden und Landesverbände in Deutschland. Frankfurt/M.: ZWST.

Zentralwohlfahrtsstelle der Juden in Deutschland: ZWST informiert. Frankfurt/M.

Zum Beispiel:

Schuster, Aron (2011): Verantwortung übernehmen. Neuer Jahrgang der Praktikantenseminare gestartet. In: ZWST informiert, 2, S. 9.

Schlafstein, Marat (2011): Professionalisierung und bessere Vernetzung. Weiterbildung für ein verantwortungsvolles Ehrenamt. In: ZWST informiert, 2, S. 8.

Novominski, Katia (2011): Lehawa unterstützt den Aufbau des Jugendzentrums „Lifroach" in Potsdam. In: ZWST informiert, 1, S. 15.

Novominski, Katia/Sachsen, Lehawa (2011): „Lifroach" – Ein Jugendzentrum blüht auf. In: ZWST informiert, 4, S. 4.

Links

Zentralwohlfahrtsstelle der Juden in Deutschland e.V.: www.zwst.org
Jüdischer Studierendenverband: www.bjsd.de
Jüdischer Sportverband „Makkabi": www.makkabi.com
Informationsportal „Hadracha": www.zwst-hadracha.de

Autorinnen und Autoren

Heike von Bassewitz, Öffentlichkeitsarbeit der Zentralwohlfahrtsstelle der Juden in Deutschland e.V. (ZWST), Frankfurt/M.

Dr. *Reiner Becker*, Wissenschaftlicher Mitarbeiter und Leiter des Beratungsnetzwerkes Hessen an der Philipps-Universität Marburg.

Dr. *Iris Bednarz-Braun*, Privatdozentin, Leiterin der Forschungsgruppe Migration, Integration und interethnisches Zusammenleben am Deutschen Jugendinstitut, München.

Kirsten Bruhns, Dipl.-Soziologin, M.A. Päd., Wissenschaftliche Referentin am Deutschen Jugendinstitut, München.

Mike Cares, Dipl.-Sozialpädagoge, Landesjugendreferent im Evangelischen Kinder- und Jugendwerk Baden, Referat Jugendpolitik, Karlsruhe.

Dr. *Karl August Chassé*, Professor für Soziale Arbeit an der Ernst-Abbe-Hochschule Jena.

Cornelia Coenen-Marx, Oberkirchenrätin, Leiterin des Referats Sozial- und Gesellschaftspolitik im Kirchenamt der EKD, Hannover.

Mike Corsa, Dipl.-Sozialpädagoge, Generalsekretär der Arbeitsgemeinschaft der Evangelischen Jugend in Deutschland e.V., Hannover.

Florian Dallmann, Dipl.-Sozialarbeiter, Dipl.-Pädagoge, Leiter der Jugendhilfestation Garbsen der Region Hannover, bis 2011 Jugendpolitischer Referent der Arbeitsgemeinschaft der Evangelischen Jugend in Deutschland e.V.

Cornelia Dassler, Landesjugendpastorin, Landesjugendpfarramt der Evangelisch-Lutherischen Landeskirche Hannovers, Hannover.

Dr. *Michael Domsgen*, Professor für Evangelische Religionspädagogik, Theologische Fakultät der Martin-Luther-Universität Halle-Wittenberg.

Dr. *Stefan Drubel*, Pfarrer, Kirchenrat, Landeskirchenamt der Evangelischen Kirche im Rheinland, Düsseldorf.

Wilfried Duckstein, Dipl.-Pädagoge, Diplom-Supervisor und Organisationsberater, Geschäftsführer und pädagogischer Mitarbeiter des Verbands Christlicher Pfadfinderinnen und Pfadfinder (VCP) Bezirk Hannover.

Wiebken Düx, Dipl.-Pädagogin, bis 2010 Wissenschaftliche Mitarbeiterin des Forschungsverbunds Deutsches Jugendinstitut München/Technische Universität Dortmund.

Klaus-Martin Ellerbrock, Diakon, Jugendbildungsreferent im Amt für Jugendarbeit der Evangelischen Kirche im Rheinland, Düsseldorf.

Gerd Engels, M.A, Geschäftsführer der Bundesarbeitsgemeinschaft Kinder- und Jugendschutz e.V., Berlin.

Dr. *Hannelore Faulstich-Wieland*, Professorin für Erziehungswissenschaft mit Schwerpunkt Schulpädagogik, Universität Hamburg.

Michael Freitag, Pastor, Referent für Theologie, Bildung und Jugendsoziologie bei der Arbeitsgemeinschaft der Evangelischen Jugend in Deutschland e.V., Hannover.

Dr. *Nora Gaupp*, Dipl.-Psychologin, Wissenschaftliche Referentin am Deutschen Jugendinstitut, Forschungsschwerpunkt Übergänge im Jugendalter, München.

Uli Geißler, Diakon, Spiel- und Kulturpädagoge im Amt für Jugendarbeit der Evangelisch-Lutherischen Kirche in Bayern, Nürnberg.

Martina Gille, Dipl.-Soziologin, Wissenschaftliche Referentin am Deutschen Jugendinstitut, München.

Marcus Götz-Guerlin, Pfarrer, Politikwissenschaftler M.A., Leiter der Evangelischen Berufsschularbeit Berlin und der Jugendbildungsstätte Haus Kreisau.

Dr. *Cathleen Grunert*, Privatdozentin, Leiterin des Arbeitsbereichs Erziehungswissenschaftliche Forschungsmethoden an der Martin-Luther-Universität Halle-Wittenberg.

Yilmaz Gümüş, 1. Staatsexamen Germanistik und Pädagogik (Lehramt), Doktorand und Wissenschaftlicher Mitarbeiter am Institut für Islamische Theologie der Universität Osnabrück am Lehrstuhl für Islamische Religionspädagogik.

Jörg Hammer, Pastor, Evangelisch-methodistische Kirche, Leiter des Kinder- und Jugendwerks Süd, Stuttgart.

Dr. *Benno Hafeneger*, Professor für Erziehungswissenschaft, Philipps-Universität Marburg.

Dr. *Karin Haubrich*, Dipl.-Soziologin, Wissenschaftliche Referentin am Deutschen Jugendinstitut, München.

Dr. *Werner Helsper*, Professor für Schulforschung und Allgemeine Didaktik, Martin-Luther-Universität Halle-Wittenberg.

Franziska Herbst, Bildungsreferentin und Projektmanagerin, Projektleitung Miphgasch/Begegnung e.V., Berlin.

Dagmar Hisleiter, Dipl.-Sozialarbeiterin, Referentin für Schüler(innen)arbeit und Bildung bei der Arbeitsgemeinschaft der Evangelischen Jugend in Deutschland e.V., Hannover.

Dr. *Hans Hobelsberger*, Professor für Praktische Theologie an der Abteilung Theologie der Katholischen Hochschule NRW, Paderborn.

Dr. *Ursula Hoffmann-Lange*, Professorin em. für Politikwissenschaft, Universität Bamberg.

Bernd Holthusen, Dipl.-Politikwissenschaftler, Wissenschaftlicher Referent am Deutschen Jugendinstitut, München.

Dr. *Sabrina Hoops*, Dipl.-Pädagogin, Wissenschaftliche Referentin am Deutschen Jugendinstitut, München.

Dr. *Wolfgang Ilg*, Dipl.-Psychologe, Dipl.-Theologe, Landesschülerpfarrer im Evangelischen Jugendwerk in Württemberg, Stuttgart; Wissenschaftlicher Mitarbeiter an der Universität Tübingen.

Dr. *Yvonne Kaiser*, Dipl.-Sozialpädagogin, Dipl.-Pädagogin, Wissenschaftliche Mitarbeiterin an der Fachhochschule Münster, Fachbereich Sozialwesen; bis 2012 Wissenschaftliche Mitarbeiterin am Comenius-Institut, Evangelische Arbeitsstätte für Erziehungswissenschaft e.V., Münster.

Simone Kalisch-Humme, Dipl.-Sozialpädagogin, Sozialmanagerin M.A., 2008–2011 Projektleiterin TANDEM bei der Arbeitsgemeinschaft der Evangelischen Jugend in Deutschland e.V., Hannover.

Steffen Kaupp, Pfarrer, Sonderpfarrstelle Projekt „Lust auf andere" und Qualifizierungsprogramm „Alternative Gottesdienste und Gemeindeentwicklung" beim Evangelischen Jugendwerk in Württemberg, Stuttgart.

Dr. *Christian Kerst*, Wissenschaftlicher Mitarbeiter am HIS-Institut für Hochschulforschung, Hannover.

Dr. *Fabian Kessl*, Professor für Theorie und Methoden der Sozialen Arbeit an der Fakultät für Bildungswissenschaften der Universität Duisburg-Essen.

Michael Kißkalt, Pastor, Dozent für Missionswissenschaft am Theologischen Seminar Elstal (FH), Referent für Evangelisation im Bund Evangelisch-Freikirchlicher Gemeinden, Wustermark.

Doris Klingenhagen, Dipl.-Sozialpädagogin, Referentin für europäische Jugendpolitik bei der Arbeitsgemeinschaft der Evangelischen Jugend in Deutschland e.V., Hannover.

Dr. *Heinz-Hermann Krüger*, Professor für Allgemeine Erziehungswissenschaft an der Martin-Luther-Universität Halle-Wittenberg.

Dr. *Hans Peter Kuhn*, Professor für Erziehungswissenschaft mit dem Schwerpunkt Empirische Bildungsforschung an der Universität Kassel.

Dr. *Dietrich Kurz*, Professor em. für Sportwissenschaft an der Universität Bielefeld.

Dr. *Johannes Lähnemann*, Professor em. für Religionspädagogik und Didaktik des Evangelischen Religionsunterrichts an der Universität Erlangen-Nürnberg.

Dr. *Andreas Lange*, Professor für Soziologie in den Handlungsfeldern Soziale Arbeit, Gesundheit und Pflege an der Hochschule Ravensburg-Weingarten.

Björn Langert, Diakon, Dipl.-Gemeindepädagoge, Referent für Offene Arbeit am Amt für Jugendarbeit der Evangelischen Kirche von Westfalen, Schwerte/Villigst.

Dr. *Veit Laser*, Referent für entwicklungsbezogene Bildung bei der Arbeitsgemeinschaft der Evangelischen Jugend in Deutschland e.V., Hannover.

Dr. *Tilly Lex*, Wissenschaftliche Referentin am Deutschen Jugendinstitut, München.

Renato Liermann, Jugendbildungsreferent bei der eSw – Evangelische Schülerinnen- und Schülerarbeit in Westfalen (BK) e.V., Vorstand Bundesverband Kulturarbeit in der evangelischen Jugend, Hagen.

Jörg Lohrer, Dipl.-Religionspädagoge, Wissenschaftlicher Mitarbeiter für Online-Bildung am Comenius-Institut, Evangelische Arbeitsstätte für Erziehungswissenschaft e.V., Münster.

Simon Lohse, Dipl.-Pädagoge, M.A. Philosophie/Politische Wissenschaft/Non Profit Management sowie Soziologie/Erziehungswissenschaft (Sonderpädagogik), Wissenschaftlicher Mitarbeiter am Lehrstuhl für theoretische Philosophie an der Leibniz Universität Hannover.

Dr. *Wolfgang Mack*, Professor für Sonderpädagogische Erwachsenen- und Berufsbildung an der Pädagogischen Hochschule Ludwigsburg.

Kay Moritz, Leiter des Jugendseminars, Gemeindejugendwerk (Baptisten) des Bundes Evangelisch-Freikirchlicher Gemeinden in Deutschland K.d.ö.R., Elstal.

Dr. *Richard Münchmeier*, Universitätsprofessor em. für Kindheits- und Jugendforschung, Jugendarbeit und Sozialpädagogik an der Freien Universität Berlin.

Dr. *Martin Nörber*, Pädagoge M.A., Referent im Hessischen Sozialministerium in Wiesbaden.

Rainer Oberländer, Diakon, Landesjugendreferent im Evangelischen Jugendwerk in Württemberg, Stuttgart.

Reinhold Ostermann, Dipl.-Sozialpädagoge, Organisationsberater, Referent für Konzeptionsentwicklung am Amt für Jugendarbeit der Evangelisch-Lutherischen Kirche in Bayern, Nürnberg.

Torsten Pappert, Stadtjugendpastor/Jugendkirchenpastor im Evangelischen Stadtjugenddienst Hannover/in der Jugendkirche Hannover.

Tobias Petzoldt, Gemeindepädagoge und Jugenddiakon, Dozent für Evangelische Bildungsarbeit mit Jugendlichen an der Evangelischen Hochschule Moritzburg.

Dr. *Liane Pluto*, Wissenschaftliche Referentin in der Abteilung Jugend und Jugendhilfe am Deutschen Jugendinstitut, München.

Dr. *Jens Pothmann*, Dipl.-Pädagoge, Wissenschaftlicher Mitarbeiter im Forschungsverbund DJI/TU Dortmund, Arbeitsstelle Kinder- und Jugendhilfestatistik.

Gernot Quasebarth, Dipl.- Sozialarbeiter, Diakon, Geschäftsführer im Kinder- und Jugendpfarramt der Evangelischen Kirche in Mitteldeutschland, Magdeburg.

Dr. *Thomas Rauschenbach*, Vorstandsvorsitzender und Direktor des Deutschen Jugendinstituts, München und Professor für Sozialpädagogik an der Technischen Universität Dortmund.

Dr. *Birgit Reißig*, Leiterin des Forschungsschwerpunkts Übergänge im Jugendalter am Deutschen Jugendinstitut, Außenstelle Halle/Saale.

Dr. *Christian Reutlinger*, Professor für Sozialraumforschung und Sozialraumarbeit, Leiter Kompetenzzentrum Soziale Räume an der FHS St. Gallen, Hochschule für Angewandte Wissenschaften.

Nicole Richter, Dipl.-Sozial- und Gemeindepädagogin, Fachjournalistin, Fachbereichsleiterin des Frauenreferats am Institut für Kirche und Gesellschaft der Evangelischen Kirche von Westfalen, Schwerte.

Dr. *Harald Riebold*, Diakon, Dipl.-Sozialpädagoge, Fachreferent für musisch-kulturelle Bildung, Referat Kinder-und Jugendarbeit im Dezernat Bildung der Evangelischen Kirche von Kurhessen-Waldeck, Kassel.

Dr. *Eric van Santen*, Dipl.-Soziologe, Wissenschaftlicher Mitarbeiter in der Abteilung Jugend und Jugendhilfe am Deutschen Jugendinstitut, München.

Dr. *Robert Sauter*, Dipl.-Pädagoge, Leiter em. des Bayerischen Landesjugendamts, Augsburg.

Dr. *Thomas Schalla*, Landesjugendpfarrer der Evangelischen Landeskirche Baden, Karlsruhe.

Dr. *Albert Scherr*, Professor am Institut für Soziologie der Pädagogischen Hochschule Freiburg.

Dr. *Thomas Schlag*, Professor für Praktische Theologie an der Universität Zürich.

Dr. *Hans Jürgen Schlösser*, Professor für Wirtschaftswissenschaft und Didaktik der Wirtschaftslehre, Universität Siegen, Vorsitzender des Zentrums für ökonomische Bildung an der Universität Siegen (ZöBiS).

Andreas Schlüter, Pastor und Referent für Jugendarbeit, Leiter des Bereichs Junge Generation im Bund Freier evangelischer Gemeinden K.d.ö.R., Witten.

Dr. *Albrecht Schöll*, Soziologe und Dipl.-Pädagoge, Wissenschaftlicher Mitarbeiter am Comenius-Institut, Evangelische Arbeitsstätte für Erziehungswissenschaft e.V., Münster.

Dr. *Peter Schreiner*, Dipl.-Pädagoge, Wissenschaftlicher Mitarbeiter am Comenius-Institut, Evangelische Arbeitsstätte für Erziehungswissenschaft e.V., Münster.

Dr. *Michael Schuhen*, Akademischer Rat, Geschäftsführer des Zentrums für Ökonomische Bildung an der Universität Siegen (ZöBiS).

Martin Schulze, Dipl.-Ing., Geschäftsführer der Evangelischen Freiwilligendienste gGmbH, Hannover.

Dr. *Friedrich Schweitzer*, Professor für Religionspädagogik/Praktische Theologie an der Universität Tübingen.

Dr. *Mike Seckinger*, Dipl.-Psychologe, Wissenschaftlicher Referent am Deutschen Jugendinstitut in der Abteilung Jugend und Jugendhilfe, München.

Dr. *Uwe Sielert*, Professor für Erziehungswissenschaft mit dem Schwerpunkt Sozial- und Sexualpädagogik am Institut für Pädagogik der Universität Kiel.

Dr. *Jan Skrobanek*, Assistenzprofessor für Jugendforschung an der Universität Zürich, Forschungsgruppe SoYouth, Zürich.

Kerstin Sommer, M.A., Politologin, Historikerin, Landesjugendreferentin bei der Evangelischen Schülerinnen- und Schülerarbeit Baden, Evangelisches Kinder- und Jugendwerk Baden, Karlsruhe.

Matthias Spenn, Dipl.-Theologe, Pfarrer, Direktor des Amtes für kirchliche Dienste in der Evangelischen Kirche Berlin, Brandenburg, schlesische Oberlausitz; bis 2012 Wissenschaftlicher Mitarbeiter am Comenius-Institut, Evangelische Arbeitsstätte für Erziehungswissenschaft e.V., Münster.

Dr. *Sönke von Stemm*, Pastor, Dozent für Konfirmandenarbeit am Religionspädagogischen Institut Loccum der Evangelisch-lutherischen Landeskirche Hannovers, Loccum.

Dr. *Stephan Sting*, Professor für Sozial- und Integrationspädagogik an der Alpen-Adria-Universität Klagenfurt.

Henrik Struve, Dipl.-Religions- und Sozialpädagoge, Diakon, Landesreferent für Sport beim Evangelischen Jugendwerk in Württemberg, Stuttgart.

Dirk Thesenvitz, Historiker, Referent für internationale ökumenische Jugendarbeit bei der Arbeitsgemeinschaft der Evangelischen Jugend in Deutschland e.V., Hannover.

Dr. *Helga Theunert*, Honorarprofessorin für Medien- und Kommunikationswissenschaft/Medienpädagogik an der Universität Leipzig.

Dr. *Andreas Thimmel*, Professor für Wissenschaft der Sozialen Arbeit an der Fakultät für Angewandte Sozialwissenschaften und Leiter des Forschungsschwerpunkts Nonformale Bildung der Fachhochschule Köln.

Dr. *Werner Thole*, Professor für Erziehungswissenschaft mit dem Schwerpunkt Soziale Arbeit und außerschulische Bildung an der Universität Kassel.

Dr. *Claus Tully*, Dipl.-Soziologe, Wissenschaftlicher Referent am Deutschen Jugendinstitut, München, Privatdozent an der Freien Universität Berlin und Professor an der Freien Universität Bozen.

Gunda Voigts, Dipl.-Pädagogin, 2001–2009 Geschäftsführerin des Deutschen Bundesjugendrings, Promotionsstipendiatin der Hans-Böckler-Stiftung an der Universität Kassel, Institut für Sozialwesen.

Daniela Wagner, M.A. Erziehungswissenschaft/Soziologie, Wissenschaftliche Mitarbeiterin am Institut für Erziehungswissenschaft der Universität Kassel.

Klaus Waldmann, Dipl.-Pädagoge, Bundestutor der Evangelischen Trägergruppe für gesellschaftspolitische Jugendbildung, Berlin.

Manfred Walter, Dipl.-Sozialpädagoge, Landessekretär der Evangelischen Landjugend in Bayern, Sprecher des Bundesfachkreises Evangelische Jugend in ländlichen Räumen, Pappenheim.

Dr. *Meike Watzlawik*, Dipl.-Psychologin, Vertretungsprofessorin für Entwicklungspsychologie an der Universität Osnabrück, Fachgebiet Entwicklung und Kultur und Privatdozentin an der TU Braunschweig.

Martin Weber, Kommunikationswirt für kirchliche Öffentlichkeitsarbeit, Referent für Presse- und Öffentlichkeitsarbeit bei der Arbeitsgemeinschaft der Evangelischen Jugend in Deutschland, Hannover.

Dr. *Martin Weingardt*, Dipl.-Pädagoge, Professor für Erziehungswissenschaft an der Pädagogischen Hochschule Ludwigsburg.

Dr. *Rolf Werning*, Professor für Sonderpädagogik an der Leibniz Universität Hannover.

Rudolf Westerheide, Pfarrer, Leiter des Deutschen Verbands „Entschieden für Christus" (EC), Kassel.

Bernd Wildermuth, Landesjugendpfarrer in der Evangelischen Landeskirche Württemberg, Stuttgart.

Dr. *Andrä Wolter*, Professor für Hochschulforschung an der Humboldt-Universität zu Berlin.

Gisela Würfel, Referentin für Öffentlichkeitsarbeit und stellvertretende Geschäftsführerin der Bundesarbeitsgemeinschaft Evangelische Jugendsozialarbeit, Stuttgart.

Dr. *Peter Zimmerling*, Professor für Praktische Theologie mit Schwerpunkt Seelsorge und Spiritualität an der Theologischen Fakultät der Universität Leipzig.

Register

Abweichendes Verhalten 69, 103
Achtes Sozialgesetzbuch/SGB VIII 182, **223ff.**, 236, 242, 248, 261f., 269, 410, 425, 429, 493
Adoleszenz 23, 37, 49, 55, 66, 155, 177, 197
Adressaten 82, 231, 252, 314, 317, 380, 430, 457, 476,
aej siehe Arbeitsgemeinschaft Evangelische Jugend in Deutschland
Akteur 107, 128, 140, 167, 172, 236, 243, 294, 309, 330, 335, 347, 353, 372, 389, 407, 416, 428, 429, 465, 478
Alkohol 67, 80, 128, 244
Anerkennung 76, 80, 108, 195, 198f., 208, 223, 231, 233, 293, 328, 361, 375, 415, 430, 455, 488, 500
Arbeit 37, 73f., **111ff.,** 121, 202, 208, 226, 236ff., 244, 385
Arbeitsgemeinschaft der Evangelischen Jugend in Deutschland (aej) 164, 173, 268, **273**, 282, 298, 317, 368, 373, 377, 387, 406, 415, 476
Arbeitsgemeinschaft Evangelische Schülerinnen- und Schülerarbeit (AES) 319
Arbeitsmarkt 74f., 91, **111ff.**, 201, 208, 238, 409, 480
Armut **72ff.**, 112, 368, 370, 413
Ästhetik 348f.
Aufsichtspflicht 245f.
Ausbildung siehe Berufsausbildung
Ausbildungsstätte 412, 468, 471, 486
Außerschulische Bildung 96, **178f.**, 233, 300, 335, 340, 471
Autonomie 20, 35, 39, 52, 57, 68f., 108, 197, 217, 229, 483, 488

Baptisten siehe Bund Evangelisch-Freikirchlicher Gemeinden
BDKJ siehe Bund der Deutschen Katholischen Jugend (BDKJ)
Behinderung **89ff.**, 228, 261, 271, 368ff., 508

Benachteiligung 73f., 91, 178f., 184, 194, 204, 207, 237, 383, 409f., 463
Beratung / Beratungsstelle 32, 69, 87, 93, 140, 182, 189f., 224f., 238f., 248f., 262, 268, 298, 306, 376, 384, 407, 415, 437ff., 476f., 487, 506
Berufsausbildung 40, 49, 72, 91, 97, 111ff., 119, 151, 169, 177, **201f.**, 208, 211, 219, 238, 334ff., 384, 388, 413, 467, 470, 478
Berufsprofile 467, **473ff.**, 487
Berufsschule 202, **334ff.**
Beteiligung 97, 133f., 168, 197, 223, 303f., 315, 344, 368, 384, 387ff., 396, 413, 415
Bewältigung / Lebensbewältigung 39, 50, 62, 67, 76, 86, 112, 114, 121f., 158, 177, 182, 185, 232f., 238, 248, 327, 343, 361, 392, 428, 438, 456, 428, 438, 456, 505
Beziehung 31ff., 44, 55ff., 66ff., 84, 102, 108, 150, 183, 234, 240, 288, 293, 349, 359ff., 370, 397, 402, 407, 415, 438, 451, 453, 504
Bibel 287, 359, 365, 419, 439, 446
Bildung 21f., 49, 74, 89f., 96, 111ff., 117ff., 144, 169, **176ff.**, 232ff., 288f., 325ff., 421, 429, 433
Bildung für nachhaltige Entwicklung 339
Bildung informell / non-formal 62, 179, **181ff.**, 233, 289, 315, 324, 361
Bildungsangebot 27f., 181ff., 205, 327, 399, 403, 425, 429ff., 495
Bildungsauftrag 76, 182, 211, 337, 372
Bildungsbericht 49, 113, 207
Bildungsbeteiligung 97, 172, 176, 207f.
Bildungschance 72, 127, 176, 185, 202, 296, 368
Bildungslandschaft 61, 87, 92, 234, 333, 428, 471, 487
Bildungsmoratorium 19ff., 176f., **192ff.**, 439
Bildungsorte 96, 179, **181ff.**, 232, 330, 433, 435
Bildungsstandards 22, 193
Biografie 43, 59, 111, 114, 127, 138, 156, 199, 201, 233, 250, 282, 327, 332, 397, 439
Bologna-Prozess 169, 210, 474

Bund der Deutschen Katholischen Jugend (BDKJ) 268, 273, 493, 496
Bund Evangelisch-Freikirchlicher Gemeinden (BEFG) 301
Bund Freier evangelischer Gemeinden (BFeG) 301
Bundesfreiwilligendienst (BFD) 306, 350, 353

Christliche Pfadfinderschaft Deutschlands 313, 319
Christlicher Glaube siehe Glaube
Christlicher Verein Junger Menschen (CVJM) 287, 299, 313, 320, 387, 392, 417, 445, 449, 471
Clique 35, 50f., 66ff., 75, 136, 183, 187, 348, 454
Community 107, 377, 502

Datenschutz 225, 376
DDR 20, 45, 144, 220, 286, 310, 314, 331, 351, 469, 471, 485
Delinquenz 19, 33, **124ff.**, 237
Demografischer Wandel **25ff.**, 46, 63, 73, 91, 95, 113, 167, 202, 209, 271, 291, 308, 317, 357, 390, 423, 455, 471, 484, 489, 507
Demokratie 130, 136, 172, 174, 219, 233, 330ff., 430, 481, 494
Diakon 304, 402, 467, 470, 473, 478, 486
Diakonie 249, 292, 311, 334, 350, 365, 386, 419, 469, 473, 478, 482, 485, 497
Diskriminierung 90, 92, 95, 101, 107, 413, 463, 502, 512
Diversität 81, 412, 453, 473
Drogen 67, 69, 79f., 145, 164, 237, 384
Duales System 97, 202, 334

Ehrenamt 97, 139, 142, 173, 216, 229, 257, 264, 270, 280, 281 298, 303ff., 309, 315, 324, 326, 331, 352, 356, 372, 379, 397, 403, 414, 435, 450, 454, **461ff.**, 468, 478, 486, 489, 502, 509
Empirie 21, 43, 55, 62, 83, 97, 124, 135, 138, 142, 145, 179, 196, 208, 211, 255, 257, **279ff.**, 324ff., 330, 476
Empowerment 119, 340, 415
Engagement ehrenamtlich siehe Ehrenamt
Engagement freiwillig siehe Freiwilligendienst oder Ehrenamt
Engagement gesellschaftlich siehe Ehrenamt

Entschieden für Christus (EC) 313, 321, 387, 417
Entspannung 80, 153, 355
Entwicklungsaufgaben 31ff., 66f., 72, 81, 108, 111, 114, 155, 177, 362, 370
Entwicklungspolitische Bildung **339ff.**, 496
Entwicklungspsychologie **31ff.**, 43
Erlebnispädagogik 343ff.
Ernährung 53, 73, 80, 356, 452
Erzieherische Hilfen 60, 87, 182, 215, 224, **248ff.**, 257, 261, 266, 385, 471
Erziehungshilfe siehe Erzieherische Hilfen
Europa 128, 133, 162, **167ff.**, 210, 333, 353, 355, 384, 389, 431, 446, 451, 474, 484, 503, 507
Europäische Union 73, 170, 264, 471, 512
Europarat 170
Evaluation 114, 129, 140, **255ff.**, 344, 489
Evangelische Jugendarbeit 279ff., 285ff., 296ff., 301ff., **307ff., 313ff.**, 326, 347, 356, 376, 389, 400, 405, 425, 433, 450, 464, 481
Evangelische Jugendbildungsstätte 285, 299, **330ff.**, 393, 429, 477, 493
Evangelische Kirche im Rheinland 297, 405
Evangelische Kirche in Deutschland (EKD) 174, 249, 280, 290, **296**, 307, 337, 386, 388, 395, 449, 476, 483, 485, 487
Evangelische Kirche von Kurhessen-Waldeck 393
Evangelische Kirche von Westfalen 299, 411
Evangelische Landeskirche Anhalts 405
Evangelische Landeskirche in Baden 281
Evangelische Landeskirche in Württemberg 281, 296, 308, 381, 405
Evangelischer Religionsunterricht siehe Religionsunterricht
Evangelisch-Lutherische Kirche in Bayern 336, 405
Evangelisch-lutherische Landeskirche Hannovers 405, 543
Evangelisch-Lutherische Landeskirche Sachsens 460
Evangelisch-methodistische Kirche (EmK) 301
Event 315, 346, 417, 421, 437, **446.ff**, 496
Exklusion 22, 107, 185, 368, 413

Fachkraft 188, 208, 221, 239, 257, 261, 271, 402, 416, 423, **467ff.**, 476ff., 483f.
Familie 25, 34, 38, 51, **55ff.**, 73, 85, 98, 101, 109, 127, 138, 178, 180, 182f., 223ff., 244, 248ff., 293, 324, 407, 413
Familienarbeit siehe Familie

Familienberatung siehe Beratung
Feminismus 139, 409, 411
Ferienfreizeit 258, 283, 306, 332, **355ff.**, 362, 392, 396, 401, 411, 414, 449, 461, 493, 507
Fernsehen 106, 118, 243, 326
Finanzen 28, 45, 75, **117ff.** 172, 221, 236f., **261ff.**, 267, 271, 296, 299, 304, 332, 353, 372, 385, 410, 423, 431, 471, 506
Finanzierung siehe Finanzen
Förderrichtlinien 261ff.
Förderschule 74, 90ff., 370, 393
Förderung 62, 82, 89, 97, 140, 145, 162, 171, 181, 185, 190, 224, 261, 270, 298, 343, 369, 383, 422, 431, 442, 450, 453, 468, 481, 493, 508
Forschung **37, 43ff.**, 76, 84, 98, 140, 142, 170, 204ff., 255, 259, 282ff., 330
Fortbildung 264, 298, 305, 325, 369, 373, 412, 443, 453, 476, 483, 488, 508
Freikirche 161, **301ff.**, 307, 417
Freiwilligendienst 170, 264, 306, **350ff.**, 482, 493
Freiwilligensurvey 96, 283, 462f.
Freiwilliges Ökologisches Jahr (FÖJ) 350
Freiwilliges Soziales Jahr (FSJ) 264, 306, 350, 446
Freizeit 27, 37, 52, 68, 75, 81, 138, 142, 182, 218, 229, 280, 311, 359, 406, 415, 425, 450, 493, 507
Freizeiten siehe Ferienfreizeiten
Freizeitgestaltung siehe Freizeit
Freundschaft 20, 35, 50f., 67f., 151, 311, 392, 508

Ganztagsschule 76, 185, 253, 317, 332, 370, 386, 406, 433ff., 451, 454, 462, 487
Gebet 157, 365, 381, 419, 446, 504, 511
Geld siehe Finanzen
Gemeinde 93, 303, 307ff., 356, 365, 396, 451
Gemeindejugend 305, **307ff.**, 314, 359, 387, 469
Gemeindejugendwerk 305
Gemeindepädagoge 469, 473, 482, 485
Gemeindepädagogik 344, 458, 487
Gemeinschaft 103, 142, 215, 232, 288, 311, 316, 325, 347, 356, 361, 365, 380, 395, 419, 450, 501
Gemeinwesen 139, 385, 407, 429, 478
Gender siehe Geschlecht
Generationenbeziehung 23, 44, 56, 58
Gerechtigkeit 162, 173, 258, 287, 293, 316, 331, 340, 368, 389, 395, 410, 430, 506

Geschichte **17ff., 215ff.**, 229, 287, 310, 330, 379
Geschlecht 32f., 39, **49ff.**, 56, 67, 74, 81, 83, 87, 91, 106, 132, 139, 144, 164, 232, 239, 316, 331, 333, 383, 391ff., 409ff., 423, 431, 439, 489, 501
Geschwister 35, 183
Gesetzgebung / Recht 217ff., **223ff.**, 236, 240, 242ff., 248, 257, 261ff., 264, 269, 296, 350, 368, 410f., 429, 453, 468, 481, 488
Gesundheit 46, 73, **78ff.**, 144f., 170, 218, 228, 242, 356, 368
Gewalt 45, 69f., 81, 85f., **124ff.**, 134, 136ff., 187, 197
Glaube 157f., 162f., 302, 307, 325, 348, 356, 361, 377, 395, 399f., 417ff., 427, 437ff., 445ff., 451, 456, 458, 476, 481, 497f., 500
Gleichaltrige 20, 27, 32ff., 50, 55, **66ff.**, 81, 85, 103, 108, 139, 183, 187ff., 195, 229, 324, 332, 359, 362, 370, 396
Globales Lernen 332, **339ff.**
Globalisierung 21, 119, 162, 168, 178, 339ff., 372, 429, 442, 447
Gott 157, 161, 286, 288, 301, 316, 395, 399, 411, 417, 427, 437, 445, 451, 480, 498, 504
Gottebenbildlichkeit siehe Gott
Gottesbeziehung siehe Gott
Gottesdienst 157, 280, 286, 294, 304ff., 309, 336, 346f., 357, **379ff.**, 397, 421, 446, 449, 458f., 469, 486, 495, 511
Großveranstaltungen siehe Event
Grundgesetz 223, 243, 262, 296, 314, 410
Grundschule 90, 195, 207
Gruppenarbeit, -pädagogik 197, 220, 225, 238, 249, 280, 311, 359ff., 392, 403, 411, 418, 426, 445, 462, 477, 482, 494
Gymnasium 74, 90, 96, 144, 176, 207, 336, 356, 433, 462

Hauptschule 22, 49, 90, 96, 133, 144, 176, 194, 202, 385
Hauskreis **364ff.**, 418
Heimerziehung / Stationäre Hilfe 92, 215, 220, 225, 239, **249ff.**, 263, 468
Heterogenität 74, 81, 91, 95, 137, 205, 251, 405, 501
Hilfen zur Erziehung siehe Erzieherische Hilfen
Hochschulreife 49f., 90, 96, 202, 334
Hochschule 169, 176, 181, 202, 207ff., 331, 471, 489

Identität 31f., 37, 66, 80, 85, 92, 103, 108, 138, 145, 155f., 163, 177, 187, 362, 376, 397, 406, 410, 445, 459, 503
Individualisierung / Individualität 18, 20f., 39, 44, 57, 73, 104, 143, 155f., 161, 193, 439, 451, 498
Industrialisierung 18, 142, 148, 215, 269, 313, 467
Informelle Bildung siehe Bildung, informell
Infrastruktur 144, 152, 219, 265, 315, 495, 506
Inklusion siehe Integration
Integration / Inklusion 46, 50, 66, 74, **90ff.**, 111, 113, 122, 138, 156, 164, 168, 187, 201, 220, 227f., 233, 238ff., 271, 292, 309, 317, **368ff.**, 374, 383, 399, 414, 425, 431, 506
Interaktion 35, 69, 109, 126, 183, 332, 364, 381, 442
Interessenvertretung 172, 236, 268, **387ff.**, 494
Internationale Jugendarbeit 173, 258, 280, 298, 331, **372ff.**
Internet 35, **105ff.**, 117, 128, 136, 150, 243, **375ff.**, 401, 419, 455, 504, 511
Interreligiöse Bildung / Interreligiöses Lernen 162ff., 173, 325, 331, 423, 447
Intervention 61, 76, 139, 145, 185, 215, 242
Islamische Jugendarbeit **500ff.**

Jesus Christus 286, 301, 316, 417, 427
Johanniter-Jugend in der Johanniter-Unfall-Hilfe e. V. (JUH) 322
Jüdische Jugendarbeit **506ff.**
Jugendamt 61, 218, 220, **225**, 246, 264, 267
Jugendarbeitslosigkeit 167, 206, 219, 385, 494
Jugendbericht siehe Kinder- und Jugendbericht
Jugendberufshilfe 74, 182, 238, 334, 383, 470
Jugendbewegung 19, 38, 43, 100, 215ff., 269, 314, 359, 469, 503
Jugendbildungsstätte 298, **330ff.**, 393, 429, 477, 495
Jugendforschung 37ff., **43ff.**, 58, 170, 298, 476
Jugendfürsorge 215f., 468ff.
Jugendgewalt siehe Gewalt
Jugendgottesdienst 304, 346, **379ff.**, 389, 403, 447
Jugendgruppe 101, 263, 280, 304, 307, 347, 355, 360ff., 373, 389, 401, 405, 417, 438, 462, 469, 473, 504
Jugendhilfe **25ff.**, 61, 76, 93, 182, 217ff., 223ff., 261ff., 368, 372, 388, 471
Jugendhilfestatistik 28, 237, 248, 266, 279f.
Jugendkirche 293, 346, 381, 418, 454, 495f.

Jugendkriminalität 19, 31, 44, 124, 221
Jugendkultur 13, 20ff., 41, 45f., 55, 81, **100ff.**, 108, 130, 137, 151, 188, 192, 197, 307, 324, 331, 379, 405, 419, 422, 428, 447, 456
Jugendmigrationsdienst 239, 383
Jugendpfarrer 298
Jugendpflege 215ff., 269, 468
Jugendpolitik 76, 167, 170f., 220, 262, 298, 317, 373, **387ff.**, 405, 415, 478
Jugendring 97, 172, 219, 265, 267f., 274, 281, 317, 377, 388
Jugendschutz 224, 226, **242ff.**, 376, 493
Jugendschutzgesetz siehe Jugendschutz
Jugendsozialarbeit 182, 224, 226, **236ff.**, 262, 266, 285, 336, **383ff.**, 415, 470, 473, 493
Jugendverband 96, 102, 136, 173, 215ff., 224, 229, 245, 262, 267, 270, **273ff.**, 280, 285, 296, 305, 307, **313ff.**, **319ff.**, 331, 343, 355, 360, 385, 387, 405, 415, 419, 429, 453, 462, 468, 474, 493
Juleica 281, 332, 369, 411, 461, 465
Junge Gemeinde 310, 359, 387, 469, 494
Jungenarbeit 231, 333, **391ff.**, 410

Katholische Jugendarbeit 493ff.
Katholische Kirche 350, 393
Kinder- und Jugendbericht 80, 167, 177, 228, 300, 368
Kinder- und Jugendhilfegesetz 40, 182, 220, 242, 285, 410, 469, 482, 495
Kinderschutz 254, 271
Kirchengemeinde 158, 261, 268, 291, 297, 304, 308, 351, 360, 380, 387, 396, 401, 425, 445, 449, 453, 457, 473, 478, 480, 487, 495
Kirchenmusik 281, 485
Kirchenordnung 296f.
Kirchliche Strukturen 296ff.
Koedukation 315, 391
Kommunikation 21, 57, 83, 105, 149, 182, 197, 291, 347, 362, 375, 390, 401, 419, 427, 432, 437, 442, 451, 457, 476, 482, 498, 508
Kompetenz 67, 84, 103, 112, 120ff., 128, 139, 144, 156, 171, 177, 183, 190, 193f., 232ff., 238, 283, 299, 331, 336, 339, 343, 350, 357, 360, 374, 384f., 391, 402, 410, 421, 429, 433, 461, 464, **473ff.**, 483, 487ff., 505, 511
Kompetenzentwicklung siehe Kompetenz
Konfirmandenarbeit 293, 311, 324f., 344, 356, 381, 392, **395ff.**, **399ff.**, 458
Konfirmandenfreizeit 356
Konfirmation siehe Konfirmandenarbeit

Konsumverhalten 53, 69, 117, 316
Konzeption 61, 63, 81, 92, 230, 293, 328, 336, 365, 379, 391, 396, 399, 418, 421, 454, 463
Koran 504
Körper 32, 50, 79f., 83, 89, 139, 145, 198, 441, 450
Krankheit 75, 78f., 89, 239
Kriminalität siehe Jugendkriminalität
Kultur siehe Jugendkultur
Kulturelle Bildung **421ff.**
Landjugendarbeit **405ff.**
Ländlicher Raum 153, 406

Lebensbewältigung siehe Bewältigung
Lebensentwurf 38ff., 52, 76, 108, 157f., 201
Lebensformen 25, 55, 72, 78, 99, 156, 167, 220
Lebensgestaltung 39, 66, 72, 93, 109, 156, 163, 176, 233, 335, 396, 445, 450
Lebenslage/n 29, 45, 73, 81, 104, 127, 137, 157, 184, 236, 285, 400, 414, 439, 441, 470
Lebenslanges Lernen 41, 171, 181, 471, 474, 484
Lebenslauf 31, 38, 55, 74, 102, 143, 155, 181, 192, 347, 362, 464, 481
Lebensperspektive 49, 75f., 296, 309, 426
Lebensstil 21, 45, 52f., 73, 81, 100, 138, 144, 215, 220, 233, 340, 427, 456
Lebenswelt 44, 61f., 81, 83, 89, 105, 102, 122, 171, 177, 181, 184, 230, 287, 291, 307, 332, 339, 347, 359, 379f., 396, 406, 413, 418, 431, 434, 451, 458, 496
Lehrer 85, 188, 198, 438, 467, 482
Leitbild 64, 309, 316, 339, 464, 506
Lernen 38, 84, 89, 140, 146, 183, 192, 233f., 255, 288f., 317, 343, 376, 384, 431
Lernort 177, 179, **181ff.**, 331

Macht 63, 72, 136, 157, 161, 195, 231
Mädchenarbeit 409ff.
Medien 21, 41, 45, 52, 101, **105ff.**, 128, 138, 150, 183, 226, 242f., 310, 324, 326, 333, 344, 362, **375ff.**, 390, 392, 401, 421ff., 431, 444f., 458
Medien elektronische siehe Medien
Medien religiöse siehe Medien
Medienkompetenz 87, 234, 374, 376
Mediennutzung / Medienkonsum 45, 52, 106, 242, 375
Medienpädagogik 298, 331, 376, 421, 455
Menschenrechte 163, 170, 172, 387, 429

Methoden 45, 120, 220, 223, 237, 269, 282, 299, 310, 317, 332, 339f., 343f., 362, 373, 393, 396, 418, 425f., 430, 434, 437, 440, 443, 458
Migration / Zuwanderung 25, 73, **95ff.**, 239, **413ff.**, 455, 486, 506
Migrationshintergrund 27, 37, 46, 49, 84, 86, 95, 127, 178, 204f., 227, 354, 368, 374, 383, 413, 439, 463, 500, 512
Mission 287, 304, 309, 315, 346, 353, 365, 380, **417ff.**, 451, 456, 470, 482, 496
Missionarische Jugendarbeit **417ff.**
Mitarbeiter **461ff., 473ff.**
Mitbestimmung siehe Partizipation
Mobile Jugendarbeit 258, 493
Mobilität 27, 131, **148ff.**, 169, 210, 374, 406, 453, 455
Moderne 17, 20, 38, 137, 142, 149, 155, 176, 183, 406, 447
Modernisierung 148, 155f., 229, 406
Moratorium 17ff., 43, 52, 55, 142, 155, 176, 192ff., 439
Motivation 69, 194, 210, 285, 326, 348, 351., 395, 353, 480, 498, 509, 513
Multiplikator 220, 353, 421, 443, 477, 512
Mündigkeit 40, 120, 178, 302, 328, 430, 437
Musik 41, 80, 100ff., 106, 136, 243, 281, 307, 326, 331, 346, 375, 379ff., **421ff.**, 445, 454, 458, 478, 496, 510
Musikalische Bildung **421ff.**
Muslime 161, 420, 500ff.
Mutter 57, 138

Nationalsozialismus 218, 286, 313, 355, 359, 373, 387, 468
Netzwerk / Vernetzung 87, 107, 140, 149f., 170, 173, 268, 306, 364, 380, 388, 393, 400, 405, 410, 422, 427, 431, 439, 443, 450, 454, 462, 471, 473, 477, 487, 495, 508
Non-formale Bildung siehe Bildung, informell

Offene Jugendarbeit 76, 270, **425ff.**, 454
Öffentlicher Raum siehe Raum
Ökologie 44, 120, 291, 331, 343, 350, 429
Ökonomie 39, 58, 73, 101, **111ff., 117ff.**, 168, 178, 193, 211, 231, 258, 291, 331, 341, 374, 383, 429
Ökumene 298, 331
Organisationsformen 128, 136, 223, 229, 305, 309, 313, 372, 469
Ortsgemeinde 303, 307, 397, 453

Paradigmenwechsel 437, 474
Parteilichkeit 64, 410
Partizipation 64, 72, 107, 134, 140, 170, 196ff., 220, 292, 297, 304, 309, 315, 332, 344, 346, 354, 356, 361, 369, 374, 379, 384, **387ff.**, 395, 400, 410, 414, 417, 421, 423, 425, 429ff., 434, 442, 457, 481, 498
Partnerschaft 51, 56, 74, 84, 149, 372, 451
Peer group siehe Gleichaltriger
Peer-Education 66ff., **187ff.**
Personal 61, 237, 255, 265, 270, 279, 299, 332, 352, 373, 382, 402, 454, 507
Persönlichkeitsbildung / - entwicklung 37, 44, 74, 156, 233, 238, 288, 299, 303, 330, 391, 443, 457, 494
Perspektiven der Jugendforschung siehe Jugendforschung
Perspektivenwechsel 368
Pfadfinder 216, 273, 275, 299, 305, 313, 319, 322, 346, 373, 387, 462, 494
Pfarrer/-innen 298, 335, 359, 399, 450, 468, 473, 482, 488
PISA 45, 73, 91, 194, 433
Pluralisierung / Pluralität 20, 44, 73, 99, 143, 159, 161, 193, 219, 292, 328, 416, 429, 486
Politik 92, 109, 117, 130, 168, 177, 185, 205, 236, 255, 280, 286, 333, 344, 350, 368, 373, **387ff.**, 407, 430ff., 465, 500
Politische Bildung 76, 133, 140, 196, 387ff., **429ff.**, 495
Pornografie 41, 86
Prävention 76, 81, 86, 127, 139, 216, 228, 244, 270, 343, 356, 442, 452
Predigt 346, 366, 379, 417, 459
Profession 467ff., 473ff., 482, 485, 488
Professionalisierung / Professionalität 93, 140, 257, 268, 270, 331, 383, 388, 396, 416, 437, 468ff., 474ff., 486, 506
Profil 108, 139, 285, 301, 309, 325, 332, 343, 357, 400, 426, 457, 476, 481, 494
Programmorientierung 360
Projektarbeit 311, 360, 423, 454, 477
Protest 103, 130
Psychische Erkrankung siehe Krankheit

Qualifikation 171, 177, 208, 219, 232, 255, 268, 299, 317, 344, 385, 412, 468ff., 473ff., 482, 486
Qualifikationsrahmen 473ff.
Qualifizierung 172, 176, 208, 221, 233, 237, 299, 356, 385, 411, 415, 421, 443, 461ff., 467ff., 473ff.

Qualifizierung Ehrenamtlicher siehe Qualifizierung
Qualität / Qualitätsentwicklung 148, 169, 178, 181, **255ff.**, 263, 344, 349, 356, 410, 421, 464, 478

Rauchen 80, 244
Raum 18f., 27, 38ff., 50, **60ff.**, 67f., 76, 101ff., 108ff., 148ff., 182ff., 192ff., 230ff., 311, 331, 359ff., 379ff., 399ff., 405ff., 410ff., 414f., 423, 425ff., 429ff., 434, 453
Recht siehe Gesetzgebung
Rechtsextremismus 45, **136ff.**, 431
Reflexion 55, 60, 183, 232, 288, 331, 344, 370, 396, 416, 429, 440, 475, 483, 489
Reichsjugendwohlfahrtsgesetz 217, 468
Religion 18, **155ff.**, **161ff.**, 252, 288, 332, 348, 383, 399, 414, 427, 435, 462, 478, 489, 501
Religionsfreiheit 302
Religionsunterricht 163, 292, 325, 335, 344
Religiöse Bildung / Religionspädagogik 161, 299, **324ff.**, 396, 421, 453, 457, 478, 495, 498
Respekt 218, 328, 343, 431, 500
Risikoverhalten 46, 52, 69, 79
Rituale 81, 100, 216, 400, 446

Scheidung 224
Schulbezogene Jugendarbeit 264, 299, 384, **433ff.**, 454
Schule **176ff.**, 181ff., 192ff., 330f., 334f., 433ff.
Schüler **176ff.**, 192ff., 433ff.
Schülerarbeit 298, **319**, 410, 422
Schulische Bildung siehe Schule
Schulseelsorge 335, 434, 437
Schulsozialarbeit 63, 182, 238
Schulsystem 74, 89, 113, 178, 194, 204, 233, 311, 433
Seelsorge 365, 396, **437ff.**, 469, 476, 486, 493
Selbstbestimmung 39, 69, 86, 93, 120, 131, 148, 158, 177, 224, 231, 238, 246, 309, 343, 391, 425
Selbstorganisation 100, 218, 267, 270, 297, 306, 315, 326, 400, 408, 414, 423, 434, 467, 482, 494
Sexualität 33, 37, 67, 73, **83ff.**, 177, 332
Sexualpädagogik 86, 393
Shell-Jugendstudie 45, 50, 56, 112, 157, 161, 168, 193, 409, 439

Soziale Arbeit 25, 76, 185, **236ff.**, 471, 478, 487, 506
Soziale Ungleichheit 39, 46, 103, 144
Soziales Lernen 140, 146, 197, 233, 332, 442, 458
Soziales Netzwerk 21, 107, 150, 310, 375, 390, 431
Sozialisation 26, 44, 57, 87, 91, 95, 102, 109, 138, 145, 149, 182, 185, 187, 229, 288, 293, 316, 362, 383, 399, 425, 429, 451, 500
Sozialpädagogik 61, 140, 220, 225, 229, 236, 248, 257, 383, 422, 453, 471, 478, 487
Sozialraum **60ff.**, 76, 93, 101ff., 108, 126, 149ff., 185, 230, 258, 311, 346, 370, 385, 407, 418, 425ff., 453, 478, 482, 497
Sozialraumorientierung **60ff.**, 185, 254, 405, 425ff., 431, 498
Soziologie **37ff.**, 43, 55, 100, 150
Spiel 359, 421, **441ff.**, 450, 457
Spielpädagogik 360, **441ff.**
Spiritualität 163, 361, 395, 399, 420, 426, **445ff.**, 455, 458, 476, 481
Sport 68, 79, **142ff.**, 148, 281, 347, 359, **449ff.**, 461, 513
Sprache 89, 104, 204, 239, 379, 423, 438, 504, 508
Stadtjugendarbeit **453ff.**
Stadtteil 134, 185, 190, 220, 384, 425, 487
Standards 22, 258, 268, 271, 377, 421, 465, 476, 488
Stationäre Hilfe siehe Heimerziehung
Statistik 25ff., 49ff., 95ff., 124ff., 133, 150, 162, 237, 248ff., **279ff.**, 303, 307, 375, 379, 449
Statuspassage 20, 40, 44, 156
Strafrecht 86, 226
Struktur 26ff., 38, 40f. , 44, 50, 61f., 66ff., 72ff., 90, 105ff., 117, 130f., 136ff., 155f., 168ff., 181f., 197, 203ff., 239, 242f., 248, 256f., 261ff., **276ff.**, 285ff. **296ff.**, **301ff.**, 316ff., 319ff., 334ff., 387ff.
Strukturwandel 20, 143, 208, 232, 406, 507
Studium 46, 201, **207ff.**, 299, 332
Subjektorientierung 76, 317, 326, 332, 344, 396, 400, 431, 457, 482, 498
Subsidiarität **223ff.**, **268ff.**, 305
Sucht 78ff., 145, 237, 244
Suchtprävention 244
Symbol 100, 108, 216, 347, 427, 457

Taufe 292, 395, 399
Teilhabe 73, 92, 97, 112, 120, 170, 178, 182, 228, 238, 291, 304, 328, 337, 369, 380, 384, 393, 414, 431, 450, 463, 498
Ten Sing 283, 320, 373, 458
Theaterpädagogik 332, 373, 423, 426, 443, 454, **457ff.**
Theologie 210, 438, 441, 476
Theorie 36ff., 43ff., **230ff.**, 258, 328, 478,
Therapie 437
Tod 78, 125, 435
Tora (Thora) 509
Tradierung 17, 23, 288, 327, 503
Tradition 21, 56, 62, 139, 158, 163, 215, 221, 225, 232, 256, 288, 301, 310, 316, 327, 355, 364, 372, 380, 392, 396, 399, 406, 431, 445, 459, 482, 503, 507
traditionell siehe Tradition
Träger 163, 216, 220, 224, 229, 236, 246, 249, 255, 262, **267ff.**, 273ff., 280, **296ff.**, **301ff.**, 306, 331, 334, 346, 351, 357, 372, 385, 388, 423, 425, 431, 434, 454, 478, 480, 493
Trägerqualität siehe Träger
Trägerstruktur siehe Träger

Übergang/Übergänge 20, 40, 46, 72f., 81, 103, 113ff., 139, 156f., 195, **201ff.**, 207, 327, 382, **399ff.**, 481,
Ungleichheit siehe Soziale Ungleichheit
Unterricht 194, 474, 504
Unterstützungsstrukturen / -systeme 39, 51, 61, 93, **296ff.**, 305, 437, 443, 478, 510

Verband siehe Jugendverband
Verband Christlicher Pfadfinderinnen und Pfadfinder (VCP) 299, **313ff.**, 322, 346, 387
Verbandliche Jugendarbeit siehe Jugendverband
Verein 46, 58, 68, 97, 134, 142, 151, 267, 299, 316, 331, 414, 449, 461, 468, 478, 486, 495
Verkehr 53, 80, 153
Verkündigung 286, 297, 309, 343, 361, 365, 381, 421, 451, 458, 469, 476, 498
Vernetzung siehe Netzwerk

Wahlbeteiligung 130ff.
Wandervogel 19, 72, 217, 269, 355
Weiterbildung / Fortbildung 208, 233, 257, 264, 268, 299, 306, 332, 344, 369, 373, 415, 424, 443, 453, 477, 483, 489, 509

Weltgesundheitsorganisation (WHO) 79, 89
Werteerziehung 231
Werteorientierung 53, 103, 183, 193, 223, 269, 316, 327, 483
Wertewandel 131
Wirkung 31ff., 68ff., 73, 76, 128, 130f., 144f., 179, **255ff.**, 279, 326, 344f.
Wirtschaft 29, 40, 46, 103, 112, **117ff.**, 162, 167, 208, 256, 269, 336, 373, 455, 478, 487
Wissensgesellschaft 169, 201, 209
Wohlfahrtsverbände 226, 249ff., 267ff., 350, 494, 506

Wohnung 74, 150f., 364
Wohnungslosigkeit 384

Zielgruppe 63, 76, 81, 120, 128, 140, 229, 237, 258, 308, 317, 332, 351, 373, 418, 450, 457, 460, 470, 497, 507
Zivilgesellschaft 106, 139f., 173, 178, 353, 387f., 429ff., 463ff., 480f.
Zuwanderung siehe Migration

Eigene Notizen

Eigene Notizen

Kinder, Teenies und Jugendliche und ihre Peers

Heinz-Hermann Krüger
Aline Deinert
Maren Zschach
Jugendliche und ihre Peers
Freundschaftsbeziehungen und Bildungsbiografien
in einer Längsschnittperspektive
2012. 292 Seiten. Kart.
29,90 € (D), 30,80 € (A), 41,90 SFr
ISBN 978-3-86649-460-2

Heinz-Hermann Krüger
Sina-Mareen Köhler
Maren Zschach
Teenies und ihre Peers
Freundschaftsgruppen,
Bildungsverläufe und
soziale Ungleichheit
2010. 278 Seiten. Kart.
24,90 € (D), 25,60 € (A), 37,90 SFr
ISBN 978-3-86649-312-4

Heinz-Hermann Krüger
Sina-Mareen Köhler
Maren Zschach
Nicolle Pfaff
Kinder und ihre Peers
Freundschaftsbeziehungen und
schulische Bildungsbiographien
2008. 317 Seiten.
26,90 € (D), 27,70 € (A), 47,00 SFr
ISBN 978-3-86649-114-4

Wissen, was läuft: Kostenlos **budrich intern** abonnieren!
Formlose eMail an: info@budrich.de – Betreff: budrich intern

Verlag Barbara Budrich •
Barbara Budrich Publishers
Stauffenbergstr. 7. D-51379 Leverkusen Opladen
Tel +49 (0)2171.344.594 • Fax +49 (0)2171.344.693 • info@budrich.de

www.budrich-verlag.de

Einführung zum Thema Jugendschutz

Bruno W. Nikles
Sigmar Roll
Klaus Umbach

Kinder- und Jugendschutz

Eine Einführung in Ziele, Aufgaben und Regelungen

2013. 156 Seiten. Kart.
16,90 € (D), 17,40 € (A), 23,50 SFr
ISBN 978-3-8474-0054-7

Ziel des Kinder- und Jugendschutzes ist die Vermeidung von gefährdenden Einflüssen auf die Entwicklung junger Menschen. Dazu sollen vielfältige rechtliche Regulierungen, erzieherische Konzepte und sozial-strukturelle Maßnahmen beitragen. Die Autoren vermitteln grundlegende Orientierungen, beschreiben Akteure und Organisationen und weisen den Weg zu Detailinformationen über einzelne Gefährdungsbereiche.

Jetzt in Ihrer Buchhandlung bestellen oder direkt bei:

Verlag Barbara Budrich •
Barbara Budrich Publishers

Stauffenbergstr. 7. D-51379 Leverkusen Opladen
Tel +49 (0)2171.344.594 • Fax +49 (0)2171.344.693 •
info@budrich.de

www.budrich-verlag.de

Armut bei Jugendlichen

Yvonne Ploetz (Hrsg.)
Jugendarmut
Beiträge zur Lage in Deutschland

2013. 280 Seiten. Kart.
33,00 €
ISBN 978-3-86649-484-8

Was zeichnet die Armut junger Leute besonders aus?
Welche politischen Instrumente sind denkbar, um diesem Problem gerecht zu werden?
Wie kann Jugendlichen wieder eine Zukunft eröffnet werden?

Armut ist bei Jugendlichen schon lange kein Randphänomen mehr. Im Gegenteil: Die Altersgruppe der 15- bis 24-Jährigen ist schon quantitativ die am stärksten von Armut betroffene Bevölkerungsgruppe. Fachleute und Personen des öffentlichen Lebens setzen sich in dem Sammelband mit den Ursachen und Auswirkungen von Jugendarmut in der Bundesrepublik auseinander und diskutieren Auswege aus der Armut junger Menschen.

Jetzt in Ihrer Buchhandlung bestellen oder direkt bei:

Verlag Barbara Budrich •
Barbara Budrich Publishers
Stauffenbergstr. 7. D-51379 Leverkusen Opladen
Tel +49 (0)2171.344.594 • Fax +49 (0)2171.344.693 •
info@budrich.de

www.budrich-verlag.de

Junge Muslime in Deutschland

Hans-Jürgen von Wensierski
Claudia Lübcke

„Als Moslem fühlt man sich hier auch zu Hause"

Biographien und Alltagskulturen junger Muslime in Deutschland

2012. 434 Seiten. Kart.
44,00 € (D)
ISBN 978-3-8474-0008-0

Unter Mitarbeit von Franziska Schäfer, Melissa Schwarz, Andreas Langfeld und Lea Puchert

Biographische Prozesse, Alltagskulturen und Lebenswelten junger Muslime in Deutschland stehen im Mittelpunkt dieser empirisch-qualitativen Analyse. In 17 Fallstudien wird die besondere Gestalt der Jugendphase von Muslimen aus Migrantenfamilien, die in Deutschland geboren wurden oder seit ihrer Kindheit hier leben, herausgearbeitet. Außerdem werden Bildungsprozesse, Familienstrukturen, Religiosität, Jugendkulturen und Sexualität beleuchtet.

Wissen, was läuft: Kostenlos **budrich intern** abonnieren!
Formlose eMail an: info@budrich.de – Betreff: budrich intern

**Verlag Barbara Budrich •
Barbara Budrich Publishers**
Stauffenbergstr. 7. D-51379 Leverkusen Opladen
Tel +49 (0)2171.344.594 • Fax +49 (0)2171.344.693 •
info@budrich-verlag.de

www.budrich-verlag.de • www.budrich-journals.de